Udo Schnelle

Einleitung in das Neue Testament

9., durchgesehene Auflage

Vandenhoeck & Ruprecht

Prof. Dr. theol. **Udo Schnelle**, o. Professor für Neues Testament an der Theologischen Fakultät in Halle. Veröffentlichungen: Gerechtigkeit und Christusgegenwart. Vorpaulinische und paulinische Tauftheologie, ²1986; Einführung in die neutestamentliche Exegese, ⁸2014; Antidoketische Christologie im Johannesevangelium, 1987; Wandlungen im paulinischen Denken, 1989; Neutestamentliche Anthropologie. Jesus – Paulus – Johannes, 1991; Neuer Wettstein II (mit G. Strecker), 1996; Das Evangelium nach Johannes, ⁵2016; Neuer Wettstein I/2, 2001; Paulus. Leben und Denken, ²2014; Theologie des Neuen Testaments, ³2016; Neuer Wettstein I/1.1, 2008; Die Johannesbriefe, 2010; Neuer Wettstein I/1.2–1, 2012; Die ersten 100 Jahre des Christentums, ²2016; Aufsätze.

Mit 6 Karten

Online-Angebote oder elektronische Ausgaben sind erhältlich unter www.utb-shop.de

Bibliografische Information der Deutschen Nationalbibliothek

Die Deutsche Nationalbibliothek verzeichnet diese Publikation in
der Deutschen Nationalbibliografie; detaillierte bibliografische Daten
sind im Internet über http://dnb.d-nb.de abrufbar.

Titelbild: Joh 2,12f nach einer Handschrift aus dem 12. Jh.: Corpus Hellenisticum Halle

Umschlaggestalltung: Atelier Reichert, Stuttgart
Satz: ⊕Hubert & Co, Göttingen
Druck und Bindung: CPI books GmbH, Ulm

UTB-Band-Nr. 1830
ISBN 978-3-8252-4812-3

Vorwort zur 1. Auflage

Dieses Buch will in die grundlegenden historischen und theologischen Dimensionen der neutestamentlichen Schriften einführen. Die dabei zugrundegelegte Konzeption wurde in den vergangenen zehn Jahren in zahlreichen Lehrveranstaltungen in Göttingen, Erlangen und Halle erprobt; ich hoffe, dass sie sich auch für die Leserinnen und Leser des Buches als hilfreich erweist.

Herzlich danke ich Herrn Prof. Dr. Otto Merk (Erlangen), der das Manuskript durchsah und wertvolle Hinweise gab. Zu danken habe ich auch meinen Hallenser Mitarbeitern Herrn wiss. Ass. M. Lang, Herrn stud. theol. Th. Spielmann, Herrn stud. theol. E. Maurer und Herrn stud. theol. T. Nagel für ihre Hilfe bei den Korrekturarbeiten.

Halle, im Februar 1994 — Udo Schnelle

Vorwort zur 9. Auflage

Die 8. Auflage stellte eine umfassende Neubearbeitung dar; für die 9. Auflage wurde der Text auf Fehler durchgesehen.

Halle, im Februar 2017 — Udo Schnelle

Hinweis zu den Literaturangaben

Wenn die Literatur in abgekürzter Form nachgewiesen wird, findet sich der vollständige Erstnachweis immer im Literaturblock des betreffenden Abschnittes oder in den Anmerkungen desselben Unterabschnittes. Sonst erfolgt der Nachweis an Ort und Stelle oder es wird auf den Abschnitt des Erstnachweises verwiesen (s. o./s. u.). Einleitungen in das Neue Testament werden ohne späteren Rückverweis nur im Abschnitt 1.1 vollständig angeführt. Die Abkürzungen entsprechen den Verzeichnissen der TRE und des EWNT.

Inhalt

1. Einführung

1.1 Literatur

Kanon und ntl. Einleitungswissenschaft

W. G. Kümmel, Art. Einleitungswissenschaft II, TRE 9 (1982), 460–482 (Lit.!). – O. Merk, Art. Bibelwissenschaft II, TRE 6 (1980), 375–409.

Forschungsgeschichte

W. G. Kümmel, Das Neue Testament. Geschichte der Erforschung seiner Probleme, Freiburg ^{2}1970. – H. J. Genthe, Mit den Augen der Forschung, Berlin 1976. – W. Baird, History of New Testament Research I.II, Minneapolis 1992. 2003. – H. v. Reventlow, Epochen der Bibelauslegung I–IV, München 1990. 1994. 1997. 2001. – O. Merk, Wissenschaftsgeschichte und Exegese, BZNW 95, Berlin 1998.

Forschungsberichte

Ph. Vielhauer, Einleitung in das NT, ThR 31 (1965/66), 97–155. 193–231; 42 (1977), 175–210. – K. M. Fischer, Zum gegenwärtigen Stand der neutestamentlichen Einleitungswissenschaft, VF 24/1 (1979), 3–35. – E. J. Epp – G. W. MacRae (Hg.), The New Testament and its Modern Interpreters, Atlanta 1989. – J. Roloff, Neutestamentliche Einleitungswissenschaft, ThR 55 (1990), 385–423. – F. W. Horn, Einleitung in das Neue Testament, ThR 68 (2003), 45–79. 129–150.

Einleitungen

H. J. Holtzmann, Lehrbuch der historisch-kritischen Einleitung in das Neue Testament, Freiburg 1885. ^{3}1892. – A. Jülicher – E. Fascher, Einleitung in das Neue Testament, Tübingen ^{7}1931. – M. Dibelius, Geschichte der urchristlichen Literatur, TB 58, München 1975 (= 1926). – R. Knopf – H. Lietzmann – H. Weinel, Einführung in das Neue Testament, (Gießen 1923) Berlin ^{5}1949. – W. G. Kümmel, Einleitung in das Neue Testament, Heidelberg ^{21}1983. – W. Marxsen, Einleitung in das Neue Testament, Gütersloh ^{4}1978. – A. Wikenhauser – J. Schmid, Einleitung in das Neue Testament, Freiburg ^{6}1973. – E. Lohse, Die Entstehung des Neuen Testaments, Stuttgart ^{5}1990. – Ph. Vielhauer, Geschichte der urchristlichen Literatur, Berlin 1975 (Nachdrucke). – H. M. Schenke – K. M. Fischer, Einleitung in die Schriften des Neuen Testaments I. II, Berlin/Gütersloh 1978. 1979. – H. Köster, Einführung in das Neue Testament, Berlin 1980. – W. Schmithals, Einleitung in die drei ersten Evangelien, Berlin 1985. – E. Schweizer, Theologische Einleitung in das Neue Testament, GNT 2, Göttingen 1989. – J. Roloff, Einführung in das Neue Testament, Stuttgart 1995; R.E. Brown, An Introduction to the New Testament, New York 1997. – I. Broer, Einleitung in das Neue Testament, in Verb. mit H.-U. Weidemann, Würzburg ^{3}2010. – L.T. Johnson, The Writings of the New Testament, Minneapolis ^{2}1999. – K.-W. Niebuhr (Hg.), Grundinformation Neues Testament, Göttingen ^{4}2011. – D. Marguerat (Hg.), Introduction au Nouveau Testament, Genf 2000. – C.R. Holladay, A Critical Introduction to the New Testament, Nashville 2005. – P. Pokorný/U. Heckel, Einleitung in das Neue Testament, Tübingen 2007. – G. Theißen, Die Entstehung des Neuen Testaments als literaturgeschichtliches Problem, Heidelberg 2007. – M. Ebner/St. Schreiber (Hg.), Einleitung in das Neue Testament, Stuttgart 2008. – K. Jaroš, Das Neue Testament und seine Autoren. Eine Einführung, Köln 2008. – D.A. Carson/ D.J. Moo, Einleitung in das Neue Testament, Gießen 2010 (amerik. Original 2005). – P. Pilhofer, Das Neue Testament und seine Welt, Tübingen 2010.

1.2 Kanon und neutestamentliche Einleitungswissenschaft

Die Geschichte der ntl. Einleitungswissenschaft wurde von Anfang an durch die Kanonsproblematik bestimmt. Bis heute lautet die grundlegende Frage: Wie verhalten sich die mit dem Kanonsbegriff verbundenen *dogmatischen* und geschichtlichen Prädikate zu einer rein *historischen* Betrachtungsweise der 27 Schriften des Neuen Testaments? Bereits für den Begründer der deutschen Einleitungswissenschaft, den Göttinger Orientalisten *Johann David Michaelis* (1717–1791), stellte die mit dem Kanonsbegriff verbundene Behauptung der Inspiriertheit der ntl. Schriften ein zentrales Problem dar. In seiner 1750 erschienenen ‚Einleitung in die Göttlichen Schriften des Neuen Bundes'[1] behandelt er zunächst in einem allgemeinen Teil Fragen der Textkritik und Handschriftenkunde. Ausgehend von der Feststellung, die meisten Schriften des Neuen Testaments hätten einen Apostel zum Urheber und müssten deshalb als inspiriert gelten, wendet er sich dann den Entstehungsverhältnissen der einzelnen Schriften zu. Das Markus- und Lukasevangelium sowie die Apostelgeschichte stammen hingegen nicht von Aposteln, so dass sich für Michaelis die Frage stellt, warum sie zum Kanon zu rechnen sind, obgleich sie nicht als inspiriert gelten können. „Dis alles zusammen genommen kann ich Marci und Lucä Schriften, wol als von Augenzeugen und Aposteln, Petro und Johanne gebilligt, aber nicht für inspirirt, für mit übernatürlicher Hülfe und Untrüglichkeit geschrieben ansehen."[2] Für Michaelis gehören somit Apostolizität, Inspiration und Zugehörigkeit zum Kanon ursächlich zusammen. Bestehen historische Zweifel an der apostolischen Verfasserschaft eines Schreibens, so hat dies nachhaltige Konsequenzen für das Verständnis der Schrift. Zweifel an der paulinischen Verfasserschaft des Hebräerbriefes führen Michaelis zu dem Urteil: „Selbst der vortreffliche Brief an die Hebräer wird nur dann für göttlich gehalten werden können, wenn er von Pauli Hand ist: wäre er das nicht, so bleibt er

1 Die weiteren Auflagen erschienen in stark veränderter Form in den Jahren ^{2}1765. ^{3}1777. ^{4}1788.

2 J. D. Michaelis, Einleitung in die göttlichen Schriften des Neuen Bundes I, Göttingen ^{4}1788, 100.

immer der vortreffliche Brief, ... aber inspirirt, untrüglich, Principium cognoscendi, zu seyn, würde er aufhören."[3] Auch die Göttlichkeit des Jakobusbriefes hängt für Michaelis an der Frage, ob er vom Apostel Jakobus oder nur vom Halbbruder Jesu geschrieben wurde. Ist das Letztere der Fall, so kann der Jakobusbrief nicht zu den zuverlässigen Erkenntnisquellen der christlichen Religion gezählt werden. Ebenso hegt Michaelis Zweifel am apostolischen Charakter des Judasbriefes, so dass er ihn für nichtkanonisch erklären muss. Bereits bei Michaelis wird somit die Grundproblematik der ntl. Einleitungswissenschaft deutlich: Die Einsicht in die historischen Entstehungsverhältnisse der ntl. Schriften führt notwendigerweise zur Aufhebung eines mit den dogmatischen Prädikaten der Inspiriertheit und durchgängigen apostolischen Verfasserschaft verbundenen Kanonsbegriffes. Schon bei Michaelis ist das Neue Testament nicht mehr ein Ganzes, sondern es zerfällt in apostolische und nichtapostolische Schriften, wobei die jeweiligen historischen Erkenntnisse mit dogmatischen Werturteilen verbunden sind.

Zeigen sich bei Michaelis die ersten Ansätze zu einem geschichtlichen Verständnis der neutestamentlichen Schriften, so wird die Einleitungswissenschaft wesentlich weitergeführt durch den Hallenser Theologen *Johann Salomo Semler* (1725–1791), der 1771 seine ‚Abhandlung von freier Untersuchung des Canon' veröffentlichte. Semler unterzog das Neue Testament einer streng historischen Fragestellung und unterschied dabei zwischen Wort Gottes und Heiliger Schrift, weil sich in der Heiligen Schrift Abschnitte finden, die nur in der Vergangenheit von Bedeutung waren und heute dem Menschen nicht mehr zur ‚moralischen Aufbesserung' dienen. „Heilige Schrift und Wort Gottes ist gar sehr zu unterscheiden, weil wir den Unterschied kennen. Hat man ihn vorher nicht eingesehen, so ist ja dies kein Verbot, das es uns untersagte. Zu der Heiligen Schrift, wie dieser historische relative Terminus unter den Juden aufgenommen ist, gehört Ruth, Esther, Hohelied u.a.w., aber zum Wort Gottes, das alle Menschen in aller Zeit weise macht zur Seligkeit, gehörten diese heilig genannten Bücher nicht alle."[4] Die Unterscheidung von Wort Gottes und Heiliger Schrift wurde zum Prinzip einer neuen Hermeneutik, welche die Lehre von der Verbalinspiration gänzlich entwertete und den dogmatisch gleichförmigen Kanonsbegriff auflöste, weil unter dieser Voraussetzung gar nicht alle Teile des Kanons inspiriert sein konnten. Vielmehr sah Semler im Kanon eine rein geschichtliche Größe, die aus Übereinkünften der Kirchenprovinzen resultierte und einer freien, unvoreingenommenen Untersuchung offenstehen müsse. Darüber hinaus setzte Semler durch seine Differenzierung ein innerbiblisches Scheidungsverfahren in Gang, dem als Kriterium für die Unterscheidung zwischen dem bleibenden Wort Gottes und dem historisch Relativen die moralische Besserung des Menschen diente. „Da wir durch alle

3 A.a.O., 82f.

4 J.S. Semler, Abhandlung von freier Untersuchung des Canon I, Halle 1771, 75.

24 Bücher des Alten Testaments nicht moralisch gebessert werden, so können wir uns auch von ihrer Göttlichkeit nicht überzeugen."[5] Semlers Gleichsetzung von ‚göttlich' und ‚moralischer Besserung' leitete somit auch die Trennung zwischen Altem und Neuem Testament ein. Ebenfalls bedeutsam war die Unterscheidung Semlers zwischen Religion und Theologie. Während die Religion die von allen Christen zu übende rechte Frömmigkeit umfasst, versteht Semler unter Theologie die zur fachlichen Ausbildung der Theologen notwendigen wissenschaftlichen Methoden. Damit gewinnt er einen zu seiner Zeit keineswegs üblichen Freiraum für kritische wissenschaftliche Arbeit, deren Methoden und Ergebnisse die von allen auszuübende Religion grundsätzlich nicht in Frage stellen.

Nicht ohne Wirkung auf die Einleitungswissenschaft blieb die Unterscheidung zwischen biblischer Theologie und dogmatischer Theologie durch *Johann Philipp Gabler* (1753–1826), die er in seiner 1787 vor der Universität Altdorf gehaltenen Antrittsvorlesung entfaltete. „Die biblische Theologie besitzt historischen Charakter, überliefernd, was die heiligen Schriftsteller über die göttlichen Dinge gedacht haben. Die dogmatische Theologie dagegen besitzt didaktischen Charakter, lehrend, was jeder Theologe kraft seiner Fähigkeit oder gemäß dem Zeitumstand, dem Zeitalter, dem Orte, der Sekte, der Schule und anderen ähnlichen Dingen dieser Art über die göttlichen Dinge philosophierte. Jene, da sie historisch argumentiert, ist, für sich betrachtet, sich immer gleich (obwohl sie selbst, je nach dem Lehrsystem, nach dem sie ausgearbeitet wurde, von den einen so, von den anderen anders dargestellt wird): Diese jedoch ist zusammen mit den übrigen menschlichen Disziplinen vielfältiger Veränderung unterworfen: Was ständige und fortlaufende Beobachtung so vieler Jahrhunderte übergenug beweist."[6] Die Aufgabe der biblischen Theologie liegt somit in der Erhebung des sensus scriptorum, ihr muss ein historisch exegetisches Verfahren zugrundeliegen, während die dogmatische Theologie sich durch Rationalität, Konfessionalität und philosophische Aktualität auszeichnet. Bibelstellen dienen nicht einfach mehr zum Beweis dogmatischer Aussagen (dicta probantia), sondern als genus historicum ist die biblische Theologie eine eigenständige Wissenschaft und Voraussetzung der dogmatischen Theologie. Beim Vollzug der biblischen Theologie als einer rein historischen Disziplin legt Gabler Wert darauf, die Lehre von der göttlichen Inspiration der Schrift bei der Ermittlung des sensus literalis beiseite zu lassen. Die Vorstellungen, Begriffe und Anschauungen der ‚heiligen Männer' müssen genau unterschieden und verglichen werden, wobei Altes und Neues Testament letztlich zu trennen sind und schließlich bei der Exegese zwischen der grammatischen Auslegung und der folgenden Erklärung des Textes zu differenzieren ist. Während sich die

5 A. a. O., III, 26.

6 J.Ph. Gabler, Von der richtigen Unterscheidung der biblischen und der dogmatischen Theologie und der rechten Bestimmung ihrer beiden Ziele, in: G. Strecker (Hg.), Das Problem der Theologie des Neuen Testaments, WdF 367, Darmstadt 1975, 35 f. Zur Bedeutung Gablers vgl. O. Merk, Biblische Theologie des Neuen Testaments in ihrer Anfangszeit, MThSt 9, Marburg 1972.

grammatische Auslegung auf den Sinn eines Textes richtet, auf das, was der Schriftsteller bei der Abfassung des Textes dachte, unterzieht die Erklärung den Text einer scharfen historischen und philosophischen Kritik.

Der Tübinger Theologe *Ferdinand Christian Baur* (1792–1860) verstand die Einleitungswissenschaft als Kritik der ntl. Verfasserangaben und der mit ihnen verbundenen historischen und dogmatischen Implikationen. „Das eigentliche Objekt der Kritik ist nun eben dieses Dogmatische an ihnen, das Prinzip ihrer kanonischen Auctorität. Die Einleitungs-Wissenschaft hat daher zu untersuchen, ob diese Schriften auch an sich das sind, was sie nach der dogmatischen Vorstellung, die man von ihnen hat, sein sollen, und da die erste Voraussetzung, unter welcher dies allein stattfinden kann, ist, daß sie von den Schriftstellern wirklich verfaßt worden sind, welchen sie zugeschrieben werden, so ist ihre erste Aufgabe die Beantwortung der Frage, mit welchem Rechte sie sich für apostolische Schriften ausgeben."[7] Der ntl. Einleitungswissenschaft kommt somit nach F.Chr. Baur die Aufgabe zu, die mit dogmatischen Prädikaten versehenen Schriften des Neuen Testaments der historischen Kritik zu unterziehen, um so zu einer möglichst objektiven Auffassung ihres Charakters zu gelangen. Als bestimmendes Moment innerhalb der Geschichte des Urchristentums erkennt Baur den Gegensatz zwischen dem Heidenchristentum (vor allem repräsentiert durch Röm, 1.2Kor, Gal) und einem starren Judenchristentum (literarisch repräsentiert durch die vom Apostel Johannes verfasste Offenbarung). Alle anderen ntl. Schriften gehören in einen Zeitraum, in dem sich der Konflikt zwischen Heiden- und Judenchristentum auszugleichen beginnt. Baur versucht mit Hilfe dieses Gegensatzes, die Geschichte des Urchristentums zu entschlüsseln und den einzelnen ntl. Schriften je nach ihrer Tendenz einen Platz in dieser Geschichte zuzuweisen. Man wird Baurs schematische Auffassung der Geschichte des Urchristentums nicht übernehmen können, dennoch gilt eine von ihm erarbeitete Erkenntnis bis heute: Jede Schrift des Neuen Testaments steht in einem ganz bestimmten historischen Zusammenhang und muss aus diesem heraus erklärt werden.

Muss F.Chr. Baurs Standpunkt als kanonskritisch bezeichnet werden, so bestimmt der Straßburger Neutestamentler *Heinrich Julius Holtzmann* (1832–1910) das spannungsvolle Verhältnis zwischen dem Kanonsbegriff und einer rein historischen Betrachtung der ntl. Schriften in anderer Weise. Er betont in seinem 1885 erschienenen ‚Lehrbuch der historisch-kritischen Einleitung in das Neue Testament', dass die Beschränkung der ntl. Einleitungswissenschaft auf die 27 ntl. Schriften allein im Kanonsbegriff ihre Berechtigung findet. „Als Glied des Organismus der theologischen Wissenschaften ist die biblische Einleitung allerdings nur vom Begriff des Kanon zu begreifen, nur in ihm findet sie ihre innere Einheit."[8] Allerdings schließt Holtzmann

7 F.Chr. Baur, Die Einleitung in das Neue Testament als theologische Wissenschaft, ThJb (T) 9 (1850), (463–566) 478.

8 H.J. Holtzmann, Einleitung, ^{3}1892, 11.

ausdrücklich die dogmatischen Dimensionen des Kanonsbegriffes (Inspiration, göttlicher Charakter der Schriften) von seiner Betrachtung aus. „Unsere Aufgabe heißt Geschichte des Kanon, nicht der Lehre vom Kanon."[9] Damit ergibt sich für die Einleitungswissenschaft die historische Aufgabe, die Entstehung und Sammlung der ntl. Schriften darzustellen. Aus dieser Zielbestimmung leitet sich organisch die bereits vor Holtzmann übliche, von ihm aber mustergültig durchgeführte Zweiteilung der Disziplin in eine allgemeine Einleitung und eine spezielle Einleitung ab. Die allgemeine Einleitung hat das Werden des ntl. Kanons und die Geschichte des ntl. Textes zum Gegenstand, während die spezielle Einleitung die historischen Entstehungsverhältnisse der 27 ntl. Schriften untersucht.

Repräsentiert das Werk von Heinrich Julius Holtzmann die Summe der Einleitungswissenschaft des 19. Jhs., so bilden sich um die Jahrhundertwende die Fragestellungen heraus, von denen die ntl. Einleitungswissenschaft bis heute bestimmt wird. Auf der einen Seite entstand die Forderung nach konsequenter Aufgabe der durch den Kanon gesetzten Grenzen. So verlangt der Gießener Kirchenhistoriker *Gustav Krüger* (1862–1940) in seinem 1896 erschienenen Buch ‚Das Dogma vom Neuen Testament': „Man setze an die Stelle der ‚neutestamentlichen Zeitgeschichte' ... eine allgemeine Geschichte des Urchristentums; an die Stelle der ‚Einleitung' eine Geschichte der urchristlichen Litteratur; an die Stelle der ‚neutestamentlichen' eine Geschichte der urchristlichen Theologie."[10] Der Verzicht auf das Dogma vom Neuen Testament ergibt sich für Krüger aus dem historischen Tatbestand, dass es eine spezifisch ntl. Gedankenwelt nicht gibt und die kanonischen ntl. Schriften nicht zu trennen sind von den Schriften, die zur Zeit des Neuen Testaments entstanden, aber nicht in den Kanon gelangten. „Ich bestreite, daß man berechtigt ist, mit dem Begriff ‚Neues Testament' in irgend einer Form bei der geschichtlichen Betrachtung einer Zeit zu operiren, die noch kein Neues Testament kennt."[11]

Wie Krüger fordert auch der Breslauer Neutestamentler *William Wrede* (1859–1906) in seiner 1897 erschienenen Schrift ‚Über Aufgabe und Methode der sogenannten neutestamentlichen Theologie', der Exeget dürfe sich nicht auf die Schriften des Kanons beschränken. Versteht sich die ntl. Wissenschaft als eine rein historische Disziplin, so stellt die Existenz des Kanons ein Problem dar. „Wo man die Inspirationslehre streicht, kann auch der dogmatische Begriff des Kanons nicht aufrechterhalten werden."[12] Der Begriff des Kanons ist schon deshalb problematisch, weil die ntl. Schriften nicht mit dem Prädikat ‚kanonisch' entstanden, sondern erst später für kanonisch erklärt wurden. Hinzu kommt, „daß die Grenzen zwischen der kanoni-

9 A. a. O., ^{2}1886, 15.

10 G. Krüger, Das Dogma vom Neuen Testament, Gießen 1896, 37.

11 A. a. O., 10.

12 W. Wrede, Über Aufgabe und Methode der sogenannten neutestamentlichen Theologie, in: G. Strecker (Hg.), Theologie des Neuen Testaments, 85. Im Anschluss an Wrede plädiert insbesondere H. Räisänen, Beyond New Testament Theology, London/Philadelphia 1990, für eine frühchristliche Religionsgeschichte, in der Kanonsgrenzen bewusst keine Rolle spielen.

schen und der nächstliegenden außerkanonischen Literatur an allen Punkten durchaus fließend sind."[13] Nicht die Zugehörigkeit zum Kanon, sondern die literarische Struktur erweist sich als der sachgemäße Zugang zu einer ntl. Schrift. Wrede fordert die Aufgabe einer dogmatisch orientierten Biblischen Theologie und will an ihre Stelle eine urchristliche Religionsgeschichte setzen, die die Gesamtheit der urchristlichen Schriften in Betracht zieht, auf den Kanon ganz bewusst verzichtet und so erst wirklich die Aufgabe eines rein historischen Verständnisses des Neuen Testamentes zu verwirklichen sucht.

Eine andere Konzeption als Krüger und Wrede vertritt *Adolf Jülicher* (1857–1938), dessen ‚Einleitung in das Neue Testament' 1894 erstmals erschien. Jülicher fasst die ntl. Einleitungswissenschaft als eine streng geschichtliche Disziplin auf und behandelt nacheinander die Geschichte der einzelnen ntl. Schriften, die Geschichte des ntl. Kanons und die Geschichte des ntl. Textes. Einer literaturgeschichtlichen Behandlung steht er nicht grundsätzlich ablehnend gegenüber, er meint aber, sie sei „nun leider beim NT nicht zu erreichen."[14] Für die Beschränkung des Stoffes auf die 27 ntl. Bücher gibt Jülicher eine wirkungsgeschichtliche Begründung: Allein sie haben aus dem Korpus der altchristlichen Literatur eine weltgeschichtliche Bedeutung erlangt, was ihre besondere Behandlung rechtfertigt.

Die von G. Krüger/W. Wrede einerseits und A. Jülicher andererseits vertretenen Positionen spiegeln sich in zwei bedeutenden protestantischen Einleitungswerken des 20. Jahrhunderts wider. So steht die ‚Einleitung in das Neue Testament' von *Werner Georg Kümmel* (1905–1995) in der Tradition von H. J. Holtzmann und A. Jülicher. Kümmel versteht einerseits die Einleitungswissenschaft als eine „streng historische Disziplin"[15], andererseits betont er, dass „die im NT gesammelten Schriften durch ihre Zugehörigkeit zu dem von der alten Kirche abgegrenzten Kanon ihren vom Christen im Glauben anerkannten besonderen Charakter haben."[16] Nicht die wissenschaftliche Methode, sondern der Kanonsbegriff begründet den theologischen Charakter der ntl. Einleitungswissenschaft. Der Kanonsbegriff bestimmt bei Kümmel auch den Aufbau des Werkes, indem zunächst die Erzählungsbücher (Evangelien und Apg), dann die Briefe und die Johannesapokalypse besprochen werden. Kümmel vertritt damit einen gemäßigt konservativen Standpunkt, dem es bei voller Anwendung der historisch-kritischen Methode um die geschichtliche Grundlage der ntl. Schriften geht.

Das Ideal einer urchristlichen Literaturgeschichte verwirklichte *Philipp Vielhauer* (1914–1977) in seiner 1975 erschienenen ‚Geschichte der urchristlichen Literatur'. Vielhauer nimmt dabei eine grundlegende Einsicht des Kirchenhistorikers Franz Overbeck (1837–1905) auf, der betonte: „Ihre Geschichte hat eine Literatur in ihren

13 Ebd.

14 A. Jülicher – E. Fascher, Einleitung, 6.

15 W. G. Kümmel, Einleitung, 5.

16 A. a. O., 6.

Formen, eine Formengeschichte wird also jede wirkliche Literaturgeschichte sein."[17] Vor allem knüpft Vielhauer aber an das Programm seines Lehrers *Martin Dibelius* (1883–1947) an, der bereits 1926 eine kurzgefasste ‚Geschichte der urchristlichen Literatur' veröffentlichte, in der die urchristliche Literatur unter formgeschichtlichen Gesichtspunkten zusammengefasst und kurz analysiert wurde. Wie Dibelius verzichtet auch Vielhauer im Anschluss an Krüger und Wrede auf den Kanonsbegriff, weil eine an Formen und Gattungen orientierte Literaturgeschichte nicht an den Kanonsgrenzen haltmachen kann, sondern sowohl die außerkanonische Literatur als auch die im Kanon befindlichen Schriften der gleichen Gattung zu untersuchen hat. So bezieht Vielhauer neben den Schriften des Neuen Testamentes spätere Briefe (1 Klemensbrief, Ignatiusbriefe, Polykarpbrief, Barnabasbrief), apokryphe Evangelien, apokryphe Apostelgeschichten und Gemeindeordnungen (Didache) in seine Darstellungen mit ein. Nicht der Kanon setzt die Grenze für den zu untersuchenden Stoff, sondern diese ergibt sich dort, wo urchristliche Formen absterben und der Übergang zur griechisch-römischen Literatur erkennbar wird[18].

In der Tradition von Dibelius und Vielhauer sieht sich die Literaturgeschichte des Neuen Testaments von Gerd Theißen. Primärer Gegenstand einer Literaturgeschichte ist demnach die Formensprache des Neuen Testaments. „Im Neuen Testament finden wir zwei Grundformen und drei Nebengattungen: Evangelien und Briefe sind die beiden Grundformen, die mehrfach vertreten sind. Neben 4 Evangelien gibt es 21 Briefe. Die drei Nebengattungen, Apostelgeschichte, Apokalypse und der Hebräerbrief, der notdürftig als Brief gerahmt ist, sind dagegen mit nur je einem Exemplar vertreten."[19] Zudem geht Theißen von unterschiedlichen Phasen der ntl. Literaturgeschichte aus: Die erste Phase bilden Jesus und Paulus, die durch ihr Wirken in unterschiedlicher Weise die beiden Grundformen des Neuen Testaments hervorriefen: Evangelium und Brief. Im Hinblick auf Jesus sind vor allem die ältesten mündlichen Traditionen bis hin zu den ersten Verschriftlichungen in der Logienquelle und dem Markusevangelium im Blick. Die Paulusbriefe werden als Gemeindebriefe charakterisiert, die Elemente des antiken Freundschaftsbriefes, aber auch der Herrscherbriefe aufnehmen. Die zweite Phase umfasst die fiktive Selbstauslegung des Paulus in den Deuteropaulinen sowie die fiktive Selbstauslegung Jesu in weiteren Evangelien, womit vor allem das Matthäus-, Lukas- und Johannesevangelium gemeint sind. Die dritte Phase ist durch funktionale Gesichtspunkte bestimmt, wonach die Texte ihre Autorität durch die sachlichen Anforderungen an ganz bestimmte Gattungen erhalten (Apostelgeschichte, Johannesoffenbarung, Hebräerbrief). Die letzte Phase bildet die Kanonbildung, mit der die Pluralität

17 F. Overbeck, Über die Anfänge der patristischen Literatur, Darmstadt 1954 (= 1882), 12.

18 Dieser Position weiß sich G. Strecker, Literaturgeschichte des Neuen Testaments, Göttingen 1992, 278, verpflichtet: „Im Interesse der literaturhistorischen Fragestellung ist eine Zurücksetzung der außerkanonischen Schriften verfehlt; denn die historische Interpretation ist aus formalen und inhaltlichen Gründen gezwungen, diesen weiteren Schriftenkreis in ihr Aufgabengebiet einzubeziehen." Allerdings beschränkt sich Strecker bei seiner Darstellung aus praktischen Gründen auf die Schriften des Neuen Testaments.

19 G. Theißen, Entstehung des Neuen Testaments, 19f.

> der Schriften gegen den Kanon des Markion verteidigt wird, der nur von einem Evangelium (Lukas) und einem Apostel (Paulus) ausging. Theißen betont, dass die beiden literarischen Grundformen des Neuen Testaments, Bios (Evangelium) und Brief mit ihrer personenzentrierten Ausrichtung nicht aus dem Judentum ableitbar sind. Literatursoziologisch gilt: „Das Neue Testament ist *Kleinliteratur*, d.h. Literatur literaturferner Kreise, aber sie lässt sich nicht allein als Ausdruck literaturferner Unterschichten erklären."[20]

Von den neueren Einleitungen sind vor allem die Werke von I. Broer, R.E. Brown und P. Pokorný/U. Heckel sowie das von M. Ebner/St. Schreiber hg. Sammelwerk hervorzuheben. In einer mit H.-U. Weidemann besorgten Neubearbeitung liegt nun die Einleitung von I. Broer vor. Das Grundkonzept wurde beibehalten: Zunächst werden die Synoptiker, die Apostelgeschichte und das johanneische Schrifttum behandelt, es folgen die Briefliteratur (echte Paulusbriefe, unechte Paulusbriefe einschließlich Hebräerbrief, katholische Briefe), die Offenbarung des Johannes und die Bildung des Kanons. Die einzelnen Kapitel repräsentieren den aktuellen Stand der Forschung, und Exkurse bereichern die Darstellung. Konzeptionell verbleibt Broer innerhalb der klassischen Einleitungsfragen[21] und beschränkt seine Darstellung auf die kanonischen Schriften. Auch R.E. Brown konzentriert sich programmatisch auf die 27 neutestamentlichen Schriften[22], verbindet aber amerikanischen Konventionen folgend diesen klassischen Ansatz mit einer theologischen Einleitung in das Neue Testament und einer Darstellung seines religiös-philosophischen Umfeldes. Zwei Exkurse und zahlreiche Karten und Tabellen runden das Werk ab. Innerhalb des Hauptteils werden zunächst die Evangelien und mit ihnen verbundene Werke (Synoptiker, Apostelgeschichte, Johannesevangelium, Johannesbriefe), dann die paulinischen und deuteropaulinischen Briefe und schließlich die weiteren Schriften behandelt (Hebräerbrief, 1.Petrusbrief, Jakobusbrief, Judasbrief, 2.Petrusbrief, Offenbarung). Wie Broer urteilt auch Brown kenntnisreich und abgewogen und lässt europäische Literatur in die Argumentation einfließen. Dies kann leider von den anderen amerikanischen Einleitungen nicht behauptet werden. Sie sind Arbeitsbücher zum Neuen Testament, die ohne Anmerkungen und mit minimaler (ausschließlich amerikanischer) Literaturverarbeitung Grundlagen vermitteln, ohne jedoch die europäischen Standards der umfassenden Materialverarbeitung und kritischen Darstellung zu erreichen.

Das Werk von P. Pokorný/U. Heckel setzt mit der allgemeinen Einleitung, d.h. einer Darstellung der Kanons- und Textgeschichte ein. Es folgen in der speziellen Einleitung die authentischen Paulusbriefe, die Synoptiker/Apostelgeschichte und das johannei-

20 G. Theißen, Entstehung des Neuen Testaments, 349.

21 Zu den klassischen ‚W-Fragen' vgl. I. Broer, Einleitung, 21: „Wer schreibt wann, wo, wem und warum, wobei in die Antwort auf das Warum in der Regel noch eine Zusammenfassung der Theologie des jeweiligen Schreibens integriert ist."

22 Vgl. R.E. Brown, Introduction, VIII: „Such a concentration is legitimate because they have had a uniquely normative place in Christian life, liturgy, creed, and spirituality. Moreover, these books exist, and in that sense are more certain than conjectural, undocumented, or sparsely documented reconstructions of early Christianity."

sche Schrifttum (einschließlich Johannesoffenbarung). Den Abschluss bilden die Schriften des Paulinismus, zu denen nicht nur die klassischen Deuteropaulinen, sondern auch die Petrusbriefe, der Judas- und Hebräerbrief sowie der Jakobusbrief gezählt werden. Es geht somit um all jene Schriften, „die in einem weiteren Sinn von der paulinischen Theologie beeinflusst sind (Hebr, 1–2Petr, Jud) oder sich kritisch mit ihr auseinandersetzen (Jak)."[23] Hermeneutische Hinführungen, zwölf Exkurse sowie Schlussüberlegungen zu den Gemeinsamkeiten und Unterschieden der Schriften runden dieses Werk ab, das zweifellos den Stand der gegenwärtigen Forschung repräsentiert.

Die von M. Ebner und St. Schreiber herausgegebene Einleitung in das Neue Testament versteht sich als ein Gemeinschaftswerk, das überwiegend von katholischen Exegetinnen und Exegeten verfasst wurde. In zwei einleitenden Abschnitten werden zunächst der christliche Kanon und der Text des Neuen Testaments behandelt. Der Kanon bildet dann auch das Gliederungsprinzip: Am Anfang stehen Kapitel zu den vier Evangelien, eingeleitet durch einen Beitrag zur synoptischen Frage, zur Spruchquelle Q und zur Gattung ‚Evangelium'. Es folgen Abschnitte zur Apostelgeschichte und den Briefen, wobei nacheinander die authentischen Paulusbriefe, die Deuteropaulinen und die katholischen Briefe analysiert werden. Den Abschluss bildet die Offenbarung des Johannes. Die jeweiligen Abschnitte sind nicht nach einem durchgängigen Schema, sondern nach textspezifischen Gesichtspunkten aufgebaut. Die jeweiligen Einzelkapitel befinden sich durchweg auf dem aktuellen Stand der Forschung, sie sind problemorientiert und teilweise sehr innovativ. Eine geradezu unvermeidliche Folge solcher Gemeinschaftswerke ist es allerdings, dass keine inhaltliche Geschlossenheit erreicht werden kann.

1.3 Aufbau und Ziel der Einleitung

Wie verhält sich der historische Charakter der Einleitungswissenschaft zu ihrem Gegenstand, den ntl. bzw. urchristlichen Schriften? Ist es möglich, eine säkulare literaturwissenschaftliche Methode mit einem Kanonsbegriff zu kombinieren, der dogmatische Implikationen enthält? Die Lösung dieses zentralen Problems hängt davon ab, wie das Ziel der ntl. Einleitungswissenschaft sachgemäß erreicht werden kann: Die Erhellung der historischen Entstehungssituation *und* theologischen Intentionen der ntl. bzw. urchristlichen Schriften. Von dieser Zielbestimmung her muss die Einleitungswissenschaft als eine streng historische, zugleich aber theologische Disziplin verstanden werden. Die historische Dimension der Einleitungswissenschaft ergibt sich notwendigerweise aus dem Charakter der zu untersuchenden Literatur. Auch die theologische Ausrichtung der Einleitungswissenschaft leitet sich aus dem Selbstzeugnis der ntl. Schriften ab. Sie beanspruchen, das Heilshandeln Gottes in Jesus

23 P. Pokorný/U. Heckel, Einleitung, 616.

Christus gültig und verbindlich auszusagen. Der *Kanonsbegriff* bündelt und fixiert lediglich nachträglich einen Anspruch, der den ntl. Schriften bereits innewohnt. Man kann deshalb auf ihn verzichten, ohne das Sachanliegen der ntl. Schriften preiszugeben und die theologische Dimension der Einleitungswissenschaft zu negieren. Zwar kann die Kanonsbildung auch im historischen Sinn nicht als zufällig angesehen werden, insofern bereits im Überlieferungsprozess der urchristlichen Literatur eine Tendenz zur Formierung und Sammlung erkennbar ist, und auch die Frage nach dem sachgemäßen Verständnis des Christusgeschehens von Anfang an in kontroverser und abgrenzender Art und Weise begriffen wurde. Andererseits ist die Kanonsbildung aber auch nicht als ein zwangsläufiger und die ältesten Traditionen erfassender Prozess zu begreifen. Zum einen waren bereits sehr alte Traditionen unwiederbringlich verloren, bevor die Kanonsbildung einsetzte, so zumindest ein Paulusbrief (vgl. 1Kor 5,9; ferner 2Kor 2,4), ein Brief von Paulusschülern (Kol 4,16) und teilweise die literarischen Vorlagen der synoptischen Evangelien. Auch dem Verfasser des Johannesevangeliums standen weit mehr Traditionen zur Verfügung, als er in sein Evangelium integrierte (vgl. Joh 20,30). Zum anderen kann man sowohl unter theologischem als auch historischem Aspekt fragen, warum Schriften wie der 2Petrusbrief und der Judasbrief in den Kanon gelangten, während der 1Klemensbrief und die Briefe des Ignatius nicht in den Kanon aufgenommen wurden. Das Kriterium der Apostolizität erklärt zwar historisch diesen Tatbestand, vermag aber nicht über das theologische Recht dieses Vorgangs zu entscheiden. Schließlich verdeutlicht die Geschichte der Kanonsbildung, dass die Aufnahme einer ganzen Reihe urchristlicher Schriften (vgl. Hebr, Offb, katholische Briefe, Hirt des Hermas, Laodicenerbrief, Barnabasbrief, Paulusakten) in den Kanon über lange Zeit umstritten war. Nicht ein sekundärer Kanonsbegriff begründet den historischen und theologischen Charakter der Einleitungswissenschaft, sondern nur das Zeugnis der zu untersuchenden Schriften selbst. Um die historischen und theologischen Strukturen der ntl. Schriften zu erhellen, können sie nicht einer ihnen fremden Norm unterworfen werden. Es wäre wenig sinnvoll, den besonderen Charakter der ntl. Schriften innerhalb der urchristlichen Literatur vom Kanonsbegriff abzuleiten, wenn diese Entscheidung für den Vollzug der Exegese folgenlos bliebe. Weil der Kanon die urchristlichen Schriften bezeichnet und umfasst, die sich im Christentum als Neues Testament durchsetzten, ist er als historische Gegebenheit auch für die Einleitungswissenschaft von Gewicht. Wenn auch das prinzipielle Recht einer die Kanonsgrenzen überschreitenden Einleitungswissenschaft nicht zu bestreiten ist, lassen wirkungsgeschichtliche und pragmatische Aspekte eine Beschränkung der Einleitungswissenschaft auf die 27 Schriften des Neuen Testaments als sinnvoll erscheinen. Nur ihnen wird innerhalb der Kirche ein normativer Charakter zuerkannt, und nur sie spielen im Gesamtspektrum der Theologie eine wichtige Rolle. Der Kanonsbegriff bestimmt den gegenwärtigen Gebrauch der urchristlichen Literatur.

Rechtfertigt allein die Wirkungsgeschichte die Berücksichtigung des Kanonsbegriffes[24], so ergeben sich daraus Konsequenzen für den Aufbau und den Umfang einer Einleitung. Wenn sich die Geschichte des ntl. Kanons nicht auf die Untersuchung der Entstehungsverhältnisse der ntl. Schriften auswirkt, muss die übliche Aufteilung der Einleitungswissenschaft in eine allgemeine Einleitung und eine besondere Einleitung mit den damit verbundenen drei Fragenkomplexen (Entstehungsverhältnisse der ntl. Schriften, Geschichte des ntl. Textes und ntl. Kanons) fallengelassen werden. Auch die Wissenschaftsgeschichte unseres Jahrhunderts legt ein solches Vorgehen nahe, denn längst haben sich die Geschichte des ntl. Kanons und die ntl. Textkritik[25] zu eigenständigen Spezialdisziplinen entwickelt. Alle durch die ntl. Schriften selbst aufgeworfenen textkritischen und kanonsgeschichtlichen Fragen bedürfen natürlich einer Erörterung, aber eine umfangreiche Darstellung der Geschichte des ntl. Kanons und des ntl. Textes abgehoben von der konkreten Bedeutung für die einzelnen Schriften wäre nicht sinnvoll.

Die historische Ausrichtung der Einleitungswissenschaft legt einen *Aufbau* nahe, der mit den Protopaulinen als den ältesten ntl. Schriften einsetzt. Es folgen als zweite zusammenhängende Schriftengruppe die synoptischen Evangelien. Im Anschluss an das Lukasevangelium wird die Apostelgeschichte behandelt. Der dritte zusammenhängende Überlieferungsblock sind die Deuteropaulinen, die alle den Anspruch erheben, Briefe des Apostels Paulus zu sein. Eine Sonderstellung nimmt der Hebräerbrief ein, der als Paulusbrief in den Kanon gelangte, sich aber inhaltlich sowohl von den Proto- als auch von den Deuteropaulinen erheblich unterscheidet. Für eine gesonderte Behandlung bieten sich jene Briefe an, die nicht an eine bestimmte Gemeinde geschrieben wurden und deshalb als ‚katholische' Briefe (*καθολικός* = allgemein) bezeichnet werden. Die johanneische Literatur schließt die Darstellung ab.

In den *Einzelabschnitten* werden zunächst die Fragen nach dem Verfasser sowie dem Abfassungsort und der Abfassungszeit einer ntl. Schrift beantwortet. Weil die ntl. Schriften immer Bestandteil eines Kommunikationsprozesses sind, gilt es, die Situation der Empfänger eingehend zu bedenken. Die literarische Struktur einer ntl. Schrift muss unter formgeschichtlichen Aspekten, unter literarkritischer Perspektive und traditionsgeschichtlichen Gesichtspunkten untersucht werden. Es folgt die Darstellung der religionsgeschichtlichen Strömungen, von denen eine ntl. Schrift möglicherweise beeinflusst ist. Einen besonderen Raum nimmt die Darlegung der theologischen Grundgedanken einer ntl. Schrift ein. Weil Form und Inhalt eine Einheit bilden, die literarische Struktur unmittelbarer Ausdruck eines theologischen Gestaltungswillens ist, kommt der Theologie einer ntl. Schrift eine entscheidende Bedeutung für ihr Gesamtverständnis zu. Die ntl. Einleitungswissenschaft darf sich nicht

24 Die unabdingbaren Grundkenntnisse der Kanonsgeschichte werden deshalb in Exkurs 3 (Die Sammlung der Paulusbriefe und das Werden des Kanons) unter wirkungsgeschichtlichem Aspekt dargestellt; dort auch Literatur!

25 Unentbehrlich für Textgeschichte und Textkritik: B. M. Metzger, Der Text des Neuen Testaments, Stuttgart 1966. – K. u. B. Aland, Der Text des Neuen Testaments, Stuttgart ²1989; D. C. Parker, An Introduction to the New Testament Manuscripts and their Texts, Cambridge 2008.

auf die klassischen Fragen beschränken, sondern muss die theologischen Intentionen eines ntl. Autors berücksichtigen, um so den verschiedenen Dimensionen einer ntl. Schrift gerecht zu werden[26].

Historische Erkenntnisse wirken sich notwendigerweise auf die theologische Interpretation einer ntl. Schrift aus. Jedoch sollten historische Einsichten nicht zu theologischen Wert- und Vorurteilen führen. Historische Richtigkeit ist nicht einfach identisch mit theologischer Wahrheit! Vielmehr gilt es, die historische Situation *und* theologische Intention der ntl. Texte zu ermitteln und zu würdigen. Stammt ein Brief oder ein Evangelium nicht von dem Verfasser, den sie selbst oder die altkirchliche Tradition angeben, so ist dies ein historischer Sachverhalt. Er entscheidet nicht über den theologischen Wahrheitsanspruch der Texte, denn bereits in der ältesten ntl. Schrift zeigt sich ein Selbstverständnis, das historistische Engführungen sprengt (1 Thess 2, 13: „Und deshalb danken wir Gott unablässig, dass ihr das von uns verkündigte Gotteswort nicht als Menschenwort annahmt, sondern – was es in Wahrheit auch ist – als Gotteswort, das sich in euch, den Glaubenden, als wirksam erweist"). Historische Wahrscheinlichkeitsurteile bestimmen nicht darüber, ob durch das Neue Testament Gott im Heiligen Geist zu Menschen spricht und sie zum Glauben ruft. Dieses Geschehen ist nicht an menschliche Erkenntnisse, sondern ausschließlich an den Selbsterweis Gottes im Heiligen Geist gebunden und gilt nach der Überzeugung der Alten Kirche für alle biblischen Schriften. Der Einblick in die historischen Entstehungsbedingungen der ntl. Schriften, der sich wie alles historische Erkennen nur als Annäherungsakt an das wirklich Geschehene vollziehen kann, gewährt allein noch nicht das Verstehen. Vielmehr sind die Aussagen der ntl. Schriften auf die Selbstdeutung durch den Geist angewiesen, um in all ihren Dimensionen erfasst zu werden.

Den Abschluss der jeweiligen Einzelabschnitte bildet ein kurzer forschungsgeschichtlicher Überblick, der den Leser in die aktuelle Diskussion einführen und ihm weitere Perspektiven für das Verständnis einer ntl. Schrift eröffnen soll.

Für die Einzelabschnitte ergibt sich somit folgende durchgehende Gliederung[27]:

- Literatur
- Verfasser
- Ort und Zeit der Abfassung
- Empfänger
- Gliederung, Aufbau, Form
- Literarische Integrität
- Traditionen, Quellen
- Religionsgeschichtliche Stellung
- Theologische Grundgedanken
- Tendenzen der neueren Forschung

26 Vgl. W. G. Kümmel, Art. Einleitungswissenschaft, 480.

27 Sollte ein Arbeitsschritt bei einer ntl. Schrift vom Befund her nicht möglich sein, so wird er übersprungen.

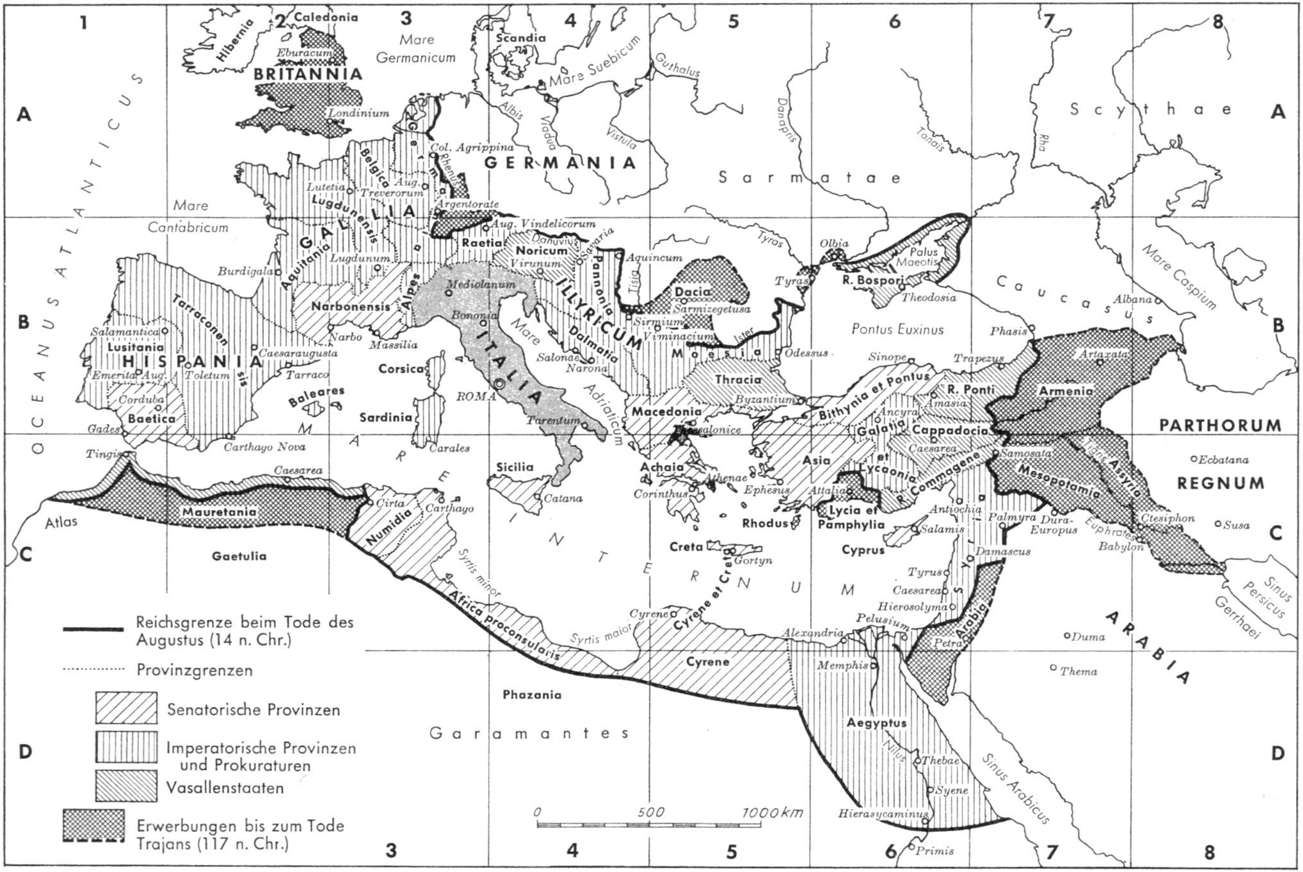

Das römische Reich in ntl. Zeit

2. Die Paulusbriefe

Gesamtdarstellungen paulinischer Theologie

R. Bultmann, Theologie des Neuen Testaments, hg. v. O. Merk, Tübingen [9]1984, 187–353. – G. Bornkamm, Paulus, Stuttgart [6]1985. – H. Conzelmann, Grundriß der Theologie des Neuen Testaments, Tübingen [4]1987, 163–326. – J. C. Beker, Paul the Apostle, Philadelphia [2]1984. – E. P. Sanders, Paulus und das palästinische Judentum, Göttingen 1985. – J. Becker, Paulus, Tübingen 1989. – P. Stuhlmacher, Biblische Theologie des Neuen Testaments I, Göttingen 1992, 221–392. – H. Hübner, Biblische Theologie des Neuen Testaments II: Die Theologie des Paulus, Göttingen 1993. – Dictionary of Paul and his Letters, hg. v. G. F. Hawthorne u. R. P. Martin, Downers Grove 1993. – J. M. Bassler (Hg.) Pauline Theology I, Minneapolis 1991; D. M. Hay (Hg.), Pauline Theology II, Minneapolis 1993; D. M. Hay – E. E. Johnson (Hg.), Pauline Theology III. IV, Minneapolis 1995; Atlanta 1997. – G. Strecker, Theologie des Neuen Testaments, hg. v. F. W. Horn, Berlin 1995, 11–229. – E. P. Sanders, Paulus. Eine Einführung, Stuttgart 1995. – K. Berger, Theologiegeschichte des Urchristentums, Tübingen [2]1996, 472–556. – J. Gnilka, Paulus von Tarsus, HThK.S 6, Freiburg 1996. – E. Lohse, Paulus, München 1996. – J. Murphy-O'Connor, Paul. A Critical Life, Oxford 1997. – J. D. G. Dunn, The Theology of Paul the Apostle, Grand Rapids 1998. – Th. R. Schreiner, Paul. Apostle of God's Glory in Christ, Downers Grove 2001; U. Schnelle, Paulus. Leben und Denken, Berlin 2003 (ET: Apostle Paul, Grand Rapids 2005). – E. Reinmuth, Paulus. Gott neu denken, Leipzig 2004. – N. T. Wright, Paul, Minneapolis 2005. – Oda Wischmeyer (Hg.), Paulus, Tübingen 2006. – S. E. Porter (Hg.), Pauline Studies 1–6, Leiden 2004–2010. – M. Wolter, Paulus. Ein Grundriss seiner Theologie, Neukirchen 2011.

Forschungsüberblick

K. H. Rengstorf (Hg.), Das Paulusbild in der neueren deutschen Forschung, Darmstadt [3]1982 (enthält grundlegende Beiträge von W. Wrede, A. Schweitzer, R. Bultmann u. a.)

Forschungsberichte

H. Hübner, Paulusforschung seit 1945, ANRW 25.4, Berlin 1987, 2649–2840. – O. Merk, Paulus-Forschung 1936–1985, ThR 53 (1988), 1–81. – Chr. Strecker, Paulus aus einer neuen „Perspektive", KuI 11 (1996), 3–18. – K.-W. Niebuhr, Die paulinische Rechtfertigungslehre in der gegenwärtigen exegetischen Diskussion, in: Worum geht es in der Rechtfertigungslehre?, hg. v. Th. Söding, QD 180, Freiburg 1999, 106–130.

2.1 Die Chronologie des paulinischen Wirkens

B. Rigaux, Paulus und seine Briefe, München 1964. – A. Suhl, Paulus und seine Briefe, StNT 11, Gütersloh 1975. – M. Hengel, Zur urchristlichen Geschichtsschreibung, Stuttgart ²1984. – G. Lüdemann, Paulus, der Heidenapostel I: Studien zur Chronologie, FRLANT 123, Göttingen 1980. – R. Jewett, Paulus-Chronologie. Ein Versuch, München 1982. – N. Hyldahl, Die paulinische Chronologie, AthD, Leiden 1986. – Th. Söding, Zur Chronologie der paulinischen Briefe, in: ders., Das Wort vom Kreuz (s. u. 2.5.1), 3–30. – A. Suhl, Der Beginn der selbständigen Mission des Paulus, NTS 38 (1992), 430–447. – R. Riesner, Die Frühzeit des Apostels Paulus, WUNT 71, Tübingen 1994. – N. Hyldahl, The History of Early Christianity, Frankfurt 1997. – J. Murphy-O'Connor, Paul, 1–31. – M. Hengel – A. M. Schwemer, Paulus zwischen Damaskus und Antiochien, WUNT 108, Tübingen 1998. – A. Scriba, Von Korinth nach Rom. Die Chronologie der letzten Jahre des Paulus, in: F. W. Horn (Hg.), Das Ende des Paulus (s. u. 4.1), 157–173. – Ruth Schäfer, Paulus bis zum Apostelkonzil, WUNT 2.179, Tübingen 2004. – H. Zeigan, Aposteltreffen in Jerusalem, ABG 18, Leipzig 2005. – G. Tatum, New Chapters in the Life of Paul: The Relative Chronology of His Career, CBQ.MS 41, Washington 2006. – J. D. G. Dunn, Beginning from Jerusalem, Grand Rapids 2009, 497–518.

Die erhaltenen Paulusbriefe nennen weder Zeit noch Ort ihrer Abfassung. Die Apostelgeschichte beschreibt zwar ausführlich das missionarische Wirken des Paulus, aber auch sie berichtet nicht, wann und wo Paulus seine Briefe verfasste. Für die Geschichte des Urchristentums wichtige Ereignisse wie der Apostelkonvent oder die Bekehrung des Paulus werden von Lukas nicht chronologisch eingeordnet. Auch das Geburts- und Todesjahr des Heidenapostels kann nur indirekt erschlossen werden[1]. Dies verdeutlicht die großen Schwierigkeiten bei der Erstellung einer Chronologie des paulinischen Wirkens und erklärt, warum gerade auf diesem Gebiet neuerdings die Forschungsmeinungen so stark divergieren. Methodische Erwägungen leiten deshalb diesen Entwurf einer Paulus-Chronologie ein[2]. Den Ausgangspunkt aller Überlegungen bildet der für den Historiker selbstverständliche Grundsatz, dass den Primärquellen immer der Vorzug zu geben ist. Die chronologisch verwertbaren Angaben der Protopaulinen sind immer dann vorzuziehen, wenn sie in Spannung oder im Widerspruch zu anderen Nachrichten im Neuen Testament stehen. Der Geschichtswert der Apostelgeschichte wird damit nicht herabgesetzt, widersprechen sich aber Apostelgeschichte und Protopaulinen, so ist den Briefen zu folgen. Lassen sich hingegen die Mitteilungen der Apostelgeschichte und der Paulusbriefe kombinieren, so ergibt sich eine sichere Grundlage für die paulinische Chronologie. Berichtet nur die Apostelgeschichte über Ereignisse aus dem Leben des Paulus, gilt es zu prüfen, inwie-

1 Zum Todesjahr s. u. 2.1.2; das Geburtsjahr liegt vermutlich in der Mitte des ersten Jahrzehnts n. Chr. In Phlm 9 (geschrieben um 61 n. Chr.) bezeichnet sich Paulus als πρεσβύτης („alter Mann"), er wäre zu diesem Zeitpunkt ca. 55 Jahre alt gewesen.

2 Vgl. dazu die bedenkenswerten methodologischen Erwägungen bei N. Hyldahl, Chronologie, 1–17.

weit Lukas zuverlässige alte Traditionen wiedergibt oder ob seine Darstellung redaktioneller Gestaltung entspringt.

Der natürliche Ausgangspunkt für die Gewinnung einer absoluten Chronologie sind die wenigen im Neuen Testament erwähnten Vorgänge, die sich mit Daten der allgemeinen Weltgeschichte berühren, auch von außerneutestamentlichen Schriftstellern oder durch archäologische Funde bezeugt werden. Auf der Basis der absoluten Chronologie muss dann die relative Chronologie des paulinischen Wirkens erstellt werden.

2.1.1 Die absolute Chronologie

Zwei Ereignisse ermöglichen die Rekonstruktion einer absoluten Chronologie des paulinischen Wirkens: Die Austreibung der Juden aus Rom unter Claudius (vgl. Apg 18, 2b) und die Amtszeit des Prokonsuls Gallio in Achaia.

Das *Claudius-Edikt*: Sueton (Cl 25, 4) berichtet von Claudius: Iudaeos impulsore Chresto assidue tumultuantis Roma expulit („Die Juden vertrieb er aus Rom, weil sie, von Chrestus aufgehetzt, fortwährend Unruhe stifteten")[3]. Dieser Vorgang wird von dem späten christlichen Geschichtsschreiber Orosius (5. Jh.) auf das 9. Regierungsjahr des Claudius (= 49 n. Chr.) datiert[4]. Mit dem Tod des Claudius im Oktober 54 n. Chr. verlor das Edikt seine Wirksamkeit[5].

Eine Frühdatierung des Claudius-Ediktes in das Jahr 41 n. Chr. vertritt G. Lüdemann[6]. Die Jahresangabe des Orosius hält er für sekundär und bringt das Claudius-Edikt mit einem Vorfall aus der Anfangszeit der Regierung des Claudius in Verbindung, über den Dio Cassius, LX 6, 6, für das Jahr 41 berichtet: „Die Juden aber hatten sich derartig vermehrt, so dass es wegen ihrer großen Zahl schwierig gewesen wäre, sie ohne Tumult von Rom auszuschließen, so trieb er sie zwar nicht aus (*οὐκ ἐξήλασε μέν*), ließ ihnen auch ihre überkommene Lebensweise, verbot ihnen aber Versammlungen." Diese Nachricht bezieht Lüdemann auf die Ereignisse um ‚Chrestos', er postuliert eine Sueton und Dio Cassius gemeinsame Vorlage, die von Dio Cassius korrigiert worden sei und von der Ausweisung all der Juden durch Claudius im Jahr 41 berichtet habe, die unmittelbar an Unruhen um ‚Chrestus' in einer Synagoge beteiligt waren. Den anderen Mitgliedern der Synagoge soll Claudius Versammlungen verboten und damit das

3 Zum Nachweis, dass mit impulsore Chresto nicht auf einen unbekannten jüdischen Aufrührer bzw. Messiasprätendenten mit dem geläufigen Sklavennamen Chrestos Bezug genommen wird, vgl. zuletzt Helga Botermann, Das Judenedikt des Claudius, Hermes 71, Stuttgart 1996, 57–71. Zur Religionspolitik des Claudius vgl. D. Alvarez Cineira, Die Religionspolitik des Kaisers Claudius und die paulinische Mission, HBS 19, Freiburg 1999.

4 Vgl. Orosius, Historia adversum paganos VII 6, 15.

5 Vgl. Suet, Nero 33, 1, wo berichtet wird, dass Nero Beschlüsse und Erlasse des Claudius außer Kraft setzte; vgl. ferner Röm 16, 3 (Prisca und Aquila sind nach Rom zurückgekehrt).

6 Vgl. G. Lüdemann, Paulus I, 183–195.

Vereinsrecht entzogen haben. Die Schwachstelle dieser Argumentation liegt in der für Dio Cassius und Sueton vermuteten gemeinsamen Vorlage, die Lüdemann seiner These gemäß interpretiert. Zudem stellt die Bemerkung des Dio Cassius, Claudius habe nicht vertrieben, keine Korrektur einer Quelle dar, sondern Dio Cassius bezieht sich damit auf die zuvor in LVII 18, 5 geschilderte Judenvertreibung aus Rom durch Tiberius. Offenkundig nimmt *οὐκ ἐξήλασε μέν* in LX 6, 6 die Wendung *τοὺς πλείονας ἐξήλασεν* („die meisten vertrieb er") auf[7]. Es handelt sich bei den Anordnungen des Claudius aus den Jahren 41 und 49 deutlich um zwei verschiedene Ereignisse[8]. Schließlich lässt sich eine Datierung des Claudius-Ediktes in das Jahr 49 vorzüglich mit den Angaben in Apg 18, 1–17 kombinieren, wo von der Ankunft des aus Rom vertriebenen Ehepaares Prisca und Aquila in Korinth und dem Verhör des Paulus durch den Prokonsul Gallio berichtet wird.

Die Gallio-Inschrift: Die Amtszeit des in Apg 18, 12 erwähnten Prokonsuls von Achaia Lucius Gallio lässt sich durch einen inschriftlich bezeugten Brief des Kaisers Claudius an die Stadt Delphi relativ genau bestimmen[9]. Im Text wird als Abfassungsdatum die 26. Ausrufung des Claudius zum Imperator genannt. Zwar ist die 26. Akklamation nicht mehr datierbar, aber Inschriftenfunde belegen, dass die 27. Akklamation am 1. August 52 bereits vollzogen war[10]. Der Brief richtet sich entweder an den Nachfolger des Gallio (so A. Plassart) oder (wahrscheinlicher) an den Rat der Stadt Delphi[11]; er wäre dann im Frühjahr 52 abgefasst. Daraus ergibt sich für Gallio die für einen Prokonsul einer senatorischen Provinz übliche einjährige Amtszeit vom Frühsommer 51 bis zum Frühsommer 52[12]. Die aus Rom vertriebenen Prisca und Aquila kamen nicht lange vor Paulus nach Korinth (Apg 18, 2: *προσφάτως*), der Apostel traf also im Jahr 50 in Korinth ein. Kombiniert man die Angabe in Apg 18, 11, Paulus sei 1 $^1/_2$ Jahre in Korinth geblieben, mit der Annahme, Juden hätten Paulus bald nach dem Amtsantritt des neuen Prokonsuls verklagt, ergibt sich für die Gallio-Szene (Apg 18, 12–16) eine Datierung auf den Sommer 51[13].

7 Vgl. P. Lampe, Die stadtrömischen Christen in den ersten beiden Jahrhunderten (s. u. 2.8.1), 8. Zur Kritik an Lüdemann vgl. auch A. Lindemann, ZKG 92 (1981), 344–349; R. Jewett, Paulus-Chronologie, 134–139; T. Holtz, 1 Thess (s. u. 2.4.1), 18 A 18. Eine umfassende Darstellung bietet R. Riesner, Frühzeit des Apostels Paulus. (s. o. 2.1) 139–180; der das Claudius-Edikt ebenfalls in das Jahr 49 n. Chr. datiert.

8 Vgl. zur umfassenden Begründung Helga Botermann, Judenedikt des Claudius, 103–140.

9 Der von A. Plassart neubearbeitete und von J. H. Oliver verbesserte griechische Text der Gallio-Inschrift ist mit einer deutschen Übersetzung leicht zugänglich bei H. M. Schenke – K. M. Fischer, Einleitung I, 50–51. Zur umfassenden Analyse vgl. auch J. Murphy-O'Connor, St. Paul's Corinth (s. u. 2.5.4), 161–169.219–221 (gr. Text der sehr lückenhaften Inschrift mit Diskussion möglicher Rekonstruktionsmodelle); P. Pilhofer, Das Neue Testament und seine Welt, 133–138.

10 Vgl. A. Deissmann, Paulus, Tübingen ^{2}1925, 215; H. M. Schenke – K. M. Fischer, Einleitung I, 52.

11 So bereits J. H. Oliver, The Epistle of Claudius which mentions the Proconsul Junius Gallio, Hesp 40 (1971), (239–240) 239; vgl. jetzt auch J. Murphy-O'Connor, St. Paul's Corinth (s. u. 2.5.4), 164.

12 Nach Sen, Ep 104, 1, erkrankte Gallio in Achaia an Fieber, so dass ein vorzeitiger Abbruch seiner dortigen Tätigkeit nicht auszuschließen ist.

13 Dieses Datum stellt den einzigen Konsens der neueren Entwürfe zur paulinischen Chronologie

Mit der Ankunft des Paulus in Korinth zu Beginn des Jahres 50 ist nun eine sichere Ausgangsbasis gewonnen, um die relative Chronologie des paulinischen Wirkens nach rückwärts und vorwärts zu entwerfen.

2.1.2 Die relative Chronologie

Zunächst müssen die Ereignisse vor dem Eintreffen des Paulus in Korinth rekonstruiert werden. Nach der Darstellung der Apostelgeschichte ist der Korinth-Aufenthalt des Paulus ein Bestandteil der großen paulinischen Mission in Kleinasien und Griechenland (= *2. Missionsreise* Apg 15,36–18,22). Eine Rekonstruktion der einzelnen Missionsstationen ermöglichen die von Lukas verarbeiteten Traditionen. Zuerst führte die Reise Paulus und Silas zu den bereits bestehenden Gemeinden in Syrien und Kilikien (vgl. Apg 15,40f; ferner Apg 15,23/Gal 1,21). Dann kam Paulus nach Derbe und Lystra (Apg 16,1), wo er Timotheus bekehrte (vgl. 1Kor 4,17). Anschließend zogen Paulus und seine Mitarbeiter weiter durch Phrygien und das galatische Land (Apg 16,6), um danach ihre Mission in Europa zu beginnen. Philippi war die erste Station (Apg 16,11–12a; Phil 4,15ff), von dort zog Paulus nach Thessalonich (Apg 17,1), dann über Beröa nach Athen (vgl. Apg 17,10.15). Von Athen reiste Paulus zu Beginn des Jahres 50 nach Korinth (vgl. Apg 18,1). In seinen Grundzügen wird der Bericht der Apg durch die Paulusbriefe bestätigt. Paulus berichtet selbst, er habe aus Philippi kommend die Gemeinde in Thessalonich gegründet (vgl. 1Thess 2,2). Auch der Aufenthalt in Athen wird durch 1Thess 3,1 bezeugt, so dass sich nach den Angaben der Apg und des 1Thess als Reihenfolge der Reisestationen ergibt: Philippi, Thessalonich, Athen, Korinth[14]. Die geschilderte paulinische Missionstätigkeit umfasste einen Zeitraum von ungefähr 1 $^{1}/_{2}$ Jahren[15], so dass man in unmittelbare Nähe des antiochenischen Zwischenfalls und des ihm vorangehenden Apostelkonvents kommt. Beide Ereignisse sind in die erste Hälfte des Jahres 48 zu datieren[16].

Anlass für den *Apostelkonvent* waren Auseinandersetzungen über die Bedeutung des Gesetzes in der Heidenmission (vgl. Gal 2,3–5). Das Ergebnis des Treffens formuliert Gal 2,9b: *ἡμεῖς εἰς τὰ ἔθνη, αὐτοὶ δὲ εἰς τὴν περιτομήν* („Wir zu den Heiden, sie aber zur Beschneidung"). Es wurde eine Aufteilung der Weltmission unter ethnographischen Gesichtspunkten beschlossen. Jedoch beinhaltete diese Kompetenzvertei-

dar, vgl. A. Suhl, Paulus und seine Briefe, 325; G. Lüdemann, Paulus I, 183; R. Jewett, Paulus-Chronologie, 75; N. Hyldahl, Chronologie, 122.

14 Zu den verbleibenden Unterschieden zwischen der Apg und den Briefen vgl. A. Suhl, Paulus und seine Briefe, 96ff; G. Lüdemann, Paulus I, 35f.

15 R. Jewett, Paulus-Chronologie, 100–107, weist darauf hin, dass die Reisen des Paulus zwischen dem Apostelkonvent und der Ankunft in Korinth drei bis vier Jahre gedauert haben könnten. Allerdings hält auch er 18 Monate als Reisezeit für möglich (vgl. a.a.O., 107). Innerhalb der hier vorausgesetzten Chronologie ist eine maximale Reisezeit von zwei Jahren denkbar.

16 Zur Begründung vgl. zuletzt R. Riesner, Frühzeit des Apostels Paulus, 284–286.

lung für Paulus nicht den Verzicht auf Judenmission in seinen eigenen Gemeinden (vgl. 1 Kor 9, 20–22). Weiter wurde die Unterstützung der Jerusalemer Urgemeinde durch die neu entstandenen heidenchristlichen Gemeinden in Form einer Geldsammlung vereinbart (Gal 2, 10). Als Gesprächspartner auf dem Apostelkonvent standen Paulus der Herrenbruder Jakobus, Kephas und der Zebedaide Johannes gegenüber (vgl. Gal 2,9).

F. Hahn[17] und A. Suhl[18] datieren den Apostelkonvent in das Jahr 43/44. Dabei gehen sie mit Hinweis auf Mk 10, 38 f; Apg 12, 2 vom Tod der beiden Zebedaiden Jakobus und Johannes aus. Apg 12, 2 berichtet von der Hinrichtung des Zebedaiden Jakobus durch Herodes Agrippa I (41–44 n. Chr.). Vom gleichzeitigen Tod des Zebedaiden Johannes weiß hingegen die von Lukas verarbeitete Tradition nichts, denn sonst hätte sie kaum die Wendung *Ἰάκωβον τὸν ἀδελφὸν Ἰωάννου* („Jakobus, den Bruder des Johannes") gebraucht. Mk 10, 38 f blickt zwar auf den Tod der Zebedaiden Jakobus und Johannes zurück, was aber nicht heißt, auch Johannes sei unter Herodes Agrippa I getötet worden. Apg 12, 2 und Gal 2,9 setzen lediglich den Tod des Zebedaiden Jakobus voraus, was für eine Datierung des Apostelkonvents in das Jahr 48 spricht[19]. Petrus dürfte während der Christenverfolgung unter Herodes Agrippa I Jerusalem für einige Zeit verlassen haben (vgl. Apg 12, 18 f), kehrte dann aber nach dem Tod des Agrippa wieder nach Jerusalem zurück.

Nach der paulinischen Darstellung in Gal 2, 1–10. 11–14 ereignete sich der *antiochenische Zwischenfall*[20] in unmittelbarer Nähe zum Apostelkonvent. Zwar werden beide Ereignisse von Paulus nicht explizit mit einer Zeitbestimmung verbunden, aber die vorliegende Textfolge im Gal und die paulinische Argumentation legen eine enge zeitliche Abfolge nahe. So wie Paulus damals den Jakobusleuten und den heuchelnden Kephas und Barnabas entgegentrat, müssen die galatischen Gemeinden jetzt den judaistischen Irrlehrern widerstehen. Dieses Argumentationsziel konnte Paulus nur erreichen, wenn den galatischen Gemeinden bekannt war, dass die Abmachungen des Apostelkonvents schon nach kurzer Zeit von militanten Judenchristen gebrochen wurden. Der antiochenische Zwischenfall fällt somit in den Sommer 48, als sich

17 Vgl. F. Hahn, Das Verständnis der Mission im Neuen Testament, WMANT 13, Neukirchen 1963, 77 f.

18 Vgl. A. Suhl, Paulus und seine Briefe, 316 ff.

19 In das Jahr 48 datieren den Apostelkonvent z. B.: A. v. Harnack, Die Mission und Ausbreitung des Christentums II, Leipzig [4]1924, 553; W. G. Kümmel, Einleitung, 219; L. Goppelt, Die apostolische und nachapostolische Zeit, KIG 1/A, Göttingen [2]1966, 153; G. Bornkamm, Paulus (s. o. 2), 10; H. Conzelmann, Geschichte des Urchristentums, GNT 5, Göttingen [2]1971, 20; J. Roloff, Neues Testament, Neukirchen [3]1982, 49; R. Riesner, Frühzeit des Apostels Paulus (s. o. 2.1), 286. Für das Jahr 44 als Datum des Apostelkonvents (vgl. bereits E. Schwartz, Ges. Schriften 5, Berlin 1963 [= 1904], 131) votieren neben Hahn und Suhl auch Ph. Vielhauer, Urchristliche Literatur, 78; W. Marxsen, Einleitung, 33; W. Schneemelcher, Das Urchristentum, Stuttgart 1981, 53.

20 Vgl. hier A. Wechsler, Geschichtsbild und Apostelstreit. Eine forschungsgeschichtliche und exegetische Studie über den antiochenischen Zwischenfall (Gal 2, 11–14), BZNW 62, Berlin 1991.

Paulus und Barnabas nach ihrer Rückkehr aus Jerusalem in Antiochia aufhielten (vgl. Apg 15,35).

A. Suhl[21] rückt den antiochenischen Zwischenfall weit von seiner Datierung des Apostelkonvents ab (44 n. Chr.) und verlegt ihn in das Jahr 47. Ein Zeitabstand von 3 Jahren lässt sich aber zwischen Gal 2,10 und Gal 2,11 nicht erkennen. G. Lüdemann[22] sieht im antiochenischen Zwischenfall den Auslöser für den Apostelkonvent, setzt ihn also zeitlich früher an. Die Textabfolge des Gal spricht eindeutig gegen eine solche Annahme, der Zwischenfall gehört zu den Folgeproblemen des Apostelkonvents. M. Konradt datiert den antiochenischen Zwischenfall in das Jahr 52 n. Chr. und verbindet ihn mit Apg 18,22[23]. Sein Argument ist, dass „man zwischen dem Jerusalemer Apostеltreffen und der von den Jakobusleuten kritisierten Form des gemeinsamen Essens (Gal 2,12) einen gewissen zeitlichen Abstand"[24] ansetzen muss. Erst um 52 sei es in der gesamten paulinischen Mission zu einer krisenhaften Zuspitzung gekommen, von der auch der antiochenische Zwischenfall zeugt. Dagegen sprechen vor allem vier Argumente: 1) Die zeitlich strukturierte Textabfolge in Gal 1,10–2,14 lässt einen ca. 4jährigen zeitlichen Abstand zum Apostelkonvent nicht erkennen. 2) *ὅτε* gehört zu den ntl. Zeitadverbien und hat in Gal 2,11 auch eine zeitliche Dimension[25]. Dies ergibt sich aus dem parallelen Gebrauch von *ὅτε δέ* in V. 11, V. 12 („als sie aber kamen" = ‚die des Jakobus') bzw. *ὅτε* in V. 14 („als ich aber sah" = Paulus). Es wird ein zeitlicher Ablauf geschildert, der keine großen dazwischen liegenden Zeitspannen erkennen lässt, was deshalb auch für *ὅτε δέ* in V. 11 im Verhältnis zu Gal 2,1–10 gilt. 3) Das Auftreten einer antipaulinischen Opposition (wie im Gal) ist keineswegs Voraussetzung für den antiochenischen Zwischenfall[26], denn Paulus kritisiert allein das wankelmütige und wechselnde Verhalten von Petrus und Barnabas, nicht aber ‚die des Jakobus'. Von Beschneidung ist nirgendwo die Rede. 4) Die summarische und atemlose Notiz Apg 18,22 („und er kam nach Cäsarea, ging hinauf nach Jerusalem und grüßte die Gemeinde und zog nach Antiochia") erlaubt keinerlei Rückschlüsse auf die Geschehnisse in Antiochia bei diesem Besuch und gibt vor allem selbst zahlreiche historische Rätsel auf.

In der Schilderung des paulinischen Wirkens von der Bekehrung bis zum Apostelkonvent weichen die Apg und die Protopaulinen erheblich voneinander ab. In Gal 1,6–2,14 gibt Paulus einen Überblick über sein missionarisches Wirken bis zum Apostelkonvent. Zunächst betont er in Gal 1,17, er sei nach seiner Bekehrung nicht nach Jerusalem gegangen, sondern nach Arabia, um dann wieder nach Damaskus zurückzukehren[27]. Der Apostel will mit dieser Bemerkung seine Unabhängigkeit von

21 Vgl. A. Suhl, Paulus und seine Briefe, 322 f.

22 Vgl. G. Lüdemann, Paulus I, 77 f. 101 ff. Th. Zahn, Der Brief des Paulus an die Galater, KNT 9, Leipzig ³1922, 112 f, u. a. setzen ebenfalls den antiochenischen Zwischenfall vor den Konvent; vgl. dazu A. Wechsler, Geschichtsbild und Apostelstreit, 153 ff.

23 Vgl. M. Konradt, Zur Datierung des sogenannten antiochenischen Zwischenfalls, ZNW 102 (2011), 19–39.

24 A. a. O., 28.

25 Anders M. Konradt, a. a. O., 23, der nur einen sachlichen Gegensatz angezeigt sieht.

26 So aber M. Konradt, a. a. O., 31–33.

27 Auf diese frühe Mission des Paulus bezieht sich die in 2 Kor 11,32 f. erwähnte Flucht des Apostels vor den Soldaten des Ethnarchen des Nabatäerkö-

der Jerusalemer Urgemeinde unterstreichen, so dass sich die zeitliche Verknüpfung in Gal 1, 18 (*ἔπειτα μετὰ ἔτη τρία* = „3 Jahre später") wahrscheinlich auf seine Bekehrung bezieht. Erst nach diesem relativ langen Zeitraum kam Paulus nach Jerusalem, um nur 15 Tage bei Kephas zu bleiben und auch noch den Herrenbruder Jakobus zu sehen. Nach dem ersten Jerusalem-Besuch hielt sich Paulus in Syrien und Kilikien auf, fernab von Jerusalem, um „danach, 14 Jahre später" (Gal 2, 1: *ἔπειτα διὰ δεκατεσσάρων ἐτῶν*) in Begleitung von Barnabas und Titus aus Anlass des Apostelkonvents Jerusalem ein zweites Mal zu besuchen. Die Zeitangabe in Gal 2, 1 wirft die Frage auf, worauf sich das Adverb *ἔπειτα* und die Jahresangabe *διὰ δεκατεσσάρων ἐτῶν* beziehen. Das Adverb *ἔπειτα* („danach, darauf, dann") gebraucht Paulus bei Anreihungen und Aufzählungen (vgl. 1 Thess 4, 17; 1 Kor 15, 5. 6. 7. 23. 46). Es hat vornehmlich einen zeitlichen Sinn (Ausnahme: 1 Kor 12, 28) und schließt jeweils an das Vorhergehende an. Für Gal 2, 1 ergeben sich daraus drei Verstehensmöglichkeiten: a) Die Zeitangabe bezieht sich auf die Bekehrung des Paulus[28]. b) Sie knüpft an das unmittelbar Vorausgehende an, d. h. an die Reise des Apostels nach Syrien und Kilikien[29]. c) Der Bezugspunkt ist die erste Reise des Paulus nach Jerusalem[30]. Der erste Vorschlag ist abzulehnen, weil er die 3 Jahre aus Gal 1, 18 den 14 Jahren aus Gal 2, 1 subsumiert. Wenn Paulus schon zwei Zeitangaben macht, besteht kein Grund für die Annahme, die erste Angabe sei bereits in der zweiten enthalten[31]. Steht *ἔπειτα* jeweils mit dem unmittelbar Vorhergehenden in einem engen Zusammenhang, in Gal 1, 18 mit der Rückkehr nach Damaskus und in Gal 2, 1 mit der Reise nach Syrien und Kilikien (Gal 1, 21), dann verliert die paulinische Argumentation an Überzeugungskraft. Dienen doch die Zeitangaben in Gal 1, 18 erkennbar der Demonstration der Unabhängigkeit des Apostels, so dass ihr Bezugspunkt nicht die in diesem Zusammenhang unwichtige Rückkehr nach Damaskus, sondern die Berufung und Beauftragung des Paulus ist. Auch in Gal 2, 1 darf *ἔπειτα* nicht vom unmittelbar Vorhergehenden an gezählt werden, vielmehr bezieht es sich auf den ersten Jerusalem-Besuch. Paulus bestätigt dies selbst durch seine Bemerkung, er sei wiederum (*πάλιν ἀνέβην*) nach Jerusalem hinaufgezogen. Bei der Zeitangabe in Gal 2, 1 fällt die Verwendung von *διά* anstelle der Präposition *μετά* (vgl. zuvor Gal 1, 18) auf. Auch wenn *διά* mehr die Dauer des Zeitraumes, die Zeitspanne betont als *μετά* oder *πρό*, lässt sich daraus doch kein grundlegender sachlicher Unterschied ableiten.

Da bei der antiken Zählweise das angebrochene Jahr voll mitgerechnet wird, ergibt sich für das paulinische Wirken von der Bekehrung bis zum Apostelkonvent folgender Ablauf: Dem Apostelkonvent im Frühjahr 48 geht eine Missionstätigkeit in

nigs Aretas IV (ca. 9 v. Chr. – 38/39 n. Chr.); zu den Problemen vgl. A. Suhl, Paulus und seine Briefe, 314 f; A. Knauf, Zum Ethnarchen des Aretas 2 Kor 11, 32, ZNW 74 (1983), 145–147.

28 So A. Suhl, Paulus und seine Briefe, 46 ff.

29 Diese Position vertritt G. Lüdemann, Paulus I, 83–86.

30 So z. B. T. Holtz, 1 Thess (s. u. 2.4.1), 19.

31 Vgl. zur Kritik an Suhl bes. G. Lüdemann, Paulus I, 83 f.

Syrien und Kilikien voran, die ca. 13 Jahre dauerte und zwei Phasen umfasste: Paulus hielt sich wahrscheinlich zunächst ca. 6 Jahre in Tarsus und im kilikischen Raum auf, um sich dann um 42 n. Chr. der antiochenischen Mission anzuschließen[32]. Der erste Besuch des Paulus in Jerusalem fällt dann in das Jahr 35. Der Aufenthalt in Arabia fand wahrscheinlich im Jahr 34 statt, so dass sich zwischen der Bekehrung im Jahr 33 und dem ersten Jerusalem-Besuch ein Abstand von 2 Jahren ergibt. Das Jahr 33 als Zeitpunkt der Berufung und Beauftragung des Paulus bei Damaskus lässt sich gut mit dem vermutlichen Todesdatum Jesu vereinbaren, dem 14. Nisan (7. April) 30[33]. Für dieses Todesdatum Jesu lassen sich zwei Argumente anführen: 1) Sowohl die astronomischen Berechnungen als auch die Traditionen über das Todesdatum Jesu sprechen für die Annahme, dass der 14. Nisan im Jahr 30 auf einen Freitag fiel. 2) Nach Lk 3, 1.2 trat Johannes d. T. im Jahre 27/28 öffentlich auf. Dieses Datum markiert auch den Beginn des öffentlichen Wirkens Jesu, das ca. 2 bis 3 Jahre umfasste. Ein Abstand von ca. drei Jahren zwischen der Kreuzigung Jesu und der Bekehrung des Paulus ergibt sich aus der Missionsgeschichte des frühen Christentums, denn die Verfolgertätigkeit des Paulus setzte bereits eine fortgeschrittene Ausbreitung des Christentums voraus.

Das zentrale Problem der Paulus-Chronologie besteht in den Widersprüchen zwischen den Angaben in Gal 1.2 und dem Zeugnis der Apg. Betont Paulus in Gal 1, 17, er sei nach seiner Bekehrung bei Damaskus nicht sofort nach Jerusalem gegangen, so reist er laut Apg 9, 26 unmittelbar im Anschluss an seine Flucht aus Damaskus nach Jerusalem. Diese Darstellung entspricht der lukanischen Ekklesiologie, denn der Evangelist ist an der Einheit der sich bildenden Kirche interessiert, die sich hier exemplarisch in der sofortigen Kontaktaufnahme des Paulus mit den Jerusalemer Aposteln zeigt[34]. Berichtet Paulus in Gal 1, 18 nur von einer Jerusalemreise vor dem Apostelkonvent, so war er nach dem Zeugnis der Apg noch ein zweites Mal vor dem Apostelkonvent in Jerusalem (11, 27–30). Auch hier ist dem Selbstzeugnis des Paulus zu folgen, zumal sich die zweite Jerusalemreise des Paulus ebenfalls in die lk. Ekklesiologie einordnen lässt[35]. Lukas verarbeitete in Apg 11, 27–30 einzelne Traditions-

32 Die Zeitdauer dieser Mission ist schwer einzuordnen; als Argumente für die genannten Zeiträume lassen sich anführen: 1) Lukas setzt mit Apg 12, 1 a („Um jene Zeit aber") den Beginn des Wirkens von Barnabas und Paulus in Antiochia in eine zeitliche Beziehung zu der Verfolgung der Urgemeinde durch Agrippa I. (vgl. Apg 12, 1 b–17). Diese Verfolgung ereignete sich wahrscheinlich im Jahr 42 n. Chr.; vgl. R. Riesner, Frühzeit des Apostels Paulus, 105–110. 2) Die in Apg 11, 28 erwähnte Hungersnot und die Unterstützung der Antiochener für Jerusalem (Apg 11, 29) fallen in den Zeitraum zwischen 42 und 44 n. Chr. (vgl. R. Riesner, a. a. O., 111–121). Etwas anders M. Hengel – A. M. Schwemer, Paulus zwischen Damaskus und Antiochien, 267–275, die mit drei bis vier Jahren Aufenthalt des Apostels in Kilikien rechnen (zwischen 36/37 und 39/40 n. Chr.), bevor Paulus sich nach selbständiger und erfolgreicher Missionstätigkeit der antiochenischen Mission anschloss (ca. 39/40–48/49 n. Chr.)

33 Vgl. den grundlegenden Nachweis von A. Strobel, Der Termin des Todes Jesu, ZNW 51 (1960), 69–101.

34 Vgl. J. Roloff, Apg (s. u. 4.1), 154.

35 Völlig anders Ruth Schäfer, die der Darstellung der Apostelgeschichte den Vorrang gegenüber den

elemente, um die Kontinuität der Heilsgeschichte und die Einheit der Kirche zu betonen. Hatte er in Apg 11, 19–26 gerade über die Gründung der wichtigen antiochenischen Gemeinde berichtet, so fügt er nun sofort in V. 27–30 die Kontaktaufnahme zwischen der Jerusalemer Urgemeinde und der Gemeinde in Antiochia an[36]. Für Lukas sind die Reisen des Apostels Paulus nach Jerusalem ein Kompositionsmittel, um die Ausbreitung des Evangeliums in der Welt zu illustrieren. Sie stehen im Dienst seiner Ekklesiologie und ermöglichen es ihm zudem, umfangreiches Traditionsmaterial zu verarbeiten. Die eine große Reise Jesu nach Jerusalem im Evangelium (vgl. Lk 9, 51–19, 27), die fünf Reisen des Heidenmissionars Paulus nach Jerusalem (Apg 9, 26; 11, 27–30; 15, 2.4; 18, 22; 21, 15) und der Weg des Märtyrers Paulus nach Rom bilden für Lukas eine Einheit. Historisch unzweifelhaft ist hingegen nach dem Selbstzeugnis des Paulus, dass er als christlicher Missionar nur dreimal Jerusalem besuchte.

Zahlreiche Probleme verbinden sich mit der *1. Missionsreise* des Paulus in Apg 13/14. Während Paulus in Gal 1, 21 nur von einer Missionstätigkeit in den Landstrichen Syriens und Kilikiens vor dem Apostelkonvent spricht, berichtet die Apostelgeschichte darüber hinaus von einem missionarischen Wirken auf Zypern und in den kleinasiatischen Landschaften Pamphylien, Pisidien und Lykaonien. Handelt es sich bei der 1. Missionsreise also auch nur um eine „Modellmission"[37]? Diese Frage kann nicht mit einem klaren Ja oder Nein beantwortet werden. Zwar lässt sich insbesondere die paulinische Mission in Pamphylien, Pisidien und Lykaonien nicht sicher mit der Angabe von Gal 1, 21 vereinbaren[38], andererseits macht Paulus ja auch dort keine ausführlichen Mitteilungen über die einzelnen Stationen seiner Mission, sondern

---

Paulusbriefen einräumt und zu einer veränderten Chronologie gelangt. So wird Gal 2,1–10 mit der zweiten Jerusalemreise des Paulus nach Apg 11,27–30; 12,25 identifiziert (vgl. R. Schäfer, Paulus bis zum Apostelkonzil, 364–375) und zwischen dem um 40 n. Chr. in Jerusalem stattgefundenen Apostelkonvent (Apg 11,27–30; 12,25/Gal 2,1–10) und dem Apostelkonzil (Apg 15,1–35) im Herbst 47 n. Chr. unterschieden. Der antiochenische Zwischenfall ereignete sich nach der Rückkehr des Petrus von einer möglichen Romreise nach Antiochia und fand zwischen der ‚Konventsreise' und der 1. Missionsreise, also zwischen 40 und 46 n. Chr. statt (vgl. a. a. O., 492f). Gegen diese Thesen sprechen vor allem die beachtlichen Übereinstimmungen zwischen Gal 2,1–10 und Apg 15,1–35, die sich bei einem Vergleich mit Apg 11,27–30 gerade nicht finden lassen. Zudem beziehen sich alle paulinischen Aussagen zur Kollekte auf einen späteren Zeitraum als Apg 11,29.

36 Vgl. zur Analyse G. Strecker, Die sogenannte Zweite Jerusalemreise des Paulus (Act. 11, 27–30), in: ders., Eschaton und Historie, Göttingen 1979, 132–141.

37 So H. Conzelmann, Apg (s. u. 4.1), 7. Zweifellos verdankt sich die Periodisierung des paulinischen Wirkens lukanischer Gestaltung; vgl. C. Burfeind, Paulus *muss* nach Rom, NTS 46 (2000), (75–91) 83: „Lukas hat mit den drei Reisen des Paulus eine Strukturierung der Apg nach theologischen Gesichtspunkten vorgenommen: erst wird die Heidenmission legitimiert, dann die Unabhängigkeit dieser Heidenmission von der Synagoge, und schließlich wird die politische Relevanz dieser Universalisierung des Christentums immer deutlicher." Zugleich weisen aber die zahlreichen Orts-, Zeit- und Personaltraditionen darauf hin, dass Lukas innerhalb seiner Gestaltung den Ablauf der paulinischen Mission in ihren Grundzügen zutreffend wiedergibt.

38 Vgl. den Hinweis von M. Hengel, Die Ursprünge der christlichen Mission, NTS 18 (1971/72), (15–38) 18 A 15, dass Syrien und Cilicia campestris (mit Tarsus) z. Zt. des Paulus eine römische Provinz bildeten.

betont nur seine Unabhängigkeit von Jerusalem. Zudem enthält die lk. Darstellung in Apg 13/14 zahlreiche Traditionen, die für die Historizität der 1. Missionsreise in den Jahren 45–47 n. Chr. sprechen[39]. Anders als auf den späteren Missionsreisen erscheint Paulus hier lediglich als ein antiochenischer Gemeindemissionar, der seinem Begleiter Barnabas noch untergeordnet ist (vgl. bes. Apg 14, 12). Darüber hinaus ist Antiochia und nicht Jerusalem der Ausgangs- und Endpunkt für die erste bedeutende Missionsreise, was den sonstigen lk. Darstellungsintentionen nicht entspricht. Man wird also eine paulinische Mission in Syrien und Kilikien unter Einschluss von Südgalatien (und Zypern?)[40] vor dem Apostelkonvent annehmen dürfen, obwohl das Zeugnis der Apg und die Eigenaussage in Gal 1, 21 nicht völlig zur Deckung zu bringen sind.

Ph. Vielhauer und A. Suhl kombinieren ihre Frühdatierung des Apostelkonvents mit der Annahme, die Mission des Paulus auf Zypern und in Südgalatien habe zwischen dem Apostelkonvent und dem antiochenischen Zwischenfall stattgefunden[41]. Die 1. Missionsreise gehört aber nicht zu den Folgen des Apostelkonvents, sondern sie ist dessen Voraussetzung. Die Frage nach dem Zusammenleben von Juden- und Heidenchristen wurde erst durch die planmäßige Mission aufgeworfen.

Nach G. Lüdemann fällt in die Zeit der Mission vor dem Apostelkonvent auch eine frühe Mission des Paulus in Europa, von der die Apg allerdings nicht berichtet[42]. Neben der Frühdatierung des Claudius-Ediktes führt Lüdemann Apg 18, 1–17 als Beleg an, wo sich V. 1–8 auf den ersten Aufenthalt Pauli in Korinth im Rahmen einer frühen Mission in Griechenland im Jahr 41 beziehen sollen, V. 12–17 auf den dritten Besuch in Korinth im Jahr 51. Ein Hinweis auf eine frühe Griechenland-Mission soll auch die Wendung *ἐν ἀρχῇ τοῦ εὐαγγελίου* in Phil 4, 15 sein, die Lüdemann mit „am Anfang meiner Evangeliumsverkündigung"[43] übersetzt und auf den Beginn des paulinischen Wirkens bezieht. Auch die gravierenden Unterschiede in den eschatologischen Aussagen von 1 Thess 4, 13–18 und 1 Kor 15, 51 ff werden nach Lüdemann verständlicher, wenn man den 1 Thess in das Jahr 41 datiert und ihn als ein Zeugnis der frühen Mission des Paulus in Europa interpretiert. Muss schon die Datierung des Claudius-Ediktes in das Jahr 41 als unwahrscheinlich gelten, so ergeben sich weitere Einwände gegen Lüdemanns These: 1. Warum erwähnt Paulus seine frühe eigenständige Europa-Mission nicht in Gal 1? Wäre sie doch ein weiterer Beleg für seine Unabhängigkeit von der Je-

39 Vgl. J. Roloff, Apg (s. u. 4.1), 194 ff. R. Riesner, Frühzeit des Apostels Paulus, 234–248; C. Breytenbach, Paulus und Barnabas (s. u. 2.7.1), 16–97.

40 Zypern wurde nach Apg 11, 19 von aus Jerusalem vertriebenen Hellenisten missioniert, so dass Christen aus Zypern sogar ihrerseits in Antiochia wirkten (vgl. Apg 11, 20). Zudem reisen Barnabas und Johannes Markus (vgl. Apg 13, 5 b) nach Apg 15, 39 wiederum nach Zypern, um dort missionarisch tätig zu sein. Wahrscheinlich hafteten die antiochenischen Zypern-Traditionen an Barnabas (vgl. Apg 4, 36 f), Lukas nahm sie auf und verband sie sekundär in Apg 13, 1–3.4–12 mit Paulus, um so Barnabas, Paulus und Johannes Markus zusammenzubringen; zur Analyse von Apg 13, 4–12 vgl. G. Lüdemann, Traditionen (s. u. 4.1), 155–158.

41 Vgl. Ph. Vielhauer, Urchristliche Literatur, 76 ff; A. Suhl, Paulus und seine Briefe, 43 ff.

42 Vgl. G. Lüdemann, Paulus I, 174 ff.

43 A. a. O., 146.

rusalemer Urgemeinde gewesen! 2. Der Wechsel im Synagogenvorsteheramt in Apg 18,8.17 ergibt sich zwangsläufig. Wenn in V. 8 ausdrücklich von der Bekehrung des Crispus berichtet wird (vgl. 1 Kor 1,14), muss der folgende Synagogenvorsteher einen anderen Namen haben. 3. Die Wendung ἐν ἀρχῇ τοῦ εὐαγγελίου in Phil 4,15 bezieht sich schwerlich auf den Anfang der paulinischen Mission, denn auch nach Lüdemanns Chronologie liegt vor dem frühen Europa-Aufenthalt die Missionstätigkeit des Paulus in Syrien, Kilikien und Galatien. 4. Die zweifellos vorhandenen Unterschiede zwischen 1 Thess 4,13–18 und 1 Kor 15,51 ff lassen sich ohne Schwierigkeiten erklären, wenn man den 1 Thess in das Jahr 50 datiert (s. u. 2.4.3) und damit einen Abstand von ca. 4 Jahren zum 1 Kor erhält.

Ermöglichte die Gallio-Szene als Ausgangspunkt der absoluten Chronologie eine relativ sichere Datierung der Hauptstationen des paulinischen Wirkens zurück bis zur Bekehrung, soll nun auf dieser Basis die paulinische Mission im Anschluss an den in Apg 18,1–17 geschilderten Korinth-Aufenthalt chronologisch eingeordnet werden. Schon der summarische Reisebericht in Apg 18,18–23 wirft große Probleme auf. Danach verweilt Paulus noch ein paar Tage in Korinth, um dann nach Syrien zu fahren. Das ihn begleitende Ehepaar Prisca und Aquila lässt er in Ephesus zurück, er diskutiert mit den Juden in der Synagoge, schlägt aber die sich ergebende Missionsmöglichkeit aus, um Ephesus zu verlassen. Obgleich Apg 18,18 Syrien als das eigentliche Reiseziel des Paulus nennt, landet er in Apg 18,22 in Caesarea, geht hinauf (*ἀναβάς* = geht nach Jerusalem) und zieht dann von Jerusalem nach Antiochia weiter[44]. Diese Reisestationen werden bis auf die Übersiedlung des Ehepaars Prisca und Aquila von Korinth nach Ephesus durch die Paulusbriefe nicht bestätigt. Auch für den Ablauf und die Motivation der Reise kann keine befriedigende Erklärung gefunden werden. Was wollte Paulus mitten in seiner erfolgreichen Missionstätigkeit in Makedonien und Kleinasien in Antiochia? Unerklärlich bleiben schließlich die Landung in Caesarea und der Jerusalembesuch, denn nach Apg 18,18 ist Syrien und nach Apg 18,22 Antiochia das eigentliche Reiseziel. Die Landung in Caesarea mit ungünstigen Windverhältnissen[45] zu erklären, ist kaum mehr als eine Verlegenheitsauskunft. Zudem dürfte der vierte Jerusalem-Besuch nach lk. Zählung nicht historisch sein[46], denn er steht im Gegensatz zu den Aussagen der Protopaulinen. Was berechtigt aber dazu, in Apg 18,22 Jerusalem zu streichen und Caesarea und Antiochia für ursprünglich zu halten? Andererseits sprach die vorlk. Tradition von einer Reise des Apostels nach Antiochia, von wo er auf dem Weg nach Ephesus das galatische Land und Phrygien besuchte. Nachdem alle Versuche gescheitert sind, die in Apg 18,18–

44 Zur Analyse von Apg 18,18–23 vgl. bes. A. Weiser, Apg II (s. u. 4.1), 496 ff. Eine Trennung von Redaktion und Tradition ergibt folgendes Bild: Traditionelle Elemente dürften V. 18 a–c.19 a.21 b–23 enthalten, demgegenüber entsprechen V. 18 d.19 b–21 a dem lk. Paulusbild.

45 So z. B. E. Haenchen, Apg (s. u. 4.1), 525; J. Roloff, Apg (s. u. 4.1), 276.

46 Vgl. A. Weiser, Apg II (s. u. 4.1), 502; J. Roloff, Apg (s. u. 4.1), 277.

23 verarbeiteten Traditionen einer anderen Jerusalemreise zuzuordnen[47], muss man sich mit der Einsicht begnügen, dass nach dem Zeugnis der Lukas vorliegenden Traditionen Paulus im Anschluss an seinen Aufenthalt in Korinth zunächst (über Caesarea) nach Antiochia zurückkehrte, um dann wieder über das galatische Land und Phrygien nach Ephesus aufzubrechen. Kann die Historizität dieser Angaben erwogen werden, so bleibt aber ein Jerusalem-Besuch auf dieser Reise ausgeschlossen.

Mit weniger Unsicherheiten ist die Rekonstruktion der Mission des Paulus in Ephesus belastet (Apg 19). Die in Apg 18,18–23 beschriebenen Reisen nahmen einen Zeitraum vom Sommer 51 bis zum Frühjahr 52 in Anspruch, danach hielt sich Paulus in Ephesus ca. 2 $^{3}/_{4}$ Jahre auf (vgl. Apg 19,8.10; 20,31), vom Sommer 52 bis zum Frühjahr 55. An den Ephesus-Aufenthalt schloss sich die Kollektenreise durch Makedonien und Achaia an. Paulus wollte nach Apg 19,21 und 1 Kor 16,5 über Makedonien nach Korinth fahren. Auch aus Apg 20,1–3 ergibt sich Korinth als Reiseziel, wo der Apostel wahrscheinlich zu Beginn des Jahres 56 eintraf und 3 Monate blieb (vgl. Apg 20,3). Ursprünglich beabsichtigte Paulus, direkt von Korinth mit dem Schiff nach Syrien weiterzureisen. Juden hinderten ihn aber daran, so dass er über Makedonien zurückkehren musste. Diese Angaben in Apg 20,3 stehen in Spannung zu Röm 15,25, wo Paulus seine Rückkehr nach Jerusalem ankündigt, um die Kollek-

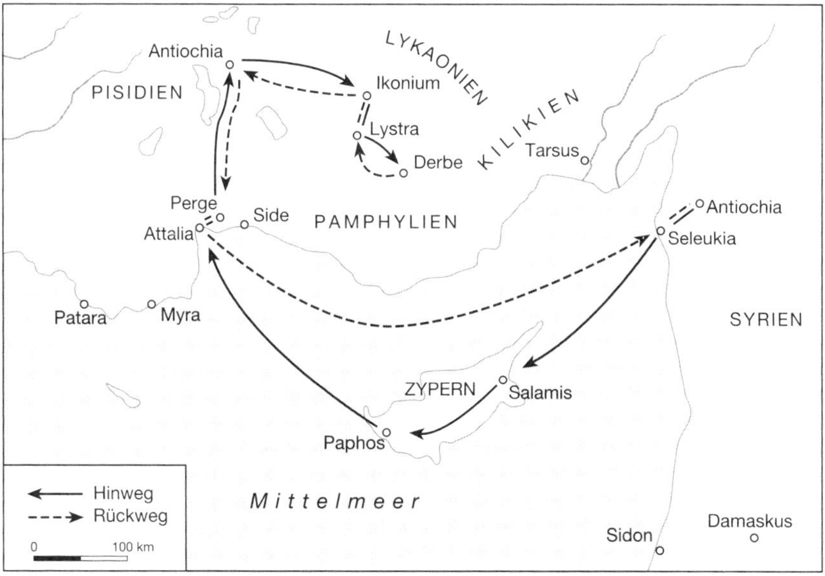

1. Missionsreise Apg 13–14

47 Vgl. dazu A. Weiser, Apg II (s. u. 4.1), 495–502.

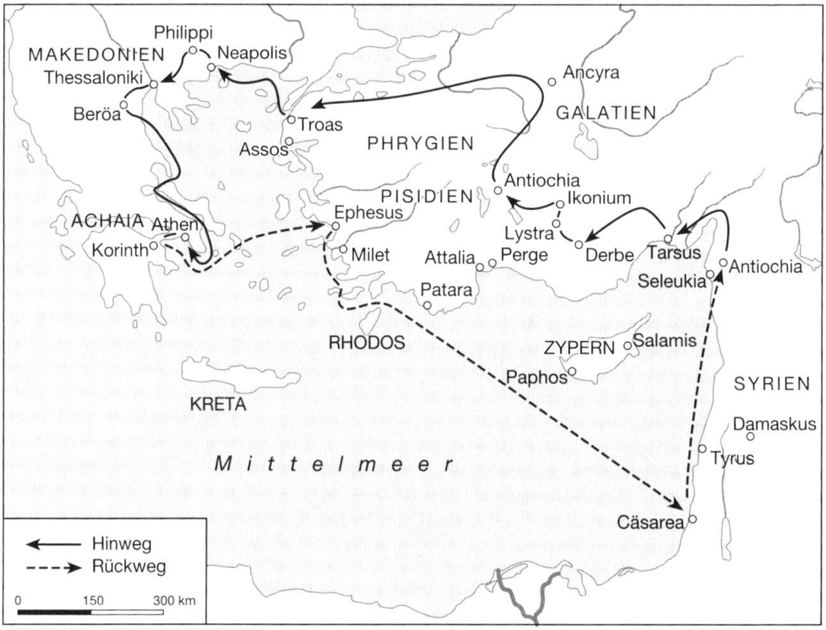

2. Missionsreise Apg 15,36–18,22

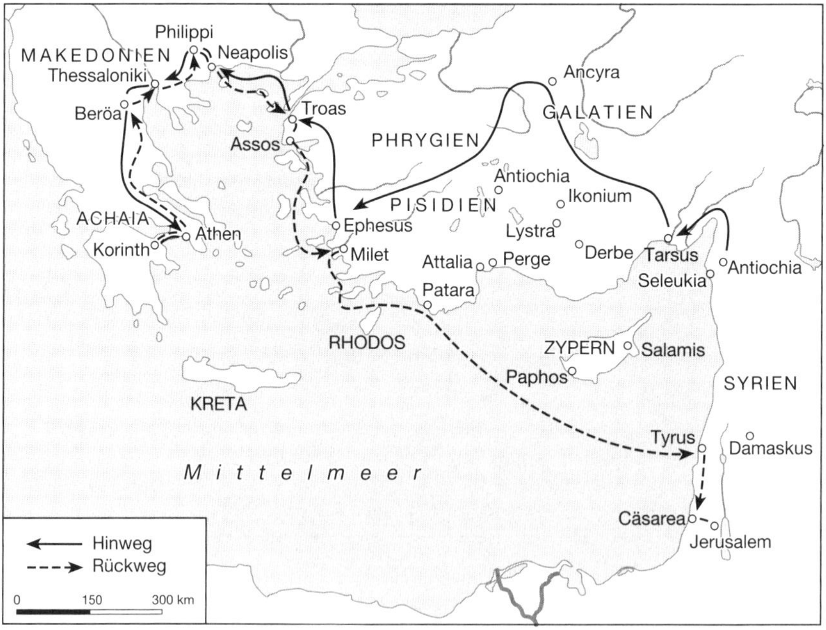

3. Missionsreise Apg 18,23–21,17

te zu überbringen. In Röm 15,25 wird jedoch nicht von einer direkten Reise Korinth – Jerusalem gesprochen, so dass kein Gegensatz zwischen den Angaben der Apg und dem Zeugnis des Paulus konstruiert werden muss. Nach Apg 20,6 fuhr Paulus von Korinth nach Philippi, dann nach Troas, um von dort über Assos nach Milet zu gelangen. Mit dem Schiff setzte der Apostel seine Reise nach Caesarea fort, um dann zu Pfingsten 56 (vgl. Apg 20,16) Jerusalem zu erreichen[48].
Entscheidend für die weitere Chronologie ist das Datum der in Apg 24,27 berichteten Ablösung des Prokurators Felix durch Festus. Felix war nach Apg 24,10 schon einige Jahre Prokurator, und Paulus befand sich bereits 2 Jahre in Haft, als die Amtsübergabe stattfand. Die Amtszeit des Felix begann wahrscheinlich in den Jahren 52/53 (vgl. Jos, Bell II 247)[49], der Zeitpunkt seiner Ablösung ist umstritten (55[50], 58 oder 59 n.Chr.[51]). Josephus (Bell II 250–270) datiert die mit Felix verbundenen Ereignisse in die Regierungszeit Neros. Nero trat seine Herrschaft im Oktober 54 an, alle von Josephus erwähnten Geschehnisse hätten sich bei einer Ablösung im Jahr 55 innerhalb kürzester Zeit abgespielt[52]. Deshalb ist von einer Amtsübergabe im Jahr 58 auszugehen[53], was sich auch mit Apg 24,1 gut vereinbaren lässt, denn der dort erwähnte Hohepriester Ananias amtierte etwa 47–59[54]. Weil Paulus vor dem Prokurator Festus an den Kaiser appellierte (vgl. Apg 25,11), wurde er wahrscheinlich noch im Jahr 58 mit einem Gefangenentransport unter der Leitung eines Centurio nach Rom überführt (vgl. Apg 27,1–28,16)[55]. Fiel die Romreise in den Winter 58/59, dann traf Pau-

48 Der Abschnitt Apg 18,23–21,17 wird traditionell als *3. Missionsreise* bezeichnet, die in den Zeitraum 52–55/56 n.Chr. fällt. Lukas intendiert offensichtlich mit der Rückkehr des Paulus nach Antiochia in Apg 18,22 eine solche Periodisierung. Zugleich zeigen aber die erwähnten Probleme von Apg 18,18–23, wie schwierig derartige Aufteilungen sind. Während die 1.Missionsreise (Apg 13,1–14,28) und der Beginn der 2.Missionsreise (Apg 15,36) klar abgrenzbar sind, ist der Übergang von der 2. zur 3.Missionsreise nicht deutlich markiert.

49 Vgl. P.Schäfer, Geschichte der Juden in der Antike, Neukirchen 1983, 131.

50 So G.Lüdemann, Paulus I, 197f A 101.

51 Für 59 n.Chr. votieren z.B. R.Riesner, Frühzeit des Apostels Paulus, 196–200; A.Scriba, Von Korinth nach Rom, 163f. Sie berufen sich u.a. auf Y.Meshorer, Ancient Jewish Coinage II, New-York 1982, 183, der eine neue Münzprägung in Palästina im 5.Jahr der Herrschaft Neros (58/59) unmittelbar mit dem Amtsantritt des Festus verbindet und folgert: „Festus apparently assumed office in 59 C.E." (ebd.). Münzprägung und Amtsantritt können, müssen aber nicht exakt in dasselbe Jahr fallen, zumal auch das Ende des Jahres 58 für die Münzprägung nicht auszuschließen ist. Bei der Alternative 58 oder 59 n.Chr. hat das Jahr 58 den Vorteil, dass es einen notwendigen Spielraum für die Ereignisse lässt, die für den Bereich 58/59 anzusetzen sind: Wechsel im Prokuratorenamt, neue Münzprägung, Wechsel im Hohenpriesteramt (nach Jos, Ant 20,179, wird im Jahr 59 Ismael durch Agrippa II ernannt).

52 Vgl. die eingehende Besprechung aller Probleme bei R.Jewett, Paulus-Chronologie, 76–80.

53 Vgl. S.Safrai – M.Stern, The Jewish People in the First Century, CRINT 1/1, Assen 1974, 74–76. Trat Felix sein Amt 52/53 an, so verbleibt für ihn und Festus insgesamt eine zehnjährige Amtszeit, da im Jahr 62 bereits Albinos als Prokurator amtierte (vgl. Jos, Bell VI 301ff). Aus der Darstellung des Josephus (Bell II 247–276) und Apg 24,10 ergibt sich, dass Felix den überwiegenden Teil dieser Zeit Prokurator war.

54 Vgl. E.Schürer, The History of the Jewish People in the Age of Jesus Christ II, rev. and ed. by G.Vermes – F.Millar – M.Black, Edinburgh 1979, 231.

55 H.Warnecke, Die tatsächliche Romfahrt des Paulus, SBS 127, Stuttgart 1987, identifiziert die in Apg 28,1 erwähnte Insel mit Namen *Μελίτη* nicht mit Malta, sondern meint, der Strandungsort sei vor

lus im Frühjahr 59 in der Welthauptstadt ein[56]. Nach dem Zeugnis von Apg 28, 30 konnte sich Paulus relativ frei bewegen, und er predigte 2 Jahre ungehindert in seiner Wohnung. Das Todesjahr des Apostels ist unbekannt, man darf aber vermuten, dass er während der Christenverfolgung unter Nero im Jahr 64 in Rom als Märtyrer starb (vgl. 1 Klem 5, 5–7)[57].

Aus den vorangehenden Überlegungen ergibt sich folgende *Chronologie des paulinischen Wirkens*:

Tod Jesu	30
Bekehrung des Paulus	33
Erster Aufenthalt in Jerusalem	35
Paulus in Kilikien	~36–42
Paulus in Antiochia	~42
1. Missionsreise	*~45–47*
Apostelkonvent	48 (Frühjahr)
Antiochenischer Zwischenfall	48 (Sommer)
2. Missionsreise	*48 (Spätsommer)-51/52*
Paulus in Korinth	50/51
Gallio in Korinth	51/52
Reise nach Antiochia	51/52
3. Missionsreise	*52–55/56*
Aufenthalt in Ephesus	52–54/55
Paulus in Makedonien	55
Letzter Aufenthalt in Korinth	55/56
Ankunft in Jerusalem	Frühsommer 56
Amtswechsel Felix/Festus	58
Ankunft in Rom	59
Tod des Paulus	64

Mit der Erstellung dieser Chronologie ist lediglich der Rahmen geschaffen, um die Briefe in die paulinische Missionsgeschichte zeitlich einzuordnen. Eine Datierung der Briefe erfolgt in den jeweiligen Einzelkapiteln.

einer Halbinsel der westgriechischen Insel Kephallenia zu suchen. Für diese Theorie votiert A. Suhl, Gestrandet! Bemerkungen zum Streit über die Romfahrt des Paulus, ZThK 88 (1991), 1–28; überzeugende Kritik wird vorgetragen von J. Wehnert, Gestrandet. Zu einer neuen These über den Schiffbruch des Apostels Paulus auf dem Wege nach Rom (Apg 27–28), ZThK 87 (1990), 67–99; M. Reiser, Von Caesarea nach Malta. Literarischer Charakter und historische Glaubwürdigkeit von Act 27, in: F. W. Horn (Hg.), Das Ende des Paulus (s. u. 4.1), 49–74.

56 R. Riesner, Frühzeit des Apostels Paulus, 201; A. Scriba, Von Korinth nach Rom, 171, legen die Ankunft des Apostels in Rom in das Jahr 60 n. Chr.

57 Obwohl Lukas den Tod des Paulus nicht erwähnt, dürfte er um dessen Märtyrerschicksal gewusst haben (vgl. Apg 20, 22–24; 21, 13).

Entwürfe zur paulinischen Chronologie

	Suhl	Jewett	Lüdemann	Hyldahl	Riesner	Murphy-O'Connor	Hengel/Schwemer	Schnelle	Dunn
Geburt des Paulus						6		5	1-2
Tod Jesu	27(30)	33	27		30		30	30	
Berufung	30	34	30	39	31/32	33	33	33	32
1. Jerusalembesuch		37	33	41/42	33/34	37	36	35	34/35
Syrien/Kilikien/Antiochia		37-43	34	42-51	34-44	37-?	36-46	36-44	35-45
1. Missionsreise		43-45	34-36 ←		45-47		46-47	45-47	45-47
Apostelkonvent	44	51 ┐	47 ←	53 ←	48	51	48/49	48	47/48
Antiochenischer Zwischenfall	47	52 ┘→	46	53	48	51/52	52	48	48
2. Missionsreise		46-51	(36-46)		49-51/52	(46-51)	49-51/52	48-51/52	49/50-51/52
Gallio in Korinth	51/52	51/52	51/52	51/52	51/52	51/52	51/52	51/52	51/52
3. Missionsreise		52-57	48-51	53-55	52-56/57	52-56	53-56	52-55/56	52-56
Ankunft in Jerusalem/Gefangenschaft	55	57	52	55	57	56	57	56	57
Amtswechsel Felix/Festus	55	59	55		59	59	59	58	59
Reise nach Rom	56	60			59	61/62	59	59	59
Tod	58	62			62	67	64	64	62

58 Da nicht alle Entwürfe die von mir ausgewählten Ereignisse bzw. Kategorien (vor allem: ‚Missionsreisen') behandeln bzw. gebrauchen, bleiben teilweise Felder leer.

2.2 Die Schule des Paulus

Literatur

H. Conzelmann, Paulus und die Weisheit, in: ders., Theologie als Schriftauslegung, BEvTh 65, München 1974, 177–190. – Helga Ludwig, Der Verfasser des Kolosserbriefes (s. u. 5.2.1), 201–229. – H. Conzelmann, Die Schule des Paulus, in: Theologia Crucis – Signum Crucis (FS E. Dinkler), hg. v. C. Andresen – G. Klein, Tübingen 1979, 85–96. – K. Scholtissek, Paulus als Lehrer, in: ders. (Hg.), Christologie in der Paulus-Schule, SBS 181, Stuttgart 2000, 11–36. – K. Backhaus, „Mitteilhaber am Evangelium" (1 Kor 9, 23). Zur christologischen Grundlegung einer „Paulus-Schule" bei Paulus, a. a. O., 44–71. – Th. Schmeller, Schulen im Neuen Testament? Zur Stellung des Urchristentums in der Bildungswelt seiner Zeit, HBS 30, Freiburg 2001. – T. Vegge, Paulus und das antike Schulwesen. Schule und Bildung des Paulus, BZNW 134, Berlin 2006.

Die theologische und historische Komplexität des paulinischen Wirkens und Denkens lässt sich nur erfassen, wenn die Einbettung des Apostels in Schultraditionen mitbedacht wird. Paulus war zweifellos der überragende Theologe seiner Zeit, der in eigenständiger Weise eine neue und wirkungsmächtige Theologie entwickelte. Zugleich entstammte er einer Schultradition und gründete selbst eine Schule, von der die Proto- und Deuteropaulinen in unterschiedlicher Weise Zeugnis ablegen[59].

2.2.1 Die paulinische Schultradition

Paulus erhielt als Sohn eines römischen Bürgers in seiner Heimatstadt Tarsus eine literarische Ausbildung in ihrer allgemeinen griechisch-hellenistischen Form, so dass er auch mit philosophischer Lehre und philosophischem Ethos vertraut war[60]. Dann durchlief er in zweifacher Weise eine Schultradition. Er betont in Phil 3, 5 f, als Pharisäer im Gesetz untadelig gewesen zu sein. Nach Gal 1, 14 übertraf er seine Altersgenossen im Studium des Gesetzes, was ebenfalls auf eine schulmäßige Ausbildung als Pharisäer hinweist[61]. Seine Ausbildung erhielt Paulus nach Apg 22, 3 in Jerusalem

59 Von einer ‚Paulusschule' spricht m. W. erstmals H. J. Holtzmann, Die Pastoralbriefe (s. u. 5.5.2), 117.

60 Vgl. T. Vegge, Paulus und das antike Schulwesen, 423: „Die Erstellung eines abgeschlossenen und hinsichtlich Disposition und Stil durchgearbeiteten Textes setzte eine gründliche Ausbildung in Grammatik- und Rhetorikschule voraus. Die Qualität der paulinischen Texte belegt folglich die solide allgemeine literarische Ausbildung, die Vertrautheit mit Form und Inhalt der rhetorischen und philosophischen Rede ihres Autors." Auch Th. J. Bauer, Paulus und die kaiserzeitliche Epistolographie (s. u. 2.3.1), 404–418, geht von einer höheren Schulbildung und rhetorischen Ausbildung des Paulus aus. P. Arzt-Grabner, Gott als verlässlicher Käufer: Einige Papyrologische Anmerkungen und bibeltheologische Schlussfolgerungen zum Gottesbild der Paulusbriefe, NTS 57 (2011), (392–414) 412, folgert aus dem auffallenden Gebrauch von Geschäftstermini in den Paulusbriefen: „Als gelernter Handwerker, der vermutlich sogar mehrmals in leitender Funktion von Handwerksbetrieben tätig war, waren Paulus Kauf- und Arbeitsverträge wohl bekannt."

61 Vgl. hier M. Hengel, Der vorchristliche Paulus, in: Paulus und das antike Judentum, hg. v. M. Hengel u. U. Heckel, WUNT 58, Tübingen 1991, 177–291; K. W. Niebuhr, Heidenapostel aus Israel, WUNT 62, Tübingen 1992.

von dem Pharisäer Gamaliel I, einem Nachkommen Hillels, der ca. 25–50 n. Chr. als ein angesehener Schriftgelehrter wirkte. Gegen die Historizität dieser Nachricht wird eingewendet, Paulus selbst erwähne seine Ausbildung in Jerusalem nicht und Gal 1, 22 schließe einen Aufenthalt des Pharisäers Paulus in Jerusalem aus. Pharisäische Schulen außerhalb Jerusalems sind aber vor 70 n. Chr. nicht nachweisbar, ein umfassendes Torastudium war für einen pharisäischen Gelehrtenschüler offenbar nur in Jerusalem möglich. Das hellenistische Bildungsgut des Paulus widerspricht dem nicht, denn seit dem 3. Jh. v. Chr. beeinflussten hellenistische Bildungsinhalte das jüdische Schulwesen. Es ist zu vermuten, dass antike Philosophen-Schulen Paulus nicht unbekannt waren. Ähnlichkeiten zwischen antiken Philosophen-Schulen und der Paulus-Schule sind unverkennbar[62]: Stifterpersönlichkeit[63], Diskussion und Auslegung von Schriften, Mahlgemeinschaft, Freundschaftsideal, Herausbildung einer neuen Identität in Abgrenzung zur Außenwelt, Lehrtätigkeit an verschiedenen Orten, Reisen in Begleitung von Schülern, Gründung von Sympathisantenkreisen[64].

62 Vgl. dazu L. Alexander, Paul and the Hellenistic Schools: The Evidence of Galen, in: T. Engberg-Pedersen (Hg.), Paul in his Hellenistic Context, Minneapolis 1995, 60–83; A. Standhartinger, Studien zur Entstehungsgeschichte und Intention des Kolosserbriefes (s. u. 5.2.1), 1–10.277–289; Th. Schmeller, Schulen im Neuen Testament?, 46–92.

63 Klassisch Diog Laert 1, 13–15.18; 2, 47: Sokrates als Vater zahlreicher philosophischer Schulen. Epikur sagt über den Weisen: „Er wird eine Schule gründen, aber nicht für den Massenunterricht; auch wird er auf Bitten öffentliche Vorträge halten. Er wird feste Lehrmeinungen und keine Erkenntniszweifel haben" (Diog Laert 10, 121 b).

64 Zur Definition antiker Schulen vgl. Th. Schmeller, Schulen im Neuen Testament?, 91: „Eine philosophische Schule ist eine institutionalisierte Verbindung zwischen einem Lehrer und mehreren Schülern aus sozial privilegierten Kreisen, bei der philosophische Tradition, die auf einen Gründer zurückgeführt wird, gelehrt und gelernt und zugleich ethisch interpretiert und aktualisiert wird." Für Paulus folgert Schmeller, a. a. O., 182: „Von einer Paulusschule zu Lebzeiten des Paulus ist nur mit großen Vorbehalten zu sprechen." Natürlich decken die Proto- und Deuteropaulinen nicht jedes Charakteristikum antiker Schulen in gleicher Dichte ab (vgl. die Auflistung der Kritikpunkte bei Th. Schmeller, a. a. O., 179–182: Stärkeres Gruppenbewusstsein bei den Christen, keine Aufstiegsmöglichkeiten für Lehrer neben Paulus, niedrige soziale Stellung der Paulusschüler, Lehraktivitäten sind nicht einfach identisch mit Schulaktivitäten, fehlende Ausgrenzung von Lehrer-Schüler-Gruppen aus den Gemeinden). Gegen Schmeller sind sechs Einwände zu erheben: 1) Auf methodologischer Ebene muss bedacht werden, dass neue gesellschaftliche Bewegungen nie eine einfache Kopie überlieferter Formen sind. Es kommt immer darauf an, wie ein idealtypisches Raster entworfen wird und wie sehr sich das zu Vergleichende diesem Raster unterwerfen muss. 2) Die erwähnten beachtlichen Übereinstimmungen zwischen Paulus, seinen Mitarbeitern und antiken Philosophenschulen sprechen nach wie vor dafür, sie als vergleichbare kulturgeschichtliche Phänomene aufzufassen. 3) Bereits Lukas stellt die Christen (vgl. Apg 11, 26; 26, 28: *Χριστιανοί*) als Schule und Paulus (vgl. nur Apg 19, 9: Lehrsaal des Tyrannos; Apg 17, 16–34: Paulus in Athen) als Schulgründer und Lehrer dar. 4) Das hohe theologische Niveau sowohl der Proto- als auch (mit Einschränkungen) der Deuteropaulinen lässt darauf schließen, dass es institutionalisierte Verbindungen und Umgangsformen zwischen Paulus und seinen Mitarbeitern gegeben haben muss, auch wenn diese aufgrund der Quellenlage im Einzelfall nicht nachzuweisen sind. 5) Heidnische Autoren verstanden die Christen als Schulbildung (vgl. Gal, De pulsum differentiis 2, 4; Luc, Alex 25; 38; Peregr Mort 11; 12; 13; 16). 6) Schließlich kann gefragt werden, welchen heuristischen Wert die Aufgabe des Schulbegriffes hätte. Sind Begriffe wie Gemeinde, Mission, Kreis, Verein, Gruppe oder Bewegung besser geeignet, die Phänomene zu erfassen?

Nach seiner Bekehrung wirkte Paulus lange Jahre als Mitarbeiter der Gemeinde von Antiochia, wo er seine zweite Schultradition durchlief. Apg 13, 1 erwähnt neben Paulus als Propheten und Lehrer in Antiochia noch Barnabas, Simeon Niger, Lukios aus Kyrene und Manaen, einen Mitzögling des Herodes Antipas. In Antiochia wurde Paulus wahrscheinlich auch in die Grundlagen des christlichen Glaubens eingeführt. Die Bedeutung von überlieferten Traditionen für seine Theologie betont der Apostel in 1 Kor 11, 23 a; 15, 3 a. Durch die Übernahme von Abendmahls- (vgl. 1 Kor 11, 23 b–25) und Tauftraditionen (vgl. 1 Kor 1, 30; 6, 11; 12, 13; 2 Kor 1, 21 f; Gal 3, 26–28; Röm 3, 25; 4, 25; 6, 3 f), die Integration christologischer Überlieferungsstücke (vgl. Röm 1, 3 b–4 a) und die Aufnahme urchristlicher Hymnen (vgl. Phil 2, 6–11) dokumentiert Paulus seine Verbundenheit mit der ihm vorgegebenen Tradition und lässt zugleich erkennen, dass er seine Theologie zu einem nicht unerheblichen Teil als Auslegung dieser Tradition verstanden wissen will[65].

2.2.2 Die von Paulus gegründete Schule

Paulus wurde vor seiner selbständigen Mission in zweifacher Weise durch Schultraditionen geprägt, so dass die Gründung einer eigenen Schule nur als folgerichtig anzusehen ist. Für die Existenz einer derartigen Paulusschule sprechen mehrere Beobachtungen:

a) Paulus tritt als *Offenbarungsempfänger* (vgl. 1 Kor 9, 1; 15, 8; Gal 1, 1.12.15 f), verbindliches *Vorbild* (vgl. 1Thess 1, 6 f; 1 Kor 4, 16; 7, 7 f; 11, 1; 2 Kor 4, 2; 6, 11–13; Gal 4, 12; Phil 4, 9) und *inspirierter Lehrer* (vgl. 1 Kor 2, 12–16; 4, 17; 7, 40; 14, 6.19.37 f; Gal 1, 8 f; Phil 3, 15) in Erscheinung[66]. Als Mittler des Evangeliums ist der Apostel exemplum gratiae (vgl. 1 Kor 9, 23); sein Dienst ist Teil des Versöhnungshandelns Gottes (vgl. 2 Kor 5, 19 f).

b) Die Protopaulinen wurden nicht nur von Sekretären (Gal 6,11; Röm 16,22) oder Schreibern (1Kor 16,21; Gal 6,11; Phlm 19) niedergeschrieben, sondern mit Ausnahme des Röm erscheinen neben Paulus immer *Mitverfasser* (vgl. 1Thess 1,1: Timotheus; 1Kor 1,1: Sosthenes; 2Kor 1,1: Timotheus; Gal 1,2: ‚alle Brüder, die bei mir sind'; Phil 1,1: Timotheus; Phlm 1: Timotheus). Die Briefe haben somit bei aller Vorrangstellung des Paulus auch den Charakter von *Gemeinschaftswerken*[67].

---

65 Wenn Paulus in Antiochia als Mitarbeiter der dortigen Mission arbeitete, so heißt dies keineswegs, dass nun die meisten vorpaulinischen Traditionen auch in Antiochia entstanden, gegen P. Stuhlmacher, Röm (s. u. 2.8.1), 90 f; J. Becker, Paulus (s. o. 2), 107 ff.

66 Treffend K. Scholtissek, Paulus als Lehrer, 34: „De facto hat Paulus als Lehrer gewirkt: im Sinne der Tätigkeit des geschichtlichen Paulus selbst (Verkündigung des Evangeliums, Mitarbeiterkreis, Gemeindegründungen) und im Blick auf die Wirkung in der Wahrnehmung und Rezeption seiner Zeitgenossen (Mitarbeiter, Gemeindemitglieder, Nichtchristen) und der Nachgeborenen."

67 Vgl. auch Th. J. Bauer, Paulus und die kaiserzeitliche Epistolographie (s. u. 2.3.1), 386, der im Hinblick auf den Gal betont, „dass der Verfasser des Briefes über grundlegende Kenntnisse in der antiken Rhetorik und Epistolographie verfügte, die er durch eine höhere Schulbildung erworben hat. Wie beim

c) *Mitarbeiter* trugen und prägten zu einem erheblichen Teil die paulinische Mission[68]. Die Protopaulinen erwähnen etwa 40 Personen, die als Mitarbeiter des Apostels zu betrachten sind. Zum engsten Mitarbeiterkreis des Paulus gehörte zunächst Barnabas, mit dem Beginn der selbständigen Mission Silvanus und Timotheus, später Titus. Silvanus (1 Thess 1, 1) und Timotheus (1 Thess 1, 1; 2 Kor 1, 1; Phil 1, 1; Phlm 1) fungierten als Briefabsender (vgl. ferner Sosthenes in 1 Kor 1, 1), was ihre Mitverantwortung für die Arbeit in den verschiedenen paulinischen Gemeinden dokumentiert. Insbesondere Timotheus und Titus traten als eigenständige Missionare in Erscheinung, die im Auftrag des Paulus Probleme in den Missionsgemeinden lösten (vgl. 1 Kor 4, 17; 2 Kor 8). Neben Paulus gab es auch unabhängige Missionare, mit denen der Apostel zeitweise zusammenarbeitete. Hier sind besonders Apollos (vgl. 1 Kor 1–4) und das christliche Ehepaar Prisca und Aquila (vgl. 1 Kor 16, 19; Röm 16, 3 f) zu nennen. Die Mehrheit der in den Paulusbriefen erwähnten Mitarbeiter waren Gemeindegesandte. Sie entstammten den von Paulus gegründeten Gemeinden und nahmen nun als Delegierte dieser Gemeinden an der Missionsarbeit teil (z. B Erastos, Gaius, Aristarchos, Sosipater, Jason, Epaphras und Epaphroditus). Sie hielten den Kontakt zu ihren Heimatgemeinden aufrecht, unterstützten Paulus auf vielfältige Weise und missionierten eigenständig im Umland der paulinischen Gemeindegründungen. Die große Zahl der Gemeindegesandten hing ursächlich mit der neuen Missionsmethode des Paulus zusammen. Er führte nicht die bis dahin praktizierte Reisemission weiter, sondern entwickelte eine eigenständige *Zentrumsmisson*. Wanderten andere Missionare oder urchristliche Propheten von Ort zu Ort, versuchte Paulus, in der jeweiligen Provinzhauptstadt eine Gemeinde zu gründen. Dort blieb er so lange, bis die Gemeinde auf eigenen Füßen stand und seine Anwesenheit nicht mehr benötigte. Aus der paulinischen Zentrumsmission erwuchsen eigenständige Gemeinden, die ihrerseits eine Basis für die weitere paulinische Mission bildeten und in eigener Verantwortung Missionsarbeit übernahmen (vgl. 1 Thess 1, 6–8). Innerhalb dieses großen Mitarbeiterkreises wird sich die Arbeit des Paulus kaum auf reine Organisationsfragen beschränkt haben. Die Vorstellung eines monolithischen Paulus, der einsam und heroisch seine Theologie entwickelt und weitreichende Entscheidungen trifft, ist nicht nur lebensfremd, sondern wird durch den Briefbefund widerlegt. Speziell im engeren Mitarbeiterkreis wird man eine intensive theologische Arbeit voraussetzen dürfen[69].

Philemonbrief muss jedoch – wie bereits angemerkt – auch beim Galaterbrief damit gerechnet werden, dass der Sekretär und eventuell auch andere Mitarbeiter des Paulus, die an der Abfassung des Galaterbriefes beteiligt gewesen sein könnten, auf Form und Inhalt des Briefes Einfluss genommen haben könnten."

68 Grundlegend hier: W. H. Ollrog, Paulus und seine Mitarbeiter, WMANT 50, Neukirchen 1979; vgl. ferner R. Reck, Kommunikation und Gemeindeaufbau. Eine Studie zu Entstehung, Leben und Wachstum paulinischer Gemeinden in den Kommunikationsstrukturen der Antike, SBB 22, Stuttgart 1991.

69 Vgl. dazu H. Ludwig, Der Verfasser des Kolosserbriefes, 210 ff.

d) In den Paulusbriefen bestätigen diese Vermutung Texte, die sich durch ihre Form, ihre Theologie und ihre Stellung deutlich abheben. So weist 1 Kor 13 nur eine sehr lockere Verbindung zum Kontext auf, der Übergang zwischen 1 Kor 12, 31 und 1 Kor 14, 1 ist bruchlos[70]. Auch inhaltlich zeigen sich Besonderheiten, denn die Charismata des Glaubens, der Hoffnung und der Liebe stehen über allen anderen Gnadengaben. 1 Kor 13 wurde offenbar bereits vor der Abfassung des 1 Kor konzipiert, es ist ein Zeugnis der theologischen Arbeit in der Paulusschule. Vergleichbare Texte finden sich in 1 Kor 1, 18 ff; 2, 6 ff; 10, 1 ff; 2 Kor 3, 7 ff; Röm 1, 18 ff; 5, 12–21; 7, 7 ff. Alle Texte zeichnen sich durch ihren unpolemischen Charakter, ihre thematische Geschlossenheit und ihre traditionsgeschichtliche Verwurzelung im hellenistischen Judentum aus. Die große Nähe zur Weisheitsliteratur lässt vermuten, dass Paulus hier auch an seine vorchristliche Zeit anknüpft[71].

e) Bereits Lukas stellt Paulus als Lehrer dar[72] und geht von einer paulinischen Schule aus. In Apg 24, 5 (Paulus vor Felix) wird Paulus als „Anführer der Richtung/ Schule der Nazarener" (*πρωτοστάτην τε τῆς τῶν Ναζωραίων αἱρέσεως*) bezeichnet; Schulgründer ist der Nazarener, sein Nachfolger heißt Paulus. Lukas bezeichnet die Bewegung der Christen (Apg 11, 26: *Χριστιανοί* = „Christianer") als ‚neuen Weg' (Apg 19,23) und macht Paulus zu ihrem Anführer. In Apg 17, 16–34 erscheint Paulus als ein Gelehrter, der mit philosophischen Traditionen vertraut ist, aber auch völlig neue Gedanken (Auferstehung der Toten) zu formulieren weiß. In Korinth ‚lehrte' Paulus eineinhalb Jahre (Apg 18, 11) und in Ephesus mietete er sogar den Lehrsaal (*σχολή* = „Schule" im NT nur hier) des Tyrannus, wo er zwei Jahre ‚redete' (Apg 19, 9f). Schließlich dehnte Paulus in Troas seinen ‚Unterricht' bis nach Mitternacht aus, so dass Eytuchus einschlief und aus dem 3. Stock fiel (Apg 20, 6–12). Auch in der Abschiedsrede von Milet ist von der öffentlichen und häuslichen ‚Lehre' des Paulus die Rede (Apg 20, 20); in Apg 21, 21.28 wird Paulus in Jerusalem vorgeworfen, gegen das Gesetz und gegen die Juden ‚gelehrt' zu haben. Schließlich endet die Apostelgeschichte mit dem lehrenden Paulus, der wie ein wahrer Philosoph „freimütig" (*παρρησία*) und ungehindert von Jesus Christus spricht (Apg 28, 31).

f) Nachdrücklich bestätigen die *Deuteropaulinen* (Kol, Eph, 2 Thess, Past)[73] die Existenz einer über den Tod des Apostels hinaus existierenden Paulusschule. Dieser Nachlass von vier Paulusschülern verdeutlicht, wie das Erbe der paulinischen Theologie in einer veränderten Situation weitergepflegt und angewandt wurde. Auffällig ist das Zurücktreten der spezifischen paulinischen Rechtfertigungslehre des Gal und Röm in allen Deuteropaulinen[74]. Auch die apokalyptischen Motive in der Christolo-

70 Vgl. H. Conzelmann, 1 Kor (s. u. 2.5.1), 264 ff.

71 Vgl. H. Conzelmann, Paulus und die Weisheit, 179; Kritik an Conzelmanns These einer Paulusschule übt W. H. Ollrog, Paulus und seine Mitarbeiter, 115–118.

72 Vgl. dazu B. Heininger, Einmal Tarsus und zurück (Apg 9, 30; 11, 25–26). Paulus als Lehrer nach der Apostelgeschichte, MThZ 49 (1998), 125–143.

73 P. Müller, Anfänge der Paulusschule (s. u. 5), 270–320, beschränkt das Phänomen der Paulusschule auf die Deuteropaulinen.

74 Vgl. dazu U. Luz, Rechtfertigung bei den Paulus-

gie verlieren an Gewicht, es herrscht eine präsentische Eschatologie vor. In den Mittelpunkt treten kirchenrechtliche und ethische Probleme, die sich durch die veränderte kirchengeschichtliche Situation ergeben (Auftreten von Irrlehrern, Bewältigung der schwindenden Parusienaherwartung). In dieser Situation wird der leidende Paulus (Kol, Eph, 2 Tim geben sich als Gefangenschaftsbriefe aus) zu *der* Autorität der Anfangszeit. Man beruft sich auf Paulus und versucht, seine Theologie unter veränderten Bedingungen fortzuschreiben. Zwar weichen die Deuteropaulinen in wesentlichen Punkten von der genuin paulinischen Theologie ab, dennoch lassen sie eine Vertrautheit mit den Gedanken des Apostels erkennen. Insbesondere der Verfasser des Kol ist in einem starken Maße durch die paulinische Schultradition, speziell durch den Röm geprägt. Seine Kenntnis der Grundthemen paulinischer Theologie dürfte er in der paulinischen Schule erworben haben, um sie dann gemäß den Anforderungen seiner Zeit eigenständig weiterzuentwickeln.

Als Sitz der Paulusschule bietet sich *Ephesus* an[75]. Diese von vielfältigen kulturellen Strömungen (Artemis-Tempel, Mysterienreligionen, eine bedeutende jüdische Gemeinde, Kaiserkult, hellenistische Philosophie) geprägte Stadt war das Zentrum der frühchristlichen Mission[76]. Hier wirkten das Ehepaar Prisca und Aquila (vgl. Apg 18, 19–21; 1 Kor 16, 19), der Alexandriner Apollos (vgl. Apg 18, 24–28; 1 Kor 16, 12) und Paulus vom Sommer 52 bis zum Frühjahr 55. In keiner anderen Stadt verweilte Paulus so lange, in Ephesus versammelte er einen großen Mitarbeiterstab um sich, hier predigte er nach Apg 19,9 f zwei Jahre lang im Lehrsaal des Rhetors Tyrannos. In Ephesus wurde nicht nur der 1 Kor abgefasst, sondern es entstanden dort wahrscheinlich auch einige Deuteropaulinen (Kol, Eph[?], Past).

Die Paulusbriefe sind Teil eines umfassenden *Kommunikationsprozesses*, der sich zwischen dem Apostel, seinen Schülern sowie den einzelnen Missionsgemeinden vollzog. Paulus lieferte seinen Mitarbeitern und Gemeinden Lösungen für Streitfragen, richtungsweisende theologische Überlegungen und ethische Weisungen, zugleich wurde er selbst in seinem Denken durch die Mitarbeiter und sich verändernde Gemeindesituationen stark beeinflusst. Schließlich gewährt die Annahme einer paulinischen Schule Einblick in den Prozess der Theologiebildung, wie er sich in den Paulusbriefen durch das Ineinander von situationsbezogener Argumentation, allgemeingültiger Unterweisung und grundlegender Tradition widerspiegelt.

schülern, in: Rechtfertigung (FS E. Käsemann), hg. v. J. Friedrich u. a., Tübingen 1976, 365–383.

75 Vgl. H. Conzelmann, Paulus und die Weisheit, 179.

76 Vgl. zu Ephesus bes. W. Elliger, Ephesos. Geschichte einer antiken Weltstadt, Stuttgart 1985. Zur Geschichte des Christentums in Ephesus vgl. die sehr unterschiedlichen Arbeiten von W. Thiessen, Christen in Ephesus, TANZ 12, Tübingen 1995; M. Günther, Die Frühgeschichte des Christentums in Ephesus, Frankfurt 1996; R. Strelan, Paul, Artemis, and the Jews in Ephesus, BZNW 80, Berlin 1996.

2.3 Der antike Brief

2.3.1 Der antike Brief als Gattung

A. Deissmann, Licht vom Osten, Tübingen ^{4}1923. – H. Koskenniemi, Studien zu Idee und Phraseologie des griechischen Briefes bis 400 n. Chr., AASF B 102,2, Helsinki 1956. – K. Thraede, Grundzüge griechisch-römischer Brieftopik, Zet. 48, München 1970. – W. G. Doty, Letters in Primitive Christianity, Philadelphia 1973. – J. L. White, Light from Ancient Letters, Philadelphia 1986. – S. K. Stowers, Letter Writing in Greco-Roman Antiquity, Philadelphia 1986. – A. J. Malherbe, Ancient Epistolary Theorists, Atlanta 1988. – H. Probst, Paulus und der Brief, WUNT 2.45, Tübingen 1991, 55–107. – G. Strecker, Literaturgeschichte (s. o. 1.2), 66–95. – H. J. Klauck, Die antike Briefliteratur und das Neue Testament, Paderborn 1998. – M. Reiser, Sprache und literarische Formen des Neuen Testaments, Paderborn 2001, 116–125. – P. Eckstein, Gemeinde, Brief und Heilsbotschaft. Ein phänomenologischer Vergleich zwischen Paulus und Epikur, HBS 42, Freiburg 2004. – S. E. Porter (Hg.), Paul and the Ancient Letter Form, PAST 6, Leiden 2010. – Th. J. Bauer, Paulus und die kaiserzeitliche Epistolographie, WUNT 276, Tübingen 2011.

Die formgeschichtliche Erfassung der ntl. Briefliteratur wurde in diesem Jahrhundert wesentlich durch A. Deissmanns Unterscheidung zwischen Brief und Epistel bestimmt. Deissmann sah im antiken Brief etwas Unliterarisches, „er dient dem Verkehr der Getrennten."[77] Demgegenüber sei die Epistel eine literarische Kunstform, „eine Gattung der Literatur, wie z. B. Dialog, Rede, Drama"[78]. „Der Brief ist ein Stück Leben, die Epistel ist ein Erzeugnis literarischer Kunst."[79] Die Paulusbriefe klassifiziert Deissmann als wirkliche, unliterarische Briefe, während er die katholischen Briefe (Jak, Petr, Jud), den Hebräerbrief und die Johannesapokalypse als Epistel bezeichnet. Die Alternative ‚unliterarischer Brief – literarische Epistel' muss als überwunden gelten, weil sie weder für die antiken noch für die ntl. Briefe in dieser Form zutrifft. Auch die paulinischen Briefe weisen eine überlegte Disposition auf und sind mit Ausnahme des Phlm viel länger als normale antike Briefe. Sie waren zum Verlesen im Gottesdienst und damit für die Öffentlichkeit bestimmt. Zudem bedient sich Paulus in seinen Briefen vielfach literarischer Kunstformen, Elemente der paulinischen Argumentation sind: Antithesen, Typologien, Vergleiche, Ironie, Gleichnisse, Kettenschlüsse, inclusio und Digression, Chiasmus, Sentenzen, Exempel, Lasterkataloge, Peristasenkataloge, LXX-Zitate, Herrenworte, Zwischenfragen, Einwände des Kontrahenten, wertende Anreden u. a. m.[80]. Schließlich lassen der Galater- und Phi-

77 A. Deissmann, Licht vom Osten, 194.
78 Ebd.
79 A. a. O., 195.
80 Vgl. dazu R. Bultmann, Der Stil der paulinischen Predigt und die kynisch-stoische Diatribe, FRLANT 13, Göttingen 1910 (= 1985); S. K. Stowers, The Diatribe and Paul's Letter to the Romans, SBL.DS 57, Chico 1981; F. Siegert, Argumentation bei Paulus gezeigt an Röm 9–11, WUNT 34, Tübingen 1985; Th. Schmeller, Paulus und die ‚Diatribe', NTA 19, Münster 1987; J. Schoon-Janßen, Umstrittene ‚Apologien' in Paulusbriefen, GTA 45, Göttingen 1991.

lemonbrief eine rhetorische Bildung des Paulus erkennen, so dass seine Briefe sowohl vom Inhalt als auch von der Form her als Literatur einzustufen sind[81].

Die antiken Briefe sind (wie die Paulusbriefe) eine Kommunikationsform[82], bei der die Kommunikationspartner räumlich und zeitlich getrennt sind. Der Brief dient als Ersatz für ein Gespräch (vgl. Cic, Phil 2,7; Sen, Ep 40,1: „Niemals empfange ich einen Brief von dir, ohne dass wir nicht sofort zusammen sind"; Ep 75). Der Briefautor nimmt aus dem Repertoir literarischer Ausdrucksformen jeweils auf, was der von ihm angestrebten Kommunikation am besten zu dienen scheint[83]. Zwischen den vorgegebenen literarischen Ausdrucksformen und den einzelnen Stilmitteln, auf die ein Autor zurückgreifen kann, ihren spezifischen Anwendungen und den verschiedenen Möglichkeiten der schriftlichen Kommunikation zwischen räumlich Getrennten sowie den mit der Kommunikation verfolgten Zielen besteht eine Interdependenz[84]. Erst im Vergleich mit den üblichen literarischen Mitteln zur Bewältigung einer bestimmten Kommunikationssituation wird die spezifische Leistung eines Autors sichtbar.

Grundsätzlich können die antiken Briefe in öffentliche (z.B. offizielle oder geschäftliche) und private (familiäre) Briefe unterteilt werden. Aus der Vielzahl möglicher antiker Briefgattungen[85] sind für die paulinischen Briefe der Freundschaftsbrief und der philosophische Brief von Bedeutung. Der *Freundschaftsbrief*[86] dient zur Pflege des persönlichen Kontaktes zwischen Freunden. Zwar ist der Brief nur ein unvollkommener Ersatz für die räumliche Trennung zwischen Schreiber und Empfänger, aber im Brief ist der Verfasser gleichsam präsent. Der Brief erinnert an die Basis der Freundschaft, durch den Brief wird die Verbindung erneuert, und die Aussicht auf ein baldiges Wiedersehen mildert den Schmerz der Trennung. Auch Paulus ruft den Gemeinden wiederholt die Grundlagen ihrer gemeinsamen Beziehung ins Gedächt-

81 Vgl. Th. J. Bauer, Paulus und die kaiserzeitliche Epistolographie, 404f, wonach eine Analyse des Phlm und Gal ergibt, „dass diese einerseits an der allgemeinen epistolaren Formelsprache partizipieren, wie sie in den Papyrusbriefen gebildeter wie ungebildeter Verfasser präsent ist, sich andererseits von den Briefen Ungebildeter in ihrer kultivierten Alltagssprache deutlich unterscheiden und durch eine sorgfältige formale Gestaltung und Rückgriffe auf rhetorische Techniken sogar literarischen Briefen annähern können."

82 Zu den Realien (Beschreibstoffe, Tinte, Rohr, Schreiber, Beförderungsmöglichkeiten) des antiken Briefverkehrs vgl. H. J. Klauck, Die antike Briefliteratur, 55–70.

83 Eine für die Exegese rezipierbare Kommunikationstheorie bietet F. Schulz von Thun, Miteinander reden: Klärungen und Störungen. Psychologie der zwischenmenschlichen Kommunikation, Hamburg 1986. Danach sind bei einer Botschaft vier Aspekte zu unterscheiden: Sachinhalt, Beziehung, Selbstoffenbarung und Appell. All diese Elemente finden sich in den Paulusbriefen in unterschiedlicher Intensität und variablen Formen.

84 Vgl. dazu K. Ermert, Briefsorten. Untersuchungen zu Theorie und Empirie der Textklassifikation, RGL 20, Tübingen 1979.

85 S. K. Stowers, Letter Writing, 49ff, schlägt 6 Brieftypen vor: 1. Freundschaftsbriefe, 2. Familienbriefe, 3. Briefe, die loben oder tadeln, 4. Ermahnende Briefe, 5. Empfehlungsbriefe, 6. Apologetische Briefe. Andere Einteilungen bei W. G. Doty, Letters, 5ff. H. J. Klauck, Die antike Briefliteratur, 157–164.

86 Vgl. zum Freundschaftsbrief H. Koskenniemi, Studien, 115ff.

nis (1Kor 15,1; Gal 3,1), er hat Sehnsucht nach den Gemeinden (1Thess 2,17; Gal 4,20) und hofft, bald kommen zu können (1Thess 2,18; Röm 1,11; 15,32; Phil 2,24). Als Ersatz für seine Abwesenheit schickt er Boten oder Briefe (1Thess 3,1f; 1Kor 5,3f). Er ist bemüht, sein Verhalten zu rechtfertigen und die Hindernisse aus dem Weg zu räumen, die einem baldigen Kommen noch entgegenstehen (2Kor 1,15–22). In den *philosophischen Briefen*[87] (z.B. Briefe der Kyniker, Briefe Epikurs, Seneca: Epistulae morales ad Lucilium) findet sich wie bei Paulus vielfach eine Verbindung von lehrhaften und ethischen Abschnitten. Philosophische Reflexionen verbinden sich mit Fragen der praktischen Lebensführung. Auch die Selbstdarstellung und das Selbstzeugnis des Autors nehmen einen breiten Raum ein. Seneca stellt wiederholt Sokrates als Vorbild hin und wird so selbst zum Exemplum[88]. Auch Paulus empfiehlt sich seinen Gemeinden als Vorbild (1Thess 1,6; 1Kor 11,1; 4,16f; Gal 4,12; Phil 3,17; 4,9), und ausgeprägte biographische Partien sind Mittel seiner Argumentation (Gal 1,13ff; Phil 1,12–26; 3,4ff).

Als weitere Elemente der griechisch-römischen Brieftopik finden sich in den Paulusbriefen: Lob, Tadel, Ermahnung, Trost, Anklage und Verteidigung. Paulus übernimmt keine antike Briefgattung, sondern er lehnt sich an antike Briefkonventionen an und variiert sie zugleich eigenständig[89].

2.3.2 Das Formular der paulinischen Briefe

O. Roller, Das Formular der paulinischen Briefe, BWANT 4.6, Stuttgart 1933. – P. Schubert, Form and Function of the Pauline Thanksgiving, BZNW 20, Berlin 1939. – C.J. Bjerkelund, PARAKALÔ. Form, Funktion und Sinn der parakalô-Sätze in den paulinischen Briefen, BNT 1, Oslo 1967. – K. Berger, Apostelbrief und apostolische Rede, ZNW 65 (1974), 190–231. – J.L. White, New Testament Epistolary Literature in the Framework of Ancient Epistolography, ANRW II 25.2, Berlin 1984, 1730–1756. – F. Schnider – W. Stenger, Studien zum neutestamentlichen Briefformular, NTTS XI, Leiden 1987. – Irene Taatz, Frühjüdische Briefe. Die paulinischen Briefe im Rahmen der offiziellen religiösen Briefe des Frühjudentums, NTOA 16, Freiburg (H) – Göttingen 1991. – F. Vouga, Der Brief als Form der apostolischen Autorität, in: Studien und Texte zur Formgeschichte, TANZ 7, Tübingen 1992, 7–58. – D. Dormeyer, Das Neue Testament im

87 Vgl. hier H. Cancik, Untersuchungen zu Senecas Epistulae morales, Spudasmata 18, Hildesheim 1967, 46–68; K. Berger, Hellenistische Gattungen und Neues Testament, ANRW 25.2, Berlin 1984, (1031–1432) 1132–1138.

88 Vgl. Sen, Ep 20.34.35 u.ö.; Interpretation der relevanten Texte bei H. Cancik, Untersuchungen, 68ff.

89 Vgl. hier die guten methodischen Überlegungen von D.E. Aune, The New Testament in Its Literary Environment, Philadelphia 1987, 203: „Early Christian letters tend to resist rigid classification, either in terms of the three main types of oratory or in terms of the many categories listed by the epistolary theorists. Most early Christian letters are multifunctional and have a ‚mixed' character, combining elements from two or more epistolary types. In short, each early Christian letter must be analyzed on its own terms." Insgesamt stehen die paulinischen Briefe den antiken deliberativen Freundschaftsbriefen am nächsten, Paulus hielt sich jedoch in keinem Fall an die Idealgattungen der antiken Rhetoriker und ihrer Nachfolger.

Rahmen der antiken Literaturgeschichte, Darmstadt 1993, 190–198. J. Murphy-O'Connor, Paul the Letter-Writer, Collegeville 1995. – M. Müller, Vom Schluß zum Ganzen. Zur Bedeutung des Briefkorpusabschlusses in Paulusbriefen, FRLANT 172, Göttingen 1997.

2.3.2.1 *Der paulinische Briefanfang*

Der *Briefanfang* umfasst das Präskript, die briefliche Danksagung und die briefliche Selbstempfehlung. Beim *Präskript* ist zunächst zwischen der äußeren und der inneren Adresse zu unterscheiden. Die äußere Adresse stand auf der Außenseite der Papyrusrolle und nannte den Adressaten, den Absender und vielfach auch den Bestimmungsort[90]. Bei allen ntl. Briefen ist die äußere Adresse verlorengegangen. Die innere Adresse entspricht dem heutigen Briefkopf und ist durch ein festes Formular gekennzeichnet. Man unterscheidet bei der Makrostruktur des ntl. Präskriptes zwischen einer griechischen und einer orientalischen Form. Die griechische Form fasst die drei Grundlemente des Präskriptes (Absender, Adressat, Segenswunsch) in einem Satz zusammen, der Absender steht im Subjekt-Nominativ und der Adressat im Dativ. Die Grundform lautet: Der A (sagt) dem B, er solle sich freuen (*ὁ δεῖνα τῷ δεῖνι χαίρειν*)[91]. Griechische Briefkonvention findet sich im Neuen Testament in Jak 1, 1 und in den Briefen Apg 15, 23–29; 23, 26–30. Die orientalische Briefkonvention ist vor allem durch hebräische und aramäische Briefe belegt[92]. Bezeichnend für das Präskript ist eine Zweiteilung, bei der zunächst in einem Satz nur der Adressat (an A) oder der Absender und der Adressat (von A an B) genannt werden. Im zweiten Präskriptteil folgt der Eingangsgruß, in der Regel mit שָׁלוֹם. Während der Adressat immer mit Namen und z. T. unter Hinzufügung von Epitheten genannt wird, muss der Absender nicht im Präskript erscheinen. Bei der Voranstellung des Absenders im Präskript wird dieser durch eine Präposition eingeführt.

Im Neuen Testament herrscht die orientalische Briefkonvention vor, allerdings bereits in einer abgewandelten Form. Schließt sich das zweiteilige Präskript der orientalischen Briefkonvention an, so folgt die Voranstellung des Absenders als Subjekt der griechischen Konvention.

Der hellenistische Einfluss im östlichen Mittelmeerraum bewirkte die Ausprägung von Mischformen bei den Briefformularen. Eine solche Mischform begegnet in Dan 3, 31 in der Übersetzung durch Theodotion (dort 4, 1): „Nebukadnezar, der König, allen Völkern, Stämmen und Sprachen auf der ganzen Erde: Friede sei mit euch in Fülle"; syrBar 78, 2: „So spricht Baruch, der Sohn Nerias zu den Brüdern, die gefangen sind: Er-

90 Vgl. dazu A. Deissmann, Licht vom Osten, 119 ff.
91 Vgl. zum Präskript des griechischen Briefes H. Koskenniemi, Studien, 155 ff.
92 Vgl. dazu D. Pardee, An Overview of Ancient Hebrew Epistolography, JBL 97 (1978), 321–346; ders., Handbook of Ancient Hebrew Letters, SBL. S 15, Chico 1982; I. Taatz, Frühjüdische Briefe, passim.

barmen und Friede sei mit euch."[93] Demgegenüber ist 2 Makk 1, 1 mehr an der orientalischen Briefkonvention orientiert, wo der Adressat im Dativ dem Absender im Nominativ vorangestellt wird: „Den Brüdern, den Juden in Ägypten, unser Gruß. Die Brüder, die Juden in Jerusalem und in Judäa wünschen guten Frieden."[94]

Das paulinische Briefformular stellt eine Mischform dar, indem es einerseits am zweisätzigen Präskript festhält, andererseits aber im ersten Teil des Präskriptes den Absender im Nominativ vor dem Adressaten im Dativ nennt. Schließlich nimmt Paulus lediglich die Makrostruktur eines in seiner Umwelt geläufigen Briefformulars auf und entwickelt auf dieser Basis eine *eigenständige* Briefkonvention. Für Paulus ist der Apostelbrief offenbar die geeignete Form, um neben den persönlichen Besuchen und der Sendung von Boten den Kontakt mit Gemeinden zu erhalten bzw. anzubahnen (Röm) und sein Evangelium zu verkündigen[95]. Unter textpragmatischem Gesichtspunkt sind die Briefe im Rahmen der paulinischen Missionsarbeit im Wesentlichen innergemeindliche Steuerungselemente.

Das Präskript der paulinischen Briefe setzt mit dem *Absender* (superscriptio) ein. Nur in Röm 1, 1 ist Paulus der alleinige Absender des Briefes, sonst erscheinen immer Mitabsender (vgl. 1 Thess 1, 1; 1 Kor 1, 1; 2 Kor 1, 1; Phil 1, 1; Phlm 1)[96]. In Gal 1, 2 führt Paulus keine Einzelnamen von Mitabsendern an, sondern er formuliert „alle Brüder mit mir". Auf die Absenderangabe ‚Paulus' folgt mit Ausnahme von 1 Thess 1, 1 immer eine Intitulation. So nennt sich Paulus ‚Apostel' (Röm 1, 1; 1 Kor 1, 1; 2 Kor 1, 1; Gal 1, 1), ‚Knecht' (Röm 1, 1; Phil 1, 1) und ‚Gefangener' (Phlm 1). Auch die Mitabsender werden mit einer Titulation versehen, so ‚der Bruder' (1 Kor 1, 1; 2 Kor 1, 1; Phlm 1) und ‚Knecht Jesu Christi' (Phil 1, 1).

Auf den Absender folgt die *Adresse* (adscriptio). Zumeist hat die adscriptio die Form ‚die Kirche Gottes' (1 Kor 1, 2; 2 Kor 1, 1) bzw. die ‚Kirche in Gott dem Vater und dem Herrn Jesus Christus' (1 Thess 1, 1) oder die ‚Kirchen' (Gal 1, 2) eines bestimmten Ortes oder einer bestimmten Gegend. In Phil 1, 1 findet sich als Adresse ‚an alle Heiligen in Jesus Christus, die in Philippi sind'. Durch diese besondere Form der adscriptio wird das gute Verhältnis des Apostels zu der Gemeinde in Philippi betont. Paulus verzichtet im Präskript des Röm auf den Terminus ἐκκλησία und adressiert den Brief ‚an alle, die in Rom sind', weil er gegenüber dieser Gemeinde seine Grün-

93 Zur Analyse vgl. I. Taatz, Frühjüdische Briefe, 66 f, die allerdings das Präskript dem allgemeinen orientalischen Formular zuordnet.

94 Zur Analyse vgl. I. Taatz, a. a. O., 18 f.

95 Die relative Eigenständigkeit des paulinischen Briefformulars ist in der Forschung unbestritten. Kontrovers wird hingegen die Frage diskutiert, ob Paulus mehr unter dem Einfluss der griechischen oder frühjüdischen Brieftradition steht. Während in der amerikanischen Forschung vornehmlich Verbindungslinien zur griechischen Briefliteratur gezogen werden, betont I. Taatz „eine gewisse Kontinuität zwischen den frühjüdischen gemeindeleitenden Briefen und den Paulusbriefen" (a. a. O., 114).

96 I. Taatz, a. a. O., 113, sieht darin eine Parallele zu frühjüdischen Briefen: „In der Gruppe der Gemeindeschreiben werden mehrere Mitabsender genannt, die die jüdische Gemeinde repräsentieren bzw. als deren Leitung fungieren."

derautorität nicht ins Spiel bringen kann. In den Paulusbriefen fungieren als Adressaten durchweg Kollektive und nicht Einzelpersonen. Selbst im Phlm treten neben den eigentlichen Adressaten Philemon weitere Mitarbeiter des Paulus und die Hausgemeinde des Philemon (Phlm 1.2). Wenn Paulus in den Präskripten des 1Kor, 2Kor und Phil neben dem eigentlichen Adressaten (‚der Kirche Gottes') weitere Mitadressaten nennt, so erweitert er damit den Wirkungskreis des Briefes, nimmt aber keine Individualisierung der Adresse vor.

Auf die Absender- und Adressenangabe folgt als zweiter Teil des paulinischen Präskriptes der *Eingangsgruß* (salutatio). Die Salutation hat bei Paulus sechsmal den gleichen Wortlaut: „Gnade euch und Friede von Gott unserm Vater und dem Herrn Jesus Christus" (1Kor 1,3; 2Kor 1,2, Gal 1,3; Röm 1,7b; Phil 1,2; Phlm 3). Das Begriffspaar *χάρις* und *εἰρήνη* benennt eine Gottesgabe, die durch Jesus Christus der Gemeinde geschenkt wird. Paulus folgt mit der salutatio einer in jüdischen und griechischen Briefen belegten Sitte, Anfangs- und Schlussgrüße zu formulieren, die den Adressaten Heil zueignen wollen. Dabei ist bei Paulus der Eingangsgruß immer im Hinblick auf die Adressaten und die besondere Gemeindesituation zu verstehen (vgl. Gal 1,4)[97].

In fast allen Paulusbriefen (Ausnahme: Gal) schließt sich unmittelbar an das Präskript ein formal und funktional eigenständiger Briefteil an, der nach dem Verbum des jeweiligen Hauptsatzes *εὐχαριστεῖν* als *briefliche Danksagung* (Proömium) bezeichnet wird. Lässt sich der Beginn einer Danksagung sicher bestimmen, so bleibt der Übergang vom Proömium zum folgenden Kontext unsicher[98]. Als Weiterführung erweist sich hier der Vorschlag von F. Schnider – W. Stenger, die paulinische Danksagung dort enden zu lassen, wo sich die Perspektive ändert und der Apostel nicht mehr die Adressaten im Blick hat, sondern den Leser/Hörer auf den Briefschreiber selbst lenken will. Dieser Übergang wird „mit folgenden konstitutiven Elementen eingeleitet: 1. Anrede ‚Brüder' 2. Bezugnahme auf ein Wissen der Adressaten, das der Briefschreiber durch seine mahnende Briefgeste bei den Adressaten erreichen will."[99] Versteht man diesen Perspektivenwandel als ein Textsignal, das den Anfang eines neuen Abschnittes markieren soll, so ergibt sich für die paulinischen Danksagungen folgender Umfang: 1Thess 1,2–10; 1Kor 1,4–9; 2Kor 1,3–7; Röm 1,8–12; Phil 1,3–11; Phlm 4–7. Das paulinische Proömium ist in zwei Grundtypen überliefert. In der ersten Fassung folgen auf den Hauptsatz mit dem Verb *εὐχαριστεῖν* ein oder mehrere Partizipien, die das Verb modifizieren. Den Partizipien kann schließlich noch ein Finalsatz untergeordnet sein (vgl. Phil 1,3–11; 1Thess 1,2–10; Phlm 4–7). Subjekt von *εὐχαριστεῖν* ist immer der Briefschreiber, der Gott allezeit für die Angeredeten dankt. Bei der zweiten Grundform folgt auf den Hauptsatz mit *εὐχαριστεῖν* ein

97 Vgl. zur salutatio in den Paulusbriefen bes. F. Schnider – W. Stenger, Studien, 25–33. I. Taatz, Frühjüdische Briefe, 112, sieht die paulinische salutatio in der Traditionslinie von syrBar 78,2.

98 Vgl. die Tabelle bei F. Schnider – W. Stenger, Studien, 42.

99 A.a.O., 43.

ὅτι-Satz, an den sich wiederum ein Konsekutivsatz anschließen kann (vgl. 1 Kor 1,4–9). Beide Grundformen lassen sich nicht immer streng voneinander trennen, in Röm 1,8–12 liegt eine Kombination von Elementen beider Grundtypen vor. Eine Sonderstellung nimmt 2 Kor 1,3–7 ein, wo die Danksagung mit *εὐλογητός* beginnt. Die hier vorliegende erweiterte Eulogie hat die gleiche Funktion wie das Proömium in den anderen Paulusbriefen. Im Proömium bedankt sich der Apostel für den der angeschriebenen Gemeinde von Gott verliehenen Heilsstand. Das Proömium hat eine ekklesiale Funktion, es stellt die angeschriebenen Gemeinden in die weltweite *ἐκκλησία θεοῦ*. Gott schafft sich durch die Mission des Apostels Paulus und die Existenz dieser Gemeinden seine Kirche, die das Evangelium von Jesus Christus verkünden und bezeugen soll.

Neben dem Präskript und der brieflichen Danksagung rechnen F. Schnider – W. Stenger noch einen dritten Abschnitt zum paulinischen Briefanfang: *die briefliche Selbstempfehlung*[100]. Sie thematisiert die Gegenwart des Briefschreibers bei den Adressaten, sei es die zukünftige Anwesenheit (Röm 1,13–15) oder aber die andauernde Wirkung des gemeindegründenden Erstbesuches (1 Thess 2,1 ff). Zur Topik der brieflichen Selbstempfehlung zählen ferner eine Erklärung für das bisher ausgebliebene Kommen (Röm 1,13; 1 Thess 2,18), die Erwähnung des Gebetes der Gemeinde für den Briefschreiber (2 Kor 1,11; Phil 1,19), die Betonung der guten Beziehungen zwischen dem Apostel und der Gemeinde (1 Kor 4,14; 1 Thess 2,1–11; 2,17), der Hinweis auf die besondere Art und Weise, wie der Apostel seine Verkündigung in der Gemeinde vollzog (1 Kor 2,1–5,2; 2 Kor 1,12) und schließlich der Vorbildcharakter seines Verhaltens (1 Thess 4,1; 1 Kor 4,15). Die briefliche Selbstempfehlung verleiht dem Briefschreiber Glaubwürdigkeit gegenüber den Adressaten. Dazu dient auch der durchgängige Einsatz der brieflichen Selbstempfehlung mit der Anrede ‚Brüder'. Problematisch ist die Abgrenzung der Selbstempfehlung, denn während sie beim Röm (Röm 1,13–15), 2 Kor (2 Kor 1,8–2,17), Gal (Gal 1,8–10), Phil (Phil 1,12–30) und Phlm (Phlm 7–9) deutlich erkennbar ist, lässt sie sich im 1 Thess und 1 Kor nur schwer bestimmen[101]. Auch wenn es möglich ist, innerhalb des paulinischen Briefanfangs die briefliche Selbstempfehlung als eigenständigen Abschnitt herauszuarbeiten, muss dem Apostel eine große Freiheit in der Anwendung dieser Form attestiert werden.

Der paulinische Briefanfang ist einerseits der zeitgenössischen Konvention verhaftet, andererseits zeugt die eigenständige Ausgestaltung von der hermeneutischen Funktion dieses Briefteils: Er signalisiert die aktuelle Kommunikationssituation zwischen Paulus und den Adressaten, und der Apostel nennt bereits stichwortartig zentrale theologische Themen, die er im Briefkorpus entfaltet.

100 Vgl. a. a. O., 50 ff.

101 F. Schnider – W. Stenger, a. a. O., 53 ff, weiten die briefliche Selbstempfehlung im 1 Thess (2,1–12; 2,17–3,8) und 1 Kor (1,10–4,21) übermäßig aus.

2.3.2.2 *Der paulinische Briefschluss*

Der paulinische Briefschluss setzt sich aus zwei Elementen zusammen: 1) Schlussparänese; 2) Postskript.

Die *Schlussparänese* grenzt sich vom Briefkorpus durch besondere Wendungen ab, die den folgenden Abschnitt als eigenständigen Textteil markieren (vgl. 1Thess 4,1; 1Kor 16,15; 2Kor 13,11)[102]. Der Stil der Schlussparänese ist gekennzeichnet durch den Gebrauch von Imperativen in der Anredeform. Die 2. P. Sg./Pl. verdeutlicht, dass Paulus den Kontakt mit seinen Adressaten sucht. Auch die konkreten Gemeindeverhältnisse oder die Situation des Briefschreibers können in die Schlussparänese einfließen. Neben den Ermahnungen begegnen in der Schlussparänese häufig folgende Themen: 1) Die Bitte um Fürbitte (1Thess 5,17; Röm 15,30–32; Phil 4,6). 2) Die Bedeutung des Amtes kann hervorgehoben werden (vgl. 1Thess 5,12; 1Kor 16,15–18). 3) Der fürbittende Segenswunsch, der die Schlussparänese abschließen kann (1Thess 5,23; Gal 6,16; Röm 15,13. 33; Phil 4,7). 4) Die apostolische Parusie: In fünf Paulusbriefen finden sich innerhalb der Schlussparänese oder im Zusammenhang mit ihr Abschnitte, in denen der Apostel Reisepläne thematisiert (vgl. 1Kor 16,5–12; 2Kor 12,14–13,10; Röm 15,14–29; Phil 2,19–30; Phlm 22). Paulus nimmt hier ein epistolares Motiv des hellenistischen Freundschaftsbriefes auf[103] und weitet es aus. Im hellenistischen Freundschaftsbrief reflektiert das Parusiemotiv in wechselnden Formen die Gegenwart des Briefschreibers beim Adressaten durch den Brief. Auch bei Paulus soll das Parusiemotiv die Trennung zwischen Briefschreiber und Adressaten überwinden, zugleich verleiht es aber der Autorität und Vollmacht des Apostels in den angeschriebenen Gemeinden Ausdruck. Indem Paulus seine Präsenz in der Gemeinde durch einen Brief, einen Abgesandten oder die eigene Person bedenkt, bringt er zugleich seine apostolische Autorität ins Spiel (Beispiel: 2Kor 13,10)[104]. Die apostolische Parusie kann als ein Bestandteil der Schlussparänese betrachtet werden, weil das Parusiemotiv entweder voll in die Schlussparänese integriert ist (1Kor 16,5–12; Röm 15,14–29) oder zumeist in unmittelbarer Nähe dazu erscheint. Für die Schlussparänesen in den paulinischen Briefen ergibt sich somit folgender Umfang: 1Thess 5,12–25; 1Kor 16,1–18; 2Kor (12,14–13,10) 13,11; Gal 6,1–10; Röm 15,(7–13) 30–33; Phil 4,2–9; Phlm 21.22.

Das *Postskript* des paulinischen Briefes umfasst in der Regel drei Elemente: 1) Einen Grußauftrag, bei dem der Briefschreiber die Adressaten beauftragt, andere Gemeindeglieder zu grüßen. 2) Durch die Briefschreiber werden Grüße anderer an die Adressaten ausgerichtet. 3) Der Briefschreiber selbst grüßt die Adressaten, wobei es sich um das eigentliche Eschatokoll handelt.

102 Vgl. F. Schnider – W. Stenger, a. a. O., 76–107.
103 Vgl. K. Thraede, Grundzüge griechisch-römischer Brieftopik (s. o. 2.3.1), 95–106.
104 Vgl. zu den Einzelheiten R. W. Funk, The Apostolic Parusia: Form and Significance, in: FS J. Knox, Cambridge 1967, 249–268.

Der *Grußauftrag* wird in den Paulusbriefen durch den Imperativ *ἀσπάσασθε* eingeleitet und findet sich in 1 Thess 5, 26; 1 Kor 16, 20 b; 2 Kor 13, 12 a; Röm 16, 3–16 a; Phil 4, 21 a. Häufig ist der Grußauftrag mit dem Motiv des ‚heiligen Kusses' verbunden (vgl. 1 Thess 5, 26; 1 Kor 16, 20 b; 2 Kor 13, 12 a; Röm 16, 16 a). Der Grußauftrag hat die Funktion, durch den Brief die Abwesenheit des Briefschreibers in der Gemeinde zu überwinden und zugleich die umfassende Verbreitung des Briefes bei allen Adressaten zu sichern.

Die Grüße anderer (*Grußausrichtung*) an die Adressaten richtet Paulus in 1 Kor 16, 19–20 a; 2 Kor 13, 12 b; Röm 16, 16 b.21–23; Phlm 23.24 aus. Die Grüße von ‚allen Heiligen' (2 Kor 13, 12 b; Phil 4, 22), allen Gemeinden in der Provinz Asia (1 Kor 16, 19), von ‚allen Gemeinden Christi' (Röm 16, 16 b) oder einzelnen Mitarbeitern des Paulus zeigen, dass sich nicht nur der Apostel und die angeschriebene Gemeinde miteinander, sondern auch die Gemeinden untereinander umfassend im Glauben verbunden wissen. Zudem ist die Grußausrichtung immer auf die spezielle Situation in den Gemeinden bezogen, was sich aus der Erwähnung einzelner Namen, aber auch aus dem Fehlen der Grußausrichtung im 1 Thess und Gal ergibt.

Wie im antiken Brief bildet auch bei Paulus das *Eschatokoll* (vgl. 1 Thess 5, 28; 1 Kor 16, 23–24; 2 Kor 13, 13; Gal 6, 11–18; Röm 16, 24[?]; Phil 4, 23; Phlm 25) den Abschluss des Briefes. Im hellenistischen Privatbrief lautet der Schlussgruß häufig „Lebe wohl" (*ἔρρωσσο* bzw. *εὐτύχει*). Zudem findet sich im Eschatokoll des antiken Briefes das Datum, und der Gruß wird teilweise vom Verfasser und nicht vom Schreiber ausgeführt. Auch im Eschatokoll lehnt sich Paulus den Gepflogenheiten seiner Umwelt an, zugleich weitet er es aus. Das einfache „Lebe wohl" wird umgeformt in einen ausgeführten Segenswunsch, der in 1 Thess 5, 28; 1 Kor 16, 23; Röm 16, 20 b lautet: *ἡ χάρις τοῦ κυρίου ἡμῶν Ἰησοῦ Χριστοῦ μεθ' ὑμῶν* („Die Gnade unseres Herrn Jesus Christus sei mit euch"), in Gal 6, 18; Phlm 25 durch *τοῦ πνεύματος* erweitert und in 2 Kor 13, 13 trinitarisch ausgeformt wird. E. Lohmeyer erklärt die Ein- und Ausleitungsformeln des paulinischen Briefes aus dem urchristlichen Gottesdienst[105]. Es seien jene Formeln, mit denen die Gottesdienste begonnen und beendet wurden. Die Kenntnisse über die Liturgie urchristlicher Gottesdienste sind aber zu bruchstückhaft, als dass hier der Sitz im Leben für sehr verschiedenartige Formen christlicher Überlieferung gesehen werden könnte. Wahrscheinlich führte die epistolare Funktion Paulus zu der besonderen Ausprägung des Schlussgrußes. Wie im antiken Brief hat auch bei Paulus der Schlussgruß die Aufgabe, „1. am Schluß des Briefes die zwischen Briefschreiber und Adressaten bestehenden Beziehungen in einem Wunsch für das Wohlergehen der letzteren noch einmal anzusprechen, und 2. zugleich durch die Eigenhändigkeit auf die Authentizität des Briefinhaltes hinzuweisen, indem sie den Absender wenigstens in seiner Handschrift beim Adressaten ein

105 Vgl. E. Lohmeyer, Probleme paulinischer Theologie, ZNW 26 (1927), 158–173.

Stück leibhaft anwesend sein lässt."[106] Parallelen sowohl in jüdischen als auch in hellenistischen Briefen weisen darauf hin, dass die eigenhändige Unterschrift unter einem Brief auch dazu diente, ihm rechtmäßige Bedeutung zu geben[107]. Paulus schrieb das Eschatokoll gelegentlich mit eigener Hand (vgl. 1Kor 16,21; Gal 6,11). In 1Kor 16,21 unterzeichnet er ausdrücklich den Brief mit seinem Namen, um so gegenüber den Korinthern die Autorität des Gesagten zu unterstreichen. In Phlm 19 finden sich Namensvermerk und die Namensunterschrift nicht im Eschatokoll, sondern am Ende des Briefkorpus. Damit signalisiert Paulus Philemon, dass er wirklich für den durch Onesimus verursachten Schaden aufkommen will. Insgesamt kommt dem paulinischen Briefschluss eine zweifache Funktion zu: Er bündelt zentrale Linien des Briefes und thematisiert zugleich die Zukunft des Verhältnisses von Briefschreiber und Briefempfänger[108].

2.4 Der erste Thessalonicherbrief

2.4.1 Literatur

Kommentare

KEK 10: E.v.Dobschütz, 1909 (= 1974). – HNT 11: M.Dibelius, ^{3}1937, 1–37. – EKK XIII: T.Holtz, ^{3}1998. – ThHK 12/1: G.Haufe, 1999. – NTD 8/2: E.Reinmuth, 1998. – ZBK 11.1: W.Marxsen, 1979. – AncB 32B: A.J.Malherbe, 2000. – BNTC: E.Best, 1972. – WBC 45: F.F.Bruce, 1982. – NCeB: H.Marshall, 1983. – NIGTC: C.A.Wanamaker, 1990. – Sacra Pagina 11: E.J. Richard, Collegeville 1995.

Monographien

W.Harnisch, Eschatologische Existenz, FRLANT 97, 1973. – F.Laub, Eschatologische Verkündigung und Lebensgestaltung nach Paulus, BU 10, 1973. – H.H.Schade, Apokalyptische Christologie bei Paulus, GTA 18, ^{2}1984. – R.Jewett, The Thessalonian Correspondence, Philadelphia 1986. – A.J.Malherbe, Paul and the Thessalonians, Philadelphia 1987. – B.C.Johanson, To All the Brethren. A Text-Linguistic and Rhetorical Approach to I Thessalonians, CB.NTS 16, Stockholm 1987. – K.P.Donfried, The theology of 1 Thessalonians, in: The theology of the shorter Pauline letters, hg. v. K.P.Donfried u. H.Marshall, Cambridge 1993, 1–79. – R.Riesner, Frühzeit des Apostels Paulus (s.o. 2.1), 297–365. – Jutta Bickmann, Kommunikation gegen den Tod, fzb 86, Würzburg 1998. – Regina Börschel, Die Konstruktion einer christlichen Identität. Paulus und die Gemeinde von Thessalonich in ihrer hellenistisch-römischen Umwelt, BBB 128, Berlin 2001. – Chr. vom Brocke, Thessaloniki – Stadt des Kassander und Gemeinde des Paulus, WUNT 2.125, Tübingen 2001. – M.D. Hooker (Hg.), Not in the World Alone. The First Epistle to the Thessalonians, MSBen 15, Rom 2003. – C. Breytenbach (Hg.), Frühchristliches Thessaloniki, STAC 44, Tübingen 2007. – D. Luckensmeyer, The Eschatology of First Thessalonians, NTOA

106 F. Schnider – W. Stenger, Studien (s.o. 2.3.2), 133.

107 Vgl. a.a.O., 137–144.

108 Vgl. M. Müller, Vom Schluß zum Ganzen, 241 ff.

71, Göttingen 2009. – M. Crüsemann, Die pseudepigraphischen Briefe an die Gemeinde in Thessalonich, BWANT 191, Stuttgart 2010. – D. D. Schmidt, Heilig ins Eschaton, BZNW 167, Berlin 2010. – T. Jantsch, „Gott ist alles in allem" (1Kor 15,28). Studien zum Gottesverständnis des Paulus im 1. Thessalonicherbrief und in der korinthischen Korrespondenz, WMANT 129, Neukirchen 2011. – G. Lüdemann, Der älteste christliche Text. Erster Thessalonicherbrief, Lüneburg 2011.

Aufsätze

W. G. Kümmel, Das literarische und geschichtliche Problem des Ersten Thessalonicherbriefes, in: ders., Heilsgeschehen und Geschichte I, Marburg 1965, 406–416. – Chr. Demke, Theologie und Literarkritik im 1.Thessalonicherbrief, in: FS E. Fuchs, hg. v. G. Ebeling u.a., Tübingen 1973, 103–124. – G. Friedrich, 1Thessalonicher 5, 1–11, der apologetische Einschub eines Späteren, ZThK 70 (1973), 288–315. – R. F. Collins, Studies on the First Letter to the Thessalonians, BETL 66, Leuven 1984. – U. Schnelle, Der Erste Thessalonicherbrief und die Entstehung der paulinischen Anthropologie, NTS 32 (1986), 207–224. – R. F. Collins (Hg.), The Thessalonian Correspondence, BETL 87, Leuven 1990 (wichtige Aufsatzsammlung). – O. Merk, Zur Christologie im ersten Thessalonicherbrief, in: ders., Wissenschaftsgeschichte und Exegese (s. o. 1.1), 360–373. – Th. Söding, Der Erste Thessalonicherbrief und die frühe paulinische Evangeliumsverkündigung. Zur Frage einer Entwicklung der paulinischen Theologie, in: ders., Das Wort vom Kreuz (s. u. 2.5.1), 31–56. – K. P. Donfried – J. Beutler (Hg.), The Thessalonians Debate, Grand Rapids 2000 (wichtige Aufsatzsammlung). – St. Schreiber, Eine neue Jenseitshoffnung in Thessaloniki und ihre Probleme (1Thess 4, 13–18), Bib 88 (2007), 326–350.

Forschungsbericht

St. Schreiber, Früher Paulus mit Spätfolgen. Eine Bilanz zur neuesten Thessalonicherbrief-Forschung, ThRev 103 (2007), 267–284.

2.4.2 **Verfasser**

Die paulinische Verfasserschaft des 1 Thess wurde nie ernsthaft bezweifelt[109]. Bereits Ignatius von Antiochia kannte den 1 Thess (vgl. 1 Thess 5, 17/IgnEph 10, 1), und der Kanon Muratori führt ihn als Paulusbrief an.

109 Eine Ausnahme bildet jetzt Marlene Crüsemann, Die pseudepigraphischen Briefe an die Gemeinde in Thessalonich, die auch den 1Thess für ein ‚inszeniertes', pseudepigraphisches Schreiben hält. Ihre Hauptargumente: 1) Die antijüdische Polemik 1 Thess 2, 14–16 widerspricht den sonstigen Aussagen des Apostels zu Israel/den Juden (vgl. a. a. O., 29–77). Gegenargument: Es gibt nicht ‚die' Position des Paulus gegenüber Israel, sondern Paulus ringt zeitlebens mit diesem Thema und kommt der jeweiligen historischen Situation entsprechend zu unterschiedlichen Bewertungen. 2) Die überwiegend pluralischen Verfasseraussagen (vgl. 1 Thess 2, 1ff; 3, 1ff u. ö.) zeigen, dass der 1Thess ohnehin nicht beansprucht, allein von Paulus geschrieben zu sein (vgl. a. a. O., 79–128). Gegenargument: Der 1Thess ist überhaupt keine Ausnahme, denn bereits Kap. 1, 1 (Paulus, Silvanus und Timotheus als Verfasser) zeigt wie fast alle anderen Präskripte, dass die Paulusbriefe bei allem Vorrang des Apostels immer auch Gemeinschaftswerke im Rahmen der paulinischen Schule sind (s. o. 2.2.2).

2.4.3 Ort und Zeit der Abfassung

Paulus gründete aus Philippi kommend (1 Thess 2, 2) die Gemeinde in Thessalonich (vgl. 1 Thess 1,9 f). Er lebte und wirkte in der Gemeinde für eine längere Zeit (vgl. 1 Thess 2, 1–12), nach seiner Abreise wollte er zweimal zurückkehren, wurde aber vom Satan daran gehindert (vgl. 1 Thess 2, 17–20). Daraufhin schickte er von Athen aus Timotheus (1 Thess 3, 1 f.6), der ihm gute Nachrichten über den Zustand der Gemeinde brachte (1 Thess 3, 6–8). Der Aufenthaltsort des Paulus z.Zt. der Abfassung des 1 Thess ist unbekannt und muss hypothetisch erschlossen werden. Einen Hinweis liefert die Erwähnung von Silvanus und Timotheus in 1 Thess 1, 1, mit denen Paulus nach Apg 18, 5 in Korinth zusammentraf. Der Abfassungsort *Korinth* lässt auch eine Bestimmung der Abfassungszeit zu, denn Paulus traf *50 n. Chr.* in Korinth ein (s. o. 2.1.1) und verfasste in diesem Jahr den 1Thess[110].

2.4.4 Empfänger

Die Stadt Thessalonich wurde um 315 v. Chr. neu gegründet. Die günstige Lage im innersten Winkel des thermaeischen Golfes und an der Via Egnatia begründete die über alle Zeiten hinweg gleichbleibende große Bedeutung von Thessalonich als Hafenstadt, Handelsplatz und Verkehrsknotenpunkt[111]. Thessalonich besaß auch als ein kulturelles und religiöses Zentrum Anziehungskraft, Ausgrabungen und literarische Zeugnisse belegen die Verehrung von Kultgottheiten wie Sarapis, Isis, Dionysus oder die Kabiren[112].

Vornehmlich schlossen sich Heidenchristen der Gemeinde in Thessalonich an (vgl. 1 Thess 1,9; 2, 14). Apg 17, 1 bezeugt die Existenz einer Synagoge in der Stadt, so dass auch mit Judenchristen und heidnischen Sympathisanten der jüdischen Religion in der Gemeinde zu rechnen ist[113]. Zur Abfassungszeit des Briefes bestand die

110 In das Jahr 50 (51) datieren den 1 Thess u. a. M. Dibelius, 1Thess, 33; W. G. Kümmel, Einleitung, 221; Ph. Vielhauer, Urchristliche Literatur, 88; E. Reinmuth, 1 Thess, 108; W. Marxsen, 1Thess, 14; H. Köster, Einführung, 545; T. Holtz, 1Thess, 19; R. Jewett, Thessalonian Correspondence, 60; R. Riesner, Frühzeit des Apostels Paulus (s. o. 2.1), 323; J. Roloff, Einführung, 101; R. E. Brown, Introduction, 457; G. Haufe, 1Thess, 15; A. J. Malherbe, 1Thess, 73; I. Broer, Einleitung, 318; St. Schreiber, Der erste Thessalonicherbrief, in: Ebner/Schreiber (Hg.), Einleitung, 390. Von diesem Konsens abweichende Meinungen referiert T. Holtz, 1Thess, 20–23. J. Knox, Chapters in a Life of Paul, New York/Nashville 1950, 86, datiert den 1 Thess an den Anfang der vierziger Jahre („... not long after A. D. 40"), ihm folgen u. a. G. Lüdemann, Paulus I (s. o. 2.1), 281; K. P. Donfried, The theology of 1 Thessalonians, 12.

111 Zur Geschichte der Stadt vgl. W. Elliger, Paulus in Griechenland, Stuttgart ²1990, 78–116; R. Riesner, Frühzeit des Apostels Paulus (s. o. 2.1), 297–301; Chr. vom Brocke, Thessaloniki, 12–101.

112 Vgl. dazu K. P. Donfried, The Cults of Thessalonica and the Thessalonian Correspondence, NTS 31 (1985), 336–356; R. Jewett, Thessalonian Correspondence, 126 ff; R. Riesner, Frühzeit des Apostels Paulus (s. o. 2.1), 331–333; Chr. vom Brocke, Thessaloniki, 115–138.

113 Vgl. R. Riesner, Frühzeit des Apostels Paulus (s. o. 2.1), 304–308; D.-A. Koch, Die Christen als

Gemeinde erst kurze Zeit (vgl. 1 Thess 2, 17), dennoch drang die Kunde von ihrer Gründung bereits in alle Teile Griechenlands vor (vgl. 1 Thess 1, 7 f). Trotz der guten Nachrichten durch Timotheus (1 Thess 3, 6) zeigt sich Paulus über den Zustand der Gemeinde besorgt[114]. Die Christen in Thessalonich sind einer andauernden Leidenserfahrung ausgesetzt, die mit der Annahme der Evangeliumsbotschaft begann (vgl. 1 Thess 1, 6) und z.Zt. der Briefabfassung offenbar anhält. Von ihren heidnischen Landsleuten wird die Gemeinde in Thessalonich ebenso verfolgt wie die Gemeinden in Palästina durch die Juden (vgl. 1 Thess 2, 14–16). Die scharfe Polemik lässt vermuten, dass Paulus auch in Thessalonich die Juden als eigentliche Urheber der Verfolgung ansieht. Neben religiös motivierten Auseinandersetzungen mit Juden und Heiden wurde die Gemeinde offenbar auch durch ganz alltägliche Reibereien mit der Umwelt belastet (vgl. 1 Thess 4, 10 b–12). Konkrete theologische Fragen bedrängten ebenfalls die junge Gemeinde (vgl. 1 Thess 3, 10). So nimmt das dreimalige *περί* in 1 Thess 4,9. 13; 5, 1 offensichtlich auf konkrete Anfragen aus Thessalonich Bezug. Speziell der unerwartete Tod von Gemeindegliedern vor der Parusie des Herrn löste Unruhe aus und veranlasste Paulus in 1 Thess 4, 13–18; 5, 1–11 zu Ausführungen über den Ablauf und den Termin des endzeitlichen Handelns Gottes bei der Parusie Christi.

2.4.5 **Gliederung, Aufbau, Form**

1, 1	Präskript	Briefanfang
1, 2–3, 13	1. Hauptteil	
1, 2–10	Proömium	
2, 1–12	Briefliche Selbstempfehlung	
2, 13–2, 16	Dank für die Annahme des Evangeliums	Briefkorpus
2, 17–3, 13	Die Bewährung der Gemeinde in der Zeit der Abwesenheit des Apostels	
4, 1–5, 11	2. Hauptteil	
4, 1–12	Das Leben in der Heiligung	
4, 13–18	Heilsgewissheit für Tote und Lebende	
5, 1–11	Die eschatologische Existenz der Glaubenden	

neue Randgruppe in Makedonien und Achaia im 1. Jahrhundert n. Chr., in: H.-P. Müller – F. Siegert (Hg.), Antike Randgesellschaften und Randgruppen im östlichen Mittelmeerraum, Münster 2000, 171–176; Chr. vom Brocke, Thessaloniki, 207–233. Für das späte 3. Jh. n. Chr. ist nun eine jüdische Grabinschrift belegt; vgl. M. N. Pantels, Synagoge(n) und Gemeinde der Juden in Thessaloniki: Fragen aufgrund einer neuen jüdischen Grabinschrift der Kaiserzeit, ZPE 102 (1994), 297–306 (sowie Tafel VII).

114 Zu den verschiedenen Thesen der älteren Forschung über ‚gnostische' oder ‚enthusiastische' Strömungen in Thessalonich vgl. R. Jewett, Thessalonian Correspondence, 135–157. Zu Jewetts Thesen vgl. den Abschnitt 2.4.10.

5,12–25	Schlussparänese	Briefschluss
5,26–27	Grußauftrag	
5,28	Eschatokoll	

Innerhalb der Makrostruktur des 1Thess ist deutlich eine Zweiteilung zwischen Kap. 1–3 und 4–5 zu erkennen. Der theologischen Gesamtausrichtung des Briefes entsprechend schließt jedes Kapitel mit einem Ausblick auf die Parusie Christi (vgl. 1,9f; 2,19; 3,13; 4,13–18; 5,23), ein deutlicher Hinweis auf den überlegten Gesamtaufbau des Schreibens. Im 1. Hauptteil begegnet der für die Danksagung charakteristische Terminus *εὐχαριστεῖν* („danken") bzw. *εὐχαριστία* („Dank") in 1Thess 1,2; 2,13; 3,9. Deshalb wurde erwogen, das Ende des Proömiums erst in 1Thess 3,13 zu sehen[115]. Eine solche Einteilung ist zu schematisch, denn der gesamte erste Briefteil steht unter dem Leitmotiv des Dankes, den Paulus der Gemeinde gegenüber zum Ausdruck bringt. 1Thess 2,13; 3,9 nehmen dieses zentrale theologische Motiv wieder auf, ohne dass jeweils das Proömium erneut beginnt. Zudem leiten *εὐχαριστεῖν* bzw. *εὐχαριστία* bei Paulus keineswegs immer nur das Proömium ein (vgl. 1Thess 5,18; 1Kor 14,16; 2Kor 4,15; 9,11; Phil 4,6). Am Briefschluss fehlen Grüße von Mitarbeitern des Paulus an die Gemeinde in Thessalonich. Offenbar bestanden zwischen der Gemeinde des Abfassungsortes und den Empfängern noch keine intensiven Beziehungen, auf deren Basis solche Grüße sinnvoll gewesen wären[116].

2.4.6 **Literarische Integrität**

Die literarische Einheit des 1Thess wurde vielfach bestritten. Von den zahlreichen Teilungshypothesen[117] sind zu nennen: a) K.G. Eckart rechnet mit zwei Thessaloni-

115 Vgl. F. Schnider – W. Stenger, Studien (s.o. 2.3.2), 42ff.

116 Vgl. zu anderen Gliederungsversuchen R. Jewett, Thessalonian Correspondence, 68–71 (‚traditionelle' Gliederungen); 71–78 (Gliederungen unter rhetorischen Aspekten). Jewett, a.a.O., 71, meint, „that the rhetorical genre most closely associated with 1 Thessalonians is demonstrative/epideictic ...". Vgl. ferner J. Schoon-Janßen, Umstrittene ‚Apologien' in den Paulusbriefen (s.o. 2.3.1), 39–53, der verschiedene Klassifizierungsversuche (‚paraenetic letter', ‚epideiktischer Brief') bespricht und den 1Thess als ‚Freundschaftsbrief' einstuft. D. Dormeyer, Das Neue Testament im Rahmen der antiken Literaturgeschichte (s.o. 2.3.2), 193f, sieht im 1Thess den Normalfall des paulinischen Briefformulars: Präskript 1,1; Exordium 1,2–10; Argumentatio 2,1–3,13; Exhortatio 4,1–5,22; Postskript/Salutatio 5,23–28. K.P. Donfried, The theology of 1 Thessalonians, 3–7, stuft den 1Thess als ‚epideictic letter' ein und gliedert: I Exordium 1,1–10; II Narratio 2,1–3,10; III Partitio 3,11–13; IV Probatio 4,1–5,3; V Peroratio 5,4–11; VI Exhortatio 5,12–22; VII Final prayers and greetings 5,23–28. Eine Übersicht zur rhetorischen Analyse bietet H.J. Klauck, Die antike Briefliteratur (s.o. 2.3.1), 284–292; Klauck bezeichnet wie Jutta Bickmann, Kommunikation gegen den Tod, 89ff, den 1Thess als ‚Trostbrief'; A.J. Malherbe, 1Thess, 81–86, klassifiziert den Brief als ‚paraenetic letter'. Zurückhaltend gegenüber einer rhetorischen Klassifizierung des 1Thess äußert sich R. Hoppe, Der erste Thessalonicherbrief und die antike Rhetorik, BZ 41 (1997), 221–237.

117 Eine umfassende Darstellung und Kritik der ein-

cherbriefen, einem vollständigen Brief und einem um den Anfang gekürzten Schreiben[118]. Der erste Brief soll als Empfehlungsschreiben für Timotheus in Athen abgefasst worden sein, ebenso der zweite Brief, aber erst nach der Rückkehr des Timotheus. Ein unbekannter Redaktor habe dann aus diesen beiden Briefen den kanonischen 1Thess komponiert und dabei zugleich eine Reihe von Texten selbst verfasst. 1. Brief: 1Thess 1, 1–2, 12; 2, 17–3, 4; 3, 11–13. 2. Brief: 1Thess 3, 6–10; 4,9–10a; 4, 13–5, 11; 5, 23–26; 5, 28. Nichtpaulinische Texte: 1Thess 2, 13–16; 3, 5; 4, 1–8; 4, 10b–12; 5, 12–22. b) Chr. Demke geht von den sprachlichen und sachlichen Besonderheiten des 1Thess im Vergleich mit den späteren Paulusbriefen aus und sieht in 1Thess 2, 17–3, 2a.5b–11; 4,9–10a.13–17; 5, 1–22 den ursprünglichen Paulusbrief[119]. Ein dem Lukasevangelium nahestehender nachpaulinischer Autor habe dann den überlieferten 1Thess komponiert und dabei 1Thess 1, 2–2, 16; 3, 2b–5a; 3, 12–4,8; 4, 10b–12; 5, 23–27 gestaltet. c) Einem Redaktor lagen nach W. Schmithals 5 Paulusbriefe an die Thessalonicher vor, die unter Einarbeitung redaktioneller Zusätze zu den beiden überlieferten Thessalonicherbriefen zusammengestellt wurden[120]. Thess A: 2Thess 1, 1–4a.11–12; 3, 6–16, Thess B: 1Thess 4, 13–14; 5, 1–28, Thess C: 2Thess 2, 13–14. 1–4. 8b.15–17; 3, 1–2. 17–18, Thess D: 1Thess 1, 1–2, 12; 4, 2–12; 2Thess 3, 3–5, Thess E: 1Thess 2, 13; 2, 17–4, 1, redaktionelle Ergänzungen: 1Thess 2, 14–16; 4, 15–18; 2Thess 1, 4b–10; 2, 5–8a.9–12.

Zwingende Argumente für diese Teilungshypothesen gibt es nicht. So lassen sich verschiedene Briefsituationen im 1Thess nicht nachweisen. Weder liegt in 1Thess 2, 13 ein Briefanfang, noch in 1Thess 3, 11–13 ein Briefschluss vor, sondern Paulus nimmt hier lediglich das Leitmotiv des Dankes wieder auf[121]. Lob und Mahnung müssen keine Gegensätze sein, und sprunghafte Gedankenführung oder das wiederholte Bedenken eines Themas allein sind keine methodisch kontrollierbaren Kriterien für literarkritische Hypothesen. Die theologischen Besonderheiten des 1Thess liefern ebenfalls keine literarkritisch verwertbaren Argumente, weil in diesem Fall völlig ungeschichtlich die späteren Paulusbriefe zum Maßstab dessen werden, was als paulinisch gilt.

Vielfach wird 1Thess 2, 14–16 als nachpaulinische Interpolation angesehen[122]. Als Sachargumente gelten: 1) Der Widerspruch zwischen Röm 9–11 und 1Thess 2, 14–

zelnen Hypothesen findet sich bei P. Beier, Geteilte Briefe? Eine kritische Untersuchung der neueren Teilungshypothesen zu den paulinischen Briefen, Diss. theol., Halle 1984, 159–181. 326–339; vgl. ferner R. Jewett, Thessalonian Correspondence, 33–46.

118 Vgl. K. G. Eckart, Der zweite echte Brief des Apostels Paulus an die Thessalonicher, ZThK 58 (1961), 30–44.

119 Vgl. Chr. Demke, Theologie und Literarkritik im 1.Thessalonicherbrief.

120 Vgl. zuletzt W. Schmithals, Die Briefe des Paulus in ihrer ursprünglichen Form, Zürich 1984, 111–124; ferner W. Schmithals, Die historische Situation der Thessalonicherbriefe, in: ders., Paulus und die Gnostiker, ThF 35, Hamburg 1965, 89–157.

121 Vgl. T. Holtz, 1Thess, 24.

122 Vgl. z. B. B. A. Pearson, 1Thessalonians 2, 13–16: A Deutero-Pauline Interpolation, HThR 64 (1971), 79–94.

16. 2) Die Erwähnung der Juden als Vorbild für eine heidenchristliche Gemeinde. 3) Vor dem ersten jüdischen Krieg fanden keine umfangreichen Christenverfolgungen in Palästina statt. 4) Die Verwendung der Nachahmervorstellung in 1 Thess 2, 14 sei singulär. 5) Der Aorist *ἔφθασεν* („ist gekommen/eingetreten") beziehe sich auf die Zerstörung Jerusalems. Überzeugen können diese Argumente nicht[123]: 1) Der Widerspruch zwischen 1 Thess 2, 14–16 und Röm 9–11 geht auf Paulus selbst zurück. Er muss erklärt, nicht aber durch literarkritische Vermutungen beseitigt werden. 2) Die paulinische Ekklesiologie setzt eine Kirche aus Juden und Heiden voraus, so dass die Gemeinden in Palästina auch ein Beispiel für Heidenchristen sein konnten. 3) Bereits vor 70 n. Chr. kam es in Palästina zu Auseinandersetzungen zwischen Christen und Juden (vgl. Lk 6, 22). 4) Die Nachahmervorstellung von 1 Thess 2, 14 findet sich auch in 1 Thess 1, 6. 5) 1 Thess 2, 16 c hat nicht die Zerstörung Jerusalems im Blick, sondern Paulus sieht im feindseligen Verhalten der Juden den Zorn Gottes zur Vollendung gekommen.

Der 1 Thess stellt eine literarische Einheit dar; die Besonderheiten des Briefes bedürfen einer theologischen und nicht literarkritischen Erklärung.

2.4.7 **Traditionen, Quellen**

Paulus verarbeitete im 1 Thess an zwei zentralen Textstellen urchristliches Traditionsgut. Ein Summarium urchristlicher Missionsverkündigung findet sich in 1 Thess 1,9 b.10[124]. Auf dem Hintergrund des antiken Polytheismus erscheint die Abkehr der Heiden von den nichtigen Götzen und ihre Hinwendung zu dem einen lebendigen Gott als heilsgeschichtliche Wende. Die Christen hoffen nun auf das Kommen des Sohnes vom Himmel, der sie vor dem hereinbrechenden Gericht rettet. Traditionsgut nahm Paulus auch im eschatologischen Abschnitt 1 Thess 4, 13–18 auf[125]. Er zitiert in V. 16 f ein urchristliches Herrenwort (vgl. 1 Kor 7, 12. 25; 9, 14; 11, 23 ff), dessen traditioneller Charakter sich auf sprachlicher und motivgeschichtlicher Ebene nachweisen lässt[126]. Das Herrenwort schildert den Ablauf der Endereignisse und wurde von Paulus mit Blick auf die Situation in Thessalonich redaktionell bearbeitet.

---

123 Vgl. I. Broer, ‚Antisemitismus' und Judenpolemik im Neuen Testament. Ein Beitrag zum besseren Verständnis von 1 Thess 2, 14–16, in: Religion und Verantwortung als Elemente gesellschaftlicher Ordnung (FS K. Klein), hg. v. B. B. Gemper, Siegen ^{2}1983, 734–772; G. Lüdemann, Paulus und das Judentum, TEH 215, München 1983, 25–27.

124 Die Sprachgestalt weist 1 Thess 1,9 b.10 als vorpaulinisch aus; grundlegende Analyse des Textes bei C. Bussmann, Themen der paulinischen Missionspredigt auf dem Hintergrund der spätjüdisch-hellenistischen Missionsliteratur, EHS.T 3, Bern – Frankfurt 1971, 38–56.

125 Umfangreiche Analysen von 1 Thess 4, 13–18 finden sich u. a. bei U. Luz, Das Geschichtsverständnis bei Paulus (s. u. 2.8.1), 318–331; P. Siber, Mit Christus leben, AThANT 61, Zürich 1971, 13–59; G. Lüdemann, Paulus I (s. o. 2.1), 220–263; H. H. Schade, Apokalyptische Christologie, 157–172; H. Merklein, Der Theologe als Prophet, NTS 38 (1992), 402–429.

126 Vgl. G. Lüdemann, Paulus I (s. o. 2.1), 242 ff.

2.4.8 Religionsgeschichtliche Stellung

Der 1 Thess bezeugt den weiten religionsgeschichtlichen Hintergrund des paulinischen Denkens. In 1 Thess 2, 1–12 beschreibt der Apostel seine Mühen und sein Werben um die Thessalonicher mit Vorstellungen, die in der Darstellung des wahren (kynischen) Philosophen bei Dio Chrysostomos (ca. 40–120 n. Chr.) eine enge Parallele haben[127]. Der wahre Philosoph will den Menschen ohne Hintersinn und finanzielle Interessen helfen (Or 32, 10. 11), er sagt seine Meinung, weil er die Menge wie seine Kinder liebt (Or 77/78, 40–43)[128]. Er ist ihnen Vater, Bruder und Freund, redet ihnen aber nicht nach dem Mund und fällt ihnen nicht zur Last. Nicht das eigene Ansehen will er mehren, sondern die Einsicht seiner Hörer (Or 32, 14–16).

Die eindrücklichste (und nahezu einzige) Parallele zu der in Qumran belegten Vorstellung der ‚Kinder des Lichts' in einem dualistisch-eschatologischen Kontext findet sich in 1 Thess 5, 4–9[129]. Speziell in 1QS III 13 – IV 26 wird der Gegensatz der Kinder des Lichts und der Finsternis entfaltet. Wie bei Paulus verbindet sich diese Vorstellung mit Prädestination bzw. Erwählung, und es wird aus dem jeweiligen Zugehörigkeitsbereich ein entsprechender ethischer Wandel gefolgert. Die Nähe der von Paulus aufgenommenen Anschauungen zu Qumran ist hier besonders groß, zugleich gilt aber: „Eine direkte Abhängigkeit von den Qumrantexten ist für Paulus nirgends nachzuweisen."[130]

2.4.9 Theologische Grundgedanken

Das theologische Profil des 1 Thess zeigt sich zunächst in einem Negativbefund. So *fehlen* die anthropologischen Termini *σάρξ*, („Fleisch"), *ἁμαρτία*[131] („Sünde"), *θάνατος* („Tod"), *σῶμα* („Leib"), *ἐλευθερία* („Freiheit") und *ζωή* („Leben") ebenso wie der *δικ*-Stamm (‚gerecht/Gerechtigkeit')[132] und der *σταυρ*-Stamm (‚kreuzigen/Kreuz'). Weder das Wort *νόμος* („Gesetz") noch die Rechtfertigungslehre des Gal oder Röm

---

127 Vgl. A. J. Malherbe, „Gentle as a Nurse": The Cynic Background to 1 Thessalonians 2, in: ders., Paul and the Popular Philosophers, Minneapolis 1989, 35–48.

128 Texte in: Neuer Wettstein II/1, hg. v. G. Strecker u. U. Schnelle, Berlin 1996, 771 f.

129 Vgl. H. W. Kuhn, Die Bedeutung der Qumrantexte für das Verständnis des Ersten Thessalonicherbriefes, in: The Madrid Qumran Congress I, hg. v. J. T. Barrera u. L. V. Montaner, STDJ IX/1, Leiden 1992, 339–353.

130 A. a. O., 351. Zu Qumran vgl. grundlegend H. Stegemann, Die Essener, Qumran, Johannes der Täufer und Jesus, Freiburg [7]1998. Einen kritischen Überblick zum Verhältnis Qumran – Neues Testament bietet J. Frey, Die Bedeutung der Qumranfunde für das Verständnis des Neuen Testaments, in: Qumran – Die Schriftrollen vom Toten Meer, hg. v. M. Fieger, K. Schmidt u. P. Schwagmeier, NTOA 47, Freiburg (H) – Göttingen 2001, 129–208.

131 In 1 Thess 2, 16 hat *ἁμαρτία* keine anthropologische Bedeutung.

132 Ausnahme: Das Adverb *δικαίως* in 1 Thess 2, 10; es ist im ethischen Sinn von ‚rechtschaffen, lauter' zu verstehen.

lassen sich im ältesten Paulusbrief finden. Auch die Kreuzestheologie und die Vorstellungen der Kirche als Leib Christi oder der Taufe als eines Begräbnisses mit Christus sind dem 1 Thess offensichtlich unbekannt. Der Glaube wird nicht als Gegensatz zu Gesetzeswerken, „sondern als Standhaftigkeit in der Bedrängnis, als Glaubenstreue verstanden."[133] Das Alte Testament wird nicht explizit zitiert, die Polemik gegen die Juden in 1 Thess 2, 14–16 ist einzigartig und die eschatologischen Aussagen des 1 Thess weichen von den späteren Briefen erheblich ab[134]. Zwar musste Paulus nicht immer alles sagen, die Briefe sind kein vollständiges Kompendium seiner Lehre, und die Entstehung eines Gedankens ist nicht immer identisch mit seiner Anwendung. Dennoch vermag der Verweis auf die Brief- bzw. Gemeindesituation die Vielzahl der Besonderheiten im 1 Thess nicht zu erklären. Vielmehr enthält der älteste Paulusbrief eine in sich geschlossene theologische Konzeption: Die Basis der Theologie des 1 Thess ist die Erwählungsvorstellung (vgl. 1 Thess 1, 4; 2, 12; 4, 7; 5, 9.24), ihr Horizont die Erwartung der unmittelbar bevorstehenden Ankunft des *κύριος Ἰησοῦς Χριστός* („Herrn Jesus Christus"). Beide Anschauungen sind unmittelbar verbunden, die Erwählung benennt die gegenwärtige Heilswirklichkeit der Gemeinde, die Parusie Christi ihre grundlegende Hoffnung.

Den 1 Thess durchzieht eine *apokalyptisch-eschatologische Grundstimmung*, die sich nachdrücklich in den Belehrungen 1 Thess 4, 13–18; 5, 1–11 zeigt. Durch überraschende Todesfälle in der Gemeinde veranlasst, verbindet Paulus in 1 Thess 4, 13–18 die Vorstellungen der Parusie des Herrn und einer Auferstehung toter Christen. Die Schilderung der Endereignisse innerhalb des traditionellen Herrenwortes V. 16 f beginnt mit dem triumphalen Kommen des Kyrios, dem zuerst die Auferstehung der Toten *ἐν Χριστῷ* („in Christus") und dann die gemeinsame Entrückung mit den Lebenden in die Wolken zur Begegnung mit dem Herrn folgen. Innerhalb dieses Ablaufes kommt der Auferstehung der toten Gemeindeglieder nur eine untergeordnete Funktion zu, denn im Sein beim Herrn liegt das Ziel des gesamten Geschehens, dessen unmittelbare Voraussetzung die Entrückung aller und dessen mittelbare Bedingung die Auferstehung der Toten ‚in Christus' ist. Der unerwartete Tod einiger Gemeindeglieder vor der Parusie des Herrn veranlasste die Thessalonicher zu ihrer Anfrage, so dass ihnen die Vorstellung einer Auferstehung der Toten wahrscheinlich unbekannt war. Dem ehemaligen Pharisäer Paulus war sie hingegen geläufig, was darauf hinweist, dass Paulus in Erwartung der unmittelbar bevorstehenden Parusie des Herrn bei seiner Gründungspredigt auf die Vorstellung einer Auferstehung der gläubigen Toten verzichtet hatte. Erst der Tod einiger Gemeindeglieder nötigt ihn, diese Vorstellung einzuführen. 1 Thess 4, 13–18 bestätigt diese Annahme, denn der Auferstehung der toten Christen kommt hier nur eine Hilfsfunktion zu, Paulus bleibt seiner ursprünglichen Konzeption einer Entrückung aller bei der Parusie treu. Paulus rechnet sich

133 Th. Söding, Der Erste Thessalonicherbrief, 36.
134 Vgl. U. Schnelle, Wandlungen im paulinischen Denken, SBS 137, Stuttgart 1989, 37–48.

selbst und die Gemeinde bei der Parusie zu den Lebenden (V.15.17: ἡμεῖς οἱ ζῶντες = „wir, die Lebenden"), wohl in der Gewissheit, die Ankunft des Herrn stehe unmittelbar bevor. In 1 Thess 5, 1–11 setzt der Apostel seine Erörterungen über das ‚Wie' der Endereignisse mit der Frage nach dem ‚Wann' des Endgeschehens fort. Unter Aufnahme traditioneller Motive wehrt er Terminspekulationen ab (V. 1–3) und ermahnt die Gläubigen, ihr Leben auf den unberechenbaren Tag des Herrn hin auszurichten (V. 4–8). Christliche Existenz erhält ihre inhaltliche Prägung vom noch ausstehenden Kommen des Herrn und ist darin eschatologische Existenz. In Anknüpfung an 1 Thess 4, 17 benennt 1 Thess 5, 10 prägnant das Ziel christlicher Existenz: das den Tod überdauernde Sein mit Christus.

Die in 1 Thess 4; 5 dominierende eschatologische Ausrichtung findet sich auch in den ersten Kapiteln des Briefes. So spricht 1 Thess 1,9 b.10 im Gegensatz zu den Missionspredigten der Apostelgeschichte nur von der Auferweckung Jesu als Ermöglichung seiner Retterfunktion, nicht aber von einer allgemeinen Totenauferstehung. Auch die Vorstellung des Nachahmerseins in der gegenwärtigen endzeitlichen Drangsal muss in einem eschatologisch-apokalyptischen Horizont verstanden werden[135]. Durch die Annahme des Wortes in der Drangsal wurden die Thessalonicher Nachahmer des Herrn und des Apostels (vgl. 1 Thess 1, 6; 2, 13 f; 3, 3–5) und darin anderen Gemeinden ein Vorbild. Paulus versteht die Nachahmervorstellung im 1 Thess nicht primär ethisch, sondern sie dient ihm als Beschreibung des Heilsstandes der Gemeinde und zur umfassenden Interpretation christlicher Existenz. Die Ethik des 1 Thess ist ebenfalls ganz auf die Parusie des Herrn ausgerichtet[136]. Wiederholt fordert Paulus die Gemeinde auf, bei der Ankunft des Herrn in Heiligkeit angetroffen zu werden (vgl. 1 Thess 3, 13; 4, 3.4.7; 5, 23). Mit der Parusie sind das Erscheinen vor dem Thron Gottes (1 Thess 1, 3; 2, 19; 3, 13) und das Gericht nach den Werken (1 Thess 4, 6; 5,9) verbunden. Paulus verweist zur Begründung und Motivierung der ethischen Forderungen nicht primär auf das vergangenheitliche Christusgeschehen, sondern auf das in Kürze hereinbrechende Endgeschehen (vgl. 1 Thess 5, 11). Als von Gott Erwählte und Berufene (vgl. 1 Thess 1, 4 f; 2, 12; 4, 7; 5,9. 24) hoffen die Thessalonicher auf das zukünftige rettende Handeln Gottes[137]. Auch die Pneumatologie des Briefes weist Besonderheiten auf, „der 1.Thess kennt noch nicht die Vorstellung einer pneumatischen Christussphäre, in welche der Christ sakramental hineingenommen wird."[138]

135 Vgl. dazu H. H. Schade, Apokalyptische Christologie, 117–134. Andere Akzente setzt O. Merk, Nachahmung Christi, in: ders., Wissenschaftsgeschichte und Exegese (s. o. 1.1), 302–336.

136 Vgl. U. Schnelle, Die Ethik des 1 Thessalonicherbriefes, in: R. F. Collins (Hg.), The Thessalonian Correspondence, 295–305; S. Schulz, Neutestamentliche Ethik, Zürich 1987, 301–333; R. Börschel, Konstruktion einer christlichen Identität, 241–336.

137 Vgl. zur Erwählungsvorstellung im 1 Thess H. H. Schade, Apokalyptische Christologie, 117–134; die enge Verbindung zwischen Theologie und Christologie im 1 Thess betont in diesem Zusammenhang z. R. O. Merk, Christologie, 104 ff.

138 F. W. Horn, Angeld des Geistes (s. u. 2.5.8), 366 ff.

Der Ausblick auf die unmittelbar bevorstehende Parusie prägt von der Gliederung bis hin zu den ethischen Weisungen die Theologie des 1Thess. Nicht zufällig finden sich von den fünf paulinischen *παρουσία*-Belegen („Ankunft/Wiederkunft") vier im 1Thess (2, 19; 3, 13; 4, 15; 5, 23)! So ergibt sich eine geschlossene theologische Konzeption: Im Glauben an den von den Toten auferstandenen Jesus Christus erwartet die Gemeinde in der Gegenwart des von Gott gesandten Geistes (vgl. 1Thess 4,8; 5, 19) das Kommen des Sohnes vom Himmel, der sie vor dem zukünftigen Zorn retten wird. Es ist deshalb sowohl historisch als auch theologisch verfehlt, Anschauungen späterer Paulusbriefe in das älteste Dokument paulinischer Theologie einzutragen. Ein solcher Interpretationsansatz würde die eigenständige Theologie des 1Thess nivellieren, die als *frühpaulinisch* bezeichnet werden kann, weil sie zeitlich und sachlich offensichtlich den Ausgangspunkt paulinischer Theologie bildet, in Kontinuität zur Theologie der hellenistischen Mutterkirche des Paulus steht und zentrale Themen bzw. Konflikte der späteren Briefe nicht voraussetzt.

2.4.10 **Tendenzen der neueren Forschung**

Der 1Thessalonicherbrief ist aus seinem Schattendasein herausgetreten und ein Schwerpunkt der Paulusforschung geworden. Für diesen in den letzten dreißig Jahren eingetretenen Wandel gibt es zwei Ursachen: 1) Nicht mehr nur zentrale Einzeltexte (vgl. 1Thess 1,9f; 2, 14–16; 4, 13–18; 5, 1–11) werden untersucht, sondern der 1Thess gilt in seiner Ganzheit als ein eigenständiges Zeugnis paulinischer Theologie. Eine solche Interpretation wurde auf der Kommentarebene erstmals von W. Marxsen durchgeführt. 2) Von großer heuristischer Relevanz ist die u.a. von G. Strecker[139], H.H. Schade, U. Schnelle, S. Schulz[140], K.P. Donfried[141] W. Thüsing[142] und F.W. Horn[143] in z.T. unterschiedlicher Weise vertretene These, der 1Thess repräsentiere ein Frühstadium paulinischen Denkens. Die Besonderheiten des 1Thess im Vergleich mit den späteren Paulusbriefen gelten dann nicht mehr als zufällig oder unwesentlich, sondern in ihnen spiegelt sich das eigenständige theologische Gewicht des ältesten Paulusbriefes. Von hieraus ergibt sich auch eine neue Perspektive für das Verständnis und die Darstellung des paulinischen Denkens, weil nun mit Entwicklungen bzw. Wandlungen bei Paulus zu rechnen ist. Wandlungen im Bereich der paulinischen Eschatologie wies W. Wiefel[144] durch einen Vergleich von 1Thess 4, 13–18;

139 Vgl. G. Strecker, Befreiung und Rechtfertigung, in: ders., Eschaton und Historie, Göttingen 1979, 229–259.

140 Vgl. S. Schulz, Der frühe und der späte Paulus, ThZ 41 (1985), 228–236.

141 Vgl. K.P. Donfried, 1 Thessalonians, Acts and the Early Paul, in: R.F. Collins (Hg.), The Thessalonian Correspondence, 3–26.

142 Vgl. W. Thüsing, Gott und Christus in der paulinischen Soteriologie I, NTA 1/I, Münster ^{3}1986, VIIIf.

143 Vgl. F.W. Horn, Angeld des Geistes (s.u. 2.5.8), 119–160.

144 Vgl. W. Wiefel, Die Hauptrichtung des Wandels

1Kor 15,51f; 2Kor 5,1–10 und Phil 1,23; 3,20f nach. Für G. Strecker, U. Wilckens[145], U. Schnelle[146], S. Schulz u.a. ist die Rechtfertigungslehre des Gal und Röm nicht charakteristisch für das Denken des 1Thess, sondern sie repräsentiert ein späteres Stadium paulinischer Theologie. Vielfach werden die Aussagen über Israel in 1Thess 2,14–16 und Röm 9–11 als unvereinbar angesehen, so dass auch hier eine Wandlung zu konstatieren ist[147].

Die zweite Forschungsrichtung integriert den 1Thess in das Gesamtzeugnis paulinischer Theologie. Paulus erhielt schon bei Damaskus sein gesetzeskritisches Evangelium[148], so dass alle wichtigen Theologumena der späteren Briefe bereits für den 1Thess vorauszusetzen sind. Die Eigentümlichkeiten des 1Thess werden zumeist mit der spezifischen Gemeindesituation erklärt, die z.B. eine Entfaltung der Rechtfertigungslehre nicht erforderte. Innerhalb der Eschatologie und des Verhältnisses zu Israel rechnet man im Vergleich mit den folgenden Briefen mit Akzentverschiebungen, nicht aber mit tiefgreifenden Wandlungen. Als repräsentativ für diese Forschungsrichtung können der Kommentar von T. Holtz, die Arbeiten von G. Klein zum Gesetz und zur Eschatologie bei Paulus[149], die Monographie von R. Riesner[150], die Studien von O. Merk und (mit anderen Akzentsetzungen) die Paulusinterpretation P. Stuhlmachers[151] im Rahmen einer Biblischen Theologie gelten. Eine Mittelposition nimmt Th. Söding ein, er betont einerseits die relative Kontinuität zwischen dem 1Thess und den folgenden Briefen, „andererseits bieten Phil 3 und der Gal nicht nur neue Ausdrucksformen für eine im Grunde unveränderte theologische Sache. Sie markieren vielmehr (wie in anderer Weise vor ihnen der 1Kor) eine qualitativ neue Stufe der paulinischen Theologie."[152]

Als ein Zeugnis antiochenischer Gemeindetheologie interpretiert J. Becker den 1Thess[153]. Die zentrale theologische Konzeption des ältesten Paulusbriefes ist danach eine Erwählungstheologie[154], in der sich das Bewusstsein der endzeitlichen Gnadenwahl Gottes ausspricht. „Die Berufenen werden nicht mit der Menschheit dem Zorn verfallen, sondern alsbald endgültige Rettung erfahren."[155]

---

im eschatologischen Denken des Paulus, ThZ 30 (1974), 65–84.

145 Vgl. U. Wilckens, Zur Entwicklung des paulinischen Gesetzesverständnisses (s. u. 2.8.1), 154–190.

146 Vgl. U. Schnelle, Gerechtigkeit und Christusgegenwart. Vorpaulinische und paulinische Tauftheologie, GTA 24, Göttingen ²1986.

147 Vgl. zuletzt P. Stuhlmacher, Röm (s. u. 2.8.1), 114f.

148 Vgl. dazu U. Luck, Die Bekehrung des Paulus und das Paulinische Evangelium, ZNW 76 (1985), 187–208; Chr. Dietzfelbinger, Die Berufung des Paulus als Ursprung seiner Theologie, WMANT 58, Neukirchen 1985. Eine andere Interpretation des Damaskusgeschehens bei U. Schnelle, Wandlungen im paulinischen Denken (s. o. 2.4.9), 15–21.

149 Vgl. G. Klein, Art. Eschatologie IV, TRE 10 (1982), 277–285; ders., Art. Gesetz, TRE 13 (1984), 64–75.

150 Vgl. R. Riesner, Frühzeit des Apostels Paulus (s. o. 2.1), 349–358.

151 Vgl. P. Stuhlmacher, Biblische Theologie I (s. o. 2), 334: „Die Rechtfertigungslehre bezeichnet von früh an das Ganze der paulinischen Theologie."

152 Th. Söding, Der Erste Thessalonicherbrief, 53.

153 Vgl. J. Becker, Paulus (s. o. 2), 138–148.

154 Die Bedeutung der Erwählungsvorstellung für den 1Thess erkannte bereits deutlich H. H. Schade, Apokalyptische Christologie, 117ff.

155 J. Becker, Paulus (s. o. 2), 139.

In der neueren amerikanischen Forschung dominieren religions- und sozialgeschichtliche Fragestellungen. So wird die Bedeutung heidnischer Kulte für die Gemeindesituation diskutiert (K.P. Donfried[156], R. Jewett). R. Jewett vermutet unter den Gemeindegliedern aus der sozialen Unterschicht viele frühere Anhänger des Kabiren-Kultes. Phänomene innerhalb der Gemeinde wie Ekstase, sexuelle Freiheit und starke Endzeiterwartungen finden auf diesem Hintergrund eine Erklärung. Zudem sieht Jewett wesentliche Teile der Gemeinde schon z.Zt. des 1 Thess als Anhänger des Milleniarismus, denen Paulus mit dem 2 Thess entgegentrete. Im Kontext zeitgenössischer Philosophie und Ethik interpretiert A. J. Malherbe die missionarischen Strategien des Paulus. Er weist auf Parallelen im Prozess der Gemeindebildung zwischen Paulus und den Wanderphilosophen hin: Überzeugung bzw. Bekehrung der Zuhörer, Bildung von Kleingruppen, Einübung in Lehre, Ethik und kultische Praxis, anhaltende Begleitung durch Besuche, Abgesandte und Briefe.

Zur Erhellung der politischen, sozialen und religiösen Situation der Stadt Thessalonich z.t. des Paulus trägt erheblich die Studie von Chr. vom Brocke bei. Die Auswertung aller relevanten Quellen einschließlich der Inschriften lässt Thessalonich als wirtschaftlich gewichtige und religiös-kulturell äußerst vielfältige hellenistische Stadt erscheinen. Unter Aufnahme wissenssoziologischer Fragestellungen untersucht Regina Börschel, wie es Paulus gelingt, sein Evangelium als neues Identitätsangebot in Thessalonich zu vermitteln und angesichts aktueller Gefährdungen zu sichern. Die besondere, mit den Begriffen der Heiligkeit und Heiligung verbundene ethische Konzeption des 1 Thess arbeitet E. D. Schmidt heraus: „Heilig*keit* ist Begriff göttlich-eschatologischer Vollendung, eine Qualität, die nur dem göttlichen Raum zukommt. ... Heili*gung* hingegen bezeichnet den wartenden Weg der Gläubigen bis zur eschatologischen Vollendung“[157]. Sowohl diese Studien als auch die neuen Kommentare verstärken den Forschungstrend, den 1Thess als eigenständiges Zeugnis paulinischer Theologie zu werten. Kritisch ist allerdings anzumerken, dass in der sogen. ‚New Perspective on Paul‘ der 1 Thess fast überhaupt keine Rolle spielt, weil er keine Gesetzesaussagen enthält und zudem in 1Thess 2,14–16 massive Judenpolemik vorliegt. Die fast ausschließliche Konzentration der neueren Diskussion auf den Gal und Röm lässt sich aus der Wirkungsgeschichte dieser beiden Briefe und ihre Einbindung in aktuelle theologie-politische Diskurse erklären (Verhältnis Christentum – Judentum), dem Gesamtbefund paulinischer Theologie wird sie in keiner Weise gerecht.

---

156 Vgl. K. P. Donfried, The Cults of Thessalonica and the Thessalonian Correspondence, NTS 31 (1985), 336–356.

157 E. D. Schmidt, Heilig ins Eschaton, 395.

2.5 Der erste Korintherbrief

2.5.1 Literatur

Kommentare

KEK 5: H. Conzelmann, 1969; D. Zeller, 2010. – HNT 9: A. Lindemann, ^{3}2011. – EKK VII/1–4: W. Schrage, 1991. 1995. 1999. 2001. – ThHK 7: Chr. Wolff, ^{3}2011. – ÖTK 7,1–3: H. Merklein, 1992.2000.2005 (Bd. 3 mit Marlis Gielen). – NTD 7: F. Lang, 1986. – RNT: J. Kremer, 1997. – ZBK 6,1: A. Strobel, 1989. – NEB: H.J. Klauck, 1984. – AncB: J.A. Fitzmyer, 2008. – BNTC: C.K. Barrett, ^{2}1971. – NICNT: G.D. Fee, 1987. – ANTC: R.A. Horsley, Nashville 1998. – NIGTC: A.C. Thiselton, 2000. – Sacra Pagina: R.F. Collins, 1999. – PKNT 2: P. Arzt-Grabner et al., 1. Korinther, 2006.

Monographien

W. Lütgert, Freiheitspredigt und Schwarmgeister in Korinth, BFChTh 12.3, Gütersloh 1908. – W. Schmithals, Die Gnosis in Korinth, FRLANT 66, Göttingen ^{3}1969. – U. Wilckens, Weisheit und Torheit, BHTh 26, Tübingen 1959. – M. Winter, Pneumatiker und Psychiker in Korinth, MThST 12, Marburg 1975. – A. Schreiber, Die Gemeinde in Korinth, NTA 12, Münster 1977. – H.J. Klauck, Herrenmahl und hellenistischer Kult, NTA 15, Münster ^{2}1987. – G. Sellin, Der Streit um die Auferstehung der Toten, FRLANT 138, Göttingen 1986. – P. Marshall, Enmity in Corinth, WUNT 2.23, Tübingen 1987. – Margaret M. Mitchell, Paul and the Rhetoric of Reconciliation, HUTh 28, Tübingen 1991. – V.P. Furnish, The Theology of the First Letter to the Corinthians, Cambridge 1999. – B.W. Winter, After Paul left Corinth. The Influence of Secular Ethics and Social Change, Grand Rapids 2001. – F. Voss, Das Wort vom Kreuz und die menschliche Vernunft, FRLANT 199, Göttingen 2002. – H.-Chr. Kammler, Kreuz und Weisheit, WUNT 159, Tübingen 2003. – V. Gäckle, Die Starken und die Schwachen in Korinth und in Rom, WUNT 2.200, Tübingen 2004. – Eva Ebel, Die Attraktivität früher christlicher Gemeinden. Die Gemeinde von Korinth im Spiegel griechisch-römischer Vereine, WUNT 2.178, Tübingen 2004. – A. v. Garcilazo, The Corinthian Dissenters and the Stoics, SBL.DS 106, New York 2007. – D. Balode, Gottesdienst in Korinth, Frankfurt 2011. – T. Jantsch, „Gott ist alles in allem“ (1 Kor 15,28). Studien zum Gottesverständnis des Paulus im 1. Thessalonicherbrief und in der korinthischen Korrespondenz, WMANT 129, Neukirchen 2011.

Aufsätze

H. v. Soden, Sakrament und Ethik bei Paulus, in: K.H. Rengstorf (Hg.), Das Paulusbild in der neueren deutschen Forschung (s.o. 2), 338–379. – J. Schniewind, Die Leugner der Auferstehung in Korinth, in: ders., Reden und Aufsätze, hg. v. E. Kähler, Wuppertal ^{2}1987, 110–139. – Ph. Vielhauer, Paulus und die Kephaspartei in Korinth, in: ders., Oikodome, TB 65, München 1979, 169–182. – G. Friedrich, Christus, Einheit und Norm der Christen, in: ders., Auf das Wort kommt es an, Göttingen 1978, 147–170. – G. Theißen, Soziale Schichtung in der korinthischen Gemeinde, in: ders., Studien zur Soziologie des Urchristentums, WUNT 19, Tübingen ^{2}1983, 231–271. – Ders., Die Starken und Schwachen in Korinth, a.a.O., 272–289. – H. Merklein, Die Einheitlichkeit des ersten Korintherbriefes, in: ders., Studien zu Jesus und Paulus, WUNT 43, Tübingen 1987, 345–375. – W. Baird, „One against the other“. Intra-Church Conflict in 1 Corinthians, in:

Studies in Paul and John (FS J. L. Martyn), hg. v. R. Fortna u. B. R. Gaventa, Nashville 1990, 116–136. – G. Barth, Zur Frage nach der in 1Korinther 15 bekämpften Auferstehungsleugnung, ZNW 83 (1992), 187–201. – W. Schrage, Der gekreuzigte und auferweckte Herr. Zur theologia crucis und theologia resurrectionis bei Paulus, ZThK 94 (1995), 25–38. – R. Bieringer (Hg.), The Corinthian Correspondence, BETL 125, Leuven 1996. – Th. Söding, Das Wort vom Kreuz, WUNT 93, Tübingen 1997. – J. Zumstein, Das Wort vom Kreuz als Mitte der paulinischen Theologie, in: A. Dettwiler – J. Zumstein (Hg.), Kreuzestheologie im Neuen Testament, WUNT 151, Tübingen 2002, 27–41. – M. Konradt, Die korinthische Weisheit und das Wort vom Kreuz, ZNW 94 (2003), 181–214. – D.-A. Koch, Die Christen als neue Randgruppe in Makedonien und Achaia im 1. Jahrhundert n. Chr., in: ders., Hellenistisches Christentum, NTOA 65, Göttingen 2008, 340–368. – C. J. Belezos (Hg.), Saint Paul and Corinth I.II, Athen 2009 (wichtige Aufsatzsammlung).

Forschungsbericht

G. Sellin, Hauptprobleme des Ersten Korintherbriefes, ANRW 25.4, Berlin 1987, 2940–3044.

2.5.2 **Verfasser**

Die paulinische Verfasserschaft des 1 Kor steht außer Zweifel. Der Autor des 1 Klem erinnert die Gemeinde in Korinth an diesen Brief (vgl. 1 Klem 47, 1–3), und Ignatius von Antiochia zitiert viermal aus dem 1 Kor (vgl. 1 Kor 4, 4/IgnRöm 5, 1; 1 Kor 1, 19 f/IgnEph 18, 1; 1 Kor 6,9 f/IgnEph 16, 1; IgnPhld 3, 3; 1 Kor 5, 7 a/IgnMag 10, 2). Im Kanon Muratori führen die Korintherbriefe die Paulusbriefe an, was ihre hohe Wertschätzung in der frühen Kirche zeigt.

2.5.3 **Ort und Zeit der Abfassung**

Der 1 Kor wurde in *Ephesus* geschrieben (vgl. 1 Kor 16,8), vermutlich um Ostern (vgl. 1 Kor 5, 7 f)[158]. Die Reisepläne des Apostels (vgl. 1 Kor 16, 5–8) weisen auf das letzte Jahr seines Aufenthaltes als Abfassungsjahr hin (*Frühjahr 55 n. Chr.*)[159], auch wenn das vorletzte Jahr nicht auszuschließen ist. Die Sammlung für die Heiligen in Jerusalem wurde in Korinth bereits angeordnet (vgl. 1 Kor 16, 1), wobei unklar ist, ob dies durch einen Brief (1 Kor 5,9?) oder einen Boten (1 Kor 16, 15. 17: Stephanas?) erfolgte. Timotheus befindet sich bereits auf dem Weg nach Korinth (1 Kor 4, 17), wird aber dort erst nach Ankunft des Briefes erwartet. Für eine Datierung des 1 Kor vor dem Gal sprechen folgende Gründe: 1) Die Untersuchung der spezifischen sprachlichen und

158 Vgl. u. a. H. Lietzmann, 1Kor, 89; W. Schrage, 1 Kor I, 36; Chr. Wolff, 1 Kor, 432; H. Merklein, 1Kor, 51.

159 Für 55 oder 54 n. Chr. plädieren z. B. F. Lang, 1Kor, 4; H. Conzelmann, 1Kor, 18 A 31; G. D. Fee, 1Kor, 4 f; W. G. Kümmel, Einleitung, 242; E. Lohse, Entstehung, 41; A. Jülicher – E. Fascher, Einleitung, 85; W. Schrage, 1 Kor I, 36; H. Merklein, 1Kor, 51; Chr. Wolff, 1 Kor, 13; J. Roloff, Einführung, 108; Th. Schmeller, Der erste Korintherbrief, in: Ebner/Schreiber, Einleitung, 313f; D. Zeller, 1 Kor, 47. J. A. Fitzmyer, 1 Kor, 43, plädiert für 57 (oder 56).

gedanklichen Übereinstimmungen zwischen beiden Briefen ergibt deutlich die Reihenfolge 1 Kor – Gal[160]. 2) Das Gesetzesverständnis des Gal lässt sich in den Korintherbriefen nicht nachweisen. Im 2 Kor ist *νόμος* nicht belegt, im 1 Kor an vier Stellen achtmal (vgl. 1 Kor 9,8. 9. 20–22; 14, 21; 15, 56), wobei in keinem Text das Reflexionsniveau und die Argumentationsfiguren des Gal erscheinen. Lediglich 1 Kor 15, 56 weist in die Richtung der späteren Beweisführung[161]. 3) Auch die Rechtfertigungslehre des Gal (und Röm) fehlt in den Korintherbriefen. Sollte Paulus das Gesetzes- und Rechtfertigungsverständnis des Gal für so unwichtig gehalten haben, dass er darauf in den Auseinandersetzungen mit den Korinthern verzichten konnte? Ist es vorstellbar, dass die sehr präzisen Vorstellungen des Gal gewissermaßen in der Versenkung verschwanden, um dann bald darauf im Röm wieder mit Vehemenz aufzutauchen? Wäre doch die Rechtfertigungslehre des Gal (und Röm) für Paulus ein geeignetes Instrument gewesen, um dem Vollendungsbewusstsein der korinthischen Enthusiasten theologisch den Boden zu entziehen! 4) Die großen Übereinstimmungen in Aufbau und Thematik sprechen für eine Abfassung des Gal direkt vor dem Röm (s. u. 2.7.3).

2.5.4 **Empfänger**

Caesar gründete 44 v. Chr. als römische Kolonie für Veteranen das 146 v. Chr. zerstörte, in der Zwischenzeit aber keineswegs unbewohnte Korinth neu[162]. 27 v. Chr. wurde Korinth dann Hauptstadt der senatorischen Provinz Achaia. Neben einem starken römischen Element muss der griechische und orientalische Bevölkerungsanteil groß gewesen sein. Eine beachtenswerte jüdische Kolonie in Korinth bezeugt Philo (vgl. LegGai 281), von der Existenz einer Synagoge berichtet Apg 18, 4[163]. Die besondere Lage der Stadt mit den zwei Häfen Kenchreä und Lechäum erklärt die Bedeutung von Korinth als wirtschaftliches Zentrum zwischen Asien und Rom/Griechenland. Korinth galt als eine reiche Stadt, in der Handel, Finanzgeschäfte und handwerkliche Produktion blühten[164]. In Korinth gab es eine Vielzahl hellenistisch-orientalischer Kulte. Pausanias berichtet für das 2. Jh. n. Chr. von Altären und Heiligtümern des Poseidon, der Artemis von Ephesus und des Dionysus in Korinth, von ei-

160 Vgl. U. Borse, Der Standort des Galaterbriefes, (s. u. 2.7.1), 58–70.
161 Vgl. zur näheren Begründung U. Schnelle, Wandlungen im paulinischen Denken (s. o. 2.4.9), 49–54.
162 Vgl. zu Korinth bes. J. Wiseman, Corinth and Rome I: 228 B. C.–A. D. 267, ANRW II 7. 1, Berlin 1979, 438–548; W. Elliger, Paulus in Griechenland (s. o. 2.4.4), 200–251; J. Murphy-O'Connor, St. Paul's Corinth. Texts and Archaeology, Collegeville ³2002; D. W. J. Gill, Corinth: a Roman Colony in Achaea, BZ 37 (1993), 259–264; B. W. Winter, After Paul left Corinth, 7–25; D. N. Schowalter – St. S. Friesen (Hg.), Urban Religion in Roma Corinth. Interdisciplinary Approaches, Cambridge MA 2005; W. Elliger, Art. Korinth, RAC 21, Stuttgart 2006, 579–605.
163 Inschriftlich ist eine Synagoge nur aus dem 2./3. Jh. n. Chr. bezeugt, vgl. H. J. Klauck, Herrenmahl, 234 A 3.
164 Vgl. Strabo VIII 6, 20–21.23 (= Neuer Wettstein II/1 [s. o. 2.4.8], 235 f).

nem Asklepios-Tempel und von Isis- und Sarapis-Heiligtümern[165]. Eine von Apuleius geschilderte Isis-Weihe fand in Korinth statt (vgl. Met XI 22,7ff)[166]. Korinth war sicherlich ein Zentrum der im 1. Jh. n.Chr. neu belebten Kynikerbewegung. Schon Diogenes hielt sich hier gern auf (Dio Chrys, Or 6,3), und der berühmte Kyniker Demetrius[167] lebte und lehrte auch in Korinth (vgl. Luc, Indoct 19; Philostr, VA IV 25). Zudem war Korinth der Austragungsplatz der Istmischen Spiele (vgl. 1Kor 9,24–27), den nach den Olympischen Spielen wichtigsten Wettkämpfen in der Antike. Schließlich wurde im Norden der Stadt ein Asklepios-Tempel ausgegraben, der mit seinen drei Speiseräumen die hinter 1Kor 8–10 stehende Problematik illustriert[168].

Paulus gründete die Gemeinde nach seiner Tätigkeit in Philippi, Thessalonich, Beröa und Athen im Jahr 50. Zunächst kam er allein nach Korinth (vgl. Apg 18,5), bald folgten aber Silvanus und Timotheus. Paulus blieb dort ca. 1 $^1/_2$ Jahre (vgl. Apg 18,11), neben Ephesus war Korinth das Zentrum paulinischer Missionstätigkeit. Die kulturelle, religiöse und soziale Vielfalt der Stadt spiegelt sich auch in der korinthischen Gemeinde wider. Die Mehrzahl der Gemeindeglieder waren ehemalige Heiden (vgl. 1Kor 12,2), worauf auch Missstände in der Gemeinde hinweisen (Teilnahme an kultischen Festmahlen, Prozesse vor heidnischen Richtern, Prostitution). Die Nachricht über die Bekehrung des Synagogenvorstehers Crispus und die Wirkung auf dieses Geschehen (vgl. Apg 18,8) und 1Kor 1,22–24; 7,18; 9,20; 10,32; Röm 16,21 zeugen von einem bedeutenden judenchristlichen Anteil in der Gemeinde. Auch Proselyten und Gottesfürchtige schlossen sich der korinthischen Gemeinde an (vgl. Apg 18,7). Ein großer Teil der Gemeinde gehörte zur Unterschicht (vgl. 1Kor 1,26; 7,21; 11,22b). Daneben gab es in Korinth auch reiche Christen, wie den erwähnten Synagogenvorsteher Crispus (vgl. 1Kor 1,14) oder Erastos, der in Korinth ein hohes Amt bekleidete (vgl. Röm 16,23). Korinthische Christen besaßen Häuser (vgl. 1Kor 1,16; 11,22a; 16,15ff; Röm 16,23; Apg 18,2.3.8), sie führten (Vermögens-)Prozesse vor heidnischen Richtern (1Kor 6,1–11) und die Gemeinde beteiligte sich intensiv an der Kollekte für die Heiligen in Jerusalem (vgl. 1Kor 16,1–4; 2Kor 8,4; 9,1.12; Röm 15,31). Die korinthischen Christen organisierten sich in mehreren Hausgemeinden (vgl. 1Kor 14,23: Versammlungen der Gesamtgemeinde; 1,16; 16,15: Stephanas; 16,19: Prisca und Aquila; Röm 16,23: Gaius, Erastos; Apg 18,7.8: Titius Justus, Krispus)[169]. Über die Größe der gesamten Gemeinde kann nur spekuliert werden, sie dürfte bei hundert Gemeindegliedern gelegen haben[170]. Die

165 Vgl. Pausanias 2.1,7–5,5.

166 Vgl. zur Verehrung ägyptischer Gottheiten in Korinth D.E. Smith, Egyptian Cults at Corinth, HThR 70 (1977), 201–231.

167 Vgl. dazu Margarethe Billerbeck, Der Kyniker Demetrius. Ein Beitrag zur Geschichte der frühkaiserlichen Popularphilosophie, PhAnt 36, Leiden 1979.

168 Vgl. dazu J. Murphy-O'Connor, St. Paul's Corinth, 161–167.

169 Vgl. dazu R.W. Gehring, Hausgemeinde und Mission, Gießen 2000, 243–256.

170 Vgl. H.J. Klauck, 1Kor, 8; R.W. Gehring, Hausgemeinde und Mission, 252.

Organisationsform der Gemeinde liefert möglicherweise auch einen Beitrag für das Verständnis der Konflikte in Korinth, denn die Fraktionierung in mehrere Hausgemeinden könnte Gruppenbildungen begünstigt haben.

In der Gemeinde existierten vielfältige Spannungen in theologischen, ethischen und sozialen Fragen. So setzt sich Paulus in 1 Kor 1–4 mit theologisch motivierten Gruppenzugehörigkeiten auseinander. Es gab in Korinth offenbar vier Gruppen, die nach den Namen ihrer postulierten Häupter Paulus, Apollos, Kephas und Christus benannt wurden[171]. In 1 Kor 1, 12 steht *ἐγὼ δὲ Χριστοῦ* parallel zu den vorangehenden Schlagworten. Innerhalb der Aufzählung lässt sich keinerlei Akzentuierung erkennen, so dass mit einer ‚Christuspartei' in Korinth gerechnet werden muss[172]. Zudem setzt *μεμέρισται ὁ Χριστός* in V. 13 a *ἐγὼ δὲ Χριστοῦ* voraus! Schließlich führte Paulus kaum selbst die Christus-Parole ein, denn er hätte in diesem Fall Christus mit Petrus, Apollos und sich selbst gleichgesetzt[173]. Paulus begegnet diesen Spaltungstendenzen mit dem Verweis auf die in Christus begründete und in der Taufe zugeeignete Einheit der Gemeinde. In 1 Kor 5 geht Paulus auf einen Fall von Unzucht in der Gemeinde ein, 1 Kor 6, 1–11 setzt Prozesse zwischen korinthischen Christen vor heidnischen Gerichten voraus. Der Warnung vor der in Korinth verbreiteten (kultischen) Prostitution (1 Kor 6, 12–20) folgt in 1 Kor 7 die Empfehlung zu sexueller Askese[174]. Religiöse und soziale Gründe riefen den Konflikt um das Essen von Götzenopferfleisch hervor (vgl. bes. 1 Kor 8, 1–13; 10, 14–22)[175]. Die *‚Starken'* in Korinth gehörten z. T. sicherlich zur gehobeneren Sozialschicht, der es möglich war, sich durch religiöse Erkenntnis (vgl. 1 Kor 8, 1. 4; 10, 23) von überlieferten religiösen Vorstellungen zu lösen. Dennoch sind die ‚Starken' nicht einfach mit der sozialen Oberschicht in der Gemeinde gleichzusetzen, denn das Wissen um die Existenz nur eines Gottes und der Nichtigkeit von Götzen und Dämonen ist Ausdruck eines Monotheismus, der Juden und Heiden zu eigen war (vgl. 1 Thess 1, 9 f). Auch kynische Traditionen können von Bedeutung sein, entsprechend ihrem monotheistischen Bekenntnis beanspruchten Kyniker – wie Teile der korinthischen Gemeinde – die Freiheit, alles zu essen[176]. Sowohl Heidenchristen als auch liberale Judenchristen zählten zur Gruppe der ‚Starken'. Sie wurden weiterhin von Heiden eingeladen (vgl. 1 Kor 10, 27), und

171 Vgl. hier W. Schrage, 1 Kor, 142–152.

172 J. Weiß, 1 Kor, 15 ff; U. Wilckens, Weisheit und Torheit, 17 A 2; u. a. sehen im vierten Schlagwort eine Glosse. H. Merklein, 1 Kor, 146 f, spricht nicht von einer ‚Christus-Partei', sondern von einer ‚Christus-Parole', die von den anderen Gruppen in Anspruch genommen worden sein soll.

173 So treffend A. Lindemann, 1 Kor, 39.

174 Vgl. hierzu W. Deming, Paul on marriage and celibacy. The Hellenistic Background of 1 Corinthians 7, MSSNTS 83, Cambridge 1995.

175 Zur historischen Situation, zum kulturgeschichtlichen Hintergrund und zu den theologischen Intentionen des Paulus vgl. D.-A. Koch, „Seid unanstößig für Juden und für Griechen und für die Gemeinde Gottes" (1 Kor 10, 32), in: Paulus, Apostel Jesu Christi (FS G. Klein), hg. v. M. Trowitzsch, Tübingen 1998, 35–54.

176 So kann Epiktet, Diss III 22, 50, als Charakteristikum des Kynikers nennen, „alles zu verschlingen, was du (ihm) gibst"; weitere Texte mit Interpretation bei S. Jones, ‚Freiheit' in den Briefen des Apostels Paulus, GTA 34, Göttingen 1987, 59–61.

schon ihre gesellschaftliche Stellung machte es ihnen unmöglich, völlig auf den Verzehr von Göttern geweihtem Fleisch zu verzichten. Die ‚*Schwachen*' in der korinthischen Gemeinde waren offenbar vornehmlich eine Minderheit innerhalb der Heidenchristen, denn nur bei Heidenchristen konnte Paulus von einer *συνήθεια τοῦ εἰδώλου* sprechen (vgl. 1 Kor 8, 7). Teile dieser Gruppe lehnten den Verzehr von Götzenopferfleisch aus Furcht vor den Göttern wahrscheinlich generell ab. Andere zwang die materielle Not, an öffentlichen religiösen Feiern teilzunehmen und dort in kultischem Rahmen Fleisch zu essen, wodurch sie ihr Gewissen belasteten. Wieder andere wurden durch das Verhalten der ‚Starken' dazu verleitet, gegen ihr Gewissen Götzenopferfleisch zu essen, denn die ‚Starken' nahmen ohne Bedenken und ohne Not an kultischen Opfermahlzeiten teil (1 Kor 10, 14–22).

Mit Missständen beim Herrenmahl setzt sich Paulus in 1 Kor 11, 17–34 auseinander[177]. In Korinth wurde die sakramentale Handlung mit einer gemeinsamen Mahlzeit verbunden (vgl. 1 Kor 11, 23–25), wobei ursprünglich die Brot- und Kelchhandlung die Mahlzeit umrahmte (vgl. *μετὰ τὸ δειπνῆσαι* in 1 Kor 11, 25). Diese anfängliche Praxis war Mahlzeiten schon vor der eigentlichen sakramentalen Handlung gewichen. Hierbei traten die Unterschiede zwischen armen und reichen Gemeindegliedern offen zutage, die einen schlemmten, die anderen hungerten (vgl. V. 21 f. 33 f). Wie bei heidnischen Opfermahlen bildeten sich Tischgemeinschaften unter den Wohlhabenden, von denen die Armen ausgeschlossen waren.

Auch über die Wertigkeit der verschiedenen Geistesgaben wurde in Korinth gestritten (vgl. 1 Kor 12–14). Schließlich blieb unter korinthischen Christen eine zukünftige Auferstehung der Toten umstritten (vgl. 1 Kor 15, 12 b).

Dieser komplexen Gemeindesituation entspricht der 1 Kor in seinem Aufbau und in seinen Argumentationszusammenhängen.

2.5.5 **Gliederung, Aufbau, Form**

1, 1–3	Präskript	Briefanfang
1, 4–9	Proömium	
1, 10–4, 21	Spaltungen in der Gemeinde	Briefkorpus
5, 1–6, 20	Ethische Missstände in der Gemeinde	
7, 1–40	Stände in der Gemeinde	
8, 1–11, 1	Das Essen von Götzenopferfleisch	
11, 2–14, 40	Probleme des gottesdienstlichen Lebens	
15, 1–58	Die Auferweckung von den Toten	

177 Zu den möglichen religionsgeschichtlichen Hintergründen vgl. P. Lampe, Das korinthische Herrenmahl im Schnittpunkt hellenistisch-römischer Mahlpraxis und paulinischer Theologia Crucis, ZNW 82 (1991), 183–213.

16, 1–18	Schlussparänese (V. 5–12 apostolische Parusie)	Briefschluss
16, 19–20	Grußauftrag	
16, 21–24	Eschatokoll	

Der 1 Kor lässt sich nicht wie andere Paulusbriefe in zwei Hauptteile gliedern. Durchgängig bestimmen die Situation in Korinth und die vorausgegangene Kommunikation zwischen Apostel und Gemeinde die paulinische Argumentation. In 1 Kor 5,9 erwähnt Paulus einen verlorengegangenen Brief an die Korinther, den die Gemeinde offenbar beantwortete. Dieser Antwortbrief enthielt eine Reihe von Anfragen, die der Apostel in 1 Kor 7, 1 (über Ehe und Ehelosigkeit), 1 Kor 7, 25 (über die Jungfrauen), 1 Kor 8, 1 (über das Götzenopferfleisch), 1 Kor 12, 1 (über die Geistesgaben), 1 Kor 16, 1 (über die Kollekte für Jerusalem) und 1 Kor 16, 12 (über Apollos) mit *περί* jeweils aufnimmt und beantwortet. Zudem verfügte Paulus über mündliche Informationen (vgl. 1 Kor 1, 11; 5, 1; 11, 18), die seine Argumentation bes. in 1 Kor 1–4; 1 Kor 5; 6 und 1 Kor 11, 17–34 bestimmten. Es muss gerade als Besonderheit des 1 Kor angesehen werden, dass er keinen durchgehenden Gedankengang erkennen lässt. Vielmehr setzt bereits in 1 Kor 1, 10 mit einem *παρακαλῶ* -Satz die den ganzen Brief prägende Paränese ein[178].

Im 1. Hauptabschnitt (Kap. 1–4) relativiert Paulus das Weisheitsstreben der Korinther durch seine Kreuzestheologie, die als Umwertung aller Werte erscheint. Dann geht der Apostel auf die Anfragen des Vorbriefes und aktuelle Missstände in der Gemeinde ein (Kap. 5; 6, 1–11. 12–20; 7; 8–10). Kap. 11 weist eine enge thematische Verbindung zu Kap. 12–14 auf, die Abfolge Charismen – eschatologische Erwartung (Kap. 12–14 und Kap. 15) ist auf kompositioneller Ebene durch 1 Kor 1, 7 f vorbereitet. Der sachliche Zusammenhang zwischen 1 Kor 12–14 und 1 Kor 15 ist offenkundig, denn die Ausführungen zur zukünftigen Auferstehung wurden durch den übersteigerten pneumatischen Enthusiasmus der Korinther ausgelöst (vgl. 1 Kor 15, 46).

2.5.6 **Literarische Integrität**

Die besondere literarische Struktur des 1 Kor gibt immer wieder Anlass zu Teilungshypothesen[179]. Nur die wichtigsten Thesen seien genannt: 1. J. Weiß[180] (Brief A:

178 Zu einer möglichen rhetorischen Gestaltung in 1 Kor 1–4; 15 vgl. M. Bünker, Briefformular und rhetorische Disposition im 1. Korintherbrief, GTA 28, Göttingen 1984. Eine Forschungsübersicht zu neueren Versuchen, die literarisch-rhetorische Struktur des 1 Kor zu ermitteln, bietet W. Schrage, 1 Kor I, 71–94; für Schrage ist der 1 Kor primär ein „paränetisch-symbuleutischer" Brief. M. M. Mitchell, Rhetoric of Reconciliation, 20–64, versteht den 1 Kor als ein Zeugnis deliberativer Rhetorik. Auf dem Hintergrund der politischen Rhetorik der Zeit erscheint der 1 Kor als ein Aufruf zur Einheit und Eintracht.

179 Vgl. die Übersichten bei P. Beier, Geteilte Briefe? (s. o. 2.4.6), 103–158. 301–326; G. Sellin, Hauptpro-

10, 1–23; 6, 12–20; 9, 24–27; 11, 2–34; 16, 7b–9. 15–20; 2Kor 6, 14–7, 1. Brief B: 7, 1–8, 13; 13; 10, 24–11, 1: 9, 1–23: 12; 14; 15; 16, 1a–7a.10–14.21–24. Brief C: 1, 1–6, 11). 2. E. Dinkler[181] (Brief A: 6, 12–20; 9, 24–10, 22; 11, 2–34; 12–14. Brief B: 1, 1–6, 11; 7, 1–9, 23; 10, 23–11, 1; 15; 16). 3. W. Schenk[182] (Brief A: 1, 1–9; 2Kor 6, 14–7, 1; 6, 1–11; 11, 2–34; 15; 16, 13–24. Brief B: 9, 1–18; 9, 24–10, 22; 6, 12–20; 5, 1–13. Brief C: 7, 1–8, 13; 9, 19–23; 10, 23–11, 1; 12, 1–31a; 14, 1c–40; 12, 31b–13, 13; 16, 1–12. Brief D: 1, 10–4, 21). 4. H. J. Klauck[183] (Brief A: 6, 12–20; 9, 1–18; 9, 24–10, 22; 11, 2–34; 13 [?]; 15 [?]. Brief B: 1, 1–6, 11; 7, 1–8, 13; 9, 19–23; 10, 23–11, 1; 12; 14, 16). 5. G. Sellin[184] (Brief A: 11, 2–34; 5, 1–8; 6, 12–20; 9, 24–10, 22; 6, 1–11. Brief B: 5,9–13; 7, 1–9, 23; 10, 23–11, 1; 12, 1–14, 33a.37–40; 15; 16. Brief C: 1, 1–4, 21). 6. W. Schmithals teilt in seiner letzten Veröffentlichung die korinthische Korrespondenz in insgesamt 13 Briefe auf[185].

Alle Teilungshypothesen gehen trotz ihrer Unterschiede im Detail von bestimmten Textphänomenen im 1Kor aus:

In 1Kor 1, 11 erwähnt Paulus die Leute der Cloe, schweigt aber über Stephanas und seine Begleiter (vgl. 1Kor 16, 15–18). Demgegenüber werden die Leute der Cloe am Briefschluss nicht genannt. Verschiedene Briefsituationen lassen sich hieraus nicht ableiten, denn Paulus erwähnt die Leute der Cloe nur, weil er durch sie von Streitigkeiten in der Gemeinde erfuhr. Im Zusammenhang mit 1Kor 1, 16 musste Paulus nicht auf die Anwesenheit des Stephanas verweisen, denn er fungierte für die in 1Kor 1–4 geschilderten Auseinandersetzungen nicht als sein Gewährsmann. Demgegenüber nennt Paulus sachgemäß Stephanas und seine Begleiter in der Schlussparänese, weil sie für den Kontakt mit der Gemeinde von großer Bedeutung waren. Möglicherweise trafen Stephanas und die anderen Mitarbeiter auch gerade erst ein, als Paulus den Brief noch schreiben ließ[186].

1Kor 1, 1–4, 21 stellt einen kohärenten Text dar, der sich literarkritisch nicht aufteilen lässt. Deshalb wird dieser Abschnitt vielfach als selbständiger Brief angesehen, wobei 1Kor 4, 14–21 der Briefschluss sein soll. Dort finden sich aber nicht Elemente eines Briefschlusses, sondern der brieflichen Selbstempfehlung[187] (V. 14: Gegenwart des Briefschreibers bei den Adressaten; V. 15: Gemeindegründende Erstpräsenz des Briefschreibers bei der Gemeinde; V. 17: Aussendung eines apostolischen Gesandten; V. 19: Zukünftige Gegenwart des Briefschreibers bei den Adressaten).

bleme, 2965ff; H. Merklein, Einheitlichkeit, 346–348.

180 Vgl. J. Weiß, 1Kor, XLIf; ders., Das Urchristentum, Göttingen 1917, 271f.

181 Vgl. E. Dinkler, Art. Korintherbriefe, RGG^3 IV (1960), 18.

182 Vgl. W. Schenk, Der 1. Korintherbrief als Briefsammlung, ZNW 60 (1969), 219–243.

183 Vgl. H. J. Klauck, 1Kor, 10f.

184 Vgl. G. Sellin, Hauptprobleme, 2968; vgl. auch ders., 1Korinther 5–6 und der ‚Vorbrief' nach Korinth, NTS 37 (1991), 535–558.

185 Vgl. W. Schmithals, Briefe des Paulus (s. o. 2.4.6), 19–85.

186 Vgl. H. Conzelmann, 1Kor, 369 A 9.

187 Vgl. F. Schnider – W. Stenger, Studien (s. o. 2.3.2), 54.

Ausgangspunkt fast aller Teilungshypothesen ist die Vermutung, der von Paulus in 1 Kor 5,9 erwähnte Brief an die Korinther sei nicht verlorengegangen, sondern als ein Teilelement des jetzigen 1 Kor überliefert. Paulus korrigiert in 1 Kor 5,9–13 eine missverstandene Äußerung über den Umgang mit Unzüchtigen aus dem Vorbrief, die man nun im 1 Kor wiederfinden will. Als mögliche Texte werden dafür u. a. genannt: 1 Kor 6, 1–11[188]; 6, 12–20[189]; 5, 1–8[190]; 2 Kor 6, 14–7, 1[191] und 1 Kor 5, 1–8; 6, 1–11[192]. Keiner dieser Texte lässt sich überzeugend auf das in 1 Kor 5,9–13 behandelte Problem beziehen, so dass hier kein literarkritisch eindeutig verwertbares Indiz vorliegt[193].

Behandelte Paulus in 1 Kor 5, 1–13; 6, 1–11 zwei konkrete Gemeindefälle, so nimmt er in 1 Kor 6, 12 das korinthische Schlagwort der *ἐξουσία* auf, um in 6, 13 a die Speisen, in 6, 13 b die Unzucht als Beispiele für den rechten Umgang mit der christlichen Freiheit zu nennen[194]. Das Problem der Unzucht wird bis 1 Kor 6, 20 in grundsätzlicher Weise, dann in Kap. 7 praktisch (Ehe, Askese) behandelt. In Kap. 8 greift Paulus das Stichwort *βρώματα* aus 1 Kor 6, 13 a auf, um es am konkreten Beispiel des Opferfleisches zu bedenken. Innerhalb dieses Abschnittes bezieht sich 1 Kor 8, 10 bereits auf 1 Kor 10, 14–22, so dass von einer pragmatischen Kohärenz zwischen beiden Textabschnitten gesprochen werden muss[195]. Auch die paulinische Argumentation in 1 Kor 9, 1–23 ist sachgerecht, denn hier exemplifiziert Paulus seine Maxime aus 1 Kor 8, 13 an der eigenen Person. Die von ihm praktizierte Freiheit ist keine Schwachheit, sondern Freiheit aus Liebe für den anderen[196]. Ist der Zusammenhang zwischen 1 Kor 9, 24–27 und 1 Kor 10, 1–22 unbestritten, so wird 1 Kor 10, 23–11, 1 vielfach einer anderen literarischen Einheit zugeordnet. Doch erklärt sich die veränderte Argumentation aus dem von Paulus aufgegriffenen Beispiel: Es geht nicht mehr um die Teilnahme an heidnischen Kultmahlzeiten, sondern um die Berührung mit Götzenopferfleisch auf dem Markt oder bei privaten Einladungen. Auch die unterschiedliche Beurteilung von Spaltungen in 1 Kor 1, 12 ff und 11, 18 ff rechtfertigt nicht die Zuweisung von 1 Kor 11, 2–34 zu einem Vorbrief. Führten in 1 Kor 1, 10–12 theologische und persönliche Motive zu den Gruppenbildungen, so beruht der in 1 Kor 11, 18 angesprochene Konflikt auf den starken sozialen Unterschieden innerhalb der Gemeinde.

Die zahlreichen Teilungshypothesen zum 1 Kor stellen zumeist eine vage Möglichkeit, keineswegs aber eine zwingende Notwendigkeit dar. Positiv lässt sich die litera-

188 Vgl. G. Bornkamm, Vorgeschichte (s. u. 2.6.1), 189 A 131.

189 Vgl. J. Weiß, 1 Kor, XLI.138 f; H. M. Schenke – K. M. Fischer, Einleitung I, 94.

190 Vgl. A. Suhl, Paulus und seine Briefe (s. o. 2.1), 206 ff.

191 Vgl. W. Schmithals, Gnosis in Korinth, 88.

192 Vgl. G. Sellin, Hauptprobleme, 2969 ff.

193 Vgl. H. Merklein, Einheitlichkeit, 371 ff.

194 Vgl. D. Lührmann, Freundschaftsbrief trotz Spannungen. Zu Aufbau und Gattung des Ersten Korintherbriefes, in: Studien zum Text und zur Ethik des Neuen Testaments (FS H. Greeven), hg. v. W. Schrage, BZNW 47, Berlin 1986, (298–314) 308.

195 Vgl. H. Merklein, Einheitlichkeit, 356–365.

196 Vgl. Chr. Wolff, 1 Kor, 184 f.

rische Integrität[197] des 1 Kor jenseits der Einzelargumente in zweifacher Weise zeigen: 1) Die besondere Art der lockeren, anreihenden Argumentation entspricht der speziellen Kommunikationssituation zwischen Apostel und Gemeinde. 2) Die Abfolge 1 Kor 12–14 und 1 Kor 15 (Geistesgaben, Parusie) ist durch 1 Kor 1, 4–6. 7–8 bereits vorstrukturiert[198].

Im Verlauf des Überlieferungsprozesses wurden in den 1 Kor wahrscheinlich Glossen eingefügt[199]. Eine mögliche Glosse findet sich in 1 Kor 6, 14, denn dieser Vers steht im Gegensatz zu den eschatologischen Aussagen in 1 Kor 15, 51 f. In 1 Kor 6, 14 schließt das Personalpronomen *ἡμεῖς* Paulus mit ein, er würde mit seinem Tod vor der Parusie des Herrn rechnen. Dies widerspricht 1 Kor 15, 51 f, wo sich Paulus ausdrücklich zu denen zählt, die bei der Parusie noch leben[200]. Eine weitere Glosse liegt in 1 Kor 14, 33 b–36 vor. Setzt Paulus in 1 Kor 11, 5 die aktive Beteiligung von Frauen mit Gebet und Prophetie im Gottesdienst selbstverständlich voraus, so verlangt 1 Kor 14, 33 b–36 das Schweigen der Frau im Gottesdienst. Zudem unterbricht diese Glosse den Gedankengang über die Prophetie und wurde ad vocem *σιγᾶν* (1 Kor 14, 28. 30) eingefügt. Inhaltlich entspricht dieser Text der Tendenz der Pastoralbriefe (vgl. 1 Tim 2, 11–15), die Frau dem Mann völlig unterzuordnen[201].

2.5.7 **Traditionen, Quellen**

Paulus integrierte in seine Argumentation im 1 Kor zahlreiche Traditionen. In 1 Kor 1, 30; 6, 11; 12, 13 finden sich vorpaulinische *Tauftraditionen*, die das neue Sein des Getauften in seinen soteriologischen und ethischen Dimensionen beschreiben[202]. In der Bekenntnisformel 1 Kor 8, 6 verbindet sich ein philosophischer Monotheismus mit dem Glauben an die Schöpfungs- und Erlösermittlerschaft Jesu Christi. Eine *Abendmahlstradition* zitiert Paulus in 1 Kor 11, 23 b–26 als Herrenwort (1 Kor 11, 23 a)[203]. Weitere Herrenworte werden in 1 Kor 7, 10 f; 9, 14 angeführt. Die Grundlage der Auseinandersetzung mit den Auferstehungsleugnern in 1 Kor 15 bildet eine Bekenntnisformel, die Paulus wie in 1 Kor 11, 23 a mit *παραδιδόναι* und *παραλαμβά-*

---

197 Zur Einheitlichkeit des 1 Kor vgl. in der neueren Exegese neben H. Merklein und D. Lührmann bes. J. Becker, Paulus (s. o. 2), 198–208; W. Schrage, 1 Kor I, 63–71; M. M. Mitchell, Rhetoric of Reconciliation, 184 ff; A. Lindemann, 1 Kor 3–6; Th. Schmeller, Der erste Koritnherbrief, in: Ebner/Schreiber, Einleitung, 308–311.

198 Vgl. Chr. Wolff, 1Kor, 351.

199 Vgl. dazu J. Murphy-O'Connor, Interpolations in 1 Corinthians, CBQ 48 (1986), 81–94.

200 Vgl. U. Schnelle, 1 Kor 6, 14 – eine nachpaulinische Glosse, NT 25 (1983), 217–219.

201 Vgl. hier zuletzt J. Roloff, 1 Tim (s. u. 5.5.1), 128 ff.

202 Vgl. U. Schnelle, Gerechtigkeit und Christusgegenwart (s. o. 2.4.10), 37–46. 139–142.

203 Vgl. hierzu H. Merklein, Erwägungen zur Überlieferungsgeschichte der neutestamentlichen Abendmahlstraditionen, in: ders., Studien zu Jesus und Paulus, WUNT 43, Tübingen 1987, 157–180.

νειν einführt. Die Tradition umfasst *1 Kor 15,3b–5*[204] und beschreibt das Heilswerk Christi. Deutlich erkennbar sind die vier dem Subjekt *ὁ Χριστός* zugeordneten Verbalaussagen, die mit dem Tod, dem Begräbnis, der Auferweckung und den Erscheinungen Jesu Christi die Grunddaten des Heilsgeschehens benennen. Die erste und dritte Verbalaussage wurde jeweils um den Schriftbezug erweitert, was eine Zweiteilung der Tradition nahelegt.

2.5.8 **Religionsgeschichtliche Stellung**

Die religionsgeschichtliche Einordnung der im 1 Kor erkennbaren Phänomene fällt sehr unterschiedlich aus[205]. So sieht W. Schmithals im Anschluss an W. Lütgert in den Gegnern des Paulus christliche Gnostiker, die sich durch ihre Erkenntnis bereits den irdischen Begrenzungen enthoben fühlten und sich allein am Pneuma-Christus orientierten. Schmithals kann auf eine Reihe von Übereinstimmungen zwischen Aussagen des 1 Kor und gnostischen Texten hinweisen (Sarx-Pneuma-Dualismus, Sophia-Spekulationen, Abwertung der Leiblichkeit, bereits erfolgte Auferstehung). Eine dualistische Anthropologie reicht aber noch nicht aus, um einen gnostischen Einfluss zu postulieren. Auch die Vorstellung einer Konsubstantialität zwischen dem eigentlichen Selbst und der Gottheit lässt sich für die Gegner des Paulus nicht nachweisen. Die Schöpfung erscheint nicht als Bereich einer widergöttlichen Macht (vgl. 1 Kor 8,6; 10,26), so dass die Gegner nicht zwischen einer obersten Gottheit und einem minderwertigen Schöpfergott unterschieden[206]. Von Gnosis kann aber sinnvoll erst dort gesprochen werden, wo Gott und damit auch die Schöpfung in einen protologischen Dualismus mit hineingenommen werden (s. u. 8.5.8.). Zudem muss Schmithals zur Rekonstruktion gnostischer Theologie durchgehend auf die Überlieferungen der Kirchenväter zurückgreifen, die in traditionsgeschichtlicher Hinsicht mindestens ein halbes Jahrhundert nach den Korintherbriefen anzusetzen sind[207]. Das von Schmithals im Anschluss an R. Bultmann noch vorausgesetzte Modell eines vorchristlichen Erlösermythos kann als überholt angesehen werden[208], so dass es sehr fraglich bleibt, ob jene aus den Texten des 2. Jhs. n. Chr. rekonstruierte Gnosis z. Zt. der Abfassung des 1 Kor überhaupt existierte.

---

204 Vgl. hier Chr. Wolff, 1Kor, 355–370.

205 Vgl. hierzu die instruktiven Erwägungen von W. Schrage, 1 Kor I, 38–63.

206 Vgl. S. Arai, Die Gegner des Paulus im 1. Korintherbrief und das Problem der Gnosis, NTS 19 (1972/73), 430–437.

207 Vgl. hierzu grundlegend M. Hengel, Die Ursprünge der Gnosis und das Urchristentum, in: Evangelium – Schriftauslegung – Kirche (FS P. Stuhlmacher), hg. v. J. Ådna, S. J. Hafemann u. O. Hofius, Göttingen 1997, 190–233.

208 Vgl. C. Colpe, Die religionsgeschichtliche Schule. Darstellung und Kritik ihres Bildes vom gnostischen Erlösermythos, FRLANT 78, Göttingen 1961. Eine kritische Einführung in die Problematik bieten K. Beyschlag, Grundriß der Dogmengeschichte I, Darmstadt ^{2}1988, 130–152; H. J. Klauck, Die religiöse Umwelt des Urchristentums II, Stuttgart 1996, 145–198.

Vielfach gelten im Anschluss an F.Chr. Baur[209] Judenchristen als die eigentlichen Gegner des Paulus in Korinth[210]. Speziell die Kephaspartei erscheint dann als Träger judenchristlicher Pauluskritik in Korinth, sie bestritt den paulinischen Apostolatsanspruch (vgl. 1 Kor 9, 1–18; 15, 1–11). Typische judenchristliche Forderungen wie Toraobservanz und Beschneidung fehlen jedoch im 1Kor, und der Konflikt um das paulinische Apostolat muss nicht von militanten Judenchristen ausgelöst worden sein. Zudem eröffnen die pneumatisch-enthusiastischen Phänomene in Korinth andere mögliche religionsgeschichtliche Zusammenhänge. Auf den Einfluss hellenistisch-jüdischer Weisheitstheologie in Korinth[211] verweisen die Sophia-Theologie in 1 Kor 2, 6–16, der Sarx-Pneuma-Dualismus, die Hochschätzung der Erkenntnis (vgl. 1 Kor 8, 1–6; 13, 2), die Abwertung des Leibes (vgl. 1 Kor 6, 12–20) und die Vorstellung der zwei Urmenschen in 1 Kor 15, 45. Allerdings stammt Paulus selbst aus dem hellenistischen Judentum[212], so dass seine Theologie und die Position der korinthischen Gegner nicht in jedem Fall einleuchtend zu trennen wären. Zudem ließen sich die Texte nur schlecht erklären, in denen Paulus offenkundig die Korinther kritisiert und korrigiert. Deshalb vermutet G. Sellin[213], durch Apollos sei eine alexandrinisch-jüdische Weisheitstheologie in die überwiegend heidenchristliche korinthische Gemeinde eingedrungen. Sellin kann beachtliche Übereinstimmungen zwischen Philo und der korinthischen Theologie aufzeigen, dennoch stehen seiner These Einwände gegenüber: 1) Die Theologie des alexandrinischen Christen Apollos (vgl. Apg 18, 24) ist unbekannt, so dass alle näheren Bestimmungen rein hypothetisch sind. 2) Löste Apollos den Konflikt zwischen Paulus und den Korinthern aus, dann lässt sich kaum erklären, warum ihn Paulus nicht kritisiert und als selbständigen und gleichrangigen Missionar akzeptiert (vgl. 1 Kor 3, 5.8). 3) Nach 1 Kor 16, 12 ermahnte Paulus mehrfach Apollos, wieder nach Korinth zu reisen. Paulus hätte dann den Mitverursacher der korinthischen Streitigkeiten wiederholt aufgefordert, endlich wieder von Ephesus nach Korinth zurückzukehren. Ein weiteres Erklärungsmodell führt die Bedeutung von Weisheitsspekulationen in Korinth auf griechische philosophisch-rhetori-

209 Vgl. F.Chr. Baur, Die Christuspartei in der korinthischen Gemeinde, der Gegensatz des petrinischen und paulinischen Christenthums in der ältesten Kirche, der Apostel Petrus in Rom, TZTh 1831, 61–206.

210 Vgl. in diesem Sinn (mit Unterschieden in der Einzelargumentation) z. B. J. Weiß, 1Kor, XXXV–XLIII; Ph. Vielhauer, Paulus und die Kephaspartei; G. Lüdemann, Paulus der Heidenapostel II: Antipaulinismus im frühen Christentum, FRLANT 130, Göttingen 1983, 118–125. Vielhauer und Lüdemann rechnen auch mit Pneumatikern in Korinth, die sie aber nicht als Gegner des Paulus ansehen. Zu ‚Mehrfrontenthesen' vgl. G. Sellin, Hauptprobleme, 3011 ff.

211 Vgl. hier z. B. K. G. Sandelin, Die Auseinandersetzung mit der Weisheit in 1.Korinther 15, Åbo 1976; R. A. Horsley, Wisdom of Word and Words of Wisdom in Corinth, CBQ 39 (1977), 224–239; H. Merklein, 1Kor, 119–133.

212 Vgl. hierzu E. Brandenburger, Fleisch und Geist. Paulus und die dualistische Weisheit, WMANT 29, Neukirchen 1968; G. Theißen, Psychologische Aspekte paulinischer Theologie, FRLANT 131, Göttingen 1983, 355 ff.

213 Vgl. G. Sellin, Auferstehung der Toten, passim.

sche Traditionen zurück[214]. Insbesondere die Hochschätzung der Weisheit in der griechischen Philosophie, das enge Lehrer-Schüler-Verhältnis in Philosophenschulen und die Konkurrenz zwischen diesen Schulen werden als möglicher Hintergrund für die Gruppenbildungen in Korinth gesehen.

Der Einfluss jüdisch-hellenistischer Weisheitstheologie und philosophisch-rhetorischer Traditionen sowohl auf Paulus als auch auf die Korinther ist nicht zu leugnen[215], doch liegt hier nicht der Ursprung des Konfliktes. Vielmehr muss die hinter dem 1 Kor sichtbar werdende Theologie als *eigenständige* Leistung der Korinther verstanden werden[216], die sich religionsgeschichtlich nicht monokausal verorten lässt. Die Korinther entwickelten zentrale Elemente der paulinischen Theologie weiter und blieben zugleich offen für Einflüsse aus ihrer unmittelbaren Umgebung, indem sie sich weiter an den vertrauten sozialen und ethischen Normen orientierten[217]. Dabei bildete ein an den Sakramenten orientiertes Denken den eigentlichen Ausgangspunkt ihrer Theologie[218]. So spielte bei der Gruppenbildung in Korinth die Taufe eine entscheidende Rolle, sie bestimmte die Zugehörigkeit zu einer Gruppe (vgl. 1 Kor 1, 13–17). Offenbar übertrug sich die Autorität des wirklichen oder in Anspruch genommenen Täufers auf den Täufling, so dass der Täufling an dem Ansehen seines Täufers in der Gemeinde partizipierte. Religionsgeschichtlich muss hier wie in Röm 6, 3 f mit dem Einfluss von Mysterienreligionen gerechnet werden, wo sich die Vorstellung einer Schicksalsgemeinschaft zwischen dem Mysten und der Gottheit findet. Die Missstände beim Herrenmahl (vgl. 1 Kor 11, 17–34) weisen ebenfalls auf die in der Stadt verbreiteten Mysterienkulte hin. Wahrscheinlich übertrugen die Korinther hellenistische Sakralvorstellungen (z. B. die Theophagie) auf das Herrenmahl. Die Hochschätzung der Sakramente und der damit verbundenen Pneumagabe (vgl. 1 Kor 12, 13) zeigt sich nachdrücklich im Vollendungsbewusstsein der Korinther (vgl. 1 Kor 2, 6; 4,8. 10. 18–20; 5, 2; 6, 12; 10, 1 ff.23; 15, 12). Für sie war das Sakrament die absolute Versicherung des Heils, weil sich bereits durch die unverlierbare Pneumagabe (vgl. 1 Kor 5, 5) der endgültige Übergang in ein neues Sein vollzog. Als Pneumati-

214 Vgl. H. D. Betz, The Gospel and the Wisdom of the Barbarians. The Corinthians' Question behind Their Questions, Bib 85 (2004), 585–594; Th. Schmeller, Schulen im Neuen Testament (s. o. 2.2), 103–126; B. W. Winter, After Paul left Corinth, 31–43.

215 Vgl. die Texte im Neuen Wettstein II/1 (s. o. 2.4.8), 257 f. 264–267.

216 Demgegenüber vermutet P. Marshall, Enmity in Corinth, nicht theologische, sondern rein soziale Motive hinter dem Konflikt zwischen Paulus und den Korinthern. Paulus habe ein finanzielles Hilfsangebot reicher Korinther abgelehnt, was als Affront galt und die Parteibildungen auslöste.

217 Diesen Aspekt betont B. W. Winter, After Paul left Corinth, passim. Er sieht in dem andauernden starken Einfluss griechisch-römischer Sozialbindungen und Wertvorstellungen die Hauptursache der Konflikte in Korinth.

218 H. v.Soden, Sakrament und Ethik, 364, betont zu Recht: „alle Beteiligten denken sakramental". Er charakterisiert die Korinther als „überspannte Enthusiasten des Pneumaglaubens"(a. a. O., 361); für eine in diesem Sinn endogene Entwicklung in Korinth plädieren u. a. auch H. Conzelmann, Chr. Wolff, G. D. Fee und F. Lang in ihren Kommentaren. Vgl. ferner die umfassenden Analysen bei F. W. Horn, Das Angeld des Geistes. Studien zur paulinischen Pneumatologie, FRLANT 154, Göttingen 1992, 160–301.

ker fühlten sich Teile der korinthischen Gemeinde offenbar schon der sarkischen Existenz enthoben und nicht mehr an moralische oder religiöse Normen gebunden (vgl. 1 Kor 6, 12–20; 10, 1–13). Sie integrierten die geoffenbarte göttliche Weisheit in die kreatürlichen Fähigkeiten des Menschen, um sie so zu potenzieren. Die göttliche Weisheit und Erkenntnis wirkte nach ihrem Verständnis als Movens für die menschliche Erkenntniskraft. Dadurch geriet der Grund der göttlichen Weisheit, das Kreuzesgeschehen in den Hintergrund, in den Vordergrund traten hingegen die Erkenntnisfähigkeiten des Menschen. Die von Paulus in 1 Kor 12–14 aufgegriffenen ekstatisch-enthusiastischen Phänomene unterstreichen die Wertschätzung des Geistes und seiner Gaben durch die Korinther. Auch die in 1 Kor 15, 12 erwähnte Leugnung der Auferstehung der Toten steht in einem Zusammenhang mit dem korinthischen Sakramentalismus. Weil die Auferstehung in der Taufe bereits erfolgt war (vgl. Kol 2, 12 f; 3, 1–4; Eph 2, 6), wurden Aussagen über das zukünftige Auferstehungsgeschehen und die Beschaffenheit des Auferstehungsleibes als gegenstandslos angesehen. Die Erlangung des Lebens vollzog sich für die Korinther nicht als Überwindung des Todes bei der Parusie des Herrn, sondern bei der Pneuma-Verleihung in der Taufe. Die Vikariatstaufe 1 Kor 15, 29 illustriert den Glauben an die todesüberwindende Kraft der Taufe und zeigt drastisch, wie sie verstanden wurde: als rettendes Sakrament, als Beginn und Vollzug der Erlösung[219].

Indem die Korinther die Zeitform des Perfekt auch auf die Eschata übertrugen, vertauschten sie Gegenwart und Zukunft und missachteten den von Gott gewollten Ablauf der Endereignisse. Demgegenüber betont Paulus, dass auch im Endgeschehen alles seine festgelegte Ordnung habe (1 Kor 15, 23 ff) und der geistliche Leib auf den natürlichen Leib folge und nicht umgekehrt (1 Kor 15, 46).

2.5.9 Theologische Grundgedanken

Die in Jesus Christus begründete *Einheit der Gemeinde* angesichts ihrer faktischen Zerrissenheit; dieses eine große Thema bedenkt Paulus im 1Korintherbrief. Der Apostel führt bereits in 1 Kor 1, 13 mit *ὁ Χριστός* als Abbreviatur für *σῶμα Χριστοῦ*[220] die Vorstellung der Gemeinde als Leib Christi ein, um zu verdeutlichen, dass nicht der individuelle Geistbesitz die Einheit der Gemeinde gewähren kann, sondern allein Jesus Christus selbst. Das individuelle Vollendungsbewusstsein der Korinther kritisiert Paulus dann in 1 Kor 1, 18 ff mit der Kreuzestheologie[221]. Das Kreuz ist die radikale Infra-

219 Ein weiteres Beispiel für die Realistik des urchristlichen Sakramentsverständnisses findet sich in 1 Kor 11, 30!

220 Vgl. G. Friedrich, Christus, Einheit und Norm der Christen, 153.

221 Vgl. zur paulinischen Kreuzestheologie H. Weder, Das Kreuz Jesu bei Paulus, FRLANT 125, Göttingen 1981.

gestellung jeglicher menschlicher Selbstbehauptung und individualistischen Heilsstrebens, weil es in die Ohnmacht und nicht in die Macht, in die Klage und nicht in den Jubel, in die Schande und nicht in den Ruhm, in die Verlorenheit des Todes und nicht in die Glorie vollständig gegenwärtigen Heils führt. Das Kreuz destruiert alle vermeintlichen Sicherheiten, im Kreuz wird die menschliche Weisheit von der Torheit Gottes überwunden. Für Paulus liegt das Kriterium für die Wahrheit des Evangeliums nicht in der menschlichen Weisheit, er verankert die Identität des Glaubens im Kreuz. Indem die Korinther ihre individuelle Erkenntnis der Liebestat Gottes in Jesus Christus überordnen, verfehlen sie das Heil, denn allein Jesus Christus ist das Fundament des Glaubens und der Gemeinde (vgl. 1 Kor 3, 11; 4, 15). Durch die Taufe wurden die Korinther heilig und gerecht (vgl. 1 Kor 6, 11), so dass sie als Glieder am Leib Christi nicht zugleich in Unreinheit leben können (vgl. 1 Kor 6, 15. 19). Unzucht, Rechtsstreitigkeiten und Hurerei gefährden die Einheit der Gemeinde ebenso wie das Verlassen des hergebrachten Standes (vgl. 1 Kor 5–7). Auch der Streit um den Verzehr von Götzenopferfleisch stellt die Einheit der Gemeinde in Frage. Christen haben nur einen Herrn (vgl. 1 Kor 8, 6), so dass der Genuss von Götzenopferfleisch grundsätzlich möglich ist. Wenn aber diese richtige Erkenntnis das Gewissen des Mitbruders belastet und zu Auseinandersetzungen führt, dient sie nicht dem Aufbau der Gemeinde (vgl. 1 Kor 8, 1. 10; 10, 23 f). Christliche Freiheit vollzieht sich gerade nicht in maßloser Selbstdarstellung oder Selbstverwirklichung, vielmehr ist sie ihrem Wesen nach ein Relationsbegriff: sie gewinnt ihre Prägung erst im Verhältnis zum Mitchristen und zur christlichen Gemeinde[222]. Den im 1 Kor vorherrschenden Grundgedanken der Einheit der Gemeinde verdeutlicht Paulus auch am Beispiel der Geistesgaben (1 Kor 12–14)[223]. Für ihn manifestiert sich in der Mannigfaltigkeit der Gaben die Geschlossenheit der Gemeinde. Die Gemeinde ist der Leib Christi (1 Kor 12, 27), der Raum, in dem der Gekreuzigte und Auferstandene real-geschichtlich wirkt. Deshalb dienen die Charismen nicht der individuellen Selbstdarstellung, sondern allein dem Aufbau der Gemeinde (vgl. 1 Kor 14, 3–5. 17. 26). Paulus schätzt die Geistesgaben, aber er bietet den Korinthern einen noch köstlicheren Weg an: die Liebe. Nicht zufällig steht 1 Kor 13[224] zwischen den von der Gefahr des Missbrauchs der Charismen geprägten Kap. 12 und 14. Die Liebe ist das Gegenteil von Egoismus und Streitsucht, sie sucht nicht das Ihre, sondern offenbart ihr Wesen gerade im Ertragen des Bösen und im Tun des Guten. Erkenntnis ohne Liebe zerstört und baut nicht auf (vgl. 1 Kor 13, 2). An die Warnung vor einem übersteigerten pneumati-

222 Vgl. zum paulinischen Freiheitsbegriff die unterschiedlichen Positionen von S. Jones, ‚Freiheit' in den Briefen des Apostels Paulus (s. o. 2.5.4), und S. Vollenweider, Freiheit als neue Schöpfung, FRLANT 147, Göttingen 1989.

223 Vgl. dazu U. Brockhaus, Charisma und Amt, Wuppertal ^{2}1987.

224 Vgl. zu 1 Kor 13 bes. Oda Wischmeyer, Der höchste Weg. Das 13. Kapitel des 1. Korintherbriefes, StNT 13, Gütersloh 1981; ferner Th. Söding, Die Trias Glaube, Hoffnung, Liebe bei Paulus, SBS 150, Stuttgart 1992; umfassend zur Funktion der Agape in der paulinischen Ethik Th. Söding, Das Liebesgebot bei Paulus, NTA 26, Münster 1995.

schen Enthusiasmus in 1 Kor 12–14 schließt Paulus in 1 Kor 15 die Frage nach der Auferstehung an, weil das korinthische Mißverständnis der Auferstehung ebenfalls auf einer Überbewertung der Pneumagabe beruht (vgl. 1 Kor 15,46). Der Übergang in den pneumatischen Leib vollzieht sich erst bei der Wiederkunft des Herrn (vgl. 1 Kor 15,50 ff). Die Christen befinden sich noch nicht im Stand der Vollendung, das unmittelbare Erkennen und Schauen steht noch aus (vgl. 1 Kor 13,12; 2 Kor 4,7; 5,7).

Weder 1 Kor 15[225] noch 1 Kor 13[226] sind das Zentrum oder der Höhepunkt des 1 Kor, sondern ein Grundgedanke paulinischer Ekklesiologie durchzieht den gesamten Brief: Christus ist das Fundament, der Baumeister, der gegenwärtige Herr und das Ziel der christlichen Gemeinde.

2.5.10 **Tendenzen der neueren Forschung**

Ein Zentrum der Forschung bleibt die Frage nach der literarischen Struktur des 1 Kor. Während die Kommentare von H. Conzelmann, Chr. Wolff, F. Lang, G. D. Fee, A. Strobel, W. Schrage und A. Lindemann von der Einheitlichkeit des 1 Kor ausgehen, plädieren H. J. Klauck und G. Sellin neuerdings wieder für eine Aufteilung des 1 Kor in mehrere Briefe. Demgegenüber weisen H. Merklein und D. Lührmann unter ausdrücklicher Berücksichtigung methodologischer Gesichtspunkte noch einmal die Einheitlichkeit des 1 Kor nach[227]. Einen zweiten Forschungsschwerpunkt bildet die religionsgeschichtliche Einordnung der Paulusgegner im 1 Kor. Die Gnostikerthese wurde in modifizierter Form von L. Schottroff[228] und M. Winter vorgetragen. Das Wesen der korinthischen Gnosis sehen sie in einem Dualismus, der die Welt nicht nur als negatives Gegenüber zum menschlichen Ich, sondern als eine dem Menschen feindlich gesonnene Potenz versteht. Als ‚prägnostisch' oder ‚frühgnostisch' bezeichnen z. B. J. M. Robinson und R. Mc. L. Wilson die Korinther[229]. G. Sellin weist hingegen in sorgfältiger Argumentation auf die Schwierigkeiten hin, das vielschichtige Phänomen Gnosis zu definieren und zeitlich exakt zu verorten[230]. Verliert die

225 So K. Barth, Die Auferstehung der Toten, München 1924.

226 So R. Bultmann, Karl Barth, „Die Auferstehung der Toten", in: ders., Glauben und Verstehen I, Tübingen ^{8}1980, 38–64.

227 Eine Position zwischen Einheitlichkeit und Teilungshypothesen vertritt H. Probst, Paulus und der Brief (s. o. 2.3.1), 108 ff. Er sieht den 1 Kor als eine Sammlung ursprünglich selbständiger Einzelbriefe an, die in chronologischer Abfolge zum 1 Kor zusammengefügt wurden.

228 Vgl. L. Schottroff, Der Glaubende und die feindliche Welt (s. u. 8.5.1), 115 ff.

229 Vgl. J. M. Robinson, Kerygma und Geschichte im Neuen Testament, in: H. Köster – J. M. Robinson, Entwicklungslinien durch die Welt des frühen Christentums, Tübingen 1971, (20–66) 38; R. Mc. L. Wilson, How Gnostic were the Corinthians?, NTS 19 (1972/73), 65–74.

230 Vgl. G. Sellin, Auferstehung der Toten, 195–209.

Gnostikerthese zunehmend an Plausibilität, so verbleiben die zwei bereits erwähnten Erklärungsmodelle (s. o. 2.5.8), die sich teilweise überschneiden: 1) Der Einfluss jüdisch-hellenistischer Weisheitstheologie auf die Korinther (und Paulus). 2) Die Korinther entwickelten eigenständig ihre an der Pneumagabe und den Sakramenten orientierte Theologie, wobei sie sowohl an Paulus als auch an religiöse Vorgaben ihrer Umwelt anknüpften.

Zugleich gewinnen soziologische, rhetorische und kulturgeschichtliche Erklärungsmodelle unter Einbeziehung archäologischer und epigraphischer Befunde immer mehr an Bedeutung (Theißen, Horsley, Lampe, M. Mitchell, D.-A. Koch, B. W. Winter, Eva Ebel), die in der Regel die erwähnten Theorien ergänzen. Sie erklären die Konflikte in Korinth vornehmlich aus der sozialen Schichtung der Gemeinde, den kulturgeschichtlichen Gegebenheiten und dem Festhalten von Teilen der Korinther an säkularer Ethik. Auch der papyrologische Vergleich führt zu einem vertieften Verständnis zahlreicher sozialer, wirtschaftlicher und rechtlicher Fragen im 1Kor (Arzt-Grabner)[231]. Deutlich zeichnet sich in der Forschung die Tendenz ab, von monokausalen rein theologischen Erklärungsmodellen abzurücken und mit einer Vielzahl von Einflüssen zu rechnen.

Zahlreiche Einzeluntersuchungen liegen zu 1 Kor 15 vor. H. Conzelmann förderte durch seine Analysen das Verständnis der vorpaulinischen Tradition 1 Kor 15, 3b–5[232], und P. v. d. Osten-Sacken arbeitete die apologetische Tendenz von 1 Kor 15, 1–11 heraus[233]. Die paulinische Argumentation und die dabei vorauszusetzende gegnerische Position in 1 Kor 15, 12ff wird in unterschiedlicher Weise von G. Brakemeier[234], B. Spörlein[235], K. G. Sandelin, H. H. Schade[236], G. Sellin u. a. bedacht. Besonderes Interesse findet in der neuesten Forschung das Verhältnis von 1 Kor 15, 51 ff zu 1 Thess 4, 13–18, wobei die Frage nach möglichen Entwicklungen in der paulinischen Eschatologie im Mittelpunkt steht (s. o. 2.4.10).

Für die Genese des paulinischen Denkens ist der 1 Kor von besonderer Bedeutung. Darf die Rechtfertigungslehre des Gal und Röm auch für den 1 Kor einfach vorausgesetzt oder mit dessen Kreuzestheologie gleichgesetzt werden[237]? Die Beantwortung

231 Vgl. ferner A. Papathomas, Juristische Begriffe im ersten Korintherbrief des Paulus, Tyche.S 7, Wien 2009.

232 Vgl. neben der Auslegung im Kommentar zum 1 Kor bes. H. Conzelmann, Zur Analyse der Bekenntnisformel 1.Kor. 15, 3–5, in: ders., Theologie als Schriftauslegung, BEvTh 65, München 1974, 131–141.

233 Vgl. P. v. d. Osten-Sacken, Die Apologie des paulinischen Apostolats in 1.Kor. 15, 1–11, in: ders., Evangelium und Tora, TB 77, München 1987, 131–149.

234 Vgl. G. Brakemeier, Die Auseinandersetzung des Paulus mit den Auferstehungsleugnern in Korinth, Diss. theol., Göttingen 1968.

235 Vgl. B. Spörlein, Die Leugnung der Auferstehung, BU 7, Regensburg 1971.

236 Vgl. H. H. Schade, Apokalyptische Christologie (s. o. 2.4.1), 191–212.

237 So z. B. E. Lohse, Grundriß der neutestamentlichen Theologie, Stuttgart [4]1989, 87; dagegen U. Schnelle, Wandlungen im paulinischen Denken (s. o. 2.4.9), 49–54.

dieser Frage hängt zu einem erheblichen Teil von der Interpretation von 1 Kor 15, 56 ab, wo kontextuell völlig unvorbereitet ein Grundgedanke der Rechtfertigungslehre des Röm aufblitzt[238]. Unabhängig von der Beantwortung dieser Frage wird immer deutlicher, dass die im 1Kor vorherrschende Kreuzestheologie ein Zentrum der gesamten paulinischen Theologie ist (W. Schrage, Th. Söding, J. Zumstein, F. Voss, H.-Chr. Kammler u. a.)[239].

EXKURS 1: Methodische Überlegungen zu Teilungshypothesen paulinischer Briefe

Die große Bedeutung von Teilungshypothesen für das Verständnis der paulinischen Briefe und den Ablauf der paulinischen Mission machen an dieser Stelle die Formulierung methodischer Grundsätze erforderlich. Die Teilungshypothesen gehen von den klassischen Methoden der Literarkritik aus (Spannungen, Brüche, fehlende Logik, Widersprüche, Unstimmigkeiten, den Gedankengang störende Hinzufügungen, vom Kontext abweichende theologische Aussagen, verschiedene historische Situationen)[240] und wenden sie mit unterschiedlicher Argumentation und z. T. stark divergierenden Ergebnissen an. Dabei werden oft überspitzte logische Anforderungen an den Text gestellt, ein textfremder Rationalismus präjudiziert die Erkenntnis, denn was ein literarkritisch verwertbarer Widerspruch ist, hängt wesentlich von der subjektiven Einschätzung des Exegeten ab. Trotz des überlegten Aufbaus und des hohen Reflexionsniveaus handelt es sich aber bei den Paulusbriefen um Gelegenheitsschreiben, nicht um stimmige (und sterile) Abhandlungen im neuzeitlichen Sinn. Deshalb ist eine sprunghafte Gedankenführung bei einer Persönlichkeit wie Paulus kein Argument für literarkritische Urteile. Auch Lob und Tadel können abwechseln, neue Themen eingeführt werden, ohne dass jeweils unterschiedliche Situationen vorliegen müssen. Teilungshypothesen können somit erst dann als plausibel gelten, wenn der Jetzttext eines Paulusbriefes nicht als eine sinnvolle Einheit verstanden werden kann. Nicht die Möglichkeit, sondern die unbedingte Notwendigkeit von Teilungshypothesen muss als methodisches Prinzip gelten[241]. Es gilt zu zeigen, dass die Texte

238 Zu 1 Kor 15, 56 vgl. einerseits F. W. Horn, 1 Kor 15, 56 – ein exegetischer Stachel, ZNW 82 (1991), 88–105, andererseits Th. Söding, „Die Kraft der Sünde ist das Gesetz" (1 Kor 15, 56), in: ders., Das Wort vom Kreuz, 93–103.

239 Zur umstrittenen Frage, was unter Kreuzestheologie genau zu verstehen ist, vgl. K. Haldimann, Kreuz – Wort vom Kreuz – Kreuzestheologie. Zu einer Begriffsdifferenzierung in der Paulusinterpretation, in: A. Dettwiler/J. Zumstein (Hg.), Kreuzestheologie im Neuen Testament, WUNT 151, Tübingen 2002, 1–25.

240 Aufzählung und Diskussion aller relevanten Teilungskriterien bei P. Beier, Geteilte Briefe? (s. o. 2.4.6), 190–223. Es zeigt sich, dass zu jedem Argument für Teilungshypothesen ein begründetes Gegenargument angeführt werden kann!

241 Die Gegenposition vertritt W. Schmithals, Methodische Erwägungen zur Literarkritik der Paulusbriefe, ZNW 87 (1996), 51–82.

nur dort einen guten Sinn ergeben, wo sie angeblich ursprünglich standen. Bisher wurde aber für keinen Paulusbrief der unbedingte Nachweis erbracht, dass er nur unter Zugrundelegung von Teilungshypothesen sinnvoll verstanden werden kann. Zudem wird bei Teilungshypothesen einem unbekannten Redaktor immer zugetraut, was man Paulus abspricht: die Komposition der Briefe in ihrer jetzigen Gestalt. Wer legitimierte die Redaktoren zu ihrem Vorgehen? Welche Ziele verfolgten sie mit der Schaffung neuer, künstlicher Textgebilde? Wussten die damaligen Hörer und Leser der Briefe, was Exegeten heute zu wissen meinen? Warum wird einem Redaktor mangelnde Textkohärenz zugebilligt, Paulus aber nicht? Überzeugende Antworten auf diese naheliegenden Fragen wurden bisher nicht gegeben. Zudem verschleiert die häufig anzutreffende Rede von einer ‚Rekonstruktion' den schlichten Tatbestand, dass eine Re-konstruktion immer eine Kenntnis des Ursprünglichen voraussetzt! Dies ist aber bei Teilungshypothesen nicht der Fall, sondern das Ursprüngliche ist der vorliegende Text, der allerdings gerade nicht als ursprünglich angesehen wird, und man tut so, als würde man aus dem Ursprünglichen das eigentlich ‚Ursprüngliche' wiederherstellen. Völlig unbeweisbar ist schließlich die oft bei Teilungshypothesen zu Hilfe genommene Vermutung, durch die Arbeit des Redaktors seien Briefanfänge oder Briefschlüsse verlorengegangen. Für eine solche Vorgehensweise gibt es in den antiken Papyri m. W. keine Parallelen, die Redaktoren hätten zuerst auf die Brieffragmente (als Briefe können die rekonstruierten Einheiten nicht bezeichnet werden) warten müssen, um dann kunstvoll neue Briefeinheiten herzustellen, die an andere Gemeinden gesandt wurden. Ein historisch sehr unwahrscheinlicher Vorgang, wie der Galaterbrief beweist. Er blieb nur erhalten, weil er von der galatischen Gemeinde alsbald weitergegeben wurde. Hinzu kommt ein weiteres Argument: Wer bei Paulusbriefen mit Redaktorentätigkeit und dem Wegfall von rahmenden Textsegmenten rechnet, kann die ursprüngliche Kommunikationssituation nicht mehr rekonstruieren, die durch Prae- und Postskripte installiert wird. Gerade die Prae- und Postskripte enthalten für die angestrebte Kommunikation wertvolle Nachrichten (Mitverfasser der Briefe, Reisepläne, Grüße), so dass ihr vielfach als völlig selbstverständlich vorausgesetztes Entfallen als historisch sehr unwahrscheinlich angesehen werden muss. Zu beachten ist auch ein hermeneutischer Aspekt: Die einzelnen Textfragmente erscheinen in einem veränderten Kontext, der das Verstehen wesentlich bestimmt. Gegenstand der Interpretation wären nicht mehr die Briefe des Paulus, sondern das Paulusverständnis der Redaktoren! Texttheoretisch heißt das: Der Status eines solchen aus Fragmenten zusammengesetzten Textes ist ein völlig anderer als der Status eines von einer Person verfassten zusammenhängenden Textes. Die von heutigen Exegeten/Exegetinnen rekonstruierten ‚Briefe' sind gewissermaßen Meta-Texte, die sich vor allem neuzeitlichen Theoriegebäuden verdanken. Zudem bietet das Corpus Paulinum in den vorliegenden Handschriften mit erklärbaren Differenzen einen einheitlichen Text, was darauf schließen lässt, dass auch die Briefe der am Anfang stehenden Einzelsammlungen den gleichen Text besaßen[242]. Sie wurden wahrscheinlich nie anders als in ihrer vorliegenden Form überliefert.

Teilungshypothesen sind deshalb methodisch erst dann gerechtfertigt, wenn es für die vorliegende Gestalt eines Paulusbriefes ausgehend vom Prinzip der *Textkohärenz* und seinen verschiedenen Dimensionen als Syntaxkohärenz, semantische Kohärenz und pragmatische Kohärenz keine Erklärung auf paulinischer Ebene gibt.

2.6 Der zweite Korintherbrief

2.6.1 Literatur

Kommentare

KEK 6: H. Windisch, 1924 (= 1970); R. Bultmann (Sonderband), 1976. – HNT 9: H. Lietzmann, ^{5}1969, 97–164. – EKK VIII/1: Th. Schmeller, 2010 (Kap. 1,1–7,4). – ThHK 8: Chr. Wolff, ^{2}2011. – NTD 7: F. Lang, 1986. – ÖTK 8/1.2: E. Gräßer, 2002.2005. – NEB: H. J. Klauck, 1986. – AncB 32a: V. P. Furnish, 1984. – WBC 40: R. P. Martin, 1986. – ICC: M. E. Thrall, 1994. 2000. – NICNT: P. Barnett, 1997. – F. W. Danker, II Corinthians, Minneapolis 1989. – F. Zeilinger, Krieg und Friede in Korinth, Wien I 1992. II 1997. – H. D. Betz, 2. Korinther 8 und 9. Ein Kommentar zu zwei Verwaltungsbriefen des Apostels Paulus, Gütersloh 1993. – Sacra Pagina: J. Lambrecht, 1999. – F. J. Matera, IICorinthians, The New Testament Library, Louisville 2003. – M. J. Harris, The Second Epistle to the Corinthians, NIGTC, Grand Rapids 2005.

Monographien

D. Georgi, Die Gegner des Paulus im 2.Korintherbrief, WMANT 11, Neukirchen 1964. – H. D. Betz, Paulus und die sokratische Tradition, BHTh 45, Tübingen 1972. – M. Rissi, Studien zum zweiten Korintherbrief, AThANT 56, Zürich 1969. – N. Baumert, Täglich sterben und auferstehen, StANT 34, München 1973. – L. Aejmelaeus, Streit und Versöhnung. Das Problem der Zusammensetzung des 2.Korintherbriefes, SES 46, Helsinki 1987. – C. Breytenbach, Versöhnung, WMANT 60, Neukirchen 1989. – J. L. Sumney, Identifying Paul's Opponents. The Question of Method in 2 Corinthians, JSOT.S 40, Sheffield 1990. – A. de Oliveira, Die Diakonie der Gerechtigkeit und der Versöhnung in der Apologie des 2. Korintherbriefes, NTA 21, Münster 1990. – J. Murphy-O'Connor, Theology of the Second Letter to the Corinthians, Cambridge 1991. – U. Heckel, Kraft in Schwachheit, WUNT 2.56, Tübingen 1993. – J. Schröter, Der versöhnte Versöhner, TANZ 10, Tübingen 1993. – B. Bosenius, Die Abwesenheit des Apostels als theologisches Programm, TANZ 11, Tübingen 1994. – H. M. Wünsch, Der paulinische Brief 2 Kor 1–9 als kommunikative Handlung, Münster 1996; Eve-Marie Becker, Schreiben und Verstehen, NET 4, Tübingen 2002. – Th. R. Blanton, Constructing a New Covenant, WUNT 2.233, Tübingen 2007. – I. Vegge, 2Corinthians – a Letter about Reconciliation, WUNT 2.239, Tübingen 2008.

---

242 Vgl. K. Aland, Die Entstehung des Corpus Paulinum (s. u. Exkurs 2), 348 ff.

Aufsätze

E. Käsemann, Die Legitimität des Apostels, in: K. H. Rengstorf (Hg.), Das Paulusbild in der neueren deutschen Forschung (s. o. 2.), 475–521. – G. Bornkamm, Die Vorgeschichte des sogenannten zweiten Korintherbriefes, in: ders., Geschichte und Glaube II, BEvTh 53, München 1971, 162–194. – G. Friedrich, Die Gegner des Paulus im 2. Korintherbrief, in: ders., Auf das Wort kommt es an, Göttingen 1978, 189–223; N. Hyldahl, Die Frage nach der literarischen Einheit des Zweiten Korintherbriefes, ZNW 64 (1973), 288–306. – O. Hofius, Gesetz und Evangelium nach 2. Korinther 3, in: ders., Paulusstudien, WUNT 51, Tübingen 1989, 75–120. – G. Strecker, Die Legitimität des paulinischen Apostolats nach 2 Korinther 10–13, NTS 38 (1992), 566–586. – R. Bieringer – J. Lambrecht, Studies on 2 Corinthians, BETL 112, Leuven 1994 (wichtige Aufsatzsammlung). – J. D. H. Amador, Revisiting 2 Corinthians: Rhetoric and the Case for Unity, NTS 46 (2000), 92–111. – Th. Schmeller, Die Cicerobriefe und die Frage nach der Einheitlichkeit des 2. Korintherbriefes, ZNW 95 (2004), 181–208. – Th. R. Blanton, Spirit and Covenant Renewal: A Theologoumenon of Paul's Opponents in 2Corinthians, JBL 129 (2010), 129–151.

2.6.2 Verfasser

Die Echtheit des 2 Kor wurde von der Hyperkritik des 19. Jhs. teilweise bestritten (z. B. Bruno Bauer), heute steht sie außer Zweifel. Ein erster Reflex des 2 Kor (9, 12) findet sich in 1 Klem 38, 2.

2.6.3 Ort und Zeit der Abfassung

Ein Zugang zu diesem Brief eröffnet sich nur, wenn die Ereignisse zwischen der Abfassung des 1 Kor und des 2 Kor berücksichtigt werden. Paulus kündigt in 2 Kor 12, 14; 13, 1 einen dritten Besuch in Korinth an, muss also zuvor noch einmal in Korinth gewesen sein. In 2 Kor 1, 15 f spricht der Apostel von einer geplanten Reise direkt nach Korinth, dann nach Makedonien, von Makedonien wieder nach Korinth und von dort nach Judäa. Um welche Reise handelt es sich? Aufschluss darüber liefert 2 Kor 2, 1, wo Paulus erwähnt, er wolle nicht wiederum in Trübsal nach Korinth kommen. Es fand also nach dem Gründungsaufenthalt ein Besuch in Korinth statt, bei dem Paulus beleidigt wurde; daraufhin verfasste er den ‚Tränenbrief' (vgl. 2 Kor 2, 4; 7, 8. 12). Dies ist der in 2 Kor 1, 15 erwähnte Besuch, der unter Abänderung der in 1 Kor 16, 5 ff geäußerten Reisepläne stattfand. Zudem führte Paulus nach dem Zwischenfall seine in 2 Kor 1, 16 erwähnten Reisepläne nicht durch, sondern kehrte wahrscheinlich nach Ephesus zurück und schrieb den ‚Tränenbrief'. Schließlich hatte Paulus der Gemeinde während des Zwischenbesuches offenbar angekündigt, ein drittes Mal zu kommen (vgl. 2 Kor 1, 23). An die Stelle dieses ausgelassenen Besuches trat der ‚Tränenbrief' (vgl. 2 Kor 2, 3. 4), den vermutlich Titus nach Korinth brachte (vgl. 2 Kor 7, 5–9). Vor allem die Änderungen der Reisepläne trugen Paulus den Vorwurf der Unaufrichtigkeit ein (vgl. 2 Kor 1, 17).

Von Ephesus zog der Apostel nun auf einer gefahrvollen Reise (vgl. 2 Kor 1,8) über Troas (2 Kor 2, 12) nach Makedonien, wo er Titus traf (2 Kor 7, 6 f). Dieser überbrachte ihm gute Nachrichten aus Korinth, welche die Voraussetzung für den in 2 Kor 12, 14; 13, 1 angekündigten dritten Besuch bildeten. Die Kollektenaktion in Makedonien verlief erfolgreich (vgl. 2 Kor 8, 1 ff; Röm 15, 26); sie wurde wahrscheinlich durch Timotheus veranlasst, der nach 1 Kor 4, 17; 16, 10 auf dem Landweg nach Makedonien reiste und Mitabsender des 2 Kor ist (2 Kor 1, 1).

In die Zeit zwischen der Abfassung des 1 Kor und des 2 Kor fallen somit folgende Ereignisse:

1) Reise von Ephesus nach Korinth, der Zwischenbesuch des Apostels (vgl. 2 Kor 12, 14; 13, 1).

2) Überstürzte Rückkehr nach Ephesus, weil Paulus von einem Gemeindeglied betrübt wurde (vgl. 2 Kor 2, 3–11; 7,8. 12).

3) Abfassung des ‚Tränenbriefes', der von Titus nach Korinth gebracht wurde (vgl. 2 Kor 7, 5–9).

4) Todesgefahr in Asien (2 Kor 1,8).

5) Reise des Apostels von Troas nach Makedonien (vgl. 2 Kor 2, 12. 13).

6) Paulus trifft in Makedonien den aus Korinth zurückgekehrten Titus (2 Kor 7, 5 ff).

Für den Ablauf dieser Ereignisse muss ein Zeitraum von über einem halben Jahr angesetzt werden, der 2 Kor wurde somit wahrscheinlich im Spätherbst (vgl. 2 Kor 8, 10) des Jahres *55 n. Chr.* in *Makedonien* (vgl. 2 Kor 7, 5; 8, 1–5; 9, 3 f) geschrieben[243].

> Aus 2 Kor 8, 10 geht hervor, dass zwischen der Abfassung der Korintherbriefe ein Jahreswechsel liegt. Folgt Paulus dem ihm geläufigen makedonischen Kalender, liegt dieser Jahresanfang im Herbst[244]. Rechnet man hingegen mit eineinhalb Jahren Abstand zwischen den Korintherbriefen[245], so ergeben sich zwei mögliche Folgerungen: 1. Der 1 Kor wurde bereits im Frühjahr 54 abgefasst. 2. Paulus schrieb den 1 Kor im Frühjahr 55, den 2 Kor im Herbst 56[246] und gelangte dann erst im Frühjahr 57 nach Jerusalem.

2.6.4 Empfänger

Der 2 Kor ist nicht nur an die korinthische Gemeinde, sondern auch ‚an alle Heiligen in ganz Achaia' gerichtet (2 Kor 1, 1). Durch diese *Erweiterung* des Empfängerkreises ändert sich der Charakter des Briefes, Paulus wendet sich an eine Lokalgemeinde

243 Vgl. H. Lietzmann, 2 Kor, 135; F. Lang, 2 Kor, 320 (2 Kor 1–9); V. P. Furnish, 2 Kor, 55 (2 Kor 1–9); Chr. Wolff, 2 Kor, 10; P. Barnett, 2 Cor, 15.

244 Vgl. hierzu J. Finegan, Handbook of Biblical Chronology, Peabody MA ²1998, 51 ff; H. Lietzmann, 2 Kor, 135.

245 So z. B. H. Windisch, 2 Kor, 255 f (18 Monate); G. Lüdemann, Paulus I (s. o. 2.1), 134 (16 Monate).

246 Vgl. M. E. Thrall, 2 Cor, 77 (Abfassung des 2 Kor in Makedonien 56 n. Chr.).

und an alle Christen in Achaia (vgl. 2 Kor 9, 2; 11, 10). Diese Doppelbestimmung ist auch für die Beurteilung der literarischen Struktur des 2 Kor von Bedeutung.

Gegenüber der in 2.5.4 geschilderten Gemeindesituation trat eine einschneidende Veränderung ein: Von außen drangen Irrlehrer in die Gemeinde ein (vgl. 2 Kor 11, 4), sie gewannen schnell Einfluss und diffamierten Paulus (vgl. 2.6.8). Der Apostel spricht von diesen Gegnern in der 3. Person, um sie deutlich von der Gemeinde zu unterscheiden (vgl. 2 Kor 10, 1 f.7. 10. 12; 11, 4 f. 12 f.18. 20. 22 f).

2.6.5 **Gliederung, Aufbau, Form**

1, 1–2	Präskript	Briefanfang
1, 3–7	Proömium	
1,8–2, 17	Briefliche Selbstempfehlung	
3, 1–4, 6	Der Dienst des Apostels als Dienst im Geist	Briefkorpus
4, 7–5, 11	Die Leidensgemeinschaft mit Christus und die Hoffnung des Apostels	
5, 12–21	Der Dienst der Versöhnung	
6, 1–10	Die Herrlichkeit der Leiden des Apostels	
6, 11–7, 16	Die Aussöhnung mit den Korinthern	
8, 1–24	Die Kollekte für Jerusalem	
9, 1–15	Der Segen der Kollekte	
10, 1–11	Die Vorwürfe der Gegner	
10, 12–18	Die Maßstäbe des Apostels	
11, 1–15	Der selbstlose Dienst des Apostels	
11, 16–12,13	Die Narrenrede	
12, 14–13,10	Apostolische Parusie	Briefschluss
13, 11	Schlussparänese	
13, 12	Grüße	
13, 13	Eschatokoll	

Während das Präskript des 2 Kor der geläufigen Form paulinischer Briefe (vgl. 1 Kor 1, 1–3) voll entspricht, wird die Danksagung in 2 Kor 1, 3–7 nicht mit *εὐχαριστεῖν*, sondern mit *εὐλογεῖν* eingeleitet. Zumeist gilt 2 Kor 1,8 als Beginn des 1. Hauptteils des 2 Kor. Demgegenüber weisen F. Schnider – W. Stenger[247] darauf hin, dass sich in 2 Kor 1,8–2, 17 alle typischen Elemente der brieflichen Selbstempfehlung finden (Erwähnung der Erstpräsenz: 1, 19; Gegenwart des Briefschreibers bei den Adressaten:

247 Vgl. F. Schnider – W. Stenger, Studien (s. o. 2.3.2), 52 ff.

1, 11; zukünftige Gegenwart/Reisepläne: 1, 15 f. 23; 2, 1; Aussendung/Rückkehr eines Abgesandten: 2, 14; Autoritätssicherung: 1, 17 f; 2, 17; 2, 5–11; Appell an die Emotionen der Leser: 1, 23 f; 1, 13). Zudem charakterisiert Paulus in 2 Kor 3, 1 den vorhergehenden Abschnitt als briefliche Selbstempfehlung! Schließlich liegt in 2 Kor 3, 1 und nicht in 2 Kor 2, 14 ein thematischer Neueinsatz vor. Die Danksagung in 2 Kor 2, 14 kommt zweifellos überraschend, aber in 1 Kor 15, 57 findet sich dafür eine Parallele (vgl. ferner 2 Kor 8, 16; 9, 15; Röm 6, 17; 7, 25 a). Paulus leitet mit 2 Kor 2, 14–17 zum 1. Hauptteil des Briefes über[248].

Paulinischem Briefstil entspricht der Übergang mit einem *παρακαλῶ*-Satz in 2 Kor 10, 1 (vgl. 1 Thess 4, 1; Röm 12, 1; Phil 4, 2; Phlm 8–10). Die Schlussparänese in 2 Kor 13, 11 bezieht sich auf den Inhalt des gesamten Briefes (vgl. *χαίρετε* und *καταρτίζεσθε*). Das Eschatokoll in 2 Kor 13, 13 weist eine dreigliedrige Form auf, während sonst die eingliedrige Form vorherrscht (vgl. 1 Thess 5, 28; 1 Kor 16, 23; Gal 6, 18; Röm 16, 20; Phil 4, 23; Phlm 25).

2.6.6 **Literarische Integrität**

Die Einheitlichkeit des 2 Kor ist sehr umstritten. Folgende Textphänomene werden als Argumente für Teilungshypothesen angeführt:

1) Der Bruch zwischen 2 Kor 1–9 und 2 Kor 10–13 sei so eklatant, dass in beiden Fällen eine unterschiedliche Stellung des Paulus zur Gemeinde angenommen werden müsse. Vielfach wird diese Vermutung mit der Annahme verbunden, 2 Kor 10–13 sei als selbständiges Brieffragment anzusehen.

2) In 2 Kor 2, 13 werde die Besprechung eines Zwischenfalls in Korinth offensichtlich durch eine Apologie des paulinischen Apostolats (2 Kor 2, 14–7, 4) unterbrochen, was insbesondere der Anschluss von 2 Kor 7, 5 an 2 Kor 2, 13 verdeutliche.

3) Die beiden Kollektenmahnungen in 2 Kor 8 und 2 Kor 9 scheinen nicht ursprünglich zusammenzugehören.

4) 2 Kor 6, 14–7, 1 weist erhebliche sprachliche und inhaltliche Besonderheiten auf, so dass die paulinische Herkunft dieses Textes bezweifelt werden müsse.

Aus den Bestandteilen 2 Kor 1, 1–2, 13; 2, 14–6, 13; 7, 2–4; 7, 5–16; 8; 9 und 10–13 müssen dann Briefe bzw. Brieffragmente rekonstruiert werden. Die wichtigsten Varianten dieser Versuche seien genannt[249]:

248 Vgl. Chr. Wolff, 2 Kor, 51: „Man wird 2, 14–17 am ehesten als eine Überleitung zu einem neuen, großen Gedankengang, in dem es um theologische Reflexionen über den Aposteldienst geht, zu verstehen haben."

249 Einen Forschungsüberblick bieten H. Windisch, 2 Kor, 11–21; R. P. Martin, 2 Kor, XL–LII; H. D. Betz, 2 Kor, 25–77; R. Bieringer, Der 2. Korintherbrief in den neuesten Kommentaren, EThL LXVII (1991), 107–130; ders., Teilungshypothesen zum 2. Korintherbrief. Ein Forschungsüberblick, in: R. Bieringer – J. Lambrecht, Studies on 2 Corinthians, 67–105; M. E. Thrall, 2 Cor, 1–76; E.-M. Becker, Schreiben und Verstehen, 3–41; Th. Schmeller, 2 Kor, 13–40.

a) Im Anschluss an J. S. Semler sah A. Hausrath in 2 Kor 10–13 einen Teil des verlorengegangenen ‚Tränenbriefes'[250]. Er setzte deshalb 2 Kor 10–13 vom Ende des überlieferten Briefes an den Anfang der im 2 Kor erhaltenen Korrespondenz. Diese Teilungshypothese fand viel Zustimmung und ist in modifizierter Form auch heute von Bedeutung. So rechnen H. J. Klauck und L. Aejmelaeus 2 Kor 10–13 zum ‚Tränenbrief'[251] und treten für die Reihenfolge ein: 1. ‚Tränenbrief' (2 Kor 10–13); 2. ‚Versöhnungsbrief' (2 Kor 1–9). Auch F. Lang sieht in 2 Kor 10–13 einen Teil des ‚Tränenbriefes', den Paulus nach seinen Erfahrungen während des Zwischenbesuches schrieb. Auf den ‚Tränenbrief' folgte der ‚Versöhnungsbrief' 2 Kor 1–8, dem Paulus als Begleitschreiben noch eine Kollektenempfehlung anfügte (2 Kor 9). Eine weitere Modifikation der Hausrathschen These vertritt G. Dautzenberg, der im 2 Kor eine Sammlung von drei Briefen bzw. Brieffragmenten sieht. Er stellt 2 Kor 9 an den Anfang der Korrespondenz, es folgen 2 Kor 10–13 und 2 Kor 1–8[252].

b) Die zweite wichtige Teilungsvariante geht ebenfalls von der Eigenständigkeit von 2 Kor 10–13 aus, versteht diesen Text aber nicht als einen Teil des ‚Tränenbriefes'. Vielmehr wird 2 Kor 1–9 als Zeugnis eines Zwischenstadiums im Verhältnis des Apostels zur korinthischen Gemeinde angesehen. Dann folgte 2 Kor 10–13 als letzter Brief, mit dem Paulus sich in Korinth durchzusetzen versuchte. Die Reihenfolge 2 Kor 1–9; 2 Kor 10–13 vertreten mit teilweise unterschiedlicher Argumentation u. a. H. Windisch, A. Jülicher[253], F. F. Bruce[254], C. K. Barrett[255], V. P. Furnish und R. P. Martin.

c) Im Anschluss an J. Weiß[256] löst R. Bultmann 2 Kor 2, 14–7, 4 aus dem ‚Versöhnungsbrief' heraus und rechnet diesen Text wie 2 Kor 9 und 2 Kor 10–13 zum ‚Tränenbrief'[257]. Bultmann vertritt damit die Reihenfolge: 1) ‚Tränenbrief' 2 Kor 2, 14–7, 4; 9; 10–13; 2) ‚Versöhnungsbrief' 2 Kor 1, 1–2, 13; 7, 5–16; 8.

d) G. Bornkamm sieht in der Apologie 2 Kor 2, 14–7, 4 den Abschnitt des 2 Kor, der am frühesten verfasst wurde, und mit dem Paulus Einfluss auf die Zustände in Korinth zu gewinnen suchte. Dennoch verschlechterte sich die Lage in Korinth so sehr, dass der Apostel den ‚Tränenbrief' verfasste, welchen Bornkamm in 2 Kor 10–13 wiederzufinden meint. Nach dem Erfolg des ‚Tränenbriefes' und der Mission des Titus schrieb Paulus dann den ‚Versöhnungsbrief', zu dem Bornkamm 2 Kor 1, 1–2, 13;

---

250 Vgl. A. Hausrath, Der Vier-Capitelbrief des Paulus an die Korinther, Heidelberg 1870.

251 Vgl. ferner F. B. Watson, 2 Cor X–XIII and Paul's Painful Letter to the Corinthians, JThS 35 (1984), 324–346; G. Strecker, Die Legitimität des paulinischen Apostolats, 566; F. Zeilinger, Krieg und Friede in Korinth, 36. F. Zeilinger, a. a. O., 23 f, teilt den 2 Kor in vier Briefe auf: a) 2 Kor 10–13; b) 2 Kor 1, 1–2, 13; 7, 5–16; c) 2 Kor 8 und 9; d) 2 Kor 2, 14–7, 4.

252 Vgl. G. Dautzenberg, Der zweite Korintherbrief als Briefsammlung, ANRW 25. 5, Berlin 1987, 3045–3066.

253 Vgl. A. Jülicher – E. Fascher, Einleitung, 98 ff.

254 Vgl. F. F. Bruce, 2 Kor, London 1971, 117 ff.

255 Vgl. C. K. Barrett, 2 Kor, London 1973, 21.

256 Vgl. J. Weiß, Das Urchristentum (s. o. 2.5.6), 265. 275.

257 Vgl. R. Bultmann, Exegetische Probleme des zweiten Korintherbriefes, in: ders., Exegetica, Tübingen 1967, 298–322.

7, 5–16 rechnet. 2 Kor 8, 1–24 klassifiziert er als einen Anhang zum ‚Versöhnungsbrief' und 2 Kor 9, 1–15 als eigenständiges Rundschreiben an die Gemeinden in Achaia. Der Ablauf der im 2 Kor zusammengefassten Korrespondenz stellt sich dann folgendermaßen dar: 1) 2 Kor 2, 14–7, 4; 2) 2 Kor 10–13; 3) 2 Kor 1, 1–2, 13; 7, 5–16; 4) 2 Kor 8, 1–24; 5) 2 Kor 9, 1–15[258].

Nicht mit redaktionellen Eingriffen, sondern mit einer Aneinanderreihung im Rahmen von Abschriften „von Wachs- oder Holztafeln auf umfangreichere Codizes"[259] rechnet Eve-Marie Becker bei der Zusammenstellung des vorliegenden 2Kor, wobei sie in 2Kor 1,1–7,4 den ‚Tränenbrief' erblickt. „Paulus schrieb die vier bzw. fünf Teilbriefe A-E (1,1–7,4; 7,5–16; 8; 9; 10–13) in zeitlichem Abstand nacheinander, und sie wurden recht bald nach Erhalt in Korinth abgeschrieben und dabei in Aneinanderreihung kompiliert."[260]

Für eine sachgemäße Beurteilung der zum 2 Kor vorgetragenen Teilungshypothesen muss zunächst die Frage geklärt werden, ob das Wegfallen zahlreicher Prä- und Postskripte erklärt werden kann. Zumeist wird dieses naheliegende Problem überhaupt nicht behandelt oder man erhält sehr vage Auskünfte[261]. Da die Reisepläne des Apostels nachweislich eine wesentliche Rolle innerhalb der Auseinandersetzungen gespielt haben (2Kor 1,17) und das Verhältnis zwischen Paulus und den Korinthern nicht unwesentlich von Stimmungen geprägt war, kommt den Präskripten, Proömien und Postskripten eine zentrale Bedeutung zu. Hier platziert der Apostel wichtige Informationen (Reisepläne, Anordnungen) und beeinflusst vor allem mit seinen Danksagungen und Grüßen das Verhältnis zur Gemeinde. Es muss deshalb als historisch und theologisch sehr unwahrscheinlich angesehen werden, dass solche wichtigen Textabschnitte einfach ‚wegfielen'.

Weiter muss gefragt werden, ob 2 Kor 10–13 ein Bestandteil des ‚Tränenbriefes' sein kann. Paulus beschreibt in 2 Kor 2, 3 ff; 7,8. 12 sehr genau, was den Zwischenfall in Korinth, seine überstürzte Abreise und den ‚Tränenbrief' auslöste: Er wurde von einem korinthischen Gemeindeglied sehr betrübt, die Einzelheiten des Vorfalls sind

258 G. Bornkamm nahe steht H. D. Betz, 2 Kor, 251–256, der den 2 Kor als Komposition folgender Briefe bzw. Brieffragmente ansieht: 2 Kor 2, 14–6, 13; 7, 2–4 (Fragment eines apologetischen Briefes); 2 Kor 10, 1–13, 10 (Fragment des Tränenbriefes); 2 Kor 1, 1–2, 13; 7, 5–16; 13, 11–13 (Versöhnungsbrief); 2 Kor 8 (Fragment eines Verwaltungsbriefes an die Korinther); 2 Kor 9 (Fragment eines Verwaltungsbriefes an die Achaier); 2 Kor 6, 14–7, 1 (nachpaulinische Interpolation). Ähnlich E. Gräßer, 2Kor I, 34f, der in 2Kor 2,14–6,13; 7,2–4 das Fragment eines apologetischen Briefes und in 2Kor 10,1–13,10 das Fragment des ‚Tränenbriefes' sieht; in 2Kor 1,1–2,13; 7,5–16 (13,11–13?) den ganz erhaltenen ‚Versöhnungsbrief' erblickt und 2Kor 8 als Fragment eines Verwaltungsschreibens an die Korinther, 2Kor 9 als Fragment eines Verwaltungsschreibens an die Achaier einstuft (2Kor 6,14–7,1 gilt als nachpaulinische Interpolation).

259 E.-M. Becker, Schreiben und Verstehen, 101.

260 A. a. O., 101. Diese Annahme kombiniert Becker mit der These einer ‚paulinischen Briefhermeneutik', in deren Zentrum sie 2Kor 1,12–14 sieht; vgl. dies., Schreiben und Verstehen, 168.

261 Vgl. Eve-Marie Becker, a. a. O., 99 f.

jedoch nicht mehr rekonstruierbar. Nach dem Empfang des ‚Tränenbriefes' bestrafte die Gemeinde den Übeltäter, nun bittet Paulus die Gemeinde, ihm zu verzeihen (vgl. 2 Kor 2, 6–8). Sollte 2 Kor 10–13 ein Bestandteil des ‚Tränenbriefes' sein, so ist es sehr merkwürdig, dass Paulus nicht den Zwischenfall erwähnt, der diesen Brief überhaupt erst veranlasste. Die vom Apostel in 2 Kor 10–13 bekämpften Gegner stehen in keinerlei Verbindung zu dem einzelnen Gemeindeglied in 2 Kor 2, 3 ff. Während Paulus dem *ἀδικήσας* („Übertäter") vergibt und die Angelegenheit damit für ihn erledigt ist (vgl. 2 Kor 2, 6–10)[262], bestimmt die Auseinandersetzung mit den Gegnern auch in 2 Kor 1–9 wesentlich die paulinische Argumentation (vgl. 2 Kor 3, 1–3 mit 10, 12. 18; ferner 2 Kor 4, 2. 3. 5; 5, 12; 2, 17). Die ‚Überapostel' sind ‚falsche Apostel' und ‚betrügerische Arbeiter' (2 Kor 11, 13), denen Paulus nicht in gleicher Weise wie dem Einzelnen die Hand zur Versöhnung entgegenstreckt. Während der *ἀδικήσας* zweifellos zur Gemeinde gehörte, drangen die Gegner von außen in die Gemeinde ein (vgl. 2 Kor 11, 4: *ὁ ἐρχόμενος*). Der ‚Tränenbrief' wurde als Ersatz für die nicht stattgefundene Rückkehr von Makedonien nach Korinth geschrieben (vgl. 2 Kor 1, 16; 1, 23–2, 4), während 2 Kor 10–13 auf einen dritten Besuch vorausblicken. Auch der nach 2 Kor 10, 1. 9–11; 13, 2 gegen Paulus erhobene Vorwurf, sein persönliches Auftreten in der Gemeinde sei schwächlich, die Briefe hingegen seien kraft- und wirkungsvoll, spricht gegen eine Zuordnung von 2 Kor 10–13 zum ‚Tränenbrief'. Diese Vorwürfe beziehen sich auf den Konflikt mit dem einzelnen Gemeindeglied und dem folgenden ‚Tränenbrief', sie setzen also den ‚Tränenbrief' voraus und sind nicht ein Bestandteil desselben. Der Plural *αἱ ἐπιστολαί* in 2 Kor 10, 10 umfasst den 1 Kor und den Tränenbrief[263]! Auch der in 2 Kor 13, 2 erwähnte zweite Besuch fügt sich in diese Interpretation ein, denn es ist der Zwischenbesuch, der zur Abfassung des ‚Tränenbriefes' führte. Damals schonte Paulus die Gemeinde, bei dem nun bevorstehenden dritten Besuch will er dies nicht mehr tun. Schließlich: Rechnet man 2 Kor 10–13 zum ‚Tränenbrief', so setzt die Erwähnung des Titus in 2 Kor 12, 17. 18 voraus, dass Titus bereits vor der Überbringung des ‚Tränenbriefes' in Korinth war. Dem widerspricht deutlich 2 Kor 7, 14, denn wenn Paulus hier im Zusammenhang mit dem ‚Tränenbrief' erwähnt, sein Rühmen der Korinther gegenüber Titus habe sich gelohnt, dann war Titus vor der Übergabe des ‚Tränenbriefes' noch nicht in Korinth. Neben Paulus hielten vor allem Silvanus (vgl. 2 Kor 1, 19) und Timotheus (vgl. 1 Kor 4, 17; 16, 10 f; 2 Kor 1, 1. 19) den Kontakt zur Gemeinde und begleiteten die erste Phase der Kollektensammlung. Erst mit der Überbringung des ‚Tränenbriefes' beteiligte sich Titus an

262 Dies spricht gegen die Vermutung von Th. Schmeller, 2Kor, 39: „Vermutlich stellte sich dieses Gemeindeglied offen auf die Seite der Gegner, während die Restgemeinde Paulus zumindest nicht unterstützte."

263 Wer 2 Kor 10–13 zum ‚Tränenbrief' rechnet, muss den Plural in 2 Kor 10, 10 auf den 1 Kor und den in 1 Kor 5,9 erwähnten Vorbrief beziehen, vgl. z. B. H. J. Klauck, 2 Kor, 79. Dieser Vorbrief hat aber mit den im 2 Kor behandelten Problemen überhaupt nichts zu tun!

der Organisation der Kollekte (vgl. 2Kor 8, 6). Soll die Zugehörigkeit von 2Kor 10–13 zum ‚Tränenbrief' begründet werden, so flüchtet man sich oft in die Auskunft, es seien jene Passagen verlorengegangen, die von der Kränkung des Apostels durch ein einzelnes Gemeindeglied handelten[264]. Ein Rückgriff auf diesen Zwischenfall liegt auch nicht in 2Kor 10, 1–11 vor[265], denn die paulinische Argumentation in diesem Abschnitt setzt den ‚Tränenbrief' voraus. Zudem wäre die Vorgehensweise des vermuteten Redaktors kaum zu erklären, der entgegen dem postulierten historischen Ablauf die Kap. 10–13 an das Ende der korinthischen Korrespondenz stellte und damit den Eindruck hervorrief, Paulus sei in Korinth gescheitert. Fazit: 2Kor 10–13 kann nicht als ‚Tränenbrief' oder Fragment dieses Briefes angesehen werden[266].

Ein weiteres zentrales Problem der Literarkritik des 2Kor stellt 2Kor 2, 14–7, 4 dar. Gegen die These einer Eigenständigkeit dieses Textes spricht zunächst die Beobachtung, dass eine Reihe von Motivverbindungen zu 2Kor 1, 1–2, 13 bestehen: Das Thema der *εἰλικρίνεια* (2Kor 1, 12) wird in 2Kor 2, 17; 4, 2; 6, 3–10 wieder aufgenommen. Die Leidens- und Trostaussagen in 2Kor 1, 4ff erfahren in 2Kor 4,8ff eine Erweiterung und Vertiefung. 2Kor 5, 12 knüpft an 2Kor 1, 14b an, indem hier wie dort Paulus die rechte *καύχησις* thematisiert. Die Problematik von 2Kor 5, 1–10 (das Sterben des Apostels vor der Parusie) deutet sich in 2Kor 1,8–10 klar an. Sowohl in 2Kor 1, 1–2, 13 als auch in 2Kor 2, 14–7, 4 behandelt Paulus ein zentrales Thema: Der Dienst des Apostels und sein Verhältnis zur Gemeinde[267]. Gerade die Ausführungen über das Wesen des paulinischen Apostolats in 2Kor 3–5 sollen dazu dienen, die Vorwürfe gegen den Apostel zu entkräften und die Gemeinde zu einem vertieften Verstehen des apostolischen Dienstes zu führen.

2Kor 7, 5 kann zudem nicht als unmittelbare Fortsetzung von 2Kor 2, 13 gelten[268]. So bestehen sprachliche Verbindungen zwischen 2Kor 7, 4 und 2Kor 7, 5–7 (In V. 6 knüpfen *παρακαλῶν, παρεκάλεσεν,* in V. 7 *παρακλήσει* an *παρακλήσει* in V. 4 an, *χαρῆναι* in V. 7 nimmt *χαρᾷ* in V. 4 und *θλιβόμενοι* in V. 5 *θλίψει* in V. 4 auf)[269]. Auch inhaltlich gehören 2Kor 7, 4 und 2Kor 7, 5–7 eng zusammen, denn die Ursache für die in 2Kor 7, 4 erwähnte überschwängliche Freude ist die in 2Kor 7, 5–7 berichtete Ankunft des Titus mit guten Nachrichten aus Korinth (vgl. auch 2Kor 7, 4 mit 2Kor 7, 16!). Der mit *καὶ γάρ* in 2Kor 7, 5 einsetzende Reisebericht will nicht primär die Umstände der Reise, sondern die Entstehung der Freude schildern. Inhaltlich ist somit 2Kor 7, 4 auf den folgenden unmittelbaren Kontext angewiesen, so dass der Zusammenhang 2Kor 7, 4 – 2Kor 7, 5ff als ursprünglich angesehen werden muss.

264 Vgl. in diesem Sinn z.B. Ph. Vielhauer, Urchristliche Literatur, 152.

265 So F.B. Watson, 2Cor X–XIII and Paul's Painful Letter to the Corinthians, 343ff; H.J. Klauck, 2Kor, 8.

266 Die Charakterisierung des ‚Tränenbriefes' in 2Kor 2, 4 trifft auch nicht auf den 1Kor zu, wie wieder U. Borse, „Tränenbrief" und 1. Korintherbrief, SNTU 9 (1984), 175–202, meint.

267 Treffend Th. Schmeller, 2Kor, 37: „2,14–7,4 ist eine Ausweitung der Thematik ins Grundsätzliche, die keine literarkritische Relevanz hat."

268 Vgl. auch Chr. Wolff, 2Kor, 155f.

269 Vgl. H. Lietzmann, 2Kor, 131.

Schließlich: Die Bemerkung des Apostels in 2Kor 6,11 („Unser Mund hat sich für euch aufgetan, Korinther, unser Herz ist weit geworden") zeigt, dass sich Paulus seines ungewöhnlichen Vorgehens in 2Kor 3–6 durchaus bewusst war. Um die gegen ihn erhobenen Vorwürfe zu entkräften und die Gemeinde wiederzugewinnen, musste Paulus umfassend sein Selbstverständnis als Diener des neuen Bundes und Prediger der Versöhnung mit Gott entfalten[270].

Umstritten ist die paulinische Verfasserschaft von 2Kor 6,14–7,1[271]. Dieser kurze Text enthält zahlreiche paulinische bzw. ntl. Hapaxlegomena (*μετοχή, μέρις, καθαρίζω, συμφώνησις, συγκατάθεσις, Βελιάρ, παντοκράτωρ, μολυσμός, ἑτεροζυγέω, ἐμπεριπατέω*). Hinzu kommen auffällige Vorstellungen und Wendungen. Paulus bezeichnet den Satan sonst nicht als ‚Beliar' (vgl. dazu 1QM 13,11f; TSim 5,3; TLev 19,1; TIss 6,1), und die Gottesbezeichnung ‚Allherrscher' findet sich bei Paulus nur hier. Die Wendung ‚Befleckung des Fleisches und des Geistes' in 2Kor 7,1 steht in Spannung zur sonstigen Antithetik von Sarx und Pneuma bei Paulus. Zudem schließt 2Kor 7,2 bruchlos an 2Kor 6,13 an. Die sprachlichen und inhaltlichen Besonderheiten des Textes, speziell seine Nähe zu Qumran, Jub und TestXII, führten wiederholt zu der begründeten Vermutung, dass 2Kor 6,14–7,1 von einem Judenchristen in nachpaulinischer Zeit in den 2Kor eingefügt wurde[272]. Wer den Text für ursprünglich hält, erklärt die Besonderheiten in der Regel mit der Aufnahme traditioneller Begriffe und Motive durch den Apostel[273].

Vielfach werden 2Kor 8 und 2Kor 9 als Dubletten betrachtet, so dass sie als separate Schreiben, als Anhang oder als Teil eines Korintherbriefes gelten[274]. Als Hauptargumente für derartige Teilungshypothesen dienen[275]: 1) Der Neueinsatz in 2Kor 9,1. 2) In 2Kor 8,1ff stellt Paulus die Makedonier den Korinthern, in 2Kor 9,2ff Achaia den Makedoniern als Vorbild hin. Überzeugen können diese Argumente

270 Als eine gewisse Parallele kann der 7. Brief des Platon gelten, wo Platon auch die Schilderung chronologischer Ereignisse durch weitschweifende Überlegungen unterbricht (vgl. Ep 7 330b mit 337e; in 344d bezeichnet Platon die Art seiner Darstellung als ‚abschweifende Erzählung').

271 Zur Forschungsgeschichte vgl. R.Bieringer, 2 Korinther 6,14–7,1 im Kontext des 2 Korintherbriefes, in: R.Bieringer – J.Lambrecht, Studies on 2 Corinthians, 551–570.

272 Den sekundären Charakter von 2Kor 6,14–7,1 haben in neuerer Zeit umfassend begründet: J.A.Fitzmyer, Qumran and the Interpolated Paragraph in 2 Cor 6,14–7,1, CBQ 23 (1961), 271–280; J.Gnilka, 2Kor 6,14–7,1 im Lichte der Qumranschriften und der Zwölf-Patriarchen-Testamente, in: Ntl. Aufsätze (FS J.Schmid), Regensburg 1963, 86–99.

273 Vgl. in diesem Sinn R.P.Martin, 2Kor, 189–212; Chr. Wolff, 2Kor, 146–154 (Übernahme einer Taufparänese durch Paulus); J.Murphy-O'Connor, Philo and 2Cor 6,14–7,1; in: The Diakonia of the Spirit (2Co 4,7–7,4), SMBen 10, hg. v. L.de Lorenzi, Rom 1989, 133–146 (alle Ausdrücke und Motive dieses Abschnittes haben Parallelen im hellenistischen Judentum); R.Reck, Kommunikation und Gemeindeaufbau (s.o. 2.2.2), 290–294. Für die durchgängige paulinische Verfasserschaft des Textes treten jetzt wieder ein: G.Saß, Noch einmal: 2Kor 6,14 – 7,1, ZNW 84 (1993), 36–64; F.Zeilinger, Die Echtheit von 2 Cor 6,14–7,1, JBL 112 (1993), 71–80; Th.Schmeller, 2Kor, 37 (2Kor 6,14–7,1 ist authentisch, stand aber ursprünglich hinter 9,15).

274 Vgl. zu den einzelnen Thesen F.Lang, 2Kor, 317.

275 Vgl. auch die Auflistung der Argumente bei R.Bultmann, 2Kor, 258.

nicht, denn in 2Kor 9,1 liegt zwar ein Neueinsatz vor, nicht aber der Beginn eines eigenständigen Briefes[276]. Den 2Kor schrieb Paulus an die Gemeinden in Korinth und Achaia (2Kor 1,1), so dass es nicht verwundert, wenn er sich mit 2Kor 9 in der wichtigen Kollektenfrage direkt an Achaia wendet. Zudem verweist *γάρ* in 2Kor 9,1 auf das Vorhergehende, nach dem Exkurs über die Boten in 2Kor 8,16–24 nimmt Paulus in 2Kor 9,1 das Hauptthema mit Blick auf Achaia wieder auf. Paulus will sowohl die korinthische Gemeinde als auch die Landgemeinden von Achaia zu einem verstärkten Einsatz für die Kollektensammlung animieren. So lobt er überschwänglich gegenüber den Korinthern den Kollekteneinsatz der Makedonier (2Kor 8,1–5), damit Titus nun das Gleiche in Korinth vollbringen kann (2Kor 8,6). Eine andere Argumentation wählt Paulus gegenüber Achaia. Er erwähnt sein Lob vor den Makedoniern (2Kor 9,2) und ermuntert so Achaia, dieser Vorbildfunktion auch gerecht zu werden (vgl. 2Kor 9,4f). Ein Widerspruch besteht hier nicht, vielmehr appelliert Paulus sehr geschickt an die Ehre und das Selbstverständnis der Christen in Korinth und Achaia, um die Kollektensammlung erfolgreich abschließen zu können. Aus rhetorischer Perspektive muss die vorliegende Textabfolge als sehr sinn- und wirkungsvoll angesehen werden, denn sie verzahnt die Gemeinden in Korinth und Achaia und motiviert sie so gegenseitig. Noch weitere Beobachtungen sprechen für die Einheit von 2Kor 8 und 2Kor 9: a) In 2Kor 8,10 und 2Kor 9,2 wird der gleiche Zeitpunkt für den Beginn der Kollektensammlung genannt, das Vorjahr. b) Die Erwähnung der Brüder in 2Kor 9,3 setzt voraus, dass die Gemeinden sie aus 2Kor 8,16ff kennen. c) Die in 2Kor 7,5ff genannte Ankunft des Titus bei Paulus ist die Voraussetzung für die gesamte Argumentation in 2Kor 8 und 9. d) Zwischen 2Kor 8 und 9 besteht ein klarer innerer Zusammenhang, denn Paulus schickt Titus und die Mitarbeiter (2Kor 8,16ff), damit die Kollektenaktion abgeschlossen ist, wenn er mit den Makedoniern eintrifft (2Kor 9,3f). Zudem sind theologisch die Kap. 1–7 Voraussetzung für die Argumentation in den Kollektenkapiteln, denn der ‚neue Bund' (2Kor 3) und Gottes Versöhnungshandeln in Jesus Christus (2Kor 5,18–21) bilden die Basis für den vom Apostel geforderten ‚Ausgleich' (2Kor 8,14) zwischen geistlichen und wirtschaftlichen Gaben.

Können die beiden Hauptteile des 2Kor als literarische Einheit angesehen werden[277]? W.Bousset sieht 2Kor 1–9 an die Gemeinde, 2Kor 10–13 hingegen an die Gegner gerichtet[278], so dass der Wechsel im Ton kein Argument für Teilungshypothesen liefert. Auch H.Lietzmann plädiert für die Einheit des 2Kor und erklärt den Stimmungsumschwung zwischen 2Kor 9 und 2Kor 10 mit „einer schlaflos durch-

276 Man kann 2Kor 9,1 als Paraleipsis verstehen (F.Blaß – A.Debrunner – F.Rehkopf, Grammatik des neutestamentlichen Griechisch, Göttingen [17]1990, § 495,3: „Der Redner stellt sich, als übergehe er etwas, was er tatsächlich doch erwähnt").

277 Einen Forschungsüberblick bietet R.Bieringer, Der 2. Korintherbrief als ursprüngliche Einheit, in: R.Bieringer – U.J. Lambrecht, Studies on 2 Corinthians, 107–130.

278 Vgl. W.Bousset, Der zweite Brief an die Korinther, SNT 2, Göttingen [3]1917, 171f.

wachten Nacht"[279]. In neuerer Zeit votieren bes. W. G. Kümmel, U. Borse, N. Hyldahl, Chr. Wolff, R. Bieringer, P. Barnett und Th. Schmeller für die Einheitlichkeit des 2 Kor. W. G. Kümmel vermutet, dass Paulus den 2 Kor mit Unterbrechungen diktierte, wodurch sich die Unebenheiten erklären[280]. Auch für U. Borse legt die starke Zäsur zwischen Kap. 1–9 und Kap. 10–13 die Annahme einer Unterbrechung des Diktates nahe. Die Kap. 10–13 werden aber nicht einem ‚Tränen-' oder ‚Zwischenbrief' zugeordnet, sondern Paulus fügte sie nach einiger Zeit an die noch nicht abgesandten Kap. 1–9 an, nachdem in Korinth eine neue Situation entstanden war[281]. N. Hyldahl sieht im 1 Kor den ‚Tränenbrief' und bestreitet, dass es vor Abfassung des 2 Kor einen ‚Zwischenbesuch' gegeben habe. Daraus ergibt sich für ihn die literarische Einheit des 2 Kor. Chr. Wolff nimmt an, 2 Kor 8. 9 seien der geplante Abschluss des 2 Kor, Paulus habe dann aufgrund neuer, unerfreulicher Nachrichten aus Korinth 2 Kor 10–13 abgefasst[282]. R. Bieringer bezieht 2 Kor 2, 14–7, 4 auf dieselbe Phase der Auseinandersetzung wie Kap. 10–13 und sieht das Ziel des gesamten Briefes im Versuch des Paulus, mit der Gemeinde zu einer echten Versöhnung zu kommen[283]. P. Barnett führt drei Argumente für die Einheit des 2 Kor an: 1) Die rhetorische Struktur des Briefes als ‚apologetic letter'[284]; 2) Der geplante 3. Besuch des Apostels in Korinth prägt die Argumentation des gesamten Briefes; 3) Es finden sich zahlreiche sprachliche Verbindungen zwischen Kap. 1–9 und 10–13, die auf einen ursprünglichen Zusammenhang hinweisen[285]. Th. Schmeller prüft intensiv alle Argumente für und gegen die Einheitlichkeit (einschließlich Rhetorik und Textlinguistik) und kommt zu dem Urteil: „2Kor ist insgesamt zu ein- und demselben Zeitpunkt abgefasst und abgeschickt worden."[286]

Das beherrschende Thema in 2Kor 1–9 und 10–13 ist das Wesen des paulinischen Apostolats und seine Infragestellung durch gegnerische Fremdmissionare. Dieses Thema ist in einen größeren Zusammenhang eingebettet: eine Paulus nachfolgende Gegenmission, die heidenchristliche Gemeinden in eine streng jüdisch ausgerichtete Form des Christentums reintegrieren wollte[287]. Es war eine vor allem in Korinth und

279 H. Lietzmann, 2 Kor, 139.

280 W. G. Kümmel, Einleitung, 254: „Paulus hat den Brief mit Unterbrechungen diktiert; daher ist die Möglichkeit von Unebenheiten von vornherein gegeben."

281 Vgl. U. Borse, Der Standort des Galaterbriefes (s. u. 2.7.1), 114 ff.

282 Vgl. Chr. Wolff, 2 Kor, 193 f; ähnlich F. W. Danker, 2 Kor, 147 f.

283 Vgl. R. Bieringer, Plädoyer für die Einheitlichkeit des 2 Korintherbriefes. Literarkritische und inhaltliche Argumente, in: R. Bieringer – J. Lambrecht, Studies on 2 Corinthians, 131–179.

284 P. Barnett, 2 Cor, 18: „If we accept 2 Corinthians as an ‚apologetic' letter, the powerfull rhetorical chapters 10 through 13 need not be considered as a separate letter but as a peroration, gathering up previously mentioned elements and making a final emotional appeal to the hearers."

285 Vgl. a. a. O., 19 ff; für Einheitlichkeit votieren auch F. J. Matera, IICorinthians, 29–32; M. J. Harris, 2Cor, 8–51.

286 Th. Schmeller, 2Kor, 37.

287 Die These einer judaistischen Mission gegen Paulus ist nicht neu, sondern bereits W. Wrede, Paulus (s. u. Exkurs 2), 39, stellte fest: „das Judenchristentum organisierte in den eigenen Gemeinden des Paulus eine förmliche Gegenmission. Es sind Spuren vorhanden, dass sich die Bewegung nicht auf Galatien und Korinth beschränkte." In jüngerer Zeit vgl.

Galatien (und später auch in Philippi) erfolgreiche Bewegung, die Paulus zu dem Eingeständnis zwang, „keinen Raum mehr in diesen Gegenden zu haben“ (Röm 15,23) und Spanien als nächstes Missionsgebiet anzusteuern (vgl. Röm 15,24). Zur Diskussion stand die Legitimation des paulinischen Apostolats: Darf sich Paulus überhaupt als legitimer Apostel Jesu Christi bezeichnen? Dies wurde offenbar vor allem in Korinth (und in Galatien) aus unterschiedlichen Motiven bestritten.

Lässt sich im Kontext des Streites um das paulinische Apostolat die vorliegende literarische Gestalt des 2Kor als (relative) Einheit erklären? Zunächst ist eine Tendenz unübersehbar: Bereits im 1Kor ist das paulinische Apostolat umstritten (vgl. 1Kor 9,1–5; 15,8–11); Paulus antwortet darauf in 2Kor 1–9 mit einer breiten Entfaltung seines Apostolatsverständnisses, wobei die Fremdmissionare in 2Kor 2,7; 3,1; 5,12 bereits im Blick sind. In 2Kor 10–13 stehen jedoch nur die anderen, fremden Apostel im Mittelpunkt und die Aggressivität/Ironie der paulinischen Argumentation hat deutlich zugenommen. Wie lassen sich diese Verschiebungen erklären, warum treten die Fremdmissionare so in den Vordergrund? Eine mögliche Antwort lautet: Weil Paulus neue Nachrichten aus Korinth über die erfolgreiche Agitation der anderen Apostel erhielt, bevor er Kap. 1–9 abgesandt hatte.

Der Textbefund lässt ein solches Erklärungsmodell durchaus zu: Paulus erwähnt sowohl in 2Kor 8,17.18.22 als auch in 2Kor 9,3.5, er habe Titus und ‚die Brüder‘ nach Korinth gesandt. Vielfach werden *ἐξῆλθεν* und *συνεπέμψαμεν* als Aoriste des Briefstils angesehen[288]. Handelt es sich jedoch um echte Aoriste[289], so setzt dies voraus, dass Paulus 2Kor 1–9 erst nach dem Aufbruch des Titus und seiner Begleiter nach Korinth diktierte. Offenbar wollte der Apostel seinen vorausgereisten Mitarbeitern (vgl. *προέρχομαι* in 2Kor 9,5) den Brief so schnell wie möglich nachsenden. Dies unterblieb jedoch, Paulus hielt 2Kor 1–9 noch in den Händen, als ihn durch die Titus-Gruppe neue Nachrichten aus Korinth erreichten[290]. Für eine erneute Anwesenheit der Titus-Gruppe bei Paulus sprechen 2Kor 12,17.18, denn hier wird auf den in 2Kor 8,16ff; 9,3.5 angekündigten Besuch zurückgeblickt. Auf einen anderen Besuch können diese Verse nicht bezogen werden, denn Titus war vor der Überbringung des ‚Tränenbriefes‘ noch nicht in Korinth (vgl. 2Kor 7,14)[291]. Paulus nennt in

z.B. G. Theißen, Die Gegenmission zu Paulus in Galatien, Philippi und Korinth, in: Beiträge zur urchristlichen Theologiegeschichte (FS U.B. Müller), hg. v. W. Kraus, BZNW 163, Berlin 2009, 277–306.

288 Vgl. z.B. H. Windisch, 2Kor, 262; V.P. Furnish, 2Kor, 421f.

289 B.-D.-R. § 334 führen zu Recht keine der genannten Stellen als Aoriste des Briefstils an.

290 Parallelen zu einem solchen Vorgang finden sich z.B. in den Cicero-Briefen; vgl. Cic, Ad Att 9,6: „Eben habe ich diesen Brief fertig, da erhalte ich aus Capua ein Schreiben folgenden Wortlauts: ‚Pompeius ist übers Meer gegangen mit allen Soldaten …‘.“

291 Wer 2Kor 10–13 zum ‚Tränenbrief‘ rechnet, muss 2Kor 12,17.18 natürlich auf einen früheren Besuch des Titus in Korinth im Zusammenhang mit der Kollekte beziehen; vgl. z.B. F. Lang, 2Kor, 354; H.J. Klauck, 2Kor, 98.

2 Kor 12, 18 nur den von den Gemeinden in Makedonien beauftragten Bruder, nicht aber seinen in 2 Kor 8, 22 erwähnten Mitarbeiter. Dies ist im Kontext der in Korinth gegen ihn erhobenen Vorwürfe einer persönlichen Bereicherung durch die Kollekte (vgl. 2 Kor 8, 20; 12, 14. 16. 17) sachgemäß, denn allein Titus und der Beauftragte aus Makedonien waren offiziell für die Durchführung der Kollekte verantwortlich. Zudem bestand für Paulus in 2 Kor 12, 17. 18 keine Notwendigkeit, die genaue Personenzahl der Titus-Gruppe noch einmal anzugeben.

Offenbar brachten Titus und ‚der Bruder' neue Informationen über die Situation in Korinth, die Paulus zur Abfassung von 2 Kor 10–13 veranlassten. Wahrscheinlich hatten die Gegner inzwischen in Korinth die Mehrheit der Gemeinde für sich gewonnen, Paulus rechnet mit ihnen in 2 Kor 10–13 in ungewöhnlich scharfer Form ab und hofft, dadurch viele Gemeindeglieder wieder zurückzugewinnen. Die invektivischen Partien in 2 Kor 10–13 sind innerhalb der antiken Literatur nicht außergewöhnlich, Invektivisches und Invektiven finden sich bes. in der Tragödie, der Komödie und bei berühmten Rednern wie Cicero[292]. Paulus fügte die Kap. 10–13 an 2 Kor 1–9 an, weil die dort behandelten Probleme (Verzögerung des angekündigten Besuches, der ‚Tränenbrief', das Wesen seines Apostolats als Neuer Bund und Versöhnungsdienst, die Spendenaktion) gerade unter der Voraussetzung eines zunehmenden Einflusses der Gegner überzeugend geklärt werden mussten[293]. Parallelen für einen wechselnden Ton innerhalb eines Paulusbriefes sind 1 Kor 8/9; Gal 2/3; Röm 11/12; 16, 17–20; Phil 3, 1 f. Die Polemik in 2 Kor 10–13 gilt nicht der korinthischen Gemeinde, sondern den Gegnern, die als Dritte (vgl. 2 Kor 10, 1 f) in das Verhältnis von Apostel und Gemeinde eindrangen. Deshalb besteht hinsichtlich des Verhältnisses Apostel – Gemeinde zwischen 2 Kor 1–9 und 2 Kor 10–13 kein grundlegender Unterschied. Paulus versucht hier wie dort, unentschlossene Gemeindeglieder zu überzeugen und für sich einzunehmen. Für die Einheit des 2 Kor unter der Voraussetzung einer zwischen 2 Kor 1–9 und 2 Kor 10–13 veränderten Gemeindesituation spricht schließlich der Briefschluss 2 Kor 13, 11–13. Er ist überraschend positiv gehalten, nimmt mit dem Motiv der Ermahnung deutlich Bezug auf den Briefanfang 2Kor

292 Vgl. dazu S. Koster, Die Invektive in der griechischen und römischen Literatur, Beiträge zur Klassischen Philologie 99, Meisenheim 1980, 354: „Die Invektive ist eine strukturierte, zumindest aber den Hauptpunkt der *πράξεις* aufweisende, literarische Form, deren Ziel es ist, mit allen geeigneten Mitteln eine namentlich genannte oder benennbare Person für sich allein oder auch stellvertretend für andere, öffentlich vor dem Hintergrund der jeweils geltenden Werte im Bewußtsein der Menschen für immer vernichtend herabzusetzen."

293 Wahrscheinlich wurden alle Paulusbriefe nicht an einem Tag, sondern über mehrere Tage bzw. eine längere Zeit geschrieben. Dies legen die sorgfältige Disposition (den gesamten Text der Briefe konnte Paulus nicht einfach ‚im Kopf' haben), die Länge (lediglich Phlm entspricht einem ‚Normalbrief') und die Produktionsbedingungen der Briefe nahe (Schreibmaterial und Schreiber mussten immerhin verfügbar sein). Für den Röm ist das evident (vgl. Röm 16,22: Tertius, der Briefschreiber; vgl. ferner Gal 6,11), für die Korintherbriefe (16 und 13 Kapitel) sehr wahrscheinlich.

1,3–7[294] und vereint in sich beide Briefteile (vgl. 2Kor 13,11a). Offensichtlich gewann Paulus durch den 2Kor die Gemeinde wieder für sich, denn im Frühjahr 56 weilte er in Korinth und verfasste dort den Römerbrief, wo er in Kap. 15,26 vermerkt, die Kollektensammlung in Makedonien und Achaia sei erfolgreich abgeschlossen worden.

Jede Rekonstruktion der dem 2Kor vorausgehenden und ihm zugrundeliegenden historischen Abläufe kommt nicht ohne Hypothesen aus. Das hier gewählte Erklärungsmodell hat drei Vorteile: 1) Die Erwähnung des Titus und seiner Begleiter ist der einzige sichere, im Brief selbst enthaltene Hinweis, der für eine Rekonstruktion der Geschehnisse herangezogen werden kann. 2) Die Veränderungen zwischen 2Kor 1–9 und 10–13 können in eine übergeordnete historische Bewegung eingeordnet und erklärt werden; eine Paulus nachfolgende Gegenmission durch Fremdmissionare. 3) Die These der (relativen) Einheit des 2Korintherbriefes unter der Voraussetzung einer veränderten Gemeindesituation zwischen 2Kor 1–9 und 2Kor 10–13 hat den großen Vorzug, dass sie ohne die Postulierung von Briefen bzw. Brieffragmenten mit nicht erkennbarem Anfang und ungewissem Ende auskommt[295].

2.6.7 **Traditionen, Quellen**

Umfassende vorpaulinische Traditionselemente lassen sich im 2Kor nicht nachweisen. Eine vorpaulinische Tauftradition findet sich in 2Kor 1,21f[296], Traditionselemente werden auch in 2Kor 3,7ff[297] und 2Kor 5,19a.b[298] vermutet.

294 Vgl. dazu I. Vegge, Letter about Reconciliation, 365–370.

295 Neben den bereits genannten Autoren (W. Bousset, H. Lietzmann, W. G. Kümmel, U. Borse, N. Hyldahl, F. W. Danker, Chr. Wolff; R. Bieringer; P. Barnett; Th. Schmeller) votieren für die Einheit des 2Kor u.a. G. Heinrici, 2. Korintherbrief, KEK 6, Göttingen 1883, 7–10; Ph. Bachmann, Der zweite Brief des Paulus an die Korinther, KNT 8, Leipzig [1.2]1909, 6–19.414–419; A. Schlatter, Paulus der Bote Jesu, Stuttgart [2]1956, 612; C. J. Bjerkelund, PARAKALÔ (s. o. 2.3.2), 145–155; N. A. Dahl, Studies in Paul, Minneapolis 1977, 38f (Einheit von 2Kor 1–9); K. Berger, Bibelkunde des Neuen Testaments, Heidelberg [3]1986, 380ff; G. Lüdemann, Paulus I (s. o. 2.1), 134; P. Beier, Geteilte Briefe (s. o. 2.4.6), 79–103; K.Th. Kleinknecht, Der leidende Gerechtfertigte, WUNT 2.13, Tübingen 1984, 303f; J. Lambrecht, 2Cor, 7–9. Auch R. E. Brown, Introduction, 550.555, votiert (vorsichtig) für die Einheit des 2Kor; als Hauptargument führt er an, Paulus habe in Kap. 1–9 und 10–13 dieselben Gegner im Blick. Ohne eindeutiges Votum hingegen I. Broer, Einleitung, 385–397.

296 Vgl. U. Schnelle, Gerechtigkeit und Christusgegenwart (s. o. 2.4.10), 124–126.

297 Vgl. H. Windisch, 2Kor, 112ff.

298 Vgl. dazu C. Breytenbach, Versöhnung, 118f.

2.6.8 Religionsgeschichtliche Stellung

W. Lütgert sah auch in den Gegnern des 2 Kor libertinistische Pneumatiker und Gnostiker[299]. Dieser Position schlossen sich u. a. R. Bultmann[300] und W. Schmithals[301] an. Demgegenüber machte E. Käsemann gegen eine Gleichsetzung der Gegner in beiden Korintherbriefen geltend, dass der 2 Kor eine neue, fortgeschrittene Situation voraussetze. Für ihn sind die Gegner im 2 Kor der Jerusalemer Urgemeinde nahestehende Missionare, die den Versuch unternahmen, die Autorität der Urapostel (vgl. *ὑπερλίαν ἀπόστολοι* in 2 Kor 11, 5; 12, 11) gegen Paulus durchzusetzen. Es geht nach Käsemann im 2 Kor um die Auseinandersetzung zwischen zwei verschiedenen Amtsauffassungen innerhalb des Urchristentums, dem paulinischen Apostolat stehen die kirchenleitenden Ansprüche der Jerusalemer Autoritäten gegenüber. Jedoch wird im 2 Kor an keiner Stelle deutlich, dass die Gegner als wirkliche oder vermeintliche Abgesandte der Urgemeinde agierten. Dagegen spricht schon 2 Kor 3, 1 b (*πρὸς ὑμᾶς ἢ ἐξ ὑμῶν* = „an euch oder von euch"), denn wären die Gegner mit Empfehlungsschreiben aus Jerusalem gekommen, hätten sie kaum Empfehlungsschreiben der Korinther für sich in Anspruch genommen. Wahrscheinlich traten die Gegner mit indirekt selbst ausgestellten Empfehlungsschreiben (vgl. 2 Kor 10, 12) und einem hohen Maß an Selbstruhm (vgl. 2 Kor 10, 12–18) auf.

D. Georgi beurteilt die Gegner im 2 Kor als urchristliche Missionare, die dem in der Spätantike verbreiteten Typus des Wanderpropheten, Goeten und Heilsbringers zuzurechnen sind. Sie verehrten bereits den irdischen Jesus als triumphierenden Pneumatiker und zogen keine Grenze zwischen dem Irdischen und dem Erhöhten. Ähnlich wie die heidnischen Wundermänner sich als Abgesandte ihrer Gottheit präsentierten und ihre eigene Macht priesen, stellten sich diese urchristlichen Missionare durch Offenbarungen und Wundertaten zur Schau. Die Hinweise auf eine militante judenchristliche Position der Gegner werden bei D. Georgi deutlich unterbewertet, in anderen Entwürfen bilden sie hingegen die Basis der Argumentation.

So bezeichnet G. Lüdemann[302] im Anschluss an F.Chr. Baur die Gegner als Jerusalemer Judenchristen, die am Apostelkonvent teilnahmen, sich dann aber nicht an die getroffenen Vereinbarungen hielten, indem sie Paulus in dessen Gemeinden angriffen. Eine nicht ausreichende Charakterisierung der Gegner, denn sie legten zwar Wert

299 Vgl. W. Lütgert, Freiheitspredigt, 79. Einen umfassenden forschungsgeschichtlichen Überblick zur Gegnerfrage im 2 Kor bietet J. L. Sumney, Identifying Paul's Opponents, 13–73; R. Bieringer, Die Gegner des Paulus im 2 Korintherbrief, in: R. Bieringer – J. Lambrecht, Studies on 2 Corinthians, 181–221. J. J. Gunther, Paul's Opponents and their Background, NT.S 35, Leiden 1973, 1, zählt für den 2 Kor dreizehn verschiedene Vorschläge zur Klassifizierung der Gegner.

300 Vgl. R. Bultmann, 2 Kor, 216.

301 Vgl. zuletzt W. Schmithals, Gnosis und Neues Testament, Darmstadt 1984, 28–33. Im Sinne von Bultmann und Schmithals argumentiert E. Gräßer, 2Kor, 127 f.

302 Vgl. G. Lüdemann, Paulus II (s. o. 2.5.8), 125–143. Mit leichten Modifikationen vertritt diese Position auch H. J. Klauck, 2 Kor, 11.

auf ihre jüdische Herkunft (vgl. 2 Kor 11, 22), aber das entscheidende Kriterium ihrer Glaubwürdigkeit war der sich in Zeichen und Wundern artikulierende Geistbesitz (vgl. 2 Kor 12, 12). Sie drangen von außen in die Gemeinde ein (2 Kor 11, 4), gaben sich als wahre Apostel Jesu Christi aus (2 Kor 10, 7; 11, 5. 13; 12, 11), bekämpften das paulinische Apostolat mit Empfehlungsschreiben (2 Kor 10, 12. 18) und warfen Paulus Unaufrichtigkeit (Änderung der Reisepläne) und Habgier vor (Bereicherung durch die Kollekte). Sie ließen sich von der Gemeinde aushalten (2 Kor 11, 7 b.20), waren begabt in der Rede (2 Kor 11, 6 a), rühmten sich außergewöhnlicher Offenbarungen (vgl. 2 Kor 12, 1–6) und lehrten ein anderes Evangelium als Paulus (2 Kor 11, 4). Wahrscheinlich vertraten sie eine mit der paulinischen Kreuzestheologie unvereinbare *Herrlichkeitschristologie*. An keiner Stelle erwähnt Paulus aber eine Beschneidungsforderung der Gegner. Der Apostel geht auf alle Aktivitäten und Vorwürfe der Gegner ein, so dass er die Beschneidung sicher genannt hätte, wäre sie propagiert worden. Deshalb können die Gegner des 2 Kor nicht im gleichen Sinn als Judaisten bezeichnet werden wie die Gegner des Gal[303]. Beschneidung und damit auch die Gesetzesfrage sind im 2 Kor nicht Gegenstand der Auseinandersetzung, bezeichnenderweise ist *νόμος* im 2 Kor nicht belegt[304]. Auf eine besondere Beziehung zum historischen Jesus beriefen sich die Gegner auch nicht, denn sonst hätte Paulus in 2 Kor 10, 7 dem Schlagwort der Gegner ‚Ich gehöre zu Christus' wohl kaum ein *οὕτως καὶ ἡμεῖς* („so auch wir") entgegenstellen können. Die Gegner des Paulus im 2 Kor waren urchristliche Wandermissionare jüdisch-hellenistischer Herkunft, die Paulus besonders einen mangelnden Geistbesitz vorwarfen und sich durch Wundertaten und Reden als wahre Apostel und Geistträger auszuzeichnen suchten[305]. Wahrscheinlich nahmen sie auch das im antiken Judentum weit verbreitete Bundes-Konzept für sich in Anspruch[306]. Ob und inwieweit sie mit Jerusalem in Verbindung standen, lässt sich nicht mehr ausmachen[307]. Weitaus mehr als in anderen Auseinandersetzungen könnten im 2Kor Mentalitäten und Stimmungen eine Rolle gespielt haben! Paulus betont die Teilhabe am Gekreuzigten, die Gegner die Teilhabe am Verherrlichten[308].

303 Vgl. H. Windisch, 2 Kor, 26; V. P. Furnish, 2 Kor, 53; F. Lang, 2 Kor, 357–359.

304 Dieser Befund lässt sich auch nicht durch die Erwähnung von Mose in 2Kor 3, 15 entkräften (so aber Th. R. Blanton, Spirit and Covenant Renewal, 144, der Mose einfach als Synonym für Tora nimmt), denn wenn der ehemalige Pharisäer Paulus über die Tora reden will, tut er es auch; wenn er hingegen darüber schweigt, sollte man dies ernst nehmen und es nicht hineininterpretieren.

305 Vgl. J. L. Sumney, Identifying Paul's Opponents, 190; anders F. W. Horn, Angeld des Geistes (s. o. 2.5.8), 302–309, wonach der Pneumatismus kein wesentliches Element des gegnerischen Auftretens war.

306 Dies betont zutreffend Th. R. Blanton, Spirit and Covenant Renewal, 141 ff.

307 Für M. J. Harris, 2Cor, 87, sind die Gegner Juden(christen) aus Jüdäa oder Jerusalem, "who came to Corinth as self-appointed agents of a Judaizing program."

308 Vgl. F. J. Matera, IICorinthians, 24: Der Konflikt „has more to do with the way in which he and the super-apostles exercise their ministry than with actual doctrinal dispute."

2.6.9 Theologische Grundgedanken

Der 2 Kor erschließt seinen Lesern die Gestalt der *apostolischen Existenz* des Paulus[309]. Legitimität und Wesen des paulinischen Apostolats sind die durchgängigen Themen des Briefes. Nach dem Eingangsgruß und der Danksagung für die Errettung aus der Todesgefahr (2 Kor 1, 1–11) verteidigt sich Paulus gegen den Vorwurf der Unaufrichtigkeit (2 Kor 1, 12–2, 1). Das Wesen seines Apostelamtes entfaltet er in 2 Kor 2, 14–7, 4. Der Paulus von Gott aufgetragene apostolische Dienst umfasst sowohl Herrlichkeit (2 Kor 3, 7–4, 6) als auch Leiden (2 Kor 4, 7–5, 10), so wie Jesus Christus selbst durch das Leiden zur Herrlichkeit gelangte. Paulus versteht sich als Diener des neuen Bundes, dessen unvergängliche Herrlichkeit in Jesus Christus gründet. Die Neuheit des zweiten Bundes zeigt sich in der befreienden Gegenwart des Geistes, durch den der Auferstandene selbst wirkt (2 Kor 3, 17). Auch im Leiden weiß sich der Apostel an Jesus gebunden, dessen Kraft in ihm wirkt und äußere Widerfahrnisse zu überwinden vermag (vgl. die Peristasenkataloge 2 Kor 4, 7–12; 6, 4–10; 11, 23–29)[310]. Der Gekreuzigte und Auferstandene prägt die paradoxe Gestalt der apostolischen Existenz in Schwachheit und Kraft. Als von Gott berufener Apostel (vgl. 2 Kor 2, 16 f; 3, 5 f) verkündigt Paulus das Wort der Versöhnung (vgl. 2 Kor 5, 11–21). Sein Dienst ist ein Teil der von Gott geschenkten Versöhnung in Jesus Christus (vgl. 2 Kor 5, 19–21). Er verkündigt den, der „für uns gestorben und auferstanden ist“ (2 Kor 5, 15) und dessen „Kraft in Schwachheit vollendet wird“ (2 Kor 12,9). In der Versöhnungstat gründet das Amt der Versöhnung (2 Kor 5, 18 b). Die Versöhnungstat am Kreuz ermöglicht die Verkündigung der Versöhnungsbotschaft, zugleich ereignet sich in dieser Verkündigung die Versöhnung mit Gott, im Wort ist das Heilsgeschehen präsent. Paulus proklamiert eine Koinzidenz von Gottes Wort am Kreuz und dem apostolischen Wort der Versöhnung. Die Verkündigung erwächst aus dem Heilshandeln Gottes in der Versöhnung, zugleich ist sie ein Teil desselben. Kennzeichnend für den 2 Kor ist seine doxologische Prägung (vgl. 2 Kor 1, 3 f.11; 2, 14; 8, 16; 9, 12 f.15), Gottes Gnade bestimmt die Existenz des Apostels und der Gemeinde. Der Apostel lebt für seine Gemeinde (2 Kor 5, 13; 11, 28 f), sie will er Christus bei der Parusie zuführen (2 Kor 11, 2). Auch in der Auseinandersetzung mit den in Korinth eingedrungenen Gegnern geht es um den Charakter und die Autorität des paulinischen Apostolats. Offenbar erhoben die Gegner Vorwürfe gegen die Person des Paulus (2 Kor 10, 1–18) und stellten der scheinbaren Schwäche des Apostels ihre pneumatischen und ekstatischen Fähigkeiten entgegen. Demgegenüber rühmt sich der Apostel seiner Schwach-

309 Vgl. Chr. Wolff, 2 Kor, 11–14; G. Strecker, Die Legitimität des paulinischen Apostolats, 573–582.

310 Vgl. dazu E. Güttgemanns, Der leidende Apostel und sein Herr, FRLANT 90, Göttingen 1966; M. Ebner, Leidenslisten und Apostelbrief, fzb 66, Würzburg 1991; Y. S. Choi, „Denn wenn ich schwach bin, dann bin ich stark“. Die paulinischen Peristasenkataloge und ihre Apostolatstheologie, NET 16, Tübingen 2010.

heit, denn durch die Schwachheit des Apostels wirkt die Kraft Christi. Der vermessene Selbstruhm der Gegner zeigt, dass sie sich selbst darstellen und predigen, nicht aber den für unsere Sünden und die Versöhnung der Welt gestorbenen Jesus Christus.

In der Begegnung mit dem Evangelium entscheidet sich die Existenz eines Menschen (2 Kor 2, 15), der Verkündigungsdienst hat eschatologische Dimensionen. Deshalb kämpft Paulus um seine Gemeinde.

2.6.10 **Tendenzen der neueren Forschung**

Die literarkritische Analyse des 2 Kor lässt deutlich drei Tendenzen erkennen: 1) 2 Kor 1–9 gilt überwiegend als literarische Einheit (z. B. Furnish, Lang, Klauck, Martin, Wolff). 2) Authentizität und Integrität von 2 Kor 6, 14–7, 1 werden von vielen Exegeten bestritten (z. B. Lang, Klauck). Jedoch mehren sich in der neueren Exegese die Vorschläge, in 2 Kor 6, 14–7, 1 einen (teilweise vom Apostel überarbeiteten) nicht-paulinischen traditionellen Text zu sehen, dessen Stellung im gegenwärtigen Kontext ursprünglich ist (z. B. Furnish, Martin, Wolff). 3) Die Mehrzahl der Exegeten weist 2 Kor 1–9 und 2 Kor 10–13 verschiedenen Briefen zu. Zugleich wird aber im Rahmen einer temporalen Teilungshypothese die Einheitlichkeit des 2 Kor unter der Voraussetzung einer veränderten Situation zwischen 2 Kor 1–9 und 2 Kor 10–13 immer mehr ernsthaft erwogen (so mit Unterschieden in der Einzelargumentation Wolff, Bieringer, Danker, Matera, Harris, I. Vegge, Schmeller). Der gesamte 2Kor kann als ein Brief zur Versöhnung von Apostel und Gemeinde gelesen werden (I. Vegge). In der Gegnerfrage zeichnet sich ein Konsens ab, insofern die Gegner zumeist als hellenistische Judenchristen bezeichnet werden (Furnish, Lang, Wolff), das *θεῖος ἀνήρ*-Modell („göttlicher Mensch") von D. Georgi aber überwiegend eine Ablehnung erfährt.

Im Zentrum der theologischen Interpretation des 2 Kor stehen zwei Textkomplexe: 2 Kor 3 und 2 Kor 5. Umstritten sind die eigentliche Sachebene (Freiheit vom Gesetz? Erschließung und Überbietung des Alten Testaments vom Christusgeschehen her?), die paulinische Argumentation und der traditionsgeschichtliche Hintergrund von 2 Kor 3. Mehrere Interpretationsmodelle lassen sich unterscheiden: Vornehmlich aus einem von Paulus aufgenommenen Text der Gegner[311] erklärt D. Georgi die Argumentation des Apostels. O. Hofius leitet aus seiner historisch-systematisch orientierten Interpretation von 2 Kor 3 weitreichende Folgerungen für die paulinische Theologie ab. „Unsere Analyse von 2 Kor 3, 7–18 hat ergeben, dass Paulus in diesen Versen die in 3, 6 formulierte Antithese von Gesetz und Evangelium in klaren Distinktionen entfaltet und präzisiert, und zwar unter der Prämisse, dass die den Sünder

311 Vgl. zur Rekonstruktion D. Georgi, Gegner, 282.

verurteilende und tötende Tora in Christus bzw. unter dem Freispruch des Evangeliums ihr ‚Ende' findet."[312] Carol Kern-Stockhausen arbeitet in ihrer primär traditionsgeschichtlich orientierten Analyse von 2Kor 3 umfassend die Strukturen des paulinischen Beweisganges heraus und kommt zu dem Ergebnis, „that IICor 3, 1–4, 6 is a unified and integral text containing a single coherent argument in support of Paul's authentic apostleship in conformance to a Mosaic paradigm."[313] Bei 2Kor 5, 1–10 steht die Frage nach der Einordnung in das Gesamtzeugnis paulinischer Eschatologie im Vordergrund. Zeugt dieser Text von einer Hellenisierung und Individualisierung der paulinischen Eschatologie?[314]

Heftig umstritten ist der traditionsgeschichtliche Hintergrund der paulinischen Versöhnungslehre (vgl. 2Kor 5, 11 ff; Röm 5, 1–11). Nach C. Breytenbach übernahm Paulus wesentliche Elemente seiner Versöhnungsaussagen aus der Sprache und Vorstellungswelt der hellenistischen Diplomatie. Sowohl *διαλλάσσειν* als auch *καταλλάσσειν* („versöhnen") bezeichnen in klassischen und hellenistischen Texten ein versöhnendes Handeln im politischen, gesellschaftlichen und familiären Bereich ohne eine religiöse oder kultische Komponente. „Die paulinische *καταλλάσσειν*-Vorstellung und die alttestamentliche כפר-Tradition stehen in keinem traditionsgeschichtlichen Zusammenhang, der einer biblischen Theologie zugrunde gelegt werden könnte."[315] Erst Paulus stellt diesen Zusammenhang durch die Aufnahme einer Tradition in 2Kor 5, 19a.b her. Demgegenüber betont O. Hofius den seines Erachtens alttestamentlich fest vorgegebenen Zusammenhang von ‚Versöhnung' und kultischer ‚Sühne'. Paulus knüpft demnach an einen vorgegebenen Sprachgebrauch im antiken Judentum an. „Der paulinische Versöhnungsgedanke ist ... entscheidend durch die Botschaft Deuterojesajas geprägt."[316] Mit dieser Diskussion verbunden ist eine anhaltende Debatte über die Frage, ob und in welcher Weise bei Paulus über die Heilsbedeutung des Todes Jesu gesprochen werden kann[317]. Während in der älteren Exegese die Begriffe Stellvertretung, Sühne, stellvertretende Sühne, Sühnegeschehen, Versöhnung zumeist promiscue verwendet wurden, werden heute Differenzierungen angemahnt (Breytenbach, Schröter, Wolter). Methodisch stellt sich dabei die Frage

312 O. Hofius, Gesetz und Evangelium nach 2. Korinther 3, 120.

313 Carol Kern-Stockhausen, Moses' Veil and the Glory of the New Covenant, AB 116, Rom 1989, 175. Zur Analyse von 2Kor 3 vgl. ferner A. de Oliveira (s. o. 2.6.1); M. Vogel, Das Heil des Bundes, TANZ 18; Tübingen 1996, 184–197; Sini Hulmi, Paulus und Mose. Argumentation und Polemik in 2Kor 3, SFEG 77, Helsinki – Göttingen 1999.

314 Vgl. dazu W. Wiefel, Die Hauptrichtung des Wandels (s. o. 2.4.10), 76; U. Schnelle, Wandlungen im paulinischen Denken (s. o. 2.4.9), 42–44, und die Forschungsüberblicke bei F. G. Lang, 2. Korinther 5, 1–10 in der neuen Forschung, BGBE 16, Tübingen 1973; Chr. Wolff, 2Kor, 101–106.

315 C. Breytenbach, Versöhnung, 221.

316 O. Hofius, Erwägungen zur Gestalt und Herkunft des paulinischen Versöhnungsgedankens, in: ders., Paulusstudien, WUNT 51, Tübingen 1989, (1–14) 14; vgl. ferner a. a. O., 15–32. 33–49.

317 Vgl. dazu J. Frey – J. Schröter (Hg.), Deutungen des Todes Jesu, WUNT 181, Tübingen 2005. Die Problemgeschichte der neueren Diskussion findet sich bei J. Frey, Probleme der Deutung des Todes Jesu, in: J. Frey/J. Schröter (Hg.), a. a. O., 3–50.

nach dem Verhältnis von quellen- und wissenschaftssprachlichen Begriffen, denn weder ‚Stellvertretung' noch ‚Sühne' haben eine unmittelbare sprachliche Entsprechung bei Paulus[318]. Weitgehende Einigkeit besteht darüber, dass Begriffsklärungen vorgenommen und die relevanten Texte einzeln analysiert werden müssen, um unsachgemäße inhaltliche Präjudizierungen zu vermeiden. Zugleich sind aber synthetische Begriffe wie ‚Stellvertretung' nicht nur aus der Wissenschaftsgeschichte heraus unverzichtbar, um Verständigung zu ermöglichen.

2.7 Der Galaterbrief

2.7.1 Literatur

Kommentare

KEK 7: H. Schlier, ⁵1971. – HNT 10: F. Vouga, 1998. – HThK IX: F. Mußner, ⁴1981. – ThHK 9: J. Rohde, 1989. – NTD 8/1: J. Becker, 1998. – RNT: U. Borse, 1984. – ZBK 7: D. Lührmann, 1984. – WBC 41: R. N. Longenecker, 1990. – AncB 33 A: J. L. Martyn, 1998. – BNTC: J. D. G. Dunn, 1993. – Sacra Pagina: F. J. Matera, 1992. – ANTC: S. K. Williams, 1997. – H. D. Betz, Der Galaterbrief, 1988. – NTL: M. C. de Boer, 2011.

Monographien

W. Lütgert, Gesetz und Geist, BFChTh 6, Gütersloh 1919. – J. Eckert, Die urchristliche Verkündigung im Streit zwischen Paulus und seinen Gegnern im Galaterbrief, BU 6, Regensburg 1971. – U. Borse, Der Standort des Galaterbriefes, BBB 41, Köln 1972. – H. Hübner, Das Gesetz bei Paulus, FRLANT 119, Göttingen ³1982. – J. M. G. Barclay, Obeying the Truth. Paul's Ethics in Galatians, Edinburgh 1988. – M. Bachmann, Sünder oder Übertreter. Studien zur Argumentation in Gal 2, 15 ff., WUNT 59, Tübingen 1992. – I. G. Hong, The Law in Galatians, JSNT.S 81, Sheffield 1993. – C. Breytenbach, Paulus und Barnabas in der Provinz Galatien, AGJU 38, Leiden 1996. – H.-J. Eckstein, Verheißung und Gesetz, WUNT 86, Tübingen 1996. – Ph. F. Esler, Galatians, London 1998. – K. Kuula, The Law, the Covenant and God's Plan I: Paul's Polemic Treatment of the Law in Galatians, SFEG 72, Helsinki/Göttingen 1999. – D. Kremendahl, Die Botschaft der Form. Zum Verhältnis von antiker Epistolographie und Rhetorik im Galaterbrief, NTOA 46, Freiburg (H)-Göttingen 2000. – Th. Witulski, Die Adressaten des Galaterbriefes, FRLANT 193, Göttingen 2000. – M. D. Nanos, The Irony of Galatians: Paul's Letter in First-Century Context, Philadelphia 2002. – J. K. Hardin, Galatians and the Imperial Cult, WUNT 2.237, Tübingen 2008. – Th. J. Bauer, Paulus und die kaiserzeitliche Epistolographie (s. o. 2.3.1), 167–387.

318 Vgl. dazu C. Breytenbach, Versöhnung, Stellvertretung, Sühne, NTS 39 (1993), 59–79; ders., ‚Christus starb für uns'. Zur Tradition und paulinischen Rezeption der sogenannten ‚Sterbeformeln', NTS 49 (2003), 447–475.

Aufsätze

K. Kertelge, Zur Deutung des Rechtfertigungsbegriffs im Galaterbrief, BZ 12 (1968), 211–222. – Ph. Vielhauer, Gesetzes- und Stoicheiadienst im Galaterbrief, in: ders., Oikodome, TB 65, München 1979, 183–195. – G. Klein, Individualgeschichte und Weltgeschichte bei Paulus, in: ders., Rekonstruktion und Interpretation, BEvTh 50, München 1969, 180–224. – O. Merk, Der Beginn der Paränese im Galaterbrief, in: ders., Wissenschaftsgeschichte und Exegese (s. o. 1.1), 238–259. – J. Blank, Warum sagt Paulus: „Aus Werken des Gesetzes wird niemand gerecht"?, in: EKK.V 1, Neukirchen 1969, 79–95. – F. Hahn, Das Gesetzesverständnis im Römer- und Galaterbrief, ZNW 67 (1976), 29–63. – H. Hübner, Art. Galaterbrief, TRE 12 (1984), 5–14. – W. Schmithals, Judaisten in Galatien?, ZNW 74 (1983), 27–58. – A. Suhl, Der Galaterbrief – Situation und Argumentation, ANRW II 25.4, Berlin 1987, 3067–3164. – W. Harnisch, Einübung des neuen Seins, ZThK 84 (1987), 279–296. – Th. Söding, Die Gegner des Apostels Paulus in Galatien, in: ders., Das Wort vom Kreuz (s. o. 2.4.1), 132–152. – K. Löning, Der Galaterbrief und die Anfänge des Christentums in Galatien, Asia Minor Studien 12, Bonn 1994, 133–156. – D.-A. Koch, Barnabas, Paulus und die Adressaten des Galaterbriefes, in: Das Urchristentum in seiner literarischen Geschichte (FS J. Becker), hg. v. U. Mell u. U. B. Müller, BZNW 100, Berlin 1999, 85–106. – M. D. Nanos (Hg.), The Galatians Debate, Peabody 2002. – D. Sänger, „Vergeblich bemüht" (Gal 4,11)? Zur paulinischen Argumentationsstrategie im Galaterbrief, NTS 48 (2002), 377–399. – Th. Söding, Die Rechtfertigungslehre des Galaterbriefes im Streit der Interpretationen, ThLZ 131 (2006), 1003–1020. – D. Sänger, Die Adressaten des Galaterbriefs und das Problem einer Entwicklung in Paulus' theologischem Denken, in: Beiträge zur urchristlichen Theologiegeschichte (FS U. B. Müller), hg. v. W. Kraus, BZNW 163, Berlin 2009, 247–275. – M. C. de Boer, The Meaning of the Phrase *τὰ στοιχεῖα τοῦ κόσμου* in Galatians, NTS 53 (2007), 204–224. – M. Bachmann/B. Kollmann (Hg.), Umstrittener Galaterbrief, BThSt 106, Neukirchen 2010.

2.7.2 **Verfasser**

Die paulinische Verfasserschaft des Gal ist heute unbestritten.

2.7.3 **Ort und Zeit der Abfassung**

Für die Bestimmung der Abfassung des Briefes bieten sich zwei ernsthafte Möglichkeiten an[319]: 1) Der Gal wurde während des paulinischen Aufenthaltes in Ephesus abgefasst, vor oder nach dem ebenfalls in Ephesus geschriebenen 1Kor[320]. 2) Paulus

319 Aus diesem relativen Forschungskonsens scheren z. B. aus: 1) D. A. Carson/D. J. Moo, Einleitung, 563 f, die im Gal den ältesten/ersten Paulusbrief sehen (vor dem Apostelkonvent abgefasst); 2) demgegenüber stuft P. Pilhofer, Das Neue Testament und seine Welt, 280–282, den Gal als letzten Paulusbrief ein (abgefasst in Myra in Lykien auf der Reise nach Rom).

320 So z. B. A. Oepke, Der Brief des Paulus an die Galater, ThHK 9, [3]1973, 211 f (Gal nach 1Kor); H. Schlier, Gal, 18; Ph. Vielhauer, Urchristliche Literatur, 110 f; D. Lührmann, Gal, 10 (Gal nach 1 Kor); H. Hübner, Art. Galaterbrief, 11; P. Pokorný/U. Heckel, Einleitung, 228; G. Theißen, Entstehung des Neuen Testaments, 122 f; M. C. de Boer, Galatians, 11.

schrieb den Gal während seiner Reise durch Makedonien (vgl. Apg 20, 2), er ist dann nach dem 1 Kor (und dem 2 Kor) anzusetzen und steht in unmittelbarer Nähe zum Röm[321]. Kriterien zur Bestimmung der Abfassung können nur die auffallende Nähe zum Röm und die Erwähnung der Kollektenaktion in Gal 2, 10 und 1 Kor 16, 1 sein.

Enge Berührungen zwischen Gal und Röm zeigen sich zunächst im Aufbau[322]:

Gal 1, 15–16	–	Röm 1, 1–5	Aussonderung zum Heidenapostel
Gal 2, 15–21	–	Röm 3, 19–28	Gerechtigkeit aus Glauben
Gal 3, 6–25. 29	–	Röm 4, 1–25	Abraham
Gal 3, 26–28	–	Röm 6, 3–5	Taufe
Gal 4, 1–7	–	Röm 8, 12–17	Knechtschaft und Freiheit
Gal 4, 21–31	–	Röm 9, 6–13	Gesetz und Verheißung
Gal 5, 13–15	–	Röm 13,8–10	Freiheit in der Liebe
Gal 5, 17	–	Röm 7, 15–23	Widerstreit zwischen Wollen und Handeln
Gal 5, 16–26	–	Röm 8, 12 ff	Leben im Geist

Die Gedankenführung des Röm ist im Gal in Grundzügen vorgebildet. Die situationsbedingte Polemik des Gal leitet der Röm in grundsätzliche Fragestellungen über, die Argumentation im Röm erscheint überlegter, die Beweisführung stringenter. Auch neue, Paulus bedrängende Fragen werden aufgenommen, wie Röm 1, 18–3, 21 und Röm 9–11 zeigen. Für ein enges Verhältnis Gal – Röm spricht vor allem die Rechtfertigungslehre in beiden Briefen. Nur hier findet sich die Alternative ‚aus Glauben,

321 So z. B. J. B. Lightfoot, Saint Paul's Epistle to the Galatians, London [10]1890, 55; O. Pfleiderer, Das Urchristentum I, Berlin 1902, 138; U. Borse, Gal, 9–17; F. Mußner, Gal, 9 ff; U. Wilckens, Röm I (s. u. 2.8.1), 47 f; W. G. Kümmel, Die Probleme von Röm 9–11, in: L. de Lorenzi (Hg.), Die Israelfrage nach Römer 9–11, SMBen 3, Rom 1977, 40; G. Lüdemann, Paulus I (s. o. 2.1), 273; J. Becker, Gal 14–16; D. Zeller, Röm (s. u. 2.8.1), 13; S. Jones, ‚Freiheit' in den Briefen des Apostels Paulus (s. o. 2.5.4), 25 f; S. Vollenweider, Freiheit als neue Schöpfung (s. o. 2.5.9), 20 A 40; H. Räisänen, Paul and the Law (s. u. 2.8.1), 8; J. Rohde, Gal, 10 f; G. Strecker, Neues Testament, Stuttgart 1989, 78; E. Schweizer, Einleitung, 70; Th. Söding, Chronologie der paulinischen Briefe (s. o. 2.1), 58; F. W. Horn, Angeld des Geistes (s. o. 2.5.8), 346; J. Roloff, Einführung, 90; D. Lührmann, Art. Galaterbrief, RGG[4] III, Tübingen 2000, 52; I. Broer, Einleitung, 422 f; D. Sänger, „Das Gesetz ist unser *παιδαγωγός* geworden bis zu Christus" (Gal 3,24), in: Das Gesetz im frühen Judentum und im Neuen Testament (FS Chr. Burchard), hg. v. D. Sänger – M. Konradt, NTOA 57, Göttingen/Freiburg (H), (236–260) 239; M. Theobald, Der Galaterbrief, in: Ebner/Schreiber (Hg.), Einleitung, 359; M. Hengel, Die vier Evangelien (s. u. 3.2.1), 354; U. Luz, Paul's Gospel of Justification in Construction and Development, in: J. M. Gavaldà Ribot u. a. (Hg.), Pau, Fructuós I el cristianisme primitiu a Tarragona, Tarragona 2010, (27–43) 30 A 18. Auch wenn der Gal in unmittelbarer Nähe zum Röm gesehen wird, lässt sich das Verhältnis dieses Briefes zum 2 Kor und Phil unterschiedlich bestimmen. Im Anschluss an U. Borse platzieren z. B. F. Mußner, Gal, 10 f; J. Rohde, Gal, 11, den Gal zwischen 2 Kor 1–9 und 2 Kor 10–13; ähnlich F. J. Matera, Galatians, 26: „The letter of the Galatians was probably written in the mid-fifties, after 1Corinthians, but sometime before, or during the period that Paul wrote 2Corinthians." J. Becker, Paulus (s. o. 2), 332, plädiert unter Einbeziehung des Phil für die Reihenfolge: Gal, Phil B, Röm, wobei Phil B (s. u. 2.9.6) als nachträglich geschriebener ‚kleiner Gal' bezeichnet wird.

322 Vgl. dazu U. Borse, Standort, 120–135; U. Wilckens, Röm I (s. u. 2.8.1), 48.

nicht aus Werken des Gesetzes', nur hier liegt ein wirklich reflektiertes und ausgearbeitetes Gesetzesverständnis vor. Dabei ergeben sich die Unterschiede im Gesetzesverständnis zwischen Gal und Röm aus der Situationsgebundenheit des Gal, die sich gerade in der Weiterentwicklung einzelner Gedanken im Röm zeigt.

Nach 1Kor 16,1 ordnete Paulus auch in Galatien eine Sammlung für die Heiligen in Jerusalem an, wahrscheinlich nicht lange vor der Abfassung des 1Kor. Von einer Krise zwischen dem Apostel und den galatischen Gemeinden ist hier nichts zu spüren, ein deutlicher Hinweis auf eine Abfassung des Gal zumindest nach dem 1Kor. Gal 2,10 erwähnt die Kollekte völlig unpolemisch im Rahmen der Vereinbarungen des Apostelkonzils. Da die Kollekte kein Gegenstand der Auseinandersetzung des Apostels mit den Gegnern oder der Gemeinde ist und im Gal sonst nicht mehr erwähnt wird, darf angenommen werden, dass die Kollektenaktion in Galatien z.Zt. der Abfassung des Gal bereits abgeschlossen war. Wenn Paulus in Gal 2,10b ausdrücklich betont, er sei den Verpflichtungen aus der Kollektenvereinbarung in vollem Umfang nachgekommen, so setzt er damit die im 2Kor erwähnten Anordnungen zur Sammlung der Kollekte voraus (vgl. Röm 15,26)[323]. Zudem spricht der Verlauf der Kollektenaktion insgesamt für eine Datierung des Gal direkt vor dem Röm: In 1Kor 16,3f ist sich Paulus noch gar nicht sicher, ob er selbst als Mitglied der Kollektendelegation nach Jerusalem fahren muss. In 2Kor 8,19 gehört er zu den (zukünftigen) Überbringern der Kollekte in Jerusalem und in Röm 15,25–27 sieht er in der Übergabe der Kollekte seine aktuelle und dringendste Aufgabe, die von großen Befürchtungen begleitet wird (vgl. Röm 15,30f). Zwischen der Abfassung des 1Korinther- und des Römerbriefes ist eine Veränderung von einem ‚möglicherweise' zu einem ‚unbedingt' festzustellen. Es muss zu einer dramatischen Verschärfung im Verhältnis zwischen Paulus und der Urgemeinde gekommen sein, die vermutlich durch die galatische Krise ausgelöst wurde und auf die Paulus mit dem Galaterbrief reagiert.

Sowohl die große Nähe zum Röm als auch die Nachrichten über die Kollekte in Galatien sprechen für die Annahme, dass der Gal nach den beiden Korintherbriefen und unmittelbar vor dem Röm im *Spätherbst 55 n.Chr.* in *Makedonien* geschrieben wurde. Die Erwägungen zur Lokalisierung der Empfänger bestätigen diese allein aus dem Briefbefund gewonnene Spätdatierung.

323 Vgl. J. Rohde, Gal, 94. Der Gebrauch des Aor. I *ἐσπούδασα* durch Paulus besagt, „dass er sich wirklich durch eine bereits stattgehabte Tätigkeit um die Erfüllung dieser Aufgabe gekümmert hat" (G. Harder, ThW VII, 564). Auf jeden Fall schließt Gal 2,10b eine Frühdatierung des Gal als ältesten Paulusbrief aus, wie sie Th. Zahn, Der Brief des Paulus an die Galater, KNT 9, Leipzig – Erlangen [3]1922, 20f, vertrat; vgl. jetzt wieder R. N. Longenecker, Gal, LXXXVIII.

2.7.4 Empfänger

Als Empfänger des Gal kommen Gemeinden in der Landschaft Galatien (nordgalatische Theorie/Landschaftshypothese) oder im südlichen Teil der römischen Provinz Galatia (südgalatische Theorie/Provinzhypothese) in Frage. Die Galater sind Nachkommen von 279 v. Chr. nach Kleinasien eingedrungenen Kelten, die sich im Gebiet um das heutige Ankara niederließen. Im Jahr 25 v. Chr. wurde die Landschaft Galatien Bestandteil einer provincia Galatia, in die auch Teile südlich gelegener Landschaften wie Pisidien, Lykaonien, Isaurien, Paphlagonien, Pontus Galaticus und (zeitweise) Pamphylien eingegliedert wurden.

Die *Provinzhypothese* nimmt als Empfänger des Briefes Christen in den Gebieten Lykaoniens, Pisidiens und Isauriens an, wo Paulus nach Apg 13,13–14,27 Gemeinden gründete, die er später wahrscheinlich wieder besuchte (vgl. Apg 16,2–5). Für die Provinzhypothese können folgende Argumente geltend gemacht werden[324]: 1) An der Kollekte für Jerusalem waren auch die galatischen Gemeinden beteiligt (vgl. 1 Kor 16,1), Apg 20,4 erwähnt als Mitglieder der Kollektendelegation nur Christen aus Südkleinasien, u. a. Gaius aus Derbe. 2) Die erfolgreiche Agitation der Paulusgegner in Galatien weist auf Judenchristen in der Gemeinde hin. In den südlichen Gebieten der Provinz gab es einen jüdischen Bevölkerungsanteil, für die Landschaft Galatien ist dies nicht sicher[325]. 3) Paulus verwendet häufig die Provinznamen (Asia, Achaia, Makedonien), er orientiert seine Mission nicht an Landschaften, sondern an den Metropolen der Provinzen[326]. 4) Die Abfolge in der Reisenotiz Apg 18,23 (… er durchzog der Reihe nach das galatische Land und Phrygien …) kann für die Provinzhypothese in Anspruch genommen werden.

Auch für die *Landschaftshypothese* lassen sich gewichtige Argumente anführen[327]: 1) Die Provinzhypothese setzt die Gründung der Gemeinden auf der 1. Missionsreise voraus. Paulus erwähnt davon in Gal 1,21 aber nichts, obwohl dies sein Argumentationsziel der Unabhängigkeit von Jerusalem sehr unterstützt hätte (nämlich: „danach

324 Eine umfassende Begründung für die Provinzhypothese findet sich bei Th. Zahn, Einleitung I (s. u. 2.9.3), 124–139; C. Clemen, Paulus. Sein Leben und Wirken I, Gießen 1904, 24–38. Während sie in der englischen Exegese dieses Jahrhunderts fast durchgängig vertreten wird, votieren in der deutschsprachigen Exegese für die Provinzhypothese neuerdings P. Stuhlmacher, Biblische Theologie des Neuen Testaments I (s. o. 2), 226; R. Riesner, Frühzeit des Apostels Paulus (s. o. 2.1), 243. 250–259; C. Breytenbach, Paulus und Barnabas, 99 ff; M. Hengel – A. M. Schwemer, Paulus zwischen Damaskus und Antiochien (s. o. 2.1), 395; Th. Witulski, Die Adressaten des Galaterbriefes, 224; P. Pokorný/U. Heckel, Einleitung, 229; D. Sänger, Die Adresse des Galaterbriefs. Neue (?) Überlegungen zu einem alten Problem, in: M. Bachmann/B. Kollmann (Hg.), Umstrittener Galaterbrief, 1–56.

325 Hierbei handelt es sich um ein argumentum e silentio, das nicht die Last weitreichender Hypothesen tragen kann!

326 Vgl. W. H. Ollrog, Paulus und seine Mitarbeiter (s. o. 2.2.2), 55 f.

327 Vgl. die ausführliche Begründung bei Ph. Vielhauer, Urchristliche Literatur, 104–108.

kam ich in das Gebiet von Syrien und Kilikien *und zu euch"*)[328]. Bei dem durchdachten rhetorischen Profil des Briefes kaum zu erklären! Zudem geht der Apostel in Gal 3, 1 ff; 4, 12 ff ausdrücklich auf den Gründungsaufenthalt ein. Die Adressaten wissen also, dass sich Gal 1, 21 und 3, 1 ff; 4, 12 ff auf verschiedene Ereignisse beziehen und Paulus erst später in ihrem Gebiet gemeindegründend wirkte[329]. 2) Die südlichen Gebiete der Provinz Galatien werden nicht als solche bezeichnet, sondern heißen Pisidien (Apg 13, 14; 14, 24) und Lykaonien (Apg 14, 6.11), umgekehrt steht *Γαλατικὴ χώρα* in Apg 16, 6; 18, 23 (jeweils neben Phrygien) für die Landschaft Galatien, in der Paulus aus lukanischer Sicht missionierte[330]. Lukas jedenfalls weiß nichts von missionarischen Aktivitäten von Barnabas und Paulus auf der 1. Missionsreise unter ‚Galatern', vielmehr verbinden sich für ihn Galatien und Paulus mit der 2. und 3. Missionsreise! Der übrige Sprachgebrauch im Neuen Testament kennt Galatien auch nur im Sinn des Landschaftsnamens (vgl. 1 Petr 1, 1; 2 Tim 4, 10). Im Übrigen verwendet Paulus im Gal nur Landschaftsbezeichnungen (1,17; 4,25: Arabia; 1,21: Syrien und Kilikien; 1,22: Judäa)[331]. 3) Paulus wendet sich mit Ausnahme des Phlm immer an konkrete Ortsgemeinden. Das Fehlen eines Ortsnamens und der Gebrauch eines Ethnikons als Adressatenbezeichnung (Gal 1, 2; 3, 1) sprechen für die Landschaftshypothese[332]. 4) Die in der Provinz Galatia zusammengeschlossenen Völker behielten ihre kulturellen und sprachlichen Eigenarten bei, so z. B. die Lykaonier ihre eigene Sprache (vgl. Apg 14, 11). Es ist daher auffällig, dass Paulus Lykaonier oder

328 Vgl. M. Theobald, Der Galaterbrief, in: Ebner/Schreiber (Hg.), Einleitung, 354.

329 Der Hinweis auf die Wendung *τὰ κλίματα* (*τῆς Συρίας καὶ τῆς Κιλικίας*) vermag dieses Argument nicht zu entkräften, denn Paulus argumentiert ansonsten in Gal 1 sehr präzis. Eine Gründung der galatischen Gemeinden bereits vor dem Apostelkonvent hätte seine Unabhängigkeit von Jerusalem vorzüglich demonstriert!

330 Vgl. F. Mußner, Gal, 3–5; K. Strobel, Die Galater. Geschichte und Eigenart der keltischen Staatenbildung auf dem Boden des hellenistischen Kleinasien, Bd. 1: Untersuchungen zur Geschichte und historischen Geographie des hellenistischen und römischen Kleinasien, Berlin 1996, 118: „Die Gebiete im Süden der Provinz Galatia sind in der Apostelgeschichte der *Γαλατικὴ χώρα* gegenübergestellt und werden durchgehend als Pisidien und Lykaonien bezeichnet." Vgl. ferner D.-A. Koch, Barnabas, Paulus und die Adressaten des Galaterbriefes, 89: „Für Lk liegen die Gemeinden, von deren Gründung er in Act 13 f. erzählt, gerade nicht in Galatien, sondern in Pisidien und Lykaonien (vgl. Act 13, 14; 14, 6). … Für Lk liegt ‚Galatien' also noch weiter im Inneren Kleinasiens als Pisidien und Lykaonien. D. h. in Antiochia, Pisidia, Ikonium, Lystra und Derbe gründen Barnabas und (!) Paulus zwar Gemeinden, aber diese liegen für Lk gerade nicht in ‚Galatien' – und ebensowenig in Phrygien."

331 Vgl. M. Theobald, Der Galaterbrief, in: Ebner/Schreiber (Hg.), Einleitung, 353.

332 Vgl. K. Strobel, Die Galater, 117 f, der als Althistoriker entschieden die Landschaftshypothese vertritt und in Auseinandersetzung mit der angelsächsischen Forschung betont: „Betrachtet man jedoch den hellenistischen Sprachgebrauch, der sich in der Zeit des selbst von hellenistischer Bildung geprägten Apostels nicht geändert hatte, so wird man auch seine Verwendung des Galaterbegriffes nur im Sinne des allgemein üblichen ethnischen Begriffes deuten können. Für die Zeitgenossen war diese historisch und literarisch verfestigte Konnotation des Galaternamens eindeutig. So muss die Streitfrage um die Adressaten des Galaterbriefes in dem Sinne der Galater als des historisch definierten Ethnikons entschieden werden, zumal die Galater innerhalb der größeren Provinz als Koinon der Galater mit dem Vorort Ankyra eine spezifische politisch-organisatorische Größe bildeten."

Pisidier als ‚dumme Galater' (Gal 3, 1) anredet[333]. Dieser Vorwurf kann nur treffen, wenn die Adressaten sich vollkommen als Galater fühlen[334]. 5) Im zeitgenössischen Sprachgebrauch bezeichnet *ἡ Γαλατία* zuallererst die historisch und ethnisch definierte Landschaft Galatien[335]. 6) Paulus gebraucht keineswegs immer die offiziellen römischen Provinznamen, sondern häufig die alten Landschaftsbezeichnungen (vgl. Gal 1, 21; 1 Thess 2, 14; Röm 15, 24; 7) Die Gemeinden auf der ersten Missionsreise werden von Barnabas (!) und Paulus gegründet (vgl. Apg 13, 1.2; 14, 12.14). Der Gal hingegen ist an Gemeinden gerichtet, die von Paulus allein gegründet wurden und denen er ‚sein' Evangelium verkündete (vgl. Gal 1, 1.6.8 f.15 f; 3, 1; 4, 12–14.19). Hinzu kommt: Wäre Barnabas Gründer/Mitbegründer der Gemeinden, dann hätte er beim antiochenischen Konflikt (vgl. Gal 2, 11–15) genau die Position vertreten, die von Paulus bekämpft wurde. Die Gegner des Paulus hätten dann die Galater nur auf die Position ihres Gründers/Mitbegründers Barnabas verweisen müssen, um der paulinischen Position den Boden zu entziehen. 8) Nach Apg 13–14 predigten Barnabas und Paulus in Synagogen (vgl. 13, 2.14; 14, 1) und bekehrten Heiden, Gottesfürchtige und Juden (vgl. 13, 34; 14, 1). Im Gal hingegen präsentiert sich Paulus exklusiv als Apostel der Völker (vgl. Gal 1, 15 f) und die Galater waren Heidenchristen (vgl. Gal 4, 8–10)[336]. Hinweise auf geborene Juden in der Gemeinde gibt es nicht, was damit übereinstimmt, dass für das 1. Jh. n. Chr. im Norden Galatiens bisher keine jüdischen Gemeinden nachgewiesen sind[337].

Insgesamt überwiegen die Argumente für die Landschaftshypothese, speziell die Nichterwähnung der Adressaten in Gal 1, 21, die lukanischen Angaben über das Wirken des Paulus im ‚galatischen Land' und die Anrede in Gal 3, 1 sprechen bei der wohlüberlegten Disposition des gesamten Briefes gegen die Provinzhypothese[338].

333 Vgl. K. Strobel, Die Galater, 118: „Wir müssen in diesem Zusammenhang das Fortleben der traditionellen ethnischen Regionen und historischen Landschaften auch innerhalb der römischen Provinzordnung hervorheben." Es bleibt bei diesem Argument allerdings zu beachten, dass nicht nur für den Süden, sondern auch für den Norden mit einer Mischbevölkerung zu rechnen ist; vgl. C. Breytenbach, Paulus und Barnabas, 154ff; D. Sänger, Die Adresse des Galaterbriefs, in: M. Bachmann/B. Kollmann (Hg.), Umstrittener Galaterbrief, 19 ff.

334 Vgl. F. Vouga, Gal, 11.

335 Belege bei J. Rohde, Gal, 1 f. Da die Landschaft Galatien auch zur Provinz Galatia gehörte, kann die Provinzbezeichnung nicht gegen die Landschaftshypothese ausgespielt werden.

336 Vgl. M. C. de Boer, Galatians, 5.

337 Vgl. C. Breytenbach, Paulus und Barnabas, 144–146; St. Mitchell, Anatolia: Land, Men, and Gods in Asia Minor II, Oxford 1993, 31–37.

338 Die Positionen einzelner Exegeten zur Landschafts- bzw. Provinzhypothese sind aufgeführt bei J. Rohde, Gal, 6 f; vgl. für die Landschaftshypothese zuletzt ausführlich H. D. Betz, Gal, 34–40; ferner U. Wickert, Art. Kleinasien, TRE 19 (1990), (244–265) 251: „Der nordgalatischen Hypothese gebührt entschieden der Vorzug"; K. Strobel, Die Galater, 117 ff; K. Löning, Der Galaterbrief, 132 f; J. Roloff, Einführung, 123; J. Becker, Gal, 14–16; J. L. Martyn, Gal, 16 f; F. Vouga, Gal, 11 f; D.-A. Koch, Barnabas, Paulus und die Adressaten des Galaterbriefes, 106; D. Lührmann, Art. Galaterbrief, RGG^4 III, 451; Ph. F. Esler, Galatians, 34 (vermutet die Gemeinde in Pessinus); R. E. Brown, Introduction, 476; M. Theobald, Der Galaterbrief, in: Ebner/Schreiber (Hg.), Einleitung, 353–355; M. C. de Boer, Galatians, 5.

Wann wurden die galatischen Gemeinden gegründet? Nach Apg 16, 6 und Apg 18, 23 zog Paulus jeweils zu Beginn der 2. und 3. Missionsreise durch das ‚galatische Land'. Vielfach wird in Apg 16, 6 der Gründungsaufenthalt in Galatien gesehen, dem ein zweiter Besuch zur Stärkung der Gemeinde folgte (Apg 18, 23). Als Beleg für diese Annahme gilt Gal 4, 13, wo *τὸ πρότερον* im Sinn von ‚das erste Mal' übersetzt wird und somit einen späteren zweiten Besuch impliziert. Die galatischen Gemeinden wären dann auf der 2. Missionsreise gegründet worden[339]. Allerdings gehen beide Texte zumindest zu einem großen Teil auf lukanische Redaktion zurück[340], so dass sich über das Faktum einer paulinischen Missionstätigkeit im ‚galatischen Land' hinaus nichts Sicheres sagen lässt. Wählt man deshalb allein die Angaben des Briefes als Ausgangspunkt, so ergeben sich andere Interpretationsmöglichkeiten. Gal 1, 6 setzt einen noch nicht sehr lang zurückliegenden Gründungsaufenthalt voraus, zunächst ‚liefen' die Galater ‚gut', jetzt wundert sich Paulus, dass sie ‚so schnell' von seinem Evangelium abfielen. Ein zweiter Besuch des Apostels in Galatien wird weder erwähnt noch in irgendeiner Form vorausgesetzt. Die Zeitangabe *τὸ πρότερον* in Gal 4, 13 muss nicht als ‚das erste Mal' verstanden werden, sondern lässt sich übersetzen mit ‚zuerst' im Sinn von ‚damals'[341]. Zudem beziehen sich Gal 4, 13–15. 18f ebenfalls nur auf den Gründungsaufenthalt, so dass ein zweiter Besuch nur hypothetisch aus dem Brief erschlossen werden kann[342]. Ein Reflex auf die Entstehung der galatischen Gemeinden liegt somit nur in Apg 18, 23 vor[343]. Die Gründung der galatischen Gemeinden zu Beginn der 3. Missionsreise im Frühjahr 52 lässt sich mit den briefinternen Angaben vereinbaren, berücksichtigt Angaben der Apostelgeschichte und stimmt mit der vorausgesetzten Datierung des Gal kurz vor dem Röm überein.

Die Galater waren (ganz überwiegend oder ausschließlich) Heidenchristen (vgl. Gal 4,8; 5, 2f; 6, 12f) und gehörten wahrscheinlich der hellenisierten Stadtbevölkerung an. Die Rezeption des Gal setzt ein gewisses Maß an Bildung voraus, und die anfängliche Wirkung der paulinischen Freiheitsbotschaft deutet auf Kreise hin, die an kultureller und religiöser Emanzipation interessiert waren. Als Orte der galatischen Gemeinden kommen Pessinus und Germa, vielleicht auch Ankyra und Tavium infrage.

339 So H. Schlier, Gal, 17f; A. Oepke, Gal (s. o. 2.7.3), 25. 142; F. Mußner, Gal, 3–9. 306f u. a.

340 Apg 18, 23c (‚und er stärkte alle Brüder') gilt vielfach als Beleg für eine vorhergehende Mission in Galatien, vgl. H. Hübner, Art. Galaterbrief, 6. Gerade diese Wendung ist aber eindeutig redaktionell, vgl. Lk 22, 32; Apg 14, 22; 15, 32. 41; 16, 5. In Apg 18, 23 sind ferner sicher redaktionell: *ποιεῖν χρόνον τινά* (vgl. Apg 15, 33), *καθεξῆς* im NT nur noch in Lk 1, 3; 8, 1; Apg 3, 24; 11, 4. Apg 16, 6 muss durchweg als eine kompositionelle Notiz des Lukas begriffen werden, die den zielstrebigen Weg des Apostels nach Europa zum Ausdruck bringt, vgl. zur Einzelanalyse A. Weiser, Apg II (s. u. 4.1), 404. 500. Auffällig bleibt die unterschiedliche Reihenfolge der Stationen in Apg 16, 6; 18, 23, zu den großen Probleme von Apg 18, 18–23 s. o. 2.1.2.

341 Vgl. U. Borse, Gal, 150.

342 Gegen einen zweiten Besuch des Paulus in den galatischen Gemeinden votieren auch U. Borse, Gal, 8ff; H. D. Betz, Gal, 11.

343 Vgl. dazu D.-A. Koch, Barnabas, Paulus und die Adressaten des Galaterbriefes, 100–105.

2.7.5 Gliederung, Aufbau, Form

1, 1–5	Präskript	Briefanfang
1, 6–10	Der Briefanlass	
1, 11–2, 14	Autobiographischer Bericht: Die Unabhängigkeit des paulinischen Evangeliums	Briefkorpus
2, 15–2, 21	Die These: Rechtfertigung aus Glauben	
3, 1–4, 7	Beweisführung: Gesetz, Geist und Sohnschaft	
4,8–4, 31	Warnung vor dem Rückfall in die Knechtschaft	
5, 1–5, 12	Folgerung: Knechtschaft oder Freiheit	
5, 13–5, 26	Die Liebe als Frucht des Geistes	
6, 1–10	Schlussparänese	Briefschluss
6, 11–18	Eschatokoll	

Die Besonderheiten des Gal erklären sich aus der speziellen Briefsituation. So fehlt im Briefanfang das Proömium, weil Paulus angesichts der Situation in Galatien keinen Anlass zum Dank sieht. Nachdrücklich bringt Paulus mit dem Aposteltitel in Gal 1, 1 seine Autorität ins Spiel. Einzigartig ist die scharfe Polemik gleich zu Beginn des Briefes (Gal 1, 6–9), sie bestimmt die Argumentation über weite Strecken in den beiden ersten Kapiteln des Gal. In Gal 3, 1–4, 11. 21–31 versucht Paulus in einer vielschichtigen Argumentation den Galatern die Unsinnigkeit ihres Verhaltens nachzuweisen. Topoi des Freundschaftsbriefes herrschen in Gal 4, 12–20 vor, Paulus erinnert die Gemeinde an ihr ehemals gutes Verhältnis und ermuntert sie dadurch, zu dieser früheren Grundlage zurückzukehren. In Gal 5, 1–6, 11 rät Paulus den Galatern, die geschenkte Freiheit nicht leichtfertig aufzugeben. Im Briefschluss verzichtet der Apostel auf jede Art von Grüßen und setzt sich statt dessen noch einmal mit den Gegnern auseinander (vgl. Gal 6, 12–14). In der Makrostruktur ähnelt der Gal dem Aufbau anderer Paulusbriefe, auf einen mehr lehrhaft ausgerichteten Hauptteil (Gal 1–4) folgt ein paränetischer Teil (ab Gal 5, 13), wobei Gal 5, 1–12 als Zusammenfassung und Überleitung dient.

Nach den Kriterien der griechisch-römischen Rhetorik und Epistolographie gliedert H. D. Betz den Gal[344]. Er sieht im Gal einen apologetischen Brief und bestimmt die dafür typischen Abschnitte folgendermaßen:

344 Vgl. H. D. Betz, Gal, 54–72. Andere Akzente in der rhetorischen Analyse setzen G. A. Kennedy, New Testament Interpretation through Rhetorical Criticism, Durham 1984, 144–152; J. Smit, The Letter of Paul to the Galatians: A Deliberative Speech, NTS 35 (1989), 1–26, die den Gal dem genus deliberativum zuordnen. Eine Darstellung der neueren Forschung bietet Th. J. Bauer, Paulus und die kaiserzeitliche Epistolographie (s. o. 2.3.1), 192–200; Bauer, a. a. O., 386, stuft den Galaterbrief als eine Mischform ein: „Deshalb ist der Galaterbrief letztlich als ein Brief zu bewerten, in dem sowohl Funktionen und Darstel-

1, 1–5	präscriptum (Präskript)
1, 6–11	exordium (Einleitung)
1, 12–2, 14	narratio (Erzählung)
2, 15–21	propositio (Ankündigung des Beweiszieles)
3, 1–4, 31	probatio (Beweisführung)
5, 1–6, 10	exhortatio (Ermahnung)
6, 11–18	conclusio (Schluss)

Die Analyse eines Paulusbriefes nach rhetorischen Gesichtspunkten scheint gerade beim Gal möglich zu sein, weil die Auseinandersetzung mit den Gegnern und das Verhältnis zur Gemeinde die Form des Briefes erklären. Der Brief steht an der Stelle des abwesenden Paulus und ersetzt die Verteidigungsrede des Apostels. Als apologetischer Brief lässt sich der Gal allerdings nicht umfassend erschließen. Zweifellos herrscht in Gal 1 und 2 eine apologetische Tendenz vor, Gal 5, 13–6, 18 sind aber deliberativ und Gal 3, 1–5, 12 sowohl symbuleutisch als auch epideiktisch ausgerichtet[345]. Auch der Ort der Paränese innerhalb eines ‚apologetischen Briefes' bleibt unklar. Wer fügt bei einer Verteidigungsrede vor Gericht an die eigentliche Argumentation noch paränetische Ausführungen an? Ein weiteres Problem stellt das Verhältnis von antiker Epistolographie und Rhetorik dar, denn hier gibt es nur geringe Berührungspunkte[346]. Das Eingeständnis des Apostels in 2 Kor 11, 6, er habe Schwächen in der Rede (*ἰδιώτης τῷ λόγῳ*), nicht aber in der Erkenntnis, sollte davor warnen, die paulinische Argumentation allein von rhetorischen Elementen bestimmt zu sehen (vgl. ferner 1 Thess 2, 4–6; 1 Kor 2, 1–3; 2 Kor 3, 5; 13, 3 f). Zudem schrieb Paulus seine Briefe in Zusammenhängen, die weitaus komplexer waren als die in Rhetorikbüchern angenommenen Redesituationen[347]. Als *Element* seiner *kulturellen Umwelt* nahm Paulus die Rhetorik auf, zum bestimmenden Faktor seiner Argumentation wurde sie nicht.

lungsweisen des tadelnd-zurechtweisenden Briefes als auch des Lehrbriefes – teils getrennt nebeneinander, teils untrennbar miteinander verbunden – vorliegen. Durch den *Appell*, der auf die Entscheidung und Verhaltensänderung seitens der Adressaten zielt, enthält er auch Elemente und Züge eines beratenden Briefes."

345 Vgl. dazu J. Schoon-Janßen, Umstrittene „Apologien" in den Paulusbriefen (s. o. 2.3.1), 66–113 (dort auch umfassende Kritik an Betz).

346 Zur Kritik an Betz vgl. bes. aus der Sicht des Altphilologen: C. J. Classen, Paulus und die antike Rhetorik, ZNW 82 (1991), 1–33. Classen weist auf den Unterschied zwischen Rhetorik und Epistolographie nach antikem Verständnis hin, bezweifelt die Existenz des ‚Genre des apologetischen Briefes' und stellt zur ‚Theoriegebundenheit' antiker Autoren fest, dass „gerade die dissimulatio artis zu den zentralen Forderungen der Theorie an jeden Praktiker gehört, die Forderung also, die Beachtung der praecepta nicht spürbar werden zu lassen, so dass die deutlich erkennbare Verwendung der Regeln als Zeichen mangelnder Erfahrung oder Fähigkeit wirken muss, jedenfalls im Bereich der dispositio und elocutio" (a. a. O., 31). Die rhetorische Kompetenz des Paulus wird jedoch nicht infrage gestellt; vgl. C. J. Classen, Philologische Bemerkungen zur Sprache des Apostels Paulus, WSt 107/108 (1994/95), 321–335.

347 Treffend D. E. Aune, Literary Environment (s. o. 2.3.1), 203:"Paul in particular was both a creative and eclectic letter writer. The epistolary situations he faced were often more complex than the ordinary rhetorical situations faced by most rhetoricians."

2.7.6 **Literarische Integrität**

Die literarische Integrität des Gal ist unbestritten. Die unpaulinischen Wendungen in Gal 2,7f (*εὐαγγέλιον τῆς ἀκροβυστίας/ τῆς περιτομῆς, Πέτρος*) deuten nicht auf eine nachpaulinische Interpolation hin, sondern sind ein Indiz für eine vorpaulinische Tradition[348].

2.7.7 **Traditionen, Quellen**

In Gal 2,7f (*ὅτι πεπίστευμαι ... τὰ ἔθνη*) und 2,9e (*ἡμεῖς εἰς τὰ ἔθνη, αὐτοὶ δὲ εἰς τὴν περιτομήν*) finden sich auf dem Apostelkonvent geprägte vorpaulinische Personaltraditionen[349]. Eine vorpaulinische *Tauftradition* überliefert Gal 3,26–28[350]. Hier wird die neue Situation des Getauften umfassend beschrieben: Er ist *ἐν Χριστῷ*, in der Taufe konstituiert sich die neue Beziehung zwischen Christus und dem Getauften. Der Täufling zieht Christus wie ein Kleid an, er ist gänzlich umschlossen von Christus und gerade dadurch *ἐν Χριστῷ*. Die Folgen des *εἶναι ἐν Χριστῷ* werden in Gal 3,28 in ihren heilsgeschichtlichen und politisch-sozialen Dimensionen näher beschrieben: Es gilt nun weder die heilsgeschichtliche Unterscheidung zwischen Juden und Griechen noch die Differenzierung zwischen Knecht und Freiem bzw. Mann und Frau. Weil es durch die Taufe nur noch ein Sein in Christus gibt, sind die Christen diesen antiken Fundamentalalternativen enthoben. Im Tugend- und Lasterkatalog Gal 5,19–23 verarbeitet Paulus traditionelles Material[351].

2.7.8 **Religionsgeschichtliche Stellung**

Wer waren die von Paulus im Gal bekämpften Gegner[352]? Welche Lehre vertraten sie und wie ist ihre Position religionsgeschichtlich einzuordnen[353]? Eine bis in die

348 Nachweis bei G. Lüdemann, Paulus I (s. o. 2.1), 86–91.

349 Vgl. a.a.O., 86–101.

350 Vgl. zur Analyse U. Schnelle, Gerechtigkeit und Christusgegenwart (s. o. 2.4.10), 57–62. 191–195.

351 Vgl. als Parallele 1QS 3,25–4,14; zur Analyse vgl. H. W. Kuhn, Die drei wichtigsten Qumranparallelen zum Galaterbrief, in: Konsequente Traditionsgeschichte (FS K. Baltzer), hg. v. R. Bartelmus u. a., OBO 126, Freiburg (H) – Göttingen 1993, (227–254) 238–249.

352 Nicht von Gegnern, sondern von ‚influencers' spricht M. D. Nanos, Irony of Galatians, 6 u.ö. Gegen eine solche Minimierung des Konflikts spricht nicht nur der aggressive Tenor des gesamten Briefes (vgl. Gal 1,6–10!), sondern auch Gal 5,12, wo Paulus sagt: „Mögen die, die euch aufwiegeln, sich auch verschneiden lassen." Das Verb *ἀναστατόω* bedeutet nicht ‚beeinflussen', sondern ‚aufwiegeln' (vgl. F. Passow, Handwörterbuch der griechischen Sprache I/1, Leipzig, [5]1841, 200), so dass man sowohl aus der Perspektive des Paulus als auch im historischen Beschreibungsmodus von Gegnern sprechen muss.

353 Forschungsüberblicke bieten J. Eckert, Verkündigung, 1–18; F. Mußner, Gal, 11–29; J. Rohde, Gal,

Gegenwart nachwirkende Antwort auf diese Fragen gab 1919 W. Lütgert mit seiner These, Paulus kämpfe im Gal gegen zwei Fronten; einmal gegen Judaisten, zugleich aber auch gegen libertinistische Pneumatiker. Zwei Gegnerfronten lassen sich aber im Gal nicht nachweisen, so dass in der neueren Forschung überwiegend mit einer Gegnergruppe gerechnet wird. W. Schmithals[354] klassifiziert die Gegner als Vertreter eines jüdischen oder judenchristlichen Enthusiasmus gnostischer Provenienz. Er verweist darauf, dass bei der Judaistenthese die Gegner der Heidenmission des Paulus selbst eine solche Mission betrieben hätten. Zudem lassen sich für Schmithals Texte wie Gal 4,9f; 5,3 und bes. 6,12f nur von gnostisch-enthusiastischen Voraussetzungen her sinnvoll interpretieren. Die Beschneidungsforderung hätten die Gegner nur erhoben, um die Gunst der Synagoge zu gewinnen, weder sie selbst noch die Galater dachten an eine umfassende Übernahme des Gesetzes[355]. Eine wie auch immer geartete Gefahr für die Gemeinde von Seiten der Synagoge lässt sich für den Gal allerdings nicht nachweisen. Zudem bleibt es sehr zweifelhaft, ob es z. Zt. der Abfassung des Gal überhaupt schon christliche Gnostiker gab. Schließlich wird Schmithals den Aussagen im Gal nicht gerecht, die von einer Übernahme des Gesetzes durch die Galater ausgehen (vgl. Gal 4,21; 5,1.4).

Am überzeugendsten ist deshalb immer noch die von der Mehrzahl der Exegeten vertretene und seit F.Chr. Baur etablierte These, die Gegner seien *judenchristliche Missionare* (strenger Provenienz)[356]. Sie drangen von außen in die Gemeinde ein und zerstörten das gute Verhältnis zwischen Gemeinde und Apostel (vgl. Gal 5,7; 4,13–15)[357]. Die Gegner forderten die Praktizierung der Beschneidung (vgl.

14–21; J. L. Sumney, Studying Paul's Opponents: Advances and Challenges, in: S. Porter (Hg.), Paul and His Opponents, Leiden 2005, (7–58) 17–24.

354 Vgl. W. Schmithals, Die Häretiker in Galatien, in: ders., Paulus und die Gnostiker, ThF 35, Hamburg 1965, 9–46.

355 Vgl. W. Schmithals, Judaisten in Galatien?, 55: „Die Beschneidungsleute wollen die Beschneidung der Galater nur um ihres Schutzes vor jüdischen Verfolgungen willen; an eine Übernahme des Gesetzes denken sie im übrigen so wenig wie Paulus und die Galater."

356 Vgl. in diesem Sinn u. a. A. Oepke, Gal (s. o. 2.7.3), 27ff; W. G. Kümmel, Einleitung, 260–263; F. Mußner, Gal, 25; O. Merk, Paränese, 250; D. Lührmann, Gal, 104–108; H. Hübner, Art. Galaterbrief, 7f; H. D. Betz, Gal, 43; G. Lüdemann, Paulus II (s. o. 2.5.8), 146f; F. W. Horn, Angeld des Geistes (s. o. 2.5.8), 346–350; M. Theobald, Der Galaterbrief, in: Ebner/Schreiber (Hg.), Einleitung, 358 (judenchristliche Missionare aus Jerusalem/Judäa); M. C. de Boer, Galatians, 50–61.

357 Anders C. Breytenbach, Paulus und Barnabas, 143, wonach nicht judenchristliche Wandermissionare in die Gemeinde eindrangen: „Vielmehr handelt es sich um den Versuch der Synagogengemeinschaften, die Galater zur Beschneidung und Gesetzeseinhaltung zu bewegen, sie zu Juden zu machen und in die bestehende jüdische Gemeinschaft aufzunehmen. Es ist eine Auseinandersetzung mit einer Gruppe von Judenchristen, die sich noch nicht von der Synagoge gelöst hat, und die nicht, wie es auf dem Apostelkonvent beschlossen wurde (Gal 2,7–9), zugesteht, dass neben der Verkündigung des Evangeliums an die Juden auch eine gesetzesfreie Heidenmission ihr theologisches Recht hat." Von einer Integration in die Synagoge ist im Gal aber nicht die Rede, zudem setzen Apg 15,1; Gal 2,4.11–14; 2 Kor 3,1; 11,23ff; 12,13; Phil 3,1ff judenchristliche Wandermissionare voraus. Der 2 Kor, Gal, Röm und die Nichtannahme der Kollekte durch die Urgemeinde (Lukas weiß nach Apg 24,17 um den Sinn der letzten Jerusalem-Reise des Paulus, erwähnt aber nicht die Annahme der Kollekte, weil sie nicht statt-

Gal 5,3; 6,12.13; ferner 2,2; 6,15)[358] und die Beachtung kultischer Zeiten (vgl. Gal 4,3.9.10)[359]. Beides weist auf Judenchristen hin[360], denn insbesondere die Qumrantexte bezeugen die große Bedeutung von Kalenderfragen im antiken Judentum und den festen Zusammenhang zwischen Gesetz und Zeitordnung (vgl. z.B. 1QS 1,13–15; 9,26–10,8; 1QM 2,4; 10,15; CD 3,12–16; 16,2–4; 1QH 1,24; 12,4–9, ferner Jub 6,32.36.37; äthHen 72,1; 75,3f; 79,2; 82,4.7–10). Die Beobachtung der Elemente, Tage, Monate, Zeiten und Jahre in Gal 4,3.9.10 steht somit einer judenchristlichen Interpretation nicht entgegen, sondern vermag sie zu stützen[361]. Zu-

fand) lassen deutlich erkennen, dass es am Ende des paulinischen Wirkens im Osten des Reiches zu einer judenchristlichen Gegenmission kam, die als eine der paulinischen Mission nachfolgende und zugleich entgegengesetzte Bewegung angesehen werden muss.

358 P. Borgen, Observations on the Theme „Paul and Philo". Paul's preaching of circumcision in Galatia (Gal. 5:11) and debates on circumcision in Philo, in: Die Paulinische Literatur und Theologie, hg. v. S. Pedersen, Århus – Göttingen 1980, 85–102, verweist auf die Unterscheidung zwischen ‚ethischer' und physischer Beschneidung bei Philo, Migr 86–93; QuaestEx II 2, und folgert daraus für Galatien: Die Gegner überzeugten Teile der Gemeinde, dass die paulinische Verkündigung als ‚ethische' Beschneidung aufzufassen sei, der nun die physische Beschneidung folgen müsse.

359 Zum möglichen religionsgeschichtlichen Hintergrund von *στοιχεῖα τοῦ κόσμου* vgl. E. Schweizer, Die „Elemente der Welt" Gal 4,3.9; Kol 2,8.20, in: ders., Beiträge zur Theologie des Neuen Testaments, Zürich 1970, 147–163; M. C. de Boer, The Meaning of the Phrase *τὰ στοιχεῖα τοῦ κόσμου* in Galatians, 223: „The phrase *τὰ στοιχεῖα τοῦ κόσμου* in the context of Paul's argument in the letter to the Galatians is a summary designation for the religious beliefs and practices associated with the four elements (earth, air, fire, water) of the physical universe, *in particular calendrical observances*"; vgl. ferner 5.2.8.

360 Anders N. Walter, Paulus und die Gegner des Christusevangeliums in Galatien, in: ders., Praeparatio Evangelica, WUNT 98, Tübingen 1997, 273–280, wonach Paulus sich mit einer jüdischen Gegenmission auseinandersetzt. Ähnlich M. D. Nanos, Irony of Galatians, 6, der zu den galatischen ‚influencers' feststellt, dass sie nicht von außen (z. B. Jerusalem) in die Gemeinden eindrangen: „They are Galatians too. They are members of the larger Jewish communities of Galatia entrusted with the responsibility of conducting Gentiles wishing more than a guest status within the communities through the ritual process of proselyte conversion by which this is accomplished. They may be proselytes – former Gentiles – as well." Den Konflikt in Galatien sieht Nanos ausdrücklich als eine innerjüdische und damit nicht anti-jüdische oder sogar anti-semitische Auseinandersetzung an; Christusanhänger und Synagoge seien zu diesem Zeitpunkt noch nicht getrennt gewesen. Der Unterschied zwischen dem Judentum und Paulus wird damit eingeebnet; seine Gemeinden sind ‚Christ believing Jewish groups', seine Aussagen über die Tora richten sich nicht gegen die Tora als solche, sondern gegen sozio-kulturell bedingte Varianten des Judentums. Gegen diese im Schatten des Holocaust und im Kontext des christlich-jüdischen Gesprächs formulierten Thesen lassen sich zahlreiche Einwände machen, die alle darauf hinweisen, dass die Gegner Juden*christen* waren: 1) Die Gegner predigten nach Gal 1,8 ein anderes Evangelium, aber eben ein Evangelium. 2) Die gesamte autobiographische Argumentation in Gal 1,11–24; 2,1–10.11–15 mit ihrem klaren Schwergewicht auf der Urgemeinde macht nur Sinn, wenn die Gegner als Judenchristen mit diesen Argumenten zu treffen waren. 3) Nach Gal 6,12 zwingen die Gegner die Galater zur Beschneidung, damit sie nicht um des Kreuzes willen (von Juden) verfolgt werden (zur Verfolgung von Judenchristen durch Juden vgl. 1Thess 2,16; Röm 15,31; Apg 16,20b-21; 17,1–9). 4) Zur Abfassungszeit des Briefes dürften sich die Wege von entstehendem Christentum und Judentum bereits getrennt haben; vgl. zur Begründung U. Schnelle, Paulus (s. o. 2), 162–176. 5) Schließlich erscheint bei dieser Interpretation fast die gesamte Auslegungs- und Kirchengeschichte wie ein großes Missverständnis.

361 Vgl. den umfassenden Nachweis bei D. Lührmann, Tage, Monate, Jahreszeiten, Jahre (Gal 4,10), in: Werden und Wirken des Alten Testaments (FS

gleich verweist aber der komplexe Zusammenhang von Stoicheia-Dienst, Kalenderfrömmigkeit und Gesetzesobservanz auf hellenistische Judenchristen[362]. Auch die Abrahamsthematik (Gal 3; 4) spricht für diese Interpretation; die Gegner beriefen sich auf Abraham und überzeugten die Galater mit Hinweis auf Gen 17, dass sie nur als Beschnittene ‚Kinder Abrahams' sind. Offenbar akzeptierten große Teile der galatischen Gemeinde die Forderungen der judenchristlichen Missionare (vgl. Gal 1,6–9; 4,9.17.21; 5,4; 6,12f), was die scharfe Kritik auf Seiten des Apostels hervorrief. Paulus hofft aber, die Gemeinde durch seine Argumentation wieder zurückzugewinnen (vgl. Gal 3,4; 4,11f.19f). Die Aufbewahrung und Weitergabe des Gal zeigen, dass diese Hoffnung nicht unbegründet war.

In welchem Verhältnis standen die Gegner zu den Jerusalemer Autoritäten, speziell zu Jakobus? Eine Verbindung zu den ‚Leuten des Jakobus' (Gal 2,12) lässt sich nicht herstellen, denn eine Beschneidungsforderung kann für sie nicht nachgewiesen werden[363]. Neuerdings wird wieder mit Nachdruck die These vertreten, die Gegner des Paulus seien mit jenen falschen Brüdern identisch, die auf dem Apostelkonvent die Beschneidung des Titus nicht durchsetzen konnten[364]. Sie seien der Einigung auf dem Apostelkonvent nicht beigetreten, drangen nun in die paulinischen Gemeinden in Galatien ein und verlangten Gesetzes- und Kalenderobservanz. Auch hier lässt die dürftige Quellenlage kein sicheres Urteil zu. Bestand eine wie auch immer geartete Verbindung zwischen den Jerusalemer Autoritäten und den Paulusgegnern in Galatien, dann hätten die ‚Säulen' bewusst den Bruch der Abmachungen auf dem Apostelkonvent herbeigeführt. Eine Schlussfolgerung, die sich an den Texten nicht verifizieren lässt, sondern im Halbdunkel der Geschichtsspekulation verbleibt. Man wird sich deshalb mit der Aussage begnügen müssen, dass die Gegner des Paulus judenchristliche Missionare (aus Palästina) waren, die in der gesetzesfreien Heidenmission des Paulus einen eklatanten Verstoß gegen den im Gesetz geoffenbarten Heilswillen Gottes sahen. Sie müssen im Rahmen einer der paulinischen Mission nachfolgenden Bewegung gesehen werden, in der Judenchristen in unterschiedlicher Weise den Glauben an Jesus Christus *und* Toraobservanz auch für Heidenchristen verbindlich zu machen suchten. Zwar gibt es kein jüdisches Beschneidungsgebot für Heiden, durch ihren Eintritt in die christliche Gemeinde gehörten aber auch die ehemaligen Heiden zum Volk Gottes, womit sich aus der Sicht der Gegner u.a. die Beschneidungsfrage stellte.

C. Westermann), hg. v. R. Albertz u.a., Göttingen 1980, 428–445.

362 Vgl. z.B. Th. Söding, Gegner des Paulus, 145f; er hält die Gegner wie viele andere Exegeten für „hellenistische Judenchristen, sie vertreten einen christlichen Nomismus, der synkretistisch beeinflußt ist" (a.a.O., 146).

363 Anders z. F.B. Watson, Paul, Judaism and the Gentiles, MSSNTS 56, Cambridge 1986, 59ff.

364 Vgl. G. Lüdemann, Paulus II (s.o. 2.5.8), 148–152; zuvor vertrat diese These z.B. A. Oepke, Gal (s.o. 2.7.3), 212f. Allerdings zeigt Gal 2,3f, dass es innerhalb des Judenchristentums einflussreiche Gruppen gab, die programmatisch für die Beschneidung von Heidenchristen eintraten. Ihr Auftreten auf dem Apostelkonvent signalisiert einen über Palästina/Syrien hinausgehenden Anspruch.

2.7.9 Theologische Grundgedanken

Paulus entkräftet die Angriffe der Gegner in einem ersten Schritt mit einer autobiographischen (Gal 1, 13–24) und einer ‚kirchengeschichtlichen' (Gal 2, 1–14) Argumentation. Das Evangelium Jesu Christi empfing er nicht von Menschen, sondern allein durch eine Offenbarung Gottes. Deshalb lag ihm nichts an einer baldigen Zusammenkunft und Belehrung durch die Jerusalemer Autoritäten. Auch die Vereinbarungen auf dem Apostelkonvent und der Konflikt mit Petrus in Antiochia zeugen von der Eigenständigkeit des paulinischen Evangeliums. In Gal 2, 15 geht Paulus zur grundsätzlichen Erörterung der Heilsbedeutung des Gesetzes für die Christen über. Die erstmals in Gal 2, 16 vorgetragene Kernthese seiner *Rechtfertigungslehre* basiert auf einer anthropologischen Prämisse: Kein Mensch wird aus Werken des Gesetzes gerecht (Gal 2, 16 d). Der Mensch kann das Gesetz in all seinen Bestimmungen nicht befolgen, so dass er durch sein Zurückbleiben hinter den Forderungen des Gesetzes unter dessen Fluch gerät (vgl. Gal 3, 10–12). Dabei betrachtet Paulus die Erfüllung der Gesetzesbestimmungen unter einem rein quantitativen Aspekt, jede einzelne Übertretung hat die völlige Ungerechtigkeit des Menschen zur Folge[365]. Paulus trennt damit die Erlangung des Heils vom Tun der Tora[366]. Die menschliche Erfahrung des Scheiterns am Gesetz bildet aber noch nicht die eigentliche Grundlage der Argumentation, sie erscheint in Gal 3, 22: *συνέκλεισεν ἡ γραφὴ τὰ πάντα ὑπὸ ἁμαρτίαν*. Durch die Macht der Sünde verliert das Gesetz seine Qualität als Heilsweg, Paulus konstatiert eine Insuffizienz des Gesetzes gegenüber der Sünde. Deshalb sind die Galater durch die Agitation der Gegner in der Gefahr, hinter ihren bereits erreichten Heilsstand zurückzufallen. Durch die Taufe und die Verleihung des Geistes sind die Galater bereits dem Fluch bringenden Bereich des Gesetzes entzogen. Um im Volk Gottes zu verbleiben, müssen sie sich nicht der jüdischen Lebensordnung unterwerfen. Empfingen sie doch den Geist durch die Evangeliumspredigt und nicht durch Gesetzeswerke (vgl. Gal 3, 3–5). Sie sind doch bereits *υἱοὶ θεοῦ* und somit die wahren Erben der Verheißung (vgl. Gal 3, 26; 4, 6 f). Im Geist warten die Galater auf das Hoffnungsgut der Gerechtigkeit (Gal 5, 5), sie leben und wandeln im Geist, so dass gilt: „Wenn ihr aber vom Geist getrieben werdet, seid ihr nicht mehr unter dem Gesetz" (Gal 5, 18). Als Geistbegabte (Gal 6, 1: *πνευματικοί*) sind die Galater der Macht des Fleisches und der Sünde nicht mehr untertan (Gal 6,8). In ihnen gewinnt Christus Gestalt (Gal 4, 19), sie haben Christus angezogen und sind nun in Christus allen ethnischen, religiösen und sozialen Unterscheidungen enthoben (Gal 3, 26–28). Zur

365 Vgl. H. Hübner, Gesetz bei Paulus, 19 f.

366 Vgl. dazu die Interpretation von Hab 2, 4 b in Gal 3, 11 und 1QpHab VII 17 – VIII 3. H. W. Kuhn, Die drei wichtigsten Qumranparallelen zum Galaterbrief (s. o. 2.7.8), 249, betont zu Recht: „Der Pharisäer Paulus hat mit seiner Deutung der für seine Theologie so wichtigen Prophetenstelle Hab 2, 4 theologisch zweifellos einen Schritt jenseits des Judentums getan – und das also unter Rückgriff auf die gemeinsame Bibel."

Freiheit wurden die Galater berufen (vgl. Gal 5,1.13), die Praktizierung der Beschneidung und die Einhaltung kultischer Zeiten als pars pro toto legis würden hingegen aus der Freiheit wieder Knechtschaft machen. Paulus will den Galatern die Unsinnigkeit der gegnerischen Forderungen und ihres eigenen Verhaltens angesichts des erreichten Heilsstandes darlegen. Dabei bedient er sich im Einzelnen einer sehr vielschichtigen Argumentation, um die Schriftgemäßheit und damit die Wahrheit seiner Rechtfertigungslehre zu erweisen. Das Gesetz bewertet Paulus im Gal durchweg negativ[367]. Gegenüber der Verheißung ist es sekundär, denn es wurde erst 430 Jahre nach der Verheißung an Abraham gegeben (vgl. Gal 3,15–18). Das Gesetz dient allein der Sündenprovokation, es wurde nur von Engeln angeordnet und gelangte durch den Mittler Mose zu den Menschen (Gal 3,19.20)[368]. Vor der Christusoffenbarung gab es für den Menschen nur ein Sein unter dem Gesetz und den Mächten. Er war *ὑπὸ νόμον* (Gal 3,23), *ὑπὸ παιδαγωγόν* (Gal 3,25), *ὑπὸ ἐπιτρόπους καὶ οἰκονόμους* (Gal 4,2) und *ὑπὸ τὰ στοιχεῖα τοῦ κόσμου* (Gal 4,3). Aus dieser Versklavung befreite Christus die Glaubenden, die nun ein Leben in Freiheit durch die Kraft des Geistes führen.

2.7.10 **Tendenzen der neueren Forschung**

Innerhalb der klassischen Einleitungsprobleme votieren die meisten Exegeten nach wie vor für die Landschaftshypothese und die Annahme, die Gegner im Gal seien Judenchristen strenger Provenienz. Allerdings wird auch die These vertreten, die Gegner seien Juden und es handele sich im Gal um einen sozio-kulturell bedingten innerjüdischen Konflikt (M. D. Nanos). Auf viel Zustimmung traf zunächst die formgeschichtliche Klassifizierung des Gal als ‚apologetic letter' durch H. D. Betz, in der neuesten Diskussion wird sie zunehmend problematisiert. Bei der Datierung des Gal zeigt sich ein deutlicher Trend, fast alle neueren Arbeiten platzieren den Gal direkt vor den Röm. Damit verbindet sich das zentrale Problem in der Galaterforschung der letzten Jahre: Das Gesetzesverständnis des Gal im Verhältnis zum Röm. So sieht H. Hübner erhebliche Differenzen zwischen der paulinischen Argumentation im Gal und Röm. Im Gal habe das Gesetz vor allem die Funktion, Übertretungen zu provozieren (vgl. Gal 3,19a), Paulus diffamiere es als Engelsgesetz (vgl. Gal 3,19b) und sehe es gänzlich negativ. Im Röm hingegen diene es der Sündenerkenntnis (vgl. Röm 3,20; 7,7), denn es ist heilig, gerecht und gut (vgl. Röm 7,12). Die Unterschei-

367 Vgl. zur Einzelanalyse H. Hübner, Gesetz bei Paulus, 16 ff.

368 Die Auslegung von Gal 3,19.20 ist überaus umstritten, zur neueren Diskussion vgl. J. Rohde, Gal, 152 ff. Faktisch bestreitet Paulus in Gal 3,19 den göttlichen Ursprung des Gesetzes, denn nur unter dieser Voraussetzung ist die Differenzierung in V. 20 sinnvoll. Gal 3,21; Röm 7,22; 8,7; 9,4 zeigen wohl, dass Paulus diesen Gedanken nicht durchhalten kann und will, sie dürfen aber nicht die Auslegung von Gal 3,19.20 bestimmen.

dung zwischen der *ἁμαρτία* als eigentlicher Unheilsmacht und dem *νόμος*, bei dem wiederum zwischen der ursprünglichen und der faktischen Funktion unterschieden werde, finde sich so im Gal nicht. Aus diesen und weiteren Beobachtungen schließt Hübner auf eine nicht geringe theologische Entwicklung des Paulus zwischen den beiden Briefen. Für U. Wilckens wurde die Gesetzesfrage erst durch das Wirken der judaistischen Gegner in Galatien akut[369]. Zuvor sei die Gesetzesfreiheit die mehr oder weniger selbstverständliche Basis in den paulinischen Missionsgemeinden gewesen. Repräsentieren der Gal und Phil die Kampfposition des Paulus in der Frage nach der Heilsbedeutung des Gesetzes, so revidiere Paulus im Röm seine Haltung nicht unwesentlich. Entsprechend dem Briefanlass stelle der Apostel hier sein Gesetzesverständnis in umfassender und abgewogener Art und Weise dar. Juden- und Heidenchristen befinden sich in der gleichen hamartologischen und soteriologischen Situation. Einen möglicherweise weiterführenden Vorschlag zum Verständnis der disparaten Aussagen zum Gesetz im Gal legt M. C. de Boer vor, wonach Paulus unterscheidet „between the law as legal code and the law as divine promise as attested in Scripture. For Paul, these are two different laws."[370] Gal 5,14; 6,2 wären dann als ‚law as divine promise', alle anderen Gesetzes-Texte als ‚law as legal code' zu verstehen. Die Probleme von Gal 3,19f sind damit allerdings nicht gelöst, denn hier wird das Gesetz insgesamt von Gott getrennt. Mit der Gesamtbeurteilung der paulinischen Rechtfertigungslehre untrennbar verbunden ist das Verständnis der erstmals im Gal belegten Wendung *ἔργα νόμου* (vgl. Gal 2,16; 3,2.5.10; Röm 3,20.28; ferner Phil 3,9)[371]. Was meint Paul mit *ἔργα νόμου* und welches theologische Konzept verbindet er damit? In der gegenwärtigen Diskussion sind sechs Interpretationsversuche zu unterscheiden: 1) R. Bultmann sieht in den ‚Werken des Gesetzes' das Resultat eines

369 Vgl. U. Wilckens, Zur Entwicklung des paulinischen Gesetzesverständnisses (s. u. 2.8.1), 164ff; Ph. F. Esler, Galatians, 153–159, der sich ausdrücklich den Thesen von W. Wrede und A. Schweitzer anschließt und den Ursprung der Rechtfertigungslehre in der galatischen Krise sieht. Ein völlig anderes Modell vertritt D. Sänger, Die Adressaten des Galaterbriefs und das Problem einer Entwicklung in Paulus' theologischem Denken, wonach Paulus die galatischen Gemeinden auf der 1. Missionsreise 47/48 n. Chr. (vgl. a. a. O., 267) gründete: „Bei seinem Gründungsaufenthalt in Galatien hat Paulus die Koordinaten der Rechtfertigungslehre bereits ausgezogen, ohne dass sie damals durch eine judenchristliche Opposition in den Gemeinden veranlasst worden wäre" (a. a. O., 273). Die Aussagen des Gal und Röm sind dann nur noch Profilierungen eines lange feststehenden, bereits in Antiochia erlernten Denksystems

370 M. C. de Boer, Galatians, 380f.

371 Vgl. dazu E. Lohmeyer, „Gesetzeswerke", in: ders., Probleme paulinischer Theologie, Darmstadt 1954, 31–74; J. Blank, Warum sagt Paulus: „Aus Werken des Gesetzes wird niemand gerecht"?, in: EKK V. 1, Neukirchen 1969, 79–95; U. Wilckens, Was heißt bei Paulus: „Aus Werken des Gesetzes wird kein Menschen gerecht"?, in: ders., Rechtfertigung als Freiheit, Neukirchen 1974, 77–109; H. Hübner, Was heißt bei Paulus „Werke des Gesetzes"?, in: Glaube und Eschatologie (FS W. G. Kümmel) hg. v. E. Grässer und O. Merk, Tübingen 1985, 123–133; T. R. Schreiner, ‚Works of Law' in Paul, NT 33 (1991), 217–244; M. Bachmann, Sünder oder Übertreter. Studien zur Argumentation in Gal 2,15ff, 90ff; ders., Rechtfertigung und Gesetzeswerke bei Paulus, ThZ 49 (1993), 1–33; J. D. G. Dunn, The New Perspective on Paul, in: ders., Jesus, Paul and the Law, London 1990, 183–240. R. K. Rape, The Meaning of ‚Works of the Law' in Galatians and Romans, SBL 31, New York 2001.

verfehlten Gesetzeseifers, Paulus lehnt den Weg der Gesetzeswerke ab, „weil das Bemühen des Menschen, durch Erfüllung des Gesetzes sein Heil zu gewinnen, ihn nur in die Sünde hineinführt, ja im Grunde selber schon Sünde ist."[372] Paulus wertet also nicht erst die Erfolglosigkeit, sondern schon die Absicht, durch Erfüllung des Gesetzes vor Gott gerecht zu werden, als Sünde. 2) Demgegenüber betont U. Wilckens: „es ist keineswegs so, dass er (sc. Paulus) das Streben des Menschen, durch Erfüllung des Gesetzes sich vor Gott als gerecht zu erweisen, als solches tadelt; geschweige denn, dass er einem wirklich aufgrund von Werken Gerechten seine Gerechtigkeit streitig machen würde. Aber Paulus beurteilt alle Menschen faktisch als Sünder, weil alle gesündigt haben."[373] 3) In anderer Weise als Wilckens formuliert E. P. Sanders seine Position im Kontrast zu Bultmann: „Nicht eine Analyse der Natur der Sünde bestimmt die Anschauung des Paulus, sondern eine Analyse des Heilsweges – nicht seine Anthropologie, sondern seine Christologie und Soteriologie. Pauli eigene Begründung für den Satz, daß der Mensch nicht aus Gesetzeswerken ‚gerechtfertigt' werde, ist nicht die, daß der Mensch nicht daran denken dürfe, sein eigenes Heil zu erlangen, sondern die, daß Christus umsonst gestorben wäre, wenn das Gesetz errettet (Gal 2,21) ... Die Überzeugung, daß nur die Zugehörigkeit zu Christus Heil verschafft, geht der Analyse der eigenen Situation vor Gott und dem Wandel des eigenen Selbstverständnisses voraus."[374] 4) Für J. D. G. Dunn sind *ἔργα νόμου* nicht die vor Gott verdienstvoll machenden Bestimmungen der Tora, sondern jüdische ‚identity markers' wie Beschneidung, Speisegebote und Sabbat, die Juden von Heiden unterscheiden[375]. Paulus bewertet diese ‚identity markers' nur dann negativ, wenn sie zur Begründung jüdischer Prärogative in Anspruch genommen werden und die Gnade Gottes einengen. Dies ist in Galatien der Fall. Gal 2,16 spiegelt nach Dunn den Übergang vom judenchristlichen Nebeneinander von ‚aus Werken des Gesetzes' und ‚Glauben' zu einer schroffen Antithese wider. Paulus ist dennoch nicht gegen das Gesetz als solches, er verunglimpft nicht Werke des Gesetzes, sondern votiert gegen das Gesetz als nationale Identifikationsgröße; ein an Privilegien orientiertes Verständnis der Tora ist Gegenstand seiner Kritik. Die Rechtfertigungslehre bestimmt demnach nicht primär das Verhältnis des Einzelnen zu Gott, sondern sichert die Rechte der Heidenchristen. 5) Auf eine rein soziologische Ebene will F. B. Watson das Verständnis von *ἔργα νόμου* reduzieren, „faith in Christ is incompatible with works of the law because the church is separate from the synagogue."[376] 6) Unter ausdrücklicher Berufung auf 4QMMT meint M. Bachmann zu *ἔργα νόμου*, „dass es hier um die Vorschriften, die Regelungen des Gesetzes geht, nicht um das Tun gemäss den Regelun-

372 R. Bultmann, Theologie (s. o. 2), 264 f.

373 U. Wilckens, Was heißt bei Paulus, 107.

374 E. P. Sanders, Paulus und das palästinische Judentum (s. o. 2), 457.

375 Vgl. zuletzt J. D. G. Dunn, Yet once more – ‚The Works of Law': A Response, JSNT 46 (1992), 99–117; ders., Gal, 131–150.

376 F. B. Watson, Paul, Judaism and the Gentiles (s. o. 2.7.8), 47.

gen."[377] Das Sündigen darf nicht mit den Gesetzeswerken verwechselt werden, denn die „Gesetzeswerke haben es vielmehr unmittelbar mit dem *νόμος* zu tun, der nach Röm 7, 12 heilig ist, und sie haben es insofern mit Gott selbst zu tun."

Naturgemäß bleibt in der gegenwärtigen Forschung auch die Frage heftig umstritten, ob erst die Forderung der Gegner im Gal nach Beschneidung auch der Heidenchristen Paulus nötigte, die Gesetzesproblematik von der Peripherie in das Zentrum seiner Theologie zu rücken. Dieses Urteil ergibt sich zum einen im Blick auf die vorhergehenden Briefe (1Thess, 1.2Kor), wo von einer Rechtfertigungs- und Gesetzeslehre im Sinn des Gal und Röm kaum gesprochen werden kann. Aber auch der Gal erweckt nicht den Eindruck, als sei die hier von Paulus vorgetragene Argumentation das Ergebnis eines zwanzigjährigen Nachdenkens über die Bedeutung der Tora. Paulus ringt offenbar mit einem für ihn neuen Problem, was die sehr unterschiedlichen Begründungen für die Abrogation der Tora im Gal zeigen. Hätte Paulus die Rechtfertigungslehre des Gal von Anfang an vertreten, wäre sie der Gemeinde zumindest in Grundzügen bekannt gewesen. Dann verwundert es um so mehr, dass die Galater der gegnerischen Lehre so viel Gehör schenkten und Paulus mit einer Argumentation antwortet, die die Galater schon einmal nicht überzeugen konnte! Gilt der Gal einerseits als Dokument für Wandlungen im paulinischen Denken[378], so werden andererseits die Besonderheiten des Gal als situationsbedingte Applikationen der von Paulus bereits bei Damaskus empfangenen und im Kern einheitlichen Rechtfertigungslehre verstanden. So lehnen u.a. G. Klein[379], F. Hahn[380], K. Kertelge[381] und J. Rohde[382] die These einer einschneidenden Entwicklung des paulinischen Gesetzesverständnisses ab. Zudem wird die Rechtfertigungslehre des Gal und Röm vielfach in sachlicher Übereinstimmung mit der Kreuzestheologie des 1Kor gesehen, die Rechtfertigungslehre aktualisiert dann das Anliegen der Kreuzestheologie[383].

377 M. Bachmann, Rechtfertigung und Gesetzeswerke, 30; zur aktuellen Diskussion vgl. M. Bachmann (Hg.), Lutherische und Neue Paulusperspektive, WUNT 182, Tübingen 2005.

378 Vgl. U. Schnelle, Wandlungen im paulinischen Denken (s. o. 2.4.9), 54–61.

379 Vgl. G. Klein, Art. Gesetz (s. o. 2.4.10), 64f; ders., Werkruhm und Christusruhm im Galaterbrief und die Frage nach einer Entwicklung des Paulus, in: Studien zum Text und zur Ethik des Neuen Testaments (FS H. Greeven), hg. v. W. Schrage, BZNW 47, Berlin 1986, 196–211.

380 Vgl. F. Hahn, Gesetzesverständnis, 60f, der zwar die Unterschiede zwischen Gal und Röm sieht, dennoch von einer ‚inneren' Einheitlichkeit des Gesetzesbegriffes bei Paulus ausgeht; vgl. ferner ders., Gibt es eine Entwicklung in den Aussagen über die Rechtfertigung bei Paulus?, EvTh 53 (1993), 342–366. Differenzierter hingegen J. Roloff, Einführung, 98–100, der ein deutliches Fortschreiten des paulinischen Denkens in den Bereichen Rechtfertigungslehre, Eschatologie und Israel konstatiert, zugleich aber die Christologie als Konstante ansieht, so dass von einer „Konstanz im Wandel" (a. a. O., 99) gesprochen werden kann.

381 Vgl. K. Kertelge, Gesetz und Freiheit im Galaterbrief, NTS 30 (1984), 382–394.

382 Vgl. J. Rohde, Gal, 175–178.

383 So u. a. J. Becker, Paulus (s. o. 2), 306.

2.8 Der Römerbrief

2.8.1 **Literatur**

Kommentare

KEK 14: E. Lohse, 2003. – HNT 8: H. Lietzmann, ^{5}1971; 8a: E. Käsemann, ^{4}1980. – HThK VI: H. Schlier, ^{2}1979. – EKK 6. 1–3: U. Wilckens, ^{4}2004.^{4}2003.^{3}2005. – ThHK 6: K. Haacker, ^{4}2012. – NTD 6: P. Stuhlmacher, ^{2}1989. – RNT: D. Zeller, 1984. – ICC: C. E. B. Cranfield, I 1975. II 1979. – AncB 33: J. A. Fitzmyer, New York 1993. – WBC 38 A.B: J. D. G. Dunn, 1988. – Hermeneia: R. Jewett, Minneapolis 2007. – NICNT: D. Moo, Grand Rapids 1996. – ANTC: L. E. Keck, Nashville 2005. – W. Schmithals, Der Römerbrief, 1988.

Monographien

W. G. Kümmel, Römer 7 und das Bild des Menschen im Neuen Testament, TB 53, München 1974. – E. Brandenburger, Adam und Christus, WMANT 7, Neukirchen 1962. – P. Stuhlmacher, Gerechtigkeit Gottes bei Paulus, FRLANT 87, Göttingen ^{2}1966. – U. Luz, Das Geschichtsverständnis des Paulus, BEvTh 49, München 1968. – K. Kertelge, Rechtfertigung bei Paulus, NTA 3, Münster ^{2}1971. – H. Paulsen, Überlieferung und Auslegung in Römer 8, WMANT 43, Neukirchen 1974. – P. v. d. Osten-Sacken, Römer 8 als Beispiel paulinischer Soteriologie, FRLANT 112, Göttingen 1975. – W. Schmithals, Der Römerbrief als historisches Problem, StNT 9, Gütersloh 1975. – H. Hübner, Das Gesetz bei Paulus (s. o. 2.7.1). – D. Zeller, Juden und Heiden in der Mission des Paulus, fzb 8, Stuttgart ^{2}1976. – M. Wolter, Rechtfertigung und zukünftiges Heil, BZNW 43, Berlin 1978. – M. Kettunen, Der Abfassungszweck des Römerbriefes, AASF 18, Helsinki 1979. – H. Hübner, Gottes Ich und Israel, FRLANT 136, Göttingen 1984. – H. Räisänen, Paul and the Law, WUNT 29, Tübingen ^{2}1987. – P. Lampe, Die stadtrömischen Christen in den beiden ersten Jahrhunderten, WUNT 2.18, Tübingen ^{2}1989. – W. Bindemann, Theologie im Dialog, Leipzig 1992. – Angelika Reichert, Der Römerbrief als Gratwanderung, FRLANT 194, Göttingen 2001. – Ph. F. Esler, Conflict and Identity in Romans, Minneapolis 2003. – Th. H. Tobin, Paul's Rhetoric in its Contexts. The Argument of Romans, Peabody 2004. – D. Starnitzke, Die Struktur paulinischen Denkens im Römerbrief, BWANT 163, Stuttgart 2004. – St. Krauter, Studien zu Röm 13, 1–7, WUNT 243, Tübingen 2009.

Aufsätze

W. Wiefel, Die jüdische Gemeinschaft im antiken Rom und die Anfänge des römischen Christentums, Jud 26 (1970), 65–88. – G. Bornkamm, Der Römerbrief als Testament des Paulus, in: ders., Geschichte und Glaube II, BEvTh 53, München 1971, 120–139. – U. Borse, Die geschichtliche und theologische Einordnung des Römerbriefes, BZ 16 (1972), 70–83. – H. Conzelmann, Die Rechtfertigungslehre des Paulus: Theologie oder Anthropologie?, in: ders., Theologie als Schriftauslegung, BEvTh 65, München 1974, 191–206. – F. Hahn, Das Gesetzesverständnis im Römer- und Galaterbrief (s. o. 2.7.1). – U. Wilckens, Christologie und Anthropologie im Zusammenhang der paulinischen Rechtfertigungslehre, ZNW 67 (1976), 64–82. – Ders., Zur Entwicklung des paulinischen Gesetzesverständnisses, NTS 28 (1982), 154–190. – P. Stuhlmacher, Der Abfassungszweck des Römerbriefes, ZNW 77 (1986), 180–193. – H. Räisänen, Römer 9–11: Analyse eines geistigen Ringens, ANRW 25.4, Berlin 1987, 2891–2939. – K. Haacker, Der Römerbrief als Friedensmemorandum, NTS 36 (1990), 25–41. – K. P. Donfried (Hg.), The Romans Debate, Edinburgh ²1991 (wichtige Aufsatzsammlung). – E. Lohse, Summa Evangelii – zu Veranlassung und Thematik des Römerbriefes –, NAWG.PH (1993), 89–119. – T. Holtz, Die historischen und theologischen Bedingungen des Römerbriefes, in: Evangelium – Schriftauslegung – Kirche (FS P. Stuhlmacher), hg. v. J. Ådna u. a., Göttingen 1997, 238–254. – M. Theobald, Studien zum Römerbrief, WUNT 136, Tübingen 2001. – U. Schnelle (Hg.), The Letter to the Romans, BETL 226, Leuven 2009 (wichtige Aufsatzsammlung).

Forschungsbericht
M. Theobald, Der Römerbrief, EdF 294, Darmstadt 2000.

2.8.2 Verfasser

Die paulinische Verfasserschaft des Röm ist unbestritten.

2.8.3 Ort und Zeit der Abfassung

Der Röm wurde am Wendepunkt des missionarischen Wirkens des Paulus geschrieben. Der Apostel sieht seine Arbeit im Osten des Reiches als beendet an und will nun im Westen, speziell in Spanien, die Verkündigung seines Evangeliums fortsetzen (vgl. Röm 15, 23–24). Er ist im Begriff, zuvor noch nach Jerusalem zu reisen, um die Spenden aus Makedonien und Achaia zu überbringen (vgl. Röm 15, 28–29). Abfassungsort des Röm ist wahrscheinlich *Korinth*, wo Paulus im Haus des Gaius den Brief im *Frühjahr 56 n. Chr.* diktierte (vgl. Apg 20, 2 f; Röm 16, 1. 22. 23; 1 Kor 1, 14)[384]. Als Überbringerin fungierte wahrscheinlich die Diakonin Phoebe (vgl. Röm 16, 1 f).

Veranlassung und Zweck des Röm hängen eng mit der Situation zusammen, in der Paulus sich befindet. Der Apostel benötigt die personelle und materielle Unterstützung der römischen Gemeinde, um seine geplante Spanienmission durchzuführen. Deshalb stellt sich Paulus, den meisten römischen Christen persönlich noch unbekannt, mit seiner Theologie so ausführlich im Röm vor. Mit diesem unmittelbaren und im Brief mitgeteilten Anlass (Röm 15, 24) verbinden sich zwei weitere Problemkreise, die Paulus zur Abfassung des Röm führen. Paulus ist sich offenbar der Annahme der Kollekte durch die Jerusalemer Urgemeinde nicht sicher, denn nur so sind der Wunsch nach Fürbitte der römischen Gemeinde und die ihn plagenden Zweifel zu verstehen (vgl. Röm 15, 30. 31)[385]. Der Apostel versteht die Kollekte als eine materielle Unterstützung der notleidenden Jerusalemer und zugleich als eine An-

384 Vgl. zu diesem relativ großen Forschungskonsens nur D. Zeller, Röm, 15; P. Stuhlmacher, Röm, 11.

385 Vgl. hierzu F. W. Horn, Die letzte Jerusalemreise des Paulus, in: ders. (Hg.), Das Ende des Paulus (s. u. 4.1), 15–35.

erkennung des heilsgeschichtlichen Vorranges der Urgemeinde (vgl. Röm 15, 27). Vor allem sollte sie aber das Band zwischen Juden- und Heidenchristen und damit die Vereinbarungen des Apostelkonvents (vgl. Gal 2,9) bekräftigen. Die zunehmende Agitation judaistischer Gegner auch in den paulinischen Gemeinden zeigt, dass die Position dieser Gruppierung nach dem Apostelkonvent – speziell in Jerusalem – erheblich an Gewicht gewonnen hatte, so dass Paulus sich gezwungen sieht, diesen Strömungen erneut entgegenzutreten. Auch der Röm muss als ein Zeugnis dieser Auseinandersetzung gelesen werden, denn Paulus ist in seiner Argumentation noch sichtlich von den gerade zurückliegenden Auseinandersetzungen in Galatien bestimmt, und auch die Gemeinde in Rom wird schon aus dem Munde der Gegner etwas über Paulus und sein Evangelium gehört haben (vgl. Röm 3,8. 31 a; 6, 1. 15; 7, 7; [16, 17 f?]). Der von Paulus aufgegriffene Konflikt zwischen ‚Starken' und ‚Schwachen' (Röm 14, 1–15, 13) dürfte ebenfalls in einem weiteren Sinn mit dem Wirken rigoroser Judenchristen zusammenhängen. Auch von jüdischer und römischer Seite wurde wahrscheinlich auf die Gemeinde ein zunehmender Druck ausgeübt. In der Zeit zwischen dem Claudius-Edikt (49 n. Chr.) und den Christenverfolgungen unter Nero (64 n. Chr.) wuchsen die römischen Hausgemeinden erheblich und wurden für Außenstehende identifizierbar. Diese Entwicklung vollzog sich nicht ohne äußere Pressionen, wie Röm 12, 9–21 zeigt[386]. Sowohl die Aufforderung „Segnet eure Verfolger, segnet sie, verflucht sie nicht" in Röm 12, 14 als auch der geforderte Verzicht auf Rache in Röm 12, 19–21 können nicht einfach der usuellen, rein traditionsorientierten Paränese zugeordnet werden. Vielmehr spiegeln sich hier Konflikte mit dem römischen Judentum wider, das nach den negativen Erfahrungen des Claudius-Ediktes die Christusgläubigen aus dem Bereich der Synagoge fernzuhalten und den römischen Behörden als eigenständige und feindliche Gruppe anzuzeigen suchte. Direkten staatlichen Maßnahmen waren die Hausgemeinden z.Zt. der Abfassung des Röm zwar noch nicht ausgesetzt, die Mahnungen in Röm 13, 1–7 zeigen jedoch, dass in der Gemeinde das Verhältnis zum Staat umstritten war. Das Nebeneinander von grundsätzlichen Aussagen (V. 1.2) und aktuellen Aufforderungen (V. 6.7) in Röm 13 lässt auf eine Meinungsvielfalt in den Hausgemeinden in dieser Frage schließen. Möglicherweise ist auch Suet, Nero 16, 2, ein Reflex verstärkten Drucks des römischen Staates gegenüber den Christen. In einer Aufzählung von Maßnahmen aus der Anfangszeit der Herrschaft Neros (z. B. Verbot des Verkaufs bestimmter Speisen; Verbot der Wagenlenker) heißt es unvermittelt: „Mit dem Tode bestraft wurden die Christen, eine Sekte mit einem neuartigen und gemeingefährlichen Aberglauben." Zumeist wird diese Notiz mit Hinweis auf Tac, Ann 15, 44, auf den Brand Roms bezogen. Dies ist jedoch keineswegs zwingend, denn Suet, Nero, 38, 1–3, berichtet vom

386 Vgl. zur Auslegung D. Alvarez Cineira, Die Religionspolitik des Kaisers Claudius und die paulinische Mission, HBS 19, Freiburg 1999, 390–395.

Brand Roms, ohne die Christen zu erwähnen. Vielleicht gerieten die Christen schon vor 64 n. Chr. in das Visier der römischen Behörden und der Röm bezeugt diese Entwicklung in ihren Anfängen. Schließlich bestimmt noch ein weiteres Element die Argumentation des Apostels im Röm: Probleme in der Darstellung seiner Theologie, die offenbar zu Missverständnissen und Unterstellungen führten. So ergibt sich das Ringen des Apostels um Israel in Röm 9–11 logisch aus seiner Rechtfertigungslehre. Verkündet Paulus den Glauben an den einen Gott, der den Gottlosen rechtfertigt (Röm 4, 5), so drängt sich mit aller Schärfe die Frage nach denen auf, die im Besitz der Verheißungen sind, nach Paulus aber Gott die Treue gebrochen haben. Ferner: Wie lässt sich innerhalb der paulinischen Rechtfertigungslehre das Verhältnis von göttlicher Gnade und menschlichem Tun bestimmen? Wenn angesichts des göttlichen Gerichtes alle schuldig sind (Röm 2, 1) und sich niemand auf sein Tun berufen kann, stellt sich die Frage nach dem Sinn und der Funktion ethischen Verhaltens. Positiv kommt dem Tun keine Bedeutung für das Heil zu, zugleich kann der Mensch aber durch sein Tun das Heil verfehlen!

Somit bestimmen fünf Faktoren Abfassung und Zweck des Röm: 1) Die von der römischen Gemeinde für die geplante Spanienmission benötigte Hilfe. 2) Der Wunsch des Apostels nach Fürbitte (und Unterstützung) bei den zu erwartenden Auseinandersetzungen in Jerusalem anlässlich der Kollektenübergabe. 3) Die Agitation der judaistischen Paulusgegner, deren Einfluss er sowohl in Jerusalem als auch in Rom voraussetzen muss. 4) Die zunehmende Bedrängnis der Gemeinde durch das römische Judentum und der sich anbahnende Konflikt mit dem Staat. 5) Verständnisprobleme der paulinischen Theologie. Die innere Verflochtenheit dieser Aspekte ist offenkundig: Nur bei einer Entkräftung judaistischer Vorwürfe und einer überzeugenden Entfaltung der eigenen Position konnte Paulus damit rechnen, dass die Jerusalemer die Kollekte annehmen und die Römer sich ‚sein' Evangelium zu eigen machen. Fazit: Paulus argumentiert im Römerbrief multiperspektivisch und der Brief kann nur multiperspektivisch gelesen und verstanden werden. Der Römerbrief ist der Versuch einer denkerischen Bewältigung der vielschichtigen Krisensituation, in der sich Paulus, aber auch das gesamte frühe Christentum befanden[387].

Die neuere Diskussion um den Abfassungszweck des Röm wurde durch F.Chr. Baur eröffnet[388]. Baur vermutet in Rom eine antipaulinische Partei, die den paulinischen Universalismus ablehnte und die Heiden von der Gnade des Evangeliums ausschließen wollte. Paulus schrieb den Röm, um dem falschen Partikularismus dieser judenchristlichen Gruppe entgegenzutreten[389]. Auf die klassische Position Baurs folgte eine bis

387 Vgl. U. Schnelle, Der Römerbrief und die Aporien des paulinischen Denkens, in: ders. (Hg.), The Letter to the Romans, 3–23.

388 Vgl. F.Chr. Baur, Über Zweck und Veranlassung des Römerbriefes und die damit zusammenhängenden Verhältnisse der römischen Gemeinde, in: ders., Ausgewählte Werke I, hg. v. K. Scholder, Stuttgart 1963 (= 1836), 147–266.

389 An F.Chr. Baur knüpft jetzt wieder an A. J. M. Wedderburn, The Reasons for Romans, Edin-

heute anhaltende Diskussion mit einer Unzahl von Thesen, von denen nur einige genannt werden können[390]: 1) G. Klein folgert aus dem Fehlen des ἐκκλησία-Begriffes in Röm 1–15, die römische Gemeinde bedürfe für Paulus noch der apostolischen Fundierung und der Röm sei als vorweggenommener Akt jenes vom Apostel in Rom noch zu leistenden εὐαγγελίζεσθαι zu verstehen[391]. Dagegen ist einzuwenden, dass Paulus die römische Christenheit vorbehaltlos anerkennt und sich im Röm kein Hinweis auf einen Mangel der römischen Gemeinde findet. 2) G. Bornkamm, J. Jervell und U. Wilckens sehen den gesamten Röm durch die in Kap. 15, 30 f ausgesprochene Sorge überschattet[392], die Kollekte könnte durch den Widerstand der Judaisten in Jerusalem nicht angenommen werden. Paulus hätte dann im Röm eine Art Verteidigungsrede konzipiert, die er in Jerusalem halten wollte. Jerusalem wäre dann die heimliche Adresse des Röm[393]. Hier wird ein zweifellos wichtiger Punkt bei der Abfassung des Röm überbewertet. 3) Für M. Kettunen und P. Stuhlmacher muss der Röm als eine große Apologie des Apostels gegenüber seinen judaistischen Kontrahenten verstanden werden. Sie folgten ihm überall hin, und er musste annehmen, dass sie auch in Rom bereits gegen ihn agierten. Der Röm wäre dann der Versuch des Apostels, die von den Gegnern vorgebrachten Einwände zu entkräften und dadurch die Gemeinde in Rom für seine Spanienmission zu gewinnen. 4) Im Kontext der zunehmenden Spannungen zwischen Rom und Jerusalem im Vorfeld des 1. jüdischen Krieges (66–73/74 n. Chr.) interpretiert K. Haacker den Röm. Die paulinische These der Gleichstellung von Juden und Nichtjuden sei zu verstehen „als eine gezielte Versöhnungsparole in einer Zeit wachsender Polarisierung zwischen Jerusalem und Rom."[394] 5) Als ‚Summe des Evangeliums' und damit gewissermaßen als zeitlose und allein sachgemäße Auslegung des-

burgh, 1988. Er betont zwar ausdrücklich, dass es mehrere Gründe für die Abfassung des Briefes gibt, hält aber die Judenchristen in Rom für die eigentlichen Gesprächspartner des Apostels. Sie hätten Paulus vorgeworfen, sein Evangelium verletze die Gerechtigkeit Gottes.

390 Forschungsüberblicke bieten O. Kuss, Paulus, Regensburg ²1976, 178–204; W. Schmithals, Römerbrief als historisches Problem, 24–52; M. Kettunen, Abfassungszweck, 7–26; M. Theobald, Der Römerbrief, 27–42; Angelika Reichert, Der Römerbrief als Gratwanderung, 13–75. Wichtige Aufsätze sind abgedruckt bei K. P. Donfried (Hg.), The Romans Debate.

391 Vgl. G. Klein, Der Abfassungszweck des Römerbriefes, in: ders., Rekonstruktion und Interpretation, BEvTh 50, München 1969, 129–144.

392 Vgl. G. Bornkamm, Der Römerbrief als Testament des Paulus, 136–139; J. Jervell, Der Brief nach Jerusalem. Über Veranlassung und Adresse des Römerbriefes, StTh 25 (1971), 61–73; U. Wilckens, Über Abfassungszweck und Aufbau des Römerbriefes, in: ders., Rechtfertigung als Freiheit, Neukirchen 1974, 110–170.

393 Charlotte Hartwig/G. Theißen, Die korinthische Gemeinde als Nebenadressat des Römerbriefes, NT 46 (2004), 229–252, sehen den Römerbrief auch in die Diskussion am Abfassungsort Korinth eingebettet. Als kommunikative Nebenabsicht führt Paulus danach im Römerbrief und mit der dem Brief vorangehenden und ihn begleitenden Kommunikation das Gespräch mit den Korinthern weiter. Sichtbar wird dies vor allem in den Ausführungen über Adam und Christus, in der Tauf- und Geistlehre, im Verhältnis zwischen Christen und Juden und im Streit zwischen den ‚Starken' und ‚Schwachen'. „Viele Ausführungen im Römerbrief machen einen guten Sinn auch als Botschaft an die korinthische Gemeinde. Die Eigentextreferenzen des Paulus auf die vorangehende korinthische Korrespondenz sind insgesamt so dicht, dass er zweifellos den Dialog mit der korinthischen Gemeinde weiterführt. Die korinthische Gemeinde ist ein Nebenadressat des Römerbriefs" (a. a. O. 250).

394 K. Haacker, Römerbrief als Friedensmemorandum, 34.

selben versteht E. Lohse den Röm[395]. Paulus legt im Röm eine kritische Rechenschaft seiner bisherigen Verkündigung ab, ohne auf aktuelle Probleme wirklich einzugehen. 6) Angelika Reichert setzt verstärkt textwissenschaftliche Fragestellungen ein, um den Abfassungszweck des Röm zu klären: „Paulus wollte mit seinem Schreiben die uneinheitlich geprägte Adressatenschaft zu einer paulinischen Gemeinde machen und sie für den Fall der eigenen Verhinderung an der Durchführung seiner weiteren Missionspläne zur selbständigen Weiterverarbeitung seines Evangeliums befähigen."[396] Paulus ist an einer potentiellen Mission der römischen Gemeinde im Westen des Reiches interessiert und rüstet sie dafür aus.

2.8.4 Empfänger

Die Entstehung des Christentums in Rom ist nicht ohne die Geschichte der jüdischen Gemeinde in Rom zu verstehen, die erstmals 139 v. Chr. erwähnt wird. Die Juden durchlebten in Rom eine sehr wechselvolle Geschichte. Die Gemeinde wuchs sehr schnell, Josephus (Ant XVII 300) erwähnt, 8000 römische Juden hätten der nach dem Tod des Herodes in Rom eintreffenden Gesandtschaft das Geleit gegeben. Von Claudius wird für 41 n. Chr. berichtet, er habe die Juden wegen ihrer großen Zahl nicht aus Rom ausgetrieben, wohl aber ein Versammlungsverbot verhängt (Dio Cassius LX 6, 6). Die Juden organisierten sich in Rom in unabhängigen Einzelgemeinden mit eigenen Versammlungsräumen und eigener Verwaltung[397]. Schwer getroffen wurden die römischen Juden durch die Austreibungen unter Tiberius 19 n. Chr.[398] und unter Claudius 49 n. Chr.[399]. Dabei setzt das Claudius-Edikt Auseinandersetzungen zwischen Juden und Christen um ‚Chrestus' in Rom voraus und belegt den Erfolg christlicher Mission im Bereich der Synagoge.

Das Christentum gelangte ebenso wie zuvor das Judentum auf *Handelswegen* nach Rom. Kaum zufällig gab es vorpaulinische Gemeinden in Puteoli (Apg 28, 13) und Rom (Röm; Apg 28, 15). Hier existierten nicht nur zwei große jüdische Gemeinden, sondern der Haupthandelsweg zwischen dem Osten des Reiches und der Stadt Rom verlief über Puteoli nach Rom. Wahrscheinlich brachten unbekannte urchristliche Missionare das Evangelium nach Rom, die zugleich Handel- und/oder Gewerbetreibende waren[400]. Das Claudius-Edikt berührte nun nicht nur die Juden in Rom, sondern es war auch für die christliche Gemeinde in zweifacher Hinsicht bedeutsam: 1) Es bewirkte die endgültige Loslösung der christlichen Gemeinde von der Synagoge.

395 Vgl. E. Lohse, Summa Evangelii, 113 ff.

396 A. Reichert, Der Römerbrief als Gratwanderung, 321.

397 Vgl. W. Wiefel, Die jüdische Gemeinschaft im antiken Rom, 71–75; P. Lampe, Die stadtrömischen Christen, 367 ff.

398 Vgl. Tac, Ann II 85; Suet, Tiberius 36.

399 Vgl. zum Claudius-Edikt den Abschnitt 2.1.1.

400 P. Lampe, Urchristliche Missionswege nach Rom: Haushalte paganer Herrschaft als jüdisch-christliche Keimzellen, ZNW 92 (2001), 123–127, vermutet, dass jüdische Freigelassene und Sklaven paganer Herrschaften in Rom als Brückenköpfe dienten, „über die das Judenchristentum in den 40er Jahren des 1. Jahrhunderts n. Chr. aus dem syro-palästinischen Osten in die Welthauptstadt Rom vordrang" (a. a. O., 127).

2) Durch die Austreibung von Juden und Judenchristen aus Rom änderte sich die Zusammensetzung der römischen Gemeinde entscheidend. Bildeten die Judenchristen bis zum Claudius-Edikt die Mehrheit innerhalb der Gemeinde, so waren sie nach 49 n. Chr. eine Minderheit. In der Christenverfolgung unter Nero 64 n. Chr. unterschieden die Behörden bereits zwischen Juden und Christen[401].

Heidenchristen stellten z. Zt. der Abfassung des Röm in der Gemeinde bereits die Mehrheit (vgl. Röm 1, 5. 13–15; 10, 1–3; 11, 13. 17–32; 15, 15. 16. 18). Zugleich muss aber mit einem beträchtlichen judenchristlichen Anteil und Einfluss in der römischen Gemeinde gerechnet werden, wie speziell Röm 9–11 und Röm 16, 7. 11 zeigen (Andronicus, Iunia[s] und Herodion als *συγγενής* des Paulus). Auch an dem Konflikt zwischen ‚Starken' und ‚Schwachen' (vgl. Röm 14, 1–15, 13) waren Judenchristen beteiligt, und viele Heidenchristen gehörten sicherlich vor ihrer Taufe zur Gruppe der Sebomenoi.

Über die sozialen Schichtungen innerhalb der römischen Gemeinde gibt speziell Röm 16, 3–16 Auskunft, wo 28 Einzelpersonen aufgeführt werden (26 davon namentlich). So waren Prisca und Aquila (Röm 16, 3 f) selbständige freie Gewerbetreibende, die möglicherweise abhängige Arbeitskräfte oder Sklaven beschäftigten[402]. Röm 16, 10 b. 11 b nennt als Mitchristen Angehörige des Hausstandes von Aristobul und Narzissus, es handelt sich um Sklaven oder Freigelassene, die im Haus eines nichtchristlichen Herrn arbeiten. Die inschriftliche Analyse der in Röm 16, 3–16 belegten Namensformen zeigt, dass von 13 vergleichbaren Namen 4 auf eine freie und 9 auf eine unfreie Herkunft des Namensträgers weisen[403]. Viele Aufgaben im Gemeindeleben wurden von Frauen wahrgenommen, denn nur von ihnen wird gesagt, dass sie sich abmühen (*κοπιάω* in Röm 16, 6. 12; vgl. ferner V. 13 b). Von den 26 in Röm 16, 3–16 namentlich erwähnten Personen kamen 12 aus dem Osten nach Rom und sind Paulus persönlich bekannt, was auf einen starken Zustrom von Christen aus dem Osten des Reiches in die römische Gemeinde schließen lässt. Die in Röm 13, 6 f vorausgesetzte Tributpflicht weist ebenfalls darauf hin, dass die Mehrzahl der römischen Gemeindeglieder Zugereiste (peregrini) aus den Provinzen waren.

Auch über die Organisationsform der römischen Christen gibt Röm 16, 3–16 Auskunft. Paulus erwähnt nicht nur die Hausgemeinde um Prisca und Aquila (Röm 16, 5), sondern zumindest Röm 16, 14 und 16, 15 belegen die Existenz mehrerer selbständiger Hausgemeinden in Rom[404]. Auch Paulus versammelte nach seiner Ankunft in Rom Mitchristen in seiner Wohnung (vgl. Apg 28, 30 f). Es gab somit in

401 Vgl. Tac, Ann XV 44; vgl. hier H. Lichtenberger, Josephus und Paulus in Rom. Juden und Christen in Rom zur Zeit Neros, in: Begegnungen zwischen Christentum und Judentum in Antike und Mittelalter (FS H. Schreckenberg), hg. v. D. A. Koch u. H. Lichtenberger, Göttingen 1993, 245–261.

402 Vgl. hier P. Lampe, Die stadtrömischen Christen, 156–164.

403 Vgl. a. a. O., 141–153.

404 Vgl. dazu H. J. Klauck, Hausgemeinde und Hauskirche im frühen Christentum, SBS 103, Stuttgart 1981, 26 ff; P. Lampe, Die stadtrömischen Christen, 301 ff.

Rom zu dieser Zeit keine geschlossene Christengemeinde mit einem großen Versammlungsraum. Deshalb richtet Paulus seinen Brief nicht an die eine *ἐκκλησία* in Rom, sondern „an alle Geliebten Gottes und berufenen Heiligen, die in Rom sind" (Röm 1,7a).

Die christliche Gemeinde in Rom muss z.Zt. der Abfassung des Röm schon sehr groß gewesen sein, da Paulus von ihr materielle und personelle Unterstützung erwartet. Auch die Christenverfolgung unter Nero 64 n.Chr. setzt eine expandierende und in der gesamten Stadt bekannte Gemeinde voraus.

2.8.5 **Gliederung, Aufbau, Form**

1,1–7	Präskript	
1,8–12	Proömium	Briefanfang
1,13–15	Briefl. Selbstempfehlung	
1,16–11,36	1. Hauptteil	
1,16–8,39	Die Gerechtigkeit Gottes	
1,16.17	Die These des Röm	
1,18–3,20	Die Notwendigkeit der Gerechtigkeit Gottes (1,18–32: Heiden; 2,1–29: Juden; 3,1–8: Vorzug der Juden; 3,9–20: Die Schuld der Juden)	
3,21–4,25	Die Möglichkeit der Gerechtigkeit Gottes (3,21–31: Die in Jesus Christus erschienene Gerechtigkeit Gottes; 4,1–25: Die Abraham verheißene Gerechtigkeit Gottes)	
5,1–8,39	Die Wirklichkeit der Gerechtigkeit Gottes (5,1–11: Heilszuversicht; 5,12–21: Adam-Christus-Typologie; 6: Taufe; 7: Gesetz – Sünde – glaubender Mensch; 8: Leben im Geist)	Briefkorpus
9,1–11,36	Die Gerechtigkeit Gottes und Israel (Vorverweise: 1,16; 2,9f; 3,1–8)	
9,1–5	Das Problem	
9,6–29	Die Verheißung gilt nicht dem empirischen Israel, sondern dem wahren Israel	
9,30–10,21	Die Verwerfung des empirischen Israel	
11,1–36	Das Geheimnis der Heilsgeschichte und die Rettung Israels	
12,1–15,13	2. Hauptteil	
12,1–13,14	Allgemeine Mahnungen (Gottesdienst, Gemeinde, Wandel in der Liebe, Staat)	
14,1–15,13	Spezielle Mahnungen (‚Starke' und ‚Schwache' in Rom)	

15, 14–15, 29	Apostolische Parusie	Briefschluss
15, 30–15, 33	Schlussparänese	
16, 1–16. 21–23	Grüße	
16, 24 (?)	Eschatokoll (?)	

Die Makrostruktur des Röm ist gut erkennbar, auf einen vorwiegend *lehrhaften* Hauptteil (Röm 1, 16–11, 36) folgt ein überwiegend *ermahnender* Hauptteil (Röm 12, 1–15, 13)[405]. Diese Aufteilung darf jedoch nicht schematisch verstanden werden, auch im 1. Hauptteil finden sich grundlegende Ermahnungen (vgl. Röm 6, 11 f.19).

Innerhalb der Gliederung des 1. Hauptteils[406] kommt Röm 5, 1–11 und Röm 9–11 besondere Bedeutung zu. Röm 5, 1–11 schließt nicht Röm 3, 21–4, 25 ab, sondern Paulus führt hier die Argumentation weiter. Dies zeigt sich an den neuen theologischen Zentralbegriffen in Röm 5, 1–11 (*ἐλπίς, ζωή, ἀγάπη, πνεῦμα, θάνατος*), die in Röm 8 wieder aufgenommen werden, so dass bei Röm 5–8 von einer Ringkomposition gesprochen werden kann. Die Thematik von Röm 9–11 stellt keine Digression dar, vielmehr ist für Paulus das Schicksal Israels *der* Testfall für die Gerechtigkeit Gottes. Das Ringen um Israel in Röm 9–11 ergibt sich zwingend aus der Rechtfertigungslehre des Apostels, was die Vorverweise auf die Problematik in Röm 1, 16; 2,9 f; 3, 1–8 unterstreichen. Zugleich ist für Paulus das Schicksal Israels ein Thema der Eschatologie, wie die Platzierung von Röm 9–11 im Anschluss an die eschatologischen Aussagen Röm 8, 18–39 und das prophetische Wort Röm 11, 25 f zeigen.

Mit *παρακαλῶ* in Röm 12, 1 setzt der paränetische Hauptteil ein, wobei Röm 12, 1. 2 zugleich Überschrift und Themaangabe sind. Behandelt Röm 12, 3–8 die Einheit der Gemeinde als Leib Christi, so geht Paulus mit den Ermahnungen zur Nächsten- und Feindesliebe in Röm 12,9–21 bereits zur speziellen Paränese über, die in Röm 13, 1–7 in besonderer Weise fortgeführt wird[407]. Röm 13,8 a nimmt Röm 13, 1–7 auf und bezieht sich zugleich auf Röm 12,9–21 zurück. Der eschatologische Ausblick in Röm 13, 11–14 beschließt die Argumentation und korrespondiert mit Röm 12, 1. 2. Die Mahnungen an die ‚Starken' und ‚Schwachen' in Röm 14, 1–15, 13 müssen als Konkretion des Liebesgebotes in Röm 12,9; 13,8–10 verstanden werden. Der Röm enthält alle üblichen Elemente eines paulinischen Schreibens, er strebt eine Kommunikation an und ist deshalb zur Gattung Brief zu rechnen. Zugleich wirkt er aber über weite Strecken wie ein von der konkreten Gemeindesituation losgelöster belehrender Monolog. Diese Eigenart erklärt sich aus der besonderen Kommunikationssituation zwischen dem Apostel und der Gemeinde in Rom. Unter-

405 Teilweise wird Röm 9–11 als eigener Hauptteil angesehen, vgl. z. B. P. Stuhlmacher, Röm, 19.
406 Vgl. hier vor allem U. Luz, Zum Aufbau von Röm. 1–8, ThZ 25 (1969), 161–181.
407 Vgl. zur paulinischen Argumentation O. Merk, Handeln aus Glauben, MThSt 5, 1968, 157–167.

schiedlich fallen die Versuche aus, den Röm unter rhetorischen und literarischen Gesichtspunkten genauer zu klassifizieren. So wird der Röm als ‚logos protreptikos' bezeichnet[408], womit ein belehrender Brief gemeint ist, der werbend Anhänger für die Beschäftigung mit einer bestimmten Disziplin, vornehmlich der Philosophie, gewinnen will. Weitere Klassifizierungen: ‚epistolischer Brief' (A. Deissmann), ‚Briefessay' (D. Zeller), ‚Lehrschreiben' (W. Schmithals)[409]. Weiterführend ist der Vorschlag von L. E. Keck, den Röm als ‚Diskurs' in brieflicher Form (discourse as letter) zu verstehen[410]. Ein Diskurs ist eine durch Argumentation gekennzeichnete Kommunikationsform, die mit Rechtfertigungs- und Geltungsansprüchen verbunden ist. Für den Röm trifft dies zweifellos zu, denn Paulus muss sich wie in keinem anderen Brief *argumentativ* in einem komplexen theologischen und historischen Kontext bewegen und behaupten.

2.8.6 **Literarische Integrität**

Das zentrale text- und literarkritische Problem des Röm liegt in Kap. 16. Der sehr komplexe textkritische Befund stellt sich in seinen Grundzügen so dar[411]:

a) 1, 1–16, 23 + 16, 25–27: P^{61vid} ℵ B C
b) 1, 1–14, 23 : Markion (nach Origenes)
c) 1, 1–15, 33 + 16, 25–27 + 16, 1–23: P^{46}
d) 1, 1–16, 23 + 16, 24: D 06 (Vorlage) F 010gr G
e) 1, 1–16, 23 + 16, 24 + 16, 25–27: D 06 F 010lat Pel
f) 1, 1–14, 23 + 16, 25–27 + 15, 1–16, 23 + 16, 24: Mehrheitstext l sy^h
g) 1, 1–14, 23 + 16, 25–27 + 15, 1–16, 23 + 16, 25–27: A

Aus diesem Befund lassen sich drei Folgerungen ziehen: 1) Röm 16, 24 ist in der ältesten Textüberlieferung nicht bezeugt (Markion, P^{46}), stößt sich mit der zumeist folgenden Schlussdoxologie Röm 16, 25–27 und dürfte als im Westen vorherrschender Abschluss des Röm sekundär in die Textüberlieferung eingedrungen sein. 2) Die sehr

408 Vgl. S. K. Stowers, Letter Writing (s. o. 2.3.1), 112–114; D. E. Aune, Romans as a Logos Protreptikos in the Context of Ancient Religious and Philosophical Propaganda, in: M. Hengel – U. Heckel (Hg.), Paulus und das antike Judentum, WUNT 58, Tübingen 1991, 91–121; K. Berger, Formgeschichte des Neuen Testaments, Heidelberg 1984, 217–220. Vgl. ferner H. Hübner, Die Rhetorik und die Theologie. Der Römerbrief und die rhetorische Kompetenz des Paulus, in: Die Macht des Wortes, hg. v. C. J. Classen u. H. J. Müllenbrock, Ars Rhetorica 4 (1992), 165–179, der die rhetorische Qualität des Röm hervorhebt, zugleich aber auf eine rhetorische Klassifizierung des *gesamten* Briefes verzichtet.

409 Vgl. A. Deissmann, Paulus (s. o. 2.1.1), 19; D. Zeller, Röm, 10; W. Schmithals, Röm, 43 f, in Bezug auf seinen ‚Röm A'.

410 Vgl. L. E. Keck, Romans, 20–25.

411 Eine vollständige Auflistung des Befundes bei K. Aland, Der Schluß und die ursprüngliche Gestalt des Römerbriefes, in: ders., Neutestamentliche Entwürfe, TB 63, München 1979, (284–301) 287–290.

unterschiedliche Stellung der Schlussdoxologie V. 25–27 in der Textüberlieferung, ihr Fehlen bei Markion und die Parallelen im deuteropaulinischen Schrifttum (vgl. Kol 1, 26f; 2, 2; 4, 3; Eph 1,9; 3, 3f.9; 6, 19; ferner Jud 24f[!]) legen den Schluss nahe, diese Verse nicht zum ursprünglichen Text des Röm zu rechnen[412]. Wahrscheinlich bildete Röm 16, 25–27 den im Osten üblichen Schluss des Röm. Offenbar waren die Stellung der Schlussdoxologie und von V. 24 flexibel, weil der jeweilige vorhandene Textbestand über die endgültige Platzierung entschied. Ob ein so gewichtiger und wohl disponierter Brief wie der Röm mit Kap. 16, 23 schloss, muss allerdings bezweifelt werden. 3) Keine Handschrift endet mit Röm 15, Röm 15 und Röm 16, 1–23 fehlen entweder ganz (Markion) oder werden beide überliefert. Textkritisch lässt sich eine Naht zwischen Röm 15 und Röm 16, 1–23 nicht feststellen[413].

Seit über 150 Jahren werden allerdings inhaltliche und damit literarkritische Gründe geltend gemacht, um Kap. 16 vom Römerbrief abzutrennen und als eigenständiges Schreiben an die Gemeinde von Ephesus aufzufassen[414]. Für die Ephesus-Hypothese werden folgende Argumente angeführt[415]: a) Paulus grüßt in Röm 16, 3–16a auffällig viele Personen einer Gemeinde, die ihm nach Röm 1, 13 noch unbekannt ist. b) Unter den Gegrüßten finden sich viele, die in Kleinasien, speziell in Ephesus zu vermuten sind. So wohnen Prisca und Aquila zur Abfassungszeit des 1 Kor in Ephesus (vgl. 1 Kor 16, 19), und noch in 2 Tim 4, 19 werden sie dort angesiedelt. Epainetos, der ‚Erstling der Asier' (Röm 16, 5), passt ebenfalls besser nach Ephesus als nach Rom. Die Art der Grüße setzt zudem einen intensiven Kontakt zwischen Paulus und vielen der Gegrüßten voraus. c) Die Irrlehrerpolemik in Röm 16, 17–20 passt nicht zum Ton des Röm und dürfte eher an eine andere Gemeinde gerichtet sein. d) Die variierende Textüberlieferung weist darauf hin, dass Kap. 16 nicht zum urprünglichen Brief gehörte.

Als zwingend können die Argumente für die Ephesus-Hypothese nicht angesehen werden. Röm 15, 33 setzt anschließende Grüße voraus und δέ in Röm 16, 1 nimmt auf den vorausgehenden Text Bezug. Die lange Grußempfängerliste in Röm 16, 3–

412 Gegen P. Stuhlmacher, Röm, 225–227, der V. 25–27 wieder zum authentischen Bestand des Röm zählt; vgl. demgegenüber D. Zeller, Röm, 251: „Der komprimierende Rückgriff auf den Briefanfang, die überhöhende Sicht des paulinischen Werkes und die mit den Deuteropaulinen verwandte Sprache machen es gewiß, dass in diesen letzten Versen ein Redaktor aus der Paulusschule dem Röm einen würdigen Ausklang gegeben hat, der rühmend den Blick auf Gott lenkt."

413 Zur Minuskel 1506 vgl. P. Lampe, Die stadtrömischen Christen, 125. Zu den Möglichkeiten, aufgrund der handschriftlichen Überlieferungen des Röm ein Stemma zu erstellen, vgl. K. Aland, Schluß des Römerbriefes, 291 ff; P. Lampe, Zur Textgeschichte des Römerbriefes, NT 27 (1985), 273–277.

414 Einen Forschungsüberblick bietet W. H. Ollrog, Die Abfassungsverhältnisse von Röm 16, in: Kirche (FS G. Bornkamm), hg. v. D. Lührmann u. G. Strecker, Tübingen 1980, (221–244) 221 ff.

415 Vgl. hier bes. W. Schmithals, Röm, 543–565, der Röm 16, 1–20 als separates Schreiben ansieht. Neben Schmithals vertreten die Ephesus-Hypothese in neuerer Zeit z. B. W. Marxsen, Einleitung, 116–118; E. Käsemann, Röm, 390 ff; Ph. Vielhauer, Urchristliche Literatur, 190; H. M. Schenke – K. M. Fischer, Einleitung I, 136 ff, die allerdings Röm 14, 1–15, 13 und Röm 16, 1–20 zu einem Brief des Paulus nach Ephesus verbinden.

16a lässt sich auf zweifache Weise erklären: 1) Nach dem Tod des Claudius 54 n. Chr. kehrten aus Rom vertriebene Christen in die Stadt zurück (Prisca und Aquila). Zudem schlossen sich Christen der römischen Gemeinde an, die bisher mit Paulus in Kleinasien zusammenarbeiteten. Sie vollziehen damit ein Vorhaben, das auch Paulus schon lange geplant hatte (vgl. Röm 1, 13). Von den 26 namentlich genannten Personen kannte Paulus zumindest 12[416]. Sie arbeiteten mit ihm früher im Osten zusammen (vgl. V. 3–9. 10a.11a.12b.13). Bei 14 Personen wirken die Grüße eher unbestimmt, Paulus scheint diese römischen Christen nicht persönlich gekannt zu haben (vgl. V. 10b.11b.12a.14. 15). Wahrscheinlich wurde Paulus durch seine bisherigen Mitarbeiter über diesen Personenkreis und die Verhältnisse in Rom unterrichtet. Die Post zwischen Korinth und Rom war bei günstigen Bedingungen nicht viel länger als eine Woche unterwegs, so dass ein intensiver Kontakt zwischen dem Apostel und dem ihm in Rom bekannten Gemeindegliedern gut vorstellbar ist. Die Grußempfängerliste setzt also keineswegs „eine Art von Völkerwanderung aus den paulinischen Gemeinden des Ostens“[417] voraus. Vielmehr ist die Anwesenheit von ungefähr 12 dem Apostel gut bekannten Personen in der römischen Gemeinde nach dem Tod des Claudius bei der Mobilität urchristlicher Missionare und der Anziehungskraft der Welthauptstadt Rom keineswegs überraschend. Auch die Grußbestellerliste Röm 16, 16b.21–23 richtet sich eher nach Rom als nach Ephesus. Die singuläre Wendung „es grüßen euch alle Gemeinden Christi“ in V. 16b weist ebenfalls nach Rom, denn es sind die Gemeinden des bisherigen Missionsgebietes des Paulus, die ihre Schwestergemeinde in Rom grüßen. Ferner deutet die Bezeichnung des Timotheus in V. 21 als „mein Mitarbeiter“ nach Rom, denn der Gemeinde in Ephesus war dies längst bekannt. Schließlich kann auch der Gruß des Briefschreibers Tertius in V. 22 als ein deutlicher Beleg für die ursprüngliche Zusammengehörigkeit von Röm 1–15 und Röm 16 gelten: Die Niederschrift eines Briefes von der Länge des Röm stellt eine beachtliche Leistung dar, so dass die in den Paulusbriefen nur hier zu findende namentliche Erwähnung des Briefschreibers sinnvoll ist. 2) Die Gesamttendenz des Röm erklärt, warum Paulus gerade in diesem Brief so viele Gemeindeglieder grüßt und grüßen lässt. Paulus will mit der römischen Gemeinde ein Einverständnis erzielen, um so die nötige Hilfe für die Spanienmission zu erhalten. Deshalb nutzt er alle bereits bestehenden Kontakte und versucht, ihm persönlich noch unbekannte Christen in Rom durch Grüße zu erreichen. So zeigt er der römischen Gemeinde, dass ihn viele in der Stadt schon kennen und er selbst über die Zustände in der Gemeinde gut unterrichtet ist. Noch weitere Argumente lassen sich gegen die Ephesus-Hypothese anführen: a) Röm 16 kann nicht als eigenständiger Paulusbrief verstanden werden,

416 Zur Analyse der Namen vgl. W. H. Ollrog, Abfassungsverhältnisse, 234ff; P. Lampe, Die stadtrömischen Christen, 128ff.

417 A. Jülicher, Einleitung in das Neue Testament, Tübingen [3.4]1901, 85; vgl. aber die weitaus zurückhaltendere Argumentation in A. Jülicher – E. Fascher, Einleitung, 108ff.

denn innerhalb des Corpus Paulinum hätte ein solcher Brief keine Parallelen[418]. b) Röm 1–15 und Röm 16 setzen dieselbe historische Situation voraus, denn sowohl Röm 15,19b–29 als auch Röm 16,21–23 (vgl. Apg 20,4) deuten auf das Ende der 3. Missionsreise als Abfassungszeit und Korinth als Abfassungsort hin. c) Es kann nicht überzeugend erklärt werden, warum ein ursprünglich nach Ephesus gerichteter Empfehlungsbrief an den Röm angehängt wurde.

Gehören Kap. 16,1–16.21–23 zum ursprünglichen Bestand des Röm, so ergeben sich bei der Irrlehrerpolemik in Form einer Schlussparänese in Röm 16,17–20a starke Bedenken[419]. Derartige Ermahnungen gehen in den Paulusbriefen immer den Schlussgrüßen voraus, während hier die Grußliste unterbrochen wird. Zudem stehen diese Mahnungen hinter der Aufforderung zum heiligen Kuss! Es finden sich in diesem kurzen Text sechs paulinische Hapaxlegomena (*ἐκκλίνειν* [Röm 3,12 ist ein Zitat], *χρηστολογία, ἄκακος, ἀφικνεῖσθαι, συντρίβειν, ἐν τάχει*). Paulus gebraucht sonst nie *διδαχή* als Zusammenfassung der christlichen Lehre. Die Art der Auseinandersetzung entspricht nicht der sonstigen Argumentation des Paulus gegenüber seinen Gegnern, sondern erinnert an die Ketzerpolemik der Deuteropaulinen (vgl. 2Tim 3,1–9). Zwar setzt sich Paulus auch im Röm mit den Einwänden seiner Gegner auseinander (vgl. Röm 3,1–8; 3,31; 6,1.15; 7,7.12.14), aber in völlig anderer Art und Weise als in Röm 16,17–20a.

Vielfach wird Röm 7,25b als nachpaulinische Glosse betrachtet[420]. Argumentativ fällt Röm 7,25b hinter Röm 7,25a zurück, denn dieses Kommentarwort thematisiert noch einmal die Situation des unerlösten Menschen, während V. 25a bereits die Situation der in Jesus Christus erfolgten Erlösung reflektiert, die dann Röm 8 als neues Leben im Geist entfaltet. Zudem ist von einem Dienen des Gesetzes in Röm 7,7–25a gar nicht die Rede, weil die Sünde dies verhindert. Offensichtlich brachte ein Glossator in V. 25b sein Verständnis von Röm 7 zum Ausdruck[421].

---

418 W. Schmithals, Römerbrief als historisches Problem, 128ff, kann zwar auf antike Empfehlungsbriefe als Parallelen hinweisen, wodurch aber die Einzigartigkeit von Röm 16 innerhalb der Paulusbriefe nicht aufgehoben wäre. Gerade der Phlm als paulinischer Empfehlungsbrief weist gravierende Unterschiede zu Röm 16 auf!

419 Als nachpaulinische Interpolation werten diese Verse bes. W. H. Ollrog, Abfassungsverhältnisse, 229–234; F. Schnider – W. Stenger, Studien (s. o. 2.3.2), 82f. Für die Ursprünglichkeit dieser Verse treten in neuerer Zeit z. B. U. Wilckens, D. Zeller und P. Stuhlmacher in ihren Kommentaren ein. Eine formgeschichtliche Analyse bietet U. B. Müller, Prophetie und Predigt im Neuen Testament, StNT 10, Gütersloh 1975, 185–190 (Röm 16,17–20 als ‚prophetische Gerichtspredigt').

420 Für die Ursprünglichkeit von Röm 7,25b votiert zuletzt P. Stuhlmacher, Röm, 104f.

421 Vgl. dazu H. Lichtenberger, Der Beginn der Auslegungsgeschichte von Römer 7: Röm 7,25b, ZNW 88 (1997), 284–295.

2.8.7 Traditionen, Quellen

Wie kein anderer Paulusbrief stellt sich der Röm als Entfaltung des urchristlichen Kerygmas dar. Auch hier zeigt sich der Wunsch des Paulus, mit der römischen Gemeinde zu einem Einverständnis zu gelangen und die eigene Theologie als sachgemäße Auslegung des gemeinsamen Glaubens darzulegen. Bereits in *Röm 1,3b–4a* zitiert Paulus eine judenchristliche Tradition, in der Jesus Christus in seiner sarkischen Existenz als Davidssohn, in seiner pneumatischen Existenz als Gottessohn gesehen wird[422]. Präexistenz und Gottessohnschaft des irdischen Jesus werden hier nicht vorausgesetzt, sondern erst durch die Auferstehung wird Jesus zum Gottessohn inthronisiert. Bei der Beschreibung des Weges des irdischen Jesus zu Erhöhung und Inthronisation geben *σάρξ* und *πνεῦμα* jeweils die Sphären an, in denen Jesus sich befand und die ihn bestimmten. Paulus übernimmt diese Tradition nicht unbesehen, sondern durch *περὶ τοῦ υἱοῦ αὐτοῦ* in V. 3a trägt er seine Präexistenzchristologie ein.

Mit *Röm 3,25.26a* integriert Paulus eine judenchristliche Tauftradition in seine Argumentation[423]. Jesus Christus erscheint als das öffentlich von Gott eingesetzte Sühne-Mittel (*ἱλαστήριον*), durch dessen Blut die Sünden der Menschen vergeben und die Gerechtigkeit und Langmut Gottes erwiesen werden. Durch die im Sühntod Jesu Christi begründete Sündenvergebung wird dem Getauften Gerechtigkeit verliehen, womit sich die Gerechtigkeit Gottes als Gerechtmachung des Sünders erweist. Das paulinische Interpretament *διὰ τῆς πίστεως* verbindet die Tradition mit der zentralen These der Rechtfertigungslehre in Röm 3,21f. Damit dokumentiert der Apostel die Verankerung seiner Rechtfertigungslehre in den grundlegenden Glaubensüberlieferungen des Urchristentums: In der Gerechtmachung des Sünders in der Taufe durch den Glauben an Jesus Christus offenbart sich die Gerechtigkeit Gottes. Eine weitere Tauftradition findet sich in Röm 4,25. In der Taufe sind Jesu Christi Tod und Auferstehung als Sündenvergebung und Gerechtmachung der Glaubenden gegenwärtig. Mit dem doppelten *ἡμῶν* betont die Tradition pointiert die soteriologische Dimension des Christusgeschehens.

In Röm 6,1 nimmt Paulus einen gegnerischen Einwand auf, um ihn in *Röm 6,3f* mit Hilfe einer Tauftradition zu entkräften[424]. Die Taufe erscheint als sakramentales Nacherleben des Todes Jesu mit der Folge des eigenen Todes gegenüber der Sünde

422 Vgl. zur Analyse neben den Kommentaren bes. E. Schweizer, Röm 1,3f und der Gegensatz von Fleisch und Geist bei Paulus, in: ders., Neotestamentica, Zürich 1963, 180–189.

423 Einen ausführlichen Überblick zur gegenwärtigen Forschungssituation bietet W. Kraus, Der Tod Jesu als Heiligtumsweihe. Eine Untersuchung zum Umfeld der Sühnevorstellung in Röm 3,25–26a, WMANT 66, Neukirchen 1991.

424 Zur Analyse von Röm 6 und zur Auseinandersetzung mit der Literatur vgl. U. Schnelle, Gerechtigkeit und Christusgegenwart (s. o. 2.4.10), 74–88.203–215; A. J. M. Wedderburn, Baptism and Resurrection, WUNT 44, Tübingen 1987; S. Agersnap, Baptism and the New Life, Århus 1999.

(V. 3). Die Parallelisierung des Todes Jesu mit dem Tod des Täuflings wird in V. 4a weitergeführt, im Mitbegrabensein des Täuflings zeigt sich die Totalität der Gemeinschaft zwischen Christus und den Seinen. Paulus vermeidet jedoch den in der Logik der Tradition angelegten Gedanken, der Getaufte sei bereits mit Christus auferstanden. Vielmehr bestimmt der Apostel das zukünftige Sein des Getauften in V. 4c ethisch. Als Taufe auf den Tod Jesu ist die Taufe realiter ein Absterben der Sünde, so dass der Christ nicht mehr im Bereich der Sünde, sondern der Gnade lebt. Das in Röm 6, 1 von den Gegnern postulierte Wechselverhältnis von Sünde und Gnade trifft die paulinische Rechtfertigungslehre nicht, weil die Übereignung des Heilsgeschehens in der Taufe den Täufling der Macht der Sünde grundlegend entzieht.

2.8.8 **Religionsgeschichtliche Stellung**

Röm 6, 3f beschreibt die Gemeinschaft zwischen Christus und dem Getauften in Anlehnung an Mysterienvorstellungen[425]. So berichtet der Myste bei Apul, Met XI 23,8 über das zentrale Geschehen einer Isisweihe: „Ich bin an die Grenze des Todes gekommen und habe die Schwelle der Proserpina betreten, durch alle Elemente bin ich gefahren und dann zurückgekehrt, um Mitternacht habe ich die Sonne in blendend weißem Lichte leuchten sehen, den Göttern droben und drunten bin ich von Angesicht zu Angesicht genaht und habe sie aus nächster Nähe angebetet." Bei Firmicus Maternus, ErrProfRel 22, findet sich der Ausspruch eines Mysterienpriesters: „Wohlauf, ihr Mysten, da der Gott gerettet ist, wird auch uns nach allem Leiden Heil (*σωτηρία*) zuteil."[426] Die Gemeinsamkeit zwischen diesen Texten und Röm 6, 3f liegt in der Vorstellung einer Identifikation des Mysten bzw. Täuflings mit dem Schicksal der Gottheit, er bekommt jeweils Anteil an der Macht seines Gottes. Zugleich unterscheiden sich jedoch die Mysterienreligionen und das Taufverständnis von Röm 6, 3f grundlegend, denn die wiederholten Weihen in den Mysterien sind nur Teil eines umfassenden kultischen Stufensystems, während die christliche Taufe nicht nur Teil eines Initiationsrituals ist, sondern einmalig und umfassend Anteil am gesamten Heilsgeschehen gewährt.

Ein weiteres religionsgeschichtliches Problem ist die Einordnung des Konfliktes zwischen ‚*Starken*' und ‚*Schwachen*' in Röm 14, 1–15, 13. Hierbei handelt es sich kei-

425 Dies bestreiten z. B. G. Wagner, Das religionsgeschichtliche Problem von Röm 6, 1–11, AThANT 39, Zürich 1962; A. J. M. Wedderburn, Baptism and Resurrection; vgl. demgegenüber aber die Argumentation von D. Zeller, Die Mysterienkulte und die paulinische Soteriologie, in: Suchbewegungen, hg. v. H. P. Siller, Darmstadt 1991, 42–61. Eine kritische Einführung in die Geschichte und das Denken antiker Mysterien bietet W. Burkert, Antike Mysterien, München ²1991. Er lehnt den Begriff ‚Mysterienreligionen' ab, „als ob es um ein in sich geschlossenes und von anderen abgehobenes System gehe. Mysterien sind eine persönliche Option im Rahmen des allgemeinen polytheistischen Systems" (a. a. O., 17).

426 Zu weiteren Texten vgl. Neuer Wettstein II/1 (s. o. 2.4.8.), 122–132.

neswegs nur um einen Reflex auf die Auseinandersetzungen um das Götzenopferfleisch in Korinth, sondern um einen aktuellen Konflikt in der römischen Gemeinde. In Rom meiden die ‚Schwachen' offenbar nicht nur Götzenopferfleisch, sondern sie enthalten sich generell des Fleischgenusses (vgl. Röm 14,2.21a). Darüber hinaus scheinen die ‚Schwachen' auch den Weingenuss vermieden zu haben (Röm 14,21b), und sie beobachteten bestimmte Tage (Röm 14,5). Für das Verhalten der ‚Schwachen' lassen sich mehrere religionsgeschichtliche Modelle anführen[427]. So waren die Pythagoräer Vegetarier, weil sie den Fleischgenuss beseelter Lebewesen ablehnten (vgl. Philost, VA I 1,5–8). Auch für die Mysterienreligionen ist eine zeitweilige kultische Enthaltung von Fleisch (und Wein) bezeugt (Apul, Met XI 28). Die ägyptischen Therapeuten nahmen als Nahrung nur Wasser, Brot und Salz zu sich (Philo, VitCont 37). Von späteren judenchristlichen und gnostischen Gruppen wird ebenfalls eine Enthaltsamkeit von Fleisch und Wein berichtet, aber eine überzeugende religionsgeschichtliche Ableitung der in Rom bei den ‚Schwachen' geläufigen Praxis ermöglichen diese Texte nicht. Das Alte Testament untersagt zwar nicht generell den Fleisch- und Weingenuss, aber es gibt zahlreiche Beispiele für Fleisch- und Weinabstinenz frommer Juden in einer heidnischen Umgebung, weil hier immer die Möglichkeit bestand, dass Fleisch Götzenopferfleisch und Wein Libationswein sein konnte (vgl. Dan 1,3–16; 2Makk 5,27; ZusEst 3,28; Jos, Vita 13.14). Die Beobachtung bestimmter Zeiten und Tage weist ebenso auf (ehemalige) Juden hin (s.o. 2.7.8), so dass zu den ‚Schwachen' in Rom auf jeden Fall Judenchristen gehörten. Daneben müssen auch Sebomenoi zu den ‚Schwachen' gerechnet werden, sie waren religiöse Anhänger des Judentums, nicht aber Mitglieder der Synagogengemeinden[428]. Die Observanz von Speisevorschriften und das Einhalten bestimmter Tage ist ausdrücklich für Sebomenoi in Rom belegt (vgl. Juv, Sat XIV 96–106; Hor, Sat I 9,68–72). Auch in Rom war es für ehemalige Sebomenoi und Judenchristen schwierig, geschächtete Tiere zu erwerben, und sie konnten nie sicher sein, unwissentlich Götzenopferfleisch und Libationswein zu kaufen.

Das Verhalten der ‚Schwachen' führte in Rom offenbar zu Konflikten, wobei nicht mehr zu erkennen ist, ob das Abendmahl hier der auslösende Faktor war. Die ‚Starken' verachteten die ‚Schwachen', während die ‚Schwachen' über die ‚Starken' richteten (vgl. Röm 14,3). Weil es für Christen nur einen Herrn und Richter gibt, steht dem einzelnen Christen aus paulinischer Sicht gar nicht das Recht zu, über seinen Bruder zu richten. Vielmehr soll er seinen Sinn darauf richten, seinem Bruder keinen Anstoß zu geben (vgl. Röm 14,13; zuvor 1Kor 8,9). Paulus selbst zählt sich zu den ‚Starken' (vgl. Röm 14,14; 15,1), er ist aber nicht bereit, die von ihm als sachlich richtig erkannte Position auf Kosten der Bruderliebe durchzusetzen. Die ‚Starken'

427 Vgl. auch die Zusammenstellung bei W. Schmithals, Römerbrief als historisches Problem, 98–101.
428 Vgl. hierzu F. Siegert, Gottesfürchtige und Sympathisanten, JSJ 4 (1973), 109–164; B. Wander, Gottesfürchtige und Sympathisanten, WUNT 104, Tübingen 1998.

müssen willens und fähig sein, die ‚Schwachen' zu tragen. Dadurch dienen sie dem Frieden in der Gemeinde und fördern ihren Aufbau (vgl. Röm 14,19; 15,2). So wie Christus bei seiner Passion von sich selbst absah und nicht das Eigene suchte (Röm 15,3), so sollen auch die ‚Starken' auf ihr Recht und ihre Freiheit um des ‚schwachen' Bruders willen verzichten. Beide Gruppen sollen einander annehmen, um so den Konflikt zu überwinden (vgl. Röm 15,7).

2.8.9 Theologische Grundgedanken

Die Argumentation im Röm kann nicht jenseits der spezifischen Briefsituation und des von Paulus angestrebten Einverständnisses mit der römischen Gemeinde verstanden werden. Schon das überschwängliche Lob des Glaubens der römischen Gemeinde (Röm 1,8) und die Entschuldigung für den bisher ausgebliebenen Besuch in Rom (Röm 1,13) lassen das paulinische Anliegen erkennen. In der Briefthese Röm 1,16.17 bündeln sich bereits alle zentralen theologischen Themen des Briefes. Allein im heilbringenden Evangelium offenbart sich die Gerechtigkeit Gottes all denen, die an Jesus Christus glauben, seien es Juden oder Griechen. Die Briefthese wird in Röm 1,18–3,20 in zweifacher Weise entfaltet, wobei Röm 1,18 als Überschrift dem gesamten Abschnitt voransteht. Zunächst reflektiert Paulus über die den Heiden eröffnete, von ihnen aber nicht ergriffene Möglichkeit einer Erkenntnis Gottes aus den Werken der Schöpfung (vgl. Röm 1,19.20). So kam der Zorn Gottes über die Heiden, Gott gab sie dem Götzendienst und den Verirrungen ihrer Gefühle preis (vgl. Röm 1,21–32). Ab Röm 2,1 wendet sich Paulus den Juden zu (vgl. Röm 2,17). Er bestreitet nicht die heilsgeschichtliche Stellung des auserwählten Volkes, betont aber den Widerspruch zwischen Orthodoxie und Orthopraxie bei den Juden. Weil die Juden in Wahrheit den Willen Gottes gar nicht erfüllen, das tun, was sie bei anderen richten, helfen ihnen Gesetz und Beschneidung im zukünftigen Gericht nicht. Die Erwählung wird ihnen vielmehr zum Verhängnis, denn die Heiden, die von sich aus das von Gott Gebotene tun und damit im Herzen beschnitten sind, klagen die Juden an. Vor dem gerechten Gericht nach den Werken (Röm 2,7–13) können weder Juden noch Heiden bestehen, beide müssen mit ihrer Verurteilung rechnen. Paulus geht es um die negative Gleichstellung von Juden und Heiden vor Gott, sie scheiterten jeweils am Gesetz. Sein Ziel findet der erste große Argumentationsgang in Röm 3,20, wo Paulus die anthropologische Prämisse seiner Rechtfertigungslehre nennt: Die universale Macht der Sünde (vgl. Röm 3,9; Gal 3,22) macht alle menschlichen Heilsbemühungen aussichtslos. Sogar der Gesetzesgehorsam rettet nicht, weil das Gesetz faktisch nur zur Erkenntnis der Sünde, nicht aber zum Leben führt.

In scharfem Kontrast zu dieser ausweglosen Situation des Menschen erscheint nun das Heilshandeln Gottes, dessen Gerechtigkeit *χωρὶς νόμου* in Jesus Christus offenbar wurde (Röm 3,21). Allein im Christusgeschehen offenbarte sich die von Gott ausgehende und im Glauben zugeeignete Gerechtigkeit[429], die allein aus Gnade den Menschen vor Gott rechtfertigt und dem Gesetz jegliche soteriologische Bedeutung nimmt. Indem Paulus anders als im Gal die *Gerechtigkeit Gottes* als *δικαιοσύνη θεοῦ διὰ πίστεως* aber *χωρὶς νόμου* bestimmt und das Gesetz als Heilsweg abrogiert, gelangt er zu einer partiellen Neubewertung des Gesetzes. So kann seine Gesetzeslehre nicht mehr als ein die Kirchengemeinschaft gefährdender purer Antinomismus ausgelegt werden, zugleich wahrt er aber auch im Röm den theologischen Ertrag der Auseinandersetzung mit den galatischen Judaisten (vgl. einerseits Röm 3, 27. 31; 7, 12; 8, 2; 13,8–10, andererseits Röm 3, 21; 6, 14; 10, 4). Auf die alttestamentlichen Grundlagen seiner Rechtfertigungslehre verweist Paulus in Röm 4 mit der Gestalt Abrahams. In der Ringkomposition Röm 5–8 wendet sich der Apostel dann der gegenwärtigen Heilswirklichkeit der Gemeinde zu. Frieden und Versöhnung mit Gott gründen im Heilshandeln Gottes in Jesus Christus, der die durch den Fall Adams in die Welt gekommene Sünde entmachtete (Röm 5). Die Wende vom todbringenden Joch der Sünde hin zur lebenspendenden Gemeinschaft mit Christus vollzog sich für den einzelnen Christen in der Taufe (Röm 6). Hier starb der Christ ein für alle Mal der Sünde und wurde frei für ein Leben in der Kraft des Geistes. In Röm 7, 5. 6 stellt Paulus die alte und neue Existenz des Christen gegenüber, um dann in Röm 7, 7–25 a zunächst die überwundene Situation des Christen und damit Röm 7, 5 zu entfalten, während Röm 8 die neue vom Geist bestimmte Existenz und damit Röm 7, 6 thematisiert. Das *ἐγώ* in Röm 7 muss in einem generellen Sinn verstanden werden, denn Paulus beschreibt hier die Situation des Unglaubens, wie sie sich aus der Perspektive des Glaubens darstellt[430]. In Röm 8, 1–11 entwirft Paulus ein Gegenbild zu Röm 7. Der Geist schenkt Leben und löst für den Christen den unentrinnbaren Teufelskreis von Sünde und Tod ab. In Röm 8, 12–17 nimmt Paulus mit der Hoffnung auf die Herrlichkeit Gottes die Thematik von Röm 5, 1–11 wieder auf. Er führt sie in V. 18–30 weiter, wobei er großartige Gedanken über die Hoffnungen der unerlösten Schöpfung einflechtet. In dem triumphalen Schlussstück Röm 8, 31–39 unterstreicht der Apostel noch einmal die Heilsgewissheit des Glaubens auch angesichts gegenwärtiger Leiden.

Die Thematik von *Röm 9–11*[431] ergibt sich sowohl als Konsequenz aus der paulini-

429 In Röm 1, 17; 3, 21. 22 und 10, 3 erscheint *δικαιοσύνη θεοῦ* als eine von Gott ausgehende Macht und Gabe (=genitivus auctoris), in Röm 3, 5 liegt dagegen ein genitivus subjektivus vor (vgl. Röm 3, 25. 26); vgl. hier G. Klein, Gottesgerechtigkeit als Thema der Paulusforschung, in: ders., Rekonstruktion und Interpretation, BEvTh 50, München 1969, 225–236; U. Schnelle, Gerechtigkeit und Christusgegenwart (s. o. 2.4.10), 92–103. 217–224.

430 Vgl. hier neben W. G. Kümmel, Römer 7 und das Bild des Menschen im Neuen Testament, bes. G. Theißen, Psychologische Aspekte paulinischer Theologie (s. o. 2.5.8), 181 ff; U. Schnelle, Neutestamentliche Anthropologie, BThSt 18, Neukirchen 1991, 79 ff; H. Lichtenberger, Das Ich des Adams und das Ich der Menschheit, WUNT 164, Tübingen 2004.

431 Neben den im LV angegebenen Monographien von U. Luz und H. Hübner sowie dem Aufsatz von H. Räisänen vgl. hier W. G. Kümmel, Die Probleme von Römer 9–11 in der gegenwärtigen Forschungslage, in: ders., Heilsgeschehen und Geschichte II, hg. v. E. Gräßer u. O. Merk, MThSt 16, Marburg 1978, 245–260; N. Walter, Zur Interpretation von Römer 9–11, ZThK 81 (1984), 172–195; E. Brandenburger,

schen Rechtfertigungslehre als auch aus der spezifischen Kommunikationssituation mit der römischen Gemeinde, in der das Verhältnis Heiden-, Judenchristen offenbar ein Problem war. Gottes Gerechtigkeit steht auf dem Spiel, sollten die Erwählung Israels, die Verheißungen an die Väter und die Bundesschlüsse nicht mehr gelten (Röm 9, 5). Das Wort Gottes wäre dann hinfällig geworden (Röm 9, 6). Paulus behauptet jedoch das Gegenteil, die Erwählung gilt, die Verheißungen bestehen, aber Israel geriet angesichts der Offenbarung Gottes in Jesus Christus in die Krise. Diese Offenbarung als Basis und Ausgangspunkt der Erörterungen ist für Paulus die Krisis jeglichen falsch verstandenen Vorzuges. Paulus will in Röm 9–11 die Treue Gottes im Gegenüber zur Untreue Israels erweisen. Er legt seine Überzeugungen in einem dialektisch ausgerichteten, ständig neue Gesichtspunkte aufgreifenden und die Betrachtungsweisen wechselnden Gedankengang dar. Zunächst unterscheidet er zwischen dem Israel nach dem Fleisch und dem Israel der Verheißung, das allein das wahre Israel ist (Röm 9, 6–8). Sodann behauptet er, nur ein Rest Israels sei erwählt, die übrigen hingegen seien verstockt (Röm 11, 5 ff). Schließlich gelangt er über den Gedanken, die Erwählung der Heiden werde Israel zum Heil gereichen, zu der Spitzenthese in Röm 11, 26 a: *πᾶς Ἰσραὴλ σωθήσεται*. Gerade die Vielzahl der Lösungen zeigt, wie sehr Paulus mit diesem Problem rang, das nicht nur die persönliche Existenz des Apostels und die Durchführung seiner Missionspläne betraf, sondern der Testfall der *δικαιοσύνη θεοῦ* ist: Wenn Gott nicht in der Kontinuität seiner Verheißungen bleibt, wie soll dann glaubhaft das Evangelium verkündigt werden? Letztlich ist das Thema von Röm 9–11 die Gottheit Gottes, seine Treue angesichts menschlicher Untreue.

Im paränetischen Hauptteil[432] knüpft Paulus vor allem an Röm 6–8 an. Entfaltete er dort die Grundlegung und die Möglichkeit des neuen Lebens im Geist, so geht es nun um die Konkretisierung dieses neuen Lebens in der römischen Gemeinde. Röm 12, 1–2 fungiert als programmatischer Eröffnungstext, von dem her die folgenden ethischen Weisungen verstanden werden sollen[433]. Paulus bestimmt die Leiblichkeit als den Ort des vernunftgemäßen Gottesdienstes und fordert die Christen auf, ihr ganzes Leben als ein Gott wohlgefälliges Leben zu verstehen. Gott erhebt Anspruch auf den ganzen Menschen, der gerade in seiner Leiblichkeit Gott dienen soll. Es gibt für Paulus keinen Bereich, der vom Gottes-Dienst ausgeschlossen ist, in jeder Situation ist der Christ gefordert, den Willen Gottes zu vernehmen und ihm zu folgen. In Röm 12, 3–13, 14 finden sich allgemeine Mahnungen über das Zusammenleben in der Gemeinde und das Verhältnis zum Staat. Für die Interpretation von

---

Paulinische Schriftauslegung in der Kontroverse um das Verheißungswort Gottes (Röm 9), ZThK 82 (1985), 1–47; F. Siegert, Argumentation bei Paulus gezeigt an Röm 9–11 (s. o. 2.3.1); O. Hofius, Das Evangelium und Israel, ZThK 83 (1986), 297–324; H. M. Lübking, Paulus und Israel im Römerbrief, EHS.T 260, Frankfurt 1986; D. Sänger, Die Verkündigung des Gekreuzigten und Israel, WUNT 75, Tübingen 1994.

432 Vgl. zur paulinischen Argumentation O. Merk, Handeln aus Glauben (s. o. 2.8.5), 157–173.

433 Vgl. dazu E. Käsemann, Gottesdienst im Alltag der Welt, in: ders., Exegetische Versuche und Besinnungen II, Göttingen [3]1970, 198–204.

Röm 13, 1–7 ist der Kontext ausschlaggebend: Paulus bietet hier keine christliche Staatstheorie, kein dogmatisches Kompendium über die göttliche Legitimation der Obrigkeit, sondern Röm 13, 1–7 ist Paränese[434]. Bildet der Liebesgedanke bereits die sachliche Mitte der paulinischen Ermahnungen in Röm 12,9–13, 14, so bestimmt er auch die Argumentation des Apostels im Konflikt zwischen den ‚Starken' und ‚Schwachen' in Röm 14, 1–15, 13. Paulus teilt die Position der ‚Starken' (Röm 15, 1), fordert sie aber um der Liebe willen auf, auf die ‚Schwachen' Rücksicht zu nehmen. Beide Gruppen leben davon, dass Christus sie annahm, deshalb sollen sie auch einander annehmen (Röm 15, 7). Die umfangreiche Grußliste in Röm 16 signalisiert noch einmal den Wunsch des Apostels, mit der römischen Gemeinde zu einem Einverständnis zu gelangen, um so die Verkündigung des Evangeliums im Westen des Reiches voranzutreiben.

2.8.10 **Tendenzen der neueren Forschung**

Innerhalb der klassischen Einleitungsfragen zeichnet sich deutlich ein Konsens ab: Die Abfassung des Röm in Korinth 56 n. Chr. wird ebensowenig ernsthaft in Frage gestellt wie die Zugehörigkeit von Kap. 16, 1–23 zum ursprünglichen Brief. Im Hinblick auf den Abfassungszweck werden zumeist mehrere Gründe geltend gemacht, denn eine monokausale Erklärung wird der komplexen Gesprächssituation zwischen Paulus, der römischen Gemeinde, den Paulusgegnern und den Jerusalemer Autoritäten nicht gerecht (Kettunen, Stuhlmacher, Wedderburn).

Heftig umstritten ist hingegen das Gesetzesverständnis des Röm. Sowohl das Nebeneinander von negativen (vgl. z. B. Röm 3, 20. 21. 28; 5, 20; 6, 14b) und positiven (vgl. z. B. Röm 3, 31; 7, 12; 13,8–10) Aussagen über das Gesetz als auch das Verhältnis des Gesetzesverständnisses des Röm zum Gal bedürfen einer Klärung. Speziell die Bedeutung von *νόμος* in den Wendungen *νόμος πίστεως* in Röm 3, 27 und *νόμος τοῦ πνεύματος* in Röm 8, 2 steht zur Debatte. Auf die Tora beziehen *νόμος* u. a. E. Lohse, P. v. d. Osten-Sacken, F. Hahn und H. Hübner[435], während z. B. E. Käsemann, H. Paulsen, H. Räisänen, D. Zeller und R. Weber[436] *νόμος* hier im uneigentlichen Sinn als ‚Regel, Norm, Ordnung' verstehen. Paulus würde dann mit dem Begriff *νόμος* spielen[437], um so den grundlegenden Wechsel in der Heilsordnung von der Sinai-Tora

434 Vgl. E. Käsemann, Grundsätzliches zur Interpretation von Röm 13, a. a. O., 204–222.

435 Vgl. E. Lohse, *ὁ νόμος τοῦ πνεύματος τῆς ζωῆς*, in: ders., Die Vielfalt des Neuen Testaments, Göttingen 1982, (128–136) 134; P. v. d. Osten-Sacken, Römer 8, 226 ff; F. Hahn, Gesetzesverständnis (s. o. 2.7.1), 57 A 89; H. Hübner, Gesetz bei Paulus, 125.

436 Vgl. E. Käsemann, Röm, 207; H. Paulsen, Römer 8, 64; H. Räisänen, Das ‚Gesetz des Glaubens' (Röm 3, 27) und das ‚Gesetz des Geistes' (Röm 8, 2), NTS 26 (1980), (101–117) 113 ff; D. Zeller, Röm, 152; R. Weber, Die Geschichte des Gesetzes und des Ich in Römer 7, 7–8, 4, NZSTh 29 (1987), (147–179) 166 f.

437 Vgl. dazu die sprachlichen Belege bei H. Räisänen, Sprachliches zum Spiel des Paulus mit Nomos,

hin zu Christus zu verdeutlichen. Ähnlich kontrovers bleibt die Auslegung von Röm 10,4, wo *τέλος* mit ‚Ende' oder ‚Ziel' übersetzt wird. So vertritt P. v. d. Osten-Sacken[438] mit Nachdruck die Deutung, durch Christus sei das Gesetz erfüllt worden und *τέλος* müsse also mit ‚Vollendung' bzw. ‚Ziel' übersetzt werden. Demgegenüber votieren H. Lietzmann, R. Bultmann, E. Käsemann, O. Michel[439] u.v.a. für die Übersetzung von *τέλος* mit ‚Ende', was dem paulinischen Sprachgebrauch (vgl. z. B. Röm 6,21.22) und dem engeren Kontext von Röm 10,4 entspricht. Eine Mittelposition nimmt U. Wilckens ein, wenn er Christus als „Ende und Ziel der Tora im Glauben"[440] versteht. Ferner sind die innere Stimmigkeit der Gesetzesaussagen des Röm (H. Räisänen) und das Verhältnis zum Gesetzesverständnis des Gal (H. Hübner) Schwerpunkte der neueren Diskussion. Schließlich gewinnt die Frage an Bedeutung, inwieweit neben dem jüdischen auch das griechische und römische Gesetzesdenken für die paulinische Konzeption von Bedeutung ist[441]. Seit dem 6. Jh. v. Chr. gibt es im griechischen und später im römischen Kulturkreis ein intensives Nachdenken über das göttliche Gesetz als Ermöglichung von Gesellschaft und Kultur, dessen Grundgedanken sowohl bei Paulus als auch bei seinen Gemeinden vorauszusetzen sind. Nach wie vor umstritten ist die Frage, wie die paulinische Rechtfertigungslehre insgesamt zu verstehen sei[442]. Speziell englische und amerikanische Beiträge stellen dabei in der Auseinandersetzung mit den deutschen (lutherischen) Paulusinterpretationen zwei Fragen in den Mittelpunkt[443]: 1) Was ist das Thema der Rechtfertigungslehre? Hier kam der wichtigste Impuls von K. Stendahl, der darauf hinwies, dass nicht das Heil des Einzelnen, sondern die Frage nach dem soteriologischen Status der Heiden das eigentliche Zentrum der Rechtfertigungslehre sei. Es gehe nicht um die Rechtfertigung des Individuum, sondern um die Inklusion der Heiden in das Gottesvolk[444]. 2) Wogegen richtet sich die Rechtfertigungslehre? Nicht gegen ein ‚werkgerechtes' Judentum, denn ein solches habe es nicht gegeben. Speziell E. P. Sanders unternimmt den Versuch, ein neues Bild des antiken Judentums zu entwerfen, in dessen Zentrum der Begriff des ‚Bundesnomismus' steht (s. u. Exkurs 2). Dieser Bundesno-

in: Glaube und Gerechtigkeit (FS R. Gyllenberg), SFEG 38, Helsinki 1983, 131–154.

438 Vgl. P. v. d. Osten-Sacken, Römer 8, 250 ff.

439 Vgl. H. Lietzmann, Röm, 96; R. Bultmann, Theologie (s. o. 2), 264; E. Käsemann, Röm, 273; O. Michel, Röm, 326.

440 U. Wilckens, Röm II, 223.

441 Vgl. dazu U. Schnelle, Das Gesetz bei Paulus, in: Biographie und Persönlichkeit bei Paulus, hg. v. E.-M. Becker – P. Pilhofer, WUNT 187, Tübingen 2006, 245–270.

442 Umstritten ist hier vor allem die Frage, ob die Rechtfertigungslehre des Gal und Röm das gesamte paulinische Denken strukturiert; negativ votieren aus der neuesten Diskussion z. B. U. Schnelle, Transformation und Partizipation als Grundgedanken paulinischer Theologie, NTS 47 (2001), 58–75; D. G. Powers, Salvation through Participation, Leiden 2001.

443 Vgl. dazu den Forschungsüberblick von Chr. Strecker, Paulus aus einer „neuen Perspektive" (s. o. 2); M. Karrer, Rechtfertigung bei Paulus, KuD 46 (2000), 126–155.

444 Vgl. K. Stendahl, Der Jude Paulus und wir Heiden, München 1978; ders., Der Apostel Paulus und das „introspektive" Gewissen des Westens, KuI 11 (1996), 19–33.

mismus ist von der Vorstellung geprägt, „daß der Platz eines jeden Menschen im Plane Gottes durch den Bund begründet wird und daß der Bund als geziemende Antwort des Menschen dessen Befolgung der Gebote verlangt, während er bei Übertretungen Sühnemittel bereitstellt."[445] Der Toragehorsam ist deshalb keine Bedingung des Heils, sondern das Gesetz regelt das Leben innerhalb der allein von Gott gewährten Erwählung. Allerdings unterscheidet sich der Apostel Paulus grundsätzlich vom Judentum seiner Zeit, indem er nicht den Bundesgedanken, sondern eine partizipatorische Christologie in den Mittelpunkt seiner Theologie stellt: Der Eintritt in die Religion geschieht nicht durch Erwählung und Bund, sondern durch das Einswerden mit Christus.

Die Debatte um ein sachgemäßes Verständnis der paulinischen Rechtfertigungslehre ist gegenwärtig voll im Gang, ohne dass ein Konsens erkennbar wird. Die beiden dargestellten Grundimpulse wurden in der neuesten Paulusforschung in vielfältiger Weise aufgenommen, zugleich aber auch hinterfragt[446]. Die Hauptkritikpunkte sind: 1) Die These eines gnadenhaft geprägten Bundesnomismus als Grundstruktur des Judentums ist eine christliche Interpretation, die schematisch den Texten aufgezwungen wird. 2) Die Reduzierung der paulinischen Rechtfertigungslehre auf eine soziologische Funktion verkennt, dass Paulus mit ihr ein neues theologisches Koordinatensystem schuf, das unmittelbare anthropologische Relevanz besitzt (vgl. Röm 3,21 ff; 5,5–11). 3) Paulus kritisiert nicht nur ein verengtes Gesetzesverständnis, sondern trägt in Gal 3, Röm 2; Phil 3,1–11 eine Fundamentalkritik der jüdischen Religionsstruktur vor. Die paulinische Theologie ist durch einen christologischen Universalismus geprägt, die jüdische Religion hingegen durch Partikularismus (Tora, Land, Tempel). 4) Die Missions- und Theologiegeschichte des Urchristentums zeigt deutlich, dass die Trennung vom Judentum eine unausweichliche theologische und missionsgeschichtliche Konsequenz war. 5) Innerhalb der ‚New Perspective on Paul'[447]

445 E. P. Sanders, Paulus und das palästinische Judentum (s. o. 2), 70.

446 Der in der älteren Forschung anzutreffende und von der anglo-amerikanischen Forschung heftig kritisierte Begriff der ‚Werkgerechtigkeit' ist natürlich nicht geeignet, die verschiedenen Ebenen jüdischer Soteriologie zu erfassen. Zugleich zeigt sich aber immer deutlicher, dass der von E. P. Sanders postulierte ‚Bundesnomismus' nichts anderes als eine idealtypische Anwendung paulinischer und reformatorischer Kategorien auf das Judentum ist (am Anfang steht jetzt überall die Gnade!). Zur Kritik an dieser Konzeption vgl. S. J. Gathercole, Where is Boasting? Early Jewish Soteriology and Paul's Response in Romans 1–5, Grand Rapids, 2002, der aufzeigt, dass in zahlreichen jüdischen Texten (z. B. Sir 51,30; Bar 4,1; 2Makk 7,35–38; Jub 30,17–23; PsSal 14,2f; PsPhilo 64,7; Test Seb 10,2f) die Befolgung der Tora und die Lebensgewinnung untrennbar zusammengehören. Zur aktuellen Diskussion vgl. auch D. A. Carson – P. T. O'Brien – M. Seifrid (Hg.), Justification and and Variegated Nomism I.II, WUNT 2.140/181, Tübingen 2001.2004.

447 Neben den zahlreichen Veröffentlichungen von E. P. Sanders und J. D. G. Dunn vgl. dazu N. T. Wright, What St. Paul Really Said: Was Paul of Tarsus the Real Founder of Christianity?, Grand Rapids 1997. Einen aktuellen Forschungsüberblick bietet M. B. Thompson, The New Perspective on Paul, Cambridge 2002; zur kritischen Darstellung dieser Forschungsrichtung vgl. A. J. M. Wedderburn, Eine neuere Paulusperspektive?, in: Biographie und Persönlichkeit bei Paulus, hg. v. E.-M. Becker/P. Pilhofer, WUNT 187, Tübingen 2006, 46–64; J. Frey, Das

wurden einerseits Zerrbilder des antiken Judentums korrigiert und weiterführende Präzisierungen für das Verständnis des jüdischen Hintergrundes der paulinischen Theologie vorgenommen, zugleich aber der griechisch-römische Hintergrund fast vollständig ausgeblendet. Paulus und vor allem seine Gemeinden lebten auch in diesem Bereich, so dass seine Erforschung wertvolle Einblicke in das paulinische Denken und das Leben der frühen Gemeinden liefert.

Die Interpretation des *ἐγώ* in Röm 7 wird nach wie vor maßgeblich durch W. G. Kümmels Analysen bestimmt, wonach „wir in Röm 7 eine Schilderung des Nichtchristen vom christlichen Standpunkt aus haben"[448] und das ‚Ich' im uneigentlichen, typischen Sinn zu verstehen sei. Demgegenüber betont G. Theißen: „Wer in Röm 7 das *ἐγώ* dem Paulus abspricht, hat die Beweislast für diese Behauptung zu tragen. Das Nächstliegende ist, an ein ‚Ich' zu denken, das persönliche und typische Züge vereint."[449] Einen Schritt weiter geht T. Laato, der mit Verweis auf Röm 6, 12 und 8, 10 behauptet, in Röm 7, 14–25 werde nicht der Mensch sub lege, sondern der Christ sub gratia geschildert. „Röm 7 umfaßt nichts, was nicht auf den Christen paßt, oder – zugespitzt formuliert – alles, was Röm 7 umfaßt, paßt nur auf den Christen."[450]

Innerhalb der Auslegung von Röm 9–11 ist bes. die Bedeutung von *πᾶς Ἰσραὴλ σωθήσεται* in Röm 11, 26a umstritten. Umfasst *πᾶς Ἰσραήλ* das ethnische Israel oder nur jenen Teil, der sich bei der endzeitlichen Heilszuwendung Gottes zum Glauben an Jesus Christus bekehrt? Für die letzte Möglichkeit können Röm 11, 20. 23 und der paulinische Gebrauch von *σῴζειν/σωτηρία* angeführt werden[451]. Eine andere Deutung vertritt F. Mußner: „Der Parusiechristus rettet ganz Israel und zwar sola gratia, ohne Werke des Gesetzes, aber auch ohne vorausgehende ‚Bekehrung' der Juden zum Evangelium. Gott rettet Israel auf einem ‚Sonderweg', und dennoch nicht am Evangelium vorbei, weil auch sein ‚Retter' Christus sein wird, der nach Röm 10, 12 ‚der Herr aller' ist."[452]

Wieder an Bedeutung gewinnt schließlich die Frage, ob und in welchem Sinn die paulinische Theologie in Kritik oder sogar im Gegensatz zur römischen Ideologie der Pax Romana formuliert ist. Im Zentrum dieser Vorstellung stand seit Augustus die Person des Kaisers, der als Pontifex Maximus den Fortbestand und den Zusammenhalt des Imperium Romanum in sakralrechtlicher Hinsicht garantiert, das Gemein-

---

Judentum des Paulus, in: O. Wischmeyer (Hg.), Paulus (s. o. 2), (5–43) 35–42.

448 W. G. Kümmel, Römer 7, 138.

449 G. Theißen, Psychologische Aspekte paulinischer Theologie (s. o. 2.5.8), 204.

450 T. Laato, Paulus und das Judentum. Anthropologische Erwägungen, Åbo 1991, 163.

451 Vgl. dazu F. Hahn, Zum Verständnis von Röm 11, 26a: ‚… und so wird ganz Israel gerettet werden', in: Paul and Paulinism (FS C. K. Barrett), hg. v. M. D. Hooker u. S. G. Wilson, London 1982, 221–236.

452 F. Mußner, „Ganz Israel wird gerettet werden" (Röm 11, 26), Kairos 18 (1976), (241–255) 251. Zur Kritik der These eines ‚Sonderweges' für Israel vgl. bes. E. Gräßer, Zwei Heilswege? in: ders., Der Alte Bund im Neuen, WUNT 35, Tübingen 1985, 212–230; H. Räisänen, Römer 9–11, 2917 ff.

wesen zusammenhält und durch seine kluge Politik Frieden und Wohlstand sichert[453]. Texte wie Phil 2,6–11; der Kyrios-, Sotēr- oder Evangeliums-Begriff und weitere Motive der paulinischen Theologie lassen kritische Konnotationen erkennen, sind offen für eine Relativierung römischer Herrschaftsansprüche und ermöglichen so auch eine politische Interpretation des Apostels. Dennoch nimmt Paulus keine bewusst politische Position im neuzeitlichen Sinn ein.

Die im Leuvener Tagungsband dokumentierte neueste Diskussion wendet sich vor allem zwei Fragen zu[454]: 1) Welche historischen, theologischen und rhetorisch-literarischen Aspekte verbinden sich mit der angekündigten Spanienmission des Paulus? Die historischen Rahmenbedingungen einer möglichen Mission in Spanien (Sprachenfrage, missionarische Infrastruktur, Zielgebiete) sind ebenso unklar wie die damit verbundenen theologischen Implikationen (entfernt sich der Apostel damit von Israel oder hat er gerade die Israelfrage im Blick?). 2) Inwieweit können bei Paulus und seinen Gemeinden die Kollekte und Aspekte der Rechtfertigungslehre im Kontext des antiken Patronatswesens und des Systems gegenseitiger Wohltaten[455] verstanden werden? Vor allem ein Vergleich mit Senecas Schrift ‚De beneficiis' („Von den Wohltaten"), die faktisch zeitgleich zum Römerbrief entstand, wirft diese Fragen auf. Nach Seneca gilt: „Nicht Dank abzustatten für Wohltaten ist schimpflich und wird bei allen Menschen dafür gehalten" (Sen, Ben III 1,1). Er vergleicht das System der wechselseitigen Wohltaten mit dem Reigen der mit angefassten Händen im Kreis tanzenden Grazien: „Deswegen, weil die Reihenfolge der Wohltat, wenn sie von Hand zu Hand geht, dennoch wieder zum Gebenden zurückkehrt und es den Anblick des Ganzen verdirbt, wenn sie an irgendeiner Stelle unterbrochen worden ist" (Ben I 3,3). Auch die Götter sind in diesen Kreislauf miteinbezogen; auf ihre Wohltaten sollen die Menschen vor allem mit edler Gesinnung antworten[456]. Bei Paulus könnte man dafür eine Parallele im Glaubensgehorsam sehen (vgl. Röm 1,5; 6,17; 15,18). Vor allem aber schafft bei ihm die Kollekte einen gerechten Ausgleich zwischen Jerusalem und den griechischen Gemeinden: „Denn wenn die Völker an deren geistlichen Gütern Anteil bekommen haben, dann sind sie auch verpflichtet, ihnen in materieller Hinsicht einen Dienst zu leisten" (Röm 15,27; vgl. 2Kor 8,13f). Hier treffen

---

453 Vgl. dazu K. Wengst, Pax Romana, München 1986; Chr. Riedo-Emmenegger, Prophetisch-messianische Provokateure der Pax Romana, NTOA 56, Freiburg (H)/Göttingen 2005.

454 Vgl. U. Schnelle (Hg.), The Letter to the Romans (LV).

455 Vgl. dazu vor allem T. Engberg-Pedersen, Gift-Giving and God's Charis: Bourdieu, Seneca and Paul in Romans 8; in: U. Schnelle (Hg.), The Letter to the Romans, 95–111.

456 Vgl. z. B. Sen, Ben I 6,3; allerdings weiß Seneca natürlich, dass Menschen den Göttern eigentlich keine Wohltat zukommen lassen können: „die meisten Wohltaten und bedeutendsten wendet uns der Gott wahrhaftig ohne eine Hoffnung zu, seinerseits etwas zu erhalten, da ja weder er einer Zuwendung bedarf noch wir ihm irgend etwas zuwenden können, also ist die Wohltat um ihrer selbst willen eine wünschenswerte Sache" (Ben IV 9,1).

materielle, aber auch immaterielle Gaben mit einer spirituellen Dimension zusammen: Gabe und Gegengabe vereinen sich in der gemeinsamen Teilhabe an der großen Wohltat des einen Gottes, dem Christusgeschehen.

2.9 Der Philipperbrief

2.9.1 Literatur

Kommentare
KEK 9, 1: E. Lohmeyer, [7]1974. – HNT 11: M. Dibelius, [3]1937. – HThK X 3: J. Gnilka, [3]1980. – ThHK 11/1: U. B. Müller, [2]2002. – NTD 8/2: N. Walter, 1998. – RNT: J. Ernst, 1974. – ZBK 9: G. Barth, 1979. – WBC 43: G. W. Hawthorne, 1983. – NIGTC: P. T. O'Brien, 1991. – NICNT: G. D. Fee, 1995. – AncB 33B: J. Reumann, 2008. – NTL: C. B. Cousar, 2009. – W. Schenk, Die Philipperbriefe des Paulus, Stuttgart 1984. – W. Eckey, Die Briefe des Paulus an die Philipper und an Philemon, Neukirchen 2006.

Monographien
E. Lohmeyer, Kyrios Jesus, SAH 4, Heidelberg 1928. – J. Schmid, Zeit und Ort der paulinischen Gefangenschaftsbriefe, Freiburg 1931. – R. P. Martin, An Early Christian Confession. Philippians 2, 5–11 in Recent Interpretation, London 1960. – O. Hofius, Der Christushymnus Philipper 2, 6–11, WUNT 17, Tübingen [2]1991. – B. Mengel, Studien zum Philipperbrief, WUNT 2. 8, Tübingen 1982. – P. Wick, Der Philipperbrief, BWANT 135, Stuttgart 1994. – P. Pilhofer, Philippi. I: Die erste christliche Gemeinde Europas, WUNT 87, Tübingen 1995. – L. Bormann, Philippi. Stadt und Christengemeinde zur Zeit des Paulus, NT.S 78, Leiden 1995. – R. Brucker, ‚Christushymnen' oder ‚epideiktische Passagen'?, FRLANT 176, Göttingen 1997. – Ch. Bakirtzis – H. Köster (Hg.), Philippi at the Time of Paul and after His Death, Harrisburg 1998. – P. Oakes, Philippians, SNTS.MS 110, Cambridge 2000. – P. Pilhofer, Philippi II: Katalog der Inschriften von Philippi, WUNT 119, Tübingen 2000. – D. Schinkel, Die himmlische Bürgerschaft, FRLANT 220, Göttingen 2007. – H. Wojtkowiak, Christologie und Ethik im Philipperbrief, FRLANT 243, Göttingen 2012.

Aufsätze
E. Käsemann, Kritische Analyse von Phil 2, 6–11, in: ders., Exegetische Versuche und Besinnungen I, Göttingen [6]1970, 51–95. – G. Bornkamm, Der Philipperbrief als Briefsammlung, in: ders., Geschichte und Glaube II (s. o. 2.8.1), 195–205. – G. Strecker, Redaktion und Tradition im Christushymnus Phil 2, 6–11, in: ders., Eschaton und Historie, Göttingen 1979, 142–157. – G. Baumbach, Die von Paulus im Philipperbrief bekämpften Irrlehrer, in: Gnosis und Neues Testament, hg. v. K. W. Tröger, Berlin 1973, 293–310. – N. Walter, Die Philipper und das Leiden, in: Die Kirche des Anfangs (FS H. Schürmann), hg. v. R. Schnackenburg u. a., Freiburg 1978, 417–434. – G. Klein, Antipaulinismus in Philippi, in: Jesu Rede von Gott und ihre Nachgeschichte im frühen Christentum (FS W. Marxsen), hg. v. D. A. Koch, G. Sellin u. A. Lindemann, Gütersloh 1989, 297–313. – Chr. Kähler, Konflikt, Kompromiß und Bekenntnis, KuD 40 (1994), 47–64. – H. Balz, Art. Philipperbrief, TRE 26 (1996), 504–513. – U. B. Müller, Der Brief aus Ephesus. Zeit-

liche Plazierung und theologische Einordnung des Philipperbriefes im Rahmen der Paulusbriefe, in: Das Urchristentum in seiner literarischen Geschichte (FS J. Becker), hg. v. U. Mell u. U. B. Müller, BZNW 100, Berlin 1999, 155–171. – M. Gielen, Paulus – Gefangener in Ephesus? I.II, BN 131 (2006), 79–103; BN 133 (2007), 63–77. – H. Omerzu, Spurensuche: Apostelgeschichte und Paulusbriefe als Zeugnisse einer ephesischen Gefangenschaft des Paulus, in: J. Frey/C. K. Rothschild/J. Schröter (Hg.), Die Apostelgeschichte im Kontext antiker und frühchristlicher Historiographie, BZNW 162, Berlin 2009, 295–326.

2.9.2 **Verfasser**

Die paulinische Verfasserschaft des Phil ist in der heutigen Exegese unumstritten[457].

2.9.3 **Ort und Zeit der Abfassung**

Paulus schrieb den Phil während einer Gefangenschaft (Phil 1, 7. 13. 17), die ihn allerdings nicht an einer regen missionarischen Tätigkeit hinderte (Phil 1, 7. 12 ff). Aus Philippi erhielt er durch Epaphroditus eine Gabe (Phil 4, 18; vgl. ferner 2, 25; 4, 14), und er schickte nun Epaphroditus (mit dem Phil) zurück, um sich zu bedanken (Phil 2, 25. 28). In der Zwischenzeit erkrankte allerdings Epaphroditus am Haftort des Paulus sehr schwer, was die Gemeinde in Philippi in Sorge versetzte (Phil 2, 26–30). Auch Paulus möchte die Gemeinde besuchen (Phil 1, 26; 2, 24), obgleich der Ausgang seines Prozesses noch offen ist. Eine Verhandlung fand bereits statt (Phil 1, 7), und Paulus rechnet mit einer baldigen Entscheidung (Phil 2, 23), hält Freispruch oder Tod für möglich (Phil 1, 19–24), hofft aber auf einen guten Ausgang (Phil 1, 25). Auf jeden Fall will er Timotheus nach Philippi schicken (Phil 2, 19–23), um zu erfahren, wie es um die Gemeinde steht.

Welcher Haftort entspricht dieser Situation des Apostels? Von den in der Forschung vorgeschlagenen Haftorten (Rom, Cäsarea, Ephesus)[458] hat Rom die größte

457 Bestreiter der Echtheit (bes. im 19. Jh.) nennt B. Mengel, Studien, 317–324.

458 Zum Für und Wider der Argumente vgl. W. G. Kümmel, Einleitung, 284 ff; J. Gnilka, Phil, 18–25; H. H. Schade, Apokalyptische Christologie (s. o. 2.4.1), 182 ff. Die von A. Deissmann begründete Ephesus-Hypothese (vgl. ders., Zur ephesinischen Gefangenschaft des Apostels Paulus, in: Anatolian Studies presented to W. M. Ramsay, Manchester 1923, 121–127) wird heute von vielen Exegeten geteilt (z. B. G. Bornkamm, Paulus [s. o. 2], 245; J. Gnilka, Phil, 199; G. Barth, Phil, 8 f; W. Schenk, Philipperbriefe, 338; U. B. Müller, Phil, 17–21; H. Balz, Philipperbrief, 508; N. Walter, Phil, 17; L. Bormann, Philippi, 121; C. B. Cousar, Phil, 10; M. Theobald, Der Philipperbrief, in: Ebner/Schreiber (Hg.), Einleitung, 377 f; J. Reumann, Phil, 14; P. Pilhofer, Das Neue Testament und seine Welt, 180; H. Omerzu, Spurensuche, passim). Für Cäsarea als Haftort plädiert bes. E. Lohmeyer, Phil, 3 f. Die Rom-Hypothese wurde in diesem Jahrhundert durch J. Schmid, Gefangenschaftsbriefe, passim, und C. H. Dodd, The Mind of Paul II, in: ders., New Testament Studies, Manchester ^{2}1954, (83–128) 85–108 erneuert. In der neueren Forschung gewinnt sie wieder mehr Anhänger, vgl. O. Merk, Handeln aus Glauben (s. o. 2.8.5), 174;

Wahrscheinlichkeit für sich. Die Schilderung der römischen Haft in Apg 28, 30f lässt sich sehr gut mit der im Phil vorausgesetzten milden Haftsituation vereinbaren (vgl. Phil 1, 7. 13f; 2, 25; 4, 10ff)[459]. Zudem lassen sich die Erwähnung des Prätoriums (Phil 1, 13)[460] und der kaiserlichen Sklaven (Phil 4, 22)[461] am einfachsten (wenn auch nicht zwingend) aus einer Gefangenschaft in Rom verstehen. Für Rom als Abfassungsort und damit für eine Spätdatierung des Phil sprechen ferner: 1) Das Fehlen von Kollektennotizen weist darauf hin, dass die Kollekte z.Zt. der Abfassung des Briefes bereits abgeschlossen war[462]. 1Kor 16, 1–4; 2Kor 8 und 9 zeigen deutlich, dass Paulus während seines ephesischen Wirkens intensiv mit der Kollekte für Jerusalem befasst war und er dankt den Philippern für ihre Unterstützung (vgl. Phil 4, 10); wäre der Phil in Ephesus abgefasst, dann bliebe es unerklärlich, warum Paulus sein großes Werk für die Urgemeinde überhaupt nicht erwähnt. 2) Der Phil setzt eine lange Haftdauer voraus, denn Epaphroditus ist zunächst erfolgreicher Mitstreiter des Paulus am Gefangenschaftsort (Phil 1,25), er erkrankt dann ‚nahe dem Tod' (Phil 1, 27), die Gemeinde von Philippi erfährt davon und schließlich wird Epaphroditus wieder gesund (Phil 1, 27). Zudem hatte die Gemeinde bereits mehrfach erfolglos versucht, Paulus zu unterstützen (vgl. Phil 4, 10), was ihr aber erst jetzt mit Epaphroditus gelang (vgl. Phil 4, 18). Sollte der Phil in Ephesus abgefasst worden sein, so wäre das Schweigen der Apg über die dann vorauszusetzende lange Gefangenschaft in Ephesus unerklärlich[463], während die zweijährige Gefangenschaft in Rom (Apg 28, 30) mit der im Brief vorausgesetzten Situation gut vereinbar ist. Warum sollte Lukas die kurze Gefangenschaft in Philippi ausführlich erzählen (Apg 16, 23–40), die lange und wichtige Gefangenschaft in Ephesus dagegen verschweigen? Lukas lässt Paulus 2–3 Jahre in Ephesus verweilen; er überliefert mehrere Lokaltraditionen und soll von einer längeren Gefangenschaft des Apostels nichts gewusst haben? Dafür gibt es keine hinrei-

C. H. Hunzinger, Die Hoffnung angesichts des Todes im Wandel der paulinischen Aussagen, in: Leben angesichts des Todes (FS H. Thielicke), hg. v. B. Lohse u. a., Tübingen 1968, (69–88) 85 A 30; W. Wiefel, Hauptrichtung des Wandels (s. o. 2.4.10), 79; G. Strecker, Befreiung und Rechtfertigung (s. o. 2.4.10), 230; G. Lüdemann, Paulus I (s. o. 2.1), 142 A 80; H. H. Schade, Apokalyptische Christologie (s. o. 2.4.1), 190; J. Roloff, Einführung 139f; P. T. O'Brien, Phil, 19–26; P. Wick, Der Philipperbrief, 182–185; G. D. Fee, Phil, 34–37; M. Günther, Frühgeschichte (s. o. 2.2.2), 38–47; M. Gielen, Paulus – Gefangener in Ephesus?, passim.

459 Vgl. jedoch Apg 24, 23 für Cäsarea.

460 In Mk 15, 16; Mt 27, 27; Joh 18, 28; Apg 23, 34f bezeichnet *πραιτώριον* (lat. praetorium) jeweils den Amtssitz des römischen Statthalters in Jerusalem bzw. Cäsarea am Meer. In Cäsarea am Meer ist zwar ein Prätorium mit Gefängnis durch Apg 23, 34f belegt, aber die Schilderung in Phil 1, 12–18 setzt eine große Gemeinde voraus, wofür es für Cäsarea keinerlei Belege gibt. In Ephesus ist m. W. bisher kein Praetorium sicher nachgewiesen, es ist aber für die Provinzhauptstadt der Asia vorauszusetzen; in Rom ist mit praetorium der Sitz der kaiserlichen Garde gemeint.

461 Mitglieder der familia Cäsaris sind für Philippi inschriftlich belegt (vgl. L. Bormann, Philippi, 198f), so dass sie für jede große Stadt im Imperium vorauszusetzen sind.

462 Vgl. H. H. Schade, Apokalyptische Christologie (s. o. 2.4.1), 190.

463 Zu den Schwierigkeiten der Ephesus-Hypothese vgl. bes. J. Schmid, Gefangenschaftsbriefe, 10ff.72ff.

chende Erklärung![464] 3) Nimmt man eine ephesische Gefangenschaft des Paulus an, dann fällt auf, dass die beiden Korintherbriefe davon nicht wirklich berichten. Die Andeutung des Paulus über eine Todesgefahr in der Provinz Asia in 2 Kor 1,8 vermag die Ephesus-Hypothese nicht zu stützen, weil diese Nachricht nur das Faktum der Todesgefahr, nicht aber die näheren Umstände mitteilt[465]. Auch der Kampf mit ‚wilden Tieren' in 1 Kor 15, 32 ist kein Beleg für eine längere Haft des Paulus in Ephesus[466]. Die pluralische Erwähnung von ‚Gefangenschaften' in 2Kor 11, 23 kann sich nur auf wiederholte kurze Gefängnisaufenthalte beziehen und Röm 16, 4 (Priska und Aquila haben für Paulus ‚ihren Hals hingehalten') lässt überhaupt keine exakten historischen Rückschlüsse zu. Da der Phil nicht vor dem 1Kor geschrieben sein kann, der 1Kor wiederum in das Frühjahr 55 zu datieren ist (s. o. 2.5.3; in die Jahre 53/54 fällt der Vorbrief 1Kor 5, 9) und der 2Kor nach Makedonien (Spätherbst 55) gehört, stellt sich die Frage, wie eine lange Gefangenschaft in Ephesus (mindestens 1 Jahr) mit den Reiseplänen des Paulus in 1Kor 16, 5–12 und 2Kor 1, 15–2,4 überhaupt vereinbar sein soll[467]. Noch komplexer wird es, wenn beim 2Kor und beim Phil mit mehreren Brieffragmenten argumentiert wird und auch der Phlm in Ephesus geschrieben sein soll. Eine genaue zeitliche Platzierung der postulierten längeren Haft innerhalb des Ephesus-Aufenthaltes des Apostels wurde bisher nicht vorgenommen und dürfte kaum überzeugend gelingen! 4) Die distanzierte Darstellung der Verhältnisse am Gefangenschaftsort in Phil 1, 12–18 (bes. V. 15. 17, vgl. dazu 1 Klem 5, 5; ‚Streit und Eifersucht'!) lässt darauf schließen, dass die Gemeinde nicht vom Apostel selbst gegründet wurde. 5) Der in den echten Paulusbriefen nur in Phil 1, 1 (vgl. ferner Apg 20, 28; 1 Tim 3, 2; Tit 1, 7) erscheinende Terminus *ἐπίσκοπος* (Aufseher) setzt ein Fortschreiten der Gemeindesituation in Richtung auf die Pastoralbriefe voraus[468]. 6) Die Untersuchung des paulinischen Sprachgebrauches im Phil durch H. H. Schade[469] zeigt, dass die sprachlichen Eigentümlichkeiten im Proömium, im Gebrauch

464 H. Omerzu, Spurensuche, 314–326, geht davon aus, dass Lukas nach dem Zeugnis von Apg 19, 23–40 von der Haft in Ephesus wusste, sie aber nicht erwähnte, weil er den Konflikt mit kleinasiatischen Juden in Ephesus noch nicht thematisieren wollte, wohl aber später in Jerusalem (Apg 21,27–29). Hier wird etwas – mit Hypothesen durchzogen – plausibel gemacht, was nicht im Text steht, um dann – natürlich wiederum plausibel – zu erklären, warum es nicht dasteht.

465 Gegen V. P. Furnish, 2 Kor (s. o. 2.6.1), 123; H. Köster, Einführung, 565.

466 Gegen H. Conzelmann – A. Lindemann, Arbeitsbuch zum Neuen Testament, Tübingen [11]1995, 249. U. B. Müller, Der Brief aus Ephesus, 161, versucht das Schweigen der Apostelgeschichte über die vermutete längere Gefangenschaft des Paulus in Ephesus mit politischer Opportunität des Lukas zu erklären: „Man muss damit rechnen, dass die zeitgeschichtliche Situation der Act es nicht geraten sein ließ, von einem Konflikt zwischen heidnischer Religion (Polytheismus) und Christentum, der beinahe zu einem Schuldspruch für Paulus als Vertreter der Christen geführt hat, in einer Weise zu berichten, dass der ‚nicht geringe Aufruhr wegen des Wortes' (19, 23) in einem für die griechisch-römische Gesellschaft allzu suspekten Licht erscheinen konnte."

467 Auf dieses Problem der Ephesus-Hypothese weist zu Recht hin: M. Gielen, Paulus – Gefangener in Ephesus?, 66 ff.

468 Vgl. J. Roloff, Art. Amt (s. u. 5.5.1), 522.

469 Vgl. H. H. Schade, Apokalyptische Christologie (s. o. 2.4.1), 184–190.

des Christustitels, in der Verwendung von „wir" und „ich" und im Vorkommen seltener Worte (vgl. bes. *Βενιαμίν* nur Röm 11,1; Phil 3,5; *Ἑβραῖος* nur 2Kor 11,22; Phil 3,5; *ἐργάτης* nur 2Kor 11,13; Phil 3,2; *φυλή* nur Röm 11,1; Phil 3,5) alle darauf hinweisen, dass der Phil zeitlich nach dem Röm inzuordnen ist. 7) Die eschatologischen Aussagen in Phil 1,21–24 und das Märtyrerbewusstsein in Phil 2,17 weisen deutlich in eine spätere Zeit, das Lebensende des Paulus. Zudem bezeichnet er sich im Phil nahestehenden Phlm als ‚alter Mann' (Phlm 9). 8) Die altkirchliche Tradition lokalisiert den Phil in Rom (Subscriptio B^1 075 6 1739 1881 M). Die Gesamtheit der Argumente, vor allem die fehlenden Kollektennotizen, das fehlende Zeugnis für eine ephesische Gefangenschaft des Paulus und die eschatologischen Aussagen in Phil 1,21–23 sprechen für Rom als Abfassungsort.

Gegen Rom als Abfassungsort des Phil wird eingewendet, die Gesetzes- und Israelaussagen des Phil müssten vor und nicht nach dem Röm eingeordnet werden[470]. Paulus nimmt jedoch den sachlichen Ertrag der Argumentation des Röm keineswegs zurück, wonach allein Jesus Christus der Ort der Gerechtigkeit ist (vgl. Röm 10,3f mit Phil 3,9). Die scharfen Aussagen über den Bruch mit seiner jüdischen Vergangenheit sind zweifellos durch die anhaltende Agitation judaistischer Gegenmissionare bedingt, und sie korrigieren nicht, was Paulus in Röm 11,25f für Israel erhofft. Vielmehr weist gerade der Standort des Phil innerhalb der Paulusbriefe auf das Ende seines Lebens und damit auf Rom: Während Paulus nach Röm 15,24 eine Mission in Spanien plant, wünscht er sich nach Phil 1,21 als alter Mann im Gefängnis den Tod. Ein weiteres Argument gegen Rom als Abfassungsort des Phil ist die große Entfernung zwischen Haftort und Gemeinde, die den im Brief vorausgesetzten regen Verkehr nicht zulasse. Zudem hätte Paulus seine in Röm 15,24.28 angekündigten Reisepläne geändert, da er nach seiner Entlassung Philippi besuchen wollte. Beide Einwände sind nicht stichhaltig. Paulus konnte seine Reisepläne ändern, wie die korinthische Korrespondenz zeigt (vgl. 1Kor 16,5–8 mit 2Kor 1,15f). Bei der Abfassung des Röm war die jahrelange Haft in Cäsarea und Rom nicht absehbar, neue Kontakte zu den alten Gemeinden könnten Paulus zu einer Änderung (nicht Aufgabe!) seiner Reisepläne veranlasst haben; möglicherweise veranlasst durch das Auftreten judaistischer Missionare (Phil 3,2ff) in Philippi. Die geplante Spanienreise wäre durch einen Besuch in Philippi aus aktuellem Anlass nicht aufgehoben, sondern nur aufgeschoben! Außerdem gehört der Besuchswunsch zum Formschema paulinischer Briefe (vgl. 1Thess 2,17ff; 1Kor 16,5f; 2Kor 13,1; Gal 4,20; Röm 15,23f; Phlm 22). Die Verkehrsverbindungen zwischen Philippi und Rom waren sehr gut (auf der Via Egnatia bis Dyrrhachium, Überfahrt nach Brundisium, dann Weiterreise auf der Via Appia)[471]. Schiffsreisen von Philippi nach Rom dauer-

470 Vgl. U.B. Müller, Der Brief aus Ephesus, 170: „Der Phil ist in seinem dritten Kapitel nur plausibel zu machen, wenn er wie der Gal *vor* den grundlegenden Klarstellungen des Röm zu verorten ist."

471 Vgl. dazu J. Schmid, Gefangenschaftsbriefe, 77–83; vgl. zu den sehr guten Straßenverhältnissen

ten ca. 2 Wochen[472], für eine überwiegende Reise auf dem Landweg ist bei ca. 1084km Entfernung[473] und einer täglichen Reisegeschwindigkeit von ca. 37km[474] eine maximale Reisedauer von 4 Wochen anzusetzen. Sie dürfte bei Berücksichtigung der guten Straßenverhältnisse, einer günstigen Überfahrt und der möglichen Benutzung eines Wagens eher unterschritten worden sein. Setzt man im Phil vier Reisen zwischen Rom und Philippi voraus (1. Die Philipper hören von der Haft des Paulus, 2. sie schicken Epaphroditus, 3. die Philipper erfahren von der Krankheit des Epaphroditus, 4. Paulus sendet Epaphroditus zurück nach Philippi), so bereitet dies bei einer längeren Gefangenschaft des Paulus keine Schwierigkeiten (Apg 28, 30f berichtet von einer zweijährigen Gefangenschaft in Rom)[475]. Zumal es auch denkbar ist, dass bei der intensiven Kommunikation zwischen den paulinischen Gemeinden Nachrichten nicht immer erst in Rom oder Philippi ihren Ausgangspunkt genommen haben müssen. Der Phil wurde wahrscheinlich in *Rom* um *60 n. Chr.* geschrieben[476].

2.9.4 **Empfänger**

Die Stadt Philippi wurde ca. 356 v. Chr. durch Philipp II von Makedonien gegründet[477]. Im Jahr 42 v. Chr. begann eine intensive römische Besiedlung, die sich 31 v. Chr. (Sieg Octavians über Antonius) verstärkt fortsetzte. Philippi entwickelte sich als colonia Julia Augusta Philippensis (ab 27 v. Chr.) zu einer römischen Militärkolonie, in der insbesondere Veteranen angesiedelt wurden. Die einflussreichste Bevölkerungsgruppe waren die Römer, aber auch Griechen und Thraker prägten das sprachliche, kulturelle und religiöse Leben der Stadt[478]. Die wirtschaftliche Bedeutung der

G. Radke, Art. Viae publicae Romanae, PW.S 13, (1417–1686) Sp. 1477.

472 Vgl. L. Friedländer, Sittengeschichte Roms I, Leipzig [9]1919, 334ff.

473 Vgl. A. Wikenhauser – J. Schmid, Einleitung, 506.

474 L. Friedländer, Sittengeschichte, 333, rechnet mit 37,5km pro Tag, ebenso K.-W. Weeber, Art. Reisen, DNP 10, Stuttgart/Weimar 2001, 858; andere Berechnungen bei R. Reck, Kommunikation und Gemeindeaufbau (s. o. 2.2.2), 85–87.

475 Zu diesen – zur Abfassungszeit des Briefes tatsächlich stattgefundenen – 4 Reisen kann allenfalls noch der angekündigte Besuch des Timotheus (vgl. Phil 2, 19. 23) hinzugezählt werden; eindeutig zu hoch ist die Auflistung von A. Deissmann, Zur ephesinischen Gefangenschaft, 124f, der mit 12 angedeuteten Reisen argumentiert. Auch die 8 Reisen bei P. Pilhofer, Das Neue Testament und seine Welt, 176f, sind tendenziös, denn er rechnet Phil 2, 26 zweimal (wenn die Philipper vom Gefangenschaftsort des Paulus aus über die Krankheit des Epaphroditus informiert werden, dann weiß Epaphroditus doch, dass die Philipper von seiner Krankheit wissen und wahrscheinlich besorgt sind, so dass dafür keine weitere Reise notwendig ist) und zählt dann die angekündigten Reisen von Timotheus (2 Reisen) und Paulus hinzu.

476 Gilt Ephesus als Abfassungsort des Phil, wird er zumeist an das Ende der ephesischen Zeit datiert; so plädiert z. B. U. B. Müller, Phil, 22, für das Jahr 55.

477 Vgl. zur Stadt und ihrer Geschichte W. Elliger, Paulus in Griechenland (s. o. 2.4.4), 23–77.

478 Das römische Element betont sehr stark L. Bormann, Philippi, 11–84; auch P. Pilhofer, Philippi I, 85–92, hebt den römischen Charakter von Philippi hervor, verweist aber zugleich auf den nicht unbedeutenden Einfluss von Griechen und Thrakern.

Stadt (Landwirtschaft, Handwerk, Handel) resultierte aus der Lage an der Via Egnatia, der Hauptverbindung zwischen dem Osten und dem Westen des römischen Reiches. Philippi ist ein Beispiel für den religiösen Synkretismus des 1. Jhs. n. Chr. (vgl. Apg 16, 16–22), denn neben dem Kaiserkult sowie griechischen, römischen und ägyptischen Göttern erfreuten sich die einheimischen Kulte der thrakischen Urbevölkerung großer Beliebtheit, in denen vor allem Land- und Fruchtbarkeitsgötter verehrt wurden.

In Philippi entstand die erste paulinische Gemeinde in Europa (vgl. Apg 16, 11 ff; Phil 4, 15), der Apostel gründete sie 49/50 n. Chr. Mehrheitlich bestand die Gemeinde aus Heidenchristen (vgl. Apg 16, 33 b; ferner die Namen in Phil 2, 25 ff; 4, 18: Epaphroditus, Phil 4, 2 f: Euodia, Syntyche und Klemens), aber auch Sebomenoi (vgl. Apg 16, 14) und Judenchristen (vgl. Apg 16, 13) dürften ihr angehört haben. Das Verhältnis zwischen der Gemeinde und Paulus war sehr gut, denn der Apostel gewährte ihr das Privileg, ihn unterstützen zu dürfen (vgl. Phil 4, 18). Nach dem Gründungsaufenthalt besuchte Paulus zumindest noch einmal Philippi (vgl. Apg 20, 6; ferner 1 Kor 16, 5 f). Auch z. Zt. der Abfassung des Briefes bestanden rege und freundschaftliche Kontakte zwischen der Gemeinde und Paulus, allerdings bedrängten Widersacher die Gemeinde (vgl. Phil 1, 27–30; 2, 21), die vom Apostel in Phil 3, 2 ff scharf angegriffen werden. Auch innerhalb der Gemeinde gab es Spannungen (vgl. Phil 2, 1–4), so wird in Phil 4, 2 f von Paulus ein Streit zwischen zwei Frauen erwähnt, die Mitarbeiterinnen des Apostels waren.

2.9.5 **Gliederung, Aufbau, Form**

1, 1–2	Präskript	Briefanfang
1, 3–11	Proömium	
1, 12–30	Briefliche Selbstempfehlung	
2, 1–4	Mahnungen zur Einheit der Gemeinde	Briefkorpus
2, 5–11	Der Christushymnus	
2, 12–18	Anschließende Ermahnungen	
2, 19–24	Die Sendung des Timotheus	
2, 25–30	Die Erkrankung des Epaphroditus	
3, 1–4, 1	Auseinandersetzung mit Irrlehrern	
4, 2–9	Schlussparänese	Briefschluss
4, 10–20	Dank für die Gemeindegabe	
4, 21–22	Grüße	
4, 23	Eschatokoll	

Im Präskript fehlt im Gegensatz zu 1.2Kor, Gal, Röm der Aposteltitel, Paulus bezeichnet sich und Timotheus in Phil 1, 1 als *δοῦλοι Χριστοῦ Ἰησοῦ*. Ein deutliches Signal für den Gesamttenor des Briefes; Paulus nimmt seine Autorität als Apostel gegenüber den Philippern nicht in Anspruch. Auch das mit *εὐχαριστῶ* eingeleitete Proömium dokumentiert die freundschaftlichen Beziehungen zwischen Paulus und der Gemeinde. Einen Topos des antiken Freundschaftsbriefes greift Paulus in Phil 1, 7. 27; 2, 12. 18. 24 mit dem *ἀπών/πάρων*-Motiv auf[479]. Paulus tritt der Gemeinde als Freund entgegen und interpretiert die Leiden als Zeichen des gemeinsamen Heilsstandes.

Der Phil zeigt auf der Makroebene einen geschlossenen Aufbau[480]. Im Zentrum des Briefes stehen die Mahnungen zur Einheit der Gemeinde und die Auseinandersetzung mit den Irrlehrern. Zwischen beiden Abschnitten besteht eine sachliche Verbindung, denn die Einheit der Gemeinde ist die Voraussetzung für die Abwehr der Irrlehrer. Kaum zufällig steht der Christus-Hymnus in der Mitte des Briefes. Als Urbild und Vorbild prägt Jesus Christus das Selbstverständnis und das Verhalten von Gemeinde und Apostel. Der nachdrückliche Dank für die Unterstützung der Philipper am Ende des Briefes dokumentiert das gute Verhältnis zwischen dem Apostel und der Gemeinde. Das Dankmotiv ist für den Briefschluss keineswegs ungewöhnlich, wie 1 Thess 5, 16–18 zeigt.

2.9.6 **Literarische Integrität**

Die Einheitlichkeit des Phil ist in der Forschung umstritten[481]. Zahlreiche Exegeten sehen im Phil eine Briefsammlung und rechnen mit der Existenz von drei Briefen (Brief A: Phil 4, 10–20 Dankesbrief für die Gabe aus Philippi, Brief B: Phil 1, 1–3, 1; 4, 4–7; 4, 21–23 Bericht über die Lage des Apostels, Brief C: Phil 3, 2–4, 3; 4,8–9 Auseinandersetzung mit den Irrlehrern)[482]. Andere teilen den Phil in zwei Briefe auf

479 Vgl. dazu J. Schoon-Janßen, Umstrittene „Apologien" in den Paulusbriefen (s. o. 2.3.1), 136–146, der für den Phil einen symbuleutisch/deliberativen Duktus konstatiert.

480 D. F. Watson, A Rhetorical Analysis of Philippians and its Implications for the Unity Question, NT 30 (1988), (57–88) 57–80, gliedert den Philipperbrief nach rhetorischen Gesichtspunkten: Phil 1, 3–26 exordium; 1, 27–30 narratio; 2, 1–3, 21 probatio; 4, 1–20 peroratio. G. D. Fee, Phil, 12, bezeichnet „Philippians as a Christian ‚Hortatory' Letter of Friendship"; nach P. Wick, Der Philipperbrief, 152–180, vereint der Philipperbrief mehrere epistolographische Möglichkeiten in sich: Familienbrief, Freundschaftsbrief, Prunkrede, frühjüdische gemeindeleitende Briefe.

481 Eine umfangreiche Darstellung der Forschungsgeschichte zum Phil findet sich bei B. Mengel, Studien, 82–221.

482 So mit Unterschieden in der Zuweisung einzelner Verse z. B. W. Schmithals, Die Briefe des Paulus in ihrer ursprünglichen Form (s. o. 2.4.6), 99–108; H. Köster, The Purpose of the Polemic of a Pauline Fragment, NTS 8 (1961/62), (317–332) 317; G. Bornkamm, Philipperbrief als paulinische Briefsammlung; G. Barth, Phil, 11; Ph. Vielhauer, Urchristliche Literatur, 164f; W. Schenk, Die Philipperbriefe des Paulus, 334–336; L. Bormann, Philippi, 118ff; N. Walter, Phil, 19f. Forschungsübersichten bei W. G. Kümmel, Einleitung, 291; J. Gnilka, Phil, 6ff; W. Schenk, Der Philipperbrief in der neueren Forschung (1945–1985), ANRW 25.4, Berlin 1987, 3280–3313; J. Reimann, Phil, 15.

(z.B. G. Friedrich: 1. Gefangenschaftsbrief Phil 1, 1–3, 1 a; 4, 10–23, 2. Kampfbrief Phil 3, 1 b–4,9. J. Gnilka: 1. Gefangenschaftsbrief Phil 1, 1–3, 1 a; 4, 2–7. 10–23, 2. Kampfbrief Phil 3, 1 b–4, 1. 8 f. J. Becker: Phil A: 1, 1–3, 1; 4, 1–7. 10–23, Phil B: 3, 2–21; 4,8 f)[483]; Theobald: Phil A: 1, 1–3,1a; 4, 2–7; 4, 10–23, Phil B: 3, 1b-4,1; 4, 8 f)[484]. Als Argumente für diese Thesen gelten: 1) Der Stimmungsumschwung zwischen Phil 3, 1 und 3, 2. 2) Die fehlenden Hinweise auf die Gefangenschaftssituation in Phil 3, 2–4, 3. 3) Der vergleichbare Aufbau von Phil 4, 4–7 und Phil 4,8–9 als Indiz für zwei Schlussmahnungen. 4) Die thematische Geschlossenheit von Phil 4, 10–20 als Hinweis auf einen separaten Dankesbrief.

Überzeugen können diese Argumente nicht. Ad 1: Der nicht zu leugnende Umschwung zwischen Phil 3, 1 und 3, 2 kommt keineswegs so abrupt, wie vielfach behauptet wird. Während Paulus in Phil 1, 15–18 Missionare an seinem Haftort erwähnt, die aus unlauteren Motiven das Evangelium verkündigen, spricht er in Phil 1, 28 von Widersachern in Philippi, durch die sich die Gemeinde nicht erschrecken lassen soll. Diesen Widersachern sagt er das Verderben, der Gemeinde hingegen die Rettung voraus. Das Motiv des Verderbens erscheint innerhalb der Gegnerpolemik auch in Phil 3, 18 f, wodurch Phil 1 und 3 verbunden sind. Auf die Gegner in Philippi spielt Paulus auch in Phil 2, 21 an, wo er von denen spricht, die das Ihre suchen, nicht aber das, was Christi ist. Zudem wird die Gemeinde bes. in Phil 1, 27; 2, 1–5 zur Einheit aufgerufen, so dass die Erwähnung der *κύνες* in Phil 3, 2 keineswegs unvorbereitet erfolgt[485]. Schließlich basiert das zentrale Briefmotiv der *χαρά* nicht auf Gefühlen, sondern bewährt sich gerade in Konflikten. Paulus nimmt mit *τὰ αὐτά* in Phil 3, 1 deutlich Phil 2, 18 auf[486] und stellt wie in Phil 1, 18 b–26 bewusst die Freude seinen Ausführungen voran. Sowohl in Phil 1, 18 b–26 als auch in Phil 3, 1–11 wird nichts gesagt, was zu einer rein gefühlsmäßigen Freude Anlass gäbe, sondern Paulus bestärkt die Gemeinde zunächst in ihrem Heilsstand, bevor er drängende Probleme erörtert. Ad 2: Hinweise auf die Gefangenschaftssituation fehlen in Phil 3, 2–4, 3 natürlich nur dann, wenn zuvor dieser Abschnitt als gesondertes Brieffragment aus seinem jetzigen Kontext ausgeschieden wurde[487]. Methodisch kann ein derartiges Verfahren nur als petitio principii bezeichnet werden, es ist ohne

483 Vgl. J. Becker, Paulus (s. o. 2), 325 ff.

484 Vgl. M. Theobald, Der Philipperbrief, in: Ebner/Schreiber (Hg.), Einleitung, 372–376.

485 Das *βλέπετε* in Phil 3, 2 ist kein Aufruf, sondern mit „seht euch … an" zu übersetzen; vgl. G. D. Kilpatrick, „*ΒΛΕΠΕΤΕ* Philippians 3, 2", in: In Memoriam Paul Kahle, hg. v. M. Black u. G. Fohrer, BZAW 103, Berlin 1968, 146–148. Nach D. E. Garland, The Composition and Unity of Philippians, NT 27 (1985), (141–173) 164 f, beginnt in Phil 3, 2 eine Digressio, die den Philippern verdeutlichen soll, dass sie zu sehr auf ihr ‚Fleisch' vertrauen. Nach R. Brucker, ‚Christushymnen' oder ‚epideiktische Passagen'?, 280 ff, entfaltet Paulus die propositio Phil 1, 27–30 durch drei epideiktische Aussagereihen (2, 1–11; 2, 12–18; 3, 1–21); auf das zweifache Lob der Gemeinde folgt die Schmähung der Gegner, die wiederum ein indirektes Lob für die Gemeinde enthält.

486 Vgl. M. Dibelius, Phil, 86. Vgl. zu den Mehrfachnennungen von *χαίρειν* bzw. *χαρά* im Phil bes. J. Schoon-Janßen, Umstrittene „Apologien" in den Paulusbriefen (s. o. 2.3.1), 129–136.

487 Vgl. W. G. Kümmel, Einleitung, 293.

argumentativen Wert. Ad 3: In Phil 4, 1 schließt Paulus mit der Mahnung ‚steht fest im Herrn' die Auseinandersetzung mit den Gegnern in Philippi ab. Es folgt in Phil 4, 2f die Aufforderung, einen Streit zwischen zwei Frauen zu schlichten. Mit Phil 4, 4–6 setzt wieder die allgemeine Paränese ein[488], wobei die Ermahnungen und begründenden Motivierungen des Apostels nicht situationsspezifisch sind, andererseits aber doch auf dem Hintergrund der die Gemeinde gefährdenden Streitfälle gesehen werden müssen. Als übergeordnete eschatologische Begründung erscheint das *ὁ κύριος ἐγγύς* in V. 5b, dem alle folgenden Mahnungen zuzuordnen sind. In V. 7 liegt nicht ein Schlusswunsch vor, sondern eine Verheißung, mit der Paulus die Mahnung in V. 6 begründet[489]. Es folgt in V. 8 ein Tugendkatalog, der mit einem folgernden *τὸ λοιπόν* eingeleitet wird (vgl. 1 Kor 7, 29). V. 9 nimmt V. 8 auf und begründet mit dem Wandel des Apostels die zuvor erteilten Weisungen. In Phil 4, 4–9 lässt sich eine stringent fortschreitende Gedankenfolge nachweisen, so dass die Annahme zweier ursprünglich selbständig überlieferter Schlussmahnungen unwahrscheinlich ist. Ad 4: Sollte Phil 4, 10–20 ein separates Dankschreiben sein, so ist es höchst auffällig, dass der Dank für die konkrete Geldzuwendung so in den Hintergrund tritt[490], denn Paulus drückt seine Freude über den Zustand der Gemeinde und ihre Unterstützung in sehr allgemeinen Wendungen aus[491]. Zudem bleibt die Krankheit des Epaphroditus unerwähnt, der die Spende der Philipper Paulus überbrachte[492]. Schließlich ist das 3. Kapitel des Phil vielfach mit anderen Briefpartien verbunden. So nimmt Phil 3, 20f sowohl sprachlich als auch inhaltlich auf Phil 2, 6–11 Bezug. Folgende sprachliche Bezüge sind offenkundig: a) Die Prädikation *κύριος Ἰησοῦς Χριστός* in 2, 11/3, 20; b) *ταπεινοῦν* 2,8/ *ταπείνωσις* 3, 21; c) *σχῆμα* 2, 7/ *μετασχηματίζεσθαι* 3, 21; d) *μορφή* 2, 6. 7/ *σύμμορφος* 3, 21; e) *πᾶν* 2,9. 10; *πᾶσα* 2, 11/ *τὰ πάντα* 3, 21; f) *ἐπουράνιος* 2, 10/ *οὐρανός* 3, 20; g) *δόξα* 2, 11/3, 21. Inhaltlich ist die Inthronisation Jesu Christi Voraussetzung für das in Phil 3, 20f beschriebene endzeitliche Handeln des Allherrschers. Das Motiv des ‚rechten Sinnes' verbindet Phil 2, 2. 5 mit Phil 3, 15 und 4,2. Insgesamt weist der Phil ein wohl überlegtes rhetorisches Gefälle auf: Erst nachdem Paulus durch Kap. 1 und 2 ein Einverständnis mit der Gemeinde hergestellt hat, wendet er sich ab Kap. 3,2 der Auseinandersetzung mit den Gegnern zu, um sich dann in Kap. 4 wieder positiv der Gemeinde zuzuwenden. Dabei verbindet das Motiv der ‚Freude' (*χαρά/χαίρειν*) Phil 1; 2 und 4; charakteristischerweise fehlt es in Phil 3,2–21. Erst durch die positive Einbindung erreicht die Polemik in Kap. 3 ihre Schlagkraft; bloße Polemik überzeugt in der Regel nicht.

488 Vgl. O. Merk, Handeln aus Glauben (s. o. 2.8.5), 194.

489 Vgl. a. a. O., 195.

490 Vgl. W. Schrage, Die konkreten Einzelgebote in der paulinischen Paränese, Gütersloh 1961, 60.

491 Vgl. zur Analyse O. Merk, Handeln aus Glauben (s. o. 2.8.5), 198ff.

492 G. Barth, Phil, 75, u. a. müssen aufgrund ihrer Teilungshypothesen behaupten, der ‚Brief' Phil 4, 10–20 sei vor der Erkrankung des Epaphroditus geschrieben worden.

Zusammenfassend lässt sich feststellen, dass der Phil als eine literarische und auch theologische *Einheit* verstanden werden muss[493].

Als Argument für die Existenz mehrerer Philipperbriefe und damit als Stütze für Teilungshypothesen wird immer wieder Polyk, Phil 3, 2 herangezogen, wo über Paulus gesagt wird, „der auch abwesend Briefe an euch geschrieben hat". Diesem Plural steht aber Polyk, Phil 11, 3 entgegen, wo Polykarp explizit nur von einem Paulusbrief an die Philipper ausgeht[494].

2.9.7 Traditionen, Quellen

Seit den Analysen von E. Lohmeyer[495] kann es als gesichert gelten, dass in Phil 2, 6–11 ein vorpaulinischer Text vorliegt[496]. Für Tradition sprechen die ntl. (*ὑπερυψοῦν, καταχθόνιος*) und paulinischen (*μορφή, ἁρπαγμός*) Hapaxlegomena, die Häufung der Partizipial- und Relativkonstruktionen, der strophische Aufbau des Textes, die Unterbrechung des Gedankenganges innerhalb des Briefes und die kontextuellen Bindeglieder Phil 2, 1–5. 12–13. Zumeist wird V. 8 c (*θανάτου δὲ σταυροῦ*) als paulinische Redaktion angesehen, demgegenüber weist G. Strecker den gesamten V. 8 Paulus zu[497], während O. Hofius auch V. 8 c zum ursprünglichen Hymnus zählt[498]. Die Gliederung der vorpaulinischen Texteinheit ist umstritten. E. Lohmeyer unterteilt die

493 Für die literarische Einheit des Phil plädieren (neben E. Lohmeyer, M. Dibelius, A. Jülicher – E. Fascher, Einleitung, 123) in neuerer Zeit u. a. W. G. Kümmel, Einleitung, 291–294; G. Delling, Art. Philipperbrief, RGG^3 5 (1961), 335; O. Merk, Handeln aus Glauben (s. o. 2.8.5), 200; B. Mengel, Studien, 297 ff; A. Lindemann, Paulus im ältesten Christentum (s. u. 5), 24 f; W. Egger, Philipperbrief, NEB 11, Würzburg 1985, 49; D. F. Watson, A Rhetorical Analysis, 80–83; D. E. Garland, Composition and Unity of Philippians, 162; J. Schoon-Janßen, Umstrittene „Apologien" in den Paulusbriefen (s. o. 2.3.1), 119–138; P. T. O'Brien, Phil, 10–18; U. B. Müller, Phil, 4–14 (er rechnet mit einer Diktierpause nach 1, 1–3, 1; neue Informationen aus Philippi und eine Veränderung der Prozesssituation veranlassen 3, 2–4, 23); J. Roloff, Einführung, 141; P. Wick, Der Philipperbrief, 39–63; G. D. Fee, Phil, 21–23; H. Balz, Philipperbrief, 507; R. Brucker, ‚Christushymnen' oder ‚epideiktische Passagen'?, 280–290; C. B. Cousar, Phil, 10; M. Gielen, Paulus – Gefangener in Ephesus?, passim.

494 Vgl. K. Aland, Die Entstehung des Corpus Paulinum (s. u. Exkurs 2), 349 f; W. Bauer – H. Paulsen, Die Briefe des Ignatius von Antiochia und der Polykarpbrief, HNT 18, Tübingen 1985, 116. Wahrscheinlich las Polykarp den Plural in Phil 3, 2 aus Kap. 3, 1 des Paulusbriefes heraus („Dass ich euch immer dasselbe schreibe ...").

495 Vgl. E. Lohmeyer, Kyrios Jesus, der den Text als Hymnus klassifiziert.

496 Zur Forschungsgeschichte vgl. R. P. Martin, Philippians 2, 5–11, 97 ff. Die neuere Diskussion verarbeitet kritisch J. Habermann, Präexistenzaussagen im Neuen Testament, EHS 23.362, Frankfurt 1990, 91–157. Neuere formgeschichtliche Klassifizierungen für Phil 2, 6–11: Enkomion (K. Berger, Formgeschichte [s. o. 2.8.5], 345); Epainos (R. Brucker, ‚Christushymnen' oder ‚epideiktische Passagen'?, 319 f. 330 f); Lehrgedicht (N. Walter, Phil, 56–62).

497 Vgl. G. Strecker, Redaktion und Tradition im Christushymnus Phil 2, 6–11, 150.

498 Vgl. O. Hofius, Christushymnus, 4–17; so vorher auch O. Merk, Handeln aus Glauben (s. o. 2.8.5), 179 A 23.

Tradition in sechs Strophen zu je drei Zeilen, die durch den Neueinsatz mit *διό* in V. 9 in zwei gleiche Teile zerfallen. Demgegenüber vertritt J. Jeremias[499] eine Dreiteilung des Liedes zu je vier Zeilen (1: V. 6–7a, 2: V. 7b–8, 3: V. 9–11), wobei er vom Parallelismus membrorum als formgebendem Prinzip ausgeht. Alle anderen Rekonstruktionen müssen als Variationen der beiden grundlegenden Vorschläge von Lohmeyer und Jeremias betrachtet werden; die metrisch-strophische Struktur von Phil 2, 6–11 wird umstritten bleiben, deutlich ist jedoch der zweiteilige Aufbau des Textes mit V. 9 als Scharnier: V. 6–8. 9. 10. 11. Religionsgeschichtlich stellt der Hymnus keine Einheit dar; während der zweite Teil (V. 9–11) durch die atl. Zitatanspielung und liturgisches Formelgut auf jüdisches Denken hinweist, enthält der erste Teil (V. 6–7) starke begriffliche Parallelen zum hellenistischen religiös-philosophischen Schrifttum. Seinen ‚Sitz im Leben' hat der Hymnus in der Gemeindeliturgie; er besingt in der ersten Strophe die Erniedrigung des Präexistenten, im zweiten Teil seine Inthronisation zum Kyrios. Für das paulinische Verständnis des Hymnus sind die Stellung im Kontext und die redaktionellen Zusätze ausschlaggebend. Paulus bettet das Traditionsstück in einen paränetischen Argumentationsgang ein, wie Phil 2, 1–4 zeigt. Zu diesem Abschnitt bestehen sowohl kompositorische als auch terminologische Verbindungen. So erläutert die mit *ταπεινοῦν* umschriebene Erniedrigung Christi in V. 8 die von der Gemeinde geforderte *ταπεινοφροσύνη* (V. 3). Der Gehorsam des Erniedrigten erscheint als Gegenbild zu Eigennutz und Streit, die in der Gemeinde überwunden werden sollen (V. 3). Schließlich verweist die zusammenfassende Formulierung über die Erniedrigung des Präexistenten (V. 7: *ἑαυτὸν ἐκένωσεν*) auf die grundlegende Anweisung in V. 4, wonach ein Christ nicht das Seine, sondern das dem anderen Dienende suchen soll. Auch zum nachfolgenden V. 12 besteht eine Verbindung; dort nimmt Paulus den Gedanken des Gehorsams Christi auf und begründet so die von der Gemeinde geforderte ethische Haltung. Für den Apostel legt sich ein ethisches, nicht aber mythisches Verständnis der Tradition nahe. Die Gemeinde wird aufgefordert, innerhalb der Ethik nachzuvollziehen, was der Kyrios vorbildhaft im Heilsgeschehen der Menschwerdung, des Todes am Kreuz und der Inthronisation vollzog. Christus erscheint somit in Phil 2 zugleich als Urbild und Vorbild.

Ein weiteres Traditionsfragment übernahm Paulus möglicherweise in Phil 3, 20f[500].

499 Vgl. J. Jeremias, Zur Gedankenführung in den paulinischen Briefen (4. Der Christushymnus Phil 2, 6–11), in: ders., Abba, Göttingen 1966, 274–276; ders., Zu Philipper 2, 7: *ἑαυτὸν ἐκένωσεν*, a. a. O., 308–313.

500 Vgl. zur Diskussion der Probleme J. Gnilka, Phil, 208ff; J. Becker, Erwägungen zu Phil 3, 20–21, ThZ 27 (1971), 16–29.; D. Schinkel, Bürgerschaft, passim.

2.9.8 Religionsgeschichtliche Stellung

Sowohl die religionsgeschichtliche Einordnung der im Phil bekämpften Gegner als auch die Zahl der Gegnerfronten werden sehr unterschiedlich beurteilt. Dabei sind folgende Erklärungsmodelle (mit Unterschieden in der Einzelargumentation) von Bedeutung[501]: 1. Paulus wendet sich nur gegen eine einzige Gegnerfront, entweder gegen Judaisten (G. Delling[502], G. Klein, G. Lüdemann[503], H. Balz), judenchristliche Gnostiker (W. Schmithals[504], G. Bornkamm, Ph. Vielhauer[505]) oder gegen judenchristliche Missionare, die mit den Gegnern des 2 Kor vergleichbar sind (J. Gnilka). 2. Die paulinische Polemik richtet sich gegen zwei Fronten, in Phil 3, 1–11(–16) gegen Juden, ab Phil 3, 12(17) gegen hellenistische Libertinisten (M. Dibelius, G. Baumbach). 3. Eine dreifache Frontstellung in Phil 3 nimmt E. Lohmeyer an, der in 3, 2–11 die Gefahr des Judaismus sieht, 3, 12–15 auf Libertinisten bezieht und 3, 17–21 als Mahnung gegen die Gefahr des inneren oder äußeren Abfalls der Gemeinde interpretiert (ähnlich H. D. Betz[506]).

Weitgehend unbestritten ist die Frontstellung in Phil 3, 2–11, Paulus wendet sich hier gegen *judenchristliche Missionare*[507]. Der Apostel bezeichnet sie als ‚Hunde', um so die bösartigen und zerstörerischen Absichten der Gegner zu charakterisieren[508]. Die Wendung *βλέπετε τοὺς κακοὺς ἐργάτας* erklärt sich aus 2 Kor 11, 13, wo *ἐργάται δόλιοι* als polemischer Begriff für ‚Apostel' verwendet wird. Offenbar war *ἐργάτης* im Urchristentum eine Selbstbezeichnung von Missionaren (vgl. Mt 9, 37f; 10, 10), die Paulus mit dem Adjektiv *κακός* negativ qualifiziert. Deutlich erkennbar wird der Standort der Gegner im Wort *κατατομή*, das gleichbedeutend mit ‚Beschneidung' ist (vgl. Gal 5, 12). Wenn Paulus in V. 3a den Begriff der Beschneidung positiv für die christliche Gemeinde reklamiert, so benennt er damit den Kernpunkt der Auseinandersetzung: Judenchristliche Missionare waren in die Gemeinde von Philippi eingedrungen und forderten auch von Heidenchristen die Beschneidung. In bewusster Polemik verweist Paulus in Phil 3, 4ff auf die Vorzüge seiner jüdischen Abstammung, die Zugehörigkeit zu den Pharisäern und seine tadellose Gesetzeserfüllung. Auch die an den Gal erinnernde Rechtfertigungsterminologie in Phil 3,9 legt es nahe, in den Gegnern militante Judenchristen zu sehen.

---

501 Einen kurzen forschungsgeschichtlichen Überblick bietet G. Klein, Antipaulinismus in Philippi, 297–300. J. J. Gunther, St. Paul's Opponents (s. o. 2.6.8), 2, zählt 18 verschiedene Vorschläge zur religionsgeschichtlichen Einordnung der Gegner im Phil!

502 Vgl. G. Delling, Art. Philipperbrief, 334.

503 Vgl. G. Lüdemann, Paulus II (s. o. 2.5.8), 153–158 (Jerusalemer Judenchristen).

504 Vgl. W. Schmithals, Die Irrlehrer des Philipperbriefes, in: ders., Paulus und die Gnostiker, ThF 35, Hamburg 1965, 47–87.

505 Vgl. Ph. Vielhauer, Urchristliche Literatur, 165.

506 Vgl. H. D. Betz, Nachfolge und Nachahmung Jesu Christi im Neuen Testament, BHTh 37, Tübingen 1967, 151.

507 So zuletzt U. B. Müller, Phil, 188–193.

508 Vgl. Billerbeck III, 621: "Als ‚Hunde' werden bezeichnet die Unwissenden, die Gottlosen u. die Nichtisraeliten."

In einem ersten Gedankengang zieht Paulus in Phil 3, 12–16 ethische Konsequenzen aus der vorangehenden Argumentation. Er wendet sich an die Gemeinde (vgl. V. 13. 15) und verdeutlicht sein Verständnis von christlicher Vollkommenheit. Er rechnet sich zu den ‚Vollkommenen' (V. 15), d. h. er zählt sich zu den Pneumatikern (vgl. 1 Kor 2, 6; 3, 1). Jedoch beinhaltet für ihn die Vollkommenheit nicht habituelle Heilsvollendung, sondern sie zeugt von der zukünftigen Heilsvollendung, wie der eschatologische Vorbehalt in Phil 3, 12 unterstreicht. Die auffälligen sachlichen und sprachlichen Übereinstimmungen zwischen Phil 3, 12–16 und 1 Kor 2, 6. 10; 4,8; 9, 24 zeigen, dass Paulus sich auch hier mit einer enthusiastischen Strömung innerhalb der Gemeinde auseinandersetzen muss. In Phil 3, 17 redet Paulus wiederum explizit die Gemeinde an, wobei kaum zu entscheiden ist, ob er weiter die innergemeindliche enthusiastische Strömung im Blick hat, oder wieder an seine Argumentation in 3, 2–11 anknüpft. Für die zweite Möglichkeit spricht die Bezeichnung der Gegner als ‚Feinde des Kreuzes Christi' in Phil 3, 19, die sich kaum auf die innergemeindliche Gruppe beziehen kann. Die deutlich antilibertinistische Ausrichtung von Phil 3, 19 und die parallele Aussage in 2 Kor 12, 21 legen es deshalb nahe, in den paulinischen Gegnern des Phil hellenistisch-judenchristliche Missionare zu sehen, die judaistische und enthusiastische Elemente miteinander verbanden. Paulus wendet sich in Phil 3 gegen eine einheitliche Gegnerfront, die wahrscheinlich auch enthusiastische Tendenzen in der Gemeinde entfachte oder verstärkte.

2.9.9 Theologische Grundgedanken

Paulus entfaltet im Phil die *Paradoxie christlicher Existenz* an seiner eigenen Person. Ausgangspunkt ist der Dank an Gott, der in seiner Treue sowohl die Philipper in ihrem Glaubensstand erhält und fördert (Phil 1, 3–11; 4, 6) als auch die gegenwärtige Situation des Apostels zum Guten wendet. Deshalb durchzieht neben dem Dank der Aufruf zur Freude den gesamten Brief (vgl. Phil 1, 3. 18; 2, 29; 3, 1 a; 4, 1. 4–6. 19 f). Gerade die bedrängende Lage des Paulus im Gefängnis führt zu einer umfassenden und furchtlosen Verkündigung des Evangeliums (Phil 1, 12. 14). Obwohl er mit seinem baldigen Tod rechnen muss, freut sich der Apostel auf die Zukunft, denn er lebt in der Gewissheit, sowohl im Leben als auch im Sterben Christus zu verherrlichen (Phil 1, 18 ff). Die Verkündigung des Evangeliums und die Erhaltung seiner Gemeinde lassen ihn das Leben wählen, obgleich er eigentlich sterben und beim Herrn sein möchte (Phil 1, 22–26; 3, 10 f). So ergibt sich die nach menschlichem Ermessen paradoxe Folgerung: In den Leiden des Apostels offenbaren sich die Treue und Gnade Gottes.

Die christliche Gemeinde antwortet auf die Güte Gottes, wenn sie ihr Leben so führt, wie es Jesus Christus entspricht (Phil 1, 27–30). In Phil 2, 1–5. 6–11. 12–18 verdeutlicht Paulus die Ausrichtung christlicher Existenz am Kyrios Jesus Christus, der Begründer, Bewahrer und Vollender des Heils ist. Als Urbild ermöglicht Jesus Christus die neue Existenz der Christen, als Vorbild prägt er sie durch sein eigenes Verhalten. So wie Christus nicht auf das Seine sah und sich in den Tod am Kreuz begab, sollen auch die Christen nicht in Selbstsucht und Streit leben, sondern in Demut und Einigkeit. Die Gemeinde soll Christus in dem Bewusstsein nachfolgen, dass sie sich ebenso wie der Apostel noch nicht im Stand der Heilsvollendung befindet, sondern dem Tag der Wiederkunft Christi, des Gerichtes und der Auferstehung entgegengeht (Phil 3, 12 ff). Die Möglichkeit dazu eröffnet Gott, denn er ist es, der beides in den Glaubenden bewirkt: das Wollen und das Vollbringen (Phil 2, 13). Die paulinische Ethik wurzelt nicht in einem idealistischen Vollkommenheitsstreben, sondern in dem Wissen um die Kraft Gottes, die im Pneuma gegenwärtig wirkt (vgl. Phil 1, 19; 4, 12 f).

Einen weiteren Einblick in das Selbstverständnis des Apostels bietet Phil 3, 4–11. Paulus bewertet seine glanzvolle jüdische Vergangenheit aus der Perspektive des Glaubens als ‚Dreck'. Die Gerechtigkeit kann nicht aus dem Gesetz gewonnen, sondern nur im Glauben empfangen werden (Phil 3,9). Wie in allen Paulusbriefen artikuliert sich im Phil die akute Naherwartung des Apostels (vgl. Phil 4, 5 b; 1, 6. 10; 2, 16; 3, 20 b). Anders als in den vorangehenden Briefen rechnet Paulus aber jetzt damit, vor der Parusie des Herrn zu sterben und direkt nach seinem Tod beim Herrn zu sein und zu bleiben (Phil 1, 23; 3, 20 f).

2.9.10 **Tendenzen der neueren Forschung**

Der Phil als Ganzes spielt in der Paulusforschung bisher nur eine untergeordnete Rolle. Zumeist werden Einzelabschnitte des Briefes untersucht, insbesondere Phil 2, 6–11. Hier rückt die religions- und sozialgeschichtliche Interpretation in den Mittelpunkt[509], denn in diesem Abschnitt gelten Akklamation und Proskynese einem Gekreuzigten, d. h. Paulus betont in seiner römischen Gefangenschaft gegenüber einer kolonial-römisch geprägten Gemeinde mit Phil 2,6–11 auch die politischen Dimensionen des Christusgeschehens. Ein von den Römern Gekreuzigter erhält durch Gottes direktes Eingreifen einen unüberbietbaren Status und allein ihm gebühren Proskynese und Exhomologese. Ein weiteres Zentrum der Forschung sind nach wie vor die Fragen nach dem Abfassungsort und der literarischen Einheitlichkeit des Phil. Ein Konsens bahnt sich hier nicht an (vgl. exemplarisch die Positionen von Heike Omerzu und Marlis Gielen), denn einerseits sehen viele Exegeten in Ephesus den

509 Vgl. S. Vollenweider, Der „Raub" der Gottgleichheit, in: ders., Horizonte neutestamentlicher Christologie, WUNT 144, Tübingen 2002, 263–284; Ders., Die Metamorphose des Gottessohns, a. a. O., 285–306.

Abfassungsort und werten den Phil als Briefkomposition, während andererseits in der neuesten Forschung die Zahl derer wächst, die für Rom und die Einheitlichkeit des Briefes votieren. Ein weiterer Schwerpunkt der Forschung ist die Eschatologie des Phil, speziell der Vergleich von Phil 1,23; 3,20f mit anderen Aussagen des Apostels zur Eschatologie und die Bedeutung der *σὺν Χριστῷ*-Wendung[510]. Das neue Interesse am vorchristlichen Paulus[511] rückt den Phil wieder mehr in das Zentrum der Paulusforschung, denn kein Text enthält so viele Informationen über die vorchristliche Zeit und das Selbstverständnis des Apostels wie Phil 3,4b–11. „Stellt Paulus ... seinen Wandel vom exemplarischen Vertreter jüdischen Lebens zum Apostel Jesu Christi als radikale Kehrtwendung dar, so beurteilt er diese Wende doch nicht als Abkehr von den Inhalten jüdischen Gottesglaubens und Heilsverständnisses."[512] Die Kultur-, Sozial- und Religionsgeschichte der römischen Kolonie Philippi wird durch die Arbeiten von P. Pilhofer und L. Bormann erhellt. Es zeigt sich, wie stark Paulus auf die römische Lebenswelt seiner Adressaten einzugehen vermag und zugleich von ihr beeinflusst wird (vgl. z. B. Phil 3,20f)[513].

Das zunehmende Interesse an Einzeltexten des Phil kann nicht darüber hinwegtäuschen, dass eine umfassende historische und theologische Würdigung dieses Briefes noch aussteht. Sie wird erst gelingen, wenn der Phil als ein Zeugnis aus der *Spätzeit* des paulinischen Wirkens begriffen und interpretiert wird.

2.10 Der Philemonbrief

2.10.1 Literatur

Kommentare

KEK 9.3: P. Müller, 2012. – HNT 12: H. Hübner, 1997. – HThK X 4: J. Gnilka, 1982. – EKK 18: P. Stuhlmacher, ³2004. – ThHK 11/II: E. Reinmuth, 2006. – ThKNT 16: K. Wengst, 2005. – ÖTK 12: M. Wolter, 1993. – NTD 8/2: P. Lampe, 1998. – RNT: J. Ernst, 1974. – ZBK 13: A. Suhl, 1981. – ICC: R. McI. Wilson, 2005. – WBC 44: P. T. O'Brien, 1982. – NIGTC: J. D. G. Dunn, 1996. – PKNT 1: P. Arzt-Grabner, Philemon, 2003. – W. Eckey, Die Briefe des Paulus an die Philipper und an Philemon, Neukirchen 2006.

Aufsätze

U. Wickert, Der Philemonbrief – Privatbrief oder apostolisches Schreiben?, ZNW 52 (1961), 230–238. – A. Suhl, Der Philemonbrief als Beispiel paulinischer Paränese, Kairos 15 (1973),

510 Vgl. dazu P. Siber, Mit Christus leben (s. o. 2.4.7).
511 Vgl. M. Hengel, Der vorchristliche Paulus (s. o. 2.2.1); K. W. Niebuhr, Heidenapostel aus Israel (s. o. 2.2.1).
512 K. W. Niebuhr, Heidenapostel aus Israel, 110.
513 Der Begriff *πολίτευμα* (Phil 3,20) bezeichnet den rechtlichen Status eines Bürgers; so wie die römischen Bürger Philippis in Rom in die Bürgerschaftsliste der tribus Voltinia eingetragen sind, so sind die Christen in Philippi in einer himmlischen ‚Bürgerschaftsliste' verzeichnet (vgl. P. Pilhofer, Philippi I, 122f; L. Bormann, Philippi, 218f).

267–279. – P. Lampe, Keine ‚Sklavenflucht' des Onesimus, ZNW 76 (1985), 135–137. – W. Schenk, Der Brief des Paulus an Philemon in der neueren Forschung (1945–1987), ANRW 25.4, Berlin 1987, 3439–3495. – S. C. Winter, Paul's Letter to Philemon, NTS 33 (1987), 1–15. – J. M. G. Barclay, Paul, Philemon and the Dilemma of Christian Slave-Ownership, NTS 37 (1991), 161–186. – B. M. Rapske, The Prisoner Paul in the Eyes of Onesimus, NTS 37 (1991), 187–203. – P. Arzt-Grabner, Onesimus erro. Zur Vorgeschichte des Philemonbriefes, ZNW 95 (2004), 131–143.

2.10.2 **Verfasser**

Die Echtheit des Phlm wurde im 19. Jh. teilweise bestritten (F. Chr. Baur), heute gilt er zweifelsfrei als authentischer Paulusbrief.

2.10.3 **Ort und Zeit der Abfassung**

Der Phlm gehört in die unmittelbare Nähe des Phil, denn Paulus befindet sich in Gefangenschaft (Phlm 1.9.13), und wie bei der Abfassung des Phil sind Timotheus und andere Mitarbeiter bei ihm (Phlm 1.23.24). Auch die milde Haftsituation ist vergleichbar, denn Paulus versammelt Mitarbeiter um sich (Phlm 1.23 f) und kann missionarisch tätig sein (Phlm 10). Diese Umstände weisen ebenso wie die singuläre Selbstbezeichnung *πρεσβύτης*[514] in Phlm 9 nach *Rom* als Abfassungsort des Phlm[515]. Das zeitliche Verhältnis zum Phil lässt sich nicht mit Sicherheit bestimmen, allerdings weist die Ironie in Phlm 19 darauf hin, dass Paulus sich in einer gegenüber dem Phil verbesserten Stimmung und Lage befindet, so dass der Phlm wohl zeitlich nach dem Phil anzusetzen ist (ca. *61 n. Chr.*).

Anlass des Briefes ist die in Aussicht gestellte Zurücksendung des Sklaven Onesimus an seinen Herrn Philemon, einem Christen aus Kolossae (vgl. Kol 4,9: Onesimus; Kol 4,17/Phlm 2: Archippus). Warum hielt sich Onesimus bei Paulus auf? Möglicherweise lief Onesimus seinem Herrn nach einem Diebstahl davon (vgl. Phlm 18),

514 *Πρεσβύτης* ist keine Amtsbezeichnung, sondern benennt das Lebensalter (vgl. Lk 1,18; Tit 2,2); vgl. M. Wolter, Phlm, 260.

515 Für Rom votieren u. a. J. B. Lightfoot, The Epistles of Paul III, London ³1890, 310 f; J. Weiß, Das Urchristentum (s. o. 2.5.6), 294; A. Schweitzer, Die Mystik des Apostels Paulus, Tübingen ²1954, 47; A. Jülicher – E. Fascher, Einleitung, 124 f; H. Gülzow, Christentum und Sklaverei in den ersten drei Jahrhunderten, Bonn 1969, 29 f; H. M. Schenke – K. M. Fischer, Einleitung I, 156; J. Roloff, Einführung, 145. Für Cäsarea sprechen sich (tendenziell) aus: M. Dibelius, Phlm, 107; E. Lohmeyer, Phlm, 172; W. G. Kümmel, Einleitung, 307; C. J. Thornton, Der Zeuge des Zeugen (s. u. 4.1), 212. Die Mehrheit der Exegeten hält Ephesus für den Abfassungsort des Phlm, vgl. z. B. P. Stuhlmacher, Phlm, 21; E. Lohse, Phlm, 264; J. Gnilka, Phlm, 4 f; M. Wolter, Phlm, 238; P. Lampe, Phlm, 206; E. Reinmuth, Phlm, 19; P. Müller, Phlm, 80–84. Der Phlm wäre dann zwischen 53–55 n. Chr. abgefasst worden.

er traf Paulus und wurde von ihm zum Christentum bekehrt (vgl. Phlm 10). Dann hätte Onesimus den Status eines entflohenen Sklaven (fugitivus) und müsste mit entsprechender Bestrafung rechnen, was Paulus zu verhindern versucht. Bei dieser Hypothese kann nicht befriedigend erklärt werden, warum Onesimus ausgerechnet bei Paulus in einer Gefängniszelle erscheint (Zufall?, kannte er den Apostel?) und nicht die erworbene Freiheit in einer Großstadt oder im Ausland zu bewahren sucht. Deshalb wird neuerdings vermutet (P. Lampe), Onesimus sei kein entflohener Sklave, sondern er habe Paulus nur als Fürsprecher in einem häuslichen Konflikt aufgesucht. Damit hätte Onesimus einen in solchen Fällen üblichen Weg eingeschlagen, der in zahlreichen antiken Texten beschrieben wird[516]. Ziel des Onesimus ist die Rückkehr in das Haus des Philemon, die er durch die Vermittlung des Paulus zu erreichen sucht. Hier erscheint der Aufenthalt des Onesimus bei Paulus plausibel, ein Problem stellt allerdings Phlm 13 dar, wo ein längerer Dienst des Sklaven bei Paulus vorausgesetzt wird. Warum blieb Onesimus längere Zeit bei Paulus, wenn dieser nur als (schriftlicher) Fürsprecher fungieren sollte? Es lässt sich nicht mehr mit Sicherheit klären, warum Onesimus mit Paulus zusammentraf. Deutlich ist nur, dass ein Ereignis im Haus des Philemon den Sklaven Onesimus zu seinem Fortgang veranlasste[517], er Paulus im Gefängnis traf, ihn unterstützte und nun sein weiterer Verbleib bei Paulus oder seine Rückkehr in das Haus des Philemon zur Debatte stehen.

2.10.4 **Empfänger**

Der Hauptadressat des Briefes ist Philemon, der von Paulus als *ἀδελφός* und *συνεργός* angeredet wird (Phlm 1). Als Mitadressaten erscheinen Apphia, Archippus und die Hausgemeinde um Philemon. Die Bestimmung der Hausgemeinde als ‚in deinem Hause' und nicht ‚in eurem Hause' weist darauf hin, dass zwischen Philemon, Apphia und Archippus kein Verwandtschaftsverhältnis besteht, sondern Apphia und Archippus herausgehobene Mitarbeiter in der Adressatengemeinde sind. Es muss offenbleiben, ob Archippus in der Gemeinde als Diakon wirkte, wie es Kol 4, 17 nahelegt. Philemon war Christ (Phlm 5. 7), er arbeitete aktiv in der Gemeinde mit, besaß zumindest einen Sklaven, und sein Haus diente als Versammlungsraum der Gemeinde, so dass er der handwerklichen oder kaufmännischen Mittelschicht zugerechnet werden kann. In Phlm 19b erwähnt Paulus, Philemon sei ihm noch etwas schuldig.

516 Vgl. z. B. Plin, Ep IX 21 (= Neuer Wettstein II/2 [s. o. 2.4.8], 1059 f).

517 Nach M. Wolter, Phlm, 231, kann vermutet werden, „dass Onesimus im Hause seines Herrn eines Vergehens beschuldigt wurde, sich selbst aber für unschuldig hielt und Paulus darum um Vermittlung bat." P. Arzt-Grabner, Onesimus erro, 143, sieht in Onesimus einen ‚notorischen Herumtreiber', der nach einer gewissen Zeit wieder von sich aus zu seinem Herrn zurückkehren wollte. Nach P. Müller, Phlm, 128, ist Onesimus kein entflohener Sklave, sondern er hat „Paulus mit der Bitte um Vermittlung in einem Konfliktfall aufgesucht".

Eine persönliche Bekanntschaft ist also möglich, aber keineswegs zwingend (vgl. V. 5: „Ich höre von deiner Liebe und dem Glauben ...“), weil auch Phlm 19b ein Bestandteil der subtilen paulinischen Argumentation sein kann, die zwischen Gunsterweisen und versteckten Weisungen ständig hin und her schwankt[518]. Andererseits könnte Paulus aber auch Philemon bekehrt haben und darauf in V. 19b anspielen. Bei der Bestimmung des Adressatenortes sind die Übereinstimmungen zwischen Phlm 23f und Kol 4, 10ff von großer Bedeutung. Alle im Briefschluss des Phlm genannten Namen erscheinen auch in anderer Reihenfolge und mit Zusätzen versehen in Kol 4, 10ff (Ausnahme: Jesus Justus, Kol 4, 11). Deshalb wird zumeist Kolossae als Wohnort des Philemon angenommen[519].

2.10.5 **Gliederung, Aufbau, Form**

1–3	Präskript	Briefanfang
4–7	Proömium	
8–16	Das Anliegen des Apostels	Briefkorpus
17–20	Epilog	
21	Schlussparänese	Briefschluss
22	Apostolische Parusie	
23–24	Grüße	
25	Eschatokoll	

Der Aufbau des Phlm ist stark von rhetorischen Elementen bestimmt[520]. Wie in der antiken Rhetorik hat auch bei Paulus das Proömium die Funktion, die Hörer bzw. Leser wohlwollend einzustimmen. Dies wird sehr deutlich in Phlm 7, ein Vers, der als captatio benevolentiae zur eigentlichen Argumentation des Apostels überleitet. Auch der Hauptteil des Phlm weist eine von rhetorischen Elementen bestimmte Struktur auf. So sind Phlm 9.10; 11.13; 11.14 den rhetorischen Argumentationsfiguren des Pathos, des Logos (Vernunftsgründe) und des Ethos (Nützlichkeitserwägungen, Appell an die Ehre) zuzurechnen. Speziell die Identifikation des Apostels mit Onesimus in Phlm 12(.17) zielt darauf, den Adressaten emotional zu gewinnen. Dem Epilog

518 Vgl. A. Suhl, Phlm, 20.
519 Vgl. z. B. W. G. Kümmel, Einleitung, 307; Ph. Vielhauer, Urchristliche Literatur, 173f; E. Lohse, Phlm, 261; P. Stuhlmacher, Phlm, 20; J. Gnilka, Phlm, 6 (eine Gemeinde im Lykostal). Für Pergamon als Adressatenort votiert W. Schenk, Philemon, 3483.
520 Vgl. F. F. Church, Rhetorical Structure and Design in Paul’s Letter to Philemon, HThR 71 (1978), 17–33; J. Gnilka, Phlm, 7–12; eine umfassende Analyse bietet jetzt: Th. J. Bauer, Paulus und die kaiserzeitliche Epistolographie (s. o. 2.3.1), 110–166 (Paulus ist sowohl mit der antiken Brieftheorie als auch mit der höheren Rhetorik vertraut).

kommt in der antiken Rhetorik die Funktion zu, mit gesteigertem Pathos das bisher Gesagte zusammenzufassen und zu unterstreichen. Bündelt Phlm 17 die vorangegangene Argumentation des Apostels, so gewinnt sie in Phlm 19.20 deutlich an Pathos[521].

Der Phlm ist *kein* Privatbrief, weil er gleichzeitig an Philemon und die in seinem Haus sich versammelnde Gemeinde gerichtet ist. Wie in anderen Briefen macht Paulus auch hier seine apostolische Autorität geltend. Formgeschichtlich muss der Phlm als Bittbrief (*παρακαλῶ* in V. 9.10a, explizite Bitte in V. 17) mit Elementen eines Empfehlungsschreibens (vgl. Phlm 10b–13) eingestuft werden[522].

2.10.6 **Literarische Integrität**

Die literarische Integrität des Phlm ist unbestritten.

2.10.7 **Traditionen, Quellen**

Paulus integrierte in diesen Brief keine vorgegebenen Traditionen.

2.10.8 **Religionsgeschichtliche Stellung**

Religionsgeschichtlich ist der Phlm als ein Zeugnis der Haltung des frühen Christentums gegenüber der *antiken Sklaverei* bedeutsam[523]. Die Sklaverei war ein in der gesamten Antike verbreitetes Phänomen. Durch Geburt, Kriegsgefangenschaft, Kindesaussetzung, Selbstverkauf oder Entführung wurden Menschen zu Sklaven und blieben es in der Regel die längste Zeit ihres Lebens. Die Zahl der Sklaven in der Antike ist schwer zu bestimmen, ihr Anteil an der Gesamtbevölkerung dürfte zwischen 25% und 50% gelegen haben. Dies verdeutlicht die große ökonomische Bedeutung des antiken Sklavenwesens. Wirklich umstritten war die Sklaverei in der Antike nie. So-

521 Zu den psychologischen Dimensionen der paulinischen Argumentationsstrategie vgl. P. Lampe, Phlm, 227–229.

522 Vgl. auch P. Müller, Phlm, 74 (‚am ehesten Bittbrief'); Th. J. Bauer, Paulus und die kaiserzeitliche Epistolographie (s. o. 2.3.1), 163, votiert für einen Empfehlungsbrief.

523 Vgl. als Einführung in die Probleme F. Laub, Die Begegnung des frühen Christentums mit der antiken Sklaverei, SBS 107, Stuttgart 1982. Zur antiken Sklaverei vgl. L. Schumacher, Sklaverei in der Antike, München 2001; E. Hermann-Otto, Sklaverei und Freilassung in der griechisch-römischen Welt, Hildesheim 2009; alle relevanten Texte zur antiken Sklaverei finden sich bei Th. E. J. Wiedemann, Greek and Roman Slavery, London 1981; W. Eck u. J. Heinrichs (Hg.), Sklaven und Freigelassene in der Gesellschaft der römischen Kaiserzeit, Darmstadt 1993. Zur Beurteilung der Rechtsprobleme um flüchtige Sklaven vgl. jetzt G. Klingenberg (Hg.), Corpus der römischen Rechtsquellen zur antiken Sklaverei, CRRS Teil X, Bd 6, Stuttgart 2005.

wohl Plato als auch Aristoteles hielten die Sklaverei aus wirtschaftlichen Gründen für notwendig. Demgegenüber stellt Philo lapidar fest: *ἄνθρωπος γὰρ ἐκ φύσεως δοῦλος οὐδείς* (SpecLeg II 69). Er berichtet zudem von den Therapeuten (VitCont 70) und den Essenern (OmnProbLib 79), dass sie keine Sklaverei kannten, bzw. keine Sklaven hielten. Die Damaskusschrift kennt aber Vorschriften für die Behandlung von Sklaven (CD 11, 12; 12, 10ff), so dass der Verzicht auf Sklaven wohl nur für die Gemeinschaft von Qumran am Toten Meer galt. Eine humane Grundeinstellung gegenüber den Sklaven findet sich in der stoischen Philosophie, hier wird das wahre Sklavendasein an die Begierden und nicht an die Außenwelt gebunden. Sklaverei und Freiheit werden als ausschließlich innere Werte begriffen, denn nur das richtige Verhältnis zu den Dingen macht frei (vgl. Epict, Diss IV 4, 33; Sen, Ep 47). Auch im antiken Judentum waren Sklaven eine Selbstverständlichkeit[524]. In den Gleichnissen der synoptischen Tradition werden oft Sklaven erwähnt (vgl. Mk 12, 1–12par; 13, 34f; Mt 18, 23–35; 22, 1–14par; 24, 45–51par; 25, 14–30par; Lk 15, 22; 17, 7–10). Jesus äußerte sich offenbar nie selbst zur Sklavenproblematik, obwohl er *δοῦλος* bzw. sein aramäisches Äquivalent selbstverständlich gebrauchte.

Erstmals wurde im Urchristentum die Sklavenfrage in den vorpaulinischen bzw. paulinischen Gemeinden thematisiert, wie die Tauftraditionen 1 Kor 12, 13; Gal 3, 26–28 zeigen. Die Taufe hebt religiöse und soziale Fundamentalunterscheidungen (Sklave – Freier, Jude – Grieche, Mann – Frau) der antiken Welt auf und bestimmt den Status der Glaubenden grundlegend neu: In der Gemeinde sind alle eins ‚in Christus' (Gal 3, 28), das Modell von Überordnung und Unterordnung wird abgelöst durch praktizierte Geschwisterlichkeit. In der Gemeinde entzieht sich diese christliche Freiheit jedoch der gesellschaftlichen Demonstration, wie 1 Kor 7, 21–24 zeigt. Paulus rät hier den Sklaven, in ihrem Stand zu bleiben, selbst wenn sie ihre Freilassung erreichen könnten. Paulus definiert Freiheit als innere Freiheit, die ihre Ermöglichung und ihren Zielpunkt allein in Jesus Christus hat. Soziale Strukturen sind für diesen Freiheitsbegriff unerheblich, weil sie weder Freiheit gewähren noch Unfreiheit aufheben können. Die Beibehaltung geltenden Rechts schließt eine grundlegende Änderung der Situation des Sklaven gerade nicht aus, wie die Argumentation im Phlm zeigt.

2.10.9 **Theologische Grundgedanken**

Auf den ersten Blick erweckt der Phlm den Eindruck eines theologisch belanglosen Schreibens. Eine unzureichende Beurteilung, denn gerade der Phlm erlaubt einen Einblick in die Besonderheiten paulinischer Argumentation. Deutlich versucht Paulus im Proömium (Phlm 4–7), Philemon für sich zu gewinnen. Er behaftet ihn bei

---

524 Vgl. dazu Billerbeck IV, 698–744.

seinem Christsein, indem er ihm nahelegt, das Gute zu tun, was er tun kann (Phlm 6.7). Appellierte Paulus bis dahin nur an die Verantwortung Philemons, so bringt er in V. 8.9 in subtiler Weise seine Autorität ins Spiel. Er betont ausdrücklich, von seiner Autorität keinen Gebrauch machen zu wollen und verzichtet auf den Aposteltitel (Phlm 1.8b.9), setzt aber gerade dadurch seine Stellung um so wirkungsvoller ein. Erst in V. 10 wird das Briefanliegen deutlich; Paulus bittet für den Sklaven Onesimus, dessen Herr im rechtlichen Sinn Philemon war und ist. Das zentrale theologische Motiv des Briefes erscheint in V. 11: Die Bekehrung des Onesimus hat nicht nur Konsequenzen für diesen selbst, sondern auch für das Verhältnis des Sklaven Onesimus zu seinem Herrn Philemon. Philemon soll den neuen Status des Sklaven Onesimus als geliebten Bruder *καὶ ἐν σαρκὶ καὶ ἐν κυρίῳ* (Phlm 16) erkennen und akzeptieren. Damit mutet der Apostel Philemon zu, das antike Sozialgefüge des Hauses zu durchbrechen und Onesimus einen neuen Sozialstatus als geliebten Bruder bei gleichbleibendem Rechtsstatus zuzuerkennen[525]. Indem sich der Apostel nachdrücklich mit Onesimus identifiziert (Phlm 12.16.17–20), verdeutlicht er Philemon die neue Situation. Philemon soll von seinem Verhältnis zu Paulus her die neue Beziehung zu Onesimus gestalten. Wenn Paulus nun der Rechtslage entsprechend, aber im Gegensatz zu Dtn 23,16 (!), Onesimus zurückschickt (Phlm 12.14), kommt ein Teil von ihm selbst zu Philemon. Das eigentliche Argumentationsziel des Paulus wird in V. 13 deutlich: Er möchte, dass Onesimus bei ihm bleibt, um ihm und der Verkündigung des Evangeliums zu dienen. Diesen Dienst des Onesimus will Paulus jedoch nicht ohne die freiwillige Zustimmung des Philemon erreichen (Phlm 14), die er aber de facto voraussetzt (Phlm 21). Paulus hofft zwar, bald selbst Philemon besuchen zu können (Phlm 22), was aber den gegenwärtigen und zukünftigen Dienst des Onesimus nicht überflüssig macht. Nach dem Zeugnis des Phlm bewirkt die christliche Freiheit nicht die umfassende Aufhebung gesellschaftlicher Ordnungen, sondern sie realisiert sich konkret im Raum der Gemeinde.

Der Phlm gewährt Einblicke in die urchristliche Organisationsform der *Hausgemeinde*[526]. Das Haus als zentraler Ort auch des religiösen Lebens hatte in der Antike eine lange Tradition. Sowohl die jüdische Haussynagoge als auch private Kultvereine, Mysterienzirkel und Philosophenschulen in unmittelbarer Umgebung der christlichen Gemeinden zeugen von der integrativen und missionarischen Kraft dieser religiösen Organisationsform. Nicht nur der Phlm belegt die Existenz urchristlicher Hausgemeinden. Das Ehepaar Prisca und Aquila gründete sowohl in Ephesus (vgl. 1Kor 16,19f) als auch in Rom (vgl. Röm 16,3–5) eine Hausgemeinde. Um Stephanas (vgl. 1Kor 16,15) und Gaius (vgl. Röm 16,23) bildeten sich Hausgemeinden. Auch die Grüße in Röm 16,14f sprechen für die Existenz mehrerer Hausgemeinden in Rom, weitere werden in Kol 4,15 und in Apg 12,12; 18,7 erwähnt. Die Hausgemein-

525 Vgl. M. Wolter, Phlm, 233f.

526 Vgl. hier neben H. J. Klauck, Hausgemeinde und Hauskirche im frühen Christentum (s. o. 2.8.4), bes. die Kommentare von P. Stuhlmacher und P. Müller.

de war ein besonders geeigneter Ort, um in einer teilweise feindlichen Umwelt christliches Leben gemeinsam zu praktizieren. Hier wurde gebetet (vgl. Apg 12, 12), das Wort verkündigt (vgl. Apg 16, 32; 20, 20), fanden Tauf- und Abendmahlsfeiern statt und wurden Missionare beherbergt (vgl. Apg 16, 15). 1 Kor 14, 23 bezeugt Gemeindeversammlungen in einem Haus, und Paulusbriefe wurden in Hausgemeinden vorgelesen (vgl. 1 Thess 5, 27; ferner Kol 4, 16). Die Hausgemeinde war ein Zentrum urchristlicher Mission, sie erlaubte eine relativ ungestörte Praxis religiösen Lebens und ermöglichte eine effiziente Konkurrenz zu Synagogengemeinden und antiken Kultvereinen. Schließlich bot die Hausgemeinde den Raum, antike Ordnungen und Wertvorstellungen zu durchbrechen und das neue Sein in Christus zu leben.

2.10.10 **Tendenzen der neueren Forschung**

Einen Schwerpunkt der neueren Diskussion bilden die mit dem Phlm verbundenen rechtlichen Fragen: War Onesimus ein entflohener Sklave oder hatte er sich nur für kurze Zeit aus dem Haus des Philemon entfernt, um Paulus zur Fürsprache in einem häuslichen Konflikt zu bewegen (P. Lampe)? Musste Onesimus mit einer Bestrafung als Dieb rechnen, oder veranlasste eine rechtlich nicht klassifizierbare Auseinandersetzung den Fortgang des Sklaven? Innerhalb des Sozialgefüges des antiken Hauses interpretiert M. Wolter den Phlm: „Philemon soll gerade in seinem Sklaven den Bruder sehen (15f.), und zwar ohne dass die Radikalität dieser Zumutung durch eine formalrechtliche Anhebung von Onesimus' Rechtsstatus mittels Freilassung abgemildert wird."[527] P. Lampe beschreibt die Strategie des Apostels so: „Paulus' Ziel war nun nicht nur, dass (a) der häusliche Konflikt in Kolossae beigelegt und Onesimus von Philemon wieder in Frieden aufgenommen wurde. Der Apostel erwartete jetzt weitaus mehr: Er schickte Onesimus mit unserem Philemonbrief nach Kolossae zurück in der Hoffnung, dass (b) Onesimus in Zukunft als gleichgestellter christlicher Bruder in Haus und Hausgemeinde des Philemon leben möge. Darüber hinaus hoffte er, dass (c) Philemon ihm den Onesimus zur Bedienung in die Haft zurückschicken würde (V. 13–14). Damit sind die drei Zielrichtungen des Briefes umrissen. Das zweite Ansinnen war das zentrale. Als das weitergehende umschloß es das erste."[528]

Der Name Onesimus wird auch in Kol 4,9 erwähnt. Dort heißt es, Paulus werde den treuen und lieben Onesimus nach Kolossae senden. Handelt es sich hier um dieselbe Person wie im Phlm, kann gefolgert werden, dass Philemon nicht nur seinem Sklaven Onesimus vergab, sondern ihn auch für den Dienst bei Paulus und im Rahmen der paulinischen Mission freiließ. P. Stuhlmacher behauptet dies und vermutet darüber hinaus, der bei Ignatius dreimal erwähnte Bischof Onesimus von Ephesus (IgnEph 1, 3; 2, 1; 6, 2) sei mit dem Sklaven Onesimus des Phlm identisch[529]. Dieser

527 M. Wolter, Phlm, 233 f.
528 P. Lampe, Phlm, 207.
529 Vgl. P. Stuhlmacher, Phlm, 18. 57.

These widersprechen u.a. E. Lohse und J. Gnilka[530], die zu Recht in der bloßen Namensgleichheit kein hinreichendes Argument für so weitreichende Folgerungen sehen. Es bleibt weiterhin in der Forschung umstritten, ob Paulus die Freilassung des Onesimus forderte oder Philemon (nur) nahelegte, seinen Sklaven nun als geliebten Bruder in Christus aufzunehmen.

EXKURS 2: Modelle der Paulusinterpretation

Aktuelle theologische Forschung lebt auf all ihren Feldern immer auch von klassischen Entwürfen[531], die neue Sichtweisen brachten und eine Langzeitwirkung entfalteten. Dies gilt auch für die Paulusforschung, deren aktuelle Diskussionen und Kontroversen zu einem erheblichen Teil auf drei grundlegenden Entwürfen basieren.

I. Klassiker der Paulusinterpretation

Drei Klassiker bestimmen bis heute die Paulusinterpretation: W. Wrede, A. Schweitzer und R. Bultmann.

1) *William Wrede* (1859–1906) veröffentlichte 1904 seinen sehr erfolgreichen Paulus-Band in der Reihe ‚Religionsgeschichtliche Volksbücher', die vor allem einen breiteren Leserkreis ansprechen wollte[532]. Ausdrücklich lehnt Wrede die dogmatisch geprägte Methode der sog. ‚Lehrbegriffe' ab und wendet sich einer konsequent historischen Paulusinterpretation zu. Er konstatiert: „Athene sprang gewappnet in voller Kraft aus dem Haupte des Zeus hervor. So ist die Theologie des Paulus nicht entstanden. Sie ist gewachsen und geworden, und wir begreifen sie wie alles Geschichtliche nur in dem Maße wirklich, als wir in ihr Werden hineinsehen."[533] Wrede formuliert damit ein Grundanliegen der religionsgeschichtlichen Schule, die Theologie nicht als ein feststehendes, vom persönlichen Erleben und von religiösen Umwelteinflüssen abgehobenes Lehrsystem begreift, sondern auch die urchristliche Religion in ihrer ganzen geschichtlichen Bedingtheit zu erfassen sucht. Für Paulus gilt: „Die Praxis

530 Vgl. E. Lohse, Phlm, 289f; J. Gnilka, Phlm, 6.
531 Eine umfassende Forschungsgeschichte zur paulinischen Theologie gibt es leider nicht (zu Forschungsüberblicken und -berichten s. o. 2); vgl. ferner U. Schnelle, Neutestamentliche Anthropologie. Ein Forschungsbericht, ANRW 26.3, Berlin 1996, 2658–2714 (dort u. a. Darstellung der klassischen Positionen von Ferdinand Christian Baur, Hermann Lüdemann und Heinrich Julius Holtzmann).
532 Vgl. W. Wrede, Paulus, Tübingen 1904.^{2}1906 (= ders., Paulus, in: Das Paulusbild in der neueren deutschen Forschung, hg. v. K. H. Rengstorf, Darmstadt ^{2}1969, 1–97).
533 W. Wrede, Paulus, 74.

war hier die Mutter der Theorie ..."[534]. Am Anfang des paulinischen Denkens stand nicht ein fertiges theologisches System, vielmehr entsprang und entwickelte sich seine Lehre wesentlich aus den Bedürfnissen der Heidenmission. So ist es nur folgerichtig, wenn Wrede die Rechtfertigungslehre als eine nur dem Juden- bzw. Judenchristentum geltende polemische Kampfeslehre bezeichnet, die keineswegs die Mitte des paulinischen Denkens darstellt. „Die Reformation hat uns gewöhnt, diese Lehre als den Zentralpunkt bei Paulus zu betrachten. Sie ist es aber nicht. Man kann in der Tat das Ganze der paulinischen Religion darstellen, ohne überhaupt von ihr Notiz zu nehmen, es sei denn in der Erwähnung des Gesetzes. Es wäre ja auch sonderbar, wenn die vermeintliche Hauptlehre nur in der Minderzahl der Briefe zum Worte käme. Und das ist der Fall; d.h. sie tritt überall nur da auf, wo es sich um den Streit gegen das Judentum handelt. Damit ist aber auch die wirkliche Bedeutung dieser Lehre bezeichnet: sie ist die *Kampfeslehre* des Paulus, nur aus seinem Lebenskampfe, seiner Auseinandersetzung mit dem Judentum und Judenchristentum verständlich und nur für diese gedacht, – insofern dann freilich geschichtlich hochwichtig und für ihn selbst charakteristisch."[535] Damit bestimmt Wrede die Koordinaten des paulinischen Denkens neu; in den Mittelpunkt tritt nun der Opfertod Jesu, der einmalig die Sünde und den Tod überwand. Durch die Geistgabe, den Glauben und die Taufe kommt der Mensch in den Besitz des Heils, das zugleich objektiv real gegenwärtig und dennoch zukünftig ist. Das Christentum wird so zu einer Erlösungsreligion und Paulus zu seinem zweiten Stifter.

2) *Albert Schweitzer* (1875–1965) veröffentlichte seine ‚Mystik des Apostels Paulus' aufgrund seiner Tätigkeit in Lambarene erst 1930[536]; der erste Entwurf geht auf das Jahr 1906 zurück und die Grundthese erschien bereits 1911 im Abschlusskapitel der ‚Geschichte der Paulinischen Forschung'[537]. Danach bedenkt Paulus in seiner Theologie die kurze Zeitspanne zwischen der Auferstehung Jesu und seiner Wiederkunft, die bereits von der gegenwärtigen Wirkung der Auferstehungskräfte in der Welt geprägt ist. Die Christen leben in einer Zwischenzeit: Durch die Auferstehung und den nahen Anbruch des messianischen Reiches haben sich bereits die natürliche und übernatürliche Welt ineinandergeschoben. Hieraus erklärt sich die neue Seinsweise der Glaubenden, ihr Sein in Christus, von Schweitzer als Christus-Mystik bezeichnet[538]. Das besondere Verhältnis zwischen Christus und den Glaubenden prägt bereits umfassend die Gegenwart. „Kraft dieser mystisch-naturhaften Zusammengehörigkeit mit ihm wirken sich von der Zeit seines Todes und seiner Auferstehung an die

534 A.a.O., 79.

535 A.a.O., Paulus, 67.

536 Vgl. A. Schweitzer, Die Mystik des Apostels Paulus, Tübingen 1930. ^{2}1954.

537 Vgl. A. Schweitzer, Geschichte der Paulinischen Forschung von der Reformation bis auf die Gegenwart, Tübingen 1911, 185–194.

538 Ein anderer Mystik-Begriff und eine andere religionsgeschichtliche Einordnung des Apostels findet sich in dem einflussreichen Paulus-Buch von A. Deissmann, Paulus. Eine kultur- und religionsgeschichtliche Skizze, Tübingen ^{2}1925.

Sterbens- und Auferstehungskräfte, die an ihm ihr Werk taten, ebenfalls an ihnen aus. Damit hören diese Gläubigen auf, natürliche Menschen wie andere zu sein. Sie werden zu Wesen, die in Verwandlung aus dem natürlichen in den übernatürlichen Zustand begriffen sind und das Ansehen von natürlichen Menschen nur noch wie eine Hülle an sich tragen, um sie, beim Anbrechen des messianischen Reiches alsbald abzuwerfen."[539] Durch die Taufe treten die Glaubenden in die neue Seinsweise ein, hier nimmt die Gemeinschaft zwischen Christus und den Seinen ihren Anfang: „Ohne Taufe kein Sein in Christo!"[540] Die neue Beziehung zwischen Gott und Mensch sowie die neue Existenz des Menschen beruhen nicht auf subjektiven Elementen, sondern in einem objektiv-sakramentalen Geschehen, das kosmologische Dimensionen hat. Gegenüber dieser Soteriologie erweist sich die Lehre von der Gerechtigkeit aus dem Glauben ohne Werke des Gesetzes als situationsbedingter Nebenkrater. „Die Lehre von der Gerechtigkeit aus dem Glauben ist also ein Nebenkrater, der sich im Hauptkrater der Erlösungslehre der Mystik des Seins in Christo bildet."[541] Nicht die Rechtfertigungslehre, sondern eine umfassende partizipative Christologie bildet das Zentrum des paulinischen Denkens.

3) *Rudolf Bultmann* (1884–1974) versteht Theologie als am Individuum orientierte Anthropologie, für ihn steht die Rechtfertigung des einzelnen Sünders im Mittelpunkt der paulinischen Theologie. Bultmann betont, dass die paulinische Theologie kein spekulatives System sei: „Sie handelt von Gott nicht in seinem Wesen an sich, sondern nur so, wie es für den Menschen, seine Verantwortung und sein Heil, bedeutsam ist. Entsprechend handelt sie nicht von der Welt und vom Menschen, wie sie an sich sind, sondern sie sieht Welt und Mensch stets in der Beziehung zu Gott. Jeder Satz über Gott ist zugleich ein Satz über den Menschen und umgekehrt. Deshalb und in diesem Sinn ist die paulinische Theologie zugleich Anthropologie."[542] Auch die paulinische Christologie redet nach Bultmann nicht über das metaphysische Wesen Jesu Christi, sondern über seine Heilsbedeutung für Welt und Mensch. Somit ist die paulinische Christologie in ihrem Kern Soteriologie. Entsprechend dieser Grundposition entfaltet Bultmann die paulinische Theologie als Lehre vom Menschen, wobei er sich im Vollzug seiner Darstellung an den anthropologischen Termini des Apostels orientiert. Als Grundlage für diesen Ansatz dient Bultmann der Römerbrief, der die paulinische Grundposition am deutlichsten wiedergibt: „Die Art, in der er aktuelle Fragen auf eine grundsätzliche theologische Frage zurückführt, wie er konkrete Entscheidungen aus grundsätzlichen theologischen Erwägungen heraus vollzieht, zeigt, daß sein Denken und Reden aus seiner theologischen Grundposition

539 A. Schweitzer, Aus meinem Leben und Denken, Hamburg 1975, 177.

540 A. Schweitzer, Mystik, 118.

541 A. a. O., 220. Immerhin stimmte kein Geringerer als A. v. Harnack dieser These ausdrücklich zu; vgl. A. Schweitzer, Theologischer und philosophischer Briefwechsel 1900–1965, hg. v. W. Zager u. a., München 2006, 282.

542 R. Bultmann, Theologie (s. o. 2), 191 f.

herauswächst, die sich ja auch in Rm einigermaßen vollständig expliziert."[543] Für Bultmann weist die paulinische Theologie somit ein literarisches wie sachliches Zentrum auf. Der Römerbrief entfaltet umfassend das paulinische Kerygma, wonach der Mensch das neue Sein des Menschen nur gewinnt, indem er sich selbst preisgibt und seine Existenz auf Gott ausrichtet. Konkret vollzieht sich das neue Sein im Empfang der Gerechtigkeit, im Gerechtfertigtwerden, denn die Gerechtigkeit ist „die Bedingung für den Empfang des Heils, des Lebens."[544] Der Mensch kann diese Gerechtigkeit nicht aus sich selbst erlangen, sondern sie wird ihm als Geschenk zugesprochen. Insofern hat die Gerechtigkeit ihren Ursprung in Gottes *χάρις* („Gnade"). Bei Bultmann erscheint die paulinische Theologie als ein sorgfältig durchdachtes Ganzes, das eine stimmige Antwort auf die Frage nach dem individuellen Heil des Menschen bietet[545].

Die Impulse von Wrede, Schweitzer und Bultmann sind in unterschiedlicher Form und Intensität in allen aktuellen Entwürfen gegenwärtig, denn sie betreffen nach wie vor aktuelle Fragen: Ist die paulinische Theologie als Einheit anzusehen oder eher situationsbedingt zu verstehen? Weisen die Paulusbriefe ein gleichbleibendes thematisches Zentrum auf? Wie ist das Verhältnis des Paulus zum Judentum und zur hellenistischen Welt sowie dem Imperium Romanum zu bestimmen?

II. Fünf Modelle der Paulusinterpretation

In der neueren Paulusexegese lassen sich (idealtypisch) fünf Modelle unterscheiden, die sich teilweise überschneiden bzw. die miteinander kombinierbar sind:

1) Es gibt ein *gleichbleibendes thematisches Zentrum* des paulinischen Denkens, das seine gesamte Theologie organisiert und strukturiert. Dieses Zentrum wird zumeist in der Rechtfertigungslehre gesehen (so bereits R. Bultmann), so dass dem Röm eine Schlüsselstellung zukommt. Als ‚Testament' (G. Bornkamm)[546] enthält er gewissermaßen die Summe des paulinischen Denkens, das in literarischer und inhaltlicher Hinsicht als ein geschlossenes System erscheint. Auch für *Ernst Käsemann* ist die Rechtfertigungslehre die beherrschende Mitte des paulinischen Denkens: „Die Rechtfertigungsbotschaft des Paulus mit der dazugehörigen Gesetzeslehre ist letztlich seine Interpretation der Christologie."[547] Die Rechtfertigung des Sünders darf allerdings

543 A. a. O., 191.

544 A. a. O., 272.

545 Das Programm von Bultmann wurde vor allem aufgenommen und präzisiert von: H. Conzelmann, Grundriss der Theologie des Neuen Testaments, München 1967, 175–314.

546 Vgl. G. Bornkamm, Der Römerbrief als Testament des Paulus, in: ders., Geschichte und Glaube II, BEvTh 53, München 1971, 120–139; ähnlich E. Lohse, Summa Evangelii – zu Veranlassung und Thematik des Römerbriefes, NAWG.PH (1993), 89–119.

547 E. Käsemann, Rechtfertigung und Heilsgeschichte im Römerbrief, in: ders., Paulinische Perspektiven, Tübingen ^{2}1972, (108–139) 130.

nicht als individualistisches Geschehen begriffen werden, denn Gottes Herrschaft über die Welt sprengt jede Individuation. Für Paulus ist deshalb die Anthropologie „nicht die beherrschende Mitte seiner Theologie. Die Rechtfertigungslehre erschöpft sich dann schließlich nicht im anthropologischen Bereich, proklamiert vielmehr Gottes heilsetzendes Recht über die ganze Welt."[548] Erlösung vollzieht sich nicht als ein individuelles Geschehen, sondern der Schöpfer setzt gegenüber der Schöpfung in Jesus Christus sein Recht und seine Macht durch. „Zur Gabe wird die Macht, wenn sie von uns Besitz ergreift und dabei gleichsam in uns eingeht ..."[549]. Nicht von der Anthropologie, sondern von der Christologie mit ihrer spezifischen Endzeiterwartung her ist nach Käsemann die paulinische Rechtfertigungslehre zu verstehen.

Wie sein Lehrer Käsemann sieht auch *Peter Stuhlmacher* im Rahmen einer biblischen Theologie das Zentrum des paulinischen Denkens in der Rechtfertigungslehre. „Von Damaskus her hat Paulus in dem gekreuzigten und von Gott auferweckten Christus das Ende des Gesetzes (als Heilsweg) sehen gelernt."[550] Die gesamte Lehre des Paulus kreist inhaltlich um das Thema der Gottesgerechtigkeit, die im Christusgeschehen verwirklicht wird. Dabei ist die Rechtfertigungslehre auch dort in den Paulusbriefen vorauszusetzen, wo sie nicht explizit erwähnt wird. „Die in engem zeitlichen Abstand geschriebenen sieben (oder neun) Paulusbriefe lassen sich gut aufeinander beziehen und gegenseitig interpretieren."[551] Mit diesem methodischen Ansatz werden Entwicklungshypothesen ausdrücklich abgelehnt, die paulinische Theologie erscheint in literarischer und inhaltlicher Hinsicht als ein geschlossenes System.

Trotz eigener Akzente geht auch *James D.G. Dunn* von einer thematischen Geschlossenheit der paulinischen Theologie aus. Er wählt ein dreischichtiges Dialogmodell, um das paulinische Denken in all seinen Dimensionen zu erfassen: Ein Dialog des Paulus mit sich selbst und seinen Traditionen, ein Dialog des Paulus mit den Adressaten seiner Briefe und der Dialog des heutigen Exegeten mit Paulus. Als literarische Basis für diesen Dialog und damit als Zentrum für die Darstellung der gesamten paulinischen Theologie dient Dunn der Römerbrief. „In short, Romans is still far removed from a dogmatic or systematic treatise on theology, but it nevertheless is the most sustained and reflective statement of Paul's own theology by Paul himself."[552] Zwar konstatiert auch Dunn kleinere Verschiebungen im paulinischen Denken, „but the character and main themes of Paul's theology as such remained remarkably consistent and coherent."[553]

Mit Einschränkungen lässt sich auch *Michael Wolter* dem Modell der Rechtfertigungslehre als Zentrum des paulinischen Denkens zuordnen. Er arbeitet die Grundannahmen der paulinischen Theologie vor allem begrifflich präzis heraus, benennt

548 E. Käsemann, An die Römer (s. o. 2.8.1), 286.

549 E. Käsemann, Gottesgerechtigkeit bei Paulus, in: ders., Exegetische Versuche und Besinnungen II, Göttingen ^{6}1970, (181–193) 186.

550 P. Stuhlmacher, Biblische Theologie I (s. o. 2), 248.

551 A. a. O., 225.

552 Vgl. J. D. G. Dunn, Theology of Paul (s. o. 2), 25.

553 A. a. O., 733.

durchaus Veränderungen und Aporien, lässt aber zugleich in seiner Darstellung alles auf die Rechtfertigung aus Glauben zulaufen. Einerseits sieht Wolter in der Rechtfertigungslehre ein eigenes semantisches Feld, das erst mit dem Gal und Röm vorliegt[554]; andererseits unterscheidet er von dem ‚Begründungszusammenhang' des Gal und Röm den ‚Entdeckungszusammenhang', der deutlich vor der galatischen Kontroverse anzusetzen ist[555]. Der Kern der Rechtfertigungsbotschaft lautet: „Gott spricht den Menschen aufgrund seines Glaubens gerecht – das soll im Folgenden als Zentrum jenes theologischen Konzepts gelten, das wir als ‚paulinische Rechtfertigungslehre' bezeichnen."[556] Die Rechtfertigungslehre ist nach Wolter eine Funktion der Ekklesiologie und mit ihr sind ursächlich das paulinische Gesetzes- und Israelverständnis verbunden. In all diesen Bereichen wird zwar auch die Distanz, vor allem aber die Nähe des Apostels zu Israel herausgearbeitet

2) *Transformation und Partizipation* als Grundgedanken paulinischer Theologie. A. Schweitzer sah in der naturhaften Erlösungslehre der Mystik des Seins in Christus die Tiefenschicht der paulinischen Theologie, gegenüber der die Rechtfertigungslehre nur einen Nebenkrater darstellt. Dieser Grundansatz spielt in der aktuellen Forschung eine zentrale Rolle bei den Modellen, die Paulus im Rahmen einer partizipativen Christologie interpretieren. So verbindet *Ed Parish Sanders* seine Neuinterpretation des Judentums (s. u. Modell 3) mit einem an A. Schweitzer orientierten Paulusbild. Danach geschieht der Eintritt in die Religion nicht durch Erwählung und Bund, sondern durch das Einswerden mit Christus. Der Ansatz der paulinischen Theologie ist aber nicht in der Anthropologie, sondern – gegen Bultmann – in der Soteriologie zu suchen[557], die Lösung geht dem Problem voran. „Offenbar sah er sich durch seine unverrückbare Vorstellung von der Erlösung gezwungen, nach Argumenten für die Universalität der Sünde zu suchen."[558] Von seinem Grundansatz her stand Paulus vor erheblichen praktischen und denkerischen Problemen, die er nur bedingt bewältigte. „Paulus war indessen kein Systematiker, denn er stimmte seine Antworten auf diese facettenreichen Probleme nicht aufeinander ab."[559] Speziell in der Gesetzesfrage gelangte Paulus zu keiner einheitlichen Lösung, vielmehr hatte er mehrere Theologien des Gesetzes[560]. Auch die Vorstellung der ‚Gerechtigkeit aus Glauben' ist keine einheitliche Lehre, sondern eine „heuristische Kategorie"[561], die sich lediglich gegen die Vorstellung wendet, dass der Gesetzesgehorsam eine ausreichende Heilsbedingung sei. Positiv bestimmen nach Sanders partizipatorische Kategorien das paulinische Denken, der Eintritt in die neue Religion vollzieht sich durch das Einswerden mit Christus in Taufe und Geistverleihung. In den Kategorien der Transformation

554 Vgl. M. Wolter, Paulus (s. o. 2), 342 ff.
555 Vgl. a. a. O., 404 f.
556 A. a. O., 344.
557 So bereits programmatisch W. Wrede, Paulus, 47.
558 E. P. Sanders, Paulus. Eine Einführung (s. o. 2), 54.
559 A. a. O., 167; vgl. ferner a. a. O., 122 f: „Paulus war freilich kein theoretischer Theologe".
560 Vgl. a. a. O., 123 f.
561 E. P. Sanders, Paulus und das palästinische Judentum (s. o. 2), 467.

und Partizipation sieht *Udo Schnelle* das Zentrum des paulinischen Denkens[562], ohne jedoch Paulus so nah an das Judentum heranzurücken wie Sanders. Gott hat den gekreuzigten und gestorbenen Jesus von Nazareth in ein neues Sein überführt (Phil 2,6–11). Es ereignete sich ein Statuswechsel, Jesus von Nazareth verblieb nicht im Status des Todes und der Gottesferne, sondern Gott verlieh ihm den Status der Gottgleichheit. Ziel der Transformation Jesu Christi ist die Partizipation der Glaubenden an diesem grundlegenden Geschehen. Mit der Auferstehung Jesu Christi von den Toten hat eine universale Dynamik eingesetzt, die sowohl das individuelle Schicksal der Glaubenden als auch das Geschick des gesamten Kosmos betrifft (vgl. 1Kor 15,20–28; Phil 3,20f). Die Taufe ist dabei der Ort, wo sich die Eingliederung des einzelnen Menschen in dieses universale Geschehen vollzieht.

3) *Paulus in relativer Nähe zum Judentum (‚New Perspective on Paul').* Hier wird der Versuch unternommen, das Verhältnis des Apostels zum Judentum neu zu bestimmen. Dabei geht es ausdrücklich um die Korrektur eines angeblichen oder wirklichen Zerrbildes paulinischer Theologie durch das Luthertum, das die Lichtgestalt Paulus vor der dunklen Folie eines ‚werkgerechten' Judentums interpretiere[563]. So versucht *E.P. Sanders* nachzuweisen, dass Paulus nicht gegen ein ‚werkgerechtes' Judentum seiner Zeit kämpfte, weil es ein solches gar nicht gegeben habe[564]. Vielmehr sei das antike Judentum durch einen Bundesnomismus geprägt, dessen Struktur in Folgendem besteht[565]: „1) Gott hat Israel erwählt und 2) das Gesetz gegeben. Das Gesetz beinhaltet zweierlei: 3) Gottes Verheißung, an seiner Erwählung festzuhalten, und 4) die Forderung, gehorsam zu sein. 5) Gott belohnt Gehorsam und bestraft Übertretung. 6) Das Gesetz sieht Sühnemittel vor, und die Sühnung führt 7) zur Aufrechterhaltung bzw. Wiederherstellung des Bundesverhältnisses. 8) All jene, die durch Gehorsam, Sühnung und Gottes Barmherzigkeit innerhalb des Bundes gehalten werden, gehören zur Gruppe derer, die gerettet werden. Eine wichtige Interpretation des ersten und des letzten Punktes besteht darin, daß Erwählung und letztli-

562 Vgl. U. Schnelle, Transformation und Partizipation als Grundgedanken paulinischer Theologie, NTS 47 (2001), 58–75.

563 Einen aktuellen Forschungsüberblick zur ‚New Perspective' bieten M.B. Thompson, The New Perspective on Paul, Cambridge 2002; S. Westerholm, Perspectives Old and New on Paul, Grand Rapids/Cambridge 2004; J.-Chr. Maschmeier, Rechtfertigung bei Paulus. Eine Kritik alter und neuer Paulusperspektiven, BWANT 189, Stuttgart 2010; I. Bendik, Paulus in neuer Sicht? Eine kritische Einführung in die „New Perspective on Paul", Stuttgart 2010. Zur kritischen Darstellung der ‚New Perspective' vgl. A.J.M. Wedderburn, Eine neuere Paulusperspektive?, in: Biographie und Persönlichkeit bei Paulus, hg. v. E.-M. Becker/P. Pilhofer, WUNT 187, Tübingen 2006, 46–64; J. Frey, Das Judentum des Paulus, in: O. Wischmeyer (Hg.), Paulus (s.o. 2), 35–43.

564 Vgl. E.P. Sanders, Paulus und das palästinische Judentum (s.o. 2), 473. „Das Heidenproblem und die Ausschließlichkeit der pln. Soteriologie sind für die Entthronung des Gesetzes verantwortlich, nicht aber ein falsches Gesetzesverständnis oder eine durch seinen jüd. Hintergrund vorherbestimmte Auffassung."

565 Sanders konstruiert mit dem Begriff des ‚Bundesnomismus' ein idealtypisches Judentum, um so den grundsätzlichen Systemwechsel des Apostels, zugleich aber auch seine bleibende Nähe zum Judentum herauszustellen (vgl. a.a.O., 513: „Was Paulus am Judentum für falsch hält, ist, auf eine Kurzformel gebracht, daß es kein Christentum ist").

che Errettung nicht als menschliches Werk, sondern als Taten der Barmherzigkeit Gottes verstanden werden."[566] Der Zugang zum Heil („getting in") erfolgt allein durch die barmherzige Erwählung Gottes, die Tora hingegen hat lediglich die Funktion, das Verbleiben im Bund („staying in") zu regeln.

Nach *James D. G. Dunn* sind die Werke des Gesetzes (*ἔργα νόμου*; vgl. Gal 2, 16; 3, 2. 5. 10; Röm 3, 20. 28) nicht die vor Gott verdienstvoll machenden Bestimmungen der Tora, sondern jüdische ‚identity markers' wie Beschneidung, Speisegebote und Sabbat, die Juden von Heiden unterscheiden. Paulus bewertet diese ‚identity markers' nur dann negativ, wenn sie zur Begründung jüdischer Prärogative in Anspruch genommen werden und die Gnade Gottes einengen. „In sum, then, the ‚works' which Paul consistently warns against were, in his view, Israel's misunderstanding of what her covenant law required."[567] Paulus wendet sich somit nicht gegen das Gesetz als solches und verunglimpft nicht ‚Werke des Gesetzes'[568]. Vielmehr votiert er gegen das Gesetz als nationale Identifikationsgröße und Trennungsfaktor zwischen Juden und Heiden; ein an Privilegien orientiertes Verständnis der Tora ist Gegenstand seiner Kritik. Die Rechtfertigungslehre bestimmt demnach nicht primär das Verhältnis des Einzelnen zu Gott, sondern sichert die Rechte der Heidenchristen; sie hat somit keine soteriologische, sondern eine soziologisch-ekklesiologische Funktion.

Innerhalb der ‚New Perspective' wurden Zerrbilder des antiken Judentums korrigiert und weiterführende Präzisierungen für das Verständnis des jüdischen Hintergrundes der paulinischen Theologie vorgenommen. Zugleich ist aber neben zahlreichen Einzelpunkten[569] vor allem zu kritisieren, dass in der ‚New Perspective' von den paulinischen Briefen faktisch nur der Gal und Röm zur Geltung kommen und der griechisch-römische Bereich als zentraler Wirkungsraum des Paulus und primärer Lebensraum seiner Gemeinden fast vollständig ausgeblendet wird.

4) *Wandlungen/Entwicklungen* im paulinischen Denken. Bei diesem Modell wird – vor allem im Anschluss an W. Wrede – davon ausgegangen, dass sich in zentralen Bereichen des paulinischen Denkens Wandlungen (oder Entwicklungen) vollzogen haben. Als zentrale Bereiche gelten hier die paulinischen Aussagen zum Gesetz, speziell die Differenzen zwischen dem Gal und Röm, das Verhältnis des Apostels zu Israel (vgl. 1Thess 2, 14–16 mit Röm 11, 25 f) und die paulinische Eschatologie (vgl. 1Thess 4, 13–18; 1Kor 15, 50–58; 2Kor 5, 1–10; Phil 1, 21–26). Die jeweiligen Unterschiede werden nicht nur als durch die aktuelle Gemeindesituation bedingte Variationen einer im Prinzip gleichbleibenden Theologie gesehen, sondern als substantielle Wandlungen/Entwicklungen. Wredes Programm wurde 1976 von *Georg Strecker*

566 E. P. Sanders, Paulus und das palästinische Judentum (s. o. 2), 400.

567 J. D. G. Dunn, Theology of Paul (s. o. 2), 366.

568 Zur aktuellen Kontroverse um die ‚Werke des Gesetzes' vgl. M. Bachmann (Hg.), Lutherische und Neue Paulusperspektive, WUNT 182, Tübingen 2005.

569 Vgl. J. Frey, Das Judentum des Paulus, 35–42.

neu aufgenommen und präzisiert[570]: Die Basis der paulinischen Theologie bildet eine in allen Briefen belegte Befreiungs- und Erlösungslehre, auf deren Hintergrund sich die Rechtfertigungslehre erfassen lässt. „Sie ist weit mehr als eine nur rechtliche Straf- und Gnadenlehre; ihr forensischer, juridischer Charakter hat eine ontologische Grundlage."[571] *Hans Hübner* weist in seiner Studie zum paulinischen Gesetzesverständnis signifikante Veränderungen vom Galater- zum Römerbrief nach[572]; ebenso betont *Ulrich Wilckens* die Entwicklungen in der paulinischen Gesetzestheologie[573]. Auch *Jürgen Becker* rechnet in moderater Form mit einer Entwicklung der paulinischen Theologie. Ausdrücklich lehnt er es innerhalb seines konsequent chronologischen Ansatzes ab, den Römerbrief als Koordinatensystem für eine Darstellung des paulinischen Denkens zu wählen, denn dessen Inhalt hatte Paulus noch nicht im Kopf, als er die früheren Briefe schrieb[574]. Für *Udo Schnelle* sind die Vorstellungen der Transformation des Gottessohnes Jesus Christus und die Partizipation der Glaubenden und Getauften am Heilsgeschehen die Basis des paulinischen Denkens, während speziell in der Gesetzesthematik (ausgelöst durch die galatische Krise), der Eschatologie und der Israelfrage grundlegende Entwicklungen bei Paulus festzustellen sind[575]. Von einer torakritischen ‚Rechtfertigungslehre' im umfassenden Sinn kann man deshalb nur im Gal und Röm (mit Einschränkungen Phil) sprechen, denn nur dort findet sich umfassend auch eine Rechtfertigungssprache, ohne die es keine Rechtfertigungslehre geben kann. Die Privilegierung einzelner Briefe oder Brieftexte ist sowohl historisch als auch theologisch unangebracht, denn sie setzt etwas voraus, was es bei Paulus gerade nicht gibt: eine Art Fundus paulinischer Theologie, der immer und überall voraus- und eingesetzt werden kann. Vielmehr zeigen die einzelnen Briefe, dass Paulus sich immer sehr präzis auf seine Hörer- und Leserschaft einlässt und aus seinem Verhältnis zur Gemeinde und der spezifischen Gemeindesituation heraus argumentiert, ohne im Hintergrund eine Art Kompendium seines Denkens vorauszusetzen. Inhaltlich zeichnet sich das Entwicklungs- bzw. Wandlungsmodell durch eine große Variationsbreite aus, denn in sehr unterschiedlicher Weise werden in der Exegese die Konstanten, vor allem aber die Variablen im paulinischen Denken bestimmt.

5) *Paulus und das Imperium Romanum.* In bewusster Kritik zur deutschen Paulusforschung, aber auch zu den neueren anglo-amerikanischen Modellen (E. P. Sanders) versteht sich die vor allem von *Richard A. Horsley* initiierte anti-imperiale Paulusinter-

570 Vgl. G. Strecker, Befreiung und Rechtfertigung. Zur Stellung der Rechtfertigungslehre in der Theologie des Paulus, in: ders., Eschaton und Historie. Aufsätze, Göttingen 1979, 229–259 (= 1976).

571 G. Strecker, Theologie (s. o. 2), 149.

572 Vgl. H. Hübner, Das Gesetz bei Paulus. Ein Beitrag zum Werden der paulinischen Theologie, FRLANT 119, Göttingen [3]1982.

573 Vgl. U. Wilckens, Zur Entwicklung des paulinischen Gesetzesverständnisses, NTS 28 (1982), 154–190.

574 Vgl. J. Becker, Paulus (s. o. 2), 3.

575 Vgl. U. Schnelle, Wandlungen im paulinischen Denken, SBS 127, Stuttgart 1989.

pretation[576]. Sie betont, dass die paulinischen Briefe nicht nur in der christlichen bzw. binnen-ekklesialen Sicht zu lesen sind, vielmehr ist zu beachten, was mitschwingt, was mitgehört und mitrezipiert wird. Der gesamte paulinische Welt- und Geschichtsentwurf und damit der Kern seines Denkens legt eine anti-imperiale Interpretation nahe, denn er ist primär teleologisch und geschichtstheologisch konzipiert: Gott wird am Ende der Zeiten seine Macht vollends durchsetzen und damit auch alle irdischen Herrscher (vor allem den ‚göttlichen' Kaiser) entthronen. Alles wird Gott bzw. Christus unterworfen (vgl. 1Thess 5,2f; 1Kor 15,20–28), so dass Paulus den universalen Triumph Gottes über die feindlichen Mächte schon jetzt proklamieren kann (vgl. Röm 8,29–39). Der Apostel denkt im Gegenüber zum Imperium Romanum und steht dem ideologischen Programm der Pax Romana ablehnend gegenüber[577]. Zudem weisen der paulinische Evangeliums- und Gerechtigkeitsbegriff und die Vorstellung vom gegenwärtig herrschenden Kyrios Jesus Christus deutliche politische Konnotationen auf. Durch die paulinische Weltsicht wird das Imperium Romanum grundsätzlich und grundlegend relativiert; die paulinische Botschaft wirkt faktisch anti-imperial, zumal Paulus eine Gegengesellschaft organisiere (vgl. 1Kor 6,1–11; Gal 3,26–28), die in der Geschichte Israels verankert wird und in Opposition zur Pax Romana steht. Gegen diese Annahme spricht allerdings deutlich 1Kor 10,32 („Erregt keinen Anstoß … "). Zweifellos liegen Anspielungen auf römische Ideologie vor (z.B. 1Thess 5,3: „Wenn sie sagen: Frieden und Sicherheit …") und einzelne Paulus-Texte oder Begriffe konnten politisch oder sogar anti-imperial wirken (z.B. Phil 2,–11; 3,20f), was aber keineswegs identisch ist mit einer ‚anti-imperialen' Theologie des Paulus. Paulus bewegt sich 1) mit seiner Mission nicht in ‚dem' Imperium Romanum, sondern immer in Sub-Kulturen (Judentum, hellenistische Städte, Provinzen, Landschaften)[578] und deshalb gibt es kaum zufällig 2) keine direkte anti-römische oder auch nur romkritische Äußerung bei Paulus; im Gegenteil, denn 3) Röm 13,1–7 als einzige Aussage des Paulus zum Imperium Romanum fordert ausdrücklich dessen Anerkennung ein; zumal 4) die baldige Ankunft des erhöhten Christus schon jetzt das Irdische in einem vergänglichen Licht erscheinen lässt (1Kor 7,29–31). Vor allem Röm 13,1–7 fügt sich in einen solchen Interpretationsansatz natürlich nur

576 Vgl. R. A. Horsley (Hg.), Paul and Empire. Religion and Power in Roman Imperial Society, Harrisburg 1997; ders., (Hg.), Paul and Politics. Ekklesia, Israel, Imperium, Interpretation. Essays in Honour of K. Stendahl, Harrisburg 2000; J. D. Crossan – J. L. Reed, In Search of Paul. How Jesus' Apostle Opposed Rome's Empire with God's Kingdom, New York 2004. Die aktuelle Diskussion referiert und kritisiert: J. A. Harrill, Paul and Empire: Studying Roman identity after the cultural Turn, EC 2 (2011), 281–311.

577 Vgl. hierzu K. Wengst, Pax Romana. Anspruch und Wirklichkeit, München 1986.

578 Hinzu kommt die Frage, in welchem Umfang z. Zt. des Paulus in den von ihm besuchten Städten der Kaiserkult praktiziert wurde. Zu einem eher negativen Ergebnis für 30–60 n. Chr. kommt C. Miller, The Imperial Cult in the Pauline Cities of Asia Minor and Greece, CBQ 72 (2010), (314–332) 316: „The archaeological evidence reveals that, in the cities Paul visited, in Paul's time, the emperor cult was marginal."

schlecht ein[579]; innerhalb der anti-imperialen Interpretation wird dieser Abschnitt deshalb zumeist als eine lediglich taktische Erwägung des Paulus interpretiert.

Die unterschiedlichen Positionen der Forschungsgeschichte zeigen sehr deutlich, dass eine historisch wie theologisch sachgemäße Paulusinterpretation multifaktoral angelegt sein muss. Paulus lässt sich nicht monokausal erklären, sondern immer zugleich müssen seine Verwurzelung im Alten Testament und antiken Judentum, seine Verankerung in den Debatten des griechisch-römischen Denkens, sein Eingebundensein in die konfliktreiche Geschichte des frühen Christentums und seine schöpferische Kraft zur Gestaltung von Neuem bedacht werden. Dass Paulus innerhalb dieses Prozesses Positionen weiterentwickelte und/oder veränderte, ist m. E. ein natürlicher Vorgang, zumal es den immer gleichen und damit gewissermaßen synchronen Paulus gar nicht gibt. Die besondere Lebensleistung des Paulus erwuchs aus seiner einzigartigen historischen Situation, denn er wurde zwar nicht zum Begründer, wohl aber zum maßgeblichen Former des Christentums. Paulus war ein begabter Missionsstratege, aber auch ein bedeutender theologischer Denker; seine Theologie weist eine denkerische Kraft auf. Sie zeigt sich vor allem in der Umsetzung von religiösen Erfahrungen und Überzeugungen, die Systemqualität gewinnen mussten, bevor sie eine solche Wirkungsgeschichte entwickeln konnten wie die Gedanken des Paulus.

579 Vgl. St. Krauter, Röm 13, 1–7 (s. o. 2.8.1), 248: „Die faktische politische Lage – einschließlich wichtiger (wenn auch nicht aller) Elemente der politischen Ideologie – wird in Röm 13, 1–7 aus pragmatischen Gründen (für ein friedliches Auskommen) mit religiösen Argumenten (Gottgegebenheit) anerkannt, und gleichzeitig ist die Welt der Christen eine andere."

3. Die synoptischen Evangelien

3.1 Die Gattung ‚Evangelium'

3.1.1 Literatur

M. Dibelius, Die Formgeschichte des Evangeliums, Tübingen [6]1971. – R. Bultmann, Die Geschichte der synoptischen Tradition, FRLANT 29, Göttingen [8]1970. – K. L. Schmidt, Die Stellung der Evangelien in der allgemeinen Literaturgeschichte, in: ders., Neues Testament-Judentum-Kirche, TB 69, München 1981 (=1923), 37–130. – C. H. Talbert, What is a Gospel?, Philadelphia 1977. – G. Strecker, Art. *εὐαγγέλιον*, EWNT II, 176–186. – P. Stuhlmacher (Hg.), Das Evangelium und die Evangelien, Tübingen 1983. – H. Cancik, Die Gattung Evangelium, in: Markus-Philologie, hg. v. H. Cancik, WUNT 33, Tübingen 1984, 85–113. – M. Reiser, Der Alexanderroman und das Markusevangelium, in: Markus-Philologie, 131–165. – A. Dihle, Das Evangelium und die biographischen Traditionen der Antike, ZThK 80 (1983), 33–49. – H. Frankemölle, Evangelium. Begriff und Gattung, SBB 15, Stuttgart 1988. – D. Dormeyer, Evangelium als literarische und theologische Gattung, Darmstadt 1989. – G. Theißen, Lokalkolorit und Zeitgeschichte, NTOA 8, Freiburg (H) – Göttingen 1989. – H. Köster, Ancient Christian Gospels, London – Philadelphia 1990. – G. Strecker, Literaturgeschichte (s. o. 1.2), 122–148. – R. A. Burridge, What are the Gospels?, Grand Rapids [2]2004. – D. Frickenschmidt, Evangelium als Biographie, TANZ 22, Tübingen 1997. – T. Onuki, Sammelbericht als Kommunikation, WMANT 73, Neukirchen 1997. – R. Bauckham (Hg.), The Gospels for all Christians, Grand Rapids 1998. – M. Reiser, Die Stellung der Evangelien in der antiken Literaturgeschichte, ZNW 90 (1999), 1–27. – M. Bockmühl – D. A. Hagner (Hg.), The Written Gospel, Cambridge 2005. – U. Schnelle, Theologie des Neuen Testaments, Göttingen 2007, 335–346. – Pheme Perkins, Introduction to the Synoptic Gospels, Grand Rapids 2007. – M. Harding/A. Nobbs (Hg.), The Content and Setting of the Gospel Tradition, Grand Rapids 2010. – R. A. Horsley u. a. (Hg.), Performing the Gospel, Minneapolis 2011.

3.1.2 Der Begriff ‚Evangelium'

Das Substantiv *εὐαγγέλιον* bezeichnet ursprünglich nicht eine literarische Gattung, sondern die frohe Botschaft von Jesus Christus. Bei Paulus erscheint *εὐαγγέλιον* als unliterarischer Begriff, der das lebendige, gesprochene Wort der Heilsbotschaft zum

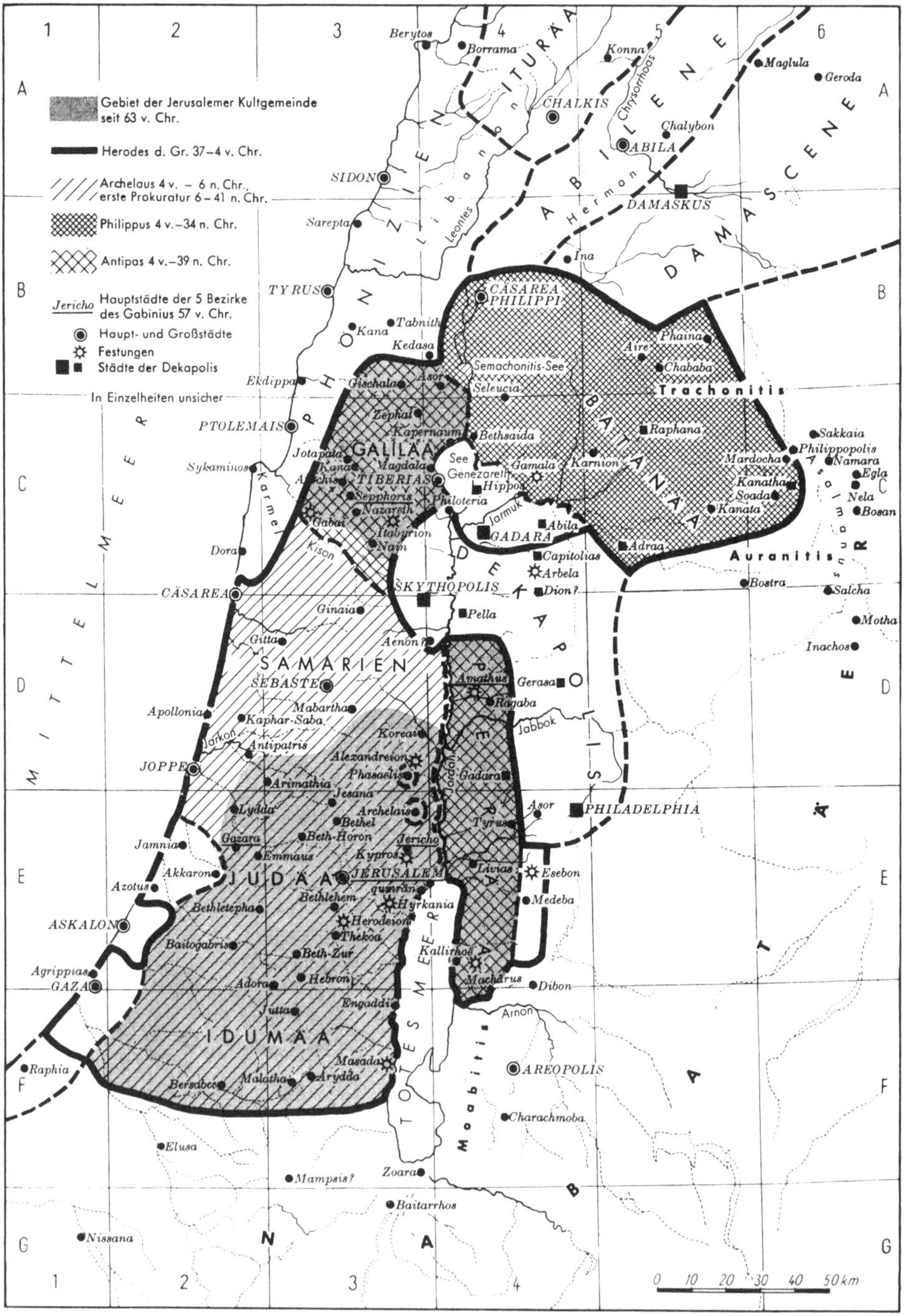

Die Welt der Evangelien

Inhalt hat. Das vorpaulinische Verständnis von *εὐαγγέλιον* erschließt sich aus den Traditionen 1Thess 1,9b–10; 1Kor 15,3b–5; Röm 1,3b–4a. Paulus verbindet hier vorgegebene Traditionseinheiten mit dem absoluten *εὐαγγέλιον* (vgl. 1Thess 1,5; 1Kor 15,1; Röm 1,1.9) und setzt diesen Begriff bei seinen Hörern bzw. Lesern als bekannt voraus. Die auch bei Paulus dominierende christologisch-soteriologische Füllung des Evangeliums geht somit auf urchristlich-hellenistische Gemeinden zurück. Seinem Ursprung und seiner Autorität nach ist das Evangelium das *εὐαγγέλιον (τοῦ) θεοῦ* (vgl. 1Thess 2,2.8.9; 2Kor 11,7; Röm 1,1; 15,16), seinem Inhalt nach das *εὐαγγέλιον τοῦ Χριστοῦ* (vgl. 1Thess 3,2; 1Kor 9,12; 2Kor 2,12; 9,13; 10,14; Gal 1,7; Röm 15,19; Phil 1,27).

Umstritten ist der religionsgeschichtliche Hintergrund des urchristlichen Missionsterminus ‚Evangelium'. Während P. Stuhlmacher eine Herleitung aus dem semitisch-palästinischen Sprachraum vertritt und in Mt 11,2–6; Apk 14,6; 10,7 älteste Traditionen erblickt[1], sieht G. Strecker in der Verwendung von *εὐαγγέλιον* im Umfeld des Kaiserkultes den primären traditionsgeschichtlichen Hintergrund[2]. Stuhlmacher kann vor allem auf das Verbum *εὐαγγελίζεσθαι* verweisen, dessen Sprachgeschichte einen überwiegend atl.-jüdischen Hintergrund erkennen lässt. Es erscheint sowohl in LXX als auch in Schriften des antiken Judentums und muss mit ‚das eschatologische Heil ansagen' übersetzt werden. Allerdings wird auch im hellenistischen Schrifttum *εὐαγγελίζεσθαι* im religiösen Sinn gebraucht (vgl. Philostr, VitAp I 28; ferner Philo, LegGai 18.231). Für die Sicht Streckers sprechen folgende Argumente: 1) Das Substantiv *εὐαγγέλιον* erscheint in der LXX ohne theologische Bedeutung (vgl. 2Kön 4,10; 18,22.25). 2) Neben Inschriftenbelegen bezeugen vor allem Philo (LegGai 18.99.231) und Josephus (Bell IV 618.656) die Verwendung von *εὐαγγέλιον* im Rahmen hellenistischer Kaiserverehrung[3]. Signifikant ist dabei der Zusammenhang zwischen *εὐαγγέλια*, der Erhebung Vespasians zum Kaiser und der Darbringung von Opfern bei Josephus. 3) Wahrscheinlich waren *εὐαγγέλιον/εὐαγγελίζεσθαι* bzw. ein hebräisches oder aramäisches Äquivalent nicht Inhalte der Verkündigung des historischen Jesus, denn das Zitat aus Jes 61,1 LXX in Mt 11,5/Lk 7,22 setzt bereits nachösterliche Christologie voraus[4].

Liegt die traditionsgeschichtliche Wurzel des ntl. *εὐαγγέλιον*-Begriffes in der hellenistischen Herrscherverehrung, dann knüpften die frühen Gemeinden an geläufige Vorstellungen ihres Umfeldes an, zugleich unterschieden sie sich durch den Singular *τὸ εὐαγγέλιον* grundlegend von den *εὐαγγέλια* der Umwelt.

1 Vgl. P. Stuhlmacher, Das paulinische Evangelium I. Vorgeschichte, FRLANT 95, Göttingen 1968, 218ff.

2 Vgl. G. Strecker, Das Evangelium Jesu Christi, in: ders., Eschaton und Historie, Göttingen 1979, 183–228.

3 Vgl. Neuer Wettstein II/1 (s.o. 2.4.8), 6–10.

4 Vgl. zur Begründung M. Sato, Q und Prophetie (s.u. 3.3.1), 141–144.

3.1.3 Die Literaturgattung ‚Evangelium'

Wie kam es vom unliterarischen *εὐαγγέλιον*-Begriff zur Makrogattung Evangelium? Der Evangelist Markus schuf diese neue Gattung, so dass seine mit der Konzeption des Evangeliums verbundenen historischen und theologischen Einsichten zugleich Auskunft geben über die Entstehung der Literaturgattung Evangelium. Alle sieben *εὐαγγέλιον*-Belege (vgl. Mk 1, 1. 14 f; 8, 35; 10, 29; 13, 10; 14,9) gehen auf den Evangelisten zurück[5]. Wurde vor Markus *εὐαγγέλιον* immer als Verkündigung von Jesus Christus verstanden, wobei ein genitivus objectivus *'Ιησοῦ Χριστοῦ* zu ergänzen war, zeigt sich nun eine grundlegende Veränderung. In Mk 1, 1 ist Jesus Christus Verkünder und zugleich Inhalt des Evangeliums, der Genitiv *'Ιησοῦ Χριστοῦ* bezeichnet das Subjekt und das Objekt des Evangeliums[6]. Die Korrespondenz zwischen Mk 1, 1 und Mk 1, 14 f verdeutlicht, dass für Markus der im Evangelium verkündigte Jesus Christus zugleich der Verkünder des Evangeliums ist. Aus dem vorösterlichen *εὐαγγέλιον τοῦ θεοῦ* (Mk 1, 14) ist nun das *εὐαγγέλιον 'Ιησοῦ Χριστοῦ* (Mk 1, 1) geworden, ohne dass für Markus die theo – logische Verkündigung Jesu und das christologische Bekenntnis der Gemeinde einen Gegensatz darstellen. Die Taten und Worte Jesu Christi sind Inhalte des Evangeliums, zugleich ist aber Jesus Christus für Markus nicht nur eine Gestalt der Geschichte, sondern der gekreuzigte und auferstandene Gottessohn und darum auch Subjekt des Evangeliums. Die Repräsentanz des Evangeliums durch Jesus und die Repräsentanz Jesu im Evangelium unterstreicht Markus nachdrücklich durch die Anfügung ‚um des Evangeliums willen' an ‚um meinetwillen' in Mk 8, 35; 10, 29. Damit verbindet der Evangelist das vergangenheitliche und gegenwärtige Wirken Jesu Christi untrennbar mit dem Evangelium als Verkündigungsbotschaft und Literaturgattung. Zugleich verschränken sich hier die für die Gattung Evangelium konstitutive textinterne und textexterne Ebene. Der auf der textinternen Ebene von Jesus gesprochene Entscheidungsruf zielt auf textexterner Ebene auf die markinische Gemeinde, für die Jesus Christus im Evangelium zugänglich und gegenwärtig ist.

Indem Markus in seinem Evangelium den irdischen Weg des Gottessohnes Jesus Christus darstellt, nimmt er eine bereits in 1 Kor 15, 3b–5 erkennbare Tendenz auf: Das Bekenntnis zum gekreuzigten und auferstandenen Jesus Christus ist ohne die elementare Bindung an den Weg des irdischen Jesus nicht möglich. Der irdische Weg Jesu ist aber zugleich der Weg des Gottessohnes, Jesus Christus steht gleichermaßen mit Himmel und Erde in Verbindung, und deshalb ist seine Geschichte eine

---

5 Nachweis bei G. Strecker, Literarkritische Überlegungen zum *εὐαγγέλιον*-Begriff im Markusevangelium, in: ders, Eschaton und Historie, Göttingen 1979, 76–89.

6 Vgl. J. Gnilka, Markus I (s. u. 3.4.1), 43. Gegen H. Weder, ‚Evangelium Jesu Christi' (Mk 1, 1) und ‚Evangelium Gottes' (Mk 1, 14), in: Die Mitte des Neuen Testaments (FS E. Schweizer), hg. v. U. Luz u. H. Weder, Göttingen 1983, (399–411) 402, der Mk 1, 1 nur als genitivus objectivus auflösen will.

himmliche und irdische. Markus verdeutlicht diesen fundamentalen Zusammenhang durch die Erzählung von der Taufe Jesu (Mk 1,9–11), der Verklärungsgeschichte (Mk 9,2–9) und dem Bekenntnis des Centurio unter dem Kreuz (Mk 15,39). Diese drei Texte bilden das kompositorische Grundgerüst des Evangeliums, insofern hier in gleichartiger Weise Himmel- und Erdenwelt zusammentreten und zur Bezeichnung der Gottzugehörigkeit Jesu jeweils der Titel *υἱός* gebraucht wird. Taufe, Verklärung und Bekenntnis unter dem Kreuz sind die drei Grundpfeiler, um die herum Markus seine Traditionen in Form einer vita Jesu gruppiert. Der Titel *υἱός* markiert dabei die inhaltliche Mitte, denn er vermag Jesu göttliches Wesen und sein Leidens- und Todesgeschick gleichermaßen zu umfassen. Jesu Sein und Wesen stehen von Anfang an fest, er ist Gottes Sohn und verändert sein Wesen nicht. Aber für die Menschen *wird* er erst Gottes Sohn, denn sie brauchen einen Erkenntnisprozess[7]. Dieser Prozess ist die vita Jesu, so wie Markus sie in der neuen Literaturgattung Evangelium darstellt. Zum Ziel gelangt dieser Erkenntnisprozess erst am Ende des Evangeliums, am Kreuz, erst hier ist es ein Mensch und nicht Gott, der Jesus als *υἱὸς θεοῦ* erkennt (Mk 15,39). Zuvor wissen dies nur Gott (Mk 1,11; 9,7), die Dämonen (Mk 3,11; 5,7) und der Sohn selbst (Mk 12,6; 13,32). Der Mensch muss erst den ganzen Weg Jesu von der Taufe bis zum Kreuz durchschreiten, um zu einer angemessenen Erkenntnis der Gottessohnschaft Jesu Christi zu gelangen. Indem die Literaturgattung Evangelium diesen Weg des Gottessohnes darstellt und zur rechten Erkenntnis seiner Person führen will, ist sie nichts anderes als der *literarische Ausdruck* der *theologischen Erkenntnis*, dass der gekreuzigte Jesus von Nazareth von Anfang an seinen Weg als Gottessohn ging[8]. Die Literaturgattung Evangelium ist somit eine Form sui generis, sie verdankt sich der theologischen Einsicht, dass in der einmaligen und unverwechselbaren Geschichte des Jesus von Nazareth Gott selbst handelte. Eine Spannung zwischen vor- und nachösterlich, Geschichte und Kerygma oder textinterner und textexterner Ebene besteht dabei für Markus nicht, sondern seine theologische Leistung besteht gerade darin, beides jeweils entschieden als Einheit verstanden und dargestellt zu haben[9]. Indem Markus historiographisch-biographischen Erzähltext und kerygmatische Anrede fest verbindet und Jesu Weg zum Kreuz als dramatisches Geschehen darstellt, wahrt er die in seinen Augen historische und theologische Identität des christlichen Glaubens.

Die theologischen Intentionen der Evangelienschreibung bildeten sich innerhalb historischer Rahmenbedingungen heraus. Die vormarkinischen Sammlungen und die Passionsgeschichte bezeugen die stoffimmanente Tendenz zur Bildung größerer

7 Vgl. R. Weber, Christologie und ‚Messiasgeheimnis' (s. u. 3.4.1), 115f.

8 Grundsätzlich zutreffend ist deshalb immer noch das Votum von H. Conzelmann, Gegenwart und Zukunft in der synoptischen Tradition, in: ders., Theologie als Schriftauslegung, BEvTh 65, München 1974, (42–61) 60, zum markinischen Messiasgeheimnis: „Die Geheimnistheorie ist die hermeneutische Voraussetzung der Gattung ‚Evangelium'."

9 Vgl. hierzu H. F. Weiß, Kerygma und Geschichte, Berlin 1983.

Textkomplexe, und Lk 1, 1 bestätigt Vorstufen der Evangelienschreibung. Markus als Schöpfer der Gattung Evangelium steht somit in einem bereits vor ihm einsetzenden Prozess. Zudem erforderten die schwindende unmittelbare Parusie-Naherwartung, die vielfältigen theologischen Strömungen des 1. Jhs. und die konkreten Fragen christlicher Ethik eine Neuorientierung in Zeit und Geschichte. Die Evangelisten bewältigten diese Probleme bes. durch die Aufnahme heilsgeschichtlicher Traditionen, die Ausarbeitung praktikabler ethischer Normen und die Einführung ordnender und weisender Instanzen in den Gemeinden. Die Tendenzen zur Historisierung, Ethisierung und Institutionalisierung des Traditionsstoffes liegen bei Matthäus und Lukas offen zutage, sind aber auch schon bei Markus deutlich erkennbar. Die Evangelisten schrieben als Mitglieder einer Gruppe und mussten mit den vorhandenen Gemeindetraditionen ein Jesusbild entwerfen, das den Überzeugungen der Gemeinde entsprach[10]. Damit entspricht der literarische Charakter der Evangelien ihrer Funktion im innerkirchlichen Gebrauch als Grundlage in der Verkündigung, im Gottesdienst und in der Katechese.

3.1.4 **Die literaturgeschichtliche Einordnung der Gattung ‚Evangelium'**

Verdankt sich die Literaturgattung Evangelium primär einer theologischen Einsicht, so ist damit noch nicht die Frage beantwortet, ob und wie sich die Evangelisten bei der Konzeption ihrer Evangelien auch an Formen der paganen oder religiösen Literatur ihrer Zeit orientierten[11].

10 Völlig anders R. Bauckham, For whom were Gospels written?, in: ders. (Hg.), The Gospels for all Christians, 9–48. Im Gegensatz zur klassischen Redaktionsgeschichte sieht er die Evangelisten nicht als Exponenten ihrer Gemeinde/Gemeinden, sondern: „The evangelists, I have argued, did not write for specific churches they knew or knew about, not even for a large number of such churches. Rather, drawing on their experience and knowledge of several or many specific churches, they wrote *for any and every church* to which their Gospels might circulate" (a. a. O., 46). Als Begründung verweist Bauckham vor allem auf die hohe Mobilität frühchristlicher Missionare/Evangelisten und die Schwierigkeiten, die vorausgesetzten Gemeinden der einzelnen Evangelisten zu rekonstruieren. An den Evangelientexten lassen sich die sehr allgemein gehaltenen Vermutungen Bauckhams nicht verifizieren. Dagegen spricht vor allem 1) das je eigene erzählerische und theologische Profil der Evangelien, die deutlich erkennen lassen, dass 2) jeder Evangelist über eine eigene Sprache, Bildwelt, Entwurf von Theologie und Problembewältigungsstrategien verfügt, die gerade nicht auf alle Fragen eine Antwort geben und auch nicht dafür gedacht waren, sich das herauszunehmen, was einem gerade gefällt. 3) Die Evangelien zielen auf eine Stärkung der entstehenden frühchristlichen Identität; eine generelle Identitätsbildung hat es aber weder in der Antike noch in späteren Epochen gegeben. Sie gelingt nur, wenn man die spezifischen Fragen und Probleme der potentiellen Leser/Hörer kennt und auf sie eingeht.

11 Vgl. zur detaillierten Forschungsgeschichte neben den Arbeiten von Frankemölle und Dormeyer bes. W. S. Vorster, Der Ort der Gattung Evangelium in der Literaturgeschichte, VuF 29 (1984), 2–25; D. E. Aune, The New Testament in It's Literary Environment (s. o. 2.3.1), 17–45; F. Fendler, Studien (s. u. 3.4.1), 14–35; R. A. Burridge, What are the Gospels?, 3–106.

Die von Franz Overbeck (1837–1905) inaugurierte Klassifizierung des Evangeliums als einer literarischen Sondergattung beurteilt Verbindungslinien zur allgemeinen Literaturgeschichte zurückhaltend oder lehnt sie ab. Die christliche Urliteratur „ist eine Literatur, welche sich das Christentum so zu sagen aus eigenen Mitteln schafft, sofern sie ausschließlich auf dem Boden und den eigenen inneren Interessen der christlichen Gemeinde noch vor ihrer Vermischung mit der sie umgebenden Welt gewachsen ist."[12] Den Formen der damaligen profanen Weltliteratur stehe die urchristliche Literatur fern. An diese Beurteilung knüpfen die Arbeiten der älteren Formgeschichte an, indem sie unter Aufnahme literatursoziologischer Überlegungen die Sonderstellung der Makrogattung Evangelium unterstrichen. Nach M. Dibelius zählen die synoptischen Evangelien zur ‚Kleinliteratur'. Ihre „Verfasser sind nur zum geringsten Teil Schriftsteller, in der Hauptsache Sammler, Tradenten, Redaktoren."[13] Können Johannes und der Lukas der Apostelgeschichte als Schriftsteller gelten, so träfe dies speziell für Markus nicht zu. K. L. Schmidt formuliert in seiner einflussreichen Studie zur Stellung der Evangelien in der allgemeinen Literaturgeschichte programmatisch: „Das Evangelium ist von Haus aus nicht Hochliteratur, sondern Kleinliteratur, nicht individuelle Schriftstellerleistung, sondern Volksbuch, nicht Biographie, sondern Kultlegende."[14] Ursprünglich isoliert überlieferte Einzelstücke oder Perikopen- und Wortfolgen der Jesusüberlieferung seien gesammelt, mit kerygmatischen Traditionen und Interpretationen verbunden und in eine neue Form gegossen worden. Dabei handele es sich mehr um einen unbewussten Vorgang als um bewusste Gestaltung. Diese Entstehungsgeschichte mache einen Vergleich mit zeitgenössischen Literatursorten unmöglich.

Die nach 1945 voll einsetzende Redaktionsgeschichte[15] modifizierte dieses Bild nicht unerheblich. Im Gegensatz zur klassischen Formgeschichte gelten die Evangelisten nun nicht mehr nur als Tradenten und Sammler, sondern als bewusst konzipierende Theologen. Die Evangelien in ihrer Jetztgestalt gehen nicht auf einen immanenten Wachstumsprozess zurück, sondern verdanken ihre literarische und theologische Gestalt den Evangelisten. Das Ziel der Redaktionsgeschichte liegt in der Erfassung des historischen und theologischen Standortes der Evangelisten. Als konstitutives Element der Evangelienschreibung arbeitet die Redaktionsgeschichte das Geschichtsverständnis der Synoptiker heraus, das bei Lukas und Matthäus als eine Periodisierung der (Heils-)Geschichte charakterisiert werden kann. Das markinische

12 F. Overbeck, Über die Anfänge der patristischen Literatur, Darmstadt 1954 (= 1882), 36.

13 M. Dibelius, Die Formgeschichte des Evangeliums, 2. R. Bultmann schätzt zwar die schriftstellerische und kompositionelle Arbeit der Evangelisten höher ein als Dibelius, verbleibt aber grundsätzlich in dessen Erklärungsmodell, vgl. R. Bultmann, Die Geschichte der synoptischen Tradition, 393–400.

14 K. L. Schmidt, Die Stellung der Evangelien, 66 f.

15 Zur Forschungsgeschichte vgl. J. Rohde, Die redaktionsgeschichtliche Methode, Hamburg 1966.

Geschichtsverständnis[16] entfaltet sich im Ineinander von historischen und kerygmatischen Traditionen sowie ihrer redaktionellen Interpretation, wobei das Bewusstsein der Bedeutung der vergangenen Zeit des Auftretens Jesu für die Gegenwart bestimmend ist. Eine Schwäche vieler redaktionsgeschichtlicher Arbeiten besteht darin, dass sie die Leistung der Evangelisten als Exponenten ihrer Gemeinden vornehmlich auf theologischer Ebene sehen und deren literarische Tätigkeit einschließlich möglicher antiker Parallelen vernachlässigen. Hier setzen neuere religions- und literaturgeschichtliche Arbeiten und linguistische Anfragen ein.

Parallelen aus der antiken Literatur wurden schon immer zur Erklärung der neuen Literaturgattung Evangelium herangezogen[17]. Betonte die Redaktionsgeschichte die theologische Eigenständigkeit der Evangelisten, so konnte nun ihre literarische Produktivität unter der Perspektive möglicher Parallelen in der antiken Literatur neu und unbefangen untersucht werden. Aus dem Bereich der semitischen Literatur werden u.a. folgende Erklärungsmodelle erwogen: 1) *Alttestamentliche Idealbiographie*. In dieser von K. Baltzer[18] herausgearbeiteten Gattung werden ideale Züge auf herausragende Gestalten des Alten Testaments (Könige, Propheten) übertragen, wobei folgende Topoi charakteristisch sind: Bericht über die Einsetzung, Sicherung des inneren und äußeren Friedens, Herstellung sozialer Gerechtigkeit in allen wichtigen Lebensbereichen, Reinheit des Kultus. Baltzer sieht das Markusevangelium und die nachfolgenden Evangelien in der Tradition der atl. Ideal-Biographien. Dafür kann er sich vor allem auf die Parallelen bei der Einsetzung (vgl. Mk 1,9–11), der Wunderüberlieferung (Elia-Elisa-Tradition) und der Lösung rechtlicher bzw. praktischer Fragen in den Streitgesprächen berufen. Nicht integrierbar in diese Gattung bleibt hingegen die umfangreiche markinische Passionsgeschichte. Zudem zeichnen die Evangelisten Jesus weder als Mose bzw. Elia redivivus noch als davidischen König, so dass der Hinweis auf atl. Motive zur Erklärung der Makrogattung Evangelium nicht ausreicht. 2) *Biographie des Gerechten*. D. Lührmann[19] nahm die These Baltzers auf und modifizierte sie: Im Hintergrund des Markusevangeliums steht nicht die Prophetenbiographie, sondern die Biographie des (leidenden) Gerechten. Das Motiv des leidenden Gerechten findet Lührmann bes. in Weish 2,12–20, und er vermutet, dass Markus sowohl Elemente der Gottesknechtsüberlieferung als auch Passionspsalmen (vgl. Ps 22 in Mk 15) unter dem Einfluss der Tradition des leidenden Gerechten aufnahm. Markus stellte die Geschichte Jesu als das Leben eines Gerechten dar, der leiden muss. Damit schuf er für seine Leser die Möglichkeit, ihre

16 Vgl. hier J. M. Robinson, Das Geschichtsverständnis des Markus-Evangeliums, in: ders., Messiasgeheimnis und Geschichtsverständnis (s. u. 3.4.1), 5–104; J. Roloff, Das Markusevangelium als Geschichtsdarstellung, EvTh 29 (1969), 73–93.

17 Vgl. u. a. J. Weiß, Das älteste Evangelium, Göttingen 1903; Hermann v. Soden, Urchristliche Literaturgeschichte, Berlin 1905; C. W. Votaw, Gospels and Contemporary Biographies in the Greco-Roman World, Philadelphia ^{2}1970 (= 1915).

18 Vgl. K. Baltzer, Die Biographie der Propheten, Neukirchen 1975.

19 Vgl. D. Lührmann, Biographie des Gerechten als Evangelium, WuD 14 (1976), 25–50.

eigene Geschichte in der Geschichte Jesu wiederzufinden und sich mit Jesus zu identifizieren. Dieses Modell erklärt zentrale Elemente der Passionsgeschichte und der mit ihr verbundenen Texte, nicht aber die Gattung Evangelium mit ihrer narrativen Grundstruktur.

Aus dem weiten Spektrum möglicher hellenistischer Parallelen zur Gattung Evangelium sind in der neueren Forschung von Bedeutung: 1) *Aretalogie*. Speziell in der amerikanischen Forschung (J. M. Robinson, H. Köster, M. Smith, P. J. Achtemeier u. a.) wurde der Versuch unternommen, die Evangelienform von der Aretalogie (= biographische Schrift, die von den Wundern eines ‚göttlichen Menschen' handelt) her zu verstehen. So vermutet H. Köster, Markus und Johannes hätten unabhängig voneinander aretalogische Wundersammlungen in ihr Evangelium integriert und von hier aus die neue Gattung strukturiert[20]. Der Terminus Aretalogie zur Bezeichnung einer Makrogattung ist allerdings sehr umstritten, denn in der klassischen Philologie bezeichnet Aretalogie nicht die Form, „sondern den Inhalt und den Zweck sehr verschiedener literarischer Gattungen"[21]. Aretalogische Motive finden sich in Hymnen, Briefen, Weihe-Inschriften und Romanen, „von einer festliegenden literarischen Gattung kann man allerdings nie sprechen"[22]. Deshalb sollte auf den Begriff ‚Aretalogie' im Sinn einer festen formgeschichtlichen Gattung verzichtet werden, zumal das mit dieser Formbestimmung verbundene Konzept einer *θεῖος ἀνήρ*-Christologie ebenfalls nachhaltig infrage gestellt wurde[23].

In Teilen der nordamerikanischen Jesusforschung war und ist deutlich die Tendenz zu spüren, tatsächliche oder postulierte außerkanonische Überlieferungen in den Rang von Vor- oder Nebenformen der synoptischen und johanneischen Jesusüberlieferung zu erheben (z. B. J. Robinson/H. Köster; J. D. Crossan[24]). Das Ziel solcher Konstruktion liegt zweifellos darin, die Deutungsmacht der kanonischen Evangelien zu brechen und ein alternatives Jesusbild zu etablieren. Dabei dienen häufig die Lust am Sensationellen (Jesus und die Frauen; gleichgeschlechtliche Liebe), die bloße Vermutung und das unbewiesene Postulat als Stimulans[25]. Historischer Kritik halten solche Konstruktionen nicht stand, denn weder die Existenz eines ‚geheimen Markusevangeliums'[26] oder ei-

20 Vgl. H. Köster, Ein Jesus und vier ursprüngliche Evangeliengattungen, in: H. Köster – J. M. Robinson, Entwicklungslinien durch die Welt des frühen Christentums, Tübingen 1971, 147–190; ders., Art. Formgeschichte/Formenkritik II, TRE 11 (1983), (286–299) 295.

21 Ph. Vielhauer, Urchristliche Literatur, 310, im Anschluss an D. Esser, Formgeschichtliche Studien zur hellenistischen und frühchristlichen Literatur unter besonderer Berücksichtigung der vita Apollonii des Philostrat und der Evangelien, Diss. theol., Bonn 1969, 98 ff.

22 D. Esser, a. a. O., 101.

23 Vgl. D. S. du Toit, Theios Anthropos, WUNT 2.91, Tübingen 1997.

24 Vgl. J. D. Crossan, Der historische Jesus, München 1994. Die aktuelle Entwicklung skizziert J. Schröter, Jesus im frühen Christentum. Zur neueren Diskussion über kanonisch und apokryph gewordene Jesusüberlieferungen, VuF 51 (2006), 25–41.

25 Vgl. dazu R. Heiligenthal, Der verfälschte Jesus, Darmstadt 1997.

26 Zu nennen ist hier bes. das sogen. ‚Geheime Markusevangelium' (ein angeblicher Brief von Clemens von Alexandrien mit zwei Zitaten aus einem

ner ‚Semeia-Quelle' (s.u. 8.5.7) lassen sich wahrscheinlich machen und das Thomasevangelium gehört in das 2.Jh. (s.u. 3.3.10).

2) *Griechischer Roman*. M.Reiser leitet die Evangeliengattung vom griechischen Roman ab. „In mehr als nur einer Hinsicht bildet der Alexanderroman die vielleicht engste Analogie zu den Evangelien. Nicht nur die Traditions- und Redaktionsgeschichte, auch Kompositions- und Erzähltechnik, Sprache und Stil bieten viel Vergleichbares. Und da auch der Inhalt, die Art der Quellenverarbeitung und überhaupt die Art der Darstellung große Ähnlichkeiten aufweisen, dürfte der Alexanderroman die nächste Parallele zur Gattung der Evangelien darstellen."[27] Reiser zählt sowohl die Evangelien als auch den Alexanderroman zur hellenistischen Volksliteratur, die sich jeweils in einem fließenden Übergang zu Werken der Hochliteratur befinden. Allerdings unterscheidet sich der Alexanderroman von den Evangelien in zweifacher Weise: a) Wundergeschichten fehlen im Alexanderroman. b) Anders als in den Evangelien spielen legenden- und märchenhafte Züge im Alexanderroman eine große Rolle. 3) *Antike Philosophen-Vita.* Eine noch wenig beachtete Parallele zur Logienquelle und den Evangelien stellt die Lebensbeschreibung des Philosophen Demonax (geb. zwischen 80 und 90 n.Chr.) durch Lukian von Samosata (ca. 120–180 n.Chr.) dar[28]. Das Grundgerüst der Schrift bildet eine Kynikerbiographie, die mit einer Chrien-Sammlung (Chrie = kurzer schlagfertiger Ausspruch/Handlung) zu einem Werk verarbeitet wurde, in dem modellhaft das Besondere der Person und der Lehre des Demonax dargestellt werden. Dabei orientiert sich Lukian deutlich an den Vorbildern des Sokrates und Diogenes und präsentiert Grundsätze kynischer Philosophie als verständliche ethische Prinzipien[29]. Insbesondere die Verbindung zwischen einem biographischen Rahmen und einer Anreihung von typisierten kurzen Aussprüchen/Handlungen des Protagonisten kann als Vergleichspunkt zur Logienquelle/zu den Evangelien gelten. Zwar ist Demonax die einzig vollständig erhaltene Philosophen-Vita, aber die Gattung ist zweifellos älter als Lukian, denn bei Diogenes Laertius bilden zahlreiche (verloren gegangene) Philosophen-Viten die Grundlage seines

unbekannten ‚Markusevangelium'), das 1958 der Religionshistoriker Morton Smith gefunden haben will. Vom Fund existieren lediglich Fotos, die keine überzeugende Beweiskraft haben. Von einer Fälschung geht aus: St. C. Carlson, The Gospel Hoax. Morton Smith's Invention of Secret Mark, Waco Texas 2005. Für die Authentizität bei gleichzeitiger Abhängigkeit von den synoptischen Evangelien und einer Datierung ins 2.Jh. votieren zuletzt: H.-J. Klauck, Apokryphe Evangelien, Stuttgart 2002, 48–52; E.Rau, Das geheime Markusevangelium. Ein Schriftfund voller Rätsel, Neukirchen 2003.

27 M.Reiser, Der Alexanderroman und das Markusevangelium, 131.

28 Der Text ist leicht zugänglich in: G.Luck, Die Weisheit der Hunde, Stuttgart 1997, 381–394. Zu Lukian vgl. bes. H.D.Betz, Lukian von Samosata und das Neue Testament, Leiden 1961.

29 Als eine weitere wichtige Philosophen-Vita vgl. Philostratus, Vita Apollonii; vgl. dazu H.Koskenniemi, Apollonius von Tyana in der neutestamentlichen Exegese, WUNT 2.61, Tübingen 1994. Es ist umstritten, ob die Philosophen-Vita als eigene Form oder als eine Ausprägung der hellenistischen Biographie anzusehen ist, denn die Übergänge sind fließend. R.A.Burridge, What are the Gospels?, 150–184, rechnet die Philosophen-Viten zu den hellenistischen *βίοι*.

Werkes ‚Leben und Lehre der Philosophen'[30]. 4) *Hellenistische Biographie*. In der neueren Forschung wird wieder vielfach die antike hellenistische Biographie als ein mögliches Modell für die Textsorte Evangelium angesehen. In der Auseinandersetzung mit R. Bultmann[31] weist C. H. Talbert nach, dass sowohl antike Biographien als auch die Evangelien mythischen Charakter haben, als Kultlegenden verstanden werden können und weltverneinende Züge aufweisen. Wie in den Evangelien wurden auch in den antiken Biographien Traditionen aufgenommen, die ihren Verfassern fremd waren, nun aber durch die Aufnahme in das Gesamtwerk eine Neuinterpretation erfuhren. Als gemeinsames Ziel der Evangelien und der antiken Biographien nennt Talbert die Korrektur eines falschen Bildes des jeweiligen Lehrers, um ein zutreffendes Verständnis an dessen Stelle zu setzen und ein Modell der Nachfolge des Lehrers anzubieten. Die Einordnung der Evangelien in die Gattung der hellenistischen historiographischen Biographien ist sinnvoll, weil auch für die Gattung Evangelium ein historiographisches und biographisches Interesse konstitutiv ist, eine Botschaft in einen chronologischen Handlungsablauf eingefügt wird. Eine dreiteilige Grundstruktur von ‚Vorbereitung zum öffentlichen Auftreten, öffentliches Auftreten und Tod' prägt sowohl die Evangelien als auch antike Biographien. Insbesondere die Biographien Plutarchs (ca. 45–125 n. Chr.) weisen in ihrer Erzählstruktur und ihrer Länge beachtliche Parallelen zu den Evangelien auf. Diesen formalen Übereinstimmungen stehen allerdings inhaltliche Unterschiede gegenüber, denn in den antiken Biographien geht es um die Darstellung moralisch zu bewertender Möglichkeiten menschlicher Existenz, in den Evangelien um den Weg des Gottessohnes von der Taufe im Jordan bis zum Kreuz auf Golgatha und den Erscheinungen des Auferstandenen.

Die für die Form- und Redaktionsgeschichte grundlegende Kontinuität zwischen mündlicher und schriftlicher Überlieferung wurde von E. Güttgemanns[32] in Frage gestellt. Ein neuer schriftlicher Entwurf wie die Gattung Evangelium lasse sich nicht einfach aus seinen Teilen erklären. Vielmehr erführen die ehemals mündlichen Traditionen bei der Aufnahme in die neue schriftliche Makrogattung eine qualitative Veränderung. Sie verlören ihren Charakter als mündliche Traditionen und erhielten nun in der Schriftlichkeit des Evangeliums eine neue eigenständige Form und Funktion. Das Evangelium sei nicht zwangsläufig aus dem Kerygma entstanden, vielmehr sei es das Werk eines Einzelnen und eine autosemantische Sprachform. Zu Recht wird hier ge-

30 Vgl. dazu weiterführend H. Cancik, Bios und Logos. Formengeschichtliche Untersuchung zu Lukians „Leben des Demonax", in: ders. (Hg.), Markus-Philologie, WUNT 33, Tübingen 1984, 115–130, der zutreffend darstellt, dass die insbesondere von Ph. Vielhauer, Geschichte der urchristlichen Literatur, 350f, vorgebrachten Argumente gegen die Berücksichtigung des Demonax nicht überzeugen.

31 R. Bultmann, Geschichte der synoptischen Tradition, 397, meint, es gäbe in der griechischen Literaturgeschichte keine Analogien zur Form des Evangeliums.

32 Vgl. E. Güttgemanns, Offene Fragen zur Formgeschichte des Evangeliums, BEvTh 54, München 1970.

> genüber der älteren Forschung das Verhältnis Mündlichkeit – Schriftlichkeit problematisiert, zugleich überzeugt aber der Verzicht auf die Erhellung einer möglichen mündlichen Vorgeschichte von Texten nicht. Ermöglicht doch gerade der Einblick in die mündliche Überlieferungsphase bei allen Unsicherheiten im einzelnen ein besseres Verstehen der literarischen Eigenart ntl. Texte und der Art der Textprägung in den jeweiligen Phasen der Tradierung[33]. Als Endprodukt eines Überlieferungs- und Arbeitsprozesses stellt sich die Gattung Evangelium zwar als neue Textsorte dar, das Sosein dieser Textsorte ist aber nicht ohne ihr Werden zu verstehen. Der Jetzttext der Evangelien und damit auch die Textsorte Evangelium können nur dann sachgemäß verstanden werden, wenn der geschichtliche Werdegang der einzelnen Texteinheiten herausgearbeitet wird, Diachronie und Synchronie nicht als Gegensätze, sondern in ihrer Interdependenz begriffen werden[34].

Eine monokausale literaturgeschichtliche Erklärung der Gattung Evangelium ist nicht möglich. Unter den vergleichbaren Textsorten steht die hellenistische Biographie/Philosophen-Vita der Form des Evangeliums am nächsten[35]. Die in der hellenistischen Vitenschreibung dominierende Verbindung von historiographischen und biographischen Aussagen mit kerygmatischer Intention[36] findet sich auch in den Evangelien. Charakteristisch für die Evangelienform ist das *Ineinander von Erzähltext und kerygmatischer Anrede*, eine narrative Grundstruktur[37] verbindet sich mit biogra-

33 Vgl. zum Problem G. Strecker, Schriftlichkeit oder Mündlichkeit der synoptischen Tradition?, in: The Four Gospels (FS F. Neirynck), hg. v. F. Van Segbroeck u. a., BETL 100, Leuven 1992, 159–172.

34 Vgl. E. Coseriu, Synchronie, Diachronie und Geschichte, München 1974.

35 Vgl. in diesem Sinn in der neueren Diskussion z. B. K. Berger, Formgeschichte des Neuen Testaments (s. o. 2.8.5), 367–371; D. E. Aune, The New Testament in Its Literary Environment (s. o. 2.3.1), 64 (Evangelium als Untergattung der antiken Biographie); L. Schenke, Markusevangelium (s. u. 3.4.1), 146; P. L. Shuler, The Genre(s) of the Gospels, in: The Interrelations of the Gospels (s. u. 3.2.1), 459–483 (Evangelium als ‚encomium biography'); F. Fendler, Studien (s. u. 3.4.1), 35–80 (Markusevangelium als Sonderform der antiken Biographie, als ‚anonyme Biographie'); D. Dormeyer, Das Neue Testament im Rahmen der antiken Literaturgeschichte (s. o. 2.3.2), 199–228 (die Evangelien als ‚kerygmatische Idealbiographien'); R. A. Burridge, What are the Gospels?, 212 (… „the synoptic gospels belong within the overall genre of *βίοι*"); D. Frickenschmidt, Evangelium als Biographie, 508 (die vier Evangelien sind antike „Jesus-Biographien im Vollsinn des Wortes"). Kritisch demgegenüber M. Reiser, Sprache und literarische Formen (s. o. 2.3.1), 102: „Literaturgeschichtlich ordnen sich die Evangelien mit ihrer Erzählweise also nicht in die pagane, sondern in die jüdische Tradition ein."

36 Klassisch Plut, Alex 1. Plutarch bittet, „wenn ich nicht alles und nicht jede der vielgerühmten Taten in aller Ausführlichkeit erzähle, sondern das meiste kurz zusammenfasse, mir deswegen keinen Vorwurf zu machen. Denn ich schreibe nicht Geschichte, sondern zeichne Lebensbilder" (*οὔτε γὰρ ἱστορίας γράφομεν ἀλλὰ βίους*). Entscheidend ist für Plutarch die sittliche Angleichung an den Helden: „Die Anregung, mich mit dem Schreiben von Biographien zu befassen, ist mir von anderen gekommen; dass ich aber dabei blieb und mich alsbald auf dem Gebiete wohl fühlte, das geschah aus eigenem Antrieb, indem ich nun versuchte, gleichsam vor dem Spiegel der Geschichte mein Leben gewissermaßen zu formen und dem Vorbild jener Männer anzugleichen" (Aem 1, 1).

37 C. Breytenbach, Das Markusevangelium als episodische Erzählung, in: F. Hahn (Hg.), Erzähler des Evangeliums (s. u. 3.4.1), 137–169, beurteilt das Markusevangelium als ‚episodische' Erzählung, bei der die globalen Themen immer wieder in den einzelnen Perikopen erscheinen. Zur narrativen Grund-

phischen, historiographischen, dramatischen[38] und kerygmatischen Elementen. Eine inhaltliche Sonderstellung innerhalb der antiken Literatur nehmen die Evangelien jedoch ein: Nur sie behaupten, dass in einem konkreten und begrenzten Geschehen der Vergangenheit die Geschichte eine Wende nahm und nun auch Gegenwart und Zukunft von diesem Ereignis bestimmt werden. Deshalb ist die narratio in den Evangelien immer auch eine repraesentatio! Es geht nicht nur um Erinnerung, sondern immer auch um kerygmatische Vergegenwärtigung. Insofern ist das Evangelium eine Gattung sui generis, die keiner Obergattung zugeordnet werden kann.

In der ersten Hälfte des 2. Jhs. wird das Wort *εὐαγγέλιον* auch zur Buchbezeichnung (vgl. Did 11, 3; 15, 3f[39]; 2Klem 8, 5; Just, Apol I 66, 3). Etwa zur gleichen Zeit entstanden wahrscheinlich die Evangelienüberschriften, in denen *εὐαγγέλιον* unzweifelhaft Buchbezeichnung ist. Bereits in die Zeit zwischen 70 und 100 n. Chr. datiert M. Hengel die Evangelienüberschriften. Zwar hätten die Evangelisten das Wort *εὐαγγέλιον* noch nicht im literarischen Sinn verstanden, sobald aber die ersten Evangelien kopiert und in andere Gemeinden weitergegeben wurden, seien die Evangelienüberschriften entstanden. Es sei notwendig gewesen, die Evangelien durch Titelüberschriften voneinander zu unterscheiden. Diese Überschriften „können mit einiger Wahrscheinlichkeit auf die Zeit der Entstehung der 4 Evangelien zwischen 69 und 100 n. Chr. zurückgeführt werden und hängen mit der gezielten Verbreitung derselben in den Gemeinden und dem damit verbundenen Gebrauch im Gottesdienst zusammen."[40] Allerdings ist im Lukas- und Johannesevangelium (um 90 bzw. 100 n. Chr.) das Wort *εὐαγγέλιον* nicht belegt, und es bleibt unsicher, wann eine bewusste Verbreitung der Evangelien einsetzte und die Existenz mehrerer Evangelien in großen Gemeinden die Evangelienüberschriften erforderlich machte.

3.2 Das synoptische Problem

3.2.1 Literatur

H. J. Holtzmann, Die synoptischen Evangelien, Leipzig 1863. – P. Wernle, Die synoptische Frage, Freiburg i.Br. 1899. – J. Schmid, Matthäus und Lukas, BSt 23.2–4, Freiburg i.Br. 1930. – B. H. Streeter, The Four Gospels, London 1924. – W. R. Farmer, The Synoptic Problem, London

struktur des ältesten Evangeliums vgl. auch R. Zwick, Montage im Markusevangelium. Studien zur narrativen Organisation der ältesten Jesuserzählung, SBB 18, Stuttgart 1989, der das Besondere der Erzähltechnik des Evangelisten in einem spezifischen System „der räumlichen Perspektivierung und Montage der Perspektivensegmente" (a. a. O., 620) sieht.

38 Vgl. hierzu F. G. Lang, Kompositionsanalyse des Markusevangeliums, ZThK 74 (1977), 1–24, der zu dem Ergebnis kommt, „dass Markus sein Evangelium in literarischer Hinsicht bewußt in Analogie zu einem antiken Drama gestaltet hat" (a. a. O., 22).

39 Nach K. Wengst, Schriften des Urchristentums II, Darmstadt 1984, 24ff, bezieht sich *εὐαγγέλιον* jeweils auf das Matthäusevangelium.

40 M. Hengel, Die Evangelienüberschriften, SHAW.PH 1984, 51.

1964. – A. Fuchs, Sprachliche Untersuchungen zu Matthäus und Lukas, AnBib 49, Rom 1971. – H. H. Stoldt, Geschichte und Kritik der Markushypothese, Göttingen 1977. – W. Schmithals, Einleitung in die drei ersten Evangelien, Berlin 1985. – D. L. Dungan (Hg.), The Interrelations of the Gospels, BETL XCV, Leuven 1990 (wichtige Aufsatzsammlung). – F. Neirynck, Evangelica II, BETL XCIX, Leuven 1991. – G. Strecker (Hg.), Minor Agreements, GTA 50, Göttingen 1993 (wichtige Aufsatzsammlung). – A. Ennulat, Die ‚Minor Agreements'. Untersuchungen zu einer offenen Frage des synoptischen Problems, WUNT 2.62, Tübingen 1994. – M. Hengel, The Four Gospels and the One Gospel of Jesus Christ, London 2000. – U. Schnelle, Art. Synoptische Frage, RGG^4 7, Tübingen 2004, 1978–1984. – F. R. Prostmeyer, Kleine Einleitung in die synoptischen Evangelien, Freiburg 2006. – R. A. Derrenbacker, Ancient Compositional Practices and the Synoptic Problem, BETL 186, Leuven 2005. – M. Hengel, Die vier Evangelien und das eine Evangelium von Jesus Christus, WUNT 224, Tübingen 2008. – P. Foster/A. Gregory/J. S. Kloppenburg/J. Verheyden (Hg.), New Studies in the Synoptic Problem, BETL 239, Leuven 2011.

3.2.2 Die Geschichte der synoptischen Frage

Die synoptische Frage hat das literarische Verhältnis der synoptischen Evangelien zum Gegenstand, indem sie zu klären sucht, ob und wie das Matthäus-, Markus- und Lukas-Evangelium literarisch voneinander abhängig sind. Ausgangspunkt ist die Beobachtung, dass die drei ersten Evangelien in großen Partien sprachlich und in der Stoffreihenfolge weitgehend übereinstimmen, andererseits sich aber in vielem unterscheiden. Damit ist die synoptische Frage ein Teil der Literar-/Quellenkritik und ein Phänomen der Intertextualität, indem sie das Beziehungsgeflecht zwischen Texten herausarbeitet.

Solange man die Verfasser der Evangelien für Augenzeugen des Lebens Jesu hielt und die altkirchlichen Traditionen unkritisch übernahm, waren die Unterschiede zwischen den Evangelien nur für wenige ein Problem[41]. Lediglich Augustin beschäftigte sich mit den literarischen Abhängigkeiten der Evangelien und stellte in seiner Schrift „De consensu evangelistarum" 4, 10. 11 die These auf, die synoptischen Evangelien seien nach ihrer Reihenfolge im Kanon entstanden (s. u. 3.2.7). Eine wirkliche Erforschung des synoptischen Problems setzte erst in der zweiten Hälfte des 18. Jahrhunderts ein[42], wobei insbesondere vier Hypothesen zu erwähnen sind:

41 Vgl. dazu H. Merkel, Die Widersprüche zwischen den Evangelien. Ihre polemische und apologetische Behandlung in der Alten Kirche bis zu Augustinus, WUNT 13, Tübingen 1971 (Textband: Ders., Die Pluralität der Evangelien als theologisches und exegetisches Problem in der Alten Kirche, TC III, Bern 1978).

42 Vgl. zur Geschichte der einzelnen Hypothesen bes. W. Schmithals, Einleitung, 44–233; U. Schnelle, Die synoptische Frage in der Geschichte der neueren protestantischen Theologie, in: P. Foster/A. Gregory/J. S. Kloppenburg/J. Verheyden (Hgg.), New Studies in the Synoptic Problem, 809–830.

1. Die *Urevangeliumshypothese*

Grundlage dieser These ist der Gedanke, dass alle drei Evangelien aus einem ursprünglich hebräisch bzw. aramäisch verfassten, das ganze Leben Jesu umfassenden Urevangelium entstanden seien. So vermutete Gotthold Ephraim Lessing (1729–1784)[43], die Evangelien seien unabhängig voneinander aus einem aramäischen Nazarenerevangelium hervorgegangen, das auf die Apostel zurückgehe. Diese Urschrift wird von den Kirchenvätern nach Lessing unter verschiedenen Namen erwähnt, als ‚Evangelium der Apostel', ‚Evangelium der Hebräer', ‚Evangelium der Nazarener' oder auch als ‚Evangelium nach Matthäus'. Lessing bezieht auch die Papiasnotiz über das hebräische Matthäusevangelium auf die von ihm postulierte Urschrift. „Kurz, Matthäus, Markus und Lukas sind nichts als verschiedene und nicht verschiedene Übersetzungen der sogenannten hebräischen Urkunde des Matthäus, die jeder machte, so gut er konnte."[44] Die Unterschiede zwischen den einzelnen Evangelien erklären sich aus der jeweils unterschiedlichen Gestalt des Urevangeliums, so benutzte Markus „vermutlich ein minder vollständiges Exemplar."[45]

Eine umfangreiche Begründung der Urevangeliumshypothese gab 1804 Johannes Gottfried Eichhorn (1752–1827), der ein aramäisches Urevangelium annahm, das jedem Evangelisten in einer veränderten Form vorlag. Den Text dieses Urevangeliums sieht Eichhorn in jenen 44 Perikopen aufbewahrt, die allen Evangelien gemeinsam sind[46]. Als Autor des Urevangeliums vermutet Eichhorn „einen unbekannten, aber wohl unterrichteten Schüler der Apostel, der Uebung im Schreiben hatte"[47]. Das Urevangelium enthielt die Hauptteile des Lebens Jesu, es beginnt mit der Taufe durch Johannes und endet mit der Auferstehung Jesu. Neben diesen verschiedenen Rezensionen des Urevangeliums sollen die Synoptiker zudem noch weitere Quellen benutzt haben, wodurch sich die Unterschiede zwischen den ersten drei Evangelien erklären.

Durchsetzen konnte sich die Urevangeliumshypothese nicht, weil sie die Schwierigkeiten von den vorliegenden Evangelien zurückverlegt in das Dunkel einer verlorenen Literatur. Weiterführend ist freilich die Einsicht, dass die Evangelien einen längeren literarischen Prozess voraussetzen.

2. Die *Diegesenhypothese* (vgl. Lk 1, 1: *διήγησις*)

Die Diegesenhypothese wurde zunächst von J. B. Koppe (1750–1791) vertreten. Als eine weitere Variante im Rahmen der Vorlagenhypothesen geht sie von der Einsicht aus, dass die Evangelien das Resultat eines vielschichtigen Sammlungs- und Gestal-

43 Vgl. G. E. Lessing, Thesen aus der Kirchengeschichte, 1776; ders., Neue Hypothese über die Evangelisten als bloß menschliche Geschichtsschreiber betrachtet, 1778.

44 G. E. Lessing, Neue Hypothese, § 50; zitiert nach: Lessing, Werke III, hg. v. K. Wölfel, Frankfurt 1967.

45 A. a. O., § 49.

46 Vgl. J. G. Eichhorn, Einleitung in das Neue Testament I, Leipzig ²1820, 161–167.

47 A. a. O., 177.

tungsprozesses sind. Speziell Koppe betonte, dass sich Mk häufig von Mt unterscheide und in der Stoffanordnung teilweise näher bei Lk stehe, Mt also nicht die primäre Quelle für das gemeinsame Material aller drei Evangelien sein könne. Ein einflussreicher Vertreter der Diegesenhypothese war F. D. E. Schleiermacher (1768–1834), der die Evangelien als das Endstadium eines Sammlungsprozesses von Einzelaufzeichnungen auffasst. Schon bald nach Jesu Tod wurden im Urchristentum Begebenheiten und Reden aus dem Leben Jesu erzählt, gesammelt, aufgeschrieben und verbreitet. Speziell Lk 1, 1–4 scheint diesen Prozess zu bestätigen, Lukas ist „weder unabhängiger Schriftsteller ..., noch aus mehreren auch über das ganze des Lebens Jesu sich verbreitenden Schriften zusammengearbeitet ... Sondern er ist von Anfang bis zu Ende nur Sammler und Ordner schon vorhandener Schriften, die er unverändert durch seine Hand gehen lässt."[48] Sowohl die Passionsgeschichte als auch den Reisebericht fand Lukas vor, seine eigene Leistung bestand vornehmlich in der wohl überlegten Auswahl. Zutreffend wird bei dieser Hypothese die Entstehung der Evangelien mit einem Sammlungsprozess von Einzelstücken in Beziehung gesetzt. Zugleich können aber die großen Übereinstimmungen in der Perikopenreihenfolge nicht überzeugend erklärt werden.

3. Die *Traditionshypothese*

Vermutete Eichhorn als Vorlage für die Synoptiker verschiedene Ausgaben eines schriftlichen Urevangeliums, so postulierte Johann Gottfried Herder (1744–1803) als Wurzel der drei ersten Evangelien ein mündliches Urevangelium. Für ihn sind die Evangelien Resultat eines Verkündigungsprozesses, dessen natürliches Medium die Mündlichkeit war. „Ein Gesetz wird geschrieben; eine fröliche Botschaft wird verkündiget"[49]. Es gab einen Stand der Evangelisten, die als Begleiter der Apostel jene Geschichten als mündliches Evangelium weitergaben, die sie zuvor aus dem Munde der Apostel gehört hatten. Dieses mündliche Urevangelium orientierte sich an einem von den Aposteln selbst festgesetzten Zyklus, wodurch sich die Übereinstimmungen erklären. Zugleich bezeugen aber die drei Evangelien, dass die Evangelisten auch individuelle Schriftstellerpersönlichkeiten waren. Der Prozess der Verschriftlichung setzte ein, als die einzelnen Kirchenprovinzen ihr Evangelium haben wollten und Häretiker die Tradition verfälschten. Die Unterschiede zwischen den Evangelien erklären sich nach Herder aus ihrer jeweiligen Zielsetzung: „Es war Pflicht des Evangelisten, dass er für seinen Kreis erzählte und vortrug."[50] Diese Hypothese wurde von

48 F. Schleiermacher, Ueber die Schriften des Lukas, ein kritischer Versuch (1817), in: ders., Sämtliche Werke, 1. Abt. 2. Bd., Berlin 1836, 219; vgl. ferner ders., Einleitung in das Neue Testament, hg. v. G. Wolde, Sämtliche Werke, 1. Abt. 8. Bd., Berlin 1845.

49 J. G. Herder, Vom Erlöser der Menschen. Nach unsren drei ersten Evangelien ... Neben einer Regel der Zusammenstimmung unserer Evangelien aus ihrer Entstehung und Ordnung, 1796, in: Herders sämmtliche Werke, hg. v. B. Suphan, Bd. 19, Berlin 1880, 211.

50 A. a. O., 217.

Johann Carl Ludwig Gieseler (1792–1854)[51] ausgebaut, der ein auf die Jünger Jesu zurückgehendes mündliches aramäisches Urevangelium annahm, das aus den Bedürfnissen der Mission heraus übersetzt und in griechischer Sprache erstmals schriftlich fixiert wurde. Bei der Traditionshypothese wurde zum ersten Mal der große Anteil der mündlichen Tradition für die Evangeliumsbildung erkannt, allerdings finden die zahlreichen wortwörtlichen Übereinstimmungen keine überzeugende Erklärung.

4. Die *Benutzungshypothese*

Alle drei bisher geschilderten Theorien gehen davon aus, dass zwischen den Synoptikern kein literarischer Zusammenhang besteht. Dagegen behauptet die Benutzungshypothese, dass die Synoptiker literarisch voneinander abhängig sind. Wie bereits erwähnt, vermutete schon Augustin eine Entstehung der Evangelien in ihrer kanonischen Reihenfolge, wobei die späteren Evangelien die früheren voraussetzen. Vertreter der Reihenfolge Matthäus – Markus – Lukas sind in modifizierter Form auch Theodor Zahn und Adolf Schlatter.

Für die Reihenfolge Matthäus – Lukas – Markus trat 1789 Johann Jakob Griesbach (1745–1812)[52] ein, der annahm, dass Matthäus und Lukas die Vorlage für Markus bildeten. Das Markusevangelium ist fast vollständig im Matthäus- und/oder Lukasevangelium enthalten, es folgt entweder der Ordnung des Matthäus oder des Lukas. Markus hatte beide Großevangelien vor sich, der Situation seiner Leser entsprechend orientierte er sich an Matthäus oder Lukas. Die erheblichen Auslassungen und Kürzungen erklären sich aus der Absicht des Markus, von vornherein ein Exzerpt aus den beiden anderen Evangelien zu schaffen.

Vertreten wurde diese These in jeweils modifizierter Form u.a. auch von Ferdinand Christian Baur und David Friedrich Strauss (1808–1874). Einen entscheidenden Fortschritt im Rahmen der Benutzungshypothese erreichte der Philologe Karl Lachmann (1793–1851)[53] mit der Annahme, Markus bilde die Grundlage für Matthäus und Lukas (= Markuspriorität). Ausgangspunkt für seine These war die Beobachtung, dass Matthäus und Lukas innerhalb des mit Markus gemeinsamen Stoffes nur so weit übereinstimmen, als sie mit Markus übereinstimmen. Weichen sie von Markus ab, geht jeder eigene Wege. Markus bildet somit die gemeinsame Mitte für Matthäus und Lukas. Die Unterschiede in der Perikopenfolge sind am größten, wenn man Lukas und Matthäus miteinander vergleicht, sie sind am geringsten, wenn Markus mit einem der beiden anderen Evangelisten verglichen wird. Daraus zog Lachmann den Schluss, dass die Reihenfolge im Markusevangelium gegenüber Matthäus

51 Vgl. J. C. L. Gieseler, Historisch-kritischer Versuch über die Entstehung und die frühesten Schicksale der schriftlichen Evangelien, Leipzig 1818.

52 Vgl. J. J. Griesbach, Commentatio qua Marci evangelium totum e Matthaei et Lucae commentariis decerptum esse monstratur, Jena 1789/90; gedruckt in: J. C. Velthausen e. a. (Hg.), Commentationes theologicae I, Leipzig 1794, 360ff.

53 Vgl. C. Lachmann, De ordine narrationum in evangeliis synopticis, ThStKr 8 (1835), 570–590.

und Lukas am ursprünglichsten ist und diese Markus voraussetzen. Außerdem nahm er an, Matthäus habe das Markusevangelium in eine ihm vorliegende Sammlung von Jesusworten eingefügt.

Der Weg für die Zweiquellentheorie wurde 1838 gebahnt, als unabhängig voneinander die Arbeiten von Christian Gottlob Wilke (1788–1854)[54] und Christian Hermann Weisse (1801–1866)[55] erschienen. Wilke begründete umfassend die Markuspriorität, denn Matthäus und Lukas gehen in dem mit Markus gemeinsamen Stoff überein, in dem darüber hinausgehenden Stoff erweisen sie sich hingegen als individuelle Schriftsteller. Allerdings wies Wilke das nur Matthäus und Lukas gemeinsame Gut nicht einer zweiten Vorlage neben Markus zu. Matthäus habe es aus dem Lukasevangelium übernommen, wobei ungeklärt bleibt, woher Lukas dieses Material hat. Als eigentlicher Begründer der Zweiquellentheorie kann Christian Hermann Weisse gelten, der nicht nur wie Wilke die Markuspriorität nachwies, sondern zeigte, dass Matthäus und Lukas über Markus hinaus unabhängig voneinander eine verlorengegangene Spruchsammlung nutzten. Hinzu kommt das jeweilige Sondergut bei Matthäus und Lukas. Die Zweiquellentheorie endgültig durchzusetzen, gelang erst Heinrich Julius Holtzmann[56] und Paul Wernle.

3.2.3 Die Zweiquellentheorie

Die Zweiquellentheorie sieht im Markusevangelium das *älteste* Evangelium, das Matthäus und Lukas als literarische Vorlage und Quelle diente. Darüber hinaus benutzten Matthäus und Lukas eine *weitere Quelle*, die verlorenging, aber aus beiden Evangelien noch rekonstruiert werden kann (s. u. 3.3). Sie besteht hauptsächlich aus Sprüchen und Reden Jesu und wird Logienquelle genannt (abgekürzt: Q = Quelle)[57].

Ein überzeugendes Argument für die Markuspriorität ist die *Perikopenreihenfolge* bei den Synoptikern.

Matthäus folgt ab Kap. 12, 1 deutlich der markinischen Perikopenanordnung, sofern er den Markusstoff übernimmt. Regelrechte Perikopenumstellungen sind auf

54 Vgl. Chr. G. Wilke, Der Urevangelist oder exegetisch kritische Untersuchung über das Verwandtschaftsverhältnis der drei ersten Evangelien, Dresden und Leipzig 1838.

55 Vgl. Chr. H. Weisse, Die evangelische Geschichte kritisch und philosophisch betrachtet I.II, Leipzig 1838.

56 Vgl. neben der Monographie ‚Die synoptischen Evangelien' und der ‚Einleitung in das Neue Testament' bes. H. J. Holtzmann, Die Synoptiker, HCI, Freiburg [2]1892. Die bis heute wertvolle und einflussreiche ‚Synopse der drei ersten Evangelien' von A. Huck erschien 1892 als Hilfsmittel für Holtzmanns Evangelienauslegung.

57 Eingeführt wurde dieser Sprachgebrauch vermutlich von Johannes Weiß (vgl. ders., Jesu Predigt vom Reiche Gottes, Göttingen 1890, 8); vgl. dazu F. Neirynck, The Symbol Q (Quelle), in: ders., Evangelica I, BETL 60, Leuven 1982, 683–689.

den redaktionell gestalteten Abschnitt Mt 8–9 konzentriert. Auf die Vorstellung Jesu als eines Lehrers und Wundertäters in Mt 4,23 folgen in Mt 5–7 die Bergpredigt und in Mt 8–9 ein Zyklus von zehn Wundergeschichten, wobei Matthäus aufgrund dieser neuen Komposition fünf Umstellungen der Markusreihenfolge vornahm (1. Heilung des Aussätzigen Mt 8,1–4/Mk 1,40–45; 2. Heilung der Schwiegermutter des Petrus Mt 8,14–15/Mk 1,29–31; 3. Sturmstillung Mt 8,23–27/Mk 4,35–41; 4. Heilung der Gadarener Mt 8,28–9,1/ Mk 5,1–20; 5. Heilung der blutflüssigen Frau und der Tochter des Jairus Mt 9,18–26/Mk 5,21–43). Die Berufung (Mk 3,13–19) und Aussendung (Mk 6,7–11) der Jünger fasst Matthäus in Kap. 10 unter Hinzunahme einzelner Herrenworte zu einer großen Aussendungsrede zusammen. Zudem platziert er vereinzelt Logien neu (Mt 5,13b/Mk 9,50; Mt 10,42/Mk 9,41; Mt 13,12/ Mk 4,25). Wie stark aber das Matthäusevangelium trotz einzelner Veränderungen und des vermehrten Stoffes der Markusreihenfolge verhaftet bleibt, zeigt die Anordnung der Bergpredigt zwischen Mk 1,21 und 1,22. Matthäus setzt Mk 1,22 (das Staunen des Volkes über die Lehre Jesu) an das Ende der Bergpredigt, so dass dieser Vers jetzt wie bei Markus die Reaktion auf die erste Predigt Jesu berichtet. Insgesamt erscheinen bei Matthäus nur 12 der 118 übernommenen Markus-Abschnitte nicht in der vorgegebenen Reihenfolge[58].

Auch Lukas nimmt lediglich im ersten Teil seines Evangeliums einige Perikopenumstellungen vor. So ersetzt er die Novelle vom Ende des Täufers in Mk 6,14–29 durch eine summarische Notiz in Lk 3,19–20, um die Gestalt Johannes des Täufers klarer von der Person Jesu zu trennen; nun wird von der Taufe Jesu erst nach der Gefangennahme des Täufers berichtet (Lk 3,21–22). Zu einer für das ganze Evangelium programmatischen Szene gestaltet Lukas hingegen die Verwerfung Jesu in Nazareth um (Mk 6,1–6), indem er in der Antrittspredigt Jesu in 4,16–30 wesentliche Elemente seiner Theologie entfaltet. Die Jüngerberufung erzählt Lukas nach der ersten Wirksamkeit Jesu und rückt dabei die Berufung des Petrus in den Vordergrund (Lk 5,1–11). Das Summarium Mk 3,7–12/Lk 6,17–19 setzt er hinter die Berufung der zwölf Apostel (Lk 6,12–16), um so einen besseren Übergang zur Feldrede zu erhalten. Durch die Umstellung der Erzählung von Jesu wahren Verwandten (Mk 3,31–35) hinter das Gleichnis vom Sämann und die Gleichnisdeutung erhält Lukas eine Kulisse und eine erste Illustration der Gleichnisrede. Neben diesen regelrechten Perikopenumstellungen platziert Lukas auch einige Einzellogien neu (Lk 12,1/Mk 8,14.15; Lk 14,34/ Mk 9,50; Lk 22,39/Mk 14,26). Wie Matthäus folgt auch Lukas, sofern er den Markusstoff übernimmt, der markinischen Perikopenreihenfolge, abgesehen von den erwähnten redaktionellen Umstellungen. Der auf den ersten Blick vom Markusevangelium stark abweichende Aufriss des Lukasevange-

58 Matthäus übernahm 118 von 128 Markus-Abschnitten; Zahlenangaben nach R. Morgenthaler, Statistische Synopse, Zürich 1971, 231.

liums erklärt sich aus einer gegenüber dem Matthäusevangelium größeren Auslassung von Markusperikopen (Matthäus übernimmt 118 Markusperikopen, Lukas nur 96)[59] und aus einem umfangreichen Sondergut, das Lukas vornehmlich in dem sogenannten ‚Reisebericht' (Lk 9,51–19,27) verarbeitete. Zudem fügt Lukas nicht wie Matthäus seine Quellen ineinander, sondern stellt sie nebeneinander, so dass daraus eine scheinbar andere Darstellung des Lebens Jesu folgt. Zusammenfassend lässt sich sagen, dass von der Perikopenreihenfolge her gesehen das Markusevangelium die gemeinsame Mitte für das Matthäus- und Lukasevangelium ist. Die fehlenden Übereinstimmungen in der Perikopenreihenfolge zwischen den beiden Großevangelien, wenn sie von der markinischen Komposition abweichen, zeigen deutlich: Nur von Markus her, als der gemeinsamen Grundlage des Matthäus- und Lukasevangeliums, sind die literarischen Abhängigkeitsverhältnisse sinnvoll zu erklären.

Ein weiteres Indiz für die Markuspriorität sind *sprachliche und sachliche Verbesserungen*, die Matthäus und Lukas am Markustext vornahmen. Beweisen die Übereinstimmungen einzelner Perikopen (Beispiel: Mt 24,4–8/Mk 13,5–8/Lk 21,8–11) nur, dass eine literarische Abhängigkeit bestehen muss, so sprechen die stilistischen und sachlichen Änderungen am Markustext für dessen Priorität.

Matthäus und Lukas verbessern an zahlreichen Stellen das einfache und volkstümliche Griechisch des Markus. Matthäus glättet an vielen Stellen den Markustext (Beispiel: Mt 16,24 wird das doppelte *ἀκολουθεῖν* des Markus vermieden), trägt seine Vorzugswörter ein (vgl. *βασιλεία τῶν οὐρανῶν* in Mt 13,11.31; 19,14.23) und nimmt Vokabeländerungen vor (z.B. in Mt 10,17 *μαστιγοῦν* anstelle von *δέρειν*)[60].

Weitaus mehr sprachliche Veränderungen als Matthäus nimmt Lukas am Markustext vor. Die aramäischen Fremdwörter werden von ihm nur in einer Übersetzung oder aber gar nicht übernommen (vgl. Lk 6,14; 8,54; 22,39.42.46; 23,33), einfache Verben des Markus tauscht er durch Komposita aus (vgl. Lk 8,28 *ἀνακράζειν* anstelle von *κράζειν*), weitaus häufiger als Markus verwendet Lukas den ‚genitivus absolutus' (vgl. Lk 8,4 *συνιόντος δὲ ὄχλου πολλοῦ*), und das bei Markus dominierende parataktische *καί* ersetzt er durch häufige Verwendung von *δέ* (vgl. Lk 6,6–11) sowie durch Partizipial- und Relativkonstruktionen (Beispiel: Lk verkürzt in 9,11 die umständliche Formulierung *καὶ εἶδον ... καὶ ἐπέγνωσαν ... συνέδραμον ... καὶ προῆλθον* in Mk 6,33 zu *γνόντες ἠκολούθησαν*)[61].

Zu den sprachlichen Verbesserungen treten bei Matthäus und Lukas zahlreiche sachliche Änderungen des Markustextes. So lässt Matthäus das gleichermaßen umständliche wie ungewöhnliche Herablassen des Gelähmten durch ein aufgegrabenes Dach (Mk 2,4) einfach aus und ersetzt das offenbar in Jesu Mund anstößige *τί με λέ-*

59 Vgl. a.a.O., 232.

60 Vgl. zur Verarbeitung des Markusstoffes durch den Evangelisten Matthäus vor allem P. Wernle, Die synoptische Frage, 146ff.

61 Zu den sprachlichen Veränderungen durch Lukas vgl. P. Wernle, a.a.O., 18ff; ferner T. Schramm, Der Markus-Stoff bei Lukas, MSSNTS 14, Cambridge 1971.

γεις ἀγαθόν in Mk 10,18 durch *τί με ἐρωτᾷς περὶ τοῦ ἀγαθοῦ* (Mt 19,17). Lukas präzisiert die unklare Subjektangabe in Mk 2,15, lässt die zweite Krankheitsschilderung bei der Heilung des Epileptikers aus (Mk 9,21–24) und ethisiert das Wort vom Kreuztragen durch den Zusatz von *καθ' ἡμέραν* (Lk 9,23).

Ein weiteres Argument für die Markuspriorität ist das *Stoffquantum*. Nur drei Perikopen (Mk 4,26–29; 7,31–37; 8,22–26) und einige Logien (Mk 2,27; 3,20f; 9,48f; 14,51f; 15,44) des Markusstoffes erscheinen weder bei Matthäus noch bei Lukas. Auch die Wortstatistik spricht für eine Markuspriorität, denn von insgesamt 11078 Wörtern des Markustextes finden sich in den gemeinsamen Texten bei Matthäus 8555 Wörter und bei Lukas 6737 Wörter wieder[62].

Die sowohl von Matthäus als auch von Lukas ausgelassenen Markustexte – *das Markussondergut* – stellen im Rahmen der klassischen Zweiquellentheorie ein Problem dar, weil ihr Fehlen nicht immer auf redaktionelle Tätigkeit des Matthäus oder Lukas zurückgeführt werden kann. Die Auslassung der Heilungswunder in Mk 7,31–37 und 8,22–26 lässt sich dadurch erklären, dass die massive Wunderdarstellung anstößig wirkte. Aus dem gleichen Grund wurden vermutlich die Notiz, die Verwandten hätten Jesus für wahnsinnig gehalten (Mk 3,20f), und die Anweisung über die Austreibung einer bestimmten Dämonenart in Mk 9,29 übergangen. Die Bemerkung über den nackten jungen Mann bei der Gefangennahme Jesu (Mk 14,51–52) und der Spruch über das Salzen mit Feuer in Mk 9,49 waren vielleicht für die Seitenreferenten unverständlich[63]. Mit der Annahme, das kanonische Markusevangelium habe Matthäus und Lukas vorgelegen, lässt sich hingegen nicht das Fehlen des Gleichnisses von der selbstwachsenden Saat in Mk 4,26–29 sowohl bei Matthäus als auch bei Lukas erklären. Die Auslassungen von Mk 2,27; 9,48; 15,44 beruhen ebenfalls nicht auf redaktioneller Tätigkeit der Seitenreferenten.

Eine Modifikation der herkömmlichen Zweiquellentheorie ist ferner durch das Fehlen von Mk 6,45–8,26 zwischen Lk 9,17 und 9,18 – die lukanische Lücke – und zahlreiche kleinere Übereinstimmungen von Matthäus und Lukas gegen Markus erforderlich. Für eine bewusste Auslassung von Mk 6,45–8,26 durch Lukas lassen sich keine Motive nennen. Die immer wieder zu lesende Behauptung, Lukas habe das Wirken Jesu außerhalb Galiläas und damit in heidnischem Gebiet bewusst übergangen, scheitert an der Übernahme von Mk 5,1–20 in Lk 8,26–39[64]. Übrig bleibt allein die Annahme, dass Mk 6,45–8,26 noch nicht oder aber nicht mehr in dem Lukas vorliegenden Markusexemplar stand.

Verteilt über den gesamten verarbeiteten Markusstoff weisen Matthäus und Lukas kleinere wörtliche Übereinstimmungen – *minor agreements* – gegen Markus auf[65]. Es

62 Vgl. R. Morgenthaler, Statistische Synopse, 89.

63 Vgl. Ph. Vielhauer, Urchristliche Literatur, 273.

64 Gegen H. Conzelmann, Mitte der Zeit (s. u. 3.6.1), 45–48.

65 Eine Auflistung der minor agreements findet sich bei F. Neirynck, The Minor Agreements in a Horizontal-Line Synopsis, Leuven 1991; vgl. ferner G. Strecker (Hg.), Minor Agreements, 221–230; A. Ennulat, ‚Minor Agreements', 472–594.

handelt sich dabei um ca. 700 gemeinsame Änderungen, Zusätze (positive agreements) und Auslassungen (negative agreements)[66], die über das gesamte Evangelium verteilt sind[67].

Beispiel: Die Übereinstimmungen von Mt 12, 1–8 und Lk 6, 1–5 gegen Mk 2, 23–28[68].

Mt 12, 1/Lk 6, 1: Matthäus und Lukas lassen *ὁδὸν ποιεῖν* aus und fügen *καὶ ἐσθίειν* bzw. *καὶ ἤσθιον* zu.

Mt 12, 2/Lk 6, 2: Matthäus und Lukas ersetzen *καί* durch *δέ* und schreiben *εἶπαν* statt *ἔλεγον*.

Mt 12, 3/Lk 6, 3: Anstelle von *λέγει* lesen Matthäus und Lukas *εἶπεν*, *χρείαν ἔσχεν* wird von beiden ausgelassen.

Mt 12, 4/Lk 6, 4: Bei Matthäus und Lukas fehlt *ἐπὶ Ἀβιαθὰρ ἀρχιερέως*, die Präposition *σύν* wird durch *μετά* ersetzt, das Partizip *οὖσιν* ausgelassen und *μόνοις* bzw. *μόνους* hinzugefügt. Der gesamte Vers Mk 2, 27 mit folgendem *ὥστε* fehlt bei Matthäus und Lukas.

Mt 12,8/Lk 6, 5: Bei Matthäus und Lukas steht *υἱὸς τοῦ ἀνθρώπου* als Subjekt am Ende des Verses, das *καί* vor *τοῦ σαββάτου* wird von beiden Evangelisten ausgelassen.

Vgl. als weitere größere Texteinheiten, die für die Existenz einer von Matthäus und Lukas rezipierten Überarbeitung des Markusevangeliums sprechen: Mk 1, 29–31par; 2, 1–12par; 3, 22–27par; 4, 10–12par; 4, 30–32par[69]; 4, 35–41par[70]; 5, 21–43par; 9, 2–10par[71].

Als Einzelverse vgl. Mk 14, 65 (Mt und Lk haben über Mk hinaus die Frage der Synhedristen *τίς ἐστιν ὁ παίσας σε*); Mk 5, 27; Mk 9, 19; 15, 44f.

Nimmt man nach der klassischen Zweiquellentheorie an, unser kanonisches Markusevangelium sei von Matthäus und Lukas aufgenommen worden, so sind weder der größte Teil des Markussondergutes (besonders die Auslassung von Mk 4, 26–29)

66 Diese ungefähre Zahl ergibt sich für mich aus der Durchsicht der Liste von F. Neirynck. Insgesamt fallen die Zahlenangaben sehr unterschiedlich aus; A. Ennulat, ‚Minor Agreements', 417f, untersucht ca. 1000 minor agreements; bei gut 40% stellt sich ihm die Frage, ob unabhängige mt. bzw. lk. Redaktion oder Deutero-Markus vorliegt; bei weiteren ca. 40% liegt für ihn die Deutero-Markus-Hypothese nahe; ca. 20% sind nicht zuzuordnen oder in irgendein Modell integrierbar.

67 Die minor agreements sind keineswegs ein einheitliches Phänomen, denn es ist in vielen Fällen umstritten, was ein agreement ist und ob es sich um ein ‚minor' (wenige Wörter) oder ‚maior' agreement (Wortfolgen, Halbsätze; vgl. Mk 4, 30–32par) handelt. Vielfach müssen textgeschichtliche Entscheidungen getroffen werden und sehr häufig bleibt unklar, ob bestimmte Auslassungen und/oder kleine Änderungen als redaktioneller Eingriff eines Evangelisten oder als Einfluss von Textüberlieferung oder mündlicher Tradition zu bewerten sind. Sehr häufig weisen Matthäus und Lukas in ihren Übereinstimmungen gegen Markus wiederum kleinere Abweichungen untereinander auf, was wiederum zu der Frage führt, ob in solchen Fällen ein minor agreement vorliegt oder nicht. Zu den Problemen vgl. umfassend M. E. Boring, The „Minor Agreements" and their Bearing on the Synoptic Problem, in: P. Foster/A. Gregory/J. S. Kloppenburg/J. Verheyden (Hgg.), New Studies in the Synoptic Problem, 227–251.

68 Vgl. H. Aichinger, Quellenkritische Untersuchung der Perikope vom Ährenausraufen am Sabbat Mk 2, 23–28par., SNTU 1 (1976), 110–153.

69 Vgl. F. Kogler, Das Doppelgleichnis vom Senfkorn und vom Sauerteig in seiner traditionsgeschichtlichen Entwicklung, fzb 59, Würzburg 1988.

70 Vgl. A. Fuchs, Die ‚Seesturmperikope' Mk 4, 35–41par im Wandel der urkirchlichen Verkündigung, SUNT 15 (1990), 101–133.

71 Vgl. Chr. Niemand, Studien zu den Minor Agreements der synoptischen Verklärungsperikopen, EHS.T 352, Frankfurt 1989.

noch die zahlreichen kleineren Übereinstimmungen von Matthäus und Lukas gegen Markus erklärbar; denn Übereinstimmungen, die weder aus gemeinsamer Abhängigkeit von einer Quellenvorlage noch aus ‚zufälligem' redaktionellen Gleichklang hervorgehen, dürfte es dieser Theorie nach nicht geben. Drei ernsthafte Erklärungsmodelle gibt es für dieses Phänomen[72], die alle darin übereinstimmen, dass die minor agreements ein post-markinisches Phänomen sind[73]:

1) Die minor agreements erklären sich aus mündlicher Tradition, aus textgeschichtlichen Beeinflussungen zwischen den Evangelien im Rahmen der handschriftlichen Überlieferung/Verbreitung und aus zufälligen Übereinstimmungen von Matthäus und Lukas gegen Markus[74]. Gegen dieses Modell spricht vor allem: Die Anzahl der minor agreements und ihre Verteilung über den *gesamten Evangelienstoff* machen es sehr unwahrscheinlich, dass Matthäus und Lukas so oft *gleichzeitig und gleichartig* den Markustext bearbeiteten. Das Phänomen der durchgehenden und relativ gleichmäßig auftretenden minor agreements lässt sich nur durch ein Gesamtmodell befriedigend erklären, nicht aber durch isolierte, auf Einzeltexte bezogene Antworten, die den Gesamtbefund faktisch ignorieren.

2) Dies versuchen die Alternativmodelle zur Zweiquellentheorie, die im Rahmen der Benutzungshypothese davon ausgehen (s. u. 3.2.7), dass Lukas das Matthäusevangelium (so vor allem M. Goulder) oder Matthäus das Lukasevangelium (so vor allem M. Hengel) gekannt und benutzt hat. Die Übereinstimmungen gegen Markus erklären sich dann so, dass Lukas bei Matthäus bzw. Matthäus bei Lukas eine von Markus abweichende Textfassung las und sie übernahm. Gegen diese beiden alternativen Modelle spricht vor allem eine Beobachtung: Lukas hätte die matthäischen Reden zerschlagen, völlig ohne Logik die Einzeltexte über sein Evangelium verteilt und zahlreiche aussagekräftige Texte des Matthäus überhaupt nicht übernommen; bei den minor agreements hingegen (in den meisten Fällen zwei oder drei Wörter pro Vers ohne große inhaltliche Bedeutung) wäre er fast immer Matthäus gefolgt. Dieser Einwand gilt in anderer Richtung natürlich auch Matthäus, wenn er das Lukasevangelium kannte und nutzte; die wunderbaren Texte des lukanischen Sondergutes (z. B. barmherziger Samariter; Gleichnisse vom Verlorenen) hätte Matthäus ignoriert, bei den minor agreements hingegen wäre er den lukanischen Vorgaben gefolgt. Ein Vorgehen, das in keiner Weise plausibel gemacht werden kann (s. u. 3.2.7)!

3) Die klassische Zweiquellentheorie ist deshalb durch die Annahme zu ergänzen, dass Matthäus und Lukas nicht das kanonische Markusevangelium, sondern eine

72 Zur Forschungsgeschichte vgl. A. Ennulat, ‚Minor Agreements', 18–34.

73 In anderer Weise erklärt die um die Wende 19./20. Jh. einflussreiche ‚Urmarkus-Hypothese' die genannten Phänomene: Matthäus und Lukas benutzten nicht die uns überlieferte, sondern eine *ältere* Gestalt des Markusevangeliums.

74 Als jeweils unabhängige redaktionelle Änderungen versteht die minor agreements F. Neirynck, The Minor Agreements and the Two-Source-Theory, in: ders., Evangelica II, BETL 99, Leuven 1991, 3–42.

überarbeitete Fassung vorlag, die *Deuteromarkus* genannt wird, weil sie nach Markus anzusetzen ist. Schwer zu bestimmen ist der Charakter dieser Bearbeitung, es könnte sich um eine neue Evangelienausgabe[75] oder eine veränderte Version/eine redaktionelle Schicht[76] handeln. Die erste Möglichkeit kann nur ernsthaft in Betracht gezogen werden, wenn sich eine deuteromarkinische Theologie nachweisen lässt. A. Fuchs sieht diese Theologie in einer Erweiterung des ekklesiologischen Elements und einer christologischen Zentrierung bei Deuteromarkus. Jedoch lässt sich diese theologische Ausrichtung nicht umfassend erheben, Deuteromarkus sollte als eine ‚Bearbeitungsschicht' angesehen werden. Die für die Zweiquellentheorie grundlegende Annahme der Markuspriorität wird durch Deuteromarkus lediglich modifiziert[77], indem nun eine Erklärung für den größten Teil des Markussondergutes und die ‚minor agreements' angegeben werden kann.

Eine in jeder Hinsicht überzeugende Erklärung der minor agreements gibt es nicht; keine Theorie vermag *alle* Phänomene plausibel zu machen. Wahrscheinlich verlief die Überlieferung der Evangelientexte sehr komplex, wobei nicht jedes Einzelphänomen für uns heute fassbar und erklärbar ist.

3.2.4 **Das Sondergut**

Neben Texten, die aus Markus oder Q stammen, überlieferten Matthäus und Lukas umfangreiches ‚Sondergut', d. h. Perikopen, die *nur* bei Matthäus oder Lukas vorhanden sind. Dieses Sondergut ist nicht ‚Quellen', sondern Traditionsbereichen zuzuordnen.

Das Matthäus-Sondergut:

1–2	Vorgeschichte
12, 5–7. 11–12	Sprüche über den Sabbat
13, 24–30	Gleichnis vom Unkraut unter dem Weizen
13, 36–43	Deutung des Gleichnisses vom Unkraut
13, 44–46	Gleichnis vom Schatz und von der Perle
13, 47–50	Gleichnis vom Fischernetz
13, 51–52	Bildwort vom Hausvater
14, 28–31	Petrus auf dem Meer
16, 17–19	Petrus, der Fels

75 So mit Nachdruck A. Fuchs in zahlreichen Publikationen.

76 So z. B. G. Strecker – U. Schnelle, Einführung in die neutestamentliche Exegese, Göttingen [4]1994, 57 f; U. Luz, Mt II (s. u. 3.5.1), 254. 301 u. ö.; A. Ennulat, ‚Minor Agreements', 418: „Die ‚kleinen Übereinstimmungen' (minor agreements) zwischen Mt und Lk im ihnen gemeinsamen Mk-Stoff gegen den Mk Text, weisen als ein durchgehendes literarisches Phänomen deutlich auf eine vormtlk Mk-Bearbeitung hin"; M. E. Boring, The Synoptic Problem, „Minor Agreements" and the Beelzebul Pericope, in: The Four Gospels (FS F. Neirynck), hg. v. F. Van Segbroeck u. a., BETL 100, Leuven 1992, 587–619.

77 Gegen A. Fuchs, ‚Seesturmperikope', 128, der nicht mehr von der Zweiquellentheorie als Lösungsmodell der synoptischen Frage ausgeht, sondern von einer ‚Dreistufentheorie' spricht (Mk; Dmk; Mt bzw. Lk).

17, 24–27	Tempelsteuer
18, 10	Die Engel der Kleinen
18,(15)16–20	Gemeindeordnung
18, 23–35	Die Parabel vom Schalksknecht
19, 10–12	Von den Verschnittenen
20, 1–16	Gleichnis von den Arbeitern im Weinberg
21, 14–16	Blinde, Lahme und Kinder im Tempel
21, 28–32	Gleichnis von den ungleichen Söhnen
25, 1–13	Gleichnis von den zehn Jungfrauen
25, 31–46	Vom Weltgericht
26, 52–53	Worte Jesu bei der Verhaftung
27, 3–10	Das Ende des Judas
27, 19	Die Frau des Pilatus
27, 24–25	Pilatus und das Volk
27, 51–53	Wunder bei Jesu Tod
27, 62–66	Die Grabeswächter
28, 2–3	Der Engel, der den Stein wegwälzt
28,9–10	Der Auferstandene vor den Frauen
28, 11–15	Der Betrug der Hierarchen
28, 16–20	Der Auferstandene vor den Jüngern

Das Lukas-Sondergut:

1–2	Vorgeschichte
3, 10–14	Standespredigt des Täufers
3, 23–38	Geschlechtsregister
5, 1–11	Fischzug des Petrus
7, 11–17	Der Jüngling von Nain
7, 36–50	Die große Sünderin
8, 1–3	Die dienenden Frauen
9, 51–56	Ablehnung Jesu in Samaria
10, 18–20	Worte bei der Rückkehr der Jünger
10, 29–37	Der barmherzige Samariter
10, 38–42	Marta und Maria
11, 5–8	Gleichnis vom bittenden Freund
11, 27–28	Seligpreisung der Mutter Jesu
12, 13–21	Der reiche Narr
12, 35–37	Vom wiederkommenden Herrn
12, 47–48	Vom Knechtslohn
12, 49	Spruch vom Feuer
12, 54–56	Zeichen der Zeit
13, 1–9	Bußruf über Israel
13, 10–17	Heilung einer Frau am Sabbat
13, 31–33	Die Nachstellungen des Herodes Antipas
14, 1–6	Heilung eines Wassersüchtigen
14, 7–14	Gastmahlsreden

14, 28–33	Von den Jüngerpflichten
15,8–10	Der verlorene Groschen
15, 11–32	Der verlorene Sohn
16, 1–12	Der ungerechte Haushalter
16, 14–15	Der Hochmut der Pharisäer
16, 19–31	Vom reichen Mann und armen Lazarus
17, 7–10	Vom Knechtslohn
17, 11–19	Heilung der zehn Aussätzigen
18, 1–8	Gleichnis vom Richter und der Witwe
18,9–14	Gleichnis vom Pharisäer und Zöllner
19, 2–10	Zachäus
19, 41–44	Weissagung über die Zerstörung Jerusalems
22, 15–18	Das Passamahl als Abschiedsmahl
22, 35–38	Worte Jesu beim letzten Mahl
23, 6–16	Jesus auf dem Weg nach Golgatha
23, 39–43	Der Schächer am Kreuz
24, 13–35	Die Emmausjünger
24, 36–53	Offenbarung in Jerusalem und Himmelfahrt des Auferstandenen

Über die Herkunft des Sondergutes sind keine sicheren Angaben möglich, ein großer Teil stammt sicherlich aus der dem jeweiligen Evangelisten zugänglichen mündlichen Tradition. Bei einer Anzahl von Texten ist die Zuordnung unsicher. Sie werden zumeist entweder Q^{Mt} bzw. Q^{Lk} (s. u. 3.3.2) oder dem jeweiligen Sondergut zugeordnet: Mt 5, 21 f.27 f.33–37 (Gesetzesauslegungen), Mt 6, 2–6. 16–18 (Frömmigkeitsregeln), Mt 18, 15–18 (Gemeinderegel), Mt 22, 11–13 (Gleichnis vom hochzeitlichen Kleid); Lk 15,8–10 (Der verlorene Groschen), Lk 15, 11–32 (Der verlorene Sohn).

Das umfangreiche lukanische Sondergut weist thematische Schwerpunkte auf (Jesu Parteinahme für die Armen, seine Kritik am Reichtum, Jesu Umgang mit Sündern und Frauen, die Bedeutung des Gebetes, Aufruf zur Demut, positive Wertung der Samaritaner)[78]. Über die Träger des lukanischen Sondergutes sind nur Vermutungen möglich. Die Gemeinde könnte im Umfeld von Jerusalem zu suchen sein[79]. „Sie war überzeugt, dass Israel nur dann überleben kann, wenn es sich wieder um die Ausgestoßenen kümmert, wenn es wie Jesus Erbarmen fühlt und sich denen zuwendet, die sich selber nicht helfen können."[80] Das matthäische Sondergut ist dagegen uneinheitlicher, ohne erkennbare theologische Leitmotive und kaum einem einheitlichen Traditionskreis zuzuschreiben[81].

78 Vgl. H. Klein, Barmherzigkeit gegenüber den Elenden und Geächteten. Studien zur Botschaft des lukanischen Sonderguts, BThSt 10, Neukirchen 1987; G. Petzke, Das Sondergut des Evangeliums nach Lukas, Zürich 1990; B. Pittner, Studien zum lukanischen Sondergut, EThS 18, Leipzig 1991; B. Heininger, Metaphorik, Erzählstruktur und szenisch-dramatische Gestaltung in den Sondergutgleichnissen bei Lukas, NTA 24, Münster 1991.

79 So H. Klein, Barmherzigkeit, 134.

80 A. a. O., 130.

81 Zur Analyse der Texte vgl. H.Th. Wrege, Das

3.2.5 Schematische Darstellung der Zweiquellentheorie

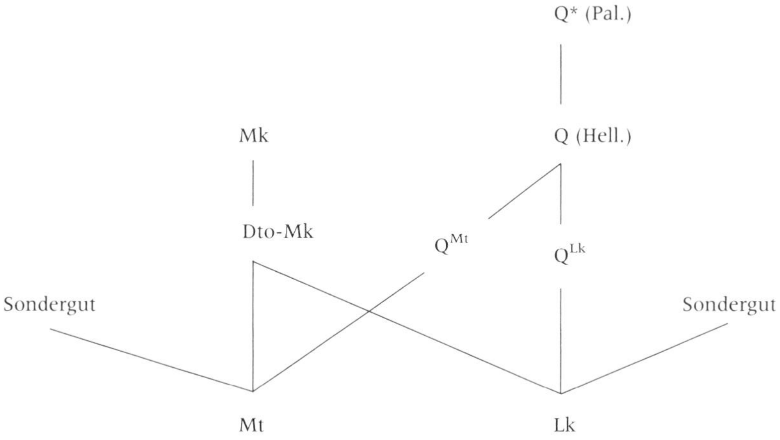

3.2.6 Die Komposition der synoptischen Überlieferung

Jede Geschichte lässt sich auf andere Weise erzählen. Schon ein einfacher Blick in die Synopse zeigt, dass Matthäus und Lukas das ihnen vorliegende Markusevangelium in unterschiedlicher Art und Weise rezipierten. Matthäus platziert z. B. Erzählungen aus dem Markusevangelium an anderer Stelle als Lukas; Lukas wiederum lässt erheblich mehr Markustexte aus als Matthäus. Bei ihrem Umgang mit dem Markusevangelium folgen Matthäus und Lukas bestimmten Kriterien, die sich aus ihrer Gemeindesituation, ihren eigenen theologischen und literarischen Intentionen sowie den zusätzlichen Überlieferungen (der Logienquelle, dem jeweiligen Sondergut) ergeben.

Die folgenden Tabellen wollen diesen Vorgang in seinen Grundzügen durchsichtig machen, indem sie von Markus als gemeinsamer Mitte des Matthäus und Lukas ausgehen und zeigen, wie der Rezeptionsprozess verlief. Ein Pfeil ↓ zeigt jeweils an, welchem bzw. welchen Evangelisten die Darstellung in den Tabellen folgt. Die rechten Blöcke geben den Inhalt des Textes/der Texte und ihre quellenmäßige Verortung an (Mk, Q bzw. $Q^{Mt/Lk}$, S bzw. $S^{Mt/Lk}$). Die grau schraffierten Blöcke kennzeichnen jene Schaltstellen, an denen die Großevangelisten eigene Wege gehen oder wieder in die Markus-Sequenz zurückkehren.

Sondergut des Matthäus-Evangeliums, Zürich 1991, der allerdings dem mt. Sondergut viele Texte zuordnet, die sonst als Bestandteil der Logienquelle angesehen werden. Vgl. ferner H. Klein, Judenchristliche Frömmigkeit im Sondergut des Matthäus, NTS 35 (1989), 466–474; ders., Bewährung im Glauben, BThSt 20, Neukirchen 1996. Nach Klein behandeln die mt. Sonderguttexte vornehmlich drei Komplexe: In den Gleichnissen wird die Zuwendung Jesu zu den Armen und Elenden thematisiert, die Gesetzesworte warnen vor einer laxen Lebensführung, die Worte über Petrus und den Gemeindeaufbau sind zentrale Begründungselemente der Ekklesiologie.

Matthäus	Markus	Lukas	
3, 1–12	1, 1–8 ↓	3, 1–18	Johannes der Täufer (Mk/Q/S)
3, 1–6	1, 1–6 ↓	3, 1–6	Auftreten des Täufers (Mk)
3, 7–10 ↓		3, 7–9 ↓	Bußpredigt J.d.T. (Q)
		3, 10–14 ↓	Standespredigt J.d.T. (S^{LK})
3, 11–12 ↓	1, 7–8 ↓	3, 15–18 ↓	Das Zeugnis des Täufers (Mk/Q)
14, 3–4	6, 17–18	3, 19–20 ↓	Gefangennahme des Täufers (Mk)
3, 13–17	1, 9–11 ↓	3, 21–22	Die Taufe Jesu (Mk)
(1, 1–17)		3, 23–38 ↓	Stammbaum Jesu (S^{Lk})
4, 1–11 ↓	1, 12–13 ↓	4, 1–13 ↓	Versuchung in der Wüste (Mk/Q)

Matthäus	Markus	Lukas	
(1, 1) ↓		1, 1–4 ↓	Einleitung (Redaktion)
1, 1–2, 23 ↓		1, 5–2, 52 ↓	Die Vorgeschichte (S^{Mt}/S^{Lk})
3, 1–4, 11 ↓	1, 1–13 ↓	3, 1–4, 13 ↓	Johannes d. T., Taufe Jesu, Versuchung (Mk/Q)
4, 12–25	1, 14–39 ↓	4, 14–5, 11	Erste Wirksamkeit in Galiläa (Mk)
Umstellungen 8/9/12	1, 40–3, 6 ↓	5, 12–6, 11	Weitere Wirksamkeit in Galiläa (Mk)
4, 24 f; 10, 2–4	3, 7–19 ↓	6, 12–19	Wirksamkeit vor größerer Öffentlichkeit (Mk)

Mit dem Beginn einer Jesus-Christus-Darstellung fällt die Entscheidung über ihren Charakter. Als Setzung des Erzählers ist der Anfang der Weg, der den Hörern und Lesern gewiesen wird. So verwundert es nicht, wenn Lukas und Matthäus den Anfang ihrer Jesus-Christus-Geschichte anders gestalten als Markus. Während Markus die Geschichte Jesu Christi mit seiner Taufe durch Johannes beginnen lässt (1. Block), bilden bei Matthäus und Lukas die Vorgeschichten den Auftakt des Evangeliums (2. Block). Diese Vorgehensweise ist zum einen durch die Stoffe bedingt, die Matthäus und Lukas in ihrem Sondergut vorfanden; sie entspricht aber auch literarischer Konvention der Zeit, wie sie z.B. auch in den Biographien des Plutarch zu beobachten ist. Zugleich setzen beide Evangelisten aber auch theologische Akzente, denn die Vorgeschichten enthalten als Proömien bereits das gesamte Wirken Jesu Christi in nuce. Ab dem jeweiligen dritten Kapitel folgen Matthäus und Lukas der Markus-Sequenz, integrieren aber zugleich verwandte Stoffe aus dem Sondergut und der Logienquelle. Auf den Täufer-Komplex folgt die Darstellung der ersten Wirksamkeit Jesu, bei der Matthäus und Lukas grundsätzlich in der markinischen Reihenfolge verbleiben. Matthäus nimmt allerdings bei den Wundergeschichten Umstellungen vor, was seiner Tendenz entspricht, thematische Blöcke zu schaffen.

Matthäus	Markus	Lukas	
		6,20–8,3 ↓	Die kleine lukanische Einschaltung (Q/S^{LK})
5–7 ↓		6,20–49 ↓	Bergpredigt/Feldrede ($Q^{Mt/Lk}$)
		6,20–26 ↓	Seligpreisungen/Weherufe (Q^{Lk})
		6,27–36 ↓	Die positive Forderung (Q^{Lk})
		6,37–42 ↓	Die negative Forderung (Q^{Lk})
		6,43–49 ↓	Das Kriterium der Tat (Q^{Lk})
5,1–2 ↓			Der Rahmen I (Q^{Mt})
5,3–12 ↓			Seligpreisungen (Q^{Mt})
5,13–16 ↓			Vom Salz und vom Licht (Q^{Mt})
5,17–48 5,17–20 ↓ 5,21–48 ↓			1. Hauptteil: Die größere Gerechtigkeit Der Grundsatz (Q^{Mt}) Die Antithesen (Q^{Mt})
6,1–7,12 6,1–18 ↓ 6,19–34 ↓ 7,1–12 ↓			2. Hauptteil: Gerechtigkeit vor Gott Gott als Adressat der Gerechtigkeit (Q^{Mt}) Das Himmelreich als Ziel der Gerechtigkeit (Q^{Mt}) Liebe als Grund-Satz der größeren Gerechtigkeit (Q^{Mt})

Matthäus	Markus	Lukas	
7,13–27			Schluss: Das Tun als Kriterium der Gerechtigkeit
7,13f ↓			Die beiden Wege (Q^{Mt})
7,15–20 ↓			Warnung vor falschen Propheten (Q^{Mt})
7,21–23 ↓			Nicht Bekenntnis, sondern Tat (Q^{Mt})
7,24–27 ↓			Hören und Tun (Q^{Mt})
7,28f ↓			Der Rahmen II (Q^{Mt})

Den Andrang des Volkes in Mk 3,7ff verstanden Lukas und Matthäus in ähnlicher Weise; für sie war er das Signal, dass Jesus nun etwas Besonderes sagen muss. Dies tut er bei Lukas mit der Feldrede und bei Matthäus mit der Bergpredigt. Die Feldrede ist Teil der kleinen lukanischen Einschaltung, die Lk 6,20–8,3 umfasst. Lukas schaltet dieses Stück zwischen Mk 3,19 und 3,20 ein, um Material aus der Logienquelle und seinem Sondergut einzuarbeiten. Während Lukas bei der Feldrede die Q-Komposition im Wesentlichen übernimmt, baut Matthäus unter Aufnahme weiteren Q-Materials die erste Rede Jesu zu einer umfassenden Selbstvorstellung aus.

Matthäus	Markus	Lukas	
8–9 ↓			Der mt. Wunderzyklus (Mk/Q)
8,1–4 ↓	1,40–45		Ein Aussätziger (Mk)
8,5–13 ↓		7,1–10	Hauptmann von Kapernaum (Q)
8,14f ↓	1,29–31		Schwiegermutter des Petrus (Mk)
8,16f ↓	1,32–34		Krankenheilungen (Mk)
8,18–22 ↓		9,57–62	Nachfolgesprüche (Q)
8,23–27 ↓	4,35–41		Stillung des Seesturmes (Mk)
8,28–34 ↓	5,1–20		Der Besessene von Gerasa (Mk)
9,1–8 ↓	2,1–12		Heilung eines Gelähmten (Mk)
9,9–13 ↓	2,13–17		Zöllnergastmahl (Mk)
9,14–17 ↓	2,18–22		Fastenfrage (Mk)

Matthäus	Markus	Lukas	
9, 18–26 ↓	5, 21–43		Die Tochter des Jairus/blutflüssige Frau (Mk)
9, 27–34 ↓	10, 46–52; 3, 22		Zwei Blinde/ein Stummer (Mk)

Matthäus nimmt den Markusfaden wieder auf, den er bei Mk 1, 39 verließ, so dass Mt 8, 1–4 genau Mk 1, 40–45 entspricht. An die Bergpredigt schließt Matthäus bewusst einen Wunderzyklus an, denn er will die Worte und Taten des Messias darstellen (vgl. Mt 11, 2). Die überlegte Komposition zeigt sich auch in der fast wörtlichen Wiederholung von Mt 4, 23 in Mt 9, 35. Zudem folgte bereits in der Logienquelle auf die Feldrede eine Wundererzählung (Hauptmann von Kapernaum).

Matthäus	Markus	Lukas	
		7, 1–8, 3 ↓	Der Rest der kleinen Einschaltung (Q/S)
8, 5–13		7, 1–10 ↓	Hauptmann von Kapernaum (Q)
		7, 11–17 ↓	Jüngling von Nain (S^{Lk})
11, 2–6		7, 18–23 ↓	Täuferanfrage (Q)
11, 7–19		7, 24–35 ↓	Zeugnis des Täufers über Jesus (Q)
		7, 36–50 ↓	Jesus und die Sünderin (S^{Lk})
		8, 1–3 ↓	Frauen im Gefolge Jesu (Redaktion)
12, 22–30 12, 46–50	3, 20–35 ↓	11, 14–23 8, 19–21	Jesus und die Dämonen/Unverständnis der Verwandten (Mk/Q)

Im zweiten Teil seiner kleinen Einschaltung verarbeitet Lukas Material aus der Logienquelle und seinem Sondergut. Nach Kap. 8, 3 schließt sich Lukas dann wieder der Markusabfolge an, allerdings übergeht er Mk 3, 20–35 an dieser Stelle; er stellt um und integriert inhaltlich verwandtes Material aus der Logienquelle.

Matthäus	Markus	Lukas	
13,1–52	4,1–34 ↓	8	Jesu Lehre in Gleichnissen (Mk/Q/S)
13,1–9	4,1–9 ↓	8,4–8	Der Sämann (Mk)
13,10–17	4,10–12 ↓	8,9–10	Der Sinn der Gleichnisrede (Mk)
13,18–23	4,13–20 ↓	8,11–15	Deutung des Gleichnisses (Mk)
5/10/13	4,21–25 ↓	6/8/12	Einzelsprüche (Mk/Q)
	4,26–29 ↓		Selbstwachsende Saat (S^{Mk})
13,24–30 ↓			Unkraut unter dem Weizen (S^{Mt})
13,31–32 ↓	4,30–32 ↓	13,18–19 ↓	Vom Senfkorn (Mk/Q)
13,33 ↓		13,20–21 ↓	Gleichnis vom Sauerteig (Q)
13,34–35	4,33–34 ↓		Begründung der Gleichnisrede (Mk)
13,36–43 ↓			Deutung des Gleichnisses vom Unkraut (S^{Mt})
13,44–46 ↓			Gleichnis vom Schatz und der Perle (S^{Mt})
13,47–50 ↓			Gleichnis vom Fischernetz (S^{Mt})
13,51–52 ↓			Bildwort vom Hausvater (S^{Mt})

Matthäus und Lukas gehen zunächst mit Markus parallel; alle Evangelisten beginnen jeweils mit dem Gleichnis vom Sämann und lassen dann die Parabeltheorie sowie die Deutung des Sämanngleichnisses folgen. Die Einzelsprüche Mk 4,21–25 werden von Matthäus und Lukas nur teilweise übernommen; das Gleichnis von der selbstwachsenden Saat fehlt bei Matthäus und Lukas. Beim Senfkorngleichnis haben die beiden Großevangelisten neben der Markusfassung noch eine Q-Version. Während die Verarbeitung des Stoffes bei Lukas eher unauffällig erfolgt, fasst Matthäus den Stoff zu seiner großen Gleichnisrede zusammen, in die er umfangreiches Sondergut integriert.

Matthäus	Markus	Lukas	
8/9/13	4, 35–6, 6a ↓	8/4	Jesu Wunderwirken und seine Ablehnung in Nazareth (Mk)
8, 18.23–27	4, 35–41 ↓	8, 22–25	Sturmstillung (Mk)
8, 28–34	5, 1–20 ↓	8, 26–39	Der Besessene von Gerasa (Mk)
9, 18–26	5, 21–43 ↓	8, 40–56	Die Tochter des Jairus/blutflüssige Frau (Mk)
13, 53–58	6, 1–6a ↓	4, 16–30	Ablehnung in Nazareth (Mk)

Lukas folgt im Wesentlichen der Reihenfolge des Markus, Matthäus hingegen verarbeitete die Wundergeschichten aus Mk 4–5 bereits in seinem Wunderzyklus Mt 8–9. Den Inhalt der Nazarethperikope ändert Matthäus nur unwesentlich, er platziert sie im Anschluss an die Gleichnisrede. Bei Lukas hingegen wird die Antrittspredigt Jesu in Nazareth zu einem programmatischen Text ausgebaut.

Matthäus	Markus	Lukas	
10(9, 35–11, 1) ↓	6, 6b-13 ↓	9, 1–6; 10, 1–12 ↓	Aussendung der Jünger (Mk/Q)

Während Mk 6, 6b–13 die Verwirklichung der in Mk 3, 14f angekündigten Aussendung der Zwölf ist, hat die Aussendung der Jünger im Matthäusevangelium eine völlig andere Stellung. Matthäus gliedert den Stoff stärker thematisch und schließt an die Jesusworte in der Bergpredigt und seinem Handeln im Wunderzyklus nun die Aussendung der Jünger an. Neben der von Markus überlieferten Aussendung der Jünger fanden sowohl Matthäus als auch Lukas diesen Stoff in der Logienquelle vor. Während Matthäus aus beiden Quellen eine Komposition bildete, übernimmt Lukas in Kap. 9, 1–6 die markinische Aussendungstradition und gestaltet die Version der Logienquelle zu einer Aussendung der 72 Jünger im Rahmen des Reiseberichtes (Lk 10, 1–12).

Matthäus	Markus	Lukas	
14, 1–21	6, 14–44 ↓	9, 7–17	Weiteres Wirken in Galiläa (Mk)
14, 1–2	6, 14–16 ↓	9, 7–9	Jesus und Herodes Antipas (Mk)
14, 3–12	6, 17–29 ↓	3, 19f	Der Tod des Täufers (Mk)

Matthäus	Markus	Lukas	
	6,30–31 ↓		Die Rückkehr der Jünger (Mk)
14,13–21	6,32–44 ↓	9,10–17	Speisung der 5000 (Mk)

Bei der Darstellung des gespannten Verhältnisses zwischen Jesus und Herodes Antipas gehen alle drei Evangelisten im Wesentlichen parallel, während der Tod des Täufers bei Lukas nicht berichtet wird. Er erwähnt nur die Gefangennahme in 3,19f, weil er strikt zwischen dem Wirken Johannes des Täufers und Jesus trennt. Die Rückkehr der Jünger ist in Mk 6,30–31 bereits mit der Speisungsgeschichte verbunden, Matthäus und Lukas lassen sie faktisch aus. Bei der Speisung der 5000 folgen Matthäus und Lukas über weite Strecken Markus.

Matthäus	Markus	Lukas	
			Die große luk. Auslassung (Mk 6,45–8,26)
14,22–33	6,45–52 ↓		Der Seewandel (Mk)
14,34–36	6,53–56 ↓		Heilungen am See Genezareth (Mk)
15,1–20	7,1–23 ↓		Rein und Unrein (Mk)
15,21–28	7,24–30 ↓		Heilung der Syrophönizierin (Mk)
(15,29–31)	7,31–37 ↓		Heilung eines Taubstummen (Mk)
15,32–39	8,1–10 ↓		Speisung der 4000 (Mk)
16,1–4	8,11–13 ↓		Zeichenforderung der Pharisäer (Mk/Q)
16,5–12	8,14–21 ↓		Unverständnis der Jünger (Mk)
	8,22–26 ↓		Die Heilung eines Blinden (Mk)

Für den Aufbau des Lukasevangeliums ist die Auslassung von Mk 6,45–8,26 von besonderer Bedeutung. Lukas wollte wahrscheinlich Dubletten vermeiden (vgl. die Speisung der 4000 in Mk 8,1–10), zudem interessierte ihn die Thematik ‚rein-unrein' in Mk 7,1–23 wohl nicht mehr. Die große Auslassung, die Vorgeschichte und der Reisebericht geben dem Lukasevangelium eine völlig andere Makrostruktur, als sie im Markusevangelium zu finden ist.

Matthäus	Markus	Lukas	
	8, 27–10, 52 ↓		Von Galiläa nach Jerusalem (Mk)
16, 13–20	8, 27–30 ↓	9, 18–21	Das Bekenntnis des Petrus (Mk)
16, 21–23	8, 31–33 ↓	9, 22	1. Leidensankündigung (Mk)
16, 24–28	8, 34–9, 1 ↓	9, 23–27	Nachfolgesprüche (Mk/Q)
17, 1–9	9, 2–10 ↓	9, 28–36	Verklärung (Mk)
17, 10–13	9, 11–13 ↓		Wiederkunft des Elia (Mk)
17, 14–21	9, 14–29 ↓	9, 37–43 a	Heilung eines besessenen Knaben (Mk)
17, 22–23	9, 30–32 ↓	9, 43b-45	2. Leidensankündigung (Mk)
18, 1–5	9, 33–37 ↓	9, 46–48	Rangstreit der Jünger (Mk)
	9, 38–41 ↓	9, 49–50	Fremder Dämonenaustreiber (Mk)
18, 6–9/5, 13	9, 42–50 ↓	17, 2/14, 34–35	Anstoß und Verführung (Mk/Q)
19, 1–12	10, 1–12 ↓	16, 18	Über die Ehescheidung (Mk/Q)
19, 13–15	10, 13–16 ↓	18, 15–17	Jesus und die Kinder (Mk)
19, 16–30	10, 17–31 ↓	18, 18–30	Von der Gefahr des Reichtums (Mk)
20, 17–19	10, 32–34 ↓	18, 31–34	3. Leidensankündigung (Mk)
20, 20–28	10, 35–45 ↓	(22, 24–27)	Die Zebedäussöhne (Mk)
20, 29–34	10, 46–52 ↓	18, 35–43	Bartimäus (Mk)

Die Erwähnung des ‚Weges' in Mk 8, 27 und 10, 52 sowie die drei Leidensankündigungen mit den jeweils folgenden drei Einweisungen in die Nachfolge und die Jüngerschaft strukturieren den zweiten Hauptteil des Markusevangeliums. Matthäus folgt weitgehend der Reihenfolge und dem Stoff des Markus, setzt aber durch die Gemeinderede in Mt 18, 1–19, 1 eigene Akzente. Auch Lukas verbleibt prinzipiell innerhalb des markinischen Schemas, weitet jedoch den Übergang von Galiläa nach Jerusalem durch seinen Reisebericht (9, 51–19, 27) erheblich aus.

Matthäus	Markus	Lukas	
18,1–19,1 ↓			Die Gemeinderede (Mk/Q/S)
18,1–5 ↓	9,33–37	9,46–48	Rangstreit der Jünger (Mk)
18,6–9 ↓	9,42–50		Anstoß und Verführung (Mk)
18,10 ↓			Die Kleinen (S^{Mt})
18,12–14 ↓		15,3–7	Das verlorene Schaf (Q)
18,15–18 ↓		17,3	Verantwortung in der Gemeinde (Q/ S^{Mt})
18,19–20 ↓			Die Macht des Gebetes (S^{Mt})
18,21–22 ↓		17,4	Vom Vergeben (Q)
18,23–35 ↓			Der unbarmherzige Knecht (S^{Mt})
19,1 ↓			Redaktion

Die Gemeinderede in Mt 18 als vierte der fünf großen Reden bei Matthäus thematisiert, was das gesamte Evangelium durchzieht: Die Unterweisung der Jünger und damit auch der nachösterlichen Gemeinde. Matthäus orientiert sich an der durch Markus vorgegebenen Reihenfolge und ergänzt den Stoff aus der Logienquelle und seinem Sondergut.

Matthäus	Markus	Lukas	
		9,51–19,27 ↓	Der luk. Reisebericht (Q/S^{Lk}/Mk)
		9,51–18,14 ↓	Die große luk. Einschaltung (Q/S^{Lk})
19,1–2	10,1	9,51–56 ↓	Aufbruch nach Jerusalem (Mk) und Ablehnung in Samaria (S^{Lk})
8,18–22		9,57–62 ↓	Menschensohn und Nachfolge (Q)
9/10		10,1–12 ↓	Aussendung der Jünger (Q)
11,20–24		10,13–15 ↓	Weherufe (Q)
11,40		10,16 ↓	Wer euch hört, hört mich (Q)

Matthäus	Markus	Lukas	
		10, 17–20 ↓	Rückkehr und Erfolg der Jünger (S^{Lk})
11, 25–27		10, 21–24 ↓	Jubelruf (Q)
		10, 25–37 ↓	Der barmherzige Samariter (S^{Lk})
		10, 38–42 ↓	Maria und Marta (S^{Lk})
6, 9–13/7, 7–11		11, 1–13 ↓	Vom Gebet (Vaterunser, bittender Freund, Bitten und Empfangen) (Q/S^{Lk})
12, 22–30	3, 22–27	11, 14–23 ↓	Jesus und die bösen Geister (Q/Mk)
12, 43–45		11, 24–26 ↓	Rückkehr der unreinen Geister (Q)
		11, 27–28 ↓	Seligpreisungen (S^{Lk})
12, 38–42		11, 29–32 ↓	Zeichen des Jonas (Q)
5, 15/6, 22 f		11, 33–36 ↓	Sprüche vom Licht (Q)
23, 1–36		11, 37–54 ↓	Gegen die Pharisäer und Schriftgelehrten (Q)
10, 26 f.28–33		12, 1–12 ↓	Vom mutigen Bekennen (Q)
		12, 13–21 ↓	Der törichte Reiche (S^{Lk})
6, 25–33		12, 22–32 ↓	Vom Sorgen/Vom Schätzesammeln (Q)
24/25		12, 33 f.35–48 ↓	Wachsamkeit und Treue (Q/S^{Lk})
10, 34–36		12, 49–53 ↓	Entzweiung und Zwietracht (Q)
16, 2f/5, 25–26		12, 54–59 ↓	Die rechte Beurteilung der Gegenwart (Q/S^{Lk})
		13, 1–9 ↓	Mahnung zur Umkehr (S^{Lk})
		13, 10–17 ↓	Heilung einer Frau am Sabbat (S^{Lk})
13, 31 f.33		13, 18–21 ↓	Vom Senfkorn und Sauerteig (Q)
7/25/8		13, 22–30 ↓	Enge und verschlossene Tür (Q)

Matthäus	Markus	Lukas	
23		13, 31–35 ↓	Vom Sterben in Jerusalem (S^{Lk}/Q)
		14, 1–14 ↓	Heilung des Wassersüchtigen/ Tischgespräche (S^{Lk})
22, 1–14		14, 15–24 ↓	Gleichnis vom großen Gastmahl (Q)
10/5		14, 25–35 ↓	Vom Ernst der Jüngerschaft (S^{Lk}/Q)
18, 12–14		15, 1–7 ↓	Verlorenes Schaf (Q)
		15, 8–10 ↓	Verlorene Drachme (S^{Lk})
		15, 11–32 ↓	Verlorener Sohn (S^{Lk})
		16, 1–8 ↓	Der kluge Verwalter (S^{Lk})
5/6/19/21		16, 9–18 ↓	Umgang mit Besitz, Geltung des Gesetzes (Q/S^{Lk})
		16, 19–31 ↓	Reicher Mann und armer Lazarus (S^{Lk})
18, 6f.15; 17, 19–21		17, 1–10 ↓	Mahnungen und Weisungen (Q/ S^{Lk})
		17, 11–19 ↓	Der dankbare Samaritaner (S^{Lk})
24		17, 20–37 ↓	Die kleine Endzeitrede (Q/S^{Lk})
		18, 1–8 ↓	Das Gleichnis vom Richter und der Witwe (S^{Lk})
		18, 9–14 ↓	Das Gleichnis vom Pharisäer und Zöllner (S^{Lk})
19, 13–15	10, 13–16 ↓	18, 15–17	Jesus und die Kinder (Mk)
19, 16–30	10, 17–31 ↓	18, 18–30	Der reiche Jüngling/Nachfolge (Mk)
20, 17–19	10, 32–34 ↓	18, 31–34	3. Leidensankündigung (Mk)
20, 29–34	10, 46–52 ↓	18, 35–43	Heilung eines Blinden (Mk)
		19, 1–10 ↓	Zachäus (S^{Lk})
25, 14–30		19, 11–27 ↓	Das anvertraute Geld (Q)

Lukas verarbeitet im Reisebericht vornehmlich Material aus der Logienquelle und seinem Sondergut. Er dehnt den Weg Jesu nach Jerusalem gegenüber Markus und Matthäus um ein Vielfaches aus, wodurch der Eindruck eines gänzlich anderen Aufbaues des Evangeliums entsteht. Beim Reisebericht handelt es sich um eine bewusste Gestaltung, worauf die sprachlichen Signale in Lk 9, 51 („Es geschah aber, als sich die Tage seiner Hinaufnahme erfüllten, da richtete er sein Angesicht darauf, nach Jerusalem zu gehen") und 19, 28 („und als er das gesagt hatte, zog er weiter auf dem Weg nach Jerusalem hinauf") hinweisen. Jesus geht nicht zufällig, sondern im Zuge des für Lukas typischen Erfüllungsgedankens nach Jerusalem. In Lk 18, 15 kehrt der Evangelist wieder zur markinischen Reihenfolge zurück, so dass man vom lukanischen Reisebericht noch die große lukanische Einschaltung Lk 9, 51–18, 14 unterscheiden kann (vgl. die kleine Einschaltung in Lk 6, 20–8, 3). Eine Gliederung des Reiseberichtes ist kaum möglich, da weder geographisch noch inhaltlich ein kontinuierlicher Fortschritt zu erkennen ist. Allerdings finden sich eingestreute Bemerkungen über den Weg nach Jerusalem in Lk 13, 22 und 17, 11, so dass drei Abschnitte innerhalb des Reiseberichtes unterschieden werden können, die jeweils einen gewissen thematischen Schwerpunkt aufweisen: Lk 9, 51–13, 21 (Jüngerschaft und Mission); Lk 13, 22–17, 10 (Rettung des Verlorenen); Lk 17, 11–19, 27 (Jüngerschaft und Eschatologie).

Matthäus	**Markus**	**Lukas**	
21, 1–28, 20	11, 1–16, 8	19, 28–24, 53	Jesus und sein Geschick in Jerusalem (Mk/Q/S)
21, 1–22, 46	11, 1–12, 44 ↓	19, 28–21, 4	Wirksamkeit in Jerusalem (Mk)
21, 1–11	11, 1–11 ↓	19, 28–40	Einzug in Jerusalem (Mk)
21, 18–19	11, 12–14 ↓	13, 6–9	Verfluchung des Feigenbaumes (Mk)
21, 12–17	11, 15–19 ↓	19, 45–48	Tempelreinigung (Mk)
21, 20–22	11, 20–25 ↓		Aussicht des Glaubens (Mk)
21, 23–27	11, 27–33 ↓	20, 1–8	Vollmacht des Glaubens (Mk)
21, 28–32 ↓			Die ungleichen Söhne (S^{Mt})
21, 33–46	12, 1–12 ↓	20, 9–19	Die bösen Weingärtner (Mk)
22, 1–14 ↓		14, 16–24	Königliches Hochzeitsmahl (Q)
22, 15–22	12, 13–17 ↓	20, 20–26	Kaiserliche Steuer (Mk)

Matthäus	Markus	Lukas	
22, 23–33	12, 18–27 ↓	20, 27–40	Auferstehung der Toten (Mk)
22, 34–40	12, 28–34 ↓	10, 25–28	Das größte Gebot (Mk)
22, 41–46	12, 35–37 ↓	20, 41–44	Der Sohn Davids (Mk)
23	12, 38–40 ↓	20, 45–47	Warnung vor den Schriftgelehrten (Mk)
	12, 41–44 ↓	21, 1–4	Scherflein der Witwe (Mk)

Jesu Wirksamkeit in Jerusalem bildet den letzten Hauptteil der synoptischen Evangelien. Matthäus und Lukas gehen im Prinzip mit Markus parallel, setzen jedoch bei der narrativen und dramaturgischen Ausgestaltung der Themenbereiche ‚Wirksamkeit in Jerusalem', ‚Endzeitrede', ‚Passionsgeschichte und Auferstehungsbotschaft' auch eigene Akzente.

Matthäus	Markus	Lukas	
23, 1–39 ↓	12, 38–40	11, 39–51; 20, 45–47; 13, 34f	Wider die Schriftgelehrten und Pharisäer (Q/Mk/S^{Mt})
24–25	13 ↓	21, 5–36	Die Endzeitrede Jesu (Mk/Q/S^{Mt})
	13, 1–3 ↓	21, 5f	Szenische Einleitung (Mk)
10, 17–22	13, 4–23 ↓	21, 7–24	Die Zeit bis zum Kommen des Menschensohnes (Mk/Q)
	13, 24–27 ↓	21, 25–28	Das Kommen des Menschensohnes (Mk)
	13, 28–37 ↓	21, 29–36	Mahnungen zur Wachsamkeit (Mk)
24, 1–3 ↓	13, 1–3		Szenische Einleitung (Mk)

Matthäus	Markus	Lukas	
24, 4–28 ↓	13, 4–23		Die Zeit bis zum Kommen des Menschensohnes (Mk/Q)
24, 29–31 ↓	13, 24–27	17, 22–37	Das Kommen des Menschensohnes (Mk/Q)
24, 32–44 ↓	13, 28–37		Mahnungen zur Wachsamkeit (Mk/Q)
24, 45–51 ↓		12, 41–46	Der treue und der böse Knecht (Q)
25, 1–13 ↓			Die klugen und törichten Jungfrauen (S^{Mt})
25, 14–30 ↓		19, 12–27	Die anvertrauten Talente (Q)
25, 31–46 ↓			Das Gericht über die Völker (S^{Mt})

Der Konflikt mit den Pharisäern wird bei Matthäus durch die Redekomposition Kap. 23 deutlich hervorgehoben. Alle drei Synoptiker platzieren unmittelbar vor der Passion eine große Rede Jesu, die sich mit der Endzeit beschäftigt. Bei Markus nimmt diese Rede schon auf Grund ihrer Länge eine Sonderstellung ein. Während Lukas eng an der Markusvorlage verbleibt, setzt Matthäus auch bei der Endzeitrede eigene Akzente; er übernimmt im Wesentlichen Stoff von Mk 13, ergänzt ihn aber durch Material aus der Logienquelle und dem Sondergut.

Matthäus	Markus	Lukas	
26, 1–27, 66	14, 1–15, 47 ↓	22, 1–23, 56	Die Passion Jesu (Mk)
26, 1–5	14, 1–2 ↓	22, 1–2	Tötungsplan des Hohen Rates (Mk)
26, 6–13	14, 3–9 ↓	7, 36–50	Salbung in Bethanien (Mk)
26, 14–19	14, 10–16 ↓	22, 3–13	Entschluss des Verrats, Vorbereitung des letzten Mahls (Mk)
26, 20–25	14, 17–21 ↓	22, 21–23	Ankündigung des Verrats (Mk)
26, 26–29	14, 22–25 ↓	22, 14–20	Das Mahl (Mk)
26, 30–35	14, 26–31 ↓	22, 31–34	Ankündigung der Verleugnung (Mk)
26, 36–46	14, 32–42 ↓	22, 39–46	Gethsemane (Mk)

Matthäus	Markus	Lukas	
26,47–56	14,43–52 ↓	22,47–53	Die Gefangennahme (Mk)
26,57–68	14,53–65 ↓	22,54–55. 66–71. 63–65	Verhör vor dem Hohen Rat (Mk)
26,69–75	14,66–72 ↓	22,56–62	Die Verleugnung (Mk)
27,1–2.11–14	15,1–5 ↓	23,1–5	Verhandlung vor Pilatus (Mk)
27,15–26	15,6–15 ↓	23,13–25	Freilassung des Barabbas (Mk)
27,27–31a	15,16–20a ↓		Verspottung im Prätorium (Mk)
27,31b-38	15,20b-27 ↓	23,33–34	Kreuzigung (Mk)
27,39–44	15,29–32 ↓	23,35–43	Verspottung am Kreuz (Mk)
27,45–56	15,33–41 ↓	23,44–49	Tod Jesu (Mk)
27,57–61	15,42–47 ↓	23,50–56	Das Begräbnis (Mk)

Innerhalb der Passionsgeschichte gehen die Synoptiker über weite Strecken parallel, nur bei Lukas finden sich einige bemerkenswerte Umstellungen und Erweiterungen. Sie verdanken sich dem Leitmotiv der gesamten lukanischen Passionsdarstellung: Jesus ist auch in der Passion der exemplarisch leidende Gerechte (vgl. z.B. Lk 23,34.47; 24,26).

Matthäus	Markus	Lukas	
28,1–20	16,1–8	24,1–53	Die Auferstehungsbotschaft (Mk/S)
28,1–10	16,1–8 ↓	24,1–12	Das leere Grab (Mk)
28,11–15 ↓			Der Betrug der Hohenpriester (S^{Mt})
28,16–20 ↓			Die bleibende Gegenwart des Auferstandenen (R)
		24,13–35 ↓	Die Emmausjünger (S^{Lk})
		24,36–49 ↓	Erscheinung vor den Zwölfen (S^{Lk})
		24,50–53 ↓	Die Himmelfahrt (S^{Lk})

Mit dem Tod am Kreuz ist das irdische Leben Jesu beendet. Dennoch schließen alle Evangelien nicht mit dem Begräbnis Jesu, sondern lenken den Blick der Leser auf seine Auferstehung. Während der vorliegende Text des Markusevangeliums diese Perspektive nur andeutet (vgl. Mk 16, 6f), verarbeiten Matthäus und vor allem Lukas Sondertraditionen, die in unterschiedlicher Art und Weise die Auferstehungswirklichkeit unterstreichen.

3.2.7 **Weitere Theorien zum synoptischen Problem**

Die Zweiquellentheorie war immer nur ein Lösungsmodell der durch die synoptische Frage aufgeworfenen Probleme. In der gegenwärtigen Forschung sind vier alternative Lösungsmodelle von besonderer Bedeutung:

1. Die *Zwei-Evangelien-Hypothese* (Two-Gospel-Hypothesis). Dieser vor allem von W. R. Farmer[82] und seinen Schülern vertretene Lösungsvorschlag sagt in seiner allgemeinen Form zunächst nur, dass Matthäus und Lukas vor Markus und Johannes geschrieben wurden. Unter Aufnahme umfangreicher mündlicher und schriftlicher Traditionen verfasste Matthäus als erster ein Evangelium, die Existenz von Q bestreitet Farmer. Nach Matthäus schrieb Lukas sein Evangelium, er rezipierte das Matthäusevangelium und weiteres mündliches und schriftliches Material. Schließlich konzipierte Markus sein Evangelium, indem er in einem umfangreichen Maße Matthäus und Lukas heranzog und in einem begrenzten Umfang auch noch anderes schriftliches bzw. mündliches Material verarbeitete. Für diese an Griesbach orientierte Benutzungshypothese mit Matthäus-Priorität werden folgende Hauptargumente angeführt:

a) Patristische Zeugnisse: Nach Euseb, HE VI 14, 5–7 gab Clemens von Alexandrien eine alte von Presbytern überlieferte Tradition wieder, wonach die Evangelien mit Genealogien zuerst geschrieben wurden. Augustin, De Consensu Evangelistarum 4, 10. 11, setzt einmal die Reihenfolge Matthäus – Lukas – Markus voraus[83].

b) Das Phänomen der Reihenfolge wird unter der Voraussetzung der Matthäuspriorität erklärt. Markus schrieb sein Werk als drittes Evangelium, wobei er sich

---

82 Die aktuelle Position Farmers und seiner Schüler lässt sich mit Angabe der neueren Literatur am besten nachlesen in dem Sammelband D. L. Dungan (Hg.), The Interrelations of the Gospels, 125–230. Vgl. ferner J. B. Orchard (Hg.), A Synopsis of the Four Gospels. In Greek. Arranged according the Two-Gospel-Hypothesis, Göttingen 1983.

83 Der entscheidende Textabschnitt in 4, 11 lautet: ... Markus „geht mit beiden (sc. Matthäus und Lukas). Denn sosehr er mit Matthäus in vielen Dingen übereinstimmt, stimmt er gleichwohl mit Lukas in manch anderen Bereichen umsomehr überein. Damit dadurch seine Verbundenheit mit dem Löwen und dem Kalb gezeigt werde ..." (vgl. Apk 4, 6. 7; Augustin identifiziert zuvor Markus mit dem Menschen in der Vision). Vgl. zur Analyse H. Merkel, Die Überlieferungen der Alten Kirche über das Verhältnis der Evangelien, in: D. L. Dungan (Hg.), The Interrelations of the Gospels, 566–590.

überwiegend an Matthäus, in einem geringeren Maße an Lukas orientierte. Dies erklärt die Übereinstimmungen, Auslassungen ergeben sich aus der theologischen Intention des Markus, der jüdische Traditionen ausließ und die Widersprüche zwischen Matthäus und Lukas auszugleichen suchte. Zudem wollte Markus das Matthäus- und Lukasevangelium nicht verdrängen, sondern nur ergänzen.

c) Die Vorgehensweise des Markus ergibt sich aus seinem historischen Ort. Das Markusevangelium entstand in Rom, „Marc's Gospel is fundamentally a restatement of the Gospels of Matthew and Luke for Roman Christians facing persecution."[84] Der Abfassungsort Rom erklärt auch die Nähe zu Paulus und die Orientierung an den Missionsreden des Petrus in der Apostelgeschichte, wo die Verkündigung auch erst mit dem Auftreten des Täufers einsetzte und die Logien Jesu keine Bedeutung haben. „Using Peter's public speeches as his guide and model Mark sought to produce the kind of vivid narrative message that the Apostle Peter had consistently proclaimed."[85]

d) Die minor agreements gelten als ein Beleg für eine Abfassung des Matthäus- und Lukasevangeliums vor Markus, sie werden als markinische Bearbeitungen des Matthäus- bzw. Lukastextes gewertet.

Die Zwei-Evangelien-Hypothese kann Einzelphänomene des synoptischen Problems durchaus sinnvoll erklären, zugleich müssen drei grundlegende Einwände gegen diese Theorie erhoben werden: 1. Die theologischen und literarischen Intentionen des Markus bei der Rezeption der beiden Großevangelien können nicht überzeugend dargestellt werden. Speziell die Dekomposition der großen Redekomplexe im Matthäusevangelium (z.B. Mt 5–7) durch Markus lässt sich nicht plausibel machen. 2. Wenn Lukas das Matthäusevangelium benutzte, müssen die Kriterien seiner Dekomposition matthäischer Textkomplexe gezeigt werden. 3. Die umfangreichen wörtlichen Übereinstimmungen in der Logienüberlieferung stellen ein weiteres Problem der Zwei-Evangelien-Hypothese dar. Es muss erklärt werden, warum Lukas einerseits über weite Strecken die matthäische Komposition radikal verändert, andererseits aber in der Logienüberlieferung umfangreiche Übereinstimmungen bestehen. Auffällig wäre zudem der Umfang des matthäischen Sondergutes, hätte es die Logienquelle nicht gegeben.

2. Eine sehr komplexe *Stufentheorie* (Multiple-Stage-Hypothesis) zur Erklärung des synoptischen Problems vertritt M.É. Boismard[86]. Er übernimmt sowohl Elemente der Zweiquellentheorie als auch der Griesbach-Hypothese. Danach bilden vier

---

84 W.R. Farmer, The Statement of the Hypothesis, in: D.L. Dungan (Hg.), The Interrelations of the Gospels, (126–156) 155.

85 Ebd.

86 Vgl. grundlegend P. Benoit – M.É. Boismard, Synopse des quatre évangiles, en français, Tome II: Commentaire, par M.É. Boismard avec la collaboration de A. Lamouille et P. Sandevoir, Paris 1972. Zur Diskussion vgl. M.É. Boismard, Théorie des niveaux multiples, in: D.L. Dungan (Hg.), The Interrelations of the Gospels, 231–288. Vgl. ferner M.É. Boismard – A. Lamouille, Synopsis Graeca Quattuor Evangeliorum, Leuven – Paris 1986.

schriftliche Dokumente den Ausgangspunkt der Überlieferung: die jeweiligen Vorstufen der Synoptiker und Q. Auf der nächsten Entwicklungsstufe werden zwei Dokumente zur Basis des Markus- und Matthäusevangeliums (‚Zwischen-Markus' und ‚Zwischen-Matthäus'). Eine Vorstufe des Lukasevangeliums (‚Proto-Lukas') entsteht auf der dritten Stufe, sie nimmt Q auf und ist zugleich von der Vorstufe des Matthäusevangeliums beeinflusst. Auf der vierten Stufe finden die Synoptiker ihre Endgestalt, wobei Elemente des ‚Zwischen-Markus' in das Matthäus- und Lukasevangelium einfließen, zugleich wird Markus von ‚Proto-Lukas' und ‚Zwischen-Matthäus' beeinflusst. Markus ist somit von Vorstufen des Matthäus- und Lukasevangeliums abhängig (Nähe zur Griesbach-Hypothese). Matthäus und Lukas ihrerseits integrieren eine Vorstufe des Markusevangeliums, und Q wird von Vorformen der beiden Großevangelien aufgenommen (Nähe zur Zweiquellentheorie). „Le problème synoptique est complexe; il ne peut-être résolu que par une solution complexe."[87]

Die Stärke dieser Vernetzungs-Theorie ist zweifellos ihre Flexibilität, eine Vielzahl von Phänomenen kann zwanglos erklärt werden. Andererseits lassen sich die vermuteten Vorformen der Evangelien auch nicht annähernd literarkritisch nachweisen, so dass die hohe Komplexität der Theorie sie zum reinen Postulat werden lässt.

3. *Varianten der Benutzungshypothese*: M. D. Goulder[88] versucht nachzuweisen, dass Lukas das Matthäusevangelium kannte und rezipierte[89]. Um 90 n. Chr. schuf Lukas sein Evangelium für die Heidenkirche als eine Kombination aus Matthäus und Markus. Das lukanische Sondergut „can almost always be understood as a Lucan development of matter on Matthew. There was hardly any L (Sondergut)"[90]; die Existenz von Q lehnt Goulder ab („Q is a total error"[91]). Matthäus erweiterte das Markusevangelium für seine judenchristliche Gemeinde, wobei für die üblicherweise Q oder dem Sondergut zugerechneten Texte gilt: „the Q and M matter in his Gospel is almost entirely his elaboration of Mark"[92].

Die grundlegende Schwäche dieser Theorie besteht darin, dass die Prinzipien des abwechselnden Gebrauchs von Markus und Matthäus durch Lukas nicht plausibel gemacht werden können[93]. Vor allem die Mt-Rezeption wäre höchst merkwürdig[94],

87 M.É. Boismard, Théorie des niveaux multiples, 232.

88 Vgl. M. D. Goulder, Luke. A New Paradigm, JSNT.S 20, I.II Sheffield 1989.

89 Den aktuellen Forschungsstand bietet R. A. Derrenbacker, Ancient Compositional Practices and the Synoptic Problem, 171 ff. Der wichtigste Vorläufer der Thesen von Goulder ist A. Farrer, „On Dispensing with Q", in: Studies in the Gospels (FS R. H. Lightfoot), hg. v. E. Nineham, Oxford 1955, 55–55, weshalb vor allem in England häufig von der ‚Farrer-Goulder-Hypothesis' gesprochen wird. Vgl. dazu auch M. Goodacre, Goulder and the Gospels: An Examination of a New Paradigma, JSNTSS 133, Sheffield 1996; ders., The Case against Q, Harrisburg 2002; für Deutschland vgl. W. Kahl, Vom Ende der Zweiquellentheorie oder: Zur Klärung des synoptischen Problems, in: Chr. Strecker (Hg.), Kontexte der Schrift II (FS W. Stegemann), Stuttgart 2005, 404–442.

90 M. D. Goulder, Luke I, 23.

91 A. a. O., 22.

92 A. a. O. I, 22.

93 Vgl. zur Kritik auch Chr. M. Tuckett, Q (s. u. 3.3.1), 16–31; P. Foster, Is it possible to dispense with Q?, NT 45 (2003), 313–337; R. A. Derrenbacker, An-

denn warum sollte Lukas die mt. Reden zerschlagen (vor allem die Bergpredigt!) und Teile des Materials ohne erkennbares Anordnungsprinzip einfach über sein Evangelium verteilen?[95] Er hätte z.B. das Vaterunser (Lk 11, 1–4) aus seinem thematischen Ort bei Matthäus (Mt 6, 9–13. 14f) herausgelöst, zwischen die Erzählung von Maria und Marta (Lk 10, 38–42) und vom bittenden Freund (Lk 11, 5–13) gestellt, um den zentralen Gedanken des Willens Gottes gekürzt (Auslassung von Mt 6,10b) und schließlich noch die verstärkende Vergebungsbitte zweimal übergangen (Mt 6, 14f/ Mk 11, 25). Dasselbe unmotivierte Verfahren von Umstellung, Kürzung, Atomisierung (Auflösung in beziehungslose Einzelbestandteile) und Auslassung ließe sich z.B. auch bei der Versuchungserzählung (Umstellung der 2. und 3. Versuchung), den Makarismen (Mt 5, 3–12; Lk 6, 20b–23), den Antithesen (Mt 5, 21–48; Lk 12, 57–59; 16, 18; 6, 27–30. 32–36), der Auslassung von Mt 13, 24–30. 36–43. 44–46. 47–50 und bei den Gleichnissen von den Arbeitern im Weinberg und von den 10 Jungfrauen (Mt 20, 1–15; 25, 1–13) aufzeigen. Warum sollte Lukas diese beiden Texte auslassen[96], zumal vor allem die Erzählung von den 10 Jungfrauen bestens die für ihn bedeutsame Parusieverzögerung (vgl. nur Lk 17, 20–21; 19, 11–27; Apg 1, 6f) thematisiert? Warum übergeht Lukas das ‚Felsenwort' in Mt 16, 17–19, obwohl Petrus in seinem Werk eine herausragende Rolle spielt (vgl. nur Lk 5, 1–11; Apg 2, 14–36)?[97] Die im Lukasprolog (Lk 1, 1–4) in Aussicht gestellte historische Genauigkeit und literarische Gewissenhaftigkeit kann für ein solches Vorgehen kaum in Anspruch genommen werden! Während Markus von Lukas relativ breit aufgenommen wird, ist Matthäus bei Farrer – Goulder – Goodacre faktisch nur eine Nebenquelle des Lukas, die ohne erkennbare Absicht in ihrem kunstvollen Aufbau zerstört und lediglich steinbruchartig rezipiert wird. Damit können weder die Herkunft des üblicherweise Q zugeordneten Materials noch das umfangreiche lk. Sondergut[98] in irgendeiner Weise hinreichend erklärt werden.

M. Hengel geht davon aus, dass Matthäus neben Markus das Lukasevangelium kannte und in spezifischer Weise rezipierte[99]. Viele Gemeinsamkeiten zwischen Mt

cient Compositional Practices and the Synoptic Problem, 157.

94 Nach M. Goodacre, The Case against Q, 89, orientiert sich Lukas primär an Markus „and using Matthew in a secondary way."

95 Die Antwort von M. Goodacre, The Case against Q, 97, besteht darin, dass Lukas keine langen Reden liebte; kaum überzeugend, wenn man Apg 7 betrachtet (vgl. auch Lk 12)!

96 Schlicht nicht begründbar wären auch die Auslassungen von Mt 2, 1–12; 12, 5–7; 13, 14–17; 25, 31–46.

97 M. Goodacre, The Case against Q, 51, gibt hier als Erklärung an: „Luke is not as positive about Peter overall as Matthew". Dagegen spricht, dass auch Matthäus negative Petrustraditionen überliefert (vgl. Mt 26, 33–35. 40. 58. 69–73)!

98 Nach M. Wolter, Lukas (s. u. 3.6.1), 14, immerhin „ca. 550 von 1149 Versen".

99 Vgl. M. Hengel, Die vier Evangelien, 350: „Matthäus setzt das Markus- und Lukasevangelium als schriftlich fixierte, für uns klar faßbare Quellen voraus. Das Markusevangelium, hinter dem die Autorität des Petrus steht und das er auch theologisch besonders schätzt, gab ihm als Primärquelle den Erzählfaden vor, das Lukasevangelium verwendete er je und je eklektisch als Sekundärquelle."

und Lk werden nach Hengel zu schnell der Logienquelle zugeschrieben, die seines Erachtens nicht als eine feste literarische Größe, sondern als reine Spruchüberlieferung zu verstehen ist[100]. Solche Spruchüberlieferungen standen in unterschiedlicher Form Matthäus, Lukas und vermutlich sogar Markus zur Verfügung[101]. Auch die minor agreements zwischen Matthäus und Lukas lassen sich nach Hengel so zwanglos erklären. Markus sei 69/70 n. Chr. kurz vor der Eroberung Jerusalems entstanden; Lukas wurde zwischen 75 und 80 n. Chr abgefasst; Matthäus zwischen 90–100 n. Chr.; Johannes zwischen 100–105 n. Chr.[102].

Gegen diese Theorie sprechen vor allem vier Beobachtungen[103]: 1) Matthäus ignoriert – im Rahmen von Hengels Annahmen – das lukanische Sondergut. Warum sollte er z. B. die Standespredigt des Täufers (Lk 3, 10–14), das Gleichnis vom barmherzigen Samariter (Lk 10, 25–37), die Gleichnisse vom Verlorenen (Lk 15) oder vom reichen Mann und armen Lazarus (Lk 16, 19–31) nicht übernehmen? Speziell Lk 16, 9 („Abraham sprach: Sie haben Mose und die Propheten; die sollen sie hören") hätte Matthäus übernehmen müssen! 2) Auch bei den Kindheitsgeschichten und den Ostererzählungen ist kein Einfluss von Lukas auf Matthäus zu erkennen; Matthäus verarbeitet hier seine eigenen Traditionen, obwohl Lukas attraktiveren Erzählstoff anbietet. 3) Der zentrale Abschnitt Lk 9, 51–18, 14 wird von Matthäus überwiegend ignoriert[104]; ein überaus merkwürdiger Vorgang, wenn Matthäus das Lukasevangelium gekannt und benutzt hätte. 4) Schließlich: Matthäus und Lukas stimmen in ihrer Erzählabfolge nur überein, wenn sie mit Markus übereinstimmen, was deutlich darauf hinweist, dass beide Großevangelien literarisch voneinander unabhängig sind und sich jeweils an Markus als gemeinsamer Mitte orientieren.

Beide alternativen Modelle nehmen für sich in Anspruch, das Problem der minor agreements zu lösen. Sie werden als ein Indiz direkter literarischer Abhängigkeit gewertet, Lukas habe Matthäus[105], bzw. Matthäus habe Lukas gelesen[106], wodurch sich die beiderseitigen Übereinstimmungen gegen Markus erklären. Abgesehen von zahlreichen Einzelfragen ergibt sich aber auch hier ein grundlegendes Problem: Das Farrer-Goulder-Goodacre-Modell behauptet faktisch, dass Lukas den kunstvollen Aufbau des Matthäusevangeliums zerschlagen und zahlreiche Texte einfach ausgelassen habe, bei den minor agreements aber (vornehmlich Übereinstimmungen von 2 bis 5 Wörtern zwischen Lukas und Matthäus gegen Markus!) sei Lukas den Vorga-

100 Vgl. a. a. O., 274–301.

101 Vgl. a. a. O., 291.

102 Vgl. a. a. O., 275.

103 Zum Umgang von Matthäus mit seinen Quellen vgl. vor allem die überzeugende Darstellung von G. Häfner, Das Matthäus-Evangelium und seine Quellen, in: D. P. Senior (Hg.), The Gospel of Matthew at the Crossroads of Early Christianity (s. u. 3.5.1), 25–71.

104 Vgl. die Auflistung bei G. Häfner, Das Matthäus-Evangelium und seine Quellen, 48–50.

105 Vgl. M. Goodacre, The Case against Q, 154–169; zur Kritik an Goulder und Goodacre vgl. F. Neirynck, Goulder and the Minor Agreements, EThL 73 (1997), 84–93.

106 Vgl. M. Hengel, Die vier Evangelien, 301–320.

ben des Matthäus gefolgt[107]. Ebenso muss M. Hengel behaupten, Matthäus habe „– trotz seiner fast durchgehenden Bevorzugung des Markus-Textes – je und je auch den Lukas-Text eingesehen und stilistisch und sachlich ihm Zusagendes daraus übernommen“[108] und gleichzeitig aber die großartigen Sonderguttexte einfach ausgelassen. Hinzu kommt, dass die minor agreements in den meisten Fällen gar nicht wortwörtlich sind, sondern geringe Abweichungen untereinander aufweisen[109], die dann in jedem Fall aus lukanischer bzw. matthäischer Redaktion herzuleiten wären. Schließlich erklären beide Modelle das markinische Sondergut gerade nicht, denn sowohl Lukas als auch Matthäus hätten z. B. Mk 2, 27 oder 4, 26–29 gelesen, aber nicht übernommen. Fazit: Die minor agreements sind nicht nur ein Problem der Zweiquellentheorie, sondern auch ein bleibendes Problem alternativer Benutzungsmodelle.

4. *Varianten der Traditionshypothese*: Allein auf parallel überlieferte mündliche Traditionen will B. Reicke die Übereinstimmungen zwischen den Synoptikern zurückführen[110]. Weder Markus noch Q dienten Lukas und Matthäus als Vorlage, sondern die Übereinstimmungen zeigen, „dass sowohl im Matth. und Luk. wie im Mark. die Dreiertraditionen aus einer lebendigen akustisch erhaltenen Überlieferung stammten.“[111] Die kontextparallelen Dreiertraditionen sollen durch Zweier- bzw. Sondertraditionen ergänzt worden sein. Als Ausgangspunkt und Zentrum dieser historisch sehr zuverlässigen Traditionsbildung vermutet Reicke die Urgemeinde in Jerusalem. Petrus habe in Jerusalem im Haus der Mutter des Evangelisten Markus verkehrt (vgl. Apg 12, 12), so dass Markus das dort zusammengetragene Material übernehmen und schon früh ins Griechische übersetzen konnte.

Fazit: In allen Fällen wird nur eine Hypothese, deren rein literarische Anwendung nicht sämtliche Fragen beantwortet, durch andere ersetzt, die zu noch größeren Schwierigkeiten führen. Insbesondere die Markuspriorität ist grundsätzlich nicht zu bestreiten. Wäre Matthäus das älteste Evangelium, dann hätte Markus seine Vorlage widersprüchlich bearbeitet, nämlich einerseits sehr stark gekürzt, andererseits erhebliche Perikopenerweiterungen vorgenommen. Warum aber sollte Markus das Vaterunser, die Worte von der Gebetserhörung, vom Richten, das Gleichnis vom treuen und untreuen Knecht und vieles mehr ausgelassen, dagegen den Umfang der Jairusperikope fast verdreifacht und die Gerasener- und Epileptikerperikope mehr als ver-

107 Vgl. Chr. Tuckett, Q (s. u. 3.3.1), 28: „The fact that MAs are so minor makes it hard to believe that Luke has been influenced positively by Matthew's text in such (substantively) trivial ways, but also totally influenced by any of Matthew's substantive additions to Mark“; ferner G. Häfner, Das Matthäus-Evangelium und seine Quellen, 50: „Wie soll man die Übernahme von Kleinigkeiten (minor agreements) erklären, wenn substantiellere Eingriffe des Seitenreferenten ohne Echo bleiben.“

108 M. Hengel, Die vier Evangelien, 320.

109 Leicht zu erkennen in den Auflistungen bei F. Neirynck, The Minor Agreements (s. o. 3.2.3).

110 Vgl. B. Reicke, Die Entstehungsverhältnisse der synoptischen Evangelien, ANRW 25. 2, Berlin 1984, 1758–1791; ders., The Roots of the Synoptic Gospels, Philadelphia 1986.

111 B. Reicke, Entstehungsverhältnisse, 1782.

doppelt haben[112]? Die Annahme, Markus habe neben Matthäus auch Lukas gekannt, lässt die Frage offen, weshalb er sowohl das umfangreiche lukanische Sondergut als auch die fast gleichlautenden Perikopen bei Matthäus und Lukas in sein Evangelium nicht aufnahm. Die hohen Wortlautübereinstimmungen bei den Parallelperikopen von Markus, Matthäus und Lukas sowie die nachweisbare sprachliche und inhaltliche Bearbeitung zahlreicher Markustexte durch Matthäus und Lukas sprechen eindeutig gegen die Vermutung, es bestehe keine literarische Abhängigkeit zwischen den syn. Evangelien. Zudem setzt zumindest Lk 1, 1–4 explizit die Benutzung literarischer Quellen voraus!

Während die Zweiquellentheorie vor allem formal (1. Prinzip: Gemeinsamkeiten von Matthäus und Lukas mit Markus = Markusrezeption; 2. Prinzip: Gemeinsamkeiten von Matthäus und Lukas gegen Markus = Logienquelle; 3. Prinzip: ein Text ist nur in einem Evangelium belegt = Sondergut) und damit wertneutral vorgeht, hängt sowohl bei Goulder als auch bei Hengel als den Hauptprotagonisten aktueller alternativer Theorien sehr viel davon ab, wie man den theologiegeschichtlichen Ort des Lukas und Matthäus bestimmt (vor allem der Umgang mit ihren Quellen Markus und Matthäus bzw. Lukas; ihre Nähe/Ferne zum Judentum; ihr jeweils vermuteter theologiepolitischer Standort zu Paulus), um ihr Vorgehen einigermaßen plausibel zu machen. Hinzu kommen sehr subjektive Einschätzungen darüber, was Lukas oder Matthäus zu ihrem merkwürdigen Vorgehen veranlasst haben könnte, was sie mögen oder eben einfach nicht wollten und deshalb ausließen oder stark kürzten[113]. Faktisch gehen sowohl Goulder (Lukas benutzt Markus und Matthäus) als auch Hengel (Matthäus benutzt Markus und Lukas) von einer Art ‚Zweiquellentheorie' aus und behaupten nicht weniger als das Ineinander von zwei Evangelien in einem dritten Evangelium! Eine solche Überlagerungstheorie ist keineswegs einfacher als das Postulat von Q! M. Goulder muss faktisch eine Zerschlagungstheorie behaupten (Lukas löst Matthäus auf), M. Hengel geht von einer Ignorierungstheorie aus (Matthäus übernimmt sehr viele Lukastexte nicht und ignoriert die Erzählabfolge des Lukasevangeliums).

Auch die Existenz einer schriftlichen Logienquelle mit eigenem literarisch-theologischen Profil kann nicht überzeugend bestritten werden. Hier zeigt die neuere Forschung, dass sich die Logienquelle einer bewussten literarischen und theologischen Gestaltung verdankt (s. u. 3.3.10). Schließlich lässt sich das Sondergut zwanglos traditionsgeschichtlich verorten, ohne die Annahme von weiteren Quellenschriften

112 Vgl. R. Morgenthaler, Statistische Synopse (s. o. 3.2.3), 286.

113 Vgl. z. B. M. Goodacre, The Case against Q, 99, der zu dem überaus merkwürdigen Umgang von Lukas mit dem zweiten Teil der Bergpredigt Mt 6, 19–7,27 vermutet: „Perhaps Luke too thought of it as a ‚rag-bag' and selected from it what he thought most appropriate to the occasion." Dies ist eine Verlegenheitsauskunft, denn Mt 6, 19–7,27 ist alles andere als ein ‚überladenes Sammelsurium'; faktisch muss Goodacre annehmen, dass Lukas Matthäus entweder nicht verstanden hat oder aber böswillig zerstörte.

oder komplexen Vor- bzw. Zwischenformen der vorliegenden Evangelien. Hinzu kommt, dass sich die (anfangs wiederum protestantische) redaktionsgeschichtliche Erforschung der synoptischen Evangelien seit 1945 auf der Basis der Zweiquellentheorie bestens bewährt hat und zu überzeugenden theologischen Ergebnissen führte. Wer die Zweiquellentheorie bestreitet, müsste auch diese Ergebnisse in Frage stellen, was nicht gelingen wird und kann, weil weder die literarische Vorgehensweise noch die theologischen Intentionen der Evangelisten in diesem Fall nachvollziehbar wären[114]. Von allen Theorien zum synoptischen Problem erfüllt allein die Zweiquellentheorie *das* maßgebliche Kriterium wissenschaftlicher Arbeit: intersubjektive Plausibilität und Nachprüfbarkeit, d.h. auch wissenschaftstheoretisch ist eindeutig der Zweiquellentheorie der Vorzug zu geben. Nicht nur einzelne Exegeten vertreten hier ‚ihre' Sicht, sondern bereits über einen sehr langen Zeitraum wird die Zweiquellentheorie von der überwiegenden Zahl der Exegeten auf der ganzen Welt anerkannt und bei ihrer Arbeit angewandt[115]. Alternative Theorien nehmen die – zweifellos vorhandenen Schwachstellen – der Zweiquellentheorie zum Ausgangspunkt, um Einzelphänomene zu erklären, müssen dies aber zugleich mit riesigen Hypothesengebäuden und damit neuen Schwachstellen verbinden, die in keiner Weise *insgesamt* überzeugen können.

Ausgangspunkt der synoptischen Frage wird daher wie bisher die Zweiquellentheorie sein müssen, auch wenn sie im Einzelfall weniger mechanisch als in ihrer Anfangszeit angewendet werden sollte. Sie ist nach wie vor die Hypothese, die mit dem *geringsten Schwierigkeitsgrad* die *meisten Phänomene* erklärt.

3.3 Die Logienquelle

3.3.1 Literatur

Textrekonstruktionen

S. Schulz, Griechisch-deutsche Synopse der Q-Überlieferungen, Zürich 1972. – A. Polag, Fragmenta Q, Neukirchen 1979. – W. Schenk, Synopse zur Redequelle der Evangelien, Düsseldorf 1981. – F. Neirynck, Q-Parallels, Leuven ²1995. – J. S. Kloppenborg, Q-Parallels, Sonoma 1988. – J.M. Robinson – P. Hoffmann – J. S. Kloppenborg – J. Verheyden – Chr. Heil (Hg.) Documenta Q, Leuven 1996 ff. – Chr. Heil – Th. Hieke, Der vom Internationalen Q-Projekt rekonstruierte Q-Text. Eine Werkstattübersetzung, in: S. H. Brandenburger – Th. Hieke (Hg.), Wenn drei das Gleiche sagen, Münster 1998, 103–120. – J. M. Robinson – P. Hoffmann – J. S. Kloppenborg, The Critical Edition of Q, Leuven 2000. – P. Hoffmann – Chr. Heil (Hg.), Die Spruchquelle Q, Darmstadt ³2009.

---

114 Vgl. U. Luz, Mt I (s. u. 3.5.1), 47.

115 So dürfte es kein Zufall sein, dass alle führenden Kommentarreihen der Welt die Zweiquellentheorie voraussetzen.

Kommentare

D. Zeller, SKK.NT 21, Stuttgart 1984. – H. T. Fleddermann, Q. Reconstruction and Commentary, BTS 1, Leuven 2005. – R. Valantasis, The New Q: A Translation with Commentary, Edinburgh 2005.

Monographien

A. (v.)Harnack, Sprüche und Reden Jesu, Leipzig 1907. – H. E. Tödt, Der Menschensohn in der synoptischen Überlieferung, Gütersloh [5]1984. – D. Lührmann, Die Redaktion der Logienquelle, WMANT 33, Neukirchen 1969. – P. Hoffmann, Studien zur Theologie der Logienquelle, NTA 8, Münster [3]1982. – S. Schulz, Q – Die Spruchquelle der Evangelisten, Zürich 1972. – A. Polag, Die Christologie der Logienquelle, WMANT 45, Neukirchen 1977. – D. Zeller, Die weisheitlichen Mahnsprüche bei den Synoptikern, fzb 17, Würzburg 1977. – R. Laufen, Die Doppelüberlieferungen der Logienquelle und des Markusevangeliums, BBB 54, Königstein – Bonn 1980. – J. S. Kloppenborg, The Formation of Q, Philadelphia 1987. – M. Sato, Q und Prophetie, WUNT 2.29, Tübingen 1988. – D. Kosch, Die eschatologische Tora des Menschensohnes, NTOA 12, Freiburg (H) – Göttingen 1989. – J. Schüling, Studien zum Verhältnis von Logienquelle und Markusevangelium, fzb 65, Würzburg 1991. – A. D. Jacobson, The First Gospel. An Introduction to Q, Sonoma 1992. – D. Catchpole, The Quest für Q, Edinburgh 1993. – Th. Bergemann, Q auf dem Prüfstand, FRLANT 158, Göttingen 1993. – Elisabeth Sevenich-Bax, Israels Konfrontation mit den letzten Boten der Weisheit, MThA 21, Münster 1993. – H. T. Fleddermann, Mark and Q. A Study of the Overlap Texts, BETL 122, Leuven 1995. – C. M. Tuckett, Q and the History of Early Christianity, Peabody MA 1996. – J. Schröter, Erinnerung an Jesu Worte, WMANT 76, Neukirchen 1997. – A. K. Kirk, The Composition of the Sayings Source: Genre, Synchrony, and Wisdom Redaction in Q, NT.S 91, Leiden 1998. – J. S. Kloppenborg Verbin, Excavating Q. The History and Setting of the Sayings Gospel, Minneapolis, 2000. – W. E. Arnal, Jesus and the Village Scribes. Galilean Conflicts and the Setting of Q, Minneapolis 2001. – M. Hüneburg, Jesus als Wundertäter in der Logienquelle, ABG 4, Leipzig 2001. – Chr. Heil, Lukas und Q. Studien zur lukanischen Redaktion des Spruchevangeliums Q, BZNW 111, Berlin 2003. – P. Rondez, Alltägliche Weisheit, AThANT 87, Zürich 2006. – M. Labahn, Der Gekommene als Wiederkommender. Die Logienquelle als erzählte Geschichte, ABG 32, Leipzig 2010.

Aufsätze

E. Bammel, Das Ende von Q, in: Verborum Veritatis (FS G. Stählin), hg. v. O. Böcher u. K. Haacker, Wuppertal 1970, 39–50. – J. M. Robinson, LOGOI SOPHON – Zur Gattung der Spruchquelle Q, in: H. Köster u. J. M. Robinson, Entwicklungslinien durch die Welt des frühen Christentums, Tübingen 1971, 67–106. – J. Delobel (Hg.), Logia – The Sayings of Jesus, BETL 59, Leuven 1982 (wichtige Aufsatzsammlung). – D. Zeller, Redaktionsprozesse und wechselnder „Sitz im Leben“ beim Q-Material, in: J. Delobel (Hg.), Logia, 395–409. – J. Wanke, „Kommentarworte“. Älteste Kommentierungen von Herrenworten, BZ 24 (1980), 208–233. – H. Schürmann, Das Zeugnis der Redequelle für die Basileia-Verkündigung Jesu, in: ders., Gottes Reich – Jesu Geschick, Freiburg 1983, 65–152. – Ders., Beobachtungen zum Menschensohn-Titel in der Redequelle, a. a. O., 153–182. – Ders., Zur Kompositionsgeschichte der Redequelle, in: Der Treue Gottes trauen (FS G. Schneider), hg. v. C. Bussmann – W. Radl, Freiburg 1991, 325–342. – A. Polag, Die theologische Mitte der Logienquelle, in: Das Evangelium und die Evangelien, hg. v. P. Stuhlmacher, Tübingen 1983, 103–111. – F. W. Horn, Christentum und Judentum in der Logienquelle, EvTh 51 (1991), 344–364. – D. R. Catchpole, The Beginning of Q: A Proposal, NTS 38 (1992), 205–221. – D. Seeley, Jesus' Death in Q, NTS 38 (1992), 222–234. – D. Kosch, Q und Jesus, BZ 36 (1992), 30–58. M. Karrer, Christliche Gemeinde und Israel. Beobachtungen zur Logienquelle, in: Gottes Recht als Lebensraum (FS H. J. Boecker), hg. v. P. Mommer u. a., Neukirchen 1993, 145–163. – R. A. Piper (Hg.) The Gospel Behind the Gospels. Current Studies on Q, NT.S 75, Leiden 1995 (wichtige Aufsatzsammlung). – R. Uro (Hg.), Symbols and Strata, Göttingen 1996. – J. M. Asgeirsson – K. De Troyer – M. W. Meyer (Hg.), From Quest to Q (FS J. M. Robinson), BETL 146, Leuven 2000. – A. Lindemann (Hg.), The Sayings Source Q and the Historical Jesus, BETL 158, Leuven 2001 (wichtige Aufsatzsammlung). – J. M. Robinson, The Sayings Gospel Q. Collected Essays, BETL 189, Leuven 2005.

Forschungsberichte

F. Neirynck, Recent Developments in the Study of Q, in: J. Delobel (Hg.), Logia, 29–75. – J. M. Robinson, History of Q Research, in: J. M. Robinson – P. Hoffmann – J. S. Kloppenborg, The Critical Edition of Q, xix–lxxi.

3.3.2 **Der vermutliche Umfang der Logienquelle**

Für die Existenz von Q als einer zweiten von Matthäus und Lukas benutzten Quelle spricht:

1. Über Markus hinaus haben Matthäus und Lukas einen *gemeinsamen Stoff* von ca. 4000 Wörtern[116], der teilweise eine hohe Wortlautübereinstimmung hat (vgl. Mt 3, 7–10 mit Lk 3, 7–9; Mt 12, 43–45 mit Lk 11, 24–26; Mt 23, 37–39 mit Lk 13, 34–35). Diese Übereinstimmungen gelten auch für lange Satzperioden und die Stellung von Partikeln und Possessivpronomen[117].

2. Matthäus und Lukas haben *Dubletten* (ein Text, den ein Evangelist zweimal hat) und *Doppelüberlieferungen* (Texte, die beide Evangelisten zweimal haben: einmal im Markuszusammenhang, einmal nur Matthäus und Lukas). Beides unterstützt die

116 Vgl. R. Morgenthaler, Statistische Synopse (s. o. 3.2.3), 83; J. S. Kloppenborg, Q-Parallels, 209, zählt für den gemeinsamen Stoff bei Matthäus 4464 und bei Lukas 4652 Wörter.

117 Th. Bergemann, Q, 47–60, macht eine hohe Wortlautübereinstimmung zum einzigen Kriterium, um Texte der Logienquelle zuzuweisen. Üblicherweise der Logienquelle zugeordnete Texteinheiten mit geringer Wortlautübereinstimmung „dürfen nicht Q zugeschrieben werden, sind mit Hilfe mündlicher Tradition oder anderer Quellen zu erklären" (a. a. O., 60). Diesen methodischen Ansatz führt Bergemann bei der ‚Grundrede' (Vorlage von Feldrede/Bergpredigt) durch, die im Kernbestand nur eine Wortlautübereinstimmung von 30% aufweist (vgl. a. a. O., 230). Er folgert: „Der Kern der Grundrede ist kein Bestandteil von Q. Der Kern der Grundrede ist ein eigenständiger Traditionskomplex" (a. a. O., 235). Diese vornehmlich wortstatistisch arbeitende Analyse beachtet die thematischen Verknüpfungen und die gestaltende Kraft der Redaktionen (s. u. 3.3.5/3.3.6) innerhalb des Q-Stoffes zu wenig. Zudem lässt die sukzessive Entstehungsgeschichte von Q (s. u. 3.3.5) ohnehin erwarten, dass Stoffe mit unterschiedlich hoher Wortlautübereinstimmung im Verlauf des Überlieferungs- und Formungsprozesses aufgenommen wurden.

These, dass Matthäus und Lukas neben Markus eine weitere gemeinsame Quelle benutzten.

Beispiele für Dubletten[118]: Lukas berichtet über die Aussendung der Jünger in Kap. 9 und 10 zweimal, einmal bezieht er sich auf Mk 6,7–13, das andere Mal geht er mit Mt 10 parallel. Matthäus überliefert den Spruch vom Jonazeichen sowohl im Markuszusammenhang (16,4) als auch parallel mit Lukas (12,39); vgl. ferner Mt 19,9 und 5,32 (Verbot der Ehescheidung); Mt 18,8f und 5,29f (vom Ärgernis). Beispiele für Doppelüberlieferungen: Mt 13,12/Mk 4,25/Lk 8,18 und Mt 25,29/ Lk 19,26 („Wer da hat, dem wird gegeben werden"); Mt 16,24f/ Mk 8,34f/ Lk 9,23f und Mt 10,38f/ Lk 14,27/17,33 (vom Kreuztragen).

Da Markus lediglich eine Dublette aufweist (Mk 9,35b/ 10,43f), müssen Matthäus und Lukas eine weitere gemeinsame Quelle benutzt haben[119].

Gegen die Existenz der Logienquelle wird vor allem in Teilen der englischsprachigen Exegese eingewendet, dass Q als eigenständig überlieferter Text nicht existiere, sondern hypothetisch rekonstruiert werden müsse. Dies ist zutreffend, es ist aber durch die Doppelüberlieferungen bei Matthäus und Lukas methodisch kontrollierbar und stellt im Rahmen der antiken Literatur keineswegs eine Ausnahme dar. Im Neuen Testament bezeugt 1Kor 5,9 einen verloren gegangenen Paulusbrief und Lk 1,–4 die Existenz nicht mehr erhaltener Vorformen der Evangelien. Ein Blick in die Werkverzeichnisse bei Diogenes Laertius[120] zeigt schlagartig, dass die Masse der Schriften antiker Autoren verloren gegangen ist[121]. Auch die Rekonstruktion von Lehrmeinungen, Aussprüchen und ganzer philosophischer Systeme aus Werken anderer Philosophen und damit aus Sekundärquellen ist keineswegs selten (vgl. z.B. Pythagoras, Sokrates/Sokratik, Kynismus). Eine Parallele zur Logienquelle stellt die Lebensbeschreibung des kynischen Philosophen Demonax durch Lukian dar (s.o. 3.1.4). Ob altkirchliche Autoren Kenntnis von einer Logienüberlieferung hatten, muss offen bleiben; immerhin kann es bei der Papiasnotiz zu Matthäus aufgrund der Erwähnung von *τὰ λόγια* („die Logien/die Worte") nicht ausgeschlossen werden (vgl. Euseb, HE III 39,16: „Matthäus hat nun in hebräischer Sprache die Logien/die Worte [*τὰ λόγια*] zusammengestellt, ein jeder aber übersetzte sie, wie er dazu in der Lage war").

118 Eine vollständige Liste der Dubletten findet sich bei R. Morgenthaler, Statistische Synopse (s.o. 3.2.3), 128ff.

119 Vgl. R. Morgenthaler, a.a.O., 140.

120 Anfang des 3. Jhs. n. Chr. verfasste der sonst unbekannte Autor sein Werk ‚Leben und Lehre der Philosophen in 10 Büchern', das als einzige erhaltene antike Philosophiegeschichte sehr viele wertvolle Traditionen und einzigartige Informationen aufbewahrt hat (dt. Ausgabe: Diogenes Laertios, übers. u. hg. v. F. Jürß, Stuttgart 1998).

121 Ein Beispiel: Epikur werden bei Diogenes Laertius 40 Titel zugeschrieben, die ausdrücklich nur als Auswahl benannt werden (X 26ff), vollständig erhalten sind aber nur drei Briefe, die Hauptlehrsätze und sein Testament.

Für die Existenz der Logienquelle als erster Lebens- und Verkündigungsgeschichte Jesu kann neben den bereits genannten Argumenten auch noch einmal angeführt werden, dass sie einen erkennbaren Aufbau und eine bewusste theologische Komposition aufweist (s. u. 3.3.6/3.3.9)[122]:

Mt		Lk
	I. Die Anfänge	
(3, 1–3[4–6]	Das Auftreten des Täufers	3, 2–4)[123]
3, 7–10	Bußpredigt/Abrahamskindschaft	3, 7–9
3, 11.12	Der Kommende/Geisttaufe	3, (15)16.17
(3, 13.16.17	Taufe Jesu	3, 21.22)
4, 1–11	Versuchung Jesu	4, 1–13
	II. Feldrede/Bergpredigt	
5, 1.3.4–5.6–10	Die Seligpreisungen	6, 12.17.20.21
(–	Wehe-Rufe	6, 24–26)
5, 44	Feindesliebe	6, 27.28
5, 39b–41	Dulden	6, 29
5, 42	Geben/Leihen	6, 30
7, 12	Die goldene Regel	6, 31
5, 45–47	Das gottgemäße Verhalten	6, 32–35
5, 48	Barmherzig wie der Vater	6, 36
7, 1.2	Richten – Schenken – Zumessen	6, 37.38
15, 14	Blinde Führer	6, 39
10, 24.25	Jünger – Meister	6, 40
7, 3–5	Balken – Splitter	6, 41.42
7, 16–20	Guter und schlechter Baum	6, 43.44
12, 34b.35	Schatz des Herzens	6, 45
7, 21	Herr-Herr-Sager	6, 46
7, 24–27	Vom Hausbau	6, 47–49
7, 28	Schlusswendung	7, 1a

122 Die Behauptung von W. Kahl, Ende (s. o. 3.2.7), 410: „Der Umfang und Inhalt der Redequelle ist völlig ungesichert", kann man aufgrund der bisher erschienenen Textrekonstruktionen und der damit verbundenen sorgfältigen Diskussion (s. o. 3.3.1: Documenta Q) nur als polemisch bezeichnen. Zur literarischen und theologischen Ausrichtung der Logienquelle vgl. auch U. Schnelle, Theologie (s. o. 3.1.1), 349–368.

123 Unsichere Texte in Klammern; Lukas bewahrte die ursprüngliche Reihenfolge der Q-Texte besser als Matthäus; vgl. zur Begründung J. S. Kloppenborg, Formation, 69–80. Hauptargumente: 1) Bei Lukas erscheint das Q-Material im Wesentlichen in den beiden Einschaltungen in den Markuszusammenhang Lk 6, 20–8, 3; 9, 51–18, 14. Bei Matthäus hingegen sind die Q-Texte über das gesamte Evangelium verstreut. 2) Weitaus mehr als Lukas ordnet Matthäus das Q-Material neu zu großen thematischen Blöcken. 3) Bei seiner Rezeption des Markusevangeliums ändert Lukas die markinische Reihenfolge nur gering, ebenso dürfte er mit der Logienquelle verfahren sein.

	III. Der Hauptmann von Kapernaum	
8,5–10.13	Hauptmann von Kapernaum	7,(1b–6a)6b–10
	IV. Die Täufersprüche	
11,2.3	Täuferfrage	7,18–20(21)
11,4–6	Antwort auf die Täuferfrage	7,22.23
11,7–9	Zeugnis für den Täufer	7,24–26
11,10	Zitat Mal 3,1	7,27
11,11	Der Größere	7,28
11,16–19	Von den eigensinnigen Kindern	7,31–35
	V. Nachfolge und Sendung	
8,19.20	Nachfolge – „Füchse"	9,57.58
8,21.22	Nachfolge – „Tote begraben"	9,59–60
(–	Nachfolge – „Zurückschauen"	9,61.62)
(–	Auswahl – Sendung	10,1)
9,37.38	Große Ernte – wenige Arbeiter	10,2
10,16a	Wie Schafe unter Wölfen	10,3
10,9–13	Verhalten unterwegs	10,4–7
10,7–15	Verhalten in der Stadt	10,8–12
11,21–23	Wehe über die Städte	10,13–15
10,40	Sendungsautorität	10,16
11,25–27	Jubelruf	10,21.22
13,16.17	Seligpreisung der Augenzeugen	10,23.24
	VI. Gebet	
6,9–13	Vaterunser	11,(1)2–4
7,7.8	Gebetserhörung	11,9.10
7,9–11	Vom Vater und bittenden Kind	11,11–13
	VII. Auseinandersetzungen	
12,22–24; 9,32–34	Beelzebul-Vorwurf	11,14.15(16)
12,25.26	1. Antwort: Reich des Satans	11,17.18
12,27.28	2. Antwort: Reich Gottes	11,19.20
12,29	Vom Stärkeren	11,21.22
12,30	Für Jesus/gegen Jesus	11,23
12,43–45	Vom Rückfall	11,24–26
12,38.39	Zeichenforderung/Jonazeichen	11,16.29
12,40	Deutespruch	11,30
12,41.42	Königin des Südens/Niniviten	11,31.32
5,15; 6,22.23	Lichtsprüche	11,33–35(36)
23,25(26)	Gegen die Pharisäer 1: Gefäße	11,39b–41
23,23	Gegen die Pharisäer 2: Zehntgebot	11,42

23,6.7	Gegen die Pharisäer 3: Ehrsucht	11,43
23,27.28	Gegen die Pharisäer 4: Unkenntliche Gräber	11,44
23,4	Gegen die Schriftgelehrten 1: Lasten	11,(45)46
23,29–31	Gegen die Schriftgelehrten 2: Prophetengräber	11,47.48
23,34–36	Gegen die Schriftgelehrten 3: Prophetenmord	11,49–51
23,13	Gegen die Schriftgelehrten 4: Schlüssel der Erkenntnis	11,52
	VIII. Vom Bekennen	
10,26	Verborgen/offenbar	12,2
10,27	Heimlich/öffentlich	12,3
10,28	Keine Furcht vor Menschen	12,4.5
10,29–31	Mehr wert als Sperlinge	12,6.7
10,32.33	Bekenntnis zu Jesus	12,8.9
12,32	Lästerung des Geistes	12,10
10,19	Beistand des Geistes vor Gericht	12,11.12
(10,23	Flucht durch die Städte Israels	–)
	IX. Vom Sorgen und Wachen	
6,25–33	Wider das Sorgen	12,22–31
6,19–21	Schatz im Himmel	12,33.34
(–	Von den wachsamen Knechten	12,35–38)
24,43.44	Vom Hausherrn und Dieb	12,39.40
24,45–51	Vom treuen und untreuen Knecht	12,42–46
	X. Sprüche und Gleichnisse	
(–	Feuer auf die Erde/Taufe	12,49.50
10,34–36	Vom Unfrieden	12,51–53
16,2.3	Zeichen der Zeit	12,54–56
5,25.26	Von der Versöhnung	12,(57)58.59
13,31.32	Vom Senfkorn	13,18.19
13,33	Vom Sauerteig	13,20.21
7,13.14	Das enge Tor	13,23.24
7,22.23	Von der geschlossenen Tür	13,(25)26.27
8,11.12	Ost und West	13,28.29
20,16	Letzte und Erste	13,30
23,37–39	Weissagung über Jerusalem	13,34.35
23,12	Erhöhung und Erniedrigung	14,11/18,14
22,1–10	Gleichnis vom großen Gastmahl	14,(15)16–24
10,37–39	Nachfolge – „Kreuztragen“	14,(25)26.27/17,33

5,13	Vom unbrauchbaren Salz	14,34.35
12,11.12	Tiere und Sabbat	14,5
18,12–14	Das verlorene Schaf	15,(3)4–7
6,24	Von den zwei Herren	16,13
11,12.13	Stürmerspruch	16,16
5,18	Geltung des Gesetzes	16,17
5,32	Verbot der Ehescheidung	16,18
18,7	Vom Ärgernis	17,1(2)
18,21.22	Die Vergebung	17,3.4
17,20	Vom Glauben	17,(5)6
	XI. Die Endereignisse	
24,26	Wider die falsche Messiaserwartung	17,(22)23
24,27	Deutespruch: wie der Blitz	17,24
24,28	Vom Aas und den Geiern	17,37b
24,37–39a	Wie in Noahs Tagen	17,26.27
24,39b	Wie in Lots Tagen	17,(28.29)30(31)
24,40.41	Zwei Endschicksale	17,34.35
25,14–30	Von den Talenten	19,12–27
19,28	Teilnahme am Gericht	22,28–30

Neben den Matthäus und Lukas gemeinsamen Texten gehören auch Abschnitte, die nur ein Evangelist überliefert hat, möglicherweise zu Q (bzw. Q^{Mt}/Q^{Lk}): Mt 5,5.7–9.19.21–30.33–37; 6,2–8.16–18; 7,6; 10,5–6.23; 19,10–12; Lk 3,10–14; 7,3–6a.29f; 9,61–62; 11,5–8; 12,16–21.47–48; 15,8–10.11.32; 17,7–10[124].

Die Inhaltsübersicht zeigt, dass die Logienquelle überwiegend Redestoff und nur wenige Erzählungen enthält (Versuchung Jesu Mt 4,1–11/Lk 4,1–13; Täuferkomplex Mt 11,2–11/Lk 7,18–28). Obwohl Lk 7,21Q; 10,13Q Jesu Wundertätigkeit voraussetzen, wurden nur eine Wundergeschichte (Mt 8,5–10.13/Lk 7,6b–10) und eine Heilungsnotiz (Lk 11,14Q) in Q aufgenommen[125]. Innerhalb des Redestoffes dominieren Droh- und Mahnworte, auch die beiden großen Parabeln in Lk 14,16–24Q; Lk 19,12–27Q stehen im Dienst der Gerichtsbotschaft von Q.

Trotz erheblicher Unterschiede stimmt die Logienquelle mit den synoptischen Evangelien insofern überein, als der chronologische Aufriss von Johannes d. T. bis zur Belehrung über die Endereignisse offensichtlich das Prinzip der Stoffanordnung

124 Vgl. dazu auch H. Schürmann, Sprachliche Reminiszenzen an abgeänderte oder ausgelassene Bestandteile der Redequelle im Lukas- und Matthäusevangelium, in: ders., Traditionsgeschichtliche Untersuchungen zu den synoptischen Evangelien, Düsseldorf 1968, 111–125.

125 Die Bedeutung des Wundertäters Jesus von Nazareth für die Christologie von Q auf kompositioneller und inhaltlicher Ebene betont M. Hüneburg, Jesus als Wundertäter, 226: „Die Vorstellung von Jesus als Wundertäter wird der Gesamtperspektive der Komposition dienstbar gemacht, indem sie die von ihm angekündigte Basileia Gottes mit alttestamentlichen Verheißungen in Beziehung setzt, ihren präsentischen Charakter hervorhebt und mit der Person Jesu verbindet."

bildet (s. u. 3.3.6). Speziell die Stellung der Versuchungsgeschichte zeigt im Vergleich mit dem Markusaufriss, dass zumindest eine späte Redaktionsschicht von Q chronologisch-biographische Elemente aufnahm[126].

3.3.3 Ort und Zeit der Abfassung

Die Logienquelle entstand vermutlich in (Nord-) *Palästina*, denn sie ist theologisch primär auf Israel ausgerichtet[127]. Israel gilt die Gerichtspredigt am Anfang und Ende von Q (vgl. Lk 3,7–9Q; Lk 22,28–30Q), zahlreiche Logien sind mit ihren Ortsangaben und ihrer Lebenswelt palästinazentriert (vgl. nur Lk 7,1Q; 10,13–15Q), die Träger der Logienquelle verstehen sich als gesetzestreu (vgl. Lk 16,17Q; 11,42Q), und den Pharisäern gilt ihre Polemik (vgl. z. B. Lk 11,39b–44Q). Es ist gut denkbar, dass die Q-Missionare später auch in den Städten Phöniziens (Lk 10,13fQ) und/oder Syriens für ihre Botschaft Juden zu gewinnen suchten. In Süd-Syrien könnte die Rezeption durch Matthäus erfolgt sein (vgl. Mt 4,24).

Die Logienquelle wurde vor der Zerstörung des Tempels abgefasst[128], das Wort gegen Jerusalem und den Tempel in Lk 13,34fQ setzt noch keine kriegerischen Ereignisse voraus. Eine genauere Bestimmung der Abfassungszeit muss hypothetisch bleiben, einige Indizien sprechen allerdings dafür, den grundlegenden Entstehungsprozess der Logienquelle im Zeitraum *zwischen 40 und 50 n. Chr.* anzusetzen: 1) Träger der möglicherweise bis in die vorösterliche Zeit zurückreichenden Logienüberlieferung waren sowohl wandernde Jesustradenten als auch Ortsgemeinden[129]. Kontinuität zum Anfang und sich herausbildende überregionale Gemeindestrukturen gehörten somit gleichermaßen zu den Entstehungsbedingungen der Logienquelle. 2) Die Logienquelle setzt Verfolgungen der jungen Gemeinden durch Juden in Palästina voraus (vgl. Lk 6,22fQ; 11,49–51Q, 12,4fQ; 12,11fQ). In 1Thess 2,14–16 erwähnt Paulus um 50 n. Chr. bereits zurückliegende Christenverfolgungen in Judäa. Die Hinrichtung des Zebedaiden Jakobus durch Agrippa I (vgl. Apg 12,2) erfolgte um 44 n. Chr. 3) Die positive Erwähnung von Heiden in Q (vgl. Lk 10,13–15Q; 11,29–31Q; Mt 8,5–13Q; 5,47Q; 22,1–10Q) lässt auf eine Öffnung zur Heidenmission schließen[130], die für den Zeitraum zwischen 40 und 50 n. Chr. gut denkbar ist[131]. Auch die

126 Vgl. J. S. Kloppenborg, Formation, 262.

127 Vgl. G. Theißen, Lokalkolorit (s. o. 3.1.1), 232–245. In das Jerusalem der 60er Jahre wird die Logienquelle verortet von M. Frenschkowski, Galiläa oder Jerusalem? Die topographischen und politischen Hintergründe der Logienquelle, in: A. Lindemann (Hg.), The Sayings Source Q and the Historical Jesus, 535–559.

128 Vgl. A. Jülicher – E. Fascher, Einleitung, 339.

129 Vgl. M. Sato, Q und Prophetie, 407.

130 Vgl. D. Lührmann, Redaktion, 86–88; Th. Schmeller, Brechungen, SBS 136, Stuttgart 1989, 97; F. W. Horn, Christentum und Judentum, 363. Nach Lk 10,7.8Q gelten für die Missionare die Speisevorschriften nicht mehr!

131 G. Theißen, Lokalkolorit (s. o. 3.1.1), 215–232, sieht in der Versuchungsperikope Mt 4,1–11Q eine direkte Reaktion auf den Versuch Caligulas im Jahr

Zentrierung auf Galiläa und das Fehlen einer Passionsgeschichte sprechen für diese zeitliche Ansetzung. Die Endfassung der Logienquelle kann durchaus später erfolgt sein (*zwischen 50 und 60 n. Chr.*), denn sie lässt eine bewusste literarische Gestaltung erkennen.

3.3.4 **Überlieferung und Sprache der Logienquelle**

Die Logienquelle lag Matthäus und Lukas in *schriftlicher* Form vor[132]. Dafür sprechen folgende Beobachtungen[133]: 1) Die hohen Wortlautübereinstimmungen zwischen Matthäus und Lukas, die speziell bei längeren Texteinheiten bei fast hundertprozentiger Wortsymmetrie nicht mehr mit mündlicher Überlieferung hinreichend erklärt werden können. Zudem liegt der übereinstimmende Wortbestand der aus Q übernommenen Texte bei Matthäus und Lukas prozentual höher als bei den aufgenommenen Markustexten[134]. 2) Die Parallelen in der Perikopenreihenfolge deuten auf schriftliche Vorlagen hin. 3) Dubletten und Doppelüberlieferungen sind Indizien eines schriftlichen Verarbeitungsprozesses.

Die Abweichungen im Matthäus und Lukas gemeinsamen Logiengut lassen vermuten, dass beide verschiedene Versionen von Q vor sich hatten (Q^{Mt} bzw. Q^{Lk})[135].

> Beispiel: Während sich in Mt 5, 3–12 neun Makarismen finden, sind es in Lk 6, 20–23 nur vier. Zudem gibt es erhebliche Abweichungen im Wortlaut zwischen beiden Texten. Die Weherufe (Lk 6, 24–26) wurden von Matthäus in seinem Q-Exemplar offenbar nicht gelesen. Da eine lk. Abfassung der Weherufe sehr unwahrscheinlich ist[136], müssen sie Q^{Lk} zugeordnet werden[137].

Umstritten ist, ob Q in Aramäisch oder Griechisch abgefasst wurde. Die großen Übereinstimmungen zwischen Matthäus und Lukas machen es wahrscheinlich, dass die

40 n. Chr., sein Standbild im Jerusalemer Tempel aufstellen zu lassen (vgl. Jos, Bell II 184–203) und datiert Q in die 40er Jahre. Demgegenüber setzt F. W. Horn, Christentum und Judentum, 346, die schriftliche Hauptsammlung in griechischer Sprache in der Zeit nach 60 n. Chr. an; für eine Datierung um 60 n. Chr. votieren auch J. S. Kloppenborg-Verbin, Excavating Q, 87 („late 50s or very early 60s"); D. Zeller, Jesus, Q und die Zukunft Israels, in: A. Lindemann (Hg.), The Sayings Source, (351–369) 352. Um 70 n. Chr. datiert P. Hoffmann, QR und der Menschensohn, in: The Four Gospels (FS F. Neirynck), hg. v. F. Van Segbroeck u. a., BETL 100, Leiden 1992, 421–456, die Endredaktion von Q. Für Hoffmann ist der dann geringe zeitliche Abstand zu Matthäus/Lukas der Grund, warum Q als selbständiges Dokument nicht erhalten blieb.

132 Diesen Forschungskonsens teilen nicht: J. Jeremias, Zur Hypothese einer schriftlichen Logienquelle Q, in: ders., ABBA, Göttingen 1966, 90–92; H. Th. Wrege, Die Überlieferungsgeschichte der Bergpredigt, WUNT 9, Tübingen 1968.

133 Vgl. J. S. Kloppenborg, Formation, 42–51.

134 Vgl. M. Sato, Q und Prophetie, 16.

135 Vgl. a. a. O., 47–62; C. M. Tuckett, Q, 96–100.

136 So aber z. B. F. Bovon, Lk I (s. u. 3.6.1), 298.

137 Vgl. zur Analyse F. W. Horn, Glaube und Handeln in der Theologie des Lukas (s. u. 3.6.1), 122–137. Einen Überblick zu der gegenwärtigen Diskussion dieser Frage bietet F. Neirynck, Q^{Mt} and Q^{Lk} and the Reconstruction of Q, in: ders., Evangelica II, BETL 99, Leuven 1991, 475–480.

ihnen vorliegenden Exemplare in griechischer Sprache geschrieben waren. Septuaginta-Benutzung liegt in Lk 4, 4. 8. 10 f. 12Q vor. Die Annahme einer aramäischen Urfassung der Logienquelle ergibt sich aus der vermuteten Überlieferungsgeschichte zahlreicher Texte (historischer Jesus, vor- und nachösterlicher Jüngerkreis), eindeutige sprachliche Indizien können dafür aber nicht angeführt werden[138]. Sowohl die überwiegende Zweisprachigkeit Palästinas im 1. Jh. n. Chr. als auch die Probleme exakter Rückübersetzungen sprechen eher für eine ursprünglich in griechischer Sprache abgefasste Logienquelle, was eine Vorgeschichte einzelner Logien in Aramäisch nicht ausschließt.

3.3.5 **Die Entstehung der Logienquelle**

Der Entstehungsprozess der Logienquelle lässt sich nur schwer bestimmen. Unbestritten ist die traditionsgeschichtliche Disparatheit des Q-Materials, heftig umstritten hingegen sind die Stadien des Überlieferungs-, Kompositions- und Redaktionsprozesses, an dessen Ende die Logienquelle stand. So unterscheidet D. Lührmann ältere Q-Überlieferungen (bestimmt durch Menschensohn-Christologie und Naherwartung) und jüngere Stoffe, in denen die Parusieverzögerung anklingt, Heidenmission vorausgesetzt wird und weisheitliche Elemente dominieren. S. Schulz nimmt eine traditionsgeschichtliche Differenzierung zwischen älteren palästinisch-judenchristlichen Q-Texten und Überlieferungen einer jüngeren hellenistisch-judenchristlichen Q-Gemeinde Syriens vor. Zur ältesten Q-Schicht gehörten danach Worte des nachösterlichen Enthusiasmus (z. B. Makarismen, Vaterunser), der charismatisch-eschatologischen Toraverschärfung (z. B. Forderung der Feindesliebe, Verbot der Ehescheidung) und der prophetischen Botschaft vom nahen Schöpfergott (z. B. Mt 6, 19–21Q). Die jüngere Schicht enthielt nach Schulz Worte über den irdischen Jesus (z. B. Mt 4, 1–11Q), befasste sich mit der Parusieverzögerung (z. B. Mt 7, 13 fQ) und dem Gericht über Israel (z. B. Mt 19, 28Q), handelte von der Heimholung von Zöllnern und Sündern (Mt 18, 12–14Q) und hatte schließlich Worte über die Jesusnachfolge und die Gemeinde zum Inhalt (vgl. Mt 10, 38Q). Auch A. Polag rechnet mit mehreren Entwicklungsstufen innerhalb von Q. Die aramäische ‚Primärtradition' wurzelt im vorösterlichen Jüngerkreis. Es folgt eine ‚sekundäre Traditionsstufe', die bereits kleine Spruchgruppen ausbildet (z. B. Lk 6, 20 f. 27–36Q; 10, 4–11. 16Q). Als erste Redaktionsstufe schließt sich dann die ‚Hauptsammlung' an, die in griechischer Sprache das Korpus von Q schuf. Im weiteren Verlauf der Tradierung erfolgen Einfügungen in die Hauptsammlung, die von der jeweiligen Gemeindesituation, speziell der Polemik ge-

138 Vgl. J. S. Kloppenborg, Formation, 51–64 (Diskussion aller relevanten Probleme!); S. Schulz, Q, 27 f; C. M. Tuckett, Q, 83–92.

gen Falschlehrer, bestimmt sind (vgl. Lk 9,57–62Q; 11,1b–13Q; 16,17Q; 17,1fQ u.a.). Als fünfte Entwicklungsstufe nimmt Polag eine späte schriftgelehrte Redaktion an. Hier finden sich deutliche christologische Reflexionen (vgl. Lk 3,7–9.16fQ; 4,1–13Q; 7,1–10Q u.a.). P. Hoffmann verzichtet hingegen auf die Scheidung verschiedener Redaktionsschichten; für ihn steht die Analyse der Q-Texte in ihrer vorliegenden Komposition im Mittelpunkt.

Mit einem Drei-Schichten-Modell will J. S. Kloppenborg die Entstehung von Q erklären. Danach bilden ‚Weisheitsreden' die älteste Schicht von Q. Dazu gehören u.a. der Grundbestand von Feldrede/Bergpredigt und der Aussendungsrede, ferner Lk 11,2–4.9–13Q; 12,2–12.22–34Q; 13,24–14,35Q[139]. Später wurde dieser Komplex mit Stoffen verbunden und z.T. überformt, die von der Gerichtsankündigung gegen Israel handeln (Täuferpredigt, Hauptmann v. Kapernaum, Täuferanfrage, Beelzebul-Streit und Zeichenforderung, Q-Apokalypse)[140]. Als dritte und letzte Schicht kam die Versuchungsgeschichte hinzu[141], sie illustriert Jesu vorbildhafte Beziehung zu Gott.

Ein komplexes Entstehungsmodell zu Q legt H. Schürmann vor. Er versteht Q als „ein in Stufen zusammengewachsenes Kompositionsgebilde ..., in dem in wohl durchdachter Abfolge sechs thematische Reden Jesu sowie kleinere Redegänge des Täufers und Jesu zusammengeordnet sind."[142] Schürmann spricht nicht von ‚Überlieferungsschichten', sondern rechnet mit vier ‚Kompositionsformen', die zugleich ‚Kompositionsstufen' sind: 1) ‚Spruch-Paare'. Hierbei handelt es sich um die Kombination von Herrenworten, z.B. um die Zuordnung von ‚Zusatzworten' bzw. ‚Kommentarworten' zu ‚Grundworten'. 2) ‚Spruch-Gruppen'. ‚Spruch-Paare' werden zu ‚Spruch-Gruppen' kombiniert und mit ‚Vor- bzw. Nach-Worten' versehen. 3) ‚Strukturierte Kompositionen'. Sie entstehen durch die bewusste Zusammenfügung von ‚Spruch-Gruppen', hier ist die Redaktion von Q „form- und strukturgebend am Werk."[143] 4) ‚Redekompositionen'. Als Makrotexte umfassen sie unterschiedliche Kompositionsformen und sprechen Jesu Wort nachösterlich neu zu. Die meisten ‚Redekompositionen' entstanden bereits vor der Endredaktion von Q.

M. Sato unterscheidet innerhalb seines Entstehungsmodells zwei größere redaktionelle Blöcke, die vorgegebene Spruchgruppen und Spruchsammlungen aufnahmen und zu literarischen Einheiten zusammenfügten. Die ‚Redaktion A' umfasste den ‚Johannes-Komplex' (Lk 3,2–7,35Q), die ‚Redaktion B' den ‚Aussendungs-Komplex' (Lk 9,57–10,24Q). Die folgenden Spruchgruppen wurden von der ‚Redaktion C' angefügt und zugleich mit den beiden vorangehenden Redaktionen ver-

139 Vgl. J. S. Kloppenborg, Formation, 171–237.
140 Vgl. a.a.O., 102–170.
141 Vgl. a.a.O., 246–262; zur Kritik an Kloppenborg vgl. D. Zeller, Eine weisheitliche Grundschrift in der Logienquelle?, in: The Four Gospels (FS F. Neirynck), hg. v. F. Van Segbroeck u.a., BETL 100, Leuven 1992, 389–401; C. M. Tuckett, Q, 69–74.
142 H. Schürmann, Kompositonsgeschichte, 327.
143 A.a.O., 333.

knüpft. Kennzeichnend für die ‚Redaktion C' sind nach Sato die Gerichtsansage gegenüber Israel und das Motiv der göttlichen Weisheit. Als spätere Hinzufügungen müssen mit Sicherheit Lk 4, 1–13Q, 7, 27Q; 10, 22Q gelten, die sich formgeschichtlich bzw. inhaltlich von den anderen Q-Stoffen abheben. Sato arbeitet mit einem offenen Modell, „Q ist nicht auf einmal redaktionell fixiert worden, sondern durch einen längeren Prozeß von Sammlungen, Addierungen, Redaktionen sowie Bearbeitungen zustande gekommen. Eine sukzessive Fortgestaltung charakterisiert die Quelle."[144] Eine darüber hinausgehende genaue Beschreibung dieses Wachstumsvorganges ist nach Sato kaum möglich.

Über die *sukzessive Entstehungsgeschichte* von Q und deren Anfangs- und Endpunkt besteht nur noch ein relativer Konsens in der Forschung. Danach wurde ältestes Spruchgut (vgl. z.B. Lk 11,52Q; 16,17Q) anfänglich zu Spruchgruppen (vgl. z.B. Lk 9, 57–60Q; 11, 39–51Q) zusammengefasst[145]. Am Ende schreibt die Versuchungsgeschichte (Mt 4, 1–11Q) die Logienquelle in Richtung Proto-Biographie fort. Texte wie Lk 7, 27Q; 10, 22Q sollen ebenfalls auf dieser späten Stufe in Q eingearbeitet worden sein[146]. Die dazwischen liegende Formationsphase ist durch die Fortschreibung und Überführung kleinerer Einheiten in komplexere Kompositionsgebilde geprägt. Soziologisch wurde dieser Prozess durch die Trennung von Israel und die Betonung des Gerichtsgedankens bestimmt. So zeichnen sich der für die Komposition von Q zentrale Eingangs- und Schlussteil durch eine scharfe Polemik gegen Israel aus (vgl. Lk 3, 7–9. 15–17Q/Lk 17Q; 19, 12–27Q; 22, 28–30Q). Als Introitus bzw. testamentarischer Abschluss der Logienquelle formulieren diese Texte in aller Schärfe das Scheitern der Q-Missionare gegenüber Israel und den endgültigen Bruch mit dem (ehemals) erwählten Volk. Ablehnung der Botschaft, Verfolgung der Boten und daraus folgendes Gericht über Israel bestimmen auch Lk 6, 22fQ; 7, 31–35Q; 11, 29–32Q; 11, 49–51Q; 13, 34fQ; Mt 22, 6Q und geben der Logienquelle in der vorliegenden Form ihr theologisches Gepräge[147]. Gegenüber diesen Schichtenmodellen gewinnt immer mehr die These an Einfluss, dass zwar mit einer umfangreichen mündlichen und schriftlichen Vorgeschichte des Q-Stoffes zu rechnen ist, nicht aber mit durchgehenden, literarisch abgrenzbaren Schichten. Eine Endredaktion fügte danach das Material in bewusster literarischer und theologischer Gestaltung zur Logienquelle in ihrer jetzt rekonstruierten Gestalt zusammen. Diese Sicht vertreten mit erheblichen Unterschieden in der Einzelargumentation z.B. P. Hoffmann, Chr. Tuckett, J. Schröter, Chr. Heil, M. Labahn und H. T. Fleddermann[148].

144 M. Sato, Q und Prophetie, 46.

145 Vgl. F. W. Horn, Christentum und Judentum, 347–352.

146 Vgl. M. Sato, Q und Prophetie, 35–38.

147 Vgl. F. W. Horn, Christentum und Judentum, 357ff; eine andere Position vertritt M. Karrer, Christliche Gemeinde und Israel, 146ff.

148 Vgl. P. Hoffmann, Mutmaßungen über Q, in: A. Lindemann (Hg.), The Sayings Source, (255–288) 286: „Wahrscheinlich ist nur eine Redaktion für die verschriftlichte Fassung von Q verantwortlich"; Chr. Tuckett, Q and the History of Early Christianity, 41–82; J. Schröter, Erinnerung an Jesu Worte, 103, wonach „für Q in analoger Weise gilt, was für das

Der Entstehungsprozess von Q kann in vielen Einzelheiten nicht mehr genau aufgehellt werden, eine Bewegung ist in der Geschichte der Logienquelle jedoch unverkennbar: Auf die anfängliche Mission in Israel folgen die Abkehr von der Synagoge und die (partielle) Hinwendung zu den Heiden.

Der Entstehungsprozess von Q wurde sowohl durch weisheitliches (vgl. Lk 7,35Q; 10,21Q; 11,31.49Q)[149] als auch durch prophetisch/apokalyptisches Material[150] geprägt. Der von Kloppenborg und Sato aufgebaute Gegensatz zwischen beiden Überlieferungszweigen ist nur ein scheinbarer und bereits in Q überwunden (vgl. Lk 11,31fQ: Salomo und Jona als Gerichtszeugen; Lk 11,49Q: Propheten und Apostel als Gesandte der Weisheit).

3.3.6 Aufbau und Gattung der Logienquelle

In der jetzt vorliegenden Form ist die Logienquelle ein sorgfältig erstelltes Kompositionsgefüge[151]. Nach dem Täuferportal Lk 3Q fungiert die Versuchungserzählung Lk 4,1–13Q als erzählerische und christologische Schaltstelle der Logienquelle, denn die Bewährung Jesu als Voraussetzung für die vollständige Ausrichtung auf die Worte des Irdischen wird hier demonstriert. Auf die Darstellung der Anfänge Jesu folgt als grundlegende Rede die Bergpredigt. Der Hauptmann v. Kapernaum signalisiert unübersehbar den Einschluss der Heiden in das zunächst Israel geltende endzeitliche Handeln Gottes. Es schließen sich die Täufersprüche und die Belehrung über das Jüngersein an. Die sehr positiven Aussagen über den Täufer weisen auf die konkurrierende Täuferbewegung hin, die nun durch ihren Meister über seine eigene Würde und die Bedeutung Jesu belehrt wird. Die Worte über das Gebet sind auf dem Hintergrund der beiden folgenden Abschnitte zu verstehen: Nur die lebendige Verbindung mit Gott gibt die Kraft, sich mutig in den Auseinandersetzungen zum Menschensohn zu bekennen und darin Gottes Willen zu entsprechen. Auseinandersetzung mit Israel und Bekenntnis prägen die aktuelle Situation der Q-Gemeinde. Auch die Worte vom Sorgen und Wachen geben einen Einblick in die Probleme der Gemeinde. Sowohl

MkEv bereits herausgestellt worden war, dass nämlich die Konzeption einer Schrift zunächst einmal aus deren Endgestalt heraus zu erheben ist, bevor Aussagen bezüglich früherer Stadien einzelner Texte oder gar der gesamten Schrift getroffen werden können."; Chr. Heil, Lukas und Q, 6–12; M. Labahn, Der Gottessohn, die Versuchung und das Kreuz. Überlegungen zum Jesusporträt der Versuchungsgeschichte in Q 4,1–13, EThL 80 (2004) 402–422; H. T. Fleddermann, Commentary, 180: „The commentary will argue against all stratigraphic analyses in favor of an understanding of Q as a unified literary and theological work."

149 Vgl. dazu W. Grundmann, Weisheit im Horizont des Reiches Gottes, Stuttgart 1988, 130–239; H. v. Lips, Weisheitliche Traditionen im Neuen Testament, WMANT 64, Neukirchen 1990, 197–227. 267–280.

150 Vgl. M. Sato, Q und Prophetie, passim.

151 Vgl. H. Schürmann, Zeugnis der Redequelle, 76f.

Abhängigkeit vom Reichtum oder Sorge um das Morgige als auch Zweifel an der Wiederkunft des Menschensohnes können Menschen lähmend in Beschlag nehmen. Sehr verschiedenartiges Material prägt den vorletzten Kompositionsblock, bevor die Worte über die Endereignisse sachgemäß die Logienquelle abschließen.

Sehr unterschiedlich fallen die Versuche aus, die Logienquelle als Ganzes formgeschichtlich zu bestimmen[152]. Da eine Passions- und Auferstehungsgeschichte fehlt, kann die Logienquelle nicht als ein vollständiges Evangelium bezeichnet werden. A. Jülicher nannte deshalb Q ein ‚Halbevangelium'[153]. E. Bammel klassifiziert die Logienquelle mit Hinweis auf Lk 22,28–30 als ‚Testament'[154]. J. M. Robinson versteht Q in Analogie zum koptischen Thomasevangelium als eine weisheitliche Spruchsammlung, der er die Gattungsbezeichnung *λόγοι σοφῶν* gibt, in neueren Veröffentlichungen spricht er vom ‚Sayings Gospel Q' (Spruchevangelium Q)[155]. Im Anschluss an diese Konzeption sieht J. S. Kloppenborg in Q eine Chrien-Sammlung[156]. Er kann dafür auf eine Reihe antiker Parallelen verweisen, zugleich werden aber bei einer Bestimmung von Q als „wisdom collection"[157] die starken biographischen Elemente der Logienquelle unterbewertet. Vor allem die von Kloppenborg behauptete späte Hinzufügung der Versuchungsgeschichte lässt sich nicht wirklich belegen[158].

Als eine Art ‚Prophetenbuch' stuft M. Sato die Logienquelle ein[159]. Die zahlreichen prophetischen Mikrogattungen konstituieren die Makrogattung, hinter der ein prophetisch ausgerichteter Nachfolgekreis steht. Der weisheitliche Horizont vieler Logien wird nach Sato durch die Dominanz des Prophetischen umgeprägt. Allerdings fehlt in der Logienquelle die für die Gattung Prophetenbuch zentrale Prophetenberufung, und Jesus wird nicht betont als Prophet dargestellt[160]. Die traditions-, religions- und formgeschichtliche Vielfalt von Q führt H. Schürmann zu dem Urteil, dass diese ‚Redequelle' eine eigene literarische Gattung sei[161]. „Es liegt hier eine spezifische, neuartig redigierende Gattung vor, die vom ‚Kommen' Jesu, seinem ‚Geschick' und von seinem Epiphanwerden im Wort (von der Basileia) und am Ende von seiner Pa-

---

152 Einen Forschungsüberblick bietet J. S. Kloppenborg-Verbin, Excavating Q, 398–408.

153 Vgl. A. Jülicher – E. Fascher, Einleitung, 347.

154 Vgl. E. Bammel, Das Ende von Q, 48.

155 Vgl. J. M. Robinson, Logoi sophon, 80 ff, ders., The Sayings Gospel Q, in: The Four Gospels (FS F. Neirynck), hg. v. F. Van Segbroeck u. a., BETL 100, Leuven 1992, 361–388.

156 Vgl. dazu J. S. Kloppenborg, Formation, 263–345.

157 A. a. O., 328. Später formuliert Kloppenborg: „I prefer not to identify too closely the theological category of Gospel with the literary category of biography; nonetheless, in both respects, Q is already very close to the later intracanonical Gospels" (ders., Excavating Q, 406 f).

158 Gegen J. S. Kloppenborg, Formation, 326: „The addition of the temptation narrative to Q is probably not enough to allow us to claim a biographical genre for Q; however its addition is one step in that direction." Zur Kritik an Kloppenborg vgl. zuletzt P. Hoffmann, Mutmaßungen über Q, 285 f.

159 Vgl. M. Sato, Q und Prophetie, 299 u. ö.

160 Vgl. D. Lührmann, The Gospel of Mark and the Sayings Collection Q, JBL 108 (1989), (51–71) 65, der auf Texte wie Lk 7,26/Mt 11,9; Lk 11,31 f/Mt 12,41 f hinweist, wo die Kategorie des ‚Prophetischen/Propheten' als inadäquat zur Erfassung der Person Jesu bezeichnet wird.

161 Vgl. H. Schürmann, Das Zeugnis der Redequelle, 65 A 1.

rusie berichtet und die – weil uns Q verlorenging – in der Tradition keinen sachgerechten Namen fand, die aber im Gegenüber zur und neben der Passionsgeschichte das zweite Bauelement des genus ‚Evangelium' wurde."[162] Die Einzigartigkeit von Q ist zugleich Stärke und Schwäche dieser These, denn Schürmann kann zu Recht auf die Singularität der Redequelle hinweisen, die aber zugleich eine Gattungsbestimmung unmöglich macht[163]. Als ‚ideale Spruch-Biographie' bezeichnet D. Dormeyer die Logienquelle[164]. Sie steht den erzählenden ‚Idealbiographien' des Matthäus und Lukas nahe und konnte von ihnen in den Markusaufriss eingeordnet werden. M. Labahn versteht die Logienquelle dezidiert als ein bewusst gestaltetes literarisches Werk und bezeichnet sie als ‚Spruchbiographie'[165]; Chr. Heil unterscheidet zwischen ‚Erzählevangelium' (= Synoptiker) und ‚Spruchevangelium' (= Logienquelle)[166]. Im vollen Umfang als Evangelium will schließlich H. T. Fleddermann die Logienquelle verstehen: „Q has all the characteristics of the gospel genre."[167]

Die biographischen und narrativen Elemente sowie der Gesamtaufriss von Q zeigen, dass die Logienquelle sich in Richtung ‚Evangelium' entwickelte und ihre Integration in das Lukas- und Matthäusevangelium folgerichtig war. Weil den einzelnen Überlieferungen des Lebens und Wirkens Jesu eine so große Bedeutung beigemessen wird, kann die Logienquelle als ‚Proto-Evangelium' bezeichnet werden, auch wenn es sich dabei nicht im strengen Sinn um eine Gattungsbezeichnung handelt. Die Singularität von Q ermöglicht nur eine Formbestimmung in Relation zu anderen Gattungen, wobei naturgemäß die Bestimmung der Gesamtgattung davon abhängt, „welcher Tradition man vorrangige Bedeutung für die Gesamtbeurteilung von Q gibt."[168] Auf die Gattung ‚Evangelium' entwickelte sich die Logienquelle zu, so dass sie aus dieser Perspektive als ‚Proto-Evangelium' gelten kann.

3.3.7 Die Träger der Logienüberlieferung

Der Trägerkreis der Logienquelle war doppelt strukturiert: Neben Wandermissionaren gab es weitgehend sesshafte Jesus-Anhänger[169]. Auf *Wandermissionare* weisen

162 A. a. O., 77.

163 Vgl. M. Sato, Q und Prophetie, 2.

164 Vgl. D. Dormeyer, Das Neue Testament im Rahmen der antiken Literaturgeschichte (s. o. 2.3.2), 214–220.

165 Vgl. M. Labahn, Der Gekommene als Wiederkommender, 73 (Forschungsüberblick: 40–73).

166 Vgl. Chr. Heil, Evangelium als Gattung. Erzähl- und Spruchevangelium, in: Th. Schmeller (Hg.), Historiographie und Biographie im Neuen Testament und seiner Umwelt, NTOA/StUNT 69, Göttingen 2009, 62–94.

167 H. T. Fleddermann, Commentary, 106.

168 H. v. Lips, Weisheitliche Traditionen (s. o. 3.3.5), 226.

169 Vgl. M. Sato, Q und Prophetie, 375 ff. Anders M. Frenschkowski, Welche biographischen Kenntnisse von Jesus setzt die Logienquelle voraus?, in: From Quest to Q (FS J. M. Robinson), hg. v. J. M. Asgeirsson – K. De Troyer – M. W. Meyer, 3–42, der fragt, „ob Q in irgendeiner Form als repräsentatives Dokument einer Gruppe, oder nicht primär als individuelle Sammlung eines Autors oder Kompilators zu sehen ist, in welcher dieser zuerst um eigener In-

Texte wie Lk 9, 57–62Q; 10, 1–12. 16Q; 12, 22–31. 33–34Q hin. In ihnen artikuliert sich ein Ethos der Heimat- und Besitzlosigkeit, wird Gewaltverzicht proklamiert (Lk 6, 27–38Q) und familiäre Bindungen verlieren ihre Bedeutung (Lk 14, 26Q; 12, 51–53Q)[170]. Eine solche Lebensweise stellt keine Ausnahmeerscheinung innerhalb der Geschichte des Urchristentums dar, denn bereits Paulus (und seine engsten Mitarbeiter) praktizierten einen vergleichbar radikalen Lebens- und Missionsstil (vgl. 1 Kor 9, 5. 14 f), und die Didache bestätigt dieses Phänomen noch für den Beginn des 2. Jhs. (vgl. Did 11–13). Sehr eindrückliche Parallelen bietet schließlich die Kynikerbewegung, deren radikales Ethos in vielen Punkten mit den Q-Traditionen übereinstimmt (vgl. Epict, Diss III 22)[171].

Viele Q-Logien setzen *Sesshaftigkeit* voraus, so die Gleichnisse vom Senfkorn und Sauerteig (Lk 13, 18–21Q), das Verbot der Ehescheidung (Lk 16, 18Q) oder das Wort vom Hausherrn und Dieb (Lk 13, 39 fQ)[172]. Die sesshaften Sympathisanten in den Ortsgemeinden[173] boten den Wandermissionaren eine materielle Basis, indem sie Unterkunft (vgl. Lk 9, 58Q) und Unterhalt (Lk 10, 5–7Q) gewährten. Dies weist auch auf eine doppelte soziale Schichtung des Q-Kreises hin. In zahlreichen Logien spiegelt sich materielle Armut wider (vgl. z. B. Lk 6, 20 fQ; 7, 22Q; 11, 3Q), zugleich lassen die Aufforderung zur Entscheidung zwischen Gott und dem Mammon (Lk 16, 13Q) bzw. den himmlischen und irdischen Schätzen (Lk 12, 33 fQ) wie auch die Bereitschaft zum uneingeschränkten Geben in Lk 6, 30Q auf eine wirtschaftliche Basis schließen (vgl. ferner Lk 14, 15–24Q). In den Ortsgemeinden wurden die Logien gesammelt, und hier dürfte es zu ersten Bearbeitungen des Stoffes gekommen sein. Das Verhältnis zwischen den Wanderpredigern und den Ortsansässigen darf nicht statisch gedacht werden, es herrschte sicherlich ein reger Austausch zwischen beiden Gruppen, deren Mitglieder sich teilweise aus dem jeweils anderen Kreis rekrutierten[174]. Radikalität und Normalität bedingen und ergänzen auch hier einander.

teressen willen gesammelt hat. Mir scheint in der Tat, dass sich die Eigenart von Q sehr viel besser verstehen lässt, wenn das Werk nicht als Ausdruck einer gruppenspezifischen Theologie, sondern der persönlichen Interessenlage und Auswahlkriterien eines Autors verstanden wird, dessen Schrift auf dem Weg der Buchwerdung noch nicht sehr weit gediehen ist" (a. a. O., 36). Weiter vermutet Frenschkowski, „dass Q unter dem Namen des Matthäus umlief" (a. a. O., 40).

170 Vgl. G. Theißen, Wanderradikalismus, in: ders., Studien zur Soziologie des Urchristentums, WUNT 19, Tübingen [2]1983, 79–105; kritische Anfragen an diese Position finden sich bei Th. Schmeller, Brechungen (s. o. 3.3.3), 50 ff.; C. M. Tuckett, Q, 355–367; einen Forschungsüberblick bietet M. Labahn, Der Gekommene als Wiederkommender, 73–93.

171 Vgl. zu diesem Schlüsseltext Margarethe Billerbeck, Epiktet: Vom Kynismus, PhAnt 34, Leiden 1978.

172 Vgl. ferner Lk 6, 43Q; 6, 47–49Q; 7, 32Q; 11, 11–13Q; 14, 42–46Q; 12, 58Q; 13, 25Q.

173 Vgl. dazu G. Theißen, Soziologie der Jesusbewegung, TEH 194, München 1977, 21–26.

174 Anders Th. Schmeller, Brechungen (s. o. 3.3.3), 93–98, der die Wandermissionare als Beauftragte der Q-Gemeinde ansieht und das Ergebnis seiner Analyse so formuliert: „1. Q ist ein Gemeindedokument. 2. Die Q-Gemeinde hat Missionare ausgesandt, die als Wandercharismatiker lebten. 3. Welche (bzw. ob bestimmte) Q-Worte ausschließlich von solchen Wandercharismatikern tradiert wurden, ist nicht zu rekonstruieren. 4. Die Botenrede ist Gemeindeüberlieferung und rückt damit in die Nähe eines kon-

Die Anfänge des Q-Kreises können bis in die vorösterliche Zeit reichen[175], aber erst nach Ostern setzten die Traditionsbildung und die Ausformung von Wandermission und Gemeindestrukturen voll ein. Die Wandermissionare tradierten Worte des historischen Jesus (vgl. z.B. Lk 6,20fQ; 10,4–6Q; 11,20Q; 17, 26f.30Q), zugleich wirkten sie als Propheten des Erhöhten. Propheten traten als Sprachrohr des erhöhten Herrn auf, als unmittelbar inspirierte Sprecher gaben sie der Gemeinde verständliche Worte des Herrn weiter und legten die Gemeindesituation, die Schrift oder Worte des historischen Jesus aus (vgl. z.B. Lk 6,22fQ; 10,21fQ; Mt 12,31fQ; Mt 19,28Q)[176]. Die Q-Logien dienten zur Paränese, Katechese und Mission, die Breite der Überlieferung lässt weitere Spezifizierungen nicht zu. Viele Texte in Q sind nach ‚außen' und nach ‚innen' gerichtet.

3.3.8 Die Logienquelle und das Markusevangelium

Der gemeinsame Stoff von Q und Mk (vgl. Mk 1,2; 1,7f; 1,12f; 3,22–26.27–29; 4,21.22.24.25; 4,30–32; 6,7–13; 8,11.12; 8,34–35; 8,38; 9,37.40.42.50; 10,10f; 10,31; 11,22f; 12,37b–40; 13,9.11.33–37) führte immer wieder zu der These einer literarischen Kenntnis bzw. Abhängigkeit des Markusevangeliums von der Logienquelle[177]. Als Hauptargument für diese Sicht wird angeführt, dass sich die markinischen Versionen der Doppelüberlieferungen als von Q abhängig erweisen; die Q-Versionen sind traditionsgeschichtlich älter, wurden von Markus aufgenommen und bearbeitet[178]. Sollte Markus die Logienquelle gekannt haben und von ihr literarisch abhängig sein, so bleiben jedoch die Auswahlkriterien für den übernommenen, bes. aber für den ausgelassenen Stoff unerklärlich[179]. Die dafür angegebenen Gründe sind hypothetisch (Markus als Ergänzung der Logienquelle[180], Q als Ergänzung des Mar-

struktiv auswertbaren Zeugnisses für den Lebensstil der Wandercharismatiker" (a.a.O., 96).

175 Vgl. die Skizze bei M. Sato, Q und Prophetie, 375–379.

176 Vgl. die grundlegende Studie von M.E. Boring, The Continuing Voice of Jesus, Louisville 1991, 15–234.

177 Vgl. B. Weiß, Lehrbuch der Einleitung in das Neue Testament, Berlin ^{3}1897, 468f; W. Bousset, Wellhausens Evangelienkritik II, ThR 9 (1906), 44; in neuerer Zeit vgl. bes. W. Schenk, Der Einfluß der Logienquelle auf das Markusevangelium, ZNW 70 (1979), 141–165; W. Schmithals, Einleitung, 403; ferner die Arbeiten von J. Lambrecht (zuletzt: ders., John the Baptist and Jesus in Mark 1. 1–15: Markan Redaction of Q, NTS 38 [1992], 357–384); D.R. Catchpole, The Beginning of Q: A Proposal, in: NTS 38, 205–221; H.T. Fleddermann, Mark and Q, passim. Eine kritische Darstellung der gegenwärtigen Diskussion bietet F. Neirynck, Recent Developments, 421–433.

178 Methodisch von besonderer Bedeutung ist innerhalb dieses Modells die Behauptung, Spuren von Q-Redaktion ließen sich bei Markus nachweisen, d.h. die Logienquelle in ihrer Letztgestalt habe Markus vorgelegen; vgl. H.T. Fleddermann, Mark and Q, 211–213.

179 H.T. Fleddermann, Mark and Q, 16, entgeht der grundlegenden Frage, warum Markus die Logienquelle stoffmäßig zerstückelt hat, mit dem Hinweis, solche Einwände seien zu allgemein.

180 Vgl. J. Lambrecht, Q-Influence on Mark 8, 34–9, 1, in: J. Delobel (Hg.), Logia, (227–304) 304.

kusevangeliums[181], kritische Auseinandersetzung des Markus mit der Christologie der Logienquelle[182]) und können die erheblichen Differenzen in der literarischen Gestalt und theologischen Ausrichtung zwischen Q und dem Markusevangelium nicht plausibel machen. Eine direkte literarische Verbindung zwischen Markus und Q muss als unwahrscheinlich angesehen werden[183]. Die gemeinsamen Textkomplexe weisen auf einen *unabhängigen Zugang* beider zu alten Jesustraditionen hin, aber auch Berührungen auf vorredaktioneller Ebene sind nicht auszuschließen[184].

3.3.9 Theologische Grundgedanken der Logienquelle

Die Theologie der Logienquelle leitet sich aus der Grundüberzeugung ab, dass der Stellung zu Jesus und seiner Botschaft Heilsrelevanz zukommt[185]. Sowohl die Heilszusage als auch die Gerichtsandrohung sind in Q von ihrem Sprecher nicht zu trennen. Am Anfang der Verkündigung Jesu steht auch in Q die Heilsbotschaft, die Seligpreisungen in Lk 6,20.21Q formulieren prägnant den Heilszuspruch, der an keinerlei Vorbedingungen gebunden ist. Jesus preist die Augen- und Ohrenzeugen selig (Lk 10,23fQ), die Heilszeit ist angebrochen, denn „Blinde sehen und Lahme gehen, Aussätzige werden rein und Taube hören, und Tote stehen auf und den Armen wird die frohe Botschaft verkündet" (Lk 7,22Q). Die Jünger werden ausgesandt, um Frieden anzubieten (Lk 10,5fQ) und die Nähe des Reiches Gottes anzusagen (Lk 10,9.11bQ). Die Haltung gegenüber Jesus und seiner Botschaft ist nicht folgenlos, denn „jeder, der sich vor den Menschen zu mir bekennt, zu dem wird auch der Menschensohn sich vor den Engeln Gottes bekennen. Wer mich aber vor den Menschen verleugnet, den wird auch der Menschensohn vor den Engeln Gottes verleugnen" (Lk 12,8fQ). Die Ablehnung des Heilsanspruches Jesu hat die Gerichtsandrohung zur Folge. Die Q-Missionare werden in Schicksalsgemeinschaft mit ihrem Herrn ‚wie Schafe unter die Wölfe gesandt' (Lk 10,3Q), die Q-Gemeinden sind Verfolgungen durch die Juden ausgesetzt (Lk 6,22fQ). Ihre Gerichtsaussage gilt ‚diesem Geschlecht', das die Botschaft Jesu und ihre Boten ablehnt (vgl. Lk 7,31Q; 11,29Q; 11,30–32Q; 11,50Q). Die Umkehrpredigt erreichte große Teile Israels nicht (vgl. Lk 10,13–15Q; 15,7Q), die Anstoß an Jesus nahmen (Lk 7,23Q) und weitere Legitimationen forderten (Lk 11,29fQ). Deshalb wird es in den Tagen des Menschensoh-

181 Vgl. W. Schmithals, Einleitung, 403: „Die Spruchquelle Q wurde von Anfang an als Ergänzung des MkEv verfaßt und setzt dieses voraus."

182 Vgl. W. Schenk, Einfluß, 162: „Möglicherweise ging es Markus um die kritische Zerschlagung der Sophia-Christologie der Q-Redaktion."

183 Vgl. R. Laufen, Doppelüberlieferungen, 59–77; J. Schüling, Studien, 215.

184 Vgl. A. Jülicher – E. Fascher, Einleitung, 347: „Immerhin ist die Einwirkung des Markusplanes auf Q das Wahrscheinlichere." Jülicher geht allerdings von einer fast gleichzeitigen Entstehung von Markus und Q aus.

185 Vgl. D. Kosch, Q und Jesus, 44ff.

nes wie in den Tagen Noahs sein, „sie aßen, sie tranken, sie heirateten, sie ließen sich heiraten bis zu dem Tag, an dem Noah in die Arche ging und die Sintflut kam und brachte sie alle um" (Lk 17,26.27Q).

Anders als bei Markus, Matthäus und Lukas lassen sich in der Logienquelle keine Themen erkennen, die das gesamte Material strukturieren und ihm ein theologisches Gepräge geben. „Was die Sammlung Q innerlich verbindet, ist ... ihre theologische Voraussetzung, nämlich die Überzeugung der Tradenten, dass Jesus den Menschen, die ihm begegnen, die Möglichkeit eröffnet, sich für Gott und seine Herrschaft zu entscheiden, und diese Entscheidung in einer Geschichte zu leben; sein eigenes Wort ist in diesem Vorgang eine Macht, die wirkt."[186] Die vollständige Ausrichtung auf den *weisenden Jesus* in Q könnte auch erklären, warum Passion, Tod und Auferweckung Jesu nur andeutungsweise oder gar nicht zur Sprache kommen und Aussagen über den Sühntod Jesu fehlen. Der Tod Jesu am Kreuz wird in der Logienquelle vorausgesetzt (vgl. Lk 14,27Q; 13,34fQ; ferner Lk 6,22fQ; 6,27–29Q; 11,47–51Q; 12,4Q), aber im Vergleich mit anderen ntl. Schriften in seinen Heilsdimensionen nicht entfaltet[187]. Q konzentriert sich auf die Identität des Irdischen mit dem Erhöhten[188]. Allein diese Identität verleiht den Worten Jesu Verbindlichkeit und begründet den Glauben der Q-Gemeinde, dass Jesu Botschaft höchste Gegenwarts- und Zukunftsrelevanz habe. Die Bedeutung Jesu vermittelt sich nach dem Zeugnis der Logienquelle nicht durch kerygmatische Formeln, vielmehr wird sie im unmittelbaren Hören und Tun der Worte Jesu erfahren. Ostern ist in dieser Konzeption kein Fremdkörper, sondern gerade durch die Auferweckung Jesu haben seine Worte auch in nachösterlicher Zeit nichts an Aktualität verloren. Ostern fordert die Tradierung der Worte des Irdischen und Erhöhten, ohne selbst zum Thema zu werden[189].

3.3.10 **Tendenzen der neueren Forschung**

Während M. Dibelius und R. Bultmann die Logienquelle nicht als eigenständigen theologischen Entwurf betrachteten, legten die Monographie von H. E. Tödt (1959) und die seit dem Ende der 60er Jahre erschienenen redaktionskritischen Studien von

186 A. Polag, Mitte der Logienquelle, 110.
187 Dies bedeutet aber nicht, dass die Logienquelle die Heilsbedeutung des Todes nicht gekannt hätte; gegen H. E. Tödt, Menschensohn, 229.
188 Vgl. nur Lk 7,34Q; 9,58Q; 17,24.26Q, wo die Identität des irdischen mit dem kommenden Menschensohn vorausgesetzt ist. Zur Erhöhungsvorstellung vgl. W. Thüsing, Erhöhungsvorstellung und Parusieerwartung in der ältesten nachösterlichen Christologie, SBS 42, Stuttgart 1970.
189 Andere neuere Lösungsversuche dieses Problems: M. Sato, Q und Prophetie, 383, antwortet auf die Frage, warum es in Q keine Passionsgeschichte gibt: „In keinem Prophetenbuch des Alten Testaments wird über den Tod des Propheten berichtet." H. v. Lips, Weisheitliche Traditionen (s. o. 3.3.5), 278, meint, Q habe Jesus als abgelehnten Boten der Weisheit verstanden, der Tod Jesu sei Hinweis auf die Nähe des kommenden Reiches, „ohne als Tod selbst Heilsbedeutung zu haben."

D. Lührmann, P. Hoffmann, S. Schulz, A. Polag, D. Zeller und H. Schürmann die Grundlage für eine differenzierte Sicht der Entstehungsgeschichte und des theologischen Profils von Q. Die Diskussion der letzten Jahrzehnte wurde wesentlich durch die Entwürfe von J. S. Kloppenborg und M. Sato bestimmt[190]. Trotz zahlreicher Differenzen in Einzelfragen kann es heute als Konsens gelten, dass die Logienquelle ein literarisch wie theologisch komplexes Gebilde ist. Es handelt sich nicht einfach um eine ‚Sammlung' von Jesusworten, sondern um einen eigenständigen theologischen Entwurf, eine bewusste Komposition, deren Entstehungsgeschichte es zu analysieren, deren Stilgesetze es zu erheben und deren theologische Intentionen es zu bestimmen gilt. Voraussetzung für diese Arbeit ist die Erstellung einer sicheren Textgrundlage, wie sie vom ‚International Q Project' erstellt wurde. Die ‚Critical Edition of Q', die ‚Synoptic Concordance'[191] und die forschungs- und problemgeschichtlich orientierte Reihe ‚Documenta Q' bilden die Materialbasis der weiteren Arbeit an der Logienquelle[192]. Thematisch stehen sechs Bereiche im Mittelpunkt der aktuellen Forschung: 1) Wie verlief die literarische Genese von Q? Wurden bereits bestehende Sammlungen einer umfangreichen Redaktion unterzogen (D. Lührmann), so dass der Analyse der Redaktionsschichten entscheidende Bedeutung zukommt? Oder müssen Redaktion und Tradition weitgehend identifiziert werden, steht also die vorliegende Komposition der Texte im Mittelpunkt (P. Hoffmann)? Erklärt das Modell eines sukzessiven Wachstums (H. Schürmann, D. Zeller) oder ein Stufenmodell (in unterschiedlicher Weise M. Sato/J. S. Kloppenborg) am sachgemäßesten die Entstehungsgeschichte von Q? Ist möglicherweise ein Modell ausreichend, dass mit einer Materialsammlung und einer einzigen Redaktion rechnet (P. Hoffmann, C. M. Tuckett)[193]? Als einen bewusst narrativ gestalteten Entwurf interpretiert M. Labahn die Logienquelle; sie ist ein strukturierter und kohärenter Text mit einem erzählerischen Spannungsbogen und einer auf Jesus als den kommenden Menschensohn zentrierten inhaltlichen Mitte. Labahn versteht die Logienquelle als ein Dokument der Sinnbildung, mit deren Hilfe ihren Trägern Sinn- und Handlungskompetenz in einer schwierigen historischen Situation gegeben werden soll. In der Zeitspanne zwischen dem Gekommen-Sein-Jesu und seinem Wiederkommen als Menschensohn sieht sich die Gemeinde der Logienquelle vor großen Herausforderungen zur Bewährung ihres Glaubens. 2) Welchem literarischen Genre ist Q zuzuordnen? Handelt es sich um ein weisheitlich orientiertes Spruchkompendium bzw. Spruchevangelium (so z. B. J. M. Robinson, J. S. Kloppenborg), ein Prophetenbuch (M. Sato) oder um eine

190 Zur Forschungsgeschichte vgl. C. M. Tuckett, Q, 1–82; J. Schröter, Erinnerung, 83–143.

191 Vgl. P. Hoffmann – Th. Hieke – U. Bauer (Hg.), Synoptic Concordance I–IV, Berlin 1999–2000.

192 Zur Geschichte und den Zielsetzungen des internationalen Q-Projekts vgl. Chr. Heil, Die Q-Rekonstruktion des internationalen Q-Projekts: Einführung in Methodik und Resultate, NT 43 (2001), 128–143.

193 Vgl. C. M. Tuckett, Q, 73 f.

Kyniker-Diatribe (z. B. B. L. Mack)[194]? Während die kynische Jesus- und Q-Interpretation nur eine Nebenrolle spielt[195], stand lange Zeit der Gegensatz zwischen einer weisheitlichen (vornehmlich in Nordamerika) und einer prophetisch-apokalyptischen (vornehmlich in Europa) Interpretation der Logienquelle im Mittelpunkt. Allerdings setzt sich zunehmend die Einsicht durch, dass es für das 1. Jh. n. Chr. nicht möglich und sinnvoll ist, exakt zwischen prophetisch-apokalyptischen und weisheitlichen Traditionen unterscheiden zu wollen[196]. 3) Ist das Markusevangelium literarisch von Q abhängig? Diese These wird in der neueren Forschung wieder vermehrt vertreten, dennoch bleibt sie eine wenig überzeugende Minderheitsmeinung (s. o. 3.3.8). 4) In welchem Verhältnis steht die Logienquelle zum Thomasevangelium?[197] Setzt das Thomas-Evangelium als gnostische Deutung der Worte Jesu die Synoptiker voraus (so z. B. W. Schrage[198], M. Fieger[199], E.-E. Popkes[200])? Oder muss das Thomas-Evangelium als frühes Zeugnis einer selbständigen Entwicklungslinie der Jesusüberlieferung neben der Logienquelle angesehen werden, so dass es als wichtige Quelle des 1. Jh. n. Chr. zu gelten hat (so J. M. Robinson/H. Köster)? Während die amerikanische Forschung vorwiegend dieser These zuneigt, votiert die europäische Forschung für ein differenziertes Erklärungsmodell, das für einzelne Logien des Thomasevangeliums Eigenständigkeit und hohes Alter annimmt, zugleich aber einer sehr frühen Ansetzung des gesamten Evangeliums und der These seiner traditionsgeschichtlichen Eigenständigkeit skeptisch gegenübersteht. Die konsequente Entkontextualisierung der Worte Jesu, die sekundäre Stilisierung überkommener Formen und die gänzliche Abkoppelung von der Geschichte Israels sprechen für eine spätere Datierung des Thomasevangeliums[201]. 5) Inwieweit vermittelt die Logienquelle ein

194 Vgl. B. L. Mack, The Lost Gospel. The Book of Q and Christian Origins, San Francisco 1993; vgl. ferner F. G. Downing, Christ and the Cynics, Sheffield 1988; L. E. Vaage, Galilean Upstarts, Valley Forge 1994.

195 Zur Kritik kynischer Jesusinterpretationen vgl. M. Ebner, Kynische Jesusinterpretationen – „disciplined exaggeration"? BZ 40 (1996), 93–100; C. M. Tuckett, Q, 368–390.

196 Zur kritischen Diskussion vgl. C. M. Tuckett, Q, 325–354.

197 Vgl. zur Forschungsgeschichte J. Schröter, Erinnerung, 122–140.

198 Vgl. W. Schrage, Das Verhältnis des Thomas-Evangeliums zur synoptischen Tradition und zu den koptischen Evangelienübersetzungen, BZNW 29, Berlin 1964.

199 M. Fieger, Das Thomas-Evangelium. Einleitung, Kommentar, Systematik, NTA 22, Münster 1991.

200 Vgl. E.-E. Popkes, Das Menschenbild des Thomasevangeliums, WUNT 206, Tübingen 2007, 356f: „Gerade an dem Menschenbild des Thomasevangeliums zeigt sich, dass dieses Werk nicht auf eine von den synoptischen, johanneischen bzw. paulinischen Traditionen unabhängige ‚vierte Entwicklungslinie' der frühchristlichen Theologiegeschichte zurückgeht, welche v. a. von jüdisch-weisheitlichen Vorstellungen inspiriert wurde … Das Thomasevangelium setzt vielmehr einen bereits fortgeschritten innerchristlichen Identitätsfindungsprozess voraus."

201 Vgl. dazu J. Schröter/H.-G. Bethge, Das Evangelium nach Thomas (NHC II,2), in: H.-M. Schenke – H.-G. Bethge – U. U. Kaiser (Hg.), Nag Hammadi Deutsch I, GCS N. F. 8, Berlin 2001, 151–181. Für den zentralen Bereich der Soteriologie plädiert jetzt mit überzeugenden Argumenten auch für eine Spätdatierung: E. E. Popkes, Die Umdeutung des Todes Jesu im koptischen Thomasevangelium, in: J. Frey – J. Schröter (Hg.), Deutungen des Todes Jesu im Neuen Testament, WUNT 181, Tübingen 2005, 513–543.

authentisches Bild vom historischen Jesus?[202] Es fällt auf, dass Markus und Q als älteste Überlieferungsstränge im Rahmen der Zweiquellentheorie ein Jesusbild entwerfen, in dem die Tora keine wesentliche Rolle spielt (*νόμος* fehlt bei Markus, für die Logienquelle vgl. lediglich Q 16, 17). Erst Matthäus stellt Jesus von Nazareth als toratreuen Juden dar. Andererseits differieren Markus und Q erheblich: In der Logienquelle findet sich keine Passionsgeschichte, es wird nur ein Wunder Jesu berichtet und die Sabbatkonflikte fehlen ebenfalls[203]. Aus diesem Befund sollte der Schluss gezogen werden, dass die Logienquelle allein keineswegs den ‚wahren' Jesus präsentiert, sondern unter Beachtung von traditions- und formgeschichtlichen Fragestellungen der Rückgriff auf alle Überlieferungsstränge (Q, Synoptiker, Johannesevangelium, Paulusbriefe, Thomasevangelium) geboten ist. 6) In welche politische und sozialgeschichtliche Situation sprechen die Q-Texte? Wie sind die Konflikte mit der Täufergruppe und dem zeitgenössischen Judentum zu bewerten?[204] Liegt ein Bezug zu den Zeloten vor?[205]

Die Erforschung der Logienquelle gehört gegenwärtig zu den dynamischsten Bereichen in der ntl. Exegese, so dass noch viele Untersuchungen und Theorien zu erwarten sind.

3.4 Das Markusevangelium

3.4.1 **Literatur**

Kommentare

KEK 1/2: E. Lohmeyer, ^{8}1967. – HNT 3: E. Klostermann, ^{5}1971; D. Lührmann, 1987. – HThK II 1.2: R. Pesch, ^{5}1989.^{4}1991. – EKK II 1.2: J. Gnilka, ^{5}1998.^{5}1999. – ThHK 2: W. Grundmann, ^{10}1989. – ThKNT 2: P. Dschulnigg, 2007. – ÖTK 2.1–2: W. Schmithals, ^{2}1986. – NTD 1: E. Schweizer, ^{7}1989. – RNT: J. Ernst, 1981. – AncB 27: J. Marcus, 2000.2009. – WBC 34.34a.b: R.A. Guelich, 1989; C.A. Evans, 2001. – Hermeneia: Adela Yarbro Collins, 2007. – NTL: M.E. Boring, 2006. – ANTC: C.C. Black, 2011. – B. van Iersel, Markus-Kommentar, Düsseldorf 1993; ders., Mark. A Reader-Response Commentary, JSNT.S 164, Sheffield 1998. – F.J. Moloney, The Gospel of Mark. A Commentary, Peabody 2002. – R.A. Culpepper, Mark, Macon 2007.

---

202 Vgl. dazu J. S. Kloppenborg, The Sayings Gospel Q and the Quest of the Historical Jesus, HThR 89 (1996), 307–344.

203 Lediglich Q 14, 5 berührt die Thematik.

204 Vgl. dazu J. S. Kloppenborg, (Hg.), Conflict and Invention, Valley Forge 1995.

205 Vgl. P. Hoffmann, Studien, 232 f., wonach die Träger von Q als anti-zelotische ‚Friedensbewegung' zu verstehen sind. „Die Gruppe scheint mit ihrem Bekenntnis zum Menschensohn Jesus, mit der Weitergabe der Botschaft Jesu in dem Konflikt zwischen Aufstands- und Friedenspartei, der in den Jahren vor dem jüdisch-römischen Krieg die Situation in Palästina bestimmte, für die letztere Partei genommen zu haben. Indem sie so auf politische Fragen einging, erhielt ihre Verkündigung eine spezifische Nuance, führte ihr Weg sie in eine heftige Auseinandersetzung mit den eigenen Volksgenossen, denen sie im Namen des Menschensohnes Jesus den Weg der Feindesliebe als einzige Möglichkeit der Rettung im bevorstehenden Gericht anbot"; zur Kritik an dieser These vgl. C. M. Tuckett, Q, 361–363.

Monographien

W. Wrede, Das Messiasgeheimnis in den Evangelien, Göttingen ^{4}1969 (= 1901). – W. Marxsen, Der Evangelist Markus, FRLANT 67, Göttingen ^{2}1959. – J. M. Robinson, Messiasgeheimnis und Geschichtsverständnis. Zur Gattungsgeschichte des Markus-Evangeliums, TB 81, München 1989 (NA). – H. W. Kuhn, Ältere Sammlungen im Markusevangelium, SUNT 8, Göttingen 1970. – K. Kertelge, Die Wunder Jesu im Markusevangelium, StANT 23, München 1970. – D.-A. Koch, Die Bedeutung der Wundererzählungen für die Christologie des Markusevangeliums, BZNW 42, Berlin 1975. – H. Räisänen, Das ‚Messiasgeheimnis' im Markusevangelium, Helsinki 1976 (erheblich erw. engl. Neubearbeitung: The ‚Messianic Secret' in Mark's Gospel, Edinburgh 1990). – P. Dschulnigg, Sprache, Redaktion und Intention des Markus-Evangeliums, SBB 11, Stuttgart ^{2}1986. – C. Breytenbach, Nachfolge und Zukunftserwartung nach Markus, AThANT 71, Zürich 1984. – Th. Söding, Glaube bei Markus, SBB 12, Stuttgart ^{2}1987. – L. Schenke, Das Markusevangelium, Stuttgart 1988. – F. Fendler, Studien zum Markusevangelium, GTA 49, Göttingen 1991. – K. Scholtissek, Die Vollmacht Jesu, NTA 25, Münster 1992. – A. Weiser, Theologie des Neuen Testaments II (s. o. 3.3.1), 44–78. – P. Müller, „Wer ist dieser?". Jesus im Markusevangelium, BThSt 27, Neukirchen 1995. U. Kmiecik, Der Menschensohn im Markusevangelium, fzb 81, Würzburg 1997. – D. Dormeyer, Das Markusevangelium als Idealbiographie von Jesus Christus, dem Nazarener, SBB 43, Stuttgart 1999. – W. R. Telford, The Theology of the Gospel of Mark, Cambridge 1999. – J. Dechow, Gottessohn und Herrschaft Gottes. Der Theozentrismus des Markusevangeliums, WMANT 86, Neukirchen 2000. – P.-G. Klumbies, Der Mythos bei Markus, BZNW 108, Berlin 2001. – G. Guttenberger, Die Gottesvorstellung im Markusevangelium, BZNW 123, Berlin 2004. – H. N. Roskam, The Purpose of the Gospel of Mark in its Historical and Social Context, NT.S 114, Leiden 2004. – D. Dormeyer, Das Markusevangelium, Darmstadt 2005. – L. Schenke, Das Markusevangelium, Stuttgart 2005. – E.-M. Becker, Das Markus-Evangelium im Rahmen antiker Historiographie, WUNT 194, Tübingen 2006. – D. du Toit, Der abwesende Herr. Strategien im Markusevangelium zur Bewältigung der Abwesenheit des Auferstandenen, WMANT 111, Neukirchen 2006. – C. Jochum-Bortfeld, Die Verachteten stehen auf. Widersprüche und Gegenentwürfe des Markusevangeliums zu den Menschenbildern seiner Zeit, BWANT 178, Stuttgart 2008. – A. Winn, The Purpose of Mark's Gospel. An Early Christian Response to Roman Imperial Propaganda, WUNT 2.245, Tübingen 2008. – Elizabeth Struthers Malbon, Mark's Jesus. Characterization as Narrative Christology, Waco 2009.

Aufsätze

R. Pesch (Hg.), Das Markus-Evangelium, WdF CDXI, Darmstadt 1979 (wichtige Aufsatzsammlung mit Beiträgen v. E. Schweizer, G. Strecker, J. Roloff, U. Luz u. a.). – Ph. Vielhauer, Erwägungen zur Christologie des Markusevangeliums, in: ders., Aufsätze zum Neuen Testament, TB 31, München 1965, 199–214. – R. Weber, Christologie und ‚Messiasgeheimnis': ihr Zusammenhang und Stellenwert in den Darstellungsintentionen des Markus, EvTh 43 (1983), 108–125. – M. Hengel, Probleme des Markusevangeliums, in: Das Evangelium und die Evangelien, hg. v. P. Stuhlmacher, Tübingen 1983, 221–265. – Ders., Entstehungszeit und Situation des Markusevangeliums, in: Markus-Philologie, hg. v. H. Cancik, WUNT 33, Tübingen 1984, 1–45. – F. Hahn (Hg.), Der Erzähler des Evangeliums. Methodische Neuansätze in der Markusforschung, SBS 118/119, Stuttgart 1985 (wichtige Aufsatzsammlung). – D. Lührmann, Die Pharisäer und die Schriftgelehrten im Markusevangelium, ZNW 78 (1987), 169–185. – C. Breytenbach, Grundzüge markinischer Gottessohn-Christologie, in: Anfänge der Christologie (FS F. Hahn), hg. v. C. Breytenbach u. H. Paulsen, Göttingen 1991, 169–184. – Th. Söding (Hg.), Der Evangelist als Theologe. Studien zum Markusevangelium, SBS 163, Stuttgart 1995 (wichtige Aufsatzsammlung). – G. Theißen, Evangelienschreibung und Gemeindeleitung. Pragmatische Motive bei der Abfassung des Markusevangeliums, in: Antikes Judentum und Frühes Christentum (FS H. Stegemann), hg. v. B. Kollmann u. a., BZNW 97, Berlin 1999, 389–414. – L. Schenke, Gibt es im Markusevangelium eine Präexistenzchristologie?, ZNW 91 (2000), 45–71. – D. du Toit, „Gesalbter Gottessohn" – Jesus als letzter Bote Gottes. Zur Christologie des Markusevangeliums, in: „... was ihr auf dem Weg verhandelt habt" (FS F. Hahn), hg. v. P. Müller – Chr. Gerber – Th. Knöppler, Neukirchen 2001, 37–50.

Forschungsberichte

P. Pokorný, Das Markus-Evangelium. Literarische und theologische Einleitung mit Forschungsbericht, ANRW 25.3, Berlin 1984, 1969–2035; A. Lindemann, Das Markusevangelium, ThR 69 (2004), 369–423.

3.4.2 Verfasser

Der Verfasser des ältesten Evangeliums erwähnt seinen Namen nicht, erst die Evangelienüberschrift nennt den Namen Markus. Papias von Hierapolis[206] berichtet um 120 n. Chr. über Markus: „Markus war der Dolmetscher (*ἑρμηνευτής*) des Petrus und schrieb sorgfältig auf, was er im Gedächtnis behalten hatte, jedoch nicht der Reihe nach, was vom Herrn gesagt oder getan worden war (*οὐ μέντοι τάξει τὰ ὑπὸ τοῦ κυρίου ἢ λεχθέντα ἢ πραχθέντα*). Denn er hatte den Herrn weder gehört noch war er ihm nachgefolgt, später aber, wie gesagt, dem Petrus, der seine Lehrvorträge nach den Bedürfnissen einrichtete, nicht jedoch eine zusammenhängende Darstellung der Herrenworte liefern wollte. Daher trifft Markus keine Schuld (*οὐδὲν ἥμαρτεν Μάρκος*), wenn er einiges niederschrieb, wie er es im Gedächtnis hatte. Denn er war darauf bedacht, nichts von dem, was er gehört hatte, wegzulassen oder etwas falsch wiederzugeben" (Euseb, HE III 39, 15). Papias führt diese Tradition auf den Presbyter Johannes zurück, überliefert wurde sie ihm von Presbyterschülern, die er nach den Überlieferungen der Apostel befragte (vgl. Euseb, HE III 39, 4). Papias verteidigt Markus in zweifacher Hinsicht: 1) Die fehlende Ordnung im Markusevangelium stellt keinen gravierenden Mangel dar. 2) Markus war kein Augenzeuge des Lebens Jesu, aber seinem Evangelium liegen die Lehrvorträge des Petrus zugrunde, was seiner Evangelienschreibung Authentizität und Glaubwürdigkeit verleiht. Der erste Vorwurf dürfte aus einem Vergleich des Markusevangeliums mit anderen Evangelien (bes. Matthäus) erwachsen sein.

---

206 Die Datierungen schwanken zwischen 110 und 130 n. Chr.; zu Person und Werk vgl. Ph. Vielhauer, Urchristliche Literatur, 757–765; U. H. J. Körtner, Papias von Hierapolis, FRLANT 133, Göttingen 1983; ders., Papiasfragmente, in: U. H. J. Körtner – M. Leutzsch (Hg.), Schriften des Urchristentums III, Darmstadt 1998, 3–103.

Handelt es sich bei der Zuordnung Markus – Petrus um eine zuverlässige historische Tradition[207] oder um eine apologetische Notiz[208]? Die Papiastradition mit ihrer nur indirekten Zurückführung des Markusevangeliums auf Petrus macht deutlich, dass der Name Markus als Verfasser des Evangeliums von Anfang an fest in der Tradition verankert war. Nur so erklärt sich der auffällige Tatbestand, dass ein Evangelium einem Theologen zugeschrieben wurde, der nicht zum Kreis der Jünger oder Apostel gehörte. Wer aber ist dieser Markus? Offenkundig ist zunächst die Verankerung eines Missionars mit Namen Johannes Markus im paulinischen Traditionskreis, wie Phlm 24; [Kol 4, 10]; 2Tim 4, 11; Apg 12, 12.25; 15, 37.39 zeigen. Eine direkte Verbindung von dieser Überlieferung zur Papiasnotiz lässt sich nicht erkennen. Ein mögliches Zwischenglied könnte aber in 1Petr 5, 13 vorliegen, wo der Briefautor sagt: „Es grüßt euch die mitauserwählte (Gemeinde) in Babylon und Markus, mein Sohn." Möglicherweise drangen die Namen Markus und Silvanus/Silas (vgl. 1Thess 1, 1; 2Kor 1, 19; 2Thess 1, 1; 1Petr 5, 12) aus der paulinischen in die petrinische Überlieferung ein[209]. Dann könnte die Verbindung Markus – Petrus in der Papiastradition ihren Ausgangspunkt in 1Petr 5, 13 haben. Über die historische Glaubwürdigkeit dieser Tradition ist damit aber noch nicht entschieden, denn weder lässt sich hinter dem Markusevangelium petrinische Theologie feststellen, noch spielt Petrus eine über die Vorgaben der Tradition hinausgehende Rolle im Markusevangelium. Niemand würde hinter der eigenständigen Theologie des Markusevangeliums die Person des Petrus vermuten, wenn es nicht jene Papiastradition gäbe! Auch eine Verbindung zwischen der paulinischen Theologie und dem Markusevangelium lässt sich nicht erkennen. Das zweite Evangelium ist somit das Werk eines uns unbekannten Christen mit Namen Markus[210].

War Markus ein gebürtiger Jude? Dafür spricht die korrekte Wiedergabe der zahlreichen aramäischen (bzw. hebräischen) Worte im Evangelium[211]. Andererseits war die Muttersprache des Markus Griechisch, denn die Eigenheiten der markinischen Sprache weisen nicht auf semitischen Spracheinfluss hin, sondern entsprechen dem Sprachstil

207 So z. B. M. Hengel, Probleme des Markusevangeliums, 244ff; Ders., Der unterschätzte Petrus, Tübingen 2006, 58–78 (apologetische Wiederholung bekannter Argumente).

208 So z. B. K. Niederwimmer, Johannes Markus und die Frage nach dem Verfasser des zweiten Evangeliums, ZNW 58 (1967), 172–188; Ph. Vielhauer, Urchristliche Literatur, 260.

209 Vgl. U. H. J. Körtner, Markus der Mitarbeiter des Petrus, ZNW 71 (1980), 160–173.

210 Für den Jerusalemer Johannes Markus als Verfasser des Evangeliums plädieren u. a. A. Jülicher – E. Fascher, Einleitung, 296f; M. Hengel, Probleme des Markusevangeliums, 242ff; B. Reicke, The Roots of the Synoptic Gospels (s. o. 3.2.6), 165; erwogen wird diese Möglichkeit von R. Pesch, Mk I, 474. Einen uns unbekannten Christen mit Namen Markus sehen als Verfasser u. a. W. G. Kümmel, Einleitung, 69, Ph. Vielhauer, Urchristliche Literatur, 346; L. Schenke, Markusevangelium, 29f; Th. Söding, Der Evangelist in seiner Zeit, in: ders. (Hg.), Der Evangelist als Theologe, 24.

211 Vgl. dazu H. P. Rüger, Die lexikalischen Aramaismen im Markusevangelium, in: Markus-Philologie, hg. v. H. Cancik, WUNT 33, Tübingen 1984, 73–84.

der Volksliteratur und der literarischen Koine[212]. Da Markus nachweislich für eine heidenchristliche Gemeinde schrieb (vgl. 3.4.4), wird man ihn als griechisch-sprachigen Heidenchristen bezeichnen können, der auch Aramäisch beherrschte, wahrscheinlich wurde er in Syrien geboren und wuchs dort auf[213].

3.4.3 **Ort und Zeit der Abfassung**

Markus schrieb sein Evangelium für Griechisch sprechende Leser bzw. Hörer, was sich aus der regelmäßigen Übersetzung hebräischer bzw. aramäischer Ausdrücke ergibt (vgl. z.B. Mk 3,17; 5,41; 7,11.34; 9,43; 14,36; 15,22.34). Auch die Erklärung jüdischer Ritualvorschriften in Mk 7,3f; 14,12; 15,42 legt es nahe, die markinische Gemeinde außerhalb Palästinas anzusiedeln. Auffällig sind die zahlreichen Latinismen im Evangelium: modius (4,21), legio (5,9.15), speculator (6,27), denarius (6,37), pugnus (7,3), sextarius (7,4), quadrans (12,42), flagellare (15,15), praetorium (15,16), centurio (15,39.44f)[214]. Zudem wird in Mk 12,42 das griechische *τὸ λεπτόν* in das römische Münzsystem übertragen. Rom wird deshalb vielfach als Abfassungsort des Markusevangeliums angesehen[215], zumal auch die Verbindung Markus – Petrus nach Rom weisen könnte. Gegen Rom als Abfassungsort lässt sich einwenden, dass die Latinismen aus dem Militär- oder Geldbereich stammen, bereits in das Griechische integriert wurden und deshalb nicht zwingend nur auf das Zentrum des Reiches weisen. Außerdem spielen die im ca. 14 Jahre früher geschriebenen Römerbrief anklingenden Probleme der römischen Gemeinde im Markusevangelium keine Rolle (*νόμος* fehlt bei Markus!), so dass Markus in Rom für eine Gemeinde außerhalb Roms schreiben würde! Deshalb werden Antiochia[216] oder allgemein Syrien[217], Galiläa[218] und die Dekapolis[219] als Abfassungsorte vorgeschlagen, oder man

212 Nachweis bei M. Reiser, Syntax und Stil des Markusevangeliums, WUNT 2.11, Tübingen 1984.

213 Wenn Mk 7,31 sinnvoll in die markinische Kompositionstechnik integriert werden kann (vgl. hierzu F. G. Lang, „Über Sidon mitten ins Gebiet der Dekapolis". Geographie und Theologie in Markus 7,31, ZDPV 94 [1978], 145–160), wird man dem Evangelisten Kenntnisse in der Geographie Palästinas und angrenzender Gebiete nicht einfach absprechen können. Problematisch bleibt allerdings die in Mk 5,1ff vorausgesetzte Lage von Gerasa in unmittelbarer Nähe zum galiläischen See.

214 Zu einem weiteren möglichen Einfluss des Lateinischen vgl. P. Dschulnigg, Sprache, 277f.

215 So z. B. W. Grundmann, Mk, 25f; R. P. Martin, Mark: Evangelist and Theologian, Exeter 1972, 52–70; R. Pesch, Mk I, 13; M. Hengel, Entstehungszeit, 43f; P. Dschulnigg, Sprache, 276–280. 620; P. Pokorný, Markus-Evangelium, 2021; B. van Iersel, Mark, 49.

216 Vgl. W. Schmithals, Mk I, 49; H. Köster, Einführung, 602. A. Y. Collins, Mark, 101 (tendenziell für Antiochia).

217 Vgl. z. B. W. G. Kümmel, Einleitung, 70; Ph. Vielhauer, Urchristliche Literatur, 347; D. Lührmann, Mk, 7; L. Schenke, Markusevangelium, 47; G. Theißen, Lokalkolorit (s. o. 3.1.1), 246–261 (südlicher Teil Syriens); Th. Söding, Der Evangelist in seiner Zeit, in: ders. (Hg.), Der Evangelist als Theologe, 30; I. Broer, Einleitung I, 87; J. Marcus, Mark, 36. M. Hengel, Entstehungszeit, 45, spricht sich mit Hinweis auf das geographisch unklare *Συροφοινίκισσα* gegen Syrien aus.

218 Vgl. W. Marxsen, Einleitung, 148.

219 Vgl. S. Schulz, Die Stunde der Botschaft, Hamburg [3]1982, 9.

verzichtet auf eine nähere Bestimmung[220]. Aber auch Kleinasien verdient Beachtung, denn hier könnte die Petrus – Markus–Tradition entstanden sein (1 Petr 5, 13; Papias von Hierapolis). Zudem bestand die markinische Gemeinde ganz überwiegend aus Heidenchristen, was auch nach Kleinasien weist. Wird allerdings das Markusevangelium als eine Antwort auf die Propaganda der flavischen Kaiser (bes. Vespasian) gelesen, dann legt sich Rom als Abfassungsort nahe[221].

Das Markusevangelium entstand entweder *kurz vor oder kurz nach 70 n. Chr.*[222]. Die genaue Datierung entscheidet sich an der Interpretation von Mk 13, 2. 14. Beide Verse beziehen sich innerhalb ihres jetzigen Makrokontextes auf die Zerstörung des Tempels durch die Römer im Jahr 70 n. Chr.[223]. Umstritten ist allerdings, ob sie bereits auf den Untergang Jerusalems zurückblicken oder als echte Prophezeiungen das über Jerusalem hereinbrechende Unheil ankündigen. Für eine Datierung des Markusevangeliums vor 70 n. Chr. votiert M. Hengel: „Es entstand vermutlich in der politisch brisanten Zeit nach der Ermordung Neros und Galbas und vor der Erneuerung des Jüdischen Krieges durch Titus, d. h. etwa zwischen dem Winter 68/69 n. Chr. und dem Winter 69/70 n. Chr. Die Zerstörung des Tempels ist noch nicht vorausgesetzt, vielmehr erwartet der Autor das Auftreten des Antichristen (als Nero redivivus) im Heiligtum und den Anbruch des letzten, schwersten Stadiums der messianischen Wehen vor der Parusie."[224] Hengel unterscheidet bei seiner Deutung allerdings nicht

220 Vgl. J. Gnilka, Mk I, 34: Das Markusevangelium wurde an Heidenchristen des Westens geschrieben. R. A. Guelich, Mk, XXIX–XXXI, hält sowohl die Frage nach dem Verfasser als auch nach dem Abfassungsort für nicht beantwortbar und meint, beides sei für das Verstehen des Evangeliums irrelevant.

221 Vgl. zuletzt M. Ebner, Das Markusevangelium, in: Ebner/Schreiber, Einleitung, 171 f; A. Winn, The Purpose of Mark's Gospel, 77–91.

222 Zur Frühdatierung des Markusevangeliums mit Hinweis auf das Fragment 7Q5 durch C. P. Thiede, Die älteste Evangelienhandschrift? Das Markus-Fragment von Qumran und die Anfänge der schriftlichen Überlieferung des Neuen Testaments, Wuppertal 1986, vgl. die Kritik von H. U. Rosenbaum, Cave 7Q5! Gegen die erneute Inanspruchnahme des Qumran-Fragments 7Q5 als Bruchstück der ältesten Evangelien-Handschrift, BZ 31 (1987), 189–205.

223 G. Zuntz, Wann wurde das Evangelium Marci geschrieben? in: Markus-Philologie, hg. v. H. Cancik (s. o. 3.1.1), 47–71, bezieht Mk 13, 14 auf die Absicht Caligulas, sein Standbild im Tempel von Jerusalem aufstellen zu lassen (vgl. Philo, Leg Gai 197–337; Jos, Bell II 184–203; Ant XVIII 256–309) und datiert mit dieser Begründung das gesamte Evangelium in das Jahr 40 n. Chr. Auch G. Theißen, Lokalkolorit (s. o. 3.1.1), 133–176, deutet den ‚Greuel der Verwüstung' auf die Caligula-Krise und setzt die Entstehung der traditionellen Apokalypse in Mk 13 auf das Jahr 40 n. Chr. an. Allerdings entstand das Markusevangelium nach Theißen erst kurz nach 70 n. Chr. (vgl. a. a. O., 271 A 59; 284), Mk 13, 14 ist eine vom Evangelisten aufgenommene Tradition.

224 M. Hengel, Entstehungszeit, 43. Für eine Abfassung des Markusevangeliums (kurz) vor 70 n. Chr. plädieren mit unterschiedlicher Begründung W. Marxsen, Einleitung, 148 (Entstehung zwischen 67–69 in Palästina); E. Lohse, Entstehung, 86; P. Dschulnigg, Sprache, 620; L. Schenke, Markusevangelium (2005), 34 (zwischen 66 und 69); R. A. Guelich, Mk, XXXII; B. van Iersel, Mark, 51 (zwischen 65 und 70); A. Y. Collins, Mark, 14 (68/69 n. Chr.). J. Marcus, The Jewish War and the Sitz im Leben of Mark, JBL 111 (1992), 441–462, interpretiert die davidischen Motive in Mk 10,46 ff; 11,1–10; 12,35 ff als Einspruch gegen davidisch-messianische Parolen im jüdisch-römischen Krieg; in seinem Kommentar bemerkt er zum Tempel, „that the Gospel was written in the shadow of its destruction (J. Marcus, Mark I, 39), ohne sich damit allerdings festzulegen.

zwischen der in Mk 13 verarbeiteten Vorlage und der markinischen Redaktion, er setzt Mk 13, 2. 14 mit der Abfassungszeit des gesamten Evangeliums gleich. Beide Verse sind aber wahrscheinlich Tradition[225] und können eine Abfassung des Evangeliums vor 70 n. Chr. nicht stützen. „Während der Standort des Verfassers der Vorlage vor V. 14 lag, muss der des Mk nach V. 14–20 (22) angesetzt werden."[226] Aus der Sicht des Evangelisten sind Mk 13, 2. 14 vaticinia ex eventu, das Markusevangelium wurde wahrscheinlich nach der Zerstörung des Tempels Anfang 70 n. Chr. geschrieben (vgl. auch Mk 12,9; 15, 38)[227]. Jenseits solcher Differenzierungen spricht für eine Abfassung kurz nach 70 n. Chr. auch die generelle Beobachtung, dass die Gegenüberstellung des auf der Erzählebene gegenwärtig noch existierenden und des in Zukunft *vollständig* zerstörten Tempels in Mk 13,2 die eingetretene Zerstörung *voraussetzt*. Eine Eroberung Jerusalems und des Tempels durch die Römer war voraussehbar, nicht aber die *vollständige* Zerstörung des Tempels!

3.4.4 **Empfänger**

Markus schrieb sein Evangelium für eine vorwiegend heidenchristliche Gemeinde[228]. Dies ergibt sich schon aus der bereits erwähnten Erklärung jüdischer Bräuche und der Übersetzung semitischer Ausdrücke. Das Fehlen des Terminus *νόμος* und die Aufnahme von Gesetzesstoffen zeigen deutlich, dass in der markinischen Gemeinde das Gesetz nicht mehr als Kultgesetz, sondern nur noch als Moralgesetz relevant war (vgl. Mk 10, 1–12. 17–27; 12, 28–34)[229]. Das Doppelgebot der Liebe bildet den Abschluss, das Ziel und den Höhepunkt der Auseinandersetzungen und Gespräche Jesu mit den Juden über das Gesetz. Die markinische Gemeinde betrieb Heidenmission, denn das Wirken und die Verkündigung Jesu im Evangelium schließen die Heiden ausdrücklich mit ein[230]. Bereits Jesu Verkündigung in Galiläa (Mk 1–6) erreicht auch

225 Nachweis bei E. Brandenburger, Markus 13 und die Apokalyptik, FRLANT 134, Göttingen 1984, 49–54. 81 ff.

226 A. a. O., 81.

227 In die Zeit (kurz) nach 70 n. Chr. datieren das Markusevangelium auch Ph. Vielhauer, Urchristliche Literatur, 347; J. Gnilka, Mk I, 34; R. Pesch, Mk I, 14; G. Theißen, Lokalkolorit (s. o. 3.1.1), 284; E. Schweizer, Einleitung, 116; J. S. Kloppenborg, Evocatio deorum and the date of Mark, JBL 124 (2005), 419–450; F. J. Moloney, Mark, 14; M. Ebner, Das Markusevangelium, in: Ebner/Schreiber, Einleitung, 170 f; A. Winn, The Purpose of Mark's Gospel, 56–76. Um das Jahr 70 n. Chr. entstand das Evangelium nach W. G. Kümmel, Einleitung, 70; A. Wikenhauser – J. Schmid, Einleitung, 221; D. Lührmann, Mk, 6; Th. Söding, Der Evangelist in seiner Zeit, in: ders. (Hg.), Der Evangelist als Theologe, 17; I. Broer, Einleitung, 92; Eve-Marie Becker, Der jüdisch-römische Krieg (66–70 n. Chr.) und das Markus-Evangelium, in: dies. (Hg.), Die antike Historiographie und die Anfänge der christlichen Geschichtsschreibung, BZNW 129, Berlin 2005, 213–236.

228 Vgl. L. Schenke, Markusevangelium, 32 ff.

229 Vgl hier H. Hübner, Das Gesetz in der synoptischen Tradition, Göttingen ^{2}1986, 213–226; U. Luz (– R. Smend), Gesetz, Stuttgart 1981, 116–119; H. Sariola, Markus und das Gesetz, AASF, Diss. Hum. Litt. 56, Helsinki 1990; R. Kampling, Das Gesetz im Markusevangelium, in: Th. Söding (Hg.), Der Evangelist als Theologe, 119–150.

230 Vgl. H. W. Kuhn, Jesu Hinwendung zu den Hei-

Heiden (Mk 5, 1–20) und bewirkt die Verbreitung der Kunde von Jesu Machttaten in heidnischem Gebiet (Mk 5, 20). Jesu Wirken unter den Heiden beginnt mit der programmatischen Außerkraftsetzung jüdischer Ritualvorschriften (Mk 7, 1–23)[231]. Die Heilungen einer Heidin (Mk 7, 24–30), eines Taubstummen (Mk 7, 31–37) und die Speisung der 4000 (Mk 8, 1–10) müssen als Illustrationen der in Mk 7, 1–23 grundsätzlich erfolgten Aufhebung der Fundamentalunterscheidung ‚Rein-Unrein' begriffen werden. Die Akklamation in Mk 7, 37 wird nach der markinischen Textfolge von Heiden gesprochen. Bildet die Speisung der 5000 (Mk 6, 30–44) den Abschluss des Wirkens Jesu unter den Juden, so beschließt die Speisung der 4000 Jesu Wirken unter den Heiden. Die eucharistischen Anklänge in Mk 8, 6 verdeutlichen aus markinischer Sicht, dass Jesus auch mit Heiden Tischgemeinschaft hatte und sie nun in der Eucharistie hat. Während sich ein Großteil der Juden dem Glauben an Jesus verschließt, öffnen sich die Heiden für den Gottessohn Jesus Christus. Die Übergabe des heilsgeschichtlichen Vorrechtes der Juden an die Völker (vgl. Mk 12,9) und die weltweite Evangeliumsverkündigung unter allen Völkern (vgl. Mk 13, 10; 14,9) sind aus dieser Perspektive nur folgerichtig. Schließlich ist es mit dem römischen Hauptmann unter dem Kreuz (Mk 15, 39) ein Heide, der als erster Mensch auf textinterner Ebene die Gottessohnschaft Jesu bekennt. Auch das markinische Jüngerbild zeigt missionstheologische Züge[232]. Die Jünger fungieren als Paradigma; so wie sie Jesus nachfolgten und von ihm gesandt wurden (Mk 6, 6b–13), soll nun die markinische Gemeinde zur Sendung in Wort und Tat bereit sein. Von den Erfahrungen dieser Mission sind z. B. Mk 4, 1–9.10–12.13–20 geprägt.

Allerdings setzte sich die markinische Gemeinde nicht nur aus Heidenchristen zusammen, denn die Frage nach reinen und unreinen Speisen (Mk 7) weist auf Judenchristen in der Gemeinde hin. Die Aufnahme der autoritativen Entscheidung Jesu (Mk 7, 15) in Mk 7, 18ff zeigt die markinische Lösung der Probleme an: Er votiert für eine neue, aus der Vollmacht Jesu abgeleitete Praxis des Zusammenlebens von Heiden- und Judenchristen. Die Tischgemeinschaft in der christlichen Gemeinde umfasst Heiden- und Judenchristen (Mk 2, 15f; 7, 24ff), in der Gemeinde gibt es ein neues Fasten (Mk 2, 19f), im Zentrum der christlichen Sabbatobservanz steht der Mensch (Mk 2, 23–28; 3, 1–6).

Akute ethische Konflikte innerhalb der Gemeinde lassen sich nicht erkennen; die ethischen Unterweisungen in Mk 10, 1–45; 12, 13–17 sind der usuellen Paränese zuzuweisen. Problematisch ist für Markus das Auftreten von christlichen Charismatikern und Propheten (Mk 13, 6), die offenbar Termine und Orte der Parusie Christi verkündigten (vgl. Mk 13, 21). Sie bezeichnet der Evangelist ausdrücklich als *ψευ-*

den im Markusevangelium im Verhältnis zu Jesu historischem Wirken in Betsaida, in: Die Weite des Mysteriums (FS H. Bürkle), hg. v. K. Krämer u. A. Paus, Freiburg 2000, 204–240.

231 Beachte für Markus bes. 7, 19c: *καθαρίζων πάντα τὰ βρώματα*.

232 Vgl. hierzu Z. Kato, Die Völkermission im Markusevangelium, EHS. T 252, Frankfurt 1986.

δόχριστοι und *ψευδοπροφῆται* (Mk 13, 22), und er warnt nachdrücklich vor ihrem Treiben (Mk 13, 5 f. 21 b. 23). Im Hintergrund steht wahrscheinlich eine gesteigerte Endzeiterwartung in Teilen der Gemeinde, die durch den Jüdischen Krieg und die Zerstörung des Tempels ausgelöst wurde. Während die Irrlehrer das Kommen des Menschensohnes auf diese innergeschichtlichen Ereignisse beziehen, beschränkt der Evangelist das Wissen um den Termin des Kommens des Menschensohnes allein auf Gott. Auf mögliche Konflikte mit der Umwelt weisen die Aussagen über Verfolgungen durch heidnische und jüdische Behörden in Mk 13,9. 13 hin. Die Erwähnung von Drangsalen und Verfolgungen in Mk 4, 17; 10, 30; 13, 19 könnten zudem ein Reflex auf Repressionen durch die unmittelbare heidnische und jüdische Umwelt sein. Nachdrücklich fordert Markus deshalb von seiner Gemeinde eine umfassende Leidensbereitschaft (vgl. Mk 8, 34–38)[233].

3.4.5 **Gliederung, Aufbau, Form**

1, 1–8, 26	1. Hauptteil: Jesu Wirken innerhalb und außerhalb Galiläas
1, 1–6, 56	*Die Evangeliumsverkündigung in Galiläa*
1, 1–15	Prolog
1, 16–45	Jesu erstes Wirken
2, 1–3, 6	Streitgespräche
3, 7–35	Heilungen, Berufung der Jünger, Jesu Verwandte
4, 1–34	Gleichnisse
4, 35–5, 43	Wundergeschichten
6, 1–56	Abschluss der Verkündigung in Galiläa
7, 1–8, 26	*Das Wirken Jesu unter Heiden*
7, 1–7, 23	Rein und Unrein
7, 24–37	Heilungen an Heiden
8, 1–9	Die Speisung der 4000 als Abschluss der Wanderung durch Heidengebiet
8, 10–26	Die Rückkehr nach Galiläa; 1. Blindenheilung (8,22–26)

8, 27–10, 52	2. Hauptteil: Jesu Weg zur Passion
8, 27–9, 1	Petrusbekenntnis, 1. Leidensankündigung, Jüngerunverständnis (Petrus); Jüngerbelehrung: Leidensnachfolge
9, 2–50	Verklärung, Wunder, 2. Leidensankündigung, Jüngerunverständnis (Rangstreit der Jünger), Jüngerbelehrung: ‚Wer der erste sein will'

233 Im unmittelbaren Kontext zum jüdischen Krieg beschreibt G. Theißen die Situation der markinischen Gemeinde und die Leistung des Evangelisten: „Er gab seiner Gemeinde Orientierung in einer politischen Zeit des Umbruchs, indem er zeigte: Nicht die neu aufsteigenden Flavier bringen der Welt das Heil, sondern Jesus von Nazareth, der Gekreuzigte" (ders., Evangelienschreibung und Gemeindeleitung, 413 f).

10, 1–52	Weg nach Jerusalem, Belehrungen, 3. Leidensankündigung, Jüngerunverständnis (Sonderstellung des Jakobus und Johannes), Jüngerbelehrung: Vom Herrschen und Dienen, 2. Blindenheilung (10,46–52)
11, 1–16,8	**3. Hauptteil: Jesus in Jerusalem**
11, 1–25	Einzug in Jerusalem, Tempelreinigung
11, 27–12, 44	Streit- und Lehrgespräche
13, 1–37	Rede von den letzten Dingen
14, 1–15, 47	Die Passion Jesu
16, 1–8	Das leere Grab
(16,9–20)	Unechter Markusschluss: Erscheinungen des Auferstandenen, Aussendung der Jünger

Der Aufbau des Markusevangeliums ist unmittelbarer Ausdruck des theologischen Gestaltungswillens des Evangelisten. Markus weiß sich auch bei der Komposition des Evangeliums seiner zentralen theologischen Botschaft verpflichtet: Der auferstandene Jesus Christus ist kein anderer als der irdische, gekreuzigte Jesus von Nazareth. Für Markus sind der Weg und die Botschaft des Irdischen transparent für den Gekreuzigten und Auferstandenen. Dies zeigt sich literarisch auf mehreren Ebenen. Das kompositionelle und theologische Grundgerüst des gesamten Evangeliums bilden Mk 1,9–11; 9,7; 15,39 (vgl. 3.1.3 und 3.4.9), wobei der zentrale Gottessohntitel gleichermaßen Jesu göttliches Wesen und sein Leidens- und Todesgeschick benennt. Der Leser des Evangeliums weiß somit von Anfang an, dass der Weg von der Taufe zum Kreuz führt und nur von Kreuz und Auferstehung her ein sachgemäßes Verstehen der Person Jesus Christus möglich ist. Auch das Erzählgefälle des Evangeliums steht im Dienst dieser theologischen Aussage, denn schon die Wirksamkeit Jesu in Galiläa zielt auf Jerusalem. Sowohl Mk 2, 6. 7 als auch Mk 2, 18–22 verweisen auf das bevorstehende Leiden Jesu. Bereits in Mk 3, 6 fällt der Todesbeschluss über Jesus, und seine Gegner aus Jerusalem streiten schon in Mk 3, 22; 7, 1 mit ihm. Auch in seinem Tod ist Johannes d. T. (Mk 6, 14–29) der Vorläufer Jesu. Die drei Leidensweissagungen (Mk 8, 31; 9, 31; 10, 32–34) richten den Weg Jesu ebenso auf das Kreuz aus wie die nochmaligen Todesbeschlüsse in Mk 11, 18; 12, 12 vor dem Beginn der eigentlichen Passionsgeschichte.

Der theologischen Grundausrichtung und dem Erzählgefälle entspricht schließlich eine *Dreiteilung* des Markusevangeliums[234]. Jesu Wirken innerhalb und außerhalb

234 Vgl. z. B. Ph. Vielhauer, Urchristliche Literatur, 331 f. Einen Überblick zu älteren Gliederungsversuchen bietet R. Pesch, Naherwartungen, Düsseldorf 1968, 50–53. Für eine Zweiteilung des Evangeliums plädieren in neuerer Zeit z. B. D.-A. Koch, Inhaltliche Gliederung und geographischer Aufriß im Markusevangelium, NTS 29 (1983), 145–166 (Einleitung 1, 1–13; 1. Hauptteil: 1, 14–8, 26; 2. Hauptteil: 8, 27–16,8) und L. Schenke, Markusevangelium, 62–74 (Einleitung 1, 1–13; 1. Hauptteil: 1, 14–10, 52; 2. Hauptteil: 11, 1–16,8); F. J. Moloney, Mark, 21 (Prolog: 1,1–13; 1. Hauptteil: 1,14–8,30 (Leitthema: Who is Jesus?); 2. Hauptteil: 8,31–15,47 (Leitthema: The suffering and vindicated Son of Man, the Christ and

Galiläas schildert der erste Hauptabschnitt des Evangeliums (Mk 1, 1–8, 26). Der universalen Ausrichtung der markinischen Theologie entspricht das Wirken Jesu unter Heiden in Mk 7, 24–8,9[235], für das Mk 7, 1–23 die theologische Grundlegung liefert. Endet der 1. Hauptteil mit der Rückkehr Jesu nach Galiläa, so bildet der Weg Jesu nach Jerusalem zur Passion Mk 8, 27–10, 52 den 2. Hauptteil. Das redaktionelle *ἐν τῇ ὁδῷ* in Mk 8, 27 und 10, 52 zeigt deutlich an, dass der Evangelist selbst diesen Abschnitt als eigenständigen Teil seines Evangeliums versteht. Nicht zufällig erscheint das Weg-Motiv bereits zweimal im Prolog des Evangeliums (Mk 1, 2.3)[236]; Jesu Weg nach Jerusalem ins Leiden ist zugleich für die Jünger und die Leser des Evangeliums der Weg der Nachfolge, der zum Heil führt. Inhaltlich hebt sich Mk 8, 27–10, 52 durch eine Konzentration zentraler christologischer Aussagen ab (vgl. bes. Petrusbekenntnis, Worte über die Leidensnachfolge, Verklärungsgeschichte, drei Leidensweissagungen). Auf das Messiasbekenntnis (Mk 8,27–30) folgt eine parallele Dreifachkomposition (I: Leidensankündigungen Mk 8,31; 9,31; 10,32–34; II: Jüngerunverständnis Mk 8,32b.33; 9,32–34; 10,35–40; III: Jüngerbelehrungen Mk 8,34–9,1; 9,35–37; 10,41–45). Die Rahmung des Mittelteils durch zwei Blindenheilungen (Mk 8,22–26; 10,46–52) hat metaphorischen Charakter. Den Jüngern und mit ihnen der mk. Gemeinde sollen die Augen geöffnet werden, wer dieser Jesus von Nazareth ist: Der leidende Gottessohn, der in die Leidensnachfolge ruft. Der Einzug Jesu in Jerusalem (Mk 11, 1 ff) eröffnet den 3. Hauptteil, der im überlieferten Markusevangelium mit 16, 1–8 endet. Die Erscheinungsankündigungen in Mk 14, 28 und 16, 7 lenken den Blick auf Galiläa zurück und verdeutlichen zugleich, dass für Markus Galiläa und Jerusalem auch theologische Qualität haben. Galiläa ist der Ort der eschatologischen Offenbarung Gottes, Jerusalem dagegen der Ort der andauernden Feindschaft gegen Jesus. Mit dieser Umkehrung jüdischer Heilsvorstellungen betont Markus auch den Übergang des Heils von den Juden an die Heiden (vgl. Mk 12, 1–12).

3.4.6 **Literarische Integrität**

Mk 16,9–20 werden vom Vaticanus und Sinaiticus nicht überliefert[237], d. h. die älteste erhaltene Version des Markusevangeliums endet mit Kap. 16, 1–8. Es ist umstrit-

the Son of God); Epilogue; 16,1–8). Eine Aufteilung des Evangeliums in 5 Sektionen nimmt F. G. Lang, Maßarbeit im Markus-Aufbau. Stichometrische Analyse und theologische Interpretation I.II, BN 140.141 (2009), 111–134.101–115, vor: Prolog am Jordan (1, 1–13); 1. Hauptteil: Exposition 1, 14–3,6; 2. Hauptteil: Entfaltung 3, 7–8, 21; 3. Hauptteil: Perepetie 8, 22–10, 45; 4. Hauptteil: Zuspitzung 10, 46–13, 37; 5. Hauptteil: Katastrophe 14, 1–15, 47; Epilog am Ostermorgen 16,1–8.

235 Vgl. zur markinischen Reiseroute bes. F. G. Lang, Geographie und Theologie in Mk 7, 31 (s. o. 3.4.2), 154 ff.

236 Zur literarischen und theologischen Funktion des Markusprologs vgl. H. J. Klauck, Vorspiel im Himmel? Erzähltechnik und Theologie im Markusprolog, BThSt 31, Neukirchen 1997.

237 Zur Textüberlieferung im einzelnen vgl. K. Aland, Der Schluß des Markusevangeliums, in: ders., Neutestamentliche Entwürfe, TB 63, München 1979, 246–283.

ten, ob das Evangelium schon immer mit Mk 16, 1–8 abschloss oder der ursprüngliche Markusschluss verlorenging. Mehrfach wurde versucht, den verlorenen Markusschluss aus anderen Überlieferungen zu rekonstruieren (z. B. Mt 28, 16f; Mk 16, 15–20)[238], jedoch ohne überzeugenden Erfolg. Schloss Markus sein Evangelium also mit dem Satz: „Und sie sagten niemandem etwas; denn sie fürchteten sich"? Markus könnte bewusst Erscheinungsgeschichten weggelassen haben, um so eine theologia gloriae abzuwehren, bei der Jesu Leiden und sein Kreuzestod nur als Durchgangserscheinungen zur Herrlichkeit des Auferstandenen verstanden wurden[239]. Das Schweigen der Frauen und das Verschweigen der Erscheinungsberichte würden dann an die Stelle des Schweigegebotes im Rahmen des markinischen Messiasgeheimnisses treten. Schließlich könnte mit der ‚Abwesenheit' Jesu ein theologisches Programm verbunden sein, das primär am irdischen Jesus und nicht am Auferstandenen orientiert ist[240]. Diese oder ähnlich subtile Interpretationen verdanken sich jedoch historisch-kritischer Auslegung im 20. Jh., ob damit zugleich der Verstehenshorizont der markinischen Gemeinde angemessen erfasst wird, muss fraglich bleiben. Markus selbst[241] weckt durch die Erscheinungsprolepse Mk 9, 2–9 und die Ankündigungen von Erscheinungen Jesu in Galiläa in Mk 14, 28; 16, 7 die Erwartung, dass von diesen Erscheinungen auch berichtet wird. Es muss deshalb ernsthaft mit der Möglichkeit gerechnet werden, dass der ursprüngliche Markusschluss verlorenging.

3.4.7 **Traditionen, Quellen**

Markus verarbeitete in seinem Evangelium ältere Traditionen. So liegt dem markinischen Passionsbericht (Mk 14, 1–16,8) eine umfangreiche Tradition zugrunde[242], die

238 So Eta Linnemann, Der (wiedergefundene) Markusschluß, ZThK 66 (1969), 255–287; Replik von K. Aland, ‚Der wiedergefundene Markusschluß?', ZThK 67 (1970), 3–13. Vgl. ferner J. A. Kelhoffer, Miracle and Mission. The Authentication of Missionaries and Their Message in the Longer Ending of Mark, WUNT 2.112, Tübingen 2000. Er nimmt an, dass der längere Schluss zwischen 120–150 n. Chr. entstand und eine bewusste Weiterführung von Mk 16, 1–8 in Kenntnis des Matthäus-, Lukas- und Johannesevangeliums ist, in deren Zentrum Wunder als Aufweis der christlichen Verkündigung standen.

239 So z. B. A. Lindemann, Die Osterbotschaft des Markus, NTS 26 (1979/80), 298–317.

240 So D. S. du Toit, Der abwesende Herr, wonach Markus die Frage nach dem abwesenden Jesus radikal mit dem Verweis auf den irdischen Jesus beantwortet: „Dazu entwickelte er das Konzept vom Evangelium als Ersatz Jesu, das angesichts der Abwesenheit des Herrn darauf zielt, diese zu kompensieren, indem es nach Ostern dem irdischen Jesus bei den Seinen und in der Welt Gehör verschafft bzw. seine Botschaft vergegenwärtigt" (a. a. O., 444f).

241 Der redaktionelle Charakter von Mk 14, 28; 16, 7 lässt sich kaum bestreiten, vgl. z. B. J. Gnilka, Mk II, 252. 338; D. Lührmann, Mk, 242. 270. Man kann natürlich auch aus der Bedeutung des Nicht-Gesagten folgern, dass Markus bewusst sein Evangelium mit Kap. 16,8 enden ließ, so J. L. Magness, Sense and Absence. Structure and Suspension in the Ending of Mark's Gospel, Atlanta 1986.

242 Einen Forschungsüberblick bietet T. A. Mohr, Markus- und Johannespassion, AThANT 70, Zürich 1982, 15–35; zur Analyse vgl. zuletzt G. Theißen, Lokalkolorit (s. o. 3.1.1), 177–211.

möglicherweise schon auf vormarkinischer Ebene bearbeitet wurde und zumindest Jesu Gebet in Gethsemane, Verhaftung, Verhör, Verurteilung, Kreuzigung, Grablegung und die Erzählung vom leeren Grab umfasste[243]. R. Pesch zählt nicht nur Mk 14–16 zum vormarkinischen Passionsbericht, sondern rechnet auch Mk 8, 27–33; 9, 2–13. 30–35; 10, 1. 32–34. 46–52; 11, 1–23. 27–33; 12, 1–12. 35–37. 41–44; 13, 1f hinzu[244]. Diese Texte gehen allerdings auf markinische Redaktion oder auf vormarkinische Traditionen zurück, die nicht Bestandteil eines Passionsberichtes waren[245]. Beispielsweise sind die Schweigegebote in Mk 8, 30; 9,9 eindeutig redaktionell (s. u. 3.4.9), und es war Markus, der, von einer Urform der Leidensweissagung in Mk 8, 31 ausgehend, die zweite und dritte Leidensweissagung schuf und die drei Leidensweissagungen zum kompositorischen und theologischen Grundgerüst des 2. Hauptteils seines Evangeliums machte[246].

Sowohl schriftliche als auch mündliche Traditionen nahm Markus im 13. Kapitel seines Evangeliums auf. Zu einer schriftlichen Vorlage gehörten wahrscheinlich Mk 13, 7–8. 14–20. 24–27, auf mündliche Tradition gehen V. 1b.2. 9b–13. 21–23. 30–36 zurück[247]. Eine Sammlung von Streitgesprächen liegt in Mk 2, 1–3, 6 vor. Es ist umstritten, ob diese Sammlung auf markinische Redaktion zurückgeht[248] oder traditionell ist[249] und welchen Umfang sie auf vormarkinischer Ebene hatte[250]. Alle Texte in Mk 2, 1–3, 6 haben einen vergleichbaren Sitz im Leben, sie spiegeln Konfliktszenen zwischen Christen und Juden bzw. Heiden- und Judenchristen wider und dürften schon auf vormarkinischer Ebene zusammengestellt worden sein[251]. Auch Mk 3, 1–6[252] gehörte zu dieser Sammlung, denn die Pharisäer aus 2, 24 sind in 3, 2

243 Vgl. J. Gnilka, Mk II, 349.

244 Vgl. R. Pesch, Mk II, 1–27. Die andere Extremposition findet sich bei J. Ernst, Mk, 395f, der nur Mk 15, 20b–47; 16, 1–8 zur vormk. Passionserzählung rechnet.

245 Zur Kritik an Pesch vgl. bes. F. Neirynck, L'évangile de Marc. À propos de R. Pesch, Das Markusevangelium (1977. 1979), in: ders., Evangelica, BETL 60, Leuven 1982, 491–561.

246 Vgl. G. Strecker, Die Leidens- und Auferstehungsaussagen im Markusevangelium (Mk 8, 31; 9, 31; 10, 32–34), in: ders., Eschaton und Historie, Göttingen 1979, 52–75.

247 So die Analyse von E. Brandenburger, Markus 13 (s. o. 3.4.3), 166f (dort auch die Auseinandersetzung mit der Literatur!); vgl. ferner F. Hahn, Die Rede von der Parusie des Menschensohnes Markus 13, in: Jesus und der Menschensohn (FS A. Vögtle), Freiburg 1975, 240–266; G. Theißen, Lokalkolorit (s. o. 3.1.1), 133–176.

248 So z. B. D.-A. Koch, Wundererzählungen, 33f; J. Kiilunen, Die Vollmacht im Widerstreit, AASF Diss. Hum. Litt. 40, Helsinki 1985, 249–266; W. Weiss, ‚Eine neue Lehre in Vollmacht', BZNW 52, Berlin 1989, 20–31.

249 Grundlegend M. Albertz, Die synoptischen Streitgespräche, Berlin 1921; H. W. Kuhn, Sammlungen. Zur Forschungsgeschichte vgl. W. Weiss, Lehre, 20–31.

250 M. Albertz, Streitgespräche, 5–16: Mk 2, 1–3, 6; H. W. Kuhn, Sammlungen, 53–98: 2, 1–28; R. Pesch, Mk I, 149–151: 2, 15–3, 6; J. Gnilka, Mk I, 131f: 2, 15–28; D. Lührmann, Mk, 15. 56: 2, 15–3, 5.

251 Vgl. zur Begründung im einzelnen H. W. Kuhn, Sammlungen, 86f.

252 Mk 3, 6 dürfte vom Evangelisten überarbeitet worden sein. Die Alternative ‚traditionell' (so z. B. J. Roloff, Das Kerygma und der irdische Jesus, Göttingen [2]1973, 64; R. Pesch, Mk I, 188) oder ‚redaktionell' (so z. B. J. Gnilka, Mk I, 126; D. Lührmann, Mk, 67) greift hier nicht, denn einerseits fordert V. 2b eine Reaktion der Gegner, andererseits kommt nun 3, 6 im Aufbau des Evangeliums eine zentrale Funktion zu.

ebenfalls Subjekt, Jesu Frage in 3,4 bezieht sich auf 2,24 und auch die Zeitangabe *ἐν τοῖς σάββασιν* in 2,23 wird in 3,1 vorausgesetzt. Weitere vormarkinische Sammlungen finden sich in Mk 4,1–34 (Gleichnisse)[253] und in Mk 10, wo der Evangelist eine katechetische Sammlung zu den Themen Ehe (Mk 10,1–12), Besitz (Mk 10,17–31) und Rangstreben (Mk 10,35–45) verarbeitete[254]. Ob der Evangelist in Mk 4,35–6,52 Sammlungen von Wundergeschichten aufnahm, ist umstritten[255]. Neben diesen größeren Überlieferungskomplexen integrierte Markus eine Vielzahl kleinerer Erzählungen in sein Evangelium.

3.4.8 Religionsgeschichtliche Stellung

Ph. Vielhauer vertrat in seinem einflussreichen Aufsatz zur markinischen Christologie die These, Markus habe sein Evangelium in Analogie zum altägyptischen Thronbesteigungsritual strukturiert. „Die Taufe entspricht der Apotheose ... Die Verklärung entspricht der Präsentation ... Die Kreuzigung entspricht der eigentlichen Inthronisation ..."[256] „Indem der Evangelist den disparaten Stoff der Jesustradition durch das Inthronisationsritual zusammenhält und zäsuriert, deutet er die Geschichte Jesu von der Taufe bis zur Kreuzigung als Inthronisationsvorgang, durch den Jesus zum eschatologischen König, zum Kosmokrator im Himmel eingesetzt wird."[257] Vielhauers These lässt sich in dieser Form nicht halten, denn es ist überaus fraglich, ob es ein dreistufiges altägyptisches Königsritual in einer festen Form überhaupt gab[258]. Zudem kann der für Markus zentrale Titel *υἱὸς θεοῦ* aus Weish 2,13.18 abgeleitet werden, wo der leidende Gerechte als *παῖς θεοῦ* und *υἱὸς θεοῦ* erscheint[259].

In einer akuten Konfliktsituation sieht T.J. Weeden die markinische Gemeinde[260]. Während der Evangelist seine Gemeinde in einer Verfolgungssituation durch den Ruf in die Leidensnachfolge stärkte, vertraten in die Gemeinde eingedrungene Missionare eine *θεῖος ἀνήρ*-Christologie. Weeden identifiziert die Gegner mit den ‚Lügenpropheten' in Mk 13,21f, die sich nach Mk 13,6.21 in pneumatischer Erregung als Medium des erhöhten Herrn verstanden hätten. Die Gegner beriefen sich in ihrer

253 Vgl. hier (mit Unterschieden in der Einzelanalyse) H.W. Kuhn, Sammlungen, 99–146; R. Pesch, Mk I, 225ff; J. Gnilka, Mk I, 191f; H.J. Klauck, Allegorie und Allegorese in synoptischen Gleichnistexten, NTA 13, Münster [2]1986, 185–259.

254 Vgl. hierzu H.W. Kuhn, Sammlungen, 146–191; R. Pesch, Mk II, 127–130; J. Gnilka, Mk II, 105.

255 Vgl. die Erörterung der Probleme bei H.W. Kuhn, Sammlungen, 191–213.

256 Ph. Vielhauer, Christologie des Markusevangeliums, 213; vgl. auch ders., Urchristliche Literatur, 344.

257 Ph. Vielhauer, Christologie des Markusevangeliums, 213.

258 Vgl. hierzu G. Friedrich, Die formale Struktur von Mt 28,18–20, ZThK 80 (1983), (137–183) 137–151, der auf neuere ägyptologische Arbeiten hinweist, in denen die Thesen E. Nordens über das ägyptische Königsritual, auf die Vielhauer sich berief, nicht mehr vertreten werden.

259 Vgl. D. Lührmann, Mk, 38.

260 Vgl. T.J. Weeden, Mark – Traditions in Conflict, Philadelphia 1971.

Theologie auf die Jünger Jesu, so dass die Auseinandersetzung zwischen Jesus und seinen Jüngern im Evangelium transparent ist für den Konflikt zwischen Markus und seinen Gegnern. Markus habe wesentliche Traditionen seiner Gegner (Wundererzählungen, Gleichnisse) aufgenommen, überarbeitet und der eigenen theologischen Konzeption dienstbar gemacht[261].

Eine verwandte Konzeption vertritt R. P. Martin[262]. Demnach setzt sich Markus mit doketischen Irrlehrern auseinander, die ähnlich wie die Gegner des Paulus in Korinth das Leiden Jesu negierten. Demgegenüber ruft Markus in einer Situation der Verfolgung zur Kreuzesnachfolge des leidenden Menschensohnes auf.

Diese und andere Versuche, die Theologie des Markusevangeliums als Resultat einer Auseinandersetzung mit rivalisierenden Gemeindegruppen zu verstehen, müssen skeptisch beurteilt werden. Schon die Rekonstruktion des religions- und theologiegeschichtlichen Standortes der vermuteten Gegner gelingt nicht, weil das Markusevangelium darüber keine Aussagen macht und die behaupteten Analogien zu Paulus sehr hypothetisch bleiben. Zudem lässt sich das Motiv des Jüngerunverständnisses nicht auf innerkirchliche Gegner beziehen (vgl. Mk 4, 10–12; 14, 28; 16, 7).

3.4.9 Theologische Grundgedanken

Das Markusevangelium als eine Erzählung des ‚Weges' Jesu Christi von der Taufe bis zum Kreuz ist ein Ruf in die Leidensnachfolge Jesu Christi. Markus will seine Gemeinde zu einer sachgemäßen Erkenntnis der Person und des Werkes Jesu Christi und zum praktischen Nachvollzug des ‚Weges' Jesu führen[263]. Glaubenserkenntnis und Glaubenspraxis gehören für ihn untrennbar zusammen. Bei der Vermittlung dieser Einsichten spielen die Jünger im Markusevangelium eine zentrale Rolle[264]. Sie wurden von Jesus selbst berufen (Mk 1, 16–20; 3, 13–18) und noch zu seinen Lebzeiten bevollmächtigt, sein Werk fortzuführen (Mk 6, 6b–13). Die Aussendung der Jünger in Tat und Lehre ist für die markinische Gemeinde von großer Bedeutung, denn darin erkennt sie den Ursprung ihrer eigenen Sendung, die somit als eine legitime Fortsetzung des Tuns Jesu erscheint. Die Jünger sind das Bindeglied zwischen der Zeit Jesu und der gegenwärtigen markinischen Gemeinde[265]. An ihnen

261 J. Marcus, Mark I, 78, lehnt zwar Weedens' These einer umfassenden Korrektur ab, meint aber: „But Mark's theology does seek to correct a tendency of some members of his church to forget the massive change that Jesus' death and resurrection have brought about."

262 Vgl. R. P. Martin, Mark: Evangelist and Theologian (s. o. 3.4.3).

263 Vgl. dazu ausführlich U. Schnelle, Theologie (s. o. 3.1.1), 368–398.

264 Vgl. zum markinischen Jüngerverständnis E. Best, Following Jesus. Discipleship in the Gospel of Mark, JSNT.S 4, Sheffield 1981; R. Busemann, Die Jüngergemeinde nach Markus 10, BBB 57, Königstein – Bonn 1983; C. C. Black, The Disciples according to Mark, JSNT.S 27, Sheffield 1989.

265 Vgl. dazu H. J. Klauck, Die erzählerische Rolle der Jünger im Markusevangelium. Eine narrative Analyse, NT 24 (1982), 1–26.

verdeutlicht Markus der Gemeinde, wer Jesus Christus ist und was Nachfolge Jesu Christi heißt.

Der Erkenntnis Jesu Christi dient die markinische *Geheimnistheorie*. Die Verborgenheit Jesu als Heilsgestalt findet sich bei Markus in verschiedenen Ausformungen, die jeweils im Rahmen einer übergeordneten christologischen Geheimnistheorie verstanden werden wollen:

1) Die *Messiaserkenntnis* der *Dämonen* und die *Schweigegebote* an sie: In Mk 1,25; 1,34; 3,12 finden sich Schweigegebote an Dämonen, die eine zutreffende Aussage über die Person Jesus Christus gemacht hatten (Mk 1,24: *ἅγιος τοῦ θεοῦ*, Mk 3,11: *υἱὸς τοῦ θεοῦ*)[266]. Kann das Schweigegebot in Mk 1,25 als exorzistisches Mittel zur Überwindung des Dämons im Rahmen der traditionellen Topik einer Exorzismuserzählung verstanden werden, so müssen die beiden Schweigegebote an die Dämonen in den Wundersummarien Mk 1,32–34; 3,7–12 eindeutig als redaktionell angesehen werden[267]. Markus will dadurch verdeutlichen, dass die Erkenntnis Jesu aus den Wundertaten heraus noch nicht ausreicht, um seine Gottessohnschaft umfassend zu verstehen. Die Wundertaten machen Jesus Christus noch nicht zum Gottessohn.

2) Die *verborgene Durchführung* der Wunder Jesu: Das Verbot ihrer Verbreitung und die Durchbrechung dieses Gebotes. In Mk 5,43a; 7,36a untersagt Jesus im Rahmen einer Wunderhandlung den Anwesenden oder den Geheilten selbst die öffentliche Bekanntmachung des Heilungsgeschehens. Diese Anordnung wird in Mk 7,36b durchbrochen, ebenso erfährt der präzise, in der Tradition vorgegebene Auftrag in Mk 1,44 in Mk 1,45 eine Durchbrechung[268]. Das Verbreitungsverbot soll verhindern, Jesus aus seinen Wundern heraus zu definieren und zu usurpieren. In den Wundern enthüllt sich noch nicht Jesu Geheimnis. Die Durchbrechungen dieses Verbotes zeigen jedoch zugleich an, dass Jesu Bekanntwerden als Wundertäter nicht unterbunden werden kann (vgl. auch Mk 7,24!), das Göttliche wird im Wunder epiphan[269]. Markus betrachtet diesen Tatbestand keineswegs negativ, er weist lediglich einen Absolutheitsanspruch der Wunder in Bezug auf die Person Jesu zurück. Auf der Ebene der textimmanenten Erzähllogik lassen sich die Mehrzahl der Schweigegebote und Verbreitungsverbote nicht erklären, sie verweisen auf eine christologische Metatheorie.

266 In Mk 5,8 setzt der Evangelist anstelle des Schweigegebotes einen Ausfahrbefehl als Reaktion auf die Dämonenerkenntnis in Mk 5,7. Ein Schweigegebot wäre hier unangebracht gewesen, weil von der traditionellen Erzählung her ein Gespräch zwischen Jesus und den Dämonen vorgegeben war.

267 Vgl. zur Analyse J. Gnilka, Mk I, 76f.85f.133. B. Kollmann, Jesu Schweigegebote an die Dämonen, ZNW 82 (1991), 267–273, hält auch das Schweigegebot in Mk 1,25 für redaktionell.

268 Zum redaktionellen Charakter von Mk 1,45; 5,43a; 7,36 vgl. J. Gnilka, Mk I, 91.211.296.

269 M. Frenchkowski, Offenbarung und Epiphanie I.II, WUNT 2.79/80, Tübingen 1995. 1997, ordnet die markinische Jesus-Darstellung dem in der Antike verbreiteten Modell der ‚verborgenen Epiphanien' zu; vgl. ders., a.a.O., II 211: „das Numen verrät sich, sein wahres Wesen schimmert immer wieder durch die Verborgenheit hindurch."

3) Das *Jüngerunverständnis*: Bis Mk 8, 27 richtet sich das Unverständnis der Jünger auf die Lehre (Mk 4, 13; 7, 18) und die Person Jesu (Mk 4, 40f; 6, 52). Ab Mk 8, 27 verändert sich das Bild: Sowohl die geheimen Jüngerbelehrungen als auch das Jüngermissverstehen treten gehäuft auf. Wurden die Jünger in Mk 8, 17. 21 noch als verstockt und hartherzig dargestellt, so erfolgt mit dem Petrusbekenntnis in Mk 8, 29 ein Einschnitt. Es hat eine Wandlung im Erkenntnisgrad der Jünger stattgefunden, sie verfügen nun über ein Bewusstsein der Messianität Jesu. Das Schweigegebot in Mk 8, 30 und die Reaktion des Petrus auf die 1. Leidensankündigung zeigen aber, dass die Jünger in Mk 8, 27–33 das Leidensgeheimnis der Person Jesu ebensowenig verstehen wie in Mk 9, 5f; 9, 30–32; 10, 32–34. Mit dem Jüngerunverständnis verdeutlicht Markus gewissermaßen von der negativen Seite her, wie die Person Jesu nicht verstanden werden darf. Ein ganzheitliches Verstehen der Person Jesu kann sich nicht auf seine Hoheit und Herrlichkeit beschränken und das Leiden ausklammern. Vielmehr gehört beides zu einer umfassenden Erkenntnis Jesu.

4) *Schweigegebote* an die *Jünger*: Die beiden Schweigegebote an die Jünger in Mk 8, 30; 9,9 sind für die markinische Geheimnistheorie von großer Bedeutung. Mit dem Schweigegebot in 8, 30 verdeutlicht Markus[270], dass mit dem Petrusbekenntnis allein noch keine vollständige und endgültige Erkenntnis der Person Jesu verbunden ist. Dies zeigen die folgende 1. Leidensweissagung und die Reaktion des Petrus. Die grundlegende Bedeutung von Mk 9,9 für die Geheimnistheorie erkannte bereits W. Wrede[271]. Markus terminiert die Schweigegebote bis zur Auferstehung Jesu und hebt von dort das Geheimnis um die Person Jesu auf[272]: Erst Kreuz und Auferstehung ermöglichen eine uneingeschränkte Erkenntnis Jesu Christi.

---

270 Gegen R. Pesch, Mk II, 33. 39, ist Mk 8, 30 als redaktionell anzusehen. Begründung: 1) *ἐπιτιμᾶν* ist ein mk. Vorzugswort (vgl. Mk 3, 12; 8, 32. 33; 9, 25; 10, 13. 48); 2) Der mit *ἵνα* eingeleitete Finalsatz entspricht mk. Stil (vgl. Mk 3,9. 12; 5, 43; 6, 12; 7, 36; 9,9. 18; 13, 34); 3) *μηδείς* bzw. *μηδέ* ist ein wiederkehrender Bestandteil mk. Schweigegebote (vgl. Mk 5, 43; 7, 36; 8, 26; 9,9); 4) Mit dem Plural *αὐτοῖς* werden alle Jünger unter das Schweigegebot gestellt, obwohl nur Petrus das Bekenntnis sprach; 5) Sowohl sachlich als auch formal stimmt Mk 8, 30 mit anderen mk. Schweigegeboten überein (vgl. Mk 1, 34; 3, 12; 5, 43; 7, 36; 8, 26; 9,9). Für redaktionell halten Mk 8, 30 u. a. E. Schweizer, Mk, 88; J. Gnilka, Mk II, 10; R. Weber, Christologie und ‚Messiasgeheimnis', 118; D. Lührmann, Mk, 143.

271 Vgl. W. Wrede, Messiasgeheimnis, 66f.

272 H. Räisänen, Messiasgeheimnis, 109–117. 161; R. Pesch, Mk II, 39. 77, halten Mk 9,9 für traditionell. Dagegen sprechen die sachlichen und formalen Übereinstimmungen mit den eindeutig redaktionellen Schweigegeboten in Mk 5, 43; 7, 36.

5, 43: *καὶ διεστείλατο αὐτοῖς...*
ἵνα μηδεὶς γνοῖ τοῦτο
7, 36: *καὶ διεστείλατο αὐτοῖς...*
ἵνα μηδενὶ λέγωσιν
9,9: *καὶ...διεστείλατο αὐτοῖς...*
ἵνα μηδενὶ...διηγήσωνται

Zudem lassen sich aus der immanenten Erzähllogik von Mk 9, 2–8 weder das Thema Auferstehung noch eine Terminierung des Schweigegebotes erklären. Schließlich sind das mk. Jüngerunverständnis in V. 10 und das terminierte Schweigegebot in V. 9 sehr eng aufeinander bezogen, beide entstammen mk. Redaktion; vgl. u. a. E. Schweizer, Mk, 100; J. Gnilka, Mk II, 40; D. Lührmann, Mk, 157.

In einem *mittelbaren Zusammenhang* mit der markinischen Geheimnistheorie stehen die Absonderungen bei Heilungen (vgl. Mk 5, 37.40; 7, 33; 8, 23), die Reduktion des Jüngerkreises (vgl. Mk 5, 37; 13, 3), Rückzüge Jesu (vgl. Mk 1, 35.45; 3, 7.9; 6, 31 f.46; 7, 24) und topologische Motive wie *οἶκος, οἰκία* (vgl. Mk 7, 17.24; 9, 28.33; 10, 10), *πλοῖον, πλοιάριον* (vgl. Mk 3,9; 6, 32.54; 8, 13 ff), *ὄρος* (vgl. Mk 3, 13; 6, 46; 9, 2.9; 13, 3), *ἔρημος τόπος* (vgl. Mk 1, 35.45; 6, 31 f).

Kein unmittelbarer Bestandteil der markinischen Geheimnistheorie ist die in ihrem Kern vormarkinische *Parabeltheorie* (Mk 4, 10–12). Der Geheimnisgedanke ist bei Markus keine apologetische Theorie zur Erklärung des jüdischen Unglaubens und impliziert auch keine bewusste Verstockung. Vielmehr soll er zum rechten Verstehen der Person Jesu führen. Deshalb korrigiert der Evangelist die Parabeltheorie in 4, 13 b nicht unerheblich und stellt durch das Jüngerunverständnismotiv eine indirekte Verbindung zur Geheimnistheorie her[273].

Die Einzelelemente der markinischen Geheimnistheorie entspringen nicht einem historischen Interesse, sondern sie zielen auf den Leser und wollen ihn zu einer umfassenden Erkenntnis Jesu Christi führen. Zugleich ermöglicht die Geheimnistheorie dem Evangelisten Markus, die Jesustraditionen der vormarkinischen Wundergeschichten und die Passionstraditionen im Rahmen der neuen Literaturgattung Evangelium zu verbinden und zu einer neuen Einheit zu verschmelzen[274]. Mk 9,9 verdeutlicht zudem, dass die Geheimnistheorie als eine Form der markinischen *Kreuzestheologie* begriffen werden muss. Ein Bestandteil dieser Kreuzestheologie sind auch die Offenbarungen der Gottessohnschaft Jesu[275] in Mk 1, 11; 9, 7; 15, 39. Während zuvor nur Gott und die Dämonen um das wahre Wesen Jesu wissen, kommt mit dem Hauptmann unter dem Kreuz der erste Mensch zu einer zutreffenden Aussage über die Person Jesu (s. o. 3.1.3). Weitere Elemente der markinischen Kreuzestheologie sind die drei Leidensweissagungen (Mk 8, 31; 9, 31; 10, 32–34) und die Worte über die Leidensnachfolge in Mk 8, 34–9, 1. Für Markus heißt Nachfolge Jesu Christi Kreuzesnachfolge. Jesus selbst ist diesen Weg vorangegangen und eröffnete ihn damit den Glaubenden.

3.4.10 **Tendenzen der neueren Forschung**

Seit der grundlegenden Studie von William Wrede steht das ‚Messiasgeheimnis‘ im Zentrum der Markusforschung. Wrede führte das Messiasgeheimnis nicht auf den

273 Zum Verhältnis von Mk 4, 33. 34 zur Parabeltheorie vgl. J. Gnilka, Mk I, 190 f.

274 Vgl. J. Marcus, Mark I, 526, der zu der Verbindung von Wunder- und Passionstraditionen bemerkt: „By making this linkage, however, Mark has created a literary problem for himself, to which the messianic secret is in part a solution."

275 Zu den christologischen Titeln bei Markus vgl. R. Schnackenburg, Die Person Jesu Christi im Spiegel der vier Evangelien, HThK.S 4, Freiburg 1993, 58–79.

Evangelisten Markus zurück[276], sondern sah in ihm das Werk der nachösterlichen, aber vormarkinischen Gemeinde[277]. Es entstand aus der Notwendigkeit eines Ausgleiches zwischen dem unmessianischen Leben Jesu und dem nachösterlichen Gemeindeglauben. „Es bleibt also schwerlich eine andere Möglichkeit, als dass die Anschauung vom Geheimnis in einem Momente entstand, wo man von einem messianischen Anspruche Jesu auf Erden noch nichts wusste, und das heisst eben, in einem Momente, wo man als den Beginn der Messianität die Auferstehung dachte."[278] Im Verlauf der Forschungsgeschichte hatten sowohl die These unmessianischer Jesustraditionen als auch die Annahme eines vormarkinischen Ursprunges des Messiasgeheimnisses keinen Bestand. So interpretierte Hans Jürgen Ebeling das Messiasgeheimnis als den einheitlichen Leitgedanken der markinischen Verkündigung[279], und mit dem Aufkommen der redaktionsgeschichtlichen Fragestellungen nach dem 2. Weltkrieg setzte sich allgemein die Einsicht durch, dass die wesentlichen Einzelelemente des Messiasgeheimnisses und seine theologische Intention auf den Evangelisten Markus zurückgehen. Dieser bis heute im wesentlichen bestehende Forschungskonsens, für den die Arbeiten von E. Schweizer[280] und der Markuskommentar von J. Gnilka[281] als repräsentativ gelten können, wurde durch mehrere gewichtige Beiträge in Frage gestellt. H. Räisänen trennt die ‚Parabeltheorie' völlig vom Messiasgeheimnis[282] und beantwortet die Frage nach der Einheitlichkeit der markinischen Geheimnistheorie eindeutig negativ. „Von den durch Wrede innig verbundenen Motiven gehören lediglich die Schweigegebote an Dämonen und diejenigen an die Jünger ganz eng zusammen. Man darf sagen, daß diese beiden Motive das eigentliche ‚Messiasgeheimnis' ausmachen."[283] Alle anderen Motive haben keine unmittelbare Bedeutung für das markinische ‚Messiasgeheimnis'. Räisänen konstatiert wohl bei Markus eigene theologische Gedanken, „aber ein irgendwie befriedigendes einheitliches Gesamtbild seiner Theologie läßt sich ohne gewaltsame Kunstgriffe des Interpreten kaum gewinnen. So wird man es sich gefallen lassen müssen, im ältesten Evangelisten mehr einen Tradenten und weniger einen Theologen bzw. Hermeneu-

276 Vgl. W. Wrede, Messiasgeheimnis, 145: „Ist die Anschauung vom Messiasgeheimnis die Erfindung des Markus? Das ist eine ganz unmögliche Vorstellung."

277 Vgl. ebd.: „Aber wo kommt er (sc. der Gedanke des Messiasgeheimnisses) her? – Es handelt sich also um eine Anschauung, die grössere Kreise, wenn auch nicht notwendig grosse Kreise, beherrscht haben muss." Mehrfach betont Wrede aber auch den Anteil des Markus an der nun vorliegenden Darstellung des Messiasgeheimnisses.

278 A. a. O., 227.

279 Vgl. H. J. Ebeling, Das Messiasgeheimnis und die Botschaft des Marcus-Evangeliums, BZNW 19, Berlin 1939.

280 Vgl. neben dem Markuskommentar bes. E. Schweizer, Zur Frage des Messiasgeheimnisses bei Markus, in: ders., Beiträge zur Theologie des Neuen Testaments, Zürich 1970, 11–20; ders., Die theologische Leistung des Markus, a. a. O., 21–42.

281 Vgl. J. Gnilka, Mk I, 167–170 (Exkurs: Das Messiasgeheimnis).

282 Vgl. H. Räisänen, Die Parabeltheorie im Markusevangelium, Helsinki 1973; ders., The ‚Messianic Secret', 76–143.

283 H. Räisänen, Messiasgeheimnis, 159.

ten zu sehen, als die neuere Forschung im allgemeinen vorausgesetzt hat."[284] Ähnlich argumentiert R. Pesch in seinem Markuskommentar. Auch er sieht in Markus einen konservativen Redaktor, die These einer markinischen Messias-Geheimnis-Theorie gilt als unhaltbar. „Markus hat keine erkennbar eigenständige christologische Konzeption, die Christologie seines Evangeliums ist wesentlich durch die Christologie seiner Traditionen bestimmt, die durch die Zusammenstellung und Mischung in einer Gesamtkomposition zu einem Gesamtbild von Jesus Christus (1, 1) verschmelzen."[285] Wie Räisänen[286] sieht auch Pesch das zentrale Schweigebot in Mk 9,9 (und Mk 8, 30) als traditionell an, es steht nicht im Dienst einer Geheimnistheorie[287]. Demgegenüber betont R. Weber zu Recht die grundlegende Bedeutung und Einheitlichkeit der markinischen Geheimnistheorie[288]. Im Kern besagt sie: „Obwohl Jesus auch schon vor Kreuz und Auferstehung der Gottessohn ist, kann er doch als solcher vor diesen Ereignissen noch nicht angemessen erfaßt werden."[289] Eine pragmatische Funktion gibt G. Theißen dem Geheimnismotiv: Aus der Parallelität zwischen der Textwelt des Evangeliums und der realen Welt der Leser/Hörer kann geschlossen werden, dass die sukzessive Enthüllung des Geheimnisses und die damit wachsende Gefährdung Jesu in der sozialen Welt der markinischen Gemeinde eine reale Entsprechung hat. „Mit einem Wort: Das Persongeheimnis, das im Zentrum aller Geheimnismotive steht, ist ein Schutzgeheimnis. Solange Jesus durch Geheimnis geschützt ist, muss er nicht leiden. Sobald er aus dem Geheimnis heraustritt, nähert er sich dem Leiden. Dem entspricht: Solange die Christen durch Geheimnis geschützt sind, müssen sie nicht leiden; sobald sie aus dem Schutz des Geheimnisses heraustreten, nähern sie sich dem Leiden."[290]

Deutlich erkennbar ist in der neueren Forschungsgeschichte die Tendenz, Markus nicht mehr nur vom Messiasgeheimnis her zu interpretieren. Markus erscheint als Theologe von Rang, dessen literarische und theologische Kompetenz weder geleugnet noch auf das Messiasgeheimnis reduziert werden kann. Andere Aspekte markini-

284 A. a. O., 168. In: ders., ‚The Messianic Secret', 254, formuliert Räisänen das Ziel der Geheimnistheorie so: „... Mark tries to reject the claims of people like the bearers of Q-tradition who appealed to the authority of the historical Jesus. Mark defends (unjustifiably at the historical level) his Hellenistic viewpoint by showing that the disputed points go back to Jesus himself." Die Geheimnistheorie ist „a historicizing subsidiary idea which Mark uses to carry on an actual debate" (a.a.O., 257 f).

285 R. Pesch, Mk II, 41.

286 Vgl. H. Räisänen, Messiasgeheimnis, 161; vgl. aber ders., The ‚Messianic Secret', 187: „9,9 may be taken as Markan". Allerdings ändert dies nichts an der Interpretation des Verses, er ist nach Räisänen nicht der Schlüssel zur Geheimnistheorie.

287 Vgl. R. Pesch, Mk II, 39. Ähnlich wie Räisänen und Pesch argumentiert J. Ernst, Mk, 240–245; ders., Das sog. Messiasgeheimnis – kein „Hauptschlüssel" zum Markusevangelium, in: Theologie im Werden, hg. v. J. Hainz, Paderborn 1992, 21–56.

288 Vgl. neben dem in 3.4.1 genannten Aufsatz R. Weber, Christologie und „Messiasgeheimnis" im Markusevangelium, Diss. theol., Marburg 1978; vgl. zur umfassenden Kritik an Räisänen ferner F. Fendler, Studien, 105–146.

289 R. Weber, Christologie und ‚Messiasgeheimnis', 125.

290 G. Theißen, Evangelienschreibung und Gemeindeleitung, 405.

scher Theologie treten in den Vordergrund.[291] Das markinische Glaubensverständnis arbeitet Th. Söding heraus. „Markus entwickelt gerade dadurch ein zwar komplexes und spannungsvolles, aber eben darin theologisch profiliertes Glaubensverständnis, weil er Glaube als vom (irdischen wie vom auferstandenen) Gottessohn Jesus ermöglichte und geforderte Antwort auf Gottes Basileia-Handeln versteht, die in dem Maße zu einem (das ganze Leben bestimmenden) rückhaltlosen Vertrauen auf Gott wird, wie sie in ihrer Ausrichtung auf Jesus Christus spannungsvolles Zueinander von Bekenntnisglaube und Vertrauensglaube ist."[292] Den grundlegenden Zusammenhang zwischen Nachfolge und Zukunftserwartung betont C. Breytenbach. Die Nachfolgeerzählungen behalten auch nach Ostern ihre paradigmatische Bedeutung, im Wissen um Jesu Auferstehung binden sich die Jünger „rückhaltlos an das Evangelium, das ihn vertritt. ... Die markinische Nachfolgevorstellung ist durchweg auf die Zukunft ausgerichtet. Der christologische Rückblick wird stets durch einen Ausblick ergänzt. Der Gekreuzigte selbst wird als kommender Menschensohn erwartet. Hiermit ist die Erwartung des machtvollen Anbruchs der jetzt noch verborgenen, aber sicher kommenden Gottesherrschaft verbunden (Mk 8, 38; 9, 1; 13, 26 f), und von dieser Erwartung her empfängt die Nachfolge ihre Motivierung."[293] Auf die Bedeutung des *ἐξουσία*-Begriffes (redaktionell in Mk 1, 22. 27; 2, 10; 3, 15; 6, 7; 11, 28. 29. 33; 13, 34) für die markinische Christologie weist K. Scholtissek hin. Danach ist die *ἐξουσία* des Irdischen „Ausdruck der messianischen Sendung des Gottessohnes zur Verkündigung und Vermittlung der nahen Gottesherrschaft."[294] P.-G. Klumbies hält die Christologie nicht für das Zentrum der markinischen Jesus-Darstellung. „Im Vordergrund steht das von Jesus vertretene soteriologische Anliegen. Der Protagonist der Handlung tritt dafür ein, Gott in seiner Integration und Freiheit eröffnenden Zuwendung zum Menschen zum Zuge kommen zu lassen. Zentral ist das theo-logisch fundierte Interesse an der Soteriologie. Diese ist freilich auch einem christologischen Rahmen zugeordnet. Allerdings steht dieser Bezugsrahmen im Gegensatz zur Kategorie des Messiasgeheimnisses, die als ein Relikt Liberaler Theologie durch die Arbeit Wredes einflußreich geworden ist und in modifizierter Weise von der dialektisch-theologisch beeinflußten Formgeschichte übernommen wurde."[295] Man wird diese Erweiterung

291 Vgl. dazu die Beiträge von K. Scholtissek (Der Sohn Gottes für das Reich Gottes), K. Backhaus („Lösegeld für viele" [Mk 10, 45]), K. Kertelge (Jüngerschaft und Kirche) und Th. Söding (Leben nach dem Evangelium) in: Th. Söding (Hg.), Der Evangelist als Theologe; vgl. ferner G. Guttenberger, Die Gottesvorstellung im Markusevangelium. Auch die neueren Kommentare (F. Moloney; J. Marcus; L. Schenke; M. E. Boring; A. Yarbro Collins) integrieren die Messiasgeheimnistheorie in unterschiedlicher Form, ohne sie jedoch zum interpretativen Schlüssel zu machen.

292 Th. Söding, Glaube bei Markus, 552.

293 C. Breytenbach, Nachfolge und Zukunftserwartung, 338.

294 K. Scholtissek, Die Vollmacht Jesu, 293.

295 P.-G. Klumbies, Der Mythos bei Markus, 309. Zur Kritik an einer primär christologischen Interpretation des Markusevangeliums vgl. auch J. Dechow, Gottessohn und Herrschaft Gottes, 42: „Markus geht es in erster Linie darum, die Lesenden mit der eschatologischen Botschaft Jesu zu konfrontieren, die hoheitliche Identität des Botschafters spielt demgegenüber eine untergeordnete Rolle."

des Interpretationsspektrums begrüßen müssen, zugleich bleibt aber die Frage nach dem Persongeheimnis Jesu Christi ein zentrales Motiv markinischer Christologie und Theologie.

Ein weiterer Schwerpunkt neuerer Untersuchungen ist die Erzählstruktur des Markusevangeliums (‚literary criticism')[296]. Dabei steht die Gesamterzählung unter synchroner Perspektive im Mittelpunkt. Der Erzähler des Evangeliums, seine erzählte Welt sowie der implizite und/oder historische Hörer/Leser werden in den Blick genommen. Der Erzählplan/das Erzählgerüst (‚plot') und die Erzählperspektive (‚point of view') des Autors sollen erfasst werden, d.h. die Art und Weise, wie er seine Geschichte präsentiert. Das Erzählen in der 3. Person, die Allwissenheit des Autors, Zeit- und Raumebenen, das Auftreten von Personen, Schauplätze und Ereignisse, Verknüpfungen und szenischer Aufbau, psychologische Darstellungselemente und übergreifende narrative Strukturen werden untersucht. „War Markus Sammler, Redaktor oder Erzähler? ... Meines Erachtens kann der Nachweis erbracht werden, dass Markus uns die Geschichte Jesu darstellt, wie er sie sah, und aus diesem Grund möchte ich ihn einen erzählenden Autor nennen. Mit Sicherheit ist er nicht nur Sammler".[297] Behutsam integriert D. Lührmann neue Fragestellungen in seine Auslegung. Zwar nimmt Markus vorgegebene Traditionen auf, aber das Evangelium ist „nicht einfach als Addition vorformulierter Texte anzusehen, sondern als Neuformulierung der Überlieferung, die zu einem neuen Werk führt."[298] B. van Iersel wählt als methodischen Ausgangspunkt, „dass Markus als Buch überliefert ist und eine derartige Einheit bildet, dass man das Buch nur verstehen kann, wenn man es als ganzes liest und zu verstehen sucht und dabei nicht vergißt, dass es die Form einer Erzählung hat."[299] D. Dormeyer interpretiert das Markusevangelium auf erzählerischer und theologischer Ebene im Kontext der antiken philosophischen Herrscherbiographie. Die Leitbegriffe ‚Evangelium' und „Königsherrschaft Gottes' bringen auch eine politische Dimension zum Ausdruck. „Der monopolistische Anspruch Roms auf Eroberung und patriarchalische Beherrschung (Patrocinium) der bewohnten Erde (Ökumene) wird von der angebrochenen Königsherrschaft Gottes aufgehoben und als Dienst umdefiniert. Entsprechend wird der Anspruch des Cäsars auf göttliche Abstammung und Vollmacht zur Legitimation des römischen Herrschaftsmonopols aufgehoben und umdefiniert durch Jesu von Nazaret leidende Messianität und Gottessohnschaft."[300] L. Schenke wählt den Mythos-Begriff, um die erzählerische und theologische Leistung des Markus zu bestimmen. „Die Historie bringt *mir* ein vergan-

296 Vgl. u.a. W. Kelber, Mark's Story of Jesus, Philadelphia 1979; J. D. Kingsbury, The Christology of Mark's Gospel, Philadelphia 1983; ders., Conflict in Mark, Minneapolis 1989; B. M. F. van Iersel, Reading Mark, Edinburgh 1989; R. M. Fowler, Let the Reader Understand. Reader-Responce Criticism and the Gospel of Mark, Philadelphia 1991.

297 W. S. Vorster, Markus – Sammler, Redaktor, Autor oder Erzähler?, in: F. Hahn (Hg.), Der Erzähler des Evangeliums, (11–36) 35f.

298 D. Lührmann, Mk, 15.

299 B. M. F. van Iersel, Markus, 50.

300 D. Dormeyer, Das Markusevangelium als Idealbiographie, 319.

genes Geschehen oder eine Gestalt der Geschichte nahe, der Mythos bringt *mich* einem vergangenen Geschehen oder einer Gestalt der Geschichte nahe."[301] Dementsprechend zielt Markus auf Inspirierung und Mobilisierung des Lesers: „Die erzählte Geschichte will den Leser in Bewegung setzen: Auf nach Galiläa, um den Auferstandenen zu sehen! Das was in Galiläa einmal wie erzählt geschehen ist, soll auch dem Leser widerfahren."[302] Eine sehr detaillierte Erzählanalyse des Markusevangeliums legt Elizabeth Struthers Malbon vor. Sie unterscheidet zwischen dem, was der Erzähler und andere Charaktere innerhalb des Evangeliums über Jesus sagen („projected Christology"), wie und was Jesus daraufhin antwortet („deflected Christology"), was Jesus demgegenüber über sich und Gott sagt („refracted Christology"), was Jesus tut („enacted Christology") und wie das Agieren anderer Akteure mit dem verbunden ist, was Jesus sagt und tut („reflected Christology")[303]. In eine andere Richtung geht Eve-Marie Becker, die das Markus-Evangelium im Rahmen antiker Historiographie versteht: „Das Markusevangelium enthält *historisch* wertvolle zeitgeschichtliche Reminiszenzen, es bewegt sich *literaturgeschichtlich* in der Spannung hellenistisch-kaiserzeitlicher Pluriformität und gattungsspezifischer Innovationen und ist *kulturgeschichtlich* als Beitrag zur geschichtlichen und theologischen Identifikation und Konsolidierung des frühesten Christentums zu würdigen."[304] In einen unmittelbaren politischen Kontext rückt H. N. Roskam das Markusevangelium. Danach wurde es im Rahmen von Verfolgungen unmittelbar im Anschluss an den jüdischen Krieg abgefasst. „It is above all an apologetic writing, directed to the endangered Christians themselves and meant to confirm them in their faithfulness to the Christian message, so that they will be strong enough to endure the hardships they are experiencing."[305] Speziell die Schweigegebote haben dabei die Funktion, ein Missverständnis Jesu im Sinne eines politischen Messias zu verhindern. Als Gegenentwurf zur Ideologie der flavischen Herrscher (bes. Vespasian) interpretieren G. Theißen[306] und vor allem M. Ebner[307] sowie A. Winn die markinische Christologie. Danach hat Markus ein Anti-Evangelium geschrieben, das voller Anspielungen und Polemik gegen die Flavier ist. Neben dem Evangeliumsbegriff gelten als Textbelege vor allem Mk 15,39; Mk 10,42–44; 16,1–8 (Apotheose eines Gekreuzigten) und die Blindenheilungen Mk 8,22–26; 10,46–52, die mit von Vespasian berichteten Blindenheilungen konkurrieren könnten[308]. „In conclusion, the primary purpose of Mark's gospel is to respond

301 L. Schenke, Markusevangelium (2005), 19.

302 A. a. O., 20.

303 Vgl. ferner Heike Omerzu, Geschichte durch Geschichten. Zur Bedeutung jüdischer Traditionen für die Jesusdarstellung des Markusevangeliums, EC 2 (2011), 77–99, wonach die markinische Jesusgeschichte vor allem in der jüdischen Tradition verankert ist, wie besonders die Bezugnahmen auf Elia, Mose und Jesaja zeigen.

304 E.-M. Becker, Markus-Evangelium, 413.

305 H. N. Roskam, Purpose, 236.

306 Vgl. G. Theißen, Evangelienschreibung und Gemeindeleitung, 394–396.

307 Vgl. M. Ebner, Evangelium contra Evangelium. Das Markusevangelium und der Aufstieg der Flavier, BN 116 (2003), 28–42.

308 Vgl. die Texte in Neuer Wettstein I/2 (s. u. 8.5.1), 480 f.

to Flavian propaganda that has created a crisis within the church in Rome. This response is polemical, pitting Jesus' impressive résumé against that of the current Roman emperor Vespasian. Mark's gospel offers overwhelming evidence to its audience of Jesus' superiority to Vespasian and confirms for its audience Jesus' identity as God's Messiah and the true world ruler."[309] In einen anderen politisch-kulturellen Kontext stellt C. Jochum-Bortfeld den Evangelisten Markus: „Seine Geschichten sind Widerworte zu den großen Erzählungen der römisch-hellenistischen Kultur ... Der Evangelist erzählt Geschichten, in denen Menschen ihre Handlungsfähigkeit und -freiheit selbstständig erlangen, in denen Jesus Christus Menschen zum Menschsein befreit, in denen er Menschen Handlungsräume eröffnet und Handlungen zumutet."[310]

3.5 Das Matthäusevangelium

3.5.1 Literatur

Kommentare

KEK (Sonderband): E. Lohmeyer (– H. W. Schmauch), ^{4}1967. – HNT 4: E. Klostermann, ^{4}1971. – HThK I 1.2: J. Gnilka, ^{2}1988. 1988. – EKK I/1–4.: U. Luz, ^{5}2002. ^{2}1996. 1997. 2002. – ThHK 1: W. Wiefel, 1998. – ThKNT 1: P. Fiedler, 2006. – NTD 2: E. Schweizer, ^{4}1986. – RNT: A. Sand, 1986. – ZBK 1: U. Luck, 1993. – NEB: R. Schnackenburg, ^{2}1991. 1987. – ICC: W. D. Davies – D. C. Allison, I 1988. II 1991. III 1997. – WBC 33 a.b: D. A. Hagner, 1993. 1995. – NIGTC: J. Nolland, The Gospel of Matthew, 2005. – Sacra Pagina: D. J. Harrington, 1991. – H. Frankemölle, Matthäus-Kommentar I.II, Düsseldorf 1994. 1997. – H. D. Betz, The Sermon on the Mount, Hermeneia, Minneapolis 1995.

Monographien

G. Bornkamm – G. Barth – G. Held, Überlieferung und Auslegung im Matthäusevangelium, WMANT 1, Neukirchen ^{7}1975. – K. Stendahl, The School of St. Matthew, Philadelphia ^{2}1968. – W. Trilling, Das wahre Israel, StANT 10 (= EThSt 7), München ^{3}1967. – G. Strecker, Der Weg der Gerechtigkeit, FRLANT 82, Göttingen ^{3}1971. – R. Hummel, Die Auseinandersetzung zwischen Kirche und Judentum im Matthäusevangelium, BEvTh 33, München 1966. – R. Walker, Die Heilsgeschichte im ersten Evangelium, FRLANT 91, Göttingen 1967. – A. Sand, Das Gesetz und die Propheten, BU 11, Regensburg 1974. – E. Schweizer, Matthäus und seine Gemeinde, SBS 71, Stuttgart 1974. – H. Frankemölle, Jahwebund und Kirche Christi, NTA 10, Münster ^{2}1984. – I. Broer, Freiheit vom Gesetz und Radikalisierung des Gesetzes, SBS 98, Stuttgart 1980. – G. Strecker, Die Bergpredigt, Göttingen ^{2}1985. – J. D. Kingsbury, Matthew: Structure, Christology, Kingdom, Minneapolis ^{2}1989. – Ders., Matthew as Story, Philadelphia ^{2}1988. – K.Ch. Wong, Interkulturelle Theologie und multikulturelle Gemeinde im Matthäusevangelium, NTOA 22, Frei-

309 A. Winn, The Purpose of Mark's Gospel, 201.
310 C. Jochum-Bortfeld, Die Verachteten stehen auf, 310.

burg (H) – Göttingen 1992. – U. Luz, Die Jesusgeschichte des Matthäus, Neukirchen 1993. – D. C. Allison, The New Moses, A Matthean Typologie, Minneapolis 1993. – A. Weiser, Theologie des Neuen Testaments II (s. o. 3.3.1), 79–116. – G. Scheuermann, Gemeinde im Umbruch, fzb 77, Würzburg 1996. – Marlis Gielen, Der Konflikt Jesu mit den religiösen und politischen Autoritäten seines Volkes im Spiegel der matthäischen Jesusgeschichte, BBB 115, Bodenheim 1998. – B. Repschinski, The Controversy Stories in the Gospel of Matthew, FRLANT 189, Göttingen 2000. – Chr. Landmesser, Jüngerberufung und Zuwendung zu Gott. Ein exegetischer Beitrag zum Konzept der matthäischen Soteriologie im Anschluss an Mt 9, 9–13, WUNT 133, Tübingen 2001. – P. Foster, Community, Law and Mission in Matthew's Gospel, WUNT 177, Tübingen 2004. – R. Deines, Die Gerechtigkeit der Tora im Reich des Messias, WUNT 177, Tübingen 2004. – M. Konradt, Israel, Kirche und die Völker im Matthäusevangelium, WUNT 215, Tübingen 2007.

Aufsätze

J. Lange (Hg.), Das Matthäus-Evangelium, WdF 525, Darmstadt 1980 (wichtige Aufsatzsammlung mit Beiträgen von G. Bornkamm, E. Schweizer, G. Strecker, U. Luz u. a.). – G. Bornkamm, Die Binde- und Lösegewalt in der Kirche des Matthäus, in: ders., Geschichte und Glaube II (s. o. 2.8), 37–50. – H. Stegemann, ‚Die des Uria', in: Tradition und Glaube (FS K. G. Kuhn), hg. v. G. Jeremias u. a., Göttingen 1971, 246–276. – U. Luz, Die Erfüllung des Gesetzes bei Matthäus, ZThK 75 (1978), 398–435. – H. D. Betz, Studien zur Bergpredigt, Tübingen 1985. – L. Schenke (Hg.), Studien zum Matthäusevangelium (FS W. Pesch), SBS, Stuttgart 1988. – L. Oberlinner – P. Fiedler (Hg.), Salz der Erde – Licht der Welt. Exegetische Studien zum Matthäusevangelium (FS A. Vögtle), Stuttgart 1991. – J. Roloff, Das Kirchenverständnis des Matthäus im Spiegel seiner Gleichnisse, NTS 38 (1992), 337–356. – G. Theißen, Vom Davidssohn zum Weltherrscher. Pagane und jüdische Endzeiterwartungen im Spiegel des Matthäusevangeliums, in: Das Ende der Tage und die Gegenwart des Heils (FS H.-W. Kuhn), hg. v. M. Becker u. W. Fenske, AGJU XLIV, Leiden 1999, 145–164. – A. v. Dobbeler, Die Restitution Israels und die Bekehrung der Heiden, ZNW 91 (2000), 18–44. – D. E. Aune (Hg.), The Gospel of Matthew in Current Study, Grand Rapids 2001 (wichtige Aufsatzsammlung). – R. Kampling (Hg.), „Dies ist das Buch …" Das Matthäusevangelium (FS H. Frankemölle), Paderborn 2004. – M. Konradt, Die Sendung zu Israel und zu den Völkern im Matthäusevangelium im Lichte seiner narrativen Christologie, ZThK 101 (2004), 397–425. – D. P. Senior (Hg.), The Gospel of Matthew at the Crossroads of Early Christianity, BETL 243, Leuven 2011.

Forschungsberichte

G. Stanton, The Origin and Purpose of Matthew's Gospel, ANRW 25. 3, Berlin 1985, 1889–1951. – A. Sand, Das Matthäus-Evangelium, EdF 275, Darmstadt 1991. – A. Lindemann, Das Matthäusevangelium, ThR 70 (2005), 174–216. 338–382.

3.5.2 Verfasser

Über den Verfasser des Evangeliums berichtet Papias auf der Basis der ihm zugänglichen Presbytertraditionen: „Matthäus hat nun in hebräischer Sprache die Worte (*τὰ λόγια*) zusammengestellt, ein jeder aber übersetzte sie, wie er dazu in der Lage war."[311] Das hohe Alter dieser Tradition bestätigen EbEv fr 4[312] und die Evangelienüberschrift, die jeweils an den Anfang des 2. Jhs. zu datieren sind. Dennoch lässt die Papiasnotiz keine sicheren historischen Rückschlüsse zu, denn eine hebräische Urfassung von Überlieferungskomplexen des Matthäusevangeliums lässt sich nicht nachweisen, und der Nachsatz bei Papias bezieht sich auf Matthäus und Markus. Gegen eine Identifizierung[313] des Verfassers mit dem Herrenjünger Matthäus (vgl. Mt 10, 3; Mk 3, 18; Lk 6, 15; Apg 1, 13) sprechen zwei Beobachtungen: 1) Es ist sehr unwahrscheinlich, dass ein Augenzeuge des Wirkens Jesu als Grundlage für seine Darstellung das Werk des Nicht-Augenzeugen Markus benutzte[314]. 2) In der Namensänderung Mt 9,9 (Matthäus, in Mk 2, 14 heißt der Zöllner noch Levi) spiegelt sich deutlich ein sekundärer Prozess wider, der für einen Augenzeugen nicht nachvollziehbar ist. Eine Parallele zu diesem Verfahren findet sich in Mt 27, 56, wo die unbekannte Salome aus Mk 15, 40 durch die Mutter der Zebedaiden ersetzt wird (vgl. auch Mt 20, 20). Wahrscheinlich spielte der Herrenjünger Matthäus in der Entstehungsgemeinde des 1. Evangeliums eine wichtige Rolle, was die Namensänderung in Mt 9,9 und den Zusatz *ὁ τελώνης* in Mt 10, 3 erklärt. Deutlich zu erkennen ist die theologische Intention dieser Inanspruchnahme eines Augenzeugen: Der Evangelist bindet seine Gemeinde an einen Herrenjünger und Mitglied des Zwölferkreises und damit an den irdischen Jesus selbst, an dessen im Evangelium entfaltete Lehre die Gemeinde gewiesen wird[315]. Mt 13, 52; 23, 34 weisen darauf hin, dass Matthäus in seiner Gemeinde als *Lehrer* tätig war[316], der wiederum den einen wahren Lehrer Jesus Christus vorstellt (vgl. Mt 23, 10). Auch der Umgang mit der Schrift und die teilweise katechetisch ausgerichteten ethischen Anweisungen lassen die Bildung des Evangelisten erkennen[317]. Matthäus richtet sich mit seinem Evangelium gleichermaßen an die

311 Euseb, HE III 39, 16. J. Kürzinger, Papias von Hierapolis und die Evangelien des Neuen Testaments, Eichstätter Materialien 4, Regensburg 1983, 103, übersetzt: „Matthäus hat nun in hebräischem Stil die Worte (über den Herrn) in literarische Form gebracht. Es stellte sie ein jeder so dar, wie er dazu in der Lage war." Kürzinger bezieht *διάλεκτος* nicht auf die aramäische Sprache, sondern auf die Komposition des griechischen Matthäusevangeliums.

312 EbEv fr 4 = Epiph, Haer 30, 13. 2 f; vgl. dazu Ph. Vielhauer u. G. Strecker, Judenchristliche Evangelien, in: W. Schneemelcher (Hg.), Neutestamentliche Apokryphen I, Tübingen [5]1987, 138–142.

313 Dafür plädieren z. B. B. Reicke, Roots (s. o. 3.2.6), 160; R. H. Gundry, Matthew. A Commentary on his Literary and Theological Art, Grand Rapids 1982, 620.

314 Vgl. U. Luz, Mt I, 105.

315 Vgl. U. Luz, Mt II, 42.

316 Vgl. K. Stendahl, School, 20, (Mt als „handbook issued by a school"); G. Strecker, Weg der Gerechtigkeit, 39 (christlicher Schriftgelehrter); W. Schmithals, Art. Evangelien, TRE 10 (1982), 619 (Leiter einer Katechetenschule); U. Luz, Mt I, 105 (Mt als Lehrer, nicht aber als Schulhaupt, sondern kreativer Exponent seiner Gemeinde); J. Gnilka, Mt II, 516. 532 (Unterscheidung zwischen der Gemeinde und der Schule des Matthäus sowie eines Lehrerstandes innerhalb der Gemeinde); M. Hengel, ThR 52 (1987), 342 f A 28 („eine Art christliches Schulhaupt").

317 Zu Recht betont U. Luz, Mt I, 105: „Ein Schriftgelehrter im Sinne eines rabbinisch geschulten Exegeten war er wohl nicht." Luz hebt das gute griechische Sprachgefühl und eine Synagogenbildung des Matthäus hervor.

Gesamtgemeinde und weitere Lehrer in der Gemeinde, die wie er selbst ‚Altes' und ‚Neues' vermitteln sollen.

Es ist in der Forschung sehr umstritten, ob Matthäus als Juden-[318] oder Heidenchrist[319] anzusehen ist. Für beide Möglichkeiten finden sich Hinweise im Evangelium.

Für einen *judenchristlichen Standort* des Matthäus sprechen folgende Beobachtungen:

a) Das grundsätzliche Ja zum Gesetz (vgl. Mt 5, 17–20; 23, 3a.23b).
b) Der permanente Rückgriff auf das Alte Testament und die betonte Anwendung des Erfüllungsgedankens (vgl. Mt 1, 22f; 2, 5f.15. 17f; 3, 3; 4, 14–16; 8, 17 u.ö.).
c) Die grundsätzliche Begrenzung der Mission Jesu auf Israel (vgl. Mt 10, 5f; 15, 24).
d) Die matthäische Gemeinde hält noch den Sabbat (vgl. Mt 24, 20).
e) Die matthäische Gemeinde lebt weiterhin im Verband des Judentums (vgl. Mt 17, 24–27; 23, 1–3).
f) Die Mose-Typologie in Mt 2, 13ff; 4, 1f; 5, 1 und die fünf großen Reden im Evangelium lassen Jesus in Affinität zu Mose erscheinen.
g) Sprache, Aufbau, Schriftrezeption, Argumentation und Wirkungsgeschichte des Matthäusevangeliums weisen auf einen Judenchristen als Verfasser.

Der judenchristlichen Interpretation stehen Textaussagen gegenüber, die auf einen *heidenchristlichen Standort* des Evangelisten hindeuten:

a) Der Heilsuniversalismus im Evangelium (vgl. Mt 28, 18–20; 8, 11f; 10, 18; 12, 18. 21; 13, 38a; 21, 43–45; 22, 1–14; 24, 14; 25, 32; 26, 13) weist deutlich auf eine schon über geraume Zeit praktizierte Heidenmission hin.
b) Die Außerkraftsetzung der Ritualvorschriften (vgl. Mt 15, 11. 20b; 23, 25f).
c) Die matthäische Kritik am Gesetz; speziell in den Antithesen (Mt 5, 21–48) stellt sich Jesus über die Autorität des Mose (vgl. auch Mt 19, 3–9), wofür es im antiken Judentum keine Parallelen gibt.
d) Matthäus polemisiert durchgängig gegen die phärisäische Kasuistik (vgl. Mt 5, 20; 6, 1ff; 9,9ff; 12, 1ff.9ff; 15, 1ff; 19, 1ff; 23, 1ff).
e) Matthäus vermeidet Aramaismen (vgl. Mk 1, 13/Mt 4, 2; Mk 5, 41/ Mt 9, 25; Mk 7, 34/Mt 15, 30; Mk 7, 11/Mt 15, 5).
f) Die matthäische Gemeinde lebte in einem deutlichen Abstand zur Synagoge (vgl. Mt 23, 34b: *ἐν τοῖς συναγωγαῖς ὑμῶν*; Mt 7, 29b: *καὶ οὐχ ὡς οἱ γραμματεῖς αὐτῶν*).
g) Die rituellen Vorschriften für den Sabbat haben ihre Bedeutung verloren (vgl. Mt 12, 1–8).
h) Die heilsgeschichtliche Ablösung als Verwerfung Israels ist für Matthäus schon längst Realität (vgl. Mt 21, 31. 43; 22,9; 8, 11f; 21, 39ff; 27, 25; 28, 15).

318 So z.B. E. Schweizer, Einleitung, 122; U. Luz, Mt I, 85ff; J. Gnilka, Mt II, 515f; J. Roloff, Kirchenverständnis, 339. I. Broer, Einleitung, 111–116.

319 Vgl. z.B. P. Nepper-Christensen, Das Matthäusevangelium. Ein judenchristliches Evangelium?, AThD 1, Århus 1954, 202–208; W. Trilling, Israel, 215; G. Strecker, Weg der Gerechtigkeit, 15–35; R. Walker, Heilsgeschichte, passim; J. P. Meier, Law and History in Matthew's Gospel, AnBib 71, Rom 1976, 14–21.

Diesem spannungsvollen Befund wird am ehesten die Vermutung gerecht, dass der Evangelist Matthäus Vertreter eines *liberalen hellenistischen Diaspora-Judenchristentums* war, das sich schon seit geraumer Zeit der Heidenmission geöffnet hatte[320]. Die Ausklammerung der Beschneidungsproblematik im Matthäusevangelium weist in dieselbe Richtung, denn im eher konservativen palästinischen Judentum galt dies als Missachtung der Tora, während eine derartige Praxis im hellenistischen Diaspora-Judentum verbreitet war[321]. Auch die Wirkungsgeschichte des Evangeliums in der Alten Kirche lässt an ein universalistisch-offenes Judenchristentum denken. Zudem entsprechen starre historische Klassifizierungen wie ‚Judenchristentum – Heidenchristentum' wahrscheinlich schon längst nicht mehr der Wirklichkeit der matthäischen Gemeinde und dem Selbstverständnis des Evangelisten (s. u. 3.5.9).

3.5.3 **Ort und Zeit der Abfassung**

Die umfangreichen judenchristlichen Traditionen, Mt 4, 24 (*καὶ ἀπῆλθεν ἡ ἀκοὴ αὐτοῦ εἰς ὅλον τὴν Συρίαν*) und die Bezeugung durch die Didache (vgl. Did 7, 1; 8; 10, 5; 16) bzw. Ignatius von Antiochien (vgl. IgnSm 1, 1/Mt 3, 15; IgnPhld 3, 1/Mt 15, 13)[322] deuten auf *Syrien* als Entstehungsort des Matthäusevangeliums hin[323]. Genauere Bestimmungen (Antiochia in Syrien[324], Damaskus[325], Sidon oder Tyrus[326], syrisches Binnenland[327]) lassen sich dem Evangelium nicht entnehmen.

Matthäus setzt die Zerstörung Jerusalems voraus (vgl. Mt 22, 7; 21, 41; 23, 38), der terminus ad quem ergibt sich aus der Kenntnis des Evangeliums durch Ignatius (um 110 n. Chr.). Das Matthäusevangelium dürfte somit *um 90 n. Chr.* abgefasst worden sein[328].

320 Vgl. in diesem Sinn z. B. H. Stegemann, „Die des Uria", 271, der feststellt, „dass die judaistische Komponente der matthäischen Theologie von vornherein hellenistisch-jüdisch gewesen ist, ...".

321 Vgl. a. a. O., 273. Der sehr auffällige Befund, dass der Evangelist die Beschneidung als Eingangstor der Tora übergeht, lässt sich nicht mit der Vermutung entschärfen, „that he himself and the Jewish believers in his group practised circumcion" (so W. D. Davies – D. C. Allison, Mt III, 703). Wenn Matthäus ‚seinen Lehrer' Jesus von Nazareth die Beschneidung *nicht* lehren lässt, wie kann man dann begründen, dass er sie dennoch praktizierte?

322 Vgl. dazu W. D. Köhler, Die Rezeption des Matthäusevangeliums in der Zeit vor Irenäus, WUNT 2.24, Tübingen 1987, 19–56.73–96.

323 Darüber besteht ein großer Konsens in der Forschung, vgl. nur G. Strecker, Weg der Gerechtigkeit, 37; U. Luz, Mt I, 100 f; J. Gnilka, Mt II, 514; U. Luck, Mt, 15.

324 So z. B. E. Schweizer, Matthäus und seine Gemeinde, 138 f; J. Zumstein, Antioche sur l'Oronte et l'Évangile selon Matthieu, SNTU 5 (1980), 122–138; J. P. Meier, Antioch, in: R. E. Brown – J. P. Meier, Antioch and Rome, New York 1983, 11–86; U. Luz, Mt I, 103 (eine naheliegende Möglichkeit); R. Schnackenburg, Mt I, 8 f; I. Broer, Einleitung I, 113 f.

325 Vgl. J. Gnilka, Mt II, 515.

326 Vgl. G. D. Kilpatrick, The Origins of the Gospel according to St. Matthew, Oxford 1946, 134.

327 Vgl. G. Theißen, Lokalkolorit (s. o. 3.1.1), 262 f.

328 Vgl. auch G. Strecker, Weg der Gerechtigkeit, 35 f (90–95); J. Gnilka, Mt II, 520 (um 80); R. Schnackenburg, Mt, 9 (85–90); U. Luz, Mt I, 104 (Abfassung nicht lange nach 80); I. Broer, Einleitung, 118–121 (zwischen 80 und 100); anders R. H. Gundry,

3.5.4 **Empfänger**

Die Situation der matthäischen Gemeinde ist wesentlich durch den Bruch mit Israel bestimmt[329], der zu Repressionen und Verfolgungen gegenüber den matthäischen Christen führte (vgl. Mt 10,17f; 23,34)[330]. Abstand und Auseinandersetzung[331] mit Israel zeigen sich auf sprachlicher Ebene z.B. in der stereotypen Rede von ‚ihren/euren Synagogen' (vgl. Mt 4,23; 9,35; 10,17; 12,9; 13,54; 23,34; ferner 6,2.5; 23,6) und den ‚Schriftgelehrten und Pharisäern' (vgl. Mt 5,20; 12,38; 15,1; 23,2.13.15.23. 25.27.29). Das ‚heuchlerische' Tun der Pharisäer und Schriftgelehrten (vgl. z.B. Mt 6,1–18; 23,1–36) entlarvt und überbietet Matthäus durch das Tun der ‚besseren' Gerechtigkeit (Mt 5,20) und die umfassende Erfüllung des ursprünglichen Willens Gottes (vgl. z.B. Mt 5,21–48; 6,9.10b; 12,50; 15,4; 18,14; 19,3–9; 21,31), die als Voraussetzung für den Eintritt in das Himmelreich erscheinen (vgl. Mt 23,13). Die Verwerfung Israels ist für die matthäische Gemeinde schon längst Realität (vgl. Mt 8,11f; 21,43; 22,9) und die Heidenmission selbstverständliche Praxis (vgl. neben Mt 28,18–20 bes. Mt 12,21; 13,38a; 24,14; 26,13). Die exponierte Stellung des Missionsbefehls als dem hermeneutischen und theologischen Schlüssel für das gesamte Evangelium (s.u. 3.5.9) zeigt, dass sich die Gemeinde nicht erst auf dem Weg zur Öffnung für die Heidenmission befand[332], sondern schon längst planmäßige Heidenmission betrieb[333]. Dies legen nicht nur die zahlreichen heilsuniversa-

Matthew (s.o. 3.5.2), 599–609, der für 65–67 als Abfassungszeit plädiert; auch D.A.Hagner, Mt I, LXXIV; J.Nolland, Mt 16f, votieren für eine Abfassung vor 70 n.Chr.

329 Vgl. U.Luz, Mt I, 96; K.Pantle-Schieber, Anmerkungen zur Auseinandersetzung von ἐκκλησία und Judentum im Matthäusevangelium, ZNW 80 (1989), 145–162; J.Roloff, Die Kirche im Neuen Testament, GNT 10, Göttingen 1993, 146–154. Nach Roloff ist die innere Situation der matthäischen Gemeinde durch zwei Konflikte geprägt: 1) Matthäus musste sich mit einer streng judenchristlichen Gruppe auseinandersetzen, die sich Heidenmission „nur unter der Bedingung der vollen Übernahme der Tora vorstellen kann" (a.a.O., 147); 2) Der Kern der Gemeinde war aus dem Kreis radikaler Wandercharismatiker hervorgegangen, deren Ethos von den sesshaften Gemeindegliedern, den ‚Kleinen' (vgl. Mt 10,42; 11,11; 18,6.14), nur eingeschränkt geteilt wurde. G.Scheuermann, Gemeinde im Umbruch, 250–252, sieht die matthäische Gemeinde in einem dreifachen Umbruchprozess: 1) Bruch mit der Synagoge; 2) Auseinandersetzung mit externen Wandercharismatikern (vgl. Mt 7,15–23; 18,6–9; 24,10–12); 3) Als Reaktion auf interne Missstände erfolgt eine Verschärfung der Disziplinarmaßnahmen (Mt 18).

330 Dabei zeigt der Zusatz *καὶ τοῖς ἔθνεσιν* in Mt 10,18 deutlich, dass diese Auseinandersetzung für den Evangelisten bereits geraume Zeit zurückliegt und er sie in seine universale Konzeption integrierte, vgl. G.Strecker, Weg der Gerechtigkeit, 30.

331 Gegen G.Bornkamm, Enderwartung und Kirche im Matthäusevangelium, in: Bornkamm – Barth – Held, Überlieferung und Auslegung, 36 („Auf Schritt und Tritt bestätigt das Matth.-Ev., dass die von ihm repräsentierte Gemeinde sich vom Judentum noch nicht gelöst hat"), und R.Hummel, Auseinandersetzung, 29.31.159f, die von einer äußeren Zugehörigkeit und inneren Selbständigkeit der matthäischen Gemeinde gegenüber der Synagoge ausgehen.

332 Vgl. U.Luz, Mt IV, 451, der an diesem zentralen Punkt seine Meinung geändert hat: „Im Unterschied zur Erstauflage von Bd. I möchte ich heute nicht mehr betonen, dass dies für die mt Gemeinde eine *neue* Orientierung bedeutete."

333 A.v.Dobbeler, Die Restitution Israels, 43, verortet die Sendung zu den Heiden innerhalb eines grundsätzlich judenchristenlichen Standortes des Matthäus: „Die Sendung zu den Heiden mit dem

listischen Aussagen nahe, sondern auch die urchristliche Theologiegeschichte. Die vorpaulinische, paulinische, vormarkinische und vorlukanische Heidenmission lässt es als sehr unwahrscheinlich erscheinen, dass die matthäische Gemeinde erst ca. 40–50 Jahre nach dem umfassenden Einsatz der Heidenmission diesen Schritt vollzog.

Der wiederholte Aufruf zum Tun des Willens Gottes (vgl. Mt 7,21; 12,50; 21,31) signalisiert ein grundlegendes Problem der matthäischen Gemeinde: Das Bleiben im Gnadenhandeln Gottes, ohne im Glauben und in der Liebe zu ermatten. Der ‚Kleingläubigkeit' (vgl. Mt 6,30; 14,31; ferner 8,26; 16,8; 17,20) tritt Matthäus mit einer umfassenden Paränese entgegen, deren Schwergewicht auf dem Tun der ganzen Tora (vgl. Mt 5,17–19) bzw. der Gerechtigkeit (vgl. Mt 3,15; 5,6.10.20; 6,1.33; 21,32), auf der Vollendung (vgl. Mt 5,48; 19,21) und den Früchten des Glaubens liegt (vgl. Mt 3,10; 7,16–20; 12,33; 13,8; 21,18–22.33–46). Mit dem Aufruf zur mutigen Glaubenspraxis und dem Bleiben im Glauben verbindet Matthäus Ausblicke auf das jüngste Gericht (vgl. Mt 3,10; 5,29; 7,16ff; 10,15; 18,21–35; 19,30; 23,33.35f; 24,42 u.ö.). Kaum zufällig finden sich nur bei Matthäus der Motivierung der Paränese dienende Schilderungen des jüngsten Gerichtes (vgl. Mt 7,21ff; 13,36ff; 25,31ff). Die Gemeinde existiert als corpus permixtum, in der Gerechte und Ungerechte leben (vgl. Mt 13,36–43), und gerade deshalb wird vom Evangelisten zur Wachsamkeit aufgerufen (vgl. Mt 24,42; 25,13), zugleich gilt ihr aber die Verheißung: „Wer beharrt bis zum Ende, der wird selig werden" (Mt 24,13).

Der Evangelist warnt die Gemeinde in Mt 7,15; 24,11 vor *ψευδοπροφῆται*. Das theologische Profil dieser Gegner bleibt undeutlich, zumeist werden sie mit Hinweis auf Mt 5,17–20; 7,12–27; 11,12f; 24,10–13 als hellenistische Antinomisten eingestuft[334]. Matthäus wirft ihnen *ἀνομία* („Ungesetzlichkeit") vor (vgl. Mt 7,23; 24,12), ihre Früchte sind schlecht (vgl. Mt 7,16–20), und sie tun nicht den Willen Gottes (vgl.

Ziel, sie zum Gott Israels zu bekehren und sie den Willen Gottes zu lehren, steht zu dem skizzierten jüdischen Selbstverständnis der mt Christen keineswegs in Widerspruch. Denn das Hinzukommen der Heiden wurde im Rahmen von prophetischen Traditionen begriffen, die für die Heilszeit die Einbeziehung der Völker verkündeten, ohne dass dadurch die Unterschiede zwischen Israel und den Völkern als aufgehoben galten." Ähnlich M. Konradt, Die Sendung zu Israel und zu den Völkern im Matthäusevangelium, 424, wonach die Position des Matthäus dadurch gekennzeichnet ist, „zum einen die Sonderstellung Israels positiv aufzunehmen, zum anderen eben die Öffnung auf die Völkerwelt zu vertreten und mit ersterer zu vermitteln. Verbindet man dies mit den eingangs angesprochenen neueren Versuchen der Verortung des Evangeliums im Kontext der jüdischen Formierungsprozesse nach 70 n. Chr., dann zeigt sich die matthäische Jesusgeschichte m. E. wesentlich als ein Versuch der Legitimation bzw. des Werbens für eine auf die Völkerwelt hin programmatisch in neuer Weise geöffnete Variante jüdischen Glaubens im Gegenüber und im Konflikt zur pharisäischen Spielart, die einen dominanten Einfluß auf die Synagogen auszuüben scheint."

334 Grundlegend G. Barth, Das Gesetzesverständnis des Evangelisten Matthäus, in: Bornkamm – Barth – Held, Überlieferung und Auslegung, 149–154; vgl. ferner E. Schweizer, Gesetz und Enthusiasmus bei Matthäus, in: Das Matthäus-Evangelium, hg. v. J. Lange, 350–376. Eine Auflistung verschiedener Lösungsvorschläge (Zeloten, Pharisäer, Essener, strenge Judenchristen, Pauliner) findet sich bei U. Luz, Mt I, 524f, der die Falschpropheten als ‚Markiner' einstuft.

Mt 7, 21). Offensichtlich unterlaufen diese Gegner die umfassende ethische Konzeption des Matthäus (vgl. Mt 24, 12) und gefährden dadurch die Einheit der Gemeinde.

Die matthäische Gemeinde kennt keine institutionalisierten Ämter (vgl. Mt 23,8–12), in ihrer Mitte wirken aber Propheten (vgl. Mt 10, 41; 23, 34; ferner 5, 12; 10, 20), Schriftgelehrte (vgl. Mt 13, 52; 23, 34; ferner 8, 19) und Charismatiker (vgl. Mt 10,8). Eine Sonderstellung innerhalb der Gemeinde nimmt Petrus ein[335]. Er erscheint als der ‚erste' Apostel (Mt 10, 2), Sprecher des Jüngerkreises (Mt 15, 15; 18, 21), und sein Verhalten wird in Mt 14, 28–31 als Lehrbeispiel für das rechte Verhältnis von Glauben und Zweifel dargestellt. Das ‚Felsenwort' Mt 16, 18 lässt ihn als Kirchengründer hervortreten, nur er verfügt über die Autorität des Bindens und Lösens (Mt 16, 19). Diese Vollmacht gilt nach Mt 18, 18 zugleich der Gesamtgemeinde, so dass Petrus zum Exemplum für alle Jünger wird: Was ihm an Erkenntnis, Vollmacht, Glaubensstärke, aber auch Glaubenszweifel zuteil wurde, darf die Gemeinde auf sich selbst beziehen. Spiegelt die Jetztgestalt des Matthäusevangeliums den Weg der Gemeinde von ihren judenchristlichen Anfängen bis hin zu ihrer Praxis der universalen Heidenmission wider, so entspricht dies dem Lebensweg des Petrus, der sich als hervorgehobener Zeuge des Ostergeschehens (vgl. 1 Kor 15, 5) einem liberalen Judentum öffnete (vgl. Gal 2, 11 ff) und schließlich Heidenmission betrieb (vgl. 1 Kor 9, 5). Möglicherweise begründen diese auffälligen Übereinstimmungen die besondere Autorität des Petrus in der matthäischen Gemeinde.

3.5.5 **Gliederung, Aufbau, Form**

1, 1–2, 23	Vor- und Kindheitsgeschichte
3, 1–4, 11	Johannes d. T., Taufe und Versuchung Jesu
4, 12–25	Der Beginn des öffentlichen Wirkens Jesu
5, 1–7, 29	**1. Redeblock: Die Bergpredigt**
8, 1–9, 34	Erzählblock: Die Wundertaten Jesu
9, 35–11, 1	**2. Redeblock: Die Aussendungsrede**
11, 2–12, 50	Erzählblock: Heilungen, Streitgespräche
13, 1–52	**3. Redeblock: Die Gleichnisrede**
13, 53–17, 27	Erzählblock: Wanderungen in Galiläa
18, 1–35	**4. Redeblock: Die Gemeinderede (Abschluss der galiläischen Wirksamkeit)**
19, 1–22, 46	Erzählblock: Auf dem Weg nach Jerusalem/in Jerusalem

335 Vgl. dazu U. Luz, Mt II, 467–471; J. Roloff, Kirche, 162–165.

23,1–25,46	5. Redeblock: Pharisäer- und Endzeitrede
26,1–28,15	Erzählblock: Passion, Auferstehung und Erscheinungen
28,16–20	Abschluss: Beauftragung durch den Erhöhten

Das Matthäusevangelium lässt auf der Makroebene keine eindeutige Disposition erkennen. Deshalb wurden in der Forschung sehr verschiedenartige Gliederungsvorschläge gemacht, zwei sind von besonderer Bedeutung: 1) Einflussreich war die Aufteilung des Evangeliums in 5 Bücher durch B. W. Bacon[336]. Den fünf matthäischen Reden ordnete Bacon jeweils noch Erzählkomplexe zu, so dass neben Einleitung (Mt 1–2) und Schluss (Mt 26–28) fünf Blöcke den Aufbau bestimmen (Mt 3–7; 8–10; 11–13,52; 13,53–18; 19–25). 2) Vielfach werden Mt 4,17 und 16,21 als Kompositionssignale verstanden. Dann ergeben sich zwei Hauptteile, die im Prinzip am markinischen Aufriss orientiert sind: Mt 4,17–16,20: Jesu Wirken in und um Galiläa; Mt 16,21–25,46: Jesu Weg nach Jerusalem. Diesen beiden Hauptteilen werden die Vor- und Leidensgeschichte zugeordnet. Als Höhepunkt des 1. Hauptteils erscheint dann zumeist das Petrusbekenntnis bei Cäsarea Philippi (Mt 16,13–20). Den Umschwung in der Erzählung des Jesusweges markiert Mt 16,21, wo das bevorstehende Leiden eine Wende signalisiert.

Insgesamt prägt auf der Makroebene der Wechsel zwischen Rede- und Erzählblöcken die Struktur des Matthäusevangeliums. Die fünf Reden werden durch die fast gleichlautenden Endverse abgeschlossen und aufeinander bezogen (vgl. Mt 7,28; 11,1; 13,53; 19,1; 26,1). Ebenso ist erkennbar, dass Matthäus im Anschluss an die Reden jeweils Erzählmaterial platziert, das zumindest teilweise thematisch ausgerichtet ist. Während die Reden einen äußeren Stillstand bei innerem Fortschritt dokumentieren, treiben die Erzählblöcke die Handlung voran. Deutlich erkennbar ist auch die Bedeutung des ‚Bergmotivs' auf der Makroebene; Jesus widersteht ‚auf dem Berg' (Mt 4,8) der Versuchung des Teufels, danach hält er ‚auf dem Berg' seine große programmatische Rede (Mt 5,1) und als Erhöhter sendet er ‚auf dem Berg' seine Jünger in die Welt (Mt 28,16–20).

Matthäus rezipiert die neue Literaturgattung Evangelium und orientiert sich trotz erheblicher Abweichungen bei seiner Darstellung des Christusgeschehens am markinischen Modell[337]. Auffallend gegenüber dem Markusaufriss sind die beträchtlichen Erweiterungen am Anfang und Ende des Matthäusevangeliums. Die matthäische Vorgeschichte (1,1–2,23) stellt eine christologisch motivierte Hinführung zum öffentlichen Wirken Jesu dar. Zugleich wird durch die Genealogie (Mt 1,1–17), die Darstellung der Geburt Jesu (Mt 1,18–25) und die Kindheitsgeschichten in Mt 2 die Heilsgeschichte ‚nach vorn' verlängert. Am Ende des Evangeliums überliefert Matthäus über Markus hinaus Grab- und Erscheinungsgeschichten, die vom Glauben an

336 Vgl. B. W. Bacon, Die ‚fünf Bücher' des Matthäus gegen die Juden, in: Das Matthäus-Evangelium, hg. v. J. Lange, 41–51.

337 Gegen H. Frankemölle, Jahwebund, 331–400, der das Matthäusevangelium als kerygmatisches Geschichtswerk in Anlehnung an atl. Vorbilder (speziell: Deuteronomium) verstehen will.

die Auferstehung Jesu von den Toten zeugen (vgl. Mt 27, 62–66: Grabeswache; 28,9–10: Die Erscheinung vor den Frauen). Die Darstellung des Matthäus gipfelt in der Erscheinung des Auferstandenen vor seinen Jüngern und dem Missionsbefehl (Mt 28, 16–20)[338]. Während sich am Anfang des Evangeliums die Perspektive auf Jesus hin verengt, weitet sie sich am Ende von Jesus her ins Universale. Trotz des erheblich erweiterten Stoffumfanges und einzelner Veränderungen folgt Matthäus im Wesentlichen dem Markusevangelium (s.o. 3.2.3), so dass eine narrative Grundstruktur auch sein Werk prägt. Die Bergpredigt platziert Matthäus zwischen Mk 1, 21 und 1, 22, das Staunen der Menge über die Lehre Jesu ist nun wie bei Markus die Reaktion auf die erste Predigt Jesu (vgl. Mt 7, 28f). Durch die fast gleichlautenden Formulierungen in Mt 4, 23 und 9, 35 werden die Bergpredigt Mt 5–7 und der Wunderzyklus Mt 8–9 zusammengebunden. Jesus erscheint somit als Messias des Wortes und als Messias der Tat (vgl. Mt 11, 2)[339]. Die starken Eingriffe in den Markusstoff in Mt 8–9 erklären sich aus der theologischen Zielsetzung des Evangelisten: Matthäus erzählt hier die Gründungslegende der Kirche aus Juden und Heiden und die damit verbundene Spaltung von Israel[340]. Nachdem Jesus sich als Lehrer (Mt 5–7) und Wundertäter (Mt 8–9) vorgestellt hat, können die Jünger in Mt 10 ausgesendet werden (vgl. die Wiederaufnahme von Mt 4,23 in 9,35 und den Rückbezug von Mt 11, 5 auf Kap. 8–9). Ab Kap. 12 orientiert sich Matthäus mit Ausnahme der Reden eng an Markus. Deutlich heben sich Jesu Wirken in Jerusalem (Kap. 21–25) und die Passionsgeschichte ab (Kap. 26–28).

Die Gliederung von Mt 12–20 stellt sich als überaus schwierig dar, Zentren mit thematischem Gewicht sind auf jeden Fall die Reden in Kap. 13 und 18. Die fünf großen Reden Jesu komponierte der Evangelist aus vorgegebenen Traditionen. Die Bergpredigt (Mt 5–7), die Aussendungsrede (Mt 10), die Gleichnisrede (Mt 13), die Gemeindeunterweisung (Mt 18) und die Endzeitrede (Mt 23–25) werden durch Matthäus mit der Wendung „und es geschah, als Jesus diese Worte vollendete ..." (Mt 7, 28; 11, 1; 13, 53; 19, 1; 26, 1) abgeschlossen und miteinander verbunden. Die Variation der Abschlussformel in Mt 26, 1 (*πάντας τοὺς λόγους τούτους* = „alle diese Worte") betont den kompositionellen und inhaltlichen Zusammenhang der Reden. Auch innerhalb der Anordnung der Reden lässt sich eine Struktur erkennen: Die beiden umfangreichen äußeren Reden sind an das Volk und die Jünger gerichtet, Kap. 10 und 18 nur an die Jünger, während sich Kap. 13 wieder an das Volk und die Jünger rich-

338 Vgl. zum größeren Rahmen der Jesusgeschichte des Matthäus R. Schnackenburg, Die Person Jesu Christi (s. o. 3.4.9), 91–95.

339 Vgl. J. Schniewind, Das Evangelium nach Matthäus, NTD 1, Göttingen ^{5}1950, 36: „Der Messias des Wortes, der predigende, wird in Kap. 5–7, der Messias der Tat, der heilende, in Kap. 8/9 geschildert."

340 Vgl. dazu Chr. Burger, Jesu Taten nach Matthäus 8 und 9, ZThK 70 (1973), 272–287; U. Luz, Die Wundergeschichten von Mt 8–9, in: Tradition and Interpretation in the New Testament (FS E. E. Ellis), hg. v. G. Hawthorne u. O. Betz, Grand Rapids – Tübingen 1987, 149–165.

tet (vgl. Mt 13,2.10). Wie Kap. 13 die formale, so bildet die Wirklichkeit der Basileia Gottes die inhaltliche Mitte der Reden[341]. Darüber hinaus lassen die Reden noch eine andere Logik erkennen: Jesu Selbstvorstellung in der Bergpredigt ist die Voraussetzung für die Aussendung der Jünger, die wiederum in die ekklesiologisch orientierten Reden Mt 13 und Mt 18 mündet, bevor dann die Endzeitrede sachgemäß die Komposition abschließt. Der Gerichtsgedanke ist ein perpetuum der mt. Komposition; nicht nur alle großen Reden schließen mit einem Ausblick auf das Gericht (vgl. Mt 7,13–27; 10,31 f.39–42; 13,37–43.47–50; 18,23–35), sondern auch zahlreiche Einzelkapitel (vgl. Mt 12,33–37. 38–42; 16,27; 19,30). Was für die Reden bzw. die einzelnen Kapitel gilt, wird am Ende des Evangeliums auf die Gesamtkomposition übertragen: Der Gerichtsgedanke tritt durch das Gleichnis von den beiden Söhnen (Mt 21,28–32), das Winzergleichnis (Mt 21,33–46) und das Gleichnis vom Hochzeitsmahl (Mt 22,1–14), vor allem aber durch die Pharisäer- und Endzeitrede (Mt 23; 24–25) massiv in den Vordergrund. Es ist deshalb kein Zufall, dass die Schilderung des Weltgerichtes in Mt 25,31–46 die letzte der fünf großen Reden im Evangelium beschließt. Kleinere Redeeinheiten finden sich in Mt 11,7–19 (Johannes d.T.), 11,20–30 (Wehe- und Jubelruf), 12,22–37 (Beelzebul-Rede), 15,1–20 (Rede über Rein und Unrein). Matthäus liebt das Prinzip der runden Zahlen, neben den fünf Redekompositionen finden sich drei vormatthäische Antithesen (Mt 5,21 f.27 f.33–37) und drei matthäische Antithesen (Mt 5,31 f. 38 ff.43 ff), die Trias Barmherzigkeit, Beten und Fasten in Mt 6,1–8, sieben Makarismen (Mt 5,3–9 vormatthäische Komposition), sieben Bitten im Vaterunser (Mt 6,9–13), sieben Gleichnisse (Mt 13,1–52), sieben Weherufe (Mt 23,1–36) und zehn Wunder Jesu (Mt 8,1–9,34). Als weitere Elemente der matthäischen Erzähltechnik sind zu nennen[342]: 1) Vorverweise, die sich nicht aus dem unmittelbaren Kontext erklären, sondern zur weiteren Lektüre des Werkes verleiten sollen (vgl. Mt 1,5 f; 2,3.23; 3,15; 4,15); 2) Schlüsselbegriffe, mit denen unmittelbar komplexe theologische Vorstellungen verbunden sind (z.B. *δικαιοσύνη* = „Gerechtigkeit", *πατήρ* = „Vater", *ἀκολουθεῖν* = „nachfolgen", *κρίσις* = „Gericht"); 3) Repetitionen (vgl. z.B. die Formel vom ‚Heulen und Zähneklappern' in Mt 8,12; 13,42.50; 22,13; 24,51; 25,30); 4) Inklusionen (vgl. z.B. das Immanuel-Motiv in Mt 1,23; 28,20).

Zu den Spracheigentümlichkeiten[343] des Matthäus zählen Vorzugswörter bzw. Vorzugswendungen wie *βασιλεία τῶν οὐρανῶν* (Mt:32/Mk:0/Lk:0), *ἀναχωρέω* (Mt:10/Mk:1/Lk:0), *νόμος καὶ προφῆται* (Mt:4/Mk:0/Lk:1), *μαθητής* (Mt:72/Mk:46/Lk:37), *λέγω δὲ ὑμῖν* (Mt:7/Mk:0/Lk: 4), *θέλημα* (*θεοῦ* bzw. *πατρός*) (Mt:6/Mk:1/Lk:1), *δικαιοσύνη* (Mt:7/Mk:0/Lk:1), *δίκαιος* (Mt:17/Mk:2/Lk:11), *γραμματεῖς/Φαρισαῖοι* (Mt:11/Mk:3/Lk:5), *ὁ δὲ ἀποκριθεὶς εἶπεν* (Mt:18/Mk:2/Lk:0).

---

341 Treffend H. Frankemölle, Mt I, 101: Die Reden „machen erst das MtEv zu dem, was es ist; ansonsten wäre es nur eine um die Vorgeschichte erweiterte Neuauflage des MkEv."

342 Vgl. U. Luz, Jesusgeschichte des Matthäus, 12–17.

343 Vgl. dazu W. Schenk, Die Sprache des Matthäus, Göttingen 1987; U. Luz, Mt I, 52–78.

3.5.6 Literarische Integrität

Die literarische Integrität des Matthäusevangeliums ist unbestritten.

3.5.7 Traditionen, Quellen

Als Hauptquelle diente Matthäus eine gegenüber der uns überlieferten Gestalt leicht überarbeitete Fassung des Markusevangeliums (s.o. 3.2.3: Deuteromarkus). Dies ergibt sich aus jenen Texten, deren Bearbeitung (im Gleichklang mit Lukas) gegenüber der kanonischen Markusfassung nicht als matthäische Redaktion erklärt werden kann.

Matthäus integrierte das ihm vorliegende Q-Exemplar in den Gesamtaufriss seines Evangeliums. „Er benutzte Q nicht als zweite Jesusgeschichte, sondern als Materialsammlung, um der markinischen Jesusgeschichte das dort nur rudimentär überlieferte ‚Evangelium vom Reich' hinzuzufügen."[344] Dabei ordnete Matthäus die Q-Stoffe vielfach als Blöcke in den Ablauf des Lebens Jesu ein, wie es durch die Logienquelle selbst, das Markusevangelium und das eigene Sondergut vorgegeben war[345]. So werden die großen Reden Jesu jeweils durch die stereotypen Abschlussverse mit dem Wirken Jesu verbunden. In der Bergpredigt erscheint Jesus als Lehrer der ‚besseren Gerechtigkeit'. Matthäus nimmt die starken ethischen Impulse aus Q mit ihrer Betonung des Tuns auf (vgl. z.B. Mt 7,21.24–27), zugleich relativiert er die Orthopraxie (vgl. Mt 7,22) und betont mit Q den Heilsindikativ (vgl. Mt 5,3–15). Bei der Darstellung der Taten Jesu in Kap. 8–9 betonen die Q-Stoffe jetzt den Scheidungsprozess zwischen Israel und den Jüngern (vgl. Mt 8,11f; 9,32–34). Die Nachfolge- und Missionsthematik entfaltet Matthäus vielfach mit Q-Stoffen (vgl. z.B. Mt 9,37f; 10,7f.39f). Die besondere Stellung der Jünger betont der Evangelist in Kap. 13,16f, ihnen gilt durch den eschatologischen Zuspruch, was später Petrus (vgl. Mt 16,17–19) und der Gesamtgemeinde (vgl. Mt 18,18) verheißen wird. In der Gemeinderede Mt 18 ruft der Evangelist unter Aufnahme von Q-Material zur Vergebungsbereitschaft auf (vgl. Mt 18,15.21f). Die sich steigernde Auseinandersetzung mit den Schriftgelehrten und Pharisäern gestaltet Matthäus bes. in Kap. 23 unter Verwendung umfangreicher Q-Stoffe (vgl. Mt 23,4.6f.13.23.25–27.29–32.34–36). Auch die eschatologische Rede am Ende des Evangeliums komponierte der Evangelist zu einem erheblichen Teil aus Q-Überlieferungen (vgl. Mt 25,[10–12]14–30; evtl. auch V. 31–46). Die Darstellung Jesu als eines vollmächtigen Lehrers im Matthäusevangelium verdankt sich somit wesentlich dem Material der Logienquelle.

344 U. Luz, Matthäus und Q, in: Von Jesus zum Christus (FS P. Hoffmann), hg. v. R. Hoppe u. U. Busse, BZNW 95, Berlin 1998, 213.

345 Vgl. zur detallierten Analyse E. Schweizer, Aufnahme und Gestaltung von Q bei Matthäus, in: Salz der Erde – Licht der Welt (FS A. Vögtle), 111–130.

Es ist umstritten, ob Matthäus in sein Evangelium eine weitere zusammenhängende Quelle einarbeitete, die *Reflexionszitate* (Erfüllungszitate) enthielt. Die Reflexionszitate liegen mit jeweils redaktioneller Einführung in Mt 1,23; 2,6.15.18.23; 4,15f; 8,17; 12,18–21; (13,14f); 13,35; 21,5; 27,9f vor (vgl. ferner Mt 26,54.56)[346]. In ihnen artikuliert sich nach dem Deutungsmodell ‚Verheißung – Erfüllung' in besonderer Weise das matthäische Verständnis der ‚Heilsgeschichte'. Die Einführungsformeln zeigen Gemeinsamkeiten, es folgt auf den Erfüllungsgedanken der Verweis auf die Schriftstelle, wobei auch der Name des Propheten (Jesaja, Jeremia) genannt werden kann. Viele Zitate weisen einen Mischtext auf, in ihnen finden sich alle bekannten Textformen des Alten Testaments[347]. Während G. Strecker annimmt, Matthäus habe hier eine christliche Testimoniensammlung verarbeitet[348], führt W. Rothfuchs die Reflexionszitate auf die vom Evangelisten bearbeitete mündliche Gemeindetradition zurück[349]. U. Luz vermutet, die Reflexionszitate seien zusammen mit den ihnen folgenden Erzählungen schriftlich überliefert worden[350]. Es muss als unwahrscheinlich angesehen werden, dass die Gestaltung der Reflexionszitate auf Matthäus zurückgeht, weil der nachweisbare redaktionelle Anteil sehr gering ist[351]. Kann die vormatthäische Textgestalt der Reflexionszitate als relativ sicher gelten, so spricht die Platzierung der Zitate im Evangelium eher für die bewusste redaktionelle Arbeit des Evangelisten, so dass die Annahme einer Testimoniensammlung die größte Wahrscheinlichkeit für sich hat.

3.5.8 **Theologische Grundgedanken**

Die Erscheinung des Auferstandenen, seine Inthronisation zum Allherrscher und der Missionsbefehl in Mt 28,16–20 bilden nicht nur den Abschluss des Matthäus-Evangeliums, sie sind der Fluchtpunkt, auf den hin sich das gesamte Evangelium bewegt und von dem her es gelesen werden will[352]. Mt 28,16–20 ist somit der *theologische* und *hermeneutische Schlüssel* zu einem sachgemäßen Verstehen des Gesamtwerkes[353].

346 Vgl. zur Analyse bes. G. Strecker, Weg der Gerechtigkeit, 49–84; W. Rothfuchs, Die Erfüllungszitate des Matthäus-Evangeliums, BWANT 88, Stuttgart 1969, U. Luz, Mt I, 189–199. Zum mt. Schriftverständnis insgesamt vgl. M. Konradt, Die Rezeption der Schrift im Matthäusevangelium in der neueren Forschung, ThLZ 135 (2010), 919–932.

347 Vgl. zu den Einzelheiten bes. K. Stendahl, School, 39–142.

348 Vgl. G. Strecker, Weg der Gerechtigkeit, 83: „Aus alldem folgt, dass Matthäus in den Reflexionszitaten eine Vorlage benutzt, und zwar eine Sammlung prophetischer Weissagungen, die ihm in schriftlicher Form überliefert wurde."

349 Vgl. W. Rothfuchs, Erfüllungszitate, 89: „Die hier und da begegnenden auffälligen Hapaxlegomena lassen eine dem Evangelisten schriftlich vorliegende Form der Prophetenworte vermuten. Trotzdem fordern die immer wieder zu beobachtenden mt Eigentümlichkeiten an den Zitaten die Annahme, dass der Evangelist seine entsprechenden Vorlagen bearbeitet hat."

350 Vgl. U. Luz, Mt I, 194. Luz rechnet die Erfüllungszitate zu den vorkanonischen, ‚freien', ‚flüssigen' Textformen.

351 Vgl. a.a.O., 194 A 26.

352 Treffend O. Michel, Der Abschluß des Matthäusevangeliums, in: J. Lange (Hg.), Das Matthäus-

Mt 28,16–20 geht in seiner vorliegenden Gestalt auf die redaktionelle Arbeit des Evangelisten zurück, der dabei teilweise Gemeindetraditionen aufgriff (vgl. als Praetext 2Chr 36,23). So sind V. 16.17 sowohl sprachlich als auch inhaltlich als matthäische Bildungen anzusehen[354]. Auch V. 18a ist redaktionell (*προσέρχομαι* 52mal bei Matthäus, zu *ἐλάλησεν αὐτοῖς λέγων* vgl. Mt 13,3; 14,27; 23,1), während in V. 18b vormatthäische Motive anklingen (z.B. die Gegenüberstellung *οὐρανός – γῆ*). V. 19a weist wiederum deutlich auf den Evangelisten hin (*πορεύεσθαι* in Mt 9,13; 10,7; 18,12; 21,6 u.ö., *μαθητεύειν* redaktionell in Mt 13,52; 27,57), demgegenüber spiegelt die Taufformel in V. 19b die in der Gemeinde geübte Taufpraxis wider. V. 20 enthält zahlreiche matthäische Spracheigentümlichkeiten (z.B. *τηρεῖν, διδάσκειν,* zu *συντέλεια τοῦ αἰώνος* vgl. Mt 13,39.49; 24,3). Die Verheißung V. 20b nimmt Mt 18,20 auf und dürfte somit auch auf den Evangelisten zurückgehen (vgl. auch Mt 1,23: Immanuel).

Im Zentrum von Mt 28,16–20 steht die Vorstellung der universalen Herrschaft Jesu, so wie sie sich in der Inthronisation V. 18b, dem viermaligen *πᾶς* („jede/alle") in V. 18b.19a.20a.b, dem Missionsbefehl in V. 19.20a und der Zusage immerwährender Gegenwart in V. 20b ausdrückt. Auf dieses gegenwärtige Glaubensbekenntnis der matthäischen Gemeinde läuft die Jesusdarstellung des ersten Evangeliums zu. Wurde Jesus die universale *ἐξουσία* („Vollmacht") durch die Auferstehung zuteil, so finden sich doch Entsprechungen zur *ἐξουσία* des Irdischen (vgl. Mt 11,27): Es ist jeweils Gott, der dem Sohn die *ἐξουσία* überträgt. Nicht die *ἐξουσία* selbst, sondern ihr Geltungsbereich wird durch Mt 28,18b entschränkt. Bei Matthäus entsprechen sich die Forderung des Auferstandenen und des Irdischen. Das Immanuel-Motiv (vgl. Mt 1,23; 28,20) öffnet die Geschichte des irdischen Jesus auf Gott hin, zugleich wird die bleibende Gegenwart des Auferstandenen an den Irdischen gebunden. Jesus erscheint als der einzige und wahre Lehrer, dessen Gebote sowohl für die Jünger als auch für die ganze Welt verbindlich sind. Der Missionsbefehl unterstreicht die handlungsorientierte Grundstruktur der matthäischen Jesus-Erzählung und führt mit seinem offenen Ende zur Gegenwart der matthäischen Gemeinde. Die Vollmacht des Auferstandenen ermächtigt die Jünger und damit auch die gegenwärtige matthäische Gemeinde, unter den Völkern zu missionieren, Jesu Lehre verbindlich zu verbreiten und darin Kirche Jesu Christi zu sein. Im Missionsbefehl bündeln sich somit

Evangelium, 125: „Nur unter dieser theologischen Voraussetzung von Matth. 28,18–20 ist das ganze Evangelium geschrieben worden (vgl. Matth. 28,19 mit 10,5ff.; 15,24; Matth. 28,20 mit 1,23; Rückkehr zur Taufe: Matth. 3,1). Ja, der Abschluß kehrt in gewisser Weise zum Anfang zurück und lehrt das ganze Evangelium, die Geschichte Jesu ‚von hinten her' verstehen. *Matth. 28,18–20 ist der Schlüssel zum Verständnis des ganzen Buches*."

353 Zur grundlegenden Analyse vgl. G. Bornkamm, Der Auferstandene und der Irdische. Mt 28,16–20, in: Zeit und Geschichte (FS R. Bultmann), hg. v. E. Dinkler, Tübingen 1964, 171–191 (= Bornkamm – Barth – Held, Überlieferung und Auslegung, 289–310).

354 Vgl. G. Strecker, Weg der Gerechtigkeit, 208ff.

zentrale Themen matthäischer Theologie, die das Evangelium durchgehend bestimmen.

Jesu Weg erscheint im 1. Evangelium von Anfang an als der *Weg Gottes* zu den *Heiden*[355]. Die anfängliche Mission gegenüber dem synagogalen Judentum ist gescheitert (vgl. Mt 23, 34; 10, 17) und gehört schon längst der Vergangenheit an, nun ist die ganze Welt das Feld der Missionare der matthäischen Gemeinde. Wenn Jesus Christus in Mt 1, 1 als Sohn Abrahams erscheint und die Genealogie in Mt 1, 2 mit Abraham beginnt, wird damit bereits am Anfang eine universalistische Perspektive angedeutet, denn Gott kann Abraham aus Steinen Kinder erwecken (vgl. Mt 3,9). Die im Stammbaum Mt 1, 3–6 erwähnten Frauen (Tamar, Ruth, Rahab und die Frau des Uria) sind alle Nicht-Jüdinnen, worin wiederum ein universalistischer Aspekt zum Ausdruck kommt[356]. Den vier heidnischen Frauen am Anfang entsprechen ‚alle Völker' am Ende. Nicht erst nach der Ablehnung Jesu durch Israel, sondern von Anfang an gilt Gottes Heilshandeln nach der Konzeption des Matthäus auch den Heiden! In Mt 2, 1 ff beten Heiden Jesus an, während der jüdische König das Kind zu töten versucht. Die Flucht nach und die Rückkehr aus Ägypten (Mt 2, 13–15.19–22) unterstreicht ebenso wie die Zitate in Mt 2, 23; 4, 15; 12, 18–21 die prophetische Perspektive zu den Heiden hin. Nach der Gerichtspredigt des Täufers über Israel (vgl. Mt 3, 1–12) und der Bergpredigt vollbringt Jesus Heilungen an Außenseitern der Gesellschaft (Mt 8, 1–4: ein Aussätziger; 8, 5–13: ein Heide; 8, 14–15: eine Frau). Mt 8–9 als Gründungslegende der matthäischen Gemeinde signalisiert den Standort des Evangelisten. Er lebt in einer Gemeinde aus Juden- und Heidenchristen, für die ein Heide das erste Vorbild im Glauben ist (vgl. Mt 8, 10). In der Erzählung vom Hauptmann von Kapernaum erkennt die matthäische Gemeinde ihre eigene Geschichte. Der Hauptmann akzeptiert die heilsgeschichtliche Vorrangstellung Israels (Mt 8,8), zugleich wird er zum Erstling der Heidenchristen, während Israel dem Gericht verfällt (Mt 8, 11 f)[357]. Mt 10, 17. 18 setzt voraus, dass die Jünger das Evangelium gleichermaßen unter Juden und Heiden verkündigten[358]. Mt 12, 21; 13, 38 a verweisen ebenfalls auf die universale Völkermission, wobei in Mt 12, 18–21 die Heidenmission mit Rückgriff auf das Alte Testament (Jes 42, 1–4) begründet wird[359]. Wird das Evangelium unter allen Völkern verkündigt (vgl. auch Mt 24, 14; 26, 13), so ist es nur folgerichtig, wenn beim Endgericht alle Völker vor dem Thron des Menschensohnes erscheinen (vgl. Mt 25, 31–46).

Jesu Lehre erscheint im Matthäusevangelium als die bindende Auslegung des *Willens Gottes*, denn der Auferstandene proklamiert die Verbindlichkeit der Worte des Ir-

355 Vgl. dazu ausführlich U. Schnelle, Theologie (s. o. 3.1.1), 399–430.

356 Vgl. H. Stegemann, ‚Die des Uria', 266 ff; U. Luz, Mt I, 94, spricht dagegen nur von einem „universalistischen Unterton".

357 U. Luz, Mt II, 16, minimiert die Bedeutung dieses Textes, wenn er sagt, der Hauptmann von Kapernaum sei für Matthäus „eine Randerscheinung mit Zukunftsperspektive".

358 Vgl. J. Gnilka, Mt I, 376 f.

359 Vgl. R. Walker, Heilsgeschichte, 78 f.

dischen (Mt 28, 20a). Für Matthäus kommt der im Alten Testament manifeste Gotteswille in Jesus zu seinem Ziel, was er insbesondere durch die Reflexionszitate verdeutlicht. Jesu Auftreten und Verkündigung versteht der Evangelist nicht als Auflösung, sondern als Erfüllung des Gesetzes (vgl. Mt 5, 17–20). Aber in welchem Sinn erfüllt Jesus das Gesetz? Keineswegs nur als bloße Wiederholung des im Alten Testament formulierten Gotteswillens, vielmehr als eine vollmächtige Interpretation, wie insbesondere die Antithesen zeigen. Die Korrespondenz zwischen Mt 5, 20 und 5, 48 erweist die Antithesen als Konkretion der vom Evangelisten geforderten besseren Gerechtigkeit. In der ersten Antithese (Mt 5, 21–26) radikalisiert Jesus das Tora-Verbot des Tötens. Auch die zweite Antithese vom Ehebrechen (Mt 5, 27–30) verbleibt als Radikalisierung eines Toragebotes im jüdischen Denken. Demgegenüber stellt die dritte Antithese von der Ehescheidung (Mt 5, 31–32) eine Aufhebung eines Toragebotes (vgl. Dtn 24, 1.3) dar. Die *ἐξουσία* Jesu ermöglicht es, ein geltendes Gebot außer Kraft zu setzen und den wahren Gotteswillen zur Geltung zu bringen. Auch das absolute Schwurverbot in Mt 5, 33–37 sprengt atl.-jüdisches Denken und ist allein in der Vollmacht und Hoheit Jesu begründet. Matthäus macht auch dieses Gebot wie schon zuvor das Verbot der Ehescheidung für seine Gemeinde praktikabel, ohne damit die ursprünglichen Intentionen der Verkündigung Jesu aufzuheben. Mit der Verwerfung des atl. Grundsatzes der Wiedervergeltung in Mt 5, 38–42 und dem absoluten Gebot der Feindesliebe in Mt 5, 43–48 verlässt der Bergprediger völlig das Denken seiner Zeit[360] und betont, dass allein in der schrankenlosen und vollkommenen Liebe und Gerechtigkeit der wahre Wille Gottes liegt. Die Antithesen zeigen, wie Matthäus die Erfüllung des Gesetzes durch Jesus versteht: Die Gültigkeit und Verbindlichkeit liegt nicht in der atl. Überlieferung, sondern allein in der Vollmacht Jesu. Deshalb sind für Matthäus Toraverschärfung und Toraaufhebung keine Gegensätze, weil beides allein durch die Vollmacht Jesu begründet und zusammengehalten wird. Nicht das atl. Gesetz als solches, sondern allein die *vollmächtige Interpretation* des Alten Testaments durch Jesus ist für die matthäische Gemeinde verbindlich. Dabei setzt Jesu Vollmacht nicht einfach nur eine verfehlte Auslegung der Tora außer Kraft, sondern Jesus beansprucht z.T. gegen den Wortlaut der Tora, deren ursprüngliche Intention wieder freizulegen.

Bereits die Antithesen verdeutlichen, dass im Liebesgebot das Zentrum des matthäischen Gesetzesverständnisses liegt. Die von Jesus geforderte bessere Gerechtigkeit (Mt 5, 20) und Vollkommenheit (Mt 5, 48) ist identisch mit der Goldenen Regel in Mt 7, 12. Sie gewinnt Gestalt in der Barmherzigkeit (vgl. Hos 6, 6 in Mt 9, 13; 12, 7, ferner Mt 23, 23c) und der uneingeschränkten Gottes- und Nächstenliebe (vgl. Mt 19, 19; 22, 34–40), die wiederum in der Feindesliebe ihren höchsten Ausdruck

---

360 Zu religionsgeschichtlichen Parallelen vgl. J. Piper, Love your Enemies, MSSNTS 38, Cambridge 1979.

finden. Für Matthäus besteht die Befolgung des Gesetzes nicht in der Beachtung vieler einzelner Vorschriften, Gebote und Regeln, sondern im Tun der Liebe und der Gerechtigkeit. Das Liebesgebot als Summe des matthäischen Gesetzesverständnisses erfährt seine Verbindlichkeit allein durch den, der in Vollmacht den Gotteswillen wieder zu Gehör bringt. Das matthäische Verständnis des Gesetzes muss deshalb zentral von der Christologie her gewonnen werden.

Für die matthäische *Ethik* ist die Forderung nach dem Tun des Willens Gottes kennzeichnend. Matthäus appelliert an die Verantwortung des Menschen angesichts des von Jesus verkündigten ‚Evangeliums der Herrschaft Gottes' (vgl. Mt 4,23; 9,35; 24,14). An Jesus glauben heißt, zugleich seinen Willen zu tun. So wie Jesus selbst sein Wirken als Erfüllung aller Gerechtigkeit versteht (Mt 3,15), ist die *δικαιοσύνη* der zentrale Inhalt matthäischer Ethik (Mt 5,6.10.20; 6,1.33; 21,32). Die ‚bessere' Gerechtigkeit erscheint als Voraussetzung für das Eingehen in das Himmelreich (5,20), und sie zeigt sich in einem ethischen Verhalten, das beispielhaft und verbindlich in den Antithesen dargelegt wird. Ziel und Maßstab der ‚besseren' Gerechtigkeit ist die Vollkommenheit (5,48)[361]. Die Jünger sind somit aufgefordert, ihre Ethik an Jesu Lehre und Handeln in Vollmacht auszurichten. So wie Jesus selbst in Gethsemane (vgl. Mt 26,42) die dritte Bitte des Vaterunsers erfüllt (vgl. Mt 6,10), soll die Gemeinde sich in den Willen Gottes ergeben. Bleibende ethische Verbindlichkeit des Alten Testaments und neue Gebote sind für Matthäus kein Widerspruch, sondern sie gewinnen ihre Einheit in der Vollmacht Jesu Christi. Bei seiner starken Betonung des ethischen Imperativs übergeht Matthäus keinesfalls den Heilsindikativ (vgl. Mt 5,1–12; Mt 28,19.20: die Taufe als Begründung des Heilsverhältnisses steht vor der Lehre[362]; Mt 7,7–12: Das Gebet als Ermöglichungsgrund der ‚besseren' Gerechtigkeit[363]), kennzeichnend für ihn ist aber ein Ineinander von Indikativ und Imperativ mit dem Akzent auf dem Imperativ, so dass von einem indikativischen Imperativ gesprochen werden kann (vgl. z. B. Mt 11,28–30)[364].

---

361 Nach G. Strecker, Weg der Gerechtigkeit, 149–158, bezeichnet bei Matthäus *δικαιοσύνη* durchweg die ethische Haltung der Jünger, ihre Rechtschaffenheit. Anders z. B. M. J. Fiedler, „Gerechtigkeit" im Matthäus-Evangelium, TheolVers 8 (1977), 63–75; H. Giesen, Christliches Handeln. Eine redaktionskritische Untersuchung zum *δικαιοσύνη*-Begriff im Matthäus-Evangelium, EHS.T 181, Frankfurt 1982, wonach ‚Gerechtigkeit' bei Matthäus auch die Gerechtigkeit Gottes umfasst (vgl. bes. Mt 6,33). R. Deines, Gerechtigkeit, 647, spricht von einer ‚Jesusgerechtigkeit': „Damit soll ausgesagt werden, dass diese Gerechtigkeit nicht ohne Jesus möglich ist. Die, die dem Ruf in die Nachfolge gehorsam sind, bekommen dadurch Anteil an dieser Gerechtigkeit, weshalb sie auf *ihre* Gerechtigkeit hin angesprochen werden können. Die Jüngergerechtigkeit aber bleibt in ihrer Begründung und in ihren Konsequenzen an Jesus orientiert."

362 Vgl. G. Friedrich, Die formale Struktur von Mt 28,18–20 (s. o. 3.4.8), 182 f; vgl. ferner P. Nepper-Christensen, Die Taufe im Matthäusevangelium, NTS 31 (1985), 189–207.

363 Vgl. W. Wiefel, Mt, 148.

364 Vgl. G. Strecker, Weg der Gerechtigkeit, 171: „Entsprechend dem Inhalt der Botschaft Jesu ist sie mit dem Imperativ identisch, besteht die ‚Gabe' der Basileia in der ‚Forderung'."

Ein zentrales Element der ethischen Motivation sind bei Matthäus der Lohn- (vgl. Mt 5, 12. 19; 6, 1. 19–21; 10, 41 f; 18, 1–5; 19, 17. 28; 20, 16. 23; 25, 14 ff) und Strafgedanke (vgl. Mt 5, 22; 7, 1. 21; 13, 49 f; 22, 13; 24, 51; 25, 30) und die damit verbundene Gerichtsvorstellung[365]. Die Reden enden bewusst mit einer Gerichtsankündigung (vgl. Mt 7, 21–27; 10, 40–42; 13, 49–50; 18, 23–35) bzw. sind als Gerichtsrede konzipiert (Mt 23–25). Jesus wird als Menschensohn-Richter wiederkommen (Mt 7, 22 f; 13, 30. 41; 16, 27; 24, 29–31; 25, 31), und erst im zukünftigen Weltgericht erfolgt die Scheidung zwischen Berufenen und Auserwählten (vgl. Mt 24, 42–51). Dann wird sich nach dem Kriterium des Tuns erweisen, wer als ‚Gerechter' angesehen und wer in den ‚Feuerofen' geworfen wird (vgl. Mt 13, 36–43. 47–50). Die Glaubens*praxis* wird für den einzelnen zum entscheidenden Kriterium im Gericht (vgl. Mt 16, 27: *κατὰ τὴν πρᾶξιν αὐτοῦ*). Dabei kommt es Matthäus nicht so sehr auf die Nähe als vielmehr auf die Tatsächlichkeit des Endgerichtes an[366]. Nach dem Hochzeitsgleichnis (Mt 22, 1–14) sind viele berufen, Gute und Böse geladen, aber nur wer ein ‚Hochzeitskleid', d. h. gute Werke vorweisen kann, zählt zu den Erwählten und wird vom König nicht verworfen. Somit spricht Matthäus mit dem Hinweis auf das Endgericht seine Gemeinde auf ihre uneingeschränkte Verantwortung an. Zugleich durchbricht er mit der Erzählung vom Weltgericht in Mt 25, 31–46 alles Berechnen, unerkannt ist das gute und böse Tun und unerwartet das Handeln des Weltenrichters.

Die matthäische Gemeinde ist gerade als corpus permixtum eine *missionarische Gemeinde*. Sie weiß sich getragen von der Zusage des Auferstandenen, bei seiner Kirche zu sein (vgl. Mt 18, 20; 28, 20). Die Jünger sollen nun nach Ostern zur Nachfolge Jesu aufrufen und zur universalen Mission aufbrechen. Sie repräsentieren im Matthäusevangelium immer auch die Kirche[367]. Ihre Darstellung ist transparent für die Gegenwart der matthäischen Gemeinde (vgl. z. B. Mt 18, 1–35). Christsein heißt für Matthäus Jüngersein, das sich in der Nachfolge Jesu realisiert (vgl. Mt 8, 23; 9, 19. 37 ff; 12, 49 f; 19, 16–26. 27 f). Dem Ruf des historischen Jesus in die Nachfolge entspricht nun die Unterordnung unter den im Evangelium entfalteten Willen des erhöhten Jesus Christus. Nachfolge vollzieht sich in Bedrängnissen (vgl. Mt 8, 23 ff), sie erfordert Leidensbereitschaft (vgl. Mt 10, 17 ff), Kraft zur Niedrigkeit (vgl. Mt 18, 1 ff) und zum Dienst (vgl. Mt 20, 20 ff) und Taten der barmherzigen Liebe (vgl. Mt 25, 31–46).

365 Vgl. dazu D. Marguerat, Le Jugement dans l'Évangile de Matthieu, Genf 1981; U. Luz, Mt III, 544–561.

366 Vgl. S. Schulz, Ethik des Neuen Testaments (s. o. 2.4.9), 455.

367 Vgl. zum matthäischen Jüngerverständnis U. Luz, Die Jünger im Matthäusevangelium, in: J. Lange (Hg.), Das Matthäusevangelium, 377–414.

3.5.9 Tendenzen der neueren Forschung

Im Zentrum der Matthäus-Forschung steht die Frage nach der theologischen Intention des Evangelisten. Wie verhält sich das Matthäus-Evangelium als Gesamtwerk zu den divergierenden Tendenzen der Einzeltexte? Als einen Heidenchristen interpretieren Matthäus u.a. W. Trilling, G. Strecker, R. Walker und J.P. Meier. W. Trilling führt die matthäische Ekklesiologie für sein Urteil an: „Matthäus als der Endredaktor denkt entschieden heidenchristlich-universal."[368] Auch für G. Strecker lässt sich nur über die Trennung von Redaktion und Tradition der Standort matthäischer Theologie sachgemäß erfassen. Strecker weist darauf hin, dass sich in den redaktionellen Zügen des Evangeliums keine judenchristlichen Positionen finden lassen, sondern diese allein auf die verarbeiteten Traditionen beschränkt sind. Matthäus repräsentiert danach bereits ein fortgeschrittenes Stadium innerhalb der urchristlichen Theologiegeschichte, denn seine Jesusdarstellung ist geprägt durch eine Historisierung des Traditionsgutes, eine Ethisierung der Verkündigung und eine Institutionalisierung des Traditionsstoffes[369]. „Die unjüdischen, hellenistischen Elemente der Redaktion legen nahe, den Verfasser dem Heidenchristentum zuzuordnen"[370]. Den heidenchristlichen Standort des Matthäusevangeliums betont auch R. Walker, wonach „das Matthäus-Evangelium ‚Israel' als zurückliegendes Phänomen der Heilsgeschichte betrachtet und die neue heilsgeschichtliche Stunde als die der Heidenberufung ansagt."[371] In anderer Weise löst G. Bornkamm das spannungsvolle Ineinander von partikularistischen und universalistischen Tendenzen innerhalb des Matthäusevangeliums. Für ihn spiegelt sich in den jüdischen Akzenten des Matthäusevangeliums das Milieu wider, in dem Matthäus schrieb. Als Exponent einer judenchristlichen Gemeinde ist Matthäus aber auch in der Lage, sich den neuen Aufgaben (z.B. der Heidenmission) zu stellen. Neben R. Hummel und E. Schweizer interpretiert auch U. Luz das Matthäusevangelium als ein judenchristliches Evangelium[372]. Luz führt für sein Urteil die Verwurzelung des Evangelisten in jüdisch geprägter Literatur und jüdischem Denken an, das matthäische Gesetzesverständnis mit seiner Berufung auf das Alte Testament und die Wirkungsgeschichte des Matthäusevangeliums in judenchristlichen Kreisen. Das Postulat eines Gegensatzes zwischen Redaktion und Tradition in einem exklusiven Sinn lehnt er ab und betont, dass der Evangelist nicht von seinen Traditionen getrennt werden darf. Allerdings gehört die matthäische Gemeinde nicht mehr zur Synagoge[373] und hat sich bereits der Heidenmission geöffnet. Die Trennung von Israel und die universale Mission aller Völker sind die theologische

368 W. Trilling, Das wahre Israel, 215.

369 Vgl. G. Strecker, Das Geschichtsverständnis des Matthäus, in: J. Lange (Hg.), Das Matthäus-Evangelium, 326–349.

370 G. Strecker, Weg der Gerechtigkeit, 34.

371 R. Walker, Heilsgeschichte, 145.

372 Vgl. U. Luz, Mt I, 85 ff.

373 Vgl. U. Luz, Mt I, 96.

Grundlage des Matthäus und seiner Gemeinde[374]. „Das Matthäusevangelium ist eine Antwort auf das Nein der großen Mehrheit Israels zu Jesus. Es ist der Versuch, dieses Nein in einer grundsätzlichen Standortbestimmung zu verarbeiten und damit zur Identitätsbildung und Identitätsbewahrung der Gemeinde in einer Situation der Krise und des Übergangs beizutragen"[375] Auch J. Gnilka sieht in Matthäus einen Judenchristen, dessen Gemeinde aus der Synagoge hinausstrebt. „Doch ist die Verbindung zu ihr noch nicht völlig abgerissen. Die juristische Autorität der Synagoge war für die Gemeinde oder für zahlreiche Gemeindeglieder noch ein Faktum, mit dem ernsthaft gerechnet werden musste."[376] J. Roloff versteht das Matthäusevangelium ebenfalls als ein judenchristliches Buch. Die matthäische Gemeinde hat sich jedoch bereits vom Synagogenverband getrennt und in der Heidenmission engagiert[377]. In die Wirkungsgeschichte des atl. Geschichtsdenkens (Dtn, Chr) ordnet H. Frankemölle den Judenchristen Matthäus ein: „Formgeschichtlich wurde aus der Logiensammlung in Q und aus dem ‚Evangelium' des Markus eine ntl. Geschichtstheologie, die im Horizont atl. Bundestheologie die durch Jesu Wirken und die Existenz seiner Gemeinde sowie durch den Untergang Jerusalems veränderte geschichtliche Situation zu deuten versucht."[378]

Die Alternative zwischen Tradition und Redaktion in den Arbeiten von Trilling und Strecker wird in dieser Form wohl nicht aufrechtzuerhalten sein, denn der Evangelist nahm auch die starken judenchristlichen Traditionen in sein Evangelium auf, und sie bestimmen sein Denken mit. Andererseits werden die deutlichen Hinweise auf einen heidenchristlichen Standort des Evangelisten in der gegenwärtigen Matthäus-Exegese zu schnell zugunsten einer gänzlichen Verortung des Matthäusevangeliums im Judentum bzw. Judenchristentum übergangen. Es bleibt schließlich zu fragen, ob die Unterscheidung zwischen Heidenchrist und Judenchrist für das sachgemäße Verstehen des Matthäusevangeliums überhaupt noch eine heuristische Funktion haben kann. Matthäus verschmolz partikularistisch-judenchristliche Traditionen mit universalistisch-heidenchristlichen Texten, und gerade die Zusammenführung beider Strömungen muss als sein Werk angesehen werden[379].

374 Vgl. U. Luz, Mt I, 91 f. IV 450 f, der an diesem entscheidenden Punkt seine Meinung gegenüber früheren Auflagen seines Kommentars geändert hat und nun für die matthäische Gemeinde annimmt, „dass auch in ihrer Mitte die Heidenmission bereits im Gange ist" (IV 451); vgl. ferner J. Roloff, Kirche, 146–154 (s. o. 3.5.4); P. Foster, Community, Law and Mission, 253 („at the time of the writing of the gospel the group had broken away from its former religious setting and was operating as an independent entity"). Anders z. B. M. Konradt, Die Sendung zu Israel und zu den Völkern im Matthäusevangelium, 415: „Die universale Völkermission ist nicht Antwort auf die Zurückweisung Jesu in Israel bzw. auf die Verwerfung Israels."

375 U. Luz, Mt I, 98.

376 J. Gnilka, Mt II, 534.

377 Vgl. J. Roloff, Kirche (s. o. 3.5.4), 146 f.

378 H. Frankemölle, Jahwebund, 394 f.

379 Dieser konstruktiven Arbeit des Matthäus wird R. Schnackenburg, Die Person Jesu Christi (s. o. 3.4.9), 107, nicht gerecht, wenn er behauptet: „So hat Matthäus die Sendung des historischen Jesus zu Israel und den Auftrag des Auferstandenen, zu allen Völkern zu gehen, nebeneinander stehen lassen." Weiterführend hingegen K. Ch. Wong, Interkulturel-

Innerhalb der narrativen Analyse des Matthäusevangeliums gilt zumeist die Auseinandersetzung mit Israel und seinen Führern als inhaltlich und kompositionell bestimmende Leitlinie (z. B. J. D. Kingsbury). „Matthäus hat seine Jesusgeschichte nach einem ‚inneren Prinzip' angelegt. Er hat sie als Geschichte der Auseinandersetzung Jesu mit Israel erzählt."[380] H. Frankemölle unterstreicht in seinem aus der Perspektive der Leser konzipierten Kommentar: „Matthäus ist Vertreter einer narrativen Theologie, der seine Theologie als Einheit von Erzählungen und Reden entwirft. Wie seine biblischen Vorgänger ist er fest davon überzeugt, dass die von ihm erzählte Geschichte durch Gott gestaltet und zielvoll gelenkt wird, mit ihnen glaubt er an ein beständiges und stetiges Handeln Gottes im Auf und Ab der Geschichte."[381]

Vor allem in der nordamerikanisch dominierten Exegese wird die These vertreten, dass Matthäus *innerhalb* des Judentums verstanden und interpretiert werden muss; er somit in seiner Theologie und Christologie der Vertreter eines innerjüdischen Diskurses sei[382]. In der aktuellen deutschen Forschung vertreten vor allem M. Konradt und W. Kraus die These[383], dass Matthäus in einem innerjüdischen Diskurs steht und der Universalismus des Missionsbefehls nicht durch ein Scheitern der Israelmission bedingt ist, „sondern in Aufnahme und Ausführung des Motivs der Abrahamskindschaft und der Segensverheißung an Abraham für alle Völker."[384] M. Konradt betont: „In 28,19 liegt der Ton entsprechend darauf, dass die Jünger nun nicht mehr *allein* zu Israel, sondern zu *allen* Völkern gesandt sind. Die in der Exegese vielverhandelte Frage, ob Israel noch eingeschlossen ist, steht für Matthäus hier überhaupt nicht zur Debatte; sein Anliegen ist umgekehrt, dass nunmehr *alle* (übrigen) Völker eingeschlossen sind."[385] Als ein sicherlich gewollter Nebeneffekt ergibt sich daraus,

le Theologie, 125–154, der die ‚heiden- und judenchristlichen' Texte aus dem gleichberechtigten Neben- und Miteinander von Heiden- und Judenchristen in der matthäischen Gemeinde erklären will. G. Theißen betont, dass Matthäus die Messiaserwartungen seiner Umwelt aufnahm und umgestaltete. In Jesus Christus „gehen jüdische und heidnische Erwartungen in Erfüllung. Seine Herrschaft ist eine Alternative zu jeder politischen Weltherrschaft" (ders., Vom Davidssohn zum Weltherrscher, 163).

380 U. Luz, Jesusgeschichte des Matthäus, 78.

381 H. Frankemölle, Mt I, 125.

382 Vgl. A. Overman, Matthew's Gospel and Formative Judaism, Minneapolis 1990; A. J. Saldarini, Matthew's Christian-Jewish Community, Chicago 1994; D. C. Sim, The Gospel of Matthew and Christian Judaism, Edinburgh 1998; W. D. Davies – D. C. Allison, Mt III, 695, die trotz der Kontakte zu Heidenchristen feststellen: „Matthew's community was still a deviant Jewish association."

383 Aus dem deutschen Sprachraum vgl. ferner M. Gielen, Der Konflikt Jesu, 473 („Das Selbstverständnis des Mt und seiner Gemeinde ist jüdisch, die Trennung von den sich nicht zu Jesus Christus bekennenden Glaubensgenossen wohl noch nicht vollzogen"); M. Vahrenhorst, „Ihr sollt überhaupt nicht schwören". Matthäus im halachischen Diskurs, WMANT 95, Neukirchen 2002; M. Konradt, Die Sendung zu Israel und zu den Völkern im Matthäusevangelium, 424, der darauf verweist, „dass es dem Evangelisten darum geht, seine Gemeinde als legitime Sachwalterin des theologischen Erbes Israels zu positionieren"; P. Fiedler, Mt, 29, der von einer „Ekklesia Jesu Christi innerhalb von Israel" spricht. Zur Kritik an Entwürfen, die Matthäus vollständig im Judentum verorten wollen, vgl. U. Luz, Mt I, 95; IV. 451.

384 W. Kraus, Zur Ekklesiologie des Matthäusevangeliums, in: D. P. Senior (Hg.), The Gospel of Mathew at the Crossroads of Early Christianity, (195–239) 212.

385 M. Konradt, Israel, Kirche und die Völker, 339.

dass die möglicherweise antijüdischen Aussagen (vgl. Mt 27,25) als legitime Formen innerjüdischer Polemik anzusehen sind[386]. Kritisch zu dieser Position stehen u.a. U. Luz und R. Deines, der nachweist, dass Mt 5,17–20 nicht als Beleg für die Kennzeichnung der mt. Gemeinde als innerjüdische Sondergruppe in Anspruch genommen werden kann[387]. Vor allem kann das bewusste Übergehen der Beschneidungsproblematik bei einem anhaltenden exklusiv innerjüdischen Standort des Matthäus kaum erklärt werden[388]. Das Fehlen des Substantivs περιτομή („Beschneidung")[389] in der Logienquelle und bei allen drei Synoptikern ist kaum ein Zufall und dem Judenchristen Matthäus kann nicht entgangen sein, dass es ohne Beschneidung kein Judentum und auch keinen ernsthaften innerjüdischen Dialog gibt![390] Auch für D. Senior steht die matthäische Gemeinde „at a crossroads in early Christianity. Although firmly convinced of its own fidelity to its Jewish heritage because of its faith in Jesus, the Matthean community found itself at odds with many of its fellow Jews and their leaders. At the same time, that same faith in the Jesus who represented the flowering of Jewish history and teaching opened the horizon to the mission to the Gentile world, inviting those willing to respond to Jesus' teaching and have faith in him to belong to God's redeemed people."[391]

In den Mittelpunkt der Matthäus-Exegese rückte in den letzten Jahrzehnten die Auslegung der Bergpredigt. Umstritten ist die literarische Genese dieses Textblockes. Während H. D. Betz die Bergpredigt für eine vormatthäische judenchristliche Komposition hält, sehen die meisten Exegeten in der Bergpredigt eine matthäische Komposition. Auch das Thema der Bergpredigt wird sehr unterschiedlich bestimmt. Erblickt G. Strecker in Mt 5, 17–20 das Thema und das Zentrum der Bergpredigt, so versteht U. Luz das Vaterunser als das eigentliche Zentrum der ersten großen Rede Jesu[392]. Wem gilt die Bergpredigt? Richtet sie sich an alle Menschen, gilt sie nur in den christlichen Kirchen oder kann nur eine exklusive Gruppe oder der Einzelne die radikalen Forderungen der Bergpredigt erfüllen[393]? Heftig umstritten ist nach wie vor

386 Vgl. z. B. A. J. Saldarini, Reading Matthew without Anti-Semitism, in: The Gospel of Matthew in Current Study (FS W. G. Thompson), hg. v. D. E. Aune, Grand Rapids 2001, 166–184.

387 Vgl. auch M. Ebner, Das Matthäusevangelium, in: Ebner/Schreiber (Hg.), Einleitung, 141: „Wir gehen davon aus, dass der Verfasser ein judenchristlicher Autor ist, der für eine judenchristliche Gemeinde schreibt, die allerdings an einem Wendepunkt steht, genauer: in einer Krise, aus der die Schrift des Evangeliums herausführen soll."

388 Die Antworten auf diese Frage überzeugen nicht; demgegenüber ist der Befund im Evangelium klar: Nicht Beschneidung, sondern Taufe sowie Mission und Lehre (vgl. Mt 28, 6–20) sind der Initiationsritus/die Leitlinien des matthäischen Christentums.

389 Das Verb περιτέμνειν („beschneiden") ist nur in Lk 1,59; 2,21 belegt (Beschneidung des Jesuskindes).

390 Vgl. nur Gen 17, 7.13, wo die Beschneidung gleichermaßen Zeichen des ewigen Bundes mit Abraham und mit ganz Israel ist; wer die Beschneidung unterlässt, bricht den Bund und muss ausgeschlossen werden (Gen 17,14).

391 D. Senior, Matthew at the Crossroads of Early Christianity, in: ders. (Hg.), The Gospel of Matthew at the Crossroads of Early Christianity, (3–23) 22.

392 Vgl. U. Luz, Mt I, 457 f.

393 Vgl. dazu G. Lohfink, Wem gilt die Bergpredigt?, ThQ 163 (1983), 264–284.

die Frage nach der Erfüllbarkeit der Forderungen der Bergpredigt. Für Matthäus sind die ethischen Radikalismen der Bergpredigt Ausdruck der besseren Gerechtigkeit, die die christliche Gemeinde aus Juden und Heiden auszeichnet. Lassen sich aber die ethischen Forderungen der Bergpredigt als zeitlose Imperative erfüllen? Möglicherweise ist die Frage nach der Erfüllbarkeit der ethischen Radikalismen aber auch falsch gestellt, denn sie würde wieder zu einer weder von Jesus noch Matthäus gewollten Gesetzlichkeit und Funktionalisierung führen. Weiterführend ist deshalb der Vorschlag von J. Eckert, die Radikalismen als Appelle zu verstehen, sich angesichts des nahenden Gottesreiches ganz auf den Willen Gottes einzulassen und gerade dadurch Menschsein zu ermöglichen[394]. G. Theißen sieht im Matthäusevangelium auch einen Gegenentwurf zu zeitgenössischen Herrschaftskonzepten: „Eine ganz neue Art von Weltherrschaft kündigt sich hier an, eine Weltherrschaft durch ethische Gebote. Sie liegt auf anderer Ebene als die Herrschaft der Römer und des Herodes. Sie liegt auf anderer Ebene als die Herrschaftserwartungen des Orients. Sie unterscheidet sich von den jüdischen Messiaserwartungen der damaligen Zeit. Was wir im MtEv beobachten können, ist aber nicht nur die Erfüllung dieser Erwartungen. Das Evangelium ist Zeuge für die Transformation politischer Macht in Ethik."[395] Zur theologisch-literarischen Leistung des Matthäusevangeliums im Verhältnis zum Alten Testament stellt U. Luz fest, „dass nicht die biblische Tradition den Referenzrahmen für die Jesusgeschichte bildet, sondern die Jesusgeschichte den Referenzrahmen für die biblische Tradition."[396] Weil ein Wechsel der Grundgeschichte stattgefunden hat, kann auch beim judenchristlichen Matthäusevangelium nicht von einer Einheit der biblischen Traditionsbildung gesprochen werden, vielmehr „bildet das Matthäusevangelium als Neu-Erzählung eines neuen Grundtextes auch in seinem Umgang mit der Bibel einen völligen Neueinsatz."[397]

3.6 Das Lukasevangelium

3.6.1 Literatur

Kommentare

KEK I/3: H. Klein, Das Lukasevangelium, 2006. – HNT 5: M. Wolter, 2008. – HThK III 1.2/1: H. Schürmann, [3]1984.1993 (= Kap. 1–11,54). – EKK III/1–4: F. Bovon, 1989.1996.2001.2009. – ThHK 3: W. Wiefel, 1988. – ÖTK 3,1.2: G. Schneider, [2]1984. – NTD 3: E. Schweizer, [2]1986. –

394 Vgl. J. Eckert, Wesen und Funktion der Radikalismen in der Botschaft Jesu, MThZ 24 (1973), 301–325.

395 G. Theißen, Vom Davidssohn zum Weltherrscher, 164.

396 U. Luz, Das Matthäusevangelium – eine neue oder eine neu redigierte Jesusgeschichte?, in: Biblischer Text und theologische Theoriebildung, hg. v. S. Chapman, Chr. Helmer u. Chr. Landmesser, BThSt 44, Neukirchen 2001, (53–76) 72.

397 A. a. O., 73.

RNT: J. Ernst, 1977. – ZBK 3.1: W. Schmithals, 1980. – W. Radl, Das Lukasevangelium I, Freiburg 2004 (= Kap. 1,1–9,50). – NICNT: J. B. Green, The Gospel of Luke,1997. – NIGTC: I. H. Marshall, 1978. – AncB 28.28a: J. A. Fitzmyer, 1981.1985. – WBC 35a–c: J. Nolland, 1989. 1993. – Sacra Pagina: L. T. Johnson, 1991.

Monographien

H. Conzelmann, Die Mitte der Zeit, BHTh 17, ^{6}1977. – H. Flender, Heil und Geschichte in der Theologie des Lukas, BEvTh 41, 1965. – J. Jeremias, Die Sprache des Lukasevangeliums, KEK Sonderband, 1980. – W. C. Robinson, Der Weg des Herrn, ThF 36, 1964. – T. Schramm, Der Markus-Stoff bei Lukas, MSSNTS 14, 1971. – G. Lohfink, Die Himmelfahrt Jesu, StANT 26, München 1971. – Ders., Die Sammlung Israels, StANT 39, München 1975. – E. Gräßer, Das Problem der Parusieverzögerung in den synoptischen Evangelien und in der Apostelgeschichte, BZNW 22, Berlin ^{3}1977. – C. P. März, Das Wort Gottes bei Lukas, EThSt 11, Leipzig 1974. – U. Busse, Die Wunder des Propheten Jesus, fzb 24, Stuttgart/Würzburg 1977. – J. M. Nützel, Jesus als Offenbarer nach den lukanischen Schriften, fzb 39, Würzburg 1980. – L. Schottroff – W. Stegemann, Jesus von Nazareth – Hoffnung der Armen, Stuttgart ^{3}1990. – J. W. Taeger, Der Mensch und sein Heil, StNT 14, Gütersloh 1982. – F. W. Horn, Glaube und Handeln in der Theologie des Lukas, GTA 26, Göttingen ^{2}1986. – M. Klinghardt, Gesetz und Volk Gottes, WUNT 2. 32, Tübingen 1988. – G. Nebe, Prophetische Züge im Bilde Jesu bei Lukas, BWANT 127, Stuttgart 1989. – W. Stegemann, Zwischen Synagoge und Obrigkeit. Zur historischen Situation der lukanischen Christen, FRLANT 152, Göttingen 1991. – J. D. Kingsbury, Conflict in Luke, Minneapolis 1991. – R. Morgenthaler, Lukas und Quintilian: Rhetorik als Erzählkunst, Zürich 1993. – A. Weiser, Theologie des Neuen Testaments II (s. o. 3.3.1), 117–152. – M. Korn, Die Geschichte Jesu in veränderter Zeit, WUNT 2. 51, Tübingen 1993. – E. Reinmuth, Pseudo-Philo und Lukas, WUNT 74, Tübingen 1994. – W. Radl, Der Ursprung Jesu. Traditionsgeschichtliche Untersuchungen zu Lukas 1–2, HBS 7, Freiburg 1996. – Ulrike Mittmann-Richert, Magnifikat und Benediktus. Die ältesten Zeugnisse der judenchristlichen Tradition von der Geburt des Messias, WUNT 2.90, Tübingen 1996. – C. M. Tuckett, Luke, Sheffield 1997. – K. Löning, Das Geschichtswerk des Lukas I, Stuttgart 1997. – P. Pokorný, Theologie der lukanischen Schriften, FRLANT 174, Göttingen 1998. – G. Wasserberg, Aus Israels Mitte – Heil für die Welt, BZNW 82, Berlin 1998. – Martina Böhm, Samarien und die Samaritai bei Lukas, WUNT 2.111, Tübingen 1999. – D. P. Moessner, Jesus and the heritage of Israel. Luke's narrative claim upon Israel's legacy, Harrisburg 1999. – Christina Kurth, „Die Stimme der Propheten". Jesu Geschick und „die" Juden nach der Darstellung des Lukas, BWANT 148, Stuttgart 2000. – H. Ganser-Kerperin, Das Zeugnis des Tempels, NTA 36, Münster 2000. – R. v. Bendemann, Zwischen *ΔΟΞΑ* und *ΣΤΑΥΡΟΣ*. Eine exegetische Untersuchung der Texte des sogenannten Reiseberichts im Lukasevangelium, BZNW 101, Berlin 2001. – L. Bormann, Recht, Gerechtigkeit und Religion im Lukasevangelium, StUNT 24, Göttingen 2001. – Chr. Heil, Lukas und Q (s. o. 3.3.1). – K. Löning, Das Geschichtswerk des Lukas II, Stuttgart 2006. – D. Marguerat, Lukas, der erste christliche Historiker, AThANT 92, Zürich 2011. – M. Bauspieß, Geschichte und Erkenntnis im lukanischen Doppelwerk, ABG 42, Leipzig 2012.

Aufsätze

G. Braumann (Hg.), Das Lukas-Evangelium, WdF CCLXXX, Darmstadt 1974 (wichtige Aufsatzsammlung mit Beiträgen von H. Conzelmann, E. Lohse, E. Haenchen, W. G. Kümmel, G. Klein u. a.). – F. Bovon, Lukas in neuer Sicht, Neukirchen 1985 (Aufsatzsammlung). – P. v. d. Osten-

Sacken, Zur Christologie des lukanischen Reiseberichtes, EvTh 33 (1973), 476–496. – O. Merk, Das Reich Gottes in den lukanischen Schriften, in: ders., Wissenschaftsgeschichte und Exegese (s. o. 1.1), 272–291. – E. Schweizer, Zur Frage der Quellenbenutzung durch Lukas, in: ders., Neues Testament und Christologie im Werden, Göttingen 1982, 33–85. – G. Schneider, Lukas, Theologe der Heilsgeschichte, BBB 59, Bonn 1985 (Aufsatzsammlung). – C. Bussmann – W. Radl (Hg.), Der Treue Gottes trauen (FS G. Schneider), Freiburg 1991. – M. Wolter, ‚Reich Gottes' bei Lukas, NTS 41 (1995), 541–563. – C.-P. März, Die theologische Interpretation der Jesus-Gestalt bei Lukas, in: Gedenkt an das Wort (FS W. Vogler), hg. v. Chr. Kähler u. a., Leipzig 1999, 134–149. – J. Verheyden (Hg.), The Unity of Luke – Acts, BETL 142, Leuven 1999 (wichtige Aufsatzsammlung). – M. Wolter, Das lukanische Doppelwerk als Epochengeschichte, in: C. Breytenbach – J. Schröter, Die Apostelgeschichte und die hellenistische Geschichtsschreibung (s. u. 4.1), 253–284. – M. Hengel, Der Lukasprolog und seine Augenzeugen: Die Apostel, Petrus und die Frauen, in: St. C. Barton/L. T. Stuckenbruck/B. G. Wold (Hg.), Memory in the Bible and Antiquity, WUNT 212, Tübingen 2007, 195–242. – R. v. Bendemann, Lukas, RAC 23, Stuttgart 2009, 646–676.

Forschungsberichte

M. Rese, Das Lukas-Evangelium. Ein Forschungsbericht, ANRW II 25.3, Berlin 1985, 2258–2328. – W. Radl, Das Lukas-Evangelium, EdF 261, Darmstadt 1988. – F. Bovon, Luc le Théologien. Vingt-cinq ans de recherches (1950–1975), Neuchâtel – Paris ^{2}1988; A. Lindemann, Das Lukasevangelium, ThR 70 (2005), 174–216.

3.6.2 Verfasser

Der Verfasser des dritten Evangeliums ist unbekannt. Als erster nennt um 180 n. Chr. Irenäus von Lyon den Paulusbegleiter Lukas als Autor des Evangeliums: „Lukas aber, der Begleiter des Paulus, schrieb das von jenem verkündete Evangelium nieder" (Haer III 1, 1; vgl. Euseb, HE V 8, 3)[398]. Irenäus (Haer III 14, 1) belegt diese Zuschreibung mit den ‚Wir'-Stellen in der Apostelgeschichte (Apg 16, 10–17; 20, 5–15; 21, 1–18; 27, 1–28, 16), in denen Lukas als ein enger Mitarbeiter des Paulus erscheint (vgl. ferner Kol 4, 14: *Λουκᾶς ὁ ἰατρὸς ὁ ἀγαπητός* = „Lukas, der geliebte Arzt"; Phlm 24; 2 Tim 4, 11). Der Kanon Muratori (um 200 n. Chr.) berichtet über das Lukasevangelium: „Dieser Arzt Lukas hat es nach der Himmelfahrt Christi, nachdem ihn Paulus als wissenschaftlich gebildeten Mann mit sich genommen hatte, unter seinem eigenen Namen nach (dessen) Meinung geschrieben."[399] Der Märtyrer Justin (um 150 n. Chr.) kannte wahrscheinlich das Lukasevangelium, was sich aus einer Reihe von Textbezügen nahelegt (vgl. z. B. Just, Apol I 50, 12 mit Lk 24, 44 f; Apg 1, 8)[400]. Die Kirchenväter (insbesondere Tertullian, Adversus Marcionem IV) be-

398 Zur Frage einer möglichen (römischen) Quelle des Irenäus für diese Tradition vgl. C. J. Thornton, Der Zeuge des Zeugen (s. u. 4.1), 10–39.

399 Zitiert nach H. Merkel, Die Pluralität der Evangelien (s. o. 3.2.2), 11.

400 Vgl. dazu E. Haenchen, Apg (s. u. 4.1), 22 f; J. Wehnert, Wir-Passagen (s. u. 4.1), 56 f.

richten, dass Markion um 140 n. Chr. sein ‚Evangelium' durch Streichungen und Korrekturen des Lukasevangeliums gewonnen habe. Offenbar ist das von Markion geschaffene ‚Evangelium' ein altes Zeugnis für die Existenz des Lukasevangeliums[401], über seinen Verfasser sagt es hingegen nichts aus[402]. Eine Papiasnotiz zu Lukas ist nicht überliefert, allerdings wird in der armenischen Übersetzung des Apokalypse-Kommentars des Andreas von Caesarea (um 600 n. Chr.) ein Fragment angeführt, in dem Papias Lk 10, 18 zitiert[403]. Man wird davon ausgehen können, dass die Tradition vom Paulusbegleiter Lukas als dem Verfasser des 3. Evangeliums erheblich vor 150 n. Chr. verbreitet war[404].

Über die Entstehung dieser Tradition lassen sich nur Mutmaßungen anstellen. Am wahrscheinlichsten ist nach wie vor die Annahme, dass sich der mit dem Doppelwerk ad Theophilum verbundene Verfassername Lukas einer Kombination von Aussagen der Apostelgeschichte und der paulinischen bzw. deuteropaulinischen Briefe verdankt[405]. Die Erwähnung des Namens Lukas ist in Phlm 24; Kol 4, 14 und 2 Tim 4, 11 noch nicht mit der Verfasserschaft des 3. Evangeliums verbunden, so dass die Tradition diese drei Briefe wohl voraussetzt. Aus dem 2. Teil der Apostelgeschichte geht deutlich hervor, dass ihr Verfasser über umfangreiche Kenntnisse des Lebens Pauli bis hin zu seiner Gefangenschaft in Rom verfügte. Der seinem Selbstanspruch nach in Rom entstandene 2 Tim (vgl. 2 Tim 1, 17) setzt nun genau dort ein, wo die Apg endet (vgl. Apg 28, 30 f). Lukas ist nach 2 Tim 4, 11 der letzte bei Paulus treu ausharrende Mitarbeiter, was ihn vor allen anderen Mitarbeitern auszeichnet und zum Verfasser des Doppelwerkes ad Theophilum prädestiniert[406].

Die mögliche Entstehung der altkirchlichen Überlieferung entscheidet aber noch nicht über ihren historischen Wert. War der Verfasser des Lukasevangeliums und der

401 Vgl. zum ‚Lukasevangelium' Markions bes. A. v. Harnack, Marcion (s. u. 5.5.3), 52 ff.

402 In den sog. antimarkionitischen Evangelienprologen wird über Lukas berichtet: „Es ist Lukas ein antiochenischer Syrer, seines Gewerbes ein Arzt, ein Schüler von Aposteln, später aber hat er den Paulus bis zu dessen Martyrium begleitet. Nachdem er dem Herrn makellos gedient hat ohne Frau, ohne Kinder, starb er 84 Jahre alt in Böotien voll des Heiligen Geistes". J. Regull, Die antimarcionitischen Evangelienprologe, Freiburg 1969, wies nach, dass diese Prologe keinen gemeinsamen Ursprung haben, nicht antimarkionitisch ausgerichtet sind und frühestens aus dem 4. Jh. n. Chr. stammen.

403 Vgl. F. Siegert, Unbeachtete Papiaszitate bei armenischen Schriftstellern, NTS 27 (1981), (605–614) 606; kritisch dazu U. H. J. Körtner, Papiasfragmente, in: Papiasfragmente/Hirt des Hermas, hg. v. U. H. J. Körtner/M. Leutzsch, Darmstadt 1998, 15. Das gesamte Material wird behandelt bei A. Gregory, The reception of Luke and Acts in the period before Irenaeus, WUNT 2.169, Tübingen 2003.

404 Vgl. J. Wehnert, Wir-Passagen (s. u. 4.1), 59 f; C. J. Thornton, Der Zeuge des Zeugen (s. u. 4.1), 69.

405 Vgl. zuletzt die Argumentation bei J. Wehnert, Wir-Passagen (s. u. 4.1), 60–66.

406 Die Bedeutung von 2 Tim 4, 11 wertet C. J. Thornton, Der Zeuge des Zeugen (s. u. 4.1), 79, polemisch ab: „Will man allen Ernstes annehmen, das 3. Evangelium und Acta seien bis zum Beginn des 2. Jahrhunderts anonym geblieben, dann habe jemand aus völlig unerfindlichen Gründen die Bedeutsamkeit des zuvor marginalen Paulusbegleiters Lukas gesteigert und wiederum etwa 2 Jahrzehnte später habe man daraufhin seinen Namen für das Doppelwerk beansprucht?" Dagegen ist festzustellen: Entstand das Doppelwerk um 90 n. Chr., der 2 Tim um 100 n. Chr. und die Lukastradition zu Beginn des 2. Jahrhunderts n. Chr., dann ergibt sich eine geschlossene zeitliche Abfolge!

Apostelgeschichte ein Paulusbegleiter? Ein Vergleich der lukanischen und paulinischen Theologie zeigt, dass diese Frage negativ zu beantworten ist[407]. Lukas gibt zentrale Elemente der paulinischen Theologie in seiner Darstellung des Apostels nicht wieder (ein Anklang an die paulinische Rechtfertigungslehre findet sich nur in Apg 13,38; vgl. ferner die universalen Aussagen in Apg 1,8; 28,28 und die Hervorhebung des Glaubens in Apg 15,9 bzw. der Gnade in Apg 15,11) und unterscheidet sich in seiner eigenen Theologie erheblich von Paulus[408]. Deshalb ist Ph. Vielhauer zuzustimmen: „der Verfasser der Apg ist in seiner Christologie vorpaulinisch, in seiner natürlichen Theologie, Gesetzesauffassung und Eschatologie nachpaulinisch. Es findet sich bei ihm kein einziger spezifisch paulinischer Gedanke."[409]

Zudem ist Lukas über wichtige Einzelheiten des missionarischen Wirkens des Paulus nicht richtig informiert, denn spricht z. B. die Apostelgeschichte von fünf Jerusalemreisen des Paulus, so setzen die paulinischen Briefe eindeutig nur drei Jerusalemreisen voraus. Zudem weisen die unterschiedlichen Darstellungen der Verhandlungspartner (Apg 15,5–21: Jakobus als Vermittler zwischen konvertierten Pharisäern auf der einen und Petrus, Paulus und Barnabas auf der anderen Seite; Gal 2,9: einerseits Paulus und Barnabas, andererseits Jakobus, Kephas und Johannes) und der Beschlüsse des Apostelkonvents (vgl. Gal 2,10 mit Apg 15,22–29) darauf hin, dass Lukas kein Paulusbegleiter war (vgl. ferner Apg 16,1–3 mit Gal 2,3 f). Lukas begrenzt den Aposteltitel auf den Zwölferkreis (Ausnahme sind die Traditionen Apg 14,4. 14), während für Paulus die Anerkennung seines Apostolats Grundlage seines Selbstverständnisses (1 Kor 9,1 ff) und seiner Missionstätigkeit war (1 Kor 15,9 f; Gal 2,8)[410]. Ein massiver Widerspruch besteht zwischen dem lukanischen

407 Vgl. in diesem Sinn G. Schneider, Lk I, 32 f; W. Wiefel, Lk, 4; F. Bovon, Lk I, 22–24; E. Schweizer, Lk, 4. Offen lässt die Verfasserfrage J. A. Fitzmyer, Lk I, 53. Für den Arzt und Augenzeugen der paulinischen Mission Lukas plädieren hingegen (ab Apg 16,10 ff) M. Hengel, Geschichtsschreibung (s. o. 2.1), 60; ders., Lukasprolog, 215 ff (der Arzt und Paulusbegleiter Lukas, der sich auf Berichte der zwölf Apostel als Augenzeugen stützt); C. J. Thornton, Der Zeuge des Zeugen (s. u. 4.1), 341 u. ö.; J. Jervell, Apg (s. u. 4.1), 63. P. Stuhlmacher, Biblische Theologie des Neuen Testaments I (s. o. 2), 227 f, setzt *Λούκιος* in Apg 13,1 und Röm 16,21 mit *Λουκᾶς* gleich und folgert, „dass Lukas ein bekehrter Diasporajude und christlicher Lehrer in Antiochia war, dort mit Paulus zusammentraf und den Apostel zeitweise auf seinen Missionsreisen begleitet hat" (a. a. O., 228). M. Wolter, Lk, 7 f, sieht im Paulusbegleiter Lukas den Verfasser von Evangelium und Apostelgeschichte, der allerdings Paulus nicht ständig begleitete, sondern nur anwesend war, wo er in der 1. Person Plural davon erzählt.

408 Vgl. dazu die abgewogene Darstellung bei G. Schneider, Apg I (s. u. 4.1), 112–118; vgl. zu den theologischen Leitlinien des lukanischen Paulusbildes bes. G. Schille, Das älteste Paulus-Bild (s. u. 5), 17–33. Grundlegend sind z. B. auch die Unterschiede zwischen der paulinischen und lukanischen Anthropologie. Für Lukas formuliert J. W. Taeger, Der Mensch und sein Heil, 222, treffend: „Gott will das Heil der Menschen; wie man dieses Heils teilhaftig wird, sagen die Verkündiger, den – in jeder Hinsicht – entscheidenden Schritt muss (und kann) der Mensch selbst tun." M. Hengel, Geschichtsschreibung (s. o. 2.1), 60, versucht dem Problem durch die Vermutung zu entgehen: „Er (sc. Lukas) hatte später offenbar keine Möglichkeit mehr, sich über den Apostel durch dessen eigene Werke zu informieren."

409 Ph. Vielhauer, „Paulinismus" (s. u. 4.1), 26.

410 Treffend P. Pokorný, Theologie 14: „Ein direkter

Paulusbild in Apg 16,3.4 und den Eigenaussagen des Apostels: Nach Apg 16,3 beschneidet Paulus mit Rücksicht auf die Juden den Timotheus, der Sohn eines griechischen Vaters und damit Grieche war, während er in Gal 2,3 auf dem Apostelkonvent vehement die Nichtbeschneidung des Griechen Titus als Erfolg feiert. Eine Beschneidung des Timotheus hätte zudem die Argumentation im Galaterbrief völlig unglaubwürdig gemacht! Nach Apg 16,4 ist Paulus der Hauptprotagonist des Aposteldekrets (vgl. Apg 15,19–21.28–29; 21,25), dessen Sachgehalt er aber beim antiochenischen Zwischenfall nach Gal 2,11–14 vehement bekämpft. Obwohl Lukas wiederholt von Nachrichten bzw. Briefen in der Geschichte des frühen Christentums berichtet (vgl. Apg 15,22–29; 23,23–30.33f) und Paulus zum Überbringer (Apg 9,2) bzw. Mitüberbringer von Briefen macht (Apg 15,30), erwähnt er die Paulusbriefe und den Briefschreiber Paulus nicht! Das ist wiederum ein kaum erklärbarer Sachverhalt, wenn man in Lukas einen Paulusbegleiter sieht[411]. Mit den Eigenaussagen des Apostels ebenfalls nicht vereinbar ist die Einsetzung von Presbytern im Rahmen der Miletrede (Apg 20,17–38) zu Vorstehern/Bischöfen der Gemeinde (vgl. Apg 20,17.28). Presbyter erscheinen in den authentischen Paulusbriefen überhaupt nicht und der singuläre Plural *ἐπίσκοποι* („Vorsteher/Aufseher") in Phil 1,1 hat mit dem bei Lukas vorausgesetzten Konzept nichts zu tun[412]. Auch das von der Apg (13,6–12; 14,8–18; 20,7–12) gezeichnete Bild von Paulus als *θεῖος ἀνήρ* („göttlicher Mensch/Wundertäter") dürfte in dieser Form historisch unzutreffend sein. Nach der Darstellung der Apostelgeschichte geht die petrinische Heidenmission der paulinischen voran (vgl. Apg 10,1–11,18), was im Widerspruch zu Gal 2,1–10 steht, wo Paulus seine Heidenmission gegen die ‚drei Säulen' und damit auch gegen Petrus verteidigen muss. In Apg 17,22–31 wird Paulus die stoische Lehre von der Gottesverwandtschaft des Menschen in den Mund gelegt[413], die in den unbestritten echten Paulusbriefen keine Parallele hat. Man wird also davon ausgehen müssen, dass Lukas Traditionen über das missionarische Wirken des Paulus kannte, nicht aber ein persönlicher Begleiter

Paulusschüler und Mitarbeiter würde seinem Lehrer nie den Aposteltitel absprechen, wie es Lukas in der Apostelgeschichte tut."

411 Dieses Argument versucht M. Wolter, Lk, 8, mit folgendem Hinweis zu entkräften: „Dieser Sachverhalt findet eine plausible Erklärung darin, dass alle Paulusbriefe zwischen Apg 16,17 und 20,5 geschrieben wurden, d.h. genau in der Zeit, als der für das ‚Wir' verantwortliche Erzähler nicht bei Paulus war". Selbst wenn man diese lukanische Konstruktion für historisch hält, stellt sich die Frage, warum Lukas für den Zeitraum zwischen Apg 16,17 und 20,5 trotz seiner Abwesenheit vieles zu berichten weiß, nichts aber von den paulinischen Briefen! Sollte er als Paulusbegleiter von den eindruckvollen Briefen des Apostels (vgl. 2Kor 10,10), vom erfolgreichen Briefschreiber Paulus nichts gehört und gewusst haben? Sollte ihm unbekannt gewesen sein, wie Paulus mit seinen Gemeinden intensiv kommunizierte? Beides sind m. E. sehr unwahrscheinliche Annahmen; plausibler ist die Vermutung, dass Lukas kein Paulusbegleiter war und nichts von den Briefen wusste oder wissen wollte.

412 Vgl. hier D.-A. Koch, Die Entwicklung der Ämter in frühchristlichen Gemeinden Kleinasiens (s. u. 5.1), 168ff.

413 Vgl. dazu M. Pohlenz, Paulus und die Stoa, in: K. H. Rengstorf (Hg.), Das Paulusbild in der neueren deutschen Forschung (s. o. 2), 522–564.

des Apostels war. Er ist nicht an der Person oder der Theologie des Paulus interessiert, sondern an dessen Stellung in der urchristlichen Missionsgeschichte. Schließlich gibt die altkirchliche Tradition selbst zu erkennen, dass sie ihre Bestimmung des Lukas als Paulusbegleiter lediglich aus dem Neuen Testament erschloss.

Der unbekannte Verfasser des 3. Evangeliums, der weiterhin Lukas genannt werden soll, gibt sich in Lk 1, 1–4 als ein literarisch gebildeter Theologe und Historiker zu erkennen, der seinen Lesern vor allem die Zuverlässigkeit der christlichen Lehrtradition erweisen will. Die hellenistische Bildung des Lukas lässt noch keinen Rückschluss auf seine Herkunft aus dem Juden- oder Heidenchristentum zu. Für einen Judenchristen sprechen die Vertrautheit mit der LXX, das Interesse an Schrift, Gesetz und Propheten, die überragende Bedeutung von Jerusalem, die Darstellung des Synagogengottesdienstes in Lk 4, 16–30; Apg 13, 14–41 und das jüdische Milieu zahlreicher Sondertraditionen. Andererseits vermeidet Lukas semitische Begriffe, zeigt kein Interesse an der Auseinandersetzung um kultische Fragen (vgl. die faktische Auslassung von Mk 7, 1–23), sein anvisierter Leserkreis dürfte im Heidenchristentum zu suchen sein, und seine Soteriologie ist durch ein Zurücktreten der Sühnevorstellung gekennzeichnet. Man wird deshalb in Lukas einen *Heidenchristen* sehen müssen, der in Kontakt mit der Diasporasynagoge lebte und in sein Werk bewusst judenchristliche Traditionen integrierte[414].

3.6.3 **Ort und Zeit der Abfassung**

Die Abfassungszeit des lukanischen Doppelwerkes lässt sich nur vage bestimmen. Lukas nahm als Quellen das Markusevangelium und Q auf. Zugleich blickt er in Lk 21, 24 (vgl. auch 13, 35) auf die Zerstörung Jerusalems zurück, und Apg 20, 25. 38; 21, 13 setzen den Tod des Paulus voraus. Lukas schreibt aus der Perspektive der dritten urchristlichen Generation, die bereits an einer Darstellung der Epochen des Heilsgeschehens interessiert ist. Daraus ergib sich eine Datierung des Lukasevangeliums in die Zeit *um 90 n. Chr.*[415]. Problematisch ist eine Festlegung des

414 Für einen Heidenchristen votieren z. B. G. Schneider, Lk I, 32; F. Bovon, Lk I, 23 (Lukas stammt aus Makedonien, näherhin als Philippi; so auch P. Pilhofer, Philippi I [s. o. 2.9.1], 248–254, der als Argument die guten lokalgeschichtlichen Kenntnisse des Lukas anführt); W. Wiefel, Lk, 4; I. Broer, Einleitung, 142 (eher ein Heiden – als ein Judenchrist); Chr. Heil, Lukas und Q, 358–367 (Lukas ist ein gebildeter Heidenchrist aus städtischem Milieu [Ephesus]). Für einen ‚Gottesfürchtigen' halten Lukas z. B. E. Schweizer, Lk, 4; P. Pokorný, Theologie, 17; R. E. Brown, Introduction, 268. J. A. Fitzmyer, Lk I, 42, sieht in Lukas einen „non-Jewish Semite"; M. Hengel, Lukasprolog, 205 (Lukas war ein heidnischer Gottesfürchtiger).

415 Vgl. in diesem Sinn W. Wiefel, Lk, 5; F. Bovon, Lk I, 23; J. A. Fitzmyer, Lk I, 57; G. Schneider, Lk I, 34; E. Plümacher, Lukas als griechischer Historiker (s. u. 4.1), 238; G. Theißen, Lokalkolorit (s. o. 3.1.1), 288–294 (Lukas und Matthäus entstanden 80–90 n. Chr.); I. Broer, Einleitung, 144 (zwischen 80–100); R. v. Bendemann, Lukas, 659 (80er Jahre); M.

Abfassungsortes, denn von den vorgeschlagenen Orten Ägäis[416], Antiochia[417], Ephesus, Makedonien, Achaia, Caesarea[418] und Kleinasien[419] kann kein einziger als wirklich gesichert gelten. Möglicherweise weist aber die für die Apostelgeschichte kennzeichnende Perspektive von Jerusalem weg in Richtung Rom auf die Hauptstadt des Weltreiches als Abfassungsort (vgl. Apg 1,8, wo mit ‚ans Ende der Welt' Rom gemeint ist [vgl. PsSal 8, 15], ferner Apg 19, 21: Paulus will nach Jerusalem reisen und ‚muss' danach Rom sehen). Auch die Übereinstimmungen zwischen 1 Klem 5; 42 und dem lukanischen Doppelwerk (Paulusbild, Amtsverständnis) sind ein Hinweis auf *Rom*[420].

3.6.4 **Empfänger**

Lukas schrieb für eine mehrheitlich heidenchristliche Gemeinde[421], denn er setzt deutlich die gesetzesfreie Heidenmission voraus (vgl. Apg 10; 28, 28). Zudem ist für ihn die heilsgeschichtliche Ablösung Israels bereits Realität (vgl. Lk 21, 22.24; Apg 28, 25–27). Er weiß sich der Tradition griechisch-römischer Geschichtsschreibung verpflichtet (vgl. Lk 1, 1–4), ist über die Geographie Palästinas nicht immer richtig unterrichtet (vgl. Lk 17, 11; 9, 10.12; 4, 29)[422] und vermeidet (vgl. Lk 22, 40; 23, 33) bzw. ersetzt semitische Begriffe durch griechische (vgl. z. B. Lk 18, 41/ Mk 10, 51: *κύριε* statt *ῥαββουνί*, Lk 9, 33/ Mk 9, 5: *ἐπιστάτης* statt *ῥαββί*, Lk 22, 42/ Mk 14, 36: *πατήρ* statt *αββα ὁ πατήρ*, Lk 6, 15/ Mk 3, 18: *ζηλωτής* statt *Καναναῖος*). Anders als bei Matthäus (Mt 1, 1: David, Abraham) weist der lukanische Stammbaum mit der Rückführung Jesu auf Adam (Lk 3, 38) eine universale Perspektive auf. Lukas lässt Markusperikopen und möglicherweise auch Texte der Logienquelle aus, in de-

Wolter, Lk, 10 (Anfang der 80er Jahre). Anders A. Mittelstaedt, Lukas als Historiker. Zur Datierung des lukanischen Doppelwerkes, TANZ 43, Tübingen 2006, 254, wonach „die Apg in jedem Fall vor 64, eher noch 62 vollendet wurde und das Material für das Evangelium am ehesten 57–59 in Caesarea gesammelt worden ist."

416 Vgl. H. Conzelmann, Der geschichtliche Ort der lukanischen Schriften im Urchristentum, in: G. Braumann (Hg.), Das Lukas-Evangelium, 244 f.

417 Erwogen von G. Schneider, Lk I, 34; ders., Apg I (s. u. 4.1), 121.

418 Vgl. z. B. H. Klein, Zur Frage nach dem Abfassungsort der Lukasschriften, EvTh 32 (1972), 467–477.

419 Vgl. z. B. W. Schmithals, Einleitung, 367.

420 Vgl. auch F. Bovon, Lk I, 23; J. Roloff, Apg (s. u. 4.1), 5; G. Theißen, Lokalkolorit (s. o. 3.1.1), 267.270 (Lukas blickt aus einer Lokalperspektive von Westen her auf Palästina); M. Korn, Die Geschichte Jesu in veränderter Zeit, 12 A 25; M. Wolter, Lk, 10. Unlösbar halten die Frage nach dem Abfassungsort z. B. Ph. Vielhauer, Urchristliche Literatur, 407; J.A. Fitzmyer, Lk I, 57; R. v. Bendemann, Lukas, 656 f.

421 Zur Gemeindesituation vgl. auch R. v. Bendemann, Lukas, 659–662.

422 Vgl. dazu C. C. McCown, Geographie der Evangelien. Fiktion, Tatsache und Wahrheit, in: G. Braumann (Hg.), Das Lukas-Evangelium, 13–42; demgegenüber betont M. Hengel, Der Historiker Lukas und die Geographie Palästinas in der Apostelgeschichte, ZDPV 99/100 (1983/84), 147–183, dass Lukas über „einige Städte des Küstengebietes, die Straße von Jerusalem nach Cäsarea und den Zusammenhang zwischen Tempel und Kaserne" (a. a. O., 182) aus eigener Anschauung informiert war.

nen palästinische Züge dominieren und die für die lukanische Gemeinde offenbar nicht mehr aktuell waren (vgl. Mk 7,1–23; 7,24–30; 7,31–37; 8,1–10; 8,11–13; 8,14–21; 8,22–26; ferner Mt 5,19a; 5,21–48; 6,1–8.16–18). Auch der durchgängige Gebrauch der Septuaginta[423] und die Bezeichnung Palästinas mit Judäa (vgl. Lk 1,5; 4,44; 6,17; 7,17; 23,5; Apg 2,9; 10,37) weisen darauf hin, dass Lk für eine mehrheitlich heidenchristliche Gemeinde außerhalb Palästinas schrieb[424].

Die Situation der lukanischen Gemeinde ist von jenen Problemen bestimmt, die für die dritte Generation des Urchristentums um die Jahrhundertwende charakteristisch sind:

1) *Das Schwinden der Parusienaherwartung*. Die Problematisierung der unmittelbaren Parusienaherwartung der ersten und zweiten urchristlichen Generation ergibt sich für Lukas und seine Gemeinde folgerichtig aus der eingetretenen Dehnung der Zeit[425]. Aus einer ungebrochenen Parusienaherwartung abgeleitete Spekulationen lehnt Lukas ab (vgl. Lk 17,20f; 19,11; 21,8; Apg 1,6–8). Er ersetzt die Zusammenfassung der Verkündigung Jesu in Mk 1,15 durch die Antrittspredigt Jesu in Nazareth (vgl. bes. Lk 4,21), korrigiert das Naherwartungslogion Mk 9,1 (vgl. Lk 9,27) und schaltet dem Gleichnis von den anvertrauten Pfunden (Lk 19,12–27) als Einleitung Lk 19,11 vor. Damit gibt Lukas die Parusieerwartung aber nicht auf[426], sondern kombiniert den ungewissen Zeitpunkt der Ankunft des Herrn (vgl. Lk 12,40; 17,24. 26–30; Apg 1,7) mit dem Aufruf zur Geduld (vgl. Lk 8,15) und Wachsamkeit (vgl. Lk 12,35ff; 21,34.36). Auch die Worte über die Nähe der Gottesherrschaft (vgl. Lk 10,9.11) zeigen, dass Lukas nicht auf die Naherwartung grundsätzlich verzichtet, sondern gerade angesichts einer durch Trägheit und der Gefahr des Abfalls gekennzeichneten Gemeindesituation die Ankunft Christi und das damit verbundene Gericht mit ethischen Mahnungen verbindet.

2) *Reichtum und Armut in der Gemeinde*[427]. Um die Jahrhundertwende gehörten

423 Vgl. dazu T. Holtz, Untersuchungen über die alttestamentlichen Zitate bei Lukas, TU 104, Berlin 1968.

424 W. Wiefel, Lk, 4, bezeichnet den Heidenchristen Lukas als ‚Evangelisten der Griechen'. Allerdings ist mit einer einflussreichen judenchristlichen Minderheit in der lk. Gemeinde zu rechnen; vgl. M. Klinghardt, Gesetz und Volk Gottes, passim, der jedoch die judenchristlichen Elemente in der Theologie des Lukas zu stark betont.

425 Vgl. zur Thematik neben E. Gräßer, Problem der Parusieverzögerung, bes. G. Schneider, Parusiegleichnisse im Lukas-Evangelium, SBS 74, Stuttgart 1975; M. Wolter, Israels Zukunft und die Parusieverzögerung bei Lukas, in: Eschatologie und Schöpfung (FS E. Grässer), hg. v. M. Evang – H. Merklein – M. Wolter, BZNW 89, Berlin 1997, 405–426.

426 Gegen E. Haenchen, Apg (s. u. 4.1), 107; H. Conzelmann, Mitte der Zeit, 127; vgl. G. Schneider, Apg (s. u. 4.1), 142.

427 Vgl. hierzu neben F. W. Horn, Glaube und Handeln in der Theologie des Lukas, bes. H.-J. Degenhardt, Lukas – Evangelist der Armen, Stuttgart 1965; M. Hengel, Eigentum und Reichtum in der frühen Kirche, Stuttgart 1973; W. Schmithals, Lukas – Evangelist der Armen, ThViat XII (1973/74), 153–167; L. Schottroff – W. Stegemann, Jesus von Nazareth; H. J. Klauck, Gütergemeinschaft in der klassischen Antike, in Qumran und im Neuen Testament, in: ders., Gemeinde – Amt – Sakrament, Würzburg 1989, 69–100; G. Theißen, Urchristlicher Liebeskommunismus, in: Texts and Contexts (FS L. Hartman), hg. v. T. Fornberg u. D. Hellholm, Oslo 1995, 689–712; D. A. Ayuch, Sozialgerechtes Handeln als Aus-

Angesehene und Vermögende zum Kreis der christlichen Gemeinde (vgl. Apg 17, 4; 18,8), der rechte Umgang mit Geld und Besitz entwickelte sich so zu einem zentralen Problem der lukanischen Ethik (vgl. Lk 3, 11; Apg 2, 45; 4, 34–37). Die Reichen in der Gemeinde waren selbstgerecht und habgierig (vgl. Lk 12, 13–15; 16, 14f), sie verachteten die Armen (vgl. Lk 18,9) und standen in der Gefahr, durch ihr Streben nach Reichtum vom Glauben abzufallen (vgl. Lk 8, 14; 9, 25). Diesen negativen Erscheinungen innerhalb seiner Gemeinde stellt der Evangelist die Urgemeinde als freiwillige Liebesgemeinschaft gegenüber. Sie verzichtete auf den Besitz zugunsten Notleidender (Apg 2, 45; 4, 34) und nutzte das Privateigentum gemeinschaftlich (Apg 4, 32). Indem Lukas die Kirche als Liebesgemeinschaft darstellt, knüpft er an die Forderungen Jesu an, die er in Apg 20, 35 so zusammenfasst: „Geben ist seliger als nehmen". In den thematischen Blöcken Lk 12, 13–34; 16, 1–31 problematisiert Jesus den Reichtum, das Leben findet seinen Sinn nicht im Besitz (vgl. Lk 12, 15), Gewinnsucht und Geldgier entsprechen nicht dem Willen Gottes (vgl. Lk 12, 15; 16, 14). Auch in den Erzählungen vom Jüngerrangstreit (Lk 9, 46–48; 22, 24–27) und vom Gastmahl (Lk 14, 7–24) wird die Haltung der reichen Christen kritisiert. Ruf in die Nachfolge und Besitzverzicht bedingen einander (vgl. Lk 5, 11. 28; 8, 3; 9, 3; 10, 4; 18, 28), wobei Lk 14, 33 geradezu programmatisch formuliert: „So kann nun keiner von euch, der nicht allen seinen Besitztümern den Abschied gibt, mein Jünger sein." Jesus verknüpft seine Forderung der Distanz zum Besitz mit der Bereitschaft, Almosen zu geben (vgl. Lk 12, 21. 33f; 16,9. 27–31)[428]. So ist der Ruf in die Nachfolge beim reichen Vorsteher (Lk 18, 18–23) mit der Aufforderung verbunden, alles (*πάντα* nur in der Lk-Parallele 18, 22!) zu verkaufen und es den Armen zu geben. „Denn es ist leichter für ein Kamel, durch ein Nadelöhr zu gehen, als für einen Reichen, in das Reich Gottes hineinzugehen" (Lk 18, 25). Dabei hält Lukas an der Freiwilligkeit der Gaben (vgl. Apg 5, 4) nach den Möglichkeiten des Einzelnen (vgl. Apg 11, 29) fest. Die ebionitischen Traditionen (Lk 1, 46–55; 6, 20–26; 16, 19–26), die ursprünglich eine göttliche Umkehrung der Verhältnisse im Jenseits proklamierten, werden bei Lukas zu einem Aufruf zu menschlicher Umkehr in der Gegenwart.

Lukas wendet sich mit seiner Paränese vorwiegend an die Reichen in seiner Gemeinde und ruft sie angesichts der Gefahr des Glaubensabfalles zur Distanz zum Reichtum auf. Er kann weder einseitig als ein ‚Evangelist der Reichen' noch als

druck einer eschatologischen Vision. Vom Zusammenhang von Offenbarungswissen und Sozialethik in den lukanischen Schlüsselreden, MThA 54, Altenberge 1998; K. Mineshige, Besitzverzicht und Almosen bei Lukas, WUNT 2.163, Tübingen 2003; V. Petracca, Gott oder das Geld. Die Besitzethik des Lukas, TANZ 39, Tübingen 2003; N. Neumann, Armut und Reichtum im Lukasevangelium und in der kynischen Philosophie, SBS 220, Stuttgart 2010.

428 F. W. Horn, Glaube und Handeln in der Theologie des Lukas, 231 u. ö., sieht in der Almosenparänese an die Reichen die sozialethische Konzeption des Lukas; demgegenüber sprechen L. Schottroff – W. Stegemann, Jesus von Nazareth, 150, vom innergemeindlichen Besitzausgleich als dem sozialen Ziel des Lukas.

‚Evangelist der Armen' bezeichnet werden, sondern er ist ‚Evangelist der Gemeinde'[429]. Sein Ziel ist nicht die kompromisslose Kritik der Reichen, sondern die Realisierung einer Liebesgemeinschaft zwischen Armen und Reichen der Gemeinde, deren Voraussetzung die Bereitschaft zu Almosen auf Seiten der Reichen ist. Lukas schrieb insofern ein Evangelium an die Reichen für die Armen. Christliche Existenz findet nicht im Reichtum und Überfluss ihr Ziel, vielmehr in der Bereitschaft zum Liebesdienst am Nächsten. Dabei dienen Lukas der Besitzverzicht der Jünger Jesu und die Jerusalemer Urgemeinde als Vorbilder; Unbedingtheit der Nachfolge und eine praktizierte Liebesgemeinschaft sollen auch in seiner Gemeinde Gestalt gewinnen.

3) *Das Verhältnis von Staat und Kirche*[430]. Lukas schildert die Begegnungen zwischen Jesus und den Vertretern des Staates bereits im Hinblick auf die Situation der Kirche im Römischen Reich. So werden die Juden zu den Verfolgern Jesu bzw. der Christen schlechthin (Mk 15,16–20 entfällt bei Lukas, vgl. ferner Apg 13,50; 17,5–7.13; 21,17ff). Der römische Prokurator bestätigt dreimal Jesu Unschuld (vgl. Lk 23,4.14f.22) und plädiert für seine Freilassung (vgl. Lk 23,16.20.22), so dass nun allein die Juden als Schuldige am Tod Jesu erscheinen. Paulus wird als ein gerechter römischer Bürger dargestellt (vgl. Apg 25,8), dessen römisches Bürgerrecht von den staatlichen Instanzen akzeptiert wird (Apg 16,37ff; 22,25ff), die ihn schließlich den Juden entreißen (vgl. Apg 23,10.27) und ihm in Rom Hafterleichterung gewähren (Apg 28,30f). Bei Übergriffen der Juden stellen sich die römischen Behörden vor die Christen und schützen sie (Apg 19,23–40; 23,29; 25,25; 26,31). Lukas will offenbar seiner Gemeinde den Freiraum gegenüber dem Staat erhalten, den sie zur Ausübung ihrer Gottesdienste und zur praktischen Gestaltung des Gemeindelebens braucht. Möglichen Übergriffen des Staates begegnet Lukas mit dem Nachweis, dass sich die Christen gegenüber der Obrigkeit loyal verhalten und für den Staat keine Gefahr darstellen. Dies hindert ihn freilich nicht daran, auch kritische Worte zu überliefern (vgl. Lk 3,19; 13,32f) und Petrus in Apg 5,29 sagen zu lassen, man müsse Gott mehr gehorchen als den Menschen.

Neben diesen als zwangsläufig zu bezeichnenden Problemen scheint es innerhalb der lukanischen Gemeinde zu Auseinandersetzungen mit Irrlehrern gekommen zu sein (vgl. Apg 20,29.30), ohne dass eine genauere Bestimmung der ‚Irrlehre' mög-

429 Vgl. F. W. Horn, Glaube und Handeln in der Theologie des Lukas, 243.

430 Vgl. dazu neben W. Stegemann, Zwischen Obrigkeit und Synagoge, bes. G. Schneider, Verleugnung, Verspottung und Verhör Jesu nach Lukas 22,54–71, StANT 22, München 1969; W. Radl, Paulus und Jesus im lukanischen Doppelwerk. Untersuchungen zu Parallelmotiven im Lukasevangelium und in der Apostelgeschichte, EHS.T 49, Bern – Frankfurt 1975; W. Walaskay, ‚And So We Came to Rom'. The Political Perspective of St. Luke, SNTSMS 49, Cambridge 1983; Ph. F. Esler, Community and Society in Luke-Acts, SNTSMS 57, Cambridge 1987; M. Wolter, Die Juden und die Obrigkeit bei Lukas, in: Ja und Nein (FS W. Schrage), hg. v. K. Wengst – G. Sass, Neukirchen 1998, 277–290; F. W. Horn, Die Haltung des Lukas zum römischen Staat im Evangelium und in der Apostelgeschichte, in: J. Verheyden (Hg.), The Unity of Luke-Acts (s. u. 4.1), 203–224.

lich ist[431]. Lukas begegnet der Irrlehre mit dem Verweis auf die Tradition und die Kontinuität der rechten Lehre (Apg 20, 27. 28). Eine akute Verfolgungssituation setzt Lukas nicht voraus[432], vielmehr ergeht sein Aufruf zum offenen Bekenntnis (vgl. Lk 12, 1–12)[433] angesichts lokaler Repressionen (vgl. Apg 13, 45. 50; 14, 2. 5. 19; 16, 19ff; 17, 5f.13; 18, 12. 17; 19,9. 23–40) und der Gefährdung der Gemeinde im Spannungsfeld zwischen Synagoge und römischen Instanzen.

3.6.5 Gliederung, Aufbau, Form

1, 1–4	Vorwort
1, 5–2, 52	Ursprungsgeschichte: Geburt Johannes d. T. und Geburt Jesu
3, 1–4, 13	Vorbereitung der Wirksamkeit Jesu: Der Täufer, Jesu Taufe, Stammbaum und Versuchung Jesu
4, 14–9, 50	Das Wirken Jesu in Galiläa
9, 51–19, 27	Der Reisebericht
	9, 51–13, 21 Jüngerschaft und Mission
	13, 22–17, 10 Rettung des Verlorenen
	17, 11–19, 27 Jüngerschaft und Eschatologie
19, 28–21, 38	Jesu Wirken in Jerusalem
22, 1–23, 56	Die Passion Jesu
24, 1–49	Die Auferstehungserzählungen
24, 50–53	Himmelfahrt I

Das Lukasevangelium[434] unterscheidet sich von den anderen Evangelien durch das Vorwort Lk 1, 1–4, mit dem Lukas programmatisch den Zweck seiner Evangelienschreibung bestimmt[435]. Die Widmung an den „hochverehrten Theophilus“ (Lk 1, 3; vgl. Apg 1, 1) dürfte sich auf eine historische Person beziehen, die vielleicht ein Mäzen der Gemeinde war. Durch die Vorschaltung einer Geburts- und Kindheitsgeschichte werden die biographischen Elemente der Gattung Evangelium ausgebaut, wobei die Parallelisierung von Johannes d. T. und Jesus die gesamte Vorgeschichte prägt[436]. Eine weitere literarische Eröffnung findet sich in Lk 3, 1–4, 13, zunächst

431 J. Roloff, Apg (s. u. 4.1), 5, vermutet Gnostiker.
432 Vgl. zur Kritik an dieser bes. von W. Schmithals vorgetragenen These F. W. Horn, Glaube und Handeln in der Theologie des Lukas, 216–220.
433 Vgl. zur Analyse W. Stegemann, Zwischen Obrigkeit und Synagoge, 40–90.
434 Vgl. zu den Problemen der Komposition des Evangeliums bes. H. Conzelmann, Mitte der Zeit, 12–86.
435 Vgl. hier bes. G. Klein, Lukas 1, 1–4 als theologisches Programm, in: G. Braumann (Hg.), Das Lukas-Evangelium, 170–203.
436 Zur Analyse vgl. zuletzt M. Korn, Die Geschichte Jesu in veränderter Zeit, 33–55.

lässt der Evangelist als Wegbereiter Johannes d.T. auftreten (Lk 3, 1–20), dann wird Jesus eingeführt und erprobt (Lk 3, 21–4, 13). Von großer Bedeutung ist der kurze Galiläa-Teil in Lk 4, 14–9, 50, der durch Jesu Predigt in Nazareth wiederum programmatisch eröffnet wird (Lk 4, 16–30), sie markiert den Beginn des öffentlichen Wirkens Jesu[437]. Den größten Einschnitt gegenüber Mk stellt der *Reisebericht* (Lk 9, 51–19, 27)[438] dar, in den Lukas ausschließlich Sondergut und Q-Überlieferungen integriert, ehe er in 18, 15 die markinische Erzählfolge wieder aufnimmt[439]. Zielpunkt der lukanischen Darstellung des Lebens Jesu ist Jerusalem (vgl. innerhalb des Reiseberichtes bes. Lk 13, 22; 17, 11), wo er als Lehrer speziell im Tempel wirkt (Lk 19, 29–21, 38). Die Zeit des Leidens versteht Lukas als Weg zur Herrlichkeit (vgl. Lk 24, 26), Passion und Ostern bilden für ihn eine unauflösliche Einheit. Die Ostergeschichten ereignen sich an einem Tag und finden mit der Himmelfahrt Jesu ihren Höhepunkt und ihr Ende. Als bestimmendes Element lukanischer Erzähltechnik kann neben der Verfeinerung des Episodenstils der Traditionen die Komposition längerer Texteinheiten gelten, die durch einleitende und abschließende Rahmenverse interpretiert werden (vgl. Lk 4, 16–30). Kennzeichen der lk. Kompositionstechnik sind ferner Nachträge, Ergänzungen und Variationen von Erzählungen[440]. Kaum zufällig ist ferner die Platzierung von Schlüsselerzählungen in der Mitte des jeweiligen Buches (vgl. Lk 15, 11–32; Apg 15, 1–35).

437 Vgl. M. Korn, a. a. O., 56–85, der in der Antrittspredigt die Eröffnung des gesamten lukanischen Doppelwerkes sieht.

438 Andere Abgrenzungen des Reiseberichtes: *9, 51–19, 28* (vgl. G. Sellin, Komposition, Quellen und Funktion des lukanischen Reiseberichtes [Lk 9, 51–19, 28], NT 20 [1978], 100–135); *9, 51–19, 44* (vgl. P. v. d. Osten-Sacken, Christologie, 476 A 2; M. Korn, a. a. O., 87); *9, 51–18, 43* (vgl. M. Wolter, Lk, 18).

439 R. v. Bendemann bestreitet die Existenz eines lukanischen Reiseberichtes. Seine Hauptargumente: Die Probleme einer plausiblen Abgrenzung des Reiseberichtes nach vorn und hinten; innerhalb des Reiseberichtes sind keine überzeugenden geographischen Gliederungen möglich; die fehlende formgeschichtliche Klassifizierung des Reiseberichtes; die Strategie des Lukas lässt sich ohne die Annahme eines Reiseberichtes im Rahmen literarischer Konvention der Antike erklären (vita Aesopi). „Einen mit Lk 9, 51 eröffneten Hauptteil der Erzählung, der einer besonderen (heilsgeschichtlichen) Etappe der Konfrontation des lukanischen Jesus mit ‚Israel' entspräche, gibt es im dritten Evangelium nicht. Das lukanische Doppelwerk zielt vielmehr *insgesamt* auf den narrativen Aufweis der Verwurzelung des *σωτήριον τοῦ θεοῦ* (Lk 3, 6 – Apg 28, 28; vgl. Lk 2, 30: *τὸ σωτήριόν σου*) in der Geschichte ‚Israels'. Es zeichnet in der erzählerischen Retrospektive die verschiedenen Spannungsbögen einer Entwicklung nach, in deren Vollzug die göttliche *σωτηρία* (Lk 1, 69.71.77; 19, 9; Apg 4, 12; 7, 25; 13, 26.47; 16, 17; 27, 34) zu den Heiden/Völkern und damit schließlich zu den (christlichen) Lesern gelangt ist und sich hier in der einen ‚Kirche' aus Juden und Heiden realisiert hat" (ders., Zwischen *ΔΟΞΑ* und *ΣΤΑΥΡΟΣ*, 392). Für die Existenz eines bewusst gestalteten lukanischen Reiseberichtes bleiben jedoch zwei grundlegende Argumente, die m. E. nicht entkräftet sind: 1) Lukas gibt in 9, 51 und 19, 28, aber auch in 13, 22 und 17, 11 klare sprachliche Signale, dass er Jesu Weg nach Jerusalem sowohl kompositorisch als auch theologisch als eigenständigen Abschnitt innerhalb seiner vita Jesu versteht. 2) Die luk. Quellenverarbeitung bestätigt den Eindruck, dass eine bewusste und besondere Gestaltung vorliegt, denn der 3. Evangelist integriert mit Ausnahme von Lk 18, 15–43 ausschließlich Material der Logienquelle und des Sonderguts im Reisebericht und hebt ihn auch damit deutlich hervor.

440 Vgl. dazu A. Dauer, Beobachtungen zur literarischen Arbeitstechnik des Lukas, BBB 79, Frankfurt 1990.

Auch Lukas orientiert sich bei seiner biographischen Darstellung der überlieferten Jesustraditionen am Markusevangelium. Die ungewöhnliche Ausweitung der Reise nach Jerusalem gegenüber Markus ist vor allem durch das dem 3. Evangelisten vorliegende Material bedingt, das er in den Markus-Aufriss integrieren musste. Dennoch ist Lukas unter den Evangelisten insofern ein Einzelfall, als er im Prolog seines Evangeliums seine literarischen Ambitionen als Schriftsteller und seine theologischen Absichten klar benennt. Historisierung und damit verbunden Biographisierung der Überlieferungen sowie rhetorische Gestaltung der Komposition[441] kennzeichnen die lukanische Arbeitsweise. Als Historiker ist Lukas um Vollständigkeit, Genauigkeit und Solidität bemüht, wobei er offenbar an Traditionen antiker Historiographie anknüpft. So sind *πράγματα* („Ereignisse")und *διήγησις*(„Erzählung/Bericht") z.Zt. des Lukas[442] Termini der antiken Historiographie, und die Synchronismen und Datierungen in Lk 1,5; 2,1.2; 3,1.2; Apg 11,28 und Apg 18,12 weisen Lukas als Historiker aus. Zudem ist die lukanische Eigenart, die Heilsgeschichte in abgegrenzte und eigengewichtige Epochen zu gliedern, nicht ohne zeitgenössische Parallelen, denn insbesondere die historischen Monographien des Sallust zeigen eine vergleichbare Struktur auf[443]. Deshalb erscheint es möglich, die beiden Bücher des lukanischen Doppelwerkes als *historische Monographien* zu bezeichnen, wovon der Charakter der lukanischen Darstellung des Lebens Jesu als Evangelium unberührt bleibt[444]. Die weit verbreitete Gattung der historischen Monographie ermöglicht es Lukas, umfassend die Wirksamkeit Jesu in ihren einzelnen Epochen darzustellen.

3.6.6 **Literarische Integrität**

Die literarische Integrität des Lukasevangeliums ist unbestritten.

3.6.7 **Traditionen, Quellen**

Das umfangreiche lukanische Sondergut warf immer wieder die Frage auf, ob Lukas neben Markus und seinem Exemplar der Logienquelle noch eine dritte Quelle verarbeitete (S^{Lk} oder L)[445]. So sah B. Weiß[446] in S^{Lk} eine selbständige Quellenschrift, die als Parallelüberlieferung zur Logienquelle verstanden werden müsse und in Jerusa-

441 Vgl. hier zuletzt M. Diefenbach, Die Komposition des Lukasevangeliums unter Berücksichtigung antiker Rhetorikelemente, FTS 43, Frankfurt 1993.

442 Belege bei E. Plümacher, EWNT I, 779f.

443 Vgl. E. Plümacher, Neues Testament und hellenistische Form. Zur literarischen Gattung der lukanischen Schriften, TheolViat 14 (1977/78), 109–123.

444 Vgl. a.a.O., 116f.

445 Vgl. zur Forschungsgeschichte K. Grobel, Formgeschichte und synoptische Quellenanalyse, FRLANT 53, Göttingen 1937, 67ff; W. Schmithals, Einleitung, 329–332.

446 Vgl. B. Weiß, Die Quellen des Lukasevangeliums, Stuttgart u. Berlin 1907.

lem beheimatet sei. Auch W. Bussmann postuliert eine lukanische Sondergut-Quelle, betont aber die Schwierigkeiten der sprachlichen Rekonstruktion dieses Werkes. Bussmann sah in Lukas, dem Arzt und Reisebegleiter des Paulus, den Verfasser dieser Sonderquelle[447]. Als einflussreich erwies sich die These von B. H. Streeter[448], der mit einem von Lukas selbst aus Q und L geschaffenen „Proto-Lukas" rechnet. „Luke himself may have been the person who originally combined Q and L, and then, at some subsequent date, produced an enlarged edition of his earlier work by incorporating large extracts from Mark and prefixing an account of the Infancy ... Proto-Luke appears to be a document independent of Mark and approximately of the same date".[449] So ist das jetzige Lukasevangelium eine um den Markus-Stoff erweiterte zweite Ausgabe des Proto-Lukas. Eine Modifikation der Proto-Lukas-Hypothese nahmen J. Jeremias[450] und F. Rehkopf[451] vor, die von einer lukanischen Sonderquelle ausgehen (Lk [1, 1–2, 52] 3, 1–4, 30; 6, 12–16. 20–49; 7, 1–8, 3; 9, 51–18, 14; 19, 1–28; 22, 14–24, 53), in die der dritte Evangelist Markus-Stoff integrierte.

In der Forschung konnte sich eine Drei-Quellen-Theorie bei Lukas nicht durchsetzen, denn der sprachliche Nachweis einer eigenständigen dritten vorlukanischen Quelle gelang nicht. Es bestehen sprachliche Unterschiede innerhalb des Sondergutes, und die Sondergutüberlieferungen wurden durch den Evangelisten bearbeitet. Schließlich sprechen sowohl die Disparatheit des Materials als auch das Fehlen eines inneren Ordnungsprinzips gegen die Existenz einer eigenständigen lukanischen Sondergutquelle[452].

3.6.8 Theologische Grundgedanken

Eine sachgemäße Darstellung der lukanischen Theologie muss mit den von Lukas selbst in Kap. 1, 1–4 erhobenen historischen, literarischen und hermeneutischen An-

447 Vgl. W. Bussmann, Synoptische Studien III, Halle 1931; E. Hirsch, Frühgeschichte des Evangeliums II, Tübingen 1941, 171 ff, führt das lukanische Sondergut auf ein ‚Evangelium' zurück (= Lu II), das in zeitlicher Nähe zur Logienquelle entstanden sein soll.

448 Vgl. B. H. Streeter, The Four Gospels (s. o. 3.2.1), 199–222. Ausgebaut wurde diese These von V. Taylor, Behind the Third Gospel. A Study of the Proto-Luke-Hypothesis, Oxford 1926.

449 B. H. Streeter, The Four Gospels, 200.

450 Vgl. J. Jeremias, Die Abendmahlsworte Jesu, Göttingen ^{4}1967, 91 ff.

451 Vgl. F. Rehkopf, Die lukanische Sonderquelle, WUNT 5, Tübingen 1959.

452 Zur Auseinandersetzung mit älteren Theorien vgl. W. G. Kümmel, Einleitung, 100 ff. In der neueren Forschung plädiert bes. E. Schweizer, Zur Frage der Quellenbenutzung durch Lukas, 83–85, für eine lukanische Sonderquelle. Er führt als Hauptargumente an: „1. Analogien zu den Abschnitten, die wir aufgrund von Mk und Q kontrollieren können; 2. die Aussage des Vorwortes von den ‚vielen' Vorgängern; 3. sprachliche Eigentümlichkeiten ...; 4. inhaltlich besonders die starke Ausrichtung auf Frauen und Arme, aber auch die Betonung der reinen Gnade; 5. Umstellungen gegenüber Mk, besonders in der Passionsgeschichte; 6. Übereinstimmungen mit Joh, gelegentlich auch mit Mt gegen Mk, besonders in der Passions- und Ostergeschichte; 7. Spannungen, die auf mehrere Traditionsschichten verweisen ..." (a. a. O., 84 f).

sprüchen einsetzen. Historische und theologische Solidität prägen sein Werk, Lukas schafft eine sichere Grundlage für die Unterweisung von Neophyten. Er schreibt eine Geschichte des Heils, die mit der Geburt Johannes d. T. beginnt und mit der freimütigen Predigt des Reiches Gottes in Rom durch den Apostel Paulus endet[453].

Eine *heilsgeschichtliche Intention* zeigt sich bereits in der Parallelisierung der Geburt Johannes d. T. und der Geburt Jesu (Lk 1, 5–2, 21)[454]. Die Simeonweissagung Lk 2, 29–35 verankert die für das Evangelium und die Apostelgeschichte gleichermaßen konstitutive Universalität des Heils bereits am Beginn der Erzählung. Durch die Synchronismen in Lk 2, 1 und Lk 3, 1–2 verbindet Lukas die Geschichte Jesu mit der Geschichte seiner Zeit, er versteht das Auftreten Jesu auch als den entscheidenden Teil der allgemeinen Weltgeschichte. Als einen besonderen Abschnitt innerhalb der Geschichte Gottes mit den Menschen kennzeichnet Lukas das Wirken Jesu durch die Bemerkung, dass der Satan nach den Versuchungen von Jesus wich (Lk 4, 13) und erst wieder beim Verrat des Judas in Erscheinung trat (Lk 22, 3). Die Zeit Jesu ist im Sinne des lukanischen Darstellungsinteresses deshalb sachgemäß mit H. Conzelmann als *‚satansfreie Zeit'* zu bezeichnen (vgl. Lk 10, 18)[455]. Auch Jesu Antrittspredigt in Nazareth (Lk 4, 16–30) verdeutlicht den einzigartigen Charakter des Auftretens Jesu: Er ist *der* Geistträger (Lk 4, 18), und in ihm erfüllt sich das Zeugnis der Schrift (Lk 4, 21)[456].

Nach der Wirksamkeit Jesu in Galiläa bildet Lk 9, 51 einen deutlich erkennbaren Einschnitt, Jesus wendet sich Jerusalem als Ort des Leidens und der Auferstehung zu. Lukas weitet den in Mk 10 geschilderten Gang Jesu von Galiläa nach Jerusalem zu einem Reisebericht aus, der mehr als ein Drittel des Evangeliums umfasst (Lk 9, 51–19, 27). Der Begriff des Reiseberichtes ist hier sachgemäß, weil nach Lk 9, 51 in Lk 9, 52 f. 56 f; 10, 38; 13, 22. 33; 14, 25; 17, 11; 19, 1. 11 immer wieder das Reisemotiv erscheint. Lukas verbindet mit dieser Komposition grundlegende theologische Aussagen, was bereits in Lk 9, 51 durch die Wendung *συμπληροῦσθαι τὰς ἡμέρας τῆς ἀναλήμψεως αὐτοῦ* („als sich die Tage seiner Hinaufnahme erfüllten") angezeigt wird. Eine durch *συμπληροῦν* vorbereitete heilsgeschichtliche Linie wird durch den Plural *τὰς ἡμέρας* ausgeweitet, der sich auf den Tod, die Auferweckung und die Himmelfahrt Jesu bezieht[457]. Der Reisebericht zeichnet deshalb nicht nur Jesu Weg

453 Zur lukanischen Theologie vgl. U. Schnelle, Theologie (s. o. 3.1.1), 431–489.

454 Vgl. hierzu Chr. G. Müller, Mehr als ein Prophet. Die Charakterzeichnung Johannes des Täufers im lukanischen Erzählwerk, HBS 31, Feiburg 2001, 296: „Johannes ist neben Jesus die einzige Hauptfigur des lukanischen Doppelwerks, deren gesamter Lebenslauf, von den besonderen Umständen seiner Geburt bis hin zu seinem Tod und seinem Weiterwirken über den Tod hinaus, erzählt wird. Schon daran wird deutlich, dass es sich bei Johannes dem Täufer für den Erzähler Lukas nicht um eine Nebenfigur, sondern um einen Protagonisten der von ihm erzählten Geschichte handelt."

455 Vgl. H. Conzelmann, Mitte der Zeit, 146.

456 Vgl. dazu U. Busse, Das Nazareth-Manifest Jesu, SBS 91, Stuttgart 1978.

457 Vgl. dazu F. W. Horn, Glaube und Handeln in der Theologie des Lukas, 260–268.

zum Leiden, sondern schließt Jesu Auferweckung und Himmelfahrt mit ein. Im Reisebericht unterweist Jesus selbst die Gemeinde und befähigt sie dadurch, in der Zeit seiner Abwesenheit seinem Willen gemäß zu leben. Damit ergibt sich für den lukanischen Reisebericht ein unauflöslicher Zusammenhang zwischen christologischem Ansatz und ekklesiologisch-ethischer Zielsetzung. Angesprochen ist eine Gemeinde, die sich bei der Parusie des Herrn im Gericht verantworten muss. Innerhalb der Paränese spielen der rechte Umgang mit dem Besitz (s. o. 3.6.4) und das sachgemäße Verständnis der Wiederkunft Jesu eine zentrale Rolle, wie es das Gleichnis von den anvertrauten Pfunden (Lk 19, 11–27) exemplarisch zeigt.

Innerhalb des Reiseberichtes erscheint Lk 16, 16 als eine Schlüsselstelle lukanischer Theologie. H. Conzelmann votiert für eine exklusive Deutung von *ἀπὸ τότε* („seitdem"), wofür er sich auf *μεχρὶ Ἰωάννου* („bis Johannes") in V. 16a berufen kann[458]. Die Epoche des Gesetzes und der Propheten reicht bis zu Johannes d. T., mit dem Auftreten Jesu hebt eine neue Zeit, die *‚Mitte der Zeit'* an. Für eine inklusive Deutung von Lk 16, 16 kann hingegen geltend gemacht werden: 1) Durch den Synchronismus in Lk 3, 1 f wird der Täufer an den Beginn der entscheidenden Heilszeit gestellt[459]. 2) Lk 3, 18 bezeichnet die Verkündigung des Täufers als Evangeliumspredigt, der Täufer verkündet den kommenden Messias (Lk 3, 16 f). 3) Nach Apg 1, 21 f beginnt die entscheidende heilsgeschichtliche Epoche mit dem Auftreten Johannes d. T. 4) Die Parallelisierung der Geburtsgeschichten zeigt, dass nach lukanischem Verständnis Johannes d. T. und Jesus nicht verschiedenen Epochen der Heilsgeschichte angehören. Für eine exakte Bestimmung der lukanischen Aufteilung der Heilsgeschichte in einzelne Epochen kann somit Lk 16, 16 nicht in Anspruch genommen werden.

Bilden Jesu Wirken in Jerusalem, sein Tod am Kreuz und die Auferstehung den Abschluss der Zeit Jesu, so ist die Bestimmung einer dritten heilsgeschichtlichen Epoche innerhalb des lukanischen Doppelwerkes wiederum unsicher: Die *Zeit der Kirche*. Für H. Conzelmann beginnt die Zeit der Kirche mit der Ausgießung des Geistes zu Pfingsten[460]. Problematisch ist bei dieser Bestimmung die Einordnung der Himmelfahrt Jesu. Bereits Lk 24, 47 verweist auf den weiteren Gang der Weltmission (vgl. Apg 1,8), und Lk 24, 49 blickt voraus auf die Geistverleihung (vgl. Apg 1, 4 f.8). Indem sich die Himmelfahrt vor den Augen der Apostel vollzieht (Lk 24, 51; Apg 1,9–11), werden diese als Augenzeugen (vgl. Lk 1, 1–4) legitimiert, ein für die folgende Darstellung des Wirkens der Apostel entscheidender Akt. Die Himmelfahrt wahrt somit die Kontinuität zwischen der Zeit Jesu und der Zeit der Kirche, deren Träger die Apostel sind. Eine strikte Trennung zwischen der Zeit Jesu und der Zeit der Kirche ist nicht möglich, vielmehr ermöglicht Jesu Himmelfahrt die Existenz der Gemeinde in

458 Vgl. H. Conzelmann, Mitte der Zeit, 17 u. ö.
459 Die Predigt der Gottesherrschaft beginnt dann mit dem Täufer; vgl. W. G. Kümmel, „Das Gesetz und die Propheten gehen bis Johannes", in: G. Braumann (Hg.), Das Lukas-Evangelium, 398–415.
460 Vgl. H. Conzelmann, Mitte der Zeit, 199 u. ö.

der Welt. Die Jesuszeit ist für Lukas die zentrale Heilszeit, aus der die Kirche hervorgeht und auf die sie sich immer wieder zurückbeziehen muss[461].

Ein zentrales Thema lukanischer Ekklesiologie lässt sich ebenfalls nicht in ein Periodenschema pressen: Die Kontinuität zwischen Israel und der Kirche[462]. Für Lukas ist die Kirche ein Werk Gottes (vgl. Lk 1, 54.68.72; 2, 34; Apg 5, 35–39; 13, 40f; 15, 16–18; 20, 28), Teil eines Prozesses, der nicht erst mit dem Auftreten Jesu oder der Apostel beginnt. So verdeutlicht die Stephanusrede, dass Israel zu allen Zeiten dem Willen Gottes widerstand (vgl. Apg 7, 51) und es schon z.Zt. des Alten Testaments eine Geschichte „der Sammlung und der Scheidung in Israel"[463] gab. Zugleich betont die lukanische Vorgeschichte (Lk 1, 5–2, 40), dass in Israel immer fromme und gerechte Menschen auf die Erlösung warteten. Auch an Johannes d.T. zeigt Lukas die Kontinuität zwischen Israel und der Kirche auf (vgl. Apg 13, 23.24). Jesus weiß sich zur Sammlung der Kinder Israels gesandt (Lk 13, 34), die in der Jüngergemeinde ihre Gestalt findet. Das Bleiben der Jüngergemeinde in Jerusalem über Ostern und Pfingsten hinaus illustriert nachdrücklich die von Lukas intendierte Kontinuität des wahren Israels. Während der ungläubige Teil Israels Jesus ablehnt, werden die Heiden in das Heil aufgenommen (Apg 10f) und so zu einem Teil des wahren Israel. Der Hauptzeuge der heilsgeschichtlichen Kontinuität innerhalb der Wende der urchristlichen Missionsgeschichte von den Juden zu den Heiden ist für Lukas der bekehrte Jude und Heidenapostel Paulus. Die Kirche erscheint bei Lukas als das wahre Israel. Sie entspricht dem ewigen Ratschluss Gottes, wurde erworben durch Jesu Blut und weiß sich geleitet vom Heiligen Geist (Apg 20, 27.28).

Mit seiner heilsgeschichtlichen Konzeption leistet Lukas für seine Gemeinde eine notwendige Orientierung in Zeit und Geschichte, die sich aus der Verzögerung der Parusie Jesu zwangsläufig ergibt. Die Verzögerungsproblematik wurde von Lukas entschlossen bedacht, ohne dass er dabei die Naherwartung aufgab (s.o. 3.6.4). Vielmehr erforderte gerade das Festhalten an der Naherwartung ein Bedenken der eingetretenen Dehnung der Zeit. Nicht die Parusieerwartung, sondern allein die Terminierung der Parusie lehnt Lukas ab! Der Orientierung in einer veränderten geschichtlichen Situation dient die von Lukas bewusst durchgeführte Verhältnisbestimmung von Staat und Kirche (s.o. 3.6.4). Sie erscheint Lukas unumgänglich, weil die Kirche auch weiterhin in dieser Welt existieren muss und will. Die lukanische Konzeption des *Zwölferapostolats*[464] muss ebenfalls auf dem Hintergrund der von Lukas verfolgten Neubestimmung gesehen werden. Für Lukas sind die zwölf Apostel die Zeugen der Anfangszeit (vgl. Lk 1, 1.2; Apg 1,8.21f; 2, 14.37). Sie begründen die Tradition der

461 Vgl. J. Roloff, Kirche (s.o. 3.5.4), 191: „die Kirche, wie sie sich durch das Zeugnis der Boten Jesu entwickelt hat, steht in einer vom Handeln Gottes bestimmten Kontinuität zur Geschichte Jesu."
462 Vgl. hierzu P. Pokorný, Theologie, 38–85.
463 G. Lohfink, Die Sammlung Israels, 93.
464 Vgl. hierzu mit unterschiedlichen Konzeptionen G. Klein, Die Zwölf Apostel, FRLANT 77, Göttingen 1961; J. Roloff, Apostolat – Verkündigung – Kirche, Gütersloh 1965, 169–235.

Kirche und erscheinen zugleich als Prototypen der späteren kirchlichen Amtsträger. Die Nachwahl des Matthias (vgl. Apg 1,21–26) verdeutlicht die grundlegende Bedeutung des Zwölferkreises für die Kontinuität zwischen der Zeit Jesu und der Zeit der Kirche. Die apostolische Sendung der zwölf Apostel setzt mit Pfingsten ein, Jesus selbst gewährt den Heiligen Geist (vgl. Apg 1,8; 2,1 ff). Weitergeführt wird nach lukanischer Darstellung das Werk der zwölf Apostel durch Paulus. Mit dem ‚Apostelkonvent' (vgl. Apg 15,22–29; 16,4) geht die Zeit der zwölf Apostel zu Ende, womit Lukas zugleich die Einmaligkeit und Einzigartigkeit des Zwölferapostolats unterstreicht.

In die heilsgeschichtliche Grundkonzeption der lukanischen Theologie lässt sich auch die Darstellung vom Wirken des *Heiligen Geistes* einordnen. Grundlegend ist der Geistbesitz Jesu, der in Lk 1,35 vorausgesagt wird und sich in der Taufe Jesu manifestiert (vgl. Lk 3,22). Jesus selbst tauft nun mit Heiligem Geist und Feuer (vgl. Lk 3,16; Apg 1,5; 11,16). Der Geist führt Jesus in die Wüste (Lk 4,1) und leitet ihn nach Nazareth (vgl. Lk 4,14), wo Jesus die zentrale Aussage macht: „Der Geist des Herrn ist auf mir, weil er mich gesalbt hat" (Lk 4,18a). Pfingsten ist für Lukas somit die Erfüllung der bereits vom Täufer angekündigten Geisttaufe Jesu (vgl. Lk 3,16; Apg 1,5; 2,4). Jesus selbst sagt vor seiner Himmelfahrt den Jüngern zu, ihnen den Geist zu senden (vgl. Lk 24,49). Die Gabe des Heiligen Geistes erscheint nach Apg 1,6–8 als die entscheidende Zurüstung der Zeugen Christi in der Zeit der Abwesenheit des Herrn. In der Taufe wird der Geist den Christen zugeeignet (vgl. Apg 2,38), und das eigentliche Subjekt der Missionsgeschichte ist der Geist (vgl. Apg 8,29.39; 11,12; 16,7 f). Der Geist greift nicht nur wiederholt in den Ablauf der Heilsgeschichte ein (vgl. auch Lk 1,41–43.67–69; 10,21; 12,12), er bewirkt auch wichtige kirchengeschichtliche Entscheidungen und Weichenstellungen, wie die Einigung auf dem Apostelkonvent (vgl. Apg 15,28) und die Einsetzung der Gemeindeältesten in ihr Amt (vgl. Apg 20,28). Der Geist führt somit das Werk Jesu in der Kirche weiter, und er gewährt die Kontinuität des heilschaffenden Handelns Gottes in der Geschichte.

Mit der Geistvorstellung unmittelbar verbunden ist die lukanische Reich-Gottes-Verkündigung. Lukas bindet die Gegenwart des Reiches Gottes an die Person Jesu (Lk 4,43; 11,20; 17,20f). Inhalt der Verkündigung Jesu (Lk 4,43; 8,1; 9,11; 16,16b; Apg 1,3), der Jünger, der Apostel und des Paulus (Lk 9,2.60; Apg 8,12; 14,22; 20,25; 28,23.31) ist das Reich Gottes. „Indem der Auferstandene und doch Gegenwärtige vom Gottesreich spricht (Apg 1,3), aber die baldige Aufrichtung dieses Reiches verneint und statt dessen auf die Verheißung des Geistes und den Auftrag zur Weltmission verweist (Apg 1,6–8), bindet Lukas auch für die Kirche das Reich Gottes an die Heilsgegenwart Jesu."[465] In der vom Geist geleiteten Verkündigung des Reiches Gottes bleibt Jesus in der Kirche gegenwärtig. Lukas stellt damit seiner Gemeinde die Verkündigung des Reiches Gottes als zentrale und bleibende Aufgabe vor Au-

465 O. Merk, Das Reich Gottes, 282.

gen, was nachdrücklich durch die Reich-Gottes-Predigt des Paulus in Rom verdeutlicht wird (Apg 28, 23. 31).

3.6.9 Tendenzen der neueren Forschung

Die Diskussion um die theologische Ausrichtung des lukanischen Doppelwerkes wurde vor allem durch die Thesen H. Conzelmanns bestimmt, wonach Lukas das Ausbleiben der Parusie durch einen heilsgeschichtlichen Entwurf bewältigt habe. „Lukas hat begriffen, dass Naherwartung nicht tradiert werden kann. Daß er bewußt arbeitet, zeigt sich daran, daß die Naherwartung nicht einfach verschwindet, sondern durch ein Bild der Heilsgeschichte ersetzt wird."[466] Dieser heilsgeschichtliche Entwurf des Lukas gliedert sich in drei aufeinanderfolgende Epochen[467], in denen sich Gottes Plan mit den Menschen von der Schöpfung bis zur Parusie Christi realisiert: 1) Die Zeit Israels als Zeit des Gesetzes und der Propheten (Lk 16, 16). 2) Die Zeit Jesu als Mitte der Zeit (Lk 4, 14–22, 2). 3) Die Zeit der Kirche als die Zeit des Geistes (Apg 2, 1 ff). Auch das Wirken Jesu lässt sich nach Conzelmann in drei Etappen untergliedern, das ‚Messiasbewusstsein' Jesu (vgl. Lk 3, 21–9, 17), das ‚Leidensbewusstsein' Jesu (vgl. Lk 9, 18–19, 27) und das ‚Königsbewusstsein' Jesu (vgl. Lk 19, 28–23, 56). Zwar ist eine Periodisierung innerhalb des lukanischen Doppelwerkes unverkennbar, und Lukas bedenkt entschlossen das Heil Gottes in der Geschichte. Als problematisch wird hingegen in der neueren Exegese die von Conzelmann durchgeführte exakte Trennung der heilsgeschichtlichen Epochen empfunden, denn Lk 16, 16 lässt sich nicht in einem exklusiven Sinne verstehen, und die Himmelfahrt Jesu bildet die verbindende Mitte zwischen der Zeit Jesu und der Zeit der Kirche.

Im Gegensatz zu H. Conzelmann betont G. Schneider, für die heilsgeschichtliche Darstellung des Lukas sei eine Zweiteilung konstitutiv, nämlich „dass Lukas die Jesuszeit engstens mit der der Kirche verbindet (unter dem Gesichtspunkt der Gottesreichverkündigung) und beide der Zeit des Gesetzes und der Propheten gegenüberstellt (Lk 16, 16)."[468] Auch bewertet Schneider die Heilsgeschichte bei Lukas nicht als Ersatz für die aufgegebene Naherwartung. „Vielmehr dient die heilsgeschichtliche

466 H. Conzelmann, Theologie (s. o. 2), 160.

467 In wesentlichen Punkten vorweggenommen wurde die Interpretation Conzelmanns durch H. v. Baer, Der Heilige Geist in den Lukasschriften, BWANT 39, Stuttgart 1926.

468 G. Schneider, Apg I (s. u. 4.1), 136 f; vgl. auch J. Roloff, Die Paulusdarstellung des Lukas (s. u. 4.1), 528 A 53; A. Weiser, Apg I (s. u. 4.1), 31 f. Für M. Korn, Die Geschichte Jesu in veränderter Zeit, 272, ist „Jesu Geschichte die ‚Mitte der Zeit' im sachlichen Sinn. Sie teilt die Geschichte in die Zeit der Erwartung und der Erfüllung. Jesu Wirksamkeit bildet zusammen mit dem Handeln der Kirche in seinem Namen die durch die Verkündigung des Evangeliums qualifizierte eschatologische Heilszeit (Lk 16, 16)." P. Pokorný, Theologie, 31, ordnet die beiden Teile des lukanischen Doppelwerks folgendermaßen zu: „Die zwei Etappen sind der irdische Anfang des Wirkens Jesu und die Wirkung Jesu im Heiligen Geist, die ihren Anfang in Act 2 hat."

Orientierung auch dem Aufweis der Kontinuität der Verkündigung von den Propheten zu Jesus und von Jesus über seine apostolischen Zeugen bis hin zum eigentlichen Heidenmissionar Paulus."[469] K. Löning bestreitet ein heilsgeschichtliches Epochendenken bei Lukas: „Vielmehr gehören alle von Lukas berichteten Ereignisse zur Geschichte Israels und lassen sich nicht teilweise besonderen, von der Zeit Israels abgehobenen Epochen der Geschichte zuordnen; es ist unmöglich, die Israel Thematik derjenigen Phase der erzählten Zeit im lukanischen Erzählnexus zuzuordnen, die dem Auftreten Jesu vorangeht und von der Zeit des Wirkens Jesu her als Vergangenheit zu bezeichnen wäre."[470] Von nur einer Epoche spricht M. Wolter: „Lukas erzählt die christlich-jüdische Trennungsgeschichte nämlich als einen Ausschnitt aus der Geschichte des Gottesvolkes bzw. als *eine Epoche der Geschichte Israels.*"[471]

Die Bewältigung der Parusieproblematik steht nicht allein im Zentrum der lukanischen Geschichtsschreibung, denn Lukas gibt die Naherwartung nicht auf, und seine heilsgeschichtliche Konzeption ist weitaus mehr als ein Ersatz für eine angeblich aufgegebene Vorstellung. Sie gewährt der lukanischen Gemeinde die notwendige Orientierung in der Zeit und die Vergewisserung der heilsgeschichtlichen Kontinuität. Deshalb ist der von E. Käsemann, Ph. Vielhauer und S. Schulz gegen Lukas erhobene Vorwurf des ‚Frühkatholizismus' ungeeignet, das Proprium der lukanischen Theologie zu erfassen[472]. Lukas ersetzt nicht, sondern er interpretiert die Parusievorstellung durch seine heilsgeschichtliche Konzeption. Die lukanische Ekklesiologie ist wohl am Gedanken der Traditionsweitergabe orientiert[473], nicht aber an der apostolischen Sukzession. Vielmehr ist die Bestallung der Amtsträger in Apg 20, 17–38 an den Geist gebunden (V. 28). Ein großes Interesse am Amt zeigt Lukas nicht, er versetzt lediglich die Organisationsstruktur seiner Zeit, die Presbyterverfassung, in die Zeit des Paulus zurück (Apg 14, 23). Auch die lukanische Ethik wird mit dem Begriff des ‚Frühkatholizismus' nicht sachgemäß erfasst. Lukas kennt (wie auch Paulus in 2 Kor 9, 6 f) den Zusammenhang von Wohltätigkeit und jenseitigem Lohn (z. B. Lk 6, 35. 38; 12, 33 f; 16,9; Apg 10, 31), und der Gerichtsgedanke gehört selbstverständlich zur Motivation der Paränese. Gerade hier kann von einer Ent-Eschatologisierung zugunsten einer heilsgeschichtlichen Periodisierung nicht die Rede sein.

Die prophetischen Züge im lukanischen Jesusbild (vgl. Lk 4, 16–30; 7, 16. 39;

469 G. Schneider, Apg I (s. u. 4.1), 137.

470 K. Löning, Das Evangelium und die Kulturen. Heilsgeschichtliche und kulturelle Aspekte kirchlicher Realität in der Apostelgeschichte, ANRW 25.3, Berlin 1985, (2604–2646) 2608. Löning ist darin recht zu geben, dass die Israel-Thematik im Doppelwerk durchgängig präsent ist; zugleich werden aber dadurch die beiden zentralen Epochen der Jesus-Zeit und der Zeit der Kirche nicht aufgehoben!

471 M. Wolter, Das lukanische Doppelwerk als Epochengeschichte, 272.

472 Vgl. zu dieser Diskussion bes. W. G. Kümmel, Lukas in der Anklage der heutigen Theologie, in: G. Braumann (Hg.), Das Lukas-Evangelium, 416–436.

473 Diesen Aspekt betont H. Schürmann, Lk I, 3, wonach Lukas ein Mann der Kirche ist, „der auch mit seiner Schriftstellerei ihr dienen will, näherhin dadurch, dass er die kirchliche Tradition sichert."

9, 7f. 19; 24, 19–21) arbeitet G. Nebe heraus. Der Prophetenbegriff gab Lukas „auf einem breiten und komplexen motivgeschichtlichen und inhaltlichen Vorstellungsboden offensichtlich eine ausgezeichnete Möglichkeit, Jesus im größeren Zusammenhang mit titularer Christologie sowie Worten, Taten und Geschick darzustellen."[474] Während für W. Schmithals eine Verfolgungssituation konstitutiv für das Verständnis des lukanischen Doppelwerkes ist[475], wird nach W. Stegemann die konkrete historische Situation der lukanischen Gemeinde nicht von Verfolgungen durch die Synagoge oder die Obrigkeit bestimmt. „Tatsächlich werden die Beziehungen von Diasporasynagogen zur lukanischen Christenheit sinnvollerweise unter dem Begriff Distanzierung gefaßt und verstanden. Daraus oder aus Spannungen mit der heidnischen Öffentlichkeit konnten sich auch forensische Konflikte der Christen ergeben, so dass durchaus von deren Gefährdung durch staatliche Maßnahmen gesprochen werden kann, aber eben nicht von Verfolgungen im eigentlichen Sinne."[476] In einem anderen sozialgeschichtlichen Kontext verortet L. Bormann das Lukasevangelium. Er untersucht das für antikes Denken konstitutive Verhältnis von Recht und Religion bei Lukas und betont: „Lukas nimmt den Blick von außen auf. Er erschließt so die Jesustradition den Lesern der römisch- und griechisch-hellenistischen Welt im weitesten Sinn, sei es der hellenisierte Jude, der Grieche oder der mit den Vorstellungen der hellenistischen Welt vertraute Römer."[477]

Eine Tendenz ist in der neuesten Lukasforschung unübersehbar: Das Verhältnis zu Israel erscheint vielen Exegeten als das zentrale Thema lukanischer Theologie. „Das lukanische Geschichtswerk erweist sich so als Dokument einer frühchristlichen Auseinandersetzung mit dem Problem des Verhältnisses der christlichen Gemeinden zur jüdischen Geschichte. Das Geschichtswerk des Lukas ist ein originärer, einheitlicher Entwurf der Ursprungsgeschichte des Christentums, mit dem Lukas die Reichweite des historisch-theologischen Erinnerungsvermögens des (nachpaulinischen) Christentums seiner Zeit im Verhältnis zur jüdischen Hoffnungsgeschichte bestimmt."[478] Nicht erst die Ablehnung des Evangeliums durch Israel führt zur Mission der Heiden, sondern Gottes Heilswille gilt von Anfang an gleichermaßen Juden und Heiden[479]. M. Wolter folgert aus der Bestimmung der christlich-jüdischen Tren-

474 G. Nebe, Prophetische Züge, 207.

475 Vgl. nur W. Schmithals, Apg (s. u. 4.1), 11 ff.

476 W. Stegemann, Zwischen Synagoge und Obrigkeit, 268.

477 L. Bormann, Recht, Gerechtigkeit und Religion, 358.

478 K. Löning, Geschichtswerk des Lukas I, 9; vgl. ferner E. Reinmuth, Pseudo-Philo und Lukas, 245–249; P. Pokorný, Theologie, 38: „Lukas hat versucht, diese neue Wirklichkeit (sc. die Kirche, U. S.) theologisch als das Gottgewollte darzustellen und gleichzeitig das Erbe Israels zu bewahren"; J. Jervell, Apg (s. u. 4.1), 92 f: „Es geht Lukas vor allem um das Gottesvolk und seine Geschichte; denn nur innerhalb dieser Geschichte ist die Kirche zu verstehen. Es gibt nur ein Volk, dass man ‚Volk', *λαός*, nennen darf, nämlich Israel. Die Geschichte Israels hört nie auf, sondern geht geradlinig in der Kirche weiter, nämlich als die Geschichte des einen Gottesvolkes."

479 Vgl. G. Wasserberg, Aus Israels Mitte – Heil für die Welt, 134–147 u. ö.; C.-P. März, Die theologische Interpretation der Jesus-Gestalt bei Lukas, 149: „Der Anfang des auf Israel ausgerichteten Wirkens Jesu erscheint deshalb bereits von jenen Impulsen be-

nungsgeschichte als einer Epoche der Geschichte Israels, „dass die ‚Zeit Israels' für Lukas nicht lediglich bis Johannes geht, sondern sich in der ‚Zeit Jesu' sowie in der ‚Zeit der Kirche' fortsetzt und auch in der Gegenwart natürlich noch nicht vorbei ist."[480] Mit der Israelthematik verbindet sich eine Hinwendung zur erzählerischen Leistung des Lukas, die das Doppelwerk als einheitliche Erzählung wahrnimmt und durchgängig im Blick behält[481]. „Lk – Act ist ein in sich geschlossenes Erzählganzes."[482] Auch nach R. v. Bendemann thematisiert Lukas das Kontinuitätsproblem vor allem durch die Relationsbestimmung des christlichen, neuen Weges (vgl. Apg 9,2; 24,14) zum Judentum: „Von Beginn an, nach dem schon Johannes d. T. integraler Bestandteil des göttlichen Heilshandelns ist, wird die lukan. Erzählung von der Frage bestimmt, wie es geschehen konnte, dass die Juden ... den so hochkodiert erzählten ‚Gottessohn', königlichen ‚Messias', Garanten des Abrahambundes, Propheten, Repräsentanten der *σοφία*, Gerechten u. Menschensohn abwiesen, dass ‚Israel' vielmehr mehrheitlich seine Einladung ausgeschlagen u. sich dem christl. Zeugnis verweigert hat."[483] Eine präzise Erfassung des Verhältnisses von Theologie und Geschichte bei Lukas unternimmt M. Bauspieß. Danach entwickelt Lukas seine Theologie nicht einfach als ‚Geschichtsschreibung', sondern unterscheidet zwischen historisch beschreibbarer Wirklichkeit und eine dem Glauben eigene Erkenntnis. „Der Verfasser des Doppelwerkes nimmt demnach eine *Unterscheidung* zwischen Heilswirklichkeit und historisch zugänglicher Wirklichkeit vor, die sich in der metaphorischen Unterscheidung von himmlischer und irdischer Wirklichkeit wiederfindet."[484]

stimmt, die seine Erhöhung und die Sendung der Boten zu weltweiter Mission einlösen sollen. Sein Weg erweist sich in der Scheidung in Israel als Phase der Differenzierung, die das Angebot des Heils dergestalt vor die Menschen bringt, dass es auch durch vielfache Verweigerung nicht zunichte gemacht wird, sondern nunmehr seinen Weg zu den Völkern sucht, ohne dass es dabei freilich den Bezug auf Israel verliert. Der offene Abschluß der Apostelgeschichte zeigt an, dass dieser Prozeß noch nicht zu Ende ist."

480 M. Wolter, Das lukanische Doppelwerk als Epochengeschichte, 273 A 59.

481 Grundlegend R. C. Tannehill, The Narrative Unity of Luke – Acts I.II, Minneapolis 1986.1990.

482 G. Wasserberg, Aus Israels Mitte – Heil für die Welt, 31.

483 R. v. Bendemann, Lukas, 673 f.

484 M. Bauspieß, Geschichte und Erkenntnis, 529 f.

4. Die Apostelgeschichte

4.1 Literatur

Kommentare

KEK III: E. Haenchen, [7]1977; J. Jervell, 1998. – HNT 7: H. Conzelmann, [2]1972. – HThK V 1.2: G. Schneider, 1980. 1982. – EKK V/1.2: R. Pesch, 1986. – ThHK 5: G. Schille, [3]1990. – ÖTK 5/1.2: A. Weiser, [2]1989. 1985. – NTD 5: J. Roloff, [2]1988. – ZBK 3.2: W. Schmithals, 1982. – ICC: C.K. Barrett, 1994. 1998. – AncB 31: J.A. Fitzmyer, 1998. – Hermeneia: R. I. Pervo, 2009. – ANTC: B. Gaventa, 2003. – Sacra Pagina: L.T. Johnson, 1992. – O. Bauernfeind, Kommentar und Studien zur Apostelgeschichte, WUNT 22, Tübingen 1980. – G. Lüdemann, Das frühe Christentum nach den Traditionen der Apostelgeschichte, Göttingen 1987. – B. Witherington III, The Acts of the Apostles. A Socio-Rhetorical Commentary, Grand Rapids 1998.

Monographien

The Beginnings of Christianity I–V, hg. v. F.J.F. Jackson – K. Lake, London 1920–1933. – U. Wilckens, Die Missionsreden der Apostelgeschichte, WMANT 5, Neukirchen [3]1974. – Chr. Burchard, Der dreizehnte Zeuge, FRLANT 103, Göttingen 1970. – E. Plümacher, Lukas als hellenistischer Schriftsteller, SUNT 9, Göttingen 1972. – V. Stolle, Der Zeuge als Angeklagter, BWANT 102, Stuttgart 1973. – K. Löning, Die Saulustradition in der Apostelgeschichte, NTA NF 9, Münster 1971. – R. Maddox, The Purpose of Luke-Acts, FRLANT 126, Göttingen 1982. – C.J. Hemer, The Book of Acts in the Setting of Hellenistic History, WUNT 49, Tübingen 1989. – J. Wehnert, Die Wir-Passagen der Apostelgeschichte, GTA 40, Göttingen 1989. – C.J. Thornton, Der Zeuge des Zeugen. Lukas als Historiker der Paulusreisen, WUNT 56, Tübingen 1991. – B.W. Winter u.a., The Book of Acts in Its First Century Setting 1–6, Grand Rapids 1993–1997. – H.J. Klauck, Magie und Heidentum in der Apostelgeschichte des Lukas, SBS 167, Stuttgart 1996. – S. Porter, The Paul of Acts, WUNT 115, Tübingen 1999. – F. Avemarie, Die Tauferzählungen der Apostelgeschichte, WUNT 139, Tübingen 2002. – D. Marguerat, The First Christian Historian. Writing the ‚Acts of the Apostles‘, SNTS.MS 121, Cambridge 2002. – R.I. Pervo, Dating Acts. Between the Evangelists and the Apologists, Santa Rosa 2006. – M. Lang, Die Kunst des christlichen Lebens. Rezeptionsästhetische Studien zum lukanischen Paulusbild, ABG 29, Leipzig 2008. – J. Börstinghaus, Sturmfahrt und Schiffbruch, WUNT 2.274, Tübingen 2010.

Aufsätze

M. Dibelius, Aufsätze zur Apostelgeschichte, hg. v. H. Greeven, FRLANT 60, Göttingen [5]1968 (grundlegende Aufsatzsammlung!). – Ph. Vielhauer, Zum „Paulinismus“ der Apostelgeschichte, in: ders., Aufsätze zum Neuen Testament, TB 31, München 1965, 9–27. – E. Plümacher, Lukas als griechischer Historiker, PRE.S 14 (1974), Sp. 235–264. – Ders., Art. Apostelgeschichte, TRE 3 (1978), 483–528. – J. Roloff, Die Paulusdarstellung des Lukas, EvTh 39 (1979), 510–531. – A. Weiser, Das „Apostelkonzil" (Apg 15, 1–35): Ereignis, Überlieferung, lukanische Deutung, BZ 28 (1984), 145–167. – J. Kremer (Hg.), Les Actes des Apôtres, BETL XLVIII, Leuven 1979 (Aufsatzsammlung). – I. H. Marshall u. D. Peterson (Hg.), Witness to the Gospel. The Theology of Acts, Grand Rapids 1998. – J. Verheyden (Hg.), The Unity of Luke – Acts, BETL 142, Leuven 1999 (wichtige Aufsatzsammlung). – D.-A. Koch, Kollektenbericht, ‚Wir'-Bericht und Itinerar. Neue (?) Überlegungen zu einem alten Problem, NTS 45 (1999), 367–390. – F. W. Horn (Hg.), Das Ende des Paulus, BZNW 106, Berlin 2001. – T. Nicklas – M. Tilly (Hg.), Apostelgeschichte als Kirchengeschichte, BZNW 120, Berlin 2003. – E. Plümacher, Rom in der Apostelgeschichte, in: ders., Geschichte und Geschichten, WUNT 170, Tübingen 2003, 135–169. – C. Breytenbach – J. Schröter (Hg.), Die Apostelgeschichte und die hellenistische Geschichtsschreibung (FS E. Plümacher), AJEC 57, Leiden 2004. – J. Schröter, Lukas als Historiograph, in: E.-M. Becker (Hg.), Die antike Historiographie und die Anfänge der christlichen Geschichtsschreibung, BZNW 129, Berlin 2005, 237–262. – K. Backhaus, Lukas der Maler: Die Apostelgeschichte als intentionale Geschichte der christlichen Erstepoche, in: K. Backhaus/G. Häfner, Historiographie und fiktionales Erzählen, BThSt 86, Neukirchen 2007, 30–66. – J. Frey/C. K. Rothschild/J. Schröter (Hg.), Die Apostelgeschichte im Kontext antiker und frühchristlicher Historiographie, BZNW 162, Berlin 2009. – D. Marguerat (Hg.), Reception of Paulinism in Acts, BETL 229, Leuven 2009.

Forschungsbericht

E. Plümacher, Acta-Forschung 1974–1982, ThR 48 (1983), 1–56; 49 (1984), 105–169; J. Schröter, Actaforschung seit 1982, ThR 72 (2007), 179–230.293–345.383–419; ThR 73 (2008), 1–59.150–196.282–333.

4.2 Verfasser

Sowohl die Widmung in Lk 1, 3 und ihre Wiederaufnahme in Apg 1, 1 als auch die großen sprachlichen und theologischen Übereinstimmungen und Bezüge zwischen dem Lukasevangelium und der Apostelgeschichte deuten darauf hin, dass beide Werke vom gleichen Verfasser stammen (zu Lukas s. o. 3.6.2) und als kompositorische wie theologische Einheit zu begreifen sind. Seit Irenäus (Haer III 13, 3) ist die Überschrift *πράξεις ἀποστόλων* („Taten der Apostel") bezeugt. Wahrscheinlich ist sie nicht ursprünglich, denn nicht die Aposteltaten, sondern das göttliche Handeln in der Missionsgeschichte des frühen Christentums steht im Zentrum der Darstellung des zweiten Buches des lukanischen Doppelwerkes.

4.3 Ort und Zeit der Abfassung

Wie im Lukasevangelium spiegeln sich auch in der Apostelgeschichte die Probleme der dritten urchristlichen Generation wider (vgl. Apg 20, 18–35). Die Vorstellung einer dritten Generation, die sich in bewusster Kontinuität zu den Anfängen sieht und dadurch ihren Ort in der Gegenwart bestimmt, ist auch in den Pastoralbriefen vorausgesetzt und in 1 Klem 42 entfaltet[1]. Ein deutlicher Hinweis, dass auch die Apg in die Zeit des ausgehenden ersten christlichen Jahrhunderts gehört. Ergab sich für das Lukasevangelium eine Datierung um 90 n. Chr., so wird man die Apg etwas später zwischen *90–100 n. Chr.* ansetzen dürfen[2].

Die geographischen Gewichtungen innerhalb der Apg weisen auf den Raum der Ägäis oder Rom als Abfassungsort hin. Die Arbeit des Paulus spielt sich im wesentlichen im Raum der Ägäis ab, und der heilsgeschichtliche Plan Gottes führt ihn nach Europa. H. Conzelmann folgert aus diesen Beobachtungen: „Nun müssen sich Ägäis und Rom nicht ausschließen: Der Verfasser kann beispielsweise in der Ägäis aufgewachsen und später nach Rom gekommen sein"[3]. Für *Rom* sprechen die bereits unter 3.6.3 angeführten Argumente: 1) Die lukanische Darstellung der Verbreitung des Evangeliums findet in Rom ihren Zielpunkt (vgl. Apg 1,8; 19,21). 2) Im Paulusbild und im Amtsverständnis bestehen Übereinstimmungen zwischen dem lukanischen Doppelwerk und 1 Klem 5; 42.

4.4 **Empfänger**

Für die Zeit der Abfassung der Apostelgeschichte wird man für die lukanische Gemeinde keine andere Situation annehmen dürfen, als sie in 3.6.4 geschildert wurde.

1 Vgl. hierzu G. Schille, Frei zu neuen Aufgaben. Beiträge zum Verständnis der dritten urchristlichen Generation, Berlin 1986.

2 Vgl. dazu auch J. Roloff, Apg, 5; G. Schille, Apg, 41; G. Schneider, Apg I, 121; A. Weiser, Apg I, 40 f: 80–90; W. Schmithals, Apg, 17: 90–110; C. K. Barrett, Acts II, XLII („late 80s or early 90s"); J. Jervell, Apg, 86 (80–90); R. v. Bendemann, Lukas (s. o. 3.6.1), 659 (in den 90er Jahren); für eine Frühdatierung votiert z. B. C. J. Hemer, Book of Acts, 408 f: 62 n. Chr. Eine Spätdatierung vertritt in der neueren Diskussion vor allem R. I. Pervo, Dating, 346; ders., Acts, 5 (115 n. Chr.). Seine Hauptargumente: 1) Lukas kannte und benutzte Werke des Josephus (Antiquitates); 2) Lukas hatte Zugang zu einer Paulusbriefsammlung; 3) die in der Apg vorausgesetzte kirchliche und politische Situation sowie die apologetische Ausrichtung verweisen auf eine Zeit zwischen ‚Evangelisten und Apologeten'. Einer Prüfung halten diese Argumente nicht stand, denn eine Josephuskenntnis lässt sich nicht belegen; Paulus wird in der Apg gerade nicht als Briefschreiber vorgestellt und die kirchlich/politische Situation kann zwischen 90–100 ebenso angesiedelt werden wie 115 n. Chr. Vor allem muss Pervo das Lukasevangelium um 110 n. Chr. datieren (ders., Dating, 340), was angesichts von Lk 1, 1–4 nicht überzeugt.

3 H. Conzelmann, Der geschichtliche Ort der lukanischen Schriften (s. o. 3.6.3), 245. E. Plümacher, Rom, 161; K. Löning, Paulinismus in der Apostelgeschichte (s. u. 4.8), 204–209; R. I. Pervo, Acts, 5, plädieren für Ephesus.

4.5 Gliederung, Aufbau, Form

1, 1–14	**Widmung, Himmelfahrt II**
1, 15–8, 3	Die Apostel als Zeugen des Evangeliums in Jerusalem
	Apg 6, 1 ff.: Ein Wendepunkt in der Urgemeinde
8, 4–11, 18	Die Verkündigung des Evangeliums in Samaria und den Küstengebieten; Apg 9, 32 ff: Die Heidenmission kommt in den Blick
11, 19–15, 35	Die antiochenische Mission
	Apg 15, 1–35: Der Apostelkonvent als Ende der Urzeit der Kirche
15, 36–19, 20	Die Mission des Paulus in Kleinasien und Griechenland
19, 21–21, 17	Paulus auf dem Weg nach Jerusalem (und Rom)
21, 18–26, 32	Verhaftung und Prozess des Paulus
27, 1–28, 31	Reise des Paulus nach Rom, Wirksamkeit in Rom

In Apg 1,8 formuliert Lukas das Programm der gesamten Darstellung: „Aber ihr werdet die Kraft des Heiligen Geistes empfangen, die auf euch herabkommen wird, und ihr werdet meine Zeugen sein in Jerusalem und in ganz Judäa und Samaria bis an das Ende der Erde." Die Ausbreitung des Evangeliums unter der Führung des Heiligen Geistes wird von Lukas offenbar in einer geographischen Perspektive dargestellt. Nach dem Vorwort Apg 1, 1–14 schildert Apg 1, 15–8, 3 die Verkündigung und das Zeugnis der Apostel in der Urgemeinde von Jerusalem. Mit dem in Apg 6, 1 ff geschilderten Auftreten der Hellenisten setzt eine neue Entwicklung innerhalb der Urgemeinde ein, denn mit ihnen wird das Evangelium über seinen Ursprungsort Jerusalem hinausgetragen nach Judäa, Samaria und in die umliegenden Gebiete. Diese Mission schildert Apg 8, 4–11, 18. Einen ersten Abschnitt innerhalb dieser Entwicklung zeigt Apg 9, 31 an, wo das Wachstum der Gemeinden in diesen Gebieten unter der Führung des Heiligen Geistes summarisch erwähnt wird. Ab Apg 9, 32 kommt die Heidenmission in den Blick, die in der Taufe des Kornelius durch Petrus und dem sich daran anschließenden Rechenschaftsbericht des Petrus eine programmatische Begründung findet. Einen deutlichen Einschnitt in der Darstellung der urchristlichen Missionsgeschichte markiert die antiochenische Mission (Apg 11, 19–15, 35), in deren Mittelpunkt die Missionsarbeit des Paulus und Barnabas steht. Der Apostelkonvent in Apg 15, 1–35 kann als der kompositionelle und sachliche Mittelpunkt der Apostelgeschichte angesehen werden. Hier endet die insbesondere von Jerusalem getragene Urzeit der Kirche und beginnt die Zeit der gesetzesfreien Heidenmission, deren Repräsentant Paulus ist. Ab Apg 15, 35 konzentriert sich die lukanische Darstellung allein auf Paulus. Ausführlich wird die Mission in Kleinasien geschildert, ein für die weitere Geschichte der Kirche fundamentaler Vorgang. Apg 19, 21 benennt einen weiteren Wendepunkt, nun entschließt sich Paulus, unter der Führung des Heiligen

Geistes nach Jerusalem und dann nach Rom zu gehen. Die für das Gesamtwerk konstitutive Ausrichtung von Jerusalem in Richtung Rom wird hier programmatisch formuliert. Stellen Apg 19, 21–21, 17 den Weg des Apostels nach Jerusalem dar, so folgen in Apg 21, 18–26, 32 die Verhaftung und der Prozess des Paulus. Den Abschluss des Werkes bildet die Reise des Paulus nach Rom und seine ungehinderte Wirksamkeit in der Welthauptstadt (Apg 27, 1–28, 31). Mit Paulus ist das Evangelium vom Reich Gottes (Apg 28, 31) bis an ‚das Ende der Erde', d. h. nach Rom gelangt.

Gliederungsvorschläge des Gesamtwerkes reichen von einer Zweiteilung (I: 1, 1–11, 18; II: 11, 19–28, 31)[4] über eine Dreiteilung (Einleitung 1, 1–26; I: 2, 1–5, 42; II: 6, 1–15, 35; III: 15, 36–28, 31)[5] bis hin zu einer Fünfteilung (Prolog 1, 1–26; I: 2, 1–5, 42; II: 6, 1–9, 31; III: 9, 32–15, 35; IV: 15, 36–19, 20; V. 19, 21–28, 31)[6]. Die Hauptthemen der Apostelgeschichte (Urgemeinde, Hellenisten, vorpaulinische und paulinische Mission, Paulus auf dem Weg nach Rom) sind in der Darstellung miteinander verschränkt, und ein durchgehendes exaktes Gliederungsprinzip ist nicht erkennbar; daraus erklären sich die Schwierigkeiten einer Abgrenzung einzelner Textbereiche.

Lukas schreibt ein gehobenes Koine-Griechisch, es finden sich in der Apg aber auch Partien mit deutlichen Anklängen an den Stil der LXX (vgl. Apg 2, 14–36; 3, 12–26; 4,9–12; 5, 29–32; 20, 18–35) und Texte, die gehobenen hellenistischen, der klassischen Zeit ähnelnden Stücken nahestehen (Apg 17, 22–31; 26, 2–27). Dieses Phänomen der stilistischen Nachahmung hat Parallelen in der hellenistischen Historiographie. Es war das Ziel einer solchen Nachahmung, der vom Autor geschilderten Persönlichkeit bzw. Geschichtsepoche einen bestimmten Charakter zu geben[7].

Der Erzählstil der Apg zeichnet sich durch eine große Lebendigkeit aus. Lukas bietet theologische Einsichten nicht in der Form abstrakter Sätze dar, sondern vermittelt sie durch lebendige Szenen, die den Leser zur Erkenntnis des Gemeinten führen sollen. Die Pfingstgeschichte (Apg 2), die Erzählung vom Hauptmann Kornelius (Apg 10, 1–11, 18), die Areopag-Rede in Athen (Apg 17, 16–33) und die Rede des Paulus in Milet (Apg 20, 17–38) sind von diesem Erzählstil geprägt. Aber auch in kleinen Einzelheiten zeigt sich die Erzählkunst des Lukas, so bringt er in Apg 7, 58 den Christenverfolger Saulus als Zeugen des Stephanus-Martyriums gleichsam nebenbei in die Erzählung ein. Als weitere Techniken des lukanischen Erzählstils können der abrupte erzählerische Neueinsatz (z. B. Apg 10, 1 ff; 18, 12) und bewusste Wiederholungen gelten, um so ein gewichtiges Ereignis zu betonen (vgl. die Bekehrung des Paulus in Apg 9, 1–22; 22, 3–21; 26,9–20). Ein weiteres schriftstellerisches Mittel des Lukas sind summarische Notizen und Sammelberichte, in denen das stetige Wachs-

4 Vgl. G. Schille, Apg, VIIIf. Auch E. Plümacher, Art. Apostelgeschichte, 486, votiert für eine Zweiteilung, setzt aber die Zäsur hinter Apg 15, 33.

5 Vgl. G. Schneider, Apg I, 66; etwas anders A. Weiser, Apg I, 27 f: a) 2, 1–8, 3; b) 8, 4–15, 35; c) 15, 36–28, 31.

6 Vgl. J. Roloff, Apg, 13 f.

7 Vgl. dazu E. Plümacher, Art. Apostelgeschichte, 489–491. 501 ff.

tum der Gemeinden berichtet wird (vgl. Apg 1, 14; 6, 7; 9, 31 und 2, 42–47; 4, 32–35; 5, 12–16).

Innerhalb der Gesamtdarstellung fällt ein Wechsel im Erzählrhythmus auf. Einerseits werden die Ereignisse in Jerusalem (Apg 2–5) sehr breit und ausführlich geschildert. Von dieser eher statischen Zustandsbeschreibung der Urgemeinde wechselt Lukas dann in Kap. 6–15 zu einer raschen Abfolge der Szenen, die nun an sehr verschiedenen Orten spielen. Auch die Schilderung der paulinischen Mission in Kleinasien und Griechenland (Apg 15, 36–19, 20) erweckt den Eindruck, als sei der Apostel rastlos unterwegs gewesen. In der Person des Paulus verkörpert sich somit die dynamische Verkündigung des Evangeliums[8]. Innerhalb des letzten Großabschnittes der Apostelgeschichte (19, 21–28, 31) begegnet wieder ein anderer Erzählrhythmus, es überwiegt die ausführliche Schilderung der Begegnung des Paulus mit den jüdischen Gegnern und römischen Machthabern. Lukas fügt dabei eine Reihe von Einzelszenen aneinander, wobei er dem Leser vermitteln will, dass der mit dem Bruch zwischen Kirche und Judentum identische Weg des Paulus von Jerusalem nach Rom eine von Gott gewollte Entwicklung darstellt.

Auf der Makroebene lässt sich die Apostelgeschichte als *‚historische Monographie‘* bezeichnen[9], die besonders geeignet war, ein in Epochen gegliedertes Geschichtsbild zu entfalten (s. u. 4.9).

4.6 Der Text der Apostelgeschichte

Die Textüberlieferung der Apostelgeschichte stellt ein besonderes Problem der ntl. Textkritik dar[10], denn die sogenannte ‚westliche‘ Textform (Hauptzeugen D 05, G 67[11], P^{38}, P^{48}, sy^{hmg})[12] ist ca. 8, 5% länger als der sogenannte ‚alexandrinische‘ Text

8 Zum ‚dramatischen Episodenstil‘ in der Apg vgl. E. Plümacher, Lukas als hellenistischer Schriftsteller, 80–136.

9 Vgl. H. Conzelmann, Apg, 7; E. Plümacher, Die Apostelgeschichte als historische Monographie, in: J. Kremer (Hg.), Les Actes des Apôtres, 457–466; G. Schneider, Apg I, 123; A. Weiser, Apg I, 31. Andere Gattungsbezeichnungen: ‚Philosophenbiographie‘ (vgl. C. H. Talbert, Literary Patterns, Theological Themes and the Genre of Luke-Acts, SBLMS 20, Missoula 1974, 125–140); ‚Apostelroman‘ (H. Köster, Einführung, 484); ‚hellenistische, pathetische, biographische Geschichtsschreibung‘ (M.-Chr. Holzbach, Plutarch: Galba-Otho und die Apostelgeschichte – ein Gattungsvergleich, Münster 2006).

10 Eine gute Einführung in die Probleme gibt B. M. Metzger, A Textual Commentary on the Greek New Testament, London – New York 1975, 259–272.

11 Vgl. hier H. M. Schenke (Hg.), Apostelgeschichte 1, 1–15, 3 im mittelägyptischen Dialekt des Koptischen (Codex Glazier), TU 137, Berlin 1991. Schenke wertet den Codex Glazier als zweiten wichtigen Zeugen des ‚D-Textes‘.

12 Vgl. ferner P^{29}, P^{69} 0171. Der Terminus ‚westlicher‘ Text geht in der neueren Diskussion auf F. J. Hort (1828–1892) zurück. Man erkannte die Besonderheiten dieser Textform zuerst in HS des (lateinischen) Westens der Alten Kirche und nannte ihn deshalb den ‚westlichen Text‘. K. u. B. Aland, Text des Neuen Testaments (s. o. 1.3), 63 ff, sprechen dagegen lieber vom ‚D-Text‘.

(Hauptzeugen ℵ, B, A, P^{45}, P^{53}). In der westlichen Textform finden sich stilistische und sprachliche Glättungen (vgl. z.B. Apg 12,4–5), Verdeutlichungen und Präzisierungen (vgl. z.B. Apg 12,1.3.4f. 7.10; 16,10f; 18,2; 19,9; 20,15; 21,1), Ausgleich von vermeintlichen oder wirklichen Spannungen (vgl. z.B. Apg 3,11; 10,25; 12,22; 14,6f; 14,18f; 15,34; 16,30.35.39; 20,4) und auch inhaltliche Veränderungen. Ein eklatantes Beispiel dafür sind die Bestimmungen des Aposteldekrets in Apg 15,20.29. Während die ‚ägyptische' Textform sie als rituelle Vorschriften auffasst, interpretiert sie der ‚westliche' Text ethisch durch die Auslassung des ‚Erstickten' und die Einfügung der Goldenen Regel. In Apg 13,27f wird die Schuld der Juden an Jesu Tod unterstrichen und in Apg 19,1 die Führung der Missionare durch den Heiligen Geist betont (vgl. als theologische Interpretationen ferner Apg 11,28; 14,25; 16,35; 18,27; 28,31)[13].

Über die Entstehung der ‚westlichen' Textform der Apostelgeschichte wurden zahlreiche Mutmaßungen angestellt. So rechnete F. Blaß mit zwei von Lukas selbst verfassten Ausgaben der Apg, wobei die ältere den ‚westlichen' Text widerspiegele[14]. Diese These wurde von Th. Zahn[15] aufgegriffen und in jüngster Zeit umfangreich von M.É. Boismard und A. Lamouille neu begründet[16]. Mit den pragmatischen Anforderungen der antiken Buchproduktion erklärt M. Frenschkowski den ‚westlichen' Text, der eine Streckung und Füllung der Apg darstellt, um eine vorgegebene Länge zu erreichen[17]. Von der Mehrzahl der Textkritiker und Exegeten wird die ‚westliche' Textform der Apg allerdings als eine gezielte Überarbeitung angesehen, die unter den Aspekten der stilistischen Glättung, der Präzisierung und der Beseitigung vermeintlicher Spannungen vorgenommen wurde[18]. Die ‚westliche' Textform entstand sehr wahrscheinlich nicht im Westen des Römischen Reiches, sondern in Syrien. In Syrien „und nur dort sind es eben mehrere voneinander unabhängige Versionen, die die ‚westliche' Textform bieten … Deshalb möchte ich annehmen, dass die ‚westliche' Hauptredaktion in Syrien entstanden ist, und zwar irgendwo östlich von Antiochien, wo einerseits das Griechische noch lebendig genug war … und andererseits das Syrische nahe genug war, um eine rasche und intensive Verbreitung im syrischen Sprachgebiet erklärlich zu machen."[19] Als eine einheitliche und geschlossene

13 Vgl. hierzu bes. E.J. Epp, The Theological Tendency of Codex Bezae Cantabrigiensis in Acts, SNTSMS 3, Cambridge 1966.

14 Vgl. F. Blaß, Die zwiefache Textüberlieferung in der Apostelgeschichte, ThStKr 67 (1894), 86–119.

15 Vgl. Th. Zahn, Die Urausgabe der Apostelgeschichte des Lukas, FGNK 9, Leipzig 1916.

16 Vgl. M.É Boismard – A. Lamouille: Le Texte Occidental des Actes des Apôtres. Reconstruction et réhabilitation I–II, Synthèse 17, Paris 1984.

17 M Frenschkowski, Der Text der Apostelgeschichte und die Realien antiker Buchproduktion, in: T. Nicklas – M. Tilly (Hg.), Apostelgeschichte als Kirchengeschichte, 87–107.

18 Vgl. exemplarisch B. Aland, Entstehung, Charakter und Herkunft des sogenannten westlichen Textes. Untersucht an der Apostelgeschichte, EThL 62 (1986), 5–65.

19 A.a.O., 63. Zum Acta-Text des Irenäus vgl. a.a.O., 43–56; das Fazit lautet: „Der Actatext, den Irenäus benutzte, war eine frühe Handschrift vom paraphrasierenden Typ. Wir kennen diesen Typ auch aus anderen Handschriften, ohne dass sie mit dem Text des Irenäus in direkter Verbindung stehen

Größe ist der ‚westliche' Text nicht fassbar, er entstand in Syrien, seine Hauptredaktion fällt in die erste Hälfte des 3. Jhs., die frühe Ausbildung der Textform führt in das 2. Jh. zurück. Fassbar wird diese Textform aber erst in griechischen Handschriften aus der 2. Hälfte des 3. Jhs., die Papyri bis zu Anfang des 3. Jhs. weisen keine Spur davon auf[20]. Deshalb können die Zeugen des ‚westlichen' Textes, wie alle anderen Handschriften auch, lediglich zur textkritischen Einzelentscheidung herangezogen werden. Zumeist erweisen sich ihre LA als sekundär, Ursprünglichkeit wird z.B. für Apg 12, 10; 19, 1; 20, 15; 27, 5 erwogen.

4.7 **Traditionen, Quellen**

Im Zentrum der Acta-Forschung steht nach wie vor die Frage, ob Lukas auch in seinem zweiten Buch umfassende Quellen verarbeitete. Ausgangspunkt der neueren Forschung ist die Quellenrekonstruktion A. (v.) Harnacks[21], der für die Apostelgeschichte eine Drei-Quellen-Theorie aufstellte: Neben einer Quelle A aus Jerusalem bzw. aus Caesarea (3, 1–5, 16; 8, 5–40; 9, 31–11, 18; 12, 1–23) und einer historisch minderwertigen Quelle B (Apg 2, 1–47; 5, 17–42) rechnete er mit einer ‚antiochenischen Quelle' (Quelle C), die Apg 6, 1–8, 4; 11, 19–30; 12, 25–15, 35 umfasst haben soll. Speziell die Annahme einer Apg 6–15 zugrundeliegenden *‚antiochenischen Quelle'* fand große Zustimmung und ist bis in die Gegenwart hinein von Bedeutung. Sie wird z.B. vertreten von R. Bultmann[22], M. Hengel[23], R. Jewett[24], F. Hahn (‚Rechenschaftsbericht' der antiochenischen Gemeinde)[25], R. Pesch[26] und (mit Vorsicht) G. Schneider[27]. R. I. Pervo variiert die These und spricht nicht von einer ‚antiochenischen',

müßten. Sie entstammen lediglich einer ähnlichen freien, bzw. paraphrasierenden Überlieferungsauffassung … Der geistige Zusammenhang dieser Zeugen mit dem Text des Irenäus ist durchaus zu erkennen, er ist aber nicht in die schlichten Kategorien von Vorlage und Abschrift zu fassen, und auch nicht in die von Texttyp und Angehörigen eines Texttyps" (a.a.O., 53).

20 Vgl. K. Aland, Alter und Entstehung des D-Textes im Neuen Testament. Betrachtungen zu P^{69} und 0171, Miscellaània Papirològica Ramon Roca-Puig en el seu vuitantè Aniversari, Barcelona 1987, 37–61.

21 Vgl. dazu die Acta-Trilogie A. (v.)Harnack, Lukas der Arzt, der Verfasser des dritten Evangeliums und der Apostelgeschichte, Beiträge zur Einleitung in das NT 1, Leipzig 1906; Ders., Die Apostelgeschichte, Beiträge zur Einleitung in das NT 3, Leipzig 1908; Ders., Neue Untersuchungen zur Apostelgeschichte und zur Abfassungszeit der synoptischen Evangelien, Beiträge zur Einleitung in das NT 4, Leipzig 1911.

22 Vgl. R. Bultmann, Zur Frage nach den Quellen der Apostelgeschichte, in: ders., Exegetica, hg. v. E. Dinkler, Tübingen 1967, 412–423.

23 Vgl. M. Hengel, Urchristliche Geschichtsschreibung (s.o. 2.1), 60.

24 Vgl. R. Jewett, Paulus-Chronologie (s.o. 2.1), 27ff. Jewett, a.a.O., 28, will die ‚antiochenische Quelle' „ungefähr" hinter folgenden Texten sehen: 6, 1–8, 4; 9, 1–30; 12, 25–14, 23; 15, 35ff.

25 Vgl. F. Hahn, Zum Problem der antiochenischen Quelle in der Apostelgeschichte, in: Rudolf Bultmanns Werk und Wirkung, hg. v. B. Jaspert, Darmstadt 1984, 316–331.

26 Vgl. R. Pesch, Apg I, 48.

27 Vgl. G. Schneider, Apg I, 103.

sondern von einer ‚gentile mission source'[28], von der sich Spuren in Apg 2, 1–13; 4, 36 f; 6, 1–6; 6, 8–7; 8, 1–13; 10, 10–16; 11, 19–26; 12, 12–17; 13–14 finden lassen. Gegen die Hypothese einer umfassenden ‚antiochenischen' Quelle spricht allerdings, dass der als Kriterium der Quellenscheidung dienende ‚antiochenische' Charakter nicht überzeugend bestimmbar ist, kein wirklich nachprüfbares Kriterium für die Quellenfindung zur Verfügung steht und somit der Umfang der Quelle immer unterschiedlich bestimmt wurde[29]. Eine zusammenhängende ‚antiochenische Quelle' lässt sich nicht wirklich nachweisen[30]. Lukas verarbeitete aber im ersten Teil der Apostelgeschichte zweifellos sowohl größere Überlieferungskomplexe als auch Einzeltraditionen. Zum Traditionsmaterial gehörten wahrscheinlich Petrus-Legenden, die Lukas bereits schriftlich vorlagen (vgl. die vorlk. Traditionen in Apg 3, 1–10; 9, 32–35; 10, 1–11, 18; 12, 1–17)[31]. Weiter nahm Lukas schriftlich überlieferte Namenslisten auf (vgl. Apg 1, 13; 6, 5; 13, 1; ferner 20, 4), Nachrichten aus dem Gemeindeleben in Jerusalem und Antiochien (z. B. Apg 4, 36. 37; 6, 1–6; 11, 20. 26), Einzeltraditionen, wie die Nachwahl des Matthias und der Tod des Judas (Apg 1, 15–26), traditionelle Wundererzählungen (vgl. Apg 5, 1–11; 9, 36–43; 14,8–18), Traditionen über die Verfolgung von Aposteln (vgl. Apg 4 f; 6 f; 12) und Missionslegenden (vgl. Apg 8, 26–40; 9, 1–19; ferner 22, 3–16; 26, 12–18)[32].

Der Textbefund in der zweiten Hälfte der Apostelgeschichte weist auf eine Quellenbenutzung (‚*Wir-Berichte*', ‚*Itinerar*') hin. Für die Erklärung der jeweils unvermittelt einsetzenden und endenden ‚Wir-Passagen' (Apg 16, 10–17; 20, 5–15; 21, 1–18; 27, 1–28, 16)[33] bieten sich drei ernsthafte Möglichkeiten an, die sich teilweise überschneiden[34]:

1) Lukas als Paulusbegleiter und Verfasser der Apostelgeschichte bringt hier seine eigenen Erfahrungen und seine Sicht des Geschehens in die Erzählungen mit ein[35].

28 Vgl. R. I. Pervo, Acts, 13 f.

29 Vgl. E. Plümacher, Art. Apostelgeschichte, 493.

30 Vgl. z. B. M. Dibelius, Aufsätze zur Apostelgeschichte, 94 (für Apg 1–12 gibt es keine quellenmäßige Grundlage); E. Haenchen, Apg, 94–96; H. Conzelmann, Apg, 5; Ph. Vielhauer, Urchristliche Literatur, 386; E. Plümacher, Art. Apostelgeschichte, 493; A. Weiser, Apg I, 37.

31 Vgl. dazu J. Roloff, Apg, 10. 68; G. Schneider, Apg I, 103.

32 Natürlich fällt die traditions- und formgeschichtliche Bestimmung dieser Einzelerzählungen sehr unterschiedlich aus, vgl. die Aufzählungen bei J. Roloff, Apg, 10; A. Weiser, Apg I, 37; G. Schille, Apg, 18–24.

33 Zur textkritischen Rekonstruktion und genauen Bestimmung der ‚Wir-Passagen' vgl. J. Wehnert, Wir-Passagen, 5–46.

34 Zur Forschungsgeschichte vgl. a. a. O., 47–124; ferner J. Börstinghaus, Sturmfahrt und Schiffbruch, 282–304.

35 Dieses Erklärungsmodell vertreten in der neueren Exegese u. a. E. E. Ellis, The Gospel of Luke, CeB, London ^{2}1974, 40–54; J. Munck, The Acts of the Apostles, AB 31, Garden City (NY), 1967, XXIX–XXXV; R. Jewett, Paulus-Chronologie (s. o. 2.1), 32–38 (mit Vorbehalten!); M. Hengel, Urchristliche Geschichtsschreibung (s. o. 2.1), 60 f; C. J. Thornton, Der Zeuge des Zeugen, 192 ff u. ö. Thornton versteht die Wir-Passagen aber nicht als Nachweis von Autopsie. „Nur darauf kommt es Lukas an: Nicht missionarischer Ehrgeiz des Paulus oder eine zufällige Reisegelegenheit brachten das Evangelium nach Europa, sondern Gott selbst hat diesen Schritt initiiert. Dafür ist Lukas Zeuge; das ist aber keine Zeugenschaft im Sinne historischer Autopsie, sondern ein

Sieht man von den Schwierigkeiten der damit vorausgesetzten Verfasserschaft ab (vgl. 3.6.2), so bleibt unerklärlich, warum der auf die Seriosität seiner Traditionen bedachte Lukas (vgl. Lk 1, 3.4), seine Augenzeugenschaft bei eher nebensächlichen Details, nicht aber bei den entscheidenden Stationen der urchristlichen Missionsgeschichte ins Spiel brachte.

2) Die ‚Wir-Stücke' sind Bestandteil einer Quelle. Diese vornehmlich im 19. Jh. rein literarkritisch vertretene Theorie (u. a. F. D. E. Schleiermacher, W. M. L. de Wette)[36] wurde im Anschluss an E. Norden[37] von M. Dibelius unter formgeschichtlichen Aspekten weitergeführt und zugleich entscheidend modifiziert[38]: Lukas verarbeitete in Apg 13, 1–14, 28; 15, 35–21, 18 ein Reisestationenverzeichnis, das sich aufgrund von Formmerkmalen (Notierung belangloser Stationen, „Bemerkungen über Aufnahme, Gastfreunde, Tätigkeit und Erfolg"[39]) als traditionell erweist. Von diesem ‚Itinerar' unterscheidet Dibelius allerdings den Romreisebericht in Apg 27, 1–28, 16, dem ursprünglich eine profane Erzählung zugrundeliegt[40]. Den Sitz im Leben des Itinerars sieht Dibelius in der Missionspraxis, Lukas hat „offenbar ein Verzeichnis der Stationen vor sich gehabt, wie man es bei solchen Fahrten wohl schon aus praktischen Gründen anlegte, um bei einer Wiederholung der Reise die Wege und die alten Gastfreunde wieder zu finden."[41] Allerdings verzichtet Dibelius auf die schlüssige Beantwortung der Frage, wie sich die ‚Wir-Berichte' und das Itinerar zueinander verhalten[42]. Möglicherweise war es Lukas selbst, der das ‚Wir' einfügte[43]. Demgegenüber zeigen die ‚Wir-Stücke' nach W. Bindemann formale Gemeinsamkeiten, Differenzen zum lukanischen Geschichtsbild und ein eigenes ideologisches Profil, so dass sie aus einer Quelle stammen müssen. Diese Quelle bestand aus „einer Anzahl klei-

---

Zeugnis des Glaubens, dass die miterlebte Vergangenheit von Gott geleitete Geschichte ist" (a. a. O., 364). C. J. Thornton, a. a. O., 341 schlägt für das Problem der Augenzeugenschaft folgende Lösung vor: „Lukas, der Mitarbeiter des Paulus, kann an den drei Reisen, die er in Wir-Form erzählt, durchaus teilgenommen haben; in c. 16. 20 f und vielleicht auch in c. 27 f konnte er möglicherweise Quellen benutzen, die er selbst oder ein anderer Reiseteilnehmer angefertigt hat."

36 Eine ausführliche Darstellung der Forschungsgeschichte findet sich bei J. Wehnert, Wir-Passagen, 66–103.

37 Vgl. E. Norden, Agnostos Theos, Darmstadt [6]1974 (= 1913), 313–327.

38 Dibelius wendet sich zwar wiederholt gegen die rein literarkritischen Analysen, dennoch ist für ihn die Quellen-Vorstellung konstitutiv: „Aber bei einem Verfasser, der sein Material so gut verarbeitet, ist es nicht allzu wahrscheinlich, dass man eine Quelle – wörtlich abgegrenzt wie im Alten Testament – aus dem Text sollte herauslösen können, außerdem gleichen die Wir-Stücke den Sie-Stücken sowohl im Wortschatz wie im Stil. Wohl aber muss angenommen werden, dass dem Lukas als Quelle für die Paulusreisen ein Verzeichnis der Reisestationen vorgelegen hat, …" (ders., Aufsätze zur Apostelgeschichte, 93).

39 Ebd.

40 Vgl. a. a. O., 173 f.

41 A. a. O., 110.

42 Vgl. a. a. O., 67 A 2: „Die Behandlung der Fragen, ob das Itinerar von demselben Verfasser stammte und ob das ‚wir' schon immer im Text dieser Quelle stand oder erst bei der Abfassung der Apostelgeschichte eingefügt wurde, versage ich mir, weil ihre Beantwortung für meine Untersuchung belanglos ist."

43 Vgl. a. a. O., 93.

nerer, jeweils in sich geschlossener, aber bereits komplexer Einheiten, welche durch Itinerarnotizen miteinander verknüpft waren."[44]

3) Die 1. P. Pl. in den betreffenden Einzelabschnitten geht auf den Evangelisten Lukas zurück[45]. Da die ‚Wir-Berichte' zu einem wesentlichen Teil Seefahrtsrouten wiedergeben, könnte sich Lukas dem Gebrauch der 1. P. Pl. bei der Schilderung von Seefahrtsgeschichten in der zeitgenössischen Literatur angeschlossen haben. Er erhebt mit dem ‚Wir' dann den Anspruch, ein weitgereister und erfahrener Mann zu sein, was wiederum zur Topik damaliger historiographischer Praxis gehörte[46]. Es bleibt allerdings zu fragen, ob Lukas das Augenzeugenschaft suggerierende ‚Wir' wirklich nur aus bloßer literarischer Konvention benutzt haben sollte, zumal nicht alle ‚Wir'-Passagen Seefahrtsbeschreibungen sind (vgl. Apg 16, 12–17; 20, 7–8; 21,8–18). Auch J. Wehnert führt das ‚Wir' in den entsprechenden Passagen auf Lukas zurück, bietet dafür aber ein neues Erklärungsmodell an. Er sieht in dem Übergang von der 3. P. Sg. in Dan 1–6 zur 1. P. Sg. in Dan 7, 2 eine strukturelle Parallele zu Apg 16,8 ff und klassifiziert das ‚Wir' als ein Stilmittel in der Tradition des hellenistischen Judentums. Lukas verarbeitet mit Hilfe dieses Stilmittels Traditionsmaterial, das wahrscheinlich auf den Paulusbegleiter Silas zurückgeht. Allerdings handelt es sich dabei nicht um Quellen oder Reisetagebücher, sondern: „War Silas (einer der Lk 1, 2 als Quelle genannten Augenzeugen?) tatsächlich Informant des Lukas, ist statt dessen an mündliche Mitteilungen zu denken, die in sprachlich weithin überarbeiteter Gestalt in der Apostelgeschichte Aufnahme gefunden haben."[47] Weil Lukas kein Ich-Sprecher zur Verfügung stand, griff er auf die Informationen eines Paulusbegleiters zurück und hob sie durch das ‚Wir' hervor.

Wahrscheinlich formulierte Lukas die 1. P. Pl. in den meisten ‚Wir-Passagen', er könnte sie aus Apg 27 f aufgegriffen[48] und seiner Komposition dienstbar gemacht haben. In der jetzigen Textabfolge heben die ‚Wir-Stücke' vor allem den Übergang nach Europa und die Reisen nach Jerusalem und Rom hervor. „Es ist also höchst plausibel, warum der Verfasser des Buches gerade diesen Stücken seiner Quelle den Vorzug ge-

44 W. Bindemann, Verkündigter Verkündiger. Das Paulusbild der Wir-Stücke in der Apostelgeschichte: seine Aufnahme und Bearbeitung durch Lukas, ThLZ 114 (1989), (705–720) 710.

45 Vgl. bes. G. Schille, Apg, 337: „Die Annahme einer Wir-Quelle ist allerdings verfehlt: Das ‚Wir' erscheint fast durchweg in Partien, die als redaktionelle Arbeit verständlich sind, und muss daher der lukanischen Überarbeitung zugeschrieben werden. ... Sollte das ‚Wir' auf Silas und Timotheus hinweisen, so käme es einfach zu spät. Eher wollte Lukas ‚die Bedeutsamkeit des Momentes markieren' (F. Overbeck)."

46 Vgl. H. Conzelmann, Apg, 150. 156; E. Plümacher, Art. Apostelgeschichte, 514; V. K. Robbins, The We-Passages in Acts and Ancient Sea Voyages, BR 20 (1975), 5–18. H. Conzelmann, Apg, 6; E. Plümacher, Art. Apostelgeschichte, 494 f, stehen der These eines Itinerars sehr skeptisch gegenüber, sie rechnen vorwiegend mit der Verarbeitung von Einzeltraditionen.

47 J. Wehnert, Wir-Passagen, 189. Zwei Probleme weist Wehnerts These auf: 1. Silas wird zum letzten Mal in Apg 18, 5 erwähnt. Woher kommen die Informationen in Apg 20; 21; 27 f? 2. Exakte Parallelen für den Gebrauch der 1. P. Pl. in den betreffenden Texten kann auch Wehnert nicht bieten.

48 Vgl. A. Weiser, Apg II, 391.

ben wollte. Sie sollten als durch Augenzeugen verbürgte Quellen dienen."[49] Unabhängig von der Bewertung der 1. P. Pl. werden die ‚Wir-Stücke' zumeist als Bestandteile eines Itinerars angesehen, das Lukas für die Reisen des Paulus durch Kleinasien, Makedonien und Griechenland bis nach Korinth zur Verfügung stand[50].

Das aus dem Umkreis des Paulus stammende Itinerar umfasste offenbar kurze Mitteilungen über Reiserouten und besondere Ereignisse auf den Reisen, seinen Kernbestand verarbeitet Lukas in Apg 15, 36–19, 40. Die über diesen Konsens hinausgehende genaue Abgrenzung des Itinerars fällt naturgemäß sehr unterschiedlich aus. Während es nach M. Dibelius die Grundlage für die Darstellung der Paulusreisen in Apg 16, 4–21, 18 bildete, begrenzt J. Roloff das Itinerar auf Apg 16–19 und unterscheidet davon einen „Rechenschaftsbericht aus der Kollekten-Delegation"[51] in Apg 20; 21. Ein differenziertes Modell legt D.-A. Koch vor. Er sieht in Apg 20, 4–21, 18 ein Quellenstück eigener Art. „Es handelt sich um den Rechenschaftsbericht der Delegation, die die Aufgabe hatte, die (auch historisch sicher zu verortende) Kollekte der paulinischen Missionsgemeinden für Jerusalem zu überbringen."[52] Koch spricht sich gegen umfassende Quellentheorien für Apg 13–28 aus und fordert als methodische Prämisse: „Ob eine bestimmte Reisedarstellung auf einer Quelle beruht oder als schriftstellerische Gestaltung des Lukas ohne Quellenbasis zu beurteilen ist, muss jeweils getrennt geprüft werden. Was für Apg 20–21 zutrifft, braucht für Apg 16 noch lange nicht zutreffend zu sein – und umgekehrt."[53]

Eine sichere Entscheidung über den Charakter einzelner Textsequenzen lässt sich nicht fällen, es ist aber deutlich, dass Lukas sowohl Einzeltraditionen als auch von ihm selbst gebildete Einheiten in einen ihm vorgegebenen Rahmen einfügte. Dieses Gerüst von Reisenotizen und Stationenangaben dürfte ungefähr folgende Texte umfasst haben[54]: Apg 16, 6–8. 11–12 a; 17, 1. 10–11 b. 15 a. 17. 34; 18, 1–3. 7 f. 11. 18. 19 a. 21 b. 22 f; 19, 1. 9 b. 10 a; 20, 1 b–6. 13–15; 21, 1–4 a. 7–9. 15 f. Kaum zu entscheiden ist die Frage, ob das in Apg 16–19 (20; 21) verwendete Itinerar die Fortsetzung einer in Kap. 13 und 14 einsetzenden Vorlage ist, oder ob die Darstellung der Mission des Paulus in Apg 13–14 auf einen eigenständigen Missionsbericht der antiochenischen Gemeinde zurückgeht[55]. Ebenfalls kontrovers wird die Traditionsbasis der Berichte über die Inhaftierung und den Prozess des Paulus in Apg 21, 27–26, 32 beurteilt.

49 G. Schneider, Apg I, 94 f.

50 Für ein Itinerar plädieren mit unterschiedlicher Einzelbegründung in der neueren Exegese J. Roloff, Apg, 239; G. Schneider, Apg I, 91; A. Weiser, Apg II, 387–392 (ausführliche Begründung!); G. Lüdemann, Das frühe Christentum, 28. E. Haenchen, Apg, 97 ff, rechnet für die Wir-Passagen in Apg 20, 5–21, 18 mit Traditionen aus dem Reisetagebuch eines Mitgliedes der Kollektendelegation (vgl. a. a. O., 557 A 5). Ab Apg 16, 10 habe Lukas auf ein „viel benutztes Itinerar" (a. a. O., 468) zurückgegriffen. Zur neueren Kritik an der Itinerar-Hypothese vgl. bes. J. Wehnert, Wir-Passagen, 106–108 (es fehlen überzeugende formgeschichtliche Parallelen für ein Itinerar); C. J. Thornton, Der Zeuge des Zeugen, 273 f.

51 Vgl. J. Roloff, Apg, 239.

52 D.-A. Koch, Kollektenbericht, 389; ähnlich R. I. Pervo, Acts, 13.

53 Ebd.

54 Vgl. A. Weiser, Apg II, 388.

55 So J. Roloff, Apg, 10; dagegen G. Schneider, Apg II, 195.

Während im Anschluss an M. Dibelius[56] vielfach angenommen wird, Lukas selbst habe Einzeltraditionen aus der Paulusüberlieferung zu einer Gesamtdarstellung verarbeitet[57], rechnen andere mit einem durchgehenden vorlukanischen Haftbericht, dessen Grundgerüst in Apg 21, 27–36; 22, 24–29; 23, 12–24, 23. 26f; 25, 1–12 vorliegt[58].

Die Grundlage der Erzählung über die Seefahrt des Paulus nach Rom in Apg 27, 1–28, 16 bildete wahrscheinlich ein bereits im ,Wir-Stil' abgefasster profanantiker Seefahrtsbericht, der von Lukas durch die Einfügung der Paulus-Stellen (Apg 27, 3b.9–11. 21–26. 31. 33–36. 43a; 28, 2–10) bearbeitet wurde[59]. Ohne diese Verse ergibt sich in Apg 27, 1–2. 3a; 4–8. 12–20. 27–30. 32. 37–42. 43b–44; 28, 1. 11f ein geschlossener Erzählzusammenhang. Zudem lösen sich dann inhaltliche Spannungen, denn erst durch den direkten Anschluss von V. 12 an V. 8 und V. 27 an V. 20 ergibt sich eine glatte Erzählfolge. Eine andere Erklärungsmöglichkeit bietet J. Roloff, indem er als Textgrundlage einen Erlebnisbericht des Paulusbegleiters Aristarchus vermutet, der Apg 27, 1–9a.12–20. 27–30. 32. 38–44; 28, 1. 11–13. 14b.16b umfasste[60]. Lukas habe diese Vorlage durch die Einfügung der Paulusszenen und des ,Wir-Stils' bearbeitet. Dagegen spricht aber, dass erst Lukas Paulus zur zentralen Gestalt der Erzählung gemacht haben soll. Gerade wenn dieser Erlebnisbericht in seinem Grundbestand auf einen Paulusbegleiter zurückgeführt werden soll, bleibt es unerklärlich, warum nicht von Anfang an Paulus die zentrale Gestalt der Erzählung ist.

Ein Sonderproblem stellt die Frage nach der Traditionsbasis der 24 *Acta-Reden* dar, die fast ein Drittel der Apostelgeschichte ausmachen (Petrusreden: Apg 1, 16–25; 2, 14–39; 3, 12–26; 4,8b–12; 5, 29–32; 10, 34–43; 11, 5–17; 15, 7–11. Paulusreden: Apg 13, 16–41; 14, 15–17; 17, 22–31; 20, 18–35; 22, 1–21; 24, 10–21; 26, 2–27; 27, 21–26, 28, 17–20. Stephanusrede: Apg 7, 2–53. Weitere Reden: Apg 5, 35–39 (Gamaliel); 15, 13–21 (Jakobus); 19, 25–27 (Demetrius); 19, 35–40 (Stadtschreiber von Ephesus); 24, 2–8 (Tertellus); 25, 24–27 (Festus). Obgleich immer wieder behauptet wird, die Acta-Reden seien in ihren Grundzügen authentische Berichte[61], setzte sich in der Forschung zu Recht die Auffassung durch, dass sie nicht als authentische Wiedergabe wirklich gehaltener Reden verstanden werden können. Dies zeigt sich z. B. an den Spannungen zwischen den Reden und ihrem unmittelbaren Kontext, wofür die Areopag-Rede des Paulus das klassische Beispiel ist: Während Paulus nach Apg 17, 16 über die Fülle der Götterbilder

56 Vgl. M. Dibelius, Aufsätze zur Apostelgeschichte, 14.

57 Vgl. z. B. E. Plümacher, Art. Apostelgeschichte, 500; G. Schneider, Apg I, 102; A. Weiser, Apg II, 390.

58 Vgl. hier V. Stolle, Der Zeuge als Angeklagter, 260–267; J. Roloff, Apg, 316; G. Lüdemann, Das frühe Christentum, 28.

59 Vgl. hierzu die überzeugende Analyse von A. Weiser, Apg II, 390 ff.656 ff.

60 Vgl. J. Roloff, Apg, 359; ähnlich schon vorher E. Haenchen, Apg, 98; vgl. ferner G. Lüdemann, Das frühe Christentum, 269, der ebenfalls mit einem Erlebnisbericht des Aristarchus rechnet. J. Börstinghaus, Sturmfahrt und Schiffbruch, 304–334, nimmt für Apg 27 f einen Rechenschaftsbericht von Mitgliedern der Gemeinde von Caesarea maritima an, die Paulus im Auftrag der Gemeinde begleiteten und beistanden.

61 Vgl. z. B. M. B. Dudley, The Speeches in Acts, EvQ 50 (1978), 147–155.

in Athen bei seiner Ankunft erzürnte, lobt er in Apg 17,22 die Athener ausdrücklich wegen ihrer Frömmigkeit. In der Rede des Paulus vor den Ältesten in Ephesus (Apg 20,18–35) verteidigt Paulus in V. 20f.27.33f seine Arbeit vehement, ohne dass gegen ihn zuvor Vorwürfe erhoben wurden. Nicht der unmittelbare Kontext, sondern erst die Funktion im Rahmen des Gesamtwerkes lässt die Bedeutung der Acta-Reden erkennen. Sie wollen nicht ein bestimmtes geschichtliches Ereignis wiedergeben, sondern dem Leser die „Einsicht in die übergeschichtliche Bedeutung des betreffenden geschichtlichen Augenblicks"[62] gewähren, womit sie der Intention der Reden antiker Historiker entsprechen. Das Fehlen eindeutiger Kriterien für die Aussonderung von Traditionsgut in der Apostelgeschichte erschwert zwar die Bestimmung vorlukanischer Einheiten, dennoch dürfte Lukas in unterschiedlichem Umfang bei den Reden auf Traditionsmaterial zurückgegriffen haben[63]. Auch die *Missionsreden* als eine Sondergruppe innerhalb der Acta-Reden (vgl. Apg 2,14–39; 3,12–26; 4,8b–12; 5,29–32; 10,34–43; 13,16–41) gehen auf lukanische Darstellung zurück[64]. Die Missionsreden stehen an Wendepunkten der Kirchengeschichte, wobei sie selbst die folgenden Ereignisse auslösen (vgl. z.B. Apg 2,14–39 mit 2,41f).

Lukas nahm in das zweite Buch seines Doppelwerkes sowohl eine zusammenhängende Quellenschrift (‚Itinerar' der Paulusreisen) als auch Einzeltraditionen unterschiedlichen Umfangs auf, die ihm in schriftlicher oder mündlicher Form vorlagen. Alle geprägten Überlieferungen wurden von Lukas redaktionell überarbeitet und in den Kontext des Gesamtwerkes integriert. Die Herkunft der Traditionen lässt sich nicht mit Sicherheit bestimmen, aber es ist anzunehmen, dass Lukas Gemeindetraditionen, Personallegenden, Berichte von selbständigen Missionaren und Gemeindegesandten vorlagen. Wie Lukas zu seinem Material kam, kann nicht mehr festgestellt werden. Möglicherweise war es der 3. Evangelist, der als hellenistischer Historiker sich sein Material „durch Befragung von Reisenden, auf eigenen Reisen und durch briefliche oder von Mittelsmännern besorgte Erkundigungen bei den verschiedensten Gewährsleuten selbst beschafft hat."[65]

62 M. Dibelius, Aufsätze zur Apostelgeschichte, 121.

63 Vgl. hierzu F. Hahn, Das Problem alter christologischer Überlieferungen in der Apostelgeschichte unter besonderer Berücksichtigung von Act 3,19–21, in: J. Kremer (Hg.), Les Actes des Apôtres, 129–154. Positiv zur Gewinnung von alten Traditionen in den Reden äußert sich auch J. Roloff, Apg 49–51; vgl. ferner A. Weiser, Apg I, 99f. Skeptisch demgegenüber W. Schmithals, Apg, 16.33.35f,

64 Vgl. hierzu U. Wilckens, Missionsreden, 200ff (Lukas greift auf durch das hellenistische Judenchristentum vermittelte Traditionen der deuteronomistischen Umkehrpredigt zurück); ferner A. Weiser, Apg I, 100; M. Korn, Die Geschichte Jesu in veränderter Zeit (s.o. 3.6.1), 214–225.

65 E. Plümacher, Art. Apostelgeschichte, 500; vgl. auch E. Haenchen, Apg, 97 (Lukas standen „verschiedene Möglichkeiten offen, sich das nötige Material zu beschaffen").

4.8 Theologische Grundgedanken

Von einer eigenständigen Theologie der Apostelgeschichte kann nur bedingt gesprochen werden[66], aber Lukas setzt im 2. Buch seines Doppelwerkes deutlich theologische Akzente. Er versteht seine vorangehende Evangelienschrift als eine Darstellung dessen, „was Jesus tat und lehrte" (Apg 1,1). Erwählung und die Gabe des Geistes verbinden nun die Zeit Jesu und das Wirken der Apostel (vgl. Apg 1,2). Der Auftrag zur geisterfüllten Zeugenschaft in Jerusalem, ganz Judäa, Samaria bis an das Ende der Welt in Apg 1,8 ist das letzte Wort des scheidenden Herrn an die Apostel, und die Apostelgeschichte ist nichts anderes als die Erfüllung dieses Auftrages Jesu durch die Zeugen[67]. Dabei besteht für Lukas eine enge Verbindung zwischen der Parusieproblematik und dem Wirken der Apostel in der Geschichte. Die Frage nach dem Parusie-Termin (Apg 1,6) wird ausdrücklich zurückgewiesen (Apg 1,7), der Auftrag zur Evangeliumsverkündigung und Zeugenschaft in Apg 1,8 erscheint als Antwort auf die Frage nach der Parusie. Zugleich hält Apg 1,11 an der Parusie Jesu fest, aber die Zeugen der Himmelfahrt werden nicht die Zeugen der Parusie sein. Indem Lukas den Weg des geistgeleiteten Christuszeugnisses in der Welt darstellt, gibt er zugleich eine Antwort auf die bisher ausgebliebene Parusie. Die Treue Gottes zu seinen Verheißungen zeigt sich gerade im Zeugendienst der> Apostel. „So empfiehlt Lukas anstelle der Naherwartung, die sich in der überlieferten Jesustradition bekundete, eine Stetsbereitschaft im Blick auf das Ende."[68] Dennoch bleibt die Parusienaherwartung auch in der Apostelgeschichte ein konstitutives Element lukanischer Eschatologie, wie Apg 1,11; 3,21; 10,42; 17,31 zeigen. Zwar trägt die heilsgeschichtliche Sicht des Lukas zur Bewältigung der Verzögerungsproblematik bei, zugleich ist die Parusie aber das Ende der Zeit der Kirche und somit Zielpunkt des heilsgeschichtlichen Handelns Gottes.

Der heilsgeschichtliche Entwurf des Lukas ist somit sehr viel mehr als ein Ersatz für enttäuschte Naherwartungshoffnungen. Er betont nicht nur die Verheißungstreue Gottes und schildert nachdrücklich das Wirken des heiligen Geistes in der Geschichte, sondern beantwortet auch die für die lukanische Gemeinde zentrale Frage, ob die heidenchristliche Kirche überhaupt ein Teil des Gottesvolkes ist. Schon die Frage in Apg 1,6b nach der Aufrichtung des Reiches für Israel berührt die Verheißungstreue Gottes gegenüber Israel. Lukas antwortet auf diese Problematik, indem er in der Apostelgeschichte das durch den Heiligen Geist gewirkte Handeln Gottes darstellt, das zur Entstehung der Kirche als dem wahren Israel aus Juden und Heiden

66 M. Korn, Die Geschichte Jesu in veränderter Zeit (s. o. 3.6.1), 270, bestimmt das Verhältnis von Ev. – Apg so: „Zwischen Lk und Apg besteht ein unumkehrbarer Zusammenhang, der dem von Grund und Folge entspricht."

67 Zum grundlegenden Gedanken der heilsgeschichtlichen Kontinuität bei Lukas vgl. R. Pesch, Apg I, 51.

68 G. Schneider, Apg I, 142.

führte. Die Apostel als Garanten der Tradition legitimieren nicht nur die kirchliche Verkündigung, sondern auch die Öffnung der Urgemeinde zur Ökumene hin. Bereits die Taufe des äthiopischen Kämmerers in Apg 8, 26–40 und die dreifache Darstellung der Bekehrung des Paulus (Apg 9, 1–22; 22, 3–21; 26,9–20) dienen diesem Ziel. Ausführlich reflektiert die Kornelius-Erzählung (Apg 10, 1–11, 18) die Einbeziehung der Heiden in den universalen Heilsratschluss Gottes. Gott selbst offenbart sowohl Kornelius als auch Petrus, dass auch die Heiden Anteil an der Heilstat Christi haben sollen. Die Gabe des Geistes auch an die Heiden (Apg 10, 44) ist die Erfüllung der Verheißung Jesu in Apg 1, 5 und leitet wie zu Pfingsten in Jerusalem eine neue, entscheidende Etappe des Heilsplanes Gottes ein. Der Rückgriff auf ein Wort des Auferstandenen in Apg 11, 16 (vgl. 1, 5) verdeutlicht, dass aus lukanischer Sicht die Geistausgießung an die Heiden sowohl Gottes universalem Heilswillen als auch der Verheißung des Auferstandenen entspricht. Auch die Jerusalemer Judenchristen nehmen diese neue Einsicht mit Freuden auf und akzeptieren, dass nach dem Willen Gottes auch die Heiden zum Heil zugelassen sind (vgl. Apg 11, 18). Nicht die Kirche, sondern das Judentum wird durch den Bruch zwischen Synagoge und Heidenchristentum ins Unrecht gesetzt. In der paulinischen Predigt wurde den Juden immer das Heil angeboten (vgl. Apg 13,45–48; 18, 5–7; 28, 17–28), aber Israel ergriff nicht das Heil, so dass die Heiden an die Stelle Israels als erwähltes Volk traten (Apg 15, 14).

Der Hauptzeuge der heilsgeschichtlichen Kontinuität innerhalb der Wende der urchristlichen Missionsgeschichte von den Juden zu den Heiden ist für Lukas jedoch der bekehrte Jude *Paulus*[69]. Er betritt nahezu unmerklich als Statist in Apg 7, 58 die Szene, um dann zum eigentlichen Helden des Buches zu werden[70]. Für Lukas ist er nicht wie die Apostel grundlegender Zeuge des Glaubens, sondern *der* Repräsentant der zweiten Christengeneration. Die theologische Zielsetzung der lukanischen Paulusdarstellung verdichtet sich im letzten Drittel der Apostelgeschichte (19, 21–28, 31), wo der Weg des Paulus von Jerusalem nach Rom nachgezeichnet wird[71]. Von grundlegender Bedeutung ist dabei die sich entwickelnde Antithetik von Jerusalem und Rom. Jerusalem erscheint bei Lukas zunächst als Stätte des Heils für Israel. Hier lebt die Urgemeinde als das wahre Israel in vorbildhafter Gemeinschaft (Apg 2, 42–47; 4, 32–35), so dass Jerusalem die Kontinuität zwischen Israel und der Kirche repräsentiert[72]. Zugleich ist Jerusalem aber der Ort, wo sich die Führer Israels und durch sie

69 Vgl. zum lukanischen Paulusbild neben Chr. Burchard, J. Roloff und G. Schille, Das älteste Paulusbild (s. u. 5), 9–52; bes. K. Löning, Paulinismus in der Apostelgeschichte, in: K. Kertelge (Hg.), Paulus in den ntl. Spätschriften (s. u. 5), 202–234; R. Maddox, Luke-Acts, 66–90.

70 Vgl. zur Analyse der biographischen Paulustexte in der Apostelgeschichte bes. Chr. Burchard, Der dreizehnte Zeuge, passim.

71 Für die letzte Etappe vgl. M. Labahn, Paulus – ein homo honestus et iustus. Das lukanische Paulusportrait von Act 27–28 im Lichte ausgewählter antiker Parallelen, in: F. W. Horn (Hg.), Das Ende des Paulus, 75–106.

72 Vgl. G. Lohfink, Sammlung Israels (s. o. 3.6.1), 93–99.

angestiftet auch das Volk immer mehr gegenüber der Christusbotschaft verhärten. So wie die Apostel und die Urgemeinde andauernden Verfolgungen ausgesetzt sind (vgl. Apg 4, 1–22; 6,8–15; 7, 54–60; 8, 1), wird auch Paulus zum leidenden Zeugen (vgl. Apg 21, 27–22, 21; 23, 1–11. 12–22). Indem Jerusalem das Zeugnis der Zwölf, der Urgemeinde und des Paulus ablehnt, wird es vom Ort des Heils zu einem Ort des Unheils. Lukas macht aber deutlich, dass Gott die Kirche als das wahre Israel nicht an Jerusalem gebunden hat. Er erschloss sich durch die Heidenmission selbst einen neuen Lebensraum, als dessen Repräsentant die Welthauptstadt Rom zu gelten hat. Der heilsgeschichtlichen Wende von den Juden zu den Heiden korrespondiert in der Sicht des Lukas die Wende von Jerusalem nach Rom. Lukas zeichnet damit jene Entwicklung nach, an deren Ende die heidenchristliche Kirche des ausgehenden 1. Jhs. und damit auch seine eigene Gemeinde steht. Angesichts des endgültigen Bruches mit Israel legitimiert Paulus die Kirche aus Heiden- und Judenchristen. Er wird von Lukas bewusst als tora- und tempeltreuer Jude dargestellt, der Israels ureigenste Hoffnungen verkündigt. Zugleich interpretiert der lukanische Paulus das Scheitern der Judenmission in Apg 28, 25–27 als Verstockung und markiert damit seinen eigenen theologischen und historischen Standort; der Verstockung Israels korrespondiert die Hör- und Glaubensbereitschaft der Völker (Apg 28, 28). „Paulus ist für die Kirche des Lukas zur Identifikationsfigur geworden, anhand derer sie die in der eigenen Geschichte vollzogene Wende verstehend verarbeitet."[73]

Beispielhaft demonstriert Lukas auch an Paulus, „dass die christliche Verkündigung das Imperium nicht tangiert."[74] Nicht der römische Staat verfolgt Paulus, sondern die Juden (vgl. Apg 13, 50; 17, 5–7. 13; 21, 27 ff). Sie gehen mit ungesetzlichen Maßnahmen gegen Paulus vor (vgl. Apg 23, 12–15; 25, 3) oder wenden sich an den Staat (vgl. Apg 18, 12 ff; 24, 1 ff; 25, 5), werden aber dort stets abgewiesen. Der Staat muss aus lukanischer Sicht zwar gegen Frevel und Verbrechen vorgehen, es ist aber nicht seine Aufgabe, sich in religiöse Streitfragen einzumischen (vgl. Apg 18, 12–17). Deshalb besteht sowohl für Gallio (Apg 18, 15) als auch für Festus (Apg 25, 18. 25) kein Grund, Paulus anzuklagen. Nach römischem Recht war Paulus unschuldig und musste eigentlich freigelassen werden (vgl. Apg 25, 25; 26, 31 f), und nur Korruption und Versagen der römischen Behörden (vgl. Apg 24, 26 f; 25,9) zwangen Paulus zur Appellation an den Kaiser.

Die lukanische Paulusdarstellung ist das eigentliche theologische Zentrum der Apostelgeschichte. Paulus fungiert als Repräsentant der zweiten Christengeneration, der die lk. Gemeinde ihren Glauben verdankt. Keineswegs soll Paulus gegenüber den Zwölfen degradiert werden, sondern er ist der vom erhöhten Herrn selbst berufene ‚13. Zeuge' (vgl. Apg 22, 15; 26, 16).

73 J. Roloff, Paulus-Darstellung, 520.

74 H. Conzelmann, Apg, 12.

4.9 Tendenzen der neueren Forschung

Die Frage nach dem Geschichtswert der Apostelgeschichte findet in der neueren Forschung wieder reges Interesse. Wurde von der rein redaktionsgeschichtlich orientierten Exegese (E. Haenchen, H. Conzelmann, Ph. Vielhauer) die historische Glaubwürdigkeit der Apostelgeschichte eher gering eingeschätzt, so betonen insbesondere J. Roloff, M. Hengel und C. K. Barrett, Lukas habe in der Apostelgeschichte zahlreiche alte und historisch zuverlässige Traditionen aufbewahrt. M. Hengel fordert, man müsse das Werk des Lukas „als Quelle ernst nehmen"[75], und auch J. Roloff wendet sich dagegen, die Quellenfrage „vorschnell ad acta"[76] zu legen[77]. Die Eruierung durchgehender Quellen bzw. rekonstruierbarer Traditionseinheiten wird allgemein trotz der skeptischen Positionen von G. Schille und W. Schmithals wieder positiver bewertet, wobei die Traditionsbasis der lukanischen Paulusdarstellung im Mittelpunkt steht. Extremurteile (‚Lukas als Augenzeuge der paulinischen Mission' – ‚Lukas als Romanschriftsteller') verlieren an Bedeutung, statt dessen richtet sich das Interesse auf Umfang und Art der von Lukas verarbeiteten Traditionen. Zumal die neuere geschichtstheoretische Debatte zeigt, dass Lukas ebenso wie andere antike Historiker arbeitete, indem er zahlreiche Traditionen unter einem Leitgedanken repräsentierte: Der Gott Israels lenkt die Geschichte und bewirkt selbst die Entstehung der heidenchristlichen Kirche[78]. Fast unbestritten ist die starke Beeinflussung des Schriftstellers und Historikers Lukas durch die hellenistische Geschichtsschreibung, wie sie insbesondere von E. Plümacher immer wieder betont wurde. Allerdings fordert J. Wehnert, die Konzentration auf den ‚hellenistischen Schriftsteller' Lukas sei „dringend zu erweitern in Richtung auf den Homo religiosus Lukas, näherhin auf dessen religiöse (und infolgedessen auch literarische) Beziehung zum hell. Judentum."[79] Insgesamt gewinnt die narrative (D. Marguerat) und kultur-/religionsgeschichtliche Analyse der Apostelgeschichte immer mehr an Bedeutung. Lukas hat zahlreiche jüdische und hellenistische Traditionen aufbewahrt und kunstvoll in sein Werk integriert.

Eine Forschungstendenz ist unverkennbar: Sowohl die historische als auch die literarisch-theologische Leistung des Lukas finden eine neue Würdigung. Das Ziel der lukanischen Geschichtsschreibung wird nicht mehr primär in der Bewältigung der Verzögerungsproblematik gesehen, sondern Lukas geht es nach G. Schneider, J. Roloff, A. Weiser u. a. darum, der dritten christlichen Generation ihren Standort in der Heilsgeschichte und damit auch die Kontinuität des von der Gemeinde vernommenen christlichen Zeugnisses zu den Propheten, Jesus und den Augenzeugen und da-

---

75 M. Hengel, Geschichtsschreibung (s. o. 2.1), 61.

76 J. Roloff, Apg, 9.

77 C.K. Barrett, Acts II, XXVIIIf, sieht in Lukas zwar keinen unmittelbaren Paulusbegleiter, rechnet aber mit einer Wir-Quelle und anderen Traditionen aus dem Kreis der Teilnehmer der Missionsreisen.

78 Vgl. dazu J. Schröter, Lukas als Historiograph, 254–261.

79 J. Wehnert, Wir-Passagen, 199.

mit letztlich die Verheißungstreue Gottes zu Israel und den Völkern aufzuzeigen. Das Lukasevangelium und die Apg verhalten sich dabei nach M. Wolter folgendermaßen: „Die Geschichte Jesu wird nicht nur in der Verkündigung durch seine Zeugen reaktualisiert, deren Geschichte Lukas im zweiten Buch erzählt, sondern sie ‚überholt' gewissermaßen die Zeit der Zeugen und ist in ihrer Deutung durch Lukas auch überall dort bleibend präsent, wo Jesus Christus verkündigt und geglaubt wird."[80]

Die neueste Forschung zur Apg weist deutlich zwei Schwerpunkte auf[81]: 1) Die Paulusrezeption. Am Anfang der neuen Entwicklung steht J. Roloff, der nachdrücklich die Paulusdarstellung als das eigentliche Zentrum der Apg bestimmte: „Lukas will mit seiner Paulusdarstellung seiner heidenchristlichen Kirche helfen, ihren heilsgeschichtlichen Ort zu verstehen und ihre Identität zu finden."[82] Paulus erscheint zunächst als Kämpfer gegen Gott, um dann als Lehrer[83], Wundertäter[84] und Märtyrer zu seinem wichtigsten Zeugen zu werden. Umstritten ist die Bedeutung der Areopagrede (Apg 17,16–34). Während sie in der klassischen Forschung (M. Dibelius/E. Haenchen) als das Zentrum der gesamten Apostelgeschichte galt[85], hält J. Jervell diesen Text für literarisch sekundär[86] und stuft ihn theologisch als Kritik am griechischen, ‚heidnischen' Denken ein[87]. Diese Sicht konnte sich zu Recht nicht durchsetzen, denn insbesondere die Paulusdarstellung der Apostelgeschichte steht griechisch-römischen Denkmustern nahe. Für M. Lang steht das Entstehen einer religio nova und ihr Verstehen/ihre Rezeption innerhalb des zeitgenössischen Kulturwissens im Mittelpunkt der lk. Paulusdarstellung. Die Verbreitungsgeschichte dieser neuen Religion mit dem Helden Paulus wird spannend erzählt und dargestellt, wobei Paulus als Modell christlicher Lebensführung/Tugend gilt: „Der auctor ad Theophilum, Lukas, repräsentierte die Person des Paulus in der Apostelgeschichte als absichtsvolle und sinnvolle Lesart seiner Welt."[88] Die Apostelgeschichte ist keine Paulus-Biographie, enthält aber eine; man kann „die Apostelgeschichte als Paulusgeschichte mit ausführlicher Einleitung" lesen[89]. B. Heininger verbindet Paulusbild

80 M. Wolter Lk (s. u. 3.6.1), 33.

81 Zu verweisen ist hier auch auf das Themenheft ZNT 18 (2006): „Apostelgeschichten".

82 J. Roloff, Die Paulus-Darstellung des Lukas, 531; als grundlegenden Beitrag vgl. auch K. Löning, Paulinismus in der Apostelgeschichte, in: K. Kertelge (Hg.), Paulus in den neutestamentlichen Spätschriften, QD 89, Freiburg 1981, 202–234.

83 Vgl. B. Heininger, Einmal Tarsus und zurück (Apg 9, 30; 11, 25–26). Paulus als Lehrer nach der Apostelgeschichte, MThZ 49 (1998), 125–143.

84 Vgl. St. Schreiber, Paulus als Wundertäter, BZNW 79, Berlin 1996, 13–158; B. Kollmann, Paulus als Wundertäter, in: U. Schnelle/Th. Söding/M. Labahn (Hg.), Paulinische Christologie, Göttingen 2000, 76–96; B. Heininger, Im Dunstkreis der Magie: Paulus als Wundertäter nach der Apostelgeschichte, in: E.-M. Becker/P. Pilhofer (Hg.), Biographie und Persönlichkeit des Paulus, WUNT 187, Tübingen 2005, 271–291.

85 Vgl. M. Dibelius, Paulus auf dem Areopag, in: ders., Aufsätze zur Apostelgeschichte, 29–70, der völlig zu Recht diesen Abschnitt als „einen Höhepunkt des Buches" (a. a. O., 29) bezeichnet.

86 Vgl. J. Jervell, Apg, 454; vgl. 452: „Die Areopag-Rede ist ein Fremdkörper sowohl im Neuen Testament als auch in den lukanischen Werken."

87 J. Jervell, Apg, 443, über den lukanischen Paulus in Athen: „Was er hier findet, ist also das reine Heidentum. Das eben bedeutet Athen für ihn."

88 M. Lang, Die Kunst des christlichen Lebens, 89.

89 P. Lampe/ U. Luz, Nachpaulinisches Christentum

und Gattungsfrage: „Lukasevangelium und Apostelgeschichte in der Tradition hellenistischer Philosophenbiographien zu lesen, macht Sinn: Das erste Werk schildert den *βίος* des Schulgründers Jesus, das zweite die *βίοι* der beiden wichtigsten Schüler, nämlich Petrus und Paulus."[90]

2) Der zweite Forschungsschwerpunkt ist die Bestimmung der literarischen Gattung der Apostelgeschichte. Zumeist wird auch in der neuesten Forschung die Apostelgeschichte in der Nähe zur ‚historischen Monographie' gesehen oder als solche eingestuft[91], wobei vornehmlich die Biographien Plutarchs und Partien aus Diogenes Laertius' „Leben und Lehre der Philosophen" den Referenzrahmen darstellen. Innerhalb dieses Rahmens sind vielerlei Nuancen möglich; so bezeichnet K. Backhaus die Apostelgeschichte als ‚apologetisch-historiographische Teilmonographie'[92], in der die Herkunfts- und Stiftungsmemoria gesichert werden, das Geschichtsbild vereinheitlicht und auf die Gegenwart bezogen wird: „Historiographie ist zuerst die Kunst, verstreuten Überlieferungsfragmenten einen bedeutungsvollen Zusammenhang einzustiften. Das Gedächtnisgemälde, soll es sich dem Betrachter einprägen, muss als harmonische Einheit wirken."[93] D. Dormeyer betont die biographisch-historiographischen Elemente und definiert: „Die Apostelgeschichte ist eine pathetische, biographische Universalgeschichte in gehobenem rhetorischem Stil mit vielfältigen kritisch-pragmatischen Anteilen, insbesondere in den Reden."[94] Kritisch zu solchen Klassifizierungen äußert sich R. I. Pervo[95], für ihn ist die Apg der ‚popular history' zuzuordnen („Acts is a ‚popular' work"[96]), Lukas ist ein Romancier und die Apg ist eine Art Apostelroman[97]. Zweifellos gibt es in der Apg Episoden, die in die Nähe des antiken Romans verweisen (vgl. die abenteuerliche Romfahrt des Paulus)[98]; damit wird aber

und pagane Gesellschaft, in: J. Becker (Hg.), Die Anfänge des Christentums, Stuttgart 1987, (185–216) 186; vgl. ferner L. Alexander, Acts and Ancient Intellectual Biography, in: B. W. Winter/A. D. Clarke (Hg.), The Book of Acts in its Ancient Literary Setting, Grand Rapids 1993, (31–63) 34, wonach für die Apostelgeschichte gilt: „not just a biography of Paul, but it contains a Pauline biography."

90 B. Heininger, Das Paulusbild der Apostelgeschichte und die antike Biographie, in: Die griechische Biographie in hellenistischer Zeit, hg. v. M. Erler/St. Schorn, Berlin 2007, (407–429) 423.

91 Vgl. R. Riesner, Das lukanische Doppelwerk und die antike Biographie, in: D. Dormeyer/H. Mölle/Th. Ruster (Hg.), Lebensgeschichte und Religion, Münster 2000, 131–144; R. v. Bendemann, Lukas, 669 (Apg hat „sich an den Möglichkeiten der historischen Monographie orientiert"); J. Schröter, Zur Stellung der Apostelgeschichte im Kontext der antiken Historiographie, in: J. Frey/C. K. Rothschild/J. Schröter (Hg.), Die Apostelgeschichte im Kontext antiker und frühchristlicher Historiographie, (27–47) 47 (Lukas bedient sich „gestalterischer Mittel der hellenistisch-römischen Historiographie").

92 Vgl. K. Backhaus, Lukas der Maler, 33.

93 A. a. O., 51.

94 D. Dormeyer, Die Gattung der Apostelgeschichte, in: J. Frey/C. K. Rothschild/J. Schröter (Hg.), Die Apostelgeschichte im Kontext antiker und frühchristlicher Historiographie, (437–475) 475.

95 Vgl. R. I. Pervo, Acts, 17 f, wo er 10 Argumente gegen ein Verständnis der Apg als antike Historiographie anführt.

96 A. a. O., 18.

97 Ausführliche Begründung in: R. I. Pervo, Profil with Delight. The Literary Genre of the Acts of the Apostles, Philadelphia 1987; in seinem Kommentar zur Apg vertritt er diese These zurückhaltender.

98 Vgl. auch J. Börstinghaus, Sturmfahrt und Schiffbruch, 447: „Wir haben somit Lukas als einen Schriftsteller zu verstehen, der in sein Doppelwerk einen in der antiken Literatur sehr beliebten Motiv-

bei weitem nicht die ganze Vielfalt literarischer und historischer Möglichkeiten des Lukas erfasst. Zudem sind Gattungen keine ontologischen Größen, sondern liegen realiter immer als Mischformen vor, wobei man sich an den bestimmenden Motiven orientieren sollte. Bei Lukas ist dies die historische Erzählung, die zu einem Verstehen der Gegenwart des Lesers führen soll.

komplex übernommen und für seine Zwecke gestaltet hat; indem Lukas diesen Motivkomplex in sein Werk einband, hat er sich sicherlich auch – das wage ich zu behaupten – an den Gepflogenheiten populärer Literatur und am Geschmack seiner Zeit orientiert. Man sollte von daher … einen Einfluß der Romanliteratur nicht prinzipiell leugnen, sondern gerade im Gegenteil endlich anerkennen – zumindest was unsere Erzählung in Apg 27 f. betrifft."

5. Die deuteropaulinischen Briefe

Literatur zur Wirkungsgeschichte des Paulus

G. Strecker, Paulus in nachpaulinischer Zeit, in: ders., Eschaton und Historie, Göttingen 1979, 311–319. – U. B. Müller, Zur frühchristlichen Theologiegeschichte, Gütersloh 1976. – G. Schille, Das älteste Paulusbild, Berlin 1979. – A. Lindemann, Paulus im ältesten Christentum, BHTh 58, Tübingen 1979. – E. Dassmann, Der Stachel im Fleisch. Paulus in der frühchristlichen Literatur bis Irenäus, Münster 1979. – K. Kertelge (Hg.), Paulus in den ntl. Spätschriften, QD 89, Freiburg 1981. – P. Müller, Anfänge der Paulusschule, AThANT 74, Zürich 1988. – K. Scholtissek (Hg.), Christologie in der Paulus-Schule, SBS 181, Stuttgart 2000. – Th. Schmeller, Schulen im Neuen Testament?, HBS 30, Würzburg 2001. – A. Dettwiler, L' école paulinienne: évaluation d' une hypothèse, in: A. Dettwiler – J.-D. Kaestli – D. Marguerat (Hg.), Paul, une théologie en construction, Genf 2004, 419–440. – R. I. Pervo, The Making of Paul, Minneapolis 2010.

5.1 Pseudepigraphie als historisches und theologisches Phänomen

H. Balz, Anonymität und Pseudepigraphie im Urchristentum, ZThK 66 (1969), 403–436. – N. Brox, Falsche Verfasserangaben, SBS 79, Stuttgart 1975. – N. Brox (Hg.), Pseudepigraphie in der heidnischen und jüdisch-christlichen Antike, WdF, Darmstadt 1977. – W. Speyer, Die literarische Fälschung im heidnischen und christlichen Altertum, HAW 1.2, München 1971. – M. Hengel, Anonymität, Pseudepigraphie und ‚Literarische Fälschung' in der jüdisch-hellenistischen Literatur, in: Pseudepigrapha I, hg. v. K. v. Fritz, Genf 1972, 231–308. – K. M. Fischer, Anmerkungen zur Pseudepigraphie im Neuen Testament, NTS 23 (1977), 76–81. – P. Pokorný, Das theologische Problem der neutestamentlichen Pseudepigraphie, EvTh 44 (1984), 486–496. – D. G. Meade, Pseudonymity and Canon, WUNT 39, Tübingen 1986. – M. Wolter, Die anonymen Schriften des Neuen Testaments, ZNW 79 (1988), 1–16. – E. Reinmuth, Zur neutestamentlichen Paulus-Pseudepigraphie, in: ders., 2 Thess (s. u. 5.4.1), 190–200. – A. D. Baum, Pseudepigraphie und literarische Fälschung im frühen Christentum, WUNT 2.138, Tübingen 2001. – M. Janssen, Unter falschem Namen, ARGU 14, Frankfurt 2003. – M. Frenschkowski, Pseudepigraphie und Paulusschule, in: F. W. Horn (Hg.), Das Ende des Paulus (s. o. 4.1), 239–272. – R. Zimmermann,

Unecht – und doch wahr? Pseudepigraphie im Neuen Testament als theologisches Problem, ZNT 12 (2003), 27–38. – K. M. Schmidt, Mahnung und Erinnerung im Maskenspiel (s. u. 7.4.1), 9–156. – J. Frey/J. Herzer/M. Janssen/C. K. Rothschild (Hg.), Pseudepigraphie und Verfasserfiktion in frühchristlichen Briefen, WUNT 246, Tübingen 2009.

Von den 27 Schriften des Neuen Testaments wurden nur die authentischen Paulusbriefe unter eigenem Namen verfasst. Auch die Johannesoffenbarung und der 2. 3 Joh haben eine ursprüngliche Verfasserangabe (vgl. Offb 1, 1. 4. 9; 2 Joh 1; 3 Joh 1), wobei es aber im Gegensatz zu den echten Paulusbriefen unklar ist, wer hinter dem Seher Johannes der Offenbarung und dem *πρεσβύτερος* des 2. 3 Joh steht. Sieben Schriften des Neuen Testaments wurden anonym abgefasst, erst sekundär erfolgte im Laufe der Überlieferung die Beifügung der Verfassernamen (Mt, Mk, Lk, Apg, JohEv, Hebr, 1 Joh). Die übrigen Schriften des Neuen Testaments müssen als pseudepigraphisch bezeichnet werden, d.h sie wurden mit historisch unzutreffenden Verfasserangaben veröffentlicht[1].

Die ntl. Pseudepigraphie stellt innerhalb der antiken Literatur keinen Einzelfall dar, sowohl in der griechisch-römischen als auch in der jüdischen Literatur finden sich zahlreiche anonyme oder pseudepigraphische Werke. Gestalten der mythischen Vorzeit (Orpheus) wurden ebenso zahlreiche Schriften zugeschrieben wie z. B. dem berühmten Arzt Hippokrates von Kos[2]. Auch in der philosophischen Literatur finden sich Fälschungen, so wurden zahlreiche unechte Schriften unter den Namen des Platon, Aristoteles und Pythagoras veröffentlicht. Ihren Höhepunkt erreichte die Pseudepigraphie innerhalb der griechischen Literatur in der Pseudepistolographie[3]. Fast allen Größen der griechischen Geistesgeschichte wurde eine z. T. umfangreiche Korrespondenz zugedacht (z. B. Euripides, Demokrit, Sokrates, Platon, Alexander d.Gr.). Dabei sind als ein Parallelphänomen zu den brieflichen Pseudepigraphen des Neuen Testaments vor allem die Kynikerbriefe anzusehen. Cicero zitiert um 45 v. Chr. (Tusc V 90) völlig unbefangen einen (angeblichen) Brief des Skyten Anacharsis (6. Jh. v. Chr.), der als ein Ahnherr der Kyniker galt[4]. Im 1. Jh. v. Chr. bis 2. Jh. n. Chr. wurden einzelne Briefe des Pythagoras bzw. der Pythagoreer[5], die Sokratesbriefe[6] und die Kynikerbriefe[7] abgefasst. Die jeweiligen ‚Helden' waren in der Regel schon Jahrhunderte tot, dennoch wurden ihre angeblichen Briefe rezipiert. Hier dürfte ‚Schul-Pseudepigraphie' vorliegen, d. h. man aktualisierte unter den Namen berühmter Ge-

1 Vgl. zur Begriffsbestimmung W. Speyer, Die literarische Fälschung, 13–44; N. Brox, Falsche Verfasserangaben, 11–15.

2 Zur Pseudepigraphie bei Griechen und Römern vgl. bes. W. Speyer, a. a. O., 111–149.

3 Vgl. hier J. Sykutris, Art. Epistolographie, PRE.S 5 (1931), 185–220; L. R. Donelson, Pseudepigraphy (s. u. 5.5.1), 23–42.

4 Vgl. dazu F. H. Reuter (Hg.), Die Briefe des Anacharsis, Berlin 1963 (Datierung der Briefe in das 3. Jh. v. Chr.).

5 Vgl. A. Städele (Hg.), Die Briefe des Pythagoras und der Pythagoreer, BKP 115, Meisenheim 1980.

6 Vgl. J.-F. Borkowski (Hg.), Socratis quae feruntur Epistolae, BAK 94, Stuttgart/Leipzig 1997, 16.

7 Vgl. hier A. J. Malherbe (Hg.), The Cynic Epistles, Atlanta 1977; E. Müseler (Hg.), Die Kynikerbriefe I.II, Paderborn 1994.

stalten des Anfangs die philosophischen Grundlehren einer Bewegung in Briefform, wobei der pseudepigraphische Charakter allgemein akzeptiert war. Es kam auf die Inhalte an, die in der Regel durchaus zu Recht mit den angeblichen Autoren verbunden waren.

Zahlreiche Bücher des Alten Testaments sind pseudepigraphisch oder anonym überliefert. So werden innerhalb des Pentateuch alle Gesetzestraditionen auf Mose zurückgeführt, der am Sinai Empfänger des unveränderlichen und endgültigen Willens Gottes war. Als Höhepunkt und Zentrum dieser Entwicklung muss das Deuteronomium angesehen werden, das sich selbst als Wort des Mose versteht (vgl. Dtn 1,1). Auch Prophetenbücher wurden überarbeitet und fortgeschrieben (vgl. DtJes; TrJes)[8]. Salomo galt aufgrund von 1 Kön 5,9–14 als Typus des Weisheitsträgers[9], ihm wurden nicht nur das Buch der Sprichwörter, das Hohelied, Kohelet, das Buch der Weisheit, sondern auch die im 1. Jh. v. Chr. in pharisäischen Kreisen entstandenen Psalmen Salomos und in der christlichen Zeit die Oden Salomos (2. Jh. n. Chr.) zugeschrieben. Deutlich ist hier das Interesse zu erkennen, bestimmte Inhalte und Gattungen durch die Zuweisung an eine berühmte Persönlichkeit zu autorisieren. Einen Höhepunkt erreichte die Pseudepigraphie in der jüdischen Apokalyptik[10]. Insbesondere im 3. und 2. Jh. v. Chr. entstanden zahlreiche Schriften, die auf große prophetische Gestalten der Vergangenheit zurückgeführt wurden. Der atl. Traditionsstrom war im wesentlichen abgeschlossen, so dass die apokalyptischen Gruppen ihre Schriften durch die Zuweisung an religiöse Heroen der Vergangenheit legitimieren mussten. So wurde dem nach Gen 5,24 in den Himmel entrückten Henoch ein umfangreicher Literaturkreis zugewiesen, dessen Hauptschriften das äthiopische Henochbuch und das slavische Henochbuch sind[11]. Mose (Assumptio Mosis) wurden ebenso Schriften zugeschrieben wie den zwölf Patriarchen (Test XII). Auch Gestalten der Spätzeit, wie der Jeremia-Schüler Baruch (Baruch-Apokalypsen) und Esra (z. B. 4 Esra) galten als unhinterfragbare Autoritäten, um dem Anliegen der Verfassergruppen Gehör zu verschaffen. Jüdische Pseudepigraphen erschienen auch unter nichtjüdischen Verfassernamen, so die Sammlung der Sibyllinen (2. Jh. v. Chr.–1. Jh. n. Chr.) oder der Aristeas-Brief (2. Jh. v. Chr.). Die Existenz griechischer und jüdischer Pseudepigraphen zeigt, dass die ntl. Pseudepigraphie nicht als ein Sonderfall anzusehen ist. Sind auch die Motive, die zur Abfassung der Pseudepigraphen führten, im einzelnen sehr vielfältig und kaum vergleichbar[12], so treffen sich doch nicht-

8 Vgl. dazu D. G. Meade, Pseudonymity, 17–43.

9 Vgl. zur Pseudepigraphie in der jüdischen Weisheitsliteratur D. G. Meade, a. a. O., 44–72.

10 Vgl. a. a. O., 73–85. Zu den Einleitungsfragen der Apokryphen und Pseudepigraphen vgl. L. Rost, Einleitung in die alttestamentlichen Apokryphen und Pseudepigraphen einschließlich der großen Qumran-Handschriften, Heidelberg [3]1985.

11 Vgl. zur Henoch-Literatur D. G. Meade, Pseudonymity, 91–102.

12 Vgl. dazu W. Speyer, Die literarische Fälschung, 131 ff. 218 ff; N. Brox, Falsche Verfasserangaben, 49–67.

christliche und christliche Pseudepigraphie in dem Bemühen, ihren Schriften durch die Zuweisung an jeweilige Autoritätsträger Geltung zu verschaffen. Diese generelle Tendenz der Pseudepigraphie und die religionsgeschichtlichen Parallelen reichen allerdings nicht aus, um die Eigenart der ntl. Pseudepigraphie zu erklären.

Die ntl. Pseudepigraphie ist zeitlich deutlich eingrenzbar, die meisten pseudepigraphischen Schriften entstanden zwischen 60/70 und 100 n. Chr., wobei die Protopaulinen und der 1Klemensbrief (ca. 96 n. Chr.) sowie die Ignatius-Briefe (ca. 110 n. Chr.) die jeweilige Grenze bilden. Der genannte Zeitraum stellt innerhalb der Geschichte des Urchristentums eine Epoche des Umbruchs und der Neuorientierung dar. Die Generation der ersten Zeugen war gestorben, eine gesamtkirchliche Organisation existierte noch nicht, innergemeindliche Ämter bildeten sich erst heraus, die Problematik der Parusieverzögerung trat voll in das Bewusstsein, es gab erste umfassende Verfolgungen und schließlich bestimmten sowohl die schmerzliche Loslösung vom Judentum als auch die intensive Auseinandersetzung mit Irrlehren in den eigenen Reihen jene Zeit. Zudem lässt 2Thess 2,2 vermuten, dass auch Gegner die Autorität des Paulus durch Pseudepigraphen in Anspruch nahmen. Der Amtsfrage kommt innerhalb dieser Situation eine besondere Bedeutung zu. Die Herausbildung allgemein anerkannter kirchlicher Ämter fällt exakt in die Zeit zwischen 70–100 n. Chr.[13], d. h. die noch fehlende Amtsautorität war ein wesentlicher Grund, um die Autorität der Erstzeugen durch Pseudepigraphen in Anspruch zu nehmen. Klemens von Rom und Ignatius von Antiochien hingegen waren überregional anerkannte Amtsträger und sie schrieben wieder Briefe unter ihrem Namen. Das Amt gab ihnen dazu die nötige Autorität, die zuvor noch nicht vorhanden war.

In einer Phase der Neuorientierung und der damit verbundenen notwendigen Neuinterpretation der überlieferten Traditionen war für viele Gruppen innerhalb des Urchristentums offenbar die Pseudepigraphie das wirksamste Mittel, um auf die Entwicklung Einfluss zu nehmen[14]. Weil es keine Persönlichkeiten mehr gab, die eine gesamtkirchliche Autorität besaßen, griffen die Verfasser pseudepigraphischer Schreiben auf die Autoritäten der Vergangenheit zurück, um ihren jeweiligen Zielen in der sich wandelnden kirchengeschichtlichen Situation einen adäquaten Ausdruck zu verleihen. Pseudepigraphie war ebenso wie die Anonymität ein literarisches Mittel, um in den Problemen und Konflikten des letzten Drittels des 1. Jhs. n. Chr. Einfluss zu gewinnen und sachgemäße Lösungen zu finden. Für die paulinischen Pseudepigraphen war darüber hinaus die Existenz einer Paulusschule (s. o. 2.2.2) von

13 Vgl. dazu D.-A. Koch, Die Entwicklung der Ämter in frühchristlichen Gemeinden Kleinasiens, in: Neutestamentliche Ämtermodelle im Kontext, hg. v. Th. Schmeller/M. Ebner/R. Hoppe, QD 239, Freiburg 2010, 166–206.

14 Vgl. K. M. Fischer, Anmerkungen zur Pseudepigraphie, 79 ff. M. Wolter, Die anonymen Schriften, 15, betont als zusätzlichen Faktor die Loslösung vom Judentum, die eine Neukonzeption des Traditionsgedankens erforderte. Nun wurde Jesus „selbst zum Archegeten einer neuen Tradition und zum Garanten einer neuen Identität, die beide darum in letzter Instanz durch Gott selbst sanktioniert sind" (a. a. O., 16).

großer Bedeutung, denn die Verfasser des Kol, Eph, 2 Thess und der Pastoralbriefe verstanden sich offensichtlich als Paulusschüler, die das Erbe des Apostels in ihrer jeweiligen Zeit weitergeben wollten. Dabei kam der Person des Apostels legitimierende und normierende Bedeutung zu. Die von ihm geforderte Mimesis (vgl. 1 Kor 4, 16) gewann mit den Deuteropaulinen auch auf literarischer Ebene Gestalt. Ob man deshalb auch bei den Deuteropaulinen (wie z. B. bei den Kynikerbriefen) von einer akzeptierten ‚Schul-Pseudepigraphie' sprechen kann, muss offen bleiben. Einerseits sind der Rückbezug auf Paulus und die Aktualisierung seiner Lehren in einem Schulkontext offenkundig, andererseits bleiben aber die zeitlichen Abstände (zum Tod des Paulus) im Vergleich mit den Kynikern sehr gering, so dass die Gemeinden zumindest einige Deuteropaulinen als authentische Paulusbriefe verstehen konnten.

Die ntl. Pseudepigraphie war somit in eine ganz bestimmte zeitgeschichtliche Situation eingebunden und muss als gelungener Versuch der Bewältigung zentraler Probleme der dritten urchristlichen Generation gesehen werden. Das Ziel der ntl. Pseudepigraphie bestand nicht nur darin, die Kontinuität der apostolischen Tradition in der Zeit nach dem Tod der Apostel sicherzustellen. Vielmehr sollte vor allem die Autorität der Apostel in der Gegenwart neu zur Sprache gebracht werden. Indem die Verfasser sich auf die Ursprünge der Tradition beriefen, begründeten sie den Verbindlichkeitsanspruch ihrer Neuinterpretation angesichts der in der Gegenwart neu aufgebrochenen Probleme. Die sekundären Verfasserangaben zeugen somit immer auch von der Bedeutung des Primären!

Im Einzelnen bedienten sich die Verfasser der Pseudepigraphen sehr verschiedener Mittel. Während z. B. der Hebr in Kap. 13, 23 nur andeutungsweise zu erkennen gibt, dass er von Paulus geschrieben sein will, bieten die Pastoralbriefe eine vollständige Paulus-Fiktion. So werden die Briefeingänge und Briefschlüsse dem paulinischen Stil mit ihren Adressenangaben, Grüßen, Namensnennungen und persönlichen Mitteilungen nachgeahmt (vgl. 1 Tim 1, 1 f; 6, 21; 2 Tim 1, 1–3; 4, 19–22; Tit 1, 1–4; 3, 12–15). Darüber hinaus schildert der Verfasser bis in Details hinein die jeweilige Lebenssituation des Paulus (vgl. 1 Tim 1, 20; 2 Tim 4, 13), und er gibt sogar Gedanken des Apostels angesichts des bevorstehenden Todes wieder (vgl. 2 Tim 4, 6–8. 17 f). Die Elemente der stilistischen Imitation, der fiktiven Situationsschilderung durch chronologische Angaben oder der Schilderung historischer Umstände und die Darstellung der jeweiligen persönlichen Situation der in Anspruch genommenen Autorität gehören in verschiedener Intensität zu den Mitteln ntl. Pseudepigraphie. Sie sind Stilmittel, um dem grundlegenden Bezug auf die jeweilige Autoritätsperson (z. B. Paulus oder Petrus) den erforderlichen Nachdruck zu verleihen. Dabei bedingen sich die vom jeweiligen Verfasser gewählten Stilmittel und die Situation, in die hinein das pseudepigraphische Schreiben wirken soll. Wenn z. B. in 1 Tim 5, 23 Paulus dem Timotheus rät, wegen seiner Gesundheit auch etwas Wein zu trinken, dann richtet sich dieser persönliche Ratschlag auch gegen die rigorosen asketischen Bestrebungen (vgl. auch Kol 2, 16!), die der Briefschreiber in 1 Tim 4, 3–9 bekämpft.

Eine theologische Beurteilung darf nicht von den moralischen Kategorien der Fälschung oder des Betruges ausgehen[15], sondern sie muss den inneren Zusammenhang zwischen der zeitgeschichtlichen Situation und dem Phänomen der ntl. Pseudepigraphie bedenken. Die literarische Form der Pseudepigraphie war im letzten Drittel des ersten christlichen Jahrhunderts das wirksamste Mittel, um die neu aufgebrochenen Probleme aus der Sicht der Verfasser der Pseudepigraphen im Sinn der von ihnen jeweils in Anspruch genommenen Autoritäten zu lösen. Die moralische Kategorie der Fälschung ist deshalb ungeeignet, die Zielsetzungen der Pseudepigraphie zu erfassen. Sachgemäßer ist von *,entliehenen Verfasserangaben'* zu sprechen, bei denen die apostolische Autorität als Bürge für die Gültigkeit des Gesagten auftritt[16]. Die ntl. Pseudepigraphie muss als der theologisch legitime und ekklesiologisch notwendige Versuch angesehen werden, die apostolische Tradition in einer sich verändernden Situation zu bewahren und zugleich notwendige Antworten auf neue Situationen und Fragen zu geben. Dabei ist die gesamtkirchliche Perspektive für die pseudepigraphischen Schriften charakteristisch, sie entstanden aus ökumenischer Verantwortung.[17]

5.2 Der Kolosserbrief

5.2.1 **Literatur**

Kommentare

KEK IX/2: E. Lohse, ^{2}1977. – HNT 12: H. Hübner, 1997. – HThK X 1: J. Gnilka, 1980. – EKK XII: E. Schweizer, ^{2}1980. – ThHK 10/I: P. Pokorný, 1987. – ThKNT 12: I. Maisch, 2003. – ÖTK 12: M. Wolter, 1993. – NTD 8/1: U. Luz, 1998. – RNT: J. Ernst, 1974. – ZBK 10: A. Lindemann, 1983. –

15 Vgl. dazu N. Brox, Falsche Verfasserangaben, 81 ff. J. Herzer, Fiktion oder Täuschung? (s. u. 5.5.1), 532 f, will zwischen (negativer) ,Fälschung' und (akzeptierter) ,Schulpseudepigraphie' unterscheiden; die Schulpseudepigraphie ist gewissermaßen eine ,offene' Form der Pseudonymität, die keine Fälschungsabsicht verfolgt, sondern sich konsensfähiger literarischer und intentionaler Mittel bedient.

16 Vgl. N. Brox, a. a. O., 105, der für die Pseudepigraphie „das Motiv der Partizipation an der überlegenen Vergangenheit" betont. Als Kriterium für die Rezeption von Schriften hebt A. D. Baum, Pseudepigraphie, 3 f, hervor, „daß die literarische Echtheit eines Buches in der Antike nicht aufgrund seines Wortlauts, sondern ausschließlich und durchgängig aufgrund der Herkunft seines Inhalts beurteilt wurde. Eine primär (also vom Autor) mit einem Verfassernamen versehene Schrift galt folglich (außerhalb der Dichtung) als literarische Fälschung, wenn man ihren Inhalt nicht auf die in ihrem Titel genannte Person zurückführte."

17 Völlig anders mit polemischer Diktion M. Frenschkowski, Pseudepigraphie und Paulusschule, 251: „Es bleibt dabei, dass Pseudepigraphie eine bewußte und planmäßig durchgeführte Täuschung ist, welche – wenn sie erkannt worden wäre – damalige Leser im allgemeinen ebenso vor den Kopf gestoßen hätte wie heutige. Nur die Arglosigkeit und Naivität christlicher Leser hat meist ihre Erkenntnis verhindert." Hier wird nicht nur die historische und theologische Legitimität von Pseudepigraphie innerhalb der Selbstformierungs- und Abgrenzungsprozesse des frühen Christentums geleugnet, sondern die angebliche Naivität der frühen Christen gegen die angeblich kritische Intellektualität heutiger Exegeten ausgespielt.

WBC 44: P.T.O'Brien, 1982. – ICC: R.Mcl. Wilson, 2005. – Sacra Pagina 17: Margaret Y. MacDonald, 2000. – NIGTC: J.D.G. Dunn, 1996. – NTL: J.L.Sumney, 2008.

Monographien

E.Käsemann, Leib und Leib Christi, BHTh 9, Tübingen 1933. – E.Percy, Die Probleme der Kolosser- und Epheserbriefe, SVSL, Lund 1946. – J.Lähnemann, Der Kolosserbrief. Komposition, Situation und Argumentation, StNT 3, Gütersloh 1971. – W.Bujard, Stilanalytische Untersuchungen zum Kolosserbrief als Beitrag zur Methodik von Sprachvergleichen, SUNT 11, Göttingen 1973. – F.Zeilinger, Der Erstgeborene der Schöpfung, Wien 1974. – Helga Ludwig, Der Verfasser des Kolosserbriefes. Ein Schüler des Paulus, Diss. theol., Göttingen 1974. – Chr. Burger, Schöpfung und Versöhnung, WMANT 46, Neukirchen 1975. – H.E.Lona, Die Eschatologie im Kolosser- und Epheserbrief, fzb 48, Würzburg 1984. – T.J.Sappington, Revelation and Redemption at Colossae, JSNT.S 53, Sheffield 1991. – R.Hoppe, Der Triumph des Kreuzes, SBB 28, Stuttgart 1994. – C.E. Arnold, The Colossian Syncretism, WUNT 2.77, Tübingen 1995. – Angela Standhartinger, Studien zur Entstehungsgeschichte und Intention des Kolosserbriefes, NT.S 94, Leiden 1999. – G.H. van Kooten, Cosmic Christology in Paul and the Pauline School, WUNT 2.171, Tübingen 2003. – M.Dübbers, Christologie und Existenz im Kolosserbrief, WUNT 2.191, Tübingen 2005. – O.Leppä, The Making of Colossians, SFEG 86, Göttingen/Helsinki 2005. – N.Frank, Der Kolosserbrief im Kontext des paulinischen Erbes, WUNT 2.271, Tübingen 2009.

Aufsätze

G.Bornkamm, Die Häresie des Kolosserbriefes, in: ders., Das Ende des Gesetzes, München ^{3}1961, 139–156. – E.Gräßer, Kolosser 3, 1–4 als Beispiel einer Interpretation secundum homines recipientes, in: ders., Text und Situation, Gütersloh 1973, 123–151. – E.Lohse, Christologie und Ethik im Kolosserbrief, in: ders., Die Einheit des Neuen Testaments, Göttingen 1973, 249–261. – Ders., Christusherrschaft und Kirche, a.a.O., 262–275. – E.Stegemann, Alt und neu bei Paulus und in den Deuteropaulinen (Kol-Eph), EvTh 37 (1977), 508–536. – A.Lindemann, Die Gemeinde von Kolossä, WuD 16 (1981), 111–134. – H.Merklein, Paulinische Theologie in der Rezeption des Kolosser- und Epheserbriefes, in: Paulus in den ntl. Spätschriften (s.o. 5), 25–69. – J.Ernst, Art. Kolosserbrief, TRE 19 (1989), 370–376. – P.Müller (Hg.), Kolosser-Studien, BThSt 103, Neukirchen 2009. – P.Müller, Gegner im Kolosserbrief, in: Beiträge zur urchristlichen Theologiegeschichte (FS U.B.Müller), hg. v. W.Kraus, BZNW 163, Berlin 2009, 365–394.

Forschungsberichte

E.Schweizer, Zur neueren Forschung am Kolosserbrief, in: ders., Neues Testament und Christologie im Werden, Göttingen 1982, 122–149. – W.Schenk, Der Kolosserbrief in der neueren Forschung (1945–1985), ANRW 25.4, Berlin 1987, 3327–3364.

5.2.2 Verfasser

Die Verfasser des Kolosserbriefes sind nach Kol 1,1 der Apostel Paulus und sein Mitarbeiter Timotheus. Die Adressaten werden teilweise in der 1. P.Pl. angesprochen (vgl. Kol 1,3.9.27), in Kol 1,24; 2,1; 4,7.18 spricht dann aber nur noch der Apostel Paulus, so dass der Brief als sein Schreiben erscheint und unter apostolischer Autorität stehen soll. Die gewollte Nähe zum Philemonbrief und der eigenhändige Gruß in

Kol 4, 18 unterstreichen diesen Anspruch[18]. Die Eigenaussagen des Kol wurden erstmals 1838 von E.Th. Mayerhoff[19] grundsätzlich in Frage gestellt. F. Chr. Baur[20] sieht dann im Kol die Schrift eines Pauliners der gnostischen Epoche des 2. Jhs. Einen Mittelweg schlägt H. J. Holtzmann ein, wenn er aus dem Kol einen ursprünglichen Paulusbrief herausschält, der dann vom Verfasser des Epheserbriefes gnostisch überarbeitet wurde[21]. Heute wird der Kol von den meisten Exegeten als ein pseudepigraphisches Schreiben angesehen[22]. Aber auch die Annahme einer paulinischen Verfasserschaft ist in der kritischen Forschung nach wie vor von Bedeutung[23]. Eine Sekretärs- bzw. Mitarbeiterhypothese, wonach Timotheus der Verfasser des Briefes sein soll, vertreten E. Schweizer[24], W.H. Ollrog[25], J.D.G. Dunn[26] und U. Luz[27]. J. Lähnemann[28] erwägt, in Epaphras (vgl. Phlm 23; Kol 1, 7; 4, 12) den Verfasser des Briefes zu sehen. Die Vertreter der Echtheit des Kol sehen die unzweifelhaften Besonderheiten des Briefes in seiner Frontstellung gegenüber einer Häresie innerhalb der Gemeinde begründet. Die völlig neue Gemeindesituation habe eine andere Formulierung der paulinischen Theologie erfordert. Demgegenüber weisen die Bestreiter der Echtheit auf die Eigentümlichkeiten der Sprache und des Stils des Kol hin[29].

So finden sich im Kol 37 ntl. Hapaxlegomena[30]: z. B. *ἀρεσκεία* (1, 10); *ὁρατός* (1, 16); *πρωτεύειν* (1, 18); *εἰρηνοποιεῖν* (1, 20); *στερέωμα* (2, 5); *φιλοσοφία* (2,8); *θεότης* (2,9);

18 Vgl. die Mitarbeiternamen: Archippus (Phlm 2/ Kol 4, 17); Aristarch (Phlm 24/Kol 4, 10); Demas, (Phlm 24/Kol 4, 14); Epaphras (Phlm 23/Kol 1, 7; 4, 12); Lukas (Phlm 24/Kol 4, 14); Markus (Phlm 24/ Kol 4, 10); Onesimus (Phlm 10/Kol 4, 9).

19 Vgl. E. Th. Mayerhoff, Der Brief an die Colosser mit vornehmlicher Berücksichtigung der drei Pastoralbriefe kritisch geprüft, Berlin 1838.

20 Vgl. F. Chr. Baur, Paulus, der Apostel Jesu Christi II, Leipzig ²1867, 10 f.

21 Vgl. H. J. Holtzmann, Kritik der Epheser- und Kolosserbriefe auf Grund einer Analyse ihres Verwandtschaftsverhältnisses, Leipzig 1872; kurze Zusammenfassung: ders., Einleitung ²1886, 295 ff.

22 Vgl. u. a. G. Bornkamm, Häresie, 139 A 1; H. Conzelmann, Kol, 176 f; E. Lohse, Kol, 133–140. 249–257; J. Gnilka, Kol 19 ff; A. Lindemann, Kol, 9–11; P. Pokorný, Kol, 2–4; M. Wolter, Kol, 31; A. Standhartinger, Entstehungsgeschichte und Intention, 1–3; Margaret Y. MacDonald, Col, 6–10; R. Mcl. Wilson, Col, 31–35; J. L. Sumney, Colossians, 6.

23 Für protopaulinisch halten den Kol u. a. M. Dibelius, Kol, 53; E. Lohmeyer, Die Briefe an die Kolosser und an Philemon, KEK IX/2, Göttingen ⁹1953, 12; A. Jülicher – E. Fascher, Einleitung, 134; E. Percy, Probleme, 66. 136 u. ö.; W. G. Kümmel, Einleitung, 298–305 (vgl. aber die vorsichtige Korrektur [für Kol und 2 Thess]: ders., L'exégèse scientifique au XXe siècle: le Nouveau Testament, in: Le monde contemporain et la Bible, hg. v. C. Savart – J. N. Aletti, BiToTe, Paris 1985, [473–515] 483 f); J. Ernst, Art. Kolosserbrief, 373.

24 Vgl. E. Schweizer, Kol, 27. Eine ausführliche Begründung findet sich bei E. Schweizer, Der Kolosserbrief – weder paulinisch noch nachpaulinisch?, in: ders., Neues Testament und Christologie im Werden (s. o. 5.2.1), 150–163.

25 Vgl. W. H. Ollrog, Paulus und seine Mitarbeiter (s. o. 2.2.2), 219–232.

26 Vgl. J. D. G. Dunn, Col, 38.

27 Vgl. U. Luz, Kol, 190. Nach Luz wurde der Kol noch zu Lebzeiten des Paulus verfasst. Gegenargument: War es zu diesem Zeitpunkt möglich, ein pseudepigraphiches Schreiben unter dem Namen des Paulus zu verfassen, dazu noch mit eigener Hand unterzeichnet (vgl. Kol 4, 18)?

28 Vgl. J. Lähnemann, Kolosserbrief, 181 f A 82.

29 Vgl. dazu W. Bujard, Stilanalytische Untersuchungen, passim; E. Lohse, Kol, 133–140; H. Ludwig, Der Verfasser des Kolosserbriefes, 8–51; W. Schenk, Kolosserbrief, 3328–3338.

30 Zählung nach K. Aland (Hg.), Vollständige Konkordanz zum griechischen Neuen Testament, Bd. II: Spezialübersichten, Berlin 1978, 456.

> *νεομηνία* (2,16); *ἐμβατεύειν* (2,18); *δογματίζειν* (2,20); *ἐθελοθρησκία* (2,23); *πλησμονή* (2,23); *αἰσχρολογία* (3,8); *Σκύθης* (3,11); *μομφή* (3,13); *παρηγορία* (4,11). Darüber hinaus begegnen im Kol 28 Wörter, die im übrigen Neuen Testament, nicht aber in den unbestritten echten Paulusbriefen belegt sind. 15 Wörter erscheinen im Eph, Kol sowie im übrigen Neuen Testament, nicht aber in den unbestritten echten Paulusbriefen[31]. Andererseits fehlen im Kol eine ganze Reihe zentraler paulinischer Begriffe, so z.B. *ἀποκάλυψις, δικαιοσύνη, δικαιοῦν, ἐλευθερία, ἐλευθεροῦν, ἐπαγγελία, καυχᾶσθαι, καύχημα, κοινωνία, νόμος, πιστεύειν, σῴζειν, σωτηρία*[32].

Dieser Befund ist allerdings nur bedingt aussagekräftig, denn zahlreiche Hapaxlegomena finden sich entweder in Traditionsmaterial (Kol 1,15–20) oder in der Auseinandersetzung mit der falschen Lehre (Kol 2,6–23), sie waren somit dem Verfasser vorgegeben. Zudem weisen auch die unbestreitbar echten Paulusbriefe zahlreiche Hapaxlegomena auf, und im 1Thess finden sich zahlreiche zentrale Begriffe der späteren Briefe ebenfalls nicht.

Auch der Stil des Kol zeichnet sich durch Besonderheiten aus. So werden die Adressaten im Kol nicht mit dem Brudernamen angeredet. Bei Paulus häufig anzutreffende Verknüpfungen (z.B. *μᾶλλον, οὐδέ, εἴ τις, εἴπερ, οὐ μόνον δέ – ἀλλὰ καί, οὐκέτι*) und Folgerungspartikel (*διό, διότι, ἄρα, ἄρα οὖν*) fehlen im Kol, während eine Häufung von Genitivverbindungen (vgl. Kol 1,5; 1,13; 1,27; 2,2; 2,11) und die Verwendung der Präposition *ἐν* charakteristisch sind. Insgesamt prägt ein plerophorer Stil den Kol (vgl. z.B. Kol 1,3–11). Die einzelnen Stücke sind locker aneinandergefügt, so dass eine eindeutige Zuordnung der Infinitive, der Relativsätze und der Partizipialkonstruktionen oft nicht möglich ist. Die Gedankenführung ist vielfach assoziativ. An vielen Stellen erscheint die Argumentation nicht so zwingend und weiterführend wie in den Protopaulinen. Es findet sich kein Fragesatz im Kol! Die Sprach- und Stileigentümlichkeiten allein können die deuteropaulinische Verfasserschaft des Kol aber nicht erweisen, ihre Bedeutung zeigt sich erst in der Verbindung mit den inhaltlich-theologischen Besonderheiten des Briefes:

1) Christologie: Die Bedeutung des Heilswerkes Jesu Christi für den gesamten Kosmos steht im Zentrum der Christologie des Kolosserbriefes. Christus ist der Erstgeborene vor aller Kreatur, in ihm wurde das All geschaffen, und durch ihn hat es Bestand (vgl. Kol 1,15–17). Als Herr der Schöpfung und Schöpfungsmittler herrscht er über alles Geschaffene, das Unsichtbare und Sichtbare. Christus ist das Haupt aller Mächte (Kol 2,10) und triumphiert über die kosmischen Gewalten (Kol 2,15). In ihm hat der Kosmos Bestand, er weist allen Mächten ihre Bedeutung zu. Die Gemeinde partizipiert bereits in der Gegenwart an dieser Herrschaft Christi. Er versöhnte durch seinen Tod die Glaubenden mit Gott (Kol 1,22) und tilgte den sie anklagenden Schuldbrief (Kol 2,14). Nun kann auch den Heiden Christus als der Herr des

---

31 Vgl. die Auflistung bei E. Lohse, Kol, 134.

32 Vgl. a.a.O., 135.

Kosmos verkündigt werden (Kol 1, 27). Kol 3, 11d bringt die Christologie des Briefes prägnant zum Ausdruck: *τὰ πάντα καὶ ἐν πᾶσιν Χριστός*.

Die kosmische Christologie des Kol, die durch ein Denken in Herrschaftssphären und -räumen gekennzeichnet ist, kann an Aussagen der Protopaulinen anknüpfen, in denen auch die kosmische Herrschaft Christi verkündigt wird (vgl. 1 Kor 8, 6; Röm 8, 18–39; Phil 2,9–11; 3, 21). Der Verfasser des Kol geht aber über diese traditionellen Aussagen weit hinaus, indem er die kosmologischen Dimensionen zur Grundlage und zum Zentrum der Christologie macht. Zudem bedient er sich zur Entfaltung seiner Christologie nicht genuin paulinischer Überlieferung. Vielmehr bildet der Hymnus in Kol 1, 15–20 den Ausgangspunkt und die Basis der Christologie des gesamten Briefes.

2) Eschatologie: Die Eschatologie des Kol[33] ist von der Christologie her entworfen und schon in ihrem Ansatz kosmologisch orientiert[34]. Durch die Taufe sind die Glaubenden mit Christus gestorben und mit ihm auferstanden (Kol 2, 12. 13; 3, 1), so dass nun andere Mächte über sie nicht mehr herrschen können. Die Mächte gehören dem Bereich des ‚Unten' an, während sich die Christen auf das ‚Oben' ausrichten sollen, wo Christus ist (vgl. Kol 3, 1. 2). Die vollständige Partizipation des Getauften am Tod und an der Auferstehung Jesu Christi zeigt sich in den *σύν*-Wendungen in Kol 2, 12. 13; 3, 1. Hier wurde im Gegensatz zu Röm 6, 3 f die Zeitform der Vergangenheit auch auf die Eschata übertragen[35]. Für Paulus hingegen ist kennzeichnend, dass die neue Wirklichkeit im Geist (vgl. 2Kor 1,22; 5,5; Röm 8,23) umfassend und vollständig erst bei der Parusie offenbar wird (vgl. neben Röm 6,3–5 bes. 1Kor 13,12; 2Kor 4,7; 5,7; 1Kor 15,20–23.46). Paulus spricht deshalb nie von einer bereits vollzogenen Auferstehung und kann unter seinen eigenen theologischen Voraussetzungen auch nicht davon sprechen, so dass hier eine entscheidende Differenz zwischen der Eschatologie des Kol und der Eschatologie des Apostels gesehen werden muss. Beide bestimmen den Grad der Partizipation an der Auferstehungswirklichkeit grundlegend anders![36] Bei Paulus ist der Geist das Angeld (Röm 8,23), der Unterpfand (2Kor 1,22; 5,5) für das *zukünftige* Endgeschehen, im Kol wird von der Zukunft bereits in der

33 Eine umfassende Erörterung aller Fragen findet sich bei E. Lona, Eschatologie, 83–240 (der Kol liegt auf der Linie des Paulus, verfolgt aber einen anderen Denkansatz).

34 Vgl. N. Walter, ‚Hellenistische Eschatologie' im Neuen Testament, in: Glaube und Eschatologie (FS W. G. Kümmel), hg. v. E. Gräßer u. O. Merk, Tübingen 1985, (335–356) 344 ff. Deutlich herrschen im Kol räumliche Gegensatzpaare vor, z. B.: ‚verborgen – offenbar', ‚unten – oben'.

35 Kontinuität und Diskontinuität zwischen Röm 6 und Kol 3, 1–4 werden präzis herausgearbeitet von E. Gräßer, Kolosser 3, 1–4, 129 ff; P. Müller, Anfänge der Paulusschule (s. o. 5), 87–134; N. Frank, Kolosserbrief, 163–201.

36 M. Dübbers, Christologie und Existenz, 238–242, versucht diesen grundlegenden Unterschied zu minimieren, wenn er das ‚Mitauferstandensein' als „metaphorische Rede" klassifiziert, „mit der der Verfasser deutlich macht, dass die gegenwärtige Existenz der Adressaten an den Auferstandenen gebunden ist und ausschließlich von ihm heilvoll bestimmt wird" (a. a. O., 242). Davon geht auch Paulus aus, ohne jedoch von einem ‚Auferstandensein' zu sprechen!

Vergangenheitsform gesprochen. Zwar baut auch der Kol gegen ein enthusiastisches Überspringen der Gegenwart Kautelen ein[37], zugleich hebt er aber die von Paulus vorgenommenen zeitlichen und sachlichen Einschränkungen auf[38]. Eine weitere Auffälligkeit zeigt sich beim *ἐλπίς*-Begriff. Die Hoffnung erscheint in Kol 1,5.23.27 als objektiv im Jenseits vorfindliches Heilsgut. Mit *ἐλπίς* wird nicht mehr auf die Zukünftigkeit geblickt (vgl. Röm 8,24), vielmehr liegt das Heilsgut der Hoffnung im Himmel für die Glaubenden bereit.

3) Ekklesiologie: Das Zentrum der Ekklesiologie des Kol bildet die *σῶμα Χριστοῦ*-Vorstellung[39]. Während sie von Paulus im paränetischen Kontext verwendet wird (vgl. bes. 1 Kor 12; Röm 12)[40], kommt ihr im Kol eine kosmologische Bedeutung zu. Die Kirche ist der von Jesus Christus ermöglichte und durchwaltete universale Heilsraum (vgl. Kol 1,18.24; 2,17.19; 3,15). Wird bei Paulus Christus selbst als Leib der Kirche bezeichnet (vgl. 1 Kor 12,12f; Röm 12,4f), so erscheint Christus in Kol 1,18 als Haupt des Leibes (vgl. demgegenüber 1 Kor 12,21). Damit gibt der Verfasser das bei Paulus an der konkreten Gemeindesituation orientierte Bild auf und übernimmt die kosmologische Vorstellung des weltweiten Leibes der Kirche, dessen Haupt Christus ist. Der Kol entwickelt nicht die paulinische Konzeption weiter, sondern er greift durch das hellenistische Judentum (vgl. 5.3.8) vermittelte Gedanken auf[41]: Die Vorstellung einer über die Weiten des Alls regierenden Gottheit (vgl. z.B. Philo, Migr 220; Fug 108–113). Christus erschuf das All, versöhnte es, und als das Haupt des Leibes übt er gegenwärtig seine Herrschaft aus.

4) Die Funktion des Apostels: Verkündigte Paulus das Evangelium Jesu Christi, so erscheint das *μυστήριον τοῦ Χριστοῦ* bzw. *θεοῦ* als zentrale Botschaft des Kol (vgl. Kol 1,26.27; 2,2; 4,3)[42]. Hinter diesem Mysterium steht die sich bildende Kirche, die sich ihrerseits wiederum der Verkündigung des Apostels verdankt. Deshalb sind die Person und das Leiden des Apostels auch Inhalt des Mysteriums (vgl. Kol 1,24–29). Dabei fällt Kol 1,24b ins Auge, wonach die Leiden des Apostels sogar die Drangsale Jesu Christi für seine Kirche ergänzen/vollenden; ein für Paulus unmöglicher Gedanke! Als Diener am Leib Christi offenbart der Apostel der Gemeinde das Geheimnis des göttlichen Willens, seine Person ist vom Inhalt des Evangeliums nicht mehr lösbar. Obwohl leiblich nicht anwesend, ist er doch im Geist in der Gemeinde gegenwärtig (Kol 2,5), die nun Christus so verkünden soll, wie ihn der Apostel verkündig-

37 Vgl. *διὰ τῆς πίστεως* in Kol 2,12, *κέκρυπται* in Kol 3,3; die Parusie Christi als Datum des Offenbarwerdens der Herrlichkeit Kol 3,4.

38 Vgl. H. Merklein, Rezeption, 43ff; gegen G. Klein, Art. Eschatologie, TRE 10 (1982), 286f.

39 Das religionsgeschichtliche Material bietet E. Schweizer, Art. *σῶμα*, ThW VII, 1024–1091; zum Kol vgl. a.a.O., 1073–1075.

40 Für Paulus vgl. hier E. Käsemann, Das theologische Problem des Motivs vom Leibe Christi, in: ders., Paulinische Perspektiven, Tübingen ²1972, 178–210; U. Schnelle, Gerechtigkeit und Christusgegenwart (s.o. 2.4.10), 139–143.243–245; zur Ekklesiologie des Kol vgl. J. Roloff, Kirche (s.o. 3.5.4), 223–231.

41 H. Merklein, Rezeption, 63, nennt diesen Vorgang ‚Paulinisierung' traditionellen Materials.

42 Vgl. dazu H. Merklein, Rezeption, 28ff.

te (Kol 2, 6). Jede andere Verkündigung gilt als Lehre vom Menschen (Kol 2,8), nicht aber als apostolische Tradition. Das Evangelium wird nicht mehr nur von seinem Inhalt Jesus Christus her definiert, sondern wesentlich durch die Verkündigung des Apostels.

5) Der Glaubensbegriff: Bezeichnet bei Paulus *πίστις* das Geschenk einer neuen Gottesbeziehung und eines neuen Selbstverständnisses, so gebraucht der Verfasser des Kol *πίστις* in Kol 1, 23; 2, 5.7 in Verbindung mit Begriffen des Feststehens. Die Ausdrücke des Bleibens, des Festseins und des Gegründetseins weisen darauf hin, dass *πίστις* im Kol das Festhalten an der Überlieferung beinhaltet. Wiederum zeigt sich die prägende Kraft des Traditionsgedankens.

6) Die Pneumatologie: Auffallend ist das Zurücktreten der Pneumatologie im Kol, *πνεῦμα* erscheint nur in Kol 1,8; 2, 5. Während bei Paulus die Pneumatologie durchgängiges und dynamisches Element der Theologie und Christologie ist, markiert sie im Kol nur ein Randthema, weil hier innerhalb der Christologie und Eschatologie die räumlichen und statischen Dimensionen vorherrschen. Auch die Gestalt des Apostels Paulus und der mit ihr verbundene Traditionsgedanke lassen elementare Geisterfahrungen (vgl. dagegen 1 Thess 5, 19; 1 Kor 14, 1) nicht mehr zu.

7) Die Israel-Thematik beschäftigte Paulus zeitlebens in unterschiedlicher Weise; im Kol spielt sie keine Rolle! Völlig unpaulinisch ist die in Kol 1,26 entwickelte Vorstellung, dass sich Gottes vor ewigen Zeiten beschlossener und nun offenbarter Heilsratschluss an Israel vorbei in der Kirche realisiert.

Die sprachlichen, stilistischen und inhaltlichen Besonderheiten des Kol lassen nur den Schluss zu, dass nicht Paulus, sondern ein *Schüler des Apostels* den Brief verfasste. Auf diese Schülerschaft weisen auch die Kenntnis paulinischer Briefe und der Umgang mit paulinischer Theologie hin. So übernahm der Verfasser des Kol die formale Struktur des paulinischen Präskriptes, Kol 1, 1 entspricht wörtlich 2 Kor 1, 1; Kol 1, 2 stimmt weitgehend mit 2 Kor 1, 2 überein. Die Parallelen in den Grußlisten des Phlm und Kol zeigen, dass der Verfasser des Kol auch diesen Paulusbrief kannte[43]. Auch die Makrostruktur des Kol orientiert sich an Protopaulinen, denn die Zweiteilung in einen überwiegend lehrhaften und einen vorwiegend ethisch orientierten Hauptteil ist im Gal und Röm vorgeprägt. Die Konzeption des Kol als Gefangenschaftsbrief (vgl. Kol 4, 3. 10. 18) und die hier zu beobachtende Nähe zu Phil 1, 7. 13. 17 setzt ebenfalls die Kenntnis von Paulusbriefen voraus. Eine Vertrautheit mit paulinischer Theologie zeigt sich in Kol 2, 12, wo sich z.T. mit Röm 6, 4 vergleichbare Gedanken finden. Eine gewisse Nähe besteht ferner zwischen Kol 2, 20 und Gal 4, 3. 9 (*στοιχεῖα τοῦ κόσμου*), und auch die Verwendung der Trias *πίστις, ἀγάπη, ἐλπίς* in Kol 1, 4f weist auf paulinischen Einfluss hin (vgl. 1 Thess 1, 3; 5,8; 1 Kor 13, 13; Gal 5, 5f; ferner

43 Zu den Bezügen vgl. insgesamt R. Reuter, Synopse zu den Briefen des Neuen Testaments I, Frankfurt 1997, 48–225.

Phlm 5; 1 Thess 3, 6)[44]. Der Rückgriff auf Stilformen und Inhalte der Paulusbriefe dient dem Autor nicht nur als Mittel der Pseudepigraphie[45], sondern er nimmt die Verfasserschaft des Paulus in Anspruch, um seine Position im Gegenüber zur Irrlehre zu legitimieren und durchzusetzen.

Lässt sich der Verfasser des Kol noch näher bestimmen? Die immer wieder vorgetragene Vermutung, Timotheus sei der Autor, lässt sich weder beweisen noch widerlegen. Die Existenz weiterer pseudepigraphischer Paulusbriefe deutet aber auf eine rege literarische Tätigkeit innerhalb der Paulusschule hin, so dass die Annahme eines unbekannten Paulusschülers als Verfasser des Kolosserbriefes die größere Wahrscheinlichkeit für sich hat.

5.2.3 **Ort und Zeit der Abfassung**

Der Kolosserbrief enthält keine Angaben über seinen Abfassungsort. Paulus befindet sich in Gefangenschaft (Kol 4, 3. 10. 18), aber diese Nachricht entspringt der pseudepigraphischen Fiktion. Im Brief werden die Städte Kolossä (Kol 1, 2), Laodicea (Kol 2, 1; 4, 13. 15. 16) und Hierapolis (Kol 4, 13) erwähnt, so dass man vermuten darf, dass der Kol entweder in unmittelbarer Umgebung dieser Städte oder aber in Ephesus[46] als dem wahrscheinlichen Sitz der Paulusschule abgefasst wurde. In jedem Fall entstand der Kol im Gebiet des *südwestlichen Kleinasiens*[47]. Der Verfasser des Briefes verfügte offensichtlich über persönliche Kenntnisse der Mitarbeiter des Paulus, denn der in Kol 4, 7 erwähnte Tychikus erscheint nur noch in der Liste der Kollektendelegation in Apg 20, 4, wobei eine literarische Abhängigkeit zwischen beiden Schriften auszuschließen ist. Auch die Angaben über den Gemeindegründer Epaphras (Kol 1, 7; 4, 12) sind als historisch zutreffend anzusehen, da die angeschriebenen Gemeinden ihre Entstehungsgeschichte kannten. Auch die im Brief bekämpfte Irrlehre zeigt eine gewisse Nähe zur Auseinandersetzung in Galatien, der Verfasser des Kol setzt den Kampf des Apostels gegen Verfälschungen seines Evangeliums fort. Von den Deuteropaulinen steht der Kol dem Apostel am nächsten, er dürfte um das Jahr *70 n. Chr.* abgefasst worden sein[48].

---

44 Vgl. Th. Söding, Die Trias Glaube, Hoffnung, Liebe bei Paulus (s. o. 2.5.9), 177 ff.

45 A. Lindemann, Paulus im ältesten Christentum (s. o. 5), 114–122, betont, dass der Kol einerseits deutlich an das paulinische Erbe anknüpfe, andererseits sei aber nur zum Phlm ein unmittelbarer literarischer Zusammenhang nachweisbar. Auch A. Standhartinger, Entstehungsgeschichte und Intention, 61–89, nimmt lediglich eine Abhängigkeit vom Phlm an; zur pseudepigraphischen Konzeption des Kol vgl. dies., a. a. O., 29–59.

46 Vgl. E. Lohse, Kol, 256 A 2; J. Gnilka, Kol, 22; P. Pokorný, Kol, 15.

47 Vgl. A. Lindemann, Kol, 11; J. L. Sumney, Colossians, 10.

48 Vgl. J. Gnilka, Kol, 23; P. Pokorný, Kol, 15; A. Lindemann, Kol, 11 (zwischen 70 und 80), E. Lohse, Kol, 256 A 2 (um 80); M. Wolter, Kol, 31 (zwischen 70 und 80); R. McL. Wilson, Col, 34 f (zwischen 70 und 75). J. L. Sumney, Colossians, 9, meint, der Kol sei sehr bald nach dem Tod des Paulus 62–64 n. Chr. verfasst worden; als Argument dient dafür

5.2.4 Empfänger

Die Anfänge der Stadt Kolossä (*Κολοσσαί*) liegen im Dunkeln[49], bereits im 5. Jh. v.Chr. galt sie aber als eine große wichtige Stadt Phrygiens (vgl. Hdt, VII 30, 1). Kolossä lag verkehrsgünstig an einem großen Handelsweg, der von Ephesus bis Tarsus in Kilikien führte. Die Bedeutung von Kolossä sank durch das Aufblühen von Laodicea, das in der unmittelbaren Nähe gelegen, im 1. Jh. v.Chr. zu wirtschaftlicher Blüte gelangte (vgl. Strabo, XII 8, 13.16). Tacitus berichtet, dass Laodicea 60/61 n.Chr. durch ein Erdbeben vernichtet wurde (Ann XIV 27, 1), und Orosius schreibt im 5. Jh. n.Chr., Laodicea, Hierapolis und Kolossä seien von einem Erdbeben zerstört worden (AdvPaganos VII, 7, 12). Inwieweit das Erdbeben 60/61 n.Chr. Kolossä mitbetraf und ob sich Orosius auf dasselbe Ereignis wie Tacitus bezieht, muss offen bleiben. Während Laodicea von seinen Bewohnern aus eigener Kraft wieder aufgebaut wurde (Tac, Ann XIV 27, 1), ist das Schicksal von Kolossä ungewiss[50]. Ob in Kolossä nach 61 n.Chr. noch eine Gemeinde existierte, lässt sich mit Sicherheit weder verneinen noch bejahen. Der Brief ist zwar an die Gemeinde in Kolossä adressiert, von Anfang an aber für einen breiteren Hörer- und Leserkreis gedacht. Dies ergibt sich aus Kol 4, 16: „Und wenn dieser Brief bei euch verlesen ist, richtet es ein, dass er auch in der Gemeinde in Laodicea vorgelesen wird und dass ihr auch den aus Laodicea lest." Die Erwähnungen von Laodicea (vgl. Kol 2, 1; 4, 13.15.16) und Hierapolis (vgl. Kol 4, 13) deuten darauf hin, dass der Kol an alle Gemeinden gerichtet war, in denen die bekämpfte Irrlehre Einfluss gewinnen konnte[51].

In den angesprochenen Gemeinden lebten überwiegend Heidenchristen (vgl. Kol 1, 27; 2, 13)[52]. Zugleich muss mit einem starken judenchristlichen Einfluss gerechnet werden (vgl. Kol 4, 11 b!), denn zur Bevölkerung der Städte gehörten zahlreiche Juden, deren Vorfahren von Antiochius III hier angesiedelt wurden (vgl. Jos, Ant XII 147–153; Cic, Flacc 28). Auch die Erwähnung der Beschneidung in Kol 2, 11 und die Sabbatheiligung in Kol 2, 16 deuten auf Judenchristen hin. Die Gemeinden wurden nicht von Paulus (vgl. Kol 2, 1), sondern von Epaphras gegründet, der nach Kol 1, 7 den Gemeinden das Evangelium verkündigte und nach Kol 4, 12f um die Gemeinden in Kolossä, Laodicea und Hierapolis in seinen Gebeten ringt. Den Gemeinden wird ausdrücklich bestätigt, dass sie am überlieferten Glauben festhalten und sich in der Liebe gegenüber allen Heiligen bewährt haben (vgl. Kol 1, 3–8). Nun aber drohen verführerische Reden (vgl. Kol 2, 4) und eine neue ‚Philosophie' (vgl. Kol 2,8) die

vor allem die Nähe zum Phlm.

49 Vgl. hierzu E. Lohse, Kol, 36–38; J. Gnilka, Kol, 1–4.

50 M. Wolter, Kol, 35, betont mit Hinweis auf Inschriften, dass Kolossä auch nach dem Erdbeben ein bedeutender Ort war.

51 A. Lindemann, Kol, 12f, spricht sogar von Kolossä als einer ‚Schein-Adresse'; eigentlich habe der Autor des Kol die Gemeinde von Laodicea vor Augen gehabt.

52 Zur Gemeindesituation vgl. A. Standhartinger, Entstehungsgeschichte und Intention, 175–194.

Gemeinden von der überlieferten Lehre abzubringen. Der Kol tritt dieser *φιλοσοφία* entgegen und bestärkt damit zugleich die Gemeinden in ihrem apostolischen Glauben.

5.2.5 Gliederung, Aufbau, Form

1, 1–2	Präskript	Briefanfang
1, 3–14	Danksagung und Fürbitte	
1, 15–2, 23	1. Hauptteil	Briefkorpus
1, 15–20	Der Christushymnus	
1, 21–23	Anwendung des Hymnus auf die Gemeinde	
1, 24–2, 5	Das Amt des Apostels	
2, 6–23	Auseinandersetzung mit Irrlehrern	
3, 1–4, 6	2. Hauptteil	
3, 1–4	Überleitung	
3, 5–17	Tugend- und Lasterkataloge	
3, 18–4, 1	Haustafel	
4, 2–6	Allgemeine Mahnungen	
4, 7–9	Apostolische Parusie	Briefschluss
4, 10–17	Grüße	
4, 18	Eschatokoll	

Der Kol zeigt einen klaren Aufbau, auf den Briefanfang (Präskript, Danksagung) folgt das Briefkorpus, das aus einem lehrhaften und einem paränetischen Briefteil besteht[53]. Auch der Briefschluss lehnt sich wie die vorhergehenden Elemente an das Formschema der echten Paulusbriefe an. Ein Vergleich mit dem Gal und Röm zeigt, dass dem Verfasser des Kol das paulinische Briefschema bekannt war und von ihm bewusst übernommen wurde. Innerhalb des lehrhaften Hauptteils bildet der Hymnus Kol 1, 15–20 die Grundlage der gesamten theologischen Argumentation. Die explizite Auseinandersetzung mit der Irrlehre erfolgt in Kol 2, 6–23, wobei Kol 2, 12 f die Position des Briefschreibers prägnant zusammenfasst. Eine Doppelfunktion nimmt Kol

53 Vgl. E. Lohse, Kol, 29 f; U. Luz, Kol, 183; E. Schweizer, Kol, 20 f; A. Lindemann, Kol, 14. J. Gnilka, Kol, 8, votiert für eine Dreiteilung des Briefkorpus (1,9–29; 2, 1–19; 2, 20–4, 6), P. Pokorný, Kol, 19–22, für eine Vierteilung (1, 3–23; 1, 24–2, 5; 2, 6–23; 3, 1–4, 6). G. E. Cannon, The Use of Traditional Materials in Colossians, Macon 1983, 136–166, kommt zu folgender Gliederung: Salutation 1, 1. 2; Thanksgiving 1, 3–23; Letter Body 1, 24–4, 9; Letter Closing 4, 10–18.

3, 1–4 ein, wo die Hauptgedanken des vorhergehenden Abschnittes aufgenommen, zugleich aber ethisch interpretiert werden.

Die Aufteilung des Kol in einen mehr lehrhaften und einen mehr ethischen Hauptteil wird durch den Gebrauch von *ἐν Χριστῷ* und *ἐν κυρίῳ* bestätigt. Die Verwendung der beiden Formeln bei Paulus zeigt deutlich, dass *ἐν Χριστῷ* eine Affinität zu lehrhaften Aussagen und *ἐν κυρίῳ* eine Affinität zu paränetischen Aussagen besitzt[54]. Der Verfasser des Kol knüpft auch hier an Paulus an, denn im lehrhaften Briefteil findet sich ausschließlich *ἐν Χριστῷ* (1, 2. 4. 28), während im paränetischen Abschnitt nur *ἐν κυρίῳ* (3, 18. 20; 4, 7. 17) erscheint.

Der Bestimmungsbereich des Briefes umfasst alle von der Irrlehre bedrohten Gemeinden im Lykostal, so dass der Kol als ‚Rundschreiben' bezeichnet werden kann.

5.2.6 **Literarische Integrität**

Die literarische Integrität des Kol ist in der Forschung unbestritten.

5.2.7 **Traditionen, Quellen**

Grundlegend für den Kol ist der durchgängige Bezug auf die Protopaulinen, wobei folgende Textkomplexe im Vordergrund stehen[55]: 1Thess 4, 1–12; 1Kor 2, 1–13; 3, 5–10; 10, 31–11, 9; 15, 24–58; 2Kor 5, 1–11; Gal 3, 27–4, 10; 5, 13–25; Röm 2, 5–11; 6, 3–17; Phil 1, 1–12.27–30; 2, 1–11.19.30; 3,14.19f; Phlm. Der Kol passt diese Texte in sein eigenes theologisches Programm ein, wobei die Kosmologie, die präsentische Eschatologie und eine veränderte Ekklesiologie im Vordergrund stehen. Wie Paulus selbst entwickelt auch der Kol seine Theologie zu einem wesentlichen Teil aus vorgegebenen Traditionen. Zentral für die Christologie des Briefes ist der *Christushymnus* in Kol 1, 15–20[56].

Der traditionelle Hymnus beginnt in V. 15, wo ein plötzlicher Stilwechsel festzustellen ist. Während Kol 1, 3–14 die für den Stil des Briefes typischen Elemente aufweist (Partizi-

54 Vgl. F. Neugebauer, In Christus, Göttingen 1961, 65–149.

55 Vgl. dazu die Analysen von N. Frank, Kolosserbrief, 336–355. Frank, a. a. O., 352, betont, dass der Aufruf in Kol 4,16, Paulusbriefe vorzulesen, auszutauschen und damit zu bewahren, sowie die zahlreichen intertextuellen Bezüge den Kol faktisch zu einer Art erster Briefsammlung machen.

56 Vgl. zu Kol 1, 15–20 neben den Kommentaren bes. H. Hegermann, Die Vorstellung vom Schöpfungsmittler im hellenistischen Judentum und Urchristentum, TU 82, Berlin 1961, 89–93; Chr. Burger, Schöpfung, 3–53; R. Deichgräber, Gotteshymnus und Christushymnus in der frühen Christenheit, SUNT 5, Göttingen 1967, 143–155; K. Wengst, Christologische Formeln und Lieder des Urchristentums, StNT 7, Gütersloh 1972, 170–179; F. Zeilinger, Der Erstgeborene der Schöpfung, 179–205; J. Habermann, Präexistenzaussagen (s. o. 2.9.7), 225–266; Chr. Stettler, Der Kolosserhymnus, WUNT 2.131, Tübingen 2000.

pialkonstruktionen, lose angehängte Infinitive, Häufung von Synonyma, Häufung von Genitiven, Wiederholungen), fehlen sie in V. 15–20[57]. Hinzu kommen sprachliche Besonderheiten: *ὁρατός* (Kol 1, 16), *πρωτεύειν* (V. 18) und *εἰρηνοποιεῖν* (V. 20) sind Hapaxlegomena im Neuen Testament. In den Protopaulinen finden sich weder *θρόνοι* noch *ἀρχή* (V. 18). Vom Blut Christi spricht Paulus nur im Anschluss an überlieferte Traditionen (vgl. Röm 3, 25; 1 Kor 10, 16; 11, 25. 27), die Wendung *αἷμα τοῦ σταυροῦ αὐτοῦ* (V. 20) hat bei ihm keine Parallele.

Bei der Gliederung des Hymnus ist von dem parallelen *ὅς ἐστιν* in V. 15 und V. 18b auszugehen, das eine Zweiteilung nahelegt. Weiter entspricht *πρωτότοκος πάσης κτίσεως* in V. 15 *πρωτότοκος ἐκ τῶν νεκρῶν* in V. 18b. Auf den jeweiligen Relativsatz folgt dann ein begründendes *ὅτι* (V. 16. 19). V. 17 und 18a werden jeweils durch *καὶ αὐτός* angefügt, V. 20 durch *καὶ δι' αὐτοῦ*. Der Hymnus gliedert sich nicht nur formal, sondern auch inhaltlich in zwei Strophen. Ist in der ersten Strophe (V. 15–18a) von der kosmologischen Bedeutung des Christusgeschehens die Rede, so steht in der zweiten Strophe (V. 18b–20) seine soteriologische Dimension im Mittelpunkt. Der an *ἡ κεφαλὴ τοῦ σώματος* in V. 18a angehängte genitivus epexegeticus *τῆς ἐκκλησίας* stört diesen Aufbau, denn er führt die soteriologisch-ekklesiologische Dimension bereits in der ersten Strophe ein. Zudem entspricht dieses Interpretament dem Verständnis der Kirche als Leib Christi, wie es der Verfasser des Kol z. B. in Kol 1, 24 entfaltet. Ein weiteres Interpretament zeigt sich in der doppelten präpositionalen Wendung *διὰ τοῦ αἵματος τοῦ σταυροῦ αὐτοῦ* [*δι' αὐτοῦ*] (V. 20). Der Hinweis auf das Kreuzesgeschehen muss als ein Eintrag des Verfassers des Kol angesehen werden, der die kosmischen Dimensionen des Christusgeschehens an das Kreuz und damit an die Geschichte bindet[58]. Parallelen zum Philipperbrief-Hymnus sind unverkennbar, hier wie dort wird das Traditionsstück durch Interpretamente mit dem Kontext verbunden. Religionsgeschichtlich knüpft der Hymnus an Vorstellungen des hellenistischen Judentums an, bei denen der Weisheit jene Prädikate zugelegt werden, die im Hymnus Christus gelten[59]. Der Verfasser macht diesen wahrscheinlich in Kleinasien entstandenen christlichen Hymnus zum Ausgangspunkt der Argumentation in einer Gemeinde, in der hymnische Traditionen von großer Bedeutung waren (vgl. Kol 3, 16b).

Einer traditionellen Form bedient sich der Verfasser des Kol bei dem Tugend- und Lasterkatalog in Kap. 3, 5–17[60]. Der Text zeigt einen klaren Aufbau, der erste und

57 Vgl. H. Ludwig, Der Verfasser des Kolosserbriefes, 32 ff.

58 Vgl. a. a. O., 79.

59 Vgl. hierzu den Nachweis bei E. Lohse, Kol, 85–103; T. J. Sappington, Revelation and Redemption, 172–176.

60 Vgl. neben den Kommentaren bes. S. Wibbing, Die Tugend- und Lasterkataloge im Neuen Testament und ihre Traditionsgeschichte unter besonderer Berücksichtigung der Qumran-Texte, BZNW 25, Berlin 1959; E. Schweizer, Gottesgerechtigkeit und Lasterkataloge bei Paulus (inkl. Kol und Eph), in: Rechtfertigung (FS E. Käsemann), hg. v. J. Friedrich u. a., Tübingen 1976, 453–477.

zweite Teil beginnen jeweils mit parallel gebauten Satzgliedern (vgl. Kol 3, 5. 12). Im ersten Abschnitt finden sich zwei Lasterkataloge (V. 5–11), im zweiten ein Tugendkatalog (V. 13–14). Den Abschluss bilden der Friedenswunsch und weitere Wünsche für die Gemeinde (V. 15–17). Die beiden Lasterkataloge in V. 5 und V. 8 bestehen ebenso wie der Tugendkatalog in V. 12 aus jeweils fünf asyndetisch aneinandergereihten Gliedern (vgl. für Paulus Röm 1, 29–31; 2 Kor 12, 20. 21; Gal 5, 19–21; Gal 5, 22. 23). In V. 11 übernimmt der Verfasser eine Tradition, die in leicht abgewandelter Form auch in Gal 3, 28; 1 Kor 12, 13 begegnet. Durchgehend traditionell ist die Haustafel in Kol 3, 18–4, 1[61]; sie weist keine spezifischen Stilmerkmale des Kol auf und hebt sich zudem inhaltlich und formal vom Kontext deutlich ab. Die Glieder des christlichen Hauses werden in drei Paaren (Frauen/Männer, Kinder/Väter, Sklaven/Herren) angesprochen, wobei eine absteigende Linie von der engsten Beziehung (Frau und Mann) bis hin zum Verhältnis Sklave/Herr zu erkennen ist. Jeweils wird das schwächere Glied vorangestellt, beide Glieder sind in der wechselseitigen Ermahnung aufeinander bezogen, und jeweils folgen Anrede, Ermahnung und Begründung aufeinander. In den Protopaulinen finden sich keine Haustafeln, eine enge Parallele stellt Eph 5, 22–6, 9 dar.

5.2.8 **Religionsgeschichtliche Stellung**

Wie lässt sich die vom Kol bekämpfte Häresie religionsgeschichtlich einordnen? Die wesentlichen Elemente der Irrlehre können aus dem Brief erhoben werden: 1) Zu den Forderungen der Gegner zählte die Beschneidung auch für Heidenchristen (vgl. Kol 2, 11). 2) Ferner gehörten zu den Kennzeichen der Irrlehre asketische Speisevorschriften und Festgebote (vgl. Kol 2, 16 f. 21 f. 23 b). Möglicherweise wurde auch sexuelle Enthaltsamkeit gefordert (Kol 2, 21 a). 3) Ein zentraler Bestandteil der gegnerischen Lehre war die Beobachtung der Elemente (vgl. Kol 2,8. 15. 20). 4) Auch Engelverehrung (vgl. Kol 2, 18) gehörte zur *φιλοσοφία* (vgl. Kol 2,8) in Kolossä[62]. Weitere Elemente der Irrlehre lassen sich aus der Polemik des Briefschreibers erschließen. Er wehrt sich gegen Satzungen, die von den Irrlehrern der Gemeinde auferlegt werden (Kol 2, 20), und bezeichnet die Lehre der Gegner als Scheinweisheit (vgl. Kol 2, 23) und Aufgeblasenheit im Fleisch (vgl. Kol 2, 18. 23). Offenbar stellten die rhetorisch geschulten Gegner (Kol 2, 4) Normen auf, mit deren Einhaltung sich die Christen in Kolossä von der Macht der Elemente befreien sollten (vgl. Kol 2, 14).

61 Vgl. hierzu D. Hellholm, Die Gattung Haustafel im Kolosser- und Epheserbrief, in: P. Müller (Hg.), Kolosser-Studien, 103–128.

62 J. L. Sumney, Colossians, 11, vermutet, dass die Falschlehrer (durch Askese) in Visionen am himmlischen Gottesdienst der Engel teilnahmen und hier Sündenvergebung empfingen.

Die kolossische Philosophie stellt ein religionsgeschichtlich sehr komplexes Gebilde dar, so dass eine Vielzahl von Ableitungsversuchen nicht überrascht[63]. Die wichtigsten (sich teilweise überschneidenden) Interpretationsmodelle sind: 1) Einfluss der Qumran-Essener (W.D.Davies)[64]; 2) Hellenistische Gnosis mit jüdischem Hintergrund (E.Lohmeyer)[65]; 3) Synkretistischer Mysterienkult (M.Dibelius)[66]; 4) Gnostisches Judentum (G.Bornkamm)[67]; 5) Synkretistisches Judentum (E.Lohse, J.Gnilka)[68]; 6) Synkretistische Lehre unter starkem neupythagoräischem Einfluss (E.Schweizer)[69]; 7) Ein synkretistisches Gebilde aus phrygischen Naturreligionen, iranischem Elementenmythos und hellenisiertem Judentum (J.Lähnemann)[70]; 8) Jüdisch-gnostischer Synkretismus (A.Lindemann)[71]; 9) Einfluss der Gnosis (P.Pokorný)[72]; 10) Asketisch-mystische Frömmigkeit im Kontext jüdischer Apokalyptik (T.J.Sappington; J.D.G. Dunn)[73]; 11) Hellenistisch-jüdische Offenbarungsweisheit (M.Wolter)[74]; 12) Synkretistisches Phänomen aus hellenistischer Magie und Mysterienpraxis verbunden mit einem starken jüdischen Einfluss (C.E. Arnold)[75]; 13) Asketische Judenchristen (U.Luz)[76].

Der Ausgangspunkt für eine religionsgeschichtliche Einordnung der kolossischen Philosophie müssen die jüdischen Elemente sein. Auch in Galatien sind die Beschneidungsforderung (Gal 5,2.6), die Beobachtung eines Kalenders (Gal 4,10) und die *στοιχεῖα τοῦ κόσμου* (Gal 4,3.9) Elemente einer Irrlehre (s.o. 2.7.8). Im Gegensatz zu der judaistischen Lehre in Galatien spielt die Gesetzesfrage aber in Kolossä keine Rolle (*νόμος* fehlt!), und das Alte Testament wird weder von den Gegnern noch vom Autor des Kol als Argumentationsbasis in Anspruch genommen (kein AT-Zitat!). Zudem lassen sich deutlich synkretistische Elemente in der gegnerischen Philosophie

63 J.J.Gunther, Paul's Opponents (s.o. 2.6.8), 3f, zählt allein 44 verschiedene Vorschläge beim Kol! P.Müller, Gegner im Kolosserbrief, 369–374, diskutiert die Gefahr des ‚mirror-reading' (wir kennen die Position der Gegner nur aus den teilweise polemischen Äußerungen des Kol) und meint, dass sich zumindest „Teilaspekte der gegnerischen Auffassung" (a.a.O., 388) ermitteln lassen: Philosophie und Weisheit; Rückgriff auf Traditionen; Elemente der Welt; Verehrung von Engeln; genaues ‚Erforschen'; Demut gegenüber übergeordneten Größen; Halten von Feiertagen und Speise-/Tabuvorschriften.

64 Vgl. W.D.Davies, Paul and the Dead Sea Scrolls: Flesh and Spirit, in: K.Stendahl (Hg.), The Scrolls and the New Testament, New York 1957, 166–168.

65 Vgl. E.Lohmeyer, Kol, 3–8.

66 Vgl. M.Dibelius, Kol, 35f.

67 Vgl. G.Bornkamm, Häresie des Kolosserbriefes, 153; ferner H.M.Schenke, Der Widerstreit gnostischer und kirchlicher Christologie im Spiegel des Kolosserbriefes, ZThK 61 (1964), 391–403; H.F.Weiß, Gnostische Motive und antignostische Polemik im Kolosser- und Epheserbrief, in: K.W.Tröger (Hg.), Gnosis und Neues Testament, Berlin 1973, (311–324) 313f.

68 Vgl. E.Lohse, Kol, 186–191; J.Gnilka, Kol, 163–170.

69 Vgl. E.Schweizer, Kol, 100–104.

70 Vgl. J.Lähnemann, Kolosserbrief, 82–100.

71 Vgl. A.Lindemann, Kol, 81–86.

72 Vgl. P.Pokorný, Kol, 95–101.

73 Vgl. T.J.Sappington, Revelation and Redemption, 170 u.ö., J.D.G. Dunn, Col, 33–35.

74 Vgl. M.Wolter, Kol, 162.

75 Vgl. C.E. Arnold, Colossian Syncretism, 228–244.

76 Vgl. U.Luz, Kol, 215–219. Luz äußert sich gegenüber der Rekonstruierbarkeit der kolossischen ‚Philosophie' sehr skeptisch; die Gegner „sind wohl asketische Judenchristen, die Engel verehren und die der Gemeinde manche zusätzliche Auflagen und religiöse Angebote machen" (a.a.O., 219).

aufzeigen. Anders als in Galatien weist die Wendung στοιχεῖα τοῦ κόσμου im Kol nicht auf den Zusammenhang zwischen Gesetzeserfüllung und Zeitordnung, sondern in den Bereich der hellenistischen Philosophie.

Die das All konstituierenden und seine Harmonie sichernden machtvollen Elemente Erde, Wasser, Luft, Feuer (und Äther) wurden als στοιχεῖα bezeichnet[77]. Als Strukturelemente des Kosmos beeinflussten sie zugleich das Geschick der Menschen, sie wurden mythologisiert und als belebte Geister vorgestellt. Spekulationen über die Weltelemente verbunden mit Engelverehrung und Kalenderobservanz finden sich in synkretistisch geprägten Vorstellungen des hellenistischen Judentums[78], aber auch im neupythagoreischen Schrifttum[79] begegnen beachtliche Parallelen. Deutlich ist in jedem Fall die Tendenz, durch Einfügung in die kosmische Ordnung den Mächten und Elementen die schuldige Verehrung entgegenzubringen.

Die Gegenüberstellung der στοιχεῖα τοῦ κόσμου mit Christus in Kol 2,8 lässt darauf schließen, dass in der Philosophie der Gegner die στοιχεῖα τοῦ κόσμου als persönliche Mächte vorgestellt wurden. Sie erscheinen als Gewalten, die über den Menschen ih-

77 Zu den Belegen vgl. G. Delling, Art. στοιχεῖον, ThW VII, 666–687; J. Blinzler, Lexikalisches zu dem Terminus τὰ στοιχεῖα τοῦ κόσμου bei Paulus, AB 18, Rom 1963, 429–443; E. Schweizer, Die „Elemente der Welt" Gal 4, 3. 9; Kol 2,8. 20 (s. o. 2.7.8); E. Lohse, Kol, 146–149; E. Schweizer, Altes und Neues zu den „Elementen der Welt" in Kol 2, 20; Gal 4, 3. 9, in: Wissenschaft und Kirche (FS E. Lohse), hg. v. K. Aland u. S. Meurer, Bielefeld 1989, 111–118; D. Rusam, Neue Belege zu den στοιχεῖα τοῦ κόσμου (Gal 4, 3. 9; Kol 2,8. 20), ZNW 83 (1992), 119–125; M. Wolter, Kol, 122–124.

78 E. Lohse, Kol, 149 f, kann für seine Ableitung der Irrlehre aus dem synkretistischen hellenistischen Judentum insbesondere auf den Zusammenhang zwischen der Verehrung der Mächte, der Kalenderobservanz (Kol 2, 16) und der Engelverehrung hinweisen (Kol 2, 18). D. Rusam, Neue Belege, 125, folgert aus seinem Ergebnis, unter den στοιχεῖα τοῦ κόσμου seien eindeutig die vier physikalischen Elemente Feuer, Wasser, Erde, Luft zu verstehen: „Die Vermutung E. Lohses und H. Schliers, es handele sich bei den στοιχεῖα τοῦ κόσμου um ‚belebte Geister', entbehrt lexikalisch jeder Grundlage, da sich für diese Wortverbindung dafür kein einziger Beleg findet." Dieses Urteil trifft wahrscheinlich für den reinen lexikalischen Befund zu, erklärt aber noch nicht die spezifische Verwendung im Kol, so z. B. die Gegenüberstellung der στοιχεῖα τοῦ κόσμου mit Χριστός in Kol 2,8, die ohne eine personale Komponente nur schwer nachzuvollziehen ist.

79 E. Schweizer verweist wiederholt auf einen Text von Alexander Polyhistor aus dem 1. Jh. v. Chr., der eine Reihe von Parallelen zur Philosophie in Kolossä aufweist. Danach entstehen aus der Anfangsmonade „die sichtbaren Körper, unter denen auch die vier Elemente seien, Feuer, Wasser, Erde, Luft, die sich durchwegs wandeln und drehen. Aus ihnen entstehe der beseelte, geistige, kugelförmige Kosmos, der die Erde in der Mitte umschließe, die ihrerseits kugelförmig und ringsum bewohnt sei... Der die Erde umgebende Äther sei unerschütterlich, ungesund und alles in ihm sterblich, der obere aber immer in Bewegung, rein und gesund, und alles in ihm unsterblich und also göttlich... Hermes sei der Hausvater der Seelen, da dieser die Seelen aus den Körpern geleitet, aus Erde und Meer, und er führe die reinen zum höchsten (Element oder Kreislauf), die unreinen aber würden ... in unzerreißbaren Fesseln von den Erinnyen gefesselt ... Heiligung geschehe durch Reinigungen und Bäder ... und sie enthielten sich des eßbaren Tierfleisches, der Meeräschen, der Schwarzschwanzfische, der Eier, der eierlegenden Tiere, der Bohnen und der anderen Dinge, die auch den die Weihen in den Tempeln Durchführenden vorgeschrieben sind" (zitiert nach E. Schweizer, Altes und Neues zu den „Elementen der Welt", 113 f).

re Herrschaft ausüben wollen (vgl. Kol 2, 10.15). Wahrscheinlich verehrten und fürchteten die Kolosser zugleich die Elemente, wobei neben der Askese die Beschneidung, Demutshaltungen und Engelverehrung als Mittel erschienen, um den vermeintlichen Forderungen der Elemente gerecht zu werden. Ausgeübt wurde die kolossische Philosophie in Form eines Mysterienkultes, denn die Wendungen *ἃ ἑόρακεν ἐμβατεύων* in Kol 2, 18 (vgl. Apul, Met XI 23, 5 ff) und *ἐθελοθρησκία* in Kol 2, 23 weisen auf eine mysterienhafte Weihe hin, bei der die Beschneidung als Initiationsritus fungierte[80].

In die kolossische Philosophie flossen in unterschiedlicher Intensität Elemente aus dem hellenistischen Judentum, der phrygisch-lydischen Volksfrömmigkeit, der zeitgenössischen neupythagoreischen Philosophie und der Mysterienkulte ein, so dass eine monokausale religionsgeschichtliche Ableitung unmöglich erscheint[81]. Die Gegner des Kol praktizierten ihre Lehre und ihren Kult offenbar innerhalb der Gemeinde. Sie verstanden sich nicht als Häretiker, sondern sahen in ihrer Philosophie eine legitime Ausdrucksform des christlichen Glaubens.

5.2.9 **Theologische Grundgedanken**

Der Kol entfaltet seine Theologie in Auseinandersetzung mit der gegnerischen Philosophie. Proklamieren die Gegner eine Verbindung zwischen christlichem Glauben und Dienst gegenüber den Mächten und Gewalten, so setzt der Verfasser des Kol dieser Lehre das *solus Christus* entgegen[82]. Für die Irrlehrer reicht Christus allein noch nicht aus, um an der Heilsfülle teilzuhaben. Gegenüber der Weltangst und Verunsicherung der Gemeinde betont hingegen der Verfasser des Kol die volle Gegenwart des Heils in Jesus Christus[83]. Der Hymnus begründet die Christozentrik des Briefes und steht dabei bereits im Dienst der Irrlehrerpolemik (vgl. die Aufnahme von Kol 1, 19 in Kol 2,9, ferner 2, 10 mit 1, 16b.17). Das Kreuz wird als Ort des Triumphes verstanden (vgl. Kol 1, 20; 2, 14) und somit „maßgebliche Grundlage für den präsentischen ekklesialen Heilsgedanken."[84] Die christozentrische Position des Verfassers kommt in Kol 2, 6–23 prägnant in den gehäuften *ἐν αὐτῷ*-(2, 6.7.9.10.15), *ἐν ᾧ*-

80 Vgl. E. Lohse, Kol, 189.

81 A. Standhartinger, Entstehungsgeschichte und Intention, 284, minimiert die Bedeutung der gegnerischen Lehre für das Denken des Kol: „Eine bestimmte die Gemeinde gefährdende ‚Häresie' oder ‚Philosophie' haben die Verf. m. E. nicht im Blick." Stattdessen betont sie den Einfluss jüdisch-dualistischer Weisheitstraditionen auf den Kol.

82 Treffend H. Löwe, Bekenntnis, Apostelamt und Kirche im Kolosserbrief, in: Kirche (FS G. Bornkamm), hg. v. D. Lührmann u. G. Strecker, Tübingen 1980, (299–314) 310: „Der Autor des Briefes stellt den als göttlich proklamierten traditiones humanae (2,8) die im Taufbekenntnis enthaltenen traditio divina von Jesus Christus gegenüber (2, 6)." Eine konzentrierte Zusammenfassung der Theologie des Kol findet sich bei A. Lindemann, Kol, 86–89.

83 Zutreffend formuliert J. L. Sumney, Colossians, 13: „Soteriology is the central topic of Colossians."

84 R. Hoppe, Triumph des Kreuzes, 260.

(2, 11. 12) und *σύν*-Wendungen (2, 12. 13. 20) zum Ausdruck. Die Kolosser leben durch die Taufe (Kol 2, 12) bereits im allumfassenden Herrschaftsbereich Christi[85]. Als Getaufte sind sie mit Christus auferstanden, der über alle Mächte herrscht, und danach sollen sie ihre Existenz ausrichten (vgl. Kol 3, 1–4). Die gegenwärtige Heilsteilhabe der Glaubenden ist so umfassend wie die Herrschaft Christi über alle Mächte und Gewalten. Die kosmische Herrschaft Jesu Christi macht die Forderung der Gegner nach Beschneidung, Askese, Demut und Engelverehrung gegenstandslos. Die Glaubenden sind bereits versöhnt (Kol 1, 20. 22) und beschnitten (Kol 2, 11), sie haben Anteil am Sieg Jesu Christi und müssen deshalb anderen Mächten nicht mehr dienen (vgl. Kol 2, 15. 18. 20. 23). Es bedarf keiner weiteren Praktiken, um am Heil voll zu partizipieren. Mit *φιλοσοφία, παράδοσις* und *στοιχεῖα τοῦ κόσμου* übernimmt der Briefschreiber zudem Selbstbezeichnungen der Irrlehrer, um ihnen sein eigenes Urteil entgegenzustellen. So erscheint die *φιλοσοφία* als *κενὴ ἀπάτη* und die *παράδοσις* als *τῶν ἀνθρώπων* und *οὐ κατὰ Χριστόν*. In Christus liegt alle Weisheit beschlossen (Kol 1, 28; 2, 3; 3, 16), es gibt keine anderen Quellen der Weisheit neben Christus, so dass die Gegner nur eine scheinbare Weisheit öffentlich zur Schau stellen (Kol 2, 23).

Christologie, Kosmologie und präsentische Eschatologie müssen somit gleichermaßen als Antwort auf die Herausforderung der Gegner verstanden werden. Dabei verdankt sich das im Kol dominierende räumliche Denken zu einem erheblichen Teil der gegnerischen Konzeption, aber auch der Verfasser des Briefes ist stark von einem Denken in Räumen geprägt. Er vertritt jedoch keine enthusiastische Theologie, in der allein die Heilsgegenwart in einem oberen Bereich dominiert. Die Kolosser haben zwar unverlierbaren Anteil am Heil, jedoch im Glauben (Kol 2, 12). Ihr Auferstehungsleben ist eine objektive, aber noch nicht offenbare Realität, denn sie ist verborgen mit Christus in Gott (vgl. Kol 3, 3) und damit menschlicher Demonstration entzogen. Die futurischen Aussagen treten im Kol zugunsten der räumlichen Vorstellungsweise deutlich in den Hintergrund, zugleich sind sie aber in das räumliche Denken integriert und von hieraus zu verstehen[86]. Ihre grundlegende Bedeutung für die Theologie des Kol zeigt sich im Festhalten am zukünftigen Heilshandeln Gottes bei der Parusie Christi (vgl. Kol 3, 4. 24). Auch für die Paränese sind die futurischen Aussagen konstitutiv, denn die Christen sind wohl Teilhaber am Heil, leben aber noch nicht im ‚oberen' himmlischen Bereich. Vielmehr sollen sie sich auf das zukünftige Offenbarwerden des Heils ausrichten und danach ihr Leben gestalten. Inhaltlich herrscht im Kol die usuelle Paränese vor (vgl. Kol 3, 5–17; 3, 18–4, 1), ein Konflikt auf dem Gebiet der Ethik zeigt sich nicht. Als erste pseudepigraphische

85 Nach P. Pokorný, Kol, 22, konzentriert sich die Theologie des Kol in der These 2, 12 f: „Diese These unterscheidet den Kolosser- und Epheserbrief von den übrigen Paulusbriefen und bildet hier gleichzeitig das Rückgrat der theologischen Argumentation."

86 Vgl. H. E. Lona, Eschatologie (s. o. 5.2.1), 234: „Das Zeitmoment wird im Kol nicht eliminiert, sondern integriert in ein christologisches Konzept".

Schrift des Urchristentums dokumentiert der Kol somit den Übergang zu einem erweiterten Paulusverständnis. Die Person und das Ansehen des Apostels werden in Anspruch genommen, um Entwicklungen entgegenzutreten, die das Werk des Apostels gefährden[87].

5.2.10 **Tendenzen der neueren Forschung**

In der Verfasserfrage scheint sich ein Konsens anzubahnen, nur noch wenige Exegeten sehen im Kol einen Protopaulinen. Von Bedeutung bleibt allerdings die Sekretärshypothese, wie sie vor allem von E. Schweizer, J. D. G. Dunn und U. Luz vertreten wird. Gilt unbestritten die Bekämpfung der innergemeindlichen Häresie als der eigentliche Zweck des Briefes, so ist die religionsgeschichtliche Einordnung dieser Irrlehre nach wie vor umstritten. In der neuesten Diskussion sind vor allem drei Interpretationsmodelle von Bedeutung: Die Philosophie in Kolossä erscheint als Produkt eines synkretistisch orientierten hellenistischen Judentums (so mit starken Unterschieden in der Einzelargumentation z. B. E. Lohse, J. Gnilka; M. Wolter, J. D. G. Dunn, U. Luz); man hält neupythagoreischen Einfluss für maßgebend (E. Schweizer), oder es werden starke Einflüsse einer synkretistischen Gnosis vermutet (P. Pokorný). Die Rekonstruktion des ursprünglichen Hymnus' in Kol 1,15–20 fällt naturgemäß unterschiedlich aus. Während die Wendungen *τῆς ἐκκλησίας* in V. 18 und *διὰ τοῦ αἵματος τοῦ σταυροῦ αὐτοῦ* in V. 20 von der Mehrzahl der Exegeten als Zusätze des Briefschreibers angesehen werden, besteht über weitere mögliche redaktionelle Eingriffe keine Einigkeit.

In das Zentrum der Forschung rückte in den letzten Jahren die Frage nach der Paulusrezeption des Kol (H. Merklein, A. Lindemann, E. Dassmann [s. o. 5]). Sowohl die Komposition dieses Briefes als auch die inhaltliche Argumentation weisen den Briefschreiber als Kenner paulinischer Theologie und damit als Paulusschüler aus. Dabei kommt der Person des Paulus eine entscheidende Rolle zu (vgl. Kol 1,25), denn sie gehört nun selbst in das zu verkündigende paulinische Evangelium. Der Brief erhebt damit den Anspruch, sowohl an der Person des Apostels als auch an seiner Theologie grundlegend orientiert zu sein. Inhaltlich handelt es sich aber nicht um eine wirkliche Weiterführung der paulinischen Theologie, sondern der Verfasser des Kol nimmt vorwiegend Traditionen des hellenistischen Judenchristentums auf und verbindet sie mit der Person des Apostels. Diese ‚Paulinisierung' traditionellen Materials soll die Identität des Evangeliums sichern. Sie eröffnet „aber auch innovatorische Perspektiven, indem sie – je intensiver sie durchgeführt wird – um so mehr über Paulus hinausführt und die rezipierte kosmische Christologie schließlich im

87 Vgl. Ph. Vielhauer, Urchristliche Literatur, 202 f, wonach der Kol auch die spekulative Christologie des Eph und die orthodoxe Kirchlichkeit der Past vorbereitet.

Epheserbrief zum Konzept einer ekklesiologischen Christologie ausbaut."[88] In der Bewältigung der durch den Tod des Apostels hervorgerufenen Krise sieht A. Standhartinger den Anlass und die Intention des Kol. „Das Ausbleiben der Wiederkunft Christi vor dem Tod des Paulus führte zu theologischen Verunsicherungen, die die Verf. mit dem Kol zu überwinden suchen. Entstehungsgeschichte und Absicht des Kol erklären sich daher m. E. wesentlich aus der Problematik, die durch den Tod des Paulus in den von ihm beeinflussten Gemeinden hervorgerufen wurde."[89] Bei Nicole Frank treten die intertextuellen Strategien des Kol in den Vordergrund: „Wie will der Autor des Kolosserbriefes Paulus verstanden wissen – und mit welchen Mitteln sucht er dieses Verständnis sicherzustellen und alternative Lesarten auszuschließen?"[90] Dies betrifft zuallererst die Gegenwarts- und Gesellschaftsperspektive des Kolosserbriefes und sein Kirchenverständnis.

5.3 Der Epheserbrief

5.3.1 Literatur

Kommentare

KEK VIII: G. Sellin, 2008. – HNT 12: H. Hübner, 1997. – HThK X 2: J. Gnilka, ^{3}1982. – EKK X: R. Schnackenburg, ^{2}2003. – ThHK 10/II: P. Pokorný, 1992. – ÖTK 10: F. Mußner, 1982. – NTD 8/1: U. Luz, 1998. – RNT: J. Ernst, 1974. – ZBK 8: A. Lindemann, 1985. – AncB 34.34a: M. Barth, 1974. – WCB 42: A. T. Lincoln, 1990. – ICC: E. Best, 1998. – Sacra Pagina 17: Margaret Y. MacDonald, 2000. – H. Schlier, Der Brief an die Epheser, Düsseldorf ^{7}1971.

Monographien

H. Schlier, Christus und die Kirche im Epheserbrief, BHTh 6, Tübingen 1930. – F. Mußner, Christus, das All und die Kirche, TThSt 5, Trier ^{2}1968. – P. Pokorný, Der Epheserbrief und die Gnosis, Berlin 1965. – J. Ernst, Pleroma und Pleroma Christi, BU 5, Regensburg 1970. – K. M. Fischer, Tendenz und Absicht des Epheserbriefes, Berlin – Göttingen 1973. – H. Merklein, Das kirchliche Amt nach dem Epheserbrief, StANT 33, München 1973. – A. Lindemann, Die Aufhebung der Zeit, StNT 12, Gütersloh 1975. – H. E. Lona, Die Eschatologie im Kolosser- und Epheserbrief (s. o. 5.2.1). – C. E. Arnold, Ephesians: Power and Magic, SNTSMS 63, Cambridge 1989. – E. Faust, Pax Christi et Pax Caesaris, NTOA 24, Freiburg (H) – Göttingen 1993. – M. Gese, Das Vermächtnis des Apostels, WUNT 2.99, Tübingen 1997.

Aufsätze

E. Käsemann, Das Interpretationsproblem des Epheserbriefes, in: ders., Exegetische Versuche und Besinnungen II, Göttingen ^{3}1970, 253–261. – K. G. Kuhn, Der Epheserbrief im Lichte der

88 H. Merklein, Rezeption, 63.

89 A. Standhartinger, Entstehungsgeschichte und Intention, 282.

90 N. Frank, Kolosserbrief, 356.

Qumrantexte, NTS 7 (1960/61), 334–346. – C. Colpe, Zur Leib-Christi-Vorstellung im Epheserbrief, in: Judentum – Christentum – Kirche (FS J. Jeremias), hg. v. W. Eltester, BZNW 26, Berlin 1960, 172–187. – A. Lindemann, Bemerkungen zu den Adressaten und zum Anlass des Epheserbriefes, ZNW 67 (1976), 235–251. – F. Mußner, Art. Epheserbrief, TRE 9 (1982), 743–753. – U. Luz, Überlegungen zum Epheserbrief und seiner Paränese, in: Vom Urchristentum zu Jesus (FS J. Gnilka), hg. v. H. Frankemölle u. K. Kertelge, Freiburg 1989, 376–396. – G. Sellin, Adresse und Intention des Epheserbriefes, in: Paulus, Apostel Jesu Christi (FS G. Klein), hg. v. M. Trowitzsch, Tübingen 1998, 171–186. – Th. K. Heckel, Kirche und Gottesvolk im Epheserbrief, in: Kirche und Gottesvolk (FS J. Roloff), hg. v. M. Karrer, W. Kraus u. O. Merk, Neukirchen 2000, 163–175.

Forschungsbericht

H. Merkel, Der Epheserbrief in der neueren Diskussion, ANRW 25.4, Berlin 1987, 3156–3246.

5.3.2 **Verfasser**

Der Epheserbrief gibt sich als ein in der Gefangenschaft abgefasstes Schreiben des Apostels Paulus aus (vgl. Eph 3, 1; 4, 1; 6, 21). Dieser Eigenaussage des Briefes stehen gewichtige Argumente gegenüber, die auf eine *deuteropaulinische* Verfasserschaft hindeuten:

1) Der Eph weist sprachliche Besonderheiten auf. So finden sich 35 ntl. Hapaxlegomena[91], von denen vor allem bedeutsam sind: *ἑνότης* (Eph 4, 3. 13), *κοσμοκράτωρ* (Eph 6, 12), *μεσότοιχον* (Eph 2, 14) und *πολιτεία* (Eph 2, 12). Aufschlussreich sind Wendungen, die in den Protopaulinen nicht erscheinen, die Theologie des Eph aber prägen[92]: *εὐλογία πνευματική* (Eph 1, 3); *καταβολὴ κόσμου* (Eph 1, 4); *ἄφεσις τῶν παραπτωμάτων* (Eph 1, 7); *μυστήριον τοῦ θελήματος αὐτοῦ* (Eph 1,9); *ὁ λόγος τῆς ἀληθείας* (Eph 1, 13); *ὁ πατὴρ τῆς δόξης* (Eph 1, 17); *αἰὼν τοῦ κόσμου τούτου* (Eph 2, 2); *ἡ πρόθεσις τῶν αἰώνων* (Eph 3, 11); *τὸ πνεῦμα τοῦ νοός* (Eph 4, 23); *μιμηταὶ τοῦ θεοῦ* (Eph 5, 1); *βασιλεία τοῦ Χριστοῦ καὶ τοῦ θεοῦ* (Eph 5, 5). Wie der Kol zeigt auch der Eph eine Vorliebe für überlange Sätze (vgl. Eph 1, 3–14) und die Aneinanderreihung sinngleicher Wörter (vgl. Eph 1, 19; 6, 10). Auffällig ist ferner der extensive Gebrauch adnominaler Genitivkonstruktionen (vgl. Eph 1, 6. 10. 18. 19 u. ö.)[93].

2) Konstitutiv für den Eph ist der Rückbezug auf den Apostel Paulus, die Anamnese seiner Person und Theologie. So reflektiert Eph 3, 1 ff das paulinische Heidenapostolat bereits in heilsgeschichtlichen Dimensionen. Paulus erscheint neben den heiligen Aposteln und Propheten als Empfänger der Offenbarung Gottes, die zur universalen Kirche aus Juden und Heiden führte. Es ist nichts mehr zu spüren von den

91 Zählung nach K. Aland (Hg.), Vollständige Konkordanz (s. o. 5.2.2), 456.

92 Vgl. J. Gnilka, Eph, 16 f.

93 Vgl. dazu zuletzt G. Sellin, Über einige ungewöhnliche Genitive im Epheserbrief, ZNW 83 (1992), 85–107.

Auseinandersetzungen um das paulinische Apostolat (vgl. 1Kor 9,1ff) und von den schweren Konflikten zwischen Juden- und Heidenchristen. Paulus erkämpft nicht seine Position, sondern sie wird bereits in ihren kirchengeschichtlichen Dimensionen gewürdigt[94].

3) Die Ämterliste in Eph 4,11f weist auf eine gegenüber Paulus stark veränderte Gemeindestruktur hin[95]. Während Apostel und Prophet auch in 1Kor 12,28 erscheinen, fehlt bei Paulus der Titel des Evangelisten. Nahmen in 1Kor 12,28 die Lehrer die dritte Position ein, so erscheinen sie in Eph 4,11 nach den Aposteln, Propheten, Evangelisten und Hirten. Es fehlen im Eph charismatische Ämter, wie z.B. Wundertäter, Heilungsbegabte und das Reden in Zungen. Der Eph setzt Dienstämter voraus, wobei es sich bei den Propheten und Evangelisten wahrscheinlich um wandernde Prediger handelt, während die Hirten und Lehrer für Predigt, Unterricht und Unterweisung in den Ortsgemeinden zuständig waren. Das Apostelamt wird nicht mehr funktional, sondern in seiner theologischen Bedeutung bedacht: Die Apostel sind das Fundament der Kirche (Eph 2,20), ihnen wurde das Geheimnis des Christusgeschehens geoffenbart (vgl. Eph 3,5)[96].

4) Der Eph benutzte offenbar den Kol als literarische Vorlage (s.u. 5.3.7).

5) Die Theologie des Eph lässt einerseits signifikante Unterschiede zu den Protopaulinen[97], andererseits große Übereinstimmungen mit dem Kol erkennen. In der Christologie dominiert die Vorstellung der kosmischen Herrschaft Jesu Christi: Der Auferstandene sitzt zur Rechten Gottes (Eph 1,20), ihm hat Gott der Schöpfer alles unter die Füße gelegt (Eph 1,22a), und er durchwaltet nun das All mit seiner Lebensmacht (Eph 1,23). In keiner anderen ntl. Schrift tritt die Ekklesiologie so hervor wie im Epheserbrief[98]. Wie bei Paulus hat die Kirche im Kreuzesopfer Jesu Christi ihren Ursprung (Eph 2,13.14.16). Zugleich wird aber die dynamische Konzeption der Kirche als Leib Christi bei Paulus durch Vermittlung des Kol im Eph in die räumlich-statische Vorstellung von Christus, dem Haupt, und der Kirche, seinem Leib, transformiert. Dem Weltbild des Eph[99] entsprechend dominiert die präsentische Eschatologie (vgl. Eph 2,5.6.8.19; 3,12). Die Rechtfertigungslehre klingt nur völlig unpolemisch im Rahmen von Taufaussagen an (vgl. Eph 2,5.8–10)[100].

---

94 Vgl. H.Merklein, Rezeption (s.o. 5.2.1), 32f.

95 Zur Analyse vgl. H.Merklein, Das kirchliche Amt, 57–117.

96 Vgl. zur Ämterlehre des Eph und ihrem Verhältnis zu Paulus H.Merklein, a.a.O., 235–383.

97 R.Schnackenburg, Eph, 23ff, spricht hier von ‚perspektivischen Veränderungen'.

98 Vgl. dazu R.Schnackenburg, Eph, 299–319 (Die Kirche in der Sicht des Epheserbriefes); J.Roloff, Kirche (s.o. 3.5.4), 231f, spricht von einer kopernikanischen Wende: „Stand im Mittelpunkt der echten Paulusbriefe stets das Christusereignis und wurde die Kirche in ihrem Bezug zu diesem gesehen, so nimmt diese deuteropaulinische Schrift die Kirche zum Ausgangspunkt, um das Christusereignis von ihr her zu interpretieren."

99 Vgl. zum Weltbild des Eph A.Lindemann, Eph, 121–123.

100 Vgl. F.Mußner, Eph, 28.

6) Der Apostel wirkte nach Apg 19,9f mehr als 2 Jahre in Ephesus. Er war somit der Gemeinde bekannt und seinerseits über die Verhältnisse in Ephesus unterrichtet. Demgegenüber erwecken Eph 1,15; 3,2 den Eindruck, als würden sich Apostel und Gemeinde überhaupt nicht kennen. Zudem macht das gesamte Schreiben einen sehr unpersönlichen Eindruck, so findet sich z.B. im Eph kein einziger Gruß an Gemeindeglieder. Schließlich kann die Ortsangabe *ἐν Ἐφέσῳ* (Eph 1,1) nicht als ursprünglich angesehen werden (s.u. 5.3.4).

Die überwiegende Zahl der Exegeten wertet den Eph als ein deuteropaulinisches Schreiben, so z.B. M. Dibelius, W.G. Kümmel, W. Marxsen, H.M. Schenke – K.M. Fischer, Ph. Vielhauer, A. Wikenhauser – J. Schmid, J. Ernst, J. Gnilka, F. Mußner, R. Schnackenburg, A. Lindemann, P. Pokorný, E. Best, U. Luz und G. Sellin[101]. Eine Sekretärshypothese vertritt bes. A. van Roon[102]. Für die Authentizität des Briefes treten vor allem H. Schlier, F.F. Bruce und M. Barth[103] ein. Hielt H. Schlier 1930 den Eph noch für einen Deuteropaulinen[104], so sieht er in seinem Kommentar den Brief als eine paulinische Schrift an[105]. Die Besonderheiten des Eph erklärt Schlier aus der Situation des gealterten, in Rom gefangenen Apostels. Paulus sei nun zu einem neuen inneren Verständnis des Heilsgeschehens gelangt, zu einer tieferen Sicht der Dinge. Überzeugen kann diese Alterstheorie nicht, weil die Summe der Unterschiede zwischen Paulus und dem Eph zu groß ist.

Über die Person des Verfassers lässt sich wenig sagen: Er gehörte der Paulusschule an und war ein hellenistischer Judenchrist[106], worauf Texte wie Eph 1,3–14; 2,20–22; 3,20f; 6,13–17 hinweisen. Er hatte sich zum Ziel gesetzt, die in Gemeinden Kleinasiens bedrohte Einheit der Kirche aus Juden- und Heidenchristen zu retten.

5.3.3 Ort und Zeit der Abfassung

Der genaue Abfassungsort des Eph lässt sich nicht mehr ermitteln, die große Vertrautheit mit dem Kol weist aber auf *Kleinasien* hin[107]. Eine weitergehende Eingren-

101 Vgl. M. Dibelius, Eph, 83f; W.G. Kümmel, Einleitung, 318; W. Marxsen, Einleitung, 188f; H.M. Schenke – K.M. Fischer, Einleitung I, 181–186; Ph. Vielhauer, Urchristliche Literatur, 207–212; A. Wikenhauser – J. Schmid, Einleitung, 488f; J. Ernst, Eph, 258–262; J. Gnilka, Eph, 13; F. Mußner, Eph, 33; R. Schnackenburg, Eph 22; A. Lindemann, Eph, 9–12; P. Pokorný, Eph, 40–42; E. Best, Eph, 36; U. Luz, Eph, 108f; G. Sellin, Eph, 57f; ferner Margaret Y. MacDonald, Eph, 17: „the author was a Jewish Christian member of the Pauline Church".

102 Vgl. A. van Roon, The Authenticity of Ephesians, NT.S 39, Leiden 1974, 207f u.ö. Der eigentliche Autor des Eph bleibt aber für van Roon der Apostel Paulus; vgl. a.a.O., 440: „... that it is not only plausible but even probable that Paul was the author of Eph."

103 Vgl. M. Barth, Eph I, 36–50

104 Vgl. H. Schlier, Christus und die Kirche, 39 A 1.

105 Vgl. H. Schlier, Eph, 22–28. Zuletzt hatte Schlier aber wieder Zweifel an der paulinischen Herkunft; vgl. R. Schnackenburg, Eph, 21 A 16.

106 Vgl. J. Gnilka, Eph, 18; R. Schnackenburg, Eph, 33; E. Faust, Pax Christi, 219: „gesamtkirchlich engagierter Judenchrist".

107 Vgl. W.G. Kümmel, Einleitung, 323; H.M. Schenke – K.M. Fischer, Einleitung I, 187; R. Schnackenburg, Eph, 34 (unbekannter Verfasser

zung (z. B. Ephesus[108]) ist erwägenswert. Für die Bestimmung des Abfassungszeitraumes bilden der Kol die untere, die Ignatiusbriefe hingegen die obere Grenze (vgl. Eph 5, 27 mit IgnPol 5, 1; Eph 2, 20–22 mit IgnEph 9, 1)[109]. Am wahrscheinlichsten ist unter diesen Voraussetzungen eine Abfassung des Eph zwischen *80 und 90 n. Chr.*[110]

5.3.4 **Empfänger**

Die Ortsangabe *ἐν 'Εφέσῳ* fehlt in P^{46}, B^*, $\aleph^*$, 1739 und 424 und bei Origenes. Wahrscheinlich las auch Markion diese Ortsangabe nicht (vgl. Tertullian, Adv. Marc V 11, 12) und bezeichnete das Schreiben als einen Brief nach Laodicea. Die äußere Textkritik spricht somit gegen die Ursprünglichkeit von *ἐν 'Εφέσῳ*. Auch die innere Textkritik weist in diese Richtung. Enthielt der Brief keine ursprüngliche Ortsangabe, so ist eine nachträgliche Ergänzung analog dem Formschema der Protopaulinen und des Kol gut denkbar. Dabei legt sich Ephesus nahe, denn Paulus wirkte lange Zeit in dieser Stadt, und er könnte der Gemeinde einen Brief geschrieben haben. Zugleich lässt sich kein plausibler Grund für die Streichung von *ἐν 'Εφέσῳ* nennen, so dass nach den Regeln der Textkritik die Ortsangabe als sekundär anzusehen ist[111]. Wie kann der Text ohne die Ortsangabe grammatikalisch und stilistisch verstanden werden? Das Fehlen einer Ortsangabe nach dem substantivierten Partizip von *εἶναι* bleibt auffällig[112], allerdings ist der Text *τοῖς ἁγίοις τοῖς οὖσιν καὶ πιστοῖς* syntaktisch als zweigliedrige Anrede möglich: „den Heiligen und Gläubigen ..."[113]. In diese Richtung argumentiert auch G. Sellin: „die Heiligen, das sind die *Christen*. Bei dieser Deutung der Adresse hätte der Autor des Eph keinen Fehler gemacht, denn die erforderliche zweite Bestimmung würde ja (statt in dem *ἐν 'Εφέσῳ*) in dem *καὶ πιστοῖς ἐν Χρ. 'Ι.* bestehen. Wenn diese Interpretation der Adresse zutrifft, ist der Eph konzipiert als ein ‚katholischer Brief' (gerichtet an alle Christen Kleinasiens)."[114] Ein anderes Erklärungsmodell schlägt E. Best vor[115]: Die ursprüngliche Adresse des Zirkularschrei-

aus einer Gemeinde im Lykostal); A. Lindemann, Eph, 12; G. Sellin, Eph, 57.

108 Für Ephesus votieren u. a. J. Ernst, Eph, 263; F. Mußner, Eph, 36; J. Gnilka, Eph, 20; P. Pokorný, Eph, 42; E. Best, Eph, 46.

109 Zu IgnEph 12, 2 (‚Paulus ... gedenkt euer in jedem Brief') vgl. A. Lindemann, Paulus im ältesten Christentum (s. o. 5), 84 f.

110 Vgl. H. M. Schenke – K. M. Fischer, Einleitung I, 187; F. Mußner, Eph, 36; R. Schnackenburg, Eph, 30; P. Pokorný, Eph, 43; E. Best, Eph, 45; G. Sellin, Eph, 58 (zwischen 80 und 100). Ph. Vielhauer, Urchristliche Literatur, 215, plädiert für die Wende vom 1. zum 2. Jh. als Abfassungszeit; J. Gnilka, Eph, 20, für den Beginn der 90er Jahre.

111 Vgl. M. Dibelius, Eph, 56 f; R. Schnackenburg, Eph, 37–39. Für die Ursprünglichkeit von *ἐν 'Εφέσῳ* als fiktiver Adresse plädieren J. Gnilka, Eph, 5–7; A. Lindemann, Anlass des Epheserbriefes, 238 f.

112 In P^{46} fehlt zudem der Artikel *τοῖς* vor *οὖσιν*.

113 So M. Dibelius, Eph, 56 f; R. Schnackenburg, Eph, 38, wobei *τοῖς οὖσιν* als idiomatische Ausdrucksweise mit ‚dort, derzeitig' übersetzt wird.

114 G. Sellin, Eph, 69 f.

115 Vgl. E. Best, Ephesians 1.1 Again, in: Paul and Paulism (FS C. K. Barrett), hg. v. M. D. Hooker u.

bens lautete *τοῖς ἁγίοις καὶ πιστοῖς ἐν Χριστῷ Ἰησοῦ*. Dann erfolgte als geographische Näherbestimmung die Einfügung ‚Ephesus', wobei *τοῖς ἁγίοις* erweitert wurde zu *πρὸς τοὺς ἁγίους τοὺς ὄντας ἐν Ἐφέσῳ*. „Some scribes however remembered that the original letter had no geographical reference and so when they copied it they simply omitted the reference to Ephesus, thus creating the text of Vaticanus."[116] Auch dieser Vorschlag bleibt natürlich angesichts der Textüberlieferung nur Vermutung.

Die Rezeption des Kolosserbriefes (s. u. 5.3.7) zeigt allerdings deutlich, dass der Eph sich an Christen in der Provinz Asia richtet. „Da Ephesus die Hauptstadt der Provinz Asia und sedes Pauli war, wo es eine von ihm gegründete Gemeinde gab, muss man voraussetzen, dass die wichtigste Gruppe, die der Epheserbrief erreichen sollte, die Gemeinde in Ephesus war."[117]

Die Situation der angeschriebenen Gemeinden wird offenbar durch Spannungen zwischen Juden- und Heidenchristen geprägt. Die Leser des Briefes werden in Eph 2, 11; 3, 1; 4, 17 direkt als Heidenchristen angesprochen, und ihr Verhältnis zu den Judenchristen ist der alleinige Inhalt der Unterweisung Eph 2, 11–22 und zugleich eines der dominierenden Briefthemen. Der Eph entwirft das Konzept einer Kirche aus Heiden- und Judenchristen, die miteinander den Leib Christi bilden. Damit reagiert der Autor auf eine gegenläufige Entwicklung in den kleinasiatischen Gemeinden: Die Judenchristen stellen bereits eine Minderheit dar, und die Heidenchristen sehen in ihnen nicht mehr gleichberechtigte Partner[118]. Demgegenüber versucht der Eph „eine Entscheidung zu verhindern, die dem Juden als Juden das Christsein unmöglich machte."[119]

Die religiös-kulturelle Situation in Ephesus bestimmten lokale Kulte, Mysterienreligionen und der alles überragende Artemis-Kult mit seinen vielfältigen (auch magischen) Praktiken[120]. Die auffällige Betonung der Macht Gottes bzw. Christi in Eph 1, 15–23; 3, 14–19. 20–21; 6, 10–20 dürfte auf dem Hintergrund dieses religiösen Umfeldes zu verstehen sein und weist auf eine religiöse Verunsicherung vieler neuer Gemeindeglieder hin. Ihnen verkündigt der Eph: Gottes Macht steht über den teufli-

S. G. Wilson, London 1982, 273–279. Ältere Theorien referiert R. Schnackenburg, Eph, 38 f.

116 E. Best, Ephesians 1.1, 278. Ähnlich U. Luz, Eph, 108, wonach der Eph als Rundschreiben im Präskript eine Lücke enthielt: „In sie konnte der Name der jeweiligen Empfängergemeinde eingesetzt werden."

117 P. Pokorný, Eph, 37.

118 Vgl. K. M. Fischer, Tendenz und Absicht, 79–94.

119 A. a. O., 93.

120 Zur religiösen Infrastruktur von Ephesus (bes. Artemis-Kult) vgl. W. Elliger, Ephesos (s. o. 2.2.2), 113–136; C. E. Arnold, Power and Magic, 20 ff; R. Oster, The Ephesian Artemis as an Opponent of Early Christianity, JAC 19 (1976), 24–44; P. Lampe, Acta 19 im Spiegel der ephesischen Inschriften, BZ 36 (1992), 59–76; G. H. R. Horsley, The Inscriptions of Ephesos and the New Testament, NT 34 (1992), 105–168; S. J. Friesen, Twice Neokoros. Ephesus, Asia and the Cult of the Flavian Imperial Family, Leiden 1993; H. Köster (Hg.), Ephesos. Metropolis of Asia, HThS 41, Valley Forge PA 1995; R. Strelan, Paul, Artemis and the Jews in Ephesus (s. o. 2.2.2), 1–125; St. Witetschek, Ephesische Enthüllungen I, BTS 6, Leuven 2008, 66–139; J. Murphy-O'Connor, St. Paul's Ephesus: Texts and Archaeology, Collegeville 2008.

schen Gewalten und Mächten, den Herrschern der Finsternis und den Geistwesen der Bosheit in den himmlischen Bereichen (vgl. Eph 6, 12)[121].

5.3.5 **Gliederung, Aufbau, Form**

1, 1–2	Präskript	Briefanfang
1, 3–14	1. Danksagung	
1, 15–23	2. Danksagung	
2, 1–3, 21	1. Hauptteil	Briefkorpus
2, 1–10	Einst und Jetzt der Glaubenden	
2, 11–22	Die Kirche aus Juden und Heiden	
3, 1–13	Der Apostel als Diener des Geheimnisses der Offenbarung	
3, 14–21	Fürbitte und Doxologie	
4, 1–6,9	2. Hauptteil	
4, 1–16	Mahnung zur Verwirklichung der Einheit des Leibes Christi	
4, 17–24	Der alte und neue Mensch	
4, 25–5, 20	Einzelermahnungen	
5, 21–6,9	Haustafel	
6, 10–20	Schlussparänese	Briefschluss
6, 21–22	Empfehlung des Tychikus	
6, 23–24	Eschatokoll	

In der Makrostruktur stimmt der Epheserbrief mit dem Kol und einigen Protopaulinen überein: Auf einen lehrhaften folgt ein paränetischer Hauptteil. Zugleich zeigen sich bedeutsame Unterschiede. Auffällig ist zunächst das zweifache Proömium am Briefanfang, erst das zweite Proömium führt zum eigentlichen Thema des Briefes hin (vgl. Eph 1, 15–23). Während der erste Hauptteil des Kol mit Ausnahme von Kol 1, 1 f; 2, 15–29 nur selektiv vom Eph aufgenommen wird, rezipiert der Eph umfassend die Paränese in Kol 3, 5–4, 6. Am Briefende fehlen fast vollständig Grüße, Reisepläne oder persönliche Nachrichten. Dies unterstreicht den zeitlosen Charakter des

121 Vgl. C. E. Arnold, Power and Magic, 122.

Eph, der kein Gelegenheitsschreiben ist, sondern als Zirkularschreiben an die paulinischen Gemeinden in Kleinasien bezeichnet werden kann. Andere Klassifizierungen lauten: ‚theologisches Lehrschreiben'[122], ‚Weisheitsrede'[123], ‚Meditation'[124], ‚liturgische Homilie'[125], ‚theologischer Traktat'[126], ‚Gebetsbrief'[127].

5.3.6 Literarische Integrität

Die literarische Integrität des Eph ist unbestritten. Zu erwägen bleibt die Möglichkeit von Glossen in Eph 2,5b und 2,8f. Auffällig ist hier der unvermittelte Übergang von der 1. P.Pl. in die 2. P.Pl. sowie eine inhaltliche Eigenständigkeit der beiden Abschnitte[128].

5.3.7 Traditionen, Quellen

Der Verfasser des Eph benutzte den Kol offenbar als Vorlage. Dies ergibt sich aus den zahlreichen Übereinstimmungen zwischen beiden Briefen[129].

1) *Berührungen in der Makrostruktur:* Der Eph und Kol haben nicht nur die Zweiteilung in einen lehrhaften und paränetischen Teil gemeinsam, sondern auch im Präskript und Postskript finden sich Übereinstimmungen. Nur im Kol und Eph werden die Adressaten als *ἅγιοι* und *πιστοὶ ἐν Χριστῷ Ἰησοῦ* angeredet. Nahezu identisch sind im Postskript die beiden Abschnitte, in denen die Sendung des Tychikus mitgeteilt wird (Eph 6,21f/ Kol 4,7f). Auch die Gebetsaufforderungen in Eph 6,18–20/ Kol 4,2–3 lassen deutliche Übereinstimmungen erkennen. Auffallend ist schließlich die Struktur der Abschnitte Eph 5,19–6,9/Kol 3,16–4,1: Auf die vergleichbaren Anweisungen für den Gottesdienst (Eph 5,19f/Kol 3,16f) folgen jeweils die Haustafeln. Nacheinander wird das Verhältnis von Ehefrauen zu Ehemännern, Kindern zu Vä-

122 Vgl. F. Mußner, Art. Epheserbrief, 743.
123 Vgl. H. Schlier, Eph, 21.
124 Vgl. W. Marxsen, Einleitung, 194.
125 Vgl. J. Gnilka, Eph, 33.
126 Vgl. A. Lindemann, Paulus im ältesten Christentum (s. o. 5), 41; G. Strecker, Literaturgeschichte (s. o. 2.1), 71f.
127 Vgl. U. Luz, Überlegungen zum Epheserbrief, 386.
128 Vgl. hierzu H. Hübner, Glossen in Epheser 2, in: Vom Urchristentum zu Jesus (FS J. Gnilka), hg. v. H. Frankemölle u. K. Kertelge, Freiburg 1989, 392–406.
129 Vgl. dazu die Aufstellungen bei M. Dibelius, Eph, 83–85; C. L. Mitton, The Epistle to the Ephesians, Oxford 1951, 280–318; J. Gnilka, Eph, 7–13; A. Lindemann, Aufhebung der Zeit, 44–48; R. Schnackenburg, Eph, 26–30; P. Pokorný, Eph, 3–5; H. M. Schenke – K. M. Fischer, Einleitung I, 181–186; R. Reuter, Synopse zu den Briefen des Neuen Testaments I (s. o. 5.2.2), 248–619. Anders E. Best, Who Used Whom? The Relationship of Ephesians and Colossians, NTS 43 (1997), 72–96; ders., Eph, 36–40, wonach zwei Paulusschüler etwa gleichzeitig den Kol und Eph geschrieben hätten. Die Gemeinsamkeiten erklären sich dann aus den vorangehenden Schuldiskussionen.

tern und Sklaven zu Herren behandelt, wobei die Reihung dieser drei Gruppen nur hier so erscheint.

2) *Berührungen in Sprache und Thematik:* Eph 1,6f/Kol 1,13f; Eph 1,10/Kol 1,20; Eph 1,13/Kol 1,5; Eph 1,15f/Kol 1,3f; Eph 1,20/Kol 2,12; 3,1; Eph 2,1–6/Kol 2,12f; Eph 3,3–5/Kol 1,26; Eph 3,1–13/Kol 1,23–28; Eph 4,22–24/Kol 3,9f. Bemerkenswert ist ferner, dass im ethischen Teil vergleichbare Tugenden (Eph 4,2f/Kol 3,12–14; Eph 4,32/Kol 3,12f) und Laster (Eph 4,19/Kol 3,1; Eph 4,31/Kol 3,8) erscheinen.

3) *Übereinstimmungen bei kleineren Wendungen:* *ἀμώμους κατενώπιον αὐτοῦ* (vgl. Eph 1,4/Kol 1,22); *πλοῦτος τῆς δόξης* (vgl. Eph 1,18; 3,16/Kol 1,27). Auch die Formulierungen bei den Mächten in Eph 1,21/Kol 1,16 und der Beschneidungsthematik in Eph 2,11/Kol 2,11 sind vergleichbar.

4) *Übereinstimmungen in der Terminologie bei gedanklicher Differenz:* Eph 4,16/Kol 2,19; Eph 1,9; 3,5.9ff/Kol 1,26; 2,2; 4,3; Eph 2,16/Kol 1,20.22; Eph 3,2/Kol 1,25.

Der Verfasser des Eph benutzte den Kol nicht schematisch. Vielmehr nahm er nur jene Vorstellungen auf, die er seinem eigenen Anliegen dienstbar machen konnte. Neben dem Kol dürfte der Autor des Eph noch die Korintherbriefe (vgl. Eph 1,22a/1Kor 15,27; Eph 1,3f/2Kor 1,3–5; Eph 6,19f/2Kor 5,19f) und den Römerbrief gekannt haben (Eph 4,1–16/Röm 12)[130].

Der Autor des Eph integrierte in sein Schreiben urchristliche liturgische Traditionen. Als mögliche Traditionselemente gelten: Eph 1,3–14; 1,20–23; 2,4–10; 2,14–18; 2,19–22; 5,14. Die Existenz, Abgrenzung und Rekonstruktion solcher Traditionseinheiten ist naturgemäß heftig umstritten, ein gewisser Konsens zeichnet sich lediglich für Eph 2,4–10 und Eph 5,14 ab, die zu Recht als Tauftraditionen angesehen werden[131]. Der ethische Briefteil ist stark durch paränetische Traditionen vornehmlich aus dem hellenistischen Juden(christen)tum geprägt (vgl. Eph 4,17–19; 4,22–24; 5,3–6; 5,22–6,9; 6,11–17).

5.3.8 **Religionsgeschichtliche Stellung**

Der Eph weist einen komplexen religionsgeschichtlichen Hintergrund auf. Begriffe wie *πλήρωμα* (Eph 1,10.23; 3,19; 4,13), *ἄνθρωπος* (vgl. Eph 2,15; 3,5.16; 4,8.14.24; 5,31; 6,7), *τέλειος ἀνήρ* (Eph 4,13), *μεσότοιχον τοῦ φραγμοῦ* (Eph 2,14) bedürfen ebenso einer Erklärung wie die Vorstellungen der Kirche als Leib Christi (vgl. Eph

130 Vgl. dazu J. Gnilka, Eph, 22; A. Lindemann, Paulus im ältesten Christentum (s. o. 5), 122–130 (literarische Beziehungen nur zum 1Kor); P. Pokorný, Eph, 15–21 (Verwurzelung des Eph in der paulinischen Schultradition); M. Gese, Das Vermächtnis des Apostels, 54–85 (er sieht Bezüge zu allen Paulusbriefen außer Phil).

131 Vgl. zur Forschungsgeschichte und zu den methodischen Problemen H. Merkel, Epheserbrief, 3222–3237.

1,22f; 2,14c; 2,21; 4,3f; 4,12.15; 5,23), als Braut Christi (vgl. Eph 5,21–33), als Fülle Christi (vgl. Eph 1,23; 3,19; 4,10; 4,13) und des Leibes Christi als himmlischer Bau (vgl. Eph 2,20–22). Die präsentische Eschatologie des Eph (vgl. Eph 1,20–23; 2,6.8; 5,14) könnte Bestandteil eines gnostischen Daseinsverständnisses sein. Schließlich wendet sich der Eph im Gegensatz zum Kol gegen keine Irrlehre, was die Ermittlung des Standortes des Briefautors in Aufnahme und Abgrenzung zu religionsgeschichtlichen Einflüssen noch erschwert.

Unter diesen Voraussetzungen fällt die religionsgeschichtliche Beurteilung des Eph sehr unterschiedlich aus. Einflüsse der Gnosis sehen u.a. H. Schlier, E. Käsemann, P. Pokorný, H. Conzelmann, A. Lindemann und in modifizierter Form K. M. Fischer[132]. Einen atl.-jüdischen Hintergrund (Qumran) vermuten K. G. Kuhn und F. Mußner[133]. In der Traditionslinie des hellenistischen Judentums interpretieren H. Hegermann, C. Colpe, E. Schweizer, J. Gnilka, R. Schnackenburg und G. Sellin den Eph[134].

Vergleichbare Vorstellungen zum Eph finden sich sowohl im hellenistischen Judentum als auch im gnostischen Schrifttum. Parallelen aus dem hellenistischen Judentum haben aber gegenüber gnostischen Texten den prinzipiellen Vorteil einer zeitlichen Priorität. So weisen die kosmischen Dimensionen der Leib-Christi-Vorstellung keineswegs auf die Gnosis hin. Auch bei Philo erscheint der Kosmos als Leib, dessen Haupt der Logos ist (vgl. Fug 108–113, QuaestEx II 117). Der Kosmos wird als *τέλειος ἄνθρωπος* (Migr 220; vgl. Eph 4,13), als ‚großer Mensch' (RerDivHer 155), als das ‚vollkommenste Lebewesen' (SpecLeg I 210f) und als ‚Sohn Gottes' (SpecLeg I 96) bezeichnet. Bei Philo findet sich ferner die mit dem *πλήρωμα*-Begriff vergleichbare Vorstellung der das All durchwaltenden göttlichen Dynamis, die wiederum mit der Makroanthropos-Vorstellung verbunden ist (VitMos II 132f; QuaestEx II 68; 120; QuaestGen IV 130)[135]. An eine im antiken Judentum verbreitete Bildersprache knüpft die Vorstellung der Kirche als Bau in Eph 2,20–22 an. Speziell die Qumrangemeinde verstand sich als Bau, Tempel und Wohnung Gottes (vgl. 1QS 5,5; 8,7.8; 1QH 6,26f; 7,8f u.ö.)[136]. Eine direkte Abhängigkeit liegt aber auch hier nicht vor,

---

132 Vgl. H. Schlier, Christus und die Kirche, 74f; E. Käsemann, Leib und Leib Christi, BHTh 9, Tübingen 1933, 145 u.ö.; P. Pokorný, Epheserbrief und Gnosis, 82ff (zurückhaltender ders., Eph, 22–24); H. Conzelmann, Eph, Göttingen 1976, 87; A. Lindemann, Eph, 121; K. M. Fischer, Tendenz und Absicht, 173–200.

133 Vgl. K. G. Kuhn, Der Epheserbrief im Lichte der Qumrantexte, NTS 7 (1960/61), 334–346; F. Mußner, Beiträge aus Qumran zum Verständnis des Epheserbriefes, in: Neutestamentliche Aufsätze (FS J. Schmid), Regensburg 1963, 185–198.

134 Vgl. H. Hegermann, Zur Ableitung der Leib-Christi-Vorstellung im Epheserbrief, ThLZ 85 (1960), 839–842; C. Colpe, Leib-Christi-Vorstellung im Epheserbrief, 178ff; E. Schweizer, Die Kirche als Leib Christi in den paulinischen Antilegomena, in: ders., Neotestamentica, Zürich 1963, 293–316; J. Gnilka, Eph, 33–45; R. Schnackenburg, Eph, 33; G. Sellin, Eph, 59–61.

135 Vgl. H. Hegermann, Vorstellung vom Schöpfungsmittler (s. o. 5.2.7), 58ff.106ff.

136 Vgl. F. Mußner, Eph, 89ff.

der Eph dürfte sich trotz aller Unterschiede an Paulus orientieren, für den Christus das unverrückbare Fundament (1 Kor 3, 11) und die Gemeinde der Bau (1 Kor 3,9), der geisterfüllte Tempel Gottes ist (1 Kor 3, 16. 17). Die Vorstellung vom Wachstum des Leibes (Eph 2, 21. 22; 4, 12. 15 f) geht auf Kol 2, 19 zurück. Als Fundament und Haupt des Baues ist Christus auch das Ziel des Wachstums, weil er den Bau mit seiner *δύναμις* erfüllt. Die Vorstellung der Kirche als Braut Christi (Eph 5, 21–33) weist ebenfalls nicht auf gnostische Einflüsse hin[137], sondern nimmt atl. Bildmaterial auf (vgl. Hos 1–3; Ez 16; Jer 2, 2; Jes 62, 5). Zudem sieht sich Paulus in 2 Kor 11, 2 als Brautführer, der die Gemeinde mit Christus verlobt hat. Eine ekklesiologische Ausweitung von Kol 1, 19; 2,9 f zeigt sich in der Rede von der Kirche als der Fülle dessen, der das All erfüllt (vgl. bes. Eph 1, 22. 23). Anschauungen der Stoa, Philos oder der Gnosis können das Besondere der Pleroma-Vorstellung im Eph nicht erklären: Die Kirche ist der Raum, in dem die alles umspannende Fülle Christi wirksam und mächtig ist.

Auch die Aufhebung der Scheidewand und die Schaffung des neuen Menschen in Eph 2, 14–16 weisen nicht auf einen gnostischen Hintergrund hin. Vielmehr wird hier die Tora als Scheidewand angesehen (vgl. V. 15 a; ferner Arist 139!), deren trennende Wirkungen in der einen Kirche aus Juden und Heiden überwunden sind[138].

In die Nähe gnostischer Vorstellungen scheint der Abstieg und Aufstieg des Erlösers in Eph 4,9. 10 zu führen. Dennoch bestehen erhebliche Unterschiede, denn die gesamte Argumentation verdankt sich der christologischen Adaption von Ps 68, 19 in Eph 4,8, bei der wiederum die vom urchristlichen Auferstehungsglauben abgeleitete Vorstellung der Auffahrt des Erlösers am Anfang steht (Eph 4,8. 9 a). Erst dann schließt sich die im postulierten gnostischen Mythos übliche Reihenfolge ‚Abstieg – Aufstieg' an.

Bestimmend für die Theologie des Eph sind nicht Parallelen aus dem jüdischen oder paganen Traditionsstrom, sondern zuallererst der Kol, der formal und inhaltlich den Eph prägt. Schon dies schließt eine monokausale religionsgeschichtliche Verortung des Eph aus. Einflüsse der frühen (christlichen) Gnosis können zwar nicht ausgeschlossen werden, aber die Parallelen aus dem hellenistischen Judentum und die Aufnahme paulinischer und deuteropaulinischer (Kol) Gedanken erklären umfassend die Theologie des Eph.

137 Anders K. M. Fischer, Tendenz und Absicht, 176–200, der meint, dass der Eph hier gnostische Gedanken positiv aufnehme.

138 Vgl. F. Mußner, Eph, 75 ff; R. Schnackenburg, Eph, 113–116. Hingegen vermutet A. Lindemann, Eph, 47 ff, der Verfasser des Eph habe in 2, 14–16 „auf einen (nichtchristlichen) gnostischen Text zurückgegriffen" (a. a. O., 49).

5.3.9 Theologische Grundgedanken

Die Christologie des Epheserbriefes ist durch ein *räumliches Weltbild* geprägt[139]. Gott als Schöpfer des Alls und Jesus Christus thronen über allem im himmlischen Bereich, in einem Zwischenraum herrschen Äonen, Engel und dämonische Mächte und im unteren Bereich befindet sich die Menschen- und Totenwelt. Zugleich erfüllt Jesus Christus die gesamte Wirklichkeit, was der Eph mit *τὰ πάντα* (vgl. 1, 10. 11.23; 3,9; 4, 10. 15) prägnant zum Ausdruck bringt.

Im Rahmen dieses Weltbildes entfaltet der Verfasser des Eph seine Erhöhungs- und Herrschaftschristologie. Der auferstandene Christus sitzt zur Rechten Gottes (Eph 1, 20; vgl. 4,8. 10a); Gott hat ihm, seinem ewigen Ratschluss entsprechend, alles unter die Füße gelegt (Eph 1, 10. 22a), und er erfüllt das All mit seiner Lebensfülle (Eph 1, 23; 4, 10b). Christus ist das alles überragende Haupt der Kirche (vgl. Eph 1, 22b; 5, 23), die er in seine kosmische Stellung miteinbezogen hat. Als *σῶμα Χριστοῦ* ist die Kirche der von Christus eröffnete und durchwaltete Heilsraum (vgl. Eph 1, 22f; 2, 16; 4, 15f). Es gibt die Kirche nicht ohne Christus, ebenso Christus nicht ohne die Kirche. Gott offenbart seine Weisheit den Mächten durch die Kirche (Eph 3, 10), in Eph 3, 21 ist die Kirche sogar Gegenstand einer Doxologie. Allerdings kann die Ekklesiologie des Eph nicht im Sinn einer ‚ecclesia triumphans' verstanden werden, es geht dem Verfasser um die *ekklesiologische Relevanz des Evangeliums*. Die Kirche ist zwar einerseits schon das, was sie sein soll, andererseits muss ihr Wesen aber erst noch sichtbar werden. Dies zeigt sich in der Metapher des Wachstums und konkretisiert sich für den Eph im Verhältnis von Juden- und Heidenchristen. Durch die Versöhnungstat Christi wurde das Gegenüber von Juden und Heiden aufgehoben (vgl. Eph 2, 11–13 und 2, 19–22), das Gesetz als Grenze zwischen den beiden Bereichen (vgl. Eph 2, 14. 15) hat seine trennende Bedeutung verloren[140]. Christus ist der Erlöser der Kirche (vgl. Eph 5, 23), und somit muss die Ekklesiologie im Eph als eine Funktion der Soteriologie begriffen werden.

Mit der Ekklesiologie verbindet sich der durch die Gestalt des Paulus gefüllte Traditionsgedanke. Die Paulus zuteil gewordene Gnade riss die Mauer zwischen Juden und Heiden nieder (vgl. Eph 3, 3. 6) und ermöglichte die eine universale Kirche, deren Dimensionen im Eph bedacht und entfaltet werden. Christus ist der Eckstein der Kirche, die auf dem Grund der Apostel und Propheten erbaut wurde (Eph 2, 20). Als Norm für die Bindung an Christus erscheint somit das durch Paulus verbürgte Apostolische.

Im Eph wurde die Zeitform des Perfekt konsequent auf die Eschata übertragen: So wie Christus den Sieg bereits errungen hat (vgl. Eph 1, 20–23), befindet sich die

139 Vgl. die Skizze bei A. Lindemann, Eph, 122.
140 Vgl. G. Sellin, Adresse und Intention, 186: „Hauptthema des Eph ist die Eins-heit. Diese Einheit besteht in der Kirche, die durch das Wirken des Paulus die Mauer zwischen Juden und Heiden beseitigte."

erwählte Gemeinde (vgl. Eph 1, 5. 9. 11. 19; 2, 10; 3, 11) schon in einem gegenwärtigen Heilsraum. Die Glaubenden sind in der Taufe aus Gnade gerettet (Eph 2, 5. 6. 8), auferweckt und eingesetzt in den Himmel (Eph 2, 6). Als Mitbürger der Heiligen und Hausgenossen Gottes (Eph 2, 19) haben sie vollen Anteil an der Erlösung durch das Blut Christi (vgl. Eph 1, 7). Die deutlichen Verschiebungen gegenüber der Eschatologie des Paulus ergeben sich durch das Zurücktreten von Zeit- und das Vordringen von Raumkategorien. Die Spannung zwischen Gegenwart und Zukunft verliert an Bedeutung, nun dominiert der Gegensatz von oben und unten. Die räumlich orientierte Theologie des Kol, die hymnischen Traditionen (Gebete: Eph 1, 3–23; 3, 14–19; 6, 18–20, Doxologie: Eph 3, 14–19) und die Erfahrung der Gegenwart des Heils in den Sakramenten führten im Eph zu einer Theologie, in der nicht die Zukunft die Gegenwart, sondern die Gegenwart die Zukunft bestimmt. In der Gegenwart ist bereits vollständig offenbar, was in der Zukunft sein wird. Die Problematik der Parusieverzögerung stellt sich bei diesem Konzept nicht mehr. Die präsentische Eschatologie des Eph hebt aber Zeit und Geschichte nicht generell auf. Der Eph vertritt keine zeitlose Ontologie der Kirche. So werden die Getauften aufgefordert, den sie bedrängenden Mächten ‚am bösen Tag' entgegenzutreten (Eph 6, 13). Das kommende Gericht motiviert die Paränese (Eph 6,8), Götzendiener werden das Reich Gottes nicht ererben (Eph 5, 5), denn der Zorn Gottes kommt über die Ungehorsamen (Eph 5, 6). Auch der kommende Äon steht unter der Herrschaft Christi (Eph 1, 21 b). Der Eph erinnert die Christen an ihre Hoffnung (Eph 1, 18; 4, 4), und er spricht vom Tag der Erlösung (Eph 4, 30), auf den hin sie versiegelt sind. Die Glaubenden sollen die gegenwärtige Zeit auskosten (Eph 5, 16), denn sie ist Endzeit. Wie für Paulus (2 Kor 1, 21, 5, 5; Röm 8, 23) ist auch für den Eph der Geist das Unterpfand für die zukünftige Erlösung (Eph 1, 13 f; 4, 30). Die Kirche als Leib Christi ist einem Wachstums- und Reifungsprozess unterworfen (vgl. Eph 2, 21 f; 3, 19; 4, 13. 16), der den Blick für die Zukunft miteinschließt.

Im Eph artikuliert sich ein nachhaltiges ethisches Interesse[141], aus dem Kol übernimmt der Verfasser größere paränetische Abschnitte (vgl. Kol 3, 5–4, 6). An die ethische Grundlegung in Eph 4, 1–16 schließt sich eine scharfe Kritik des Lebenswandels der Heiden an (vgl. Eph 4, 17–5, 20). Er ist die Folge eines von Gott losgelösten Lebens, die Heiden befinden sich vor Gott in der Situation der Entfremdung (Eph 4, 18). Demgegenüber folgen die Christen der Lehre ihres Herrn (Eph 4, 20 f), in der sie unterwiesen wurden. Diese Lehre Christi stimmt mit der Interpretation des christlichen Glaubens überein, wie sie im Eph erscheint.

141 Vgl. G. Sellin, Die Paränese des Epheserbriefes, in: Gemeinschaft am Evangelium (FS W. Popkes), hg. v. E. Brandt u. a., Leipzig 1996, 281–300.

5.3.10 Tendenzen der neueren Forschung

Weithin anerkannt sind der pseudepigraphische Charakter des Eph und seine literarische Abhängigkeit vom Kol. Im Zentrum der neueren Forschung steht die Frage, in welche Situation hinein der Eph geschrieben wurde. Von einer Situations- und Geschichtslosigkeit des Eph geht A. Lindemann aus. Die Entgeschichtlichung des Denkens im Eph will er vor allem an der Eschatologie festmachen, die, wie die gesamte Theologie des Briefes, gnostisch beeinflusst sei und den Zukunftsaspekt fast völlig eliminiere. „Zeit und Geschichte sind für den Epheserbrief ‚in Christus' – das heißt für diese Theologie: in der Kirche – aufgehoben. Von solcher Gegenwart aus hebt jede Zukunft sich auf."[142] Demgegenüber betonen F. Mußner und H. E. Lona, dass im Eph die Zeit keineswegs aufgehoben sei, vielmehr erscheine hier die Zukunft als ‚Epiphanie der Gegenwart'[143]. In eine ganz konkrete geschichtliche Situation bettet K. M. Fischer den Eph ein. Der Eph wehre sich gegen die Einführung einer episkopalen Gemeindeordnung, „für ihn bleiben nach wie vor die Apostel und Propheten das einzige Fundament der Kirche."[144] Als Beleg für diese These dient Eph 4, 11, wo nicht zwischen gegenwärtigen Ämtern (Evangelisten, Hirten und Lehrer) und Ämtern der Vergangenheit (Apostel und Propheten) unterschieden werde. „Es gibt also exegetisch nur eine Möglichkeit: Für Eph. sind die Apostel und Propheten nach wie vor die entscheidenden kirchlichen Ämter, an denen er nachdrücklich festhält."[145] Neben der Amtsfrage bestimmt den Eph nach der Analyse K. M. Fischers das Verhältnis von Juden- und Heidenchristen. Auf dem Hintergrund eines sich verschärfenden heidenchristlichen Antijudaismus tritt der Eph für das gleichberechtigte Erbe der Judenchristen am Leib Christi ein. „Die These des Eph. ist klar und eindeutig: Israel ist Gottes Volk und hat seine Bundesverheißungen; die Heiden haben nichts. Das ist die Ausgangsposition. Da aber geschieht das unbegreifliche Wunder, dass Christus den Zaun zwischen Heiden und Juden, das Gesetz mit seinen Geboten, niederreißt und so den Heiden den Zugang zu Gott in der einen Kirche eröffnet (2, 11 ff)."[146] Der Eph steht also auch hier im Gegensatz zu den Tendenzen, die sich in der Kirche Kleinasiens durchsetzten. In einer völlig anderen Frontstellung interpretiert F. Mußner den Eph. Er leitet die Haupt – Leib-Ekklesiologie aus der politischen Philosophie der Zeit ab. Geht es in diesen Texten (z. B. in der Fabel des Menenius Agrippa!) um die ungeteilte Herrschaft des Kaisers (= Haupt) über das römische Reich (= Leib), so bietet die Leib-Christologie des Eph einen Gegenentwurf. Der kosmische Herrschaftsan-

142 A. Lindemann, Aufhebung der Zeit, 248.

143 Vgl. F. Mußner, Eph, 28–30; H. E. Lona, Eschatologie (s. o. 5.2.1), 241 ff. Lona spricht von einer ‚ekklesiologischen Eschatologie' im Eph. „Von Gegenwart und Zukunft des Heils wird nur im Zusammenhang mit der Wirklichkeit der Kirche gesprochen." (a. a. O., 442.). Zudem zeigen Eph 1, 13 f; 4, 30, „dass die Betonung der Gegenwart des Heils in keinem Gegensatz zur zukünftigen Vollendung steht" (a. a. O., 427).

144 K. M. Fischer, Tendenz und Absicht, 33.

145 A. a. O., 38.

146 A. a. O., 80.

spruch Jesu Christi steht hier bewusst im Gegensatz zum Kaiserkult. „Es scheint, daß besonders das kleinasiatische Christentum eine Vorliebe für das Heilspräsens besaß, vor allem im Hinblick auf die Christologie, näherhin auf den Christus-Pantokrator, vermutlich auch in bewußter Frontstellung gegen den Kaiserkult, der besonders in Kleinasien blühte."[147] Auch H. E. Lona sieht eine gesellschaftliche Relevanz der Leib-Christi-Vorstellung: „Die universale Dimension der Kirche entspricht der kosmopolitischen Offenheit der Bürger des römischen Reiches."[148] G. Sellin bestimmt das Motiv der Einheit als Zentrum des Eph und betont vor allem den Universalismus: „Der Eph ist das am stärksten universalistisch ausgerichtete Schreiben des Neuen Testaments, sowohl in räumlicher wie in zeitlicher Hinsicht. Christus herrscht als Gottes der Welt zugewandte Seite über das All, seine Mächte und Menschen."[149]

Der religionsgeschichtliche Standort des Eph bleibt umstritten. Während A. Lindemann, K. M. Fischer und P. Pokorný in sehr unterschiedlicher Form weiterhin mit gnostischem Einfluss rechnen, wächst die Zahl derer, die im Alten Testament bzw. im hellenistischen Judentum die Wurzeln der Anschauungen des Eph erblicken (Mußner, Schnackenburg, Gnilka, Luz, Sellin).

In den Mittelpunkt des Interesses rückte in den letzten Jahzehnten das Paulusbild des Eph. H. Merklein betont die normative Funktion des Paulus für das Traditionsverständnis des Briefes. Die Apostel und Propheten bilden das Fundament und die Norm des Christlichen, das nun nicht mehr von trügerischen Spielen der Menschen abhängig ist (Eph 4, 14). Weil der Apostel der Bote des Geheimnisses des Evangeliums ist (Eph 6, 20), kann dieses Mysterium sachgemäß auch nur von ihm verkündigt werden. Der Rückgriff auf Paulus und der damit verbundene pseudepigraphische Charakter des Eph ergibt sich somit notwendigerweise aus dem im Brief vermittelten Paulusbild. M. Gese zeichnet den durch den Tod des Apostels notwendig gewordenen Umformierungsprozess paulinischer Theologie nach und bestimmt dessen Intention. „Unter den nachpaulinischen Briefen bietet der Epheserbrief als einziger eine umfassende und komprimierte Darstellung der paulinischen Theologie, für die zugleich der Anspruch zeitloser Gültigkeit und Verbindlichkeit erhoben wird. Gerade das berechtigt, den Epheserbrief als das theologische Vermächtnis der Paulusschule anzusprechen."[150]

147 F. Mußner, Art. Epheserbrief, 747.

148 H. E. Lona, Eschatologie (s. o. 5.2.1), 444.

149 G. Sellin, Eph, 61.

150 M. Gese, Das Vermächtnis des Apostels, 275.

5.4 Der zweite Thessalonicherbrief

5.4.1 Literatur

Kommentare

KEK 10: E.v.Dobschütz, 1909 (= 1974). – HNT 11: M.Dibelius, ³1937. – EKK 14: W.Trilling, 1980. – NTD 8/2: E.Reinmuth, 1998. – ZBK 11.2: W.Marxsen, 1982. – AncB 32B: A.J.Malherbe, 2000. – WBC 45: F.F.Bruce, 1982. – NCeB: I.H.Marshall, London 1983. – NIGTC: C.A.Wanamaker, 1990. – PKNT 3: Chr.M.Kreinecker, 2010.

Monographien

W.Wrede, Die Echtheit des zweiten Thessalonicherbriefes, Leipzig 1903. – W.Trilling, Untersuchungen zum zweiten Thessalonicherbrief, EThSt 27, Leipzig 1972. – R.Jewett, The Thessalonian Correspondence (s.o. 2.4.1). – G.S.Holland, The Tradition that you have received from us: 2Thessalonians in the Pauline Tradition, HUTh 24, Tübingen 1988. – F.W.Hughes, Early Christian Rhetoric and 2Thessalonians, JSNT.S 30, Sheffield 1989. – K.P.Donfried, The theology of 2 Thessalonians, in: The theology of the shorter Pauline letters (s.o. 2.4.1), 81–113. – P.Metzger, Katechon. II Thess 2,1–12 im Horizont apokalyptischen Denkens, BZNW 135, Berlin 2005. – F.W.Röcker, Belial und Katechon, WUNT 2.262, Tübingen 2009.

Aufsätze

H.Braun, Zur nachpaulinischen Herkunft des zweiten Thessalonicherbriefes, in: ders., Gesammelte Studien zum NT und seiner Umwelt, Tübingen 1962, 205–209. – A.Lindemann, Zum Abfassungszweck des zweiten Thessalonicherbriefes, ZNW 68 (1977), 35–47. – R.F.Collins (Hg.), The Thessalonian Correspondence, BETL 87, Leuven 1990, 373–515 (wichtige Aufsätze zum 2Thess!). – W.Trilling, Literarische Paulusimitation im 2.Thessalonicherbrief, in: K.Kertelge (Hg.), Paulus in den ntl. Spätschriften (s.o. 5), 146–156. – J.A.Bailey, Who wrote II Thessalonians?, NTS 25 (1978/79), 131–145. – E.E.Popkes, Die Bedeutung des zweiten Thessalonicherbriefes für das Verständnis paulinischer und deuteropaulinischer Eschatologie, BZ 48 (2004), 39–64. – H.Roose, Die Thessalonicherbriefe im Kontext urchristlicher Überlieferungsprozesse. Methodische Reflexionen, in: Beiträge zur urchristlichen Theologiegeschichte (FS U.B.Müller), hg. v. W.Kraus, BZNW 163, Berlin 2009, 343–364.

Forschungsbericht

W.Trilling, Die beiden Briefe des Apostels Paulus an die Thessalonicher, ANRW 25.4, Berlin 1987, 3365–3403.

5.4.2 Verfasser

Die paulinische Verfasserschaft des 2Thessalonicherbriefes wurde seit Beginn des 19. Jhs. bestritten[151]. F.Chr. Baur nahm die vorgebrachten Einwände (literarische Ab-

151 Zur Forschungsgeschichte vgl. W.Trilling, Untersuchungen, 11–45.

hängigkeit vom 1Thess, unpaulinische Gedanken und Wendungen, gravierende Unterschiede in der Eschatologie) auf und erklärte gleich beide Thessalonicherbriefe aufgrund ihres Mangels an selbständigem Inhalt für unecht[152]. Auf eine neue Basis wurde die Diskussion durch W. Wrede gestellt, der in seiner 1903 erschienenen Studie zur Echtheit des 2Thess das literarische Verhältnis beider Briefe zum Schlüssel für die Verfasserfrage machte. Wrede führte in einer minutiösen Einzeluntersuchung den bis heute gültigen Nachweis, dass der Verfasser des 2Thess den ersten Brief als literarische Vorlage benutzte. Die literarische Abhängigkeit des 2Thess vom 1Thess ist nach wie vor ein Hauptargument für den *pseudepigraphischen* Charakter des 2Thess (s.u. 5.4.7).

Ein fundamentaler Unterschied besteht zwischen den eschatologischen Belehrungen in 1Thess 4,13–18; 5,1–11 und 2Thess 2,1–12; 1,5–10[153]. Die Eschatologie des 1Thess ist geprägt durch die unmittelbare Parusienaherwartung, die bis zum Phil die sachliche Mitte aller eschatologischen Aussagen bildet (vgl. Phil 4,5b). In 2Thess 2,2 wendet sich der Verfasser gegen die Parole *ἐνέστηκεν ἡ ἡμέρα τοῦ κυρίου* und entwirft dann einen Fahrplan der Endereignisse, der mit der Schilderung im 1Thess nicht vereinbar ist. In 1Thess 4,13–18 stehen das Kommen des Kyrios und die Entrückung aller Christen im Mittelpunkt. Als Ziel des eschatologischen Geschehens erscheint das *σὺν κυρίῳ εἶναι* (1Thess 4,17). Einen völlig anderen Ablauf bietet 2Thess 2,1–12. Vor der Parusie Christi muss zunächst der *ἄνθρωπος τῆς ἀνομίας* (2Thess 2,3) auftreten, der sich als Gegenspieler Gottes an dessen Stelle setzt (2Thess 2,4). Die vollständige Epiphanie dieses Gegenspielers steht zwar noch aus (2Thess 2,6f), dennoch wirkt er bereits in der Gegenwart und verführt die Ungläubigen. Noch wird der Widersacher aufgehalten (s.u. 5.4.8), aber bei der Parusie vernichtet ihn Christus, und das Gericht ergeht über die im Unglauben Verharrenden. Sowohl die Verzögerungsproblematik (2Thess 2,6.7) als auch das Auftreten eines eschatologischen Gegenspielers unterscheiden 2Thess 2,1–12 grundlegend von 1Thess 4,13–18; 5,1–11. Während 1Thess 5,1 Berechnungen im Hinblick auf die Parusie ausdrücklich ablehnt, findet sich in 2Thess 2,1–12 ein eschatologischer Fahrplan, der Beobachtungen und Berechnungen nicht nur zulässt, sondern fordert (vgl. V. 5!). Steht bei Paulus immer das Erscheinen des Auferstandenen im Mittelpunkt (vgl. 1Thess 4,16; 1Kor 15,23), so ist das Parusiegeschehen in 2Thess 2,8 auf die Vernichtung des Antichristen zugespitzt. Kennzeichnet die paulinische Eschatologie die Spannung zwischen ‚schon jetzt' und ‚noch nicht', so ist für den 2Thess die Argumentationsstruktur ‚jetzt noch nicht' – ‚aber in der Zukunft' charakteristisch.

Obwohl der Autor des zweiten Briefes den 1Thess benutzte, weisen Sprache und Stil Eigentümlichkeiten auf[154]. Aufschlussreich sind 17 Wendungen, die nur im

152 Vgl. F.Chr. Baur, Paulus, der Apostel Jesu Christi II (s.o. 5.2.2.), 94. 341ff.

153 Vgl. dazu P. Müller, Anfänge der Paulusschule (s.o. 5), 20–67.

154 Vgl. W. Trilling, Untersuchungen, 46–66; Chr. M. Kreinecker, 2. Thessaloniker, 38–99 (umfassender sprachlicher Nachweis, dass Paulus nicht der Verfasser des 2Thess sein kann).

2Thess, nicht aber sonst im Neuen Testament erscheinen[155]. Im Gegensatz zu den Protopaulinen fehlen im 2Thess antithetische Formulierungen, diatribenartige Passagen und wirkliche Fragen (Ausnahme: 2Thess 2, 5). Gegenüber der lebhaften, z.T. abrupten Argumentation der Paulusbriefe erscheint der 2Thess wie ein thematisch eng begrenztes Lehrschreiben. Die Ausdrucksweise des 2Thess wird durch 42 Wörter und Wendungen geprägt, die zweimal oder noch häufiger gebraucht werden[156]. Zusammenfassend lässt sich feststellen: „Wortgebrauch, stilistische Eigenart und Gedankenführung müssen zusammen gesehen werden. Typische Gedanken, Wörter und Wendungen weisen auf eine in Lehre und christlichen Lebensformen entwickeltere Situation als die von I und die aller unbezweifelt echten Paulusbriefe hin."[157] Für deuteropaulinisch halten den 2Thess u.a.: A. Jülicher – E. Fascher, H. Braun, W. Trilling, E. Lohse, W. Marxsen, Ph. Vielhauer, H. Köster, A. Lindemann, G. S. Holland, F. W. Hughes, P. Müller und E. Reinmuth[158]. Als paulinisch sehen den 2Thess an: E. v. Dobschütz, M. Dibelius, B. Rigaux, W. G. Kümmel, F. F. Bruce, P. Stuhlmacher, K. W. Niebuhr und A. J. Malherbe[159]. Auch W. Schmithals hält den 2Thess für echt, verbindet diese Annahme aber mit religionsgeschichtlichen (s. u. 5.4.8) und literarkritischen (s. o. 2.4.6) Hypothesen zu beiden Thessalonicherbriefen. R. Jewett votiert für die Authentizität des 2Thess, notiert aber zugleich, der Brief „must be placed in a category of ‚probably Pauline'."[160] Ob der unbekannte Verfasser des 2Thess im engeren Sinn der Paulusschule angehörte, muss offen bleiben[161], denn bei ihm findet sich an keiner Stelle eine kreative Aufnahme oder Weiterentwicklung paulinischer Theologie.

155 Vgl. W. Trilling, Untersuchungen, 49.

156 Vgl. a. a. O., 62.

157 A. a. O., 66.

158 Vgl. A. Jülicher – E. Fascher, Einleitung, 67; H. Braun, Zur nachpaulinischen Herkunft des zweiten Thessalonicherbriefes, 205–209; W. Trilling, 2Thess, 27 f; E. Lohse, Entstehung, 53 f; W. Marxsen, 2Thess, 9 ff; Ph. Vielhauer, Urchristliche Literatur, 99; H. Köster, Einführung, 679; A. Lindemann, Paulus im ältesten Christentum (s. o. 5), 130 ff; G. S. Holland, 2Thessalonians in the Pauline Tradition, 129; F. W. Hughes, Early Christian Rhetoric, 95; P. Müller, Anfänge der Paulusschule (s. o. 5), 5–13. E. Reinmuth, 2Thess, 159–161.

159 Vgl. E. v. Dobschütz, Thessalonicherbriefe, 32–47; M. Dibelius, 2Thess, 40 f; B. Rigaux, Les Épîtres aux Thessaloniciens, EtB, Paris – Gembloux 1956, 112–152; W. G. Kümmel, Einleitung, 231 f (vgl. aber 5.5.2 A 16!); F. F. Bruce, 1.2Thessalonians, XXXIIf.141 f: Verfasser sind Paulus, Silvanus und Timotheus, wobei der Inhalt als Ganzes von Paulus gutgeheißen wird; P. Stuhlmacher, Biblische Theologie des Neuen Testaments II, Göttingen 1999, 59; K. W. Niebuhr, Die Thessalonicherbriefe, in: ders. (Hg.), Grundinformation Neues Testament, 275; A. J. Malherbe, 2Thess, 375 („Paul's second letter to the Thessalonians was written from Corinth, probably early in A. D. 51, a very few months after his first letter").

160 R. Jewett, Thessalonian Correspondence, 17.

161 W. Trilling, 2Thess, 27, meint, der Verfasser habe der paulinischen Schule nicht angehört.

5.4.3 Ort und Zeit der Abfassung

Die äußere Bezeugung des 2Thess (Markion, Polykarp, Phil 11,3f[?][162]) ermöglicht keine exakte Datierung. Von den inneren Kriterien weist die Problematik der Parusieverzögerung auf das *Ende des 1. Jhs. n.Chr.* hin, eine vergleichbare Thematik findet sich in 2Petr 3,1–13[163]. Eine Frühdatierung des 2Thess unter der Voraussetzung seines pseudepigraphischen Charakters vertritt O.Merk[164]. Danach wurde der Brief als Aktualisierung des 1Thess noch zu Lebzeiten des Apostels Paulus oder sehr bald nach seinem Tod geschrieben.

Die Vertreter der Echtheit des 2Thess datieren den Brief zumeist in unmittelbarer Nähe zum 1Thess. So vermutet W.G.Kümmel, Paulus habe den 2Thess „wenige Wochen nach 1Thess geschrieben, als 1 noch in frischer Erinnerung bei ihm war."[165] Als Abfassungsjahr ergibt sich dann 50/51 n.Chr., als Abfassungsort Korinth[166]. Allerdings ist unter dieser Voraussetzung kaum zu erklären, warum Paulus in der Schilderung der Endereignisse in 2Thess so stark von 1Thess 4,13–18 abweicht und auf die Problematik der vor der Parusie Verstorbenen nicht eingeht. Die Bestreiter der Echtheit des 2Thess können naturgemäß den Abfassungsort nicht präzis benennen, zumeist werden Kleinasien oder Makedonien als Abfassungsorte genannt.

5.4.4 Empfänger

Nicht gemeindespezifische Probleme, sondern über den Bereich der Einzelgemeinde hinaus drängende Fragen werden im 2Thess angesprochen[167]. Die Erwähnung von Verfolgungen in 2Thess 1,4f sagt über die Gemeindesituation wenig aus, da Urheber und Umfang im Dunkeln bleiben und möglicherweise sogar an die Erwähnung von Drangsal und Verfolgung in 1Thess 1,6f; 2,14–16; 3,3ff literarisch angeknüpft wird. Das zentrale Problem der angeschriebenen Gemeinden und der Anlass des Briefes erscheint in 2Thess 2,2: Eine prophetische Ankündigung der Gegenwart des Parusietages löste in den Gemeinden offenbar Verwirrung und Unsicherheit aus. Die Vertreter dieser präsentischen Eschatologie beriefen sich auf vom Geist gewirkte Einsichten, auf ein Wort des Apostels und auf einen (angeblichen oder wirklichen) Paulusbrief (vgl. 2Thess 2,2.15). Die Behauptung des ‚schon jetzt' der Endereignisse und die

162 Nach A.Lindemann, Abfassungszweck, 42; W.Trilling, 2Thess, 27f, findet sich wahrscheinlich kein Zitat aus dem 2Thess bei Polykarp.

163 In die Zeit des ausgehenden 1. Jhs. datieren den 2Thess z.B. W.Trilling, 2Thess, 28; W.Marxsen, Einleitung, 55; J.A.Bailey, Who wrote II Thessalonians?, 143; A.Lindemann, Paulus im ältesten Christentum (s.o. 5), 133.

164 Vgl. E.Würthwein – O.Merk, Verantwortung, Stuttgart 1982, 153.

165 W.G.Kümmel, Einleitung, 231f; ähnlich F.F.Bruce, 1.2Thessalonians, XXXV.

166 Für Korinth votiert auch F.F.Bruce, a.a.O., XXXV.

167 Vgl. W.Trilling, 2Thess, 27.

Wirklichkeit der christlichen Gemeinde in einer sich dehnenden Zeit lassen sich aber nicht widerspruchslos vereinen, ohne die Gegenwart in eschatologischer Schwärmerei zu überspringen. Für den Briefschreiber dauert der alte Äon noch an. Der Tag der Wiederkunft des Herrn ist noch nicht da, er kann noch gar nicht angebrochen sein, denn noch herrscht im alten Äon der Widersacher Gottes. Die Verzögerungsproblematik soll durch einen eschatologischen Entwurf entschärft werden, der den Charakter der Gegenwart als noch andauernder Wirkzeit des Antichristen und die Zukunft als Zeitpunkt des endgültigen Offenbarwerdens der Herrschaft Christi bestimmt.

In 2 Thess 3, 6–12 erwähnt der Verfasser Gemeindeglieder, die unordentlich wandeln, nicht arbeiten und unnütze Dinge tun. Die Allgemeinheit der Aussage und die Parallelen in 1 Thess 5, 13. 14/2 Thess 3, 6. 10 lassen vermuten, dass hier nicht (durch die Parole 2 Thess 2, 2 ausgelöste) Missstände im Hintergrund stehen.

5.4.5 **Gliederung, Aufbau, Form**

1, 1–2	Präskript	Briefanfang
1, 3–12	Danksagung	
2, 1–12	Die Parusie nach dem Erscheinen des Antichristen	Briefkorpus
2, 13–3, 5	Dank für die Erwählung der Gemeinde, Mahnung und Fürbitte	
3, 6–15	Spezielle Anweisungen	
3, 16	Friedensgruß	Briefschluss
3, 17. 18	Eschatokoll	

Der 2 Thess zeigt einen einfachen Aufbau: Auf den Briefanfang folgen im Hauptteil drei Themenkomplexe, von denen allein 2 Thess 2, 1–12 keine Parallele im 1 Thess hat[168]. Ein an Paulus angelehnter Briefschluss beendet das Schreiben. Auffällig ist der an 1 Thess 2, 13 orientierte Neueinsatz mit *εὐχαριστεῖν* in 2 Thess 2, 13[169].

Seiner Ausrichtung entsprechend kann der 2 Thess als allgemeines Mahn- und Lehrschreiben bezeichnet werden.

168 Vgl. dazu M. J. J. Menken, The Structure of 2 Thessalonians, in: R. F. Collins (Hg.), The Thessalonian Correspondence, 373–382. Menken gliedert den 2 Thess in 3 etwa gleich große Teile (abgesehen von Briefanfang und Briefschluss): 1, 3–12; 2, 1–17; 3, 1–16. Für ihn signalisiert *τὸ λοιπόν* in 2 Thess 3, 1 den Beginn der abschließenden Paränese.

169 Vgl. hierzu F. Schnider – W. Stenger (s. o. 2.3.2), 46 f.

5.4.6 Literarische Integrität

Die literarische Einheit des 2Thess ist weithin unbestritten[170].

5.4.7 Traditionen, Quellen

Der 1Thess diente dem 2Thess als *Vorlage*. Dies ergibt sich sowohl aus den Parallelen im Aufbau beider Briefe als auch aus den vielfachen Wortlautübereinstimmungen[171].

a) Übereinstimmungen im Aufbau

	Präskript	
1Thess 1, 1		2Thess 1, 1–2
	Erste Danksagung	
1Thess 1, 2f		2Thess 1, 3
1Thess 1, 6f		2Thess 1, 4
1Thess 1. 2. 3. 4 (Teile!)		2Thess 1, 11
	Zweite Danksagung	
1Thess 2, 13		2Thess 2, 13
	Überleitung zur Paränese	
1Thess 3, 11. 13		2Thess 2, 16. 17
	Bitte und Mahnung	
1Thess 4, 1		2Thess 3, 1
1Thess 4, 1		2Thess 3, 6
1Thess 4, 10–12		2Thess 3, 10–12
	Die Unordentlichen in der Gemeinde	
1Thess 5, 14		2Thess 3, 6. 7. 11
	Briefschluss	
1Thess 5, 23		2Thess 3, 16
1Thess 5, 28		2Thess 3, 18

170 Zu den Thesen von W. Schmithals s. o. 2.4.6.

171 Vgl. die Übersichten bei W. Wrede, Echtheit, 3–36; W. Marxsen, 2Thess, 15–41; R. Reuter, Synopse zu den Briefen des Neuen Testaments I (s. o. 5.2.2), 652–739.

Der Vergleich zeigt auffallende Übereinstimmungen. Von großer Bedeutung sind insbesondere die Parallelen am Briefanfang und Briefende, die jeweils zweite Danksagung und der Gebetswunsch als Überleitung zur Paränese. Als Zufälligkeiten lassen sich die Parallelen nicht erklären, sie weisen auf eine literarische Abhängigkeit hin.

b) Übereinstimmungen im Wortlaut

Exemplarisch sollen drei zentrale Textkomplexe die Abhängigkeitsverhältnisse demonstrieren:

Briefanfang

1 Thess 1, 1	2 Thess 1, 1.2
Παῦλος καὶ Σιλουανὸς καὶ *Τιμόθεος τῇ ἐκκλησίᾳ Θεσσα-* *λονικέων ἐν θεῷ πατρὶ καὶ* *κυρίῳ Ἰησοῦ Χριστῷ, χάρις* *ὑμῖν καὶ εἰρήνη.*	*Παῦλος καὶ Σιλουανὸς καὶ* *Τιμόθεος τῇ ἐκκλησίᾳ Θεσσα-* *λονικέων ἐν θεῷ πατρὶ ... καὶ* *κυρίῳ Ἰησοῦ Χριστῷ, χάρις* *ὑμῖν καὶ εἰρήνη ...*

Übergang zur Paränese

1 Thess 3, 11	2 Thess 2, 16
Αὐτὸς *δὲ ὁ θεὸς καὶ πατὴρ ἡμῶν* *καὶ ὁ κύριος ἡμῶν Ἰησοῦς ...*	*Αὐτὸς δὲ ὁ κύριος ἡμῶν* *Ἰησοῦς Χριστὸς* *καὶ ὁ θεὸς ὁ πατὴρ ἡμῶν, ...*

Briefschluss

1 Thess 5, 23	2 Thess 3, 16
Αὐτὸς δὲ ὁ θεὸς τῆς *εἰρήνης*	*Αὐτὸς δὲ ὁ κύριος τῆς* *εἰρήνης*
1 Thess 5, 28	2 Thess 3, 18
ἡ χάρις τοῦ κυρίου ἡμῶν *Ἰησοῦ Χριστοῦ μεθ' ὑμῶν*	*ἡ χάρις τοῦ κυρίου ἡμῶν* *Ἰησοῦ Χριστοῦ μετὰ πάντων* *ὑμῶν*

Der Verfasser des 2 Thess verwendet den 1 Thess in zweifacher Weise als literarische Vorlage: Im Makrobereich strukturiert er sein Schreiben nach dem Vorbild des ersten Briefes. Neben diese fast durchgängige Abhängigkeit tritt die selektive Aufnahme einzelner Motive. So formuliert der Briefschreiber in 2 Thess 1, 5–10 abweichend vom 1 Thess einen Abschnitt über das Gericht bei der Parusie, um dann in 1, 11 wieder Motive aus 1 Thess 1, 2–4 aufzunehmen. Auch 2 Thess 2, 1–12 hat im ersten Brief keine Entsprechung, in 2 Thess 2, 13 lehnt sich der Verfasser dann aber wieder durch Aufnahme von 1 Thess 2, 13 an seine Vorlage an. Allein die These der literarischen

Abhängigkeit des 2Thess vom 1Thess kann diese Übereinstimmungen ausreichend erklären.

5.4.8 **Religionsgeschichtliche Stellung**

Umstritten ist in der Forschung die religionsgeschichtliche Einordnung der vom 2Thess bekämpften eschatologischen Anschauung: *ἐνέστηκεν ἡ ἡμέρα τοῦ κυρίου* (2Thess 2,2). W. Schmithals leitet diese Parole aus gnostischen Kreisen ab, es handele sich um eine Spiritualisierung bzw. Umdeutung kirchlicher Eschatologie[172]. Durch den Empfang der Gnosis sei die Auferstehung schon geschehen, der zukünftige Tag des Herrn ereignete sich bereits. Die von Schmithals angeführten gnostischen Texte (z. B. Iren, Haer I 25,5; III 31,2; EvThom Log 51) sprechen zwar von einer bereits erfolgten Auferstehung der Christen, sie sind aber durchweg jünger als der 2Thess. 2Thess 2,1–12 enthält zudem keinen Hinweis auf eine gnostische Irrlehre[173], sondern verweist eher auf ein enthusiastisches Prophetentum (vgl. Mk 13,22,; Mt 7,15; 24,23f). So zeigen die Sprach- und Bildwelt von 2Thess 2,2.3 eine deutlich apokalyptische Prägung (vgl. *ἀποκαλύπτειν* in V. 3 in bewusster Antithetik zum Erscheinen Christi in 1,7; zu *σαλεύω* vgl. Jes 13,10; Ez 32,7f; Joel 2,10; 4,15f; äthHen 102,2; Mk 13,25par, zu *θροεῖσθαι* vgl. die syn. Apokalypse Mk 13,7/Mt 24,6, zu *ἀποστασία* vgl. äthHen 93,9; Jub 23,16ff). Wahrscheinlich beriefen sich die urchristlichen Propheten bei ihrer Ansage der Präsenz des Parusietages auf Eingaben des Geistes und auf einen Paulusbrief (2Thess 2,2), womit nur der 1Thess gemeint sein kann[174]. Paulus rechnet in 1Thess 4,15.17 damit, bei der unmittelbar bevorstehenden Parusie des Herrn noch zu leben. An diese Aussage knüpften die urchristlichen Propheten möglicherweise an, für sie war der von Paulus als unmittelbar bevorstehend geglaubte Tag des Herrn nach dem Tod des Apostels bereits da. Die Propheten begriffen ihre eschatologische Konzeption als eine konsequente Fortschreibung paulinischer Gedanken, zugleich hoben sie aber die für Paulus grundlegende Spannung zwischen dem ‚schon jetzt' und ‚noch nicht' auf. Deshalb bekämpft der Verfasser des 2Thess diese Lehre durchaus im Sinn des Apostels, auch wenn er dabei unpaulinische Vorstellungen aufgreift.

In 2Thess 2,6.7 spricht der Briefschreiber von einer Macht, die das Offenbarwerden des Antichristen zurückhält. Dem Katechon kommt die Funktion zu, das Erscheinen des Wider-Gottes bis zu einem bestimmten Zeitpunkt aufzuhalten. Der

172 Vgl. W. Schmithals, Die historische Situation der Thessalonicherbriefe (s. o. 2.4.6), 146ff.

173 Zur Auseinandersetzung mit den Thesen von W. Schmithals vgl. W. Trilling, Untersuchungen, 125ff.

174 Vgl. W. Trilling, 2Thess, 76f; W. Marxsen, 2Thess, 80.

2Thess greift hier auf eine Tradition zurück, deren Ausgangspunkt wahrscheinlich Hab 2, 3 bildet[175]: „Denn erst zu der bestimmten Zeit tritt ein, was du siehst; aber es drängt zum Ende und ist keine Täuschung; wenn es sich verzögert, so warte darauf; denn es kommt, es kommt und bleibt nicht aus." Mit dem apokalyptischen Motiv des Katechon betont der Briefschreiber, dass Gott das angesagte Ende herbeiführen werde, auch wenn es sich verzögert. Die endzeitlichen Ereignisse unterstehen dem Willen Gottes und vollziehen sich nach seinem Plan. Die aufhaltende Macht muss weder personal noch weltgeschichtlich (Römisches Reich) gedeutet werden[176], sondern letztlich ist es Gott selbst, der das Auftreten des Antichristen bis zu dem festgesetzten Zeitpunkt verhindert. Zwar ist eine direkte Gleichsetzung des *κατέχων* mit Gott nicht möglich (vgl. 2Thess 2, 7b), sie erscheint aber als logische Konsequenz der Argumentation. Die Parusieverzögerung entspricht dem Willen Gottes, sie selbst ist die aufhaltende Macht[177].

5.4.9 **Theologische Grundgedanken**

In der eschatologischen Lehrrede 2Thess 2, 1–12 kommt das zentrale Anliegen des Briefes zur Sprache. Einer sich auf 1Thess 4, 13–5, 11 berufenden schwärmerischen präsentischen Eschatologie stellt der Briefschreiber seine Schilderung der Endereignisse entgegen. Unter Aufnahme prophetisch-apokalyptischer Motive (vgl. Dan 11, 36ff; Jes 11, 4) werden der kommende Abfall, das Auftreten des Menschen der Bosheit und seine Wirksamkeit als Etappen des Endgeschehens benannt. Sie gehen der Parusie Christi voran, so dass die Gemeinde nun selbst prüfen und beurteilen kann, ob der konkurrierende eschatologische Entwurf der Wirklichkeit entspricht. Das Offenbarwerden des endzeitlichen Gegenspielers steht noch aus, somit kann die Parusie Christi weder eingetreten sein noch unmittelbar bevorstehen. Zugleich weiß aber die Gemeinde, dass der Böse schon in der Gegenwart wirkt und allein Gott das offenkundige Hervortreten des Bösen noch zurückhält. Die Wirksamkeit des Bösen qualifiziert zugleich die Gegenwart als Entscheidungszeit für die Zukunft. Deshalb ist mit der Parusie Christi das Gericht verbunden (vgl. 2Thess 2, 10b–12; 1, 3–12). Während die Ungläubigen gerichtet werden, darf sich die Gemeinde in ihrer gegenwärtigen Not mit dem zukünftigen Heil trösten (2Thess 1, 10–12).

Die Paränese im 2Thess orientiert sich formal am ersten Brief und ist inhaltlich durch den umfassenden Rückbezug auf den Apostel Paulus geprägt. Als ethische

175 Vgl. hier A. Strobel, Untersuchungen zum eschatologischen Verzögerungsproblem, NT.S 2, Leiden 1961, 98–116.

176 Vgl. zu den Einzelfragen und zur Auslegungsgeschichte W. Trilling, 2Thess, 94–105; P. Metzger, Katechon, 15ff.

177 Vgl. W. Trilling, 2Thess, 92; anders P. Metzger, Katechon, 283–295, der das Katechon wieder auf Rom bezieht. Eine weitere Interpretationsmöglichkeit bietet F. W. Röcker, Belial und Katechon, 473: „Der hier vorgelegte Vorschlag geht davon aus, dass mit dem maskulinen Partizip *ὁ κατέχων* Gott *und* der Verkündiger des Evangeliums gemeint sind."

Norm dient die vom Apostel der Gemeinde vermittelte Lehre (vgl. 2Thess 2,15; 3,6.14). Zudem erscheint Paulus als Vorbild, dem die Gemeinde nachfolgen soll (2Thess 3,7–9). Der Apostel ermahnt die Gemeinde (*παραγγέλλειν* in 2Thess 3,4.6.10.12), der Erwählung Gottes entsprechend in Heiligung zu leben (2Thess 2,13). Sie soll sich weitgehend von den Unordentlichen trennen, um sie so zur Einsicht und Umkehr zu bewegen (vgl. 2Thess 3,6–12).

Auf der Person des Apostels Paulus basiert die gesamte Argumentation des 2Thess. Die Berufung der Gemeinde ist mit dem paulinischen Evangelium unaufgebbar verbunden (2Thess 2,14). Die Gemeinde widersteht den Irrlehrern, indem sie an der Lehre des Apostels festhält (2Thess 2,5.6; vgl. 1,10b) und – wie er – den bösen Menschen keinen Raum gibt (vgl. 2Thess 3,6). Neben dem autoritativen Wort soll auch die Lebensführung des Apostels (vgl. 2Thess 3,8) der Gemeinde helfen, sich in den Wirrungen der Gegenwart zu orientieren und an der apostolischen Verkündigung festzuhalten.

Die Orientierung an Paulus kann allerdings nicht darüber hinwegtäuschen, dass der 2Thess im Gegensatz zum Kol und Eph die paulinische Theologie nicht produktiv in einer veränderten Situation weiterentwickelt[178]. Jeder Anklang an die Rechtfertigungslehre fehlt, und es herrscht eine formelhafte (vgl. 2Thess 1,3.4.11; 3,2) bis neutrale Verwendung des *πίστις*-Begriffes vor (vgl. 2Thess 2,11f). Offenkundig verfolgt der Brief nur das Ziel, eine Fehlinterpretation der Eschatologie des 1Thess zu korrigieren.

5.4.10 **Tendenzen der neueren Forschung**

Über den pseudepigraphischen Charakter des 2Thess herrscht in der neueren Exegese ein weitgehender Konsens. Umstritten bleibt unter dieser Voraussetzung die Datierung, denn sowohl für eine Abfassung noch zu Lebzeiten oder unmittelbar nach dem Tod des Paulus (O.Merk) als auch für einen Abstand von mehreren Jahrzehnten zum 1Thess lassen sich Argumente anführen. In das Zentrum der Forschung rückte die Frage nach der eigentlichen Intention des 2Thess. Wollte er nur eine falsche Auslegung von 1Thess 4,13–5,11 zurückdrängen oder aber den ersten Brief verdrängen? Im Anschluss an A.Hilgenfeld[179] und H.J.Holtzmann[180] behauptet A.Lindemann, der 2Thess sei als Widerlegung bzw. Rücknahme des 1Thess konzipiert. Insbesondere die Wendung *ὡς δι' ἡμῶν* in 2Thess 2,2 und das Echtheitszeichen in 2Thess 3,17 weisen nach Lindemann darauf hin, dass der 2Thess den ersten Brief

178 Vgl. A.Lindemann, Paulus im ältesten Christentum (s.o. 5), 132f.
179 Vgl. A.Hilgenfeld, Die beiden Briefe an die Thessalonicher, ZWTh 5 (1862), 225–264.
180 Vgl. H.J.Holtzmann, Zum zweiten Thessalonicherbrief, ZNW 2 (1901), 97–108.

als eine Fälschung ausgeben will. „,Paulus' erklärt in ,seinem' Thess (nicht im ,zweiten' Thess), eine bestimmte ihm zugeschobene eschatologische Lehre sei von ihm mitnichten vertreten worden; vielmehr stützten sich diejenigen, die die Gemeinde ,durch Geist und Wort' verwirren, auf einen gefälschten Brief. Die richtige eschatologische παράδοσις lege er nun in diesem Brief ,an die Thessalonicher' nieder."[181] Nach dieser auch von W. Marxsen[182] und F. Laub[183] übernommenen These müsste der 2 Thess als eine Gegenfälschung verstanden werden. Mit den Mitteln der Pseudepigraphie hätte der Verfasser versucht, den angeblich ,ersten' Thess durch sein Schreiben zu verdrängen.

Allerdings stehen dieser These gewichtige Argumente gegenüber: Sollte es möglich gewesen sein, den 1 Thess ca. 40 Jahre nach seiner Abfassung als Fälschung zu bezeichnen? Die starke Anlehnung an den 1 Thess lässt darauf schließen, dass der Verfasser des 2 Thess von der Echtheit des ihm vorliegenden ersten Briefes überzeugt war. Er hätte dann wider besseren Wissens den 1 Thess als Fälschung ausgegeben. Ein Vorgehen, das einem ntl. Autor nicht unterstellt werden sollte! Die im gesamten 2 Thess in Anspruch genommene Autorität des Apostels dient nicht dazu, Paulus durch ,Paulus' zu korrigieren, sondern eine falsche Interpretation der eschatologischen Aussagen des 1 Thess abzuwehren[184]. Auch der Apostel selbst hätte die eschatologische Parole der Gegner nicht geteilt, so dass der 2 Thess unter seinen Bedingungen Paulus zu Recht in Anspruch nimmt, ohne aber genuin paulinische Eschatologie wiederzugeben.

5.5 Die Pastoralbriefe

Die Bezeichnung ,Pastoralbriefe' für den 1 Tim, 2 Tim und Tit wurde wahrscheinlich im 18. Jh. von dem Hallenser Exegeten P. Anton geprägt[185], der damit die Intention

181 A. Lindemann, Abfassungszweck, 39.

182 Vgl. W. Marxsen, 2 Thess, 33 ff.

183 Vgl. F. Laub, Paulinische Autorität in nachpaulinischer Zeit, in: R. F. Collins (Hg.), The Thessalonian Correspondence, 403–417.

184 Vgl. E. Reinmuth, 2 Thess, 162 f, der 2 Thess 2, 2b mit „noch durch einen Brief, wie der von uns geschrieben wurde" übersetzt und konstatiert: „Der Autor hätte mit dem Versuch, die eigene Fälschung an die Stelle des bekannten 1. Thess zu setzen, kaum erfolgreich sein können"; E. E. Popkes, Die Bedeutung des zweiten Thessalonicherbriefes, 45ff, meint, der 2Thess greife die (stark) präsentische Eschatologie des Kol und Eph an und dokumentiere mit seinem Festhalten an der futurischen Eschatologie das Auseinanderfallen der Paulusschule. Gegen diese These spricht allerdings der gesamte traditionsgeschichtliche Hintergrund von 2Thess 2,1–12. Hanna Roose, Thessalonicherbriefe, 363, fragt, welche Lektüreanweisung der pseudepigraphische 2Thess für den 1Thess erteilt: „Eine wesentliche rhetorische Strategie des pseudonymen Verfassers in der Auseinandersetzung mit seinen ,Gegnern' besteht also darin, Fragen der eschatologischen Zeit zu entkräften und zu überlagern durch Fragen der Gerechtigkeit. Dadurch verschieben sich auch die Bedeutungsspielräume der eschatologischen Passagen des 1. Thessalonicherbriefes."

185 Vgl. P. Anton, Exegetische Abhandlung der Paulinischen Pastoral-Briefe, Halle I 1753. II 1755; vgl. dazu H. v. Lips, Von den „Pastoralbriefen" zum „Corpus Pastorale", in: Reformation und Neuzeit, hg. v.

aller drei Briefe zutreffend wiedergab: ihr Bemühen um die Begründung und Ausgestaltung des kirchlichen Hirtenamtes. Für den 2 Tim trifft dies zwar nur eingeschränkt zu, dennoch werden die Briefe in neuerer Zeit immer als Einheit angesehen. Alle drei Briefe richten sich an Einzelpersonen, zugleich sind sie aber keine Privatbriefe, sondern Schreiben mit autoritativem Anspruch. Die Anweisungen für die rechte Ausübung des Hirtenamtes haben einen allgemeingültigen Charakter. Zudem stimmen die Past in der vorausgesetzten Gemeindesituation und in ihrer theologischen Begriffswelt weitgehend überein. Das verbindende Element ist die durchgehende Aufforderung zur Abgrenzung und Abkehr von den Irrlehrern, dem positiv der Rückbezug auf die Person des Apostels Paulus und die durch ihn verbürgte Tradition entspricht. Der Bedrohung der paulinischen Identität der angeschriebenen Gemeinden begegnet der Verfasser der Past mit der Vorstellung einer personalen und sachlichen Kontinuität, die sich am Vorbild des Paulus orientiert und in den Weisungen konkrete Gestalt gewinnt.

5.5.1 **Literatur**

Kommentare

HNT 13: M. Dibelius (– H. Conzelmann) [4]1966. – HThK XI/2.1–3: L. Oberlinner, 1994. 1995. 1996. – EKK XV (1 Tim): J. Roloff, 1988; XVI/1 (2 Tim): A. Weiser, 2003. – ThHK 13: G. Holtz, [5]1992. – NTD 9/1: H. Merkel, 1991. – RNT VII/2: N. Brox, [5]1989. – ZBK 12: V. Hasler, 1978. – ICC: I. H. Marshall, 1999. – AncB 35A (1.2 Tim): L. T. Johnson, 2001. – WBC 46: W. D. Mounce, 2000. – ANTC: J. M. Bassler, 1.2Timothy/Titus, Nashville 1996. – NTL: R. F. Collins, 1.2 Timothy and Titus, Louisville 2002. – NICNT: Ph. H. Towner, The Letters to Timothy and Titus, Grand Rapids 2006. – SP 12: B. Fiore, The Pastoral Epistles, Collegeville 2007.

Monographien

H. v. Campenhausen, Kirchliches Amt und geistliche Vollmacht in den ersten drei Jahrhunderten, BHTh 14, Tübingen [2]1963. – P. Trummer, Die Paulustradition der Pastoralbriefe, BET 8, Frankfurt 1978. – H. v. Lips, Glaube – Gemeinde – Amt. Zum Verständnis der Ordination in den Pastoralbriefen, FRLANT 122, Göttingen 1979. – L. R. Donelson, Pseudepigraphy and Ethical Argument in the Pastoral Epistles, HUNT 22, Tübingen 1986. – M. Wolter, Die Pastoralbriefe als Paulustradition, FRLANT 146, Göttingen 1988. – E. Schlarb, Die gesunde Lehre. Häresie und Wahrheit im Spiegel der Pastoralbriefe, MThSt 28, Marburg 1990. – Karoline Läger, Die Christologie der Pastoralbriefe, Münster 1996. – Hanna Stettler, Die Christologie der Pastoralbriefe, WUNT 2.105, Tübingen 1998. – G. Häfner, Nützlich zur Belehrung (2 Tim 3, 16). Die Rolle der Schrift in den Pastoralbriefen im Rahmen der Paulusrezeption, HBS 25, Freiburg 2000. – A. Merz, Die fiktive Selbstauslegung des Paulus. Intertextuelle Studien zur Intention und Rezeption der Pastoralbriefe, NTOA 52, Freiburg (H)/Göttingen 2006. – T. Glaser, Paulus als Briefro-

---

U. Schnelle, Berlin 1994, 49–71.

man erzählt. Studien zum antiken Briefroman und seiner christlichen Rezeption in den Pastoralbriefen, NTOA 76, Göttingen 2010.

Aufsätze

H. Hegermann, Der geschichtliche Ort der Pastoralbriefe, TheolVers II, Berlin 1970, 47–64. – G. Haufe, Gnostische Irrlehre und ihre Abwehr in den Pastoralbriefen, in: Gnosis und Neues Testament, hg. v. K. W. Tröger, Berlin 1973, 325–339. – W. Stenger, Timotheus und Titus als literarische Gestalten, Kairos 16 (1974), 252–267. – O. Merk, Glaube und Tat in den Pastoralbriefen, in: ders., Wissenschaftsgeschichte und Exegese (s. o. 1.1), 260–271. – J. Roloff, Art. Amt/Ämter/Amtsverständnis, TRE 2 (1978), 509–533. – L. Oberlinner, Die „Epiphaneia" des Heilswillens Gottes in Christus Jesus. Zur Grundstruktur der Christologie der Pastoralbriefe, ZNW 71 (1980), 192–213. – G. Lohfink, Paulinische Theologie in den Pastoralbriefen, in: K. Kertelge (Hg.), Paulus in den ntl. Spätschriften (s. o. 5), 70–121. – P. Trummer, Corpus Paulinum – Corpus Pastorale, in: K. Kertelge (Hg.), Paulus in den ntl. Spätschriften, a. a. O., 122–145. – G. Kretschmar, Der paulinische Glaube in den Pastoralbriefen, in: Der Glaube im Neuen Testament (FS H. Binder), hg. v. F. Hahn und H. Klein, BThSt 7, Neukirchen 1982, 113–140. – J. Roloff, Pfeiler und Fundament der Wahrheit. Erwägungen zum Kirchenverständnis der Pastoralbriefe, in: Glaube und Eschatologie (FS W. G. Kümmel), hg. v. E. Gräßer und O. Merk, Tübingen 1985, 229–247. – J. Zmijewski, Die Pastoralbriefe als pseudepigraphische Schriften, in: ders., Das Neue Testament. Quelle christlicher Theologie und Glaubenspraxis, Stuttgart 1986, 197–219. – M. Reiser, Bürgerliches Christentum in den Pastoralbriefen?, Bib 74 (1993), 27–44. – A. Standhartinger, Eusebia in den Pastoralbriefen. Ein Beitrag zum Einfluss römischen Denkens auf das entstehende Christentum, NT 48 (2006), 51–82. – G. Häfner, Biographische Elemente der Paulusrezeption, in: Th. Schmeller (Hg.), Historiographie und Biographie im Neuen Testament und seiner Umwelt (NTOA 69), Göttingen 2009, 179–207. – J. Herzer, Fiktion oder Täuschung? Zur Diskussion über die Pseudepigraphie der Pastoralbriefe, in: J. Frey/J. Herzer/M. Janssen/C. K. Rothschild (Hg.), Pseudepigraphie und Verfasserfiktion in frühchristlichen Briefen, WUNT 246, Tübingen 2009, 489–536.

5.5.2 **Verfasser**

Nach wichtigen Vorarbeiten von F. D. E. Schleiermacher[186] und J. G. Eichhorn[187] setzte die Kritik an der paulinischen Verfasserschaft der Pastoralbriefe umfassend mit F.Chr. Baur ein[188]. Er bestimmte den geschichtlichen Standort der Past in der Auseinandersetzung mit der Gnosis des 2. Jhs. Umfassend begründete dann H. J. Holtzmann in seinem 1880 erschienenen Kommentar den pseudepigraphischen Charakter der Past[189].

186 Vgl. F. D. E. Schleiermacher, Ueber den sogenannten ersten Brief des Paulos an den Timotheos, Berlin 1807.

187 Vgl. J. G. Eichhorn, Einleitung in das NT III/1, Leipzig 1812, 315–328.

188 Vgl. F.Chr. Baur, Paulus II (s. o. 5.2.2), 108: „Je genauer und unbefangener diese Briefe kritisch und exegetisch untersucht werden, desto weniger wird man über ihren späteren Ursprung noch länger im Zweifel sein können."

189 Vgl. H. J. Holtzmann, Die Pastoralbriefe, kritisch und exegetisch behandelt, Leipzig 1880.

Als Sachargumente *gegen* die paulinische Verfasserschaft der Past können angeführt werden[190]:

1) Die in den Briefen vorausgesetzte historische Situation lässt sich weder mit den Angaben der Apg noch der Protopaulinen in Übereinstimmung bringen. Nach 1 Tim 1, 3 hielt sich Timotheus in Ephesus auf, während Paulus von dort aus nach Makedonien zog. Der Apostel wollte bald nach Ephesus zurückkehren (1 Tim 3, 14; 4, 13), er befand sich also auf freiem Fuß; Hinweise auf eine Gefangenschaft lassen sich dem Brief nicht entnehmen. Nach Apg 19, 22 reiste nicht Paulus nach Makedonien und Timotheus blieb in Ephesus, sondern umgekehrt wurde Timotheus vom in Ephesus weilenden Apostel nach Makedonien vorausgeschickt. Er ist dann Mitverfasser des in Makedonien geschriebenen 2 Kor und zählt nach Apg 20, 4 zur Kollektendelegation, die mit Paulus nach Jerusalem reiste. Auch inhaltliche Ungereimtheiten ergeben sich aus den Situationsangaben des Briefes. Timotheus war über lange Jahre der engste Mitarbeiter des Paulus, und er wurde nach 1 Tim 1, 3 vor der Abreise des Apostels noch einmal ausdrücklich ermahnt, gegen die Irrlehrer vorzugehen. Welche Funktion hat der Brief angesichts der nur kurzen Abwesenheit des Paulus (1 Tim 3, 14; 4, 13)? Welche Themen und Probleme werden in dem Brief angesprochen, die Timotheus aus seiner langjährigen Mitarbeit in der paulinischen Mission nicht schon längst bekannt waren?

Schreibt Paulus den 1 Tim/Tit mitten aus seiner missionarischen Tätigkeit heraus, so erscheint er im 2 Tim als leidender Gefangener (2 Tim 1,8. 12. 16; 2,9), dem Tode nahe (2 Tim 4, 6. 8). Warum bittet er angesichts dieser Situation Timotheus, einen in Troas zurückgelassenen Mantel und Bücher mitzubringen (vgl. 2 Tim 4, 13)? Nach 2 Tim 1, 15; 4, 10 f. 16 haben alle Mitarbeiter – bis auf Lukas – Paulus verlassen, in 2 Tim 4, 21 hingegen richtet Paulus die Grüße von vier Mitarbeitern und ‚allen Brüdern' aus! Trophinus blieb nach 2 Tim 4, 20 krank in Milet zurück, nach Apg 21, 29 begleitete er Paulus bis nach Jerusalem. Unerklärlich bleibt schließlich, warum sich Timotheus des gefangenen Paulus schämen sollte (vgl. 2 Tim 1,8).

Als Verfasser des Tit kommt Paulus nicht in Frage, denn von der im Brief vorausgesetzten gemeinsamen Mission auf Kreta und einer Überwinterung des Paulus in Nikopolis (Tit 3, 12) berichten weder die authentischen Paulusbriefe noch die Apg. Lediglich in Apg 27, 7 f wird Kreta als eine Station auf der Romreise des gefangenen Paulus erwähnt. Eine inhaltliche Spannung besteht zwischen dem in Tit 3, 12 geäußerten Wunsch, Titus möge so schnell wie möglich zu Paulus kommen, und Tit 1, 5, wo er den Auftrag erhält, durch die Städte Kretas zu ziehen und Älteste einzusetzen.

2) In den Past spiegeln sich die Probleme der dritten urchristlichen Generation wider. So ist die kirchliche Verfassung weiter fortgeschritten als bei Paulus. Nicht mehr die Hausgemeinde, sondern die nach dem Modell des antiken Hauses gegliederte

---

190 Vgl. hier zuletzt die Argumentation bei J. Roloff, 1 Tim, 21–39; H. Merkel, Past, 5–16; L. Oberlinner, 1 Tim, XXXIII–XLV.

Ortsgemeinde (vgl. 1 Tim 3, 15; 2 Tim 2, 20 f; Tit 1, 7) bildet die vorherrschende Organisationsstruktur. Episkopen, Presbyter und Diakone werden durch Handauflegung anderer kirchlicher Autoritäten auf Dauer in ihr Amt eingeführt, und sie haben das Recht auf Unterhalt (vgl. 1 Tim 1, 18; 3, 1–7. 8–13; 4, 14; 5, 17–22; 2 Tim 1, 6; 2, 1 f; Titus 1, 5–9). Die charismatisch-funktionale Gemeindestruktur des Paulus (vgl. 1 Kor 12, 4–11. 28 f; Röm 12, 3–8) wurde durch ein System von Amtsträgern ersetzt. Als Führungspersönlichkeiten gilt ihnen das öffentliche Interesse, und sie müssen sich entsprechend verhalten (vgl. 1 Tim 3, 7. 10; 5,8. 14; 6, 11 ff; Tit 2, 5. 8). Von grundlegender Bedeutung ist die apostolische Glaubenstradition, die als ‚gesunde Lehre' erscheint (vgl. 1 Tim 1, 10). Zu ihr bekennen sich die Amtsträger bei ihrer Einführung vor Zeugen (vgl. 1 Tim 6, 12 f; ferner 4, 6). Die Auseinandersetzung mit dem Judentum hat keine Bedeutung mehr, im Mittelpunkt der Überlegungen steht die Stellung der christlichen Gemeinde in einer nichtchristlich-heidnischen Umwelt. Als Maxime gilt hier: Die Christen sollen die Obrigkeit respektieren und in Frömmigkeit und Rechtschaffenheit unauffällig leben (vgl. 1 Tim 2, 2).

3) In den Past finden sich zahlreiche sprachliche Eigentümlichkeiten[191]. Auffallend ist die große Zahl der Hapaxlegomena: 66 im 1 Tim, 60 im 2 Tim und 32 im Tit[192]. Auch beim Sonderwortschatz (im Hinblick auf die anderen Paulusbriefe) nehmen die Pastoralbriefe eine Sonderstellung ein. „Die Pastoralbriefe ... müßten mit ihrem zusammengefaßten Wortbestand von 3484 Worten normalerweise eine Sondergutwortzahl aufweisen, die ungefähr in der Mitte zwischen denjenigen für den 2. Korintherbrief und den Galaterbrief liegt, also um 130 herum. Faktisch weisen sie aber 335 Sondergutvokabeln auf, gut 50 mehr als der doppelt so lange Römerbrief! Das ist nun freilich eine Zahl, die sehr kräftig für die Unechtheit der Pastoralbriefe spricht."[193] Charakteristische Begriffe für die Theologie der Past sind: *ἀγάπη, ἅγνος, αἰών, ἀλήθεια, διδασκαλία, διδάσκειν, δικαιοσύνη, δόξα, εἰρήνη, ἐπίγνωσις , ἐπιφάνεια, εὐσέβεια, καθαρός, κακός, καλός, λόγος, μανθάνειν, μῦθος, πίστις, πνεῦμα, συνείδησις, σῴζειν, σωτήρ, ὑγιαίνειν.*

4) Die Past weisen erhebliche Differenzen zur Theologie der Protopaulinen auf. Es fehlen Begriffe wie ‚Gerechtigkeit Gottes', ‚Freiheit', ‚Kreuz', ‚Sohn Gottes' oder ‚Leib Christi'. Ein Reflex der spezifisch paulinischen Rechtfertigungslehre findet sich nur in Tit 3, 4–7, die Antithese ‚Fleisch – Geist' erscheint nicht. Zudem lassen sich inhaltliche Verschiebungen feststellen. Während bei Paulus der Glaube als die Aneignungsform des Heils erscheint, dominiert im 1 Tim der Glaubensinhalt als Lehrverkündigung[194]. Zum Zentralbegriff wird *διδασκαλία,* das bei 21 Belegen im Neuen Testament allein 15mal in den Past erscheint. Der Glaube tritt als rechter Glaube im

191 Vgl. dazu die grundlegende und bis heute wertvolle Untersuchung von H. J. Holtzmann, Pastoralbriefe, 84–118.

192 Zählung nach K. Aland (Hg.), Vollständige Konkordanz (s. o. 5.2.2), 456 f.

193 R. Morgenthaler, Statistik des neutestamentlichen Wortschatzes, Zürich ^{3}1982, 38.

194 Vgl. dazu G. Kretschmar, Glaube, 113 ff.

Gegensatz zur Irrlehre hervor (vgl. 1Tim 1,19; 4,1.6; 6,21; 2Tim 2,18; 3,8) und prägt als Haltung die christliche Existenz. Der Glaube kann mit anderen Tugenden wie ‚gutes Gewissen' (1Tim 1,5.19; 3,9), ‚Besonnenheit, Liebe und Heiligung' (1Tim 2,15), ‚Reinheit' (1Tim 4,12), ‚Gerechtigkeit, Frömmigkeit, Geduld, Sanftmut' (1Tim 6,11) in einer Reihe genannt werden (vgl. ferner 2Tim 1,13; 2,22; 3,10f; Tit 2,2). Die Parusie Christi wird in den Past zur Epiphanie, sie tritt zur vorherbestimmten Zeit ein (vgl. 1Tim 6,14; 2Tim 4,1.8; Tit 2,13) und rückt damit zugleich in eine unbestimmte Ferne. Das Frauenbild der Past ist im Gegensatz zu den Paulusbriefen nicht vom Modell der selbstverständlichen Mitarbeit und Teilhabe, sondern vom Aufruf zur Unterordnung geprägt (vgl. 1Tim 2,9–15; 5,14).

5) Die theologische Auseinandersetzung mit dem Judentum hat keine Bedeutung mehr und reduziert sich auf reine Polemik (vgl. Tit 1,10). Im Mittelpunkt der Überlegungen steht die Stellung der christlichen Gemeinde in einer nichtchristlich-heidnischen Umwelt.

6) Für Paulus undenkbar ist schließlich der Gedanke des christlichen *Glaubens als Element der Familienüberlieferung*, wie er in 2Tim 1,5 für Timotheus („Gedenke ich doch deines ungeheuchelten Glaubens, der schon in deiner Großmutter Loïs und in deiner Mutter Eunike wohnte; ich bin sicher, er ist auch in dir"; vgl. 2Tim 3,14f) und in 2Tim 1,3a für Paulus selbst formuliert wird („Dank sage ich Gott, dem ich von den Vorfahren her mit reinem Gewissen diene")[195]. Organisch fügt sich jedoch das Motiv der Erziehung zum Glauben in das Erziehungs- und Oikoskonzept der Past ein: Das Haus wird zum Ort der Glaubensüberlieferung und -erziehung.

Die überwiegende Mehrzahl der Exegeten sieht in den Past pseudepigraphische Schreiben, so z.B. M.Dibelius (– H.Conzelmann), A.Jülicher – E.Fascher, W.G.Kümmel, N.Brox, Ph. Vielhauer, J.Roloff, H.Merkel, L.Oberlinner; I.H.Marshall; R.F.Collins, J.M.Bassler, A.Weiser; A.Merz[196]. Ihre Echtheit dagegen verteidigen z.B. Th. Zahn, A.Schlatter, W.Michaelis, B.Reicke[197] und J.van Bruggen[198].

195 Zur Auslegung vgl. P.Trummer, Paulustraditionen, 125–127.129. 2Tim 1,5 gibt deutlich den historischen Ort der Past zu erkennen: um die Jahrhundertwende, wo man schon von familiären christlichen Glaubenstraditionen sprechen konnte; vgl. A.Merz, Fiktive Selbstauslegung, 83. Schon 2Tim 1,5 macht es m.E. unmöglich, diesen Brief (oder Tit) Paulus zuzuschreiben, wie es offenbar J.Herzer, Abschied vom Konsens? Die Pseudepigraphie der Pastoralbriefe als Herausforderung an die neutestamentliche Wissenschaft, ThLZ 129 (2004), 1267–1282, will. Überspielt werden die Probleme auch bei L.T. Johnson, 2Tim, 342, der keine Belege für ein derartiges Glaubensverständnis bei Paulus beibringen kann und dann feststellt: „And our analysis of 1 Timothy has shown some of the richness and complexity of pistis in that letter." Eine klare petitio principii, denn der 1Tim stammt ebenso wenig von Paulus wie der 2Tim!

196 Vgl. M.Dibelius, Past, 1–4; A.Jülicher – E.Fascher, Einleitung, 165ff; W.G.Kümmel, Einleitung, 326ff; N.Brox, Past, 22ff; Ph. Vielhauer, Urchristliche Literatur, 225; J.Roloff, 1Tim, 23–39; H.Merkel, Past, 6–9; L.Oberlinner, 1Tim, XXXIXf; I.H.Marshall, Pastoral Epistles, 92 (kurz nach dem Tod des Apostels wahrscheinlich in Rom abgefasst); R.F.Collins, 1.2 Timothy and Titus, 9 (Ende des 1.Jh. und pseudepigraphisch); J.M.Bassler, 1.2Timothy/Titus, 22–24; A.Merz, Selbstauslegung, 72–86.

197 Vgl. B.Reicke, Chronologie der Pastoralbriefe, ThLZ 101 (1976), 81–94.

198 Vgl. Th. Zahn, Einleitung I (s.o. 2.9.3), 459–492;

Unter den aktuellen Kommentaren treten W.D.Mounce, L.T.Johnson und Ph.H.Towner für eine paulinische Verfasserschaft ein[199].

Muss die direkte Verfasserschaft der Past durch Paulus als nahezu ausgeschlossen gelten, so bleibt die Möglichkeit einer indirekten Abfassung. Hier ist vor allem die Sekretärshypothese von Bedeutung[200], wonach die Past nach Anweisung und Angaben des Apostels von einem seiner Mitarbeiter selbständig formuliert wurden (vertreten von O.Roller, J.Jeremias, G.Holtz, J.N.D.Kelly, C.F.D.Moule)[201]. Die der paulinischen Verfasserschaft entgegenstehenden Schwierigkeiten werden durch diese Hypothese aber nicht gelöst. Die Past kennen keine Mitverfasserschaft, und es wird in 1Tim und Tit nicht ersichtlich, dass diese Schreiben nur auf Veranlassung des Paulus abgefasst wurden. Der Apostel spricht auch in den von ihm diktierten Briefen (vgl. Röm 16,22) eine eigene Sprache, das Problem der sprachlichen Eigentümlichkeiten der Past wird durch die Sekretärshypothese keineswegs ausgeräumt.

Der Verfasser der Past war ein unbekanntes Mitglied der Paulusschule, er schrieb und verbreitete die Briefe „im Zuge einer Neuedition des bisherigen Korpus"[202] der Paulusbriefe. Eine Verbindung zwischen ersten Paulusbriefsammlungen und den Past legt sich nahe, weil die Past wahrscheinlich „gleichzeitig entstanden und in der Form eines dreiteiligen Briefkorpus an die Öffentlichkeit getragen worden sind."[203] Die Past sollten dazu dienen, eine durch Irrlehre ausgelöste innerkirchliche Krise zu überwinden, in veränderten Verhältnissen sachgemäße Amtsstrukturen durchzusetzen und den bleibenden Einfluss des Apostels Paulus in der Gesamtkirche zu sichern. Der Verfasser bedient sich der gehobenen Umgangssprache seiner Zeit und orientiert sich an griechischen und hellenistisch-jüdischen Traditionen und Formen (s.u. 5.5.5). Er zitiert Dichterworte (vgl. Tit 1,12) und verwendet philosophische Begriffe (vgl. 1Tim 6,6: *αὐτάρκεια*), wahrscheinlich handelt es sich um einen gebildeten hel-

A.Schlatter, Der Glaube im Neuen Testament, Stuttgart [4]1927, 405ff; W.Michaelis, Einleitung in das Neue Testament, Bern [3]1961, 238–259; J.van Bruggen, Die geschichtliche Einordnung der Pastoralbriefe, Wuppertal 1981, passim.

199 Vgl. W.D.Mounce, Pastoral Epistles, XCVIIIf; L.T.Johnson, 1.2 Tim, 98f; Ph.H.Towner, The Letters to Timothy and Titus, 88: „The view of this commentary is that, just as with the reminder of the Pauline letters, Paul is the author of these three letters however much or little others contributed to their messages and composition."

200 Zu weiteren, heute nicht mehr aktuellen Theorien (Fragmentenhypothese, Identifizierung des Verfassers der Past mit einer Persönlichkeit der frühen Kirche) vgl. J.Roloff, 1Tim, 32–36.

201 Vgl. O.Roller, Das Formular der paulinischen Briefe (s.o. 2.3.2), 16ff; J.Jeremias, Die Briefe an Timotheus und Titus, NTD 9, Göttingen [11]1975, 8; G.Holtz, Past, 13–16; J.N.D.Kelly, A Commentary on the Pastoral Epistles, BNTC, London 1963, 34; C.F.D.Moule, The Birth of the New Testament, London 1962, 220f. Eine Variante dieser Hypothese vertritt I.H.Marshall, The Pastoral Epistles, 83f, der von ‚Allonymität' spricht: „It is not too great a step to a situation in which somebody close to a dead person continued to write as (they thought that) he would have done" (a.a.O., 84).

202 P.Trummer, Corpus Paulinum – Corpus Pastorale, 133.

203 J.Roloff, 1Tim, 43.

lenistischen (Juden-)Christen, der in einer Stadt Kleinasiens lebte und die Gemeinden seiner Umgebung im Blick hatte.

5.5.3 Ort und Zeit der Abfassung

Die Timotheusbriefe[204] beziehen sich auf die Gemeindesituation in *Ephesus* und dürften auch dort entstanden sein[205]. So erscheint Timotheus als Sachverwalter der paulinischen Theologie in Ephesus (vgl. 1 Tim 1, 1–3), und selbst der seinem Selbstanspruch nach in Rom geschriebene 2 Tim (vgl. 1, 17; 1,8; 2,9) setzt die Tätigkeit des Timotheus in Ephesus voraus (vgl. 1, 18; 4, 19). Offb 2, 1–6 bezeugt für das ausgehende 1. Jh. n. Chr. die Existenz einer großen christlichen Gemeinde in der Stadt, und als Sitz der Paulusschule besaß Ephesus eine hervorragende Bedeutung. Auch der innere Zusammenhang zwischen ersten Sammlungen der Paulusbriefe und der Abfassung der Past verweist nach Ephesus[206].

Für die Abfassung der Past um *100 n. Chr.*[207] lassen sich folgende Gründe nennen: 1) Die paulinischen Personaltraditionen der Past entstammen noch der lebendigen Gemeindetradition. 2) Die Ämterstruktur in den Past unterscheidet sich von der Ordnung, die bei Ignatius und Polykarp für die Zeit zwischen 110 n. Chr. und 130 n. Chr. vorauszusetzen ist[208]. 3) Die Past gehören in den Prozess der Bildung des Corpus Paulinum. 4) Auch die als Frühform einer christlichen Gnosis bekämpfte Irrlehre weist in die Zeit um 100 n. Chr.

> Liegt mit dem Begriff *ἀντιθέσεις* in 1 Tim 6, 20 eine Anspielung auf die ‚Antithesen' des Markion vor?[209] Dieses (verlorene) Werk war so etwas wie eine ‚Einleitung' in das Neue Testament und entstand um 140 n. Chr.[210]. Die Past wären dann in diese Zeit zu datieren und als antimarkionitische Polemik anzusehen. Dagegen spricht allerdings die offenbar positive Rezeption des Alten Testaments in der bekämpften Irrlehre (vgl.

204 Über seine Entstehungsbedingungen sagt der Titusbrief nichts aus, zweifellos gehört er aber in die unmittelbare Nähe der Timotheusbriefe.

205 Vgl. J. Roloff, 1 Tim, 42; H. Hegermann, Ort, 61 f; N. Brox, Past, 58 (Kleinasien); Ph. Vielhauer, Urchristliche Literatur, 237 (Kleinasien/Ephesus); E. Dassmann, Stachel im Fleisch (s. o. 5), 172 (Kleinasien). Für Rom votieren A. Lindemann, Paulus im ältesten Christentum (s. o. 5), 149; H. Merkel, Past, 13.

206 Vgl. Exkurs 3: Die Sammlung der Paulusbriefe und das Werden des Kanons.

207 Um 100 n. Chr. datieren die Past auch: N. Brox, Past, 58; J. Roloff, 1 Tim, 45 f; H. Merkel, Past, 10; H. Hegermann, Ort, 47; A. Lindemann, Paulus im ältesten Christentum (s. o. 5), 47; L. Oberlinner, 1 Tim, XLVI. H. v. Lips, Die Timotheus- und Titusakten und die Leidensthematik in den Pastoralbriefen. Aspekte zur Entstehung und Intention der Pastoralbriefe, EC 2 (2011), 219–241, datiert auf 110–120 n. Chr. (unter Heranziehung der Timotheus- und Titusakten).

208 In Polyk, 2Phil 4, 1, klingen 1 Tim 6, 7. 10 an, ein Zitat lässt sich aber nicht nachweisen.

209 So im Gefolge von F.Chr. Baur z. B. W. Bauer, Rechtgläubigkeit und Ketzerei im ältesten Christentum, BHTh 10, mit einem Nachtrag hg. v. G. Strecker, Tübingen ²1964, 229; Ph. Vielhauer, Urchristliche Literatur, 237.

210 Vgl. A. v. Harnack, Marcion: Das Evangelium vom fremden Gott, Leipzig ²1924, 26 (die ‚Antithesen' entstanden zwischen 139 und 144 n. Chr.).

> 5.5.8), ein Sachverhalt, der sich mit der schroffen Ablehnung des Alten Testaments durch Markion nicht vereinbaren lässt. Zudem wurden die Past offenbar von späteren Markioniten in ihre Paulusbriefsammlung aufgenommen[211]. Der Begriff *ἀντιθέσεις* ist eine gezielte Anti-Formulierung des Verfassers der Past, der seine *παραθήκη* der abweichenden Position der Irrlehrer entgegensetzt[212].

An der Spitze der Past steht der 1Tim, denn die umfassende Selbstvorstellung in 1Tim 1, 12–17 leitet nicht nur den 1Tim, sondern die Past insgesamt ein. Wird in 1Tim 3, 14; 4, 13 noch das baldige Kommen des Apostels angekündigt, so spricht der Tit nicht mehr davon, und der 2Tim setzt explizit die dauernde Abwesenheit des Apostels voraus. Als letztes Wort des Apostels vor seinem Tod erscheint der 2Tim gleichsam als das Testament des Paulus (vgl. 2Tim 4, 1–8), es bildet den Abschluss der Briefsammlung. Für die intendierte Reihenfolge 1Tim – Tit – 2Tim spricht auch eine bewusste geographische Linienführung: Nach 1Tim 1, 3 befindet sich Paulus auf dem Weg nach Makedonien; in Tit 3, 12f ist er in der nordwestgriechischen Nikopolis, wo der Rechtsanwalt Zenas zu ihm stoßen soll, was ein klarer Hinweis auf den bevorstehenden Prozess in Rom ist. Im abschließenden 2Tim befindet sich Paulus dann schließlich in Rom (2Tim 1, 17).

5.5.4 **Empfänger**

Der 1Tim richtet sich an den engsten Mitarbeiter des Paulus, der in 1Thess 1, 1; 1Kor 1, 1; 2Kor 1, 1; Phil 1, 1 und Phlm 1 als Mitabsender erscheint. *Timotheus* wurde wahrscheinlich von Paulus bekehrt (vgl. 1Kor 4, 17; anders Apg 16, 1)[213] und trat in der paulinischen Missionsarbeit an die Stelle des Barnabas. Der Apostel schätzte ihn hoch (vgl. 1Kor 4, 17; 1Thess 3, 2f; Phil 2, 20–22; Röm 16, 21), in 1Kor 16, 10 sagt Paulus über Timotheus: „Er treibt das Werk des Herrn wie ich." Timotheus war in den paulinischen Gemeinden als wichtiger Mitarbeiter des Apostels bekannt, so dass die Wahl seines Namens als fiktiver Adressat nahelag.

Der Heidenchrist *Titus* gehörte zu den ersten Mitarbeitern des Paulus, er zog mit ihm und Barnabas zum Apostelkonvent nach Jerusalem (Gal 2, 3). Für die Zeit zwischen dem Apostelkonvent und der Endphase der Kollektensammlung gibt es keine Nachrichten über Titus, erst im 2Kor ist Titus im Rahmen der Kollektenorganisation und bei der Beilegung des Konfliktes zwischen Paulus und der Gemeinde die entscheidende Person (vgl. 2Kor 2, 13; 7, 6. 13. 14; 8, 6. 16. 23; 12, 18).

---

211 Vgl. a. a. O., 170*f.

212 Vgl. E. Schlarb, Miszelle zu 1Tim 6, 20, ZNW 77 (1986), 276–281.

213 Die Beschneidung des Christen Timotheus durch Paulus (so Apg 16, 3) muss historisch als unwahrscheinlich angesehen werden, weil sie dem in Gal 2, 3 berichteten Verhalten des Paulus widerspricht. Zu Timotheus und Titus vgl. H. v. Lips, Timotheus und Titus. Unterwegs für Paulus, Leipzig 2008; B. J. Malina, Timothy: Paul's Closest Associate, Collegeville 2008.

Obwohl die paulinischen Missionsgemeinden im westlichen Kleinasien nur indirekt angesprochen werden, sind sie die eigentlichen Gesprächspartner des Briefschreibers. Timotheus und Titus erscheinen schon in den Paulusbriefen als Repräsentanten des Apostels (vgl. für Timotheus 1Kor 4,16.17; 16,10f; 1Thess 3,2f; Phil 2,19.23; für Titus 2Kor 2,13; 7,14ff; 8,23), die seine Weisungen in kritischen Gemeindesituationen umsetzten. Die Past enthalten nichts anderes als die Anweisungen des Apostels, die nun durch den Idealtypus des nachapostolischen Amtsträgers (Timotheus/Titus) den Gemeinden übermittelt werden. In den Briefen kommt der abwesende Paulus selbst zur Sprache, dessen leibhaftiges Kommen sich nach 1Tim 3,15 möglicherweise verzögert. Durch die Past gelangt Paulus dennoch zu seinen Gemeinden, er ist in der aktuellen Krise gegenwärtig.

Die Gemeinden der Past setzen sich aus Heidenchristen, aber auch zu einem erheblichen Teil aus Judenchristen zusammen[214]. So finden sich liturgische Formeln aus dem hellenistischen Judenchristentum in 1Tim 1,17; 6,15f. Der Vergleich der Irrlehrer mit Jannes und Jambre in 2Tim 3,8 lässt sich nur auf dem Hintergrund der jüdischen Legenden[215] über diese im Alten Testament nicht erwähnten Männer verstehen, und das in den Gemeinden vorausgesetzte Ältestenamt entstammt jüdischen Traditionen (s.u. 5.5.9).

Die Gemeinden zeichnen sich durch soziale Vielschichtigkeit aus. Mehrfach werden christliche Hausbesitzer erwähnt (vgl. 1Tim 3,4f.12; 5,4.8; 2Tim 1,16; 4,19; vgl. ferner 1Tim 5,13; 2Tim 3,6; Tit 1,11), große Häuser mit einer wertvollen Ausstattung waren offenbar nichts Ungewöhnliches (vgl. 2Tim 2,20). Das christliche Haus dient als Leitmodell für das Selbstverständnis der Gemeinde, die Ekklesiologie der Past orientiert sich an der Hausmetaphorik (vgl. 1Tim 3,15; 3,4)[216]. Auch der Frauenschmuck (vgl. 1Tim 2,9), die Sklaven christlicher Herren (vgl. 1Tim 6,2), die Warnung vor Gewinnsucht und Geldgier (vgl. 1Tim 6,6–10; 2Tim 3,2; Tit 1,7) und die separate Unterweisung der Reichen in 1Tim 6,17–20 zeigen, dass Angehörige der Oberschicht zu den Gemeinden der Past gehörten[217].

Die Gemeinden verfügten über beträchtliche finanzielle Mittel, denn die Ältesten wurden (wie sicherlich auch die hauptamtlichen Bischöfe)[218] bezahlt (vgl. 1Tim 5,17f; 3,1). Zudem existierte eine Gemeindekasse zur Versorgung der Witwen (vgl. 1Tim 5,16). Der Missbrauch dieser Einrichtung (vgl. 1Tim 5,4–15) zeugt indirekt von der Leistungsfähigkeit des Fürsorgesystems. Neben den im Gemeindeleben offenbar dominierenden Reichen erwähnen die Past Sklaven (vgl. 1Tim 6,1; Tit 2,9f) und Witwen (vgl. 1Tim 5,3ff), Handwerker (vgl. 2Tim 4,14) und Juristen (vgl. Tit 3,13) und rufen zur Armenpflege auf (vgl. 1Tim 5,10). In der Gemeinde wirken urchristliche

214 Vgl. H. Merkel, Past, 12.

215 Vgl. dazu Billerbeck III, 660–664.

216 Vgl. zum οἶκος-Gedanken in den Past bes. E. Schlarb, Gesunde Lehre, 314–356.

217 Vgl. dazu P. Dschulnigg, Warnung vor Reichtum und Ermahnung der Reichen, BZ 37 (1993), 60–77.

218 Vgl. J. Roloff, 1Tim, 308f.

Lehrer (vgl. 1 Tim 1, 3. 7; 4, 1; 6, 3; 2 Tim 4, 3; Tit 1, 11), die durch ihre teilweise erfolgreiche Agitation eine Krise auslösten. Nach außen versuchen die Gemeinden durch bürgerliches Wohlverhalten Verleumdungen vorzubeugen, sie beten für die Obrigkeit und führen ein untadeliges Leben (vgl. 1 Tim 2, 2; Tit 3, 1). Das öffentliche Ansehen der Gemeindeleiter liegt dem Verfasser der Past ebenso am Herzen (vgl. 1 Tim 3, 1–13) wie das Zusammenleben der einzelnen Stände in der Gemeinde (vgl. Tit 2, 1–10).

Wie erlangten die Past fast 40 Jahre nach dem Tod des Paulus in kleinasiatischen Gemeinden Autorität? Als Briefe an Privatpersonen konnten sie erst sehr spät aus Privatbesitz an die Öffentlichkeit gelangt sein. Timotheus kam nach Hebr 13, 23 aus römischer Haft frei und setzte seine Missionsarbeit fort. Diese und ähnliche Personaltraditionen über Timotheus (und Titus) eröffnen einen nicht unerheblichen zeitlichen Spielraum, wenn die Past erst nach dem (wirklichen oder vermeintlichen) Tod ihrer Adressaten abgefasst und veröffentlicht wurden.

5.5.5 **Gliederung, Aufbau, Form**

Bei der formgeschichtlichen Analyse der Past empfiehlt sich eine gesonderte Behandlung des 1 Tim/Tit einerseits und des 2 Tim andererseits. Im 2 Tim fehlen amtliche Anweisungen an die Gemeinde, Gemeindeämter werden nicht erwähnt, und das Interesse an Rechtskategorien ist gering[219]. Demgegenüber führten die apostolischen Gemeindeweisungen und die Elemente späterer Kirchenordnungen im 1 Tim/Tit (z. B. Ämterordnungen, Witwenregel, Ständetafeln) zur Klassifizierung beider Schreiben als ‚Kirchen- bzw. Gemeindeordnung'[220]. Diese Formbestimmung erklärt allerdings nicht die konstitutiven brieflichen Elemente des 1 Tim/Tit und wird der vorausgesetzten spezifischen Kommunikationssituation nicht gerecht. Beim 1 Tim/Tit handelt es sich um *amtliche briefliche Instruktionen* an Einzelpersonen, die ihrerseits über Amtsautorität verfügen und weisungsbefugt sind[221]. Wie beim Brief des Ignatius an Polykarp (geschrieben um 110 n. Chr.) vermischen sich Weisungen an eine Einzelperson mit Gemeindeparänesen. Als weitere literarische Parallelen können Briefe und briefliche Instruktionen von Herrschern an hohe Beamte gelten (Mandata principis [vgl. z. B. den Briefwechsel zwischen Plinius d. J. und Kaiser Trajan], hellenistische Königsbriefe)[222].

219 Vgl. dazu die Auflistung der Unterschiede zwischen 1 Tim/Tit und 2 Tim bei M. Wolter, Pastoralbriefe als Paulustradition, 143–154.

220 Vgl. M. Dibelius, Geschichte der urchristlichen Literatur, 148 ff; H. W. Bartsch, Die Anfänge urchristlicher Rechtsbildungen, ThF 34, Hamburg 1965, 160 ff; W. G. Kümmel, Einleitung, 339; A. Wikenhauser – J. Schmid, Einleitung, 536 f; H. M. Schenke – K. M. Fischer, Einleitung I, 222 ff; H. Köster, Einführung, 740.

221 Vgl. M. Wolter, Pastoralbriefe als Paulustradition, 196; J. Roloff, 1 Tim, 48 f; H. Merkel, Past, 11.

222 Vgl. die Analyse aller relevanten Texte bei M. Wolter, a. a. O., 161–177. Eine neue formgeschichtliche Klassifizierung der Pastoralbriefe schlägt T. Glaser vor; sie seien als Briefroman konzipiert:

Gliederung des 1Tim

1, 1–2	Präskript	Briefanfang
1, 3–20	Die Aufgabe des Timotheus: Bekämpfung der falschen Lehre	
2, 1–3, 16	1. Hauptteil	Briefkorpus
2, 1–7	Gebet für alle Menschen	
2,8–15	Das Beten von Männern und Frauen	
3, 1–13	Voraussetzungen für das Bischofs- und Diakonenamt	
3, 14–16	Grundsatzerklärung	
4, 1–6, 2	2. Hauptteil	
4, 1–11	Bekämpfung der Irrlehre	
4, 12–5, 2	Das Vorbild des Gemeindeleiters	
5, 3–16	Der Witwenstand	
5, 17–25	Das Ältestenamt	
6, 1–2	Christliche Sklaven	
6, 3–19	Schlussparänese	Briefschluss
6, 20.21	Schlussmahnung und Schlussgruß	

Der Briefanfang verbleibt auf der Absender – Empfänger-Ebene und hat legitimierende Funktion; Paulus erteilt Timotheus das Mandat für die von ihm durchzuführenden Aufgaben. Mit dem Briefkorpus wird die Gemeinde in das Kommunikationsgeschehen miteinbezogen. Ihr Gebet für alle Menschen entspricht der Universalität des göttlichen Heilswillens. Auf die Gebetsweisungen folgen Anordnungen für die äußere Ordnung des Gottesdienstes (1Tim 2,8–15). Im Zentrum des 1. Hauptteils stehen die in einem Pflichtenspiegel dargelegten Qualifikationsmerkmale kirchlicher Amtsträger. Während im 1. Hauptteil die Weisungen direkt an die Gemeinde ergehen, erteilt im 2. Hauptteil Timotheus der Gemeinde von Paulus empfangene Weisungen (vgl. 1Tim 4, 11!). Das Verhalten gegenüber den Irrlehrern und die innergemeindlichen Pflichten des Amtsträgers bedingen einander, nur die uneingeschränkte Autorität des Gemeindeleiters vermag die Irrlehre zurückzudrängen (vgl. 1Tim 4, 7). Die Regeln für die Witwenfürsorge zielen auf eine Reorganisation bereits bestehen-

„Die grundlegende Gemeinsamkeit zwischen diesem Paulusbüchlein und Briefromanen ist auf den ersten Blick gegeben: es handelt sich um mehrere Briefe an Einzelpersonen, die zusammen gelesen werden können und eine Geschichte – wie fragmentiert auch immer – ergeben" (T. Glaser, Briefroman, 168). Allerdings ist die Formbestimmung ‚Briefroman' sehr allgemein (Hauptkennzeichen: Es wird eine Geschichte erzählt/konstruiert, in deren Mittelpunkt die historische und moralische Entwicklung des ‚Helden' steht) und auch in der antiken Literatur nicht wirklich nachzuweisen.

der sozialer Maßnahmen. Auch im Zusammenhang mit dem Presbyterkollegium gab es offenbar in den Gemeinden Probleme, die nun vom Bischof überwunden werden sollen. Der Briefschluss nimmt den Briefanfang auf, indem noch einmal an das Mandat des Timotheus erinnert wird (vgl. 6, 12–16). Den Abschluss bilden kurze Schlussmahnungen und ein Schlussgruß.

Gliederung des Tit

1, 1–4	Präskript	Briefanfang
1, 5–16	Gemeindeordnung	Briefkorpus
1, 5–6	Die Presbyter	
1, 7–9	Der Bischof	
1, 10–16	Die Irrlehrer	
2, 1–15	Ständeordnung	
2, 1	Überschrift	
2, 2	Die alten Männer	
2, 3–5	Die alten und jungen Frauen	
2, 6–8	Die jungen Männer	
2,9–10	Die Sklaven	
2, 11–15	Begründung der ethischen Haltung der Christen	
3, 1–11	Weitere Mahnungen	
3, 12–14	Abschließende Anweisungen	Briefschluss
3, 15	Grüße und Segenswunsch	

Das Präskript orientiert sich am Röm, es folgen Anweisungen für den Lebenswandel der Presbyter und Bischöfe. Tit 1, 10–16 weist den Gemeindeleitern als zentrale Aufgabe die Bekämpfung der Irrlehre zu. Auf die Abwehr der Häretiker folgt die positive Darstellung des Gemeindelebens (Tit 2, 1–10). Alle Stände werden zu einer untadeligen Lebensweise aufgerufen, die mit einem Ausblick auf die Erscheinung des Heilandes Jesus Christus in Tit 2, 11–15 theologisch begründet wird. Die sich anschließenden allgemeinen Weisungen münden in eine Kirchenzuchtregel (Tit 3, 10f). Der Briefschluss greift Elemente des 1 Kor und Röm auf.

Lassen sich der 1 Tim und Tit als briefliche Instruktionen an weisungsbefugte Amtsträger verstehen, so spiegelt sich im 2 Tim eine andere Kommunikationssituation wider. Hier geht es unter Ausblendung der Gemeinde allein um das Verhältnis zwischen Apostel und Apostelschüler. Wie bei keinem anderen deuteropaulinischen Brief ist im 2 Tim die inhaltliche Kontinuität als personale Kontinuität gedacht. Diese Konstellation dient aber auch im 2 Tim dazu, die Gemeinde zu einer bleibenden Ausrichtung an Paulus zu bewegen, so dass dieses Schreiben als testamentarische Mahnrede bezeichnet werden kann. Der *testamentarische Charakter* des 2 Tim zeigt sich im Vergleich mit Apg 20, 17–35 (Abschiedsrede des Paulus in Milet): Der scheidende Apostel sagt das Auftreten von Irrlehrern voraus (Apg 20, 29 f/ 2 Tim 3, 1–5 a.6–7; 4, 3 f) und fordert strikte Abgrenzung (Apg 20, 28/2 Tim 3, 5 b; 4, 5). Er betont seine eigene vorbildhafte Tätigkeit (Apg 20, 18–21. 27. 35; 2 Tim 4, 7) und blickt auf seinen bevorstehenden Tod (Apg 20, 23/2 Tim 4, 6).

Gliederung des 2 Tim

1, 1–2	Präskript	Briefanfang
1, 3–5	Proömium	
1, 6–2, 13	1. Hauptteil	Briefkorpus
1, 6–14	Briefliche Selbstempfehlung	
1, 15–18	Nachrichten über die Gefangenschaft des Paulus	
2, 1–13	Der Apostel als Vorbild des Leidens	
2, 14–4,8	2. Hauptteil	
2, 14–26	Die persönliche ethische Bewährung	
3, 1–9	Die Irrlehre	
3, 10–17	Die apostolische Nachfolge des Timotheus	
4, 1–8	Das Testament des Paulus	
4,9–18	Die Situation des Paulus	Briefschluss
4, 19–21	Grüße	
4, 22	Segenswunsch	

Der Briefanfang orientiert sich durchgehend am Formular der Protopaulinen, anders als im 1 Tim/Tit folgt auf das Präskript eine Danksagung. Mit der sich anschließenden brieflichen Selbstempfehlung steht der Verfasser ebenfalls in der Tradition der echten Paulusbriefe. Das Vorbild des Apostels bestimmt auch den Abschnitt über die Leidensnachfolge in 2, 1–13. Die zentralen Abschnitte des 2. Hauptteils verdeutlichen: Die Bewährung des Amtsträgers zeigt sich im Umgang mit der Irrlehre. Dem negativen Bild der Häretiker wird das Vorbild des Timotheus gegenübergestellt (3, 10–17). Letzte Weisungen, gleichsam das Testament des Paulus, beschließen den Briefkorpus. Der Briefschluss zeichnet sich durch detaillierte Personaltraditionen aus.

5.5.6 Literarische Integrität

Die literarische Integrität der Pastoralbriefe ist unbestritten.

5.5.7 Traditionen, Quellen

Die Past setzen offenbar bereits eine kleine Sammlung von Paulusbriefen voraus[223]. Für den 1 Tim dienen vor allem der 1 Kor und der Röm als Quellen. So bezieht sich 1 Tim 1, 2 auf 1 Kor 4, 17; 1 Tim 1,8–10a auf Röm 3, 21. 28; 7, 12, 1 Tim 1, 12f auf 1 Kor 7, 25; 1 Tim 1, 20 auf 1 Kor 5, 5; 1 Tim 2, 6f auf Röm 9, 1; 1 Tim 2, 11–15 auf 1 Kor 14, 33b–36; 1 Tim 5, 18 auf 1 Kor 9,8–14 und 1 Tim 6, 4f auf Röm 1, 28–30. Zudem liegt in 1 Tim 3, 15b eine Anspielung auf 2 Kor 6, 16; in 1 Tim 1, 12f auf Phil 4, 13 und in 1 Tim 4, 6–10 auf Kol 1, 24–29 vor[224]. Demgegenüber lässt sich eine Benutzung der Apostelgeschichte durch den 1 Tim nicht nachweisen[225]. Vielfältige Traditionen übernahm der 1 Tim aus der Gemeindeüberlieferung. Dazu gehören die Regeln für kirchliche Ämter in 1 Tim 3, 1–13; 5, 17, die Aussagen über den Witwenstand in 1 Tim 5, 3–10 und über die Sklaven in 1 Tim 6, 1. 2. Auch die detaillierten Regelungen über die Gemeindezucht in 1 Tim 5, 19–21 entstammen der Gemeindetradition. Dieses Traditionsmaterial ist in sich uneinheitlich, so dass die Annahme einer Kirchenordnung als möglicher Quelle für den 1 Tim (wie die Past insgesamt) als unwahrscheinlich gelten muss. Neben den rechtlichen Traditionen finden sich im 1 Tim kerygmatische Formeln (1 Tim 2, 5f), ein Christushymnus (1 Tim 3, 16) und Elemente einer Ordinationsparänese (1 Tim 6, 13f). In Tit 3, 3–7 liegt ein Bezug auf Gal 4, 3–7 vor. Der geprägten Gemeindetradition entstammen die Anordnung über die Einsetzung von Ältesten und Episkopen in Tit 1, 5–9 und der Gemeindespiegel in Tit 2, 1–10.

2 Tim orientiert sich an Röm 1,8–15; deutliche Verbindungslinien lassen sich zwischen 2 Tim 1, 7/Röm 8, 15; 2 Tim 1,8/ Röm 1, 16; 2 Tim 2,8/Röm 1, 3; 2 Tim 2, 4–6/ 1 Kor 9, 7 und 2 Tim 2, 11–13/Röm 6, 3f aufzeigen. Die Paulusanamnese des 2 Tim basiert sicherlich teilweise auf Personaltraditionen, die in den Gemeinden überliefert wurden (vgl. 2 Tim 1, 3; 4, 16–18).

Die Kenntnis und Benutzung von Paulusbriefen und die Aufnahme lebendiger Gemeindetradition schließen sich nicht aus, sondern ergänzen sich in den Past. Dieses Ineinander muss als charakteristisch für den Umgang mit der Paulustradition gegen Ende des 1. Jhs. angesehen werden.

223 Vgl. hierzu A. Lindemann, Paulus im ältesten Christentum (s. o. 5), 134–149.

224 Vgl. dazu die umfangreiche Auflistung bei R. Reuter, Synopse zu den Briefen des Neuen Testaments II, Frankfurt 1998, 40–592.

225 Vgl. J. Roloff, 1 Tim, 40.

5.5.8 Religionsgeschichtliche Stellung

Die Past streiten gegen eine innergemeindliche Irrlehre, die in sich sehr verschiedenartige Elemente vereinigt. So behaupten die gegnerischen Lehrer, über *γνῶσις* zu verfügen (1 Tim 6, 20 f; vgl. auch 1 Tim 4, 3; 2 Tim 3, 7; Tit 1, 16). In die Richtung einer Frühform christlicher Gnosis weisen auch die asketischen Forderungen der Enthaltung von der Ehe und von bestimmten Speisen (1 Tim 4, 3; vgl. dazu NHC IX/3 29, 20 ff; Iren, Haer I 24, 2; 28, 1.4). Gnostische Parallelen finden sich auch zu der Behauptung der Gegner, die Auferstehung sei schon geschehen (2 Tim 2, 18; vgl. NHC I/4 49, 15 f; NHC II/3 104, 15–19; 121, 1–8). Zur Irrlehre gehören nach 1 Tim 1, 4; 4, 7; 2 Tim 4, 4; Tit 1, 14; 3,9 Mythen und endlose Genealogien. In gnostischen Texten finden sich ebenfalls zahlreiche mythologische Spekulationen.

Auch jüdische Elemente prägten die Irrlehre. So erheben die Gegner den Anspruch, Gesetzeslehrer zu sein (1 Tim 1, 7; vgl. Tit 1,9). Nach Tit 1, 10 stammen die Verführer aus der Beschneidung, in Tit 1, 14 werden die mythologischen Spekulationen als *Ἰουδαϊκοὶ μύθοι* bezeichnet. Wahrscheinlich drang die gegnerische Lehre nicht von außen in die Gemeinden ein, denn die Vertreter dieser Lehre traten öffentlich in Gemeindeversammlungen auf (vgl. 2 Tim 2, 16. 25; 3,8; Tit 1,9; 3,9). Sie hatten beträchtlichen Erfolg innerhalb der Gemeinde, ganze Häuser schlossen sich der neuen Lehre an. Unter den wohlhabenden Frauen der Gemeinde fand die Lehre viele Anhängerinnen (vgl. 2 Tim 3, 6). Auch die Namensnennungen in 1 Tim 1, 20; 2 Tim 2, 17; 4, 14 zeigen, dass die Irrlehre von Teilen der Gemeinde getragen wurde.

Religionsgeschichtlich wird die gegnerische Lehre[226] zumeist als eine Form judenchristlicher Gnosis eingestuft[227]. Bei dieser These sind die jüdischen Elemente konstitutiver Bestandteil der Irrlehre, häufig wird dabei auch ein jüdischer Ursprung der Gnosis vorausgesetzt. Diese Annahme ist allerdings stark umstritten, denn zentrale Elemente des jüdischen Glaubens (strikter Monotheismus, Schöpfergott, positive Wertung der Schöpfung) lassen sich nur schwer mit der schöpfungsfeindlichen Grundeinstellung gnostischer Systeme verbinden. Werden zudem die jüdischen Elemente nur als Randphänomene der Irrlehre eingestuft, legt es sich nahe, in ihr eine Frühform christ-

226 Eine Forschungsübersicht bietet J. J. Gunther, St. Paul's Opponents (s. o. 2.6.8), 4 f, der 17 verschiedene Gegner-Klassifizierungen zählt; zur Forschungsgeschichte vgl. E. Schlarb, Gesunde Lehre, 73–82.

227 Vgl. M. Dibelius, Past, 53; W. G. Kümmel, Einleitung, 333 f; W. Schmithals, Gnosis und Neues Testament (s. o. 2.6.8), 93 f; N. Brox, Past, 33 ff; G. Haufe, Gnostische Irrlehre, 332 f; H. M. Schenke – K. M. Fischer, Einleitung, 219 f. Auch G. Häfner, Die Pastoralbriefe, in: Ebner/Schreiber (Hg.), Einleitung in das Neue Testament, Stuttgart 2008, 463–465, geht von einer einzigen Gegnergruppe aus, in deren Lehre judenchristliche und gnostische Elemente zusammenflossen. Demgegenüber votiert J. Herzer, Juden – Christen – Gnostiker. Zur Gegnerproblematik der Pastoralbriefe, BThZ 25 (2008), 143–168, dezidiert nicht für eine einheitliche Gegnerfront: Vielmehr lägen im Tit jüdische Einflüsse in einem kretischen Kontext vor (Tit 1, 12); der 2Tim müsse hingegen im Kontext der Auseinandersetzungen um das rechte Verständnis der paulinischen Eschatologie gelesen werden (2Tim 2, 17 f); der 1Tim schließlich lasse gnostische Einflüsse erkennen (1Tim 6, 20).

licher Gnosis zu sehen[228]. Die asketischen Tendenzen innerhalb der gegnerischen Lehre haben zu der Vermutung geführt, die Irrlehre der Past dem enkratitischen Wanderprophetentum zuzurechnen[229]. Die Berufung auf *γνῶσις*, die Beschäftigung mit Mythen und endlosen Genealogien lassen sich in dieses Erklärungsmodell aber nicht integrieren[230].

Religionsgeschichtlich muss die in den Pastoralbriefen bekämpfte Lehre somit als eine *Frühform christlicher Gnosis* bezeichnet werden, in die jüdische Elemente einflossen, ohne sie inhaltlich zu bestimmen. Offenkundig vertraten die Gegner ein massiv präsentisches Heilsverständnis, das sich wahrscheinlich aus ihrer Interpretation der Taufe und dem damit verbundenen Geistbesitz herleitet. Die asketischen Tendenzen der gegnerischen Lehre weisen darauf hin, dass die bestehende Welt als Ort der Gefangenschaft begriffen wurde, aus der sich der Gnostiker durch die erlösende Gotteserkenntnis zu befreien versuchte. Schöpfung und Schöpfergott erfahren eine negative Beurteilung, allein die Überwindung der feindlichen materiellen Welt war das Ziel der gegnerischen Lehre. Demgegenüber betont 1 Tim 4, 4 f Gottes gutes Schöpfungswerk, an dem nichts verwerflich ist. Die Mission der Irrlehrer vollzog sich überwiegend in kleinen Hausgemeinden (2 Tim 3, 6 ff), was zu dem esoterischen Charakter gnostischer Lehren passt. Zeitlich und sachlich am nächsten stehen der gegnerischen Lehre Aussagen der Johannesoffenbarung über Irrlehren in kleinasiatischen Gemeinden (vgl. Offb 2, 6. 14. 15. 20. 24).

5.5.9 **Theologische Grundgedanken**

Grundlegend für die Theologie der Past ist der Rückbezug auf den Apostel und Lehrer Paulus. Paulus ist der durch den Willen Gottes beauftragte Apostel Jesu Christi, *der* Diener des Evangeliums (vgl. 1 Tim 1, 1; 2, 7; Tit 1, 1; 2 Tim 1, 1; 1, 11). Das paulinische Apostolat gilt allen Völkern (vgl. 1 Tim 2, 7; 2 Tim 4, 17), ihnen verkündet Paulus das ihm von Gott anvertraute Evangelium (1 Tim 1, 11; 2, 6 f; 2 Tim 1, 10 f.12; Tit 1, 3). Das Evangelium erscheint in den Past als *παραθήκη*, als der kostbarste Schatz der Kirche (vgl. 1 Tim 6, 20 f; 2 Tim 1, 12. 14). Im Evangelium wird das Heilsgeschehen proklamiert, das es nun als apostolische Lehrverkündigung zu bewahren gilt.

Als Verkünder des Evangeliums und Garant der Tradition erscheint Paulus in den Past zugleich als Lehrer. Der Lehrer Paulus unterweist die Gemeinden in der gesunden Lehre (vgl. Tit 2, 1). In diese Lehre gehört auch das Evangelium hinein (vgl. Tit

228 Vgl. J. Roloff, 1 Tim, 228–239; M. Wolter, Pastoralbriefe als Paulustradition, 265 f; H. Merkel, Past, 10. 13; L. Oberlinner, Tit., 52–73.

229 Vgl. G. Kretschmar, Glaube, 117. 138; U. B. Müller, Zur frühchristlichen Theologiegeschichte (s. o. 5), 58 ff (Müller rechnet mit zwei gegnerischen Gruppen: 1. enkratitische judenchristliche Wanderpropheten; 2. enthusiastische Pauliner).

230 Zur Kritik vgl. M. Wolter, Pastoralbriefe als Paulustradition, 261–264.

2, 11–14), darüber hinaus bezeichnet aber *παραθήκη* die Gesamtheit dessen, was in den Past als Verkündigung und ethische Unterweisung den Gemeinden aufgetragen wird. Während die Irrlehrer mit ihrer Falschlehre die Gemeinden spalten, sollen Timotheus und Titus und damit die angesprochenen Gemeinden an der ursprünglichen Lehre und an der Schrift festhalten (vgl. 1 Tim 1, 3–7; 6, 3–5; 2 Tim 3, 10–12. 15 f; Tit 1, 10–2, 15). Der Autor der Past untersagt den Gemeinden die Beschäftigung mit der Irrlehre, nicht Diskussion, sondern Distanz wird gefordert (vgl. 1 Tim 6, 20; 2 Tim 2, 14. 16. 23; 3, 5; Tit 3,9–11). Über weite Strecken lesen sich die Past wie amtliche Anordnungen (vgl. z. B. 1 Tim 2, 1. 8. 12; 3, 2. 7; Tit 2, 1. 15; 2 Tim 1, 13 f; 2, 1. 14. 22 f; 3, 10), deren Befolgung vor allem die Irrlehre zurückdrängen sollen.

Als Urbild des Glaubens ist Paulus zugleich Vorbild für die Gemeinden (vgl. 1 Tim 1, 15 f). In der Lehre, in der Lebensführung, im Glauben und in den Leiden soll die Gemeinde dem Apostel nachfolgen (vgl. 2 Tim 3, 10 f; 1, 13). So wie Paulus auf der textinternen Ebene dem Timotheus als Vorbild erscheint, so wird Timotheus den Gemeinden als Vorbild hingestellt (vgl. 1 Tim 4, 12; 2 Tim 3, 10 f; vgl. ferner Tit 2, 7). Timotheus und Titus sind Kinder des Apostels im Glauben (vgl. 1 Tim 1, 2. 18; 2 Tim 1, 2; 2, 1; Tit 1, 4), das Vorbild Paulus ist somit in den Amtsträgern der Kirche gegenwärtig. Insgesamt zeichnen die Past ein überaus kraftvolles Bild des Paulus, der als Verkündiger, Lehrer, Seelsorger und Kirchenorganisator für seine Gemeinden eintritt und kämpft. Paulus ist gleichermaßen Apostel, kirchliche Autorität und das Ideal eines Christen. Seine überragende Stellung in den Gemeinden musste vom Verfasser der Past nicht begründet werden, vielmehr schrieb er im Kontext einer lebendigen paulinischen Tradition.

Mit der Person des Paulus eng verbunden sind in den Past die Aussagen über die *gemeindeleitenden Ämter*[231]. Die Rückbindung an Paulus gibt dem Leitungsamt in der Gemeinde seine Autorität. Der Dienst am Paulus von Gott anvertrauten Evangelium (vgl. 1 Tim 1, 12) wird nun in Abwesenheit des Apostels von Timotheus und Titus als Prototypen des Gemeindeleiters wahrgenommen. So wie Paulus in allem der Wahrheit des Evangeliums verpflichtet war, kommt auch dem Gemeindeleiter die Aufgabe zu, die durch die paulinische Verkündigung legitimierte Tradition zu bewahren (vgl. 1 Tim 6, 20; 2 Tim 1, 2. 14). Dabei stand der Verfasser der Past vor der Aufgabe, zwei (in den Gemeinden bereits existierende)[232] Verfassungsformen zusammenzufügen

231 Vgl. dazu J. Roloff, 1 Tim, 169–189; H. Merkel, Past, 90–93; L. Oberlinner, Tit, 74–101.

232 Nach J. Roloff, 1 Tim, 170, führt der Verfasser keine neuen Ämter ein, sondern es geht ihm darum, „die bereits vorhandenen Ämter und Dienste zunächst so weit wie möglich in einer Gesamtschau zu integrieren und sie durch eine vertiefte Neuinterpretation so umzugestalten, dass sie den Aufgaben und Anforderungen seiner kirchlichen Situation entsprechen können." Demgegenüber erklären sich nach H. Merkel, Past, 13, die spannungsreichen Aussagen zu kirchlichen Ämtern in den Past „am einfachsten mit der Annahme, in den Gemeinden sei das Presbyteramt bekannt gewesen, während der Briefverfasser das Episkopen/Diakonen-Modell einführen will." Nach L. Oberlinner, Tit, 91, befürwortet der Autor der Past „eine Gemeindestruktur, in der der Episkopos als verantwortlicher Leiter der Gemeinde und

und neu zu interpretieren. In den Past finden sich sowohl Aussagen über eine Ältesten-Verfassung (1 Tim 5, 17f.19; Tit 1, 5f) als auch Pflichten-Spiegel für Bischöfe und Diakone (1 Tim 3, 2–13; Tit 1, 7–9). Das Zusammenfließen des Ältesten-Amtes und des Episkopen/Diakonen-Amtes ist für das Ende des 1. Jhs. vielfach bezeugt (vgl. Apg 14, 23; 20, 17; 1 Petr 5, 1–5; 1 Klem 40–44). Das aus jüdischer Tradition entstandene Ältestenamt[233] sieht in dem Alter und der Reife eines Mannes ein entscheidendes Qualifikationsmerkmal. Bei Paulus findet sich dieses Amt nicht, denn für ihn ist das Alter kein Charisma, alle Funktionen und Dienste verdanken sich der Autorität des Geistes (vgl. 1 Kor 12, 28–31)[234]. Der Phil aus der Spätphase des paulinischen Wirkens bezeugt die Dienste des *ἐπίσκοπος* und *διάκονος* (Phil 1, 1). Die Episkopen trugen offenbar – zunächst als Leiter von Hausgemeinden – vielfältige Verantwortung in den einzelnen Ortsgemeinden. Auch die *διάκονοι* nahmen innerhalb der Gemeinden Funktionen wahr, so z. B. Aufgaben im Rahmen der Eucharistie und der Armenpflege (vgl. Mk 10, 43f; 2 Kor 3, 6; 4, 1; 5, 18). Das Nebeneinander dieser beiden Verfassungsformen in den Past wirft die Frage auf, welche Ordnung der Verfasser der Briefe anstrebte. Eine Verschmelzung beider Verfassungsstrukturen war offensichtlich nicht das Ziel, denn nur in Tit 1, 5–9 stehen beide Ordnungen nebeneinander, ohne wirklich miteinander verbunden zu werden. Vielmehr favorisiert der Verfasser der Past eine Episkopen/Diakonen-Ordnung[235]. Nach 1 Tim 3, 1 ist das Episkopen-Amt eine gute Sache, die man anstreben soll. Der Episkopos steht nicht mehr nur einer Hausgemeinde vor, sondern ihm obliegt die Leitung einer Ortsgemeinde, umgeben von Diakonen und Verantwortung wahrnehmenden Ältesten. Die angestrebte Neugestaltung des Episkopen-Amtes und die allmähliche Überwindung des Presbyteriums veranschaulicht die Ordination des Timotheus in 1 Tim 4, 14. Zwar legen die Presbyter Timotheus die Hand auf (nach 2 Tim 1, 6 wurde Timotheus durch Paulus ordiniert), er wird aber zum *ἐπίσκοπος* der Gesamtgemeinde ordiniert[236]. Nicht zuletzt das Auftreten der Irrlehre beschleunigte die Etablierung eines funktionstüchtigen Leitungsamtes, denn der *ἐπίσκοπος* soll für die gesamte Gemeinde

zugleich als über andere Funktionsträger, wie Presbyter und Diakone und Diakoninnen, gestellte Instanz gilt und anerkannt wird." Kritisch zu diesen Modellen D.-A. Koch, Die Einmaligkeit des Anfangs und die Fortdauer der Institution, in: Die kleine Prophetin Kirche leiten (FS G. Noltensmeier), hg. v. M. Böttcher – A. Schilberg – A.-Chr. Tübler, Wuppertal 2005, (157–168) 167, der die These einer ‚Verschmelzung' ablehnt: „Weder gab es eine paulinische Episkopenverfassung, noch ist das Amt des presbyteros charakteristisch für die jüdischen Synagogengemeinden des 1. und 2. Jh. n. Chr. Die Organisations- und Ämterstruktur der Pastoralbriefe ist also ein Neuentwurf der dritten Generation."

233 Vgl. hierzu die bei A. Deissmann, Licht vom Osten (s. o. 2.3.1), 378–380, abgedruckte Jerusalemer Inschrift aus der Zeit 70 v. Chr.; vgl. ferner Apg 1, 30; 14, 23; 15, 2.4.22f; Jak 5, 14.

234 Zum Zurücktreten der Geistaussagen in den Past vgl. M. Wolter, Pastoralbriefe als Paulustradition, 41 ff.

235 Vgl. J. Roloff, 1 Tim, 175.

236 Vgl. H. v. Lips, Glaube – Gemeinde – Amt, 279: „Die Bedeutung der Ordination als Bevollmächtigung und Befähigung für den Amtsträger zielt auf dessen amtliche Funktion und Autorität in der Gemeinde einerseits, auf die Wahrung der Tradition durch Hineinstellen in amtliche Kontinuität andererseits."

verantwortlich sein (vgl. 1 Tim 5, 1–22). Die Kirche als heiliger Bau und auf Gott gegründete Institution, in der die in Jesus Christus erschienene und allein rettende Wahrheit gegenwärtig ist (vgl. 1 Tim 3, 15 f; 2 Tim 2, 19–21), muss sich gegenüber der Irrlehre abgrenzen. Dennoch erfassen rechtliche Kategorien nicht das Wesen des Episkopenamtes, es ist primär ein geistliches Amt, die Fähigkeit zur Lehre qualifiziert den Gemeindeleiter (1 Tim 3, 2; Tit 1,9). Der Bischof wird als Haushalter Gottes angesprochen (Tit 1, 7–9), der an der rechten Lehre festhält und den Gegnern widersteht. Wie der Apostel seine Gemeinden durch das Evangelium leitete, so treten nun die Apostelschüler, ausgestattet mit den Weisungen des Paulus, in diese Aufgabe ein (vgl. 1 Tim 4, 11. 13. 16; 2 Tim 1, 13; 2, 24; 3, 10. 14–17; Tit 2, 1). Auch in der Abwesenheit des Apostels bleiben das von ihm verkündigte Evangelium und sein unermüdlicher Dienst an den Gemeinden Norm des Dienstes der Apostelschüler, an denen sich wiederum die Gemeindeleiter orientieren sollen. Als vom Geist Gottes erfüllte Schrift (vgl. 2 Tim 3, 16) erheben die Past den Anspruch, den für die Gemeinden verpflichtenden Willen des Apostels Paulus umfassend und abschließend zu formulieren.

Die Past propagieren einen Lebens- und Frömmigkeitsstil, der durch ein besonnenes und tugendhaftes Glaubensleben, Werke der Liebe, Ausdauer, Bescheidenheit, Gastfreundschaft und umfassende Wohltätigkeit geprägt ist (vgl. 1 Tim 2, 2; 4, 7. 12; 6, 6–11. 17–19; 2 Tim 1, 7; 2, 22; 3, 10; Tit 1,8; 2, 1 f.6. 11–13; 3, 4–7). Der Verfasser der Past orientiert sich damit an konventionellen Normen seiner Zeit, sein Ziel liegt in der sozialen Integration der Gemeinden (vgl. 1 Tim 2, 2). Der Bischof muss auch bei den Nichtchristen einen guten Ruf haben (1 Tim 3, 7), Frauen dürfen nicht lehren (1 Tim 2, 12) und Sklaven sollen ihren Herrn ehren (1 Tim 6, 1) und sich ihm unterordnen (Tit 2,9). Für die Gemeinden der Past bestand offenbar zwischen dem grundlegenden Rückbezug auf den Apostel Paulus und der gleichzeitigen Adaption paganer Ethik kein Widerspruch, beides war Voraussetzung für die Identität und Stabilität der Gemeinden. Versuchten doch die Irrlehrer, den Gemeinden eine neue Identität zu geben, die einerseits den grundlegenden Rückbezug auf Paulus in Frage stellte und zugleich eine Entweltlichung propagierte. Dann hätten soziale Isolation und Traditionsabbruch die Existenz der Gemeinden gefährdet.

Der Autor der Past knüpft in seiner besonderen historischen Situation auch an genuine Elemente paulinischer Theologie an. Tit 3, 3–7; 2 Tim 1,8–10 geben präzis den Sachgehalt der paulinischen Rechtfertigungslehre wieder: Allein aus Gnade ohne Werke des Gesetzes rechtfertigt Gott den Menschen (vgl. Gal 2, 16; Röm 3, 21 ff). Die Verbindung Taufe – Gerechtigkeit in Tit 3, 5 findet sich auch in 1 Kor 6, 11; Röm 6. Der in den Past vorherrschende Imperativ wird in Tit 3, 3–7 fest im Indikativ verankert. Auch die in den drei Briefen dominierende Darstellung des Paulus als Vorbild der Amtsträger und der gesamten Gemeinde rezipiert ein Motiv der Protopaulinen, wo sich der Apostel wiederholt als Vorbild seiner Gemeinden empfiehlt (vgl. 1 Thess 1, 6 f; 1 Kor 4, 16 f; 11, 1; Gal 4, 12; Phil 3, 17; 4,9). Ein deutliches theologisches Defizit zeigt sich hingegen in der Pneumatologie der Past, schon die Seltenheit von Geistaussagen ist signifikant. Das πνεῦμα ist zwar nicht auf die Amtsträger begrenzt (vgl. Tit 3,5), dennoch sind sie deutlich die hervorgehobenen Geistträger (vgl. 2Tim 1,6.14; 1Tim 4,14). Die Ordination als geistlicher und rechtlich-institutioneller Akt zielt gleichermaßen auf die Autorität der Amtsträger und die Wahrung der Tradition[237]. Auch die eschatologischen Aussagen treten zurück, die Parusie des Herrn erfolgt „zur rechten Zeit" (1Tim 6,15). Dies erfordert ein beständiges Fundament für die Kirche: die gesunde Lehre (vgl. 2Tim 4,1 mit 4,2f). Nicht das Unbestimmte, sondern allein das Beständige prägt die Eschatologie der Past.

Offensichtlich sind die Pastoralbriefe Bestandteil einer eigenständigen Paulusnarratio, die sich auf das Ende des Apostels konzentriert. Wenn die angeschriebenen Gemeinden die Apostelgeschichte nicht kannten, dann waren – in Kenntnis einzelner authentischer Paulusbriefe – zentrale Fragen des Lebensendes des Paulus offen bzw. unklar. Darauf antworten die Pastoralbriefe, indem sie das abschließende Wirken des Apostels mit ihrer eigenen aktuellen Gemeindesituation verbinden.

5.5.10 **Tendenzen der neueren Forschung**

Häufig wurden die Pastoralbriefe am Maßstab der paulinischen Theologie gemessen und als Produkte einer theologischen Negativentwicklung gewertet. So akzeptiert S. Schulz zwar die zeitgeschichtliche Notwendigkeit, nicht aber die Sachgemäßheit der Theologie der Past. „Blickt man schließlich auf die Wirkungsgeschichte dieser Thesen eines frühkatholischen Amts-, apostolischen Sukzessions- und Traditionsverständnisses, des Ideals der christlichen Brüderlichkeit wie eines frommen Lebens …, dann wird man diese frühkatholische Entwicklung gerade um Paulus willen nicht nachvollziehen, sondern rückgängig machen müssen."[238] In der neueren Forschung dominiert nicht mehr die pauschale Kritik, sondern das Bemühen um ein Verstehen, das der besonderen historischen Situation und der theologischen Leistung der Past gerecht werden will. Dabei stehen die Intentionen der Paulusrezeption der Past im Mittelpunkt. J. Roloff betont, dass der Verfasser keineswegs ein starres Traditionsprinzip praktiziere, „sondern eine aneignende, auf neue Situationen hin anwendende Interpretation des Überkommenen. Aus der Überzeugung, dass das Wort des Paulus die geschichtliche Gestalt ist, in der der Kirche das Evangelium begegnet, und dass allein dieses Wort die Instanz ist, von der sie verbindliche Weisung und Leitung erwarten kann, werden hier praktische Konsequenzen gezogen, indem ein Modell für den Umgang mit diesem Apostelwort entwickelt wird. Damit ist die Weiche ge-

237 Vgl. H. v.Lips, Glaube – Gemeinde – Amt, 277ff.
238 S. Schulz, Die Mitte der Schrift, Stuttgart 1976, 109.

stellt für eine Entwicklung, die, obwohl in den authentischen Paulusbriefen in mancher Hinsicht schon vorbereitet, doch keineswegs selbstverständlich war: Das Wort des Apostels wird zum Gegenstand kirchlicher Verkündigung."[239] M. Wolter verweist auf die paulinische Prägung der Gemeinden der Pastoralbriefe. „Paulus war für den Verfasser der Past und ursprünglich auch für dessen Gemeinde mehr als nur Autorität, er war vielmehr ein unaufgebbarer Bestandteil ihrer christlichen Identität."[240] Die Past versuchen ein sich jeder christlichen Gemeinschaft stellendes Problem zu lösen, „nämlich das der bleibenden Orientierung an dem für normativ erachteten Anfang angesichts einer veränderten historischen Vorfindlichkeit der Gemeinde und der Bedrohung durch einen Identitätsverlust, die durch von außen kommende fremde Identitätsangebote noch verschärft wird."[241] Im Kontext dieser Interpretationen verliert die Ämterlehre der Past ihre kontroverstheologische Brisanz, denn das sich bildende Bischofsamt ist ein wesentliches Instrument einer historisch notwendigen und theologisch legitimen Identitätssicherung. Zudem wird die Ekklesiologie der Past nicht vom Traditions- oder Amtsgedanken entworfen. „Der für die Sicht der Kirche zentral bestimmende Faktor ist auch in den Past das Christusgeschehen."[242]

Auch die Ethik der Past lässt sich nicht pauschal als ‚bürgerlich' etikettieren, „manchmal bieten die Pastoralbriefe gerade dort, wo man es am wenigsten vermutet hätte, nur die Entfaltung von Gedanken und Tendenzen, die bei Paulus selbst beginnen."[243]

Unterschiedlich beurteilt wird die Nähe der Past zur genuin paulinischen Theologie. H. Merkel sieht die Briefe ganz auf der Linie des Paulus, für ihn gilt: „Die theologische Basis der Past ist die Rechtfertigungslehre."[244] Demgegenüber konstatiert J. Roloff in den Past eine wesentliche Verkürzung der paulinischen Rechtfertigungslehre, sie „nehmen das Spannungsfeld von Sünde, Gesetz und Gesetzeswerken einerseits, Christus, Gnade und Glaube andererseits, in dem bei Paulus die Rechtfertigung steht, nicht mehr wahr ..."[245] Nach dem Urteil von N. Brox bieten die Past „weniger eine eigenständige, originelle Theologie als Anweisungen für ein praktisches Christentum."[246] Gegen den oft behaupteten Mangel an theologischer Kompetenz führt L. R. Donelson die geschlossene und reflektierte Argumentation der Past ins Feld. Sie weiß sich der aristotelischen Logik verpflichtet[247] und ist primär ethisch orientiert. „Given the theological fact that Jesus is not accessible and that the spirit keeps relatively quiet, these letters suggest that the ordained and educated clergy can provide a version of Christianity that is reasonable and moral."[248]

239 J. Roloff, 1 Tim, 377 f.
240 M. Wolter, Pastoralbriefe als Paulustradition, 270.
241 Ebd.
242 J. Roloff, 1 Tim, 216.
243 M. Reiser, Bürgerliches Christentum?, 43.
244 H. Merkel, Past, 14.
245 J. Roloff, 1 Tim, 380.
246 N. Brox, Past, 50.
247 Vgl. L. R. Donelson, Pseudepigraphy, 67–113.
248 A. a. O., 201.

Eine Neubewertung erfährt auch die Christologie der Pastoralbriefe. Die Studien von Karoline Läger und Hanna Stettler zeigen, dass die Past über eine reflektierte, soteriologisch akzentuierte Christologie verfügen, in der Jesus Christus an die Seite Gottes gestellt und als präexistenter, von Gott gesandter Retter aller Menschen verstanden wird. Mit den zentralen Begriffen *σωτήρ* und *ἐπιφάνεια* nehmen die Past eine ‚Übersetzung' der Christologie in die hellenistische Welt vor, um so Gottes gnadenhafte Hinwendung zu den Menschen in Jesus Christus in Vergangenheit, Gegenwart und Zukunft zu verdeutlichen.

In das Zentrum der neueren Forschung rückt die Corpus-Theorie, d.h. die Frage, ob alle drei Pastoralbriefe von Anfang an von einem Verfasser konzipiert und geschrieben wurden. Während G. Häfner die Corpus-Theorie noch einmal begründet und alle drei Briefe für pseudepigraphisch hält[249], verweist J. Herzer auf die Unterschiede zwischen den einzelnen Briefen und geht davon aus, dass sie von drei verschiedenen Autoren (in der Reihenfolge Tit – 2Tim – 1Tim) abgefasst wurden. Die Gemeinsamkeiten erklären sich daraus, dass die Autoren auf den/die jeweils vorhergehenden Briefe Bezug nehmen. Während der 1Tim als pseudepigraphisch einzustufen ist, versucht Herzer bei Tit und 2Tim eine Neubestimmung in Richtung authentischer Paulusbrief.[250]

Wenig überzeugend sind die (vor allem aus Nordamerika kommenden) Versuche, die Pastoralbriefe (insgesamt oder Einzelbriefe) wieder Paulus zuzuschreiben. Dagegen spricht neben den angeführten zahlreichen Einzelargumenten vor allem der klar erkennbare theologiegeschichtliche Ort der Past, der auf das Ende des 1. Jh./den Anfang des 2. Jh. n. Chr. hinweist. Die Pastoralbriefe sind in ihrem Bemühen ernst zu nehmen, das Christentum in den überwiegend städtischen Gemeinden Kleinasiens angesichts starker innerer (und wohl auch äußerer) Bedrohungen zu stabilisieren. Sie repräsentieren einen wichtigen Schritt hin zur durch Ämter strukturierten Kirche und zur Bildung des Kanons. Für ihr Verständnis ist die Intertextualitätsforschung von großer Bedeutung, denn sie versucht die Motive und Strategien pseudepigraphischer Schreiben wie der Pastoralbriefe zu präzisieren. Annette Merz versteht die Past als ‚fiktive Selbstauslegung' des Paulus, bei der durch fiktive Selbstreferenz eine intertextuelle Sinnkonstitution geleistet wird. Die Pastoralbriefe „verdanken ihre Existenz und Wirkungsmöglichkeiten einem autoritativen Prätextcorpus. Durch verschiedene Strategien der bewussten Täuschung der LeserInnen gliedern sie sich selbst in die Reihe der Paulusbriefe ein und beanspruchen durch die besondere Art ihrer Fiktion (Testamentscharakter, die doppelte Pseudonymität als Weg der Vermittlung allgemein kirchenleitender Anweisungen an die designierten Nachfolger etc.) sogar, die abschließende Interpretation des paulinischen Erbes zu leisten."[251]

249 Vgl. G. Häfner, Das Corpus Pastorale als literarisches Konstrukt, ThQ 187 (2007), 258–273.

250 Vgl. J. Herzer, Fiktion oder Täuschung?, 534.

251 A. Merz, Selbstauslegung, 383 f.

EXKURS 3: Die Sammlung der Paulusbriefe und das Werden des Kanons

Literatur

Sammlung der Paulusbriefe

A. v. Harnack, Die Briefsammlung des Apostels Paulus und die anderen vorkonstantinischen christlichen Briefsammlungen, Leipzig 1926. – H. Lietzmann, Einführung in die Textgeschichte der Paulusbriefe, in: ders., An die Römer, (s. o. 2.8.1), 1–18. – C. L. Mitton, The Formation of the Pauline Corpus of Letters, London 1955. – W. Schmithals, Zur Abfassung und ältesten Sammlung der paulinischen Hauptbriefe, ZNW 51 (1960), 225–245. – H. Gamble, The Redaction of the Pauline Letters and the Formation of the Pauline Corpus, JBL 94 (1975), 403–418. – K. Aland, Die Entstehung des Corpus Paulinum, in: ders., Neutestamentliche Entwürfe, TB 63, München 1979, 302–350. – A. Sand, Überlieferung und Sammlung der Paulusbriefe, in: K. Kertelge (Hg.), Paulus in den neutestamentlichen Spätschriften, (s. o. 5), 11–24. – D. Trobisch, Die Entstehung der Paulusbriefsammlung, NTOA 10, Freiburg (H) – Göttingen 1989. – U. Schmid, Marcion und sein Apostolos, ANTT 25, Berlin 1995.

Geschichte des ntl. Kanons

Th. Zahn, Geschichte des Neutestamentlichen Kanons I.II, Leipzig–Erlangen 1888. 1892. – A. (v.)Harnack, Das Neue Testament um das Jahr 200, Freiburg 1889. – H. Lietzmann, Wie wurden die Bücher des neuen Testaments heilige Schrift?, in: ders., Kleine Schriften II, hg. v. K. Aland, TU 68, Berlin 1958 (= 1907), 15–98. – J. Leipoldt, Geschichte des neutestamentlichen Kanons I.II, Leipzig 1907. 1908. – A. Jülicher (– E. Fascher), Einleitung, 451–558. – H. v. Campenhausen, Die Entstehung der christlichen Bibel, BHTh 39, Tübingen 1968. – W. G. Kümmel, Einleitung, 420–451. – E. Käsemann (Hg.), Das Neue Testament als Kanon, Göttingen 1970. – K. H. Ohlig, Die theologische Begründung des neutestamentlichen Kanons in der Alten Kirche, Düsseldorf 1972. – A. Sand, Kanon. Von den Anfängen bis zum Fragmentum Muratorianum, HDG I 3a(1), Freiburg 1974. – W. Schneemelcher, Art. Bibel III, TRE 6 (1980), 22–48. – D. Lührmann, Gal 2,9 und die katholischen Briefe. Bemerkungen zum Kanon und zur regula fidei, ZNW 72 (1981), 65–87. – W. Schneemelcher, Haupteinleitung, in: ders., Neutestamentliche Apokryphen I (s. o. 3.5.2), 1–61. – H. Y. Gamble, The New Testament Canon. Its Making and Meaning, Philadelphia 1985. – O. Merk, Art. Bibelkanon 2, EKL 1 (1986), 470–474. – A. M. Ritter, Die Entstehung des neutestamentlichen Kanons: Selbstdurchsetzung oder autoritative Entscheidung?, in: Kanon und Zensur, hg. v. A. u. J. Assmann, München 1987, 93–99. – F. Stuhlhofer, Der Gebrauch der Bibel von Jesus bis Euseb. Eine statistische Untersuchung zur Kanonsgeschichte, Wuppertal 1988. – H. Paulsen, Sola scriptura und das Kanonproblem, in: Sola scriptura, hg. v. H. H. Schmid u. J. Mehlhausen, Gütersloh 1991, 61–78. – Th. Söding, Erweis des Geistes und der Kraft. Der theologische Anspruch der paulinischen Evangeliumsverkündigung und die Anfänge der neutestamentlichen Kanons-Bildung, in: ders., Das Wort vom Kreuz (s. o. 2.5.1), 196–221. – A. F. J. Klijn, Die Entstehungsgeschichte des Neuen Testaments, ANRW II 26.1, Berlin 1992, 64–97. – B. M. Metzger, Der Kanon des Neuen Testaments, Düsseldorf 1993. – D. Trobisch, Die Endredaktion des Neuen Testaments, NTOA 31, Freiburg (H) – Göttingen 1996. – J. Barton, Holy Writings, Sacred Text. The Canon in Early Christianity, Louisville 1997. – Th. K. Heckel, Vom Evangelium des Markus zum viergestaltigen Evangelium, WUNT 120, Tübingen 1999. – U. Schmid, Die Buchwerdung des Neuen Testaments, WuD 27 (2003), 217–232. – H. v. Lips, Der neutestamentliche Kanon, Zürich 2004. – Silke Petersen, Die Evangelien und die Entstehung des neutestamentlichen Kanons, ZNW 97 (2006), 250–274. – D. R. Nienhuis, Not by Paul Alone. The Formation of the Catholic Epistle Collection and the Christian Canon, Waco 2007.

Forschungsbericht

Th. K. Heckel, Neuere Arbeiten zum Neutestamentlichen Kanon, ThR 68 (2003), 286–312. 441–459.

Die Briefe des Paulus wurden von Anfang an in den Gemeinden vorgelesen (vgl. 1 Thess 5, 27; Röm 16, 16), und die Empfänger bekamen das Original unmittelbar zu Gesicht (vgl. Gal 6, 11). Der Apostel selbst rechnete mit der Weitergabe seiner Briefe, wie der Plural *ταῖς ἐκκλησίαις τῆς Γαλατίας* in Gal 1, 2 und das Präskript in 2 Kor 1, 1 b (‚Korinth und alle Heiligen in Achaia') zeigen. Den Austausch von Paulusbriefen zwischen den einzelnen Gemeinden bestätigt Kol 4, 16; vielleicht der erste Hinweis auf eine bewusste Sammlung von Paulusbriefen. In 2 Thess 2, 2; 3, 17 wird mit der Existenz von ‚gefälschten' Paulusbriefen gerechnet, was die Zirkulation mehrerer Paulusbriefe unter den Gemeinden voraussetzt. Schließlich bezeugt 2 Petr 3, 15 f die Kenntnis und Existenz zahlreicher Paulusbriefe, wenn er von den schwer verständlichen Dingen spricht, von denen Paulus in allen seinen Briefen redet.

Schon die wenigen ntl. Aussagen über den Umgang mit den Paulusbriefen zeugen von der ihnen entgegengebrachten hohen Wertschätzung. Die Paulusbriefe wurden aus einem aktuellen Anlass geschrieben, dennoch waren sie weitaus mehr als Gelegenheitsschreiben. In der Zeit der Abwesenheit des Paulus traten sie an die Stelle des Apostels, enthielten sie doch das paulinische Evangelium und die für das Gemeindeleben notwendigen ethischen Anweisungen. In den Gemeinden verschwanden sie keineswegs in den Schubladen[252], denn mit Ausnahme von Ephesus hielt sich der Apostel jeweils nur für eine vergleichsweise kurze Zeit in den Gemeinden auf, so dass seine Briefe schon zu Lebzeiten bleibende Bedeutung gewannen. Die Überzeugungskraft der Paulusbriefe wurde nach 2 Kor 10, 10 f auch von den Gegnern gerühmt, man wird also nicht annehmen können, sie seien schon innerhalb kurzer Zeit in Vergessenheit geraten.

Nach dem Tod des Apostels wurden seine Mitarbeiter und Schüler die Träger des Deuteropaulinismus, der das paulinische Erbe in einer neuen kirchengeschichtlichen Situation zu wahren suchte. Der Deuteropaulinismus setzt eine andauernde Bedeutsamkeit der Person des Paulus und seiner Briefe voraus, so dass ihm bei der Sammlung der Paulusbriefe eine Schlüsselfunktion zukommt[253]. Dies bestätigt bereits der

252 Gegen H. M. Schenke (– K. M. Fischer), Einleitung I, 239: „Sie (sc. die Paulusbriefe) wurden den Adressaten vorgelesen, taten die mit ihnen beabsichtigte Wirkung, mehr oder weniger, oder auch nicht, und verschwanden dann in der Ablage eines der zuständigen Leute."

253 Als problematisch muss die These von D. Trobisch, Paulusbriefsammlung, 119 f, angesehen wer-

Kol, der die Korintherbriefe, den Phlm, Röm, Gal und Phil kannte[254]. Der Eph als Überarbeitung und Erweiterung des Kol scheint sich auch auf den 1Kor, Röm und Gal zu beziehen. Der 2Thess orientiert sich vollständig an einem echten Paulusbrief. Von besonderer Bedeutung ist das Corpus Pastorale, dessen Verfasser 1.2Kor, Röm, Phil, Kol und wahrscheinlich auch den Phlm rezipierte. Während sich der Eph und der 2Thess offensichtlich an Einzelschriften ausrichten, dürfte das Corpus Pastorale bereits eine Sammlung von Paulusbriefen voraussetzen. Wenn in 2Tim 3,16 die Past als inspirierte Schriften bezeichnet werden, so weist dies auf einen Sammlungs- und Abgrenzungsprozess innerhalb der frühchristlichen Literatur hin. Deshalb trifft die Vermutung P. Trummers zu: „Die Past konnten als pln Pseudepigrapha nur geschrieben und verbreitet werden im Zuge einer Neuedition des bisherigen Corpus. Eine andere Entstehung hätte bei aller vorhandenen Leichtgläubigkeit und dem teilweise unkritischen Verhalten frühchristlicher Kreise doch auch auf eine sehr empfindliche Kritik und Abwehr stoßen müssen."[255] Das im Wachstum befindliche Corpus Paulinum wurde offensichtlich durch die Past ergänzt. Dabei konnte der Verfasser der Past neben den authentischen Paulusbriefen auch eine lebendige mündliche Paulustradition heranziehen.

Der Deuteropaulinismus zeugt von einer *sukzessiven Entstehung* des Corpus Paulinum. Zunächst bildeten sich lokale Kleinsammlungen[256], die dann in größere Einheiten überführt wurden, wobei die Ergänzung des Corpus Paulinum durch das Corpus Pastorale als Katalysator wirkte. Auch Glossen wie 1Kor 14,33b–36; 2Kor 6,14–7,1; Röm 7,25b; 16,25–27 weisen auf eine Sammlung und ansatzweise auf eine Bearbeitung der Paulusbriefe hin. Für die Sammlung der Paulusbriefe bedurfte es nicht eines externen Anstoßes (z. B. durch Markion)[257], es handelt sich vielmehr um einen nach dem Tod des Apostels einsetzenden natürlichen Prozess. Die Mitarbeiter des Apostels und in der Tradition des Paulus stehende Gemeinden sammelten seine Briefe, um sich theologisch an ihnen zu orientieren. Zudem erheben die Paulusbriefe ei-

---

den, Paulus selbst habe den Grundstock für die Sammlung seiner Briefe gelegt. „Auf seiner Reise nach Jerusalem trifft er noch einmal mit einer Gesandtschaft aus Ephesus zusammen. Er übergibt ihnen eine Abschrift des Röm, an die er noch persönliche Grüße und letzte Wünsche anfügt, zusammen mit einer Abschrift des 2Kor. Ohne es zu wissen, hat er damit den Grundstock zu einer Sammlung gelegt, aus der dann über Zwischenstufen das Corpus Paulinum erwächst, die meistgelesene Briefsammlung der Weltliteratur" (a. a. O., 130). Trobisch geht bei seinen Vermutungen von der These einer Autorenrezension aus, wonach Paulus selbst für die redaktionelle Endgestalt seiner (aus kleinen ‚Briefen' bestehenden) Briefe verantwortlich ist (vgl. für den 2Kor ders., a. a. O., 123–128). Damit wird ein überaus umstrittenes literarkritisches Hypothesengebäude (vgl. Exkurs 1 und den Abschnitt 2.6.6) zur Basis einer historischen Vermutungslinie gemacht!

254 Vgl. E. Lohse, Kol (s. o. 5.2.1), 255f.

255 P. Trummer, Corpus Paulinum – Corpus Pastorale (s. o. 5.5.1), 133.

256 Vgl. W. Bauer, Rechtgläubigkeit und Ketzerei (s. o. 5.5.3), 224; K. Aland, Corpus Paulinum, 335ff.

257 Gegen H. v. Campenhausen, Die Entstehung der christlichen Bibel, 207: „Aber durch Markions Bibel war nun auch die weitere Frage nach dem Rang und dem Platz der Paulusbriefe unabweisbar geworden."

nen Wahrheitsanspruch, der ihre Sammlung und normative Funktion geradezu fordert (vgl. 1 Thess 1, 5; 2, 13; 1 Kor 2, 4; 3, 11; Röm 1, 16; 10, 14–17)[258].

Über den Umfang der ersten kleinen Sammlungen lassen sich nur hypothetische Aussagen machen, aber 1. 2 Kor, Röm, Gal, Phil und Phlm dürften von Anfang an dazugehört haben. Das ehemalige Missionsgebiet des Paulus in Kleinasien spielte sicherlich auch bei der Sammlung der Paulusbriefe eine entscheidende Rolle. Vielfach vermutet man deshalb in Ephesus eine erste Paulusbriefsammlung[259]. Für diese Annahme gibt es eine Reihe von Hinweisen: 1) Die Gemeinde von Ephesus als Sitz der Paulusschule verfügte mit Sicherheit über mehrere Paulusbriefe. 2) Die Zuschreibung des ursprünglich namenlosen Eph an die Gemeinde in Ephesus bestätigt die große Bedeutung dieses Zentrums urchristlicher Mission und Theologie. 3) Der Kol und die Past wurden wahrscheinlich in Ephesus geschrieben, was die Bedeutung der Gemeinde für den Deuteropaulinismus unterstreicht. Schließlich waren in dieser multikulturellen Stadt sicherlich Briefsammlungen berühmter antiker Autoren bekannt[260], und Apg 19, 19 zeugt von der Existenz einer Buchproduktion in Ephesus. Aber auch in anderen Gemeinden entstanden erste Sammlungen von Paulusbriefen[261], so z. B. in Rom[262], wo neben dem Röm der 1 Kor bekannt war und möglicherweise auch der Hebr erstmals in eine Paulusbriefsammlung eingefügt wurde. Die am Anfang stehenden kleineren Sammlungen von Paulusbriefen überschnitten sich wahrscheinlich und gingen dann sukzessive in ‚Ur-Corpora' und größere Corpora über. Dieser Prozess hin zu größeren Sammlungen setzte um die Jahrhundertwende ein[263].

Von den außerntl. Schriften setzt der um 96 n. Chr. in Rom verfasste 1 Klem die Existenz des 1. 2 Kor und des Röm voraus (vgl. 1 Klem 47, 1–3)[264]. Das Präskript und der Schluss des Briefes (1 Klem 65, 2) orientieren sich deutlich am paulinischen Briefformular, vgl. ferner 1 Klem 3, 3/1 Kor 4, 10; 1 Klem 24/1 Kor 15; 1 Klem 32, 2/Röm 9, 5; 1 Klem 35, 5 f/Röm 1, 29–32. Die Rezeption weiterer Paulusbriefe lässt sich hingegen nicht sicher nachweisen. Wahrscheinlich setzt der 1 Klem aber den Hebr voraus (vgl. Hebr 1, 3–13 mit 1 Klem 36, 2–5)[265], wobei offen bleiben muss, ob er ihn

258 Vgl. Th. Söding, Erweis des Geistes und der Kraft, 208.

259 Vgl. E. J. Goodspeed, The Formation of the New Testament, Chicago ^{2}1927, 28; C. L. Mitton, Formation, 44–49. 75 f; jetzt bes. D. Trobisch, Paulusbriefsammlung, 113–117.

260 Vgl. zu den antiken Briefsammlungen D. Trobisch, a. a. O., 84–104.

261 Für Korinth als Ursprungsort der Paulusbriefsammlung votieren z. B. Th. Zahn, Geschichte des Neutestamentlichen Kanons I/2, 836 f; A. v. Harnack, Briefsammlung, 8–10; W. Schmithals, Zur Abfassung und ältesten Sammlung, 243 f.

262 Für Rom plädiert z. B. H. Lietzmann, Einführung, 3.

263 Die ‚Ur-Corpora' dürften zwischen 80–90 n. Chr. entstanden sein; vgl. K. Aland, Corpus Paulinum, 336.

264 Vgl. A. Lindemann, Paulus im ältesten Christentum (s. o. 5), 177–199.

265 Vgl. K. Aland, Methodische Bemerkungen zum Corpus Paulinum bei den Kirchenvätern des zweiten Jahrhunderts, in: Kerygma und Logos (FS C. Andresen), hg. v. A. M. Ritter, Göttingen 1979, (29–48) 33 ff.

für paulinisch hielt. Die in der Regierungszeit Trajans zwischen 110–117 n. Chr. innerhalb einer kurzen Zeitspanne in Kleinasien abgefassten Ignatiusbriefe zeigen[266], dass Ignatius zumindest (vgl. IgnEph 12, 2!) den 1 Kor (vgl. IgnEph 16, 1/1 Kor 6,9 f; IgnEph 18, 1/1 Kor 1, 18. 20. 23; IgnRöm 5, 1/1 Kor 4, 4) und den Röm (vgl. IgnEph 8, 2/ Röm 8, 5. 8 f) kannte[267]. Auch Polykarp von Smyrna benutzte mehrere Paulusbriefe, so den Phil (vgl. Polyk, 2Phil 3, 2; 11, 3), den 1 Kor (vgl. 2Phil 3, 2 f/1 Kor 13, 13; 2Phil 5, 3/1 Kor 6,9 f; 2Phil 11, 2/ 1 Kor 6, 2), den 2 Kor (vgl. 2Phil 6, 2 b/2 Kor 5, 10), den Gal (vgl. 2Phil 3, 3/Gal 6, 2) und den 1 Tim (vgl. 2Phil 4, 1/1 Tim 6, 10 a)[268]. Zudem bildete Polykarp die Sammlung der Ignatiusbriefe wohl in Analogie zu einer Paulusbriefsammlung (vgl. Polyk, 1Phil)[269].

Die weitere Entwicklung im 2. Jh. zeigt, dass sowohl die kleineren als auch die größeren Paulusbriefsammlungen von Anfang an nicht einheitlich waren. So stellte Markion aus dogmatischen Gründen den für seine Theologie grundlegenden Gal an den Anfang seiner Sammlung (Gal/1. 2 Kor/Röm/1. 2 Thess/ Laod [= Eph]; Kol/Phil/ Phlm). Die anderen Briefe ordnete Markion entsprechend ihrer Länge, wobei er die Korintherbriefe und die Thessalonicherbriefe als Einheit zählte[270]. Der um 200 n. Chr. entstandene Kanon Muratori folgt bei seiner Aufzählung der Paulusbriefe wahrscheinlich einer ihm vorliegenden Handschrift und bietet die Reihenfolge: 1. 2 Kor; Eph; Phil; Kol; Gal; 1. 2 Thess; Röm; Phlm; Tit; 1. 2 Tim. Eine Anordnung nach der Länge der Briefe scheint in P^{46} (um 200 n. Chr.) vorzuliegen: Röm; Hebr; 1. 2 Kor; Eph; Gal; Phil; Kol; 1(2)Thess (Abbruch des Textes)[271].

Die frühesten Kanonsverzeichnisse lassen kein allgemeingültiges Anordnungsprinzip erkennen. Sie bestätigen insofern die Vermutung, dass sich das Corpus Paulinum aus kleineren Sammlungen bildete, zu denen wahrscheinlich 1. 2 Kor; Gal; Röm; Hebr; Eph; Phil und 1. 2 Thess gehörten. Im Verlauf der Überlieferung kamen weitere Schriften hinzu, und die Anordnung nach der Brieflänge und eine Unterteilung zwischen Briefen an Einzelgemeinden und an Einzelpersonen deuten sich an, ohne bereits anerkanntes Prinzip zu sein.

---

266 Für eine Spätdatierung (ca. 165–175 n. Chr.) des von ihm als pseudepigraphisch eingestuften Corpus Ignatianum votiert R. M. Hübner, Thesen zur Echtheit und Datierung der sieben Briefe des Ignatius von Antiochien, ZAC 1 (1997), 44–72. Dagegen A. Lindemann, Antwort auf die „Thesen zur Echtheit und Datierung der sieben Briefe des Ignatius von Antiochien", ZAC 1 (1997), 185–194 (er hält die Briefe für authentisch, datiert sie aber um 130 n. Chr.); T. Nagel, Rezeption des Johannesevangeliums (s. u. 8.5.1), 207 f; W. Uebele, Die Gegner in den Briefen des Ignatius von Antiochien und in den Johannesbriefen (s. u. 8.4.1), 20–27.

267 Vgl. A. Lindemann, Paulus im ältesten Christentum (s. o. 5), 199–221.

268 Vgl. a. a. O., 221–232.

269 Vgl. H. Lietzmann, Einführung, 3.

270 Zur ‚Bibel' Markions vgl. A. v. Harnack, Marcion (s. o. 5.5.3), 35 ff.

271 Vgl. zu dieser Handschrift D. Trobisch, Paulusbriefsammlung, 26–28. Die ungewöhnliche Stellung des Hebr (kürzer als der 1 Kor) dürfte mit der Überlieferung des Röm in Verbindung stehen.

Die *Herrenwortüberlieferung* und das christlich interpretierte *Alte Testament* (LXX/MT)[272] bilden den Ausgangspunkt der urchristlichen Traditionsbildung. Am Anfang des Prozesses der Kanonsbildung stehen die *Sammlungen der Paulusbriefe*[273]. Mit ihnen gewinnt die Tradition eine erste interpretierbare Gestalt. Es setzt ein Rezeptionsvorgang ein, der in unterschiedlicher Weise auch bei anderen Schriften der urchristlichen Literatur vorauszusetzen ist. Erste Konturen gewinnt dieser Prozess bei den *Apostolischen Vätern*. Sie zitieren mit großer Selbstverständlichkeit das Alte Testament (LXX) als *γραφή* und rezipieren neben den Paulusbriefen in unterschiedlicher Weise Jesusüberlieferungen. Anklänge an die synoptische Tradition finden sich bei 1Klem, Did, Ign, Barn, Herm, Polyk, 2Klem. Den Worten Jesu wird höchste Autorität zuerkannt, ohne dass bereits eine kanonische Stellung der Evangelien erkennbar wäre. Der 1Klem verweist an keiner Stelle auf ein schriftliches Evangelium[274]. Berührungen mit den Synoptikern (vgl. 1Klem 13,2; 46,8) gehen auf die mündliche Tradition zurück. Die Did meint mit ‚dem Evangelium' in Kap. 8,2; 11,3; 15,3.4 das Matthäusevangelium[275], so dass diese um 110 n.Chr. entstandene Schrift[276] die einsetzende Autorität des einen Großevangeliums bezeugt. Auch Ign kannte die synoptische Überlieferung, ob ihm das Matthäusevangelium in schriftlicher Form vorlag, ist um-

272 A. M. Ritter, Entstehung des Kanons, 93f, betont mit Recht, dass bedeutende Theologen der Alten Kirche sich auch immer um den hebräischen Bibeltext bemühten (Origenes, Lukian von Antiochien, Hieronymus). Zum atl. Kanon vgl. G. Wanke, Art. Bibel I, TRE 6 (1980), 1–8. Der atl. Kanon wurde nicht auf der ‚Synode' von Jabne festgelegt, sondern bildete sich in einem langen Prozess, der um 100 n. Chr. an den Rändern noch nicht vollständig abgeschlossen war (vgl. G. Stemberger, Jabne und der Kanon, JBTh 3 (1988), 163–174; ferner H. P. Rüger, Das Werden des christlichen Alten Testaments, a.a.O., 175–189). Zugleich bezeugen Jos, Ap I 38–41; 4Esr 14,44–47, dass gegen Ende des 1. Jhs. n. Chr. ein atl. Kanon von 22 (24) Schriften als selbstverständlich vorausgesetzt werden darf.

273 Dies ergibt sich m. E. aus chronologischen Gründen und der Beobachtung, dass bei den Paulusbriefen zuerst ein Rezeptionsvorgang einsetzt; vgl. E. J. Goodspeed, The Editio princeps of Paul, JBL 64 (1945), 193–204; C. L. Mitton, Formation, 58ff; A. Lindemann, Paulus im ältesten Christentum (s. o. 5), 33–35; F. Hahn, Die Heilige Schrift als älteste christliche Tradition und als Kanon, in: ders., Exegetische Beiträge zum ökumenischen Gespräch, Göttingen 1986, 34; F. Stuhlhofer, Gebrauch der Bibel, 108–112; Th. Söding, Erweis des Geistes und der Kraft, 206. Faktisch vertritt auch Th. Zahn, Grundriß der Geschichte des Neutestamentlichen Kanons, Wuppertal ^{3}1985 (= Leipzig ^{2}1904), 35–41, diese Position, wenn er bei den ältesten Spuren des Kanons die Paulusbriefe zuerst behandelt. Demgenüber wertet B. M. Metzger, Der Kanon des Neuen Testaments, 243–248, die Zitationshäufigkeit als Beleg für die These, dass die Evangelien zuerst kanonische Autorität gewannen. Natürlich besaß die Jesus-Tradition gegenüber der Paulus-Überlieferung im Urchristentum und der Alten Kirche aus theologischen Gründen ein klares Übergewicht. Diese Wertigkeit kann aber nicht einfach auf den Kanonsprozeß übertragen werden! Die Evangelien als Sammlungen von Herrenworten gewinnen erst in der Mitte des 2. Jhs. erkennbar Autorität, ein Prozess, der bei den Paulusbriefen deutlich früher einsetzt (anders Th. Zahn, Grundriß, 41, der behauptet, bereits zwischen 80–110 n. Chr. habe der viergestaltige Evangelienkanon Geltung besessen). Th. K. Heckel, Vom Evangelium des Markus zum viergestaltigen Evangelium, 353, geht von einer Entstehungszeit der Vierevangeliensammlung „etwa zwischen 110 und 120 n. Chr." aus).

274 Vgl. dazu A. Lindemann, Die Clemensbriefe, HNT 17, Tübingen 1992, 18.

275 Vgl. hierzu K. Wengst, Schriften des Urchristentums II (s. o. 3.1.4), 24–32.

276 Vgl. K. Niederwimmer, Die Didache, KAV 1, Göttingen 1989, 79.

stritten[277]. Mehrfach spricht Ign vom ‚Evangelium' (IgnPhld 5, 1.2; 8, 2[278]; 9, 2; IgnSm 5, 1; 7, 2), ohne sich dabei auf eine feste literarische Größe zu beziehen. Eine Kenntnis des Matthäus- und Lukasevangeliums ist bei Polyk zu vermuten (vgl. Phil 2, 3; 7, 2), beide Evangelien fungierten jedoch nicht als ‚Heilige Schrift'. Ob der Autor des Barn (um 130 n. Chr.) das Matthäusevangelium kannte, ist unsicher (vgl. aber Barn 4, 14), für ihn ist das Alte Testament *die* Schrift. Bei Herm finden sich Hinweise auf die synoptische Tradition (vgl. sim IX 20, 1 f; mand IV 1, 1; IX 8; vis 2, 6), der Autor kannte um 140 n. Chr. in Rom sicherlich Evangelien, führte sie jedoch nicht als Autorität an[279]. Im 2 Klem begegnet eine größere Anzahl von Logien synoptischen Typs (vgl. 2 Klem 2, 4; 3, 2; 4, 2; 6, 1.2; 8, 5; 9, 11; 13, 4), die z. T. mit Zitationsformeln eingeführt werden. Daneben finden sich Zitate unbekannter Herkunft; vgl. 2 Klem 4, 5; 5, 2–4; 12, 2; 13, 2. Dieser Befund und die Einleitungsformel in 2 Klem 8, 5 (*λέγει γὰρ ὁ κύριος ἐν τῷ εὐαγγελίῳ*) legen es nahe, dass der Autor des 2 Klem neben dem Alten Testament ein nicht überliefertes apokryphes Evangelium benutzte[280]. Deutlich ist beim 2 Klem die Tendenz zu erkennen, die Autorität des Herrn auf Schriften zurückzuführen. Eine Sonderstellung nimmt Papias ein, der ein explizites Interesse an der Überlieferung urchristlicher Traditionen (vgl. Euseb, HE III 39, 4) und an den Entstehungsverhältnissen des Markus- und Matthäusevangeliums zeigt (s. o. 3.4.2/ 3.5.2). Zugleich scheint Papias der noch lebendigen mündlichen Tradition Priorität eingeräumt zu haben, den schriftlichen Evangelien kommt bei ihm noch keine autoritative Stellung zu[281].

Dieses Bild ändert sich graduell in der Mitte des 2. Jhs. Justin (gest. um 165 n. Chr.) erklärt seinen Lesern, dass die ‚Erinnerungen' (*ἀπομνημονεύματα*) der Apostel Evangelien genannt werden (Apol 66, 3) und im Gottesdienst am Sonntag ‚die Erinnerungen der Apostel oder die Schriften der Propheten' verlesen werden (Apol 67, 3). Verfasser der ‚Erinnerungen' sind die Apostel und jene, die ihnen nachfolgten (Dial 103,8). Justin kennt nicht nur alle vier Evangelien, er setzt auch selbstverständlich ihren gottesdienstlichen Gebrauch voraus[282]. Die Evangelienharmonie (*διὰ τεσσάρων* = durch die vier Evangelien) des von Justin bekehrten Tatian[283] zeugt eben-

277 Vgl. dazu H. Köster, Synoptische Überlieferung bei den Apostolischen Vätern, TU 65, Berlin 1957, 24–61; H. Paulsen, Studien zur Theologie des Ignatius von Antiochien, FKDG 29, Göttingen 1978, 37–39.

278 Mit den ‚Urkunden' dürften an dieser Stelle die Schriften des Alten Testaments gemeint sein; vgl. W. Bauer – H. Paulsen, IgnPhld (s. o. 2.9.6), 86.

279 Vgl. H. Köster, Synoptische Überlieferung, 242–256.

280 Vgl. hier K. Wengst, Schriften des Urchristentums II (s. o. 3.1.4), 217–224; A. Lindemann, Die Clemensbriefe, 192–195.

281 Vgl. W. Schneemelcher, Art. Bibel, 31 f.

282 Daneben bezieht sich Justin auf die Offb; die Paulusbriefe werden nicht genannt, wohl aber vorausgesetzt. Zu Justin vgl. H. v. Campenhausen, Die Entstehung der christlichen Bibel, 106–121; E. F. Osborn, Justin Martyr, BHTh 47, Tübingen 1973.

283 Zu Person und Werk vgl. M. Elze, Tatian und seine Theologie, FKDG 9, Göttingen 1960; ferner R. M. Grant, Tatian and his Bible, in: Studia Patristica 5, hg. v. K. Aland – F. L. Cross, TU 63, Berlin 1957, 297–306.

falls von der Kenntnis und Geltung der vier Evangelien, zugleich lässt sie noch für die 2. Hälfte des 2. Jhs. eine große Freiheit gegenüber der Überlieferung erkennen. Eine Unterscheidung zwischen kanonischen und apokryphen Evangelien ist vor Irenäus nicht möglich, vielmehr kann nur von später kanonisch und nicht kanonisch gewordenen Evangelien gesprochen werden.

Mit *Irenäus* (gest. um 200 n. Chr.) erreicht die grundlegende Phase der ntl. Kanonsbildung einen ersten Einschnitt[284]. Er teilt über die Abfassung der vier Evangelien mit: „Matthäus gab seine Evangelienschrift bei den Hebräern in ihrer Sprache heraus, als Petrus und Paulus in Rom das Evangelium verkündeten und die Gemeinde gründeten. Nach deren Tod schrieb Markus, Jünger und Dolmetscher des Petrus, dessen Verkündigung in einem Buch nieder. Lukas, der Begleiter des Paulus, schrieb das von jenem verkündete Evangelium nieder. Zuletzt gab Johannes, der Jünger des Herrn, der auch an seiner Brust lag, selbst das Evangelium heraus, als er in Ephesus in Asien weilte."[285] Ferner sind für Irenäus die Apostelgeschichte und die 13 Paulusbriefe (Phlm wird nicht zitiert) Schrift[286]. Von den katholischen Briefen erwähnt Irenäus 1 Petr; 1.2 Joh; die Offb ist bekannt, und Herm wird als *γραφή* angeführt (Haer IV 20, 2). Nach Euseb (HE V 26) kannte Irenäus auch den Hebräerbrief. Die Vierzahl der Evangelien ist für Irenäus bereits eine vorgegebene Größe, er verteidigt sie ausdrücklich, die vier lebendigen Tiere aus Offb 4,7 symbolisieren die vier Evangelien (Haer III 11,8). Um 180 n. Chr. existierte somit (zumindest für den Süden Frankreichs) ein dreiteiliges NT, das lediglich in seinem 3. Teil noch offen war. Irenäus sieht in den ihm als normativ geltenden Schriften (vornehmlich in den vier Evangelien) das eine Evangelium niedergelegt, das die Apostel verkündeten und überlieferten und das in den apostolischen Kirchen von den in der Sukzession stehenden Bischöfen und Presbytern treu bewahrt wurde[287]. Irenäus reflektiert nicht über den Kanon, setzt aber das Kanonsprinzip voraus. Als Kriterium sachgemäßer Theologie dient ihm in der Auseinandersetzung mit Gnostikern die Wahrheitsregel (*κανὼν τῆς ἀληθείας*, vgl. Haer I 9, 4; II 27, 1; 28, 1; III 2, 1; 11, 1; 12, 6; 15, 1). Sie beinhaltet die Lehre Jesu Christi in der Gestalt der gesicherten apostolischen Überlieferung, die in der Taufe empfangen und in den Glaubensbekenntnissen[288] wiedergegeben wird. Der Verkürzung und Verfälschung der Gnostiker stellt Irenäus die klare Lehre der Kirche gegenüber. Für ihn ist deutlich, „dass die von der Kirche verkündigte Lehre verläßlich ist, das Denkgebäude dieser Leute aber Lüge" (Haer I 9, 5).

Für das Werden eines zweiteiligen Kanons aus Altem und Neuem Testament am

284 Vgl. H. v. Campenhausen, Die Entstehung der christlichen Bibel, 213 ff; W. Schneemelcher, Haupteinleitung, 19. Zur Rezeption ntl. Schriften bei Irenäus vgl. J. Hoh, Die Lehre des Hl. Irenäus über das Neue Testament, NTA VII/4. 5, Münster 1919.

285 Iren, Haer III 1, 1 = Euseb, HE V 8, 2–4.

286 Vgl. die Texte bei E. Preuschen, Analecta II, Leipzig ^{2}1919, 12–17.

287 Diese Kriterien werden oft als ‚katholische Normen' bezeichnet: regula fidei, Kanon, Amt; vgl. dazu K. Beyschlag, Grundriß der Dogmengeschichte I (s. o. 2.5.8), 165–189.

288 Vgl. dazu J. N. D. Kelly, Altchristliche Glaubensbekenntnisse, Göttingen 1972, 80–86.

Ende des 2. Jhs. zeugt auch der Brief der Gemeinden von Vienne und Lyon an die Glaubensbrüder in Kleinasien, wo die Offb als *γραφή* zitiert wird (vgl. Euseb, HE V 1, 58). Der Apologet Athenagoras (um 180 n. Chr.) zitiert in seinen Schriften aus dem Alten Testament, dem Matthäus-, Markus- und Johannesevangelium sowie einigen Paulusbriefen, ohne sie jedoch ausdrücklich zu nennen. Um 180 n. Chr. gibt Melito von Sardes eine Zusammenstellung des atl. Kanons (vgl. Euseb, HE IV 26, 14: *τὰ τῆς παλαιᾶς διαθήκης βιβλία*), die vermuten lässt, „dass er sich in ähnlicher Weise bemüht hat, die authentischen neutestamentlichen Bücher festzustellen."[289] Ein unbekannter antimontanistischer Autor betont 192 n. Chr., dass niemand zum ‚Wort des Evangeliums des Neuen Bundes' (*τῷ τῆς τοῦ εὐαγγελίου καινῆς διαθήκης λόγῳ*) etwas hinzutun oder abstreichen dürfe (vgl. Euseb, HE V 16). Hier begegnet erstmals die Verbindung *καινὴ διαθήκη* mit christlicher Literatur[290], der Autor setzt eine relativ geschlossene und normative Buchsammlung voraus, die nicht verändert werden darf. Tertullian (geb. um 160 n. Chr.) zitiert alle ntl. Schriften mit Ausnahme des Jak, 2Petr, 2. 3 Joh, den Hebr schreibt er Barnabas zu[291]. Durchgehend setzt Tertullian die zweiteilige Bibel des Alten und Neuen Testaments voraus. Bei Clemens von Alexandrien (gest. vor 215 n. Chr.) finden sich mit Ausnahme des Phlm, Jak, 2Petr, 2. 3 Joh Zitate aus allen Schriften des Neuen Testaments. Den Hebr sieht er als Paulusbrief an (vgl. Euseb, HE VI 14, 2–4)[292]. Clemens zitiert auch aus dem Ägypter- und Hebräerevangelium, unterscheidet sie aber vom ‚Viererevangelium'[293]. Die Rezeption antiker Autoren und später als häretisch eingestufter Schriften zeigt, dass für Clemens die Ränder des Kanons noch offen waren.

Gegen Ende des 2. Jhs. wurden offenbar Verzeichnisse der autoritativen Schriften des Christentums aufgestellt; der ältesten erhaltenen Liste, dem wahrscheinlich in Rom entstandenen Kanon Muratori, kommt besondere Bedeutung zu[294]. Zunächst werden die vier Evangelien angeführt[295], es folgen Apg und dreizehn Paulusbriefe. Am Ende dieser Briefliste erwähnt der Verfasser zwei gefälschte Paulusbriefe (Laodicener, Alexandriner), es folgen Jud und zwei Johannesbriefe. Überraschend ist die Erwähnung der Weisheit, ‚die von Freunden Salomos zu dessen Ehre' geschrieben

289 B. M. Metzger, Der Kanon des Neuen Testaments, 125.
290 Vgl. W. C. van Unnik, *Ἡ καινὴ διαθήκη* – A Problem in the early History of the Canon, in: ders., Sparsa Collecta 2, NT.S 30, Leiden 1980, 157–171.
291 Texte bei E. Preuschen, Analecta II, 24–26.
292 Allerdings schrieb Paulus nach Clemens den Hebr in hebräischer Sprache, Lukas habe ihn dann übersetzt.
293 Texte bei E. Preuschen, Analecta II, 18–24.
294 Der Text ist abgedruckt bei W. Schneemelcher, Haupteinleitung, 27–29; vgl. zum Kanon Muratori bes. H. v. Campenhausen, Die Entstehung der christlichen Bibel, 282–303. Eine umstrittene Spätdatierung des Kanon Muratori (4. Jh. n. Chr. im Osten des römischen Reiches) vertreten A. C. Sundberg, Canon Muratori: A Fourth-Century List, HThR 66 (1973), 1–41; G. M. Hahneman, The Muratorian Fragment and the Development of the Canon, Oxford 1992.
295 Obwohl der Text verstümmelt ist, besteht in der Forschung ein Konsens, dass sich Z. 1 auf das Markusevangelium bezieht und davor das Matthäusevangelium erwähnt wurde; vgl. B. M. Metzger, Der Kanon des Neuen Testaments, 188.

wurde. Von den Apokalypsen werden die Petrus- und Johannesoffenbarung erwähnt, Herm zählt lediglich zu den Schriften für die Hauslektüre. Den Abschluss bilden Bücher gnostischer Irrlehrer, die ausdrücklich abgelehnt werden.

Um 200 n. Chr. zeigt sich ein klares Bild: Die vier Evangelien, Apg und die dreizehn Paulusbriefe gelten als ‚Heilige Schrift'. Noch offen hingegen ist die Stellung einzelner Schriften aus dem Bereich der katholischen Briefe; umstritten sind vor allem der Hebr und die Offb. Als Kriterien der Kanonsbildung dienen *Apostolizität*, *regula fidei* sowie *Gebrauch* und *Anerkennung in allen Kirchengebieten*.

Welche Bedeutung hatten Gnosis, Markion und die Montanisten für die entscheidende Phase der Kanonsbildung im 2. Jh.? Die christliche *Gnosis* entwickelte ihre Systeme zu einem wesentlichen Teil in der eigenwilligen Auslegung des Alten Testaments und später als kanonisch geltender ntl. Schriften[296]. Sowohl Basilides und Karpokrates als auch Valentinus und seine Schüler waren Exegeten. Die erste Auslegung einer ntl. Schrift ist der Johanneskommentar des Valentinschülers Herakleon (2. Hälfte des 2. Jhs.)[297]. Darüber hinaus schufen und benutzten gnostische Gemeinschaften zahlreiche apokryphe Schriften[298]. Dadurch zwangen sie die Kirche zur Bestimmung und Sicherung der normativen Tradition.

Große Bedeutung für die Kanonsbildung kommt in der Mitte des 2. Jhs. *Markion* (ca. 85–160 n. Chr.) zu, der als erster eine Sammlung autoritativer urchristlicher Schriften bestimmte[299]. Ein revidiertes Lukasevangelium und eine von angeblich judaistischen Interpolationen befreite Fassung von zehn Paulusbriefen bildeten den ‚Kanon' seiner Kirche. Dieser ‚Bibel' ordnete Markion seine ‚Antithesen' zu, ein Werk, das seine exegetischen und systematischen Entscheidungen begründete (s. o. 5.5.3). Den Gegensatz von Gesetz und Evangelium verband Markion mit der Vorstellung zweier Götter, dem Schöpfergott, der mit dem Gesetz regiert, und dem ‚fremden' Gott, der im Evangelium barmherzig und gut handelt. Während das Alte Testament vom Schöpfergott kündet, verkündigt das von Verfälschungen gereinigte Apostolikon und Evangelium den in Jesus Christus erschienenen guten, gerechten Gott.

296 Vgl. hierzu G. Heinrici, Die valentinianische Gnosis und die heilige Schrift, Berlin 1871; Carola Barth, Die Interpretation des Neuen Testaments in der Valentinianischen Gnosis, Leipzig 1911; B. M. Metzger, Der Kanon des Neuen Testaments, 81–95; vgl. ferner D. Lührmann – E. Schlarb, Fragmente apokryph gewordener Evangelien, MThSt 59, Marburg 2000.

297 Vgl. Elaine Pagels, The Johannine Gospel in Gnostic Exegesis: Heracleon's Commentary on John, New York 1973, 57.

298 Vgl. die Übersicht bei H.Chr. Puech, Gnostische Evangelien und verwandte Dokumente, in: E. Hennecke – W. Schneemelcher (Hg.), Neutestamentliche Apokryphen I, Tübingen [4]1968, 158–271; W. Schneemelcher (Hg.), Neutestamentliche Apokryphen I (s. o. 3.5.2.), 189–329 (dort auch wichtige Nag-Hammadi-Texte).

299 Neben der grundlegenden Studie von A. v. Harnack, Marcion (s. o. 5.5.3), vgl. hierzu H. v. Campenhausen, Die Entstehung der christlichen Bibel, 173–193; A. Lindemann, Paulus im ältesten Christentum (s. o. 5), 378–395; B. Aland, Art. Marcion/Marcioniten, TRE 22 (1991), 89–101; B. M. Metzger, Der Kanon des Neuen Testaments, 96–103; G. May/K. Greschat/M. Meiser (Hg.), Marcion und seine kirchengeschichtliche Wirkung, TU 150, Berlin 2002.

Nach A.v.Harnack ist Markion „der Schöpfer der christlichen heiligen Schrift"[300]. Mit dem Kanon tritt somit schlagartig etwas Neues in die Dogmengeschichte ein[301]. H.v. Campenhausen nahm diese Position auf: „Idee und Wirklichkeit einer christlichen Bibel sind von Markion geschaffen worden, und die Kirche, die sein Werk verwarf, ist ihm hierin nicht vorangegangen, sondern – formal gesehen – seinem Vorbild nachgefolgt."[302] Zwar trifft es zu, dass es vor Markion keine normative Festlegung heiliger Schrift gab, die Evangelien und vor allem die Paulusbriefe waren aber schon längst fester Bestandteil der christlichen Tradition. Sie wurden in den Gottesdiensten verlesen, und aus ihnen wurde verbindlich zitiert. Der Rückgriff Markions auf das Corpus Paulinum zeigt, in welch hohem Ansehen diese Schriftengruppe auch in der Mitte des 2. Jhs. stand[303]. Markions Textrevisionen und die dadurch ausgelösten Reaktionen sind nur erklärbar, wenn man annimmt, dass es ein Bewusstsein für den Umfang und die Gestalt der normativen Tradition gab. Zudem ist Markion wahrscheinlich selbst nur ein Teil einer bereits vor ihm einsetzenden Entwicklung, denn es scheint eine vormarkionitische Paulusbriefsammlung gegeben zu haben[304]. Die dualistische Grundkonzeption Markions mit seiner Verwerfung des Alten Testaments konnte nicht ohne Reaktion bleiben, zugleich ist sie eingebettet in den umfassenden Prozess urchristlicher und altkirchlicher Traditionsbildung und -findung. Deshalb ist zu vermuten, dass Markion nicht den Kanonsprozess auslöste, sondern ihn als Teil desselben beschleunigte[305].

Der *Montanismus* war eine 172 (oder 157 n.Chr.) in Phrygien aufbrechende prophetische Bewegung[306], deren Träger beanspruchten, über aktuelle Offenbarungen des Heiligen Geistes zu verfügen. Das Ziel der Montanisten war eine Reform des kirchlichen Lebens (Ehe, Fasten, Buße, Martyrium). Für die Kanonsbildung sind die Montanisten in zweifacher Hinsicht wichtig: 1) Das Phänomen der aktuellen Endzeitprophetie warf die Frage nach dem Verhältnis von gegenwärtiger Offenbarung zur überlieferten Tradition auf. 2) Die Montanisten schufen viele neue Schriften

300 A.v.Harnack, Marcion (s.o. 5.5.3), 151.

301 Vgl. A.v.Harnack, Lehrbuch der Dogmengeschichte I, Tübingen [5]1931, 378.387.

302 H.v.Campenhausen, Die Entstehung der christlichen Bibel, 174.

303 Vgl. A.Lindemann, Paulus im ältesten Christentum (s.o. 5), 381. Lindemann weist zudem nach, dass von dem oft behaupteten ‚Verschweigen' des Paulus im Verlauf des 2. Jhs. (Herm, Just, Hegesipp) nicht die Rede sein kann; vgl. a.a.O., 263ff.

304 Vgl. dazu U.Schmid, Marcion und sein Apostolos, 296, wonach es als bewiesen gelten muss, „dass es ein vormarcionitisches Corpus Paulinum gegeben hat. Es war chronologisch geordnet und hatte wahrscheinlich eine ältere (gleichfalls chronologisch geordnete) Teilsammlung (Gal 1.2.Kor Röm) als Quelle. Es umfasste nur zehn Paulusbriefe in der Reihenfolge Gal 1.2.Kol Röm (nur 14 Kapitel!) 1.2.Th Laod (=Eph) Kol (Phlm?) Phil (Phlm?) und es ist die älteste belegbare Paulusbriefsammlung."

305 Vgl. W.G.Kümmel, Einleitung, 431; W.Schneemelcher, Art. Bibel, 37; O.Merk, Art. Bibelkanon, 472; A.M.Ritter, Entstehung des Kanons, 96; B.M.Metzger, Der Kanon des Neuen Testaments, 103.

306 Vgl. als Einführung W.H.C. Frend, Art. Montanismus, TRE 23 (1993), 271–279; zur Kanonsgeschichte vgl. H.Paulsen, Die Bedeutung des Montanismus für die Herausbildung des Kanons, VigChr 32 (1978), 19–52; B.M.Metzger, Der Kanon des Neuen Testaments, 104–110.

(vgl. Euseb, HE VI 20, 3: *καινὰς γραφάς*) und rezipierten vor allem das Johannesevangelium und die Johannesoffenbarung. Dadurch bewirkten sie eine heftige Debatte um die Legitimität dieser beiden Schriften (Aloger, Gaius)[307] und förderten so das Bewusstsein für die normative Tradition. Der Montanismus war nicht „das auslösende Moment für die Konzentration des Kanons in einem ‚Neuen Testament'"[308], sondern er trieb wie Markion den Prozess der Kanonsbildung voran.

Die Konsolidierung des Kanons im 3. Jh. und sein maßgeblicher Abschluss im 4. Jh. wurden wesentlich durch die Territorialgeschichte der jeweiligen Kirchengebiete geprägt.

Durch seine umfassende Reisetätigkeit wurde Origenes (ca. 185–254 n. Chr.) nicht nur zu einem wichtigen Zeugen der Kanonsgeschichte des *griechischsprechenden Ostens*[309]. Er stellte als erster fest, welche Schriften allgemeine kirchliche Gültigkeit besaßen (vgl. Euseb, HE VI 25). Dabei unterschied er drei Klassen: 1) *ὁμολογούμενα*, d. h. allgemein anerkannte Schriften (vier Evangelien, Apg, 13 Paulusbriefe, 1 Petr, 1 Joh, Offb). 2) *ἀμφιβαλλόμενα*, d. h. Schriften, über deren Echtheit Zweifel bestehen (2Petr, 2. 3 Joh, Hebr[310], Jak und Jud). 3) *ψευδῆ*, d. h. lügnerische, von Häretikern verfasste Schriften (Thomas-, Ägypter-, Matthias- und Basilidesevangelium). Bei einigen Schriften schwankt Origenes, die Kanonsgrenzen sind noch nicht genau bestimmt. Umstritten blieb im Osten vor allem die Offb. Um die Mitte des 3. Jhs. verwarf sie Bischof Dionysius von Alexandrien als Schrift des Apostels Johannes und schrieb sie einem unbekannten Johannes zu (vgl. Euseb, HE VII 25). Dieses Urteil wirkte lange nach, noch Euseb (ca. 264–340 n. Chr.) bemerkt in seiner vor 300 n. Chr. begonnenen Kirchengeschichte, man könne die Offb zu den Homologumena zählen, „wenn man will" (HE III 25, 2)[311]. Unzweifelhaft gehören dazu: vier Evangelien, Apg, 14 Paulusbriefe (incl. Hebr[312]), 1 Petr, 1 Joh. Die 2. Kategorie bilden Schriften, die in manchen Kirchengebieten anerkannt, in anderen verworfen werden (*ἀντιλεγόμενα*): Jak, Jud, 2Petr, 2. 3 Joh. Zu den abgelehnten, falschen (*νόθα*) Büchern zählt er Herm, Barn, Did, Paulusakten, Petrusapokalypse, Hebräerevangelium und auch die Offb (HE III 25, 4). Die zweifache Nennung der Offb zeigt, dass in Einzelfällen ein Konsens auch in späterer Zeit noch nicht erzielt war, auch Cyrill von Jerusalem, Gregor von Nazians und Amphilochius von Ikonium verwarfen die Offb. Dies

307 Vgl. S. G. Hall, Art. Aloger, TRE 2 (1978), 290–295.

308 So H. v. Campenhausen, Die Entstehung der christlichen Bibel, 257.

309 Vgl. hierzu B. M. Metzger, Der Kanon des Neuen Testaments, 135–141.

310 Origenes hält die Gedanken des Hebr für paulinisch, nicht hingegen Ausdruck und Stil. Seinen Informationen nach sollen Klemens von Rom oder Lukas den Brief geschrieben haben. Er kann akzeptieren, wenn Gemeinden diesen Brief für paulinisch erklären, bemerkt aber zugleich: „Wer diesen Brief jedoch geschrieben hat, weiß wahrhaftig nur Gott (Euseb, HE VI 25, 14: *τίς δὲ ὁ γράψας τὴν ἐπιστολήν, τὸ μὲν ἀληθὲς θεὸς οἶδεν*).

311 Zu Euseb vgl. A. D. Baum, Der neutestamentliche Kanon bei Eusebios (Hist. Eccl. III, 25, 1–7) im Kontext seiner literaturgeschichtlichen Arbeit, EThL LXXIII (1997), 307–348.

312 Vgl. aber Euseb, HE III 3, 4; 38, 1–3, wo er abweichende Meinungen referiert.

bestätigt der Codex Claramontanus (D^P, 6. Jh.), wo sich zwischen dem Philemon- und Hebräerbrief eine lateinisch überlieferte, ursprünglich aber griechisch geschriebene Liste der biblischen Bücher findet, die wahrscheinlich um 300 n. Chr. verfasst wurde[313]. Als ‚kanonisch' gelten hier neben den vier Evangelien und den Paulusbriefen[314] auch die sieben katholischen Briefe und die Offb, während der Hebr fehlt. Das Verzeichnis führt auch Barn, Herm, die Paulusakten und die Petrusapokalypse an. Vor allem im Osten war die Zahl der katholischen Briefe lange Zeit umstritten (vgl. Euseb). Erst mit dem 39. Osterfestbrief des Athanasius (367 n. Chr.) setzte sich die Siebenzahl durch[315]. Folgende 27 Schriften gelten in diesem Verzeichnis uneingeschränkt als ‚Quellen des Heils': vier Evangelien, Apg, sieben katholische Briefe, vierzehn Paulusbriefe (incl. Hebr), Offb. Dieser Aufzählung fügt Athanasius hinzu: „Dieses sind die Quellen des Heiles, auf dass der Dürstende sich an den in ihnen enthaltenen Worten übergenug labe. In ihnen allein wird die Lehre der Frömmigkeit verkündigt. Niemand soll ihnen etwas hinzufügen oder etwas von ihnen fortnehmen ..."[316]. Dennoch blieb die Stellung der Offb in der griechischen Kirche über Jahrhunderte umstritten. So zählt die Stichometrie des Nikephoros aus dem 9. Jh. die Offb ausdrücklich nicht zum Kanon.

Im *lateinischen Westen* schritt die Entwicklung zu einem Abschluss des Kanons schneller voran. Allerdings war die kanonische Geltung einzelner katholischer Briefe und vor allem des Hebr als Paulusbrief lange umstritten. So zählt Gaius den Hebr nicht zu den Paulusbriefen[317] und auch der Kanon Muratori ignoriert ihn. Cyprian (gest. 258 n. Chr.) bezeugt die vier Evangelien, Apg, dreizehn Paulusbriefe, 1 Petr, 1 Joh, Offb, nicht hingegen Jak, 2Petr, 2. 3 Joh und Hebr. In einem nordafrikanischen Kanon (‚Kanon Mommsen', entstanden um 360 n. Chr.) fehlen Jak, Jud und Hebr[318]. Auch Ambrosiaster (um 370 n. Chr.) und Pelagius (ca. 360–418 n. Chr.) zählen Hebr nicht zu den Paulusbriefen. Erst unter dem Einfluss der Kanonsliste des Athanasius und des Wirkens des Hieronymus (347–420 n. Chr.) setzte sich auch im Westen der Kanon mit 27 Schriften durch. Das Decretum Gelasianum[319] enthält eine Kanonsliste, die wahrscheinlich auf eine römische Synode im Jahr 382 n. Chr. zurückgeht. Sie umfasst die 27 Bücher des athanasianischen Kanons, allerdings in an-

313 Vgl. dazu Th. Zahn, Geschichte des Neutestamentlichen Kanons II/1, 157–172; anders A. Jülicher (- E. Fascher), Einleitung, 525.

314 Phil, 1. 2 Thess fehlen wahrscheinlich aus Versehen.

315 D. Lührmann vermutet, dass die Siebenzahl als bereits seit dem Kanon Muratori vorgegebenes Ordnungsprinzip im Zusammenhang mit Gal 2,9 gesehen werden muss: „Sinn der Erweiterung des Briefteils des NT über das Corpus Paulinum hinaus durch gerade diese katholischen Briefe ist dann, neben die Briefe des Paulus die der drei ‚Urapostel' zu stellen, um ein gemeinsames Zeugnis der Apostel für die kirchliche Lehre zu dokumentieren" (ders., Gal 2,9 und die katholischen Briefe, 72).

316 Text nach W. Schneemelcher, Haupteinleitung, 40.

317 Vgl. Euseb, HE VI 20, 3, wo Euseb zudem ausdrücklich vermerkt: „Noch bis heute gilt er bei einigen Römern nicht als Schrift des Apostels."

318 Text bei E. Preuschen, Analecta, 36–40.

319 Text bei W. Schneemelcher, Haupteinleitung, 30–33.

derer Reihenfolge. Die Synode von Hippo Regius (393 n. Chr.) und die Synode von Karthago (397 n. Chr.) nahmen den Hebr in den Kanon auf, unterschieden ihn aber deutlich von den Paulusbriefen. Erst auf einer weiteren Synode 419 n. Chr. wird der Hebr ausdrücklich zu den Paulusbriefen gerechnet[320]. Seit der Wende vom 4. zum 5. Jh. ist in der lateinischen Kirche der Kanon abgeschlossen und akzeptiert.

Eine Sonderentwicklung vollzog sich in den Kirchengebieten mit *syrischer Sprache*[321]. Bis in das 5. Jh. hinein blieb das Diatessaron Tatians in vielen Gemeinden in Geltung. Daneben wurden die Paulusbriefe (einschließlich Hebr, aber ohne Phlm) und Apg mitbenutzt, es fehlten die katholischen Briefe und die Offb. Darüber hinaus kannte Ephraem (ca. 306–373) den sogen. 3. Korintherbrief und hielt ihn für kanonisch. Die ältesten syrischen Übersetzungen der vier Evangelien, der Apg und der 14 Paulusbriefe entstanden um 300 n. Chr. (Vetus Syra). Mit der am weitesten verbreiteten syrischen Version der Bibel, der Peschitta (1. Hälfte des 5. Jhs.), vollzog sich eine Angleichung an den griechischen Kanon. Der 3. Korintherbrief wurde nicht mehr genannt, neben den Evangelien, der Apg und den vierzehn Paulusbriefen (incl. Hebr) erschienen nun auch die drei großen katholischen Briefe (Jak, 1 Petr, 1 Joh), weiterhin fehlten 2. 3 Joh, 2Petr, Jud, Offb. Der syrische Kanon bestand damit aus 22 Schriften. Für die ostsyrische nestorianische Kirche blieb es bei diesem Kanon. In der monophysitischen westsyrischen Kirche wurde 508 n. Chr. die Peschitta im Auftrag von Bischof Philoxenus von Mabbug anhand der griechischen Handschriften überarbeitet (Aufnahme von 2. 3 Joh, 2Petr, Jud, Offb). Dennoch blieb die Autorität des Jak, 2Petr, Jud, 2. 3 Joh und der Offb über lange Zeit umstritten.

Nicht als einen längeren Sammlungsprozess, sondern als die bewusste Entscheidung bzw. Publikation eines Herausgeberkreises im 2. Jh. n. Chr. versteht D. Trobisch die Entstehung des ntl. Kanons.

Er vermutet, „dass Joh 21 ein Editorial nicht nur zum Johannesevangelium, sondern zum Vier-Evangelien-Buch darstellt und, da die Evangeliensammlung das Herzstück der Kanonischen Ausgabe bildet, auch als Editorial zum gesamten Neuen Testament verstanden werden kann"[322]. Ziel der Endredaktion sei es gewesen, den im Gal erwähnten Konflikt zwischen den Jerusalemer Autoritäten und Paulus durch bewusste Leserhinweise zu entschärfen. Für diese Hypothesen nennt Trobisch zwei ernsthafte Argumente: 1) Der Gebrauch der Nomina Sacra und der Kodexform gehe nicht auf allgemeine Gewohnheit, sondern auf eine bewusste Entscheidung eines Herausgeberkreises zurück. 2) Die Reihenfolge der ntl. Texte sei innerhalb der Handschriften – mit einigen erklärbaren Ausnahmen – identisch, was ebenfalls auf eine bewusste Herausgeberentscheidung hinweise. Gegenargumente zu 1): Die Kodexform entwickelte sich im 1 Jh. n. Chr. vor allem in Rom (vgl. Martial, Epigramme 1, 2; 14, 186.188.190.192) und

320 Zur wechselvollen Rezeptionsgeschichte des Hebr vgl. F. Stuhlhofer, Gebrauch der Bibel, 105–108.

321 Vgl. hierzu B. M. Metzger, Der Kanon des Neuen Testaments, 209–218.

322 D. Trobisch, Endredaktion, 125.

war deutlich die praktischste Buchform, weil sie im Verhältnis zur Schriftrolle bei vergleichbarem Raum weitaus mehr Text aufnehmen konnte[323]. Der praktische Nutzen erklärt deshalb die Übernahme durch die Christen und nicht ein einzelner Beschluss. Auch bei den Nomina Sacra[324] legt sich eine Erklärung aus praktischen Gründen nahe. Es handelt sich dabei um ein Abkürzungssystem in den Handschriften, das vor allem die Wörter ‚Gott', ‚Herr', ‚Jesus' und ‚Christus' betraf. Markierungs- bzw. Abkürzungssysteme vor allem für Zahlen gab es bereits auf Rechnungen und Dokumenten und auf Münzen auch für Eigennamen, so dass von dort dieses praktische System übernommen sein könnte[325]. Gegenargument zu 2): Bereits P^{46}, einer der frühesten (um 200 n. Chr.) und wichtigsten Papyri, bietet die Paulusbriefe in einer singulären Reihenfolge (Röm/Hebr/1Kor/2Kor/Eph/Gal/Phil/Kol/1Thess). In D 05 (5. Jh.) findet sich für die Evangelien die Reihenfolge Mt/Joh/Lk/Mk; unsicher ist auch die Reihenfolge der Schriften in P^{45} (3. Jh.). Trobisch versucht diese Befunde als nicht aussagekräftige Ausnahmen darzustellen[326].
Gegen die Hypothesen von Trobisch spricht aber vor allem, dass es in der altkirchlichen Überlieferung „keine gesicherten Nachrichten über eine kirchenamtliche Propagierung oder gar Durchsetzung eines Bibelkanons im zweiten und dritten Jahrhundert gibt."[327] Die ausführlichen und kontroversen Diskussionen zu den kanonischen und nichtkanonischen Schriften innerhalb der Alten Kirche über Jahrhunderte (vgl. vor allem Irenäus, Canon Muratori, Origenes, Euseb) wären völlig unverständlich, wenn es seit der 2. Hälfte des 2. Jh. eine ‚kanonische' Ausgabe des Neuen Testaments gegeben hätte. Zudem hätte spätestens Euseb von einer derart grundlegenden Entscheidung und der damit verbundenen Ausgabe etwas wissen müssen! Es gab offenbar ab ca. 200 n. Chr. einen dominierenden Texttyp, der sich vor allem aufgrund der in Kodexform umlaufenden Teilsammlungen durchsetzte, aber nicht auf eine autoritative Entscheidung zurückgeht. Diese Hypothese hat zudem den großen Vorteil, dass Text- und Kanonsgeschichte weiterhin aufeinander bezogen bleiben können.

Der Prozess der ntl. Kanonsbildung wurde wesentlich von den *Gemeinden* getragen und bestimmt, in denen die einzelnen Schriften Autorität besaßen. Nicht autoritative Setzungen von Einzelpersonen, Bewegungen oder Synoden[328] riefen die Sammlung Heiliger Schriften hervor, sondern es handelte sich um einen Vorgang mit innerer

323 Zum Kodex vgl. D. C. Parker, An Introduction to the New Testament Manuscripts and their Texts (s. o. 1.3), 13–20; allerdings gibt es auch Rollen-Handschriften, vgl. die Auflistung bei C. D. Parker, a. a. O., 19f.

324 Vgl. dazu L. Traube, Nomina Sacra. Versuch einer Geschichte der christlichen Kürzung, München 1907; A. H. R. E. Paap, Nomina Sacra in the Greek papyri of the First Five centuries A.D., PLB 8, Leiden 1959; L. Hurtado, The Origin of the Nomina Sacra. A Proposal, JBL 117 (1998), 655–673.

325 Vgl. dazu A. R. Millard, Pergament und Papyrus, Tafeln und Ton. Lesen und Schreiben zur Zeit Jesu, Gießen 2000, 66–71.

326 Vgl. demgegenüber K. Aland/B. Aland, Text (s. o. 1.3), 91 f, die nachdrücklich auf die Variabilität der Reihenfolge hinweisen.

327 U. Schmid, Die Buchwerdung des Neuen Testaments, 231.

328 Das Wort *κανών* im Sinn von ‚Tabelle autoritativer Schriften' erscheint erstmals im Can. 59 der Provinzialsynode von Laodicea (um 360 n. Chr.); vgl. dazu Th. Zahn, Grundriß, 1–11; B. M. Metzger, Der Kanon des Neuen Testaments, 272–276.

Folgerichtigkeit und Notwendigkeit: Das Alte Testament als bereits bestehender Kanon, der Selbstanspruch der paulinischen Briefe und der Evangelien sowie der sich ständig vergrößernde Abstand zum Ursprungsgeschehen erforderten eine Rezeption der für den christlichen Glauben maßgeblichen Zeugnisse. Markion, die Montanisten und die Bildung der Reichskirche im 4. Jh. beschleunigten lediglich diese Entwicklung. Die Kanonsbildung gehört somit in den Prozess der notwendigen und folgerichtigen Selbstdefinition der Kirche. Die Intention der vorherrschenden Anordnung ist offenkundig: Auf die viergestaltige Darstellung der Jesus-Christus-Geschichte folgt die Apg als Übergang und Lektüreanweisung für die Paulusbriefe, die durch die Schriften der anderen Apostel ergänzt werden; die Lektüre mündet schließlich in den eschatologischen Ausblick der Offb. Innerhalb dieses Prozesses war von entscheidender Bedeutung, dass die Christen für die Überlieferung ihrer Texte nicht die Rollen-Form, sondern ganz überwiegend die Kodex-Form wählten[329]. Der Kodex hatte gegenüber der Rolle den großen Vorteil, Teilsammlungen (z. B. Paulusbriefe, Evangelien) in praktischer Form zu überliefern. Die Kodex-Form dürfte auch maßgeblich dazu beigetragen haben, dass es ab ca. 200 n. Chr. eine große Stabilität sowohl in der Textüberlieferung als auch bei den als grundlegend anzusehenden Schriften gab[330].

Als Sammlungsprozess war die Kanonsbildung zugleich ein Selektionsvorgang[331]. Dabei widerstand die Alte Kirche sowohl der Versuchung der Reduktion (Markion, Tatian) als auch der Gefahr einer Inflation (Gnosis) maßgeblicher Schriften[332]. Mit dem Kanon von 27 Schriften hielt die Kirche an der Pluralität fest, ohne den Pluralismus zum Programm zu machen.zu machen. Dabei fällt auf, dass alle in den Kanon aufgenommenen Schriften in irgendeiner Weise etwas mit Paulus zu tun haben. Bei den Proto- und Deuteropaulinen ist dies offensichtlich, ebenso bei Lukas (Paulus in der Apg) und dem Hebräerbrief (vgl. Hebr 13, 22–25). Wie die Deuteropaulinen lassen sich der Judas- und 2Petrusbrief im Rahmen der Auseinandersetzungen um das paulinische Erbe verstehen. Auch die markinische und die johanneische Theologie sind von Paulus beeinflusst (Jesus Christus als Gottessohn, Kreuzestheologie), eben-

329 Vgl. dazu U. Schmid, a. a. O., 220–230.

330 Vgl. U. Schmid, a. a. O., 231: „Die in Kodex-Form umlaufenden Sammlungseinheiten der Evangelien, der Paulusbriefe und der Apostolos-Sammlung eignen sich in hervorragendem Maße dazu, einen Konsens über die kanonisch werdende Schriftensammlung vorzubereiten, indem sie die Bekanntschaft mit genau diesen speziellen Teilmengen aus dem breiten Spektrum der urchristlichen Schriftenproduktion befördern."

331 Dies ist ein notwendiger und unumgänglicher Prozess; vgl. Th. Luckmann, Religion – Gesellschaft – Transzendenz, in: Krise der Immanenz, hg. v. H.-J. Höhn, Frankfurt 1996, 121: „Die gesellschaftliche Systematisierung der intersubjektiven Rekonstruktion subjektiver Transzendenzerfahrungen enthält sowohl Auswahl wie Verwerfung, Kanonisierung wie Zensur."

332 Zu den Schriften mit zeitweiliger oder lokaler Kanonizität vgl. B. M. Metzger, Der Kanon des Neuen Testaments, 163–184 (z. B. Hebräer-, Ägypter- und Petrusevangelium; Paulus-, Johannes und Petrusakten; der 3. Brief des Paulus an die Korinther, Laodicenerbrief; Petrusapokalypse, Apokalypse des Paulus).

so der 1Petrusbrief (‚in Christus'). Die Johannesoffenbarung wendet sich in den Sendschreiben (Offb 2, 1–3, 22) auch an paulinische bzw. nachpaulinische Gemeinden. Schließlich können sowohl der Jakobusbrief als auch das Matthäusevangelium[333] als Schriften gegen Paulus bzw. Paulusschüler verstanden werden.

333 Vgl. G. Theissen, Kritik an Paulus im Matthäusevangelium? Von der Kunst verdeckter Polemik im Urchristentum, in: O. Wischmeyer/L. Scornaienchi (Hg.), Polemik in der frühchristlichen Literatur, BZNW 170, Berlin 2010, 465–490.

6. Der Hebräerbrief

6.1 Literatur

Kommentare

KEK 13: H. F. Weiß, 1991. – HNT 14: H. Windisch, ²1931; H. Braun, 1984. – EKK XVII/1–3: E. Gräßer, 1990. 1993. 1997. – ThHK 16: H. Hegermann, 1988. – ÖTK: 20/1.2: M. Karrer, 2002. 2008. – RNT: K. Backhaus, 2009. – NTD 9: A. Strobel, ⁴1991. – AncB 36: C. R. Koester, 2001. – Hermeneia: H. W. Attridge, 1989. – WBC 47 a.b: W. L. Lane, 1991. – NIC: F. F. Bruce, ²1990.

Monographien

E. Käsemann, Das wandernde Gottesvolk, FRLANT 55, Göttingen ²1957. – F. J. Schierse, Verheißung und Heilsvollendung. Zur theologischen Grundfrage des Hebräerbriefes, MThS 9, München 1955. – E. Gräßer, Der Glaube im Hebräerbrief, MThSt 2, Marburg 1965. – G. Theißen, Untersuchungen zum Hebräerbrief, StNT 2, Gütersloh 1969. – O. Hofius, Katapausis, WUNT 11, Tübingen 1970. – H. Zimmermann, Das Bekenntnis der Hoffnung, BBB 47, Bonn 1977. – F. Laub, Bekenntnis und Auslegung, BU 15, Regensburg 1980. – W. R. G. Loader, Sohn und Hoherpriester, WMANT 53, Neukirchen 1981. – M. Rissi, Die Theologie des Hebräerbriefes, WUNT 41, Tübingen 1987. – A. Vanhoye, Structure and Message of the Epistle to the Hebrews, Rom 1989. – L. D. Hurst, The Epistle to the Hebrews. Its Background of Thought, MSSNTS 65, Cambridge 1990. – H. Löhr, Umkehr und Sünde im Hebräerbrief, BZNW 73, Berlin 1994. – G. H. Guthrie, The Structure of Hebrews, NT.S 73, Leiden 1994. – K. Backhaus, Der Neue Bund und das Werden der Kirche, NTA 29, Münster 1996. – D. Wider, Theozentrik und Bekenntnis, BZNW 87, Berlin 1997. – W. Eisele, Ein unerschütterliches Reich. Die mittelplatonische Umformung des Parusiegedankens im Hebräerbrief, BZNW 116, Berlin 2003. – G. Gäbel Die Kulttheologie des Hebräerbriefes, WUNT 2.212, Tübingen 2006. – G. Gelardini, „Verhärtet eure Herzen nicht", Leiden 2007. – C. K. Rothschild, Hebrews as Pseudepigraphon. The History and Significance of the Pauline Attribution of Hebrews, WUNT 235, Tübingen 2009.

Aufsätze

H. Braun, Die Gewinnung der Gewißheit in dem Hebräerbrief, ThLZ 96 (1971), 321–330. – E. Gräßer, Zur Christologie des Hebräerbriefes, in: FS H. Braun, Tübingen 1973, 195–206. – J. Roloff, Der mitleidende Hohepriester, in: ders., Exegetische Verantwortung in der Kirche, Göttingen 1990, 144–167. – A. Vanhoye, Art. Hebräerbrief, TRE 14 (1985), 494–505. – F. Laub,

‚Schaut auf Jesus' (Hebr. 3,1). Die Bedeutung des irdischen Jesus für den Glauben nach dem Hebräerbrief, in: Vom Urchristentum zu Jesus (FS J. Gnilka), hg. v. H. Frankemölle u. K. Kertelge, Freiburg 1989, 417–432. – H. Hegermann, Christologie im Hebräerbrief, in: Anfänge der Christologie (FS F. Hahn), hg. v. C. Breytenbach u. H. Paulsen, Göttingen 1991, 337–351. – F. Laub, ‚Ein für allemal hineingegangen in das Allerheiligste' (Hebr 9,12). Zum Verständnis des Kreuzestodes im Hebräerbrief, BZ 35 (1991), 65–85. – Th. Söding, Zuversicht und Geduld im Schauen auf Jesus. Zum Glaubensbegriff des Hebräerbriefes, ZNW 82 (1991), 214–241. – E. Gräßer, Aufbruch und Verheißung. Ges. Aufsätze zum Hebräerbrief, hg. v. M. Evang u. O. Merk, BZNW 65, Berlin 1992 (wichtige Aufsatzsammlung). – K. Backhaus, Der Hebräerbrief und die Paulus-Schule, BZ 37 (1993), 183–208. – R. Kampling (Hg.), Ausharren in der Verheißung. Studien zum Hebräerbrief, SBS 204, Stuttgart 2005. – G. Gelardini (Hg.), Hebrews, Atlanta 2008. – K. Backhaus, Der sprechende Gott. Gesammelte Studien zum Hebräerbrief, WUNT 240, Tübingen 2009.

Forschungsberichte

E. Gräßer, ThR 30 (1964), 138–236; ThR 56 (1991), 113–139. – H. Feld, Der Hebräerbrief, EdF 228, Darmstadt 1985.

6.2 Verfasser

Die Verfasserfrage gehört zu den großen Rätseln des Hebräerbriefes. Im Brief finden sich keinerlei Hinweise auf den Autor, eine paulinische Verfasserschaft soll möglicherweise im Briefschluss Hebr 13,23f nahegelegt werden: „Wisst, dass unser Bruder Timotheus freigekommen ist. Mit ihm, der in Bälde kommt, werde ich euch sehen. Grüßt alle Leitenden und alle Heiligen. Es grüßen euch die aus Italien." Diese Nachrichten kommen angesichts des vorangehenden Briefinhaltes unerwartet, so dass der formal an Paulusbriefen orientierte Briefschluss Hebr 13,22–25 erst sekundär hinzugefügt sein könnte, möglicherweise von dem Herausgeber einer Paulusbriefsammlung[1]. Wird hingegen der Briefschluss für ursprünglich gehalten, so besagt dies positiv zunächst nur, dass der Verfasser des Hebr seine Schrift im Umkreis paulinischer Theologie verstanden wissen will. Angesichts dieser Überlieferungssituation verwundert es nicht, dass im Verlauf der Auslegungsgeschichte sehr viele Persönlichkeiten des Urchristentums zum Verfasser des Hebr erklärt wurden. Das Spektrum reicht von Paulus bis hin zu Maria, der Mutter des Herrn[2]. In der neueren Exegese begnügt man sich zumeist mit der Aussage, der Hebr sei von einem uns unbekannten Verfas-

1 Vgl. E. Gräßer, Hebr I, 22. Für diese These könnte sprechen, dass im ältesten Textzeugnis P^{46} (um 200 n. Chr.) der Hebr unmittelbar hinter dem Röm zu finden ist. Zur wechselvollen Geschichte des Hebr im Prozess der Kanonsbildung s. o. Exkurs 3: Die Sammlung der Paulusbriefe und das Werden des Kanons.

2 Vgl. dazu die Angaben bei E. Gräßer, Hebr I, 19–21.

ser geschrieben worden[3]. Unbestritten sind die Vertrautheit des Autors mit hellenistisch-jüdischem Bildungsgut, eine umfassende Kenntnis des Alten Testaments und seiner hellenistisch-jüdischen Auslegungstraditionen und seine hohe rhetorische Gestaltungskraft. Als Lehrer der Gemeinde (vgl. Hebr 6,1f; ferner 5,12; 13,9), der zugleich Hörer ist (vgl. Hebr 1,2; 2,1.3), unternimmt er den Versuch, durch eine umfassende Neu-Interpretation des Christuskerygmas wieder Glaubenszuversicht zu wecken. A. Strobel hält Apollos für den möglichen Verfasser des Hebr[4]. In seiner Person verbinden sich hellenistisch-alexandrinische Bildung mit persönlichem Kontakt zum Apostel Paulus. Auch H. Hegermann stellt den Verfasser des Hebr in unmittelbare Nähe zu Paulus, ein Begleiter des Apostels mit jüdisch-hellenistischer Bildung habe den Hebr verfasst[5]. Demgegenüber hält E. Gräßer den halbpseudonymen Charakter des Hebr für keinen Zufall. „Hebr ging aus theologischen Gründen von vornherein in anonymer Gestalt aus."[6] Für das theologische Verständnis der Schrift ist die Verfasserfrage unerheblich, der theologisch gewichtige Inhalt des Hebr spricht für sich selbst.

6.3 Ort und Zeit der Abfassung

Mit Hebr 13,23.24 erhebt der Brief wahrscheinlich den Anspruch, in Italien (Rom) geschrieben worden zu sein[7]. Für *Rom*[8] als Abfassungsort sprechen auch die mögliche Aufnahme von Hebr 1,3–4 in 1 Klem 36,2–5, zumal hinter beiden Texten eine beiden Verfassern zugängliche Gemeindetradition stehen könnte[9], und die Bezeichnung der Gemeindevorsteher als *ἡγούμενοι* in Hebr 13,7.17.24; 1 Klem 1,3. Sicherheit lässt sich hier aber nicht gewinnen. Der Anspruch des Hebräerbriefes, in Rom geschrieben zu sein, kann auch als Indiz für einen anderen Herkunftsort gewertet werden, etwa aus dem Osten des Reiches[10]. Auch die Abfassungszeit des Hebr lässt sich nur hypothetisch erschließen. Der fehlende Hinweis auf die Tempelzerstörung

3 Vgl. in diesem Sinn mit Unterschieden in der Einzelbegründung H. Braun, Hebr, 3; F. F. Bruce, Hebr, 20; H. W. Attridge, Hebr, 6; F. Laub, Hebräerbrief, SKK 14, Stuttgart 1988, 17; C. P. März, Hebräerbrief, NEB 16, Würzburg ^{2}1990, 18–20; E. Gräßer, Hebr I, 19–22; H. F. Weiß, Hebr, 61.

4 Vgl. A. Strobel, Hebr, 12.

5 Vgl. H. Hegermann, Hebr, 9f.

6 E. Gräßer, Hebr I, 22.

7 Die Wendung „es grüßen euch die aus Italien" in Hebr 13,24 lässt zwei Deutungsmöglichkeiten zu: 1. Es grüßen solche, die aus Italien schreiben (so z. B. A. Strobel, Hebr, 185); 2. Es grüßen solche, die aus Italien stammen, sich nun außerhalb Italiens befinden und Grüße nach Italien richten (so z. B. H. Hegermann, Hebr, 287).

8 Für Rom als Abfassungsort des Hebr plädieren u. a. F. F. Bruce, Hebr, 14; F. Laub, Hebr, 18; Ph. Vielhauer, Urchristliche Literatur, 251; E. Gräßer, Hebr I, 22; C. R. Koester, Hebr, 49f; K. Backhaus, Hebr, 25. A. Strobel, Hebr, 13, spricht allgemein von Italien als Abfassungsort des Hebr. Für nicht mehr bestimmbar halten den Abfassungsort H. Braun, Hebr, 2; H. Hegermann, Hebr, 11; H. F. Weiß, Hebr, 76.

9 Vgl. H. Hegermann, Hebr, 33; E. Gräßer, Hebr I, 22.

10 So die Argumentation von K. Aland, Corpus Paulinum bei den Kirchenvätern (s. o. Exkurs 3), 43f.

(vgl. aber Hebr 8, 13) gilt vielfach als Argument für eine Datierung vor 70 n. Chr.[11]. Allerdings orientiert sich der Hebr nicht am Tempel, sondern an der Stiftshütte (vgl. Hebr 9, 1–7), und seine Argumentation vollzieht sich völlig unabhängig von historischen Voraussetzungen[12]. Der Hebr schaut bereits auf die Anfänge der Jesusüberlieferung zurück, er verfügt über ein reflektiertes Traditionsverständnis (vgl. Hebr 2, 3; 13, 7). Die Gemeinde musste eine Verfolgung überstehen (vgl. Hebr 10, 32–34), so dass eine Abfassung der Schrift zwischen 80 und 90 n. Chr. als wahrscheinlich anzusehen ist[13]. Die traditionsgeschichtliche Nähe zum 1 Klem bestätigt den theologiegeschichtlichen Standort des Hebr am *Ende des 1. Jhs.*[14].

6.4 **Empfänger**

Welche Adressatensituation veranlasste den Autor des Hebr[15], einen *λόγος τῆς παρακλήσεως* (Hebr 13, 22) zu schreiben? Die Gemeinde war gegenüber der Heilsbotschaft ‚schwerhörig' und träge geworden (vgl. Hebr 5, 11; 6, 11. 12). Der Gottesdienstbesuch lässt nach (vgl. Hebr 10, 25), die Gemeinde muss bei den Grundlagen des Glaubens wieder ganz von vorn anfangen (vgl. Hebr 5, 12–6, 2). Der Abfall vom Glauben und das damit verbundene Problem der zweiten Buße ist ein aktuelles Thema in der Gemeinde (vgl. Hebr 6, 4–6; 10, 26–29; 12, 16 f; ferner 3, 12; 12, 25)[16]. Wer den Glauben verleugnet, tritt den Sohn Gottes mit Füßen und verunreinigt das Blut des Bundes (Hebr 10, 29). Wie die Wüstengeneration steht auch die Gemeinde des Hebr in der Gefahr, die Gnade Gottes geringzuschätzen (vgl. Hebr 3, 7–4, 13; 12, 15). Wenn sie aber im Glauben und im Gehorsam gegenüber der Verheißung unerschütterlich feststeht, ist es ihr verheißen, im Gegensatz zur Wüstengeneration in die eschatologische Ruhestätte einzugehen. Die Gemeinde soll die Glaubenszuversicht nicht wegwerfen (vgl. Hebr 10, 35), die müden Hände und die wankenden Knie müssen gestärkt werden (vgl. Hebr 12, 12), damit der Kreuzestod Jesu Christi durch ihr Verhalten nicht zum Spott wird (vgl. Hebr 6, 6). Die Gemeinde benötigt *ὑπομονή* (Hebr 10, 36; vgl. 3, 14; 6, 11 f; 11, 1; 12, 1), sie soll am Bekenntnis festhalten (vgl. Hebr 3, 1; 4, 14;

11 Vgl. F. F. Bruce, Hebr, 22 (vor 70 n. Chr.); A. Strobel, Hebr, 11, (um 60); G. Gäbel, Kulttheologie, 484, interpretiert den Hebr auf dem Hintergrund frühjüdischer Kulttheologie; der Tempelkult in Jerusalem übt auf die Gemeinde eine große Faszination aus, so dass der Hebr vor 70 zu datieren ist.

12 Vgl. E. Gräßer, Hebr I, 25

13 Vgl. Ph. Vielhauer, Urchristliche Literatur, 251; F. Laub, Hebr, 19; H. Hegermann, Hebr, 11; E. Gräßer, Hebr I, 25; H. F. Weiß, Hebr, 77; C. R. Koester, Hebr, 50–54 (zwischen 60 und 90 n. Chr.); K. Backhaus, Hebr, 36 (achtziger oder frühe neunziger Jahre).

14 Für K. Aland, Corpus Paulinum bei den Kirchenvätern, 44, ist die Rezeption des Hebräerbriefes im 1 Klemensbrief das ausschlaggebende Argument für seine These, der Hebräerbrief gehöre in die Zeit um 70 n. Chr.

15 Die Überschrift *Πρὸς Ἑβραίους* wird heute allgemein zu Recht als sekundär angesehen, vgl. E. Gräßer, Hebr I, 41–45. Vielfach gilt eine Gemeindegruppe in Rom als Adressat des Hebr; so zuletzt K. Backhaus, Hebräerbrief und die Paulus-Schule, 196 ff.

16 Zur Analyse der Texte vgl. Ingrid Goldhahn-Müller, Die Grenze der Gemeinde, GTA 39, Göttingen 1989, 75–114.

10, 23) und so ihre Glaubensermüdung überwinden. Weil die Gemeinde in der Gefahr des Glaubensstillstandes bis hin zum Glaubensabfall steht, dominieren im Hebr die Ermahnungen (vgl. Hebr 2, 2f; 3, 13; 6, 4–8; 10, 24f; 12, 5. 25–29; 13,9. 17. 22). Offensichtlich versucht der Verfasser des Hebr, die Ermüdung und Erschlaffung der Gemeinde, den Erkenntnisschwund, den Kleinmut und das Gefühl der Unerlöstheit durch seine Auslegung des Bekenntnisses zu überwinden[17].

Nach Hebr 6, 1f trennten sich die Adressaten ‚von den toten Werken' hin zum ‚Glauben an Gott', worin zumeist eine Anspielung auf heidnische Kulte gesehen wird. Hebr 3, 12 warnt vor dem ‚Abfall von dem lebendigen Gott', und der Gegensatz Juden – Heiden spielt im Hebr keine dominierende Rolle, so dass in den Adressaten oftmals Heidenchristen gesehen werden[18]. Dennoch wird man die Adressaten nicht als eine rein heidenchristliche Gemeinde bezeichnen können. Will der Autor sein Ziel der *Glaubensstärkung und -erneuerung* erreichen, so müssen den Hörern nicht nur das Alte Testament und der jüdische Kultus vertraut gewesen sein, auch die subtile exegetische Argumentation des Hebr (vgl. z. B. Hebr 7) muss für sie verständlich gewesen sein, was auf ein gehobenes intellektuelles Nieveau schließen lässt[19]. Nach Hebr 8, 10 wird in Aufnahme von Jer 31, 33 (LXX) der neue Bund mit dem Haus Israel geschlossen, so dass die Gemeinde kaum nur aus Heidenchristen bestehen konnte. In Hebr 13,9. 10 werden Konflikte in der Gemeinde um die Frage Rein – Unrein sichtbar (vgl. Hebr 9, 14), und möglicherweise spielt der Verfasser auf jüdische oder judenchristliche Irrlehren an. Die Gemeinde setzte sich wahrscheinlich aus Heidenchristen und hellenistischen Judenchristen[20] zusammen, für deren Glauben offenbar der im Hebr entfaltete Rückbezug auf das Alte Testament und dessen jüdisch-hellenistische Auslegungstraditionen von großer Bedeutung waren. Wer hingegen die Frage nach der Herkunft der Gemeindeglieder für nicht relevant hält[21], unterschätzt die Voraussetzungen für eine Rezeption der Theologie des Hebr auf Seiten der Adressaten. Gerade wenn der Brief die Zweifel überwinden und Gewissheit vermitteln will, müssen das Verstehen und Bejahen der ausgefeilten Argumentation des Hebräerbriefes möglich sein.

17 C.R. Koester, Hebr, 64–79, sieht die Gemeinde des Hebr in einem komplexen Selbstdefinierungsprozess zwischen jüdischer Subkultur und dominierender griechisch-römischer Kultur. „Since Christians had affinities with Jewish subculture and the dominant Greco-Roman culture but did not entirely fit either category, Hebrews helps to define their identity by appropriating Jewish and Greco-Roman images, transforming both in ways that reinforce the community's confession" (a. a. O., 73).

18 Vgl. z. B. H. Windisch, Hebr, 127; W. G. Kümmel, Einleitung, 352f; H. Hegermann, Hebr, 10; H. F. Weiß, Hebr, 72ff.

19 Vgl. K. Backhaus, Hebr, 26: „eine Adressatengruppe, vielleicht eine Hauskirche, in großstädtisch kultiviertem Milieu, offenkundig nicht ohne Besitz und intellektuelles Niveau, an christlicher Sozialisation durch jüdische Bildung interessiert, durch theologische Redekunst zu gewinnen."

20 A. Strobel, Hebr, 10, spricht von einer judenchristlich-hellenistischen Hörergemeinde; M. Rissi, Theologie, 11f.23f, von einer judenchristlichen Sondergruppe.

21 Vgl. A. Vanhoye, Art. Hebräerbrief, 497; E. Gräßer, Hebr I, 24.

6.5 Gliederung, Aufbau, Form

I. Hauptteil:	1, 1–4, 13
1, 1–4	Das endzeitliche Sprechen des Vaters im Sohn
1, 5–14	Das Zeugnis der Schrift über den Sohn
2, 1–4	Mahnung: Hören auf das Wort
2, 5–18	Der Sohn und die Söhne
3, 1–6	Mahnung: Schaut auf den Hohenpriester Jesus
3, 7–4, 11	Das Eingehen in die Ruhe Gottes im Glauben
4, 12–13	Mahnung: Das Wort Gottes richtet

II. Hauptteil	4, 14–10, 31
4, 14–16	Einleitendes Mahnwort
5, 1–10	Der berufene und mitfühlende Hohepriester Jesus
5, 11–6, 20	Mahnung: Aufruf zur Glaubenserkenntnis und Glaubensgewissheit
7, 1–28	Hoherpriester nach der Ordnung des Melchisedek
8, 1–13	Der neue Bund
9, 1–28	Der neue himmlische Kult
10, 1–18	Das einmalige Opfer Jesu
10, 19–31	Mahnung: Aufruf zur Glaubenszuversicht

III. Hauptteil	10, 32–13, 25
10, 32–39	Bewährung des Glaubens im Leiden
11, 1–40	Das Beispiel der früheren Glaubenszeugen
12, 1–29	Die Bewährung des Glaubens
13, 1–19	Schlussparänese
13, 20–21	Segenswunsch
13, 22–25	Mahnung

Vielfach wird in der Forschung das Briefkorpus zwischen der Einleitung (Hebr 1, 1–4) und dem Schlussgruss (Hebr 13, 20–21) in fünf Teile gegliedert: I. 1, 5–2, 18; II. 3, 1–5, 10; III. 5, 11–10, 39; IV. 11, 1–12, 13; V. 12, 14–13, 19[22].

Auf das Exordium Hebr 1, 1–4 folgt eine Belehrung über die Hoheit Jesu im Gegensatz zu den Engeln, die als Zielpunkt die Paränese in 2, 1–4 hat. Auch 2, 5–18 läuft

22 Vgl. bes. A. Vanhoye, Literarische Struktur und theologische Botschaft des Hebräerbriefes I, SNTU IV (1979), 119–147; II, SNTU V (1980), 18–49.

auf eine Paränese zu (3, 1–6). Der Ausblick auf das Gericht in 4, 12–13 schließt den dritten Unterabschnitt ab. Zugleich besteht eine Korrespondenz zwischen dem Anfang und dem Ende des 1. Hauptteils, er ist durch zwei hymnisch-liturgische Stücke gerahmt. Der Inhalt des 1. Hauptteils lautet: Gott hat im Sohn geredet[23].

Der 2. Hauptteil setzt mit dem Mahnwort Hebr 4, 14–16 ein, das in 10, 19–23 aufgenommen und variiert wird. Auf die thematische Grundlegung 4, 14–16 folgt ein Abschnitt über die Art des Hohenpriestertums Jesu (5, 1–10), der in eine umfassenden Mahnung zur Glaubensgewissheit mündet (5, 11–6, 20). Der lehrhafte Hauptabschnitt in Hebr 7, 1–10, 18 thematisiert die Stellung Jesu als Hoherpriester (7, 1–28), den Ort und den Charakter seines Dienstes (8, 1–9, 28) und sein einmaliges Opfer (10, 1–18). Daran schließen sich wiederum Mahnungen an, aus dem Erkannten sollen nun die angemessenen Folgerungen gezogen werden: Festhalten am Bekenntnis und Abwehr des möglichen Abfalles. Ein Ausblick auf das Gericht (10, 30f) beschließt auch den 2. Hauptteil, dessen Thema lautet: Christus ist der treue Hohepriester zur Rechten Gottes.

Der 3. Hauptteil zeichnet sich wiederum durch eine Rahmung aus, dem Hinweis auf die Leidenssituation (10, 32ff; 13, 7) folgt als Konsequenz: Feststehen im Glauben (10, 35; 13,9), Geduld und Zuversicht haben (10, 36; 13, 14). An den Hinweis auf die Glaubensbewährung der Adressaten (10, 32–39) fügt der Verfasser das Beispiel der früheren Glaubenszeugen an (11, 1–40), um dann auf Jesus selbst zu verweisen, den Gründer und Vollender des Glaubens (12, 2). An ihm soll sich die Gemeinde in ihrer Existenz ausrichten (12, 1–29). Mit Hebr 13, 1 setzt der Schlussteil des Briefes ein, der formal an den Paulusbriefen orientiert ist[24]. Auf die Schlussparänese (13, 1–19) folgen der Segenswunsch (13, 20–21), eine letzte Ermahnung (13, 22), die apostolische Parusie (13, 23), Grußauftrag und Grußausrichtung (13, 24) und als Eschatokoll ein Segenswunsch (13, 25). Das Thema des 3. Hauptteiles lautet: Steht fest im Glauben und folgt Jesus Christus, dem Begründer und Vollender des Glaubens.

Die Gliederung des Hebr entspricht der theologischen Zielsetzung des Autors. Der Schlüssel zum Aufbau liegt im Zusammenwirken von paränetischen und glaubensgrundlegenden Abschnitten. Sie werden vom Autor bewusst aufeinander bezogen, greifen ineinander und legen sich gegenseitig aus[25]. Der Verfasser will seiner Gemeinde wieder zur Glaubensgewissheit und Glaubenszuversicht verhelfen, in den Paränesen als Zielpunkten der jeweiligen Argumentation wird seine eigentliche Intention sichtbar. Der Hebr lässt somit sowohl auf der Makroebene (Grundlegung, Entfal-

---

23 Vgl. zu der hier vorgelegten Gliederung bes. W. Nauck, Zum Aufbau des Hebräerbriefes, in: Judentum – Urchristentum – Kirche (FS J. Jeremias), hg. v. W. Eltester, BZNW 26, Berlin 1960, 199–206. Ähnlich gliedert H. Hegermann, Hebr, 4–6. Auch E. Gräßer, Hebr I, 28–30, wählt eine dreiteilige Gliederung, für ihn beginnt der 2. Hauptteil aber erst in Hebr 7, 1, als ‚Zwischenstück' werden 4, 14–6, 20 bezeichnet. H. F. Weiß, Hebr, 47, lässt den 2. Hauptteil mit Hebr 10, 18 enden.

24 Vgl. F. Schnider – W. Stenger, Studien (s. o. 2.3.2), 73ff.

25 Vgl. F. Laub, Bekenntnis und Auslegung, 4f.

tung, Mahnung) als auch in den drei Hauptabschnitten eine klare Gliederung erkennen. Innerhalb der drei Hauptabschnitte greift der Autor verschiedene literarische Verfahren auf: Umrahmung thematischer Einheiten, literarische Klammern in Einzelabschnitten (vgl. Hebr 7,1–10; 7,11–28; 8,3–9,28; 10,1–18), Themaankündigungen (vgl. Hebr 1,4; 2,17; 5,10; 7,22; 10,39), Wechsel im literarischen Genus (Glaubensgrundlegung, Paränese). Auch Elemente der literarischen Rhetorik werden vom Autor des Hebr aufgegriffen[26].

Sehr unterschiedlich wird in der Forschung das literarische Genus des Hebr beurteilt. Vornehmlich das Fehlen eines Briefanfanges führte in der Forschung dazu, den Hebr verschiedenen Gattungen zuzuordnen: Epistel[27], Predigt[28], Homilie[29], Mysterienrede[30], Traktat[31], theologische Meditation[32], ‚epideictic oration'[33], Buch[34]. Diese Formbestimmungen versuchen den literarischen Besonderheiten des Hebr Rechnung zu tragen, zugleich sind sie ungenau und zumeist ohne wirkliche Analogien, so dass vielfach an der Gattungsbezeichnung ‚Brief' für den Hebr festgehalten wird[35]. Als briefliche Elemente können neben dem Briefschluss und dem Auseinandertreten von Verfasser und Adressaten die konkreten Hinweise auf die Gemeindesituation in Hebr 10,32–34; 12,4; 13,10 genannt werden. Die zahlreichen paränetischen Abschnitte lassen zudem erkennen, dass dem Verfasser die Situation der Empfänger bekannt war. Als Parallele ist der 1 Joh zu nennen, bei dem ebenfalls der Briefanfang fehlt und ein Nebeneinander von dogmatischen und paränetischen Abschnitten für den Gesamtaufbau kennzeichnend ist. Allerdings ändert der briefliche Schluss nichts am Gesamtcharakter des Hebr, der nicht als Brief, sondern als wohldurchdachte Rede konzipiert wurde. Deshalb sollte man die Gattungsbezeichnung aufgreifen, die der Autor selbst seinem Werk gab: *λόγος τῆς παρακλήσεως* (Hebr 13,22). Dies entspricht der paränetischen Ausrichtung des Schreibens, es handelt sich um eine ‚*Mahnrede*'[36].

26 Vgl. E. Gräßer, Hebr I, 15.

27 Vgl. A. Deissmann, Licht vom Osten (s. o. 2.3.1), 207.

28 Vgl. z. B. O. Michel, Der Brief an die Hebräer, KEK 13, Göttingen [14]1985, 4; A. Wikenhauser – J. Schmid, Einleitung, 545; A. Vanhoye, Homilie für haltbedürftige Christen. Struktur und Botschaft des Hebräerbriefes, Regensburg 1981, 11 (der Hebr als einzig erhaltene Predigt im NT).

29 A. Lindemann, Paulus im ältesten Christentum (s. o. 5), 234.

30 Ph. Vielhauer, Urchristliche Literatur, 242.

31 Vgl. H. Windisch, Hebr, 122.

32 M. Rissi, Theologie, 13.

33 H. W. Attridge, Hebr, 14.

34 E. Gräßer, ThR 56, 138: „Vielmehr ist er (= Hebr) ein Buch, und zwar das einzige im NT, das nur ein Thema hat: Christus, der wahre Hohepriester".

35 Vgl. A. Strobel, Hebr, 9; K. Berger, Formgeschichte des Neuen Testaments, Heidelberg 1984, 366; H. Hegermann, Hebr, 1 f.

36 W. G. Übelacker, Der Hebräerbrief als Appell, CB.NT 21, Lund 1989, hält das postscriptum Hebr 13,22–25 für ursprünglich und bezeichnet den Hebr als ‚Mahnwort', das er der deliberativen Redegattung zuordnet. H. F. Weiß, Hebr, 35–41, klassifiziert den Hebr als ‚Mahnrede' nach der Art einer jüdisch-hellenistischen Homilie. K. Backhaus, Hebr, 39f, stuft den Hebr als eine rhetorisch durchstrukturierte öffentliche Beratungsrede/Glaubensrede/Gottesdienstrede ein.

6.6 Literarische Integrität

Umstritten ist die Ursprünglichkeit des Briefschlusses Hebr 13,22–25. Angesichts des Briefanfanges und der Theologie des Hebr überrascht der an das paulinische Briefformular angelehnte Briefschluss, mit dem möglicherweise der Hebr unter die Autorität des Paulus gestellt werden soll. Entspricht dies der ursprünglichen Absicht des Verfassers? Er reserviert den Apósteltitel für Christus (vgl. Hebr 3,1), und möglicherweise ist die Anonymität des Hebr vom Autor gewollt. „Einen Grund dafür teilt er mit der übrigen anonymen Literatur des Urchristentums: Allein Jesus Christus wird als exklusive personale Autorität und Ursprungsnorm der Tradition reklamiert (2,3). Der andere Grund hängt damit zusammen: Hebr sieht das Heil allein im unverfügbaren Wort Gottes gegeben, das durch apostolische Amtsträger zu sichern dem Wesen seiner Theologie des Wortes entgegen wäre."[37] Der Briefschluss wäre dann sekundär und gegen die Intention des Autors hinzugetreten[38]. Für die Ursprünglichkeit von 13,22–25 können die Brieffunktion und die brieflichen Elemente des Hebr angeführt werden. „Demnach ist der Hebr ein Brief, ein urchristlicher Verkündigungsbrief nach Art der Paulusbriefe."[39] Wird eine wirkliche Brieffunktion des Hebr abgelehnt, der Briefschluss aber nicht für sekundär gehalten, ist die Schlussfolgerung Martin Dibelius' möglich: „der Verfasser lässt seine als Rede konzipierte (deswegen aber nicht wirklich gesprochene) Abhandlung in eine Paränese, in Nachrichten und Grüße ausgehen, um ihr den konventionellen Briefschluß nach Analogie der Paulusbriefe (Erwähnung des Timotheus) zu geben, hat dabei aber nicht die Absicht, sie als Brief zu versenden."[40] Oder der Verfasser versah den ursprünglich nicht zur Weitergabe vorgesehenen Hebr mit einem Briefschluss, um ihn doch zu versenden.

Eine Entscheidung zwischen diesen Möglichkeiten führt unweigerlich in Aporien. Gegen die Annahme eines rein fiktiven Briefschlusses spricht die Beobachtung, dass der spätere Bearbeiter die Fiktion nicht deutlich und vollständig durchgeführt hätte, z.B. durch ein an Paulus angelehntes Präskript[41]. Andererseits lässt sich der Hebr aber auch nicht einfach dem paulinischen Briefformular subsumieren. Der Verfasser versah sein Werk wahrscheinlich unter dem *Aspekt der Weitergabe* mit brieflichen Schlusselementen. Hebr 13,22–25 kann als briefliches Begleitschreiben verstanden werden, wobei den Rezeptionsanweisungen in V. 22 besondere Bedeutung zukommt[42]. Der Hebr ist demnach eine zugesandte Mahnrede, die in Gemeindever-

37 E. Gräßer, Hebr I, 17.

38 Vgl. E. Gräßler, Hebr III, 409f: „Hebr 13,22-25 ist ein Postscriptum von fremder Hand, das dem Hebr die Tür zum Kanon öffnen sollte und schließlich auch geöffnet hat."

39 H. Hegermann, Hebr, 2.

40 M. Dibelius, Geschichte der urchristlichen Literatur, 128; ähnlich Ph. Vielhauer, Urchristliche Literatur, 240f. Nach H. F. Weiß, Hebr, 38, handelt es sich bei 13,22–25 um einen vom Autor des Hebr selbst verfassten Nachtrag.

41 Vgl. A. Wikenhauser – J. Schmid, Einleitung, 545.

42 Vgl. bes. die Analyse von W. G. Übelacker, Der Hebräerbrief als Appell, 197ff. Für die Ursprünglichkeit von Hebr 13,22–25 votiert auch H. W. Attridge,

sammlungen verlesen wurde. Hier bleibt allerdings eine letzte Unsicherheit, wie der Inhalt des *λόγος δυσερμήνευτος* (Hebr 5, 11) sind auch die literarische Integrität und Form des Hebr nur schwer zu bestimmen.

6.7 Traditionen, Quellen

Der Autor des Hebr steht in vielfältigen Traditionsbezügen. In Hebr 3, 1; 4, 14; 10, 23; 13, 15 erwähnt er das urchristliche Bekenntnis, zumindest in Hebr 1, 3 zitiert er auch einen urchristlichen Hymnus[43], für Hebr 5, 7–10; 7, 1–3. 26 kann hymnischer Charakter erwogen werden[44]. Wie in keiner anderen ntl. Schrift wird im Hebr das Alte Testament herangezogen. Neben den ca. 35 wörtlichen Textzitaten finden sich ca. 80 Anspielungen auf atl. Textstellen. Der Hebr zitiert ausschließlich die LXX, Abweichungen lassen sich daraus erklären, dass dem Autor andere LXX-Kodizes vorlagen oder er aus dem Gedächtnis zitierte[45]. Auffällig ist die Länge einzelner Zitate, so wird Jer 31, 31–34 im Neuen Testament allein in Hebr 8,8–12 vollständig zitiert, um dann noch einmal in Hebr 10, 15–18 in einer verkürzten Form aufgenommen zu werden. Bei den Formen der Schriftauslegung zeigen sich Parallelen zu den Auslegungsmethoden des antiken Judentums[46]. So liegt in Hebr 3, 7–4, 11 ein Midrasch zu Ps 95, 7–11 vor, ein knapper pescherartiger Kommentar findet sich z. B. in Hebr 2, 6–9, und allegorische Auslegung ist in Hebr 3, 6; 13, 13 anzutreffen. Vielfältig sind typologische Zuordnungen (z. B. Hebr 6, 13–20; Melchisedek in Hebr 7), die es dem Autor erlauben, wie mit dem Weissagung – Erfüllung-Schema (z. B. Hebr 1, 5. 13; 5, 5; 8,8–12) die Überbietung der alten Heilsordnung durch das in Jesus Christus heraufgeführte Heil umfassend darzustellen. Möglicherweise konnte der Autor des Hebr auf ausgearbeitete Textkomplexe oder programmatische Einzelsätze zurückgreifen, die entweder von ihm selbst stammten, oder in seiner Gemeinde entstanden (vgl. Hebr 3, 7–4, 11[47]; 7, 11–25. 28; 8, 4. 6–13; 9,9 b; 10, 1 a.3–10. 14). Nähe zur AT-Interpretation jüdischer Weisheitsschriften zeigt sich auch in der großen Beispielreihe Hebr 11 (vgl. z. B. Sir 44 ff).

Verbindungslinien lassen sich ferner zwischen dem Hebr und urchristlichen Traditionsströmen aufzeigen[48]. So weist Hebr 1, 1–4 Übereinstimmungen mit Joh 1, 1–18;

Hebr, 405, der den Briefschluss als einen bewussten Bestandteil der literarisch und rhetorisch durchdachten Gesamtkomposition des Hebr ansieht. Nach K. Backhaus, Hebräerbrief und die Paulus-Schule, 194–196, verweist der authentische Schluss Hebr 13, 22–25 auf Kontakte zwischen dem Autor des Hebr und der römischen Paulusschule.

43 Vgl. hier neben den Kommentaren die Analyse von J. Habermann, Präexistenzaussagen (s. o. 2.9.7), 267–299.

44 Vgl. hier H. Zimmermann, Das Bekenntnis der Hoffnung, 44 ff. Skeptisch gegenüber der Beurteilung von Hebr 5, 7; 7, 1–3. 26 als Hymnenzitate bes. E. Gräßer, Hebr I, 312 ff; H. Hegermann, Hebr, z.St.

45 Vgl. zur Analyse F. Schröger, Der Verfasser des Hebräerbriefes als Schriftausleger, BU 4, Regensburg 1968, 35–197. 247–256.

46 Vgl. die ausführliche Auflistung bei F. Schröger, a. a. O., 256–299.

47 Vgl. H. Hegermann, Hebr, 6.

48 Vgl. K. Backhaus, Hebr, 51 f, wonach sich der Hebr ausdrücklich in den Zusammenhang der frühchristlichen Überlieferung stellt.

Phil 2,6–11; Röm 1,3–4; 1 Kor 8,6; Kol 1,15ff auf. Wie Paulus (vgl. Gal 3; Röm 4) greift auch der Hebr in 6,13–20; 11,8–19 die Abrahamsverheißung auf. Sühnopfervorstellungen finden sich sowohl in Röm 3,25 als auch in Hebr 2,17f. Wie Paulus (vgl. 1 Kor 11,23–26) kennt der Hebr die Antithese Erster Bund – Neuer Bund. Weisen diese traditionsgeschichtlichen Übereinstimmungen zwischen Paulus und dem Hebr auf die gemeinsame Herkunft aus dem hellenistischen Judenchristentum hin, so bestehen theologisch doch erhebliche Differenzen zwischen dem Hebr und der paulinischen Theologie[49]. Das Thema der Gerechtigkeit ist für den Hebr ohne Bedeutung, und auch im Gesetzesverständnis zeigen sich erhebliche Unterschiede. Einerseits besteht eine gewisse Kontinuität, denn sowohl Paulus als auch der Hebr gehen davon aus, dass das Gesetz nicht Heil zu schaffen vermag. Das Christusgeschehen offenbarte unwiderruflich die soteriologische Schwäche des Gesetzes. Der Hebr orientiert sich in seinem Gesetzesverständnis aber vornehmlich am Kultgesetz. Die für Paulus konstitutiven Verbindungen zwischen Gesetz und Sünde, Gesetz und Selbstrechtfertigung werden von ihm nicht wirklich aufgenommen. Auch beim Glaubensbegriff zeigen sich erhebliche Unterschiede, das Reden von der *πίστις* ist im Hebr vornehmlich paränetisch orientiert. Der Hebr steht somit einerseits in einem mit Paulus vergleichbaren Traditionsstrom, andererseits kann sein Verfasser nicht als Schüler des Paulus angesehen werden. Vielmehr repräsentiert der Hebr eine eigenständige Theologie.

6.8 **Religionsgeschichtliche Stellung**

Die komplexe Gestalt des Hebr ist für verschiedene religionsgeschichtliche Interpretationen offen. Innerhalb der Forschung[50] lassen sich drei Hauptrichtungen unterscheiden:

1) Die gnostische Interpretation: E. Käsemann sah in dem Motiv des wandernden Gottesvolkes die Basis der Theologie des Hebr[51]. Dieses Motiv wird als eine eigenständige Aufnahme und Interpretation des gnostischen Motivs von der Himmelreise der Seele verstanden, der Urmensch erinnert alle seine Teile an seine göttliche Herkunft und führt sie in die himmlische Welt zurück. Als Schlüsselstelle für Käsemanns Interpretation muss Hebr 2,11 gelten[52], wo die wesenhafte Zusammengehörigkeit des Sohnes und der Söhne ausgesagt wird. Das Heil vollzieht sich für die Gemeinde des Hebr als Wanderschaft der Erlösten hin zur göttlichen Ruhe, wobei der Hohepriester Jesus Christus den Seinen vorangeht. G. Theißen präzisierte die gnostische

49 Vgl. A. Lindemann, Paulus im ältesten Christentum (s. o. 5), 233–240.

50 Vgl. zur Forschungsgeschichte H. F. Weiß, Hebr, 96–114.

51 Vgl. E. Käsemann, Das wandernde Gottesvolk, 156.

52 Vgl. a. a. O., 90ff.

Interpretation des Hebr, für ihn liegt allein in der *συγγένεια*-Vorstellung eine Parallele zur Gnosis. Christus und die Seinen sind durch die gemeinsame Herkunft und das gemeinsame Ziel miteinander verbunden: den Einzug in die himmlische Stadt[53]. In der ontologischen Wesensverwandtschaft zwischen dem Erlöser und den Erlösten sehen auch E. Gräßer[54] und F. Laub[55] eine Verbindung zu gnostischen Anschauungen. Allerdings findet sich im Hebr nicht die Vorstellung der Präexistenz der Seelen, und Hebr 2, 11 kann auch schöpfungstheologisch interpretiert werden: Der Sohn und die Söhne haben ihren Ursprung gleichermaßen in Gott dem Schöpfer[56]. Grundsätzlich trennen den Hebr von der Gnosis die positiven Aussagen über die Schöpfungsmittlerschaft des Sohnes (vgl. Hebr 1, 2) und die Art des Weges, auf dem sich die Gemeinde befindet: Es ist der Weg des Glaubens, der Leidensbereitschaft und der Ausdauer.

2) Die apokalyptische Interpretation: Vornehmlich auf dem Hintergrund der jüdischen Apokalyptik bestimmen O. Michel und O. Hofius den religionsgeschichtlichen Standort des Hebr. „Der Hebr steht innerhalb einer christlichen Tradition, die starke Motive der Apokalyptik aufgenommen, offenbar aber auch hellenistisch-alexandrinische Motive verarbeitet hat.“[57] Die apokalyptische Struktur des Hebr zeigt sich im Zueinander von Verheißung und Vollendung, die Gemeinde weiß sich bereits jetzt im Besitz himmlischer Gaben und der zukünftigen Weltzeit (Hebr 6, 5). In der Auseinandersetzung mit E. Käsemann untersucht O. Hofius das *κατάπαυσις*-Motiv und kommt zu dem Ergebnis: „Der Hebr kennt den Gedanken einer Wanderschaft zum Himmel bzw. zu den im Himmel bereiteten Stätten nicht, sondern er teilt die apokalyptische Erwartung, dass die präexistenten Heilsorte am Tag der Endvollendung aus der Verborgenheit heraustreten werden.“[58] Auch die Vorstellung eines Vorhanges vor dem Thron Gottes (vgl. Hebr 6, 19f; 10, 19f), von E. Käsemann in gnostischem Kontext interpretiert, verweist nach Hofius auf einen anderen Traditionszusammenhang: „Die Idee eines Vorhanges vor dem Thron Gottes hat der Verfasser des Hebräerbriefs zugleich mit dem Theologumenon vom himmlischen Heiligtum aus der Märkabhah-Esoterik des antiken Judentums übernommen.“[59] Zweifellos lassen sich Verbindungslinien vom Hebr zur jüdischen Apokalyptik und auch zur rabbinischen Tradition aufzeigen, sie reichen aber nicht aus, um den komplexen religionsgeschichtlichen Standort des Hebr zu erklären.

3) Jüdisch-alexandrinische/mittelplatonische Theologie: A. Strobel und H. Hegermann sehen den Hebr in großer Nähe zur Weltanschauung und Theologie des hellenistisch-alexandrinischen Judentums, speziell zu Philo von Alexandrien. Zwischen Hebr und Philo lassen sich zahlreiche Parallelen aufzeigen, sie reichen von der Kos-

53 Vgl. G. Theißen, Untersuchungen, 123: „Die gemeinsame Herkunft setzt das gemeinsame Ziel und umgekehrt.“

54 Vgl. E. Gräßer, Hebr I, 135f.

55 Vgl. F. Laub, „Schaut auf Jesus“, 427.

56 Vgl. H. Hegermann, Hebr, 75.

57 O. Michel, Hebr (s. o. 6.5), 58.

58 O. Hofius, Katapausis, 150.

59 O. Hofius, Der Vorhang vor dem Thron Gottes, WUNT 14, Tübingen 1972, 95.

mologie (vgl. Hebr 1, 1–4 mit Philo, Conf 145–148; Som I 215), Hohenpriesterspekulationen (vgl. Hebr 4, 14–5, 10 mit Philo, SpecLeg I 82–97. 228. 230; II 164; Som I 214–216; Fug 106–118; VitMos II 109–135), Aussagen über Melchisedek (vgl. Hebr 7, 1 mit Philo, All III 79–82; Abr 235 ff; Congr 99) und Reflexionen über das Wesen des Glaubens (vgl. Hebr 11 mit Philo, Abr 268–270; Her 90–95) bis hin zu mannigfaltigen Übereinstimmungen in der Aufnahme und Verwendung einzelner Vorstellungen und Begriffe[60]. Die Übereinstimmungen in der Sprach- und Denkwelt bei Hebr und Philo weisen auf ein vergleichbares traditions- und religionsgeschichtliches Milieu hin, das hellenistische Judentum alexandrinischer Prägung. Durchaus verwandt mit Philo sieht W. Eisele starke mittelplatonische Einflüsse im Hebr. So weist vor allem die Diastase von Erde und Himmel, sichtbar und unsichtbar, Vergänglichem und Bleibendem, Erschütterbarem und Unerschüttertem, Veränderlichem und Unveränderlichem, Fremde und Heimat, Zeit und Ewigkeit[61] auf eine mittelplatonische Beeinflussung hin (vgl. z. B. Hebr 8, 5; 9, 23; 11, 3.10.13; 12, 22–24.25–29; 13, 14)[62]. Der Hebr hält an einer Naherwartungsperspektive fest, bevorzugt aber zugleich (unter mittelplatonischem Einfluss) räumliche Aussagen, um so den zeitüberschreitenden ontologischen Status des neuen Seins stärker zu betonen[63]. Der Hebr-Autor ist jedoch kein unmittelbarer Schüler Philos[64] und auch kein Mittelplatoniker, denn auch zur jüdisch-hellenistischen Weisheitsliteratur lassen sich Verbindungen feststellen (vgl. Hebr 1, 3 mit Weish 7, 26; Hebr 11, 1–38 mit Sir 44–50, Weish 10), und die Theologie des Hebr zeichnet sich durch vielfältige Beziehungen zu urchristlichen Traditionsströmen aus. Eine monokausale Erklärung des religionsgeschichtlichen Standortes des Hebr ist somit nicht möglich[65], er muss aber in großer Nähe zur *jüdisch-alexandrinischen Theologie und zum Mittelplatonismus* gesehen werden.

60 Vgl. hier neben den Kommentaren von A. Strobel und H. Hegermann bes. R. Williamson, Philo and the Epistle to the Hebrews, ALGHJ IV, Leiden 1970, der alle relevanten Parallelen untersucht.

61 Vgl. z. B. Plut, Delphi 19: „Was ist nun wirklich seiend? Das Ewige und Ungewordene und Unvergängliche, dem auch keine Zeit Veränderung bewirkt."

62 Vgl. umfassend zur Begründung W. Eisele, Ein unerschütterliches Reich, 375–414. Zu beachten ist auch die stoische Vorstellung der wahren Polis: „Denn es sagen die Stoiker, dass der Himmel im eigentlichen Sinn Polis ist, während jene hier auf Erden es keineswegs sind" (SVF III 327).

63 Vgl. W. Eisele, Ein unerschütterliches Reich, 132: „Das traditionell zeitliche Schema der Apokalyptik tritt bei ihm hinter räumlich-ontologische Vorstellungen zurück. An die Stelle der Spannung zwischen Schon und Noch nicht rückt die Diastase zwischen erschütterlicher und unerschütterlicher Welt, die beide schon jetzt nebeneinander existieren."

64 So C. Spicq, L'Épître aux Hébreux I/II, Paris 1952/53, erwogen auch von A. Strobel, Hebr, 16, dagegen aber mit Recht R. Williamson, Philo and the Epistle to the Hebrews, passim.

65 Vgl. K. Backhaus, Hebr, 52–56, der eine Nähe zur frühjüdischen Apokalyptik und zum Mittelplatonismus sieht, zugleich aber nachdrücklich die Fähigkeit des Hebr zu einer eigenständigen Synthese verschiedener Strömungen betont.

6.9 Theologische Grundgedanken

Der Hebr redet nicht polemisch nach außen, sondern paränetisch nach innen. Es geht ihm um die Selbstvergewisserung seiner Gemeinde, für die tragende Pfeiler des Glaubens ins Wanken geraten sind. Grundlage der Argumentation des Hebr ist die Erkenntnis, dass die alte Heilsordnung als Heilsweg nicht mehr in Betracht kommt. Die vom Heil trennende Macht der Sünde kann durch das Gesetz nicht aufgehoben werden, denn das Gesetz vermag nicht zur Vollendung zu führen (Hebr 7, 18. 19 a), es ist schwach und unfähig, Sünden wegzunehmen (Hebr 10, 1 f. 11). Das Gesetz hat nicht die Kraft, den Menschen zu seiner Bestimmung zu führen: Anteil an der Heiligkeit und Herrlichkeit des Wesens Gottes zu erlangen und freien Zugang zu Gott zu bekommen. Dies allein vermochte der Sohn, der seinen Brüdern in allem gleich wurde, „damit er barmherzig würde und ein treuer Hoherpriester für die Dienste vor Gott, zu sühnen die Sünden des Volkes" (Hebr 2, 17). Weil Jesus selbst litt und den Versuchungen der Sünde ausgeliefert war, der Macht der Sünde aber nicht unterlag, kann nur er wirklich von den Sünden reinigen (vgl. Hebr 1, 3; 2, 17. 18; 4, 15; 5, 7. 8). Die gesamte soteriologische Konzeption des Hebr hängt an den beiden Worten *χωρὶς ἁμαρτίας* in Hebr 4, 15! Die Sündlosigkeit Jesu folgt aber nicht nur aus seiner göttlichen ‚Natur', sondern sie ist auch Ergebnis eines Kampfes und bewusster Entscheidung (vgl. Hebr 12, 2–3). Sündlosigkeit markiert somit die inkarnatorische und epiphaniale Differenz Jesu gegenüber allen Menschen. Der in der Gottferne verlorene Mensch, dessen schuldhafte Gottesferne durch das Gesetz nicht überwunden werden kann, wird allein durch das Blut Jesu der Sünde entrissen und zur Vollendung geführt (Hebr 7, 11–19; 9, 11 f). Das Heilshandeln des Sohnes wird im Gegenüber zum alten Kult vom Hebr in kultischen Kategorien breit entfaltet. Antithetisch stellt der Hebr die Überlegenheit der neuen Heilsordnung dar: Die offenbarungsgeschichtliche Überbietung zeigt sich in Jesu Stellung gegenüber den Engeln. Er ist ihnen in allem überlegen und voraus (vgl. Hebr 1, 5–2, 16). Während der irdische Hohepriester auch für seine eigenen Sünden opfern muss, vollbrachte der sündlose, himmlische Hohepriester Jesus Christus das wahre Opfer und wurde darin Urheber ewigen Heils (vgl. Hebr 5, 1–10; 8, 1–6). Die Heilsordnung des Hohenpriesters nach der Ordnung Melchisedeks ist höher als die von Abraham und Levi empfangene Ordnung (vgl. Hebr 7). Jesus erscheint als der Mittler eines besseren Bundes (Hebr 8, 6), das himmlische Heiligtum überragt das irdischen Heiligtum in allem, denn Jesus ging nicht in ein mit Händen gemachtes Heiligtum ein, sondern in den Himmel selbst (Hebr 9, 23 ff). Die Gemeinde darf wissen, dass der Anführer (Hebr 2, 10) und Vorläufer (Hebr 6, 20) ihres Heils in das himmlische Heiligtum eingetreten ist und das wahre Opfer somit vollbracht hat (vgl. Hebr 7, 26; 8, 1 f; 9, 11. 24). Die Glaubenden dürfen Jesus in dem Bewusstsein nachfolgen, gerade in ihrem eigenen Leiden durch das Leiden des Sohnes zur Vollendung zu gelangen und der Erlösung teilhaftig zu werden. Heilsgewissheit und Heilsgegenwart sollen den Glaubensstillstand in der Gemeinde überwinden. Die Gemeinde darf sich an der Verlässlichkeit des im Sohn sprechenden Gottes orientieren. Im einmaligen Tod am Kreuz (vgl. Hebr 7,27; 9,28; 10,10.12.14) durchschritt der Sohn den himmlischen Vorhang, *τοῦτ' ἔστιν τῆς σαρκὸς αὐτοῦ* (Hebr 10,20), um nun fürbittend für die Glaubenden einzutreten (vgl. Hebr 9,24; 4,16). Weder versteht der Hebr die Erhöhung in Überbietung des Kreuzes als das entscheidende Heilsereignis, noch spricht er von einer ewigen Selbstdarbringung des Sohnes, sondern es gelingt ihm, „das Christusgeschehen von Kreuz und Erhöhung kulttheologisch als das eine Erde und Himmel, Zeit und Ewigkeit umschließende Heilsereignis nahezubringen."[66] Der *Heilsvergewisserung* der Gemeinde dient auch die Vorstellung vom neuen Bund, Jesus ist der Mittler des wahren neuen Bundes, der allein die Erlösung zu bringen vermag (Hebr 9,15; vgl. ferner Hebr 7,22; 8,6.10; 10,16–18.29; 12,24). Kaum zufällig schließt der Brief in Hebr 13,20 mit der Zusicherung, dass Jesus durch sein Blut den ewigen Bund ausgeführt habe. Aus der Einmaligkeit und Größe des Opfers Jesu Christi folgt konsequenterweise die Mahnung, das Heilswerk Jesu durch Apostasie nicht zu verachten. Ein Zurück kann es für Abgefallene nicht geben, denn dadurch würde Jesu Kreuzestod mit Füßen getreten (vgl. Hebr 6,4–6; 10,26–29; 12,16f). Auch die Eschatologie des Hebr ist an der Zusage gegenwärtigen Heils orientiert, das Schwergewicht liegt auf den Heilsperfekta. Die Gemeinde ist schon am Heilsort angekommen (Hebr 12,22–24), in die ‚Ruhe' Gottes eingegangen (Hebr 4,3f.10), und sie hat Zutritt zum Heiligtum (Hebr 10,19–22). Den eschatologischen Vorbehalt (vgl. z.B. Hebr 13,14) bezieht der Hebr nicht auf die Glaubensinhalte und den gegenwärtigen Heilsstand, sondern auf die Bewahrung des Heils in den unmittelbar bedrängenden Glaubenskämpfen. Die Glaubenden sind Teilhaber Christi (Hebr 3,14a), wenn sie in der „Festigkeit des Anfangs bis zum Ende festhalten" (Hebr 3,14b).

6.10 **Tendenzen der neueren Forschung**

Immer mehr setzt sich die Erkenntnis durch, dass die klassischen Einleitungsfragen zum Hebr unlösbar und für die Theologie dieser Schrift letztlich ohne Bedeutung sind[67]. Bei der Frage nach Abfassungsort und Abfassungszeit kommt man über hypothetische Erwägungen nicht hinaus, bei der Verfasserfrage ist das Verhältnis zur Paulusschule das entscheidende Problem. Entweder gehört der Autor des Hebr in den Umkreis des Apostels Paulus (so H. Hegermann, A. Strobel) oder die Frage nach dem Verfasser des Hebr ist sowohl historisch als auch theologisch irrelevant, weil der Hebr von vornherein als anonyme Schrift konzipiert war (so E. Gräßer). Weiter heftig um-

66 F. Laub, Zum Verständnis des Kreuzestodes, 80.
67 Vgl. E. Gräßer, Hebr I, 19: „Niemand muss wissen, wer ihn geschrieben hat, um ihn zu verstehen."

stritten ist das literarische Genus des Hebr, allein bei der Frage der literarischen Einheit des Hebr zeichnet sich die Tendenz ab, den Briefschluss wieder als ursprünglich anzusehen. Die Komposition des Hebr wird zumeist mit einem drei- oder fünfteiligen Gliederungsmodell nachgezeichnet.

Unbestritten ist der starke Einfluss jüdisch-alexandrinischer Theologie auf den Hebr. Damit ist die Frage nach der religionsgeschichtlichen Einordnung des Hebr aber noch nicht gelöst, denn jüdisch-alexandrinisches Denken und Motive aus der jüdischen Apokalyptik stellen ebenso wenig einen Gegensatz dar, wie jüdisch-alexandrinische Theologie und Gnosis[68]. Letztlich hängt es an der Definition von ‚Gnosis' (s. u. 8.5.8), ob zentrale Gedanken der Soteriologie des Hebr als gnostisch anzusehen sind. E. Gräßer konstatiert: „Jesus ist als *τελειωθείς* zugleich *τελειωτής* (12, 2); er ist der erlöste Erlöser. Selbst zur Vollendung geführt, wurde er nämlich für alle, die ihm gehorchen, der Urheber ewigen Heils"[69]. Ob diese Vorstellung allerdings als gnostisch zu werten ist, lässt Gräßer offen[70]. Demgegenüber lehnt O. Hofius eine gnostische Interpretation des Hebr dezidiert ab, und H. Hegermann sowie A. Strobel sehen den Hebr völlig im Kontext jüdisch-alexandrinischer Theologie. Ein synthetisches Lösungsmodell vertritt H. F. Weiß; der Hebr nahm verschiedene Vorstellungsweisen aus der damaligen religionsgeschichtlichen Konstellation auf, ordnetete sie aber seinem pastoralen Grundanliegen unter[71]. Weiterführend ist die Einbeziehung mittelplatonischer Metaphysik zur Bestimmung des Denkens des Hebr (W. Eisele), denn speziell seine Raum- und Zeitvorstellungen dürften vom Mittelplatonismus mit beeinflusst sein. Vor allem die neuen Kommentare von M. Karrer und K. Backhaus lösen sich von einlinigen Erklärungsmodellen und betonen die kreative Verarbeitung mehrerer Traditionslinien durch den Hebr (vor allem: jüdisch-alexandrinische Theologie/jüdisches Kultdenken/Mittelplatonismus).

Im Zentrum der neueren Forschung steht die Frage nach der theologischen Intention des Hebr, innerhalb der Christologie das Verhältnis von Kreuz und Erhöhung. Im Kontext seiner gemäßigt gnostischen Auslegung behauptet E. Gräßer: „Das Leben Jesu und das Kreuz behalten ihren Charakter als Episode: Die Erhöhung bleibt das Ziel."[72] Im Rahmen eines alles bestimmenden Dualismus interpretiert H. Braun den Hebr. Glauben heißt danach „die begründete Einübung in das Nein zum Sichtbaren

68 Ein weiteres religionsgeschichtliches Modell vertritt Gabriella Gelardini; sie versteht den Hebr im Kontext der antiken Synagogenhomilie und sieht eine große Nähe zur jüdischen Liturgie zum Fasttag Tischa be-Aw: „Die übereinstimmende Motivik ließ sich insbesondere durch die abschließende und mit dem Hebräer vergleichende Motivanalyse aller relevanten alttestamentlichen und aller je zu *Tischa be-Aw* in der Synagoge gelesenen Texte feststellen" (dies., „Verhärtet eure Herzen nicht", 388).

69 E. Gräßer, Hebr I 309.

70 Vgl. a. a. O., 309 A 351.

71 Vgl. H. F. Weiß, Hebr, 114.

72 E. Gräßer, Hebräer 1, 1–4. Ein exegetischer Versuch, in: ders., Text und Situation, Gütersloh 1973, (182–228) 224.

und in das Warten auf das kommende Unsichtbare."[73] Der Autor des Hebr richtet seinen Blick allein auf die durch Jesu Erhöhung eröffnete Ewigkeit. Während für E. Gräßer und H. Braun Kreuz und Erhöhung auseinanderfallen, versucht F. Laub sie entschieden als Sacheinheit zu verstehen. Laub wendet sich gegen eine Herabminderung des Heilssinnes des Kreuzes zugunsten der Erhöhung und eines danach einsetzenden fortwährenden Heilshandelns Christi. Er bezieht die kultische Begrifflichkeit des Hebr auf das Kreuzesgeschehen, wobei Hebr 10, 19. 20 als Schlüsselstelle fungiert. H. Braun interpretiert das *καταπέτασμα* als Scheidewand zwischen der irdisch-vergänglichen Welt und der himmlischen Heilswelt Gottes. Im Kreuzestod lässt Jesus seine Sarx als „heilshindernd"[74] hinter sich und bahnt sich so den Weg durch den Vorhang. O. Hofius[75] ergänzt in Hebr 10, 20b ein *διά*, versteht *τῆς σαρκὸς αὐτοῦ* als eine erläuternde instrumentale Aussage und bezieht sie auf die Inkarnation. Dadurch schließt er eine Identität des Fleischesleibes Jesu mit dem Vorhang aus. Demgegenüber vertritt F. Laub eine dem Wortlaut von Hebr 10, 20 entsprechende Gleichsetzung von *καταπέτασμα* und der Sarx Jesu. Daraus ergibt sich: „Im *προσφέρειν* am Kreuz ereignet sich das hohepriesterliche *εἰσέρχεσθαι* Jesu."[76] Die kultischen Kategorien des Hebr sind dann nichts anderes als eine Auslegung der Heilsbedeutung des Kreuzes. M. Karrer sieht in Hebr 10,20 geradezu eine Pointe frühchristlicher Theologiegeschichte: „Der Vorhang des himmlischen Heiligtums wahrt das Jenseits des Himmels. Doch weil dieser Vorhang durch Jesu Fleisch bestimmt wird, trennt er den Himmel nicht mehr vom irdisch-körperlichen Leben der Menschen. Vielmehr geleitet er die Menschen gerade aus ihrem körperlichen Leben und unter Würdigung dieses Lebens zu Gott."[77]

73 H. Braun, Die Gewinnung der Gewißheit, 329.

74 Vgl. H. Braun, Hebr, 308.

75 Vgl. O. Hofius, Vorhang vor dem Thron Gottes (s. o. 6.8), 80ff.

76 F. Laub, Zum Verständnis des Kreuzestodes, 77.

77 M. Karrer, Hebr II, 218.

7. Die katholischen Briefe

Der Jakobusbrief, der Judasbrief, die beiden Petrusbriefe und die drei Johannesbriefe werden seit Euseb (HE II 23,25; VI 14,1) als katholische Briefe bezeichnet[1], weil sie als an die gesamte Christenheit gerichtet galten (ἡ καθολικὴ ἐκκλησία). Im lateinischen Westen verschob sich diese Grundbedeutung zu ‚in der Kirche allgemein anerkannt'. In jüngster Zeit erfolgt die Analyse der Johannesbriefe nicht mehr im Rahmen der katholischen Briefe, sondern sie werden als Schriften der johanneischen Schule gesondert behandelt (s. u. 8).

7.1 Der Jakobusbrief

7.1.1 Literatur

Kommentare

KEK 15: M. Dibelius (– H. Greeven), [6]1984. – HNT 15/I: Chr. Burchard, 2000. – HThK XIII 1: F. Mußner, [4]1981. – ThHK 14: W. Popkes, 2001. – ÖTK 17/1.2: H. Frankemölle, 1994. – NTD 10: W. Schrage, [12]1980. – RNT: F. Schnider, 1987. – AncB 37 A: L. T. Johnson, 1995. – WBC 48: R. P. Martin, 1988. – CNT II, 13a: F. Vouga, 1984. – BNTL: S. Laws, 1980. – NIC: P. H. Davids, 1982. – NICNT: S. McKnight, 2011.

Monographien

A. Meyer, Das Rätsel des Jacobusbriefes, BZNW 10, Gießen 1930. – R. Hoppe, Der theologische Hintergrund des Jakobusbriefes, fzb 28, Würzburg 1977. – W. Popkes, Adressaten, Situation und Form des Jakobusbriefes, SBS 125/126, Stuttgart 1986. – W. Pratscher, Der Herrenbruder Jakobus und die Jakobustradition, FRLANT 139, Göttingen 1987. – Martina Ludwig, Wort als Gesetz, EHS 502, Frankfurt 1994. – M. Klein, „Ein vollkommenes Werk", BWANT 139, Stuttgart 1995. – M. Tsuji, Glaube zwischen Vollkommenheit und Verweltlichung, WUNT 2.93, Tübingen 1997. – M. Konradt, Christliche Existenz nach dem Jakobusbrief, SUNT 22, Göttingen 1998. – R. Bauckham, James, London 1999. – G. Garleff, Urchristliche Identität im Matthäusevange-

---

1 Vgl. zum Begriff und seiner Vorgeschichte A. Jülicher – E. Fascher, Einleitung, 186–189.

lium, Didache und Jakobusbrief, BVB 9, Münster 2004, 222–321. – J.R. Strange, The Moral World of James, New York 2010. – St. Wenger, Der wesenhaft gute Kyrios. Eine exegetische Studie über das Gottesbild im Jakobusbrief, AThANT 101, Zürich 2011.

Aufsätze

K. Aland, Der Herrenbruder Jakobus und der Jakobusbrief, in: ders., Neutestamentliche Entwürfe, TB 63, München 1979, 233–245. – W. H. Wuellner, Der Jakobusbrief im Licht der Rhetorik und Textpragmatik, LingBibl 43 (1978), 5–66. – Chr. Burchard, Gemeinde in der strohernen Epistel, in: Kirche (FS G. Bornkamm), hg. v. D. Lührmann u. G. Strecker, Tübingen 1980, 315–328. – U. Luck, Die Theologie des Jakobusbriefes, ZThK 81 (1984), 1–30. – M. Hengel, Jakobus der Herrenbruder – der erste „Papst"?, in: Glaube und Eschatologie (FS W. G. Kümmel), hg. v. E. Gräßer u. O. Merk, Tübingen 1985, 71–104. – Ders., Der Jakobusbrief als antipaulinische Polemik, in: Tradition and Interpretation in the New Testament (FS E. E. Ellis), hg. v. G. F. Hawthorne u. O. Betz, Grand Rapids – Tübingen 1987, 248–278. – H. Paulsen, Art. Jakobusbrief, TRE 17 (1987), 488–495. – H. Frankemölle, Gesetz im Jakobusbrief, in: Das Gesetz im Neuen Testament, hg. v. K. Kertelge, QD 108, Freiburg 1986, 175–221. – J. Zmijewski, Christliche Vollkommenheit. Erwägungen zur Theologie des Jakobusbriefes, in: ders., Das Neue Testament – Quelle christlicher Theologie und Glaubenspraxis, Stuttgart 1986, 293–324. – E. Baasland, Literarische Form, Thematik und geschichtliche Einordnung des Jakobusbriefes, ANRW II, 25.5, Berlin 1988, 3646–3684. – F. Mußner, Die ethische Motivation im Jakobusbrief, in: Neues Testament und Ethik (FS R. Schnackenburg), hg. v. H. Merklein, Freiburg 1989, 416–423. – M. Karrer, Christus der Herr und die Welt als Stätte der Prüfung, KuD 35 (1989), 166–188. – M. Lautenschlager, Der Gegenstand des Glaubens im Jakobusbrief, ZThK 87 (1990), 163–184. – F. Avemarie, Die Werke des Gesetzes im Spiegel des Jakobusbriefes, ZThK 98 (2001), 282–309. – P. v. Gemünden – M. Konradt – G. Theißen, Der Jakobusbrief, BVB 3, Münster 2003. – O. Wischmeyer, Beobachtungen zu Kommunikation, Gliederung und Gattung des Jakobusbriefes, in: Das Gesetz im frühen Judentum und im Neuen Testament (FS Chr. Burchard), hg. v. D. Sänger – M. Konradt, NTOA 57, Freiburg (H)/Göttingen 2006, 319–327. – R. T. Webb/J. S. Kloppenborg (Hg.), Reading James with New Eyes, London 2007. – M. Konradt, „Jakobus der Gerechte". Erwägungen zur Verfasserfiktion des Jakobusbriefes, in: J. Frey/J. Herzer/M. Janssen/C. K. Rothschild (Hg.), Pseudepigraphie und Verfasserfiktion in frühchristlichen Briefen, WUNT 246, Tübingen 2009, 575–597. – O. Wischmeyer, Polemik im Jakobusbrief. Formen, Gegenstände und Fronten, in: O. Wischmeyer/L. Scornaienchi (Hg.), Polemik in der frühchristlichen Literatur, BZNW 170, Berlin 2011, 357–379.

Forschungsbericht

F. Hahn – P. Müller, Der Jakobusbrief, ThR 63 (1998), 1–73. – M. Konradt, Theologie in der „strohernen Epistel", VuF 44 (1999), 54–78. – K.-W. Niebuhr, „A New Perspective on James"? Neuere Forschungen zum Jakobusbrief, ThLZ 129 (2004), 1019–1044.

7.1.2 **Verfasser**

Im Neuen Testament werden fünf Männer mit Namen *Ἰάκωβος* genannt: der Zebedaide Jakobus (Mk 1,19; 3,17par; Apg 12,2), Jakobus, der Sohn des Alphaeus (Mk 3,18par), Jakobus, der Bruder Jesu (Mk 6,3par; 1 Kor 15,7; Gal 1,19; 2,9.12; Apg

12, 17; 15, 13; 21, 18; Jud 1), Jakobus, der Kleine (Mk 15, 40par) und Jakobus, Vater des Apostels Judas (Lk 6, 16; Apg 1, 13). Der Jakobusbrief will von einem im Urchristentum bekannten und anerkannten Mann geschrieben sein, so dass vom Selbstanspruch des Briefes nur der Zebedaide Jakobus und der Herrenbruder Jakobus als Verfasser in Frage kommen sollen. Der Zebedaide Jakobus wurde um 44 n. Chr. unter Agrippa I hingerichtet (vgl. Apg 12, 2). Er scheidet somit als Verfasser des Briefes aus, weil der Jak deutlich eine spätere Situation innerhalb der Geschichte des Urchristentums voraussetzt. Der Herrenbruder Jakobus war kein Apostel, er schloss sich der christlichen Gemeinde erst nach dem Tod und der Auferstehung Jesu Christi an (vgl. Mk 3, 21. 31 ff; Joh 7, 5). Innerhalb der Urgemeinde nahm der Einfluss des Herrenbruders ständig zu, schon Paulus besuchte ihn bei seinem ersten Jerusalem-Aufenthalt (vgl. Gal 1, 19). Die Verfolgung der Urgemeinde unter Agrippa I und die Flucht des Petrus aus Jerusalem (vgl. Apg 12, 1–17) führten in den Jahren 43–48 n. Chr. zu einschneidenden Veränderungen in der Leitungsstruktur der Urgemeinde[2]. In Gal 2,9 steht Jakobus an der Spitze der ‚Säulen', wahrscheinlich war er nun Leiter der Jerusalemer Urgemeinde. Der antiochenische Zwischenfall mit dem Auftreten der ‚Leute des Jakobus' (Gal 2, 12) lässt sowohl die strenge judenchristliche Praxis als auch die weitreichenden kirchenrechtlichen Ansprüche des Herrenbruders Jakobus erkennen. 62 n. Chr. wurde Jakobus mit anderen ungenannten Judenchristen wegen des Vorwurfes des Gesetzesbruches unter dem Hohenpriester Hannas d. J. zum Tod durch Steinigung verurteilt (vgl. Jos, Ant XX 199–203)[3].

Wie lassen sich die Nachrichten über den Herrenbruder mit den Selbstaussagen des Briefes vereinbaren? Für den Herrenbruder Jakobus als Verfasser sprechen neben dem Selbstanspruch in Jak 1, 1 die zahlreichen judenchristlichen Traditionen, die eine auffällige Nähe zur Jesusüberlieferung erkennen lassen. Auch die hinter Jak 2, 14–26 stehende Auseinandersetzung mit Paulus ist für den Herrenbruder Jakobus gut denkbar. Schließlich weisen die starke Betonung der Einheit von Glaube und Werken auf den strengen Judenchristen Jakobus hin. Das gute Griechisch des Jakobusbriefes und die rhetorische Schulung seines Autors[4] können nicht mehr als Argumente gegen den Herrenbruder verwendet werden, weil von einer überwiegenden Zweisprachigkeit Jerusalems und ganz Palästinas im 1. Jh. n. Chr. auszugehen ist[5].

Dennoch sprechen sehr gewichtige Gründe gegen den Herrenbruder als Verfasser des Jakobusbriefes. Zentrale Themen einer strengen judenchristlichen Theologie wie Beschneidung, Sabbat, Israel, Reinheitsgebote und der Tempel spielen im Brief keine Rolle. Der Jak zählt zu den wenigen Schriften im Neuen Testament, in denen weder

2 Vgl. dazu G. Lüdemann, Paulus II (s. o. 2.5.8), 67–84.

3 Zur Analyse des Textes vgl. M. Hengel, Jakobus der Herrenbruder, 73–75.

4 Vgl. hierzu F. Mußner, Jak, 26–33.

5 Vgl. dazu H. B. Rosén, Die Sprachsituation im römischen Palästina, in: G. Neumann – J. Untermann (Hg.), Die Sprachen im römischen Reich der Kaiserzeit, Köln – Bonn 1980, 215–239.

Israel noch die Juden namentlich erwähnt werden. Die Rezeption atl. Gestalten (vgl. Jak 2,21–25; 5,10f.17f) und auch die Erwähnungen des Gesetzes in einem ausschließlich ethischen Kontext sind sehr allgemein gehalten und innerhalb des Urchristentums überall möglich. Im Gegensatz zum antiochenischen Zwischenfall erscheint das Problem Heiden-/Judenchristen im Jak nicht. Die tiefgreifenden Unterschiede in der Soteriologie (s.u. 7.1.9) weisen darauf hin, dass der Verfasser des Jak nicht identisch sein kann mit dem Herrenbruder Jakobus, der nach Gal 2,9 Paulus die Hand reichte und dessen Evangeliumsverkündigung unter den Heiden ausdrücklich anerkannte. Der Verfasser des Jak nennt sich in Jak 1,1 *δοῦλος θεοῦ καὶ κυρίου Ἰησοῦ Χριστοῦ*, in Jak 3,1 gibt er sich als ein urchristlicher Lehrer zu erkennen. Zwar ist mit dem Begriff *δοῦλος* in Jak 1,1 eine besondere Würde und Stellung verbunden, es bleibt aber auffällig, dass der Verfasser sich nicht als Herrenbruder einführt und die Würdebezeichnung *στῦλος* (vgl. Gal 2,9) nicht in Anspruch nimmt. Indem er sich in Jak 3,1.2 in die große Gruppe der urchristlichen Lehrer (vgl. Apg 13,1; 1Kor 12,28f) einordnet, verzichtet er auf die besondere Autorität, die ihm als Herrenbruder und eine der drei ‚Säulen' der Urgemeinde zukam und die er im antiochenischen Konflikt einbrachte. Zudem setzt Jak 3,1ff einen Ansturm auf das Lehramt und eine damit verbundene Krise voraus, was wiederum der exklusiven Stellung des Herrenbruders Jakobus in der Geschichte des Urchristentums nicht entspricht.

Sollte der Herrenbruder Jakobus der Verfasser des Schreibens sein, so ist es zudem verwunderlich, dass in Jak 5,10f Hiob und nicht Jesus als Beispiel der Leidensbereitschaft angeführt wird[6]. Auch die vorausgesetzte Gemeindesituation und Polemik in Jak 2,14–26 weisen in eine spätere Zeit. Die im Jak sichtbar werdenden sozialen Konflikte innerhalb der Gemeinde haben vor allem Parallelen im lk. Schrifttum, in den Past und in der Offb. Sie sind Zeugnis eines tiefgreifenden sozialen Wandels innerhalb der urchristlichen Gemeinden am Ende des 1. Jhs. Immer mehr Reiche treten in die Gemeinden ein, und es verschärft sich die Kluft und die Auseinandersetzung zwischen armen und reichen Gemeindegliedern. Der Konflikt um die Einheit von Glaube und Werken deutet ebenfalls auf die nachpaulinische Zeit hin, als in Gemeinden des ehemaligen paulinischen Missionsgebietes die für Paulus selbstverständliche Einheit von neuem Sein und neuem Handeln auseinanderbrach. Paulus trifft die Polemik des Jak nicht (s.u. 7.1.9), so dass man entweder eine völlige Unkenntnis der paulinischen Theologie durch den Herrenbruder Jakobus oder aber eine Auseinandersetzung in nachpaulinischer Zeit annehmen muss. Die Deuteropaulinen und 2Petr 3,15.16 bezeugen, dass diese Auseinandersetzung auf sehr verschiedenen Ebenen und mit unterschiedlichen Akzenten tatsächlich auch stattfand. Sollte der Jak vom Herrenbruder verfasst sein, so bleibt das Fehlen eines Reflexes auf die schar-

6 Gegen K.-W. Niebuhr, „A New Perspective on James"?, 1039f, der unter der Überschrift: „Jakobus und sein ‚großer Bruder'" den Jakobusbrief als ein Zeugnis über Jesus verstanden wissen will, „das herrührt von einem seiner ‚nächsten Verwandten'."

fe Kritik des Jakobus an Paulus im deuteropaulinischen Schrifttum auffällig. Schließlich spricht auch die Kanonsgeschichte gegen den Herrenbruder als Verfasser des Jak. Vor 200 n. Chr. lässt sich eine literarische Benutzung des Jak nicht nachweisen[7]. Im Kanon Muratori (um 200) fehlt der Jak ebenso wie bei Tertullian, und Euseb (HE II 23, 24 b.25) berichtet über den Jak: „Dies ist die Geschichte des Jakobus. Von Jakobus soll der erste der sogenannten katholischen Briefe verfasst sein, doch ist zu bemerken, dass er für unecht gehalten wird. Denn nicht viele von den Alten haben ihn und den sogenannten Judasbrief erwähnt, der ebenfalls zu den katholischen Briefen gehört. Doch ist uns bekannt, dass auch diese beiden Briefe wie die übrigen in den meisten Kirchen öffentlich verlesen worden sind." Erst ab 200 beginnt sich der Jak durchzusetzen, erstmals zitiert Origenes (Select Ps 30, 6[PG 12, 1300]) den Jak als Schrift. Der Jak bleibt aber weiterhin umstritten und erlangt erst sehr spät kanonisches Ansehen. Ein sehr ungewöhnlicher Vorgang, wäre der Jak vom Herrenbruder Jakobus geschrieben worden und dies auch innerhalb des Urchristentums bekannt gewesen. Th. Zahn, G. Kittel und W. Michaelis sehen im Jak die älteste erhaltene ntl. Schrift[8]. Auch F. Mußner, M. Hengel, L. T. Johnson und R. Bauckham halten an der Verfasserschaft durch den Herrenbruder Jakobus fest. Mußner meint, der Jak sei auf dem Höhepunkt der durch Paulus ausgelösten Debatte um das Verhältnis von Glauben und Werken geschrieben worden. Er stellt jedoch einschränkend fest: „Vielleicht stammt das sprachliche und stilistische Kleid des Briefes von einem griechisch sprechenden Mitarbeiter; diese Annahme hat noch nichts mit ‚Sekretärshypothese' zu tun."[9] Auch M. Hengel versteht den Jak als antipaulinische Polemik. „Der Verfasser steht dabei seinem leiblichen Bruder so nahe, dass er es nicht nötig hat, sich ständig auf ihn zu berufen oder gar zu zitieren."[10] L. T. Johnson wertet die noch nicht ausgeführte Christologie, die Diskussion sozialethischer Probleme, vor allem aber die Nähe zu Jesusworten als Indizien für ein frühes Entstehungsdatum, das auf den Herrenbruder Jakobus als Autor schließen lässt[11]. R. Bauckham sieht im Jakobusbrief ein Rundschreiben des Herrenbruders an Diasporajuden, die Jesus als Messias verehren[12]. K.-W. Niebuhr lehnt eine ‚paulinische Brille' für die Interpretation des Jak ab und sieht in seinem theologischen Konzept vor allem die Umsetzung von Impulsen Jesu. Sowohl beim Glaubens- als auch beim Gesetzesbegriff ist Jakobus von seinem ‚älteren' Bruder beeinflusst. Die theologische Grundlegung in Jak 1,12/13–25 „lässt, im Zusammenhang mit dem Präskript betrachtet, keinen Zweifel daran, dass der Zusammenhang von Glaube und Tun, zu dem der Briefautor seine Adressaten ermahnt,

7 Vgl. hierzu M. Meinertz, Der Jakobusbrief und sein Verfasser in Schrift und Überlieferung, BSt (F) X 1–3, Freiburg 1905, 55–130; F. Mußner, Jak, 33–47; H. Frankemölle, Jak, 94–101.

8 Vgl. Th. Zahn, Einleitung I (s. o. 2.9.3), 52–109; G. Kittel, Der geschichtliche Ort des Jakobusbriefes, ZNW 41 (1942), 71–105; W. Michaelis, Einleitung (s. o. 5.5.2), 280–282; vgl. ferner A. Schlatter, Der Brief des Jakobus, Stuttgart ^{3}1985 (= 1932), 7 ff.

9 F. Mußner, Jak, 8.

10 M. Hengel, Jakobusbrief, 264.

11 Vgl. L. T. Johnson, James, 118–121.

12 Vgl. R. Bauckham, James, 16.

seinen Grundimpuls von Jesus empfangen hat und im österlichen Christusgeschehen gründet."[13] Eine modifizierte Form der Echtheitsthese vertrat W. Popkes: „Der Jakobusbrief könnte somit mit gewissem Recht als Dokument des Herrenbruders angesehen werden, obwohl seine Endfassung später entstand."[14] Demnach bildeten die Predigten des Jakobus die Grundlagen des Briefes, sie wurden ergänzt, aktualisiert und von Schülern des Herrenbruders herausgegeben. In seinem Kommentar votiert Popkes allerdings nicht mehr für diese Zwei-Stufen-Theorie, sondern stuft den Jak als spätes Zeugnis frühchristlicher Theologie ein[15].

Die Mehrzahl der Exegeten hält mit Recht den Jak für ein *pseudepigraphisches* Schreiben, verfasst von einem unbekannten hellenistischen Judenchristen, der über eine beträchtliche griechische Bildung verfügte[16].

7.1.3 **Ort und Zeit der Abfassung**

Der Abfassungsort des Jak lässt sich nur sehr hypothetisch bestimmen. Die Vorschläge reichen von Jerusalem[17], Syrien[18], Rom[19], Alexandria[20], Ägypten[21] bis hin zum Verzicht auf eine Festlegung[22]. Vieles spricht für *Alexandria*, denn die Bilderwelt des Jak (vgl. die Erwähnung des Meeres/Wassers in Jak 1,6; 3,7.12; 5,7.18 und die Schiffe in Jak 3,4) sowie die in Jak 4,13ff vorausgesetzten globalen Handelsbeziehungen lassen an eine Hafenmetropole des Ostens denken. Zudem war Alexandria ein Zentrum der jüdisch-hellenistischen Weisheitsliteratur.

Während die Vertreter der Echtheit den Jak in eine frühe Zeit datieren[23], muss unter der Voraussetzung des pseudepigraphischen Charakters des Schreibens eine

13 K.-W. Niebuhr, „A New Perspective on James"?, 1039.

14 W. Popkes, Adressaten, Situation und Form, 188.

15 Vgl. W. Popkes, Jak, 68 A 500.

16 Vgl. in diesem Sinn z. B. M. Dibelius, Jak, 23–35; H. Windisch, Jak, 3f; K. Aland, Der Herrenbruder Jakobus, passim; W. G. Kümmel, Einleitung, 364f; W. Schrage, Jak, 10f; F. Vouga, Jacques, 18; A. Lindemann, Paulus im ältesten Christentum (s. o. 5), 241; G. Lüdemann, Paulus II (s. o. 2.5.8), 194; S. Laws, James, 38ff; R. Hoppe, Hintergrund, 148; F. Schnider, Jak, 16–19; W. Pratscher, Jakobus, 209–213; H. Paulsen, Art. Jakobusbrief, 492; H. Frankemölle, Jak, 45–54; Chr. Burchard, Jak, 3–5; W. Popkes, Jak, 69; G. Theißen, Die pseudepigraphische Intention des Jakobusbriefes, in: P. v. Gemünden – M. Konradt – G. Theißen, Der Jakobusbrief, 54–82; M. Konradt, Der Jakobusbrief im frühchristlichen Kontext, in: J. Schlosser (Hg.), The Catholic Epistles and the Tradition, BEThL 176, Leuven 2004, 171–212.

17 Vgl. z. B. F. Mußner, Jak, 23 (natürlich unter der Voraussetzung der Echtheit des Jak!)

18 Vgl. B. Noack, Jakobus wider die Reichen, StTh 18 (1964), 10–24; H. M. Schenke – K. M. Fischer, Einleitung II, 240; Chr. Burchard, Jak, 7 (Antiochia).

19 Vgl. S. Laws, Jak, 26; W. Popkes, Jak, 69 (mit Vorsicht für Rom).

20 Vgl. F. Schnider, Jak, 18.

21 Vgl. H. Paulsen, Art. Jakobusbrief, 492.

22 Vgl. Ph. Vielhauer, Urchristliche Literatur, 580; W. Schrage, Jak, 12f; H. Frankemölle, Jak, 60f.

23 Vgl. z. B. Th. Zahn, Einleitung I (s. o. 2.9.3), 93: um 50 n. Chr.; W. Michaelis, Einleitung (s. o. 5.5.2), 282: „... bald nach der Mitte des 5. Jahrzehnts ..."; F. Mußner, Jak, 19: um 60 n. Chr.; M. Hengel, Der Jakobusbrief, 259: zwischen 58–62 n. Chr.

Entstehung am *Ende des 1. Jhs.* angenommen werden[24]. Dazu passt neben dem theologiegeschichtlichen Ort (Konflikt Arm – Reich, umstrittene Paulusinterpretationen, Bewusstsein einer Parusieverzögerung in Jak 5,7) auch die mögliche Rezeption von Jak 1,1 in Jud 1 (s. u. 7.3.2)[25].

7.1.4 Empfänger

Der Jakobusbrief wendet sich an die ‚12 Stämme in der Diaspora', er ist somit an die Gesamtheit der Christen außerhalb Palästinas gerichtet (vgl. 1 Petr 1,1)[26]. Die Situation der angeschriebenen Gemeinden prägen soziale Spannungen. Die Versorgung der Bedürftigen gelingt nicht (Jak 1,27; 2,15 f), Reiche und Arme werden ungleich behandelt (Jak 2,1 ff). Es herrschen Neid, Streit und Kampf (Jak 3,13 ff; 4,1 ff.11 f; 5,9). In den Gottesdiensten werden die Reichen bevorzugt (Jak 2,1 ff) und die Armen mit religiösen Floskeln abgespeist (Jak 2,16). Die Reichen vertrauen auf sich selbst und nicht auf Gott (Jak 4,13–17), Großgrundbesitzer beuten weiterhin ihre Arbeiter aus (Jak 5,1–6). Schließlich sind die Gemeinden lokalen Repressionen ausgesetzt (vgl. Jak 2,6)[27]. Die zahlreichen Aussagen über Arm und Reich im Jak entspringen keineswegs einer spiritualisierten Armen-Frömmigkeit[28], sondern diese Thematik muss einen Erfahrungshintergrund in den angesprochenen Gemeinden haben; der Jak zielt auf eine Veränderung des Verhaltens der Christen[29]. Zudem können die im Jak erkennbaren Spannungen in die Sozialgeschichte des nachpaulinischen Christentums eingeordnet werden[30]. Hier setzt sich eine bereits bei Paulus beginnende Entwicklung fort: Die Integration verschiedener Schichten mit unterschiedlicher wirtschaftlicher und gesellschaftlicher Stellung. Schon die paulinischen Missionsgemeinden stellten soziologisch keine homogene Gruppe dar, vielmehr schlossen sich ihnen Angehörige aller Schichten an. In nachpaulinischer Zeit verschärften sich offenbar die Konflikte, weil immer mehr Reiche in die christlichen Gemeinden kamen und sich die Kluft zwischen den einzelnen sozialen Gruppen erhöhte. So rufen die Past zur Selbstgenügsamkeit auf (vgl. 1 Tim 6,6–8), und sie warnen eindrücklich vor den Folgen der Geldgier (vgl. 1 Tim 6,9.10). Kaum zufällig endet

24 Vgl. z. B. F. Schnider, Jak, 18: zwischen 80 und 100; H. Paulsen, Art. Jakobusbrief, 492: zwischen 70 und 100; H. Frankemölle, Jak, 60: letztes Viertel des 1. Jhs. bzw. Anfang des 2. Jhs; Chr. Burchard, Jak, 7; W. Popkes, Jak, 61; M. Konradt, Der Jakobusbrief, in: Ebner/Schreiber (Hg.), Einleitung, 504 (zwischen 70 und 80/85).

25 Zum 1 Petr; 1Klem; Herm liegen nur traditionsgeschichtliche Anklänge vor, vgl. F. Schnider, Jak, 19; H. Paulsen, Art. Jakobusbrief, 492.

26 Vgl. M. Hengel, Der Jakobusbrief, 248.

27 Vgl. hierzu F. Schnider, Jak, 61.

28 Gegen M. Dibelius, Jak, 161–163.

29 Vgl. F. Schnider, Jak, 57 f; H. Frankemölle, Jak, 57–62.251–259.

30 Vgl. dazu P. Lampe – U. Luz, Nachpaulinisches Christentum und pagane Gesellschaft, in: Die Anfänge des Christentums, hg. v. J. Becker, Stuttgart 1987, 185–216; W. Popkes, Jak, 16–22.

der 1 Tim mit einer Mahnung an die Reichen (1 Tim 6, 17–19). Auch der Verfasser des lukanischen Doppelwerkes lässt mit seinen Warnungen vor dem Reichtum (s. o. 3.5.4) deutlich erkennen, dass in seinen Gemeinden Reichtum und Besitz zu einem Problem geworden sind. Der Hebr warnt vor Habgier (Hebr 13, 5) und einem Erlahmen des Glaubens (Hebr 2, 2 ff). Die Trägheit soll durch Werke der Liebe überwunden werden (Hebr 6, 10–12). Schließlich ist die Offenbarung des Johannes ein eindrückliches Zeugnis für die scharfe Kritik judenchristlicher Kreise am Reichtum (vgl. Offb 3, 17–19; 18, 10 ff.15 ff.23 f).

Das soziologische Bild der Gemeinden des Jak lässt sich somit in eine Gesamtentwicklung des hellenistisch-nachpaulinischen Christentums integrieren, für die ein tiefgreifender Wandel in der sozialen Schichtung der Gemeindemitglieder und damit verbunden ein Auseinanderklaffen von Glaube und Tat charakteristisch sind.

7.1.5 Gliederung, Aufbau, Form

1, 1	Präskript
1, 2–18	Die Gefahr der Versuchungen
1, 19–27	Hören und Tun des Wortes
2, 1–13	Der Glaube an Jesus und das Gesetz
2, 14–26	Rechtfertigung durch Werke und Glauben
3, 1–12	Die Verantwortung für das Wort
3, 13–18	Das Wesen der Weisheit
4, 1–12	Wider Streit und Verleumdung
4, 13–17	Die Zeit liegt in Gottes Hand
5, 1–6	Wider die unsozialen Reichen
5, 7–11	Mahnung zum geduldigen Warten auf die Parusie
5, 12	Das Schwurgericht
5, 13–18	Die Macht des Gebetes
5, 19.20	Die Verantwortung für den irrenden Bruder

Das Präskript in Jak 1, 1 ist das einzig sichere briefliche Merkmal des Schreibens. Der Verfasser verwendet die griechische Form des Präskriptes, die in der 3. Pers. Absender, Adressaten und Gruß in einem Satz zusammenfasst (vgl. als Parallelen Apg 15, 23; 23, 26). Die spärlichen brieflichen Elemente und der über weite Strecken scheinbar fehlende gedankliche Zusammenhang führten M. Dibelius zu dem Urteil, das Schreiben sei eine aus Spruchreihen und kleineren Abhandlungen zusammengesetzte Lehrschrift[31]. Fehlender Kontextbezug und Situationslosigkeit sind nach Dibelius sowohl für die meisten Abschnitte des Jak als auch für die Paränese allgemein

31 Vgl. M. Dibelius, Jak, 13–23.

charakteristisch[32]. Allerdings fehlt beim Jak der gedankliche Zusammenhang gerade nicht[33]! So wird Jak 1, 2–18 durch das Motiv der Versuchung bestimmt, der Übergang zu Jak 1, 19–27 erfolgt durch die direkte Anrede *ἀδελφοί*, inhaltlich entfaltet Jak 1, 19–27 die indikativischen Aussagen über das ‚vollkommene Geschenk von oben' und das ‚Wort der Wahrheit' in Jak 1, 16. 17. Insgesamt ist Jak 1 durch die Form der traditionellen Spruchweisheit geprägt, Einzelsprüche werden durch gemeinsame Stichworte zusammengestellt und durch den Autor interpretiert. In Jak 2; 3 finden sich geschlossenere und umfangreichere Einheiten. Charakteristisch ist die Anrede *ἀδελφοί μου* in Jak 2, 1; 2, 14; 3, 1; inhaltlich handelt es sich jeweils um diatribenartige paränetische Abhandlungen, die sich durch eine innere Geschlossenheit auszeichnen. Liegt das Ziel der Paränese in Jak 2, 1–3, 12 im durch die Weisheit gewährten guten Wandel, so ergibt sich daraus sachgemäß die Frage nach dem Woher der Weisheit in Jak 3, 13–18. Im unmittelbaren Kontext stellt Jak 4, 1–12 einen Neueinsatz dar, im Makrokontext nimmt dieser Abschnitt aber das Thema der Versuchungen aus Jak 1, 2–18 wieder auf. Die Mahnungen in Jak 4, 13–17 und die prophetische Anklage in Jak 5, 1–6 heben sich jeweils vom Kontext ab und stellen selbständige Überlieferungen dar. Mit der typischen Anrede *ἀδελφοί* leitet der Verfasser Jak 5, 7–20 ein, formgeschichtlich kann dieser Abschnitt der traditionellen Spruchparänese zugerechnet werden.

Inhaltlich weisen die Diatriben eine große Geschlossenheit auf, zugleich sind sie aber mit ihrem jeweiligen Kontext sachlich verbunden. Auf formaler Ebene erreicht dies der Autor durch die persönliche Anrede *ἀδελφοί* (vgl. Jak 1, 2. 16. 19; 2, 1. 5. 14; 3, 1. 10. 12; 4, 11; 5, 7. 9. 10. 12. 19), der durchgehende Anredecharakter muss als das formale Charakteristikum des Jak angesehen werden. Aber auch auf inhaltlicher Ebene bestehen innerhalb des Briefes zahlreiche Verbindungen. Das gesamte Schreiben ist geprägt von der Frage nach dem der Weisheit gemäßen Glauben, der sich als Einheit von Sein und Tun zeigt. Das Stichwort *πίστις* verbindet Jak 1, 2–18 und Jak 2, 14–26. Ebenso verknüpft das Adjektiv *τέλειος* Jak 1, 2–18 mit 1, 19–27; 3, 1–12. Die Vorstellung der *σοφία ἄνωθεν* verbindet Jak 1, 2–18 mit 3, 13–18. Wer das ‚vollkommene Geschenk der Weisheit von oben' aufnimmt und bewahrt, ist der *τέλειος ἀνήρ* von Jak 3, 2 und der Weise von Jak 3, 13.

32 Vgl. a. a. O., 14: „es fehlt in dem ganzen Schriftstück der gedankliche Zusammenhang".

33 Vgl. hier z. B. die Analyse von W. H. Wuellner, Jakobusbrief, 37 ff, der eine klare Gedankenführung feststellt. E. Baasland, Literarische Form, 3654–3661, betont im Hinblick auf die Disposition und den Stil des Jak die starke Beeinflussung durch hellenistische Gattungen und Schulrhetorik. H. Frankemölle, Jak, 71–73. 152–180, hebt die formale und sachliche Einheit des Jak hervor, wobei der Korrespondenz zwischen Jak 1, 2–18 (Prolog/Exordium) und 5, 7–20 (Epilog/Peroratio) besondere Bedeutung zukommt. Im Briefkorpus (vgl. Jak 1, 19–27; 2, 1–13; 2, 14–26; 3, 1–12; 3, 13–18; 4, 1–12; 4, 13–5, 6) wird das semantische Netz des Jak von funktionellen Oppositionen geprägt. Zum Nachweis semantischer und thematischer Verknüpfungen im Jak vgl. auch die Argumentation bei M. Klein, „Ein vollkommenes Werk", 33–41, M. Tsuji, Glaube, 97 f; M. Konradt, Christliche Existenz, 311–315.

Sehr unterschiedlich fallen die Gattungsbezeichnungen für den Jak aus: Sie reichen von ‚Paränese'[34], ‚paränetische Didache'[35], ‚Handbuch christlicher Ethik'[36], ‚Traktat mit paränetischer Abzweckung'[37] über ‚Publizistischer Gebrauchstext'[38], ‚Diasporabrief'[39], ‚protreptische, weisheitliche Rede'[40], ‚Rundbrief'[41], ‚literarisierter Redetext'[42], ‚Mahnbrief'[43] bis hin zur ‚Neophyten-Unterweisung' im Rahmen der Taufkatechese[44]. Beachtet man neben den brieflichen Elementen (Jak 1, 1) den durchgängigen Anredecharakter, die zahlreichen Imperative und die damit verbundene katechetische Formtradition, so legt es sich nahe, den Jak als einen *weisheitlichen Mahn- und Lehrbrief* zu bezeichnen.

7.1.6 **Literarische Integrität**

Die literarische Integrität des Jakobusbriefes ist unbestritten.

7.1.7 **Traditionen, Quellen**

In der älteren Forschung wurde vielfach angenommen, im Jak sei eine jüdische ‚Grundschrift' verarbeitet worden. So hielt F. Spitta den Jak für ein ursprünglich jüdisches Schreiben, dessen Grundschrift im 1. Jh. v. Chr. entstanden sei. Ein christlicher Redaktor habe sie dann dem Herrenbruder Jakobus zugeschrieben und auch den Namen Jesus Christus in Jak 1, 1; 2, 1 eingefügt[45]. In Variation der These Spittas sah A. Meyer in der ‚Grundschrift' des Jak ein jüdisch-hellenistisches Pseudepigraphon aus der 1. Hälfte des 1. Jhs. n. Chr. Im Mittelpunkt dieser Schrift habe eine auf jüdischer Onomastik beruhende Allegorese der Patriarchen gestanden[46]. Speziell durch den Zusatz des Namens Jesus Christus sei sie dann um 80/90 n. Chr. verchristlicht worden[47]. Weil im Jak jedoch keinerlei Zeichen für eine sekundäre Verchristlichung zu erkennen sind, fanden diese Thesen zu Recht in der Exegese keinen Widerhall[48].

---

34 Vgl. M. Dibelius, Jak, 16; W. Schrage, Jak, 6.

35 Vgl. H. Windisch, Jak, 3; F. Mußner, Jak, 24.

36 Vgl. E. Lohse, Glaube und Werke – zur Theologie des Jakobusbriefes, in: ders., Die Einheit des Neuen Testaments, Göttingen 1973, (285–306) 301.

37 Vgl. G. Strecker, Literaturgeschichte (s. o. 1.2), 72.

38 Vgl. W. H. Wuellner, Jakobusbrief, 65.

39 Vgl. F. Schnider, Jak, 13; ähnlich H. Paulsen, Art. Jakobusbrief, 489; M. Tsuji, Glaube, 26; K. W. Niebuhr, Der Jakobusbrief im Licht frühjüdischer Diasporabriefe, NTS 44 (1998), 420–443; W. Popkes, Jak, 69 (Jak greift das „Phänomen" des Diasporabriefes auf). Umfassend zum ‚Diasporabrief' jetzt: Th. Klein, Bewährung in Anfechtung (s. u. 7.2.1), 17–181.

40 Vgl. E. Baasland, Literarische Form, 3654.

41 Vgl. H. Frankemölle, Jak, 66.

42 O. Wischmeyer, Beobachtungen, 326.

43 Vgl. Chr. Burchard, Jak, 9; M. Konradt, Der Jakobusbrief, in: Ebner/Schreiber (Hg.), Einleitung, 502.

44 Vgl. W. Popkes, Adressaten, Situation und Form, 176 ff.

45 Vgl. F. Spitta, Der Brief des Jakobus, Zur Geschichte und Literatur des Urchristentums II/1, Göttingen 1896, 1–239.

46 Vgl. A. Meyer, Rätsel, 240–305.

47 Vgl. a. a. O., 305–307.

48 Ausnahmen: A. Jülicher – E. Fascher, Einleitung, 211 f; H. Windisch, Jak, 3 f; R. Bultmann, Theologie

Zweifellos übernahm der Verfasser des Jak aber weisheitlich geprägte Traditionen seiner Gemeinde. So liegt in Jak 3,3–12 eine geschlossene Abhandlung über die Macht der Zunge vor, in Jak 1,2–18; 3,13–18; 5,1–6.13–18 findet sich überwiegend traditionelle Spruchweisheit, die vom Verfasser des Jak gesammelt, neu geordnet und geringfügig überarbeitet wurde.

Zahlreiche Gemeinsamkeiten bestehen zwischen dem Jak und der synoptischen Jesusüberlieferung[49]. Speziell zur Bergpredigt (Feldrede) zeigen sich enge Berührungen: Jak 1,2–4/Mt 5,48par (Vollkommenheit), Jak 1,5/Mt 7,7par (Bitte um Weisheit), Jak 1,22f/Mt 7,24–26par (Täter und nicht nur Hörer des Wortes), Jak 2,5/Mt 5,3par (das Reich Gottes für die Armen [im Geist]), Jak 2,13/Mt 5,7 (der Lohn der Barmherzigkeit), Jak 3,18/Mt 5,9 (die Verheißung an die Friedfertigen), Jak 4,13–15/Mt 6,34 (Verzicht auf das Planen), Jak 5,1/Lk 6,24 (Wehe den Reichen), Jak 5,2/Mt 6,20par (die Motten fressen den Reichtum), Jak 5,10/Mt 5,12par (die Propheten als Vorbilder im Leiden), Jak 5,12/Mt 5,33–37 (das Verbot des Schwörens). Die Übereinstimmungen zwischen dem Jak und der Bergpredigt erstrecken sich auf die rechte Frömmigkeit, die Barmherzigkeit, das rechte Verständnis zum Gesetz und das Halten des Willens Gottes. Sie dürften weder durch eine literarische Abhängigkeit noch durch die Behauptung zu erklären sein, der Herrenbruder Jakobus habe die Jesustraditionen gekannt und wiedergegeben[50]. Vielmehr sind der Jak und die Bergpredigt in einen gemeinsamen Traditionsstrom eingebettet, der sich einem stark weisheitlich geprägten Judenchristentum verdankt. Im Mittelpunkt der Theologie dieser Kreise steht der Gedanke der ethischen Vollkommenheit durch die Erfüllung des Gesetzes, die durch die Gabe der Weisheit ermöglicht wird[51].

7.1.8 **Religionsgeschichtliche Stellung**

Der Jakobusbrief wurzelt im *jüdisch-hellenistischen Weisheitsdenken*. Zahlreiche Motive und Formulierungen verweisen auf Jesus Sirach und die Sapientia Salomonis (vgl. Jak 1,2 mit Sir 2,1ff; Jak 1,19 mit Sir 5,11; Jak 3,13–18 mit Weish 7,22–30)[52], viele Hapaxlegomena des Jak stammen aus den Weisheitsbüchern (LXX)[53]. Der Jak muss als die am stärksten von der jüdischen Weisheitstheologie beeinflusste ntl. Schrift angesehen werden.

(s.o. 2), 515.

49 Vgl. zur Analyse der Texte R. Hoppe, Hintergrund, 123–145; W. Popkes, Adressaten, Situation und Form, 156–176.

50 So M. Hengel, Jakobusbrief, 251, der die im Jak aufgenommenen Jesustraditionen einem sehr frühen Überlieferungsstadium zuordnet.

51 Zur Auflistung und Interpretation aller Traditionsbezüge des Jak vgl. W. Popkes, Jak, 27–44.

52 Vgl. zum umfassenden Nachweis R. Hoppe, Hintergrund, passim; U. Luck, Weisheit und Leiden, ThLZ 92 (1967), 253–258. Für H. Frankemölle, Jak, 85, gilt: „Der Jakobusbrief präsentiert sich als eine relecture von Jesus Sirach." Skeptisch gegenüber der Klassifizierung des Jak als ‚Weisheitsschrift' äußern sich z. B. H. v. Lips, Weisheitliche Traditionen (s. o. 3.3.5), 431–437; M. Konradt, Christliche Existenz, 260–265.

53 Vgl. dazu B. R. Halson, Epistle of James: ‚Christian Wisdom?', StEv IV (1968), 308–314.

7.1.9 Theologische Grundgedanken

Ausgangspunkt und Zentrum des jakobeischen Denkens ist die Vorstellung der Weisheit ‚von oben' (vgl. Jak 1, 17; 3, 15. 17), die dem Christen in der Taufe als rettendes Wort der Wahrheit geschenkt wird (Jak 1, 21) und ihn in die Lage versetzt, den im Gesetz offenbar gewordenen Willen Gottes zu vollbringen. Die ‚von oben' kommende Weisheit erneuert als Gabe Gottes den Menschen und befähigt ihn erst, seinen Glauben zur Tat zu bringen und so vor Gott gerecht zu werden. Dieser theozentrisch-weisheitlichen Grundkonzeption entspricht eine Anthropologie, die auf die Einheit des Menschen, seine Vollkommenheit zielt (vgl. Jak 1, 2–4; 3, 2. 13–18)[54]. Die Gespaltenheit des Menschen (vgl. *δίψυχος* in Jak 1,8; 4,8) soll überwunden werden, Jak will den heilen, in Wort und Tat mit sich selbst übereinstimmenden Menschen. Die Zerrissenheit des Menschen äußert sich in seinen Zweifeln (Jak 1, 6), im Auseinanderklaffen von Wort und Tat (Jak 1, 22–27), im Missbrauch der Zunge (Jak 3, 3–12), in der Liebe zur Welt (Jak 4, 4 ff), in der Missachtung des Willens Gottes (Jak 2, 1–13; 5, 1 ff), im ständigen Streit (Jak 4, 1 ff) und im Vermischen von Ja und Nein (Jak 5, 12). Diese Zerrissenheit des Menschen geht auf die Begierde zurück (vgl. Jak 1, 14 f; 4, 1 f), sie bringt die Sünde hervor und führt den Menschen in den Tod (Jak 1, 15). Die äußeren Konflikte sind somit Folge eines inneren Konfliktes. Viele Gemeindeglieder streben nach sozialem Prestige, und sie werden im Umgang mit den Schwestern und Brüdern rücksichtslos. Nicht die Weisheit ‚von oben', sondern die ‚irdische' Weisheit bestimmt den zerrissenen Menschen (vgl. Jak 3, 15). Der Christ überwindet nach Jak diese Gespaltenheit durch die mit dem Glauben identische Gabe der Weisheit. Sowohl der Glaube als auch die Weisheit sind an den Werken aufweisbar, die ihrerseits am ‚königlichen Gesetz' (Jak 2,8) und am ‚vollkommenen Gesetz der Freiheit' (Jak 1, 25; 2, 12) orientiert sind. Weil für Jak das Liebesgebot das Ziel und das Zentrum des Gesetzes ist (vgl. Jak 2,8), besteht zwischen der geschenkten Weisheit, dem Glauben und den Werken eine organische Einheit. Allein die Weisheit von oben und damit der Glaube ermöglicht die Vollkommenheit durch die Erfüllung des Gesetzes im Liebesgebot und so die Einheit von Glauben und Werken[55].

Glaube und Gesetz sind bei Jak ebensowenig ein Gegensatz wie Glaube und Werke, vielmehr erscheinen sie als zwei Seiten derselben Medaille. Bildet für Jak das im Liebesgebot zusammengefasste Gesetz den Maßstab des christlichen Handelns, so erfolgt auch das Gericht nach dem Maßstab des Gesetzes (vgl. Jak 2, 12 f; 3, 1 b; 4, 12; 5, 1. 9). Dabei geht Jak von der prinzipiellen Gleichwertigkeit aller Gebote aus (vgl.

54 Vgl. H. Frankemölle, Gespalten oder ganz. Zur Pragmatik der theologischen Anthropologie des Jakobusbriefes, in: H. U. v. Brachel – N. Mette (Hg.), Kommunikation und Solidarität, Freiburg – Münster 1985, 160–178; ders., Jak, 305–320; W. Popkes, Adressaten, Situation und Form, 191 ff.

55 Vgl. U. Luck, Theologie des Jakobusbriefes, 10–15.

ὅλον τὸν νόμον in Jak 2,10). Gottesliebe, Nächstenliebe und das Halten des Gesetzes erscheinen als vollkommene Einheit. Der im Gesetz geoffenbarte ganzheitliche Wille Gottes überwindet das unvollkommene, parteiliche und gespaltene Tun der Christen. Die jakobeische Gesetzestheologie führt konsequenterweise zu einer Sozialethik und in Ansätzen auch zu einer Wirtschaftsethik, weil die Forderung des Liebesgebotes uneingeschränkt für alle Bereiche des Lebens gilt. Die Unterschiede zwischen Jak und Paulus sind offenkundig: Während für Paulus die Sünde eine überindividuelle Macht darstellt, die sich des Gesetzes bedient und den Menschen betrügt (vgl. Röm 7,7ff), kann die Sünde bei Jak durch das Halten des ganzen Gesetzes überwunden werden (Jak 2,10; 4,17; 5,19.20). Folglich existiert für ihn kein Gegensatz zwischen Glauben und Werken, den er aber bei seinem Gesprächspartner voraussetzt.

Ist dieser Gesprächspartner Paulus? Da sich der Gegensatz ‚Glaube und Werke' vor Paulus nirgendwo nachweisen lässt[56], muss ein Bezug auf Paulus im Jak angenommen werden. Zudem scheint sich Jak 2,10 auf Gal 5,3 zu beziehen (*ὅλον τὸν νόμον*), und die Anspielung auf Röm 3,28 in Jak 2,24 ist offensichtlich. Schließlich liegen Berührungen in der Abrahamsthematik vor (vgl. Röm 4,2/Jak 2,21), und das Zitat aus Gen 15,6 in Röm 4,3/Jak 2,23 weicht übereinstimmend in zwei Punkten vom LXX-Text ab: *Ἀβραάμ* statt *Ἀβράμ*, Hinzufügung von *δέ* hinter *ἐπίστευσεν*[57]. Paulus trifft allerdings die Polemik in Jak 2,14–26 nicht, denn für ihn gibt es keinen Glauben ohne Werke (vgl. nur Röm 1,5; 13,8–10; Gal 5,6). Jak könnte die paulinische Position bewusst verzeichnet oder missverstanden haben. Möglicherweise kannte er den Gal, Röm nicht, sondern nur uns unbekannte literarische Zwischenstufen[58]. Oder er argumentiert gegen Christen, die einen Glauben ohne Werke praktizierten und sich dabei auf Paulus beriefen. 2Thess 2,2 und 2Tim 2,18 bezeugen eine eschatologische Hochstimmung in den nachpaulinischen Missionsgemeinden Kleinasiens und Griechenlands, die möglicherweise zu einer Vernachlässigung der Werke führte und der von Jak bekämpften Position entspricht. Bei einer solchen Annahme muss man zudem Jak nicht ein völliges Unverständnis der paulinischen Theologie oder eine bösartige Verzeichnung des paulinischen Denkens unterstellen.

Jak betont die natürliche und *unauflösliche Einheit* von Glauben und Handeln. In Jak 2,22 wird die Position des Autors sichtbar: Glaube und Werke wirken zusammen, so dass der Glaube zur Vollendung gelangt. Dieser vollkommene Glaube erlangt die Rechtfertigung vor Gott. Das Zusammenwirken von Glauben und Werken bei Jak darf nicht als Synergismus aufgefasst werden, denn in Jak 2,22 bleibt durchgehend der Glaube das Subjekt, er ist den Werken vorgeordnet. Jak geht es um den

56 Vgl. M. Hengel, Jakobusbrief, 254.

57 Vgl. A. Lindemann, Paulus im ältesten Christentum (s. o. 5), 244–251; G. Lüdemann, Paulus II (s. o. 2.5.8), 197–201.

58 Anders jedoch M. Mitchell, The Letter of James as a Document of Paulinism?, in: R. T. Webb/J. S. Kloppenborg (Hg.), Reading James with New Eyes, 75–98, wonach der Jak im Kontext des nachpaulinischen Christentums bewusst gegen Gal und Röm schreibt und zugleich auf den 1Kor zurückgreift.

rechtfertigenden Glauben, der Werke hervorbringt, sich in den Werken bewährt und aus den Werken vollendet wird. Die Vollkommenheit ist das Ziel des Glaubens, und die Werke dienen diesem Ziel. Gott selbst pflanzte den Menschen in der Taufe das Wort der Wahrheit ein (vgl. Jak 1, 18. 21), das kein anderes ist als das vollkommene Gesetz der Freiheit (Jak 1, 25). Die Einheit von Hören und Tun entspringt somit dem Willen Gottes und entspricht der dem Christen eröffneten Vollkommenheit.

Der Jak als eine theozentrische Schrift entfaltet seine Theologie als Anthropologie und Ethik. Nur zweimal wird der Name Jesus Christus erwähnt (Jak 1, 1; 2, 1), Stellung und Inhalt dieser Texte verleihen aber der Christologie ein besonderes Gewicht. Sollte sich *θεοῦ* in Jak 1, 1 auf Jesus beziehen, so läge ein im Neuen Testament einzigartiges theologisches Bekenntnis vor[59]. Auch in Jak 2, 1 werden Jesus zahlreiche Prädikate zugeschrieben, er erscheint als ‚Herr' und als ‚Gesalbter der Herrlichkeit'. Für Jak wurde Jesus in die Herrlichkeit Gottes mithineingenommen „er ist der Herr, der in der Herrlichkeit Gottes den Glauben der Christen und ihr Wirken bestimmt."[60] Die außergewöhnlichen Prädikationen in Jak 1, 1; 2, 1 und die Erwähnungen des *κύριος* Jesus in Jak 5, 7. 8. 15 unterstreichen die grundlegende Bedeutung der Christologie für die Theologie des Jak.

7.1.10 **Tendenzen der neueren Forschung**

Einigkeit besteht in der neueren Forschung über die literarische und thematische Geschlossenheit des Jak. Nach wie vor kontrovers wird hingegen die Verfasserfrage diskutiert. Während F. Mußner, M. Hengel, L. T. Johnson und K.-W. Niebuhr mit unterschiedlicher Begründung an dem Herrenbruder Jakobus als direktem oder indirektem Verfasser des Briefes festhalten, sieht die Mehrzahl der Exegeten im Jak ein pseudepigraphisches Schreiben. G. Theißen listet die Hauptargumente noch einmal auf[61] und benennt die Hauptstrategie des Verfassers: „Jakobus wird im Jakobusbrief als Symbol des Judenchristentums in Anspruch genommen, um das Judenchristentum gegen Missverständnisse zu verteidigen."[62] Der durchgehende weisheitliche Hintergrund des Jak wurde durch die Arbeiten von R. Hoppe und U. Luck noch einmal nachdrücklich bestätigt. Nach Hoppe besitzt der Jak eine einheitliche theologische Konzeption: „Im Glauben teilt sich die verborgene Weisheit Gottes mit, die dem Menschen eschatologische Verheißung zuspricht, im Glauben muss der Mensch die Weisheit, welche er empfangen hat, aufgreifen und je neu verwirklichen."[63] Im Anschluss an A. Schlatter sieht U. Luck den Jak von einer zentralen Fragestellung bestimmt: „Es geht um das Leben, und es ist die Weisheit, die in das Leben führt."[64] Be-

59 So z. B. M. Karrer, Christus der Herr, 169.

60 A. a. O., 173.

61 G. Theißen, Die pseudepigraphische Intention, 55–58.

62 A. a. O., 58.

63 R. Hoppe, Hintergrund, 147.

64 U. Luck, Theologie des Jakobusbriefes, 6.

stimmt das weisheitliche Denken umfassend die Theologie des Jak, so verliert die mögliche Antithese zu Paulus ihre Bedeutung für die Interpretation. Die Theologie des Jakobus hat ihre eigenen Denkvoraussetzungen, und sie entwickelte sich nicht im Gegensatz zu Paulus. In dieser Weise interpretieren den Jak u.a. H. Windisch, E. Lohse, U. Luck, H. Frankemölle, R. Heiligenthal, E. Baasland M. Konradt, Chr. Burchard und W. Popkes[65]. H. Frankemölle meint sogar: „Im ganzen Brief entwickelt Jakobus keine Gesetzes-Lehre, nirgendwo wird das Gesetz im eigentlichen Sinne thematisiert; wo es auftaucht, bildet es nicht den Hauptgedanken, steht vielmehr in Funktion zu diesem."[66] Demgegenüber wird vielfach an einer antipaulinischen Frontstellung des Jak festgehalten. Nach A. Lindemann wollte der Verfasser des Jak „die paulinische Theologie treffen und widerlegen, und zwar mit ihren eigenen Mitteln."[67] M. Hengel bezeichnet den Jak „als ein Meisterstück frühchristlicher Polemik"[68], Polemik gegen Paulus. Nicht gegen Paulus direkt, sondern gegen Hyperpauliner wendet sich der Jak nach Meinung von M. Dibelius, W. G. Kümmel, Ph. Vielhauer, W. Schrage und F. Schnider[69]. Unter neuen Fragestellungen gewinnt die alte Frage nach Paulus und Jakobus bei Margaret Mitchell und Oda Wischmeyer wieder an Bedeutung. Mitchell verortet den Jak ausdrücklich in der paulinischen Theologiegeschichte; er kannte eine frühe Paulusbriefsammlung und kritisierte vor allem vom 1Kor her die Position des Gal. „The author of the Letter of James knows some collection of Paul's letters, and writes *from within Paulinism* (rather than in opposition to Paul), creating a compromise document which has as one of its purpose reconciling ‚Paul with Paul' and ‚Paul with the pillars'."[70] Die Versöhnung ‚Paul with Paul' sieht Mitchell im Rückgriff auf den 1Kor (gegen Gal), die Versöhnung mit den ‚Säulen' in der pseudonymen Verfasserangabe Jakobus. Auch Wischmeyer versteht den Jak ausdrücklich im Rahmen eines literarischen Paulinismus, bestimmt aber die Intention dieses diatribischen Lehrschreibens anders: „Thema des Lehrschreibens des Jakobus ist die Ethik, die sich auf zwei klassische Bereiche konzentriert, auf die Ethik des Wortes oder der Rede und auf die Ethik der Tat oder der Werke. ... Die Polemik des Briefes, die zum Teil sehr scharf ist, gilt dementsprechend der richtigen Modellierung der Ethik, nicht der theologischen Auseinandersetzung mit gegnerischen Fronten. Fronten sind vorhanden, aber die Front ist das Böse oder der Satan, nicht Paulus."[71]

---

65 Vgl. H. Windisch, Jak, 20f; E. Lohse, Glaube und Werke (s. o. 7.1.5), 290f; U. Luck, Theologie des Jakobusbriefes, 27f; H. Frankemölle, Gesetz, 196ff; R. Heiligenthal, Werke als Zeichen, WUNT 2.9; Tübingen 1983, 49–52; E. Baasland, Literarische Form, 3678f.; M. Konradt, Christliche Existenz, 242–248; Chr. Burchard, Jak, 18f; W. Popkes, Jak, 22–26.

66 H. Frankemölle, Gesetz, 202.

67 A. Lindemann, Paulus im ältesten Christentum (s. o. 5), 249.

68 M. Hengel, Jakobusbrief, 253; vgl. zuvor H. Lietzmann, Geschichte der Alten Kirche I, Berlin ^{2}1937, 213, wonach der Jak „klare und bewußte Polemik gegen die Lehre des Paulus" ist.

69 Vgl. M. Dibelius, Jak, 220f; W. G. Kümmel, Einleitung, 362; Ph. Vielhauer, Urchristliche Literatur, 573; W. Schrage, Jak, 35; F. Schnider, Jak, 77.

70 M. Mitchell, The Letter of James as a Document of Paulinism?, 79.

71 O. Wischmeyer, Polemik im Jakobusbrief, 375.

Die sozialgeschichtlichen Aussagen des Jak werden im Anschluss an M. Dibelius vielfach als reine Paränese ohne geschichtlichen Hintergrund angesehen. Die Beispiele gelten dann als konstruiert, die Mahnungen sind nur Elemente eines rhetorisch wirkungsvollen Diatribenstils. Demgegenüber unternimmt W. Popkes den Versuch, die kirchliche und sozialgeschichtliche Situation der Adressatengemeinde näher zu bestimmen. „Der Jakobusbrief wurde nicht als distanzierte Analyse einer Situation verfaßt, sondern als kritische Einmischung in geschichtliche Vorgänge."[72] Die Gemeinden befinden sich im Rahmen des nachpaulinischen hellenistischen Christentums in einer Umbruchphase, immer mehr Reiche schließen sich ihnen an, wodurch es zu sozialen und theologischen Konflikten bzw. Missverständnissen kommt. Als Neophytenunterweisung versucht der Jak in diese Situation hinein die Einheit von Glauben und Werken zu wahren. Auch für F. Schnider, H. Frankemölle und M. Tsuji besitzen die im Jak geschilderten Situationen einen geschichtlichen Hintergrund in den Gemeinden. F. Mußner hält jedoch daran fest, dass die im Brief erwähnten Fälle konstruiert seien und rhetorischer Gestaltung entsprängen. Eine vorschnelle Rekonstruktion konkreter Gemeindeverhältnisse dürfe daraus nicht erfolgen[73].

Die fundamentale Bedeutung von Ethik und Anthropologie für das Denken des Jak betonen U. Luck, F. Mußner, W. Popkes, H. Frankemölle, Chr. Burchard, M. Klein[74] und M. Konradt[75]. Jakobus wendet sich an den aus sich selbst heraus gefährdeten Menschen. Er ist der Anfechtung ausgesetzt, die Bewährung, aber auch Abfall zur Folge haben kann. Aus der Begierde erwachsen im Menschen Versuchung und Sünde, die zu einer Gespaltenheit des Menschen und letztlich auch der christlichen Gemeinde führen. Zorn, Ungerechtigkeit, Hochmut und Ungeduld sind die Folge. Der Verfasser des Jak will diese Gespaltenheit der christlichen Existenz überwinden, ihm geht es um die Ganzheit und Vollkommenheit des Christen. Bezugspunkt ist dabei aber nicht die individuelle Existenz, sondern die Gemeinde. Ethik und Anthropologie sind jedoch innerhalb dieser Konzeption nicht losgelöst von der Theologie: „Der Jakobusbrief ist ein theozentrisches Schreiben mit einer im Neuen Testament singulären, sehr durchdachten theologischen Konzeption. Auf der Basis der Theozentrik liegt Jakobus wie den jüdischen Weisheitslehrern alles daran, den Lesern Weisungen für ein gelingendes Leben zu geben – in und trotz aller Ambivalenzen und Konflikte mit sich selbst und den Mitchristen."[76] Die Bedeutung des Liebes-

72 W. Popkes, Adressaten, Situation und Form, 121.
73 Vgl. F. Mußner, Die ethische Motivation im Jakobusbrief, 421.
74 Vgl. M. Klein, „Ein vollkommenes Werk", 207; das ‚Programm' des Jak „heißt Bewährung des Glaubens in den Versuchungen des Lebens mit dem Ziel der sittlichen Vollkommenheit, die allein das eschatologische Heil des Menschen erwirken kann."
75 Vgl. M. Konradt, Christliche Existenz, 310: „Die zentrale Größe christlicher Existenz ist das den Christen ‚eingeborene' Wort, das als ein wirkungsmächtiges ‚Leben' schafft und seiner imperativischen Seite nach die Gestaltwerdung christlicher Existenz im Lebenswandel bestimmt und mitwirkt."
76 H. Frankemölle, Jak, 16.

gebotes als Zentrum der Ethik des Jak betont G. Theißen[77]: „kein neutestamentlicher Autor hat so eindeutig wie er das Liebesgebot als Verpflichtung zur Gleichbehandlung verstanden und es gleichzeitig relativ offen für Außenstehende formuliert." Als Versuch, innerhalb des nachpaulinischen hellenistischen Christentums in einer durch soziale und theologische Konflikte geprägten Umbruchphase die bedrohte judenchristliche Identität zu wahren und/oder neu zu begründen, versteht G. Garleff den Jakobusbrief. Dies versucht Jak aus einer theozentrischen Grundposition heraus, um mit einer starken Betonung von Anthropologie und Ethik die Einheit von Glauben und Werken/Taten zu wahren. Er vertritt ein Gemeindeethos, „das vor allem durch innergemeindliche Solidarität und Egalität gekennzeichnet ist."[78]

7.2 Der erste Petrusbrief

7.2.1 Literatur

Kommentare

KEK 12/1: L. Goppelt, 1978. – HNT 15: H. Windisch (– H. Preisker), [3]1951. – HThK XIII 2: K. H. Schelkle, [3]1970. – EKK 21: N. Brox, [4]1993. – ThHK 15/I: R. Feldmeier, 2005. – NTD 10: W. Schrage, [13]1985. – RNT: O. Knoch, 1990. – ZBK 15: E. Schweizer, 1998. – AncB 37B: J. H. Elliott, 2000. – WBC 49: J. R. Michaels, 1988. – Hermeneia, P. J. Achtemeier, 1996. – NIC: P. H. Davids, 1990. – ANTC: M. E. Boring, 1999. – NTL: L. R. Donelson, 2010.

Monographien

H. Goldstein, Paulinische Gemeinde im ersten Petrusbrief, SBS 80, Stuttgart 1975. – H. Millauer, Leiden als Gnade, EHS XXIII 56, Frankfurt 1976. – F. Schröger, Gemeinde im 1.Petrusbrief, Passau 1981. – J. H. Elliott, A Home for the Homeless. A Sociological Exegesis of 1 Petr, Its Situation and Strategy, Philadelphia 1981. – W. L. Schutter, Hermeneutic and Composition in 1Peter, WUNT 2.30, Tübingen 1989. – Angelika Reichert, Eine urchristliche praeparatio ad martyrium, BET 22, Frankfurt 1989. – F. R. Prostmeier, Handlungsmodelle im ersten Petrusbrief, fzb 63, Würzburg 1990. – R. Feldmeier, Die Christen als Fremde, WUNT 64, Tübingen 1992. – R. Metzner, Die Rezeption des Matthäusevangeliums im 1. Petrusbrief, WUNT 2.74; Tübingen 1995. – J. Herzer, Petrus oder Paulus?, WUNT 103, Tübingen 1998. – K. M. Schmidt, Mahnung und Erinnerung im Maskenspiel. Epistolographie, Rhetorik und Narrativik der pseudepigraphischen Petrusbriefe, HBS 38, Freiburg 2003. – J. de Waal Dryden, Theology and Ethics in 1Peter, WUNT 2.209, Tübingen 2006. – P. A. Holloway, Coping with Prejudice. 1Peter in Social-Psychological Perspective, WUNT 244, Tübingen 2009. – Th. Popp, Die Kunst der Konvivenz. Theologie der Anerkennung im 1. Petrusbrief, ABG 33, Leipzig 2010. – G. Guttenberger, Passio Christiana,

77 G. Theißen, Nächstenliebe und Egalität, in: P. v. Gemünden – M. Konradt – G. Theißen, Der Jakobusbrief, (120–142) 120f.

78 G. Garleff, Urchristliche Identität, 312.

SBS 223, Stuttgart 2010. – Th. Klein, Bewährung in Anfechtung. Der Jakobusbrief und der Erste Petrusbrief als christliche Diaspora-Briefe, NET 18, Tübingen 2011.

Aufsätze

W. Bornemann, Der erste Petrusbrief – eine Taufrede des Silvanus?, ZNW 19 (1919/20), 143–165. – R. Bultmann, Bekenntnis- und Liedfragmente im ersten Petrusbrief, in: ders., Exegetica, hg. v. E. Dinkler, Tübingen 1967, 285–297. – C. H. Hunzinger, Babylon als Deckname für Rom und die Datierung des 1 Petrusbriefes, in: Gottes Wort und Gottes Land (FS H. W. Hertzberg), hg. v. H. Reventlow, Göttingen 1965, 67–77. – L. Goppelt, Prinzipien neutestamentlicher Sozialethik nach dem 1.Petrusbrief, in: Neues Testament und Geschichte (FS O. Cullmann), hg. v. B. Reicke u. a., Zürich – Tübingen 1972, 285–296. – G. Delling, Der Bezug der christlichen Existenz auf das Heilshandeln Gottes nach dem ersten Petrusbrief, in: Neues Testament und christliche Existenz (FS H. Braun), hg. v. H. D. Betz u. a., Tübingen 1973, 95–113. – E. Lohse, Paränese und Kerygma im 1.Petrusbrief, in: ders., Die Einheit des NT, Göttingen 1973, 307–328. – J. B. Bauer, Der erste Petrusbrief und die Verfolgung unter Domitian, in: Die Kirche des Anfangs (FS H. Schürmann), hg. v. R. Schnackenburg u. a., Leipzig 1977, 513–527. – Chr. Wolff, Christ und Welt im 1 Petrusbrief, ThLZ 100 (1975), 333–342. – W. Marxsen, Der Mitälteste und Zeuge der Leiden Christi, in: Theologia Crucis – Signum Crucis (FS E. Dinkler), hg. v. C. Andresen u. G. Klein, Tübingen 1979, 377–393. – F. Neugebauer, Zur Deutung und Bedeutung des 1 Petrusbriefes, NTS 26, 1980, 61–86. – M. Karrer, Petrus im paulinischen Gemeindekreis, ZNW 80 (1989), 210–231. – E. Schweizer, Zur Christologie des ersten Petrusbriefes, in: Anfänge der Christologie (FS F. Hahn), hg. v. C. Breytenbach u. H. Paulsen, Göttingen 1991, 369–381. – Th. Söding (Hg.), Hoffnung in Bedrängnis. Studien zum 1. Petrusbrief, SBS 216, Stuttgart 2009. – F. W. Horn, Der Beitrag des 1. Petrusbriefes zur frühchristlichen Tauftheologie, in: Beiträge zur urchristlichen Theologiegeschichte (FS U. B. Müller), hg. v. W. Kraus, BZNW 163, Berlin 2009, 409–425.

7.2.2 Verfasser

Der 1 Petrusbrief galt in der Alten Kirche offenbar von Anfang an als ein Schreiben des Apostels Petrus. Die hohe Wertschätzung des Briefes bezeugt bereits der um 110 n. Chr. geschriebene 2 Petr (vgl. 2 Petr 3, 1). Auch Polykarp (Phil 8, 1; vgl. ferner 1, 3; 10, 2) und Papias (Euseb, HE III 39, 17) setzen den 1 Petr voraus, auffallend ist demgegenüber seine Nichterwähnung im Kanon Muratori. Als Verfasser des Briefes wird Petrus erstmals explizit genannt bei Iren, Haer IV 9, 2; 16, 5; V 7, 2.

Gegen eine petrinische Verfasserschaft erheben sich allerdings starke Bedenken: 1) Der 1 Petr wurde in einem gehobenen Griechisch abgefasst[79]. Die überwiegende Zweisprachigkeit Palästinas und die spätere Missionstätigkeit des Petrus in griechischsprachigen Gebieten (vgl. 1 Kor 9, 5; 1, 12) lassen eine Kompetenz auch in die-

79 Vgl. z. B. die 55 Hapaxlegomena (Zählung nach K. Aland, Vollständige Konkordanz [s. o. 5.2.2], 458), die z. T. dem zeitgenössischen gehobenen Griechisch entstammen.

ser Sprache als möglich erscheinen. Der Stil des 1 Petr entspricht allerdings nicht der mündlichen, sondern der literarischen Koine, was sehr deutlich auf Griechisch als Muttersprache des Verfassers hinweist[80]. Zudem setzt die altkirchliche Markustradition (s. o. 3.4.2) voraus, dass Petrus nicht in einem ausreichenden Maß die griechische Sprache beherrschte. 2) In 1 Petr 1, 1 bezeichnet sich der Verfasser als *ἀπόστολος*, in 1 Petr 5, 1 hingegen als *συμπρεσβύτερος*. Ein Mitglied des Zwölferkreises, ein Apostel und Erstzeuge der Auferstehung Jesu Christi dürfte kaum auf diesen innerhalb der urchristlichen Ekklesiologie späten Titel zurückgegriffen haben. Auffälligerweise verleiht der Brief seinem angeblichen Verfasser kein persönliches Profil. So kommt die Passion Jesu lediglich in urchristlicher Traditionssprache in den Blick (vgl. 1 Petr 2, 22–25), die Primärkenntnisse eines Augenzeugen fehlen im gesamten Brief[81]. 3) Die zahlreichen Verbindungen zwischen dem 1 Petr und den Paulusbriefen (s. u. 7.2.7) zeigen, dass der Verfasser des 1 Petr Traditionen kleinasiatischer Gemeinden aufnimmt, nicht aber als Augenzeuge des Lebens Jesu und der frühen christlichen Missionsgeschichte schreibt. So fehlt die mit dem antiochenischen Zwischenfall (Gal 2, 11–14) verbundene Problematik im 1 Petr. 4) Der Verfasser des 1 Petr zitiert das Alte Testament vornehmlich nach der LXX (Ausnahme: Prov 10, 12 in 1 Petr 4,8). 5) Die im 1 Petr vorausgesetzte Verbreitung des Christentums in Kleinasien und die ökumenische Perspektive in 1 Petr 5,9b.13 weisen gleichermaßen in eine spätere Phase urchristlicher Missionsgeschichte[82].

Die Kritik der petrinischen Verfasserschaft setzte im 19. Jh. voll ein[83], in der neueren Exegese wird der 1 Petr überwiegend als pseudepigraphisches Schreiben angesehen[84]. Die Echtheit des Briefes verteidigen G. Wohlenberg, E. G. Selwyn, J. Michl und B. Schwank[85]. Eine ‚Sekretärshypothese' vertreten K. H. Schelkle und F. Neugebauer[86]: Silvanus (vgl. 1 Petr 5, 12) überbrachte nicht nur den Brief, sondern er schrieb ihn im Auftrag und im Namen des Petrus[87]. Sollte Silvanus identisch sein mit dem Paulusbegleiter Silas (vgl. Apg 15, 22–32), dann erklärt sich auch die Nähe des

80 Vgl. K. H. Schelkle, 1 Petr, 13; L. Goppelt, 1 Petr, 45–47. 67; N. Brox, 1 Petr, 45.

81 Vgl. N. Brox, 1 Petr, 45.

82 Vgl. N. Brox, 1 Petr, 46 f; L. Goppelt, 1 Petr, 67.

83 Vgl. bes. H. H. Cludius, Uransichten des Christenthums nebst Untersuchungen über einige Bücher des neuen Testaments, Altona 1808.

84 Vgl. nur R. Knopf, Die Briefe Petri und Judä, KEK 12, Göttingen [7]1912; 24 f; H. Windisch, 1 Petr, 51; W. Schrage, 1 Petr, 64 f; L. Goppelt, 1 Petr, 66–70; N. Brox, 1 Petr 43–47; R. Feldmeier, Christen als Fremde, 197; P. J. Achtemeier, 1 Petr, 42 f. J. H. Elliott, A Home for the Homeless, 270 ff, vermutet hinter dem 1 Petr eine ‚Petrus-Gruppe' in Rom, deren Produkt der Brief sei (ähnlich O. Knoch, 1 Petr, 143–147; ders., Gab es eine Petrusschule in Rom?, SNTU 16 [1991], 105–126). Im 1 Petr oder in anderen Schriften des Urchristentums lassen sich allerdings keine überzeugenden Hinweise auf eine ‚Petrusgruppe' finden.

85 Vgl. G. Wohlenberg, Der erste und zweite Petrusbrief und der Judasbrief, KNT XV, Leipzig [1.2]1915, XXI; E. G. Selwyn, The First Epistle of St. Peter, London [2]1947, 59 f; J. Michl, 1 Petr, RNT 8. 2, Regensburg [2]1968, 101; B. Schwank, Der erste Brief des Apostels Petrus, Geistliche Schriftlesung 20, Düsseldorf 1963, 7–11.

86 Vgl. K. H. Schelkle, 1 Petr, 14 f. 134; F. Neugebauer, Zur Deutung und Bedeutung, 69.

87 Die Wendung *γράφειν διά τινος* benennt aber in der Regel den Briefüberbringer, nicht hingegen den Autor; vgl. IgnRöm 10, 1; IgnPhld 11, 2; IgnSm 12, 1.

1 Petr zur paulinischen Theologie. Allerdings sind mit dieser These die obengenannten Einwände nicht widerlegt (bes. die Punkte 2 und 5), und es bleiben weitere Fragen offen: Warum verschlüsselt Silvanus seine Autorenschaft? Weshalb tritt die Persönlichkeit des Petrus so stark in den Hintergrund? Schließlich weiß der 2 Petr nichts von einer Mitverfasserschaft des Silvanus, er schreibt den ersten Brief Petrus zu (vgl. 2 Petr 3, 1)[88].

Der 1 Petr ist ein *pseudepigraphisches* Schreiben, bestimmt durch urchristliche Traditionen, die von ihrem Trägerkreis Petrus und Silvanus zugeschrieben wurden[89].

7.2.3 **Ort und Zeit der Abfassung**

Der 1 Petrusbrief enthält keine direkten Angaben über seinen Entstehungsort. Sowohl die Adressatenangabe in 1 Petr 1, 1 als auch die Aufnahme paulinisch geprägter Theologie weisen jedoch auf *Kleinasien* als möglichen Abfassungsort hin[90]. Zudem setzen die Mahnungen und Tröstungen voraus, dass der Verfasser des 1 Petr die aktuelle Situation der Gemeinden in Kleinasien sehr gut kannte. Andererseits will der Brief seinem Selbstanspruch nach in Rom geschrieben sein, wie die Wendung *ἀσπάζεται ὑμᾶς ἡ ἐν Βαβυλῶνι συνεκλεκτή* in 1 Petr 5, 13 zeigt. Babylon erscheint nach 70 n. Chr. als Chiffre für Rom (vgl. Offb 14,8; 16, 19; 17, 5; 18, 2. 10. 21)[91], ein deutliches Signal für die eingeweihten Leser. Auch die in Rom beheimateten Petrus-Paulus-Traditionen (vgl. 1 Klem 5, 4; IgnRöm 4, 3) und die Nähe des 1 Petr zum 1Klem[92] sind Indizien für die Welthauptstadt als Abfassungsort des 1 Petr[93]. ‚Babylon' in 1 Petr 5, 13 besagt indes nur, „dass der 1 Petr in Rom geschrieben sein will, nicht schon, dass er tatsächlich dort abgefaßt wurde."[94] Auch die Ortsangabe kann bei einem pseudepigraphischen Schreiben Fiktion sein. Schließlich: Warum verwendet der Verfasser einen Decknamen, wenn der 1 Petr in Rom entstand?

Eine sichere Entscheidung ist nicht möglich, m. E. spricht die Adressatenbezogenheit des Schreibens eher für Kleinasien als für Rom. Hinzu kommt die Rezeptionsge-

88 Vgl. zur umfassenden Kritik der ‚Sekretärshypothese' bereits H. Windisch, 1 Petr, 80 f.

89 Vgl. hierzu die Überlegungen bei L. Goppelt, 1 Petr, 348.

90 Für Kleinasien votieren z. B. R. Knopf, 1 Petr (s. o. 7.2.2), 25; C. H. Hunzinger, Babylon, 77; J. B. Bauer, Der erste Petrusbrief, 524 f; Ph. Vielhauer, Urchristliche Literatur, 588; W. Marxsen, Einleitung, 234 f; A. Lindemann, Paulus im ältesten Christentum (s. o. 5), 253; A. Reichert, Eine urchristliche praeparatio ad martyrium, 525 ff.

91 Vgl. ferner Sib 5, 143; 5, 159; syrBar 11, 1; 67, 7; 4 Esr 3, 1. 28. 31.

92 Vgl. die Auflistung bei F. Schröger, Gemeinde im 1 Petrusbrief, 219–222.

93 Vgl. in diesem Sinn u. a.: W. Bauer, Rechtgläubigkeit und Ketzerei (s. o. 5.5.3), 110 f. 220 f (Manifest der röm. Gemeinde an die kleinasiatischen Christen); W. G. Kümmel, Einleitung, 374; W. Schrage, 1 Petr, 63 f; L. Goppelt, 1 Petr, 66; N. Brox, 1 Petr, 42 f (mit Zweifeln); F. Schröger, Gemeinde im 1. Petrusbrief, 212; F. R. Prostmeier, Handlungsmodelle, 123–126; J. H. Elliott, 1 Petr, 127–130; R. Feldmeier, 1 Petr, 28.

94 N. Brox, 1 Petr, 42.

schichte des 1 Petr: Er war zuerst im Osten bekannt (vgl. Polyk, Phil 1, 3; 2, 1 f; 5, 3; 7, 2; 8, 1 f; 10, 2; Papias), wo außerdem die Bezeichnung Roms als Babylon aufkam[95].

Zumeist wird die Entstehung des (pseudepigraphischen) 1 Petr in den Zeiträumen 65–80 n. Chr.[96] oder 70–100 n. Chr.[97] vermutet. Für eine Eingrenzung des Abfassungszeitraumes und eine Datierung *um 90. n. Chr.* lassen sich folgende Argumente anführen[98]: 1) Die in den Leidensparänesen thematisierte Konfliktsituation setzt zwar noch keine planmäßigen und umfassenden Christenverfolgungen voraus, zugleich geht sie aber deutlich über lokale Diskriminierungen hinaus. Dies weist in das Umfeld der Auseinandersetzungen am Ende der Regierungszeit Domitians (93–96 n. Chr.)[99]. 2) Der 1 Petr setzt eine Verbreitung des Christentums in Kleinasien (speziell Pontus und Bithynien) voraus, wie sie durch Plinius, Ep X 96, 6. 7 für 90 n. Chr. bestätigt wird[100]. 3) Im 1 Petr verläuft die Trennungslinie nicht zwischen Juden- und Heidenchristen, Israel und Kirche, sondern zwischen den Christen und ihrer heidnischen Umwelt, was auf eine spätere Phase der Missionsgeschichte verweist[101]. 4) Der 1 Petr gehört in die Wirkungsgeschichte paulinischer Theologie (s. u. 7.2.7). 5) ‚Babylon' als Chiffre für den religiösen Alleinvertretungsanspruch des totalen Staates ist erst nach 70 n. Chr. belegt[102].

7.2.4 Empfänger

Der Brief ist ‚an die erwählten Fremden in der Diaspora von Pontus, Galatien, Kappadozien, Asien und Bithynien' (1 Petr 1, 1) gerichtet. Wie in der jüdischen Diaspora leben in diesen Gebieten Christen als eine weit verstreute Minderheit. Mit Pontus, Galatien, Kappadozien, Asien und Bithynien bezeichnet der Verfasser nicht Landschaften Kleinasiens, sondern römische Provinzen[103]. Als Provinzen umfassen die Namen

95 Vgl. C. H. Hunzinger, Babylon, 77. C. P. Thiede, Babylon, der andere Ort: Anmerkungen zu 1 Petr 5, 13 und Apg 12, 17, in: ders. (Hg.), Das Petrusbild in der neueren Forschung, Wuppertal 1987, 221–229, kann zwar darauf hinweisen, dass ‚Babylon' als Chiffre für Luxus, Reichtum und ausschweifendes Leben schon vor 70 n. Chr. nachweisbar ist, was aber der Verwendung von ‚Babylon' in 1 Petr 5, 13 nicht entspricht.

96 Vgl. L. Goppelt, 1 Petr, 65; O. Knoch, 1 Petr, 21.

97 So tendenziell W. Schrage, 1 Petr, 64 (die letzten Jahrzehnte des 1. Jhs.); J. H. Elliott, A Home for the Homeless, 87 (zwischen 73 und 92 n. Chr.); N. Brox, 1 Petr, 41; P. J. Achtemeier, 1 Petr, 49 f (zwischen 80 und 100 n. Chr.); ohne Festlegung K. H. Schelkle, 1 Petr, 7–11.

98 Vgl. in diesem Sinn R. Knopf, 1 Petr (s. o. 7.2.2), 24 f; H. Windisch, 1 Petr, 81; A. Jülicher – E. Fascher, Einleitung, 196 f; J. B. Bauer, Der erste Petrusbrief, 522 ff; K. M. Fischer, Das Urchristentum, Berlin 1985, 174; F. R. Prostmeier, Handlungsmodelle, 71; R. Feldmeier, Christen als Fremde, 199 (zwischen 81 und 90); P. A. Holloway, Coping with Prejudice, 18 f („in the early 90's"); L. R. Donelson, 1 Peter, 14 f (zwischen 85 und 95)

99 S. u. 7.2.4.

100 Vgl. A. v. Harnack, Die Mission und Ausbreitung des Christentums in den ersten drei Jahrhunderten II, Leipzig ^{4}1924, 736 f.

101 Vgl. F. R. Prostmeier, Handlungsmodelle, 39 ff.

102 Vgl. C. H. Hunzinger, Babylon, 67 ff.

103 Vgl. z. B. K. H. Schelkle, 1 Petr, 27 f; N. Brox, 1 Petr, 25 f; zur Missionsgeschichte Kleinasiens vgl. A. v. Harnack, Mission und Ausbreitung (s. o. 7.2.3), 732–747.

ein zusammenhängendes Gebiet (fast ganz Kleinasien), während bei einer Landschaftshypothese die Auslassung von Landschaften mit christlichen Gemeinden wie Phrygien, Pisidien und Lykaonien nicht erklärbar wäre. Auch die (fiktive römische) Verfasserperspektive legt die Wahl der aktuellen politischen Bezeichnungen nahe.

Die angeschriebenen Gemeinden bestanden mehrheitlich aus Heidenchristen, wie der wiederholte Hinweis auf ihren früheren nichtigen Lebenswandel (1 Petr 1, 14. 18; 2, 25; 4, 3), ihre Berufung zum Volk Gottes (1 Petr 2, 10) und zur Nachkommenschaft Abrahams (1 Petr 3, 6) zeigen[104]. Ferner werden die Männer der in 1 Petr 3, 1 angesprochenen christlichen Frauen ausdrücklich als Heiden bezeichnet. Zu den Gemeinden gehörten auch Sklaven (1 Petr 2, 18 ff), deren Herren im Gegensatz zu Kol 4, 1; Eph 6,9 aber nicht erwähnt werden. Möglicherweise gab es im Blickfeld des Verfassers keine christlichen Sklavenhalter. Die Unterweisungen im sozial-ethischen Pflichtenkatalog 1 Petr 2, 13–17. 18. 25; 3, 1–6. 7 deuten ebenso wie die in 1 Petr 5, 5 geforderte Unterordnung der Gruppe der ‚Jüngeren' nicht auf aktuelle Konflikte innerhalb der Gemeinde hin, sondern sind der usuellen Paränese zuzuordnen[105]. Der 1 Petr lässt erkennen, dass es in den Gemeinden sowohl charismatische Dienste (1 Petr 4, 10. 11) als auch eine presbyteriale Verfassung (1 Petr 5, 1–4) gab. In den Händen der Presbyter lag offenbar die Leitung der Ortsgemeinden, in denen zugleich charismatische Dienste wahrgenommen wurden[106].

Ausschlaggebend für die Beurteilung der Empfängersituation ist die Interpretation der in den Leidensparänesen des 1 Petr vorausgesetzten *Konfliktsituation*. Die Bedeutsamkeit des Themas signalisiert bereits der sprachliche Befund, von 42 *πάσχειν*-Belegen im Neuen Testament finden sich allein 12 im 1 Petr! Handelt es sich bei den Leiden der Christen in Kleinasien um lokale Repressionen oder müssen bereits umfassendere Aktionen gegen Christen vorausgesetzt werden? Der Textbefund bietet ein differenziertes Bild. In 1 Petr 2, 21–25; 3, 18; 4, 1 werden das Leiden Christi und das Leiden der Christen verbunden: Die Vorbildlichkeit des Leidens Christi prägt die Leidensbereitschaft der Christen. Das Leiden erscheint als konstitutiver Bestandteil christlicher Existenz, es ist die natürliche Folge der Fremdlingschaft der Glaubenden in dieser Welt (vgl. 1 Petr 1, 6 f; 5, 10). Die Verbindung von *πάσχειν* mit *λύπη* (1 Petr 2, 19), *ὑπομένειν* (1 Petr 2, 20), *λοιδορεῖν* (1 Petr 2, 23), *δικαιοσύνη* (1 Petr 3, 14), *ἀγαθοποιεῖν/κακοποιεῖν* (1 Petr 3, 17; 4, 15. 19) und *ἀλλοτριεπίσκοπος* (1 Petr 4, 15) weist in den Raum der sozialen Diskriminierung. Die Christen legen öffentlich von ihrem Glauben Zeugnis ab, sie unterscheiden sich durch ihr Ethos von der Umwelt (vgl. 1 Petr 2, 11–18; 3, 1–4. 7. 16) und rufen dadurch ungerechte Sanktionen hervor. Einige Stellen in 1 Petr lassen sich jedoch nicht hinreichend als Reflex sozialer Spannungen erklären. Nach 1 Petr 4, 15 f werden Christen allein wegen ihres Christseins (*ὡς*

---

104 Vgl. zuletzt F. R. Prostmeier, Handlungsmodelle, 38 ff; R. Feldmeier, 1 Petr, 1–12.

105 Vgl. aber 1 Klem 44, 3–6 zu 1 Petr 5, 5!

106 Vgl. hier F. Schröger, Gemeinde im 1. Petrusbrief, 110–124.

Χριστιανός) wie Mörder, Diebe oder Übeltäter vor Gericht verurteilt. Ein Läuterungsfeuer bricht über die Christen herein (vgl. 1 Petr 4,12), sie sollen dem Teufel widerstehen, der im gesamten Kosmos umhergeht und allen Christen dieselben Leiden zufügt (1 Petr 5,8 f). Hier hat die Verfolgung deutlich eine andere Perspektive und Qualität, es geht um mehr als lokale Repressionen[107]. Dies weist in die Spätzeit Domitians, der den Herrscherkult besonders in den griechischen und kleinasiatischen Provinzen ausbaute[108]. Nicht direkte umfassende staatliche Maßnahmen, sondern durch lokale Instanzen unterstützte Aktionen führten zur Diskriminierung und Verfolgung der Christen, wobei nicht in erster Linie der Kaiserkult[109], sondern bereits in der Apg sich andeutende und später durch Tac, Ann 15,44; Plin, Ep X 96 belegte Vorwürfe gegen die Christen von Bedeutung waren: Menschenhass, Staatsfeindlichkeit, Gottlosigkeit, Aberglaube, kultische Unzucht und wirtschaftliche Schädigung[110].

Die im 1 Petr vorausgesetzte Situation weist in zwei zentralen Punkten Parallelen zu den im Briefwechsel zwischen Plinius d. J. (ca. 111–113 n. Chr. kaiserlicher Legat von Bithynien und Pontus) und Kaiser Trajan (98–117 n. Chr.) behandelten Fragen auf[111]: 1) Christen werden allein wegen ihres Christseins (nomen ipsum) verfolgt (1 Petr 4,16; Plin, Ep X 96,2); 2) Der Staat fahndet nicht nach Christen (Plin, Ep X 97,2), sie werden offenbar (anonym) angezeigt (Plin, Ep X 96,2.5.6). Dies entspricht der im gesamten 1 Petr dokumentierten Verleumdungssituation der christlichen Gemeinden (1 Petr 2,12; 3,14; 4,4 c.12 f.16 u. ö.). Plinius setzt bei seiner Anfrage bereits eine (teilweise willkürliche und deshalb reformbedürftige) Prozesspraxis gegen Christen voraus, und er betont ausdrücklich, dass einige Apostaten bereits 20 Jahre zuvor – in den Tagen Domitians – dem Christsein abgesagt hätten (Plin, Ep X 96,6). Zudem bezeugen 1 Klem 1,1; Offb 2,12 f; 13,11–18 Christenverfolgungen für die ausgehende Regierungszeit Domitians.

Die Christenverfolgungen in Rom unter Nero 64 n. Chr. (Tac, Ann XV 44,2–5) bilden nicht den historischen Hintergrund der Leidensparänesen im 1 Petr[112], denn sie waren lokal begrenzt. Über Christenverfolgungen in Kleinasien gibt es für diesen frühen Zeitraum ebenso wie für die Regierungszeiten Vespasians (69–79) und Titus' (79–81) keine Nachrichten[113].

---

107 Vgl. A. Reichert, Eine urchristliche praeparatio ad martyrium, 74 f; gegen N. Brox, 1 Petr, 30: „Der Brief erklärt sich hinreichend aus dieser ‚Alltagssituation' der frühen Kirche."

108 Vgl. hier bes. K. M. Fischer, Das Urchristentum (s. o. 7.2.3), 168–172.

109 Für L. Goppelt, 1 Petr, 61, ist das im 1 Petr nicht nachweisbare Opfer vor den Bildern der Götter oder des Kaisers Hauptargument für die These, der 1 Petr sei in die Zeit vor Domitian zu datieren. Warum aber hätte der 1 Petr dieses bloße Überprüfungsinstrument (vgl. A. Reichert, Eine urchristliche praeparatio ad martyrium, 78 f) erwähnen sollen? Zudem dürfte in 1 Petr 2,13 eine Anspielung auf den Kaiserkult vorliegen: Der Kaiser erscheint als menschliches Geschöpf, und er wird damit dem *κύριος Ἰησοῦς Χριστός* untergeordnet.

110 Vgl. hier R. Feldmeier, Christen als Fremde, 105–132.

111 Vgl. J. B. Bauer, Der erste Petrusbrief, 518 ff; A. Reichert, Eine urchristliche praeparatio ad martyrium, 76 ff.

112 Gegen K. H. Schelkle, 1 Petr, 10, der eine Verbindung erwägt.

113 Dies spricht gegen die Vermutung L. Goppelts, 1 Petr, 62, die im 1 Petr vorausgesetzte Situation sei

7.2.5 Gliederung, Aufbau, Form

1, 1–2	Präskript	Briefanfang
1, 3–9	Danksagung	
1, 10–12	Briefliche Selbstempfehlung	
1, 13–2, 10	Das neue Leben der Wiedergeborenen	Briefkorpus
2, 11–3, 12	Christen in den Ordnungen der Welt	
3, 13–4, 11	Bereitschaft zum Leiden in den Bedrängnissen	
4, 12–19	Ausharren in der Verfolgung	
5, 1–11	Schlussparänese	Briefschluss
5, 12	Der Briefüberbringer	
5, 13	Grußausrichtung	
5, 14	Eschatokoll	

Der 1 Petr weist alle Elemente brieflicher Konvention auf. Das Präskript lehnt sich an das paulinische Formular an (vgl. 1 Kor 1, 1–3; 2 Kor 1, 1 f). Auf den Absendernamen *Πέτρος* folgt die Intitulation *ἀπόστολος Ἰησοῦ Χριστοῦ*. Zur adscriptio 1 Petr 1, 1 b finden sich Parallelen in der atl.-jüdischen Literatur (vgl. 2 Makk 1, 1–9; 1, 10–2, 18; syrBar 78, 1–86, 3; ferner Dan 3, 31; 6, 26). Der Segenswunsch 1 Petr 1, 2[114] gehört offenbar zur Form des Diaspora-Briefes (vgl. R. Gamaliel, bSanh 11 b: „An unsere Brüder, die Einwohner der babylonischen Diaspora und an unsere Brüder in Medien und an die ganze übrige Diaspora von Israel: Euer Friede gedeihe")[115]. Auf das Präskript folgt die Eulogie in 1 Petr 1, 3–9 (vgl. 2 Kor 1, 3; Eph 1, 3), deren Abschluss die eschatologischen Klimax in V. 9 bildet. Während die Eulogie die Adressaten im Blick hat, rekurriert die briefliche Selbstempfehlung (1 Petr 1, 10–12) auf die atl. Propheten und die apostolischen Verkündiger des Evangeliums.

Mit dem Imperativ in 1 Petr 1, 13 beginnt das Briefkorpus. Der Aufbau des Hauptteils ist deutlich erkennbar: Aus dem in der Taufe begründeten neuen Leben des Christen folgert der Briefschreiber ein sichtbares Tatzeugnis des Glaubenden in der Welt und die Bereitschaft zum Leiden. In 1 Petr 5, 1 setzt mit *οὖν* und *παρακαλῶ* die Schlussparänese ein, deren Abschluss die Segenswünsche in 1 Petr 5, 10–11 bilden.

„seit der Aktion Neros grundsätzlich im ganzen Imperium möglich". Wenn für den von Goppelt favorisierten Zeitraum 65–80 n. Chr. das Christsein bereits ein Straftatbestand gewesen wäre, bliebe das Verhalten des Plinius ca. 40 Jahre später nur schwer erklärbar.

114 Zu *χάρις καὶ εἰρήνη* vgl. 1 Thess 1, 1 b; 1 Kor 1, 3; 2 Kor 1, 2; Gal 1, 3; Röm 1, 7; Phil 1, 2; Phlm 3.

115 Vgl. F. Schnider – W. Stenger, Studien (s. o. 2. 3.2), 34.

In 1 Petr 5, 12a wird der Überbringer des Briefes empfohlen (vgl. Apg 15, 23; IgnRöm 10, 1; IgnPhld 11, 2; IgnSm 12, 1; und Polyk 14, 1), und in 1 Petr 5, 12b charakterisiert der Verfasser sein Schreiben noch einmal als Wort der Ermahnung (vgl. Hebr 13, 22). Das eigentliche Postskript des Briefes bilden die Grußausrichtung in 1 Petr 5, 13 (vgl. Röm 16, 16b; 1 Kor 16, 19. 20a; 2 Kor 13, 12b) und das Eschatokoll in 1 Petr 5, 14 (vgl. zum Schlussgruß Röm 16, 16a; 1 Kor 16, 20b; 2 Kor 13, 12a; zum Friedensgruß vgl. Röm 15, 33; 1 Kor 16, 23; 2 Kor 13, 13; Gal 6, 18).

Der fehlende Korrespondenzcharakter im Hauptteil führte immer wieder zu Zweifeln am brieflichen Charakter des 1 Petr[116]. Diese Besonderheit erklärt sich aus dem Ineinander von Pragmatik und Form[117]: Der Verfasser des 1 Petr will die Christen Kleinasiens ermahnen und stärken (vgl. 1 Petr 5, 12b). Dabei kann er nicht auf Probleme von Einzelgemeinden eingehen, sondern er wählt dem Adressatenkreis entsprechend exemplarische Traditionen und Gattungen. Formgeschichtlich sollte der 1 Petr deshalb als *briefliches ‚Rundschreiben'* klassifiziert werden[118].

7.2.6 **Literarische Integrität**

Die literar- und formgeschichtliche Einheit des 1 Petr wurde in der älteren Forschung häufig in Frage gestellt[119]. Viel Resonanz fand die 1911 von R. Perdelwitz aufgestellte These, 1 Petr 1, 3–4, 11 sei eine bei einer Tauffeier gehaltene Taufansprache. Nachträglich sei dann an diesen ursprünglich selbständigen Text mit 1 Petr 1, 1 f; 4, 12–5, 14 ein knappes Mahn- und Trostschreiben angefügt worden. Als Begründung verweist Perdelwitz auf die im 1 Petr vorausgesetzten verschiedenen Situationen: Spreche 1 Petr 1, 3–4, 11 nur von der Möglichkeit des kommenden Leidens, so setze 1 Petr 4, 12–5, 14 bereits gegenwärtiges Leiden voraus[120]. Als sekundäre briefliche Erweiterung erklärt H. Windisch die Jetztgestalt des 1 Petr[121]. Der Verfasser griff in 1 Petr 1, 3–4, 11 auf eine – möglicherweise von ihm selbst gehaltene – Taufansprache zurück und erweiterte sie durch ein Mahnschreiben zum vorliegenden 1 Petr. H. Preisker modifizierte dieses Erklärungsmodell. Er geht von der formgeschichtlichen Beobachtung aus, „dass das Schreiben aus einzelnen in sich abgeschlossenen besonde-

116 Vgl. A. Deissmann, Licht vom Osten (s. o. 2.3.1), 206f („das Briefliche ist lediglich dekorativ"); M. Dibelius, Geschichte der urchristlichen Literatur, 122f; zuletzt N. Brox, 1 Petr, 23 (‚fiktiv brieflich gefasstes Rundschreiben').

117 Vgl. hierzu A. Reichert, Eine urchristliche praeparatio ad martyrium, 96–143; F. R. Prostmeier, Handlungsmodelle, 119–121; R. Feldmeier, Christen als Fremde, 133–174.

118 Vgl. L. Goppelt, 1 Petr, 45; D. E. Aune, Literary Environment (s. o. 2.3.1), 221f; A. Reichert, Eine urchristliche praeparatio ad martyrium, 102; F. R. Prostmeier, Handlungsmodelle, 120 (‚enzyklisches Schreiben'); G. Strecker, Literaturgeschichte (s. o. 1.2), 71.

119 Vgl. zur Forschungsgeschichte A. Reichert, Eine urchristliche praeparatio ad martyrium, 27–72.

120 Positiv aufgenommen wurde die Perdelwitzsche These zuletzt von Ph. Vielhauer, Urchristliche Literatur, 585.

121 Vgl. H. Windisch (- H. Preisker), 1 Petr, 76f.82.

ren Stücken, ohne Übergang aneinandergereiht, mit jeweils besonderen stilistischen Eigentümlichkeiten besteht."[122] Als Folgerung ergibt sich: In 1 Petr 1, 3–4, 11 fand ein urchristlicher Taufgottesdienst seine schriftliche Fixierung, der mit einem Schlussgottesdienst der Gesamtgemeinde (1 Petr 4, 12–5, 11) abgeschlossen wurde. Der zwischen 1 Petr 1, 21 und 1, 22 anzusetzende Taufakt blieb aus Gründen der Arkandisziplin unerwähnt. Demnach liegt mit dem 1 Petr „das älteste Dokument eines urchristlichen Gottesdienstes"[123] vor. Nach W. Marxsen entstand der 1 Petr in drei Phasen: Der ursprünglich selbständige Text 1 Petr 1, 3–4, 11 wurde zunächst vom selben Verfasser aktualisiert (1 Petr 4, 12–5, 11), bis dann die (sekundäre) briefliche Rahmung 1 Petr 1, 1 f; 5, 12–14 (wiederum von demselben oder einem anderen Verfasser) hinzukam[124].

Für die literarische und kompositionelle Einheit des 1 Petr sprechen hingegen die zahlreichen Verbindungen zwischen 1 Petr 1, 3–4, 11 und 4, 12–5, 11. Die Leidensthematik wird in beiden Abschnitten mit denselben Argumentationsmodellen behandelt[125]: a) Leiden als Erprobung (vgl. 1 Petr 1, 6 f mit 4, 12); b) Jesu Leiden und das Leiden der Christen (vgl. 1 Petr 2, 18 ff; 2, 21; 4, 1 mit 4, 13); c) das Leiden geht auf den Willen Gottes zurück (vgl. 1 Petr 1, 6; 3, 17 mit 4, 19); d) Leiden und zukünftige Herrlichkeit (vgl. 1 Petr 1, 7 mit 4, 13; 5, 4). Auch die durchgängige Mahnung zur Demut verbindet beide Textblöcke (vgl. 1 Petr 3,8; 4, 7 mit 5, 6. 8).

Eine völlig neue, unerwartete und zu 1 Petr 1, 3–4, 11 in Spannung stehende Adressatenperspektive lässt sich in 1 Petr 4, 12–5, 11 nicht nachweisen[126]. Zwar kommen in dramatischer Steigerung umfassendere Leiden in den Blick, die aber in gleicher Weise wie zuvor mit dem Leiden Christi verbunden werden. Das Thema ‚Hoffnung im Leiden' prägt den gesamten 1 Petr. Schließlich erlauben die Taufbezüge in 1 Petr 1, 3; 2, 3; 3, 21 keine literarkritischen Rückschlüsse, sie konstatieren das alte und das neue Sein, ohne auf der Zeitebene der textexternen Gemeinde eine gerade vollzogene Taufe vorauszusetzen.

7.2.7 **Traditionen, Quellen**

Der Verfasser des 1 Petr nahm geprägte Traditionen in sein Schreiben auf. So erwecken 1 Petr 1, 18–21; 2, 21–25 und 3, 18–22 den Eindruck, aus liturgischer Tradition entnommen zu sein. Die literarkritische Abgrenzung und formgeschichtliche Einordnung dieser Texte fällt unterschiedlich aus.

122 (H. Windisch –) H. Preisker, 1 Petr, 157.

123 Ebd.

124 Vgl. W. Marxsen, Zeuge, 384 ff.

125 Vgl. A. Reichert, Eine urchristliche praeparatio ad martyrium, 37–39.

126 Vgl. a. a. O., 46–59, mit detaillierter Einzelanalyse.

Stilistisch uneinheitlich ist 1 Petr 1, 18–21 (V. 18.19.21 gehobene Prosa, V. 20 rhythmischer Parallelismus), aber die Elemente dieses Textes weisen sich durch ihre vielfältigen traditionsgeschichtlichen Bezüge als traditionell aus (V. 18: Bezug auf Jes 52, 3; V. 19: Christus als Passalamm [vgl. 1 Kor 5, 7; Joh 1, 29; 19, 36]; V. 20: Einst-Jetzt-Schema [vgl. Röm 16, 25 f; Kol 1, 26; Eph 3, 5.9; 2 Tim 1, 9 f]; V. 21: Auferweckungsformel [vgl. 2 Kor 4, 14; Gal 1, 1; Röm 8, 11]). Ein geschlossenes Traditionsstück liegt in 1 Petr 2, 21–25 vor[127]. V. 21 b fällt sowohl inhaltlich als auch formal (nur hier Partizipialstil) aus der Tradition heraus. Es folgen in der Vorlage vier Relativsätze, die dreimal mit *ὅς* und einmal mit *οὗ* einsetzen. V. 25 ist eine bildhafte Interpretation des Textes in prosaischem Stil und dürfte vom Briefschreiber stammen. Möglicherweise sind neben V. 21 b.25 auch V. 23 c[128] und V. 24 b[129] Eintragungen des Briefschreibers. Die rekonstruierte Vorlage ist deutlich gegliedert, traditionsgeschichtlich an Jes 53 LXX orientiert und kann formgeschichtlich als Christushymnus bezeichnet werden. Die rein soteriologischen Aussagen der Vorlage werden durch den Verfasser des 1 Petr im Sinne des Vorbildgedankens paränetisch interpretiert. In 1 Petr 3, 18–22 zeigt sich wiederum eine Verarbeitung verschiedener Traditionsstoffe, ohne dass eine einheitliche Vorlage rekonstruiert werden könnte[130].

Die Ermahnungen in 1 Petr 2, 11–3, 7 stehen offenbar in der Tradition antiker bzw. urchristlicher Haus- und Ständetafeln[131]. Gegenüber den typischen Merkmalen des urchristlichen Haustafelschemas (s. o. 5.2.7) weist der 1 Petr Veränderungen auf: 1) Neu sind die Anweisung für das Verhalten von Christen gegenüber staatlichen Ordnungen. 2) Die Situation des nichtchristlichen *οἶκος* wird miteinbezogen. 3) Die Polarität der Ermahnungen entfällt bis auf eine Ausnahme (Männer – Frauen). 4) Bei den Weisungen an die einzelnen Gruppen des Hauses tritt ein Partizip an die Stelle des Imperativs. Die Bezeichnung ‚Haus- bzw. Ständetafel' für 1 Petr 2, 11–3, 7 wird der besonderen Struktur dieses Abschnittes nicht gerecht, denn nicht nur Stände werden angesprochen (vgl. 1 Petr 2, 13–17), und innerhalb des Haustafel-Schemas fehlt eine Anrede an die Herren, Väter und Kinder. Sachgemäßer erscheint daher die Bezeichnung ‚sozialethischer Pflichtenkatalog'[132].

Auffallend sind die Berührungen zwischen dem 1 Petr und dem Matthäusevangelium (vgl. bes. 1 Petr 3, 14/Mt 5, 10; 1 Petr 4, 13 f/Mt 5, 10; 1 Petr 4, 13 f/Mt 5, 11 f; 1 Petr 2, 12/Mt 5, 16; 1 Petr 3, 9/Mt 5, 38–48. Sie können auf unabhängige

127 Vgl. neben den Kommentaren bes. R. Bultmann, Bekenntnis- und Liedfragmente, 295–297; R. Deichgräber, Gotteshymnus und Christushymnus (s. o. 5.2.7), 140–143; K. Wengst, Christologische Formeln (s. o. 5.2.7), 83–85.

128 Vgl. R. Bultmann, Bekenntnis- und Liedfragmente, 296.

129 So R. Deichgräber, Gotteshymnus und Christushymnus (s. o. 5.2.7), 141.

130 Vgl. L. Goppelt, 1 Petr, 239–264.

131 Vgl. zur umfassenden Analyse zuletzt F. R. Prostmeier, Handlungsmodelle, 141–448.

132 Vgl. G. Strecker, Literaturgeschichte (s. o. 1.2), 111: ‚sozialethische Pflichtenlehre'.

mündliche Traditionen zurückgehen, oder der 1 Petr wurde direkt durch das Matthäusevangelium beeinflusst[133].

Der 1 Petr steht im Einflussbereich paulinischer bzw. nachpaulinischer Theologie[134]. In diesen Kontext verweisen zunächst die geographischen Angaben in 1 Petr 1, 1 f, die starke Anlehnung an das paulinische Briefformular und die Inanspruchnahme der Paulusmitarbeiter Silvanus (vgl. 1 Thess 1, 1; 2 Kor 1, 19; 2 Thess 1, 1; Apg 15, 22. 27. 32. 40; 16, 19–25. 29; 17, 4. 10. 14 f; 18, 5) und Markus (vgl. Phlm 24; Kol 4, 10; 2 Tim 4, 11; Apg 12, 12. 25; 13, 5. 13; 15, 37. 39). Zentrale Begriffe und Vorstellungen der paulinischen Theologie bestimmen auch die Theologie des 1 Petr: *χάρις* (1 Petr 1, 2. 10. 13; 2, 19 f; 4, 10; 5, 10. 12), *δικαιοσύνη* (1 Petr 2, 24; 3, 14), *ἀποκάλυψις* (1 Petr 1, 7. 13; 4, 13), *ἐλευθερία* (1 Petr 2, 16; vgl. Gal 5, 13), *καλεῖν* für die Berufung zum Heil (1 Petr 1, 15; 2,9. 21; 3,9; 5, 10), Erwählung (1 Petr 1, 1; 2,9). Die für Paulus zentrale *ἐν Χριστῷ*-Vorstellung ist nur noch in 1 Petr 3, 16; 5, 10. 14 belegt! Schließlich lassen sich zahlreiche Berührungen zwischen dem paränetischen Gut des 1 Petr und der paulinischen Paränese aufzeigen, unter denen die großen Übereinstimmungen zwischen 1 Petr 2, 13–17 und Röm 13, 1–7 herausragen. Zwar fehlen im 1 Petr wichtige Theologumena paulinischer Theologie (z. B. eine ausgeführte Rechtfertigungslehre und die damit verbundene Gesetzesproblematik), was aber für die Deuteropaulinen in unterschiedlichem Maß auch zutrifft. Ein profilierter Paulinismus prägt die Theologie des 1 Petr nicht, eine traditionsgeschichtliche Beeinflussung durch die paulinische Theologie ist jedoch unverkennbar.

7.2.8 **Religionsgeschichtliche Stellung**

Einzigartig im Neuen Testament ist die Vorstellung der Verkündigung Christi an die *πνεύματα* im Gefängnis in 1 Petr 3, 19[135]. Wer sind die *πνεύματα*, gefallene Engel oder verstorbene Menschen? Für die angelogische Interpretation[136] können beachtliche religionsgeschichtliche Parallelen angeführt werden. Die Aussagen über den Engelfall in Gen 6, 1–4 wurden in der jüdischen Apokalyptik zu einem umfassenden Mythos ausgearbeitet[137]. Demnach waren die Engel Gott gegenüber ungehorsam (vgl.

133 So R. Metzner, Rezeption, 283, wonach „der 1. Petrusbrief nicht nur urchristlich verbreitetes paränetisches und katechetisches Überlieferungsgut rezipiert hat, sondern sich auch auf das Matthäusevangelium als solches zurückbezieht."

134 Vgl. die Auflistung und (kritische) Bewertung der Parallelen bei F. Schröger, Gemeinde im 1. Petrusbrief, 212–216. 223–228; L. Goppelt, 1 Petr, 48–51; N. Brox, 1 Petr, 47–51; A. Lindemann, Paulus im ältesten Christentum (s. o. 5), 252–261; J. Herzer, Petrus oder Paulus?, 22 ff (umfassende Analyse aller Berührungspunkte).

135 Vgl. zur umfassenden Analyse A. Reichert, Eine urchristliche praeparatio ad martyrium, 213–247.

136 Sie wird u. a. vertreten von H. Gunkel, 1 Petr, SNT III, Göttingen [3]1917, 281 f; R. Knopf, 1 Petr (s. o. 7.2.2), 149–152; K. H. Schelkle, 1 Petr, 106 f.

137 Das Material ist aufgelistet bei H. J. Vogels, Christi Abstieg ins Totenreich und das Läuterungsgericht an die Toten, FThSt 102, Freiburg 1976, 74–86; vgl. ferner F. Spitta, Christi Predigt an die Geister, Göttingen 1890; B. Reicke, The Disobedient Spirits and Christian Baptism, ASNU 13, Kopenhagen 1946.

äthHen 21, 6) und verführten die Menschen zu großer Bosheit. Deshalb fesselte und verbannte sie Gott in ein Gefängnis der Unterwelt (vgl. äthHen 18, 14; 21, 10). Auch für die Zustände vor der Sintflut waren die Engel verantwortlich (vgl. äthHen 10, 1–22; 67, 1–7; 106, 13–18; Jub 5, 1–11). Gott sandte Henoch zu ihnen, um ihnen zu verkünden, sie hätten keine Barmherzigkeit und keinen Frieden zu erwarten (vgl. äthHen 16, 4). 2 Petr 2, 4 und Jud 6 belegen die Verbreitung dieses Mythos im Urchristentum. Allerdings lässt sich dieser Mythos nicht ungebrochen auf 1 Petr 3, 19 übertragen[138]. Im Neuen Testament bedeutet *κηρύσσειν* durchweg Heilspredigt, so dass Christus den *πνεύματα* im Gefängnis nicht ihre Verwerfung bestätigen, sondern ihre Rettung verkünden würde. Dies stünde aber im klaren Widerspruch zu den jüdischen Traditionen und ihrer Rezeption in 2 Petr 2, 4. 9; Jud 6 f. 13–15! Deshalb ist die anthropologische Interpretation von 1 Petr 3, 19 vorzuziehen. Die *πνεύματα* sind nicht gefallene Engel, sondern „Seelen der unbußfertigen Zeitgenossen Noahs"[139]. *Πνεῦμα* als Bezeichnung der postmortalen Existenz ist vielfach belegt[140], und 1 Petr 4, 6 betont ausdrücklich die Verkündigung des Evangeliums auch an die Toten. Der Verfasser des 1 Petr unterstreicht die Universalität des Heilsangebotes, wobei er von der in der Taufe zugeeigneten Heilswirklichkeit ausgeht und über das Motiv des Wassers zur unbußfertigen Noah-Generation gelangt.

7.2.9 **Theologische Grundgedanken**

Das Briefpräskript 1 Petr 1, 1 hat hermeneutische Basisfunktion. Durch die Anrede der Gemeinden als ‚auserwählte Fremdlinge in der Diaspora' (*παρεπίδημος* nur 1 Petr 1, 1; 2, 11; Hebr 11, 13) verdeutlicht der Verfasser bereits hier sein Verständnis christlicher Existenz: Die Welt ist nicht die Heimat der Christen, Geborgenheit und Ruhe können sie in ihr nicht finden[141]. Christen leben verstreut in der Fremde, selbst wenn sie sich an dem Ort aufhalten, wo sie geboren wurden und aufwuchsen. Diese Bestimmung christlicher Existenz entspringt nicht antiker Weltfeindlichkeit, sondern hat einen sachlichen Grund: Die Christen sind wiedergeboren ‚zu einer lebendigen Hoffnung durch die Auferstehung Jesu Christi von den Toten' (1 Petr 1, 3). Die Auferstehung Jesu Christi von den Toten entnahm die Glaubenden der Nichtigkeit und Vergänglichkeit menschlicher Existenz. Jesus kaufte sie durch sein Todesleiden los (1 Petr 1, 18), er hat sie geheilt (1 Petr 2, 24) und gerettet (1 Petr 4, 18). Sie wurden in

138 Vgl. zu den Schwierigkeiten der angelogischen Interpretation bes. A. Reichert, Eine urchristliche praeparatio ad martyrium, 231–237.

139 L. Goppelt, 1 Petr, 249; vgl. zur anthropologischen Auslegung auch G. Friedrich, Art. *κηρύσσω*, ThW III, 706; E. Schweizer, Art. *πνεῦμα*, ThW VI, 446; H. J. Vogels, Christi Abstieg ins Totenreich, 86; A. Reichert, Eine urchristliche praeparatio ad martyrium, 247.

140 Vgl. Hebr 12, 23; zu jüdischen und paganen Belegen vgl. A. Reichert, a. a. O., 239–243.

141 Vgl. F. Schröger, Gemeinde im 1. Petrusbrief, 234: „Gemeinde zeigt sich als das Volk, das in der Welt fremd, zuhause im Himmel ist."

eine neue Lebenssituation versetzt, nun bestimmt die freudige Hoffnung auf die Parusie ihr Leben. Der Ort dieses umstürzenden Geschehens ist die Taufe (vgl. 1 Petr 1, 3. 18. 23; 3, 21)[142], hier vollzieht sich die Lebenswende des Christen (vgl. auch Joh 3, 5; Tit 3, 5)[143]. Christliche Existenz ist nach dem Zeugnis des 1 Petr von der Taufe herkommende Existenz! Hineingestellt in die Zeit zwischen Ostern und Parusie ist der Getaufte der Welt und ihren Bedrängnissen nicht enthoben, aber befähigt, sie zu bewältigen. Somit ist die neue Existenz ihrem Ursprung nach nicht innerweltlich erweisbar (vgl. 1 Petr 1, 3 b; 5, 10), zugleich aber in ihrer Realität und ihren Folgen unübersehbar[144]. Gleichermaßen bedenkt der 1 Petr die theologische Identität und die soziologische Stellung der Getauften.

Sichtbare Gestalt gewinnt die *Neuheit der christlichen Existenz* im Zeugnis gegenüber der Welt. Die Christen wandeln in Heiligkeit (1 Petr 1, 14 f; 2, 1 f) und Bruderliebe (1 Petr 1, 22). Sie enthalten sich fleischlicher Begierden (1 Petr 2, 11 f), meiden die Laster ihrer Umwelt (1 Petr 4, 3) und führen ein rechtschaffenes Leben (1 Petr 4, 1 f). Weil dem neuen Sein deutlich ein neues Handeln entspricht, sind die Glaubenden den Schmähungen ihrer Umwelt ausgesetzt (vgl. 1 Petr 3, 17). Das Anderssein der Christen befremdet die Heiden (1 Petr 4, 4) und ruft Aggressionen hervor. Obwohl die Christen zu einem rechten Verhalten innerhalb der gesellschaftlichen Institutionen aufgefordert werden, müssen sie aufgrund ihrer Bindung an Gott leiden. Dieses Leiden ist Gnade vor Gott, nicht hingegen das Leiden aufgrund begangener Sünden (1 Petr 2, 19; 3, 14; 2, 20). Zum Leiden sind die Christen berufen, denn auch Jesus Christus litt unschuldig (1 Petr 2, 21–25). Die sozialethischen Weisungen des 1 Petr zielen auf eine Integration der Gemeinden in die Gesellschaft bei gleichzeitiger Wahrung ihrer christlichen Identität. Über den reinen Handlungsbereich hinaus sind sie angewandtes Kerygma, indem sie eine umfassende Deutung und Bewältigung der gegenwärtigen Leidenssituation gewähren.

Das Leiden erscheint jedoch nicht nur als Folge des neuen Verhaltens der Christen in der Gesellschaft, sondern es ist ein konstitutiver Bestandteil christlicher Existenz, in ihm begegnet Gottes Wille (1 Petr 4, 19). Das Leiden geschieht zur Prüfung des Glaubens (1 Petr 1, 6; 4, 12), wer jetzt unschuldig leidet, nimmt das zukünftige Gottesgericht vorweg. Die dem Evangelium Gottes gegenüber Ungehorsamen wird hingegen in Kürze das Gericht treffen (1 Petr 4, 16–19). Wie für Christus ist auch für die Christen das Leiden Durchgang zur Herrlichkeit (1 Petr 1, 11; 4, 13; 5, 1). Nur noch eine kurze Zeit müssen die Christen auf die endzeitliche *σωτηρία* (1 Petr 1, 5. 9. 10; 2, 2) hoffen, die sie von den zeitlichen Bedrängnissen befreien wird[145]. Auch eine paränetische Dimension kommt dem gegenwärtigen Leiden zu, denn „wer im Fleisch leidet,

142 Vgl. hierzu O. Knoch, 1 Petr, 105 f.

143 Vgl. zur Taufe im 1 Petr bes. F. Schröger, Gemeinde im 1. Petrusbrief, 31–54.

144 Vgl. R. Feldmeier, Christen als Fremde, 192: „Den Christen wird gerade als den Fremden eine zeichenhafte Existenz zugemutet."

145 E. Schweizer, Christologie, 372, spricht von einem ‚Achtergewicht auf der Zukunft' im 1 Petr.

hat abgeschlossen mit der Sünde" (1 Petr 4, 1 b). Die Theologie des 1 Petr ist grundlegend von der Vorstellung der Verbundenheit zwischen dem leidenden Christus und den leidenden Christen geprägt. Der Gerechte litt für die Ungerechten (1 Petr 3, 18), so dass auch sie jetzt Gerechte genannt werden können (1 Petr 4, 18).

7.2.10 **Tendenzen der neueren Forschung**

Konsens herrscht in der neueren Exegese über den pseudepigraphischen Charakter des 1 Petr. Sehr umstritten ist hingegen die im Brief vorausgesetzte Gemeindesituation. Ein direkter Bezug zur Christenverfolgung unter Domitian wird heute zumeist abgelehnt (L. Goppelt, N. Brox), nicht einer weltweiten Verfolgung, sondern lokalen Repressionen sind die Christen des 1 Petr ausgesetzt. Allein schon der moralisch-politische Vorwurf der ‚superstitio'[146] konnte Pogrome hervorrufen und zu sozialer Diskriminierung führen. „Die Konfrontation ist demnach nicht die Folge eines dezidierten, vom Christentum in Konkurrenz zum römischen Staat formulierten Anspruchs auf Universalität und Integration, sondern die soziale und politische Folgeerscheinung der auf dem jeweiligen Selbstverständnis basierenden, einheitsstiftenden Gesamtsituation und der divergierenden Perspektiven."[147] Ob dieses soziologische Erklärungsmodell dem gesamten Textzeugnis des 1 Petr gerecht wird, kann mit J. B. Bauer, K. M. Fischer und A. Reichert bezweifelt werden. Eine Mittelposition nimmt R. Feldmeier ein, der gesellschaftliche und der daraus resultierende politische Anstoß haben dieselbe Ursache: „Er gründet in der exklusiven religiösen Bindung der Christen, der zugleich ein eigenes soziales und ethisches Bezugssystem schafft, das zu der bisherigen religiösen, gesellschaftlichen und politischen Koine in Konkurrenz tritt."[148]

Kontrovers wird in der Forschung auch das Verhältnis des 1 Petr zur paulinischen Tradition beurteilt. K. M. Fischer wertet den 1 Petr dezidiert als eine Schrift des Paulinismus und meint sogar, er sei als deuteropaulinischer Brief abgefasst worden[149]. Ursprünglich stand in 1 Petr 1, 1 nicht *Π/ΕΤΡ/ΟΣ*, sondern *Π/ΑΥΛ/ΟΣ*! Zurückhaltender urteilt A. Lindemann: „1 Petr hat sich als ein von paulinischer Überlieferung, vielleicht sogar von paulinischen Briefen unmittelbar beeinflußter Zeuge eines grundsätzlich nicht paulinisch orientierten Christentums erwiesen."[150] Auch L. Goppelt stellt einschränkend fest, der 1 Petr sei von Paulus beeinflusst, nicht aber ge-

146 Vgl. dazu D. Lührmann, SUPERSTITIO – die Beurteilung des frühen Christentums durch die Römer, ThZ 42 (1986), 193–213.

147 F. R. Prostmeier, Handlungsmodelle, 59 f.

148 R. Feldmeier, Christen als Fremde, 124.

149 Vgl. H. M. Schenke – K. M. Fischer, Einleitung I, 199–203.

150 A. Lindemann, Paulus im ältesten Christentum (s. o. 5), 260; vgl. auch A. Reichert, Eine urchristliche praeparatio ad martyrium, 515–557, die für einen paulinischen bzw. nachpaulinischen Einfluss auf den 1 Petr plädiert.

prägt[151]. Einen Schritt weiter geht F. Schröger, er fordert, man solle „aufhören von einem Paulinismus im 1. Petrusbrief zu reden."[152] J. H. Elliott sieht hinter dem 1 Petr einen von Paulus unabhängigen, in petrinischer Tradition stehenden Kreis[153]. J. Herzer verneint ausdrücklich einen paulinischen Einfluss auf den 1 Petr. „Der 1 Petr muss als ein eigenständiges Zeugnis innerhalb der frühchristlichen Traditionen neben Paulus und seiner Schule wahrgenommen werden."[154]

Während die Form des 1 Petr unterschiedlich bewertet wird (‚Trost- und Mahnschreiben', ‚Brief', ‚fiktives Rundschreiben'), besteht gegenwärtig große Einigkeit in der Ablehnung literarkritischer Modelle zur Erklärung der Jetztgestalt des 1 Petr. Auch die Aufnahme liturgischer Traditionen durch den Autor des 1 Petr wird zumeist sehr zurückhaltend beurteilt. Neuerdings vermutet A. Reichert, in 1 Petr 1, 20; 3, 18 d.e. 19. 22 b.c liege ein nachpaulinisches, in heilsperfektischer Tradition stehendes Lied vor, das der Verfasser des 1 Petr kritisch interpretierte.

An Bedeutung gewinnen literatur-soziologische Interpretationsmodelle, die von einer Interdependenz von historischer Situation und literarischer Gestaltung ausgehen. Die kompositorische Eigenart des 1 Petr besteht nach F. R. Prostmeier „in seiner eigentümlichen Kombination von Weltstrukturen und Weltkompetenz mit dem Christusmuster in Gestalt der ‚tafel'-artigen Mahnungen."[155] Die Pragmatik dieser Mahnungen zielt auf die Bereitschaft zum Zeugnis im Alltag der Welt. „Das Christus-Muster ist sowohl bindende Norm als auch die Bedingung der Möglichkeit und das Maß für die Sittlichkeit jener ethischen Inhalte, die mit den Weltstrukturen einfach da sind."[156] Profane Handlungsmodelle werden im 1 Petr mit einer soteriologisch-eschatologischen Konzeption verbunden, die sich an der vorbildhaften Erfüllung des Willens Gottes durch Jesus Christus orientiert.

Im Zentrum der neueren Forschung stehen die theologischen und sozialpsychologischen Strategien des 1 Petr, seinen Gemeinden Deutungsfähigkeit und damit Kraft zum Ausharren in den Bedrängnissen zu geben. Die identitätsbildenden Bildfelder des 1 Petr untersucht G. Guttenberger: „Strukturgebend werden vor allem die Metapher der Zeugung für die individuelle und die um den Begriff der Heiligkeit gruppierten Gebäudemetaphern für die kollektive Identitätskonstruktion. Beide Stränge fließen in der Vorstellung der Erwählung zusammen."[157] In den antiken Anerkennungsdiskurs (Seneca, Epiktet, Plutarch) zeichnet Th. Popp den 1 Petr ein. Den gesamten 1 Petr durchzieht die Strategie, durch Anerkennung die Gemeinde in ihrer schwierigen Situation zu stabilisieren und gleichzeitig das Annerkennungs- und Konvivenz-Modell des Briefes für Außenstehende attraktiv zu machen. „Die Zuge-

151 Vgl. L. Goppelt, 1 Petr, 50.
152 F. Schröger, Gemeinde im 1. Petrusbrief, 227.
153 Vgl. J. H. Elliott, A Home for the Homeless, 270 ff; vgl. ferner M. Karrer, Petrus im paulinischen Gemeindekreis, 222 ff, der die Verbindung 1 Petr – Paulus als nicht eng ansieht.
154 J. Herzer, Petrus oder Paulus? 261.
155 F. R. Prostmeier, Handlungsmodelle, 480.
156 A. a. O., 512.
157 G. Guttenberger, Passio Christiana, 27.

hörigkeit zum Volk Gottes mit den Kennzeichen der geschwisterlichen Liebe und der Gottesfurcht und der damit verbundenen Abgrenzung von früheren Verhaltensmustern schließt ein loyales Zusammenleben in der paganen Gesellschaft nicht aus sondern ein. Generell soll das menschliche Miteinander von wechselseitigem Respekt geprägt sein. Diese Grundhaltung soll die Christen als ‚Pendler zwischen zwei Kontexten' bestimmen. Würden sie die Spannung dieser Einheit durch Abkapselung oder Assimilation nach der einen oder anderen Seite auflösen, könnten sie ihrer missionarischen Verantwortung in Gestalt der Inkulturation des Evangeliums nicht mehr gerecht werden. Denn Mission geschieht durch zwischenmenschliche Beziehung und ist daher immer auch Kulturkontakt."[158] Eine historisch-theologische Aufwertung des 1Petr unternimmt Th. Söding; er sieht in Silvanus den Verfasser und bestimmt den Ort des Briefes als petrinische Stimme im frühchristlichen Dialog (vor allem mit Paulus und Jakobus): „Die theologische Botschaft des Briefes soll petrinisch sein – und ist es wohl zu einem guten Teil, wenn nicht dem Worte, so der Sache nach."[159]

7.3 Der Judasbrief

7.3.1 Literatur

Kommentare

KEK XII/2: H. Paulsen, 1992. – HNT 15: H. Windisch (– H. Preisker), ³1951. – HThK XIII/2: K. H. Schelkle, ⁶1988. – EKK XXII: A. Vögtle, 1994. – ThHK 15: W. Grundmann, ²1979. – NTD 10: W. Schrage, ²1980. – RNT 8: O. Knoch, 1990. – CNT 13b: E. Fuchs – P. Reymond, L'Épître de Saint Jude, ²1988. – WBC 50: R. J. Bauckham, 1983. – AncB 37C: J. H. Neyrey, 1993. – PNTC: P. H. Davids, 2006. – NTL: L. R. Donelson, 2010.

Monographien

F. Spitta, Der zweite Brief des Petrus und der Brief des Judas. Eine geschichtliche Untersuchung, Halle 1885. – F. Maier, Der Judasbrief, BSt X/1–2, Freiburg 1906. – H. Werdermann, Die Irrlehrer des Judas- und des 2. Petrusbriefes, BFChTh XVII 6, Gütersloh 1913. – D. F. Watson, Invention, Arrangement and Style. Rhetorical Criticism of Jude and 2Peter, SBLDS 104, Atlanta 1988. – R. J. Bauckham, Jude and the Relatives of Jesus in the Early Church, Edinburgh 1990. – R. Heiligenthal, Zwischen Henoch und Paulus. Studien zum theologiegeschichtlichen Ort des Judasbriefes, TANZ 6, Tübingen 1992. – A. Gerdmar, Rethinking the Judaism-Hellenism Dichotomy. A Historiographical Case Study of Second Peter and Jude, CB.NT 36, Stockholm 2001.

158 Th. Popp, Die Kunst der Konvivenz, 247 f.
159 Th. Söding, Grüße aus Rom, in: ders. (Hg.), Hoffnung in Bedrängnis, (11–45) 44.

– Chr. Blumenthal, Prophetie und Gericht. Der Judasbrief als Zeugnis urchristlicher Prophetie, BBB 156, Göttingen 2008.

Aufsätze

E. E. Ellis, Prophecy and Hermeneutic in Jude, in: ders., Prophecy and Hermeneutic in Early Christianity, WUNT 18, Tübingen 1978, 221–238. – F. Hahn, Randbemerkungen zum Judasbrief, ThZ 37 (1981), 209–218. – J. J. Gunther, The Alexandrian Epistle of Jude, NTS 30 (1984), 549–562. – G. Sellin, Die Häretiker des Judasbriefes, ZNW 77 (1986), 206–225. – H. Paulsen, Art. Judasbrief, TRE 17 (1988), 307–310. – S. J. Joubert, Language, Ideology and the Social Context of the Letter of Jude, Neotestamentica 24 (1990), 335–349. – J. D. Charles, Literary Artifice in the Epistle of Jude, ZNW 82 (1991), 106–124. – J. Frey, Der Judasbrief zwischen zwischen Judentum und Hellenismus, in: Frühjudentum und Neues Testament im Horinzont Biblischer Theologie, hg. v. W. Kraus – K.-W. Niebuhr, WUNT 162, Tübingen 2003, 180–210. – J. Frey, Autorfiktion und Gegnerbild im Judasbrief und im Zweiten Petrusbrief, J. Frey/J. Herzer/M. Janssen/C. K. Rothschild (Hg.), Pseudepigraphie und Verfasserfiktion in frühchristlichen Briefen, WUNT 246, Tübingen 2009, 683–732.

Forschungsberichte

R. Heiligenthal, Der Judasbrief, ThR 51 (1986), 117–129. – R. J. Bauckham, The Letter of Jude: An Account of Research, ANRW 25. 2, Berlin 1988, 3791–3826. – P. Müller, Der Judasbrief, ThR 63 (1998), 267–289.

7.3.2 Verfasser

Als Autoren des Judasbriefes kommen in Frage: 1) Judas, der Bruder Jesu (vgl. Mt 13, 55; Mk 6, 3)[160]; 2) Judas, einer der 12 Apostel (vgl. Lk 6, 16; Apg 1, 13); 3) Der in Apg 15, 22. 27. 32 erwähnte Judas Barsabbas[161]; 4) Ein unbekannter Verfasser konzipierte den Jud als pseudepigraphisches Schreiben.

Seinem Selbstanspruch nach will der Judasbrief vom Herrenbruder Judas geschrieben worden sein, dies signalisiert deutlich die Inanspruchnahme des Herrenbruders Jakobus in Jud 1[162]. 1 Kor 9, 5 bezeugt eine Missionstätigkeit der Herrenbrüder, und Jud könnte ein Zeugnis dieses Wirkens sein. Zudem lässt die judenchristliche Denkwelt des Jud eine Zuschreibung an den Bruder Jesu als möglich erscheinen[163]. Schließlich: Warum sollte ein später Autor in so vager Form auf den Namen Judas zurückgegriffen haben?[164] Gegen eine Verfasserschaft des Herrenbruders Judas sprechen jedoch folgende Argumente: a) Warum bezeichnet sich der Au-

160 Vgl. auch Hegesipp bei Euseb, HE III 19, 1–20, 6.
161 So E. E. Ellis, Prophecy, 221–230.
162 Vgl. H. Paulsen, Jud, 44. Der Bezug auf Jakobus und das Fehlen eines Beinamens zur Unterscheidung sprechen gegen die Möglichkeit 2 und 3.
163 Vgl. R. J. Bauckham, Jud, 16.
164 Vgl. E. E. Ellis, Prophecy, 226 f.

tor nicht direkt als Bruder Jesu, sondern als Bruder des Jakobus? b) Der Begriff *ἀδελφός* ist mehrdeutig, oft wird er im Neuen Testament im Sinn von ‚Mitarbeiter' gebraucht (vgl. z. B. Kol 1, 1). c) Der Traditionsbegriff in Jud 3. 20, die Auseinandersetzung zwischen Orthodoxie und Häresie und der Topos des Auftretens von Irrlehrern in der Endzeit (vgl. 1 Tim 4, 1–3; 2 Tim 4, 3 f; 1 Joh 2, 18; 4, 1–3; Did 16, 3) weisen in die nachapostolische Zeit. d) Der Verfasser ordnet sich mit Jud 17 f selbst in die späte Zeit des Urchristentums ein, wo auf die Epoche der Apostel als der glaubensgründenden Zeit zurückgeblickt wird.

Sehr wahrscheinlich ist der Jud ein *pseudepigraphisches* Schreiben[165], ein unbekannter Judenchrist nimmt die Autorität des Herrenbruders Judas in einer aktuellen Kontroverse in Anspruch.

7.3.3 Ort und Zeit der Abfassung

Der Inhalt des Jud lässt Präzisierungen seines Entstehungsortes nur sehr bedingt zu. Entsprechend zahlreich sind die Vorschläge: Palästina/Syrien, Alexandria, Kleinasien. Für Palästina/Syrien können die Zuschreibung an den Herrenbruder Judas und die judenchristliche Gedankenwelt des Schreibens angeführt werden[166]. Dagegen sprechen die Situation der angeschriebenen Gemeinden (s. u. 7.3.4) und die geringe Rezeption des Jud im syrischen Bereich[167]. Die Wirkungsgeschichte des Jud (vgl. Cl Al, Strom III 2, 11; Paed III 8, 44) und der mögliche Bezug auf den Jakobusbrief lassen an Alexandrien als Entstehungsort denken[168]. Allerdings sind die Kenntnisse über das Christentum in Alexandrien am Ende des 1. Jhs. n. Chr. so gering, dass eine solche Zuschreibung als rein hypothetisch bezeichnet werden muss. Auf Kleinasien als Entstehungsort des Jud[169] weisen die Übereinstimmungen in der Engellehre zwischen Jud und Kol und die Nähe zu den Past hin (s. u. 7.3.8). Zudem kann der Jud als ein Zeugnis der Wirkungsgeschichte paulinischer Theologie verstanden werden (vgl. Jud 19. 20. 24 f). Auch die frühe Rezeption des Jud durch den 2 Petr lässt an *Kleinasien* denken.

165 Vgl. in diesem Sinn z. B. R. Knopf, Jud (s. o. 7.2.2), 206 f; A. Jülicher – E. Fascher, Einleitung, 213 f; W. G. Kümmel, Einleitung, 377 f; Ph. Vielhauer, Urchristliche Literatur, 593 f; R. Heiligenthal, Zwischen Henoch und Paulus, 24; H. Paulsen, Jud, 44 f; A. Vögtle, Jud, 4–11; J. Frey, Autorfiktion, 686–693. Die Authentizität des Jud halten für möglich: K. H. Schelkle, Jud, 140–143; W. Grundmann, Jud, 15; R. Bauckham, Jud, 3–16. O. Knoch, Jud, 159–162, denkt als Verfasser an einen judenchristlichen Lehrer, der aus dem Umkreis des Herrenbruders Judas (und Jakobus) stammte.

166 Vgl. R. Knopf, Jud (s. o. 7.2.2), 209; K. H. Schelkle, Jud, 138; W. Grundmann, Jud, 15 (entstanden in Galiläa/Syrien; ‚Reichweite' bis in den Raum Kleinasiens); F. Hahn, Randbemerkungen, 216 (Palästina).

167 Vgl. J. S. Siker, The Canonical Status of the Catholic Epistles in the Syriac New Testament, JThS 38 (1987), 311–340.

168 Vgl. J. J. Gunther, Epistle; H. Paulsen, Jud, 45.

169 Für Kleinasien plädiert z. B. R. Heiligenthal, Zwischen Henoch und Paulus, 165;

Als Entstehungszeit wird zumeist der Zeitraum zwischen 80 und 120 n.Chr. angegeben[170]. Diese Vermutung ist zu präzisieren: In welcher Zeit war die Inanspruchnahme des Pseudonyms Judas sinnvoll und noch möglich? Hier kommen die beiden letzten Jahrzehnte des 1. Jhs. in Betracht, in denen die meisten Pseudepigraphen entstanden und apokalyptisches Gedankengut in vielfältiger Weise aufgenommen wurde. Der Judasbrief dürfte somit *zwischen 80–100 n.Chr.* entstanden sein[171].

7.3.4 **Empfänger**

Das Profil der Gemeinde des Judasbriefes lässt sich angesichts der vorherrschenden Gegnerpolemik nur noch in Umrissen ermitteln. Ausgangspunkt des Jud ist eine aktuelle Gefährdung des Glaubens der angeschriebenen Gemeinde(n) (Jud 3). Gottlose haben sich (aus der Sicht des Verfassers) in die Gemeinde eingeschlichen und leugnen den *κύριος Ἰησοῦς Χριστός* (Jud 4). Die Gegnerpolemik des Jud arbeitet durchgehend mit traditionellen Motiven, so dass kaum zu entscheiden ist, ob es sich bei den Gegnern um umherziehende Wanderprediger oder ortsansässige Gemeindeglieder handelt[172]. Ihre Teilnahme an Agapefeiern der Gemeinde (Jud 12) spricht jedoch für die letztere Möglichkeit (vgl. ferner Jud 19.22.23). Angesichts der Häresiegefahr versucht der Jud, die Identität seiner Gemeinde zu stärken. Schon die Anrede als ‚Berufene' (Jud 1) und ‚Heilige' (Jud 3) dient der Abgrenzung gegenüber den Irrlehrern, deren falsche Lehre und unmoralisches Tun ins Verderben führen werden (vgl. Jud 4.7–11). Demgegenüber zeichnen Heiligkeit und Unbeflecktheit die Gemeinde aus. Sie lebt in einer gespannten eschatologischen Erwartung: Der endzeitlichen Verwerfung der Irrlehre (vgl. Jud 4.11.13.15) steht ihre Rettung zum ewigen Leben gegenüber (Jud 21). Träger eines solchen Bewußtseins dürfte eine vorwiegend judenchristliche Gemeinde gewesen sein, in der apokalyptische Spekulationen und Henochtraditionen lebendig waren[173]. In Jud 22.23 werden der Gemeinde Anweisungen für den Umgang mit abweichenden Gruppen gegeben: Dem Erbarmen des Kyrios gegenüber der Gemeinde (Jud 21) entspricht ein Erbarmen mit den Irrenden, die dem kommenden Gerichtsfeuer entrissen werden sollen[174].

---

170 So z.B. F.Hahn, Randbemerkungen, 215 (90–120 n.Chr.); H.Paulsen, Jud, 45.

171 Vgl. R.Knopf, Jud, 208; W.G.Kümmel, Einleitung, 378; H.Köster, Einführung, 682f.; A.Vögtle, Jud, 11f; L.R.Donelson, Jud, 165 (in den 90er Jahren).

172 Vgl. H.Paulsen, Jud, 55.

173 Vgl. R.Heiligenthal, Zwischen Henoch und Paulus, 89–94, der über diese allgemeine Bestimmung hinaus als Trägerkreis des Jud christliche Pharisäer vermutet.

174 Zu Jud 23b vgl. H.Paulsen, Jud, 85.

7.3.5 **Gliederung, Aufbau, Form**

1–2	Präskript	Briefanfang
3–4	Anlass und Thema	
5–16	Die Irrlehrer	Briefkorpus
17–23	Erinnerung und Mahnung	
24–25	Schlussdoxologie	Briefschluss

Das Präskript steht in der Tradition der paulinischen/deuteropaulinischen Briefe (vgl. Phil 1, 1; Röm 1, 1 f; 1 Kor 1, 1 f), speziell der Segenswunsch in Jud 2 erinnert an 1 Tim 1, 2; 2 Tim 1, 2; Tit 1, 4[175]. Als Themaangabe haben Jud 3.4 eine überleitende Funktion, sie korrespondieren erkennbar mit Jud 17–23. Innerhalb des Hauptteils lassen sich ein referentieller (Jud 5–16) und ein appellativer Teil (Jud 17–23) unterscheiden[176]. Während der referentielle Teil Wesen und Geschick der Irrlehrer enthüllt, appelliert Jud 17–23 durch die direkte Anrede *ὑμεῖς δέ, ἀγαπητοί* (V. 17.20) an den Erfahrungshorizont und das Urteil der Gemeinde. Die Schlussdoxologie zeigt wieder deutliche Nähe zum paulinischen Briefformular (vgl. Röm 16, 25–27)[177].

Umstritten ist die formgeschichtliche Klassifizierung des Jud: Die Vorschläge reichen von ‚Traktat für eine bestimmte Situation'[178], ‚antihäretisches Flugblatt'[179], ‚Sendschreiben'[180] über ‚Midrasch'[181] bis hin zum wirklichen Brief[182]. Für die Konzeption des Jud als Brief spricht neben Präskript und Schlussdoxologie vor allem der Anspruch des Verfassers, sich in die Tradition des *apostolischen Briefes* zu stellen[183]. Zudem ist der Jud kein situationsunabhängiges Schreiben, die Aufnahme von Formen traditioneller Polemik spricht nicht gegen das Ziel des Briefes, eine konkrete Situation zu beeinflussen.

175 Vgl. H. Paulsen, a. a. O., 52 f.

176 Vgl. R. Heiligenthal, Zwischen Henoch und Paulus, 17–21.

177 Zu anderen Gliederungsversuchen vgl. R. J. Bauckham, The Letter of Jude, 3800–3804; R. Heiligenthal, Zwischen Henoch und Paulus, 14–16.

178 Vgl. M. Dibelius, Geschichte der urchristlichen Literatur, 133 f.

179 Vgl. K. H. Schelkle, Jud, 137; A. Vögtle, Jud, 4 (‚flugblattartiges Schriftstück').

180 Vgl. W. Grundmann, Jud, 17.

181 Vgl. E. E. Ellis, Prophecy, 220–226.

182 So neuerdings wieder R. J. Bauckham, Jud, 3; R. Heiligenthal, Zwischen Henoch und Paulus, 14 ff; H. Paulsen, Jud, 41 f.

183 Vgl. dazu F. Vouga, Apostolische Briefe als ‚scriptura'. Die Rezeption des Paulus in den katholischen Briefen, in: Sola Scriptura, hg. v. H. H. Schmid u. J. Mehlhausen, Gütersloh 1991, 194–210.

7.3.6 Literarische Integrität

Die literarische Integrität des Judasbriefes ist unbestritten.

7.3.7 Traditionen, Quellen

Die Argumentation des Judasbriefes ist in ein umfangreiches und komplexes Traditionsgeflecht eingebettet[184]. Das Alte Testament wird in zahlreichen Verweisen und Anspielungen in Anspruch genommen[185]. Auffallend ist ein Rückgriff auf Traditionen des antiken Judentums, der in dieser Dichte einzigartig im Neuen Testament ist. Die Beispielreihe Jud 5–7 entfaltet den Zusammenhang zwischen verfehltem Leben und göttlichem Gericht und hat Parallelen in Sir 16, 6–15; CD 2, 17–3, 12; 3 Makk 2, 4–7; TestNaph 3, 4–5. Jud 6 steht in der langen Reihe jüdischer Interpretationen von Gen 6, 1–4, vergleichbare Texte finden sich in äthHen 10, 4–6. 11–13; 12, 4–13, 1. Das in Jud 7 angeführte Schicksal von Sodom und Gomorrha wurde in zahlreichen jüdischen und christlichen Texten bedacht (vgl. 3Makk 2, 5; Jub 16, 6; 20, 5; 22, 22; TestAss 7, 1; Jos, Bell V 566; Mt 10, 15; 11, 24; Lk 10, 12; 17, 29). Apokryphe Moseüberlieferungen werden in Jud 9 aufgenommen[186], der Bezug auf Kain, Bileam und Korah gewinnt nur auf dem Hintergrund der jüdischen Rezeptionsgeschichte Profil[187]. In Jud 14b.15 zitiert der Verfasser äthHen 1,9[188], um so die Gottlosigkeit der Gegner und die Notwendigkeit des bevorstehenden Gerichtes über sie zu betonen.

Die Zitate, die Anspielungen und die Technik der Schriftargumentation im Judasbrief zeigen, wie stark der Autor in Traditionen des antiken Judentums dachte und lebte.

7.3.8 Religionsgeschichtliche Stellung

Welcher Strömung innerhalb des Urchristentums können die Gegner des Jud zugerechnet werden? Zwei Erklärungsmodelle dominieren in der Forschung: 1) Die Gegner sind Vertreter einer libertinistischen (frühen) Gnosis[189]. Als Argumente für diese

184 Vgl. hier neben den Kommentaren von R. J. Bauckham und H. Paulsen bes. R. Heiligenthal, Zwischen Henoch und Paulus, passim.

185 Zur Sprache des Jud (14 Hapaxlegomena) und seiner AT-Rezeption (vornehmlich MT, aber Kenntnis der LXX) vgl. R. J. Bauckham, Jud, 6–8.

186 Zu möglichen Quellen vgl. H. Paulsen, Jud, 66 f.

187 Vgl. hier R. Heiligenthal, Zwischen Henoch und Paulus, 42–61.

188 Vgl. zu den Einzelheiten H. Paulsen, Jud, 74 ff.

189 So z. B. (mit Unterschieden in der Einzelargumentation) W. G. Kümmel, Einleitung, 375; Ph. Vielhauer, Urchristliche Literatur, 590; H. M. Schenke – K. M. Fischer, Einleitung II, 316; W. Schrage, Jud, 224. Eine Variante der allgemeinen Gnosisthese stellt die Vermutung dar, die Gegner seien Vertreter einer ‚frühen' Gnosis; vgl. in diesem Sinn K. H. Schelkle, Jud, 230–234; W. Grundmann, Jud, 17–19; F. Hahn, Randbemerkungen, 213; H. Paulsen, Jud, 49 (mit Vorbehalten).

Verortung werden in der Regel angeführt: a) Nach Jud 4 leugnen die Gegner die Herrschaft Jesu Christi, sie degradieren ihn zu einem himmlischen Zwischenwesen; b) Jud 12 bezeugt einen massiven Heilsindividualismus und Sakramentalismus der Gegner; c) Die Leugnung der Engelwesen in Jud 8.10 ist gnostisch motiviert; d) In Jud 19 findet sich die typisch gnostische Unterscheidung zwischen Pneumatikern und Psychikern; e) Die Gegner kennzeichnet ein übersteigertes Freiheitsbewusstsein (Jud 4.7.8.10.13). Gegen diese Argumentationskette lässt sich einwenden[190]: Die Angaben des Jud sind zu unspezifisch, um eindeutige Rückschlüsse zuzulassen. Ein protologischer Dualismus als *das* Kennzeichen gnostischer Systeme (s. u. 8.5.8) lässt sich im Jud nicht nachweisen. Enthusiastische bzw. libertinistische Tendenzen sind keineswegs eo ipso Ausdruck gnostischen Denkens. Die Antithese *ψυχικός – πνεῦμα* (*πνευματικός*) in Jud 19 ist vor Paulus (vgl. 1 Kor 2, 14; 15, 44.46) nicht belegt[191]. Sie hat ihre Wurzeln nicht in der Gnosis, sondern im jüdisch-hellenistischen Weisheitsdenken.

2) Die Gegner gehören wie der Autor des Jud in das Umfeld der Auseinandersetzungen um das Erbe paulinischer Theologie[192]. Für diese These sprechen folgende Beobachtungen: a) Das Motiv der Engelverachtung[193] als zentraler Vorwurf an die Gegner (Jud 8) verweist auf 1 Kor 6, 3 („Wisst ihr nicht, dass wir sogar die Engel richten?"), 1 Kor 13, 1 (das Sprechen in ‚Engelszungen') und Kol 2, 18 f („niemand soll euch den Kampfpreis absprechen, der Gefallen findet an Demut und Engelverehrung ..."). Offenbar gab es in nachpaulinischer Zeit mit Berufung auf Paulus eine Auseinandersetzung um die Legitimität der Engelverehrung. Dabei bezeugen Kol 2, 18 f und Jud einen Zusammenhang zwischen „Gesetzesvorschriften und Engeldienst einerseits, Antinomismus und Verachtung der Engel andererseits"[194]. b) Die Antithese *ψυχικός – πνεῦμα* in Jud 19 greift direkt auf 1 Kor 2, 14 (15, 44.46) zurück, nur hier ist sie im Neuen Testament belegt. Der Verfasser stempelt die Gegner zu bloßen Psychikern (vgl. auch Jud 10 b) und weist so den von ihnen wahrscheinlich erhobenen pneumatischen Anspruch durch bloße Umkehrung zurück. c) Sowohl in Jud 5 als auch in 1 Kor 10, 1 ff wird auf den Untergang der Mehrzahl des Volkes in der Wüste angespielt (Num 14), um so die jeweiligen Gegner mit ihrem Überlegenheitsgefühl zu warnen. d) Jud 4 wirft den Gegnern vor, sie hätten die *χάρις* Gottes in Ausschwei-

190 Vgl. hierzu im Anschluss an F. Maier bes. R. Heiligenthal, Judasbrief, 122; ders., Zwischen Henoch und Paulus, 128–134.

191 Vgl. G. Sellin, Streit um die Auferstehung der Toten (s. o. 2.5.1), 181–189.

192 So mit (erheblichen) Unterschieden in der Einzelargumentation z. B. U. B. Müller, Zur frühchristlichen Theologiegeschichte (s. o. 5), 23–26; R. J. Bauckham, Jud, 12; G. Sellin, Häretiker, 224 f; O. Knoch, Jud, 154–157; R. Heiligenthal, Zwischen Henoch und Paulus, 128 ff; J. Frey, Autorfiktion, 700, wonach der Jud die Ablehnung der kosmologischen und theologischen Bedeutung der Engel durch den Kol bekämpft: „Daraus konnten sich für den Autor des Jud, der die Henochtradition und ihre Angelologie hochschätzte, weitergehende Vorwürfe nahelegen: Wer die göttliche Weltordnung leugnet, wird in seiner Vermessenheit auch Gottes und Christi Herrschaft (V. 4) verleugnen und letztlich alle moralischen Maßstäbe vergessen."

193 Vgl. hier G. Sellin, Häretiker, 219–222.

194 A. a. O., 222.

fung (ἀσέλγεια) verkehrt. Hier klingt paulinische Rechtfertigungsterminologie an (vgl. Röm 3, 23 f; ferner Eph 2, 7–9), und es könnte das von Paulus in Röm 3,8 benannte Problem im Hintergrund stehen: Antinomismus als Folge einer falsch verstandenen χάρις θεοῦ[195]. e) Wie in den Deuteropaulinen dient das Traditionsprinzip (vgl. Jud 3. 17. 20) zur Abwehr der Gegner[196]. f) Der vom Jud abhängige 2 Petr bezeugt Auseinandersetzungen um das rechte Paulusverständnis (2 Petr 3, 15 f).

Die Verbindungslinien zur paulinischen/deuteropaulinischen Theologie sprechen für die Vermutung, dass die Gegner des Jud (möglicherweise mit Berufung auf Paulus) eine enthusiastische Lehre (und Praxis) vertraten. Sie verachteten die Engelmächte, sahen sich selbst als Pneumatiker und fühlten sich traditionellen Begrenzungen enthoben[197].

7.3.9 **Theologische Grundgedanken**

Der Judasbrief dient der *Identitätssicherung* einer Gemeinde, die sich in ihrer Mitte abzugrenzen versucht. Eine grundlegende Bedeutung kommt in diesem Prozess dem Traditionsgedanken zu. Die Gemeinde kämpft für den Glauben, der „ein für allemal den Heiligen überliefert ist" (Jud 3). Er ist identisch mit den ‚zuvor gesagten' Worten der Apostel (Jud 17) und bildet das Fundament der Gemeinde (Jud 20). Die Gefährdung durch die Irrlehre verlangt nach einer Formulierung und Durchsetzung der Tradition! Diese Tradition wurzelt durchgehend im jüdischen Denken, ein wesentlicher Bestandteil ist die Henoch-Überlieferung. Allerdings wird der Traditionsgedanke nicht als formales Prinzip eingesetzt, sondern die Gemeinde weiß sich ihrem Erbe verpflichtet. Im Zentrum der Christologie des Jud steht die Erwartung des kommenden Kyrios, der mit seinen Engeln zum Gericht erscheint (Jud 14. 15). Gegenüber der Gemeinde wird Christus sich barmherzig zeigen (Jud 21), die Gegner werden jedoch für ihre gottlosen Werke bestraft. Engelverehrung war in der Gemeinde des Jud eine Selbstverständlichkeit, innerhalb der Ethik scheinen jüdische Reinheitsvorstellungen von Bedeutung gewesen zu sein (vgl. Jud 8. 12. 23).

195 Vgl. a. a. O., 209–212.
196 Vgl. F. Hahn, Randbemerkungen, 209 ff.
197 A. Vögtle, Jud, 95–98, verzichtet auf eine theologiegeschichtliche Einordnung der Gegner und bezeichnet sie als Nonkonformisten, „die sich im Bewußtsein elitären Pneumabesitzes über gewisse konventionelle moralische Zwänge erhaben fühlen und im besonderen den Glauben an die Parusie Christi zu Gericht und Heilsvollendung für null und nichtig erklären" (a. a. O., 3). Nach Chr. Blumenthal, Prophetie und Gericht, 147, ist das Festhalten bzw. die Ablehnung des Parusie- und Endzeitglaubens der Streitpunkt zwischen Jud und seinen Gegnern.

7.3.10 Tendenzen der neueren Forschung

Der Judasbrief führte in der ntl. Exegese über lange Zeit ein Schattendasein. Dazu trug nicht unerheblich die Klassifizierung des Schreibens als eines typischen Vertreters des Frühkatholizismus durch E. Käsemann bei: „Hier wirkt der Geist ja nicht mehr auch durch die Überlieferung, sondern hier geht er in der Tradition auf, ist deshalb wie bereits in den Pastoralen und der Apostelgeschichte das kirchliche Lehramt Besitzer des ‚Amtsgeistes', kann wie geradezu klassisch in 2 Petr 1, 20 jede nicht autorisierte Exegese und Interpretation der Schrift verboten werden."[198] W. Schrage nimmt die Wertungen Käsemanns auf und stellt ausdrücklich fest, der Jud habe nicht zu Unrecht ein Schattendasein in der Kirche geführt[199]. In jüngster Zeit weichen diese disqualifizierenden Wertungen einer behutsameren Interpretation, die präzis nach dem Ort des Jud in der urchristlichen Theologiegeschichte fragt. F. Hahn stuft den Traditionsbegriff des Jud nicht einfach negativ ein, sondern erkennt ihn als positives Prinzip in der Auseinandersetzung mit den Irrlehrern ausdrücklich an. Historisch steht der Jud zwischen dem Jak und 2 Petr: „In Anlehnung an die palästinische Tradition seiner Zeit will er für die eigene Generation und für die nachfolgenden Generationen die bleibend gültige Basis der apostolischen Glaubensüberlieferung herausstellen und hierdurch wie durch Typisierung der Gegner eine wirksame Ketzerbekämpfung ermöglichen."[200] G. Sellin bestimmt in seiner weiterführenden Analyse den Ort der Irrlehrer in der urchristlichen Theologiegeschichte: Sie waren pneumatisch orientierte Wanderlehrer, die in Kontinuität zur Theologie des Kol und Eph die Engel verachteten und mit Berufung auf Paulus eine antinomistische Position vertraten. Den Versuch einer Neuinterpretation des Jud unternimmt R. Heiligenthal. „Der Judasbrief ist traditionsgeschichtlich weitgehend aus jüdischer Überlieferung zu erklären. Seine Nähe zur Henochliteratur ist so groß, daß er als ‚christianisierter Teil der Henochliteratur' aufgefaßt werden kann."[201] Der Jud zeigt für Heiligenthal, „daß die Basis des Christentums mit dem Judentum breit und vermittelbar war."[202] Er ist dann ein wichtiges Zeugnis im jüdisch-christlichen Dialog und sollte in dieser Funktion wahr- und ernstgenommen werden. J. Frey sieht den Judasbrief zwischen Judentum und Hellenismus, denn er nimmt zwar in seiner Gegnerpolemik jüdisch-apokalyptische Traditionen auf, aber „im eigentlichen Sinne judenchristlich ist der Jud dennoch nicht"[203], weil er in die Auseinandersetzungen um das Erbe paulinischer Theologie (in Kleinasien) gehört.

---

198 E. Käsemann, Begründet der neutestamentliche Kanon die Einheit der Kirche?, in: ders., Exegetische Versuche und Besinnungen I, Göttingen [6]1970, 220.
199 Vgl. W. Schrage, Jud, 223.
200 F. Hahn, Randbemerkungen, 218.
201 R. Heiligenthal, Zwischen Henoch und Paulus, 156.
202 A. a. O., 166.
203 J. Frey, Judasbrief, 210.

7.4 Der zweite Petrusbrief

7.4.1 Literatur

Kommentare

KEK XII/2: H. Paulsen, 1992. – HNT 15: H. Windisch (– H. Preisker), ³1951. – HThK XIII/2: K. H. Schelkle, ⁶1988. – EKK XXII: A. Vögtle, 1994. – ThHK 15: W. Grundmann, ²1979. – NTD 10: W. Schrage, ²1980. – RNT 8: O. Knoch, 1990. – CNT 13 b: E. Fuchs – P. Reymond, La Deuxième Épître de Saint Pierre, ²1988. – WBC 50: R. J. Bauckham, 1983. – AncB 37 C: J. H. Neyrey, 1993. – NTL: L. R. Donelson, 2010.

Monographien

F. Spitta, Der zweite Brief des Petrus und der Brief des Judas (s. o. 7.3.1). – H. Werdermann, Die Irrlehrer des Judas- und des 2. Petrusbriefes (s. o. 7.3.1). – T. Fornberg, An Early Church in a Pluralistic Society. A Study of 2 Peter, CB.NT 9, Lund 1977. – Th. J. Kraus, Sprache, Stil und historischer Ort des zweiten Petrusbriefes, WUNT 2.136, Tübingen 2001. – A. Gerdmar, Rethinking the Judaism-Hellenism Dichotomy (s. o. 7.3.1). – K. M. Schmidt, Mahnung und Erinnerung im Maskenspiel. Epistolographie, Rhetorik und Narrativik der pseudepigraphischen Petrusbriefe (s. o. 7.2.1), 297–399. – H. J. Riedl, Anamnese und Apostolizität. Der zweite Petrusbrief und das theologische Problem neutestamentlicher Pseudepigraphie, RStTh 64, Frankfurt 2005. – M. G. Ruf, Die heiligen Propheten, eure Apostel und ich. Metatextuelle Studien zum zweiten Petrusbrief, WUNT 2.300, Tübingen 2011.

Aufsätze

E. Käsemann, Eine Apologie der urchristlichen Eschatologie, in: ders., Exegetische Versuche und Besinnungen I, Göttingen ⁶1970, 135–157. – H. C. C. Cavallin, The False Teachers of 2PT as Pseudo-Prophets, NT 21 (1979), 263–270. – J. H. Neyrey, The Form and Background of the Polemic in 2 Peter, JBL 99 (1980), 407–431. – A. Vögtle, Petrus und Paulus nach dem Zweiten Petrusbrief, in: Kontinuität und Einheit (FS F. Mußner), hg. v. P. G. Müller u. W. Stenger, Freiburg 1981, 223–239. – K. Berger, Streit um Gottes Vorsehung. Zur Position der Gegner im 2. Petrusbrief, in: Tradition and Re-Interpretation in Jewish and Early Christian Literature (FS J. C. H. Lebram), StPB 36, Leiden 1986, 121–135. – P. Dschulnigg, Der theologische Ort des Zweiten Petrusbriefes, BZ 33 (1989), 161–177. – A. Vögtle, Christologie und Theologie im zweiten Petrusbrief, in: Anfänge der Christologie (FS F. Hahn), hg. v. C. Breytenbach u. H. Paulsen, Göttingen 1991, 383–398. – Th. K. Heckel, Die Traditionsverknüpfungen des Zweiten Petrusbriefes und die Anfänge einer neutestamentlichen biblischen Theologie, in: Die bleibende Gegenwart des Evangeliums (FS O. Merk), hg. v. R. Gebauer – M. Meiser, MThSt 76, Marburg 2003, 189–204. – J. Frey, Autorfiktion und Gegenbild im Judasbrief und im Zweiten Petrusbrief, J. Frey/J. Herzer/M. Janssen/C. K. Rothschild (Hg.), Pseudepigraphie und Verfasserfiktion in frühchristlichen Briefen, WUNT 246, Tübingen 2009, 683–732.

Forschungsbericht

R. J. Bauckham, 2Peter: An Account of Research, ANRW 25. 5, Berlin 1988, 3713–3752.

7.4.2 Verfasser

Der 2Petrusbrief erhebt den Anspruch, das Testament des Apostels Simon Petrus zu sein (vgl. 2Petr 1, 1. 13–15). Auch der Hinweis auf die Verklärung Jesu (2Petr 1, 18), der Rückgriff auf den 1Petr (vgl. 2Petr 3, 1) und das in 2Petr 3, 15f vermittelte Paulusbild sollen diesen Eindruck nahelegen. Gegen die Historizität dieser Verfasserangabe sprechen einige in 7.2.2 angeführte Argumente[204], vor allem aber drei Beobachtungen auf der Ebene des 2Petr: a) Der 2Petr übernimmt fast vollständig den Jud (s. u. 7.4.7). Für den Apostel Petrus ist ein solches Verfahren aus sachlichen und chronologischen Gründen auszuschließen. b) In 2Petr 3, 4 durchbricht der Verfasser die von ihm selbst geschaffene Autorenfiktion: Die Väter sind bereits entschlafen, so dass nun Zweifel an der Parusie aufkommen. Zu diesen (gestorbenen) Vätern gehört Petrus selbst! c) Der 2Petr unterscheidet sich tiefgreifend vom 1Petr[205], beide Schreiben können nicht vom gleichen Verfasser stammen. Selbst wenn der 1Petr authentisch wäre, müsste der 2Petr als *Pseudepigraph* eingeordnet werden! Auch die in 2Petr 1, 20f entwickelte Inspirationslehre und die Rezeption des 2Petr in der Alten Kirche (s. u. 7.4.3) weisen in eine späte Zeit[206].

Der Verfasser des 2Petr war ein gebildeter hellenistischer (Juden)Christ[207], der seiner Gemeinde im Streit um die (ausbleibende) Parusie mit dem 2Petr ein Lösungsmodell anbot.

7.4.3 Ort und Zeit der Abfassung

Über Abfassungsort und -zeit des 2Petr lassen sich nur Mutmaßungen anstellen. Hinweise ergeben sich aus der Rezeptionsgeschichte des Briefes, er gehört in die umfangreiche petrinische Literatur des 2. Jhs. n. Chr.[208]. So setzt die um 135 n. Chr.

204 Bemerkenswert ist die Sprache des 2Petr, er weist 49 Hapaxlegomena auf (Zählung nach K. Aland, Vollständige Konkordanz [s. o. 5.5.2], 459). Im Verhältnis zur Länge des Schreibens hat der 2Petr die meisten Hapaxlegomena im Neuen Testament; zu den Einzelheiten vgl. R. J. Bauckham, 2Petr, 135–138.

205 Vgl. K. H. Schelkle, 2Petr, 179ff.

206 Kein neuerer Kommentar tritt für die Authentizität des 2Petr ein; vgl. nur K. H. Schelkle, 2Petr, 181; W. Grundmann, 2Petr, 58; R. J. Bauckham, 2Petr, 158–162; O. Knoch, 2Petr, 215–218; H. Paulsen, 2Petr, 93; A. Vögtle, 2Petr, 122–125. Die Argumente für eine Abfassung durch Petrus finden sich bei Th. Zahn, Einleitung in das Neue Testament II, Leipzig ²1900, 43ff (Vögtle und Bauckham halten den Autor für ein Mitglied eines Petruskreises der römischen Gemeinde). Zur Forschungsgeschichte vgl. umfassend H. J. Riedl, Anamnese und Apostolizität, 13–142.

207 Auffällig ist der selbstverständliche Gebrauch religiös-philosophischer Termini des Hellenismus: *ἐπίγνωσις, γνῶσις, εὐσέβεια, ὑπομονή, ἐγκράτεια, ἀρετή, ἐπόπτης, θεία δύναμις*; zur Analyse des grundlegenden Tugendkataloges 2Petr 1, 3–7 vgl. T. Fornberg, Early Church, 97–101.

208 Vgl. hier neben den grundlegenden Artikeln in W. Schneemelcher (Hg.), Neutestamentliche Apokryphen I.II, Tübingen ⁵1987. ⁵1989, bes. R. Pesch, Simon Petrus, Stuttgart 1980; K. Berger, Unfehlbare Offenbarung. Petrus in der gnostischen und apokalyptischen Offenbarungsliteratur, in: Kontinuität

wahrscheinlich in Ägypten entstandene Offenbarung des Petrus den 2 Petr voraus[209]. Die Aufnahme des Judasbriefes als terminus a quo (s. o. 7.4.7), die in 2 Petr 3, 15 f vorausgesetzte Paulusbriefsammlung und die vergleichbare Parusieproblematik in 1 Klem 23–37 weisen ebenfalls in einen Entstehungszeitraum *um 110 n. Chr.*[210]. Die Aufnahme des 2 Petr in den Kanon war lange umstritten, er fehlt im Canon Muratori, und noch Origenes zählt ihn zu den ‚angefochtenen' Schriften (vgl. Euseb, HE VI 25,8; ferner III 25, 3).

Der Abfassungsort des 2 Petr liegt im Dunkeln, in der neueren Diskussion werden vor allem Ägypten[211] und Rom[212] genannt. Für Ägypten spricht die Rezeptionsgeschichte des 2Petr, für Rom der Bezug auf Petrus und Paulus.

7.4.4 **Empfänger**

Die Einführung des Pseudonyms Simon Petrus und der bewusste Rückgriff auf den 1 Petr lassen vermuten, dass sich auch der 2 Petr an die in 1 Petr 1, 1 genannten kleinasiatischen Gemeinden richtet[213]. Auf heidenchristliche Gemeinden mit einem maßgeblichen judenchristlichen Anteil weisen auch die hellenistische Begrifflichkeit[214] und die Art der Gefährdungen. Ethische Unbestimmtheit (vgl. 2 Petr 1, 5. 10; 2, 2; 3, 14 u. ö.), Kontroversen um die Schriftauslegung (vgl. 2 Petr 1, 20 f), vor allem aber Zweifel gegenüber der überlieferten Parusienaherwartung prägen die Gemeinden (s. u. 7.4.8). Diesen Verunsicherungen tritt der Autor umfassend mit dem Verweis auf die Verlässlichkeit der Verheißungen Gottes entgegen (s. u. 7.4.9).

---

und Einheit (FS F. Mußner), hg. v. P. G. Müller u. W. Stenger, Freiburg 1981, 261–326.

209 Vgl. C. D. G. Müller, Offenbarung des Petrus, in: W. Schneemelcher (Hg.), Neutestamentliche Apokryphen II, 562 ff; R. J. Bauckham, 2 Petr, 149.

210 Vgl. K. H. Schelkle, 2Petr, 179 (Ende des 1. Jhs. oder Anfang des 2. Jhs.); O. Knoch, 2 Petr, 213; H. Paulsen, 2Petr, 94 (erstes Viertel des 2. Jhs.); R. J. Bauckham, 2 Petr, 158, datiert den 2 Petr in den Zeitraum 80–90; eine Spätdatierung (1. bzw. 2. Hälfte des 2. Jhs.) vertreten dagegen A. Jülicher – E. Fascher, Einleitung, 224 (zwischen 100–180); W. Grundmann, 2 Petr, 65 (frühestens 110–150); W. G. Kümmel, Einleitung, 383 (2. Viertel des 2. Jhs.); Ph. Vielhauer, Urchristliche Literatur, 599 (Mitte oder 2. Hälfte des 2. Jhs.); Th. J. Kraus, Sprache, Stil und historischer Ort, 413 (zwischen 110–130 n. Chr.); L. R. Donelson, 2Peter, 209 (zwischen 120 und 150 n. Chr.).

211 Vgl. H. Paulsen, 2 Petr, 95 (Alexandrien).

212 Vgl. O. Knoch, 2 Petr, 213 (abgewogene Darstellung aller Argumente!).

213 Vgl. O. Knoch, 2 Petr, 199.

214 T. Fornberg, Early Church, 112 ff, schließt aus dem gehobenen Griechisch des 2 Petr auf eine Stadtkultur als historischen Kontext der Gemeinden. Zur Situierung der konzipierten oder wirklichen Adressaten vgl. auch J. Frey, Autorfiktion und Gegnerbild, 711–714.

7.4.5 Gliederung, Aufbau, Form

1, 1–2	Präskript	Briefanfang
1, 3–11	Proömium,	
1, 12–21	Der scheidende Apostel und die Kraft des Erinnerns	Briefkorpus
2, 1–22	Das Auftreten der Gegner	
3, 1–13	Der Herr kommt gewiss	
3, 14–18a	Schlussparänese	Briefschluss
3, 18b	Doxologie	

Der 2 Petr lässt eine sorgfältige Komposition erkennen. Bereits in 2 Petr 1, 4 erscheint das Thema: ‚die kostbaren und überaus großen Verheißungen'. Die Gewissheit dieser Verheißungen verbürgt der scheidende Petrus (1, 18 f), dem die Irrlehrer antithetisch in 2 Petr 2, 1 ff gegenübergestellt werden. Den Zweifeln der falschen Propheten am Kommen des Herrn begegnet der Autor mit dem Hinweis auf die Verlässlichkeit Gottes. Gott verzögert seine Verheißungen nicht, nur aus Geduld und Güte hat er das Gericht hinausgeschoben (vgl. 2 Petr 3,9). Kurze Mahnungen beschließen das Schreiben.

Der 2 Petr vereinigt in sich Formelemente der Gattungen Brief und Testament[215]. Zur Briefkonvention gehören Präskript, Proömium, der konkrete Bezug auf eine historische Situation und die abschließenden Mahnungen. Zur Gattung ‚Testament'[216] sind der Hinweis auf den bevorstehenden Tod des Petrus (2 Petr 1, 13 f) und die dadurch erzeugte Abschiedssituation, das ‚Erinnern' des Apostels (2 Petr 1, 12. 13; 3, 1) und sein ‚Wissen' um das Eintreten zukünftiger Dinge (vgl. 2 Petr 1, 20; 3, 3) zu zählen. In der Situation des Abschieds erteilt ein bevollmächtigter Traditionsträger einer durch Krisen verunsicherten Glaubensgemeinschaft verbindliche Weisungen. Die Prävalenz des Brieflichen gegenüber der testamentarischen Topik ist auf formgeschichtlicher Ebene jedoch deutlich[217], so dass der 2 Petr als *Brief* bezeichnet werden sollte[218].

215 Vgl. hier bes. O. Knoch, Die ‚Testamente' des Petrus und Paulus, SBS 62, Stuttgart 1973, 65–81; ders., 2Petr, 251–254.

216 Vgl. dazu E. v.Nordheim, Die Lehre der Alten I.II, ALGHL XIII.XVIII, Leiden 1980. 1985.

217 Vgl. H. Paulsen, 2Petr, 90.

218 Vgl. T. Fornberg, Early Church, 19 ff; F. Vouga, Apostolische Briefe (s. o. 7.3.5), 208 (‚Apostelbrief'); H. Paulsen, 2Petr, 89. O. Knoch, 2Petr, 202, spricht von einem fiktiven ‚Apostelteslament'; Ph. Vielhauer, Urchristliche Literatur, 595, von ‚Testament in Briefform'; A. Vögtle, 2 Petr, 122, von einem ‚schriftlichen Lehrvermächtnis'. Th. J. Kraus, Sprache, Stil und historischer Ort, 411, klassifiziert den 2Petr als „Testament in Briefform".

7.4.6 Literarische Integrität

Die literarische Integrität des 2 Petr ist in der Exegese unbestritten.

7.4.7 Traditionen, Quellen

Zwischen dem 2Petrusbrief und dem Judasbrief bestehen enge Berührungen:

Jud	2Petr
2	1,2
4	2,1–3
5 a	1,12
6	2,4
7	2,6.10 a
8	2,10 b
9	2,11
10	2,12
11	2,15
12	2,13
12 f	2,17
16	2,18
17	3,2
18	3,3

Offenkundig wurde der Judasbrief fast vollständig in den 2 Petr integriert. Als literarkritische Hypothese ergibt sich daraus die gezielte Aufnahme des Jud durch den 2Petr[219]. Der 2 Petr strafft das Material des Jud und setzt es der veränderten historischen Situation entsprechend ein. Das pseudepigraphische Material des Jud wird vom 2 Petr nicht übernommen (vgl. die Auslassung von Jud 14–15 und des Erzengels Michael [Jud 9]), ebenso greift der 2 Petr das warnende Beispiel der Wüstengeneration nicht auf (vgl. Jud 5 b). Den in der Gegnerpolemik des Jud zentralen V. 19 lässt der 2 Petr aus, weil die Geistproblematik offenbar nicht im Zentrum seiner Kontroverse mit den Gegnern stand. Wie stark der 2 Petr dennoch vom Jud abhängig ist, zeigt sich über die zahlreichen sachlichen und terminologischen Einzelheiten hinaus in den Entsprechungen im Aufbau beider Schreiben: Nach dem Eingangsgruß erinnern beide Verfasser ihre Gemeinde an den überlieferten Glauben, den es nun angesichts der Gefährdung durch die Irrlehrer zu bewahren gilt. Es folgt eine Beschrei-

219 Vgl. zuletzt den umfassenden Nachweis bei T. Fornberg, Early Church, 33–59; ferner W. Grundmann, 2Petr, 102–107. Die umgekehrte These (Abhängigkeit des Jud vom 2Petr) vertrat bes. F. Spitta, Der zweite Brief des Petrus und der Brief des Judas, 381–470.

bung der Irrlehrer, an die sich Mahnungen anschließen, am rechten Glauben festzuhalten und wachsam zu sein.

Mit der gezielten Neuinterpretation des Jud will der 2 Petr diesen Text nicht (begrenzt) ersetzen[220], vielmehr wertet er ihn bewusst aus, um ihn seinen Interessen dienstbar zu machen.

Auffällig sind die Berührungen zwischen dem 2 Petr und dem Matthäusevangelium[221]. Neben der Verklärungsperikope (vgl. bes. 2 Petr 1, 17/Mt 17, 5) und dem gemeinsamen Interesse an der Gestalt des Petrus sind hier 2 Petr 2, 6/Mt 10, 15 (Sodom und Gomorra), 2 Petr 2, 21/Mt 21, 32 (,Weg der Gerechtigkeit') und 2 Petr 2, 22/Mt 7, 6 (,Hunde und Schweine') zu nennen.

Der Verfasser des 2 Petr nimmt Traditionen jüdisch-christlicher Enderwartung auf. Die Verbindung von Sintflut und Endgericht mit den Strafmitteln Wasser und Feuer in 2 Petr 3, 5–7. 10. 12. 13 weist Parallelen in VitAd 49, 3; Jos, Ant I 70–71; Sib IV 172 ff; V 155 ff.512 ff; äthHen 83, 3–5 auf. Im Anschluss an Hab 2, 1–4 entwickelt sich eine Verzögerungsapologetik (vgl. zu 2 Petr 3,9 z. B. 1QpHab 7, 1–14), die vornehmlich auf der Basis des sicher eintretenden Gerichtes auf die Langmut Gottes verweist[222].

7.4.8 **Religionsgeschichtliche Stellung**

Die religionsgeschichtliche Einordnung der vom 2 Petr bekämpften Gegner ist in der Forschung umstritten. Zieht man die übliche, austauschbare Gegnerpolemik ab[223], ergibt sich folgendes Bild: 1) Die Gegner betreiben eine eigenwillige Schriftauslegung (2 Petr 1, 20. 21), und sie werden deshalb ausdrücklich als *ψευδοδιδάσκαλοι* bezeichnet (2 Petr 2, 1). Zu den ,falsch' ausgelegten Schriften gehören auch Paulusbriefe (2 Petr 3, 15 f). 2) Offenbar verwerfen die gegnerischen Lehrer wesentliche Elemente der traditionellen eschatologischen Lehre (Engel, Parusie, Endgericht, Weltuntergang), Skeptizismus und Spott gegenüber diesen Anschauungen herrschen vor (vgl. 2 Petr 1, 16; 3, 3–5; 3,9). Das Hauptargument der Gegner wird in 2Petr 3, 4 wiedergegeben: „und sie sagen: Wo ist die Verheißung seiner Parusie?" Das Ausbleiben der Parusie und die Deutung dieses Befundes scheint der Kern der Auseinandersetzung gewesen zu sein. 3) Die Gegner ,leugnen' den Herrn (2 Petr 2, 1), sie ,lästern' und

---

220 Gegen H. Paulsen, 2Petr, 99.

221 Vgl. die Auflistung bei P. Dschulnigg, Der theologische Ort, 168–176. Nach Dschulnigg ist der Verfasser des 2 Petr im Judenchristentum des Matthäusevangeliums beheimatet, „dessen Theologie er in seinem Brief auf der ganzen Linie verteidigt" (a. a. O., 177). Eine umfassende Auflistung der möglichen literarischen und traditionsgeschichtlichen Bezüge findet sich bei Th. J. Kraus, Sprache, Stil und historischer Ort, 368–397.

222 Vgl. hierzu A. Strobel, Untersuchungen zum eschatologischen Verzögerungsproblem (s. o. 5.4.8).

223 Vgl. die Auflistung typischer Motive bei K. Berger, Streit um Gottes Vorsehung, 122; J. Frey, Autorfiktion und Gegnerbild, 714–721.

,verachten' die Wahrheit und die himmlischen Mächte (2 Petr 2, 2. 10). Sie sind stolz, übermütig und proklamieren eine falsche Freiheitslehre (2 Petr 2, 18 a.19). 4) Die Gegner veranstalten ,Schlemmereien' am Tag (2 Petr 2, 13), aus der Perspektive des 2 Petr führen sie ein unreines Leben (vgl. 2 Petr 2, 10. 18 b.20).

Die Zuordnung dieser Elemente zu einem Lehrsystem der Gegner kann nur bedingt gelingen[224]. Zumeist werden die Opponenten als Gnostiker eingestuft[225], wobei allerdings immer schon ein bestimmtes Bild von Gnosis vorausgesetzt wird, das sich dann in den Texten wiederfindet[226]. Zudem fehlt im 2 Petr der für gnostische Systeme konstitutive Dualismus. Unbestimmter und paradoxerweise dennoch präziser sind alle Versuche, die Gegner in der *Nähe zur Gnosis* zu sehen, ohne sie als Gnostiker zu bezeichnen[227]. Offenbar lieferte das Sterben der Väter und das Ausbleiben der Parusie die Begründung für einen zu Beginn des 2. Jhs. verbreiteten Skeptizismus (vgl. 1 Klem 23, 3–4; 2 Klem 11, 2–4)[228], der jüdische bzw. judenchristliche Erlösungs- und Endzeitvorstellungen (vgl. 2 Petr 2, 1: Sühnopferchristologie; 2 Petr 1, 16: Die überlieferten Parusievorstellungen als *μῦθος*[229]) als überwunden ansah. Die Gegner beriefen sich für ihre Position auf Paulusbriefe[230] und proklamierten eine vernunftgeleitete Gotteserkenntnis (vgl. die betonte Verwendung von *γνῶσις* in 2 Petr 1, 5. 6; 3, 18; *ἐπίγνωσις* in 2 Petr 1, 2. 3. 8; 2, 20) und eine am Freiheitsbegriff orientierte Glaubenspraxis.

7.4.9 **Theologische Grundgedanken**

Der 2 Petr begegnet der Fundamentalkritik der Gegner auf verschiedenen Ebenen. Schon die Wahl des Pseudonyms ,Simon Petrus' signalisiert Standort und Absicht des Verfassers: Er versteht sich als Sprecher der ,rechtgläubigen' Kirche und reklamiert für sich die korrekte Auslegung der Schriften. Auch die Rezeption von Elementen der Gattung Testament dient der aktuellen Auseinandersetzung, denn die Worte ei-

224 Zu Recht hat sich in der neueren Exegese die Einsicht durchgesetzt, dass die Gegner des Jud und 2 Petr nicht identisch sind; beachte die Auslassung von Jud 19 in 2Petr!

225 Vgl. W. G. Kümmel, Einleitung, 381; Ph. Vielhauer, Urchristliche Literatur, 597; W. Schrage, 2Petr, 125 f; H. M. Schenke – K. M. Fischer, Einleitung II, 323 f.

226 Vgl. zur Kritik K. Berger, Streit um Gottes Vorsehung, 121; H. Paulsen, 2Petr, 95 f.

227 Vgl. in diesem Sinn W. Grundmann, 2Petr, 59–64; O. Knoch, 2Petr, 208–212; A. Vögtle, 2 Petr, 118. 266–272.

228 Für den paganen Bereich vgl. die Belege (bes. Plut, SerNumVind) bei K. Berger, Streit um Gottes Vorsehung, 124 f. Vornehmlich aus der paganen Umwelt heraus (u. a. mit Rückgriff auf Epikur: Gott greift nicht in den Weltlauf ein) erklären die Position der Gegner T. Fornberg, Early Church, 119 f; J. H. Neyrey, Form and Background; R. J. Bauckham, 2Petr, 154–157; K. Berger, Streit um Gottes Vorsehung, passim.

229 A. Vögtle, Christo-logie und Theo-logie, 384, vermutet zu Recht, dass der Autor des 2 Petr hier einen Vorwurf der Gegner aufnimmt und zugleich gegen sie wendet (vgl. auch 2 Petr 2, 3. 18).

230 Auflistung möglicher Bezugsstellen bei O. Knoch, 2Petr, 210 f.

nes Sterbenden besitzen unbestrittene Autorität. Sie können weder zurückgenommen noch geändert werden. Auf der fiktiven Ebene des Briefes behauptet Petrus, im Besitz des *προφητικὸς λόγος* zu sein (2 Petr 1, 19) und so die Gewissheit des ‚Tages des Herrn' verbürgen zu können. Er greift auf die Vorstellung der typologischen Entsprechung von Sintflutgericht und Endgericht (2 Petr 3, 5–7), auf Ps 90, 4 (2 Petr 3,8: ‚ein Tag bei dem Herrn ist wie tausend Jahre und tausend Jahre wie ein Tag') und auf das Motiv des Diebes (2 Petr 3, 10; vgl. 1 Thess 5, 2; Mt 24, 29 ff.43; Offb 3, 3; 16, 15) zurück, um gleichermaßen die Unberechenbarkeit und die unerschütterliche Hoffnung auf die Parusie des Herrn zu betonen. Den Grund für die bisher ausgebliebene Parusie nennt 2 Petr 3,9: Die Langmut Gottes[231] gewährt noch die Möglichkeit zur Umkehr. Gott als Herr der Schöpfung und der Geschichte hat nicht nur eine andersartige Zeitperspektive, sondern es ist in Wahrheit seine Güte, die von den Gegnern verspottet wird! Damit offenbaren sie ihr wahres Wesen, sie leben in Selbsttäuschung und Sünde (vgl. 2 Petr 1,9; 2, 10–12. 14. 18) und erkennen nicht, dass Gottes gerechtes Gericht über sie kommen wird (vgl. 2 Petr 2, 3 b.12 f).

Der 2 Petr zielt auf die rechte ‚Erkenntnis Jesu Christi, des Herrn und Heilandes' (vgl. 2 Petr 1, 1 f). In ihm offenbarte sich Gott (2 Petr 1, 17), er ist nun der Herr der Geschichte (vgl. 2 Petr 3,8–10. 15 a.18)[232]. Die göttliche Natur Jesu wird vom Autor betont herausgestellt (vgl. 2 Petr 1, 3 f; 3, 18; ferner 1, 1. 11), denn die Teilhabe an der *θεία φύσις* Jesu Christi ist das Ziel christlichen Lebens (2 Petr 1, 4). Die starke christologische Ausrichtung des 2 Petr zeigt sich auch in dem christologischen Doppeltitel ‚unser Herr und Retter Jesus Christus' (2 Petr 1, 11; 2, 20; 3, 18) und in der Korrespondenz zwischen Briefanfang und -ende: Der Lobpreis des *κύριος* und *σωτὴρ Ἰησοῦς Χριστός* rahmt das Schreiben (vgl. 2 Petr 1, 1 f; 3, 18).

7.4.10 **Tendenzen der neueren Forschung**

Wie der Judasbrief stand auch der 2 Petr lange Zeit unter dem Verdikt der theologischen Bedeutungslosigkeit. E. Käsemann fasste die Theologie des 2 Petr so zusammen: „Der Begriff des Apostels hat sich also gewandelt: Der Bote des Evangeliums ist zum Garanten der Tradition, der Zeuge der Auferstehung zum Zeugen der historia sacra, der Träger eschatologischen Gotteshandelns zum Fundament der Heilsanstalt, der Angefochtene zum Bringer der securitas geworden."[233] Käsemann bemängelte die fehlende christologische Orientierung der Eschatologie[234], hielt den Brief für ein Sammelsurium von Lehrtopoi und wertete den 2 Petr „als klarstes Zeugnis des Früh-

231 Zu *μακροθυμία* vgl. R. Stuhlmann, Das eschatologische Maß im Neuen Testament, FRLANT 132, Göttingen 1983, 85 ff.

232 Speziell in 2 Petr 3 fallen das Gerichtshandeln Gottes und die Parusie des *κύριος* zusammen; vgl. A. Vögtle, Christo-logie und Theo-logie, 392 ff.

233 E. Käsemann, Apologie, 141.

234 Vgl. a. a. O., 147.

katholizismus"[235]. Dieses Verdikt wirkte lange nach, speziell die Auslegung von W. Schrage wurde davon geprägt. Für ihn wirft die Aufnahme des 2 Petr in den Kanon grundlegende Fragen auf: „In der Tat bildet seine Stellung und sein Stellenwert im neutestamentlichen Kanon für die evangelische Theologie und Kirche ein weithin ungelöstes Problem. Es lässt sich nicht leugnen, dass das Schreiben theologische Anschauungen enthält, die in ihrer Ungebrochenheit und Verabsolutierung sowohl mit dem Zentrum der neutestamentlichen Aussagen als auch mit evangelischen Grundpositionen unübersehbar konkurrieren."[236] Die neuere Forschung hat sich von derartigen (ab-)qualifizierenden Werturteilen befreit und fragt nach der historischen Notwendigkeit und theologischen Legitimität der Argumentation des 2Petr. T. Fornberg lehnt den Begriff des ‚Frühkatholizismus' zur Bewertung des 2 Petr ab und versucht den Ort des Briefes in einer hellenistischen Umwelt zu bestimmen. Dabei erweist sich die Ethik als ein Schlüssel zum Verständnis, denn der 2 Petr ist über weite Strecken nichts anderes als Paränese. O. Knoch weist in seiner umsichtigen Auslegung darauf hin, dass im 2 Petr jeglicher Hinweis auf die Lehrautorität kirchlicher Amtsträger fehlt. Lediglich die Autorität des Apostolischen wird (wie in den Deuteropaulinen) in Anspruch genommen. Der 2 Petr lehrt das Ernstnehmen der Geduld Gottes, um möglichst viele Menschen zu retten. Er lenkt den Blick „auf die Anerkennung der Entwicklung der ‚apostolischen' zur ‚katholischen' Kirche im Vollsinn des Wortes und auf das ernsthafte Bemühen, alle legitimen christlichen Traditionen in der Kirche zu wahren und zur Geltung zu bringen."[237] H. Paulsen knüpft in seiner Auslegung einerseits an die Kritik E. Käsemanns an, markiert aber andererseits auch scharf deren Grenzen: „Eine Kritik des 2 Petr (und des Jud!) kann im geschichtlichen Sinne nicht von der faktischen Situation abstrahieren, auf deren Hintergrund die Texte entstanden sind."[238] Für Paulsen repräsentiert der 2 Petr den Übergang zur Alten Kirche, weil die Hermeneutik des Vergangenen zur Konstante der Theologie wird. Die große sprachliche und literarische Kompetenz des Autors des 2 Petr betont Th. J. Kraus. Sie lässt darauf schließen, „dass der Autor des 2 Petr über sehr beachtliche Sprachfähigkeiten verfügte, die außerdem auf die Vertrautheit mit spezifischer Literatur (Klassikertexte, idiomatische Wendungen in Inschriften und Papyri, Abstrakta der hellenistischen wie jüdischen Apokalyptik etc.) verweisen."[239] Für Th. K. Heckel sind die interpersonellen/intertextuellen Verweise im 2Petr der Schlüssel für sein Verständnis. In der Wahl des Pseudonyms ‚Petrus', im Verweis auf die synoptische Tradition (speziell Matthäus), im Rückgriff auf den 1Petr (2Petr 3,1) und vor allem mit der Inanspruchnahme des Paulus (und seiner Briefe) in 2Petr 3,15 f artikuliert der 2Petr seinen Anspruch, die Gesamtheit der Zeugen für seine Interpretation der Parusieverzögerung auf seiner Seite zu haben. Im 2Petr treten nun

235 A. a. O., 157.
236 W. Schrage, 2Petr, 122.
237 O. Knoch, 2Petr, 231.
238 H. Paulsen, 2Petr, 102.
239 Th. J. Kraus, Sprache, Stil und historischer Ort, 367.

Petrus und Paulus als Einheit und Zeugen der Wahrheit auf[240]. In das Zentrum der neueren Diskussion rückt die Frage, ob der 2Petr als bewusste Fälschung anzusehen ist und damit zu Unrecht im ntl. Kanon steht. J. Frey fällt in diesem Punkt keine klaren Urteile, verweist aber auf die enge Verbindung von Autorfiktion und Gegnerfiktion: „Erst aufgrund einer möglichst sorgfältigen und differenzierten Klärung und Einordnung der pseudonymen Strukturen von Autor *und* Gegnern kann dann auch nach ihrer leitenden Intention, ihrem argumentativen Wert und ihrer ethischen und kanontheologischen Legitimität gefragt werden."[241] H. J. Riedl betont den engen Zusammenhang zwischen Pseudepigraphie und Anamnese im 2Petr und versucht von dort die Probleme zu lösen: „aus literarischer und historisch-kritischer Perspektive ist dieser Brief pseudepigraphisch, denn ein urchristlicher Autor erhebt lange nach dem Tod des Apostels Petrus den Anspruch, er sei dieser Apostel und schreibe diesen Brief. Aus anamnetischer Perspektive ist die Bezeichnung des 2. Petrusbriefes als pseudepigraphisch dagegen unangemessen, denn in der Anamnese ist dieser Brief durchaus petrinisch und apostolisch."[242] Die intertextuellen Vernetzungs- und Instruktionsstrategien des 2Petr im Verhältnis zu den ‚heiligen Propheten' (2Petr 3, 2), den Aposteln (1Petr 3, 2), Paulus (1Petr 3, 15f) und dem 1Petr (2Petr 3, 1) arbeitet M. G. Ruf heraus. Danach will der 2Petr weitaus mehr als ein Erinnerungsschreiben sein: „Er wählt die Form eines Testamentbriefes des wohl bedeutendsten Apostels: Petrus. Hierin spiegelt sich das Selbstbewusstsein, mit dem er meint, in die Entwicklung der christlichen Lehre eingreifen und sie ein für allemal in die richtigen Bahnen zu lenken zu müssen."[243]

240 Vgl. Th. K. Heckel, Traditionsverknüpfungen, 193–195.
241 J. Frey, Autorfiktion und Gegnerbild, 732.
242 H. J. Riedl, Anamnese und Apostolizität, 239.
243 M. G. Ruf, Die heiligen Propheten, 600.

8. Die Schriften der johanneischen Schule

8.1 Die johanneische Schule

8.1.1 Literatur

R. A. Culpepper, The Johannine School, SBL DS 26, Missoula 1975. – O. Cullmann, Der johanneische Kreis, Tübingen 1975. – Elisabeth Schüssler-Fiorenza, The Quest for the Johannine School: The Apocalypse and the Fourth Gospel, NTS 23 (1977), 402–427. – R. E. Brown, Ringen um die Gemeinde, Salzburg 1982. – G. Strecker, Die Anfänge der johanneischen Schule, NTS 32 (1986), 31–47. – U. Schnelle, Antidoketische Christologie im Johannesevangelium (s. u. 8.5.1), 53–75. – F. Vouga, The Johannine School: A Gnostic Tradition in Primitive Christianity?, Bib 69 (1988), 371–385. – J. W. Taeger, Johannesapokalypse und johanneischer Kreis (s. u. 9.1). – M. Hengel, Die johanneische Frage (s. u. 8.5.1), 219 ff. 275 ff. – A. Heinze, Johannesapokalypse und johanneische Schriften, BWANT 142, Stuttgart 1998. – J. Zumstein, Zur Geschichte des johanneischen Christentums, in: ders., Kreative Erinnerung (s. u. 8.5.1), 1–14. – U. Schnelle, Die Johannesbriefe (s. u. 8.2.1), 50–55. 188–196. – U. Schnelle, Die Reihenfolge der johanneischen Schriften, NTS 57 (2011), 91–113.

8.1.2 Kriterien für die Existenz einer johanneischen Schule

1) Auf eine joh. Schule[1] weisen zunächst die *theologischen Übereinstimmungen* zwischen den drei Johannesbriefen und dem Johannesevangelium hin. Nur einige gemeinsame zentrale Gedanken seien genannt: a) Die Einheit von Vater und Sohn (2 Joh 9; 1 Joh 1, 3; 2, 22 ff; 4, 14; Joh 5, 20; 10, 30. 38; 14, 10 u. ö.); b) Die Fleischwerdung Jesu Christi (2 Joh 7; 1 Joh 4, 2; Joh 1, 14); c) Der Dualismus zwischen Gott und Welt (2 Joh 7; 1 Joh 2, 15–17; 4, 3–6; Joh 14–17); d) ‚Aus Gott gezeugt sein' (1 Joh 2, 29; 3,9; 4, 7; Joh 1, 13; 3, 3 ff); e) Das ‚Erkennen' Gottes (1 Joh 2, 3–5. 13 f; 3, 1. 6;

1 Zur Forschungsgeschichte vgl. E. Schüssler-Fiorenza, Johannine School, 406–410; J. W. Taeger, Johannesapokalypse, 11–20. Kritisch zur Existenz einer joh. Schule äußern sich W. Schmithals, Johannesevangelium und Johannesbriefe (s. u. 8.5.1), 208–214; C. Cebulj, Johannesevangelium und Johannesbriefe, in: Th. Schmeller, Schulen im Neuen Testament?, HBS 30, Freiburg 2001, 254–342.

4,6–8; Joh 1,10; 8,55; 14,7; 16,3 u.ö.); f) Das ‚Bleiben' in Gott, in Jesus, in der Wahrheit und in der Lehre (2Joh 2.9; 1Joh 2,6.24.27; 4,12–15; Joh 8,31; 14,10.17; 15,4–10); g) Wasser und Blut Jesu Christi (1Joh 5,6–8; Joh 19,34f); h) Das Gebot der Liebe (2Joh 4–6; 1Joh 2,7f; 3,11; Joh 13,34f); i) ‚Aus der Wahrheit sein', ‚die Wahrheit erkennen' (2Joh 1; 3Joh 3.8; 1Joh 2,21; 3,19; Joh 8,32; 18,37); j) ‚Aus Gott sein' (3Joh 11; 1Joh 3,10; 4,1–6; Joh 8,47); k) Das Halten der Gebote (1Joh 2,3f; 3,22.24; 5,2f; Joh 14,15.21.23; 15,10).

2) Als zweites Indiz für eine joh. Schule müssen die *Gemeinsamkeiten in der Sprache* zwischen den drei Johannesbriefen und dem Evangelium gelten[2]. Sie weisen über den Ideolekt der einzelnen Verfasser auf einen Soziolekt der joh. Schule hin. Aufschlussreich sind joh. Vorzugswörter, die in den Briefen und im Evangelium sehr oft, in den übrigen Schriften des NT aber jeweils weniger häufig belegt sind[3]. Ebenso instruktiv ist der seltene Gebrauch oder die Nichtaufnahme von Wörtern im joh. Schrifttum, die im Neuen Testament sonst häufig vorkommen[4].

3) Deutlich belegt Joh 21 die Existenz einer joh. Schule. In V. 24b melden sich mit *καὶ οἴδαμεν ὅτι ἀληθὴς αὐτοῦ ἡ μαρτυρία ἐστίν* die Verfasser des sekundären Nachtragskapitels und vielleicht sogar die *Herausgeber* des gesamten Evangeliums zu Wort. Sie machen den ‚Lieblingsjünger' zum Verfasser des Johannesevangeliums und bestimmen sein Verhältnis zu Petrus neu. Allein das Vorhandensein dieses Nachtrags und das keineswegs schriftstellerisch, sondern als Plural communicis zu verstehende ‚wir'[5] in V. 24b sind Hinweise auf eine joh. Schule.

4) Auch die *ekklesiologischen Termini* in den Johannesbriefen und im Evangelium verweisen auf die joh. Schule. In 3Joh 15 wählt der Presbyter *οἱ φίλοι* als Selbstbezeichnung für seine Gemeinde und gebraucht den Titel ebenfalls für die Adressaten (vgl. ferner Joh 11,11; 15,14f). Eine übliche Anrede innerhalb der joh. Schule war *τεκνία* bzw. *τέκνα* (*θεοῦ*); vgl. zu *τεκνία* 1Joh 2,1.12.28; 3,7.18; 4,4; 5,21; Joh 13,33; zu *τέκνα* (*θεοῦ*) vgl. 2Joh 1.4.13; 3Joh 4; 1Joh 3,1.2.10; 5,2; Joh 1,12; 11,52). Eine weitere Ehrenbezeichnung der joh. Schule ist *ἀδελφός* (vgl. 3Joh 3.5.10; Joh 20,17; 21,23).

5) Die *ethischen Aussagen*[6] in den Briefen und im Evangelium sprechen ebenfalls

2 Die joh. Begriffsbildung muss als Ausdruck der spezifisch joh. ‚Sehweise' verstanden werden; vgl. dazu F. Mußner, Sehweise (s. u. 8.5.1), 80ff.

3 So z. B. *ἀγαπᾶν, ἀλήθεια, ἀληθής, γεννᾶν, γινώσκειν, ἐντολή, ζωή, κόσμος, μαρτυρεῖν, μένειν, μισεῖν, πιστεύειν, τηρεῖν*.

4 Hier sind zu nennen: *ἀπόστολος, γραμματεύς, δέχεσθαι, δύναμις, ἐλπίς, ἐπαγγελία, εὐαγγελίζεσθαι, εὐαγγέλιον, κηρύσσειν, παραβολή, παρακαλεῖν, πίστις, πιστός, προσέρχεσθαι, πρόσωπον, σοφία*.

5 Vgl. dazu bes. A. v. Harnack, Das ‚Wir' in den Johanneischen Schriften, in: ders., Kleine Schriften zur Alten Kirche, Leipzig 1980 (= 1923), (626–643) 642f. Harnack weist in der Auseinandersetzung mit Th. Zahn nach, dass das ‚Wir' in den joh. Schriften nicht ein Indiz für die Augenzeugenschaft des Verfassers ist, sondern nur auf dem Hintergrund eines joh. Kreises in Kleinasien verstanden werden kann.

6 Zu den schwierigen Problemen der joh. Ethik vgl. als Einführung R. Schnackenburg, Die sittliche Botschaft des Neuen Testaments, HThK.S II/2, Freiburg 1988, 148–192. Über die primäre Gruppenbezogenheit der joh. Ethik besteht in der Forschung kein Dissens, kontrovers ist vielmehr nur die Frage,

für die Existenz einer joh. Schule, denn sie sind überwiegend nicht universalistisch, sondern gruppenbezogen zu verstehen. Dabei steht das Gebot der Bruderliebe deutlich im Zentrum der joh. Ethik (vgl. 2Joh 5f; 1Joh 2,7–11; Joh 13,34f).

6) Ein weiteres Indiz für die Existenz einer joh. Schule ist die Darstellung Jesu als ‚*Lehrer*'[7]. In keinem anderen Evangelium findet sich für Jesus so häufig die Anrede *ῥαββί* (Joh: 9mal, Mk: 3mal, Mt: 2mal), und mehrfach wird von Jesu Lehrtätigkeit berichtet (Joh 6,59; 7,14.28; 8,20; 18,20). Nikodemus nennt Jesus einen von Gott gekommenen Lehrer (Joh 3,2). Gott selbst lehrt Jesus (Joh 8,26.28), seine Lehre ist *ἐκ θεοῦ* (Joh 7,16.17). Jesus lehrt seine Freunde alles, was er vom Vater empfing (Joh 15,15; vgl. 17,26), so dass die joh. Schule als der Raum erscheint, in dem die Offenbarungen des Vaters an den Sohn weitergegeben und gepflegt werden.

8.1.3 **Die Schriften der johanneischen Schule**

Aus den sprachlichen und theologischen Gemeinsamkeiten zwischen den drei Johannesbriefen und dem Johannesevangelium ergibt sich ihre Zugehörigkeit zur joh. Schule. Umstritten ist hingegen die Stellung der Offenbarung des Johannes. Während sie vielfach nicht in einem unmittelbaren Sinn zur joh. Schule gerechnet wird, votiert J.W.Taeger für eine engere Zugehörigkeit der Offenbarung zum joh. Schriftenkreis. Er sieht starke Verbindungslinien zwischen der Offenbarung und einem ‚deuterojohanneischen' Denken, das sich in den Johannesbriefen und einer Redaktionsschicht des Evangeliums zeige. Die deuterojohanneische Zwei-Stufen-Eschatologie mit ihrer futurischen Ausrichtung (vgl. Joh 5,28f; 6,39.40.44.54; 12,48; 1Joh) und die Offenbarung treffen sich danach in einer Konzeption, „die den innerhalb der johanneischen Tradition vorgegebenen Gegenwartsaspekt des Lebens um den Zukunftsaspekt erweitert und beide miteinander verknüpft"[8]. Weitere Gemeinsamkeiten zwischen der Offenbarung und dem ‚deuterojohanneischen' Denken erkennt Taeger in den Gerichtsaussagen, der Antichrist-Vorstellung, der Logos-Motivik und der Siegesthematik. Die Apokalypse ist aber nicht als proto- oder ‚deuterojohanneisch' einzustufen, sondern „-unter Berücksichtigung der in der Apk verstärkt fortgeführten Entwicklung – als tritojohanneisch."[9] Die Textbasis ist jedoch für derart weitreichende Folgerungen sehr schmal, und die Voraussetzungen der Argumentation Taegers sind ebenfalls problematisch. Taeger orientiert sich tendenziell am Erklärungsmodell Rudolf Bultmanns zum Johannesevangelium, das in der neueren Forschung sehr umstritten ist. Was bei Taeger als Voraussetzung fungiert, muss als das zentrale Problem gelten: Weisen die futurisch-eschatologischen Aussagen im

ob die joh. Konzeption überhaupt materialethische Weisungen und eine wie auch immer geartete Weltoffenheit zulässt.

7 Vgl. R.A.Culpepper, Johannine School, 273ff.
8 J.W.Taeger, Johannesapokalypse, 133.
9 A.a.O., 207.

Evangelium auf eine ‚deuterojohanneische' Redaktionsstufe hin oder sind sie in die theologische Konzeption des Evangelisten integrierbar? Zudem bleiben gewichtige Unterschiede in der Sprache, der Geschichtsschau, der Bedeutung des Alten Testamentes, der Christologie, der Anthropologie, der Ekklesiologie und der gesamten Denkstruktur zwischen der Offenbarung einerseits und den Briefen sowie dem Evangelium andererseits (s. u. 9.2). Diese Differenzen lassen es als sinnvoll erscheinen, die Offenbarung nicht unmittelbar zur johanneischen Schule zu zählen, sondern sie in einer mittelbaren Verbindung zu den anderen joh. Schriften zu sehen, wodurch sich dann auch die vorhandenen Gemeinsamkeiten erklären[10].

8.1.4 **Der Ort der Schule**

Der Sitz der joh. Schule dürfte *Ephesus* gewesen sein[11]. Im Raum Ephesus gab es verschiedene johanneische Gemeinden (vgl. 2.3 Joh), wobei die Hauptgemeinde in der Stadt Ephesus angesiedelt war. Für diese Annahme lassen sich drei Gründe anführen: 1) Nach der altkirchlichen Tradition entstand das Johannesevangelium in Ephesus. Irenäus überliefert um 180 n. Chr. die Tradition, der Apostel Johannes, der Lieblingsjünger des Herrn, habe im hohen Alter z. Zt. des Kaisers Trajan das vierte Evangelium in Ephesus geschrieben[12]. Er beruft sich auf die Presbyter, die in Kleinasien mit dem Herrenjünger Johannes zusammengekommen seien, vor allem aber auf Polykarp und Papias, die er für Schüler des Johannes hält[13]. Papias als ältester Zeuge einer kleinasiatischen Johannestradition erwähnt wohl den Apostel Johannes und einen Presbyter Johannes, weiß aber nichts davon, dass einer von ihnen das vierte Evangelium verfasst hat[14]. Die kleinasiatische Johannestradition war somit in ihrem frühen Stadium nicht mit der Verfasserfrage des vierten Evangeliums verbunden,

10 Vgl. in diesem Sinn U. B. Müller, Offb (s. u. 9.1), 46–52; J. Roloff, Offb (s. u. 9.1), 19 f; E. Lohse, Wie christlich ist die Offenbarung des Johannes? NTS 34 (1988), (321–338) 326; A. Heinze, Johannesapokalypse, 353–358. E. Schüssler-Fiorenza, Johannine School, 410–418, arbeitet die sprachlichen und sachlichen Verbindungen zwischen der Offb und dem 4. Evangelium heraus, konstatiert traditionsgeschichtliche Verbindungen, spricht dann aber doch von zwei eigenständigen Schultraditionen. Demgegenüber rechnet O. Böcher, Das Verhältnis der Apokalypse des Johannes zum Evangelium des Johannes, in: J. Lambrecht (Hg.), L'Apocalypse (s. u. 9.1), 289–301; ders., Johanneisches in der Apokalypse des Johannes, NTS 27 (1981), 310–321, mit traditions- und literargeschichtlichen Verbindungen zwischen der Offb und den anderen joh. Schriften; vgl. ferner in diesem Sinn H. Kraft, Offb (s. u. 9.1), 10; P. Prigent, L'Apocalypse (s. u. 9.1), 369–371; J. Frey, Erwägungen (s. u. 9.1), 415 ff.

11 Vgl. auch R. E. Brown, JohBr, 102 f; U. Schnelle, Paulus und Johannes, EvTh 47 (1987), (212–228) 225 f; G. Strecker, JohBr, 27; J. W. Taeger, Johannesapokalypse, 22; R. Schnackenburg, Ephesus: Entwicklung einer Gemeinde von Paulus zu Johannes, BZ 35 (1991), (41–64) 60; M. Hengel, Die johanneische Frage (s. u. 8.5.1), 302 u. ö.; I. Broer, Einleitung, 224.

12 Vgl. Iren, Haer III 1, 1 (= Euseb, HE V 8, 4); II 22, 5 (= Euseb, HE III 23, 3).

13 Vgl. Iren, Haer V 33, 3–4; Euseb, HE V 20, 4–6; III 39, 1. Analyse der Texte in 8.5.2.

14 Vgl. Euseb, HE III 39, 4; Analyse des Textes im Abschnitt 8.2.2.

was ihre Glaubwürdigkeit erhöht. 2) Die Wirkungsgeschichte des vierten Evangeliums (Aloger, Montanisten, Johannesakten, Rezeption in der Gnosis) weist eindeutig nach Kleinasien und den Westen des Römischen Reiches[15]. Der 1 Joh ist schon bald nach seiner Abfassung in Kleinasien bezeugt (vgl. Polyk, Phil 7, 1). 3) Die theologischen Übereinstimmungen zwischen der paulinischen und johanneischen Theologie (s. u. 8.5.7) zeugen für Ephesus als dem gemeinsamen Sitz der Paulus- und der Johannesschule. Hier dürfte es zu einer traditionsgeschichtlichen Verbindung zwischen der paulinischen und johanneischen Theologie gekommen sein.

Als indirekte Zeugnisse für Ephesus können schließlich die Sendschreiben der Johannesapokalypse (vgl. Offb 2;3) und die Ignatiusbriefe gelten, sie wenden sich an Gemeinden im Umkreis der johanneischen Schule. Die joh. Schule ist nicht einfach identisch mit den joh. Gemeinden[16]. Zur Gemeinde zählen alle joh. Christen, zur Schule hingegen nur die, die aktiv an der joh. Theologiebildung beteiligt waren.

8.1.5 **Die Reihenfolge der johanneischen Schriften**

Bei der Frage nach der Abfolge der johanneischen Schriften werden zwei Modelle diskutiert[17]: Während das klassische Modell (Evangelium→1Joh→2Joh→3Joh) vom Gedanken einer ‚Verkirchlichung' geprägt ist, dominiert bei dem alternativen Modell (2Joh→3Joh→1Joh→Evangelium) die Vorstellung einer fortschreitenden Entwicklung und Entfaltung der johanneischen Theologie. Für die hier vertretene Reihenfolge des zweiten Modells 2Joh→3Joh→1Joh→Evangelium können folgende Hauptargumente angeführt werden[18]:

15 Vgl. zur Wirkungsgeschichte besonders M. Hengel, Die johanneische Frage (s. u. 8.5.1), 9–95.

16 Die joh. Gemeinden dürften sich überwiegend als Hausgemeinden organisiert haben, worauf vor allem die Familienmetaphorik in den joh. Schriften hinweist; vgl. D. Rusam, Die Gemeinschaft der Kinder Gottes (s. u. 8.4.1), 15–169; K. Scholtissek, Kinder Gottes und Freunde Jesu, Beobachtungen zur johanneischen Ekklesiologie, in: Ekklesiologie des Neuen Testaments (FS K. Kertelge), hrsg. v. R. Kampling u. Th. Söding, Freiburg 1996, 199–209. Der 2./3. Joh. zeigen darüber hinaus, dass es einen Austausch von Wandermissionaren zwischen den einzelnen Gemeinden gegeben haben muss.

17 Zur Forschungsgeschichte vgl. J. Chr. Thomas, The Order of the Composition of the Johannine Epistles, NT 37 (1995), 68–75; M.-G. Kim, Zum Verhältnis des Johannesevangeliums zu den Johannesbriefen, EHS 23.761, Frankfurt 2003.

18 Für eine Entstehung der Johannesbriefe vor dem Evangelium votieren auch G. Strecker, JohBr (s. u. 8.2.1), 19–28; M. Hengel, Die johanneische Frage (s. u. 8.5.1), 201–203; J. Frey, Eschatologie III (s. u. 8.5.1), 46–60; M. Labahn, Jesus als Lebensspender (s. u. 8.5.1), 17–21; P. Stuhlmacher, Theologie II, 209; E. E. Popkes, Theologie der Liebe Gottes (s. u. 8.5.1), 296 ff; P. E. Kinlaw, The Christ is Jesus (s. u. 8.5.1), 73. H. Thyen, Art. Johannesbriefe (s. u. 8.2), 195, sieht in den beiden kleinen Briefen die ältesten Dokumente joh. Theologie.

1) Der sprachliche Befund

Vergleicht man 2/3Joh mit dem Johannesevangelium und dem 1Joh, dann fallen zunächst gravierende sprachliche Unterschiede auf. Das Johannesevangelium (ca. 1028 Vokabeln) und die Johannesbriefe (ca. 296 Vokabeln) weisen einen relativ geringen Wortschatz auf. Aufschlussreich ist dabei vor allem der unterschiedliche Gebrauch oder Nichtgebrauch von Schlüsselbegriffen, der einen Rückschluss auf die sachliche und zeitliche Abfolge der einzelnen Schriften durchaus zulässt:

1) *θεός* = „Gott" ist im JohEv 83mal, im 1Joh 62mal, im 2Joh 2mal und im 3Joh 3mal belegt. Sowohl 2Joh 3.9 als auch 3Joh 6.11(2mal) zeigen, dass die *Theologie* in den beiden kleinen Johannesbriefen in keiner Weise das Niveau des Evangeliums[19] oder des 1Joh erreicht.
2) Sehr auffällig ist die Verteilung der christologischen Titel: *Ἰησοῦς* ist im JohEv 244mal, im 1Joh 12mal, im 2Joh 2mal und im 3Joh nicht belegt; *Χριστός* findet sich im JohEv 19mal, im 1Joh 8mal, im 2Joh 3mal und im 3Joh nicht; *υἱός* ist im JohEv 55mal, im 1Joh 22mal, im 2Joh 2mal und im 3Joh nicht belegt; *κύριος* erscheint im JohEv 53mal, nicht hingegen in den drei Johannesbriefen. Fazit: Der 3Joh enthält nur *eine* indirekte christologische Aussage (3Joh 7); die Verwendung christologischer Titel im 2Joh ist vor allem vom Traditionsgedanken geprägt (2Joh 9), der sich im rechten Bekenntnis zu Jesus Christus als dem ins Fleisch Gekommenen zeigt (2Joh 7). Von dieser *rudimentären Christologie* deutlich zu unterscheiden ist der Gebrauch christologischer Titel im 1Joh und vor allem im Johannesevangelium.
3) *ἀλήθεια* = „Wahrheit" ist im JohEv 25mal, im 1Joh 9mal, im 2Joh 5mal und im 3Joh 6mal belegt und ein Schlüsselbegriff der gesamten johanneischen Theologie. Auffallend ist der völlig unterschiedliche Gebrauch von *ἀλήθεια* im Evangelium und in den Briefen. Vor allem in den beiden kleinen Johannesbriefen ist Wahrheit an den Traditionsbegriff gebunden (vgl. die nur in 2Joh 4; 3Joh 3.4 belegte Wendung *περιπατεῖν ἐν ἀληθείᾳ*) und weist gerade nicht die christologische Konnotation des Evangeliums auf. Das Wandeln ‚in Wahrheit' ist in den Presbyterbriefen ganz offensichtlich durchgängig mit der Frage nach dem sachgemäßen Verständnis Jesu Christi verbunden, d. h. es hat zuallererst eine lehrhafte Dimension: das Festhalten an bzw. das Feststehen in der richtigen Lehre, so wie sie vom Presbyter vertreten wird (vgl. 3Joh 8). Eine christologische Füllung des Wahrheitsbegriffes fehlt ebenso wie die Einzeichnung von ‚Wahrheit' in dualistische Aussagen (vgl. Joh 8,32.40.44; 18,37).
4) *ἀγάπη* = „Liebe" ist im JohEv 7mal, im 1Joh 18mal, im 2Joh 2mal und im 3Joh 1mal belegt; *ἀγαπᾶν* = „lieben" ist im JohEv 59mal, im 1Joh 28mal, im 2Joh 2mal und im 3Joh 1mal zu finden; *ἀγαπητός* = „geliebt" fehlt im JohEv und im 2Joh, im 1Joh ist es 6mal, im 3Joh 4mal belegt. Die Belege im 2/3Joh zeigen deutlich, dass – wie beim Wahrheitsbegriff – auch bei ‚Liebe/lieben' das Festhalten an der überlieferten, sachgemäßen Tradition im Vordergrund steht (vgl. 2Joh 3.6; 3Joh 6). Dabei korrespondiert

19 Vgl. hierzu U. Schnelle, Theologie (s. o. 3.1.1), 620–628.

der Liebesbegriff mit der lehrhaften und traditionsorientierten Fassung des Wahrheitsbegriffes.

5) *κόσμος* = „Welt" ist im JohEv 78mal und im 1Joh 23mal belegt, wobei der Gegensatz zwischen Gott/den Glaubenden und ‚der Welt' in beiden Schriften konstitutiv ist. Demgegenüber erscheint *κόσμος* nur in 2Joh 7 und fehlt im 3Joh, d.h. diesem Schlüsselbegriff kommt in den beiden kleinen Johannesbriefen keine wirkliche Bedeutung zu.

6) Das Leitverb *γινώσκειν* = „erkennen" findet sich im JohEv 57mal und im 1Joh 25mal; demgegenüber ist es in den kleinen Johannesbriefen nur in 2Joh 1 belegt, wo es das Festhalten an der Wahrheit meint.

7) Während es geradezu die Pointe des 4. Evangeliums ist, dass der, der Jesus sieht, Gott gesehen hat (vgl. Joh 14,9: „Wer mich sieht, der sieht den Vater"; vgl. 1,18.34; 5,37; 6,36.46; 8,38; 14,7; 20,18.24–29), sprechen die kleinen Johannesbriefe nur einmal ohne jegliche christologische Konnotation vom ‚Sehen Gottes' (3Joh 11). Die für das Evangelium charakteristische Vorstellung ist nur in 1Joh 1,1–3 belegt (vgl. ferner 1Joh 3,2; 4,20).

8) *μαρτυρία* = „Zeugnis" ist im JohEv 14mal, im 1Joh 6mal, im 2Joh nicht und im 3Joh 1mal belegt; *μαρτυρέω* = „bezeugen" findet sich im JohEv 33mal, im 1Joh 6mal, im 2Joh nicht und im 3Joh 4mal. Bei den Belegen im 3Joh geht es nicht um das Zeugnis für den Vater oder den Sohn, sondern wiederum um das Zeugnis für die überlieferte Wahrheit/Lehre.

9) *ἐκκλησία* = „Gemeinde" findet sich im 3Joh 3mal, fehlt aber im 2Joh, 1Joh und JohEv.

Neben diese inhaltlichen Differenzen/Besonderheiten tritt der Nichtgebrauch, das *Fehlen* zentraler Termini des Evangeliums (und teilweise des 1Joh) im 2/3Joh:

1) Im JohEv ist *πιστεύειν* = „glauben" theologisches Leitverb (98 Belege; im 1Joh 9 Belege); in 2/3Joh fehlt es, obwohl es zumindest im 2Joh um den sachgemäßen Glauben geht!

2) *πνεῦμα* = „Geist" nimmt in den theologischen Konzeptionen des JohEv (24mal) und des 1Joh (12mal) eine zentrale Stellung ein, fehlt aber im 2/3Joh.

3) *ἁμαρτία* = „Sünde" ist im JohEv und im 1Joh je 17mal belegt, das Verb *ἁμαρτάνειν* findet sich im JohEv 4mal, im 1Joh 10mal; beide Begriffe erscheinen in 2/3Joh nicht.

4) *ζωή* = „Leben" ist ein zentraler theologischer Begriff des 1Joh (13mal) und des JohEv (36mal), erscheint aber wie *θάνατος* = „Tod" (1Joh 6mal; JohEv 8mal) in den kleinen Johannesbriefen nicht.

5) *φῶς* = „Licht" (JohEv 23mal; 1Joh 6mal) fehlt in 2/3Joh ebenso wie *σκοτία* = „Finsternis" (JohEv 8mal; 1Joh 6mal).

6) *θέλημα* = „Wille" (Gottes) findet sich im JohEv 11mal, im 1Joh 2mal, nicht hingegen in 2/3Joh.

Welche Schlüsse lässt dieser Befund zu? Es ist zunächst offensichtlich, dass 2/3Joh ein eigenes sprachliches und theologische Profil besitzen, sehr eng zusammengehören und deutlich vom 1Joh und Johannesevangelium zu unterscheiden sind. Der 1Joh lässt in der christologischen Kontroverse (1Joh 2,22; 4,1–3) eine Nähe zu 2Joh

7 erkennen, weist aber zugleich eine sprachliche Eigenständigkeit gegenüber 2/3Joh auf (z. B. *χρῖσμα, γεννάω, γινώσκω, ἁμαρτία, ζωή, υἱός, κόσμος*) und zeigt sich vor allem in der Entfaltung von Theologie und Christologie dem Evangelium nahe.

2) Reduktionen?

Wer die Johannesbriefe nach dem Evangelium ansetzt und dabei 2/3Joh am Ende der johanneischen Traditionslinie platziert, muss zunächst die umfassende Reduzierung der Christologie in den Presbyterbriefen erklären. Der Hinweis auf die Länge der beiden kleinen Johannesbriefe oder die Gemeindesituation, die jeweils keine größeren Rückschlüsse zuließen, reicht keineswegs aus, denn gerade die christologischen und ekklesiologischen Auseinandersetzungen im 2/3Joh hätten ausgehend von der Christologie des Evangeliums weitaus effektiver und vor allem differenzierter und umfangreicher geführt werden können bzw. geführt werden *müssen*[20]. Eine wirkliche Erklärung für diese radikale *Ent*-Christologisierung kann nicht gegeben werden, ebenso wenig wie für das Zurücktreten zentraler theologischer Themen des Evangeliums in den Briefen (vor allem in 2/3Joh): Verhältnis Vater – Sohn, Soteriologie, Eschatologie, Pneumatologie, Anthropologie, Glaubensbegriff, Sakramente, Dualismen[21]. Schließlich: Werden die Johannesbriefe nach dem Evangelium datiert, wäre der johanneische Gemeindeverband gerade dann sprachlos geworden und hätte die theologischen Argumentationsmodelle des Evangeliums nicht genutzt, als er in seine tiefste Krise geriet! Vor allem dem Presbyter des 2/3Joh müsste eine massive theologische Inkompetenz vorgeworfen werden, denn er hätte das Reservoir des Johannesevangeliums (und des 1Joh) gerade in einer akuten Konfliktsituation nicht aufgegriffen. *Es müsste also ein umfassendes Ineinander von theologischer/christologischer Reduktion und argumentativer Inkompetenz angenommen werden*!

20 Dieses Argument gilt vor allem, wenn man wie H.-J. Klauck, Die Johannesbriefe (s. u. 8.2.1) 126, die Situation der Briefe so beschreibt: „Sie setzen alle drei die gleiche, im Grundbestand des Evangeliums noch nicht erkennbare konfliktreiche Gemeindesituation voraus und wurden zur Bewältigung dieses innerjohanneischen Schismas in einer relativ kurzen Zeitspanne verfaßt." Für den 1Joh ist diese Beschreibung möglich, für den 2/3Joh m. E. nicht, denn: Was tragen sie zur Bewältigung des joh. Schismas aus? Sie fallen massiv hinter die Argumentation des 1Joh zurück und nehmen das umfangreiche theologische Programm des Evangeliums in keiner Weise auf!

21 Nach J. Beutler, Die Johannesbriefe (s. u. 8.2.1) 144, nahm der 2Joh zwar Gedankengut des 1Joh auf, „doch formelhaft erstarrt und gelegentlich bis zur Unverständlichkeit eher ungeschickt miteinander verknüpft, so daß sich auch von dieser Seite her eher eine Abfolge des Zweiten Briefes auf den Ersten als umgekehrt nahelegt." Die Annahme einer Erstarrung der joh. Theologie in ihrer Endphase ist möglich, sie hat aber massive innere Voraussetzungen: a) Die Unfähigkeit des Presbyters Johannes, den theologischen Ertrag seiner Vorgänger anzuwenden. b) Die faktische Wirkungslosigkeit des Johannesevangeliums, dessen reichhaltige theologische Welt beim Presbyter unbeachtet geblieben wäre. c) Im Hinblick auf den 3Joh den faktischen Abbruch einer theologischen Argumentation! Alle drei Annahmen erscheinen mir angesichts der theologischen Reichhaltigkeit des Johannesevangeliums und des 1Joh sowie der Wirkungsgeschichte des 4. Evangeliums als unwahrscheinlich und spekulativ.

3) Ein Erkärungsmodell

Erwägt man hingegen, dass die Johannesbriefe vor dem Evangelium entstanden und 2/3Joh den Anfang der johanneischen Traditionslinie bilden, erscheint eine plausible historische, sprachliche und theologische Erklärung möglich. Die beiden *Presbyterbriefe* spiegeln die judenchristlich geprägten Anfänge der johanneischen Schule, die Konflikte zwischen einzelnen Gemeindeleitern und das Aufkommen einer doketischen Christologie wider. Die Presbyterbriefe führen keinen erkennbaren theologischen Diskurs, sondern sie verharren in persönlichen Machtansprüchen und Symbolhandlungen, sie bleiben in ihrer theologischen Argumentation eher rudimentär und bearbeiten den anfänglichen christologischen Konflikt nicht wirklich. Demgegenüber zeugen der 1Johannesbrief und vor allem das Johannesevangelium von einem neuen Stadium johanneischer Theologiebildung.

Mit dem *1Johannesbrief* ist die Formierungsphase der johanneischen Theologie eindeutig beendet, das johanneische Denken bekommt jetzt Systemqualität und tritt in einen umfassenden theologischen Diskurs ein. Die Begrifflichkeit und die Argumentation im 1Joh ist gegenüber 2/3Joh deutlich weiterentwickelt und hat vor allem in der christologischen Kontroverse an Durchschlagskraft gewonnen. Anders als im 2/3Joh wird der theologiepolitische Standort des Verfassers/der Verfasser nun umfassend theologisch begründet. Dabei greift der 1Joh an keiner Stelle erkennbar auf das Johannesevangelium zurück (s. u. 8.4.3). Er befindet sich in einer polemischen Auseinandersetzung mit doketischen Irrlehrern, die erstmals in 2Joh 7 in den Blick kommen. Soziologisch dürfte hinter dem 1Joh ein gegenüber den Presbyterbriefen gewachsener Gemeindeverband stehen[22], an den sich eine Mehrzahl von Lehrern mit dem ‚Wir' in 1Joh 1, 1–4 wendet und der auch nach der Spaltung (vgl. 1Joh 2,19) lebensfähig bleibt. Der 1Joh bezeugt ein reges gottesdienstliches Leben in der Gemeinde, worauf die Bedeutung des Gebetes (vgl. 1Joh 3, 22; 5, 14–16) und der Geist-Salbung (vgl. 1Joh 2, 20.27) sowie der Streit um das rechte Verständnis der Sakramente hinweisen (vgl. 1Joh 5, –8). Das *Johannesevangelium* wiederum repräsentiert ein weiteres Stadium, indem nun im Rahmen einer eigenen Jesus-Christus-Geschichte das johanneische Denken präsentiert wird[23]. Das Johannesevangelium bildet den Höhepunkt und Abschluss der johanneischen Theologie. Johannes steht an einem Wendepunkt. Er sieht deutlich, dass seine Zeit Jesus Christus und dem Ursprung des Christentums nur treu bleiben kann, wenn sie das Wagnis einer sprachlichen und gedanklichen Neuformulierung des Christusgeschehens eingeht. Dabei ist dem 4. Evangelisten der Rückbezug auf Jesus von Nazareth ebenso wichtig wie die Neufor-

22 Vgl. D. Rusam, Die Gemeinschaft der Kinder Gottes (s. u. 8.4.1) 214–218.

23 Dabei werden die Konflikte der Briefe aufgenommen und bearbeitet; vgl. E. E. Popkes, Die Polemik um die Christologie im Ersten Johannesbrief und ihr Verhältnis zu den polemischen Zügen des Johannesevangeliums, in: O. Wischmeyer/L. Scornaienchi (Hg.), Polemik in der frühchristlichen Literatur, BZNW 170, Berlin 2011, 331–355.

mulierung der Jesus-Christus-Botschaft für seine eigene Zeit. Der Gesamtbefund der johanneischen Literatur legt somit die Annahme nahe: Die Briefe markieren literarisch und theologisch den Ausgangspunkt der johanneischen Theologiebildung, die im Johannesevangelium ihren Höhepunkt erreicht.

8.2 Der zweite Johannesbrief

Einführende Literatur zu den Johannesbriefen

H. H. Wendt, Die Johannesbriefe und das johanneische Christentum, Halle 1925. – R. Bultmann, Art. Johannesbriefe, RGG^3 III (1959), 836–839. – E. Haenchen, Neuere Literatur zu den Johannesbriefen, in: ders., Die Bibel und Wir, Tübingen 1968, 235–311 (FB!). – H. Thyen, Art. Johannesbriefe, TRE 17 (1987), 186–200. – J. Beutler, Die Johannesbriefe in der neuesten Literatur, ANRW 25.5, Berlin 1988, 3773–3790. – K. Wengst, Probleme der Johannesbriefe, ANRW 25.5, Berlin 1989, 3753–3772. – J. Lieu, Theology of the Johannine Epistles, Cambridge 1991.

8.2.1 Literatur zum 2.3 Joh

Kommentare

KEK XIV: R. Bultmann, ^{2}1969; G. Strecker, 1989. – HNT 15: H. Windisch (– H. Preisker), ^{3}1951; F. Vouga, 1990. – HThK XIII/3: R. Schnackenburg, ^{6}1979. – EKK XXIII/2: H. J. Klauck, 1992. – ThHK 17: U. Schnelle, 2010. – ÖTK 16: K. Wengst, 1978. – NTD 10: H. Balz, ^{2}1980. – RNT: J. Beutler, 2000. – ZBK 17: G. Schunack, 1982. – AncB 30: R. E. Brown, 1982. – WBC 51: S. S. Smalley, 1984. – Sacra Pagina: J. Painter, 2002. – U. van Wahlde, The Gospel and Letters of John III: Commentary on the Three Johannine Letters, Grand Rapids 2010.

Aufsätze

E. Käsemann, Ketzer und Zeuge, in: ders., Exegetische Versuche und Besinnungen I, Göttingen ^{6}1970, 168–187. – G. Bornkamm, Art. *πρεσβύτερος*, ThW VI, 651–683. – R. Bergmeier, Zum Verfasserproblem des II. und III. Johannesbriefes, ZNW 57 (1966), 93–100. – R. W. Funk, The Form and Structure of II. and III. John, JBL 86 (1967), 424–430. – J. W. Taeger, Der konservative Rebell. Zum Widerstand des Diotrephes gegen den Presbyter, ZNW 78 (1987), 267–287. – B. Bonsack, Der Presbyteros des dritten Briefes und der geliebte Jünger des Evangeliums nach Johannes, ZNW 79 (1988), 45–62. – H.-U. Weidemann, „Was von Anfang an war". Der Streit um Christus und die Taufe in den Gemeinden der Johannesbriefe, ThQ 191 (2011), 223–241.

Forschungsbericht

H. J. Klauck, Die Johannesbriefe, EdF 276, Darmstadt 1991.

8.2.2 Verfasser

Der 2 Joh enthält ebenso wie der 3 Joh in der superscriptio des Präskriptes eine Verfasserangabe: *ὁ πρεσβύτερος*[24]. Sprachlich legt sich zunächst die Deutung ‚der Alte, der Greis' nahe, der aufgrund seines Alters und seiner Lebenserfahrung eine besondere Stellung einnimmt[25]. Allerdings lässt die Auseinandersetzung des Presbyters mit den Gegnern nicht erkennen, dass seine Autorität auf einem hohen Alter beruht[26]. Sodann kann mit *ὁ πρεσβύτερος* der Amtsträger einer Lokalgemeinde gemeint sein, dem durch das Amt eine besondere Autorität zukam. Gegen diese vor allem von E. Käsemann[27] vertretene These ist geltend zu machen, dass die Presbyterwürde im Urchristentum nur im Rahmen eines Kollegiums wahrgenommen wurde (vgl. z. B. Apg 11, 30; 14, 23; 1 Tim 4, 14; Tit 1, 5) und zudem die Bezeichnung *ὁ πρεσβύτερος* unter Weglassung des Namens einzigartig wäre. Weder für den Presbyter noch für seinen in 3 Joh 9 erwähnten Gegenspieler Diotrephes ist eine Amtsstellung wirklich nachweisbar. So dürfte *ὁ πρεσβύτερος* eine *Würdebezeichnung* für „einen besondere Hochschätzung genießenden Lehrer"[28] sein. Der Presbyter muss eine hervorragende Gestalt innerhalb der joh. Schule, wahrscheinlich sogar ihr Gründer gewesen sein, denn nur so lassen sich die Erhaltung und die Übernahme des 2. 3 Joh in den Kanon erklären[29]. Nichts spricht dagegen, den Presbyter des 2. 3 Joh mit jenem *ὁ πρεσβύτερος Ἰωάννης* zu identifizieren, den Papias in deutlicher Unterscheidung zum Zebedaiden Johannes als einen der Gewährsleute seiner Traditionen anführt (Euseb, HE III 39, 4: „Wenn aber einer kam, der den Presbytern gefolgt war, fragte ich nach den Lehren der Presbyter: Was Andreas oder Petrus sagten, was Philippus, was Thomas oder Jakobus, was Johannes oder Matthäus oder irgendein anderer von den Jüngern des Herrn, was Aristion und der Presbyter Johannes, auch Jünger des Herrn, sagen"). Sowohl der Presbyter der Johannesbriefe als auch der Presbyter Johannes des Papias ist nicht Amts-, sondern Traditionsträger[30]. Als Träger bzw. Gründer der joh. Tradition hat der Presbyter des 2. 3 Joh ein hohes Ansehen genossen, und als besonderer Traditionsträger erscheint er auch bei Papias.

Papias erhielt die von ihm selbst hochgeschätzten mündlichen Traditionen von Presbyterschülern, die er nach den Überlieferungen der Apostel befragte. Die Traditionskette

24 Eine Darstellung der Lösungsversuche A. v. Harnacks, W. Bauers und E. Käsemanns sowie eine kritische Erörterung der Probleme bietet E. Haenchen, Neuere Literatur zu den Johannesbriefen, 282–311. Vgl. ferner die forschungsgeschichtliche Übersicht bei R. E. Brown, JohBr, 648–651.

25 Das hohe Alter des Presbyters betont vor allem H. H. Wendt, Johannesbriefe, 7 f.

26 Vgl. G. Bornkamm, Art. *πρεσβύτερος*, 670.

27 E. Käsemann, Ketzer und Zeuge, 177, sieht im Presbyter einen Mann, „der einen Gemeindeverband und eine Missionszentrale leitet und höchst aktiv Kirchenpolitik treibt, indem er in fremden Gemeinden Stützpunkte seiner Organisation zu gründen versucht". Zur Kritik an Käsemann vgl. G. Bornkamm, a. a. O., 671 A 121.

28 G. Bornkamm, a. a. O., 671; vgl. ferner R. Schnackenburg, JohBr, 306.

29 Vgl. H. Thyen, Art. Johannesbriefe, 195.

30 Vgl. Ph. Vielhauer, Urchristliche Literatur, 763, der herausstellt, dass Papias unter den *πρεσβύτεροι* Traditionsträger verstand.

lautet: Apostel – Presbyter (= Apostelschüler) – Schüler der Presbyter – Papias[31]. Schwer bestimmbar ist das Verhältnis zwischen der ersten Gruppe (den Aposteln) und der zweiten Gruppe (Aristion und der Presbyter Johannes) der Herrenjünger. Der unterschiedliche Tempusgebrauch (*εἶπεν* bei den Aposteln, *λέγουσιν* bei Aristion und dem Presbyter Johannes) lässt darauf schließen, dass Aristion und der Presbyter Johannes z.Zt. des Papias noch lebten, so dass gefragt werden muss, ob Papias beide kannte. Euseb bejaht dies nachdrücklich (HE III 39,7), um so die Glaubwürdigkeit der von ihm überlieferten Papiastradition zu sichern (vgl. HE III 39,15.16.17). Auch die Papiasnotiz selbst scheint das nahezulegen, denn in dem zweiten indirekten Fragesatz wird mit dem Relativpronomen *ἅ* einerseits das Fragewort *τί* wiederaufgenommen, während andererseits *τέ* und das neue Prädikat *λέγουσιν* einen Neueinsatz markieren. Dann hätte Papias von Aristion und dem Presbyter Johannes direkt Traditionen erhalten und müsste als deren Schüler gelten[32].

8.2.3 **Ort und Zeit der Abfassung**

Wenn der Verfasser des 2.3Joh als Gründer der joh. Schule mit dem von Papias erwähnten Presbyter Johannes identisch ist, spricht wiederum nichts dagegen, in den beiden kleinen Johannesbriefen die *ältesten Dokumente* der joh. Schule zu sehen[33]. Bei den kleinen Johannesbriefen kommt dem 2Joh die zeitliche Priorität zu, denn offensichtlich verweist 3Joh 9 auf den 2Joh.

Vielfach wird dagegen der Einwand erhoben, 3Joh 9 müsse sich auf ein Empfehlungsschreiben für Wandermissionare beziehen, was aber der 2Joh nicht sei[34]. Aus der Wendung *ἔγραψά τι τῇ ἐκκλησίᾳ* geht freilich nur hervor, dass der Presbyter schon früher einmal an die Gemeinde geschrieben hat. Erst V. 10b handelt wieder von den Wandermissionaren, so dass sich die Ablehnung des Diotrephes in V. 9b auf den Presbyter und seine im 2Joh dargelegte theologische Position und den ihr inhärenten Machtanspruch beziehen kann[35].

Die erste Bezeugung des 2Joh findet sich bei Polykarp (vgl. Polyk, Phil 7,1 mit 2Joh 7), wahrscheinlich wurde der 2Joh *um 90 n.Chr.* abgefasst.

---

31 Vgl. W.Heitmüller, Zur Johannes-Tradition, ZNW 15 (1914), (189–209) 195; E.Haenchen, Joh (s.u. 8.5.1), 9.

32 Dafür spricht auch der absolute *ἀλήθεια*-Begriff in Euseb, HE III 39,3 („... Denn nicht hatte ich Freude, wie die meisten an denen, die viele Worte machen, sondern an denen, welche die Wahrheit lehren ..."), der an den Sprachgebrauch im 2.3Joh erinnert.

33 Vgl. in diesem Sinn (mit Unterschieden in der Einzelargumentation) H.H.Wendt, Johannesbriefe, 1–7; G.Strecker, JohBr, 28; U.Schnelle, Antidoketische Christologie (s.u. 8.5.1), 65; H.Thyen, Art. Johannesbriefe, 195; M.Hengel, Die johanneische Frage (s.u. 8.5.1), 123.156; G.Lüdemann, Ketzer, Stuttgart 1995, 175–188.

34 Vgl. z.B. R.Schnackenburg, JohBr, 326; W.G.Kümmel, Einleitung, 394; R.Bultmann, JohBr, 99; K.Wengst, JohBr, 248, u.a.

35 Für einen Bezug von 3Joh 9 auf 2Joh plädieren z.B. Th. Zahn, Einleitung in das Neue Testament II (s.o. 7.4.2), 581; H.H.Wendt, Johannesbriefe, 23; M.Dibelius, Art. Johannesbriefe, RGG^2 III (1929), 348; A.Jülicher – E.Fascher, Einleitung, 235; G.Strecker, JohBr, 357f.368; F.Vouga, JohBr, 18; W.Vogler, Die Briefe des Johannes, ThHK 17, Leipzig 1993, 30; M.Hengel Die johanneische Frage (s.u. 8.5.1), 132.

8.2.4 Empfänger

In 2 Joh 1 wird nicht eine Einzelperson, sondern die angeschriebene Ortsgemeinde als *ἐκλεκτῇ κυρία* bezeichnet[36]. Damit greift der Presbyter atl.-metaphorischen Sprachstil auf (vgl. Jer 4,31; 31,21; Zeph 3,14), aber auch in anderen ntl. Schriften kann die Gemeinde als ‚Braut Christi' (vgl. 2 Kor 11,2; Offb 12,17; 19,7; 21,2.9) bezeichnet werden. Die Glaubenden insgesamt sind ‚Auserwählte' (vgl. 1 Petr 1,1; Offb 17,4), und auch eine einzelne Gemeinde kann als ‚auserwählt' gelten (vgl. 1 Petr 5,13)[37]. Die Gemeinde wird als *κυρία* bezeichnet, weil sie durch die Erwählung an der Herrschaft des Kyrios Jesus Christus teilhat. 2 Joh 13 bestätigt die ekklesiologische Interpretation von *κυρία*, denn nicht der Verfasser des Briefes grüßt, sondern die ‚Kinder der auserwählten Schwester', d. h. eine Schwestergemeinde. Hier zeigt sich die Verfassungsstruktur der joh. Schule: Autonome Gemeinden bilden einen Verbund, sie grüßen einander, stehen miteinander in Kontakt und sind einander behilflich. Das Verhältnis des Presbyters zur Gemeinde ist gut (2 Joh 3), er möchte die Gemeinde bald besuchen, um mit ihr mündlich alle Probleme zu besprechen (2 Joh 12). Zugleich warnt der Presbyter aber vor Irrlehrern, die in Gemeinden der joh. Schule agieren (2 Joh 7 f). Dabei handelt es sich offenbar um Wanderprediger, die einzelne Gemeinden besuchen und von deren Aufnahme der Presbyter abrät (2 Joh 10).

8.2.5 Gliederung, Aufbau, Form

1–2	Präskript	
3	Salutatio	Briefanfang
4	Danksagung	
5–6	Das Gebot der Liebe	
7–9	Die Irrlehrer	Briefkorpus
10–11	Keine Gastfreundschaft für die Irrlehrer	
12	Apostolische Parusie	Briefschluss
13	Grüße	

36 Vgl. in diesem Sinn R. Bultmann, JohBr, 103; R. Schnackenburg, JohBr, 306; K. Wengst, JohBr, 236; G. Strecker, JohBr, 317 ff; F. Vouga, JohBr, 80.

37 In der klassischen Gräzität bezeichnet *κυρία ἐκκλησία* eine wichtige Versammlung eines Gemeinwesens, auf der zentrale Fragen der Versorgung und der Sicherheit beraten wurden; vgl. H. J. Klauck, *κυρία ἐκκλησία* in Bauers Wörterbuch und die Exegese des zweiten Johannesbriefes, ZNW 81 (1990), 135–138.

Der 2 Joh ist als ein *wirklicher Brief* anzusehen, er weist alle Merkmale eines antiken Privatbriefes auf: superscriptio, adscriptio, salutatio, Proömium, briefliche Bitte mit *ἐρωτῶ*, Ankündigung eines geplanten Besuches und Schlussgrüße[38]. Die in hellenistischen Briefen übliche *ἐρωτῶ σε*-Formulierung weist den 2 Joh als einen Bittbrief aus. Nicht überzeugen kann die Vermutung, die Briefform des 2 Joh sei eine Fiktion[39]. Sowohl der Aufbau als auch die Länge (ein Papyrusblatt) entsprechen antiken Privatbriefen. Vom Briefcharakter zeugen die Behandlung konkreter Fragen, das Eingehen auf Gemeindeprobleme und die Ankündigung eines baldigen Besuches. Unter rhetorischen Gesichtspunkten bietet sich folgende Gliederung des 2 Joh an[40]: exordium V. 4 (V. 1–3); narratio V. 5; probatio V. 6–11; peroratio V. 12 (V. 13).

8.2.6 **Literarische Integrität**

Die literarische Integrität des 2 Joh ist unbestritten.

8.2.7 **Traditionen, Quellen**

Im 2 Joh wurden vom Verfasser keine Traditionen oder Quellen verarbeitet.

8.2.8 **Religionsgeschichtliche Stellung**

In 2 Joh 7 warnt der Presbyter vor Irrlehrern, die als Wanderprediger agieren und nicht bekennen: *Ἰησοῦν Χριστὸν ἐρχόμενον ἐν σαρκί.* Die Gegner verneinen offenbar die bleibende Bedeutung der Geschichte und Person Jesu Christi. Wie in 1 Joh 4, 2 leugnen sie damit die substantielle Fleischwerdung des Christus[41], die Einheit zwischen dem irdischen Jesus und dem himmlischen Christus und die grundlegende soteriologische Bedeutung der Sakramente. Deshalb kann die von ihnen vertretene Christologie wie in 1 Joh 4, 2 als *doketisch* bezeichnet werden (s. u. 8.4.8). In 2 Joh 7 b identifiziert der Presbyter die Irrlehrer mit dem Antichristen. Der selbstverständliche

---

38 Vgl. als Parallele die bei A. Deissmann, Licht vom Osten (s. o. 2.3.1), 159, abgedruckten Briefe.

39 So bes. R. Bultmann, JohBr, 103; J. Heise, Bleiben. Menein in den Johanneischen Schriften, HUTh 8, Tübingen 1967, 164–170; G. Schunack, JohBr, 108 f; U. H. J. Körtner, Papias von Hierapolis (s. o. 3.4.2), 197–201.

40 Vgl. D. F. Watson, A Rhetorical Analysis of 2 John according to Greco-Roman Convention, NTS 35 (1989), 104–130; H. J. Klauck, Zur rhetorischen Analyse der Johannesbriefe, ZNW 81 (1990), 217 ff.

41 Vgl. R. Schnackenburg, JohBr 312 f; R. E. Brown, JohBr, 685 f; K. Wengst, JohBr, 240; C. Colpe, Art. Gnosis II, RAC 11 (1981), 611; M. Hengel, Die johanneische Frage (s. u. 8.5.1), 140 ff. Anders G. Strecker, JohBr, 332 ff, der *ἐρχόμενον* futurisch deutet und meint, der Presbyter vertrete eine chiliastische Lehre, die von den ‚Neuerern' abgelehnt wurde.

Wechsel vom Plural in den Singular verdeutlicht, dass *πλάνος*[42] und *ἀντίχριστος* (vgl. 1 Joh 2, 18. 22; 4, 3)[43] für den Presbyter zwei bekannte Gestalten der Endzeit sind. Der in der letzten Zeit auftretende Antichrist ist für den Presbyter in den Gegnern bereits erschienen. Ein weiteres Kennzeichen der Irrlehrer nennt 2 Joh 9: Sie schreiten voran und bleiben nicht in der überlieferten Lehre Christi. Wie schon zuvor in 2 Joh 5 führt der Presbyter damit den Traditionsgedanken ein, um den Irrlehrern entgegenzutreten. Das Wesen der Irrlehre liegt gerade in ihrem Heraustreten aus der grundlegenden und bewährten Lehre.

8.2.9 Theologische Grundgedanken

Im Zentrum des 2 Joh steht der *ἀλήθεια*-Begriff, der allein in den ersten vier Versen 5mal erscheint[44]. Die erwählte Gemeinde hat die Wahrheit erkannt, und die Wahrheit wird bei ihr bleiben bis in Ewigkeit (2 Joh 2). Wahrheit benennt hier die Wirklichkeit Gottes, die in der Gemeinde gegenwärtig ist und wirkt. Das Wandeln in der Wahrheit (2 Joh 4 a) vollzieht sich im Liebesgebot (vgl. 2 Joh 4 b–6). Wer nach diesem vom Vater empfangenen Gebot lebt, wandelt zugleich in der Wahrheit, denn nur wer in der Liebe ist, ist in der Wahrheit, nur wer in der Wahrheit ist, ist auch in der Liebe. Die Irrlehrer hingegen kennzeichnet das Heraustreten aus dieser engen Verbindung von Glaubenslehre und Ethik. Sie negieren den durch den Presbyter verkörperten Traditionsgedanken und verbleiben nicht in der Lehre Christi (2 Joh 9), ihr *προάγειν* hebt sowohl die Wahrheit als auch die Liebe auf. Indem die Irrlehrer den überlieferten Glaubensgrund verlassen und eine neue Lehre in die Gemeinde hineinbringen, stellen sie sich selbst außerhalb der Gemeinde, sie haben nicht mehr den Vater und den Sohn. Deshalb ist es konsequent, die Irrlehrer nicht mehr aufzunehmen und sie auch nicht mehr zu grüßen, weil dies Teilhabe an ihren bösen Werken bedeuten würde (2 Joh 10. 11). Konstitutiv für die Theologie des 2 Joh ist somit der durch den Presbyter repräsentierte *Traditionsgedanke*, der sich gleichermaßen auf den Bereich der Lehre und der Ethik bezieht. An keiner Stelle greift der Presbyter dafür auf das Johannesevangelium oder den 1 Joh zurück[45], weder ein Zitat noch eine Zitatanspielung aus dem Evangelium oder dem großen Brief lassen sich im 2 Joh nachweisen. Vielmehr beruft sich der Presbyter auf die Traditionen der von ihm gegründeten joh. Schule, die in die Wahrheit der Erkenntnis Jesu Christi und die Bru-

42 *Πλάνος* nur hier in den joh. Schriften, vgl. sonst *πλανᾶν* 1 Joh 1,8; 2, 26; 3, 7; Joh 7, 12. 47 und *πλάνη* 1 Joh 4, 6.

43 Vgl. dazu G. Strecker, JohBr, 337–343.

44 Vgl. zum Wahrheitsbegriff in den beiden kleinen Johannesbriefen einerseits R. Bergmeier, Zum Verfasserproblem des II. und III. Johannesbriefes; andererseits R. Schnackenburg, Zum Begriff der „Wahrheit" in den beiden kleinen Johannesbriefen, BZ 11 (1967), 253–258.

45 Gegen F. Vouga, JohBr, 16 ff, der behauptet, der Presbyter berufe sich auf die Autorität des Johannesevangeliums und des 1 Joh.

derliebe führen. Deshalb kann die Position des Presbyters aber nicht als frühkatholisch bezeichnet werden, denn sowohl der Traditionsgedanke als auch die kritische Funktion der Lehre finden sich bereits bei Paulus (vgl. z.B. 1Kor 15,1–3a; Gal 1,12; Röm 6,17; 16,17)[46].

8.2.10 Tendenzen der neueren Forschung

Bis in die jüngste Zeit hinein fand der 2Joh aufgrund seiner Kürze und des scheinbar theologisch nicht bedeutungsvollen Inhaltes nur wenig Beachtung. Wenn jedoch der bei Papias erwähnte und mit dem Briefautor identische Presbyter Johannes der Gründer der joh. Schule ist, dann kommt dem 2Joh als *Originaldokument* aus der Anfangszeit joh. Theologie eine große Bedeutung zu. Der für das Johannesevangelium bestimmende Dualismus zeigt sich im 2Joh erst in einer rudimentären Form. Demgegenüber gehören der enge Zusammenhang zwischen Wahrheit und Liebe und der damit verbundene Traditionsgedanke zu den Grundelementen joh. Theologie. In Wahrheit und Liebe vollzieht sich zugleich der Wandel in den Geboten des Vaters und das Bleiben in der Lehre Christi, worin die grundlegende Funktion des Traditionsgedankens für die Theologie des Presbyters sichtbar wird. In der neueren Forschung sehen u.a. G. Strecker, U. Schnelle, H. Thyen, M. Hengel, G. Lüdemann und E.E. Popkes in den kleinen Johannesbriefen die ältesten Dokumente der joh. Schule. Demgegenüber interpretieren z.B. K. Wengst, R.E. Brown, R. Schnackenburg, F. Vouga, J. Beutler und H.J. Klauck den 2Joh vom Evangelium und vom 1Joh her. Während die briefliche Form des 2Joh in der neueren Forschung als gesichert gelten kann, bleibt die Frage nach den Gegnern des Presbyters im 2Joh weiterhin umstritten. Zumeist wird aufgrund der Übereinstimmungen zwischen 1Joh 2,22; 4,2 und 2Joh 7 von einer einheitlichen Gegnerfront ausgegangen, die jedoch unterschiedlich bestimmt wird (Gnostiker: K. Wengst; Doketen: U. Schnelle, M. Hengel; Juden: H. Thyen). Demgegenüber identifiziert G. Strecker die im 2Joh bekämpften Irrlehrer nicht mit den Irrlehrern des 1Joh. Er sieht im Presbyter einen Chiliasten, d.h. er sei der Vertreter einer Anschauung, nach der vor dem Anbruch des Weltendes die Aufrichtung eines tausendjährigen messianischen Reiches erfolgt. Im Neuen Testament ist diese Anschauung allein in Offb 20,1–10 belegt, demgegenüber erscheint sie in nachneutestamentlicher Zeit sehr viel häufiger (Justin, Dial; Barn 15,4ff[?]; Kerinth [vgl. Euseb, HE III 28,2]; Papias [vgl. Euseb, HE III 39,12]; Irenäus; Tertullian). Wäre der Presbyter ein Chiliast, dann wären die ‚Neuerer' jene, die diese Lehre ablehnen. Zwar ist G. Streckers futurische Deutung des Partizips *ἐρχόμενον* in 2Joh 7 möglich, die Übereinstimmungen zwischen 2Joh 7 und 1Joh 2,22; 4,2 legen es jedoch nahe, in beiden Fällen die gleiche Gegnerfront anzunehmen.

46 Vgl. dazu G. Strecker, JohBr, 348–354.

8.3 Der dritte Johannesbrief

8.3.1 Literatur

s. o. 8.2.1.

8.3.2 Verfasser

Der 3 Joh weist ebenso wie der 2 Joh die Absenderangabe *ὁ πρεσβύτερος* auf. Die großen Übereinstimmungen zwischen dem 2 Joh und dem 3 Joh im Briefformular und der Sprache lassen den Schluss zu, dass auch der 3 Joh vom Presbyter Johannes verfasst wurde.

8.3.3 Ort und Zeit der Abfassung

3 Joh 9 bezieht sich auf den 2 Joh, so dass der 3 Joh das zweite Schreiben des Presbyters sein muss. Eine genauere Bestimmung des zeitlichen Abstandes zwischen dem 2 Joh und dem 3 Joh ist nicht möglich, man darf annehmen, dass der 3 Joh nicht allzu lange nach dem 2 Joh verfasst wurde. Die Abfassung liegt somit kurze Zeit *nach 90 n. Chr.* Als Abfassungsort ist wie für den 2 Joh Kleinasien anzunehmen, möglicherweise wurde er in *Ephesus* geschrieben[47].

8.3.4 Empfänger

Der 3 Joh ist an einen sonst nicht bekannten Gaius gerichtet. Er wird in 3 Joh 2. 5. 11 als ‚Geliebter' (Bruder) angeredet, es handelt sich also um einen Christen, mit dem der Presbyter in einem sehr guten Verhältnis stand. Gaius zählt nach 3 Joh 4 zu den ‚Kindern' des Presbyters, d. h. er wurde entweder vom Presbyter bekehrt oder getauft. 3 Joh 3 f. 5 f lobt der Presbyter Gaius, der Gastfreundschaft gegenüber reisenden Brüdern übt und darin in der Wahrheit und in der Liebe wandelt. Ob Gaius ein Mitglied der Gemeinde des in 3 Joh 9 erwähnten Diotrephes war, muss offenbleiben. Zumindest gehörte Gaius nicht der Leitung dieser Gemeinde an, denn sonst hätte ihn der Presbyter nicht über sein früheres Schreiben und den Konflikt mit Diotrephes unterrichten müssen (3 Joh 9 ff). Der Presbyter will aber durch den Brief die Unterstützung des Gaius erlangen und in der Gemeinde des Diotrephes trotz der Schwierigkeiten Einfluss gewinnen, so dass zwischen Gaius und der Gemeinde des Diotrephes eine Beziehung bestehen muss. Möglicherweise ist der in 3 Joh 12 erwähnte

47 Vgl. W. Vogler, JohBr (s. o. 8.2.3), 33.

Demetrius der Mittelsmann zwischen dem Presbyter und der Gemeinde des Diotrephes. Er könnte in der Abwesenheit des Presbyters der Gegenspieler des Diotrephes in dessen Gemeinde sein. Ihn soll Gaius unterstützen und damit auch die Position des Presbyters stärken, bis dieser selbst zu Gaius kommt (3 Joh 13 f). Nach dem ersten offenbar gescheiterten Versuch will damit der Presbyter ein zweites Mal Einfluss auf die Gemeinde des Diotrephes nehmen.

8.3.5 Gliederung, Aufbau, Form

1	Präskript	Briefanfang
2	Salutatio	
3 f	Danksagung	
5–8	Die weitere Unterstützung der Missionare durch Gaius	Briefkorpus
9–10	Der Konflikt mit Diotrephes	
11–12	Mahnung an Gaius und Empfehlung des Demetrius	
13–14	Apostolische Parusie	Briefschluss
15 a	Eschatokoll	
15 b	Grußausrichtung	
15 c	Grußauftrag	

Wie der 2 Joh hat auch der 3 Joh die Form und die Länge eines gewöhnlichen *antiken Privatbriefes*. Auf das Präskript folgen ein stereotyper Wohlergehenswunsch und eine Danksagung. Innerhalb des Hauptteils stehen die Informationen über das Verhältnis zu Diotrephes im Mittelpunkt. Durch V. 12 weist sich der 3 Joh als ein Empfehlungsbrief aus[48]. Den Briefschluss leitet die in antiken Briefen vielfach belegte Ankündigung eines geplanten Besuches ein, es folgen Schlussgrüße. Als Gliederung unter rhetorischen Gesichtspunkten wird vorgeschlagen: exordium V. 2–4 (V. 1); narratio V. 5–6; probatio V. 7–12; peroratio V. 13–14 (V. 15)[49].

48 Vgl. F. Vouga, JohBr, 4.

49 Vgl. D. F. Watson, A Rhetorical Analysis of 3 John: A Study in Epistolary Rhetoric, CBQ 51 (1989), 479–501; H. J. Klauck, Zur rhetorischen Analyse der Johannesbriefe (s. o. 8.2.8), 217 ff.

8.3.6 Literarische Integrität

Die literarische Integrität des 3 Joh ist unbestritten.

8.3.7 Traditionen, Quellen

Der Verfasser des Briefes verarbeitete keinerlei Traditionen und Quellen.

8.3.8 Religionsgeschichtliche Stellung

Der 3 Joh enthält keinerlei Informationen über die religionsgeschichtliche Stellung der am Konflikt zwischen dem Presbyter und Diotrephes beteiligten Personen. Deshalb entscheiden zumeist die Einbeziehung der im 2 Joh erwähnten Gegner und die Beurteilung des Konfliktes zwischen dem Presbyter und Diotrephes über diese Frage (s. u. 8.3.9/8.3.10).

8.3.9 Theologische Grundgedanken

Wie im 2 Joh stehen auch im 3 Joh die Begriffe ‚Wahrheit' (3 Joh 1.3.4.8.12) und ‚Liebe' (3 Joh 1.2.5.6.11) im Mittelpunkt. Gaius wandelt in der Wahrheit und in der Liebe, indem er die mit dem Presbyter verbundenen Wandermissionare aufnimmt. Auch Demetrius hat Zeugnis von der Wahrheit abgelegt, und der Presbyter empfiehlt ihn deshalb Gaius (3 Joh 12). Inhaltlich lässt sich der Wahrheitsbegriff im 3 Joh nur schwer bestimmen, er hängt offenbar wesentlich mit dem Verhalten gegenüber den Wandermissionaren des Presbyters zusammen. Die Gemeinde des Presbyters betrieb eine umfangreiche (Heiden-)Mission (3 Joh 7), wobei sie auf die Unterstützung anderer Gemeinden der joh. Schule angewiesen war. Während Gaius den Wandermissionaren des Presbyters die notwendige Unterstützung erteilte, nahm Diotrephes diese Missionare nicht auf und hinderte auch andere daran, dies zu tun (3 Joh 10). Das Verhalten des Diotrephes bezeichnet der Presbyter als ein Nachfolgen des Bösen (3 Joh 11). Aus der Perspektive des Presbyters ist somit Diotrephes dem Bösen verhaftet, er hat Gott nicht gesehen (3 Joh 11). Nicht klar ersichtlich sind die Beweggründe für das Verhalten des Diotrephes. Offenkundig ist nur, dass er die Autorität des Presbyters nicht anerkennt. Er will in seiner Gemeinde ‚der Erste' sein (3 Joh 9), und er verfügt über die Autorität, Gemeindeglieder auszuschließen, die Wandermissionare des Presbyters aufnehmen (3 Joh 10 b). Unterschiedliche verfassungsrechtliche Konzeptionen, der Konflikt zwischen Orthodoxie und Häresie oder der Gegensatz zwischen Geist und Amt als Ursachen des Konfliktes zwischen dem Presbyter und Diotrephes lassen sich aus dem 3 Joh nicht hinreichend belegen. Nach dem Zeugnis des 3 Joh ist vor allem das Verhalten gegenüber den Wandermissionaren des Presbyters Gegenstand des Konfliktes. Lösten die Wandermissionare des Presbyters den Konflikt aus oder ist das Verhalten ihnen gegenüber lediglich Folge einer Auseinandersetzung auf einem anderen Gebiet? 3 Joh 7.8 legt es nahe, in einem *unterschiedlichen Missionsverständnis* die Ursache für den Konflikt zwischen dem Presbyter und Diotrephes zu sehen. Während die Gemeinde des Presbyters eine umfangreiche Mission betrieb und dafür auf die Unterstützung der einzelnen joh. Gemeinden angewiesen war, lehnte Diotrephes ein solches Missionskonzept ab. Offenbar vertrat er eine auf die Einzelgemeinde konzentrierte partikulare ekklesiologische Konzeption, während der Presbyter wohl eine universale ekklesiologische Konzeption verfolgte. Dies ergibt sich aus 3 Joh 8: Wer die Wandermissionare aufnimmt, bezeugt nicht nur die Wahrheit, sondern er wird zum Mitarbeiter der Wahrheit.

8.3.10 **Tendenzen der neueren Forschung**

Im Mittelpunkt der Forschung zum 3 Joh stehen der Anlass, der Hintergrund und das Wesen der Auseinandersetzung zwischen dem Presbyter und Diotrephes[50]. Zwei Erklärungsmodelle sind bis heute von grundlegender Bedeutung: 1) Es handelt sich bei dem Streit um eine kirchenrechtliche Kontroverse; 2) Die Auseinandersetzung zwischen dem Presbyter und Diotrephes hat theologisch-dogmatische Ursachen. Das kirchenrechtliche Erklärungsmodell wurde grundlegend von A. (v.)Harnack erarbeitet. Danach ist der Presbyter der Leiter einer umfassenden Missionsorganisation in der Provinz Asien, der Missionare aussendete und Gemeinden vorstand. Gegen diese Organisationsform und den Herrschaftsanspruch des Presbyters begehrte die Gemeinde des Diotrephes auf. „Es ist der Kampf der alten patriarchalischen und provinzialen Missionsorganisation gegen die sich konsolidierende Einzelgemeinde, die zum Zweck ihrer Konsolidierung und strengen Abschließung nach außen den monarchischen Episkopat aus ihrer Mitte hervortreibt."[51] Diotrephes ist somit der erste bekannte monarchische Bischof. Das dogmatische Erklärungsmodell vertritt W. Bauer. Danach spiegelt sich in der Auseinandersetzung zwischen dem Presbyter und Diotrephes der Konflikt zwischen Häresie und Orthodoxie wider. Bauer sieht im Presbyter den Vertreter der Rechtgläubigkeit, der durch den Einfluss des Ketzerhauptes Diotrephes in die Defensive gedrängt wurde. Es gelang Diotrephes, in seiner Gemeinde den Einfluss des Presbyters zurückzudrängen, der nun seinerseits durch den 3 Joh den Versuch

50 Zur Forschungsgeschichte vgl. E. Haenchen, Neuere Literatur zu den Johannesbriefen (s. o. 8.2), 282 ff.

51 A. (v.)Harnack, Über den 3. Johannesbrief, TU XV/3 b, Leipzig 1897, 21.

unternahm, das verlorengegangene Terrain wiederzuerlangen[52]. In Umkehrung der These W. Bauers sieht E. Käsemann in Diotrephes einen monarchischen Bischof, im Autor des 2. 3 Joh hingegen einen aufgrund seiner gnostischen Irrlehre exkommunizierten Presbyter. Käsemann hält den Presbyter auch für den Verfasser des Johannesevangeliums, der als christlicher Gnostiker den Mut hatte, im Umfeld der Gnosis ein Evangelium zu schreiben. Aus der Sicht der Orthodoxie enthielt das Johannesevangelium eine ketzerische gnostische Irrlehre, die zur Exkommunikation des Presbyters führte. „Nicht als Sektenhaupt, sondern als monarchischer Bischof, der sich einem Irrlehrer gegenübersieht und dementsprechend handelt, übt Diotrephes am Presbyter und dessen Anhängern bis in die eigene Gemeinde hinein die kirchliche Disziplinargewalt aus."[53] Die Einzelelemente des kirchenrechtlichen und des dogmatischen Erklärungsmodells wurden im Verlauf der Forschungsgeschichte vielfältig miteinander kombiniert. Während sich R. Bultmann dem eher dogmatisch orientierten Erklärungsversuch E. Käsemanns anschließt[54], betont R. Schnackenburg die rechtlichen Dimensionen der Auseinandersetzung zwischen dem Presbyter und Diotrephes. Diotrephes leitet bereits allein die Gemeinde, er ist aber noch kein monarchischer Bischof, denn „wir befinden uns in einer Übergangszeit, in der sich der monarchische Episkopat festigt"[55]. K. Wengst sieht wie Harnack in Diotrephes den ersten bekannten monarchischen Bischof. „Und zwar ein rechtgläubiger, kein ketzerischer!"[56] Diotrephes stellt durch seinen Anspruch die Gemeindestruktur des johanneischen Kreises in Frage, die nicht hierarchisch strukturiert ist. Ähnlich wie R. Schnackenburg erblickt R. E. Brown in Diotrephes nicht nur den Leiter einer Lokal- oder Hausgemeinde, sondern „Diotrephes is on his way to become a presbyter-bishop in the style of the Pastorals"[57]. J. W. Taeger zeichnet Diotrephes als einen konservativen Johanneer, der gegen den Presbyter rebelliert, weil dieser sich eine Autorität anmaßt, die dem traditionellen Gemeindeverständnis nicht entspricht. „Genuin johanneisch nämlich ist der Geist das Subjekt der Gemeindeordnung; er leitet und lehrt die Gemeinde, die damit unter der Alleinherrschaft Christi steht, ist doch im Geist/Parakleten der Erhöhte gegenwärtig (Joh 14, 16 f. 25 f)."[58] Aus Sorge um den Bestand der joh. Gemeinden befindet sich der Presbyter auf dem Weg zum monarchischen Episkopat, demgegenüber versucht Diotrephes, die genuin joh. Konzeption zu retten. G. Strecker sieht wie E. Käsemann den Presbyter eher auf der Seite der Häresie, denn als Chiliast vertrat er eine Lehre, die offenbar von Diotrephes zurückgewiesen wurde[59]. H. J. Klauck votiert in Anlehnung an A. v. Harnack für einen Strukturkonflikt: „In einer Gemeinde, die sich vielleicht nur zu gern seiner starken Hand anvertraute, etabliert sich Diotrephes

52 Vgl. W. Bauer, Rechtgläubigkeit und Ketzerei im ältesten Christentum (s. o. 5.5.3), 96 f.

53 E. Käsemann, Ketzer und Zeuge, 173 f.

54 Vgl. R. Bultmann, JohBr, 99 f.

55 R. Schnackenburg, JohBr, 329.

56 K. Wengst, JohBr, 233.

57 R. E. Brown, JohBr, 738.

58 J. W. Taeger, Der konservative Rebell, 286.

59 Vgl. G. Strecker, JohBr, 365–368.

als oberste Autorität. Im Grunde vertritt er den Standpunkt der Redaktion von Joh 21, er tut es in der Praxis, er tut es härter, brutaler, rücksichtsloser und mit Erfolg. Die Zukunft hat ihm Recht gegeben. Ohne eine feste Leitung war die Auseinandersetzung mit der Häresie, insbesondere mit der aufkommenden Gnosis, nicht erfolgreich zu führen."[60]

Der im 2/3Joh geschilderte Konflikt bewegt sich nach U. Schnelle auf vier Ebenen, die miteinander verschränkt sind: 1) Ausgangspunkt des Konfliktes ist offenbar eine lehrmäßige Kontroverse über das rechte Verständnis Jesu Christi. Der judenchristliche Presbyter (vgl. 3Joh 7) sieht das Kommen Jesu Christi ins Fleisch als Wahrheitsgrundlage an und weist so dem Juden Jesus von Nazareth und der Geschichtlichkeit des Glaubens eine entscheidende Bedeutung zu (2Joh 7). Demgegenüber betonte der geborene Grieche Diotrephes auf seinem kulturellen Hintergrund vornehmlich die Gottheit Jesu Christi und bewertete seine Fleischwerdung als uneigentliches Geschehen. Insgesamt dürfte der Presbyter eher auf der Seite der (später siegreichen) Orthodoxie und Diotrephes eher auf der Seite der (später so genannten) Häresie stehen. Allerdings reichen diese Wertbegriffe der späteren Kirchengeschichtsschreibung nicht aus, um den historischen Sachverhalt gerecht zu beurteilen, denn der 2/3Joh sind Zeugnisse der Auseinandersetzung um das rechte Christusverständnis zu einer Zeit, als allgemein verbindliche dogmatische Entscheidungen noch nicht gefallen waren. 2) Mit der lehrmäßigen Dimension der Auseinandersetzung (vgl. 2Joh 9f) verbindet sich schon früh ein Leitungs- und Weisungskonflikt, d.h. ein Machtkonflikt. 3) Auch unterschiedliche ekklesiologische Konzeptionen dürften die Auseinandersetzungen wesentlich mit bestimmt haben. Während der Presbyter einen überregionalen Führungsanspruch gegenüber anderen johanneischen Gemeinden nicht nur erhob, sondern durch seine Boten/Wandermissionare/Gefolgsleute auch faktisch durchzusetzen versuchte und damit einen expansiven Kurs verfolgte, vertrat Diotrephes offenbar eine auf die einzelne Haus-/Ortsgemeinde konzentrierte partikulare Konzeption. 4) Schließlich handelt es sich um einen persönlichen Konflikt; der Presbyter und Diotrephes weisen eine vergleichbare Persönlichkeitsstruktur auf, beide stellen persönliche Ansprüche und wollen immer der Erste sein. Solche persönlichen Konflikte/Rivalitäten waren im Frühen Christentum nicht selten; möglicherweise wandelte sich die Freundschaft zweier ehemaliger Partner und Weggefährten in Feindschaft. Weil Diskurse jeder Art immer auch mit Machtansprüchen verbunden sind[61], sollte dieser im 2/3Joh deutlich erkennbare persönliche Aspekt stärker als bisher berücksichtigt werden.

---

60 H.J. Klauck, 2.3Joh, 110.

61 Vgl. A. Landwehr, Historische Diskursanalyse, Frankfurt 2008, 91 f.

8.4 Der erste Johannesbrief

8.4.1 Literatur

Kommentare

KEK XIV: R. Bultmann, ^{2}1969; G. Strecker, 1989. – HNT 15/III: H. Windisch (– H. Preisker), ^{3}1951; F. Vouga, 1990. – HThK XIII/3: R. Schnackenburg, ^{6}1979. – EKK XXIII/1: H. J. Klauck, 1991. – ThHK 17: U. Schnelle, 2010. – ÖTK 16: K. Wengst, 1978. – NTD 10: H. Balz, ^{2}1980. – RNT: J. Beutler, 2000. – ZBK 17: G. Schunack, 1982. – MNTC: C. H. Dodd, ^{4}1961. – AncB 30: R. E. Brown, 1982. – WBC 51: S. S. Smalley, 1984. – Sacra Pagina: J. Painter, 2002. – U. van Wahlde, The Gospel and Letters of John III: Commentary on the Three Johannine Letters, Grand Rapids 2010.

Monographien

A. Wurm, Die Irrlehrer im ersten Johannesbrief, Freiburg 1903. – W. Nauck, Die Tradition und der Charakter des ersten Johannesbriefes, WUNT 3, Tübingen 1957. – K. Wengst, Häresie und Orthodoxie im Spiegel des 1. Johannesbriefes, Neukirchen 1976. – J. Bogart, Orthodox and Heretical Perfectionism in the Johannine Community as Evident in the First Epistle of John, SBLDS 33, Missoula 1977. – D. Rusam, Die Gemeinschaft der Kinder Gottes, BWANT 133, Stuttgart 1993. – W. Uebele, „Viele Verführer sind in die Welt ausgegangen". Die Gegner in den Briefen des Ignatius von Antiochien und in den Johannesbriefen, BWANT 151, Stuttgart 2001. – D. R. Street, They Went Out from Us. The Identity of the Opponents in First John, BZNW 177, Berlin 2011.

Aufsätze

R. Bultmann, Analyse des ersten Johannesbriefes, in: ders., Exegetica, Tübingen 1967, 105–123; Ders., Die kirchliche Redaktion des ersten Johannesbriefes, a. a. O., 381–393. – H. Conzelmann, „Was von Anfang war", in: ders., Theologie als Schriftauslegung, BEvTh 65, München 1974, 207–214. – G. Klein, ‚Das wahre Licht scheint schon', ZThK 68 (1971), 261–326. – H. J. Venetz, Durch Wasser und Blut gekommen (1 Joh 5,6), in: Die Mitte des Neuen Testaments (FS E. Schweizer), hg. v. U. Luz u. H. Weder, Göttingen 1983, 345–361. – J. Blank, Die Irrlehrer des ersten Johannesbriefes, Kairos 26 (1984), 166–193. – E. Stegemann, ‚Kindlein hütet euch vor den Götzenbildern', ThZ 41 (1985), 284–294. – U. Wilckens, Die Gegner im 1. Johannesbrief, in: Religionsgeschichte des Neuen Testaments (FS K. Berger), hg. v. A. v. Dobbeler, K. Erlemann u. R. Heiligenthal, Tübingen 2000, 477–500.

8.4.2 Verfasser

Im Gegensatz zum 2. 3 Joh gibt sich der Verfasser des 1 Joh nicht zu erkennen. Es ist umstritten, ob er mit dem Autor der beiden kleinen Johannesbriefe bzw. dem Verfasser des Evangeliums gleichzusetzen ist. Im Presbyter des 2. 3 Joh sehen u. a. H. Windisch, C. H. Dodd, R. Schnackenburg, R. E. Brown, E. Ruckstuhl, H. J. Klauck, W. Vogler und M. Hengel auch den Verfasser des 1 Joh[62]. Als Hauptargument führen sie den

62 Vgl. H. Windisch, JohBr, 143; C. H. Dodd, Johannine Epistles, LXVIIIf; R. Schnackenburg, JohBr, 298; R. E. Brown, JohBr, 19; E. Ruckstuhl – P. Dschulnigg, Stilkritik und Verfasserfrage (s. u. 8.5.1), 45 f; H. J. Klauck, 2.3 Joh (s. o. 8.2.1), 21. 23; W. Vogler, JohBr (s. o. 8.2.3), 6; M. Hengel, Die jo-

gemeinsamen Stil aller drei Johannesbriefe an. Die Übereinstimmungen im Stil können aber auf den Soziolekt der joh. Schule zurückgeführt werden, und zudem gibt es charakteristische Unterschiede in Sprache und Stil zwischen dem 2. 3 Joh einerseits und dem 1 Joh andererseits.

Allein in 2 Joh 4/3 Joh 3 findet sich die Wendung *ἐχάρην λίαν* (vgl. Phil 4, 10), und nur in 2 Joh 4/3 Joh 3. 4 ist *περιπατεῖν ἐν ἀληθείᾳ* belegt. Ausschließlich im 2 Joh erscheinen die Ausdrücke *ἐκλεκτῇ κυρίᾳ* (2 Joh 1), *τὴν ἀλήθειαν τὴν μένουσαν ἐν ἡμῖν* (2 Joh 2), *παρὰ Ἰησοῦ Χριστοῦ τοῦ υἱοῦ τοῦ πατρός* (2 Joh3), *ἐν ἀληθείᾳ καὶ ἀγάπῃ* (2 Joh 3) und *βλέπετε ἑαυτούς* (2 Joh 8). Hapaxlegomena innerhalb der joh. Schule sind in den beiden kleinen Johannesbriefen: *μέλαν* (2 Joh 12/3 Joh 13, so nur noch 2 Kor 3, 3); *κάλαμος* (3 Joh 13); *ἔλεος* (2 Joh 3); *μισθός* (2 Joh 8), *ἀγαθοποιεῖν*, *κακοποιεῖν* (3 Joh 11), *εὐοδοῦσθαι* (3 Joh 2). Hapaxlegomena im NT sind *φιλοπρωτεύων* (3 Joh 9); *χάρτης* (2 Joh 12).

Stammt auch der 1 Joh vom Presbyter, dann ist zudem nicht zu erklären, warum in diesem Schreiben keine Absenderangabe erscheint. Offensichtlich setzt der Verfasser des 2. 3 Joh die Ehrenbezeichnung *ὁ πρεσβύτερος* im Sinn eines besonderen Traditionsträgers bewusst in seiner Auseinandersetzung mit Gegnern ein. Sie dient ihm als Ausdruck von Würde und sichert seinen Aussagen Autorität. Warum sollte der Presbyter auf die ihm zukommende Ehrenbezeichnung gerade im 1 Joh zugunsten eines anonymen ‚wir' verzichten, wo die Auseinandersetzung mit Gegnern ihren Höhepunkt erreicht? Auch die Form des 1 Joh spricht gegen den Presbyter als Verfasser, denn während der 2. 3 Joh stilgerechte antike Privatbriefe an eine Einzelgemeinde bzw. Einzelperson sind, fehlen dem 1 Joh wesentliche briefliche Merkmale. Schließlich findet sich der joh. Dualismus im 2. 3 Joh nur in einer rudimentären Form, und es sind sachliche Verschiebungen festzustellen: 1) In 2 Joh 4–6 ist das Gebot der Liebe nicht ein neues Gebot, sondern das von ‚Anfang an' gegebene. Demgegenüber wird in 1 Joh 2, 7–11 dialektisch das Gebot der Liebe als Gebot von Anfang an und gleichzeitig als neues Gebot bezeichnet. Zudem spricht nur 1 Joh 2, 10 f explizit vom Gebot der Bruderliebe. 2) Erscheint in 2 Joh 7 der Begriff *ἀντίχριστος* im Singular, so in 1 Joh 2, 18 historisierend neben dem Singular der Plural *ἀντίχριστοι*.

Die sprachliche Eigenständigkeit des 2. 3 Joh, ihre Form eines antiken Privatbriefes, die Absenderangabe *ὁ πρεσβύτερος* und die sachlichen Unterschiede zum 1 Joh deuten auf *verschiedene Verfasser* des 2. 3 Joh und 1 Joh hin[63].

Von großer Bedeutung für das Verständnis der joh. Schule ist die Frage, ob das Johannesevangelium und der 1 Joh vom gleichen Verfasser stammen. Gegen diese Annahme sprechen zunächst sprachliche Gründe, denn wichtige Begriffe des Evangeliums fehlen im Brief (*γραφή, δόξα, δοξάζειν, ζητεῖν, κρίνειν, κύριος, νόμος, πέμπειν,*

hanneische Frage (s. u. 8.5.1), 151; vgl. ferner H.-U. Weidemann, „Was von Anfang an war", 224.

63 Für unterschiedliche Verfasser des 1 Joh und 2. 3 Joh plädieren u. a. R. Bultmann, JohBr, 10; H. Balz, JohBr, 159; K. Wengst, JohBr, 230 f; G. Strecker, JohBr, 49 ff.

προσκυνεῖν, σῴζειν, χάρις). Andererseits finden sich zentrale theologische Termini des Briefes nicht im Evangelium (*ἀντίχριστος, ἐλπίς, ἱλασμός, κοινωνία, σπέρμα* [*θεοῦ*], *χρῖσμα*). Auch in Konstruktion und Stil lässt der Brief seine sprachliche Eigenständigkeit erkennen[64], so dass der Schluss erlaubt ist: „Die Sprache des Briefes lässt trotz der vielen Anklänge an das Evangelium einen anderen Verfasser vermuten."[65] Zudem sind spezifische theologische Vorstellungen ausschließlich im Brief belegt. Nur in 1 Joh 2, 1 wird Jesus Christus mit dem Parakleten identifiziert. Obgleich im Evangelium die futurische Eschatologie nicht zu eliminieren ist, herrschen eindeutig präsentisch-eschatologische Aussagen vor. Demgegenüber dominiert im 1 Joh die futurische Eschatologie (vgl. nur 1 Joh 2, 28; 3, 3). Als *ἱλασμός* wird Jesus nur in 1 Joh 2, 2; 4, 10 bezeichnet (vgl. ferner die Sühntodaussagen in 1 Joh 1, 7. 9; 3, 5), und vom *χρῖσμα* ist im gesamten Neuen Testament ausschließlich in 1 Joh 2, 20. 27 die Rede. Im Gegensatz zum Johannesevangelium (19 AT-Zitate) findet sich im 1 Joh kein atl. Zitat, und nur in 1 Joh 3, 12 (Kain) wird auf das Alte Testament Bezug genommen. Auch das zentrale ethische Problem der Sündlosigkeit des Christen (vgl. 1 Joh 1,8–10; 3, 4–10; 5, 16–18) begegnet im Evangelium nicht. Schließlich setzt der 1 Joh eine andere Situation als das Evangelium voraus. Er bekämpft vehement eine in der eigenen Gemeinde (vgl. 1 Joh 2, 19) entstandene christologische Irrlehre, während das Evangelium keinen *akuten* Konflikt erkennen lässt.

Sprache, theologische Vorstellungswelt und die unterschiedliche Situation lassen vermuten, dass der 1 Joh und das Evangelium *verschiedene Verfasser* haben[66].

8.4.3 **Ort und Zeit der Abfassung**

In der Regel wird der 1 Joh vom Evangelium her gelesen. Der 1 Joh gilt dann als ein ‚joh. Pastoralbrief', der die Theologie des Evangeliums voraussetzt und in einer veränderten historischen Situation interpretiert und anwendet[67]. Gerade die Verschie-

64 Vgl. dazu die ausführlichen Nachweise bei H. J. Holtzmann, Das Problem des ersten johanneischen Briefes in seinem Verhältnis zum Evangelium II, JPTh 8 (1882), (128–143) 135 ff; C. H. Dodd, Johannine Epistles, XLVIIff. Einen kritischen forschungsgeschichtlichen Überblick bietet E. Haenchen, Neuere Literatur zu den Johannesbriefen (s. o. 8.2), 238–242.

65 E. Haenchen, a. a. O., 242.

66 Für verschiedene Autoren plädieren u. a. H. J. Holtzmann, Das Problem des ersten johanneischen Briefes II, 136 ff; R. Bultmann, JohBr, 9; R. Schnackenburg, JohBr, 335; E. Haenchen, Neuere Literatur zu den Johannesbriefen (s. o. 8.2), 282; H. Conzelmann, „Was von Anfang war", 211; G. Klein, ‚Das wahre Licht scheint schon', passim; K. Wengst, JohBr, 24 f; C. H. Dodd, JohBr, VI; H. Balz, JohBr, 160; R. E. Brown, JohBr, 30; G. Strecker, JohBr, 53; H. J. Klauck, 1 Joh, 45; W. Vogler, JohBr (s. o. 8.2.3), 6–10. Die gleiche Verfasserschaft vertreten hingegen u. a. W. G. Kümmel, Einleitung, 392; A. Wikenhauser – J. Schmid, Einleitung, 623; G. Schunack, JohBr, 108; M. Hengel, Die johanneische Frage (s. u. 8.5.1), 204; E. Ruckstuhl – P. Dschulnigg, Stilkritik und Verfasserfrage (s. u. 8.5.1), 46–54.

67 Vgl. in diesem Sinn aus der neueren Literatur H. Conzelmann, „Was von Anfang war", passim; F. Vouga, JohBr, 11 ff; H. J. Klauck, Johannesbriefe (s. o. 8.2.1), 46 f.

bungen vom Evangelium zum Brief gelten als Beleg, dass der Brief nur in Kenntnis des Evangeliums zu verstehen sei. Dieses Modell vermag allerdings nicht zu erklären, warum sich im Brief kein einziges Zitat aus dem Evangelium findet. Die vorhandenen Übereinstimmungen zwischen dem Brief und dem Evangelium können der Reflex einer literarischen Kenntnis des Evangeliums durch den Briefautor sein, sie können aber ebenso auf gemeinsame Traditionen der joh. Schule zurückgehen. Für diese zweite Möglichkeit spricht, dass weder eine literarische Benutzung noch eine Kenntnis des Evangeliums durch den Briefautor wirklich nachzuweisen sind[68]. Vielfach wird im Briefprolog 1 Joh 1, 1–4 ein deutlicher Rückgriff auf den Prolog des Evangeliums gesehen. Der Gebrauch von ἀρχή im Prolog des Briefes und des Evangeliums unterscheidet sich jedoch charakteristisch. Im gesamten joh. Schrifttum erscheint ἐν ἀρχῇ nur in Joh 1, 1.2, wo es das Sein des präexistenten Logos bei Gott im absoluten Anfang vor der Weltschöpfung benennt. Demgegenüber bezeichnet ἀπ' ἀρχῆς in 1 Joh 1, 1 das gesamte Heilsgeschehen in seiner Bedeutung für die Gemeinde, wobei in keiner Weise auf die Schöpfung rekurriert wird. Hier zielt die auffällige Betonung der Anschaulichkeit und Realität des Heilsgeschehens bereits auf die in 1 Joh 2, 22f; 4, 1–3 bekämpften Gegner. Wie in 1 Joh 2, 24 bezieht sich ἀπ' ἀρχῆς auch am Anfang des Briefes auf die joh. Tradition als der kritischen Instanz gegen die Irrlehrer. Der Prolog des Briefes und des Evangeliums gehen auf gemeinsame traditionsgeschichtliche Wurzeln in der joh. Schule zurück, aber Joh 1, 1–18 bildete nicht die literarische Vorlage für 1 Joh 1, 1–4[69].

Auch die Parakletvorstellung vermag die Annahme einer zeitlichen Priorität des Evangeliums nicht zu begründen. Sie spricht vielmehr für eine frühere Abfassung des Briefes. Wird in 1 Joh 2, 1 ausschließlich Jesus Christus mit dem Parakleten identifiziert, so findet sich im Evangelium eine Ausweitung des Paraklet-Begriffes (vgl. Joh 14, 17.26; 15, 26; 16, 13). Wurde der 1 Joh im Anschluss an das Evangelium verfasst, so ist schwer zu erklären, warum der Briefschreiber die ekklesiologischen Funktionen des Parakleten nicht aufnimmt, obgleich der Brief dann den Eintritt der joh. Schule in die sich dehnende Zeit und damit in die Kirchengeschichte markiert. Schließlich liegt in Joh 14, 16 ein Rückbezug auf 1 Joh 2, 1 vor, denn Jesus bittet den Vater um die Sendung eines ἄλλος παράκλητος und bezeichnet sich selbst indirekt als Parakleten.

Vielfach werden die Unterschiede in der Eschatologie zwischen dem Johannesevangelium und dem 1 Joh als Beleg für eine frühere Abfassung des Evangeliums gewertet. Man erblickt im Evangelium die ‚genuin' joh. Konstruktion einer präsenti-

68 Vgl. zur umfassenden Begründung auch U. Schnelle, Reihenfolge der johanneischen Schriften (s. o. 8.1.1), 99–110.

69 Vgl. U. Schnelle, Antidoketische Christologie (s. u. 8.5.1), 65f; G. Strecker, JohBr, 56ff; M. Hengel, Die johanneische Frage (s. u. 8.5.1), 157. Für eine Abhängigkeit des Briefprologs von Joh 1, 1–18 plädieren u. a. R. Bultmann, JohBr, 13; R. Schnackenburg, JohBr, 51; H. Balz, JohBr, 167; R. E. Brown, JohBr, 176ff; M. Theobald, Die Fleischwerdung des Logos (s. u. 8.5.1), 400–437.

schen Eschatologie und kann dann in der ‚Reapokalyptisierung' des 1 Joh nur eine Angleichung an die herrschende futurische Eschatologie des Urchristentums erkennen[70]. Gegen diese Sicht ist ein grundlegender methodischer Einwand zu machen: Ein wirklicher Widerspruch zwischen den eschatologischen Aussagen des Evangeliums und des 1 Joh besteht nur, wenn im Gefolge R. Bultmanns u. a. die Mehrzahl der futurisch-eschatologischen Texte des Evangeliums für literarisch sekundär erklärt werden. Dies wäre aber eine petitio principii, da eine zumindest umstrittene Interpretation des Evangeliums die Grundlage für die Beurteilung der Eschatologie des 1 Joh bildet.

Der mögliche Verweis auf ein früheres Schreiben in 1 Joh 2, 14 bezieht sich nicht auf das Johannesevangelium, weil hier nur ein Brief gemeint sein kann. Vielleicht liegt in 1 Joh 2, 14 ein Hinweis auf den 2 Joh vor, wie schon H. H. Wendt vermutete[71].

Die in der Literatur angeführten Argumente für die zeitliche Priorität des Evangeliums gegenüber dem 1 Joh können nicht überzeugen. Im 1 Joh findet sich kein Zitat aus dem Evangelium, und die vielfach behaupteten theologischen Akzentverschiebungen vom Evangelium zum Brief sind entweder nicht vorhanden oder beruhen auf einer bestimmten Interpretation des Evangeliums, die das gewünschte Ergebnis präjudiziert. Auch der Konflikt mit den doketischen Irrlehrern spricht nicht für eine zeitliche Priorität des Evangeliums, sondern umgekehrt lässt sich hier erkennen, dass der 1 Joh vor dem Evangelium verfasst wurde. Der Verfasser des 1 Joh hält den Gegnern die in seinen Augen legitime Lehrtradition der joh. Schule (vgl. in 1 Joh 1, 1–4; 2, 7 f; 3, 11), nicht aber das Johannesevangelium entgegen! Demgegenüber setzt das Evangelium die akute Auseinandersetzung des Briefes offensichtlich bereits voraus und verarbeitet sie theologisch[72]. So bezieht sich Joh 6, 60–71 offensichtlich auf das Schisma in 1 Joh 2, 19, in beiden Texten ist die soteriologische Bedeutsamkeit der Inkarnation Jesu Anlass zu der Spaltung unter den Jüngern[73]. In der breit angelegten und grundsätzlichen Argumentation des Evangelisten gegen eine doketische Christo-

70 Exemplarisch sei verwiesen auf G. Klein, ‚Das wahre Licht scheint schon', 287 u. ö.

71 Vgl. H. H. Wendt, Die Beziehung unseres ersten Johannesbriefes auf den zweiten, ZNW 21 (1922), 140–146.

72 Insofern kann von einer Rezeptionsgeschichte des 1 Joh im Evangelium gesprochen werden; gegen F. Vouga, JohBr, 11–13, der von einer Rezeptionsgeschichte des Evangeliums im 1 Joh ausgeht und das Problem des fehlenden expliziten Bezuges so löst: „Vorausgesetzt wird beim Adressaten des 1 Joh lediglich, dass er mit dem JohEv vertraut ist, nicht aber, dass er es als formale Autorität anerkennt" (a. a. O., 12).

73 Vgl. L. Schenke, Das johanneische Schisma und die ‚Zwölf' (Johannes 6, 60–71), NTS 38 (1992), 105–121, der allerdings in den Schismatikern keine Doketen sieht. Eine Variante der von G. Strecker u. U. Schnelle in die neuere Diskussion wieder eingeführten Datierung der Briefe *vor* dem Evangelium vertritt M. Hengel, Die johanneische Frage (s. u. 8.5.1), 156 A 18. Das Evangelium „ist schon geraume Zeit im Werden, ja es mag schon zu einem guten Teil fixiert gewesen sein, als die Briefe geschrieben wurden, es wurde aber erst eine gewisse Zeit nach denselben – bald nach dem Tod des Autors – von den Schülern herausgegeben und verarbeitet, m. E. zusammen mit den Briefen."

logie zeigt sich ein zeitlicher und sachlicher Abstand zum in der akuten Kontroverse verharrenden Johannesbrief. Der Brief benennt das Problem, eine theologische Antwort findet sich aber erst im Evangelium.

Der 1 Joh dürfte deshalb *vor* dem Johannesevangelium[74], aber *nach* dem 2.3 Joh verfasst sein. Als Abfassungszeit ergibt sich *95 n. Chr.*[75], Abfassungsort war wahrscheinlich wiederum *Ephesus*[76] als Sitz der joh. Schule. Papias kannte den 1 Joh (vgl. Euseb, HE III 39, 17), erstmals bezeugt ihn Polykarp (vgl. 1 Joh 4, 2 mit Polyk, Phil 7, 1).

8.4.4 **Empfänger**

Richtet sich der 2 Joh an eine Einzelgemeinde und der 3 Joh an eine Einzelperson, so fehlen dem 1 Joh hingegen die wesentlichen äußeren Kennzeichen eines wirklichen Briefes. Andererseits werden die Leser vom Verfasser mit *τεκνία* (vgl. 1 Joh 2, 1.12.28; 3, 7.18; 4, 4; 5, 21) oder mit *ἀγαπητοί* (vgl. 1 Joh 2, 7; 3, 2.21; 4, 1.7.11) angeredet. Auch das häufige *γράφειν* scheint auf eine Briefsituation hinzuweisen (vgl. 1 Joh 1, 4; 2, 1.7f.12–14.21.26; 5, 13). Nach 1 Joh 5, 13 sind diejenigen Leser des Schreibens, die ‚an den Namen des Sohnes Gottes glauben'. Somit richtet sich der 1 Joh nicht an eine bestimmte Ortsgemeinde der joh. Schule, sondern die Gesamtgemeinde wird angesprochen[77]. Der 1 Joh darf weder als Gelegenheitsbrief noch als theologisch abstraktes Traktat oder situationsgelöste Meditation verstanden werden, vielmehr als eine Schrift, die lehrhafte und paränetische Abschnitte enthält, um die Gemeinde in grundlegenden Fragen zu unterweisen. Der Verfasser geht dabei auch auf die konkreten Probleme der Hörer und Leser ein: 1) Die Frage nach der Sündlosigkeit des Christen stellte offenkundig ein akutes dogmatisches und ethisches Problem dar (vgl. 1 Joh 1,8 ff; 3, 4 ff; 5, 16 ff). Der 1 Joh lässt deutlich erkennen, dass an diesem Punkt innerhalb der johanneischen Schule verschiedene Standpunkte vertreten wurden und wie aus der Sicht des Verfassers eine mögliche Lösung aussah. 2) Wie im 2 Joh ist auch im 1 Joh die Auseinandersetzung mit den aus der Gemeinde hervorgegangenen Irrlehrern ein zentrales Thema (vgl. 1 Joh 2, 22 f; 4, 2 ff; 5, 6 ff). Der Umfang der Irrlehrerpolemik zeigt, dass der Einfluss der Gegner innerhalb der joh. Schule keineswegs zurückgegangen war, sondern nach wie vor eine ernste Gefahr darstellte. 3) Die durchgängige Ermahnung zur Bruderliebe in Verbindung mit der Aufforderung zur konkreten sozialen Hilfe für den notleidenden Bruder in 1 Joh

74 Vgl. K. Berger, Theologiegeschichte des Urchristentums (s. o. 2), 270–275.

75 Bei der Ansetzung des 1 Joh nach dem Evangelium wird der Brief zumeist um 100/110 n. Chr. datiert, vgl. z. B. K. Wengst, JohBr, 30; H. J. Klauck, 1 Joh, 49.

76 Vgl. z. B. K. Wengst, JohBr, 30 (westliches Kleinasien); R. E. Brown, JohBr, 102 f; S. S. Smalley, JohBr, XXXII; H. J. Klauck, 1 Joh, 49.

77 Zur vorausgesetzten Gemeindestruktur vgl. D. Rusam, Gemeinschaft der Kinder Gottes, 210 ff.

3, 17f lässt vermuten, dass es innerhalb der joh. Schule relevante soziale Unterschiede gab. Der Verfasser des 1Joh versucht diese Problematik durch die fortwährende Ermahnung zur tatkräftigen Bruderliebe bis hin zur sozialen Unterstützung zu lösen bzw. zu entschärfen.

8.4.5 Gliederung, Aufbau, Form

1, 1–4	Prolog: Das Wort des Lebens
1, 5–2, 17	Paränese: Die Gemeinschaft mit Gott und ihre Gefährdungen/positiv: Sie realisiert sich in der Freiheit von der Sünde und in der Bruderliebe
2, 18–27	Lehrhafte Ausführungen: Die Leugnung Jesu als des Christus durch die Antichristen
2, 28–3, 24	Paränese: Das Kommen des Herrn und das Halten der Gebote
4, 1–6	Lehrhafte Ausführungen: Vom Unterscheiden der Wahrheit und des Irrtums
4, 7–5, 4	Paränese: Gottesliebe verpflichtet zur Bruderliebe.
5, 5–12	Lehrhafte Ausführungen: Das Zeugnis von Wasser, Blut und Geist
5, 13–21	Epilog: Das ewige Leben und seine Gefährdungen

Kennzeichnend für den 1Joh ist eine starke Verschränkung von überwiegend ‚ethisch' und überwiegend ‚lehrhaft' ausgerichteten Abschnitten, die von einem Prolog und Epilog gerahmt werden. Allerdings kann eine solche Aufteilung nicht mehr als eine Hilfskonstruktion sein und eine erste Orientierung geben, denn die gleichförmige Denk- und Schreibweise des Autors erschwert eine wirklich überzeugende Gliederung des 1Joh[78]. Markante Gliederungsmerkmale auf der Makroebene lassen sich nur schwer ausmachen. Kennzeichnend für den Aufbau des 1Joh ist der Wechsel von Glaubensinhalt und Glaubensvollzug; sie gehören für den Verfasser untrennbar zusammen und bedingen einander. Grundlegende Bedeutung kommt dem Prolog in 1Joh 1, 1–4 zu, der den Anspruch des Schreibens formuliert und bereits im Hinblick auf die Auseinandersetzung mit den Falschlehrern konzipiert ist.

Dieser spannungsreiche Befund führte in der Forschung zu sehr unterschiedlichen Formbestimmungen. So wird der 1Joh als ‚pastorales Rundschreiben'[79], ‚amtliches Sendschreiben'[80], als ‚autoritatives Mahnschreiben'[81], als ‚religiöser Traktat'[82],

78 Vgl. zur Forschungsgeschichte H.-J. Klauck, Die Johannesbriefe (s. o. 8.2.1), 59–68, der alle wichtigen (zwei- bis siebenteiligen) Gliederungsmodelle vorstellt. Klauck votiert für eine Dreiteilung des Briefkorpus: 1, 5–2, 17; 2, 18–3, 24; 4, 1–5, 12.

79 Vgl. O. Baumgarten, Die Johannesbriefe, SNT 4, Göttingen ^{3}1920, 185.

80 Vgl. W. Nauck, Die Tradition und der Charakter des ersten Johannesbriefes, 126f.

81 R. Schnackenburg, JohBr, 4.

82 H. Windisch, JohBr, 107.

als ‚briefartige Homilie'[83], als ‚Handreichung'[84], „as an exposition of GJohn"[85], als ‚paränetischer oder symbuleutischer Brief'[86] oder als ‚postconversiale Mahnrede'[87] in Briefform bezeichnet. Die schlüssige Zuordnung des 1Joh zu einer Gattung will nicht gelingen, denn das Fehlen wichtiger brieflicher Merkmale, die Erörterung grundlegender Glaubensfragen (z.B. die Sündenthematik), die durchgängige ethische Prägung und die Falschlehrerpolemik lassen sich nicht widerspruchsfrei harmonisieren. Deshalb sollte der 1Joh *als theologischer Diskurs* (in einem Schreiben mit brieflichen Elementen) bezeichnet werden. Das Wort *Diskurs* leitet sich vom lat. *discurro* (‚umherlaufen, sich ausbreiten'), *discurso* (‚hin- und herlaufen') ab und soll hier in einem bewusst einfachen Sinn verstanden werden: Ein Diskurs ist eine durch Argumentation gekennzeichnete Kommunikationsform, die die Menge all jener Aussagen umfasst, die in einer bestimmten historisch-kommunikativen Situation zu einem Groß-Thema innerhalb einer Gruppe/Gesellschaft gemacht werden, sich mit Rechtfertigungs- und Geltungsansprüchen verbinden und auf Zustimmung aus sind, um so Wirklichkeit zu schaffen und/oder zu verändern[88]. Diskurse sind immer mit Machtansprüchen und Deutungskämpfen verbunden, indem sie bestimmte Wirklichkeitssichten und Wissensformen durchzusetzen versuchen. Im geschichtlichen Bereich präsentieren sich Diskurse in der Regel als Korpora von Einzeltexten.

8.4.6 **Literarische Integrität**

In der neueren Exegese konzentriert sich die Frage nach der literarischen Einheitlichkeit des 1Joh auf den Briefschluss 1Joh 5,14–21[89]. Als Argumente für den sekundären Charakter von 1Joh 5,14–21 gelten: 1) In 1Joh 5,13 liegt ein Briefschluss vor. 2) Die Unterscheidung zwischen einer ‚Sünde zum Tode' und einer ‚Sünde nicht zum Tode' widerspricht den vorherigen Briefaussagen. 3) In 1Joh 5,14–21 finden sich viele Hapaxlegomena und brieffremde Vorstellungen. Gegen diese Argumentation ist einzuwenden: In 1Joh 5,13 liegt kein wirklicher Briefschluss vor, sondern der Verfasser blickt mit diesem Vers auf das vorherige Schreiben zurück und leitet

83 G. Strecker, JohBr, 49.
84 Vgl. W. Vogler, JohBr (s.o. 8.2.3), 24.
85 R.E. 'Brown, JohBr, 91.
86 Vgl. F. Vouga, JohBr, 5; H.-J. Klauck, 1Joh, 32, spricht von einem ‚symbuleutischen Brief', „zu dessen Hauptanliegen gutes Zureden und Raten bzw. Abraten gehören."
87 Vgl. K. Berger, Formgeschichte des Neuen Testaments, Heidelberg 1984, 133; J. Beutler, JohBr, 28.
88 Zum Diskursbegriff vgl. die Forschungsüberblicke und Darstellungen bei R. Keller, Diskursforschung, Wiesbaden [2]2004, 13–60; M. u. S. Jäger, Deutungskämpfe. Theorie und Praxis Kritischer Diskursanalyse, Wiesbaden 2007, , 17–37; A. Landwehr, Historische Diskursanalyse (s.o. 8.3.10), 60–90.
89 R. Bultmann, Die kirchliche Redaktion des ersten Johannesbriefes, in: ders., Exegetica, Tübingen 1967 (= 1951), 381–393, wies neben dem Schlussteil auch die apokalyptischen Aussagen (z.B. 1Joh 2,28; 3,2; 4,17) und die christologischen Entsühnungsaussagen (1Joh 1,7c; 2,4; 4,10) seiner ‚Kirchlichen Redaktion' zu.

zugleich den Schlussabschnitt ein[90]. Die Aussagen über zwei Arten von Sünden in 1 Joh 5, 14–21 stehen in keiner grundsätzlichen Spannung zu 1 Joh 1,8 ff; 3, 4 ff, denn sie sind die Lösung eines Konfliktes über die Sündhaftigkeit von Christen innerhalb der joh. Schule aus der Sicht des Briefautors (s. u. 8.4.9). Auch der Hinweis auf Hapaxlegomena kann den sekundären Charakter von 1 Joh 5, 14–21 nicht erweisen, denn auch im Briefkorpus finden sich wichtige Hapaxlegomena, ohne dass hieraus literarkritische Folgerungen gezogen werden[91]. 1 Joh 5, 14–21 schließt nicht nur einfach das vorherige Schreiben ab, sondern die angebotene Lösung der Sündenproblematik und die Warnung vor Apostasie haben appellativen Charakter, sie sind für das Gesamtverständnis des 1 Joh konstitutiv.

8.4.7 **Traditionen, Quellen**

Vergleichbar mit der Literaranalyse des Johannesevangeliums legte R. Bultmann auch ein Entstehungsmodell für den 1 Joh vor[92]. Danach soll der Verfasser des 1 Joh eine heidnisch-gnostische Quellenschrift als Vorlage benutzt haben, die 26 antithetische Zweizeiler umfasst und der von Bultmann für das Evangelium postulierten Offenbarungsredenquelle sachlich und formal nahe steht. Der Umfang und die Reihenfolge der Quelle sind: 1 Joh 1, 5–10; 2, 4. 5. 9. 10. 11. 29; 3, 4. 6–10. 14. 15. 24; 4, 7. 8. 12. 16; 5, 1. 4; 4, 5. 6; 2, 23; 5, 10. 12; 2 Joh 9. Diese 1927 vorgelegte Analyse[93] wurde von Bultmann dann in mehrfacher Weise variiert und erweitert. So vermutet er, dass der ursprüngliche 1 Joh mit Kap. 2, 27 schloss; die folgenden Abschnitte enthalten keine neuen Gedanken mehr, sondern sind nur noch Variationen des vorhergehenden Teils. Bei der Bestimmung des Charakters von 1 Joh 2, 28–5, 12 schwankt Bultmann. Er mutmaßt, es handele sich um Skizzen oder Meditationen, vielleicht sogar um Protokolle von Seminarsitzungen, die dann vom Verfasser des ursprünglichen Briefes hinzugefügt wurden, „oder aus seinem Nachlaß von seinen Schülern"[94]. Auf der Basis dieser Erweiterung durch authentisches Material schloss sich dann noch eine Überarbeitung der ‚Kirchlichen Redaktion' an. Durchsetzen konnten sich diese Thesen zur Entstehungsgeschichte des 1 Joh nicht, denn es ist nicht möglich, im 1 Joh eine durchgängige Quellenschrift zu eruieren, die jeweils aus gleichstrukturierten Parallelismen bestanden haben soll. Zudem erscheint das bei Bultmanns Rekonstruktion leitende methodische Prinzip der Ursprünglichkeit der reinen

90 Vgl. G. Strecker, JohBr, 291 ff. Zwischen Joh 20, 31 und 1 Joh 5, 13 bestehen Übereinstimmungen in Vokabular und Aufbau, zugleich weisen aber die Unterschiede darauf hin, dass keine literarische Abhängigkeit vorliegt.

91 Vgl. G. Strecker, JohBr, 293 A 6.

92 Zur Forschungsgeschichte vgl. W. Vogler, JohBr (s. o. 8.2.3), 33–38.

93 Vgl. R. Bultmann, Analyse des ersten Johannesbriefes, in: ders., Exegetica, Tübingen 1967 (= 1927), 105–123; vgl. zuvor E. v. Dobschütz, Johanneische Studien, ZNW 8 (1907), 1–8.

94 R. Bultmann, JohBr, 48.

Form aus heutiger Sicht sehr zweifelhaft[95]. Auch der Abschluss eines ursprünglichen Schreibens in 1 Joh 2, 27 lässt sich nicht nachweisen, denn in dem mit Kap 2, 28 einsetzenden Abschnitt werden vom Verfasser neue Themen aufgegriffen (z. B. die futurische Eschatologie, die Sakramente und die Sünde zum Tode). Mit der Zurückweisung von Quellentheorien ist aber nicht die Möglichkeit ausgeschlossen, dass der Verfasser des 1 Joh auf mündliche Traditionen und Texte zurückgriff, die in der joh. Schule entstanden. So könnte der Briefprolog (1 Joh 1, 1–4) ebenso aus der geprägten Tradition der joh. Schule stammen wie die ethisch-katechetischen Weisungen in 1 Joh 2, 12–14. Die differierenden Aussagen über das Verhältnis des Christen zur Sünde in 1 Joh 1,8 ff; 3, 4 ff; 5, 16 ff dürften auf Diskussionen innerhalb der joh. Schule über dieses zentrale Problem zurückgehen.

8.4.8 Religionsgeschichtliche Stellung

Im Zentrum steht hier die Frage nach der religionsgeschichtlichen Einordnung der im 1 Joh bekämpften Gegner. Sie gehörten ehemals zur Gemeinde (vgl. 1 Joh 2, 19) und leugneten aus der Sicht des Briefschreibers die soteriologische Identität zwischen dem irdischen Jesus und dem himmlischen Christus (vgl. 1 Joh 2, 22: *Ἰησοῦς οὐκ ἔστιν ὁ Χριστός*; vgl. ferner die Identitätsaussagen in 1 Joh 4, 15; 5, 1. 5)[96]. Offenbar waren für die Gegner nur der Vater und der himmlische Christus heilsrelevant, nicht jedoch das Leben und Sterben des geschichtlichen Jesus von Nazareth. Für den Verfasser des 1 Joh hat hingegen der den Vater nicht, der das Wirken des Sohnes falsch lehrt.

Die Inkarnationsaussage in 1 Joh 4, 2 (vgl. 1 Joh 1, 2; 3,8 b) lässt zudem auf die Bestreitung der Fleischwerdung des präexistenten Christus durch die Gegner schließen[97]. Die Passion des geschichtlichen Jesus von Nazareth (vgl. 1 Joh 5, 6 b) hatte ebenso wie sein

95 Vgl. zur umfassenden Kritik E. Haenchen, Neuere Literatur zu den Johannesbriefen (s. o. 8.2), 250 ff.

96 Vgl. R. Bultmann, JohBr, 44; H. Balz, JohBr, 183; K. Wengst, JohBr, 112; R. E. Brown, JohBr, 352; G. Strecker, JohBr, 129; H. Windisch, JohBr, 127 f; E. Haenchen, Neuere Literatur zu den Johannesbriefen (s. o. 8.2), 274. Betrachtet man 1 Joh 2, 22 isoliert, dann kann auch die jüdische Leugnung der Messianität Jesu gemeint sein, was freilich durch 1 Joh 2, 19 ausgeschlossen ist; gegen K. Weiß, Die ‚Gnosis' im Hintergrund und im Spiegel der Johannesbriefe, in: Gnosis und Neues Testament, hg. v. K. W. Tröger, Berlin 1973, (341–356) 343, der in der Leugnung der Gottessohnschaft Jesu das Spezifikum der gegnerischen Lehre sieht. H. Thyen, Art. Johannesbriefe (s. o. 8.2), 194, bezeichnet im Anschluss an A. Wurm die Gegner als ‚orthodoxe Juden', die die Notwendigkeit eines himmlischen Offenbarers zur Gotteserkenntnis bestreiten; ähnlich U. Wilckens, Die Gegner im 1. Johannesbrief, 483; D. R. Street, They Went out from Us, 358 („… that 1John was written in a Jewish context and was addressing the same basic issue as the Fourth Gospel: the messiahship of Jesus").

97 Vgl. R. Bultmann, JohBr, 50 ff; G. Strecker, JohBr, 211 f; C. H. Dodd, JohBr, XIX. Nach R. Schnackenburg, JohBr, 221; P. S. Minear, The Idea of Incarnation in First John, Interp 24 (1970), (291–302) 300 f; F. Vouga, JohBr, 47, liegt in 1 Joh 4, 2 keine Inkarnationsaussage vor.

Sühnetod (vgl. 1 Joh 1,9; 2,2; 3,16; 4,10) für sie keine Heilsbedeutung. Sie unterschieden strikt zwischen dem allein heilsrelevanten himmlischen Christus und dem irdischen Jesus, wobei der himmlische Christus seiner irdischen Erscheinung nach nur einen Scheinleib hatte. Für diese Interpretation spricht auch 1 Joh 4,3, wo zu lesen ist *καὶ πᾶν πνεῦμα, ὃ λύει τὸν Ἰησοῦν ἐκ τοῦ θεοῦ οὐκ ἔστιν*[98]. Die Gegner „eliminierten Jesus aus ihrer Lehre, leugneten die menschliche Seite des Erlösers"[99].

Ignatius wendet sich in seinen Briefen ebenfalls gegen eine doketische Christologie[100]. Er wirft seinen Gegnern vor, die Leiblichkeit Jesu Christi zu bestreiten. Sie bekennen nicht, dass der Herr einen Leib trägt (Sm 5,2). Demgegenüber betont Ignatius, dass Jesus Christus von der Jungfrau Maria wirklich geboren, von Johannes getauft und unter Pontius Pilatus wirklich für uns im Fleisch angenagelt wurde (Sm 1,1; vgl. Trall 9,1). Für die Gegner hat Jesus Christus nur zum Schein gelitten (vgl. Trall 10; vgl. Sm 2; Sm 4,2). Nachdrücklich verweist hingegen Ignatius auf das Leiden und Sterben Christi (vgl. Eph 7,2; 20,1; Trall 9,1; 11,2; Röm 6,1; Sm 1,2; 6,2). Ist Jesus Christus auf Erden nur ‚*τὸ δοκεῖν*' erschienen, litt er nicht wirklich, so müssen die Gegner auch seine Auferstehung leugnen. Nur so erklärt sich die Vehemenz, mit der Ignatius im Blick auf die Gegner die Auferstehung Jesu Christi im Fleisch betont (vgl. Sm 1,2; 3,1; 7,1; Trall 9,2; Eph 20,1; Magn 11). Leugnen die Gegner die Auferstehung, dann ist auch die Eucharistie entleert und die Gnade Christi geschmälert (Sm 6,2), so dass es nur folgerichtig ist, wenn die Gegner der Eucharistiefeier fernbleiben (vgl. Sm 7,1, ferner Sm 6,2). Da die Gegner die wahrhaftige sarkische Existenz Jesu Christi, sein Leiden und die Auferstehung des Gekreuzigten bestreiten, daraus Konsequenzen für die Eucharistie ziehen und das Stichwort ‚*τὸ δοκεῖν*' fällt, kann diese Lehre als Doketismus bezeichnet werden[101]. Offensichtlich wird die gesamte irdische Existenz Jesu Christi als *δόκησις* aufgefasst[102], Jesus Christus ist nur zum Schein erschienen, ungeboren.

Allein diese Form einer monophysitischen Christologie, in welcher der Erlöser selbst ausschließlich göttlicher Natur ist und somit nicht er selbst, sondern seine *δόκησις* auf Erden erscheint, kann Doketismus genannt werden[103]. Ein in dieser Weise definierter

98 Für die LA *λύει* plädieren u.a. R. Schnackenburg, JohBr, 222 (ausführliche Begründung); R. Bultmann, JohBr, 67; R. E. Brown, JohBr, 494–96; P. Weigandt, Der Doketismus im Urchristentum und in der theologischen Entwicklung des zweiten Jahrhunderts, Diss. theol., Heidelberg 1961, 104; K. Wengst, Häresie und Orthodoxie, 17 A 14; M. Hengel, Die johanneische Frage (s. u. 8.5.1), 171 ff; anders z. B. H. J. Klauck, 1 Joh, 234–237.

99 P. Weigandt, Doketismus, 105.

100 Zur ausführlichen Analyse der Ignatius-Texte vgl. W. Uebele, „Viele Verführer sind in die Welt ausgegangen", 37–92.

101 Vgl. nur W. Bauer, Die Briefe des Ignatius von Antiochien und der Polykarpbrief, HNT.EB II, Tübingen 1920, 239 f; P. Weigandt, Doketismus, 57 f; W. Bauer – H. Paulsen, IgnTrall (s. o. 2.9.6), 64 f; W. R. Schoedel, Die Briefe des Ignatius von Antiochien, München 1990, 250 ff; W. Uebele, „Viele Verführer sind in die Welt ausgegangen", 91 f.

102 Vgl. W. Bauer, IgnTrall, 239.

103 Vgl. P. Weigandt, Doketismus, 16.18. Speziell die platonische Wirklichkeitsauffassung mit ihrem Gegensatz von *δοκεῖν – εἶναι* (vgl. Pol 2 361 b.362 a u. ö.) dürfte den Doketismus beeinflusst haben (zur umfassenden Begründung mit zahlreichen Textbeispielen vgl. U. Schnelle, 1 Joh, 138–144). Das eigentliche Sein ist das geistig-ideelle Sein (*οὐσία, ὄντως ὄν, ὅ ἐστιν ὄν*), während die Welt der Wahrnehmungen (aus der Sicht der Doketen das leibliche Sein Jesu) dem Schein (*δοκεῖν, δόκησις*) unterworfen ist. Es gilt: „Wie das Sein zum Werden, so verhält sich die Wahrheit zum Glauben" (Platon, Tim 29 c). Wie ein von Platon beeinflusster hellenistischer Jude Gottes Sein dachte, zeigt sehr schön Philo, Sacr 101: „So entferne Seele alles Irdische, Sterbliche, Veränderli-

Doketismus, dessen Konsequenz eine völlige Entleerung des irdischen Seins Jesu Christi ist, findet sich außer in den Ignatiusbriefen bei Satornil, Kerdon, Markion und in den Johannesakten[104].

Insbesondere die Parallelität zu den bei Ignatius und Polykarp (vgl. Polyk, Phil 7, 1) bekämpften Gegnern bestätigt, dass auch die Widersacher des 1 Joh eine *doketische Christologie* lehrten[105]. Hier wie dort wird die Leiblichkeit des Gottessohnes bestritten. Heilsrelevant ist allein der himmlische Christus, der Existenz des irdischen Jesus kommt hingegen keine soteriologische Funktion zu. Der Verfasser des 1 Joh setzt den Gegnern die in seinen Augen legitime Lehrtradition der joh. Schule (vgl. *ἀπ' ἀρχῆς* in 1 Joh 1, 1–4; 2, 7 f; 3, 11), nicht aber das Johannesevangelium entgegen! Lassen die Gegner faktisch die Erlösergestalt auseinandertreten, so betont der Briefschreiber die soteriologische Einheit des irdischen Jesus mit dem himmlischen Christus (vgl. 1 Joh 2, 22; 4, 2. 9. 15; 5, 1. 5). Der Irrlehre wird das Bekenntnis entgegengesetzt. Ist die leibliche Erscheinung des Erlösers für die Gegner letztlich irrelevant, so hat sie für den Autor des 1 Joh indikativische Bedeutung (vgl. 1 Joh 2, 6; 3, 3 f; 4, 17). Gegen das pneumatische Selbstbewusstsein der Dissidenten stellt der 1 Joh die Salbung der Gemeinde (vgl. 1 Joh 2, 20. 27), die ihre Empfänger über Wahres und Falsches belehrt.

che und Unheilige aus der Vorstellung von Gott, dem Unirdischen, Unsterblichen, Unveränderlichen, Heiligen und nur Glücklichen." Doketismus und Gnosis sind keineswegs identisch: „Sondern der Doketismus ist eine der Voraussetzungen gnostischer Erlöserlehre, ..." (C. Colpe, Art. Gnosis II, RAC 11 [1981], 611); vgl. auch die Differenzierungen bei P. Weigandt, Doketismus, 4–19; ferner W. R. Schoedel, Briefe des Ignatius, 255; N. Brox, „Doketismus" – eine Problemanzeige, ZKG 95 (1984), (301–314) 312 ff; P. E. Kinlaw, The Christ is Jesus (s. u. 8.5.1), 79–93; M. Bauspieß, „Doketimus" als theologisches Problem. Zur Bultmann-Käsemann-Kontroverse um den Wirklichkeitsbezug der johanneischen Theologie, in: M. Bauspieß/Chr. Landmesser/Fr. Portenhauser (Hg.), Theologie und Wirklichkeit, Neukirchen 2011, 185–219.

104 Vgl. P. Weigandt, Doketismus, 28. 82–86. Vielfach wird die Christologie der Gegner mit der Theologie Kerinths verbunden oder identifiziert (vgl. bes. K. Wengst, Orthodoxie und Häresie, 24 ff; R. E. Brown, JohBr, 65 ff). Übereinstimmungen zwischen der Lehre Kerinths (vgl. Iren, Haer I 26, 1) und der vermuteten Christologie der Gegner im 1 Joh lassen sich nicht leugnen (Trennung himmlischer Christus – irdischer Jesus, Hochschätzung der Taufe Jesu). Ihnen stehen allerdings erhebliche Differenzen gegenüber: Konstitutiv für das System Kerinths war offenbar die Kosmogonie, die für die Gegner im 1 Joh nicht nachzuweisen ist. Auch die Unterscheidung zwischen einem pneumatischen, leidensunfähigen Christus und dem Menschen Jesus, der dem himmlischen Christus als *zeitweiliges* Gefäß diente, ist 1 Joh 2, 22; 5, 6 nicht zu entnehmen.

105 Vgl. H. J. Holtzmann, Johanneische Briefe, HC IV, Freiburg ^{2}1893, 236 f; H. Windisch, JohBr, 127 (Kerinth), R. Bultmann, JohBr, 67; H. Balz, JohBr, 157 (verwandt mit Doketen); C. H. Dodd, JohBr, XIX; P. Weigandt, Doketismus, 193 ff; R. E. Brown, JohBr, 65 ff (Kerinth); J. Bogart, Orthodox and Heretical Perfectionism, 128 f; U. B. Müller, Die Geschichte der Christologie in der johanneischen Gemeinde, SBS 77, Stuttgart 1975, 59–63; C. Colpe, Art. Gnosis II, RAC 11 (1981), 611; G. Schunack, JohBr, 75 (Vorstufe ausgeprägter doketischer Vorstellungen); G. Strecker, JohBr, 131–139; M. Hengel, Die johanneische Frage (s. u. 8.5.1), 185. 192 u. ö.; W. Uebele, „Viele Verführer sind in die Welt ausgegangen", 93–147. Einen Forschungsüberblick bietet H. J. Klauck, 1 Joh, 34–42, der auf eine konkrete historische Verortung der Gegner verzichtet.

8.4.9. Theologische Grundgedanken

Wie der Prolog des Evangeliums hat auch der Briefprolog 1 Joh 1, 1–4 die Funktion einer Lektüreanweisung. Durch den Gebrauch des bekennenden und bezeugenden ‚wir' und der Vergangenheitsformen *ἀκηκόαμεν, ἑωράκαμεν, ἐθεασάμεθα* betont der Verfasser gleich zu Beginn seines Schreibens die reale Menschwerdung Jesu Christi und damit die Realität und Historizität des Heilsgeschehens. Diese *Inkarnations-Christologie* bestimmt den gesamten 1 Joh. Sie prägt die Auseinandersetzung mit den Doketen in 1 Joh 2, 22 f; 4, 2 f; 5, 6–8; der Antichrist und Verführer offenbart sich in der Leugnung der wirklichen Menschwerdung des Gottessohnes Jesus Christus. Die Gemeinde leitet aus dem Auftreten der Antichristen den Anbruch der Endzeit ab, es ist letzte Stunde (1 Joh 2, 18), die Parusie Jesu steht unmittelbar bevor (1 Joh 2, 28). In gespannter Endzeiterwartung hofft die Gemeinde auf das Offenbarwerden Jesu Christi, denn dann wird der eschatologische Vorbehalt aufgehoben. Die Glaubenden werden Jesus gleichgestaltet und werden ihn sehen, wie er ist (1 Joh 3, 1–3). Diese Dominanz futurisch-eschatologischer Aussagen zählt zu den Besonderheiten des 1 Joh.

Der 1 Joh bezeugt ebenso wie das Matthäusevangelium und der Hebräerbrief eine heftige Auseinandersetzung innerhalb des Urchristentums über die Frage, ob ein getaufter Christ weiterhin sündigen kann und wie sich die Gemeinde gegenüber Sündern in ihrer Mitte verhalten soll[106]. In 1 Joh 1,8–10 konstatiert der Verfasser des 1 Joh das Faktum der Sünde in seiner Gemeinde, er polemisiert gegen Gemeindeglieder, die offenbar die Wirklichkeit der Sünde leugnen. Sie machen Jesus zum Lügner, denn in ihm hat die Gemeinde einen Fürsprecher bei Gott, er ist als Sühnopfer für unsere Sünden gestorben (1 Joh 2, 1 f). Eine völlig andere Aussage findet sich in 1 Joh 3,9, nun wird die Unmöglichkeit des Sündigens für den Christen behauptet. Weil Gott Ursprung und Grund christlicher Existenz ist, erscheint die Sünde als unmögliche Möglichkeit. Auf eine Lösung dieses vermeintlichen Widerspruchs weist 1 Joh 5, 16 f hin, wo der Verfasser zwischen einer Sünde ‚zum Tode' und einer Sünde ‚nicht zum Tode' unterscheidet. Mit der Sünde zum Tode hält der 1 Joh an der Unvereinbarkeit von Christsein und Sündigen fest. Wer sündigt, ist nicht im Bereich des Geistes und des Lebens, er gehört in den Bereich des Todes. Andererseits trägt der Verfasser des 1 Joh der Gemeinderealität Rechnung, wenn er von Sünden spricht, die nicht zum Tode führen. Für diese Sünden darf der Mitbruder Gott um Vergebung bitten.

Die Ethik des 1 Joh ist durchgängig vom Gebot der Bruderliebe bestimmt. Jesus Christus erscheint zugleich als Urbild und Vorbild, so wie er lebte, sollen auch die Christen leben (vgl. 1 Joh 2, 6 b). In einer mit Paulus vergleichbaren reflektierten

106 Vgl. zur Analyse der Texte I. Goldhahn-Müller, Grenze der Gemeinde (s. o. 6.4), 27–75.

Form werden Indikativ und Imperativ zugeordnet (vgl. 1 Joh 4, 19: *ἡμεῖς ἀγαπῶμεν, ὅτι αὐτὸς πρῶτος ἠγάπησεν ἡμᾶς*; ferner 1 Joh 2, 7–11; 4, 10). Der Liebesgedanke umfasst im 1 Joh zuerst die Bruderliebe, schließt aber die Nächstenliebe nicht aus[107]. Dies belegen 1 Joh 2, 6; 3, 3. 7. 16, wo explizit aus dem vorbildhaften Tun Jesu ein entsprechendes Verhalten der Jünger gefordert wird. Schließlich sperrt sich die Aufforderung zu einem konkreten Sozialverhalten gegenüber dem Bruder in 1 Joh 3, 17. 18 gegen eine Interpretation der joh. Ethik im Sinn einer Konventikel- oder Gesinnungsethik.

Zeigt bereits die Ethik, dass von einer Weltfeindlichkeit im 1 Joh nicht gesprochen werden kann, so bestätigen dies die Aussagen über den Kosmos. Der Welt kommt im 1 Joh keine wesensmäßige Inferiorität zu, sondern allein der Glaube entscheidet darüber, ob ein Mensch zum Bereich des Kosmos oder zum Bereich Gottes gehört. Gott sandte seinen Sohn aus Liebe in die Welt (vgl. 1 Joh 4,9. 14), Jesus ist der *σωτὴρ τοῦ κόσμου* (vgl. 1 Joh 2, 2; 4, 14). Der Kosmos wird erst dort zu einem widergöttlichen Bereich, wo der Unglaube das Sein und das Handeln eines Menschen bestimmt. Nicht Weltdistanz, sondern innerweltliche Überwindung des Kosmos als Ort des Unglaubens fordert der Verfasser des 1 Joh (vgl. 1 Joh 5, 4 f).

8.4.10 **Tendenzen der neueren Forschung**

Unter dem Einfluss der Johannesinterpretation R. Bultmanns standen auch bei der Auslegung des 1 Joh lange Zeit quellen- und literarkritische Fragen im Vordergrund. Hier ist ein grundlegender Wandel eingetreten, insofern nur noch vereinzelt mit schriftlichen Vorlagen für den 1 Joh gerechnet wird und allein der Briefschluss ein ernsthaftes literarkritisches Problem darstellt. Ein Zentrum der neueren Diskussion bildet die Frage nach dem Verhältnis des 1 Joh zum Evangelium. Von großem Einfluss war die Klassifizierung des 1 Joh als ‚johanneischen Pastoralbrief' durch H. Conzelmann. Für ihn hat der Verfasser des Briefes das Johannesevangeliums bereits als feste Autorität vor Augen. Die theologischen Verschiebungen zwischen dem 1 Joh und dem Evangelium ergeben sich für Conzelmann aus der gewandelten kirchengeschichtlichen Situation, in die hinein der Brief geschrieben ist. Die Kirche orientiert sich in einer neuen Situation, greift dabei auf ihren Ursprung zurück und transponiert das eschatologische Selbstbewusstsein „auf das geschichtliche Wesen der Sozietät"[108]. Von einer Rezeptionsgeschichte des Evangeliums im 1 Joh gehen bei ihrer Interpretation auch G. Klein, R. Schnackenburg, R. E. Brown, F. Vouga und H. J. Klauck aus. Eine andere Interpretationsrichtung vertritt G. Strecker. Hier erscheint der 1 Joh nicht als ein Anhang oder eine Lesehilfe zum Evangelium, sondern als eigenständi-

107 Anders M. Rese, Das Gebot der Bruderliebe in den Johannesbriefen, ThZ 41 (1985), 44–58.

108 H. Conzelmann, „Was von Anfang war", 213.

ges Zeugnis joh. Theologie vor der Abfassung des Evangeliums. Die Theorie einer Verkirchlichung joh. Theologie im 1 Joh orientiert sich immer noch am protestantischen Gedanken des Abfalls von der ursprünglichen Lehre, die hier in der von Zusätzen gereinigten Theologie des Evangeliums erblickt wird. Demgegenüber zählen für Strecker der Traditionsgedanke, die futurische Eschatologie, die Sühntodaussagen und die Betonung der Sakramente zu den theologischen Themen, die in der joh. Schule von Anfang an dominierten[109].

Nach wie vor ein Zentrum der Forschung ist die Bestimmung der im 1 Joh bekämpften Gegner. Ebenso wie beim 2 Joh reichen auch hier die Vorschläge von Judenchristen bis hin zu Gnostikern und Doketen. Die Mehrzahl der Exegeten sieht in den Gegnern Doketen bzw. Gnostiker, deren Lehre den von Ignatius bekämpften Irrlehrern nahesteht und deren Konsequenz die soteriologische Entleerung der irdischen Existenz Jesu ist. Heftig umstritten ist die mit dem Stichwort ‚Bruderliebe' verbundene ethische Konzeption des 1 Joh. Während im Anschluss an die Johannesinterpretation E. Käsemanns[110] auch die Ethik des 1 Joh von W. Schrage[111], M. Rese, W. Marxsen[112] u. a. als ‚verengte Konventikelethik' bezeichnet wird, betont G. Strecker die universalen Tendenzen des johanneischen *ἀγάπη*-Begriffes[113]. Eng mit der Wertung dieses Sachproblems ist die Einstufung der johanneischen Gemeinde als einer ‚Sekte' verbunden. Die Annahme eines ausschließlich negativen Kosmos-Begriffes und einer rein gruppenzentrierten ethischen Konzeption im 1 Joh legen die Etikettierung ‚Sektenmentalität' nahe[114]. Allerdings widerspricht der dargestellte Textbefund dieser Einstufung, auch die Johannesbriefe „lassen auf gar keinen Fall einen Rückzug der Kirche auf einen sektiererischen Konventikel zu."[115] Die Vorordnung der Johannesbriefe vor dem Johannesevangelium (U. Schnelle) führt zu einer neuen Sicht der historischen und theologischen Entwicklung der joh. Schule. Dem 1Joh kommt dann eine Schlüsselfunktion zu, denn er bezeugt erstmals das voll ausgeprägte joh. Denken und den grundlegenden christologischen Konflikt in der joh. Schule, der dann im Johannesevangelium umfassend bearbeitet wird.

109 Vgl. auch G. Strecker, Chiliasmus und Doketismus in der Johanneischen Schule, KuD 38 (1992), 30–46.

110 Vgl. E. Käsemann, Jesu letzter Wille (s. u. 8.5.1), 118–152.

111 Vgl. W. Schrage, Ethik des Neuen Testaments, GNT 4, Göttingen ^{2}1989, 301–324.

112 Vgl. W. Marxsen, „Christliche" und christliche Ethik des Neuen Testaments, Gütersloh 1989, 263, der meint, es sei festzustellen, „daß die Bruderliebe der johanneischen Schule mit einer Lieblosigkeit erkauft wird, die innerhalb der neutestamentlichen Schriften beispiellos ist."

113 Vgl. G. Strecker, JohBr, 224–230.

114 So z. B. W. Rebell, Gemeinde als Gegenwelt (s. u. 8.5.1), 112–123.

115 S. Schulz, Neutestamentliche Ethik (s. o. 2.4.9), 525.

8.5 Das Johannesevangelium

8.5.1 Literatur

Kommentare

KEK II: R. Bultmann, [11]1978 (EH 1968). – Sonderband: C. K. Barrett, Das Evangelium nach Johannes, 1990. – HNT 6: H. Thyen, 2005. – HThK IV.1–4: R. Schnackenburg, [6]1986. [5]1990. [5]1986. 1990. – ICC: J. F. McHugh, 2009. – ThHK 4: U. Schnelle, [4]2009. – ThKNT 4, 1–2: K. Wengst, 2000. 2001. – ÖTK 4. 1–2: J. Becker, [3]1991. – RNT: M. Theobald, 2009 (Kap. 1–12). – NTD 4: U. Wilckens, 1998. – ZBK 4, 1–2: Chr. Dietzfelbinger, 2001. – NEB: J. Gnilka, 1983. – AncB 29 A. B.: R. E. Brown, 1966. 1970. – E. Haenchen, Das Johannesevangelium, hg. v. U. Busse, 1980. – J. Blank, Das Evangelium nach Johannes, GSL.NT 4. 1–3, 1977–1981. – NCeB: B. Lindars, London 1972. – WBC 36: G. R. Beasley-Murray, 1987. – D. A. Carson, The Gospel according to John, Leicester – Grand Rapids, 1992. – Sacra Pagina: F. J. Moloney, 1998. – L. Schenke, Johannes, Düsseldorf 1998. – ANTC: D. M. Smith, John, Nashville 1999. – BNTC: A. Lincoln, The Gospel according to St. John, London 2006. – U. van Wahlde, The Gospel and Letters of John I–II, Grand Rapids 2010. – NICNT: J. R. Michaels, 2011.

Monographien

C. H. Dodd, The Interpretation of the Fourth Gospel, Cambridge 1953. – E. Ruckstuhl, Die literarische Einheit des Johannesevangeliums, NTOA 5, Freiburg (H) – Göttingen [2]1987. – W. Wilkens, Die Entstehungsgeschichte des vierten Evangeliums, Zürich 1958. – J. Blank, Krisis, Freiburg 1964. – F. Mußner, Die johanneische Sehweise, QD 28, Freiburg 1965. – E. Käsemann, Jesu letzter Wille nach Johannes 17, Tübingen [4]1980. – Luise Schottroff, Der Glaubende und die feindliche Welt, WMANT 37, Neukirchen 1970. – R. T. Fortna, The Gospel of Signs, MSSNTS 11, Cambridge 1970. – W. Langbrandtner, Weltferner Gott oder Gott der Liebe, BET 6, Frankfurt 1977. – J. A. Bühner, Der Gesandte und sein Weg im 4. Evangelium, WUNT 2. 2, Tübingen 1977. – J. L. Martyn, History and Theology in the Fourth Gospel, Nashville [2]1979. – S. S. Smalley, John. Evangelist and Interpreter, Exeter 1978. – R. A. Culpepper, Anatomy of the Fourth Gospel, Philadelphia 1983. – T. Onuki, Gemeinde und Welt im Johannesevangelium, WMANT 56, Neukirchen 1984. – W. Grundmann, Der Zeuge der Wahrheit, Berlin 1985. – H. Kohler, Kreuz und Menschwerdung im Johannesevangelium, AThANT 72, Zürich 1987. – U. Schnelle, Antidoketische Christologie im Johannesevangelium, FRLANT 144, Göttingen 1987 (engl.: Antidocetic Christology in the Gospel of John, Minneapolis 1992). – W. Rebell, Gemeinde als Gegenwelt. Zur soziologischen und didaktischen Funktion des Johannesevangeliums, BET 20, Frankfurt 1987. – M. Theobald, Die Fleischwerdung des Logos, NTA 20, Münster 1988. – J. Ashton, Understanding the Fourth Gospel, Oxford 1991. – E. Ruckstuhl – P. Dschulnigg, Stilkritik und Verfasserfrage im Johannesevangelium, NTOA 17, Freiburg (H) – Göttingen 1991. – J. Painter, The Quest for the Messiah, Edinburgh 1991. – K. Wengst, Bedrängte Gemeinde und verherrlichter Christus, München 1992(NA). – W. R. G. Loader, The Christology of the Fourth Gospel, BET 23, Frankfurt [2]1992. – K. M. Bull, Gemeinde zwischen Integration und Abgrenzung, BET 24, Frankfurt 1992. – W. Schmithals, Johannesevangelium und Johannesbriefe. Forschungsgeschichte und Analyse, BZNW 64, Berlin 1992. – L. Schenke, Das Johannesevangelium, Stuttgart 1992. – M. Hengel, Die johanneische Frage, WUNT 67, Tübingen 1993. – P. N. Anderson, The Christology of the Fourth Gospel, WUNT 2.78; Tübingen 1996. – J. Frey, Die johanneische Eschatologie I.II.III, WUNT 96.100.117, Tübingen 1997.1998.2000. – K. Berger, Im Anfang war Johannes, Stuttgart 1997. – J. Rahner, „Er aber sprach vom Tempel seines Leibes“. Jesus von Nazaret als Ort der Offenbarung Gottes im vierten Evangelium, BBB 117, Bodenheim 1998. – M. Lang, Johannes und die Synoptiker, FRLANT 182, Göttingen 1999. – M. Labahn, Jesus als Lebensspender, BZNW 98, Berlin 1999. – Ders., Offenbarung in Zeichen und Wort, WUNT 2.117, Tübingen 2000. – K. Scholtissek, In ihm sein und bleiben. Die Sprache der Immanenz in den johanneischen Schriften, HBS 21, Freiburg 2000. – H.-Chr. Kammler, Christologie und Eschatologie. Joh 5,17–30 als Schlüsseltext johanneischer Theologie, WUNT 126, Tübingen 2000. – P. Dschulnigg, Jesus begegnen. Personen und ihre Bedeutung im Johannesevangelium, Münster 2000. – J. G. van der Watt, Family of the King. Dynamics of Metaphor in the Gospel according to John, BIS 47, Leiden 2000. – T. Nagel, Die Rezeption des Johannesevangeliums im 2. Jahrhundert, ABG 2, Leipzig 2000. – Christina Urban, Das Menschenbild nach dem Johannesevangelium,- WUNT 2.137, Tübingen 2001. – Th. Popp, Grammatik des Geistes. Literarische Kunst und theologische Konzeption in Johannes 3 und 6, ABG 3, Leipzig 2001. – Neuer Wettstein I/2: Texte zum Johannesevangelium, hg. v. U. Schnelle u. Mitarb. v. M. Labahn – M. Lang, Berlin 2001. – J. Becker, Johanneisches Christentum, Tübingen 2004. – R. Zimmermann, Christologie der Bilder im Johannesevangelium, WUNT 171, Tübingen 2004. – G. van Belle – J. G. van der Watt – P. Maritz (Hg.), Theology and Christology in the Fourth Gospel, BETL 184, Leiden 2005. – E. E. Popkes, Die Theologie der Liebe Gottes in den johanneischen Schriften, WUNT 2.197, Tübingen 2005. – P. E. Kinlaw, The Christ is Jesus. Metamorphosis, Possession, and Johannine Christology, SBL.AB 18, Atlanta 2005.

Aufsätze

G. Richter, Studien zum Johannesevangelium, BU 13, Regensburg 1977 (wichtige Aufsatzsammlung). – G. Bornkamm, Zur Interpretation des Johannes-Evangeliums, in: ders., Geschichte und Glaube I, BEvTh 48, München 1968, 104–121. – K. M. Fischer, Der johanneische Christus und der gnostische Erlöser, in: Gnosis und Neues Testament, hg. v. K. W. Tröger, Berlin 1973, 245–266. – H. Thyen, Entwicklungen innerhalb der johanneischen Theologie und Kirche im Spiegel von Joh 21 und der Lieblingsjüngertexte des Evangeliums, in: M. de Jonge (Hg.), L'Évangile de Jean, BETL 44, Leiden 1977, 259–299. – J. Gnilka, Zur Christologie des Johannesevangeliums, in: Christologische Schwerpunkte, hg. v. W. Kasper, Düsseldorf 1980, 92–107. – J. L. Martyn, The Gospel of John in Christian History, New York 1978 (Aufsatzsammlung). – D. M. Smith, Johannine Christianity, Columbia 1984 (Aufsatzsammlung). – W. Klaiber, Die Aufgabe einer theologischen Interpretation des 4. Evangeliums, ZThK 82 (1985), 300–324. – H. Weder, Die Menschwerdung Gottes, ZThK 82 (1985), 325–360. – H. Thyen, Art. Johannesevangelium, TRE 17 (1987), 200–225. – U. Schnelle, Johanneische Ekklesiologie, NTS 37 (1991), 37–50. – A. Denaux (Hg.), John and the Synoptics, BETL 101, Leuven 1992 (wichtige Aufsatzsammlung). – J. Zumstein, Der Prozeß der Relecture in der johanneischen Literatur, NTS 42, (1996), 394–411. – Th. Söding, Die Schrift als Medium des Glaubens, in: Schrift und Tradition (FS J. Ernst), hg. v. K. Backhaus und F. G. Untergaßmair, Paderborn 1996, 343–371. – O. Hofius – H. Chr. Kammler, Johannesstudien, WUNT 88, Tübingen 1996 (wichtige Aufsatzsammlung). – U. Schnelle, Johannes als Geisttheologe, NT 40 (1998), 17–31. – J. Zumstein, Kreative Erinnerung. Relecture und Auslegung im Johannesevangelium, Zürich ^{2}2004. – J. Frey – U. Schnelle

(Hg.), Kontexte des Johannesevangeliums, WUNT 175, Tübingen 2004. – J. Frey – J. van der Watt – R. Zimmermann (Hg.), Imagery in the Gospel of John, WUNT 200, Tübingen 2006. – G. van Belle (Hg.), The Death of Jesus in the Fourth Gospel, BETL 200, Leuven 2007. – R. Bauckham/C. Mosser (Hg.), The Gospel of John and Christian Theology, Grand Rapids 2008. – G. v. Belle/M. Labahn/P. Maritz (Hg.), Repetitions and Variations in the Fourth Gospel, BETL 223, Leuven 2009.

Forschungsberichte/Bibliographien

H. Thyen, Aus der Literatur zum Johannesevangelium, ThR 39 (1974), 1–69. 222–252. 289–330; ThR 42 (1977), 211–270; ThR 43 (1978), 328–359; ThR 44 (1979), 97–134. – R. Kysar, The Fourth Evangelist and His Gospel, Minneapolis 1975. – J. Becker, Aus der Literatur zum Johannesevangelium, ThR 47 (1982), 279–301. 305–347; ThR 51 (1986), 1–78. – E. Malatesta, St. John's Gospel: 1920–1965, AB 32, Rom 1967. – G. van Belle, Johannine Bibliography 1966–1985, BETL LXXXII, Leuven 1988. – W. Schmithals, Johannesevangelium und Johannesbriefe, 1–214. – K. Scholtissek, ThRv 97 (2001), 267–288. – K. Haldimann – H. Weder, Aus der Literatur zum Johannesevangelium 1985–1994, ThR 67 (2002) 328–348. 425–456; ThR 69 (2004), 75–115; ThR 71 (2006), 310–324. – U. Schnelle, Aus der Literatur zum Johannesevangelium 1994–2010 I: Die Kommentare als Seismographen der Forschung, ThR 75 (2010), 265–303.

8.5.2 Verfasser

In der Zeit um 180 n. Chr. überliefert Irenäus eine Tradition über den Verfasser des Johannesevangeliums, die zuvor in Kleinasien entstand[116] und um 200 n. Chr. allgemeine Anerkennung genoss: „Danach gab Johannes, der Jünger des Herrn, der auch an seiner Brust gelegen hat, auch selbst das Evangelium heraus, als er in Ephesus in Asien weilte“ (Iren, Haer III 1, 1 = Euseb, HE V 8, 4). An anderer Stelle sagt Irenäus über das Alter des Johannes: „Und alle Presbyter, die in Asien bei Johannes, dem Jünger des Herrn, zusammengekommen waren, bezeugen, dass Johannes dies überliefert hat. Denn er blieb bei ihnen bis in die Zeit Trajans“ (Iren, Haer II 22, 5 = Euseb, HE III 23, 3)[117]. Irenäus beruft sich für seine Tradition auf die Presbyter, die in Kleinasien mit dem Herrenjünger Johannes zusammenkamen, vor allem aber auf Polykarp und Papias, die er für Schüler des Johannes hält[118]. Über Papias sagt Irenäus: „Dies bezeugt schriftlich Papias, ein Hörer des Johannes, ein Freund des Polykarp, ein Mann aus alter Zeit, in seinem vierten Buch“ (Iren, Haer V 33, 4 = Euseb, HE III

116 Zur Johannesrezeption im 2. Jh. vgl. W. v. Loewenich, Das Johannes-Verständnis im zweiten Jahrhundert, BZNW 13, Berlin 1932; T. Nagel, Die Rezeption des Johannesevangeliums im 2. Jahrhundert, 55 ff. Abgelehnt wurde das 4. Evangelium von den Alogern (Epiph, Haer 51).

117 Vgl. auch Iren, Haer III 3, 4 = Euseb, HE III 23, 4: „Auch die von Paulus gegründete Kirche in Ephesus, in welcher Johannes bis zu den Zeiten Trajans lebte, ist eine wahrheitsgemäße Zeugin der apostolischen Überlieferung.“

118 Vgl. zur Interpretation dieser Texte auch E. Haenchen, Joh, 2–22; W. Schmithals, Johannesevangelium und Johannesbriefe, 3–28; M. Hengel, Die johanneische Frage, 13–25.

39, 1). Papias als ältester Zeuge einer kleinasiatischen Johannestradition erwähnt wohl den Apostel Johannes und einen Presbyter Johannes, weiß aber nichts davon, dass einer dieser beiden das 4. Evangelium verfasst hat (vgl. Euseb, HE III 39, 4). Er kann deshalb nicht als ein Repräsentant der von Irenäus überlieferten Traditionen angesehen werden[119]. Über Polykarp (gest. ca. 156 n. Chr.) berichtet Irenäus: „Polykarp wurde nicht nur von den Aposteln unterrichtet und verkehrte nicht nur mit vielen, die noch den Herrn gesehen hatten, sondern wurde sogar von den Aposteln in Asien als Bischof der Kirche in Smyrna aufgestellt. Wir selbst haben ihn in unserer ersten Jugend gesehen. Er hatte nämlich ein sehr langes Leben und schied erst in hohem Alter nach einem ruhmvollen, sehr glänzenden Martyrium aus dem Leben. ... Es gibt Leute, die ihn erzählen hörten, Johannes, der Jünger des Herrn, habe, als er in Ephesus ein Bad nehmen wollte, aber sah, dass Kerinth in demselben war, die Badeanstalt, ohne sich gebadet zu haben, verlassen und ausgerufen: ‚Lasset uns fliehen! Denn es ist zu fürchten, dass die Badeanstalt einstürzt, da Kerinth, der Feind der Wahrheit, darin ist'" (Iren, Haer III 3, 4 = Euseb, HE IV 14, 3–4. 6). In seinem Brief an Florinus sagt Irenäus über seinen Kontakt mit Polykarp: „Daher kann ich auch noch den Ort angeben, wo der selige Polykarp saß, wenn er sprach, auch die Plätze, wo er aus- und einging, auch seine Lebensweise, seine körperliche Gestalt, seine Reden vor dem Volke, seine Erzählung über den Verkehr mit Johannes und den anderen Personen, die den Herrn noch gesehen, seinen Bericht über ihre Lehren, ferner das, was er von diesen über den Herrn, seine Wunder und seine Lehre gehört hatte" (Euseb, HE V 20, 6). Die von Irenäus behauptete direkte Beziehung zu Johannes, vornehmlich über Polykarp, lässt sich an dem geringen von Polykarp überlieferten Schrifttum nicht belegen. Auffallend ist allerdings, dass Ignatius in seinem um 110 verfassten Brief an die Gemeinde in Ephesus einen Aufenthalt des Johannes in Ephesus nicht erwähnt[120]. Somit lässt sich die Tradition, der Zebedaide Johannes, der Lieblingsjünger, habe im hohen Alter z.Zt. Trajans (98–117 n. Chr.) in Ephesus das Johannesevangelium veröffentlicht, vor Irenäus nicht überzeugend nachweisen. Irenäus ist mit Sicherheit nicht der Schöpfer dieser Tradition[121], wohl aber ihr maßgeblicher Tradent. Die Glaubwürdigkeit dieser Tradition muss somit am inneren Zeugnis des Johannesevangeliums überprüft werden.

Lässt sich das 4. Evangelium als die Schrift eines Augenzeugen des Lebens Jesu verstehen? Die Darstellung des Lebens Jesu weicht erheblich vom synoptischen Modell ab. Im Gegensatz zu den Synoptikern (vgl. Mk 11, 15–17par) steht die Tempelreinigung (Joh 2, 14–22) am Anfang und nicht am Ende des öffentlichen Wirkens Jesu.

---

119 Ob Papias das 4. Evangelium kannte, muss offenbleiben. Die späte armenische Papias-Überlieferung setzt dies voraus; vgl. F. Siegert, Unbeachtete Papiaszitate (s. o. 3.6.2), 607–609.

120 Vgl. C. K. Barrett, Joh, 117.

121 Wird P^{66} in die Mitte des 2. Jhs. datiert (so z. B. J. B. Bauer, Zur Datierung des Papyrus Bodmer II [P 66], BZ 12 [1968], 121 f), dann belegt zumindest die inscriptio die Zuweisung des Evangeliums zum (Apostel) Johannes.

Bei Johannes unternimmt Jesus mindestens drei Reisen nach Jerusalem (Vgl. Joh 2, 13; 5, 1; 7, 10), was sich mit der markinischen Darstellung des einmaligen Zuges Jesu nach Jerusalem am Ende seiner Wirksamkeit nicht vereinbaren lässt. Auch die Verkündigung Jesu im Johannesevangelium spricht gegen die Annahme, ein Augenzeuge des Lebens Jesu habe das Evangelium verfasst. Im Zentrum der Verkündigung Jesu steht nach den synoptischen Evangelien das nahende und in der Person Jesu bereits gegenwärtige Reich Gottes (vgl. z.B. Lk 11, 20; 17, 21). Demgegenüber spielt das Reich Gottes in der Verkündigung Jesu nach der Darstellung des Johannes nur eine sehr untergeordnete Rolle, die Wendung *βασιλεία τοῦ θεοῦ* erscheint nur in Joh 3, 3. 5. Im Johannesevangelium verkündigt Jesus sich selbst (vgl. z.B. die *ἐγώ εἰμι*-Worte Joh 6, 35 a; 8, 12; 10, 7. 11; 11, 25; 14, 6; 15, 1), die joh. Offenbarungsreden haben bei den Synoptikern keine wirkliche Parallele. Ebenso sind der joh. Dualismus und die Gesandten-Christologie ohne vergleichbare Entsprechungen in den synoptischen Evangelien. Dominiert im Johannesevangelium die präsentische Eschatologie (vgl. z.B. Joh 5, 25; 11, 25 f), so herrscht bei den Synoptikern die futurisch-eschatologische Verkündigung Jesu vor.

Die andere Art der Darstellung, die eigenständige Theologie, die zahlreichen Sonderüberlieferungen und die explizit an der nachösterlichen Perspektive orientierte Denkwelt lassen darauf schließen, dass nicht ein Augenzeuge des Lebens Jesu das 4. Evangelium verfasste[122]. Es war ein *Theologe der späteren Zeit*, der auf der Basis umfangreicher Traditionen das Leben Jesu in besonderer Weise bedachte, interpretierte und darstellte[123].

122 Für die apostolische Verfasserschaft plädiert innerhalb der neueren Kommentare bes. L. Morris, The Gospel according to John, NICNT, Grand Rapids ²1995, 4–25. Vielfach gilt der Apostel (und Zebedaide/Lieblingsjünger) Johannes zwar nicht als Verfasser des 4. Evangeliums, wohl aber als dessen geistiger Urheber. R. Schnackenburg, Joh I, 86, unterscheidet zwischen dem Apostel Johannes und dem Evangelisten, der „einerseits Tradent der Überlieferung und Verkündigung des Apostels Johannes, andererseits doch auch selbst Theologe und Verkündiger für die angesprochenen Leser" ist (ähnlich R. E. Brown, Joh, XCVII–CII, zur späteren Position Schnackenburgs vgl. H. Thyen, FB [ThR 42], 239 ff). Nach C. K. Barrett, Joh, 148, wanderte der Apostel Johannes aus Palästina aus und lebte in Ephesus, wo er Schüler um sich sammelte. Einer dieser Schüler, ‚ein kühner Denker', gleichermaßen in Judentum und Hellenismus zu Haus, „brachte Joh 1–20 hervor". M. Hengel, Die johanneische Frage, 306–325, sieht im bei Papias erwähnten Presbyter Johannes den Verfasser des Evangeliums und der drei Briefe. Das Evangelium wurde nach dem Tod des aus der Jerusalemer Oberschicht stammenden und später in Ephesus lebenden Judenchristen von Schülern herausgegeben, die den Presbyter zugleich mit dem Lieblingsjünger identifizierten. Hengel erblickt im Presbyter zwar nicht den Zebedaiden Johannes, meint aber, „dass er in irgendeiner Weise als junger Mensch mit Jesus in engere Berührung kam und von ihm tief beeindruckt wurde" (a. a. O.), 321; ähnlich U. Wilckens, Joh, 16 f.

123 Für einen unbekannten Verfasser mit Namen Johannes plädieren auch B. Lindars, Joh, 33; J. Becker, Joh I, 62–64. Von drei ‚Verfassern' spricht E. Haenchen, Joh, 44 (1. Autor eines ‚Wunderevangeliums', 2. Der ‚Evangelist', 3. Ein kirchlicher ‚Ergänzer'). H. Thyen, Entwicklungen, 267 u. ö., sieht im Autor von Johannes 21 den ‚eigentlichen' Evangelisten.

Im sekundären Nachtragskapitel Joh 21 wird der Lieblingsjünger von den Herausgebern des Evangeliums (οἴδαμεν in 21,24) zum Verfasser des Evangeliums gemacht. Hierbei handelt es sich um eine sekundäre Gleichsetzung, denn in Joh 1–20 ist der Lieblingsjünger wohl Garant der joh. Tradition, nicht aber der Verfasser des Evangeliums. Auch dürfte es kein Zufall sein, dass die Zebedaiden Jakobus und Johannes nur in Joh 21,2 erscheinen. Die Verfasser des Nachtragskapitels legen damit die bei Irenäus zuerst fassbare Schlussfolgerung nahe, dass der Zebedaide Johannes, der Lieblingsjünger des Herrn, zugleich der Autor des 4. Evangeliums sei.

8.5.3 Ort und Zeit der Abfassung

Die Bestimmung des Abfassungsortes hängt zumeist eng mit dem Gesamtverständnis des Johannesevangeliums zusammen. Wird das 4. Evangelium im Umfeld gnostischer Strömungen interpretiert, so gilt zumeist Syrien als Abfassungsort[124]. Als Sachargumente dienen Berührungen mit der mandäischen Literatur, den Oden Salomos und die Nähe zu den Briefen des Ignatius von Antiochien. Auch die Auseinandersetzung mit dem Judentum und der Täuferbewegung gilt häufig als ein Indiz für Syrien als Abfassungsort. Vielfach wird das Johannesevangelium im palästinischen Raum angesiedelt, sei es in Transjordanien[125] oder in den südlichen Teilen des Königreiches von Agrippa II, speziell in den Landschaften Gaulanitis und Batanäa im nördlichen Ostjordanland[126]. K. Wengst sieht hinter dem Evangelium eine griechischsprachige, überwiegend judenchristliche Gemeinde, die als Minderheit in einer von Juden beherrschten Umwelt lebte, sich bisher noch nicht von der Synagoge gelöst hatte und nun unter dem in Jabne beschlossenen und in Joh 9,22; 12,42; 16,2 bezeugten Synagogenausschluss litt. Vereinzelt wird Ägypten als Abfassungsort angenommen[127], wogegen die altkirchliche Tradition und die Rezeptionsgeschichte des 4. Evangeliums sprechen[128]. Für Kleinasien als Abfassungsort auch des Johannesevangeliums zeugt die bereits erwähnte altkirchliche Tradition. Auf Kleinasien weisen

124 Vgl. z. B. W. Bauer, Das Johannesevangelium, HNT 6, Tübingen ³1933, 244; R. Bultmann, Art. Johannesevangelium, RGG³ III (1959), 849 (Abfassung in Syrien, Redaktion in Kleinasien); W. G. Kümmel, Einleitung, 212; Ph. Vielhauer, Urchristliche Literatur, 460; H. Köster, Einführung, 616; J. Becker, Joh I, 64; M. Theobald, Joh, 96f (allerdings ohne Bezug zu einer Gnosis-These).

125 Vgl. O. Cullmann, Der johanneische Kreis (s. o. 8.1.1), 102ff.

126 Vgl. K. Wengst, Bedrängte Gemeinde, 183f. Im Anschluss an Wengst will G. Reim, Zur Lokalisierung der johanneischen Gemeinde, BZ 32 (1988), 72–86, die johanneische Gemeinde unweit von Betsaida und Kapernaum lokalisieren.

127 Vgl. z. B. J. L. Martyn, History and Theology, 73 A 100; M. Frenschkowski, *Τὰ βαΐα τῶν φοινίκων* (Joh 12,13) und andere Indizien für einen ägyptischen Ursprung des Johannesevangeliums, ZNW 91 (2000), 212–229.

128 Vgl. T. Nagel, Die Rezeption des Johannesevangeliums im 2. Jahrhundert, 475: „Die eruierbaren zeitlichen und räumlichen Koordinaten der Rezeption des JohEv machen es unwahrscheinlich, dass das vierte Evangelium in Rom oder Ägypten entstanden ist, die Spuren weisen vielmehr in den kleinasiatischen und syrischen Raum."

ferner die Johannesbriefe, die Wirkungsgeschichte der johanneischen Theologie und die Nähe zur paulinischen Theologie hin. Eine alle ernsthaften Vermutungen über den Entstehungsort zusammenfassende Hypothese vertritt R. Schnackenburg: „Die joh. Tradition, deren Wurzeln in Palästina liegen, ist auch durch das Medium syrischen Einflusses gegangen, ehe sie in Kleinasien (Ephesus) Fuß faßte, fixiert und redigiert wurde."[129]

Von allen Möglichkeiten hat *Kleinasien (Ephesus)* als Abfassungsort des Johannesevangeliums die größte Wahrscheinlichkeit für sich[130]. Dafür spricht die altkirchliche Tradition, die in ihrem frühesten Stadium (Papias) nicht mit der Verfasserfrage des 4. Evangeliums verbunden war! Auch die antidoketische Ausrichtung des Johannesevangeliums und seine Wirkungsgeschichte (Aloger, Montanisten) weisen nach Kleinasien. Ephesus kann der Ort sein, wo die paulinische und johanneische Theologie miteinander in Berührung kamen (s. u. 8.5.7). Schließlich weisen die Erklärung jüdischer Bräuche in Joh 2,6; 11,55; 18,20.28b; 19,40b, die sofortige Übersetzung von *Μεσσίας* in *Χριστός* (Joh 1,41; 4,25) und die Bemerkung über das Verhältnis zwischen Juden und Samaritanern in Joh 4,9 auf Leser hin, die nicht in unmittelbarer Nähe Palästinas zu suchen sind. Die in der älteren Forschung häufig, in der neueren Exegese nur noch vereinzelt behauptete Nähe der joh. Theologie zu gnostischer Theologie besteht nicht (s. u. 8.5.8), womit ein Hauptargument für Syrien als Entstehungsort des 4. Evangeliums entfällt. Die im Evangelium vorausgesetzte Auseinandersetzung mit den Juden weist keineswegs zwangsläufig nach Syrien, sondern ist bei den bedeutenden jüdischen Gemeinden in Kleinasien dort ebenfalls denkbar[131]. Die von K. Wengst und G. Reim vorgenommene Lokalisierung der joh. Gemeinde ist unwahrscheinlich, weil der Evangelist an diesen Gebieten nicht interessiert ist und sich *ἀποσυνάγωγος* in Joh 9,52; 12,42; 16,2 nicht auf die Einfügung des Ketzersegens in das Achtzehngebet bezieht (s. u. 8.5.4)[132]. Für R. Schnackenburgs These lassen sich weder im Evangelium selbst noch in der altkirchlichen Tradition Hinweise finden, so dass sie als eine elegante, historisch aber eher unwahrscheinliche Möglichkeit auszuscheiden hat.

Der terminus a quo für die Datierung des 4. Evangeliums ergibt sich aus Joh 11,48, wo die Zerstörung Jerusalems 70 n. Chr. vorausgesetzt wird[133]. Eine Kenntnis

---

129 R. Schnackenburg, Joh I, 134.

130 In die Lokalgeschichte Ephesus' versucht S. van Tilborg, Reading John in Ephesus, NT.S 83, Leiden 1996, das Johannesevangelium einzuzeichnen, wobei er vor allem auf die christologischen Titel verweist; für Ephesus plädiert zuletzt U. B. Müller, Die Heimat des Johannesevangeliums, ZNW 97 (2006), (44–63) 61.

131 Philo, Leg 245, erwähnt Kleinasien und Syrien in einem Zug als die Gebiete, wo Juden in jeder Stadt in großer Zahl lebten. Zu den Juden in Kleinasien vgl. E. Schürer, The History of the Jewish People in the Age of Jesus Christ III/1, bearb. v. G. Vermes – F. Millar, Edinburgh 1986, 17–36 (22 f: Ephesus); P. R. Trebilco, Jewish Communities in Asia Minor, MSSNTS 69, Cambridge 1991. Nach Jos, Ap II 39, lebten seit der frühen hellenistischen Periode Juden in Ephesus.

132 Vgl. zur Kritik an Wengst auch M. Hengel, Die johanneische Frage, 290 f.

133 K. Berger, Im Anfang war Johannes, 84–90, bestreitet innerhalb seiner Frühdatierung (kurz vor 66

des Johannesevangeliums bei den christlichen Schriftstellern der 1. Hälfte des 2. Jhs. (Ignatius von Antiochien, Polykarp von Smyrna, Barnabas-Brief, Hirt des Hermas) lässt sich nicht nachweisen, möglicherweise kannte Justin das 4. Evangelium (vgl. Apol 61,4f mit Joh 3,3.5). Als erster sicherer Beleg für die Rezeptionsgeschichte des Johannesevangeliums muss der Kommentar des Valentin-Schülers Herakleon gelten, der in die zweite Hälfte des 2. Jhs. zu datieren ist[134]. Ein möglicher terminus ad quem für die Datierung des Johannesevangeliums ergibt sich aus der Textüberlieferung (vgl. P^{52}, P^{90}, P^{66})[135], denn P^{52} mit Joh 18,31–33.37–38 wird allgemein um 125 n.Chr. datiert[136]. Zwar ist diese Datierung nicht mehr über alle Zweifel erhaben[137], aber sowohl die Rezeptionsgeschichte als auch die textliche Überlieferung des Johannesevangeliums legen eine Entstehung zwischen *100 und 110 n.Chr.* nahe[138].

n.Chr.) jeden Bezug auf die Tempelzerstörung; Joh 11,48 zeigt aber deutlich, dass Johannes aus der Perspektive der erfolgten Tempelzerstörung die Führer des jüdischen Volkes ihre eigene Zukunft prophezeien lässt. Joseph., Ant. XX 123, bietet zu diesem Verfahren eine formale und inhaltliche Parallele.

134 K. Rudolph, Die Gnosis, Göttingen ^{3}1990, 22, datiert ihn in die Mitte des 2. Jhs., wahrscheinlicher ist der Zeitraum zwischen 160 und 170 n.Chr. Neben Herakleon sind als erste sichere Zeugen für eine Rezeption des 4. Evangeliums zu nennen: Tatian, Diatessaron; Or. 13,1–2 (Zitat aus Joh 1,5b); Apollinaris von Hierapolis, Fragment aus *Περὶ τοῦ Πάσχα* (um 170 n.Chr., Text: I. C. Th. Otto, CorpAg IX, Fragm. IV, S. 487; O. Perler, SC 123, 244–246), wo deutlich aus Joh 3,14 und 19,34–37 zitiert wird; aus derselben Zeit vgl. ferner Ep. Ap. 18 (Zitat Joh 13,34a) und Ep. Ap. 29 (Zitat Joh 20,17).

135 Vgl. dazu K. Aland, Der Text des Johannesevangeliums im 2. Jahrhundert, in: Studien zum Text und zur Ethik des Neuen Testaments (FS H. Greeven), hg. v. W. Schrage, BZNW 47, Berlin 1986, 1–10.

136 Vgl. K. u. B. Aland, Text des Neuen Testaments (s.o. 1.3), 94f.

137 C. H. Roberts, An unpublished Fragment of the Fourth Gospel in the John Ryland's Library, Manchester 1935, 14f.16ff.23, betont bei seiner Datierung von P^{52} sehr stark die Familienähnlichkeit mit P. Egerton 2, dessen Datierung um 150 n.Chr. er übernimmt. Nun wurde in Köln ein Fragment als Bestandteil von P. Egerton 2 identifiziert, das ins 3. Jh. weist (Alternativdatierung: um 200), weil sich hier ein Apostroph zwischen Konsonanten findet; vgl. M. Gronewald, Unbekanntes Evangelium oder Evangelienharmonie (Fragment aus dem „Evangelium Egerton"), in: Kölner Papyri Bd. 6, RWA Sonderreihe Papyrologica Coloniensia Vol VII, Opladen 1987, 136–145. A. Schmidt, Zwei Anmerkungen zu P. Ryl. III 457, APF 35 (1989), 11f, datiert P^{52} aufgrund eines Vergleiches mit P. Chester Beatty X in die Zeit um 170 n.Chr. (+/– 25) und schließt eine Frühdatierung um 125 n.Chr. aus! Für die Datierung von P^{52} ergibt sich daraus, dass die außergewöhnlich sichere Festsetzung um 125 so nicht mehr haltbar ist. Man wird zumindest einen Spielraum um 25 Jahre nach oben zugestehen müssen, so dass sich eine Datierung um 150 nahelegt.

138 In der neueren Exegese wird das Johannesevangelium zumeist in das letzte Jahrzehnt des 1. Jhs. bzw. um 100 n.Chr. datiert, vgl. z.B. C. K. Barrett, Joh, 143; R. E. Brown, Joh I, LXXXIII; J. Becker, Joh I, 66; U. Schnelle, Joh, 8; H. Thyen, Art. Johannesevangelium, 215; W. G. Kümmel, Einleitung, 211; Ph. Vielhauer, Urchristliche Literatur, 460; M. Theobald, Joh, 94 (um 90 oder etwas früher). Eine frühe Datierung vertritt K. Berger, Im Anfang war Johannes, 11, ohne die späte Rezeption des Evangeliums auch nur zu erwähnen; eine Spätdatierung (um 140 n.Chr.) postuliert wieder W. Schmithals, Johannesevangelium und Johannesbriefe, 422.

8.5.4 Empfänger

Beeinflusst und geprägt wurde die überwiegend heidenchristliche Gemeinde[139] des Evangelisten im Verlauf ihrer Geschichte durch die Auseinandersetzung mit Anhängern Johannes d. Täufers, dem Judentum und doketischen Irrlehrern innerhalb der joh. Schule.

Die anfängliche Konkurrenzsituation zur *Täufergemeinde*[140] zeigt sich in der durchgängigen Degradierung Johannes d. Täufers zum bloßen Zeugen des Christusgeschehens (vgl. Joh 1,6–8.15.19ff; 3,28ff; 5,33–35; 10,40–42). Offenbar gelang es der joh. Schule, Täuferjünger zu gewinnen (vgl. Joh 1,35ff) und in der Mission die Täufergemeinde zu überbieten. Nur so lassen sich die auffälligen Bemerkungen über die Tauftätigkeit Jesu verstehen, Jesus ist erfolgreicher als Johannes d. Täufer (vgl. Joh 3,22ff; 4,1). Die Erwähnung von Johannesjüngern in Ephesus (vgl. Apg 19,1–7)[141] zeigt, dass sich die Täuferbewegung innerhalb von kurzer Zeit vom Ostjordanland bis nach Kleinasien ausgedehnt hatte. Für Außenstehende war das Erscheinungsbild beider Bewegungen ähnlich, was die Konkurrenzsituation erklärt.

Die Frage nach der Messianität Jesu bestimmt durchgängig die Auseinandersetzung der joh. Gemeinde mit dem *Judentum*. Es gibt keine heilsgeschichtliche Kontinuität zwischen Mose und Jesus, die Christen stehen unter der Gnade und der Wahrheit, nicht unter dem Gesetz (Joh 1,17). Das Gesetz gehört auf die Seite der Juden (vgl. Joh 7,19; 8,17; 10,34), die Christen hingegen haben das Stadium einer Gesetzesreligion längst hinter sich gelassen (vgl. Joh 4,20ff). Das Gesetz zeugt sogar für Jesus (vgl. Joh 7,19.23; 8,17; 10,31–39; 15,25). Ebenso bezeugt Mose Jesu Messianität (vgl. Joh 5,45–47), noch Abraham hätte sich gefreut, wenn er diesen Tag gesehen hätte (vgl. Joh 8,56ff). Indem die Juden Jesus ablehnen, wenden sie sich letztlich gegen Gott und haben deshalb den Teufel zum Vater (vgl. Joh 8,37–45). Das Gesetz erschließt sich für Johannes nur von Jesus her, er ist gleichermaßen Inhalt, Ziel und auch Herr des Gesetzes und der Schrift (vgl. Joh 2,22; 5,39; 7,38.42; 10,35; 17,12; 19,24.28.36f; 20,9). Ist die Beobachtung des Gesetzes als hervorstechendes Merkmal einer jüdischen Lebenshaltung neben dem Christusbekenntnis das Kennzeichen judenchristlicher Theologie[142], so kann das Johannesevangelium aufgrund seines Gesetzesverständnisses nicht als judenchristlich bezeichnet werden. Wie groß der Abstand des Evangeliums vom Judentum ist, zeigt sich über das Gesetzesverständnis hinaus in der Übersetzung hebräischer bzw. aramäischer Fremdworte (vgl. Joh

139 Vgl. M. Hengel, Die johanneische Frage, 300–305.

140 Zu den johanneischen Täufertexten vgl. zuletzt K. Backhaus, Die „Jüngerkreise" des Täufers Johannes, PaThSt 19, Paderborn 1991, 230–265. 345–366; M. Stowasser, Johannes der Täufer im Vierten Evangelium, ÖBS 12, Klosterneuburg 1992.

141 Zur Analyse des Textes vgl. H. Lichtenberger, Täufergemeinden und frühchristliche Täuferpolemik im letzten Drittel des 1. Jahrhunderts, ZThK 84 (1987), (36–57) 47–51.

142 Vgl. die Definition von G. Strecker, Art. Judenchristentum, TRE 17 (1988), 311.

1, 38.41.42: 4, 25; 5, 2; 9, 7; 11, 16; 19, 13.17; 20, 16.24)[143], und der distanzierten Rede von den Festen (vgl. Joh 2, 13; 5, 1; 6, 4; 7, 2.11; 11, 55) und Gebräuchen der Juden. Deutlich sichtbar wird die Distanz zum Judentum auch im joh. Gebrauch von *'Ιουδαῖος*[144]. Von einem einheitlichen (negativen) joh. Sprachgebrauch kann nicht ausgegangen werden, die Juden sind nicht einfach als solche massa damnata. Jesus ist Jude (Joh 4,9), und das Heil kommt von den Juden (Joh 4, 22). Nikodemus (Joh 3, 1 ff; 7, 50; 19, 39) und Joseph von Arimathäa (Joh 19, 38) sind Sympathisanten Jesu, und viele Juden glauben an Jesus (vgl. Joh 8, 30 f; 11, 45; 12, 11). Dennoch ist es bezeichnend, dass fast die Hälfte der Belege auf den Konflikt Jesu mit seinen Gegnern entfällt. Die ‚Juden' murren über Jesus (Joh 6, 41; 7, 12), verfolgen ihn (Joh 5, 16), versuchen ihn zu töten (Joh 5, 18; 7, 1.19; 8, 22–24), wollen ihn steinigen (Joh 8, 59; 10, 31.33; 11,8) und treten als die entscheidenden Gegner in seinem Prozess auf (Joh 18, 36.38; 19, 7.12.20). Ihr Hauptvorwurf gegen Jesus ist, sich Gott gleichzumachen (Joh 5, 18; 10, 33; 19, 7). Die Jünger (Joh 20, 19), Nikodemus (Joh 3, 2), die Eltern des Blindgeborenen (Joh 9, 22) und Joseph von Arimathäa (Joh 19, 38) haben Furcht vor den Juden, die schließlich nicht als Kinder Abrahams (vgl. Joh 8, 33–40) oder Gottes (vgl. Joh 8, 41–43.45–47), sondern als Söhne des Teufels bezeichnet werden (Joh 8, 44)[145].

Schon immer fielen die Übereinstimmungen dieser Darstellung ‚der Juden' mit den joh. Kosmosaussagen auf[146]. Die ‚Welt' lehnt Jesus ab (Joh 1, 10; 3, 19) und hasst ihn (Joh 7, 7). Sie vermag Gott nicht zu erkennen (Joh 17, 25) und kann den Geist der Wahrheit nicht empfangen (Joh 14, 17). Wie Jesus (Joh 8, 23) sind auch die Jünger nicht *ἐκ τοῦ κόσμου* (Joh 15, 19; 17, 14.16) und müssen deshalb den Hass der Welt ertragen (Joh 15, 18 f; 17, 14; vgl. ferner Joh 16, 20.33). Schließlich ist der Kosmos der Herrschaftsbereich des Widersachers (*ἄρχων τοῦ κόσμου* Joh 12, 31; 14, 30; 16, 11), dessen Macht grundsätzlich zwar schon gebrochen, aber noch nicht unwirksam ist. Die Korrespondenz zwischen *οἱ 'Ιουδαῖοι* und *ὁ κόσμος* zeigt sich deutlich in Joh 14–17, wo sich 38 der 78 Kosmos-Belege finden, zugleich aber *'Ιουδαῖος* nicht erscheint. Die Funktion der *'Ιουδαῖοι* auf der textinternen Ebene der vita Jesu übernimmt nun im Rahmen der Abschiedsreden für die textexterne Hörer- und Lesergemeinde der Kosmos. Was Jesus von ‚den Juden' widerfuhr, erleidet in der Gegenwart die Gemeinde von ‚der Welt'. Die ‚Juden' dienen Johannes somit auf textinterner Ebene vornehmlich als Paradigma für die Krisis der Welt angesichts der Offenbarung[147].

143 Die Sprache des Johannesevangeliums ist der nichtliterarischen Koine zuzurechnen, vgl. E. Haenchen, Joh, 57–74; E. Ruckstuhl – P. Dschulnigg, Stilkritik und Verfasserfrage, passim.

144 Vgl. hier die Übersicht bei H. Kuhli, EWNT II, 479 f.

145 Vgl. dazu R. Schnackenburg, Joh II, 286–290.

146 Vgl. u. a. R. Bultmann, Joh, 222; J. Blank, Krisis, 231 ff; E. Gräßer, Die antijüdische Polemik im Johannesevangelium, in: ders., Der Alte Bund im Neuen, Tübingen 1985, (135–153) 150 f; G. Baumbach, Gemeinde und Welt im Johannesevangelium, Kairos 14 (1972), (121–136) 123 f.

147 Vgl. dazu vor allem R. Bultmann, Joh, 59; ders., Theologie (s. o. 2), 380 ff; E. Gräßer, Polemik, 152 f; W. Bauer, Joh (s. o. 8.5.3), 28 f. Zum Problem des angeblichen joh. ‚Antijudaismus' vgl. die abgewogenen Überlegungen bei F. Mußner, Traktat über die Ju-

Zweifellos gab es in der Geschichte der joh. Schule Auseinandersetzungen mit der jüdischen Umwelt, die sich auch in Texten des Johannesevangeliums als einer vita Jesu niederschlugen (vgl. z.B. Joh 9; 16, 1–4; 19, 38). Bestimmend für die *aktuelle* Situation der joh. Schule z.Zt. der Abfassung des Johannesevangeliums ist diese Auseinandersetzung aber nicht mehr[148]. Der Prozess der Loslösung des Christentums vom Judentum setzte bereits umfassend mit der paulinischen Heidenmission ein und wurde schon in den ältesten ntl. Überlieferungen reflektiert (vgl. Lk 6, 22f; 1 Thess 2, 14–16). Das 4. Evangelium blickt auf diese schmerzhafte Trennung zurück[149]. Die Johannesbriefe bestätigen diesen Befund, in ihnen fehlen der Begriff *Ἰουδαῖος* und jede Polemik gegen die ungläubigen Juden[150].

Gegen einen direkten Zusammenhang zwischen *ἀποσυνάγωγος* in Joh 9, 22; 12, 42; 16, 2 und der Formulierung und Einfügung des ‚Ketzersegens' (בִּרְכַּת הַמִּינִים) in das Achtzehngebet durch Schmuel d. Kleinen, die unter Gamaliel II auf der sogenannten Synode von Jabne zwischen 85 und 90 n. Chr. erfolgt sein sollen[151], lassen sich gewichtige Einwände erheben: 1) Die Ereignisse von Jabne sind nicht mehr genau datierbar. 2) Der Text der birkat-ha-minim lässt sich nicht mehr rekonstruieren. 3) Mit den מִינִים (= Häretiker) sind nicht primär Judenchristen gemeint. 4) Die Einfügung von נוֹצְרִים (= Judenchristen) erfolgte erst in sehr später Zeit[152]. Sehr wahrscheinlich war die Einfügung der birkat-ha-minim in das Achtzehngebet ein innerjüdischer Vorgang, der sich gegen alle Gruppen richtete, die die jüdische Einheit gefährdeten, sie muss also primär als ein innerjüdischer Akt verstanden werden[153].

---

den, München 1979, 281 ff; F. Hahn, ‚Die Juden' im Johannesevangelium, in: Kontinuität und Einheit (FS F. Mußner), hg. v. P. G. Müller u. W. Stenger, Freiburg 1981, 430–438; U. Schnelle, Die Juden im Johannesevangelium, in: Gedenkt an das Wort (FS W. Vogler), hg. v.Chr. Kähler u. a., Leipzig 1999, 217–230; R. Bieringer u. a. (Hg.), Anti-Judaism and the Fourth Gospel. Papers of the Leuven Colloquium 2000, JCH 1, Assen 2001.

148 Vgl. M. Hengel, Die johanneische Frage, 300: „Die Auseinandersetzung mit den Juden ist längst nicht mehr das Hauptthema des Werkes."

149 M. Hengel, a. a. O., 298, betont z. R., dass sich die joh. Schule schon längst von der Synagoge getrennt habe. „Die ‚Ausstoßung' bzw. Trennung liegt lange zurück, und sie hat sich vermutlich auf unterschiedliche Weise und sukzessive vollzogen."

150 Diese Beobachtung behält ihr Gewicht, auch wenn die Briefe nach dem Evangelium geschrieben sein sollten. Wie soll man sich die Geschichte der joh. Theologie vorstellen, wenn ca. 10 Jahre nach der Abfassung des Evangeliums die dort angeblich alles dominierende Thematik völlig aus dem Blickfeld geraten zu sein scheint?

151 Vgl. nur J. Becker, Joh I, 56f; S. S. Smalley, John, 83; R. Schnackenburg, Joh II, 317; C. K. Barrett, Joh, 108; J. L. Martyn, History and Theology, 31 ff; K. Wengst, Bedrängte Gemeinde, 75 ff.

152 Für nicht ursprünglich halten die Erwähnung von נוֹצְרִיאם z. B. G. Hoennicke, Das Judenchristentum, Berlin 1908, 388f; M. Friedländer, Die religiösen Bewegungen innerhalb des Judentums im Zeitalter Jesu, Berlin 1905, 223; M. Avi-Yonah, Geschichte der Juden im Zeitalter des Talmud, Berlin 1962, 141 f; J. Maier, Jüdische Auseinandersetzung mit dem Christentum in der Antike, EdF 177, Darmstadt 1982, 137 ff; P. Schäfer, Die sogenannte Synode von Jabne, Jud 31 (1975), (54–64. 116–124) 60; ders., Geschichte der Juden in der Antike, Stuttgart – Neukirchen 1983, 54.

153 Vgl. P. Schäfer, Synode, 60; G. Stemberger, Die sogenannte „Synode von Jabne" und das frühe Christentum, Kairos XIX (1977), (14–21) 18; J. Maier, Auseinandersetzung, 140.

Nicht zeitgeschichtliche Auseinandersetzungen, sondern christologisches Interesse und dramaturgische Strategie prägen die joh. Darstellung der Juden. Während in Joh 1–4 die Juden positiv bzw. neutral dargestellt werden, setzt mit Kap. 5 die sich ständig steigernde Auseinandersetzung Jesu mit den Juden ein, die im Todesbeschluss Joh 11,47–53 ihren Höhepunkt findet. Diese beiden Linien werden im Passionsbericht aufgenommen. Hier treten die Juden wiederum als Gegner Jesu auf (vgl. Joh 18,36; 19,7.12.38b), zugleich ist Jesus aber für Johannes in einem tiefen und umfassenden Sinn ‚König der Juden' (vgl. Joh 19,3. 14.19. 21f).

Der in den Johannesbriefen bezeugte Konflikt mit *doketischen Irrlehrern* (s.o. 8.4.8) bestimmt auch die Christologie des Johannesevangeliums in zentralen Bereichen[154]. Der Evangelist setzt einen deutlich antidoketischen Akzent mit der Betonung der Fleischwerdung des präexistenten Logos in Joh 1,14. Die Wunder sind reale, unübersehbare Taten des Offenbarers in der Welt. Johannes betont die Heilstatsächlichkeit von Taufe (Joh 3,5) und Eucharistie (Joh 6,51c–58; 19,34b.35), die Jesu Inkarnation und wirkliches Leiden voraussetzen. Das Kreuz ist für Johannes der Ort des Heils (Joh 19,28–30), Jesu Weg steht gerade bei Johannes von Anfang an unter der Perspektive des Kreuzes (s.u. 8.5.5). Trennen die Doketen zwischen dem irdischen Jesus und dem himmlischen Christus, so insistiert der Evangelist auf der Identität des geschichtlichen Jesus mit dem himmlischen Christus (Joh 20,31). Nachdrücklich betont Johannes die Einheit der Gemeinde (vgl. z.B. Joh 17,11.21), die durch das Wirken der Irrlehrer gefährdet ist (vgl. 1Joh 2,19).

Die joh. Gemeindesituation lässt sich aus historischen Frontstellungen allein nicht hinreichend erklären. Das Selbstverständnis der joh. Christen ist primär durch ihre Christuserkenntnis geprägt (s.u. 8.5.9). Das Johannesevangelium entstand in der *nachösterlichen Anamnese* des Christusgeschehens (vgl. Joh 2,17.22; 12,16; 13,7) unter der Führung des Parakleten (vgl. Joh 14,26)[155]. So wie der Paraklet die Gegenwart der Gemeinde bestimmt und ihre Zukunft erschließt, verbindet der ‚Lieblingsjünger' die Gemeinde in einzigartiger Weise mit der Vergangenheit des Erdenwirkens Jesu[156]. Er bezeugt den wirklichen Tod Jesu am Kreuz (Joh 19,34b.35) und wird

154 Zur antidoketischen Tendenz des 4. Evangeliums vgl. E.C. Hoskyns (- F.N. Davey), The Fourth Gospel, London ^{2}1947, 48–57; B. Lindars, Joh, 61–63; E. Schweizer, Jesus der Zeuge Gottes. Zum Problem des Doketismus im Johannesevangelium, in: Studies in John (FS J.N. Sevenster), NT.S 24, Leiden 1970, 161–168; C. Colpe, Art. Gnosis II, RAC 11 (1981), 611; U. Schnelle, Antidoketische Christologie, passim; W. Schmithals, Johannesevangelium und Johannesbriefe, 431f; R. Deines, Jüdische Steingefäße und pharisäische Frömmigkeit, WUNT 2.52, Tübingen 1993, 249.274f; M. Hengel, Die johanneische Frage, 183 A 91. 194. 265 u.ö.; J. Roloff, Einführung, 235; R. Schnackenburg, Die Person Jesu Christi (s.o. 3.4.9), 323. Bestritten wird eine antidoketische Ausrichtung des Johannesevangeliums z.B. von U.B. Müller, Die Menschwerdung des Gottessohnes, SBS 140, Stuttgart 1990, 62–83; J. Becker, Joh II, 745–752.

155 Zur johanneischen Pneumatologie vgl. G.M. Burge, The Anointed Community, Grand Rapids 1987.

156 Vgl. zu den Lieblingsjünger-Texten T. Lorenzen, Der Lieblingsjünger im Johannesevangelium, SBS 55, Stuttgart 1971; J. Kügler, Der Jünger, den Jesus liebte, SBB 16, Stuttgart 1988.

zum ersten Zeugen des Ostergeschehens (Joh 20, 2–10). Er ist der Hermeneut Jesu und der Sprecher des Jüngerkreises (Joh 13, 23–26 a). In der Stunde der Anfechtung bleibt er seinem Herrn treu (Joh 18, 15–18) und wird so zum wahren Zeugen unter dem Kreuz und wahren Nachfolger Jesu (Joh 19, 25–27). Hinter der literarischen Figur des Lieblingsjüngers verbirgt sich wahrscheinlich der Gründer der joh. Schule, der Presbyter des 2. 3 Joh, der wiederum mit dem bei Papias erwähnten Presbyter Johannes identisch ist (s. o. 8.2.2). Indem der Evangelist den Gründer der joh. Schule nachösterlich zum wahren Augenzeugen und Garanten der Tradition macht, schließt sich der Kreis: Mit dem ‚Lieblingsjünger' und dem Parakleten vollzieht Johannes eine doppelte Verschränkung der Zeitebenen nach vorn und hinten, wobei Ostern jeweils Mitte und Ausgangspunkt ist. So weiß sich die joh. Gemeinde in besonderer Weise mit dem irdischen und erhöhten Jesus Christus verbunden, die joh. Christen sind *διδακτοὶ θεοῦ* (Joh 6, 45). Aus diesem Selbstbewusstsein und diesem Selbstverständnis heraus betreiben die joh. Christen Mission (vgl. Joh 4, 5–42; 7, 35 f; 12, 20–22; 17, 18. 20. 21; 20, 22)[157], feiern die Sakramente (Joh 3, 5; 6, 51 c–58; 19, 34 b–35) und praktizieren das Liebesgebot in ihrer Mitte (vgl. Joh 13, 34 f).

8.5.5 **Gliederung, Aufbau, Form**

1, 1–18	Prolog: Jesus der Logos

1, 19–12, 50	Das Wirken des Offenbarers in der Welt
1, 19–51	Das Zeugnis des Täufers und die ersten Jünger
2, 1–4, 54	Jesu erstes öffentliches Wirken (Kana-Ringkomposition) 2: Weinwunder zu Kana, Tempelreinigung 3: Nikodemus, Täuferzeugnis 4: Samaritanerin, das zweite Wunder in Kana
5, 1–47	Jesu erste Auseinandersetzung mit den Juden
6, 1–71	Jesus in Galiläa (Speisung der Fünftausend, Seewandel, Brot des Lebens, Petrusbekenntnis)
7, 1–11, 54	Der sich steigernde Konflikt mit den Juden 7: Rede beim Laubhüttenfest (im Tempel zu Jerusalem) 8: Licht der Welt, Abrahamskindschaft 9: Blindenheilung am Sabbat 10: Der gute Hirte, die Gottessohnschaft Jesu 11: Die Auferweckung des Lazarus
11, 55–12, 50	Das letzte Passa in Jerusalem und das bevorstehende Leiden Jesu (Salbung in Bethanien, Einzug in Jerusalem)

157 Vgl. M. R. Ruiz, Der Missionsgedanke des Johannesevangeliums, fzb 55, Würzburg 1987.

13, 1–20, 29	Jesu Offenbarung vor den Seinen, Passion, Erhöhung und Erscheinungen des Auferstandenen

13, 1–17, 26	Die Offenbarung der Jüngerschaft
	13, 1–30: Fußwaschung, das letzte Mahl Jesu, Nennung des Verräters
	13, 31–14, 31: 1. Abschiedsrede
	15, 1–16, 33: 2. Abschiedrede
	17: Das Gebet Jesu zum Vater
18, 1–20, 29	Passion und Ostern
	18: Gefangennahme Jesu, Verleugnung des Petrus, Jesus vor Hannas, Jesus vor Pilatus
	19: Folterung, Verurteilung, Kreuzigung, Tod und Bestattung Jesu
	20: Das leere Grab, Erscheinung des Auferstandenen vor Maria Magdalena, vor den Jüngern, vor Thomas

20, 30–31	Epilog: Vom Verstehen des Evangeliums

Nachträge:

21, 1–23	Erscheinung des Auferstandenen am See Tiberias
21, 24–25	Zweiter Buchschluss

Der Prolog hat die Funktion eines programmatischen Eröffnungstextes, er dient als Lektüreanweisung für die Leser, indem er das vom Evangelisten beabsichtigte Verstehen des Folgenden vorbereitet und prägt. Eine deutliche Korrespondenz besteht zwischen Joh 1, 1–18 und Joh 20, 30f, wo der Evangelist das Ziel seiner Evangelienschreibung nennt: Glauben an den Gottessohn Jesus zu wecken und zu erneuern. Der Leser wird somit vom Evangelisten in das Werk eingeführt, und er darf sich des Verstehens gewiss sein, wenn er in die grundlegende Glaubensaussage Joh 20, 31 einstimmen kann. Auf der Makroebene ist das Evangelium durch eine deutliche Zweiteilung gekennzeichnet. Der Darstellung des Wirkens des Offenbarers in der Welt (Joh 1, 19–12, 50) folgt die Schilderung der Offenbarung Jesu vor den Seinen bis hin zu den Erscheinungen des Auferstandenen (Joh 13, 1–20, 29). Ein durchgängiges Strukturelement des gesamten Evangeliums sind die zahlreichen Passionsverweise: Joh 1, 29. 36 verweisen ebenso auf die Passion wie Joh 2, 1 a.4 c. Durch die Tempelreinigung (Joh 2, 14–22) stellt der Evangelist bewusst das Wirken Jesu von Anfang an unter die Perspektive des Kreuzes. Eine weitere Besonderheit gegenüber den Synoptikern sind die Reisen nach Jerusalem in Joh 2, 13; 5, 1; 7, 10, wo sich Jesu Schicksal erfüllen wird. In Joh 7–10 schildert der Evangelist die sich ständig steigernde Auseinandersetzung zwischen Jesus und den Juden in dramatischen Szenen[158],

158 Als Drama will L. Schenke, Das Johannesevangelium, 202–223, das gesamte 4. Evangelium verstehen. Gegen diese Klassifizierung ist einzuwenden, dass im Johannesevangelium fast durchgehend dra-

die in der Auferweckung des Lazarus und dem daraus resultierenden endgültigen Todesbeschluss der jüdischen Führer ihren Höhepunkt erreicht (vgl. Joh 11, 1–44. 45–54). Paradoxerweise wird so das größte Wunder im Neuen Testament zum Anlass, Jesus zu töten.

Der Fußwaschung (Joh 13, 1–20) als Prolog des 2. Hauptteils kommt eine Schlüsselstellung im Aufbau des 4. Evangeliums zu. Joh 13, 1 nimmt die vorangegangenen Passionsverweise auf und richtet den Blick der Leser endgültig auf das bevorstehende Leiden Jesu. Zugleich bündelt die Fußwaschung bereits die prägenden Themen der Abschiedsreden: Jesu Liebe zu den Seinen und die daraus resultierende Liebe der Jünger untereinander (vgl. Joh 13, 15). Schon in Lk 22, 14–38 lässt sich die Absicht erkennen, das kurze Beisammensein Jesu mit seinen Jüngern beim Abendmahl (vgl. Mk 14, 17–21) zu einer Abschiedsrede auszuweiten. Johannes nimmt diese Tendenz auf und baut die Abschiedssituation zu einem zentralen Komplex des gesamten Evangeliums aus. Die Abschiedsreden erscheinen in der Gesamtkomposition des Evangeliums nicht unvorbereitet, denn das zentrale Stichwort *ὑπάγειν* (vgl. Joh 7, 33 f; 8, 14. 21 f; 13, 3. 33. 36; 14, 4 f. 28; 16, 5. 10. 17) greift die Thematik schon frühzeitig auf. Finden die Abschiedsreden im Hohepriesterlichen Gebet Jesu in Joh 17 ihren sachgemäßen Abschluss, so schließt sich daran die joh. Passionsgeschichte in Joh 18, 1–20, 29 an.

Wie Markus lässt auch Johannes seine Darstellung des Wirkens Jesu in die Literaturgattung Evangelium einfließen. Wie bei Markus erschließen sich auch bei Johannes Wesen und Wirken Jesu von Kreuz und Auferstehung her. Beide Evangelisten machen in unterschiedlicher Weise diesen zentralen theologischen Gedanken zu einem tragenden Motiv ihrer Evangelienkomposition. Sowohl das Wirken des Logos in der Welt als auch die Rückkehr des Logos zum Vater stehen bei Johannes beständig unter der Perspektive des Kreuzes.

8.5.6 **Literarische Integrität**

Die literarische Integrität des Johannesevangeliums ist in der neueren Johannesexegese stark umstritten[159]. Vornehmlich unter dem Einfluss der Johannesexegese

matische *und* epische Stilelemente zu einer spannungsvollen Einheit verbunden sind. Der Evangelist verfügt über ein reiches Repertoire an Erzählmitteln (z. B. Dialoge, Monologe, berichtende Abschnitte, Kommentare, Rückblicke, dramatische Steigerungen, verschiedene Zeitperspektiven), die er speziell durch das ständige Ineinanderfließen der textinternen und textexternen Perspektive effektvoll einsetzt. Gegen eine einlinige Bestimmung des Johannesevangeliums als Drama spricht vor allem, dass es nicht auf eine Lösung am Ende der Erzählung angelegt ist, sondern vom ersten Vers an ist die Lösung immer präsent. Als ‚dramatische Erzählung' stuft M. Theobald, Joh, 14–29, das 4. Evangelium ein; Kennzeichen dieser Mischform ist vor allem, dass die einzelnen Stilelemente immer an die Erzählung als Grundform zurückgebunden sind.

159 Einen konzentrierten Forschungsüberblick bietet

R. Bultmanns werden bis in die Gegenwart hinein eine gestörte Textfolge und sekundäre Bearbeitungsschichten im 4. Evangelium vermutet. Bultmann ging bei seinen Überlegungen von der Hypothese aus, dass ein Redaktor das durch äußeres Einwirken in Unordnung gebrachte und verstümmelte ursprüngliche Johannesevangelium[160] nicht nur wieder in Ordnung zu bringen versuchte, sondern es auch mit Zusätzen versah, um in seinen Augen bedenkliche theologische Aussagen abzumildern. Freilich ist nach Bultmanns Ansicht diesem Redaktor die Wiederherstellung der ursprünglichen Textfolge nicht gelungen, so dass er sich selbst als Exeget dieser Aufgabe zuwandte. Nicht das Evangelium in seiner Endgestalt ist Gegenstand der Interpretation, sondern ein von allen Gegensätzen gereinigter, in die ursprüngliche Reihenfolge gebrachter Text. Dieses Vorgehen wurde in der neueren Exegese zu Recht auf methodologischer Ebene problematisiert, denn es muss gefragt werden, ob es diese ursprüngliche Gestalt des Evangeliums überhaupt einmal gab, die es vor allem mit Hilfe der Literarkritik wiederherzustellen gilt. Die Behauptung eines besseren Textsinnes und literarkritisch verwertbarer Spannungen in der Textfolge reichen allein keineswegs aus, um durch Textumstellungen und das Ausscheiden angeblich sekundärer Passagen die ursprüngliche Gestalt des Johannesevangeliums wiederzugewinnen. Bei der Rekonstruktion der ursprünglichen Ordnung dominieren das subjektive Empfinden des Exegeten, seine Rekonstruktions- und Kombinationsfreude, seine theologische Gesamteinschätzung, was die zahlreichen, sehr komplizierten und teilweise einander widersprechenden Entstehungstheorien zum Johannesevangelium belegen. Methodisch ist eine neue Textanordnung deshalb erst dann gerechtfertigt, wenn die *Unmöglichkeit* der überlieferten Textfolge sowohl auf literarkritischer als auch auf theologischer Ebene erwiesen werden kann. Unter dieser Voraussetzung sind die ursprüngliche Textfolge in Joh 4–7, Joh 13–17 und die möglichen kleineren Zusätze einer postevangelistischen Redaktion zu besprechen.

I: Die Textreihenfolge in Joh 4–7: Heißt es in Joh 6, 1, dass Jesus sich auf die andere Seite des Sees begibt, so muss er zuvor auf der einen Seite des Sees gewesen sein. In Kap. 5 ist er aber in Jerusalem! Hingegen würde das Kap. 6 gut an Kap. 4 anschließen, wo Jesus sich schon in Galiläa befindet. Ebenso passt Kap. 5 zu Kap. 7, da 7, 1 einen Aufenthalt in Judäa voraussetzt. „Die ursprüngliche Reihenfolge dürfte also gewesen sein: Kapp. 4.6.5.7.“[161] Muss angesichts dieser Logik die jetzige Textfolge als unsinnig angesehen werden? Der Übergang von Kap. 4 zu Kap. 5 bereitet keine Probleme, weil der Evangelist das Fest in 5, 1 nur erwähnt, um Jesus nach Jerusalem

E. Haenchen, Joh, 48–57. Zu neueren Entwürfen vgl. H. Kohler, Kreuz und Menschwerdung, 85–124. Eine ausführliche Darstellung der Forschungsgeschichte unter dem Aspekt der Eschatologie bietet J. Frey, Die johanneische Eschatologie I, passim.

160 Vgl. R. Bultmann, Joh, 164 A 2. Bultmann rechnet auch mit Textverlusten (vgl. a. a. O., 238) und Blattvertauschungen; vgl. ders., „Hirschs Auslegung des Johannes-Evangeliums“, EvTh 4 (1937), (115–142) 119. Zur Kritik an Blattvertauschungs-Hypothesen vgl. bes. E. Haenchen, Joh, 48–57.

161 R. Bultmann, Joh, 154. Bultmann folgen mit unterschiedlicher Einzelargumentation z. B. R. Schnackenburg, Joh II, 6–11; J. Becker, Joh I, 35.

zu bringen, wo das Wunder und die folgende Rede stattfinden. Joh 2,12.13 zeigt, dass sprunghafte Übergänge im Johannesevangelium keine Ausnahme sind (vgl. ferner Joh 4,3.43; 7,9.10; 10,40; 11,54ff), es dem Evangelisten offensichtlich möglich ist, Jesus mit einem Vers von Galiläa nach Jerusalem zu versetzen. Die joh. Festreisen sind wie viele unbestimmte Ortsangaben „literarische Mittel, ohne historischen und chronologischen Wert“[162]. Sie bedürfen deshalb auch nicht in jedem Fall einer kontextuellen Vorbereitung. Dies zeigt der sehr abrupte Übergang von Kap. 5 zu Kap. 6, der aber dennoch nicht zu Kapitelumstellungen berechtigt, denn Joh 6,2 setzt eindeutig die überlieferte Kapitelreihenfolge voraus[163]. Joh 6,2b nimmt Bezug auf die beiden erzählten Wunder in Joh 4,46–54; 5,1–9ab und stammt vom Evangelisten (vgl. Joh 2,23b; 4,45; 11,45), auf den die Kapitelfolge zurückgeht. Zudem ergäbe sich auch durch eine Umstellung von Kap. 6 hinter Kap. 4 keine glatte Reihenfolge, denn Joh 6,1 setzt voraus, dass Jesus sich am Westufer des Sees Genezareth aufhält – speziell in Kapernaum, wohin er nach Joh 6,17.24 zurückkehrt –, nach Joh 4,46 ist er aber in Kana und laut Joh 4,54 lediglich in Galiläa[164]. Auch Joh 7,1–14 ist dem Evangelisten zuzurechnen[165], der mit dieser galiläischen Episode nicht nur die Kapitel 6 und 7 verbindet, sondern Jesus endgültig nach Jerusalem bringt, wo er an einem sehr hohen Feiertag den Juden wiederum seine Sendung erklärt und auf Ablehnung stößt

Die Kapitelreihenfolge in Joh 4–7 ist somit nicht als der missglückte Rekonstruktionsversuch eines in Unordnung geratenen Werkes oder als wenig überzeugende Neukomposition eines Redaktors anzusehen, sondern als die vom Evangelisten Johannes gewollte Reihenfolge, deren Ziel darin besteht, Jesus immer wieder nach Jerusalem zu bringen, wo er die Auseinandersetzung mit dem ungläubigen Kosmos führt und sich sein Schicksal erfüllen wird[166].

---

162 E. Haenchen, Joh, 266; vgl. ferner W. Bauer, Joh (s. o. 8.5.3), 251.

163 R. Bultmann, Joh, 156 A 3, sieht in V. 2 wohl einen Zusatz des Evangelisten, meint aber, dieser beziehe sich nur auf Joh 4,46–54 als ein Beispiel für Jesu Wunder. Die pluralischen Formulierungen in Joh 6,2 setzen m. E. zwingend Joh 4,46–54 *und* 5,1–9ab voraus.

164 Nach M. Theobald, Joh, 421, vertauschte die ‚Redaktion' die Kap. 6 und 5, „weil sie Joh 5 als Auferweckungserzählung mit der *Taufe* (Neugeburt) in Verbindung brachte (der Mensch bedarf der Heilwasser von Bethesda nicht!), Speisungserzählung samt Brotrede dagegen mit der *Eucharistie.* Das lässt sensibel werden auch für explizit eucharistische Aussagen in Joh 6 selbst, die dann auf die Relecture des Kapitels durch die Redaktion zurückgehen dürften (vgl. 6,4.23.51e–58). Das heißt nicht, dass der Text des Evangelisten (ohne die Zusätze der Redaktion) ursprünglich »eucharistiefrei« gewesen wäre, wohl aber, dass sein vorrangiges christologisches und soteriologisches Interesse Bezüge zur sakramentalen Mahlpraxis seiner Gemeinden nur in Gestalt von Anspielungen erwarten lässt.“ Weshalb der Evangelist nur ‚Anspielungen', die Redaktion hingegen klare Bezüge zur Eucharistie hergestellt haben sollen, bleibt auch bei diesem Modell völlig unklar!

165 Vgl. R. Schnackenburg, Joh II, 190ff. Wohl verlässt Jesus im Zusammenhang mit der Auferweckung des Lazarus noch einmal Jerusalem (vgl. Joh 10,40–42; 11,54; 12,12), was aber an der Funktion der Reise zum Laubhüttenfest nichts ändert.

166 Diese Tendenz wird in Joh 7–10 aufgenommen und verschärft; vgl. L. Schenke, Joh 7–10: Eine dramatische Szene, ZNW 80 (1989), 172–192.

II: Die Kapitelreihenfolge in Joh 13–17[167]: Die Korrespondenz zwischen Joh 14, 31c und Joh 18, 1 sowie der damit verbundene harte Übergang zwischen Joh 14, 31c und 15, 1 ist ein weiterer Schwerpunkt joh. Literarkritik. In der Forschung sind fünf Modelle zur Erklärung des Jetzttextes von Bedeutung: 1) Lösung der Probleme durch Textumstellungen. So rechnet R. Bultmann mit der ursprünglichen Textfolge Joh 13, 1–30; 17, 1–26; 13, 31–35; 15, 1–16, 33; 13, 36–14, 31[168]. Neben methodologischen Bedenken ist gegen Bultmanns Vorgehen vor allem einzuwenden, dass es ihm nicht gelingt, einen ‚besseren' Text zu rekonstruieren. Dies scheitert an Joh 17, das den Höhepunkt und sinnvollen Abschluss der Abschiedsreden bildet. Sprach Jesus zuvor mit den Jüngern, so wendet er sich nun in der Stunde des Abschieds im Gebet dem Vater zu. 2) Der zweite Lösungsvorschlag sieht in Kap. 15–17 den Nachtrag einer späteren Redaktion. Diese u.a. von R. Schnackenburg[169] und J. Becker[170] vertretene These scheitert an der vorausgesetzten Arbeitsweise des Redaktors. Er hätte durch seine ungeschickte Einfügung von Joh 15–17 zwischen Joh 14, 31 und 18, 1 erst all die Probleme geschaffen, um deren Lösung sich die Exegese im 20./21. Jahrhundert bemüht. Allein durch die Platzierung der Kap. 15–17 vor Joh 14, 30 hätte der Redaktor alle Schwierigkeiten umgehen können und somit auch für seine Leser und Hörer eine ‚befriedigende' Textfolge hergestellt. Schließlich lässt sich der postjohanneische Charakter der Kap. 15–17 nicht nachweisen. 3) Eine Variante der Nachtragshypothese ist das Relecture-Modell: „ein Relecture-Prozess liegt dann vor, wenn ein erster Text die Bildung eines zweiten Textes hervorruft und wenn dieser Text seine volle Verständlichkeit erst im Bezug zum ersten Text gewinnt."[171] Von den klassischen literarkritischen Optionen unterscheidet sich dieses Modell in zwei Punkten: a) Die Frage nach einem individuellen Autor tritt zugunsten der Hypothese einer joh. Schule in den Hintergrund. b) Joh. 15–17 gelten nicht mehr als Konkurrenz oder Korrektur von Kap. 13, 31–14, 31. Grundlegend ist die Annahme einer ‚Weiterschreibung', die durch eine veränderte historische Situation oder die „Dynamik der theologischen Reflexion"[172] bedingt sein kann. Drei Einwände sind allerdings auch gegen dieses Modell zu erheben: a) Der faktische Verzicht auf einen individuellen Autor führt zu einer Anonymisierung des Überlieferungsprozesses. b) Wie die ‚Kirchliche Redaktion' muss auch das Relecture-Modell mit am Text nicht nachweisbaren

167 Vgl. hierzu U. Schnelle, Die Abschiedsreden im Johannesevangelium, ZNW 80 (1989), 64–79; M. Winter, Das Vermächtnis Jesu und die Abschiedsreden der Väter, FRLANT 161, Göttingen 1994; A. Dettwiler, Die Gegenwart des Erhöhten, FRLANT 169, Göttingen 1995; Christina Hoegen-Rohls, Der nachösterliche Johannes, WUNT 2.84, Tübingen 1996; J. Neugebauer, Die eschatologischen Aussagen in den johanneischen Abschiedsreden, BWANT 140, Stuttgart 1995; Chr. Dietzfelbinger, Der Abschied des Kommenden, WUNT 95, Tübingen 1997; K. Haldimann, Rekonstruktion und Entfaltung. Exegetische Untersuchungen zu Joh 15 und 16, BZNW 104, Berlin 2000; G. L. Parsenios, Departure and Consolation. The Johannine Farewell Discourses in Light of Greco-Roman Literature, NT.S 117, Leiden 2005.

168 Vgl. R. Bultmann, Joh, 348–351.

169 Vgl. R. Schnackenburg, Joh III, 101–103.

170 Vgl. J. Becker, Joh II, 572f.

171 J. Zumstein, Relecture, 404; vgl. A. Dettwiler, Gegenwart des Erhöhten, 44–52.

172 A. Dettwiler, Gegenwart des Erhöhten, 302.

veränderten historischen Situationen oder theologischen Defiziten als Anlass für die Weiterschreibung rechnen. c) Neue und weiterführende Aspekte können auch vom gleichen Autor eingeführt werden und sind keineswegs ein Indiz für eine spätere ‚Weiterschreibung'. Das Modell der ‚Weiterschreibung' ist prinzipiell auf allen Ebenen der joh. Überlieferung denkbar. Deshalb gilt auch hier die methodische Regel, dass ein Text dem Evangelisten Johannes nur dann abgesprochen und einer späteren Bearbeitung zugesprochen werden kann, wenn ein Verstehen des Textes auf der Ebene des Evangelisten nicht möglich ist. Die entscheidende methodische Frage lautet: Was nötigt zu der Annahme, dass der Textstatus sich verschoben hat, von einem Primär- zu einem Sekundärtext? Zu bedenken ist schließlich ein hermeneutisches Argument: Auch für das Relecture-Modell gilt, dass seine Vertreter nicht das 4. Evangelium interpretieren, sondern das Johannesverständnis jener Kreise, die für den Relecture-Prozess verantwortlich sind. Die Frage nach dem Status von Texten bleibt ungeklärt, denn es ist gerade für die Interpretation ein wesentlicher Unterschied, ob einem Text der Status eines Primär- oder Sekundärtextes zugewiesen wird. 4) Bei der ‚symbolischen' Interpretation von Joh. 14, 31 c steht in der Regel nicht die wörtliche Befolgung der Aufforderung Jesu, sondern ihr Verweischarakter im Mittelpunkt. C. H. Dodd kann feststellen: „The movement is a movement of the spirit".[173] H. Thyen versteht den Vers als Aufforderung an den Leser: „Der soll jetzt ‚aufstehen', nämlich die Spannung erfahren, wohin er gehen wird."[174] Solche Interpretationen übergehen zu schnell das literarkritische Problem und sind noch subjektiver als andere Erklärungsmodelle. 5) Die neueste Forschung zeigt, dass neben den atl. und frühjüdischen Vergleichstexten auch griechisch-römische Literaturformen für das Verständnis der joh. Abschiedsreden von großer Bedeutung sind. Fragt man nach der *Funktion* der Abschiedsreden, dann lassen sich zahlreiche Vergleichspunkte z. B. mit Senecas Schriften aufzeigen[175]. Hier wie dort soll durch die Wirren und Ängste des Lebens und Sterbens hindurch ein Sinn ermittelt und ein Ziel angegeben werden: Bei Seneca die Einsicht in die Unausweichlichkeit und Natürlichkeit des Todes sowie die Aussicht auf den ewigen Frieden der Seele, bei Johannes die Einsicht in den Tod Jesu als Voraussetzung für die Sendung des Parakleten und die Aussicht auf die vollständige Einheit mit dem Vater und dem Sohn. G. L. Parsenios wertet vor allem die Abfolge Fußwaschung (als literarisches Symposium) – Abschiedsreden (als konsolatorischer Text) als Hinweis auf eine Beeinflussung der Abschiedsreden durch griechisch-römische Literaturformen[176]. Plato spricht von einem ‚Bankett der Worte'

173 C. H. Dodd, Interpretation, 409.

174 H. Thyen, Art. Johannesevangelium, 216 (in seinem Kommentar schließt sich Thyen vollständig Dodd an; vgl. H. Thyen, Das Johannesevangelium, 642 f); vgl. auch Chr. Hoegen-Rohls, Der nachösterliche Johannes, 122.

175 Vgl. M. Lang, Johanneische Abschiedsreden und Senecas Konsolationsliteratur, in: J. Frey/U. Schnelle (Hg.), Kontexte des Johannesevangeliums, 365–412; zu den Abschiedsreden als Konsolationsliteratur vgl. auch G. L. Parsenios, Departure and Consolation, 90–109.

176 Vgl. dazu G. L. Parsenios, Departure and Consolation, 111–149.

(Tim 27b) und insbesondere Plutarch (Mor 6,686b) weist auf den engen Zusammenhang zwischen Festbankett und philosophischen Erörterungen hin, von denen auch die profitieren, die nicht direkt daran teilnahmen. Für die Abschiedsreden gilt deshalb: "the banquet of words invites Jesus' later disciples into *his* presence, drawing them into the feast of words that Jesus shared with his original followers on the night before his death. The Johannine logodeipnon, therefore, functions somewhat analogously to a philosopher's instructional letter to his pupils, bridging the gap between teacher and student."[177] Auch für Joh 14,31/15,1 sieht G. L. Parsenios eine Motivparallele in der griechischen Literatur, denn das Modell des *äußeren Stillstandes bei gleichzeitigem inneren Fortschritt* ist ein Element der griechischen Tragödie. Texte wie Sophokles, Antigone 876–943, zeigen[178], dass Worte/Reden von Sterbenden szenisch dadurch verstärkt werden können, indem alle anderen Handlungen in den Hintergrund treten[179]. Allein die Worte des Sterbenden und ihre Bedeutung sollen im Mittelpunkt stehen. "Greek tragic exits provide a ready literary form to emphasize and dramatize Jesus' departure and return to the Father."[180]

Für das literarische Modell des äußeren Stillstandes bei gleichzeitigem inneren Fortschritt musste Johannes nicht auf griechische Tragödien zurückgreifen, sondern es bot sich in den von ihm aufgenommenen Traditionen an. Johannes bezieht sich auf Mk 14,42f, wo in V.43 davon die Rede ist, dass Jesus vor der Begegnung mit Judas noch etwas sprach. Für den 4. Evangelisten war damit ein *literarischer* Ort vorgegeben, um weitere Traditionen seiner Schule sowie von ihm selbst verfasste Texte in den Erzähl- und Darstellungsablauf seines Evangeliums zu integrieren. Psychologische Betrachtungen über die Länge des Weges oder die Dauer der Rede sind unangebracht, weil das hier zu betrachtende *literarische* Verfahren für den Evangelisten keineswegs ungewöhnlich ist. Abrupte Übergänge sind für Johannes keine Seltenheit, zudem kennt er das literarische Mittel der Wiederaufnahme des Erzählfadens (vgl. z.B. Joh 1,43 mit 2,1; Joh 2,1–11 mit 4,46; 7,14 mit 7,25–30; Joh 9 mit Joh 10,21; Joh 11,1–45 mit 12,9; Joh 12,15.16 mit 18,33ff), das auch in Joh 18,1 vorliegt. Als eine gewisse Parallele zum Vorgehen des Evangelisten in Joh 14,31c; 15,1; 18,1 kann man schließlich die Festreisen Jesu nach Jerusalem betrachten (vgl. Joh 2,13; 5,1; 7,10), die auch kontextuell unvorbereitet sind und allein dem Zweck dienen, Jesus an den Ort seiner Feinde zu bringen. Die Einfügung von Joh 15–17 zwischen Joh 14,31 und 18,1 lässt sich somit als ein literarisches Verfahren begreifen, dessen Ausgangspunkt die in der Tradition dem Evangelisten vorgegebene Nachricht war, dass Jesus *nach* seinem Aufbruchbefehl und *vor* seiner Begegnung mit Judas zu den Jüngern noch etwas sprach. Zudem ist der vorliegende Textzusammenhang sinnvoll: Der Aufruf in Joh 14,31c signalisiert Trennung, der Johannes die Verbundenheit entgegensetzt. Obwohl Jesus zum Vater geht, bleibt die Gemeinde mit ihm verbunden, so wie Weinstock und Reben innig miteinander verbunden sind (Joh 15,1–17).

177 G. L. Parsenios, a. a. O., 143f.

178 Analyse verschiedener Motive und Texte bei G. L. Parsenios, a. a. O., 49–70.

179 G. L. Parsenios, a. a. O., 68: "The action is in limbo and the plot is frozen until the speech concludes."

180 A. a. O., 152.

Nicht nur auf der textinternen, sondern auch auf der textexternen Ebene des Lesers und damit der joh. Gemeinde ist das Vorgehen des Evangelisten sinnvoll: Die Aufforderung Jesu in Joh 14,31c hat Signalcharakter, denn für die nachösterliche Lesergemeinde sind die auf der Erzählebene des Evangeliums erst folgenden Ereignisse in dem Befehl Jesu natürlich schon präsent, so dass die starke ethische und ekklesiologische Ausrichtung von Joh 15–17 sachgemäß ist. Jesu Aufbruch signalisiert bereits die durch den Tod und die Erhöhung des Gottessohnes eingetretene Situation, in der sich die Leser bzw. Hörer des Johannesevangeliums befinden. Der durchgängig paränetische Charakter von Joh 15–17 stellt somit eine sachgemäße Fortsetzung von Joh 14 dar, indem nun unter der *Voraussetzung* des Offenbarungsgeschehens (vgl. den Indikativ in Joh 15,3.9) die Gemeinde auf die Bewahrung des Heils angesprochen wird[181].

Wenn der ‚Sitz im Leben' der Abschiedsreden die theologische Trauerarbeit[182] und die Zukunftsorientierung sind, die sich jeweils vor allem als Tröstung und Stärkung durch theologische Erkenntnis vollziehen, dann sind Wiederholungen, Variationen, Erweiterungen und Aufnahme verwandter Themen keineswegs ein Zeichen für einen sekundären Textstatus, sondern bewusstes und notwendiges literarisches Mittel eines überlegt gestaltenden Autors! Für diese Annahme spricht eine weitere Beobachtung: Die gesamten Abschiedsreden stehen unter dem Leitwort der Liebe: der Liebe Gottes zu Jesus (Joh 15,9.10; 16,27; 17,23.24.26), der Liebe Jesu zu Gott (Joh 14,31), der Liebe Gottes zu den Jüngern (Joh 14,21.23; 16,27; 17,23), der Liebe Jesu zu den Jüngern (Joh 13,1; 14,21; 15,9.12.13), der Liebe der Jünger zu Jesus (Joh 14,15.21.23f.28; 16,27) und der Liebe der Jünger untereinander (Joh 13,35; 15,10.12.17)[183]. Hier zeigt sich, dass die zahlreichen inneren Verflechtungen/Akzentuierungen in den Abschiedsreden und im Evangelium insgesamt Bestandteile/Variationen des grundlegenden theologischen Programms des Evangelisten sind: Die Offenbarung der Liebe Gottes in Jesus Christus als Liebe Gottes zur Welt und für die Glaubenden, für die sich das Bleiben in Gott und Jesus als Bleiben im Liebesgebot vollzieht. Diese innere Verflechtung bestätigt, dass die Abschiedsreden in ihrer vorliegenden Gestalt als hermeneutischer Schlüssel des Johannesevangeliums zu lesen sind und literarkritische Reduzierungen ihrem Sinngehalt nicht gerecht werden.

III: Sekundäre Hinzufügungen: Ein relativer Konsens besteht in der Forschung über den sekundären Charakter von Joh 21. Sprach- und Stileigentümlichkeiten

181 Vgl. T. Onuki, Gemeinde und Welt, 125ff. Gegen R. Schnackenburg (Joh III, 102ff) und J. Becker (Joh II, 572ff), die in der veränderten Perspektive das Hauptargument für ihre Annahme sehen, Joh 15–17 seien auf eine spätere Redaktion zurückzuführen.

182 Vgl. Th. Popp, Die konsolatorische Kraft der Wiederholung: Liebe, Trauer und Trost in den johanneischen Abschiedsreden, in: G. v. Belle/M. Labahn/P. Maritz (Hg.), Repetitions and Variations in the Fourth Gospel, 523–587.

183 Vgl. dazu U. Schnelle, Die johanneischen Abschiedsreden und das Liebesgebot, in: G. v. Belle/M. Labahn/P. Maritz (Hg.), Repetitions and Variations in the Fourth Gospel, 589–608.

können Joh 21 nicht als Anhang erweisen[184], wohl aber zahlreiche inhaltliche Argumente. In Kap. 21 werden offensichtlich die fehlenden Epiphanien in Galiläa nachgetragen und dabei die Erscheinung Jesu vor seinen Jüngern in Joh 20, 19–29 ignoriert. Nach Geistbegabung und Sendung (Joh 20, 21 f) kehren die Jünger in ihren alten Fischerberuf zurück, der zuvor im Evangelium gar nicht erwähnt wurde. Zudem verbietet Joh 20, 29 jede weitere Erscheinung, denn von nun an gilt: Glauben ohne zu sehen. Auch durch die Zählung in V. 14 erweist sich Kap. 21 als Nachtrag, weil die beiden Erscheinungen in 20, 19–23. 24–29 vorausgesetzt und ergänzt werden. Nur in Joh 21, 2 erscheinen die Zebedaiden, und es muss gefragt werden, warum sich erst hier die Nachricht findet, Nathanael stamme aus Kana. Ferner geben sich in Joh 21, 24 f die Verfasser von Kap. 21 und möglicherweise auch die Herausgeber des gesamten Evangeliums zu erkennen. Ihr Zeugnis über den Lieblingsjünger steht in zweifacher Weise im Gegensatz zu Joh 1–20: 1) Nur im Nachtrag wird der Lieblingsjünger zum Verfasser des gesamten Evangeliums; 2) Joh 21 korrigiert das Verhältnis zwischen Petrus und dem Lieblingsjünger. In Joh 1–20 kommt Petrus keine besondere Bedeutung zu, er ist nicht der Erstberufene (vgl. Joh 1, 40 ff: Andreas bringt ihn zu Jesus!), sondern nur einer unter vielen Jüngern. Die Erscheinungsgeschichten in Joh 20 berichten nichts von einer Protepiphanie Petri. Nun aber wird Petrus gegenüber dem Lieblingsjünger deutlich hervorgehoben, Jesus setzt ihn in das Hirtenamt ein und und macht ihn damit zu seinem irdischen Stellvertreter (Joh 21, 15–17; vgl. dagegen Joh 19, 25–27!). Schließlich liegt mit Joh 20, 30. 31 bereits ein umfassender Buchschluss vor, der den zweiten Schluss in Joh 21, 24. 25 deutlich als sekundär erscheinen lässt[185]. In Joh 21, 24 unterscheiden die Herausgeber des vorliegenden Johannesevangeliums selbst zwischen ihrem Beitrag (Joh 21) und dem vorangehenden Text (Joh 1–20)!

Die Frage nach sekundären Überarbeitungen des 4. Evangeliums wird in der neueren Exegese nicht mehr unter dem missverständlichen Begriff eines ‚Kirchlichen

184 Wichtige Hapaxlegomena sind *παιδία* in 21, 5 als Anrede der Jünger und *ἀδελφοί* in 21, 23 als Bezeichnung für Christen. Es ist bemerkenswert, dass nun erstmals eine koptische Handschrift (wahrscheinlich 4. Jh. n. Chr.) eine Textgestalt des Johannesevangeliums bezeugt, die offenkundig mit Kap. 20 endet; vgl. Gesa Schenke, Das Erscheinen Jesu vor den Jüngern und der ungläubige Thomas, in: L. Painchaud – P.-H. Poirier (Hg.), Coptica – Gnostica – Manichaica (FS W.-P. Funk), BCNH.E 7, Québec/Leuven 2006, 893–904. Damit ist der sekundäre Charakter von Joh 21 nicht erwiesen, es zeigt sich aber, dass es Abschriften (und damit auch Vorlagen!) des Johannesevangeliums ohne Kap. 21 gab.

185 Joh 21 halten u. a. für sekundär: R. Bultmann, Joh, 542 ff; E. Haenchen, Joh 580 ff; J. Becker, Joh II, 758 ff; U. Schnelle, Joh, 314 f; C. K. Barrett, Joh, 551 ff; K. Wengst, Bedrängte Gemeinde, 25 f; M. Lattke, Joh 20, 30 f als Buchschluß, ZNW 78 (1987), 288–292, der in Tertullian, Adversus Praxean 25, 4, einen Beleg dafür sieht, „dass das vierte Evangelium ziemlich lange ohne den ‚Epilog' in Umlauf war" (a. a. O., 289). Für ursprünglich halten Joh 21 u. a.: W. Bauer, Joh (s. o. 8.5.3), 234 f; R. E. Brown, Joh II, 1077 ff (Epilog); P. S. Minear, The Original Function of John 21, JBL 102 (1983), 85–98; G. Reim, Johannes 21 – Ein Anhang?, in: Studies in New Testament Language and Text (FS Kilpatrick), NT.S XLIV, Leiden 1976, 330–337. H. Thyen, Art. Johannesevangelium, 210 u. ö., erhebt den ‚Epilog' Joh 21 zum Schlüssel für das Verständnis des 4. Evangeliums, hier laufen für ihn alle Erzählfäden zusammen.

Redaktors' behandelt, sondern man fragt nach Texten, die einer postevangelistischen Redaktion zuzuordnen sind. Ernsthaft in Frage kommen unter inhaltlichen und literarkritischen Aspekten für eine solche sekundäre Bearbeitungsschicht nur noch Texte wie Joh 5, 28. 29; 6, 39. 40. 44. 54; 12, 48 (futurische Eschatologie) und Joh 6, 51 c–58; 19, 34b.35 (Eucharistie).

Die Frage nach der Ursprünglichkeit futurisch-eschatologischer Aussagen im Johannesevangelium ist streng genommen kein literarkritisches Problem, sondern hängt überwiegend von der theologischen Einschätzung des Evangeliums ab (s. u. 8.5.9). Der eucharistische Abschnitt Joh 6, 51 c–58 hebt sich gegenüber der vorausgehenden traditionellen Lebensbrotrede[186] durch eine neue Argumentationsebene ab. Das Himmelsbrot ist nun Jesu Fleisch und Blut, die Leiblichkeit des Erlösers steht deutlich im Mittelpunkt. Johannes führt damit einerseits die Thematik der Lebensbrotrede weiter, zugleich setzt er mit seiner Betonung der Inkarnation Jesu Christi und der wahrhaftigen Teilhabe an seinem Leid in der Eucharistie einen antidoketischen Akzent. Für die Erklärung der literarischen Gestalt und theologischen Intention von Joh 6, 51 c–58 ist der Rückgriff auf eine postjohanneische Redaktion weder literarisch noch theologisch überzeugend zu begründen[187]. Auch das Fehlen des Glaubensbegriffes in Joh 6, 51 c–58 ist kein Indiz für den sekundären Charakter dieses Stückes. Vielmehr setzt der Evangelist selbstverständlich voraus, dass die Teilnehmer an der Eucharistie zugleich die an Jesus Christus Glaubenden sind. Zudem findet die Komposition von Joh 6 im eucharistischen Abschnitt ihren Höhepunkt. Die redaktionellen Verse 26–29 bereiten die Thematik der vorjoh. Lebensbrotrede Joh 6, 30–51ab und des vom Evangelisten gestalteten eucharistischen Abschnittes 6, 51 c–58 vor und verbinden zugleich die beiden Hauptteile (6, 1–25. 30–58) des gesamten Kapitels miteinander[188]. Auch Joh 19, 34b–35 kann nicht einer postjoh. Redaktion zugerechnet werden[189], denn sowohl sprachlich als auch thematisch weist dieser Abschnitt auf die Hand des Evangelisten Johannes hin. Zum Abschluss der Passionsgeschichte formuliert der Evangelist hier mit 19, 34b–35 noch einmal sein antidoketisches Verständnis des Todes Jesu, nimmt das Zeugnis des Lieblingsjüngers als anerkannten Garanten der joh. Tradition in Anspruch und sichert somit die sakramentale Praxis der Gemeinde.

186 Vgl. dazu U. Schnelle, Antidoketische Christologie, 221.

187 Zum Nachweis der literarischen, kompositionellen und theologischen Einheit von Joh 6 vgl. Th. Popp, Grammatik des Geistes, 256–456.

188 Als sinnvolle Fortsetzung der Lebensbrotrede auf der Ebene des Evangelisten sehen Joh 6, 51 c–58 u. a. an: E. Ruckstuhl, Einheit, 243 ff; E. Schweizer, Das johanneische Zeugnis vom Herrenmahl, in: ders., Neotestamentica, Zürich 1963, 371–396; P. Borgen, Bread from Heaven, NT.S X, Leiden ^{2}1981; L. Schenke, Die formale und gedankliche Struktur von Joh 6, 26–58; BZ 24 (1980), 21–41; ders., Die literarische Vorgeschichte von Joh 6, 26–58; BZ 29 (1985), 68–89; U. Schnelle, Antidoketische Christologie, 214–228 (ausführliche Einzelbegründung!); W. Schmithals, Johannesevangelium und Johannesbriefe, 355. Einer postjohanneischen Redaktion weisen Joh 6, 51 c–58 u. a. zu: R. Bultmann, Joh, 161 f; G. Richter, Studien, 105 ff; J. Becker, Joh I, 263 ff.

189 Vgl. zur Einzelbegründung U. Schnelle, Antidoketische Christologie, 228–230.

Das Johannesevangelium kann bis auf Joh 21 und die textkritisch eindeutig sekundären Passagen Joh 5,3b.4; 7,53–8,11[190] und die Glosse Joh 4,2 als literarische Einheit verstanden werden[191]. Der Evangelist gibt sich in Joh 20,30f als ein kritisch auswählender, nach theologischen Überlegungen gestaltender Autor zu erkennen, der auf der Grundlage zahlreicher ihm zur Verfügung stehender Traditionen sein Evangelium schrieb.

8.5.7 **Traditionen, Quellen**

Die Frage nach den im Johannesevangelium verarbeiteten Quellen bzw. Traditionen wurde lange Zeit durch die Quellentheorien R. Bultmanns bestimmt. Bultmann rechnet aufgrund von Stil- und Sprachmerkmalen sowie der Wunderzählung in Joh 2,11; 4,54 mit einer ‚Zeichenquelle', einer Quelle von ‚Offenbarungsreden' und einer Vorlage für die Passionsgeschichte[192].

Es ist heute allgemein anerkannt, dass Joh 18,1–19,30 den Grundstock des joh. *Passionsberichtes* bildet. Er setzt sich vornehmlich aus Sondertraditionen der joh. Schule zusammen, die dem Evangelisten wahrscheinlich schriftlich vorlagen und von ihm überarbeitet wurden[193]. Als redaktionelle Zusätze zu den vorjoh. Passionstraditionen lassen sich u.a. nennen: Joh 18,4–9. 13b. 14. 15b. 16. 19b–21. 23. 24. 28b. 29. 32. 33a. 34–38a;. 19,4. 5. 7–11. 20–22. 23a. 26–28a[194]. Auch der joh. Darstellung der Kreuzigung und Bestattung Jesu (Joh 19,30–42) und den Auferstehungs- und Erscheinungserzählungen in Joh 20 liegen traditionelle Erzählungen zugrunde. Als Redaktion des Evangelisten sind hier zu nennen: Joh 19,31c.34b. 35. 39. 40c.42b; 20,2. 3b.4. 5b. 6. 8. 10. 11a. 12. 13. 14a. 17b. 21. 24–29. Von einem zusammenhängenden vorjoh. Passionsbericht kann nicht gesprochen werden, Johannes verfügte über z.T. sehr alte und historisch zuverlässige Passionstraditionen, die er aber durchweg überarbeitete, mit zentralen Themen seiner Theologie verband und in Anlehnung an Markus (und Lukas)[195] in den von ihm geschaffenen kompositionellen Gesamtzusammenhang einfügte. Der literarische und theologische Gestal-

190 Vgl. hierzu U. Schnelle, Joh, 150–153.

191 Für die Einheit von Joh 1–20 votiert zuletzt auch M. Hengel, Die johanneische Frage, 224–264.

192 Die Texte der von Bultmann postulierten ‚Quellen' sind griechisch abgedruckt bei D. M. Smith, The Composition and Order of the Fourth Gospel, New Haven – London 1965, 23–34 (‚Offenbarungsreden'). 38–44 (‚Semeia-Quelle'). 48–51 (‚Passionsquelle').

193 Vgl. zur Begründung, U. Schnelle, Johannes und die Synoptiker, in: The Four Gospels (FS F. Neirynck), hg. v. G. Van Segbroeck u.a., BETL 100, Leuven 1992, 1799–1814.

194 Vgl. dazu die (in Einzelheiten abweichende) Rekonstruktion bei A. Dauer, Die Passionsgeschichte im Johannesevangelium, StANT 30, München 1972, 334.

195 Vgl. hier M. Lang, Johannes und die Synoptiker, passim.

tungswille des Evangelisten ist in Joh 18–20 ebenso durchgehend präsent wie in anderen Partien des Evangeliums!

R. Bultmanns These einer ‚Offenbarungsredenquelle' im Johannesevangelium setzte sich zu Recht in der Forschung nicht durch. Bultmann lokalisiert diese Quelle in der Nähe zur Gnosis und rekonstruiert sie aufgrund bestimmter Stilmerkmale. Demnach sind die Reden nicht im Prosa- sondern im poetischen Stil abgefasst, ihr Hauptmerkmal ist der (antithetische) Parallelismus membrorum. Durch die partielle äußere Beschädigung des Evangeliums und die Arbeit der ‚Kirchlichen Redaktion' wurden nach Meinung Bultmanns die einzelnen Texte der ‚Offenbarungsreden' teilweise weit auseinandergerissen. Sowohl die religionsgeschichtliche Verortung der ‚Offenbarungsredenquelle' als auch ihre Rekonstruktion müssen als problematisch angesehen werden. Die von Bultmann angeführten literarischen Parallelen (Oden Salomos, Mandäische Literatur u. a.m.) sind durchweg sehr viel jünger als das Johannesevangelium und kommen deshalb für einen aussagefähigen Vergleich nicht in Frage. Bei der Rekonstruktion der ‚Quelle' mit Hilfe der Stilkritik bewegt sich Bultmann in einem methodischen und hermeneutischen Zirkel. Es fehlen formale und inhaltliche Parallelen außerhalb des Evangeliums, so dass es keine textexternen Kontrollinstanzen gibt[196]. Die methodische Problematik des Verfahrens zeigt sich deutlich, wenn sich der Text der ‚Quelle' und der Stil des Evangelisten nicht voneinander trennen lassen, wie Bultmann an vielen Stellen zugeben muss.

Heftig umstritten ist in der neueren Exegese die Existenz einer *‚Semeia-Quelle'*. Bultmann vermutete, die ‚Semeia-Quelle' stamme aus der Propaganda ehemaliger Täuferjünger für den christlichen Glauben[197]. Sie zeige „Jesus als den *θεῖος ἄνθρωπος*, dessen wunderbares Wissen die ihm Begegnenden überwältigt."[198] Lange Zeit war die Annahme einer vorjoh. ‚Semeia-Quelle' unumstrittene Basis der Johannesinterpretation, R. T. Fortna erweiterte die ‚Quelle' sogar zu einem ‚Zeichen-Evangelium'. In der neueren Exegese wird die Existenz einer ‚Semeia-Quelle' bzw. eines ‚Zeichen-Evangeliums' aber zu Recht problematisiert[199]. Als wesentliches Indiz für die Exis-

196 Vgl. zur Kritik an Bultmann bes. E. Haenchen, Literatur zum Johannesevangelium, 305 f; R. Schnackenburg, Joh I, 39 f.

197 Vgl. R. Bultmann, Joh, 76 A 6. Zur Begründung der These einer ‚Semeia-Quelle' vgl. neben R. T. Fortna, The Gospel of Signs, bes. W. Nicol, The Semeia in the Fourth Gospel, NT.S 32, Leiden 1972; J. Becker, Joh I, 134–142; M. Theobald, Joh, 32–42. Eine Variante der herkömmlichen These bietet H. P. Heekerens, Die Zeichen-Quelle der johanneischen Redaktion, SBS 113, Stuttgart 1984. Er zählt nur Joh 2, 1–11. 12; 4, 46–54; 21, 1–14 zu einer gemeinsamen Quelle, die vom Verfasser von Joh 21 ins Johannesevangelium eingetragen wurde.

198 R. Bultmann, Joh, 75.

199 Eine umfassende Darstellung der Forschungsgeschichte bietet G. van Belle, The Signs Source in the Fourth Gospel, BETL 116, Leuven 1994. Er zeigt, dass in der neuesten internationalen Forschung die Kritik an dieser Hypothese deutlich überwiegt; vgl. u. a. U. Schnelle, Antidoketische Christologie, 87–194 (ausführliche Einzelbegründung!); W. J. Bittner, Jesu Zeichen im Johannesevangelium, WUNT 2. 26; Tübingen 1987; D. Marguerat, La ‚source des signes' existe-t-elle? Réception des récits de miracle dans l'évangile de Jean, in: La communaute johannique et son histoire, hg. v. J. D. Kaestli, J. M. Poffet u. J. Zumstein, Genf 1990, 69–93; C. K. Barrett, Joh, 36 f; E. Ruckstuhl – P. Dschulnigg, Stilkritik und Verfasserfrage im Johannesevangelium, 238–241;

tenz einer ‚Semeia-Quelle' gilt die Zählung in Joh 2,11; 4,54. Danach enthielt die ‚Quelle' eine Zählung der Wunder, die allerdings nur noch bei den ersten beiden Wundern erhalten ist. Warum aber bricht die Zählung nach den ersten zwei Wundern ab? Eine befriedigende Antwort auf diese naheliegende Frage können die Befürworter der Existenz einer ‚Semeia-Quelle' nicht geben. Zudem ergibt die Sprachanalyse von Joh 2,11; 4,54 eindeutig, dass diese Verse und auch die Zählung vom Evangelisten Johannes stammen. Er zählte die beiden Wunder Jesu in *Kana*, um sie als Anfang und Ende des ersten öffentlichen Wirkens Jesu hervorzuheben. Ein Widerspruch zu den Wundernotizen in Joh 2,23; 4,45 besteht nicht, denn sie berichten summarisch von Wundern in Jerusalem. Damit entfällt das Hauptindiz für die Existenz einer vorjoh. ‚Semeia-Quelle'. In enger Verbindung mit der Wunderzählung wird Joh 20,30f vielfach als Ende der ‚Semeia-Quelle' angesehen. Auch hier zeigt die Sprachanalyse, dass diese Verse mit Sicherheit auf den Evangelisten Johannes zurückgehen. Er verwendet den *σημεῖον*-Begriff, um die zuvor im Evangelium geschilderte, Glauben hervorrufende und bestärkende Offenbarungsqualität des Wirkens Jesu prägnant zum Ausdruck zu bringen und zugleich das Thomas gewährte ‚Begreifen' des Auferstandenen als Wunder zu charakterisieren. Vielfach gelten angebliche Spannungen, Widersprüche und Gegensätze zwischen der Theologie des Evangelisten und der christologischen Konzeption der ‚Semeia-Quelle' als Begründung für deren Existenz, wofür als Beleg vornehmlich auf Joh 4,48 verwiesen wird[200]. Dort artikuliert sich aber keine prinzipielle johanneische Wunderkritik, sondern Jesus weist zunächst nur wie in Joh 2,4 die bloße Forderung nach dem Wunder zurück, um es dann zu vollbringen (vgl. zur Ablehnung der Zeichenforderung Mk 8,11–12; Mt 12,39–42; 16,1–2.4; Lk 11,16.29–32). Gegen die Existenz einer ‚Semeia-Quelle' spricht ferner der sehr unterschiedliche traditions- und religionsgeschichtliche Hintergrund der vorjoh. Wundergeschichten, die sich keiner geschlossenen Überlieferung zuordnen lassen. Auch die Stilkritik ermöglicht nicht eine Rekonstruktion der ‚Semeia-Quelle', denn einen vom Stil des Evangelisten einerseits abweichenden und andererseits in mehreren Perikopen der ‚Semeia-Quelle' nachzuweisenden Stil gibt

F. Neirynck, The Signs Source in the Fourth Gospel. A Critique of the Hypothesis, in: ders., Evangelica II, BETL XCIX, Leuven 1991, 651–678; H. Thyen, Art. Johannesevangelium, 207; G. Strecker, Literaturgeschichte (s. o. 1.2), 208; J. Painter, Quest for the Messiah, 80–87; K. M. Bull, Gemeinde, 87; W. Schmithals, Johannesevangelium und Johannesbriefe, 124–126; M. Hengel, Die johanneische Frage, 246f; F. Vouga, Geschichte des frühen Christentums, Tübingen 1993, 10; U. Wilckens, Joh, 9f; F. J. Moloney, John, 86; M. Labahn, Jesus als Lebensspender, 76; zurückhaltend auch R. Schnackenburg, Die Person Jesu Christi (s. o. 3.4.9), 268.

200 Vgl. exemplarisch L. Schottroff, Der Glaubende und die feindliche Welt, 263ff. Eine andere Interpretation von Joh 4,48 schlägt demgegenüber W. J. Bittner, Jesu Zeichen, 128–134, vor. Er versteht V. 48 als positive Regel, anhand der Bitte des Vaters „formuliert dieses Wort eine allgemeine Einsicht, die als allgemeine Regel erkannt und anerkannt wird: ‚Wenn ihr nicht Zeichen und Wunder seht, werdet ihr nicht glauben'. Jesus erkennt und formuliert in dieser Stunde, dass der Weg zum Glauben der Menschen über die Erfahrung von *σημεῖα* führt" (a. a. O., 134).

es nicht[201]. Schließlich fehlen formgeschichtliche Parallelen zu einer ‚Semeia-Quelle', und auch eine einheitliche Theologie bzw. Christologie der ‚Semeia-Quelle' ist nicht erkennbar. Vielmehr integrierte der Evangelist Johannes selbst sehr verschiedenartige Wundergeschichten in sein Evangelium. Dabei ist die Anzahl der von Johannes aufgenommenen Wundererzählungen nicht zufällig, denn Sieben gilt nach Gen 2, 2 als Zahl der Fülle und Vollendung. Die Johannesoffenbarung zeigt zudem, dass im Umkreis der joh. Schule die Zahl Sieben von Bedeutung war (vgl. Offb 1, 4. 12; 5, 1; 8, 2; 10, 3 f; 12, 3). Offensichtlich ist die Siebenzahl ein Mittel der joh. Komposition, um die Fülle der Offenbarungen Jesu in den Wundern zu unterstreichen. Die einzelnen Wunder sind planmäßig über das öffentliche Wirken Jesu verteilt und eingebettet in die sich ständig steigernde Auseinandersetzung mit den Juden, die in Joh 11 ihren Höhepunkt erreicht. Der Evangelist nahm sowohl ausgesprochene Sondertraditionen seiner Schule (vgl. Joh 2, 1–11; 5, 1–9 ab; 9; 11) als auch von den Synoptikern abhängige (Joh 4, 46–54; 6, 1–25) Wundererzählungen in sein Evangelium auf, die er in vielfältiger Weise mit seiner spezifischen Theologie verband.

Dem Evangelisten lag eine Sammlung von *Parakletsprüchen* und *Ich-bin-Worten* vor. Die Sammlung von Ich-bin-Worten umfasste wahrscheinlich die sieben Bildmotive vom Brot des Lebens (Joh 6, 35 a), Licht der Welt (Joh 8, 12), der Tür (Joh 10, 7), des Hirten (Joh 10, 11), der Auferstehung und des Lebens (Joh 11, 25), des Weges, der Wahrheit und des Lebens (Joh 14, 6) und des Weinstocks (Joh 15,1)[202]. Die Sammlung von Parakletsprüchen beinhaltete Joh 14, 16 f; 14, 26; 15, 26; 16, 7–11; 16, 13–15.

Neben den zahlreichen Einzeltraditionen der joh. Schule bildet das *Alte Testament* ein Fundament der joh. Evangelienschreibung. Identifizier- und abgrenzbare Zitate aus dem Alten Testament finden sich in Joh 1, 23; 1, 51; 2, 17; 6, 31; 6, 45; 10, 34; 12, 13. 15. 27. 38. 40; 13, 18; 15, 25; 16, 22; 19, 24. 28. 36. 37; 20, 28; vgl. ferner Joh 3, 13; 7, 18. 38. 42; 17, 12. Bei den zahlreichen weiteren Bezügen auf das Alte Testament kann häufig zwischen Zitat, Anspielung und Hinweis nicht klar unterschieden werden[203]. Eine Analyse der Zitate zeigt, dass Johannes in der Regel die LXX benutzte, aber gelegentlich auch den hebräischen Text heranzog. Auffällig sind die unterschiedlichen Einleitungsformeln in den beiden Hauptteilen des Evangeliums. Während sich im ersten Teil des Evangeliums fünfmal das Partizip *γεγραμένον* in Verbin-

201 Vgl. E. Ruckstuhl, Sprache und Stil im johanneischen Schrifttum, in: ders., Die literarische Einheit, 304–331.

202 M. Theobald, Joh, 31 f, zählt die Ich-bin-Worte zu einer größeren Sammlung von ‚Herrenworten' (Joh 3, 3.5; 3, 14 f; 5, 19b–20c; 7, 33 f.37 f; 8, 31b.c.32; 8, 51; 12, 24; 13, 16.20; 14, 2 f; 21, 22 f).

203 Vgl. dazu G. Reim, Jochanan. Erweiterte Studien zum alttestamentlichen Hintergrund des Johannesevangeliums, Erlangen 1995; B. C. Schuchard, Scripture within Scripture, SBL.DS 133, Atlanta 1992; M. J. J. Menken, Old Testament Quotations in the Fourth Gospel, BET 15; Kampen 1996; A. Obermann, Die christologische Erfüllung der Schrift im Johannesevangelium, WUNT 2.83, Tübingen 1996.

dung mit *ἐστίν* (vgl. Joh 2, 17; 6, 31; 6, 45; 10, 34; 12, 14) findet[204], sprechen die neuen Einleitungsformeln im zweiten Hauptteil des Evangeliums (ab Joh 12, 38) ausdrücklich von der Erfüllung des Gotteswillens in der Passion Jesu Christi. Das Alte Testament bildet auch den traditionsgeschichtlichen Hintergrund für zahlreiche Reden im Johannesevangelium (vgl. z. B. Joh 10; 15), was den selbstverständlichen Gebrauch und die Autorität des Alten Testamentes innerhalb der joh. Schule und auch für den Evangelisten Johannes zeigt.

Eine weitere Quelle der joh. Evangelienschreibung stellen die *synoptischen Evangelien* dar. Zwischen dem 4. Evangelium und den Synoptikern gibt es folgende Übereinstimmungen:

a) Gemeinsame Erzähltexte
Joh 1, 29–34/Mk 1,9–11/Mt 3, 13–17/Lk 3, 21 f: Taufe Jesu
Joh 2, 14–22/Mk 11, 15–17/Mt 21, 12–13/Lk 19, 45–46: Tempelreinigung
Joh 4, 46–54/Mt 8, 5–13/Lk 7, 1–10: Hauptmann von Kapernaum
Joh 5,8. 9/Mk 2, 11. 12/ Mt 9, 6 b–8/Lk 5, 24 b.25: Befehlswort an den Gelähmten
Joh 6, 1–15/Mk 6, 32–44/Mt 14, 19–21/Lk 9, 10 b–17: Speisung der 5000
Joh 6, 16–21/Mk 6, 45–52/Mt 14, 22–23: Seewandel
Joh 6, 22–25/Mk 6, 53 f; 8, 10/Mt 14, 34 f: Die Überfahrt
Joh 6, 26/Mk 8, 11–13/Mt 16, 1–4; 12, 38–39/Lk 11, 16; 11, 29; 12, 54–56: Die Zeichenforderung
Joh 6, 66–71/Mk 8, 27–30/Mt 17, 13–20/Lk 9, 18–21: Das Petrusbekenntnis
Joh 12, 1–8/Mk 14, 3–9/Mt 26, 6–13/Lk 7, 36–50; 10, 38–42: Die Salbung in Bethanien
Joh 12, 12–19/Mk 11, 1–10/Mt 21, 1–9/Lk 19, 28–40: Der Einzug in Jerusalem
Joh 18, 3–12/Mk 14, 43–50/Mt 26, 47–56/Lk 22, 47–53: Gefangennahme Jesu
Joh 18, 25–27/Mk 14, 66–72/Mt 26, 69–75/Lk 22, 56–62: Die Verleugnung des Petrus
Joh 18, 39 f/Mk 15, 6–14/Mt 27, 15–23/Lk 23, 17– 23: Passaamnestie
Joh 19, 1–3/Mk 15, 16–20 a/Mt 27, 27–31 a: Die Verspottung Jesu
Joh 19, 16 b–19/Mk 15, 20 b–26/Mt 27, 31–37/Lk 23, 33 f: Kreuzigung Jesu
Joh 19, 24 b–27/Mk 15, 40–41/Mt 27, 55–56/Lk 23, 49: Die Zeugen unter dem Kreuz
Joh 19, 38–42/Mk 15, 42–46/Mt 27, 57–60/Lk 23, 50–54: Beerdigung Jesu
Joh 20, 19–29/Lk 24, 36–49: Jesus erscheint den Jüngern
(Joh 20, 2–10. 11–18/Lk 24, 12; 24, 4: Wettlauf zum Grab/Erscheinung der Engel)
(Joh 21, 1–19/Lk 5, 1–11: Der wundersame Fischzug)

b) Übereinstimmungen in der Logienüberlieferung
Joh 1, 27/Mk 1, 7/Mt 3, 11 b.c/Lk 3, 16 c.d: „Der nach mir Kommende“
Joh 1, 33 b/Mk 1,8/Mt 3, 11 d/Lk 3, 16 e: „Der mit dem heiligen Geist Taufende“
Joh 1, 34/Mk 1, 11/Mt 3, 17/Lk 3, 22: Die Himmelsstimme
Joh 1, 43/Mk 3, 16 b/Mt 16, 17/Lk 6, 14 a: Der Beiname für Simon
Joh 2, 19/Mk 14, 58/Mt 26, 61; Mk 15, 29 b/Mt 27, 40 a; Apg 6, 14: Das Tempellogion

204 Vgl. ferner *καθὼς εἶπεν* in Joh 1, 23; 7, 38.

Joh 4, 44/Mk 6, 4/Mt 13, 57/Lk 4, 24: Der Prophet gilt nichts in seiner Vaterstadt
Joh 5, 23b/Lk 10, 16b: „Wer mich verachtet ... "
Joh 6, 42/Mk 6, 3/Mt 13, 55/Lk 4, 22: Jesu Eltern
Joh 10, 14/Mt 11, 27/Lk 10, 22: Das gegenseitige Kennen von Vater und Sohn
Joh 11, 27/Mt 16, 16: Du bist Christus, der Sohn Gottes
Joh 12, 25/Mk 8, 35/Mt 16, 25/Lk 9, 24: Sein Leben lieben oder hassen
Joh 12, 27/Mk 14, 34ff/Mt 26, 38ff/Lk 22, 42: Die Betrübnis Jesu am Ölberg
Joh 13, 16;15, 20/Mt 10, 24/Lk 6, 40: Der Knecht ist nicht größer als sein Herr
Joh 13, 20/Mk 9, 37b/Lk 9, 48b/Mt 10, 40/Lk 10, 16: „Wer den aufnimmt, den ich sende"
Joh 15, 21/Mk 13, 13/Mt 10, 22a; 24,9/Lk 21, 17: „Wegen meines Namens"
Joh 16, 32/Mk 14, 27/Mt 26, 31: Die Jüngerzerstreuung
Joh 20, 23/Mt 18, 18: Binden und Lösen

c) Weitere Berührungen
Joh 11, 1/Lk 10, 38f: Maria und Marta
Joh 12, 2/Lk 10, 40: Die dienende Marta
Joh 9, 6/Mk 8, 23: *πτύω* nur hier im Neuen Testament
Joh 11, 47. 53/Mt 26, 3f: Die jüdischen Führer fällen den Todesbeschluss
Joh 14, 16/Lk 24, 49: Jesus sendet den Geist/die Kraft aus der Höhe

d) Kompositionsanalogien
Joh 6, 1–15/Mk 6, 32–44: Speisung; Joh 6, 16–21/Mk 6, 45–52: Seewandel; Joh 6, 22–25/Mk 6, 53f; 8, 10: Überfahrt; Joh 6, 26/Mk 8, 11–13: Zeichenforderung; Joh 6, 66–71/Mk 8, 27–33: Petrusbekenntnis. Joh 18, 3–12/Mk 14, 43–50: Gefangennahme; Joh 18, 13f/Mk 14, 53: Überstellung an die Hohenpriester; Joh 18, 15–18/Mk 14, 54: Verleugnung des Petrus 1. Teil; Joh 18, 19–22/Mk 14, 55ff: Verhör durch die Hohenpriester; Joh 18, 25–27/Mk 14, 66–72: Verleugnung des Petrus 2. Teil; Joh 18, 28/Mk 15, 1: Übergabe an Pilatus ‚in der Frühe'; Joh 18, 33–38a/Mk 15, 2–5: Verhör durch Pilatus; Joh 18, 38b–40/Mk 15, 6–12. 15: Amnestieangebot; Joh 19, 1–5/Mk 15, 15–20: Geißelung und Verspottung.

In der Forschung[205] werden fünf Modelle für das Verhältnis Johannes – Synoptiker diskutiert: 1) Weder der Evangelist Johannes noch die Quellen bzw. späteren Bearbeitungsschichten seines Evangeliums kennen ein synoptisches Evangelium[206]. Affinitäten bei Einzelüberlieferungen werden bei dieser These durch die Aufnahme mündli-

205 Grundlegend für die neuere Forschung wurde P. Gardner-Smith, Saint John and the Synoptic Gospels, Cambridge 1938, der für die Unabhängigkeit des Johannesevangeliums von den Synoptikern plädierte; zur Forschungsgeschichte vgl. J. Blinzler, Johannes und die Synoptiker, SBS 5, Stuttgart 1965; A. Dauer, Johannes und Lukas, fzb 50, Würzburg 1984, 15–37; F. Neirynck, John and the Synoptics: 1975–1990, in: A. Denaux (Hg.), John and the Synoptics, 3–62. D. M. Smith, John among the Gospels, Columbia ^{2}2001; M. Labahn – M. Lang, Johannes und die Synoptiker, in: J. Frey – U. Schnelle (Hg.), Kontexte des Johannesevangeliums, 443–515.

206 Vgl. z. B. J. Becker, Joh I, 41 ff.

cher Traditionen „aus einem breiten Strom“[207] von Jesustraditionen erklärt[208]. 2) Der Evangelist Johannes setzt kein synoptisches Evangelium voraus, hingegen zeigt sich bei den vorjohanneischen Traditionen eine Kenntnis und Rezeption synoptischer Evangelien[209]. Nicht direkte literarische Abhängigkeit, sondern das Zusammenfließen verschiedener (auch synoptischer) Traditionen auf vorjohanneischer Ebene erklärt vorhandene Gemeinsamkeiten. 3) Bei dem Modell der sekundären Mündlichkeit (secondary orality) wird mit dem erneuten Eintritt des bereits in synoptischen Evangelien verschriftlichten Stoffes in die mündliche Überlieferung aufgrund der Verlesung der Synoptiker in frühchristlichen Gemeinden und ihren Gottesdiensten gerechnet. Parallelen und Differenzen zu den synoptischen Evangelien lassen sich durch einen erneuten produktiven Überlieferungsprozess erklären, an dem die joh. Schule selbst beteiligt war. Bei der secondary orality wird eine Kenntnis und Weiterbearbeitung synoptisch-redaktioneller Texte angenommen[210]. 4) Für H. Thyen ist die literarische Benutzung der Synoptiker durch Johannes nicht nur eine Quellenfrage, sondern Bestandteil eines hermeneutischen Konzeptes[211]. Johannes ‚kennt' nicht nur die Synoptiker, er ‚spielt' vielmehr mit den Texten der Synoptiker und lädt seine Leser dazu ein, dieses souveräne und oft ironische ‚Spiel' mitzuspielen und daran Freude zu haben sowie Erkenntnis zu gewinnen. Thyen verzichtet ausdrücklich auf Textarchäologie und richtet seinen Blick auf den offen vor ihm liegenden Johannestext, der als eine Art Überschreibung der Synoptiker und damit als Palimpsest zu verstehen ist. 5) Der Evangelist Johannes (Joh 1–20) schuf sein Evangelium in Kenntnis des Markus- und Lukasevangeliums. Er wählte die neue Literaturgattung Evangelium als Rahmen für seine vita Jesu und nahm dabei direkt synoptische bzw. von ihm selbst oder in seiner Schule bearbeitete synoptische Traditionen auf[212].

---

207 A. a. O., 45.

208 M. Theobald, Joh, 76–81, unterscheidet zwischen einer Kenntnis und einer Benutzung der Synoptiker durch Johannes. Eine Kenntnis sei theoretisch nicht auszuschließen, aber unwahrscheinlich. Die Frage nach einer Benutzung der Synoptiker durch Johannes wird ebenfalls verneint. Als Hauptargument dient der Hinweis, dass die Synoptikerbezüge auf bestimmte Überlieferungsblöcke beschränkt sind. Sie finden sich hauptsächlich in der Passions- und Osterüberlieferung, weniger in der Täufer- und Wunderüberlieferung, fast gar nicht in der Wortüberlieferung.

209 Vgl. z. B. A. Dauer, Die Passionsgeschichte im Johannesevangelium, 121. 164 u. ö.; ders., Johannes und Lukas, 297 u. ö.

210 M. Labahn, Jesus als Lebensspender, 195 ff (Joh 4, 46 ff setzt Lk 7, 1–20 voraus); ders., Offenbarung in Zeichen und Wort, 272–275 (Joh 6, 1–21 setzt Mk 6, 30–52 voraus). – Zum Phänomen der secondary orality vgl. M. Labahn, Jesus als Lebensspender, 195 (Lit.).

211 Vgl. H. Thyen, Joh, 4: „Im Gegensatz zu all diesen m. E. unbegründbaren, und wie die Beispiele zeigen, für die Interpretation des Evangeliums als eines literarischen Werkes wenig hilfreichen Quellen- und Redaktionstheorien verfolge ich in diesem Kommentar eine ganz andere Spur. Es erscheint mir nämlich sehr viel wahrscheinlicher, daß Johannes außer der jüdischen Bibel nicht nur eine anonyme, ihm womöglich nur *mündlich* überlieferte, den Synoptikern ähnliche *Tradition* kennt und sie als *Quelle* benutzt hätte, sondern daß er vielmehr intertextuell mit den alttestamentlichen Texten ebenso wie mit den synoptischen Evangelien in ihren überlieferten redaktionellen Gestalten spielt; und zwar nicht allein mit dem Markusevangelium, sondern auch mit den Evangelien nach Matthäus und nach Lukas.“

212 Vgl. z. B. C. K. Barrett, Joh, 59–71; M. Lang, Johannes und die Synoptiker, passim.

Während die beachtlichen Übereinstimmungen zwischen Johannes und einzelnen synoptischen Evangelien im Detail immer verschiedenen Interpretationen zugänglich sind, sprechen die Rezeption der Gattung Evangelium und die Kompositionsanalogien für eine Kenntnis der Synoptiker durch Johannes. Wenn das 4. Evangelium völlig unabhängig von Markus entstand, muss innerhalb des johanneischen Traditionskreises die Gattung Evangelium ein zweites Mal neu konstituiert worden sein. „Er (sc. Johannes) war also ein zweiter Markus."[213] Historisch muss es allerdings als sehr unwahrscheinlich gelten, dass ca. 30 Jahre nach der Schaffung der Gattung Evangelium und ca. 10–20 Jahre nach ihrer Rezeption durch Matthäus und Lukas ein zweiter Theologe in Unkenntnis des Markusevangeliums dieselbe Gattung schuf. Deshalb wird vielfach angenommen, Johannes habe bereits ein ‚Grundevangelium' bzw. eine ‚Grundschrift' oder ein ‚Zeichenevangelium' vorgelegen, das er aufnahm und ausbaute[214]. Die für diese These konstitutive Verbindung zwischen einer ‚Zeichenquelle' und dem Passionsbericht bereits auf vorjoh. Ebene lässt sich aber nicht nachweisen[215]. Zudem wird die Existenz einer ‚Zeichenquelle' zu Recht immer mehr problematisiert, so dass ein ‚Zeichenevangelium' als Vorstufe zum Johannesevangelium entfällt. Auch andere Vorformen wie eine ‚Grundschrift' lassen sich weder quellenmäßig exakt rekonstruieren noch formgeschichtlich überzeugend klassifizieren. Der Rückgriff auf hypothetische Vorlagen vermag das Problem nicht zu lösen, sondern verschiebt es in das nicht mehr aufhellbare Dunkel verlorener Literatur. Vielmehr weist die Einzigartigkeit und Neuheit der Gattung Evangelium auf Markus als der einzig existierenden Vorlage für Johannes. Zudem übernimmt Johannes von Markus auch die beiden konstitutiven Elemente der Evangeliengattung: 1) Jesus Christus als das redende und handelnde Subjekt des Evangeliums (vgl. Mk 1, 1; 1, 14; für Johannes die Parakletsprüche und die ego-eimi-Worte); 2) Kreuz und Auferstehung als die Fluchtpunkte der Evangelienkomposition (s. o. 3.4.5/8.5.5).

Von großer Bedeutung sind ferner die Kompositionsanalogien zwischen dem markinischen und johanneischen Passionsbericht[216]. Offenkundig gestaltete Johannes zentrale Abschnitte seines Passionsberichtes in Anlehnung an markinische Textsequenzen. Die Unterschiede lassen sich durch die Aufnahme vorjoh. Sondertraditionen, die redaktionellen Abschnitte und die besonderen theologischen Intentionen des Evangelisten erklären. Auch das Lukasevangelium dürfte Johannes gekannt haben, denn die zahlreichen Übereinstimmungen weisen auf Verbindungslinien auf vorlk. und vorjoh. Ebene hin. War das Lukasevangelium innerhalb der joh. Schule

213 J. Becker, Joh I, 47.

214 So bezeichnet z. B. R. T. Fortna, The Fourth Gospel and its Predecessor, Edinburgh 1989, 206, sein ‚Gospel of Signs' als erstes christliches Evangelium, „purer, simpler, and thus almost certainly earlier than Mark."

215 Vgl. dazu J. M. Robinson, Die johanneische Entwicklungslinie, in: H. Köster – J. M. Robinson, Entwicklungslinien durch die Welt des frühen Christentums, Tübingen 1971, 230 ff; U. Schnelle, Antidoketische Christologie, 171–177.

216 Vgl. U. Schnelle, Johannes und die Synoptiker, 1805–1813.

bekannt, dann lässt sich kein überzeugendes Kriterium nennen, warum der Evangelist es nicht gekannt haben soll. Johannes nahm allerdings weder das Markusevangelium noch das Lukasevangelium in der Weise auf, wie es sich aus dem literarischen Verhältnis der synoptischen Evangelien her nahelegen würde. Nicht vollständige Übernahme des Stoffes, sondern gezielte Aufnahme einzelner Traditionen nach dem in Joh 20,30f angegebenen Ziel der Evangelienschreibung kennzeichnen die Arbeitsweise des Evangelisten. Johannes verfügte über zahlreiche Sondertraditionen seiner Schule, so dass er Markus und Lukas nicht in einem extensiven Sinne nutzen musste[217].

Eine literarische Benutzung der echten Paulusbriefe durch Johannes lässt sich nicht belegen, die zahlreichen Übereinstimmungen weisen aber darauf hin, dass eine traditionsgeschichtliche Verbindung zwischen Paulus und Johannes, der *paulinischen und johanneischen Schule* in Ephesus bestand[218]. Das Johannesevangelium lässt einen sehr komplexen traditionsgeschichtlichen Hintergrund erkennen. Der Evangelist nahm bei seiner Evangelienschreibung zahlreiche Traditionen der johanneischen Schule auf, selbstverständlich fand er im Alten Testament Zeugnis und Bestätigung für das Christusgeschehen, er rezipierte in unterschiedlicher Intensität das Markus- und Lukasevangelium und griff Gedanken der paulinischen Theologie auf. Die Vielfalt des Materials veranlasste ihn zu einer Auswahl (vgl. Joh 20,30), wobei er das Kriterium für seine Vorgehensweise in Joh 20,31 nennt. Er integrierte jene Traditionen in sein Evangelium, die nach seiner Meinung geeignet waren, ein Verstehen des Christusgeschehens und den Glauben an Jesus Christus als den fleischgewordenen Gottessohn zu fördern. Dieser Rezeptionsvorgang lässt die theologische und schriftstellerische Kompetenz des 4. Evangelisten erkennen. Johannes gestaltet Tradition und Redaktion zu einem erzählerisch und theologisch neuen Ganzen aus.

217 Für eine Kenntnis (eines oder mehrerer) synoptischer Evangelien durch Johannes plädieren mit unterschiedlicher Begründung in neuerer Zeit auch: F. Neirynck, John and the Synoptics, in: M. de Jonge (Hg.), L'Évangile de Jean, BETL 44, Leuven 1977, 73–106; M. Sabbe, The Arrest of Jesus in Jn 18, 1–11 and it's Relation to the Synoptic Gospels, in: M. de Jonge (Hg.), L'Évangile de Jean, 203–234; W. Schenk, Der Passionsbericht nach Markus, Gütersloh 1974, 127ff; K. Wengst, Bedrängte Gemeinde, 182; P. Stuhlmacher, Zum Thema: Das Evangelium und die Evangelien, in: Das Evangelium und die Evangelien, Tübingen 1983, 15; Rosel Baum-Bodenbender, Hoheit in Niedrigkeit, fzb 49, Würzburg 1984, 199f. 350; T. A. Mohr, Markus- und Johannespassion, AThANT 70, Zürich 1982, 250; E. Stegemann, Zur Tempelreinigung im Johannesevangelium, in: Die Hebräische Bibel und ihre zweifache Nachgeschichte (FS R. Rendtorff), hg. v. E. Blum u. a., Neukirchen 1990, 507; W. Schmithals, Johannesevangelium und Johannesbriefe, 123; H. Thyen, Johannes und die Synoptiker, in: A. Denaux (Hg.), John and the Synoptics, 81–107 (vgl. in diesem Band ferner die Beiträge von F. Neirynck, C. K. Barrett, R. Kieffer, F. Vouga, U. Busse, M. Sabbe); M. Hengel, Die johanneische Frage, 208f; U. Wilckens, Joh, 2–5; L. Schenke, Joh, 432.

218 Vgl. dazu D. Zeller, Paulus und Johannes, BZ 27 (1983), 167–182; R. Schnackenburg, Paulinische und johanneische Christologie, in: ders., Joh IV, 102–118; U. Schnelle, Paulus und Johannes (s. o. 8.1.4); R. Schnackenburg, Ephesus: Entwicklung einer Gemeinde von Paulus zu Johannes (s. o. 8.1.4).

8.5.8 Religionsgeschichtliche Stellung

Im Zentrum der religionsgeschichtlichen Erforschung des Johannesevangeliums stand im letzten Jahrhundert die Frage nach den Beziehungen des 4. Evangeliums zur *Gnosis*. So zog W. Bauer in einem erheblichen Umfang die seinerzeit neu edierten mandäischen Texte zur Interpretation des Johannesevangeliums heran, und R. Bultmann legte das 4. Evangelium auf dem Hintergrund des gnostischen Mythos aus. Auch in der neueren Johannesforschung wird die Nähe der joh. Theologie zu gnostischen Anschauungen betont. So behauptet L. Schottroff: „Mit dem Johannesevangelium ist die gnostische Heilslehre in den Kanon gelangt."[219] J. Becker bezeichnet die joh. Gesamtsicht als „gnosisnahe" und spricht von einer „gnostisierenden Theologie"[220]. Für eine sachgemäße Behandlung des Themas sind zunächst die chronologischen Fragen zu beachten[221]. Die Nachrichten der Kirchenväter illustrieren zwar die Rezeptionsgeschichte des Johannesevangeliums in der christlichen Gnosis (vgl. z.B. den Johanneskommentar des Herakleon), sie lassen aber keine Rückschlüsse auf das Verhältnis zur Gnosis in der Entstehungszeit des 4. Evangeliums zu. Für die Bedeutung des Manichäismus kann das Urteil von A. Böhlig als repräsentativ gelten: „Nicht das Neue Testament ist von Mani aus, sondern Mani vom Neuen Testament aus zu deuten."[222] Die mandäische Literatur wurde im 7./8. Jh. n. Chr. in Babylonien zusammengestellt. Wesentliche Elemente waren bereits im 3./ 4. Jh. n. Chr. vorhanden, die ältesten Bestandteile der mandäischen Literatur (Hymnenliteratur) könnten bis ins 2. Jh. reichen[223]. Naturgemäß ist die Zurückverfolgung von Traditionen über mehrere Jahrhunderte mit großen Unsicherheiten belastet, alle traditionsgeschichtlichen Analysen im Zusammenhang mit der mandäischen Literatur, die in ihrer zeitlichen Ansetzung von Motiven über die Mitte des 2. Jhs. hinausgehen, müssen als völlig hypothetisch bezeichnet werden. Das gleiche gilt für die Nag-Hammadi-Texte, die paläographisch zumeist in die Mitte des 4. Jhs. zu datieren sind. Für zahlreiche Nag-Hammadi-Texte lässt sich eine längere Traditions- und Redaktionsgeschichte wahrscheinlich machen, die teilweise bis in das 2. Jh. n. Chr. zurückreicht[224]. Von besonderer Bedeutung für das Johannesevangelium sind aus dem Nag-Hammadi-Korpus zwei Schriften: ‚Das Apokryphon des Johannes' (BG 2; NHC

219 L. Schottroff, Der Glaubende und die feindliche Welt, 295.

220 J. Becker, Joh I, 55; vgl. ferner H. M. Schenke – K. M. Fischer, Einleitung II, 188 ff; W. Schmithals, Johannesevangelium und Johannesbriefe, 149, die das 4. Evangelium als Zeugnis christlicher Gnosis verstehen.

221 Darauf weist mit Nachdruck M. Hengel, Der Sohn Gottes, Tübingen ^{2}1977, 53 ff, hin.

222 A. Böhlig, Neue Initiativen zur Erschließung der koptisch-manichäischen Bibliothek von Medinet Madi, ZNW 80 (1989), (240–260) 255.

223 Vgl. zur Chronologie mandäischer Texte K. Rudolph, Die Mandäer I, FRLANT 74, Göttingen 1964, 53–58.

224 Als maßgebliche deutsche Übersetzung vgl. jetzt H. M. Schenke – H.-G. Bethge – U. U. Kaiser (Hg.), Nag Hammadi Deutsch I. II, GCS N. F. 8. 12, Berlin 2001. 2003.

II, 1; III, 1; IV, 1) und ‚Die dreigestaltige Protennoia' (NHC XIII). Die ältesten Schichten beider Schriften dürften in der Mitte des 2. Jhs. n. Chr. entstanden sein, aber eine Beeinflussung des joh. Denkens durch diese oder andere Nag-Hammadi-Texte lässt sich nicht nachweisen. Zwar finden sich in der Protennoia-Schrift auffällige Parallelen zum Johannesprolog[225], keineswegs kommt aber die Protennoia als Quelle für den Prolog in Frage[226]. Sowohl die Rezeption des Johannesevangeliums bei Herakleon und in Nag-Hammadi-Schriften (EvVer, EvPhil, EpJac) als auch die sachliche Nähe weiterer Nag-Hammadi-Texte zum Johannesevangelium (vgl. NHC VII, 2; NHC VI, 2) weisen darauf hin, dass nicht das Johannesevangelium von Vorformen dieser Schriften beeinflusst wurde, sondern das 4. Evangelium in gnostischen Kreisen einer sehr eigenwilligen Interpretation unterzogen wurde[227]. Wahrscheinlich entwickelten sich das Urchristentum und die Gnosis zunächst unabhängig voneinander[228], bis es gegen Ende des 1. Jhs. zu ersten Berührungen kam (vgl. 1 Tim 6, 20), die dann im ersten Viertel des 2. Jhs. zu einer partiellen Synthese zwischen Christentum und Gnosis führten. Nach dem heutigen Stand der Gnosisforschung ist es auch nicht mehr möglich, das Johannesevangelium mit R. Bultmann auf dem Hintergrund eines voll ausgebildeten gnostischen Erlösermythos zu interpretieren, für den bereits Philo als ein Repräsentant gilt[229].
War noch für R. Bultmann der vorchristliche gnostische Erlösermythos der hermeneutische und historische Schlüssel zur Interpretation des Johannesevangeliums, so wird gegenwärtig davon ausgegangen, dass die Zuordnung einzelner Elemente zu gnostischen Erlösermythen erst in nachchristlicher Zeit erfolgte[230]. Zwar können sich Einzelelemente gnostischer Spekulationen bereits in frühchristlicher Zeit gebildet haben, die Ausbildung eines synkretistischen Mythos vollzog sich jedoch erst in späterer christlicher Zeit, vornehmlich ab dem 2. Jh. n. Chr.[231]. Es ist somit nicht mehr möglich, die chronologischen Probleme im Verhältnis Urchristentum – Gnosis mit dem Hinweis auf einen vor- oder frühchristlichen Erlösermythos zu überspringen.

Lange Zeit galten die zweifellos vorhandenen Sprach-, Sach- und Motivparallelen zwischen dem Johannesevangelium und gnostischen Schriften als Beleg für die Nähe

225 Vgl. die Auflistung bei C. Colpe, Heidnische, jüdische und christliche Überlieferung in den Schriften von Nag Hammadi III, JAC 17 (1974), (109–125) 123.

226 Vgl. K. Rudolph, Die Nag Hammadi-Texte und ihre Bedeutung für die Gnosisforschung, ThR 50 (1985), (1–40) 20 f.

227 Von einer umfassenden Rezeption des JohEv in der Gnosis kann allerdings nicht die Rede sein; vgl. W. G. Röhl, Die Rezeption des Johannesevangeliums in christlich-gnostischen Schriften aus Nag Hammadi, EHS 32.428, Frankfurt 1991.

228 Die Gnosis war zunächst ein eigenständiges religiöses Phänomen, vgl. dazu K. W. Tröger, Das Christentum im zweiten Jahrhundert, Berlin 1988, 116–128.

229 Vgl. Chr. Markschies, Art. Gnosis/Gnostizismus, NBL I (1991), 869: „Es ist unwahrscheinlich, daß es eine vorchristl. Gnosis gab; es sind keinerlei Quellen dafür erhalten."

230 Vgl. C. Colpe, Art. Gnosis II, RAC 11 (1981), 542.

231 Treffend H. Thyen, Art. Johannesevangelium, 220: „Es kann wohl gesagt werden, daß der gnostische Erlösermythos nicht als seine Tiefenstruktur hinter, sondern noch vor dem Johannesevangelium liegt."

des 4. Evangeliums zu gnostischem Denken. So interpretierten z.B. W.Bauer[232] und R.Bultmann[233] die beiden zentralen Reden in Joh 10, 1–18 und Joh 15, 1–8. 9–17 auf gnostischem Hintergrund und werteten das atl. Vergleichsmaterial ab. Demgegenüber lässt sich zeigen, dass beide Reden traditionsgeschichtlich von atl. Vorstellungen geprägt sind (vgl. für Joh 10 z.B. Ez 34[234], für Joh 15 z.B. Jer 2, 21; Jes 5, 1–7a[235]), so dass die erheblich späteren gnostischen Texte überhaupt nicht herangezogen werden müssen, um die joh. Bilder- und Vorstellungswelt zu erklären. Kein Begriff und keine Vorstellung im Johannesevangelium verweist zwangsläufig auf einen gnostischen Ursprung, vielmehr lassen sich durchweg Parallelen im Alten Testament, im antiken Judentum und in Schriften des Urchristentums finden[236].

Über die Nähe des Johannesevangeliums zur Gnosis entscheidet in einem erheblichen Maß die Definition dessen, was Gnosis ist. Großen Einfluss hatte die im Anschluss an H.Jonas durchgeführte Definition der Gnosis als ein spezifisches antikes Daseinsverständnis[237]. Diese weite Fassung des Gnosisbegriffes führte dazu, dass sehr unterschiedliche Bewegungen der Spätantike unter diesem Oberbegriff subsumiert wurden, was die konkrete religionsgeschichtliche Forschung erschwerte. Auf dem Messina-Kongress 1966 wurde der Vorschlag gemacht, zwischen ‚Gnostizismus' und ‚Gnosis' zu unterscheiden. ‚Gnostizismus' benennt demnach eine bestimmte „Gruppe von Systemen des 2. Jhs. n.Chr. ... Im Gegensatz dazu würde man unter ‚Gnosis' ein ‚Wissen um göttliche Geheimnisse, das einer Elite vorbehalten ist', verstehen."[238] Auch diese Interpretation ist nicht weiterführend, weil faktisch nur Begriffe ausgetauscht wurden: Was früher ‚Gnosis' genannt wurde, soll nun ‚Gnostizismus' heißen. Innovativ sind daher nur Definitionen, die präzis benennen, welche Grundkonzeption vorhanden sein muss, um von Gnosis zu sprechen. G.Sellin wählt deshalb als Definition von Gnostizismus: „Die Welt (und der Mensch als irdisches Wesen) ist die Schöpfung eines aus der Lichtwelt gefallenen Wesens (Demiurg) und damit Produkt widergöttlicher Macht."[239] Kennzeichen gnostischer Systeme sind in der Regel drei

232 Vgl. W.Bauer, Joh (s.o. 8.5.3), 143f.189f.

233 Vgl. R.Bultmann, Joh, 285.288; 407 A 6.

234 Vgl. hier M.R.Ruiz, El Discurso del buen Pastor (Jn 10, 1–18), EstB XLVIII (1990), 5–45; J.Beutler – R.T.Fortna, The Shepherd Discourse of John 10 and it's Context, MSSNTS 67, Cambridge 1991, Beate Kowalski, Die Hirtenrede (Joh 10, 1–18) im Kontext des Johannesevangeliums, SBB 31, Stuttgart 1996.

235 Vgl. dazu R.Borig, Der wahre Weinstock, StANT 16, München 1967.

236 Vgl. als methodische Regel K.Berger, Art. Gnosis/Gnostizismus I, TRE 13 (1984), 520: „Aus einzelnen Begriffen darf nicht bereits auf eine gnostische Weltanschauung bzw. auf einen entwickelten Mythos geschlossen werden. Vielmehr gibt es keine einheitliche gnostische Terminologie."

237 Vgl. H.Jonas, Gnosis und spätantiker Geist I, FRLANT 51, Göttingen ^{3}1964, 12ff.

238 Vgl. C.Colpe, Vorschläge des Messina-Kongresses von 1966 zur Gnosis-Forschung, in: Christentum und Gnosis, hg. v. W.Eltester, BZNW 37, Berlin 1969, (129–132) 129f.

239 G.Sellin, Der Streit um die Auferstehung der Toten (s.o. 2.5.1), 200. Eine andere Definition bietet C.Colpe, Art. Gnosis II, RAC 11 (1981), 559: „Gnosis ist die Funktion eines Erkenntnisorgans, das Substanz ist, die dualistisch in zwei Hypostasen zerspalten ist und durch die Gnosis wieder zusammengeführt wird." Als motivische Charakteristika der Gnosis nennt Chr. Markschies, Art. Gnosis/Gnostizismus, 870: 1) Die Erfahrung eines völlig jenseitigen obersten Gottes; 2) Die Einführung weiterer göttli-

Grundprinzipien: 1) Die völlige Jenseitigkeit Gottes und des Offenbarers; 2) ein protologischer Dualismus, der die Spaltung in Gut und Böse in den allerersten Anfang verlegt und 3) kosmologische Spekulationen, die zwischen oberen und niederen Welten unterscheiden. Wendet man diese präzise Definition von Gnostizismus bzw. Gnosis auf das Johannesevangelium an, so zeigen sich deutlich die Unterschiede des 4. Evangeliums zu gnostischem Denken. Schon im Prolog ist von einer Vorzeitigkeit des Guten die Rede, die Schöpfung verdankt sich dem Wirken des präexistenten Logos, durch den alles Seiende geschaffen wurde (vgl. Joh 1, 1–4). Aus Liebe sandte Gott seinen Sohn in die Welt, um die an Jesus Christus Glaubenden zu retten (Joh 3, 16; 1 Joh 4,9). Jesus erscheint als der *σωτὴρ τοῦ κόσμου* (Joh 4, 42, vgl. 1 Joh 2, 2), er ist das ‚Brot des Lebens' (Joh 6, 30–50) und das ‚Licht der Welt' (Joh 8, 12). Grundlegend unterscheidet sich das Johannesevangelium ferner vom gnostischen Denken durch seine kreuzestheologische Ausrichtung. Es verankert das Heil in einem einmaligen geschichtlichen Geschehen und hebt sich damit radikal von gnostischem Daseins- und Erlösungsverständnis ab[240]. Die potentielle ‚Gnostisierbarkeit' joh. Begriffe und Vorstellungen und ihr Vollzug in späteren gnostischen Schriften ist nicht identisch mit ‚Gnosis' im Johannesevangelium!

Die religionsgeschichtliche Stellung des Johannesevangeliums[241] lässt sich ebenso wenig wie sein traditionsgeschichtlicher Hintergrund monokausal erklären. Es wurzelt im Alten Testament und in der Weisheitsliteratur des *hellenistischen Judentums* (vgl. z. B. Joh 1, 1–18; 3, 16), zugleich weist das 4. Evangelium eine gewisse Nähe zu Qumran und Test XII auf (Dualismus)[242], und einzelne Vorstellungen haben Parallelen in der hellenistischen Philosophie[243] und späteren gnostischen Texten, ohne dass daraus Abhängigkeiten hergestellt werden können.

cher Figuren; 3) Die Einschätzung von Welt und Materie als böser Schöpfung; 4) Die Einführung eines niedrigen Schöpfergottes; 5) Erklärung des negativen Jetztzustandes durch ein mythologisches Drama; 6) Die durch eine jenseitige Erlösergestalt gewährte Erkenntnis über diesen Zustand; 7) Erlösung durch Gnosis; 8) Vorherbestimmung der Menschenklassen; 9) Ein ausgeprägter Dualismus auf allen Ebenen. Als Einführungen in die gnostischen Systeme vgl. Chr. Markschies, Die Gnosis, München 2001; K.-W. Tröger, Die Gnosis, Freiburg 2001.

240 Vgl. dazu K. W. Tröger, Ja oder Nein zur Welt. War der Evangelist Johannes Christ oder Gnostiker?, TheolVers VII, Berlin 1976, 61–80; H. Kohler, Kreuz und Menschwerdung, 137–139.

241 Das relevante religionsgeschichtliche Vergleichsmaterial findet sich in: Neuer Wettstein I/2. Texte zum Johannesevangelium, hg. v. U. Schnelle u. Mitarb. v. M. Labahn u. M. Lang, Berlin 2001.

242 Vgl. dazu O. Böcher, Der johanneische Dualismus im Zusammenhang des nachbiblischen Judentums, Gütersloh 1965; J. H. Charlesworth (Hg.), John and Qumran, London 1972; R. Bergmeier, Glaube als Gabe bei Johannes, BWANT 112, Stuttgart 1980. Zur Problematik des Begriffes ‚Dualismus' vgl. jetzt E. E. Popkes, Die Theologie der Liebe Gottes, 11–51; J. Frey, Zu Hintergrund und Funktion des johanneischen Dualismus, in: D. Sänger – U. Mell (Hg.), Paulus und Johannes, WUNT 198, Tübingen 2006, 3–73, die von ‚dualistischen Motiven/Dualismen' bei Johannes sprechen.

243 Vgl. zur antiken Logosphilosophie B. Jendorff, Der Logosbegriff, EHS R. XX, Bd. 19, Frankfurt 1976; zur Vorstellung der nicht ortsgebundenen und geisterfüllten Verehrung Gottes vgl. Joh 4, 21–24 und Sen, Ep 41, 1–2; vgl. ferner D. Zeller, Jesus und die Philosophen vor dem Richter (zu Joh 19,8–11), BZ 37 (1993), 88–92.

8.5.9 Theologische Grundgedanken

Die Entfaltung des Christusgeschehens im Johannesevangelium vollzieht sich als geistgewirkte nachösterliche Anamnese (vgl. Joh 2, 17.22; 12, 16; 13, 7; 20,9)[244]. Die Gegenwart des Parakleten (vgl. Joh 14, 26) ermöglicht ein vertieftes Erfassen der Menschwerdung, des Erdenwirkens, des Leidens und der Erhöhung und Verherrlichung Jesu Christi. Zugleich gewährt der Paraklet jenes Erinnern an die Werke und Worte Jesu, die im Johannesevangelium niedergeschrieben sind. Der Paraklet[245] führt die Gemeinde als Beistand, Hermeneut, Lehrer, Fürsprecher, Anwalt, Stellvertreter und Zeuge Jesu (vgl. Joh 14, 15–17. 26; 15, 26; 16, 7–11. 13–15) und vergegenwärtigt darin das einmalige Heilsgeschehen. Somit leitet sich das joh. Denken aus dem Bewusstsein der joh. Christen ab, unter der Führung des Parakleten den Glauben an Jesus Christus in unverwechselbarer und sachgemäßer Art und Weise zum Ausdruck zu bringen.

Basis des joh. Denkens ist die *Wesens- und Wirkeinheit von Vater und Sohn* (vgl. Joh 10, 30; 17, 21 u. ö.), Zentrum die *Menschwerdung* Gottes in Jesus Christus[246]. Dieser inkarnatorische Grundzug joh. Theologie zeigt sich bereits im Prolog (Joh 1, 14), der als programmatischer Eröffnungstext das Verständnis des gesamten Evangeliums präjudiziert. Im weiteren Evangelium wird der Offenbarungsweg des Logos unter den Menschen entfaltet und die Heilsbedeutung Jesu Christi bedacht. Dabei steht auch bei Johannes das Wirken Jesu in der Welt von Anfang an unter der Perspektive des Kreuzes (vgl. Joh 1, 29. 36). Kompositorisch unterstreicht die Tempelreinigung am Beginn des öffentlichen Wirkens Jesu (Joh 2, 14–22) nachdrücklich die Heilsbedeutung von Kreuz und Auferstehung. Passionsverweise durchziehen das gesamte Evangelium (vgl. Joh 2, 1. 4c; 10, 11. 15. 17; 11, 13; 12, 16. 32f; 13, 1–3. 7. 37; 15, 13; 17, 19; 18, 32), um zu verdeutlichen, dass der Inkarnierte kein anderer als der Gekreuzigte ist. Inkarnation und Kreuz sind gleichermaßen Bewegungen der Liebe nach unten wie die Fußwaschung (Joh 13, 1–20), in der Jesus die Seinen in die neue Existenz der Bruderliebe einführt, indem er sie selbst lebt und durch den Kreuzestod ermöglicht. Auch im Johannesevangelium erreicht die Offenbarung am Kreuz ihr Ziel, hier erfüllt der Sohn den Willen des Vaters (vgl. Joh 13, 1. 32; 14, 31; 17, 5;

---

244 Vgl. F. Mußner, Sehweise, 45ff; U. Schnelle, Perspektiven der Johannesexegese, SNTU 15 (1990), (59–72) 61 ff.

245 Zum religionsgeschichtlichen Hintergrund der Parakletvorstellung vgl. U. B. Müller, Die Parakletvorstellung im Johannesevangelium, ZThK 71 (1975), 31–77.

246 Vgl. H. Weder, Die Menschwerdung Gottes, 352; ferner M. M. Thompson, The Humanity of Jesus in the Fourth Gospel, Philadelphia 1988. Im Inkarnationsgedanken liegt nach W. G. Röhl, Rezeption des Johannesevangeliums (s. o. 8.5.8), der Grund für die nur begrenzte Aufnahme des 4. Evangeliums in gnostischen Kreisen: „Diesen Christus nach dem Fleisch wollten die Gnostiker nicht kennen, da ihnen das Fleisch – die Leiblichkeit des Menschseins – nur Ausdruck äußerster Entfremdung vom Heil war, die es zu überwinden galt" (a. a. O., 209f).

19, 11 a u. ö.), vollendet sich die Schrift (Joh 19, 28) und spricht der fleischgewordene Christus τετέλεσται (19, 30). Johannes liegt alles an der Identität des Präexistenten und Inkarnierten mit dem Gekreuzigten und Erhöhten, wie die Thomasperikope Joh 20, 24–29 geradezu handgreiflich dokumentiert. Der so schmachvoll am Kreuz Gestorbene wurde von Gott erhöht und ist das lebendige Wort Gottes. Die Erhöhung des Sohnes fällt bei Johannes mit dem Kreuz zusammen (vgl. Joh 12, 27–33), das Kreuz ist bleibender Ort des Heils.

Der für das joh. Denken konstitutive *Dualismus* muss ebenfalls aus der nachösterlichen Anamnese des Christusgeschehens verstanden werden. Johannes bedenkt die Entscheidung der Menschen gegenüber dem fleischgewordenen Logos in den Kategorien der Ablehnung und Annahme[247]. Die Glaubenden sind ἐκ θεοῦ (vgl. Joh 1, 13; 8, 47), sie hören Gottes Wort (vgl. Joh 5, 24; 6, 45) und vollbringen den Willen Gottes (vgl. Joh 3, 21; 13, 15; 15, 14). Sie sind Kinder des Lichtes (Joh 12, 36 a) und aus der Wahrheit (Joh 18, 37). Demgegenüber ist der Unglaube der Welt verhaftet, die Unglaubenden sind aus der Welt und haben den Teufel zum Vater. Damit vertritt Johannes keinen protologischen Dualismus, sondern für ihn vollzieht sich der Übergang von dem Verhaftetsein an die Welt in den Bereich Gottes durch den Glauben und somit geschichtlich. Im Glauben tritt der Mensch in den Heilsbereich Gottes ein, der Glaube ist an die Person Jesu Christi gebunden. Der Glaube an Jesus ist im Johannesevangelium Glaube an den sich in der Sendung des Sohnes offenbarenden Gott (vgl. Joh 5, 24; 6, 29; 11, 42; 12, 44; 17,8). Gerade als rettendes Geschehen ist der Glaube bei Johannes nicht folgenlos, denn er erschließt das Heilsgut des ewigen Lebens (vgl. Joh 3, 15 f; 5, 24; 6, 47; 11, 25 f). Das Gericht gehört für die Glaubenden schon der Vergangenheit an, der Glaube rettet vor dem kommenden Zorn des Richters (vgl. Joh 3, 18). Somit entscheidet der Glaube über Leben und Tod, er deckt die wahre Situation des Menschen auf. Gegen einen protologischen Dualismus bei Johannes spricht auch das Kosmos-Verständnis. Bereits in der Schöpfung zeigt sich eine Vorzeitigkeit des Guten (vgl. Joh 1, 1–4), erst nach der Schöpfung erscheint die dualistische Licht – Finsternis-Antithese (vgl. Joh 1, 5). Aus Liebe sandte Gott seinen Sohn in die Welt (vgl. Joh 3, 16; 10, 36). Jesus Christus gibt als das vom Himmel herabgekommene Brot dem Kosmos Leben (Joh 6, 33), er ist das Licht der Welt (Joh 9, 5), Jesus kam, um den Kosmos zu retten (vgl. Joh 3, 17; 4, 42; 12, 47).

Mit der nachösterlichen Anamnese und dem Dualismus ursächlich verbunden sind die räumlichen Dimensionen des joh. Denkens[248]. Die im antiken Weltbild ge-

247 Vgl. hier neben T. Onuki, Gemeinde und Welt; bes. F. Mußner, Die ‚semantische Achse' des Johannesevangeliums. Ein Versuch, in: Vom Urchristentum zu Jesus (FS J. Gnilka), hg. v. H. Frankemölle u. K. Kertelge, Freiburg 1989, 246–255.

248 Vgl. dazu J. A. Bühner, Denkstrukturen im Johannesevangelium, Theol Beitr 13 (1982), 224–231.

trennten Räume des göttlichen ‚Oben' und des irdischen ‚Unten' sind in Jesus Christus vereint. Der Offenbarer „ist von oben her" (Joh 8,23), er kommt vom Himmel und ist über allem (vgl. Joh 3,31; 6,38). Über dem Inkarnierten ist der Himmel offen, als auf- und absteigender Menschensohn ist er mit der himmlischen Welt verbunden, in ihm vereinen sich Himmel und Erde (vgl. Joh 1,51; 3,13). Der natürliche Mensch ist auf das ‚Untere' ausgerichtet (vgl. Joh 8,23), er muss deshalb ‚von neuem' und d.h. ‚von oben' geboren werden (Joh 3,3.5.7). Der Verschränkung der Räume entspricht bei Johannes eine Verschränkung der Zeitebenen, traditionell zukünftige Vorgänge reichen bereits in die Gegenwart hinein (vgl. Joh 5,25). Die eschatologischen Ereignisse haben eine präsentische Realität, das Zukünftige bestimmt die Gegenwart (vgl. Joh 3,18). In der gegenwärtigen Begegnung mit dem Wort des Offenbarers vollzieht sich bereits das Gericht, in der Gegenwart fällt die Entscheidung über die Zukunft (vgl. Joh 8,51 u.ö.). Weil im Glauben das Heilsgut des ewigen Lebens gegenwärtig ist, ereignet sich der Schritt vom Leben zum Tod nicht in der Zukunft, sondern er liegt für den Glaubenden bereits in der Vergangenheit (vgl. Joh 5,24). Die im Evangelium dominierenden präsentischen Aussagen decken aber das gesamte Spektrum der joh. Eschatologie nicht ab, vielmehr erfordert gerade der spezifisch joh. Denkansatz auch futurisch-eschatologische Aussagen. Die nachösterliche Anamnese vollzieht sich ja bereits in einem Zeitabstand, von der textinternen Ebene des Evangeliums aus gesehen befinden sich die joh. Christen bereits in der Zukunft, so dass sie gerade futurisch-eschatologische Aussagen auf ihre Gegenwart beziehen dürfen. Der Glaube hebt die Zeit nicht auf, sondern gibt ihr eine neue Qualität und Ausrichtung. Johannes entfaltet diese Thematik vor allem in den Abschiedsreden, deren eigentlicher Adressat die textexterne Leser- und Hörergemeinde ist. So blickt Joh 14,2f auf die Parusie Christi, und auch Joh 14,18–21; 14,28; 16,13e; 16,16 thematisieren die erwartete Wiederkunft Christi. Auch die Ankündigung einer endzeitlichen Totenauferweckung in Joh 5,28.29; 6,39. 40.44.54 zielt auf die textexterne Lesergemeinde. In der Gegenwart fiel die Entscheidung über die Zukunft, der Glaube bewirkt aber nicht die Auferweckung von den Toten, der joh. Lebensbegriff schließt den physischen Tod nicht aus. Vielmehr vollzieht sich die Auferstehung als Wiedererweckung bzw. Neuschaffung des Lebens in der Begegnung mit Jesus, dem der Vater die Macht gab, Menschen vom Tod aufzuerwecken (vgl. Joh 5,21). Auf der textinternen Ebene illustriert dies die Lazarus-Perikope, in der Jesus als Herr über Leben und Tod erscheint (vgl. Joh 11,1–44). Die joh. Gemeinde hingegen befindet sich in einer gänzlich anderen Situation. Jesus ist beim Vater, und erst bei der Parusie werden die Glaubenden ihm begegnen. Dann wird er vollziehen, was in der Gegenwart bereits entschieden, aber noch nicht eingetreten ist: Die Auferweckung von den Toten. Präsentische und futurische Eschatologie sind bei Johannes keine Gegensätze, sondern sie ergänzen einander. Was in der Gegenwart festgeschrieben wurde, hat auch in der Zukunft

Bestand. Die präsentischen Heilsaussagen werden dadurch nicht relativiert, sondern unter der Perspektive der Gemeinderealität präzisiert[249].

8.5.10 Tendenzen der neueren Forschung

Die Erforschung des 4. Evangeliums befindet sich in einer grundlegenden Wende. Nimmt man die jahrzehntelang vorherrschende Johannesinterpretation Rudolf Bultmanns und seiner Nachfolger[250] als Ausgangspunkt, so kann ohne Übertreibung gesagt werden, dass eine neue Epoche der Johannesforschung angebrochen ist. Der Wandel betrifft sowohl die methodischen Voraussetzungen der Johannesexegese als auch alle religionsgeschichtlichen und theologischen Zentralfragen des 4. Evangeliums (Gnosis, Inkarnations- und Kreuzestheologie, Eschatologie, Sakramente, Pneumatologie, Verhältnis zu den Synoptikern, vorjohanneische Quellenschriften). Im Mittelpunkt der Auslegung Bultmanns stand nicht das überlieferte Johannesevangelium, sondern die gestalterische Kraft des Exegeten, dem es gelingt, das Problemknäuel zu entwirren, indem er die diachrone und synchrone Struktur des Evangeliums durch zwei dreischichtige Traditions- bzw. Redaktionstheorien erklärt, es religions- und theologiegeschichtlich einordnet (gnostischer Erlösermythos, ‚Kirchliche Redaktion') und es schließlich der Interpretationsmethode unterwirft, die er selbst vertritt (Entmythologisierung, existentiale Interpretation). Die Aporien dieses Ansatzes sind seit gut vier Jahrzehnten deutlich[251]: Die Konzentration auf die Vorgeschichte des Textes führt zu einer Vernachlässigung der Makrostruktur des vorliegenden Evangelientextes. Zudem: „Die Leser brauchen nicht hinter den Text zu blicken, um ihn zu verstehen. Ich halte die Meinung für falsch, das Verstehen des JohEv hänge von der Einsicht in seine Vorgeschichte ab, ohne leugnen zu wollen, dass solches Wissen interessant und hilfreich sein könnte."[252] Das Johannesevangelium wird in der neueren Exegese als ein kohärenter und literarisch höchst anspruchsvoller Text

249 Für die sachliche Notwendigkeit futurischer Aussagen innerhalb der joh. Eschatologie votieren u. a. C. K. Barrett, Joh, 83–86; W. G. Kümmel, Die Theologie des Neuen Testaments, GNT 3, Göttingen ^{3}1976, 261 f; L. Goppelt, Theologie des Neuen Testaments, hg. v. J. Roloff, Göttingen ^{3}1978, 640–643; J. Gnilka, Neutestamentliche Theologie, NEB, Würzburg 1989, 140 f; U. Wilckens, Joh, 119–121; H. Thyen, Joh, 314 f. Eine Gegenposition zu Bultmanns Interpretation der joh. Eschatologie findet sich bei J. Frey, Die johanneische Eschatologie I. II. III., passim.

250 An Bultmanns Kommentar orientierten sich nachhaltig S. Schulz, Das Evangelium nach Johannes, NTD 4, Göttingen 1972; J. Becker, Das Evangelium nach Johannes I. II. Eine Art Mittelposition vertritt M. Theobald; zwar werden die futurisch-eschatologischen Aussagen in Joh 5, 28 f sowie die Formel ‚am letzten Tag' 6,39 u. ö. literarkritisch eliminiert, dennoch gehört die futurische Eschatologie auch zum Grundbestand des Johannesevangeliums. „Auch der Evangelist weiß, dass die Gegenwart des Heils nicht alles sein kann, und er setzt darauf, dass Christus die an ihn Glaubenden im Tod ‚zu sich ziehen' (12, 32) bzw. in ‚das Haus seines Vaters' holen wird (Joh 14,2)" (ders., Joh, 72).

251 Zur Kritik an Bultmann vgl. zuletzt: J. Frey, Die johanneische Eschatologie I, 119–150.

252 L. Schenke, Joh, 7.

wahrgenommen. Alle Teiltexte bis auf die Satzebene hinunter müssen aus dem Ganzen des Evangeliums als dessen Konstituenten begriffen werden. Die Arbeiten von R. A. Culpepper und H. Thyen haben diese neue Sicht wesentlich gefördert, Th. Popp weist nun an den Schlüsseltexten Joh 3 und 6 die hohe literarische und theologische Kompetenz des 4. Evangelisten nach. Nicht eine mögliche Vor- oder Nachgeschichte entscheidet über den Sinn johanneischer Texte, vielmehr liegt der Verstehensschlüssel der Einzeltexte immer in der intratextuellen Welt des gesamten 4. Evangeliums[253]. Die Lektüre auf rein synchroner Ebene und die Integration literaturwissenschaftlicher Fragestellungen lenken den Blick vom Autor und seiner Aussageabsicht auf die Leser bzw. Hörer des Evangeliums, ihre Verstehensbedingungen und ihre Rezeption des Textes. An die Stelle der werk- oder autorenzentrierten Betrachtungsweise tritt nun ein funktionales Verständnis des Johannesevangeliums als eines literarischen Werkes im Rahmen einer bestimmten Kommunikationsstruktur. Von den neuen Kommentaren weiß sich vor allem H. Thyen diesem Konzept verpflichtet: „Im folgenden kommentieren wir das uns im Kanon überlieferte Evangelium von Joh 1,1 bis Joh 21,25 als einen kohärenten und hoch poetischen literarischen und auktorialen Text"[254] Das hermeneutische Grundaxiom Thyens lautet: Nur der vorliegende Gesamttext Joh 1–21 kann Gegenstand der Interpretation sein. Sieht man vom textkritisch eindeutig sekundären Abschnitt Joh 7,53–8,11 ab, wird nicht nach Vorformen oder Ergänzungen des Textes gefragt, sondern in synchroner Zuspitzung richtet sich der alleinige Blick auf die jetzt vorliegende Textfläche Kap. 1–21. Eine wirkliche Begründung für diese Position wird nur in Ansätzen gegeben; so weist Thyen darauf hin, dass die handschriftlichen Zeugen weder für Textumstellungen noch für nachträgliche Bearbeitungen irgendein ernstzunehmendes Indiz bieten. Deshalb „dürfte unser Evangelium öffentlich nie anders als in seiner überlieferten kanonischen Gestalt existiert haben. Darum haben wir hier auf die Erörterung aller Fragen nach der vermeintlichen Genese unseres Evangeliums, nach seinen mutmaßlichen Quellen oder gar nach einem bereits literarisch verfaßten Vorläufer (Fortna), sowie nach seiner vermeintlich sekundären Bearbeitung durch eine ‚kirchliche Redaktion' (Bultmann, Becker u. a.) verzichtet"[255]. Eine völlig andere Position vertritt unter den aktuellen Kommentaren vor allem M. Theobald, der sich in seinen literarkritischen Urteilen zumeist R. Bultmann anschließt, aber andere Erklärungen für das Werden des

253 Vgl. F. J. Moloney, John, 13: „The following commentary works from the conviction that it is possible to identify a strong narrative unity across the Fourth Gospel". Auch L. Schenke untersucht in seinem leserorientierten Kommentar weder die Vorgeschichte des Johannesevangeliums, noch analysiert er seine ‚Schichten' oder unterscheidet zwischen Tradition und Redaktion. Vielmehr wendet er sich dem Endtext des Evangeliums zu, das er als literarisch geglücktes und theologisch hochbedeutsames Werk ansieht. Er will die Leser durch den Text des Buches führen, sie auf Linien und Knoten, Themen und Echos aufmerksam machen und an dem im Text sich vollziehenden Kommunikationsgeschehen zwischen dem Autor und seinen Ersthörern bzw. Erstlesern beteiligen.

254 H. Thyen, Joh, 1.

255 Ebd.

Jetzttextes gibt. „Die Annahme, dass das Evangelium aus *einem* Guss sei, Kap. 1–21 sich der Hand eines *einzigen* Autors verdankten, erfreut sich zwar heute wieder einer gewissen Beliebtheit, geht aber an den literarischen Befunden vorbei. Der Nachtragscharakter einiger Passagen ist unübersehbar(vgl. v.a. Joh 15–17.2.1; Joh 7,53–8,11 ist ein Sonderfall ...). Das Evangelium ist, wie schon gesagt, ein *Gemeindebuch*, die johanneischen Gemeinden haben es wieder und wieder gelesen und Glaubensorientierung aus ihm gewonnen."[256] Deshalb wurde am Evangelium weitergearbeitet, ganze Passagen des Evangeliums wurden in den Gemeinden einer ‚Relecture' unterzogen und das Ergebnis dann in Form von ‚Nachträgen' in das Evangelium integriert. Abgefasst wurden diese Nachträge im religiösen Soziolekt der Gemeinden, dem Idiolekt des Evangelisten ist er verwandt, mit ihm aber nicht identisch. „Insgesamt bewegen sich die »Nachträge« auf der theologischen Linie des Autors des 1. Johannesbriefes, aber sie lassen sich dem bei ihm aufscheinenden Konflikt nicht durchweg zuordnen. Auch handelt es sich bei der sekundären Redaktion nicht um eine *einheitliche* Schicht, wie vor allem die wohl *schubweise* entstandenen »Abschiedsreden« (15,1–16,4c; 16,4d–33; 17) zeigen. Joh 21 mit seinem Petrus-Bild von *gesamtkirchlicher* Relevanz stellt gewiss das späteste Stadium der Redaktion dar."[257] Insgesamt herrscht aber sowohl bei den aktuellen deutsch- als auch englischsprachigen Kommentaren deutlich eine Tendenz vor, das 4. Evangelium im Wesentlichen (zumeist unter Ausschluss von Joh 21) als einheitlichen Text wahrzunehmen (vgl. die Kommentare von Moloney, Wilckens, Wengst und Schnelle), allerdings finden sich auch Kommentare bzw. Entwürfe, die sehr stark literarkritisch argumentieren[258].

Die neue Wahrnehmung des 4. Evangeliums als ein in sich stimmiges sprachliches Gebilde, bei dem alles miteinander kommuniziert (Intratextualität) und das durchgehend auf andere Textgebilde bezogen ist (Intertextualität), hatte ebenso nachhaltige Auswirkungen auf die inhaltliche Bestimmung der johanneischen Theologie wie die Erkenntnis, dass Johannes religionsgeschichtlich nicht monokausal im Kontext der

256 M. Theobald, Joh, 70.

257 Ebd.

258 Neben Theobald vgl. für den deutschsprachigen Bereich F. Siegert, Das Evangelium des Johannes in seiner ursprünglichen Gestalt, Göttingen 2008, der sehr stark an die Traditionen von Eduard Schwartz und Julius Wellhausen anknüpft: „Das Vierte Evangelium frappiert durch denkerische Leistungen, durch Tiefsinn und Raffinesse ebenso wie durch Unordnung und Widersinn. Man kann dieses Evangelium nicht lesen, ohne seine Großartigkeit zu bewundern und zugleich seine Obskurität, was Logik und Handlung betrifft, und seine inhaltlichen Entgleisungen zu bedauern" (a. a. O., 15). Aus dem englischsprachigen Bereich vgl. neben dem Kommentar von U. C. von Wahlde (das Johannesevangelium entstand in drei Editionen, wobei die dritte Edition wesentlich von dem kurz zuvor abgefassten 1 Joh beeinflusst ist) das sehr komplexe Modell von P. N. Anderson, der das Johannesevangelium auch als Zeugnis für den historischen Jesus ansieht und mit drei Phasen in der johanneischen Geschichte rechnet: 1) Palästinische Periode (ca. 30–70 n. Chr.); 2) Kleinasien I: Gemeindebildung (ca. 70–85 n. Chr.); 3) Kleinasien II: Beziehungen zwischen der johanneischen Gemeinschaft und anderen urchristlichen Gruppen. Am Ende stehen die „Briefe des Presbyters und durch ihn Endredaktion und Verbreitung des Evangeliums als Zeugnis des Lieblingsjüngers nach dessen Tod" (P. N. Anderson, Das „John, Jesus, and History"-Projekt, ZNT 23 (2009), (12–26) 22.

Gnosis verortet werden kann. Im Zentrum der aktuellen Debatte stehen deshalb nicht zufällig die Inkarnations-, Kreuzes- und Gesandtenchristologie, denn hier fallen die grundlegenden Entscheidungen für die Gesamtbeurteilung des 4. Evangeliums. Literarische, religionsgeschichtliche und theologische Beurteilungen sind gerade bei dieser Zentralfrage der johanneischen Christologie untrennbar miteinander verbunden. J. Becker sieht im Anschluss an R. Bultmann allein in der Sendung und Rückkehr des Sohnes im Rahmen einer dualistischen Gesandtenchristologie das Zentrum johanneischer Theologie. „Nicht das Kreuz ist also bleibender Realgrund der Erlösung, sondern die Erhöhung, die sich als Abschluß der Sendung ergibt."[259] Der Tod erscheint dann nur noch als „Austritt aus der Welt"[260]. Ähnlich argumentiert U. B. Müller, der die Sendungschristologie der Kreuzestheologie sachlich vorordnet: „Aufgrund der Gesandtenproblematik scheint der Tod Jesu primär zu einer Station auf dem Weg zum Leben, zur himmlischen Welt zu werden. Doch ist nichts anderes zu erwarten, wenn die Grundtendenz des Evangeliums darin besteht, die Legitimität Jesu als des himmlischen Gesandten zu erweisen. Der Tod Jesu kann dabei keine Eigenbedeutung gewinnen, es sei denn negativ die Infragestellung dieser Legitimität."[261] Innerhalb dieser Konzeption wird die Inkarnation zu einem uneigentlichen Geschehen, und auch den zahlreichen kreuzestheologischen Verweisen im 4. Evangelium kommt nur eine unwesentliche Bedeutung zu. Demgegenüber werden gerade die zahlreichen kreuzestheologischen Verweise im Johannesevangelium (vgl. Joh 1, 29.36; 2, 14–22; 3, 14–16; 10, 15.17 f; 11, 51 f; 12, 27–32; 19, 30) in der neueren Diskussion (U. Schnelle[262], H. Kohler[263], M. Hengel[264], H. Weder[265], Th. Knöppler[266], J. Zumstein[267] u. a. m.) als Indiz für eine kreuzestheologische Ausrichtung des 4. Evangeliums angesehen. Vor allem die Voranstellung der Tempelreinigung, die kreuzestheologische Ausrichtung der Fußwaschung (vgl. Joh 13, 1–3.18–19) und Jesu letztes Wort am Kreuz in Joh 19, 30 zeigen, dass die Offenbarung Jesu gerade am Kreuz an ihr Ziel gelangt. Das Kreuz ist nicht nur Durchgangsstadium im Rahmen einer dominierenden Sendungschristologie, sondern gerade bei Johannes Ziel der Sendung und damit Ort des Heils. Sowohl die Betonung der wirklichen Menschwerdung des Gottessohnes als auch seines realen Leidens weisen auf eine starke antidoketische Ausrichtung der Christologie des Johannesevangeliums hin

259 J. Becker, Joh II, 470.

260 A. a. O., 472.

261 U. B. Müller, Zur Eigentümlichkeit des Johannesevangeliums, ZNW 88 (1997), (24–55) 40.

262 Vgl. U. Schnelle, Antidoketische Christologie, 189–192; ders., Die Tempelreinigung und die Christologie des Johannesevangeliums, NTS 42 (1996), 359–373.

263 Vgl. H. Kohler, Kreuz- und Menschwerdung im Johannesevangelium, passim.

264 Vgl. M. Hengel, Die Schriftauslegung des 4. Evangeliums auf dem Hintergrund der urchristlichen Exegese, JBTh 4 (1989), 249–288.

265 Vgl. H. Weder, Die Asymmetrie des Rettenden, in: ders., Einblicke ins Evangelium, Göttingen (1992), 435–465.

266 Vgl. Th. Knöppler, Die theologica crucis des Johannesevangeliums, WMANT 69, Neukirchen 1994.

267 Vgl. zuletzt J. Zumstein, Johannes 19, 25–27, ZThK 94 (1997), 131–154.

(U. Schnelle, M. Hengel, J. Frey)[268]. Betrifft die Inkarnations- und Kreuzestheologie die interne Logik des johanneischen Denkens, so schiebt sich in der neueren Diskussion eine Frage wieder in den Vordergrund, die für das Selbstverständnis der externen Adressatengemeinde und damit auch für die Theologie des 4. Evangelisten von grundlegender Bedeutung ist: das johanneische Zeitverständnis. Bei R. Bultmann reduziert sich dieses Sachproblem auf den Gegensatz von präsentischer und futurischer Eschatologie. Sein Eschatologie-Begriff ist durch die religionsgeschichtliche Entgegensetzung von futurischer Eschatologie in der spätjüdischen Apokalyptik und der präsentischen Eschatologie in der Gnosis geprägt. Als Verwirklichung der eigentlichen Geschichtlichkeit werden dabei die präsentischen Aussagen faktisch philosophisch als ewige Wahrheiten interpretiert, gegenüber denen die futurische Eschatologie sachlich abfällt. Zudem nivelliert Bultmann durch seine Dekomposition das sachliche Gewicht der Abschiedsreden, denen in der neuesten Diskussion zu Recht eine Schlüsselrolle für das johanneische Zeitverständnis zukommt. Ihre spezifische Zeitperspektive in Verbindung mit dem Parakleten prägt grundlegend die gesamte johanneische Eschatologie. Die bewusst gestaltete nachösterliche Erzählperspektive der Abschiedsreden und die sorgfältige Zuordnung von Gegenwart und Zukunft in den klassischen Eschatologietexten unterstreicht die nachhaltige Reflexion des Evangelisten über die Situation seiner Gemeinde in der Zeit. Er strebt nicht eine Entgeschichtlichung des Glaubens an, sondern ein Verstehen der verschiedenen sachlichen, räumlichen und zeitlichen Ebenen des Christusgeschehens (U. Schnelle, J. Frey)[269].

Vor einer Neubewertung steht das Verhältnis des 4. Evangeliums zu den Synoptikern. Wurde noch vor einigen Jahren die Auffassung mehrheitlich vertreten, Johannes sei von den Synoptikern unabhängig, dominiert heute die Annahme literarischer Beziehungen zwischen dem Johannesevangelium und dem Markus- und Lukasevangelium (Nachweis: M. Lang). In der religionsgeschichtlichen Arbeit am 4. Evangelium zeigt sich immer deutlicher, dass Johannes sowohl im Alten Testament/antiken Judentum als auch im Hellenismus beheimatet war (vgl. Neuer Wettstein I/2). Eine Alternative zwischen diesen sich teilweise überlappenden Bereichen ist historisch nicht möglich und theologisch nicht sinnvoll.

268 Vgl. U. Schnelle, Antidoketische Christologie, passim; M. Hengel, Die johanneische Frage, 183.247 u. ö.; ders., The Prologue of the Gospel of John as the Gateway to Christological Truth, in: R. Bauckham/C. Mosser (Hg.), The Gospel of John and Christian Theology, (265–294) 284 A 85: „The Christology in the Gospel as in the letters of John is strongly antidocetic"; J. Frey, Eschatologie III, 396f u. ö.; ferner Th. Popp, Grammatik des Geistes, 365; P. E. Kinlaw, The Christ is Jesus, 171; E. E. Popkes, Die Theologie der Liebe Gottes, 261. Skeptisch gegenüber einer antidoketischen Ausrichtung des Evangeliums ist z. B. H. Thyen, Joh, 91.

269 Anders H.-Chr. Kammler, Christologie und Eschatologie, passim, der betont, dass der 4. Evangelist durchgehend eine streng präsentische Eschatologie vertritt.

Die Frage nach der literarischen Struktur und der theologischen Mitte des Johannesevangeliums wird weiterhin umstritten bleiben. Allerdings signalisiert der Blick auf die Diskussion der letzten Jahrzehnte eine grundsätzliche Wende: Der Jetzttext des Johannesevangeliums wird nicht nur wahr-, sondern auch ernstgenommen. Die gleichermaßen literarisch und theologisch durchreflektierte Struktur des 4. Evangeliums lässt es nicht zu, Sekundärphänomene wie vermutete Quellen oder postulierte Überarbeitungen zum Schlüssel des Verstehens zu machen. Zumal Johannes die von ihm aufgenommenen Einzeltraditionen sorgfältig in die Gesamtkomposition seines Evangeliums integrierte, wie M. Labahn am Beispiel der Wundererzählungen und K. Scholtissek für die joh. Immanenz-Aussagen zeigen. Die johanneische Theologie ist insgesamt durch eine christologische Konzentration gekennzeichnet, so dass die Frage nach ihrer theologischen Mitte in der Inkarnations-, Kreuzes- und Erhöhungschristologie eine sachgemäße Antwort findet. Deshalb ist die These von E. E. Popkes zutreffend, im Liebesgedanken das Zentrum der johanneischen Theologie zu sehen. „Die liebessemantischen Motive haben eine Schlüsselfunktion für das Verständnis des vierten Evangeliums. Sie stehen in einem wechselseitigen Bezugssystem, durch welches die theologische Gedankenführung des vierten Evangeliums eindrücklich zutage tritt. Diese Konzeption kann als ‚dramaturgische Christologie der Liebe Gottes' bezeichnet werden, da die Worte und Taten Jesu die menschgewordene Liebe Gottes verkörpern."[270] Das johanneische Denken ist im Innersten vom Liebesgedanken geprägt, die vom Vater ausgehende Liebe setzt sich im Wirken des Sohnes und der Jünger fort, bis schließlich trotz des Unglaubens Vieler auch die Welt erkennt, „dass du mich gesandt hast und du sie geliebt hast, wie du mich geliebt hast" (Joh 17,23).

270 E. E. Popkes, Die Theologie der Liebe Gottes, 355.

9. Die Johannesoffenbarung

9.1 Literatur

Kommentare

KEK 16: W. Bousset, ^{6}1906; A. Satake, 2008. – HNT 16: E. Lohmeyer, ^{2}1953; 16a: H. Kraft, 1974. – ThHK 18: W. Hadorn, 1928. – ÖTK 19: U. B. Müller, ^{2}1995. – NTD 11: T. Holtz, 2008. – RNT: H. Giesen, 1997. – ZBK 18: J. Roloff, ^{2}1987. – ICC: R. H. Charles, The Revelation of St. John I. II, Edinburgh 1920. – WBC 52A.B.C: D. E. Aune, 1997.1998. – ANTC: L. L. Thompson, 1998. – NIGTC: G. K. Beale, 1999. – B. J. Malina – J. J. Pilch, Social-science Commentary on the Book of Revelation, Philadelphia 2000. – P. Prigent, Commentary on the Apokalypse of St. John, Tübingen 2001. – S. S. Smalley, The Revelation to John, Downers Grove/Ill 2005.

Monographien

R. Schütz, Die Offenbarung des Johannes und Kaiser Domitian, FRLANT 50, Göttingen 1933. – T. Holtz, Die Christologie der Apokalypse des Johannes, TU 85, Berlin ^{2}1971. – M. Rissi, Was ist und was geschehen soll danach. Die Zeit- und Geschichtsauffassung der Offenbarung des Johannes, AThANT 46, Zürich 1965. – A. Satake, Die Gemeindeordnung in der Johannesapokalypse, WMANT 21, Neukirchen 1966. – K. P. Jörns, Das hymnische Evangelium, StNT 5, Gütersloh 1971. – U. B. Müller, Messias und Menschensohn in jüdischen Apokalypsen und in der Offenbarung des Johannes, StNT 6, Gütersloh 1972. – E. Schüssler-Fiorenza, Priester für Gott. Studien zum Herrschafts- und Priestermotiv in der Apokalypse, NTA 7, Münster 1972. – H. W. Günther, Der Nah- und Enderwartungshorizont in der Apokalypse des heiligen Johannes, fzb 41, Würzburg 1980. – M. Karrer, Die Johannesoffenbarung als Brief, FRLANT 140, Göttingen 1986. – C. J. Hemer, The Letters to the Seven Churches of Asia in their Local Setting, JSNT.SS 11, Sheffield 1986. – J. W. Taeger, Johannesapokalypse und johanneischer Kreis, BZNW 51, Berlin 1988. – L. L. Thompson, The Book of Revelation, Oxford 1990. – B. J. Malina, On the Genre and Message of Revelation. Star Visions and Sky Journeys, Peabody 1995. – H. Uhland, Die Vision als Radikalisierung der Wirklichkeit in der Apokalypse des Johannes, TANZ 21, Tübingen 1997. – Daria Pezzoli-Oligiati, Täuschung und Klarheit, FRLANT 175, Göttingen 1997. – J. Kerner, Die Ethik der Johannes-Apokalypse im Vergleich mit der des 4. Esra, BZNW 94, Berlin 1998. – G. Glonner, Zur Bildersprache des Johannes von Patmos, NTA 34, Münster 1999. – J. U. Kalms, Der Sturz des Gottesfeindes, WMANT 93, Neukirchen 2001. – F. Tóth, Der himmlische Kult. Wirklichkeitskonstruktion und Sinnbildung in der Johannesoffenbarung, ABG 22, Leipzig 2006. – Th. Witulski, Kaiserkult in Kleinasien, NTOA 63, Göttingen

2007. – Ders., Die Johannesoffenbarung und Kaiser Hadrian, FRLANT 221, Göttingen 2007. – K. Huber, Einer gleich einem Menschensohn. Die Christusvisionen in Offb 1,9–20 und Offb 14,14–20 und die Christologie der Johannesoffenbarung, NTA 51, Münster 2007. – J. Dochhorn, Schriftgelehrte Prophetie, WUNT 268, Tübingen 2010. – K. Wengst, „Wie lange noch ...?", Neukirchen 2010.

Aufsätze

G. Delling, Zum gottesdienstlichen Stil der Johannes-Apokalypse, in: ders., Studien zum Neuen Testament und zum hellenistischen Judentum, Berlin 1970, 425–450. – F. Hahn, Die Sendschreiben der Johannesapokalypse, in: Tradition und Glaube (FS K. G. Kuhn), hg. v. G. Jeremias, H. W. Kuhn und H. Stegemann, Göttingen 1971, 357–394. – A. Strobel, Art. Apokalypse des Johannes, TRE 3 (1978), 174–189. – J. Lambrecht (Hg.), L'Apocalypse johannique et l'Apocalyptique dans le Nouveau Testament, BETL 53, Leuven 1980. – A. Satake, Kirche und feindliche Welt, in: Kirche (FS G. Bornkamm), hg. v. D. Lührmann und G. Strecker, Tübingen 1980, 329–349. – D. Georgi, Die Visionen vom himmlischen Jerusalem in Apk 21 und 22, in: Kirche (FS G. Bornkamm), a. a. O., 351–372. – K. M. Fischer, Die Christlichkeit der Offenbarung des Johannes, ThLZ 106 (1981), 165–172. – P. Lampe, Die Apokalyptiker – ihre Situation und ihr Handeln, in: Eschatologie und Friedenshandeln, SBS 101, Stuttgart 1981, 59–114. – Chr. Wolff, Die Gemeinde des Christus in der Apokalypse des Johannes, NTS 27 (1981), 186–197. – O. Böcher, Kirche in Zeit und Endzeit. Aufsätze zur Offenbarung des Johannes, Neukirchen 1983 (wichtige Aufsatzsammlung). – U. B. Müller, Literarische und formgeschichtliche Bestimmung der Apokalypse des Johannes als einem Zeugnis frühchristlicher Apokalyptik, in: Apocalypticism in the Mediterranean World and the Near East, hg. v. D. Hellholm, Tübingen 1983, 599–619. – E. Schüssler-Fiorenza, The Book of Revelation, Philadelphia ^{2}1989 (wichtige Aufsatzsammlung). – J. Roloff, Neuschöpfung in der Offenbarung des Johannes, JBTh 5, Neukirchen 1990, 119–138. – H. J. Klauck, Das Sendschreiben nach Pergamon und der Kaiserkult in der Johannesoffenbarung, Bib 72 (1991), 183–207. – M. E. Boring, The Voice of Jesus in the Apocalypse of John, NT 34 (1992), 334–359. – Ders., Narrative Christology in the Apocalypse, CBQ 54 (1992), 702–723. – J. Frey, Erwägungen zum Verhältnis der Johannesapokalypse zu den übrigen Schriften des Corpus Johanneum, in: M. Hengel, Die johanneische Frage (s. o. 8.5.1), 326–429. – H. Giesen, Das Römische Reich im Spiegel der Johannes-Apokalypse, ANRW II, 26.3, Berlin 1996, 2501–2614. – O. Böcher, Art. Johannes-Apokalypse, RAC 18 (1997), 595–646. – H. Giesen, Studien zur Johannesapokalypse, SBAB 29, Stuttgart 2000. – J. Frey, Die Bildersprache der Johannesapokalypse, ZThK 98 (2001), 161–185. – K. Backhaus (Hg.), Theologie als Vision. Studien zur Johannes-Offenbarung, SBS 191, Stuttgart 2001. – D. E. Aune, Art. Johannes-Apokalypse, RGG^{4} 4 (2001), 540–548. – F. W. Horn – M. Wolter (Hg.), Studien zur Johannesoffenbarung und ihrer Auslegung (FS O. Böcher), Neukirchen 2005. – M. Ebner/E. Esch-Wermeling (Hg.), Kaiserkult, Wirtschaft und Spectacula, NTOA 72, Göttingen 2011. – B. Heininger (Hg.), Mächtige Bilder. Zeit- und Wirkungsgeschichte der Johannesoffenbarung, SBS 225, Stuttgart 2011. – M. Labahn/O. Lehtipuu (Hg.), Imagery in the Book of Revelation, Leuven 2011. – M. Labahn/M. Karrer (Hg.), Die Johannesoffenbarung – Ihr Text und ihre Auslegung, ABG 38, Leipzig 2012. – J. Frey/A. Kelhoffer/F. Tóth (Hg.), Die Johannesapokalypse: Kontexte – Konzepte – Wirkungen, WUNT 287, Tübingen 2012.

Forschungsberichte
H. Kraft, Zur Offenbarung des Johannes, ThR 38 (1974), 81–98. – J. W. Taeger, Einige neue Veröffentlichungen zur Apokalypse des Johannes, VF 29 (1984), 50–75. – O. Böcher, Die Johannesapokalypse, EdF 41, Darmstadt ^{3}1988.

9.2 Verfasser

Ihrem Selbstanspruch nach geht die Offenbarung auf Jesus Christus und über ihn auf Gott zurück (Offb 1, 1 a; vgl. 22, 16). Als Übermittler des Inhaltes fungiert der *δοῦλος Ἰωάννης* (Offb 1, 1 b). Er bezeugt die Wahrheit des Geschauten und Gehörten (Offb 1, 2; 22,8) und spricht in Offb 1, 4 die Gemeinden Kleinasiens als Autoritätsperson an. Dennoch führt er keine besonderen Amts- oder Funktionsbezeichnungen, sondern schließt sich durch die Prädikate *ἀδελφός* und *συγκοινωνός* mit den angeschriebenen Gemeinden zusammen (Offb 1,9). Der Seher Johannes charakterisiert seine Botschaft wiederholt als *προφητεία* (Offb 1, 3; 19, 10; 22, 7. 10. 18. 19), nach Offb 10, 11 beauftragen die Engel Johannes ausdrücklich: „Du musst wieder prophetisch reden über Völker, Nationen, Sprachen und viele Könige." Johannes versteht sich offenbar als Prophet, nach Offb 22,9 ist er führendes Mitglied eines urchristlichen Prophetenkreises (vgl. Offb 22, 6)[1]. Diesen Propheten gewährte Jesus die in der Offenbarung fixierten Einblicke in das Geschichtshandeln Gottes (Offb 22, 16), um so die Gemeinden zu stärken. Die Breite des angeschriebenen Adressatenkreises lässt vermuten, dass der Seher Johannes zuvor als Wanderprophet in den namentlich genannten Gemeinden wirkte und sich nun in der Verfolgungssituation an sie wendet[2]. Innerhalb der urchristlichen Theologiegeschichte finden sich dafür Parallelen im syrischen Kirchengebiet, sowohl Matthäus (vgl. Mt 10, 41; 23, 34) als auch die Didache (vgl. Did 11, 1–12; 13; 15, 1) setzen Wanderprophetentum voraus[3]. Die traditionsgeschichtlichen Verbindungen zum syrisch-palästinischen Überlieferungsstrom und das semitisierende Griechisch (s. u. 9.7) weisen ebenfalls auf Syrien/Palästina als Heimat des Sehers. Es ist gut denkbar, dass Johannes nach dem Jüdischen Krieg (66–73/74 n. Chr.) wie andere Judenchristen (vgl. Euseb, HE III 31, 3; 37; 39; V 24, 2) Palästina verließ und in Kleinasien wirkte[4].

In der altkirchlichen Tradition wird der Seher Johannes erstmals bei Justin (Dial 81, 4) mit dem Zebedaiden Johannes identifiziert[5]. Irenäus führt sowohl die Offb als

1 Vgl. J. Roloff, Offb, 17.
2 Vgl. U. B. Müller, Offb, 50.
3 Vgl. U. B. Müller, Theologiegeschichte (s. o. 7.3.8), 36 f.
4 Vgl. U. B. Müller, Offb, 51 f; J. Roloff, Offb, 17; H. Giesen, Offb, 40; D. E. Aune, Revelation I, LVI. Der Seher vertrat allerdings kein starres Judenchristentum, die Heidenmission wird vorausgesetzt (vgl. Offb 7,9 f; 5,9), und er ordnet die Juden der ‚Synagoge des Satans' zu (s. u. 9.8); vgl. dazu die Überlegungen von W. Bousset, Offb, 139 f.
5 Papias kannte wahrscheinlich die Offb (vgl. Euseb, HE III 39, 12); wen er allerdings als Verfasser des Werkes ansah, ist nicht überliefert.

auch das 4. Evangelium und die Johannesbriefe auf den Herrenjünger Johannes zurück (vgl. Haer II 22, 5; III 1, 2; 3, 4; 11, 7; V 30, 1. 3). Um 200 n. Chr. ist die Offb im Westen allgemein anerkannt, heftig abgelehnt wurde sie von den Alogern und Dionysius von Alexandrien (Euseb, HE VII 25)[6]. Auch Euseb bleibt in seinem Urteil unsicher, zu den apostolischen Schriften kann, „wenn man es für gut hält, die Offenbarung des Johannes gezählt werden, über die verschiedene Meinungen bestehen" (HE III 25, 2). Das Selbstzeugnis der Offb stützt die dominierende altkirchliche Tradition der apostolischen Verfasserschaft nicht, denn in Offb 18, 20; 21, 14 erscheinen die Apostel als eine Größe der Vergangenheit, zu denen sich der Autor der Offb als Prophet gerade *nicht* zählt. Eine Identifizierung des kleinasiatischen Apokalyptikers mit dem Zebedaiden und Apostel Johannes verbietet sich auch aus der vermutlichen Entstehungssituation, denn in diesem Fall hätte ein ca. 90jähriger Greis diese kraftvolle Schrift verfasst[7]. Auch eine Gleichsetzung[8] des Sehers mit dem *πρεσβύτερος* des Papias (s. o. 8.2.2) ist wenig wahrscheinlich, weil diese Würdebezeichnung vom Autor der Offb für seine Person nicht aufgenommen wird[9] und auf einen urchristlichen Lehrer, nicht aber auf einen Propheten verweist[10].

In welchem Verhältnis steht der Seher Johannes zu den Autoren des Johannesevangeliums und der Johannesbriefe? Bemerkenswert ist zunächst, dass nur in der Offb der Name *Ἰωάννης* im Text erscheint (1, 1. 4. 8;22,8)[11]. Thematische Verbindungen zwischen der Offb und dem 4. Evangelium zeigen sich beim Lebenswasser-Motiv (vgl. Offb 7, 16 f; 21, 6; 22, 1. 17/Joh 4, 10. 13 f; 7, 37–39), in Offb 19, 13 wird der wiederkehrende Jesus Christus als *ὁ λόγος τοῦ θεοῦ* bezeichnet (vgl. Joh 1, 1), und die Vorstellung Christi als Lamm (Gottes) ist für die Christologie der Offb (29mal *τὸ ἀρνίον*) und des Johannesevangeliums (*ὁ ἀμνὸς τοῦ θεοῦ* in Joh 1, 29. 36) von zentraler Bedeutung. Deutlich tritt die Siegesthematik in der Offb (17mal *νικᾶν*, bei 24 Belegen im NT) und dem Corpus Johanneum (7mal *νικᾶν*, *νίκη* im NT nur in 1 Joh 5, 4) in den Vordergrund[12]. Auch das Zeugen/Zeugnis-Motiv (*μαρτυρεῖν*: 76mal; *μαρτυρία*:

6 Vgl. die Analyse der wichtigsten Zeugnisse bei W. Bousset, Offb, 19–34; A. Wikenhauser – J. Schmid, Einleitung, 643–648.

7 Gegen den Apostel Johannes als Autor der Offb sprechen sich u. a. aus: W. Bousset, Offb, 35 f; E. Lohmeyer, Offb, 203; H. Kraft, Offb, 9; T. Holtz; Offb, 7; O. Böcher, Johannesapokalypse, 35; H. M. Schenke – K. M. Fischer, Einleitung II, 298 f; U. B. Müller, Offb, 46; J. Roloff, Offb, 19. An der apostolischen Verfasserschaft halten dagegen fest: W. Hadorn, Offb, 225; E. Stauffer, Die Theologie des Neuen Testaments, Gütersloh [4]1948, 24 f; W. Michaelis, Einleitung (s. o. 5.5.2), 314 f.

8 Sie wird vertreten von W. Bousset, Offb, 43 f.49; E. Lohmeyer, Offb, 203.

9 *Πρεσβύτερος* in Offb 4, 4. 10; 5, 5 f.8. 11. 14; 7, 11. 13; 11, 16; 14, 3; 19, 4 bezieht sich ausschließlich auf die 24 himmlichen Ältesten, die kein Abbild eines irdischen Presbyteriums sind, vgl. A. Satake, Gemeindeordnung, 149.

10 Vgl. H. Kraft, Offb, 9; U. B. Müller, Offb, 47; O. Böcher, Johannesapokalypse, 35.

11 J. Frey, Erwägungen, 425 ff, weist die Namensnennung einer redaktionellen Rahmung zu und stuft die Offb als Pseudepigraphon ein.

12 Vgl. ferner: *ὄψις* nur in Joh 7, 24; 11, 44; Offb 1, 16; *σφάζειν* nur in 1 Joh 3, 12; Offb 5, 6. 9. 12; 6, 4. 9; 13, 3. 8; 18, 24. Zur Analyse motiv- und traditionsgeschichtlicher Verbindungslinien vgl. auch J. Frey, Erwägungen, 385–415, der allerdings das ‚Gefälle' umkehren möchte: „die Indizien sprechen auf der ganzen Breite für das höhere Alter der apo-

37mal im NT) findet sich in der Offb (μαρτυρεῖν: 4mal; μαρτυρία: 9mal) und den Schriften der joh. Schule (μαρτυρεῖν: 43mal; μαρτυρία: 21mal) in besonderer Dichte. Sichere Rückschlüsse lassen diese Verbindungslinien jedoch nicht zu, denn unterhalb des rein sprachstatistischen und motivgeschichtlichen Befundes lassen sich im einzelnen entweder erheblich voneinander abweichende theologische Konzeptionen feststellen[13] oder die Übereinstimmungen gehen auf einen vergleichbaren traditionsgeschichtlichen Hintergrund zurück[14]. Hinzu kommen gravierende Unterschiede in der Sprache, der Christologie, der Ekklesiologie und der Eschatologie. 1) Sprache: Das semitisierende Griechisch der Offb gilt seit W. Bousset und R. H. Charles[15] als ein wesentliches Argument gegen die These, die Offb und das 4. Evangelium seien vom selben Verfasser geschrieben worden. Einige Besonderheiten des ‚semitischen Idioms' der Offb seien genannt[16]: a) Vernachlässigung der Kongruenz (vgl. Offb 1, 5; 2, 13.20; 3, 12; 4, 1; 5, 11 f; 11, 15 u. ö.). b) Einführung von Nachsätzen mit *καί* in Analogie zum ו-consecutivum (vgl. Offb 3, 20; 6, 12; 10, 7; 14,9 f). c) Große Freiheiten weist der Gebrauch der Tempora auf, Zukunfts-, Gegenwarts- und Vergangenheitstempora können nebeneinander stehen, obwohl sie häufig einen einheitlichen Sinn haben (vgl. Offb 4,9–11; 6, 15–17; 11; 14, 2 f; 16, 21; 20, 7 f). d) Ersatz des Verbum finitum durch einen Infinitiv (vgl. Offb 12, 7; 13, 10) oder einen Partizipialsatz (vgl. Offb 10, 2; 12, 2; 19, 12; 21, 12.14). e) Ungewöhnlicher Gebrauch von Präpositionen (z. B. *ἐπί*)[17]. Bemerkenswert sind schließlich die 128 ntl. Hapaxlegomena in der Offenbarung[18].

2) Christologie: Im Zentrum der Christologie des 4. Evangeliums und der Johannesbriefe steht die Inkarnationsvorstellung. Sie basiert auf der seinsmäßigen Einheit von Vater und Sohn, der Inkarnierte ist kein anderer als der Präexistente und Erhöh-

kalyptischen Traditionen und den ‚entwickelteren' Charakter der Ausarbeitung der entsprechenden Motive im 4. Evangelium" (a. a. O., 414).

13 Beim Siegesmotiv: Im 1 Joh benennt *νικᾶν* den Sieg des Glaubens an Christus als (bereits erfolgte) Überwindung der Welt. In der Offb hingegen dominiert die Vorstellung des Kampfes und des Sieges des Lammes (vgl. Offb 12, 11; 17, 14) bzw. der Bewährung des Christen in der Welt als Ort des Kampfes (vgl. Offb 2, 7. 11. 17 u. ö.). Beim Zeugnis-Motiv: Im JohEv und den JohBr bezieht sich das Zeugnis vornehmlich auf die Person Jesu, in der Offb hingegen auf das Geschaute.

14 Zum Lebenswasser-Motiv vgl. F. Hahn, Die Worte vom lebendigen Wasser im Johannesevangelium, in: God's Christ and His People (FS N. A. Dahl), hg. v. J. Jervell u. W. A. Meeks, Oslo – Bergen – Tromsö 1977, 51–70.

15 Vgl. W. Bousset, Offb, 159–177; R. H. Charles, Revelation I, CXVII–CLIX (A short Grammar of the Apokalypse); ferner G. Mussies, The Morphology of Koine Greek as Used in the Apokalypse of St. John, NT.S 27, Leiden 1971; St. Thompson, The Apocalypse and Semitic Syntax, MSSNTS 52, Cambridge 1985, passim; D. E. Aune, Revelation I, CLX–CCVII. J. Frey, Erwägungen, 336–382, beschließt seinen eingehenden sprachlichen Vergleich zwischen der Offb und dem 4. Evangelium mit der Feststellung, dass „die Annahme der Komposition beider Werke durch denselben Verfasser als höchst unwahrscheinlich, ja nahezu ausgeschlossen erscheinen" (a. a. O., 381) muss.

16 Die Frage nach der ursprünglichen Sprache des Autors der Offenbarung lässt sich nicht mehr eindeutig beantworten, St. Thompson, Apocalypse and Semitic Syntax, 106–108, hält gleichermaßen Hebräisch und Aramäisch für möglich.

17 Vgl. W. Bousset, Offb, 165 f.

18 Auflistung bei D. E. Aune, Revelation I, CCVII–CCXI.

te (s.o. 8.5.9). Demgegenüber ist in der Offb das Lamm bzw. Christus deutlich Gott untergeordnet (vgl. z.B. Offb 3,5; 5,6f.13; 6,16; 7,10; 14,14; 15,3; 20,11–15). Nicht die Menschwerdung des Gottessohnes (υἱὸς τοῦ θεοῦ nur in Offb 2,18), sondern die Vorstellung der Einsetzung Christi zum Herrscher über Welt und Geschichte bestimmt die Christologie der Offb[19].

3) Ekklesiologie: Schon die Sendschreiben signalisieren die Dominanz der Ekklesiologie in der Offb (15mal ἐκκλησία in Offb 2 und 3)[20]. Der Seher Johannes streitet gegen eine Anpassung der Kirche an die religiöse Staatsideologie seiner Zeit. Ihm geht es um das rechte Verhältnis zwischen Kirche und Gesellschaft, das in der Vision vom neuen Jerusalem (Offb 21) seinen Ausdruck findet. Diese bestimmende universale Komponente fehlt im Johannesevangelium und in den Briefen. Staat und Gesellschaft kommen dort entweder gar nicht oder nur rudimentär in den Blick.

4) Eschatologie: Die Offb setzt starke indikativische Akzente (vgl. z.B. Offb 1,5–6), die allerdings mit dem Vorherrschen präsentischer Eschatologie im 4. Evangelium nicht vergleichbar sind. Vielmehr kommt der von der Gegenwart bestimmten Zukunft in der Offb vorrangige Bedeutung zu. Sie richtet ihren Blick in gespannter Naherwartung auf die machtvolle Erscheinung Jesu Christi (vgl. Offb 1,3 mit 22,20; ferner 1,7; 19,11ff; 22,7.17), der als Weltenrichter jedem nach seinen Werken geben wird (Offb 22,12). Chiliastische Anschauungen (vgl. Offb 20,1–10) sind dem Johannesevangelium ebenso fremd wie der Gedanke einer endzeitlichen Neuschöpfung (vgl. Offb 21,5). Zudem fehlen in der Offb wesentliche Elemente des joh. Dualismus (Licht – Finsternis, Leben – Tod, Wahrheit – Lüge).

Die Verfasser der Offenbarung und der anderen joh. Schriften sind nicht identisch (s.o. 8.1.3). Autor der Offb ist ein judenchristlicher *Wanderprophet,* der lange Zeit in den ehemals paulinischen Gemeinden Kleinasiens wirkte und ihnen nun angesichts vielfacher Bedrängnisse eine Orientierung zu geben versucht[21]. Er tritt als vom Geist (vgl. Offb 19,10) begabter Sprecher des Christus präsens auf und enthüllt für die Gemeinden Gegenwart und Zukunft[22].

9.3 Ort und Zeit der Abfassung

Der Seher Johannes befand sich nach Offb 1,9 bei dem Empfang seiner Visionen auf der Ägäis-Insel *Patmos*, die an einem Tag von der kleinasiatischen Westküste per Schiff zu erreichen war. Hier hielt er sich „um des Wortes und des Zeugnisses Jesu

19 Vgl. J. Roloff, Offb, 20.

20 Vgl. hierzu J. Roloff, Kirche (s.o. 3.5.4), 169–189.

21 Durchaus zutreffend bezeichnete P. Anton, Exegetische Abhandlung der Paulinischen Pastoral-Briefe II (s.o. 5.5), 513, die Sendschreiben als ‚johanneische Pastoralbriefe'.

22 Vgl. zur Herkunft des Propheten Johannes bes. U. B. Müller, Zur frühchristlichen Theologiegeschichte (s.o. 5.), 46–50.

willen" auf. Wahrscheinlich wurde er als Kritiker des Kaiserkultes (s. u. 9.8) auf diese Insel verbannt[23]. Ob Johannes z. Zt. der Abfassung der Offb noch auf Patmos weilte, bleibt unsicher. Der Aorist *ἐγενόμην* in Offb 1,9 weist seinen Aufenthalt bereits der Vergangenheit zu[24].

Die Abfassungszeit der Offb ergibt sich aus der vorausgesetzten Gemeindesituation (s. u. 9.4/9.8). Die Intensivierung des Kaiserkultes und die damit verbundenen Konflikte am Ende der Regierungszeit Domitians bilden den historischen Kontext der Offb, sie dürfte zwischen *90–95 n. Chr.* entstanden sein[25]. Dafür sprechen sieben Argumente: 1) Die verschiedenen Schilderungen der Person und des Charakters Domitians (s. u. 9.4) weisen deutlich darauf hin, dass er gegen Ende seiner Herrschaft (gest. 96 n. Chr.) immer schärfer gegen Personen und Gruppen vorging, die seinen Ansprüchen entgegenstanden. 2) Die Intensivierung des Kaiserkultes zeigt sich sehr deutlich in der Verleihung von Ehrentiteln an Städte (vor allem in der Provinz Asia) und der damit verbundenen (sakralen) Bautätigkeit[26]. 3) Die Rezeption der Johannesoffenbarung in der Alten Kirche spricht ebenfalls für eine Datierung unter Domitian. So setzt Euseb, HE III 39,6.12, voraus, dass Papias (um 120 n. Chr.) die Offenbarung kannte, Justin erwähnt sie in Apol I 28,1; Dial 81,4 und Irenäus, Haer V 30,3 datiert sie ausdrücklich unter Domitian. 4) Einzelne Texte der Offb lassen zeitge-

23 Vgl. J. Roloff, Offb, 39; U. B. Müller, Offb, 81. W. Bousset, Offb, 191 f. Für diese Annahme spricht die Präposition *διά*, die mit dem Akk. in der Offb den Grund, nie den Zweck angibt; vgl. bes. Offb 6,9; 20,4. Anders F. W. Horn, Johannes auf Patmos, in: F. W. Horn – M. Wolter (Hg.), Studien zur Johannesoffenbarung und ihrer Auslegung, 139–159, der nicht in einer Verbannung, sondern in einer lebensbedrohlichen Situation den Grund für den Patmosaufenthalt des Sehers sieht. H. Kraft, Offb, 40–42, vermutet, der Patmosaufenthalt hänge mit dem prophetischen Bewusstsein des Sehers zusammen, er zog sich in die Einsamkeit zum Offenbarungsempfang zurück; zur Kritik dieser These vgl. M. Karrer, Johannesoffenbarung als Brief, 187 A 213.

24 Vgl. W. Bousset, Offb, 192; U. B. Müller, Offb, 81.

25 Vgl. schon Irenäus (Haer V 30,3; Euseb, HE V 8,6f); ferner W. Bousset, Offb, 133f (93 n. Chr.); R. H. Charles, Revelation I, XCI; R. Schütz, Offenbarung, passim; E. Stauffer, Christus und die Caesaren, München [7]1966, 172; W. G. Kümmel, Einleitung, 414, Ph. Vielhauer, Urchristliche Literatur, 503; E.. Lohse, Die Offenbarung des Johannes, NTD 11, Göttingen [7]1988, 7; O. Böcher, Johannesapokalypse, 41; A. Y. Collins, Dating the Apocalypse of John, BR 26 (1981), (33–45) 41–43; J. Roloff, Offb, 19; U. B. Müller, Offb, 41 f; C. J. Hemer, Letters, 2–12; H. J. Klauck, Sendschreiben nach Pergamon, 161; L. L. Thompson, Book of Revelation, 15; H. Giesen, Offb, 42; T. Holtz, Offb, 10. D. E. Aune, Art. Johannes-Apokalypse, 541, rechnet mit einem längeren editorischen Prozess, „der in den 60er Jahren begann und erst in den späten 90er Jahren, vielleicht auch erst am Anfang der Herrschaft Trajans (98–117 n. Chr.) abgeschlossen war." Frühdatierungen vertreten u. a.: W. Hadorn, Offb, 221 (vor 70 n. Chr.); A. A. Bell, The Date of John's Apokalypse, NTS 25 (1979), 93–102 (68/69 n. Chr.). Für eine Spätdatierung votieren u. a.: H. Kraft, Offb, 10.222 (97/98 n. Chr.); J. W. Taeger, Johannesapokalypse, 22 (Trajan). Th. Witulski, Ein neuer Ansatz zur Datierung der neutestamentlichen Johannesapokalypse, SUNT 30 (2005), 39–60, datiert die Offb in die Zeit Hadrians zwischen 132–135 n. Chr., wofür er als Begründung vor allem den intensivierten Kaiserkult unter Hadrian anführt, der die Aktivitäten Domitians bei weitem übertreffe.

26 Vgl. dazu M. Dräger, Die Städte der Provinz Asia in der Flavierzeit, Frankfurt 1993, 107–229; F. Tóth, Der himmlische Kult, 97–120. Zwischen Ephesus, Smyrna und Pergamon – den drei ersten Gemeinden der Sendschreiben – entwickelte sich besonders z. Zt. Domitians ein erbitterter Rangstreit, der durch den Kaiser gezielt angeheizt wurde.

schichtliches Kolorit erkennen: Offb 6,6 bezieht sich offensichtlich auf den um 92 n. Chr. von Domitian angeordneten und dann nicht durchgeführten Erlass (Suet, Dom 7,2; 14,2), in den Provinzen die Weinberge zu zerstören. Die Wendung *ὁ κύριος καὶ ὁ θεὸς ἡμῶν* (,Unser Herr und Gott') in Offb 4,11 ist in direkter Antithese zu der nach Suet, Dom 13,2, von Domitian geforderten Anrede ,dominus et deus noster' gebildet (vgl. auch Offb 15,4; 19,10; 20,4; 22,9). 5) Die in Offb 13 und 17 vorausgesetzte Legende eines Nero redivivus lässt sich am überzeugendsten mit der Gestalt Domitians verbinden[27]. 6) Die Datierung der Offb zwischen 90–95 n. Chr. fügt sich in eine Traditionsgeschichte der gesamten mit dem Namen Johannes verbundenen Überlieferung ein, an deren Anfang apokalyptische Vorstellungen dominierten (s. u. 9.10: G. Strecker; J. Frey). 7) Auch das vom Seher gezeichnete Bild der (paulinischen) Gemeinden Kleinasiens unterstützt diese zeitliche Ansetzung, die Krisensymptome der inneren Erschlaffung und der Bedrohung durch Irrlehren werden von den Deuteropaulinen bestätigt.

9.4 **Empfänger**

Die angeschriebenen kleinasiatischen Gemeinden stehen offenbar in paulinischer Tradition, die der Seher mit dem Präskript Offb 1,4–5a bewusst aufnimmt. Die Textwelt der Offb lässt vornehmlich an Rezipienten im nichtjüdisch-hellenistischen Bereich denken, man wird jedoch auch mit starken judenchristlichen Minderheiten in den angeschriebenen Gemeinden rechnen müssen[28]. Über die Sozialstruktur der Gemeinden lassen sich nur vage Aussagen machen. Speziell die Gemeinde in der Handelsstadt Laodicea hält sich selbst im theologischen und materiellen Sinn für reich (Offb 3,17f), demgegenüber ist das wirtschaftlich arme Smyrna in Wahrheit reich (Offb 2,9). Möglicherweise gehörten auch Christen zu den in Offb 18,11ff attackierten Kaufleuten. Sie trieben Handel mit der Hure Babylon und wurden reich. Zugleich mussten sie aber das Prägezeichen des Tieres tragen, um kaufen und verkaufen zu können (vgl. Offb 13,16f)[29]. Diese Andeutungen bestätigen das Bild der sozialen Vielschichtigkeit des nachpaulinischen Christentums in Kleinasien (s. o. 5.5.4).

Die Christen sehen sich vielfachen Bedrängnissen ausgesetzt. Von innen bedrohen Irrlehrer (s. u. 9.8) die Identität der Gemeinden (vgl. Offb 2,2; 2,6.15; 2,14, 2,20ff). Aber auch von ,Lauheit' im Glauben ist die Rede (Offb 2,4f; 3,15f), einige Gemeinden sind kraftlos (Offb 3,8) und ,tot' (Offb 3,1). Von außen lasten nicht nur Kriegsgefahr (Offb 6,2–4)[30], Teuerung (Offb 6,5f)[31] und Pressionen von Seiten

27 Vgl. dazu Juv, Sat 4,38, der Domitian als zweiten „kahlen Nero" bezeichnet; vgl. zu weiteren Texten und Theorien H. Giesen, Das Römische Reich im Spiegel der Johannes-Apokalypse, 2566–2570.

28 Vgl. M. Karrer, Johannesoffenbarung als Brief, 151.

29 Vgl. H. J. Klauck, Sendschreiben nach Pergamon, 178f.

der Juden (Offb 2,9f; 3,9) auf den Gemeinden, sondern in Kleinasien herrscht das scheußliche Tier (Offb 12,18–13,10), der römische Imperator, und mit ihm das zweite Tier, die kaiserliche Priesterschaft (Offb 13,11–17; 16,13f; 19,20). Sie propagiert den Herrscherkult als eine für alle Bürger verpflichtende Loyalitätserklärung und zwar in Form der Anbetung des kaiserlichen Standbildes (vgl. Offb 14,9)[32]. In den sieben Städten der Sendschreiben existieren zahlreiche Institutionen des Kaiserkultes[33]. In Ephesus wurde im Kaisertempel eine Statue Domitians in vierfacher Lebensgröße aufgestellt[34], in Pergamon überragte ein Zeustempel die Stadt[35], und auch Smyrna war ein Zentrum des Kaiserkultes.

Die Gemeinden der Offenbarung
© Kohlhammer, Stuttgart

Die Gemeinde sieht sich dem sakral überhöhten Machtanspruch des Römischen Reiches ausgesetzt und stellt ihn in einer ausgeführten Bilder- und Symbolsprache dar. In mythologischer Sprache beschreibt der Seher das Wüten des Tieres (Offb 13; 17; 18), die Sendschreiben liefern den historischen Hintergrund[36]: Christen werden bedrängt (Offb 2,9), ins Gefängnis geworfen (Offb 2,10), und ein

30 Offb 6,2 könnte sich auf die Parthereinfälle beziehen (vgl. Offb 9,13ff; 16,12), Offb 6,3f auf Auseinandersetzungen innerhalb des Reiches; vgl. U.B.Müller, Offb, 167; J.Roloff, Offb, 81.

31 Vgl. hier W.Bousset, Offb, 135f.

32 W.Bousset, Offb, 386, vermerkt mit ausdrücklichem Bezug auf Kap. 14,9–11 zur Tendenz der Apokalypse: „Sie will ein Kriegsmanifest gegen den Cäsarenkultus sein."

33 Vgl. hierzu S.R.F.Price, Rituals and Power. The roman imperial cult in Asia Minor, Cambridge 1984; treffend W.Burkert, Art. Griechische Religion, TRE 14 (1985), 248: „Die ganze politische Organisation Kleinasiens kreist um den Kaiserkult." Eine umfassende Darstellung der religiösen und politischen Dimensionen des Herrscherkultes bietet M.Clauss, Kaiser und Gott. Herrscherkult im römischen Reich, Stuttgart – Leipzig, 1999.

34 Vgl. dazu W.Elliger, Ephesos (s.o. 2.2.2), 96–99.

35 Auf diesen Tempel deuten A.Deissmann, Licht vom Osten (s.o. 2.3.1), 240 A 8; E.Lohmeyer, Offb, 25, den ‚Thron des Satans' in Offb 2,13; für ein Heiligtum des Kaiserkultes plädieren z.B. U.B.Müller, Offb, 110; H.J.Klauck, Sendschreiben nach Pergamon, 161; zur religiösen ‚Infrastruktur' von Pergamon vgl. ebd. 157–159.

36 Die Erwähnung von Verfolgungen bzw. Tötungen in Offb 11,7–9; 13,15; 17,6; 18,24; 20,4 lassen sich innerhalb ihres mythologischen Kontextes nicht sicher auf historische Ereignisse beziehen.

Zeuge wurde bereits getötet (Antipas in Offb 2, 13; vgl. Offb 6,9–11). Die Stunde der Versuchung kommt über den Erdkreis (Offb 3, 10)[37].

Domitian (geb. 51 n. Chr., Kaiser v. 81–96 n. Chr.)[38], der sich seit 85 n. Chr. ‚dominus et deus noster' (Suet, Dom 13, 2) nennen ließ (vgl. Offb 4, 11!), verschärfte gegen Ende seiner Regierungszeit den Druck auf die Opposition (vgl. Suet, Dom 14, 4; 10, 5; 11, 1–3). Neben den schon jahrelang stattfindenden Hinrichtungen von Gegnern (vgl. Dio Cass, 67 31, 1) ließ er 93 n. Chr. alle Philosophen aus Rom und Italien vertreiben (Suet, Dom 10, 3; Dio Cass, 67 13, 1 ff) und veranlasste 95 n. Chr. die Hinrichtung seines Vetters T. Flavius Clemens und die Verbannung dessen Frau Flavia Domitilla[39], die wahrscheinlich Christen waren[40]. Bemerkenswert ist die persönliche Feindschaft zwischen Dion von Prusa (ca. 40–120 n. Chr.) und Domitian. Dion wurde von Domitian verbannt (Dio Chrys, Or 13,1) und äußerte sich in scharfer Form über den Kaiser: „Wie ich meine Verbannung durchgestanden habe, ohne dem Mangel an Freunden, der materiellen Not und körperlichen Hinfälligkeit zu erliegen; wie ich zu dem allen ausgeharrt habe unter einem Feind, der nicht der erste beste von Leuten meines Standes oder, wie sie manchmal genannt werden, von Gleichberechtigten war, sondern der mächtigste und grimmigste, von allen Griechen und Nichtgriechen Herr und Gott genannt, in Wirklichkeit aber ein böser Dämon" (Or 45,1). Auch der Satiriker Martial (ca. 38–102 n. Chr.) spottete wiederholt über Domitian als ‚Herrn und Gott der Welt' und berichtet, dass unter Trajan (98–117 n. Chr.) diese Anrede für den Kaiser abgeschafft wurde (Epigr 4,30; 8,2; 10,72)[41]. Von Statius (geb. Mitte 1. Jh. n. Chr.) wird Domitian als „Führer der Menschen und Vater der Götter"[42] bezeichnet und auf Münzen lässt sich Domitian als erster römischer Kaiser mit dem Blitzbündel Iupiters darstellen[43]. Juvenal

37 Vgl. hierzu H. E. Lona, „Treu bis zum Tod", in: Neues Testament und Ethik (FS R. Schnackenburg), hg. v. H. Merklein, Freiburg 1989, 442–461.

38 Ein Porträt Domitians bieten L. L. Thompson, Book of Revelation, 96–115; Christiana Urner, Kaiser Domitian im Urteil antiker literarischer Quellen und moderner Forschung, Augsburg 1993. Beide Forscher bemühen sich um eine Neubewertung des (düsteren) Domitian-Bildes.

39 Vgl. Dio Cass, 67 14, 1 f: „Im selben Jahr ließ Domitian außer vielen anderen auch den Konsul Flavius Clemens hinrichten, obwohl er sein Vetter war und Flavia Domitilla zur Frau hatte, die mit ihm verwandt war. Beiden wurde Gottlosigkeit (*ἀθεότης*) vorgeworfen, weshalb auch viele andere, die zu den Sitten der Juden (*τὰ τῶν Ἰουδαίων ἤθη*) neigten, verurteilt wurden. Die einen wurden hingerichtet, andere verloren ihr Vermögen. Domitilla wurde nur nach Pandateria verbannt." Zur Analyse des Textes vgl. P. Lampe, Die stadtrömischen Christen (s. o. 2.8.1), 166–172. Er sieht nur in Domitilla eine Christin, Flavius Clemens sei hingegen als Vater möglicher Nachfolger Domitians (vgl. Suet, Dom 15, 1) hingerichtet worden.

40 Vgl. R. Hanslik, Art. Domitian, KP II, 124.

41 Ein Reflex auf die Christenverfolgungen unter Domitian liegt wahrscheinlich in Dio Cass 68 1,2 vor, wo es in einem Bericht über die Neuerungen des Kaisers Nerva heißt: „Ferner ließ Nerva alle, die wegen Majestätsbeleidigung vor Gericht standen, frei, und rief die Verbannten zurück, während er alle Sklaven und Freigelassene, die gegen ihre Herren gearbeitet hatten, hinrichtete und außerdem allen Angehörigen dieses Personenkreises verbot, irgendwelche Klage gegen ihre Herren zu erheben. Und niemand mehr durfte Anzeige wegen Majestätsbeleidigung und wegen Annahme jüdischer Lebensweise (*Ἰουδαϊκοῦ βίου*) erheben. Auch von den Denunzianten wurden viele zum Tode verurteilt, unter ihnen der Philosoph Seras."

42 Statius, Silvae IV 3,139: „Salve, dux hominum et parens deorum".

43 Zu den Inszenierungen Domitians als Gottheit vgl. M. Clauss, Kaiser und Gott, 119–132.

> (geb. um 55 n. Chr.) schließlich bezeichnet den kahlköpfigen Domitian als zweiten Nero[44]. Ob Domitian eine größere Christenverfolgung initiierte, lässt sich nicht mit Sicherheit sagen[45]. Seine Biographen waren in der Regel senatorisch gesinnt (Sueton, Tacitus) und setzten das Bild des Kaisers bewusst herab[46]. Nimmt man jedoch die Aussagen von Dion von Prusa und Martial hinzu, dann ergibt sich ein klares Bild: Domitian galt als willkürlich und unberechenbar und förderte aus persönlichen und politischen Gründen vor allem in Kleinasien den Kaiserkult (s. o. 9.3). Wahrscheinlich führte die Intensivierung des Kaiserkultes in den Gemeinden der Sendschreiben zu lokalen Repressionen[47]. Die Nichtbeteiligung am Kaiserkult konnte Maßnahmen zur Folge haben, wie sie Plinius d. J. (s. o. 7.2.4) teilweise auch schon für die Zeit Domitians voraussetzt[48]: Christen wurden anonym (z. B. durch Propagandisten des Kaiserkultes) angezeigt (Ep X 96, 4 f), sie mussten daraufhin die Götter anrufen, vor der Kaiserstatue Opfer darbringen und Christus lästern (Ep X 96, 5). Verweigerten sie sich und hielten am christlichen Glauben fest, war die Hinrichtung eine mögliche Folge (Ep X 96, 3).

Die Distanzierung der Christen vom Götter- und Herrscherkult dürfte nur ein Grund für die Gefährdung der Gemeinden gewesen sein. Ebenso problematisch war in den Augen des Sehers die lautlose Assimilierung an Ausdrucksformen heidnischer Religiosität (s. u. 9.8). Sie stellte die Reinheit der Endzeitgemeinde in Frage, Anpassung erschien somit als eine subtile Form des Abfalls[49].

9.5 Gliederung, Aufbau, Form

1, 1–3	Anfangsworte
1, 4–8	Brieflicher Eingang
1,9–20	Die Beauftragungsvision
2, 1–3, 22	Die sieben Sendschreiben

44 Juv, Sat 4, 38: „als der letzte Flavier die schon halbentseelte Welt zerfleischte und Rom die Sklavin eines kahlen Nero war …“

45 Vgl. R. Freudenberger, Art. Christenverfolgungen, TRE 8 (1981), 25; K. Aland, Das Verhältnis von Kirche und Staat in der Frühzeit, ANRW II 23, 1, Berlin 1979, (60–246) 224; A. Y. Collins, Crisis and Catharsis. The Power of the Apocalypse, Philadelphia 1984, 69 ff; J. Ulrich, Euseb, HistEccl III, 14–20 und die Frage nach der Christenverfolgung unter Domitian, ZNW 87 (1996), 269–289. Dezidiert gegen die Annahme von Christenverfolgungen unter Domitian wendet sich Ulrike Riemer, Das Tier auf dem Kaiserthron? Eine Untersuchung zur Offenbarung des Johannes als historischer Quelle, Beiträge zur Altertumskunde 114, Stuttgart – Leipzig 1998. Die klassische Gegenposition vertritt E. Stauffer, Christus und die Caesaren (s. o. 9.3), 172: „Wir lesen die Apokalypse mit ganz neuen Augen, wenn wir sie so verstehen als die apostolische Gegenerklärung gegen die Kriegserklärung des Gottkaisers in Rom.“

46 Vgl. R. Hanslik, Art. Domitian, KP II, 125.

47 Vgl. U. B. Müller, Offb, 260.

48 Neben Ep X 96, 6 (20 Jahre zuvor widerriefen Denunzierte ihren Glauben) ist auf Ep X 96, 5 zu verweisen. Hier erwähnt Plinius seine Forderungen an die Christen, „zu denen sich, wie es heißt, überzeugte Christen niemals zwingen lassen“. Dies setzt voraus, dass eine derartige Praxis schon längere Zeit in Kleinasien üblich war!

49 Vgl. U. B. Müller, Offb, 113 u. ö.; H. J. Klauck, Sendschreiben nach Pergamon, 181 f.

4, 1–5, 14	Die Thronsaalvision
6, 1–8, 1	Die Sieben-Siegel-Vision
8, 2–11, 19	Die Sieben-Posaunen-Vision
12, 1–13, 18	Der Widersacher Gottes
14	Das Lamm und die Geretteten
15, 1–16, 21	Die Sieben-Schalen-Vision
17, 1–19, 10	Die Hure Babylon
19, 11–22, 5	Abschlussvisionen
22 , 6–21	Buchschluss

In Offb 1, 19 gibt der Seher einen deutlichen Hinweis auf die Gliederung seines Werkes[50]: „Schreibe nun, was du gesehen hast und was ist und was geschehen wird danach." Die erste Angabe bezieht sich auf die Berufungsvision, die Gegenwart wird in den Sendschreiben, die Zukunft in den folgenden Visionen thematisiert. Die bewusste Aufnahme von Offb 1, 19 in 4, 1 bestätigt diese Strukturierung, auf der Makroebene kann deshalb von einer Zweiteilung gesprochen werden (Sendschreiben/apokalyptischer Teil)[51], wobei Offb 1,9–20 beide Hauptteile einleitet[52].

Während die sieben Sendschreiben eine klare Struktur aufweisen, ist der Aufbau des apokalyptischen Hauptteils nur schwer zu entschlüsseln. Die Zahl Sieben[53] fungiert jedoch auch hier als Gliederungsprinzip, wie die drei großen Visionsreihen zeigen. Die Handlung eines himmlischen Wesens (Lamm, Engel) löst jeweils in siebenfacher Folge Plagen auf der Erde aus (vgl. Offb 6, 1–8, 1; 8, 2–11, 19; 15, 1–16, 21). Die Erwähnung der *letzten* sieben Plagen in Offb 15, 1 zeigt ebenfalls, dass hier eine Komposition vorliegt[54]. Zugleich reicht die Siebenzahl aber nicht aus, um den Aufbau der Offenbarung zu erfassen. Vielmehr muss nach den Intentionen der Stoffanordnung gefragt werden, die identisch mit der Leserführung sind[55]. Eine Schlüsselfunktion kommt der Thronsaalvision Offb 4, 1–5, 14 zu[56], in der die Wirklichkeit der bereits angebrochenen Herrschaft Christi thematisiert wird. Von diesem Heilsindikativ aus darf die Gemeinde die Enthüllung des Kommenden getrost schauen. Die Öffnung der sieben Siegel Offb 6, 1–8, 1 leitet die Darstellung der sich durchsetzenden Macht des Lammes ein. Ein erster Schnitt liegt nach der Vision der ersten sechs Posaunen

50 Vgl. U. B. Müller, Offb, 29; dagegen E. Schüssler-Fiorenza, The Composition and Structure of Revelation, in: dies., The Book of Revelation, 173, die Offb 1, 19 nur auf die Sendschreiben bezieht.

51 Vgl. F. Hahn, Zum Aufbau der Johannesoffenbarung, in: Kirche und Bibel (FS E. Schick), Paderborn 1979, (145–154) 149: Offb 1,9–3, 20; 4, 1–22, 5. Für eine Dreiteilung auf der Makroebene plädiert hingegen M. Karrer, Johannesoffenbarung als Brief, 227: Offb 4–11; 12–19, 10; 19, 11–22, 5. Vgl. ferner N. Baumert, Ein Ruf zur Entscheidung. Aufbau und Botschaft der Offenbarung des Johannes, in: Die Freude an Gott – unsere Kraft (FS O. Knoch), hg. v. H.-J. Degenhardt, Stuttgart 1991, 197–210.

52 Vgl. U. B. Müller, Offb, 30.

53 Vgl. dazu G. G. G. Reinhold (Hg.), Die Zahl Sieben im Alten Orient, Frankfurt 2008.

54 Vgl. U. B. Müller, Offb, 30

55 Vgl. dazu bes. M. Karrer, Johannesoffenbarung als Brief, 224–248.

56 Vgl. J. Roloff, Offb, 66, der diesen Text als theologische Mitte der Offb ansieht. U. B. Müller, Offb, 30, reduziert zu Unrecht Offb 4 zu einem ‚Vorspiel'.

zwischen Offb 9,21 und 10,1 vor, es folgen eingestreute Textkomplexe, bevor Offb 11,15–19 einen deutlichen Abschluss setzt. Ab Kap. 12,1ff erscheinen mit der Frau (12,1) und dem Drachen (12,3) neue Handlungsträger, die das Folgende nachdrücklich bestimmen. Die Tiervision Offb 13 ist als Gegenbild zur Heilsgestalt des Lammes Offb 5 konzipiert. Die Heilsvision in Kap. 14 und die sich anschließende Plagenreihe Offb 15,1–16,21 entsprechen der Abfolge in Offb 7 und 8–9. Der Babylon-Komplex Offb 17–18 wird mit dem Jubel über den Herrschaftserweis Gottes in Offb 19,1–10 abgeschlossen. Ein Neueinsatz liegt wiederum in Offb 19,11 vor, bis Kap. 22,5 dominiert endgültig der Blick auf das Endgeschehen: das allgemeine Weltgericht, die Sammlung der Auserwählten und Gottes endzeitliches Schöpferhandeln. Dabei korrespondiert die Schau des himmlischen Jerusalem in 21,1–25 mit der Thronsaalvision in Offb 4. Der Buchschluss Offb 22,6–21 führt schließlich zum Anfang zurück, er verweist noch einmal auf Jesus als den Urheber des Buches und lässt den eucharistischen Gottesdienst als den Raum erscheinen, wo sich die Visionen der Offb und die Lebenswirklichkeit der Gemeinden verschränken[57]. Insgesamt wird der Aufbau der Offb von einer zielgerichteten Bewegung bestimmt: Gottes Herrschaft setzt sich trotz der Plagen und des endzeitlichen Widersachers durch.

Bei der Formbestimmung ist von der brieflichen Rahmung der Offb auszugehen. Auf das vortitulare Incipit Offb 1,1–3[58] folgt in Offb 1,4–6 ein an der paulinischen Briefkonvention orientiertes, zugleich aber eigenständig akzentuiertes Präskript[59]. Es umfasst superscriptio und adscriptio (V. 4a), eine erweiterte salutatio (V. 4b.5a) und eine Doxologie (V. 5b–6), die an die Stelle der Danksagung tritt. Auch der Schlussgruß in Offb 22,21 ist in Anlehnung an das paulinische Briefformular gestaltet (vgl. 1Thess 5,28; 1Kor 16,23; Phil 4,23). Dem gottesdienstlichen Duktus der Offb entsprechend, schließen die Bitte um das Kommen des Herrn (22,21) und der darauf antwortende Gnadenzuspruch das Werk ab (vgl. 1Kor 16,22.23)[60]. Die briefliche Gestaltung der Offb muss als unmittelbarer Ausdruck der Adressatenbezogenheit des Gesamtwerkes verstanden werden. Der Seher wendet sich an Gemeinden in paulinischer Tradition und eröffnet die Rezeption seiner Botschaft durch den bewussten Rückgriff auf die paulinische Briefkonvention. Die briefliche Ausrichtung der Offb zeigt sich auch deutlich in den Sendschreiben. Der Seher stilisiert sie als briefliche Kommunikationsform[61]; Adressatennennung, Absenderangabe, Schreibbefehl und das ‚Kennen' der Gemeindesituation (vgl. 1Thess 1,3ff) weisen in diese Richtung. Die Sendschreiben sind nach einem festen Formschema[62] gestaltet: 1) Schreibbefehl; 2) Botenformel; 3) Situationsschilderung; 4) Weckruf; 5) Überwinderspruch. Johan-

57 Vgl. J. Roloff, Offb, 209.

58 Vgl. zur Analyse M. Karrer, Johannesoffenbarung als Brief, 86–108.

59 Nachweis bei M. Karrer, a. a. O., 66–83.

60 Vgl. J. Roloff, Offb, 213.

61 Vgl. M. Karrer, Johannesoffenbarung als Brief, 160; U. B. Müller, Offb, 91 f.

62 Vgl. F. Hahn, Sendschreiben, 366ff (bezieht allerdings den Schreibbefehl nicht mit ein); U. B. Müller, Offb, 91–96.

nes knüpft mit den Sendschreiben offensichtlich an die Gattung des Prophetenbriefes an (vgl. Jer 29,4.31; 2 Chr 21,12). Wie die apostolischen Briefe treten auch die Prophetenbriefe an die Stelle des Abwesenden und ermöglichen dessen Einflussnahme auf die aktuelle Gemeindesituation. Darüber hinaus verweisen einzelne Motive in den Sendschreiben bereits auf den folgenden Visionenteil[63]. Hier finden sich neben den Hymnen (s.u. 9.7) als weitere Formelemente bes. die prophetischen Visionen, die Plagenreihen und Zahlenspekulationen[64].

Eine Formbestimmung der Offb auf der Makroebene kann nur gelingen, wenn die für Apokalypsen typischen (Bildersprache, Visionen, Zahlenspiele) und untypischen (keine pseudepigraphischen Angaben) Elemente mit der brieflichen Ausrichtung des Werkes sinnvoll als Einheit begriffen werden. Die Offb zeigt sich dann als zum (Rund-)Brief stilisierte Apokalypse, die den Anspruch erhob, im Gottesdienst verlesen zu werden (vgl. 1 Thess 5,27; Kol 4,16; syrBar 86,1 f; ParJer 7,19)[65]. Die Zweckbestimmung bedingt somit ursächlich die Form und entspricht dem Kommunikationsziel des Autors.

9.6 Literarische Integrität

Die scheinbar fehlenden Verbindungslinien zwischen den Sendschreiben Offb 2–3 und dem apokalyptischen Hauptteil Offb 4–22 führte immer wieder zu literarkritischen Lösungsmodellen. Die Sendschreiben gelten dann entweder als spätere Hinzufügung[66], oder man sieht in ihnen den ältesten Bestandteil der Offenbarung[67]. Als wesentliches Argument gilt in beiden Fällen die unterschiedliche Perspektive der Sendschreiben und des Hauptteils: Hier nur lokale Verfolgungen, dort hingegen universale Notzeit. Die zahlreichen kompositionellen und inhaltlichen Verbindungsli-

63 Vgl. J. Roloff, Offb, 47.

64 Vgl. zur Analyse U. B. Müller, Literarische und formgeschichtliche Bestimmung, 608–618.

65 Vgl. U. B. Müller, Offb, 92. J. Roloff, Offb, 16, nimmt folgende Formbestimmung vor: „Die Offenbarung ist ein prophetisches Schreiben, das zahlreiche apokalyptische Motive und Stilelemente enthält, dessen Form aber vorwiegend durch den Zweck brieflicher Kommunikation geprägt ist." E. Schüssler-Fiorenza, The Composition and Structure of Revelation, 176, meint, „that the author intended to write a work of prophecy in the form of the apostolic letter." M. Karrer, Johannesoffenbarung als Brief, 302 f. 305, betont die literarische Selbständigkeit der Offb, bezeichnet sie als ‚Rundbrief' und charakterisiert sie als einen brieflichen Text der Offenbarungsliteratur, „der in seinem kommunikativen Duktus jüdische wie griechisch-hellenistische und römisch-kaiserliche Offenbarungstraditionen integriert und über das Medium des Briefes mitteilt." Die narrativen Dimensionen der Offb betont z. R. M. E. Boring, Narrative Christology, 703, „‚apocalypse' as a genre of revelatory literature has a narrative framework". D. E. Aune, Revelation I, LXXXIX f, spricht von der Offenbarung als ‚prophetischer Apokalypse'; O. Böcher, Art. Johannes-Apokalypse, 604, betont: „Die J. ist also auch ihrer Gattung nach eine echte Apokalypse."

66 So M. Dibelius, Rom und die Christen im ersten Jahrhundert, in: ders., Botschaft und Geschichte II, Tübingen 1956, (177–228) 223–225; H. Kraft, Offb, 14 f.

67 So R. H. Charles, Revelation I, XCIV.

nien zwischen beiden Abschnitten (s. o. 9.5) sprechen jedoch gegen die Vermutung einer sukzessiven Entstehung der Offb.

Wenig Anklang finden in der neueren Exegese Quellenhypothesen, die um die Wende vom 19. zum 20. Jh. noch eine Blütezeit erlebten[68]. Allgemein aufgegeben wurde die Annahme einer von einem christlichen Redaktor überarbeiteten jüdisch-apokalyptischen Grundschrift. Einfluss gewann allein der Lösungsvorschlag W. Boussets, der eine ‚Fragmenthypothese' vertrat. „Wir nehmen keine Grundschrift mit allmählichen Erweiterungen, keine Quellen und keinen mechanisch arbeitenden Redaktor an, sondern einen apokalyptischen Schriftsteller, der jedoch in vielen Punkten nicht aus freier Hand schuf, sondern ältere apokalyptische Fragmente und Überlieferungen, deren Überlieferung vorläufig und dunkel bleibt, verarbeitete."[69] Dieses Modell nimmt den komplexen traditionsgeschichtlichen Hintergrund der Offb ernst (s. u. 9.7) und hebt sich durch Flexibilität und Offenheit von Grundschrifthypothesen ab[70]. Plausibler ist jedoch die Annahme, dass sich vermeintliche Spannungen aus dem heterogenen (und teilweise schriftlichen[71]) Material und den redaktionellen Tendenzen des Verfassers ergeben[72]. „Die Offenbarung ist, was ihre Gesamtkomposition betrifft, als ein einheitliches, konsequent aufgebautes Werk zu beurteilen, das vom theologischen Willen seines Verfassers vom Anfang bis zum Ende geprägt ist."[73]

9.7 Traditionen, Quellen

Als Hauptquelle dient dem Seher das Alte Testament. Zahllose Anspielungen prägen sein Werk[74], umfangreichere Zitatanklänge/Zitatfragmente bzw. Zitate[75] aus dem Alten Testament finden sich in Offb 1,7; 2,27; 4,8; 6,16; 7,16.17; 11,11; 14,5; 15,3.4; 19,15; 20,9; 21,4.7. Zitate und Anklänge sind teilweise von der LXX oder anderen späteren Übersetzungen beeinflusst, vielfach zeigt sich aber eine eigene Kenntnis des hebräischen oder aramäischen Textes[76]. Beständig herangezogen werden Ezechiel,

68 Zur Forschungsgeschichte vgl. W. Bousset, Offb, 108ff.234ff; O. Böcher, Johannesapokalypse, 11ff.

69 W. Bousset, Offb, 129.

70 Positiv aufgenommen wurde der Ansatz Boussets u. a. von W. G. Kümmel, Einleitung, 409; Ph. Vielhauer, Urchristliche Literatur, 500; H. M. Schenke – K. M. Fischer, Einleitung II, 294. 312.

71 Traditionelle Stücke könnten hinter Offb 11, 1–14; 12, 1–5. 14–16; 14, 6–20; 17,8–18; 18, 1–24 stehen.

72 Vgl. U. B. Müller, Offb, 38f.

73 J. Roloff, Offb, 21. Mit einem Wachstum der Offb in zwei Stufen rechnet hingegen D. E. Aune; vgl. ders., Revelation I, CXX–CXXXIV. Die ‚First Edition' umfasste Offb 1,7–12a; 4, 1–22, 5, die ‚Second-Edition' 1, 1–3.4–6; 1, 12b–3, 22; 22, 6–21. Der Autor/Herausgeber sammelte über längere Zeit (20–30 Jahre) sehr verschiedenartiges Material und fügte es in zwei Schritten mit jeweils neuen theologischen Intentionen zum vorliegenden Werk zusammen.

74 Nach A. Wikenhauser – J. Schmid, Einleitung, 643, bezieht sich der Seher ca. 580mal auf das AT.

75 Die Bemerkung W. G. Kümmels, Einleitung, 411, es finde „sich kein einziges wörtliches Zitat" aus dem AT in der Offb, ist unzutreffend. Wörtliche Zitate aus der LXX liegen in Offb 4,8; 15,4; 19,15; 20,9 vor.

76 Vgl. hierzu R. H. Charles, Revelation I, LXVI–LXXXII.

Jesaja, Jeremia, Daniel und die Psalmen[77]. Auch aus dem hellenistischen Bereich nimmt die Offb Traditionselemente auf[78].

Die zweite große Traditionsquelle der Offb ist der Gottesdienst. Die liturgische Ausrichtung des Werkes tritt in Offb 1,10 und 22,20 offen zutage: Der Seher empfängt seine Vision am Herrentag und verweist auf das Herrenmahl, um die im Gottesdienst hörende Gemeinde unmittelbar in das Geschehen mit hineinzunehmen (vgl. Offb 3,20). Die hymnischen Stücke der Offb[79] sind zumeist als Antiphone komponiert (vgl. Offb 4,9/11; 5,9b–10/12; 7,10b/12; 11,15b/17f; 16,5b–6/7b; 19,1b–8a). An traditionellen Formen finden sich u.a.: a) Doxologien (Offb 1,6; 4,9; 5,13; 7,12); b) Trishagion (Offb 4,8c); c) Axios-Akklamationen (Offb 4,11; 5,9b–10; 5,12); d) Dankgebet (Offb 11,17f); e) Gerichtsdoxologie (Offb 16,5–7); f) Gottesprädikationen im Nominalstil (Offb 4,8.11; 15,3; 16,7; 19,6) und Partizipialstil (Offb 4,9; 5,13; 7,10; 11,17; 16,5); g) Parallelismus membrorum (Offb 4,11; 5,9f; 11,15.17; 12,11.12; 13,4; 15,3f; 16,6); h) Klageruf der Märtyrer (Offb 6,10); i) Siegesrufe (Offb 7,10; 12,10; 19,1); j) Lobpreisbegründungen im *ὅτι*-Satz (Offb 4,11; 5,9; 11,17; 12,10; 15,4; 16,5; 18,20; 19,2.6). Die hymnischen Stücke stehen zumeist an exponierter Stelle (vgl. Offb 4,8ff; 5,9ff; 11,15ff; 15,3f; 16,5f; 19,1ff). Sie preisen Gott für die vorangehenden oder folgenden Ereignisse und lenken so den Blick von den irdischen Drangsalen hin zur Herrlichkeit Gottes[80]. Zumeist werden die hymnischen Texte als Widerspiegelung gottesdienstlichen Geschehens angesehen. Dafür können neben den genannten Formen die respondierenden Elemente in der Offb sprechen (Strophen, Antiphonen, *ἀμήν* in Offb 5,14; 7,12a; 19,4, Halleluja als Lobpreisaufruf in Offb 19,1.3.4.6). Allerdings will es nicht gelingen, daraus in irgendeiner Form eine Gottesdienstordnung zu rekonstruieren[81].

Unterschiedlich beantwortet die neuere Forschung die Frage, ob der Seher vorgegebene (begrenzte) Quellen oder Traditionen in sein Werk aufnahm. Erwogen wird ein traditioneller Charakter z.B. für Offb 11; 12[82] bzw. Offb 10,1–11; 11,1–14; 14,6–20; 17,8–18 und 18,1–24[83].

77 Ezechiel ist für den Seher die bevorzugte atl. Referenzschrift; vgl. dazu B. Kowalski, Die Rezeption des Propheten Ezechiel in der Offenbarung des Johannes, SBS 52, Stuttgart 2004; D. Sänger (Hg.), Das Ezechielbuch in der Johannesoffenbarung, BThSt 76, Neukirchen 2006.

78 Vgl. O. Böcher, Hellenistisches in der Apokalypse des Johannes, in: Geschichte – Tradition – Reflexion III (FS M. Hengel), hg. v. H. Lichtenberger, Tübingen 1996, 473–492; F. Tóth, Kult als Wirklichkeitskonstruktion, 75–120.

79 Vgl. dazu G. Delling, Zum gottesdienstlichen Stil, passim; K. P. Jörns, Das hymnische Evangelium, passim; R. Deichgräber, Gotteshymnus und Christushymnus (s. o. 5.2.7), 44–59.

80 Nach G. Delling, Zum gottesdienstlichen Stil, 448, deuten die gottesdienstlichen Stücke der Offb das apokalyptische Geschehen; anders K. P. Jörns, Das himmlische Evangelium, 175–178, der auf den proleptischen Charakter der Hymnen hinweist.

81 Vgl. K. P. Jörns, Das himmlische Evangelium, 180ff.

82 Vgl. U. B. Müller, Offb, 39.

83 Vgl. J. Roloff, Offb, 22.

9.8 Religionsgeschichtliche Stellung

In den Sendschreiben setzt sich der Seher intensiv mit der inneren Verfassung der angeschriebenen Gemeinden auseinander und greift gegnerische Strömungen an[84]. Die Verwendung von *διδαχή* (Offb 2, 14. 15. 24) und *διδάσκειν* (Offb 2, 14. 20) lässt darauf schließen, dass Lehrstreitigkeiten den Hintergrund der Kontroverse bilden. In der Gemeinde von Pergamon gibt es Christen, die sich an die Lehre Bileams halten; der Seher nennt dies Götzenopferfleisch essen und Unzucht treiben (Offb 2, 14). Bileam erscheint auch in Jud 11; 2 Petr 2, 15 f als Prototyp des habgierigen Irrlehrers, hier wie dort wirkt das negative Bild Bileams in der jüdischen Traditionsgeschichte nach[85]. Die Lehre der Nikolaiten (vgl. Offb 2, 6) wird in Offb 2, 15 durch *οὕτως* und *ὁμοίως* mit den zuvor attackierten Anschauungen parallelisiert. In Thyatira tritt eine Prophetin (Isebel)[86] auf, die ebenfalls Gemeindeglieder zum Essen von Götzenopferfleisch und zur Unzucht verführt (Offb 2, 20). Johannes setzt sich wahrscheinlich mit einer relativ gleichförmigen gegnerischen Strömung auseinander[87]. Von Propheten/Prophetinnen getragen, gewann sie in den Gemeinden von Ephesus, Pergamon und Thyatira[88] in unterschiedlichster Weise Einfluss. Johannes disqualifiziert die andere Lehre durch atl. Decknamen[89] und erhebt die Frage nach dem Verzehr von Götzenopferfleisch zum zentralen Streitpunkt. Das verborgene himmlische Manna werden nur jene essen, die sich von den irdischen sakralen Mahlzeiten fernhalten (vgl. Offb 2, 17). Das Essen von Götzenopferfleisch war in der Antike bei normalen Kontakten mit der heidnischen Umgebung kaum zu vermeiden und führte schon bei Paulus zu Konflikten in den Gemeinden (vgl. 1 Kor 8–10). Die entscheidende Differenz zwischen dem Seher und seinen Gegnern dürfte in Offb 2, 24 f sichtbar werden, wo in auffallender Nähe zum Aposteldekret (Apg 15, 28 f)[90] der Gemeinde in Thyatira mitgeteilt wird: „Ich werfe keine andere Last auf euch – außer: Was ihr habt, haltet fest, bis ich komme." Wie in Apg 15, 28 bezeichnet *βάρος* in Offb 2, 24 gesetzliche Mindestauflagen, die auch für Heidenchristen gelten. Wahrscheinlich hoben die Gegner in ihrer Lehre dieses Mindestmaß an gesetzlichen Verpflichtungen auf und beriefen sich dafür auf besondere Einsichten (vgl. die ‚Tiefen des Satans' in Offb 2, 24 mit 1 Kor 2, 10). Die Erkenntnis des einen wahren Gottes (vgl. 1 Kor 8, 4. 6) ermöglichte ihnen den unbefan-

84 Die Gegner in Smyrna und Philadelphia gehören nicht in diesen Zusammenhang, hier herrschen Spannungen zwischen der christlichen und jüdischen Gemeinde (vgl. Offb 2,9 f; 3,9).

85 Das positive Bild in Num 22–24 verändert sich schon in Num 31, 16; vgl. ferner Philo, VitMos I 296–299; Jos, Ant IV 129 f.

86 Vgl. 1 Kön 16, 29–33; 18, 19; 19, 2.

87 Vgl. U. B. Müller, Offb, 112. 118; H. J. Klauck, Sendschreiben nach Pergamon, 166.

88 Auch in Sardes (vgl. Offb 3, 4) wird mit dem Einfluss der Irrlehre zu rechnen sein.

89 Nach J. Roloff, Offb, 54, geht die Wendung ‚Lehre Bileams' auf die Gegner zurück.

90 Vgl. U. B. Müller, Zur frühchristlichen Theologiegeschichte (s. o. 5), 17–21. Die von M. Karrer, Johannesoffenbarung als Brief, 201 f, geäußerte Skepsis gegenüber dieser Auslegungslinie vermag ich nicht zu teilen.

genen Kontakt mit der heidnischen Gesellschaft, in den Augen des Sehers eine falsche Kompromissbereitschaft und gefährliche Anpassungsstrategie. Demgegenüber fordert er ein Mindestmaß an Distanz gegenüber dem heidnischen Staat und seinen vielfältigen Formen der Religionsausübung, um dem Götzendienst zu entfliehen.

Wie lässt sich die gegnerische Gruppierung in die Geschichte des Urchristentums einordnen? Einen Hinweis liefert die Namensgebung. Der Proselyt Nikolaos (Apg 6,5) passt gut in die Ahnengalerie eines radikalisierten nachpaulinischen Christentums, das sich für seine Haltung auf die Anfänge des Christentums in Jerusalem berief. Die Nikolaiten leugneten jegliche Verbindlichkeit atl. Gesetze und begründeten dies mit ihrer besonderen Gotteserkenntnis. Sie traten auch als Wanderapostel bzw. Propheten auf (vgl. Offb 2,2.20)[91] und propagierten mit Erfolg einen offenen Umgang mit der heidnischen Umwelt, ihren Institutionen und ihren nichtigen Ritualen. Diese Haltung ist keineswegs Ausdruck eines gnostischen Selbstbewusstseins[92], sondern erklärt sich aus einem enthusiastischen nachpaulinischen Christentum[93], das sich auf dem Weg zur Gnosis des 2. Jhs. befindet[94].

Insgesamt zeichnet sich die Johannesoffenbarung durch einen breiten religionsgeschichtlichen Hintergrund aus. Der Seher Johannes verarbeitet sehr unterschiedliches Traditionswissen. Offenkundig sind dabei die zahlreichen Schriftbezüge, die ihn als einen schriftgelehrten Propheten ausweisen (vgl. z.B. Offb 12)[95]. Zugleich finden sich bei ihm zahlreiche Motive und Anleihen aus dem griechisch-römischen Bereich[96], die seine kulturgeschichtliche Weite dokumentieren.

9.9 Theologische Grundgedanken

Der Seher Johannes schreibt sein Werk im Horizont der bereits angebrochenen und sich durchsetzenden Herrschaft Gottes. Die Herrscher- und Richterfunktion Gottes

91 Vgl. U.B. Müller, Offb, 101.

92 Gegen J. Roloff, Offb, 49.54 u.ö.; M. Karrer, Johannesoffenbarung als Brief, 99.102, die von Gnosis oder gnostisierenden Tendenzen sprechen, ohne zuvor ‚Gnosis' definiert zu haben. Auch E. Schüssler-Fiorenza, Apocalyptic and Gnosis in Revelation and in Paul, in: dies., Book of Revelation, 115–117; H. Kraft, Offb, 87–94 (die Nikolaiten können mit den Doketen der Ignatiusbriefe gleichgesetzt werden); H. Köster, Einführung, 689; A. Strobel, Art. Apokalypse, 187, ordnen die Gegner (zumindest tendenziell) der Gnosis zu. R. Heiligenthal, Wer waren die ‚Nikolaiten'?, ZNW 82 (1991), 133–137, weist darauf hin, dass die ‚Nikolaiten' in der antihäretischen Literatur der Kirchenväter keineswegs nur als Gnostiker verstanden wurden.

93 Vgl. zur exemplarischen Begründung U.B. Müller, Offb, 96–99. R. Heiligenthal, Wer waren die ‚Nikolaiten'?, 136f, sieht die Nikolaiten zwar in paulinischer Traditionslinie, vermutet aber zugleich als Hintergrund (wie bei den Gegnern des Jud) einen paganen aufgeklärten Skeptizismus, der einen kultischen Reinheitsbegriff ablehnt.

94 Vgl. H.J. Klauck, Sendschreiben nach Pergamon, 169.

95 Den Nachweis führt J. Dochhorn, Schriftgelehrte Prophetie, 393: „Apc Joh 12 ist damit als ein Produkt schriftgelehrter Prophetie interpretiert worden."

96 Ein Beispiel bearbeitet M. Karrer, Apoll und die apokalyptischen Reiter, in: M. Labahn/M. Karrer (Hg.), Die Johannesoffenbarung – Ihr Text und ihre Auslegung, 223–251.

bestimmt sein Denken, die Weltgeschichte wird als Endgeschichte interpretiert. Gottes Schöpferhandeln vor aller Zeit (vgl. Offb 4,11, 10,6; 14,7) findet nun in seinem endzeitlichen Handeln eine Entsprechung, es gilt: „Siehe, ich mache alles neu" (Offb 21,5). Der Teufel in seiner irdischen Gestalt des Drachens (Offb 12,12f) vermag nur noch für eine kurze Zeit die Gemeinde zu bedrängen, denn Gott kommt (vgl. Offb 1,4.8; 4,8; 22,6f). Als *παντοκράτωρ* (Offb 1,8; 4,8; 11,17; 15,3; 16,7.14; 19,6.15; 21,22) wird Gott durch seine ‚gerechten Gerichte' (Offb 15,3f; 16,5–7) die Satansgestalt des Römischen Reiches und alle Gottlosen vernichten. Der theozentrische Grundzug[97] der Offb ergibt sich folgerichtig aus dem Gottesbegriff, der durch den Macht-, Herrschafts- und Gerichtsaspekt geprägt ist.

Grundlage der Christologie ist die Heilstat Gottes in Christus. Sie stiftet eschatologisches Heil und rettet aus dem Machtbereich der Welt (vgl. z.B. Offb 1,5b.6; 5,9f; 7,15; 12,11). Die besondere Würde Jesu bringt der Titel *ἀρνίον* (28 titulare Belege in der Offb) zum Ausdruck[98], der gleichermaßen Jesu Hingabe für die Seinen und seine Herrscherstellung umfasst (Offb 5,6)[99]. Die Würde des Lammes beruht auf seiner Niedrigkeit (vgl. Offb 5,9.12), der Erstgeborene von den Toten (Offb 1,5) ist das erwürgte Lamm. Jesus agiert als Beauftragter Gottes, Offb 5 schildert ausdrücklich seine Einsetzung zur Durchsetzung des endzeitlichen Geschichtsplanes Gottes[100]. Im Gegensatz zum Johannesevangelium (vgl. Joh 10,30) kennt die Offb keine Wesensgleichheit zwischen Gott und Christus, wohl aber eine „Funktionseinheit"[101]. Christus vollzieht Gottes rettendes und richtendes Handeln im Kampf mit den widergöttlichen Mächten. Für die Gemeinde ist Christus der gegenwärtige Herr (vgl. Offb 2–3), er spricht sie direkt an, mahnt und tröstet sie. Bereits jetzt hat Christus die Glaubenden durch seinen Opfertod zur Herrschaft und zu Priestern eingesetzt (Offb 1,6; 5,10), aber erst in der Zukunft wird dies offenbar werden (vgl. Offb 20,6; 22,5). In Wahrheit ist die Macht der Welt bereits gebrochen, aber erst bei seiner Parusie setzt der erhöhte Christus die Macht Gottes endgültig und sichtbar als Erneuerung von Himmel und Erde durch (vgl. Offb 19,11ff). In der Zwischenzeit tragen die Christen das Siegel des lebendigen Gottes (vgl. Offb 7,1–8; 3,12), die Gottlosen hingegen sind ohne Siegel den Versuchungen des Satans schutzlos ausgeliefert (Offb 9,4). Ein

97 Vgl. dazu T. Holtz, Gott in der Apokalypse, in: J. Lambrecht (Hg.), L'Apokalypse, 247–265. Treffend K. Backhaus, Die Vision vom ganz Anderen, in: ders. (Hg.), Theologie als Vision, 26: „Der Seher plädiert für einen theozentrischen Identitätsentwurf des Christentums, der für ihn eine Integrationsverweigerung gegenüber der (reichsrömisch-kleinasiatischen) Welt einschließt."

98 Vgl. dazu T. Holtz, Christologie, 78–80; U. B. Müller, Offb, 160–162.

99 Vgl. O. Böcher, Johannesapokalypse, 47, der *ἀρνίον* mit ‚Widder' übersetzen möchte, um so Ohnmacht und Macht des himmlischen Messias zum Ausdruck zu bringen. Demgegenüber weist O. Hofius, *'Αρνίον* – Widder oder Lamm? ZNW 89 (1998), 272–281, darauf hin, dass philologisch alles dafür spricht, *ἀρνίον* mit ‚Lamm' zu übersetzen.

100 Vgl. zu Offb 5 bes. T. Holtz, Christologie, 27–54.

101 U. B. Müller, Offb, 55. Subordinatianische Züge sind allerdings unverkennbar; vgl. nur Offb 1,13; 14,14; ferner die Wendung ‚sein Gesalbter' in Offb 11,15; 12,10; 20,4.6.

Grundgedanke prägt somit die Christologie der Offb: Christus ist zugleich der in der Gegenwart Herrschende und der in der Zukunft Kommende.

Dem Nachweis der gegenwärtigen Heilswirklichkeit gelten auch die eschatologischen Aussagen der Offb. Basis der Eschatologie sind die heilspräsentischen Aussagen in Offb 1,5b.6; 5,9f; 14,3f, die Christen sind durch den Opfertod des Lammes schon Teilhaber an der Königsherrschaft (Offb 1,9)[102]. Die zukünftigen Ereignisse erbringen nicht die grundlegende Wende der Geschichte, sondern sie sind die Bewährung der Macht Gottes[103]. Weil das Lamm den Drachen in Wahrheit schon besiegt hat, kann Christus den Gemeinden sagen: „Siehe, ich komme bald" (Offb 3,11; vgl. 1,7; 2,16; 3,11.20; 4,8; 22,7.12.17.20). Die hereinbrechenden Ereignisse können die Gemeinden nicht überwinden, wenn sie ausharren und erkennen, wie Gottes Handeln in der Geschichte sich vollzog und sich nun vollenden wird. Die im Tod des Lammes begründete Gegenwärtigkeit des zukünftigen Heils prägt die Eschatologie der Offb, in der Gegenwart beginnt sich trotz des Widerstandes der Welt durchzusetzen, was Johannes im himmlischen Bereich schon als vollendet schauen darf[104].

Die Grundlage der Ethik des Sehers formuliert Offb 1,5: Die Christen sind durch das Heilshandeln Gottes in Jesus Christus den Sünden der Vergangenheit entnommen. Auf diesem Indikativ basiert der radikale Imperativ[105]; der Seher fordert eine klare Abgrenzung von der heidnischen Welt, die sich in den Werken der Gemeinde zeigen muss, denn das Gericht ergeht nach den Werken (vgl. Offb 2,23; 20,12f). Die Werke ergeben sich für Johannes als natürliche Folge aus dem empfangenen Heilswerk Jesu Christi[106], an keiner Stelle werden sie an das jüdische Gesetz gebunden (*νόμος* fehlt!). In den Überwindersprüchen (vgl. Offb 2,7.11.17.26; 3,5.12.21) tritt die ethische Konzeption der Offb deutlich hervor: Die Verheißung der zukünftigen Durchsetzung der Herrschaft Gottes motiviert zur Standhaftigkeit gegenüber den Verführungen in der Jetztzeit. Das Dulden und Leiden der Christen wird in Entsprechung zum Leiden Christi gesehen (vgl. Offb 2,3; 6,9). Positiv entspricht dem die Einsetzung der Christen in den Herrschaftsbereich Gottes am Ende der Zeiten (vgl. Offb 3,21; 20,4).

Die Ekklesiologie des Sehers ist vom Gedanken einer bruderschaftlichen Kirche geprägt. Johannes bezeichnet sich als Mitbruder (Offb 1,9; 19,10; 22,9), er hat Anteil

102 Vgl. T. Holtz, Christologie, 70: „Die Erlösung der Gemeinde ist gegenwärtige Wirklichkeit; sie hat das als Besitz, was einst der Gemeinde des alten Bundes als eschatologische Gabe verheißen war."

103 Vgl. M. Karrer, Johannesoffenbarung als Brief, 136.

104 Abwegig ist angesichts der bewussten Zuordnung von Gegenwart und Zukunft die These von B. J. Malina, On the Genre and Message of Revelation, 266, Johannes vertrete als ‚astral prophet' ausschließlich eine präsentische Eschatologie: „It seems quite certain that ancient Mediterraneans were not future-oriented at all. In other words, there is nothing in the book of Revelation that refers to the future. Even the new Jerusalem is descending right now."

105 Zur Verbindung von Offb 1,5f und Offb 5 vgl. T. Holtz, Christologie, 70f.

106 Vgl. T. Holtz, Die „Werke" in der Johannesapokalypse, in: Neues Testament und Ethik (FS R. Schnackenburg), hg. v. H. Merklein, Freiburg 1989, 426–441.

an den gegenwärtigen Bedrängnissen der Gemeinden. Alle Gemeindeglieder sind Knechte (vgl. Offb 2,20; 7,3; 19,2.5; 22,3), auch die Engel erscheinen nur als Mitknechte (vgl. Offb 22,9)[107]. Sogar Christus wird sich mit den Christen brüderlich den Thron teilen (vgl. Offb 3,21; 20,6; 21,7). Diese Grundkonzeption erklärt das auffällige Schweigen zu Amtsstrukturen, die für das ausgehende Jahrhundert in Kleinasien vorauszusetzen sind (Past, Ign)[108]. Johannes erwähnt allein das Prophetenamt, ohne es aber als Institution zu kennzeichnen. In ökumenischer Perspektive nimmt er die Probleme der Einzelgemeinde ernst, weil sie über das Schicksal der Gesamtkirche entscheiden werden.

Insgesamt geht es der Offb „um den Erweis der Gültigkeit und Sicherheit der Herrschaft Gottes und Jesu als seines Gesalbten, des Lammes, die den ihnen Zugehörigen Heil gewährt und gewährleistet."[109] Diesem Anliegen dienen auch die mythologische Sprache und die Bilderwelt, es gilt: „The Dass not the Was or Wie, is the focus of John's concern."[110] Dieser Grundperspektive wird nicht eine linear-endgeschichtliche, sondern eine konzentrische Auslegung gerecht, die Jesu bereits erfolgten Herrschaftsantritt als Mitte des Denkens des Sehers begreift.

9.10 Tendenzen der neueren Forschung

Ein großer Konsens besteht in der Forschung über die Verfasserfrage; die Offb wurde nach fast einhelliger Auffassung nicht vom Apostel und Zebedaiden Johannes geschrieben. Weitaus kontroverser wird neuerdings das Verhältnis der Offb zu den Schriften der joh. Schule beurteilt. Während J. Roloff, U. B. Müller, E. Schüssler-Fiorenza und E. Lohse die relative Eigenständigkeit der Offenbarung betonen, sehen O. Böcher, vor allem aber J. W. Taeger die Offenbarung in großer Nähe zu den anderen joh. Schriften (s. o. 8.1.3). „Die Frage einer Zugehörigkeit der Apk zum johanneischen Schriftenkreis ist nicht nur vermutungsweise, sondern durchaus begründet offenzuhalten."[111] Während Taeger die Offb in der Wirkungsgeschichte des 4. Evangeliums interpretiert, sieht G. Strecker die chiliastischen bzw. apokalyptischen Anschauungen als Traditionsgut aus den Anfängen der joh. Schule an[112].

Zumeist gelten nach wie vor die letzten Regierungsjahre Domitians als der zeitgeschichtliche Hintergrund, auf dem die Offb gelesen werden muss. Die Annahme ei-

107 Nach M. Karrer, Johannesoffenbarung als Brief, 169–186, reduziert der Seher bewusst die Stellung und Funktion der Engel, weil sie bei den Adressaten eine von Christus unabhängige Verehrung genossen.

108 U. B. Müller, Zur frühchristlichen Theologiegeschichte (s. o. 5), 33 f, vermutet, dass Johannes bewusst diese Strukturen ignorierte und deshalb an die Gemeindeengel als himmlische Repräsentanten der Gemeinden schrieb.

109 M. Karrer, Johannesoffenbarung als Brief, 247.

110 M. E. Boring, Christology in the Apocalypse, 718.

111 J. W. Taeger, Johannesapokalypse, 206.

112 Vgl. G. Strecker, Literaturgeschichte (s. o. 1.2), 275; ferner J. Frey, Erwägungen, 414 ff.

ner allgemeinen Christenverfolgung unter Domitian wird jedoch in der neueren Forschung zunehmend problematisiert, an ihre Stelle treten als Erklärungsmodell lokale Auseinandersetzungen zwischen den christlichen Gemeinden und ihrer heidnischen Umwelt (U. B. Müller, J. Roloff, H. J. Klauck, H. Giesen). Nicht das (selten geforderte) Opfer vor dem Kaiserbild stellt für Johannes das Hauptproblem dar. „Als viel gefährlicher betrachtet der Apokalyptiker den ‚weichen' Kaiserkult, wenn jemand z. B. in einer Festmenge lediglich mitlief oder an einem geselligen Vereinsmahl mit religiösen Obertönen teilnahm, weil er sich dem aus beruflichen Rücksichten nicht gut verschließen zu können glaubte und die Bekenntnisfrage davon überhaupt nicht tangiert sah."[113] Die Polemik des Sehers gegen innergemeindliche Strömungen zeugt zudem von einer Kontroverse in den Gemeinden über Nähe und Distanz zur hellenistisch-römischen Gesellschaft. Hier kristallisieren sich deutlich zwei Interpretationsrichtungen heraus: Die gegnerische Strömung wird entweder im Kontext frühchristlicher Gnosis (E. Schüssler-Fiorenza, J. Roloff, M. Karrer) oder der Wirkungsgeschichte paulinischer Theologie (U. B. Müller) gesehen. Eine andere zeitgeschichtliche Verortung der Offb nimmt Th. Witulski vor; sie gehört für ihn in die Zeit Hadrians (117–138 n. Chr.) und wurde zwischen 132 und 135 verfasst: „Gegen christliche Kreise, die eine Beteiligung von Christen an der kultisch-religiösen Verehrung Hadrians für möglich hielten und auch theologisch zu rechtfertigen suchten, fordert der Apokalyptiker seine Adressaten zu kompromissloser Verweigerung auf und ermahnt sie, auch angesichts von Repressalien ihrer heidnisch geprägten Umwelt standhaft und glaubenstreu zu bleiben."[114]

In das Zentrum der Apokalypseforschung rückte in den letzten Jahrzehnten die Frage nach dem literarischen Genus des Gesamtwerkes. Nachdem bereits E. Schüssler-Fiorenza, U. B. Müller und J. Roloff die briefliche Struktur der Offb herausgearbeitet hatten, betont M. Karrer: Das gesamte „Werk ist brieflich aktuell auf eine bestimmte Situation hin geschrieben."[115] Dieser rezeptionsästhetische Ansatz bewährt sich zweifellos für Offb 1–3, für den Visionenteil steht der Nachweis noch aus[116]. Die theologische Zielsetzung der Offb wird übereinstimmend in der Stärkung der Heilsgewissheit der in der Gegenwart angefochtenen Gemeinden gesehen. Ihr primäres Anliegen liegt aber nicht in der Tröstung der Gemeinde[117], sondern in dem entschiedenen Appell, Gegenwart und Zukunft im Horizont des machtvollen Heilshandelns Gottes zu begreifen. Die Offenbarung will nicht verschlüsseln, sondern öffnen, sicht- und einsehbar machen; nicht spekulative Aus-Sichten, sondern Ein-Sichten sollen vermittelt werden[118].

113 H. J. Klauck, Sendschreiben nach Pergamon, 181. Klauck sieht aus textpragmatischer Perspektive in der Aufforderung „Zieht fort aus ihr (sc. die große Stadt Babylon), mein Volk" (Offb 18,4) das Hauptanliegen des Verfassers (vgl. a. a. O., 176–180).

114 Th. Witulski, Johannesoffenbarung, 350.

115 M. Karrer, Johannesoffenbarung als Brief, 30.

116 Kaum zufällig behandelt M. Karrer, a. a. O., 220–281, den 2. Hauptteil der Offb nur summarisch.

117 Anders z. B. W. G. Kümmel, Einleitung, 407, der die Offb als ‚Trostbuch' bezeichnet.

118 Vgl. K. Backhaus, Apokalyptische Bilder? Die

Durch neue sozialgeschichtliche, textwissenschaftliche und hermeneutische Fragestellungen entwickelte sich in den letzten Jahren die Apokalypseforschung zu einem Schwerpunkt der ntl. Exegese. F. Tóth unternimmt eine sinntheoretische Deutung, wonach der Autor der Offb eine beeindruckende Sakralarchitektur entwickelt, die als himmlische Kultwirklichkeit die irdischen Geschehnisse und Widerfahrnisse neu deutet und verstehbar macht. „Die Offenbarung des Johannes bietet ein umfangreiches, die Lebenswelt und das geschichtliche Bewusstsein umgreifendes Deutungskonzept, in dem der Erfahrungs- und der Erwartungshorizont in eine *kultische Matrix* gefasst sind. Der Kult bietet dabei gleichsam den Deutungshorizont, besser Deutungs*raum*, für die apokalyptische Heils- bzw. Unheilserwartung."[119] M. Labahn sieht in der Apokalypse eine subversive Erzählung, die vom Himmel her die Welt neu deutet, um den Lesern das wahre Wesen des Römischen Reiches vor Augen zu führen: „Die Johannesoffenbarung lässt sich als eine subversive *Erzählung* bezeichnen. Sie wertet die bestehenden politischen, sozialen und religiösen Strukturen durch den von Gott dem Erzähler vermittelten Einblick in den himmlischen Thronsaal und das dort ausgelöste, bald eintreffende Geschehen radikal um (Offb 1, 1–3). Das scheinbar Feststehende, das Römische Reich mit seinem vor allem auch in Kleinasien religiös verehrten Kaiser als Herrscher, wird durch die Erzählung auf dessen Endlichkeit hin durchleuchtet; dadurch wird Widerstand ermöglicht, den die Offenbarung im Bewahren des Wortes Gottes und des Zeugnisses für Christus bestimmt."[120] Ein weiterer Forschungsschwerpunkt der neuesten Apokalypseforschung ist die Textgeschichte (u. a. M. Karrer, M. Labahn)[121]. Hier zeigt sich, dass insbesondere der Alexandrinus (A 02) in vielen Fällen eine ältere Textform aufbewahrt hat als Papyri oder der Sinaiticus (vgl. Offb 4,3; 5,10; 22,21).

Vernunft der Vision in der Johannes-Offenbarung, EvTh 64 (2004), 421–437.

119 F. Tóth, Der himmlische Kult, 509.

120 M. Labahn, Teufelsgeschichten. Satan und seine Helfer in der Johannesapokalypse, ZNT 28 (2011), (33–42) 33; vgl. ferner ders., ‚Apokalyptische' Geographie, in: M. Labahn/O. Lehtipuu (Hg.), Imagery, 107–143.

121 Vgl. neben neben dem Sammelband M. Labahn/M. Karrer (Hg.), Die Johannesoffenbarung – Ihr Text und ihre Auslegung (LV) bes. M. Karrer, Der Text der Johannesoffenbarung – Varianten und Theologie, Neotest 43/2 (2009), 373–398; M. Labahn, „Geschrieben in diesem Buche". Die „Anspielungen" der Johannesapokalypse im Spannungsfeld zwischen den Referenztexten und der handschriftlichen Überlieferung in den großen Bibelhandschriften, in: M. Karrer/S. Kreuzer/M. Sigismund (Hg.), ANTT 43, Berlin 2010, 339–383; ders., Die Macht des Gedächtnisses. Überlegungen zu Möglichkeit und Grenzen des Einflusses hebräischer Texttradition auf die Johannesapokalypse, a. a. O., 385–416.

Zeittafel zum Frühen Christentum

Zeitgeschichte		Frühes Christentum	
15.3.44 v. Chr.	Ermordung Caesars		
27 v. – 14 n. Chr.	Augustus		
14–37	Tiberius		
19	Ausweisung der Juden aus Rom		
26–36/37	Pilatus	26/27	Auftreten Johannes d. Täufers
		27/28	Auftreten Jesu
		28/29	Tod des Täufers
		30	Kreuzigung Jesu
		31/32	Martyrium des Stephanus
		33	Berufung des Paulus
		ab 33	Mission der ‚Hellenisten'
		35	Paulus in Jerusalem
		~ 36–42	Paulus in Syrien-Kilikien
37–41	Caligula	~ 37	Heidenmission in Antiochia
40	Tod von Aretas IV (vgl. 2Kor 11,32–33)	~ 40	Aufkommen der Fremdbezeichnung ‚Christen'
41–54	Claudius	~ 42–44	Paulus in Antiochia
41–44	Agrippa I	43/44	Verfolgung unter Agrippa I: Martyrium des Zebedaiden Jakobus; Petrus verlässt Jerusalem; Herrenbruder Jakobus übernimmt die Leitung der Urgemeinde
ca. 46–120	Plutarch	~ 45–47	Barnabas und Paulus auf der 1. Missionsreise
~ 47–49	Hungersnot in Palästina	48	(Frühjahr) Apostelkonvent
		48	(Sommer) Antiochenischer Zwischenfall
49	Judenedikt des Claudius	48–51/52	2. Missionsreise (Beginn: Sommer/Herbst 48)
ca. 50–130	Epiktet	50/51	Paulus in Korinth
51/52	Gallio in Korinth	52–55/56	3. Missionsreise
54–68	Nero	56	(Frühjahr) Ankunft des Paulus in Jerusalem
ca. 55–120	Tacitus		
ca. 58	Amtswechsel Felix/Festus	59	Ankunft des Paulus in Rom
		62	Martyrium des Herrenbruders Jakobus
64	Christenverfolgung unter Nero in Rom	64	Tod des Petrus und Paulus in Rom

66	Ausbruch des jüdischen Krieges	66	Flucht der Urgemeinde nach Pella?
69–79	Vespasian		
70	Eroberung Jerusalems	~ 70	beschleunigte Trennung von Heidenchristentum und Judenchristentum
70–140	Sueton		
73/74	Fall von Massada	70–90	Abfassung der syn. Evangelien; frühe Deuteropaulinen
79–81	Titus		
81–96	Domitian		
93	Vertreibung der Philosophen aus Rom und Italien	~ 90–95	Christenverfolgungen (1. Petrusbrief; Offenbarung)
96–98	Nerva	90–100	Katholische Briefe; späte Deuteropaulinen; Hebr; Apg; Johannesbriefe
98–117	Trajan		
~ 100	Synode von Jabne	~ 100	Johannesevangelium
112	Trajan erklärt das Christentum für ungesetzlich	~ 110	Märtyrertod des Ignatius von Antiochien

Autoren- und Personenregister